변증법적 이성 비판
1

CRITIQUE DE LA RAISON DIALECTIQUE
Précédé de Questions de méthode
Texte établi et annoté par Arlette Elkaïm-Sartre
Tome 1: Théorie des ensembles pratiques
by Jean-Paul Sartre

변증법적 이성 비판

실천적 총체들의 이론

1

장폴 사르트르

박정자·변광배·윤정임·장근상 옮김

민음사

카스토르*에게

*   사르트르의 평생의 반려자였던 보부아르의 애칭이다. 사르트르보다 먼저 보부아르와 가까
     웠던 르네 마외가 그녀의 성실하고 공부를 열심히 하는 모습을 보고 지어 준 애칭으로, 영어의
     'Beaver'에 해당한다.

차례

방법의 문제

변증법적 이성 비판 1
실천적 총체들의 이론

제1서
개인적 "실천"에서 실천적-타성태로

제2서
집단에서 역사로

변증법적 이성 비판 2
역사의 가지성

제3서
역사의 가지성

부록

간행사

독자는 어떤 이유에서 우리가 1960년, 즉 이 저서의 저자가 살아 있을 때 처음으로 출간된 『변증법적 이성 비판』 1권의 텍스트를 "확정하는 일"이 필요하다는 판단을 내렸는가에 대해 궁금해할 수 있다. 이 저서가 출간되기 직전의 2년은 ― 여러 정치적 사건에 가담했던 일은 고려하지 않더라도 ― 사르트르가 집중적으로 글쓰기 작업에 몰두하던 시기였다. 당시에 그는 『변증법적 이성 비판』 외에도 『집안의 천치(*L'Idiot de la famille*)』, 『말(*Les Mots*)』, 『알토나의 유폐자들(*Les Séquestrés d'Altona*)』, 프로이트의 생애에 대한 시나리오[1] 등등을 준비하고 있었다. 그는 절박한 상황에서 "시간과 싸우며" 글을 썼던 것이다. 이와 같은 상황을 고려한다면 출간 마지막 순간에 가한 몇몇 수정을 제외하고는 저자가 이 저서의 교정 문제에 대해 거의 신경을 쓰지 못했던 이유를 이해할 수 있을 것이다.

그런데 이 어려운 텍스트에 나타난 실수들은 여느 교정자도 쉽게 고쳐 낼 수 있는 성질의 것이 아니었다. 초조한 상태에서 써 내려간 초고, 까다로운 변증법적 사고의 제시 등이 긴 호흡의 문장을 요구했

---

1   1984년 갈리마르 출판사의 "무의식에 대한 지식" 총서로 출간된 『시나리오 프로이트(*Le Scénario Freud*)』를 가리킨다.

고, 이 긴 문장들은 또한 사고가 진행됨에 따라 달라지기도 하고, 그러면서 부정확하게 중간에서 잘리기도 했다. 쉼표 사이에 들어 있는 생략, 연결선, 괄호, 괄호 안의 연결선 등이 이 저서 곳곳에 넘쳐 나고 있다.[2] 이 저서의 번역자들, 특히 독일어와 이탈리아어 번역자들은 사르트르에게 그런 어려움들을 자세히 알려 주었다. 그는 번역자들의 제안을 받아들이긴 했으나 꽤 무심했고, 이 저서의 재판 때 초판을 손볼 수 있는 시간은 전혀 갖지 못했다.

이 초판 텍스트를 사르트르의 자필 원고와 대조하면서 우리는 원고에서 누락된 부분과 꽤 많은 단어 오류를 발견했다. 그 가운데에는 저자가 범한 오류도 몇 개 눈에 띄었다. 게다가 반드시 필요한 문장 부호가 사용되지 않은 경우도 있었다. 이 경우에는 문장 부호를 보충해 넣었다. 또한 그보다 훨씬 가벼운 다른 결함도 발견되었다. 이와 같은 결함의 수정은 확실함의 정도에 따라 텍스트 중간에 중괄호로 표시하거나 각주로 표시했다. 단락이 너무 길어 정확한 의도를 알 수 없는 경우, 그리고 종종 사고의 분절이 긴 단락 속에 파묻힌 경우 우리는 단락을 새로 만들어 냈다. 또한 글의 호흡을 고려하여 보조 단락을 삽입했다. 이와 같은 모든 작업은 주로 저자가 글의 호흡에 대해 신경을 많이 썼던 제1서를 모델로 하여 제2서에서 이루어졌다. 이와 같은 보조 단락의 삽입, 특히 비판적 연구의 시작을 알리는 B의 제10 단락 삽입은 소제목을 정하는 데 많은 도움을 주었다. 이 제목들 역시 중괄호 안에 넣어 처리했다. 이렇게 확정된 텍스트 작업에 관련된 주

---

2   실제로 사르트르는 이 저서를 집필할 당시 건강에 이상을 느꼈고, 심지어 죽음을 염두에 두고 시간과 싸우는 상태에 처해 있었으며, 그 과정에서 각성제인 코리드란을 과다 복용하여 거의 약에 취한 상태로 집필을 계속했다고 한다. 게다가 그런 상태에서 나온 저작물에 대해 교정을 전혀 보지 않았고, 그로 인해 이 저서의 온전한 이해를 방해하는 적지 않은 결함들이 발생하고 있는 듯하다. 가령 지나치게 긴 문장, 허다한 반복, 논리의 비약과 단절 등이 그렇다.

(註)들은 '편집자 주'로 표기했다.

쥘리에트 시몽[3]과 피에르 베르스트라에탱[4]이 작성한 상세 목차는 고유 명사 색인과 함께 이 저서의 끝부분에 실었다.

A. E.-S.[5]

---

3   Juliette Simont. 벨기에 출신의 사르트르 연구자로 사르트르 연구회(GES: Groupe d'Etudes Sartriennes) 회장을 역임했으며, 주요 저서로는 『장 폴 사르트르: 자유의 반세기 (*Jean-Paul Sartre: Un demi-siècle de liberté*)』 등이 있다.

4   Pierre Verstraeten. 벨기에 출신의 사르트르 연구자. 브뤼셀 자유대학 철학과 교수를 역임했으며, 주요 저서로는 사르트르의 극작품을 연구한 『폭력과 윤리(*Violence et éthique*)』 등이 있다.

5   사르트르의 양녀인 아를레트 엘카임 사르트르(Arlette Elkaïm-Sartre)를 가리킨다.

서문

　이 저서를 구성하는 두 편의 저작[6]이 서로 다른 중요성과 야심을 가진 것으로 비칠까 걱정스럽다. 논리적으로 보자면 「방법의 문제」의 비판적 토대 구축을 겨냥한 글인 『변증법적 이성 비판』이 앞에 놓여야 할 것이다. 그러나 엄청난 분량의 글을 앞에 싣고 적은 분량의 글을 뒤에 놓으면 몇 개의 방법론적 성찰에 도달하기 위해 그토록 야단법석을 떨고 수많은 종이와 잉크를 낭비했는가 하는 인상을 줄까 봐 걱정이 되었다. 그리고 사실 두 번째 작업은 첫 번째 작업에서 비롯한 것이므로 나는 두 작업의 연대기적 순서를 지키고 싶었다. 변증법적 관점에서 보더라도 이 순서가 언제나 가장 의미심장하다.

　「방법의 문제」는 시사적인 성격을 띤 글이다. 바로 이것이 이 글의 조금 잡다한 성격을 설명해 준다. 이 글에서 여러 문제를 본격적으로 다루지 못한 것은 바로 그런 이유에서다. 1957년 겨울 폴란드의 한 잡지가 프랑스 문화에 대한 특집호를 내기로 결정한 바 있다. 이 잡지는 프랑스에서 여전히 "정신의 유파들"로 지칭되는 것에 대한 파노라마를 독자들에게 보여 주고자 했다. 잡지사는 여러 저자에게 협조를

6　「방법의 문제」와 『변증법적 이성 비판』을 가리킨다.

요청했으며, 나에게도 "1957년의 실존주의의 상황"이라는 주제를 다루어 줄 것을 제안해 왔었다.

나는 실존주의에 대해 말하는 것을 좋아하지 않는다. 하나의 연구가 갖는 특징은 그것이 규정되지 않는다는 데 있다. 하나의 연구를 이름 짓고 규정하는 것은 출발점으로 되돌아오는 것과 같다. 그렇게 하고 나면 무엇이 남을 것인가? 전성기가 지나고 이미 낡은 문화의 한 유행, 비누 상표와 같은 그 무엇, 달리 말하자면 *관념*만이 남게 될 것이다. 만약 마르크스주의 문화를 가진 국가에서 나타나는 철학의 여러 현실적인 모순을 표현할 수단을 실존주의에서 찾지 못했다면 나는 폴란드 친구들의 요청을 거절했을 것이다. 나는 그런 관점에서 실존과 지식이라는 중요한 대립을 주축으로 분열하고 있는 이 철학 내부의 갈등을 한데 모을 수 있으리라 생각했다. 그러나 잡지사의 "프랑스" 특집이라는 구성에 맞추느라 실존주의의 이데올로기에 대해 말할 필요가 없었더라면 나는 좀 더 직접적으로 논의를 펼칠 수 있지 않았을까 한다. 마르크스주의 철학자 앙리 르페브르[7]에게 최근 몇 년간 프랑스에서의 마르크스주의의 전개와 모순을 "자리매김"해 줄 것을 부탁했던 것도 마찬가지 경우다.

그 후 나는 이 글을 《현대(*Les Temps modernes*)》[8]에 다시 실었다. 다만 나는 프랑스 독자들의 요구에 맞게끔 거기에 상당한 수정을 가했다. 이 저서에 실린 것은 바로 수정된 상태의 원고다. 원고의 원래 제목은 '실존주의와 마르크스주의'였으나 '방법의 문제'로 바꿨다. 결국 내가

---

7 Henri Lefebvre(1901~1991). 프랑스의 철학자이자 사회학자이며 주요 저서로는 『신비화된 의식』, 『변증법적 유물론』 등이 있다.

8 1945년 프랑스 해방과 더불어 사르트르, 메를로퐁티, 보부아르 등이 주축이 되어 창간한 잡지.

제기한 질문은 *하나*다. 단 하나의 질문은 오늘날 구조적이고 역사적인 인간학을 구축할 방법이 있는가의 문제다. 이 질문은 마르크스 철학 내부에서 그 자리를 찾게 될 것이다. 왜냐하면 앞으로 살펴보겠지만 나는 마르크스주의를 우리 시대의 뛰어넘을 수 없는 철학으로 간주하며, 마르크스주의가 배태한 동시에 거부하는 실존의 이데올로기와 그 "이해적" 방법은 마르크스주의 내부에 있는 독립된 한 영토라고 생각하기 때문이다.

실존의 이데올로기를 부활시킨 마르크스주의는 헤겔의 철학에서 비롯한 두 가지 요구 조건을 실존의 이념에 물려준다. 두 가지 요구 조건은 만약 **진리**와 같은 그 무엇이 인간학에 존재해야 한다면 이 진리는 *생성*되어야 하며, *총체화*를 이뤄야 한다는 것이다. 이 이중의 요구 조건이 헤겔 이래 "변증법"이라고 불리는, **존재**와 인식(또는 이해)의 운동을 규정한다. 이렇게 해서 나는 「방법의 문제」에서 이런 총체화는 **역사**나 역사적 **진리**처럼 계속적으로 진행될 것이라는 점을 받아들였다. 이와 같은 근본적 합의를 바탕으로 나는 철학적 인간학의 내적 모순들을 조명하려 했으며, 경우에 따라서는 — 내가 선택한 방법론적 영역에 근거해서 — 그 난점들에 대한 잠정적인 해결책을 제시해보았다. 그러나 **역사**와 **진리**가 전체적인 것이 아니라면, 즉 실증주의자들이 주장하듯이 *여러 개의* **역사들**과 **진리들**이 있다면 모순과 이 모순의 종합적 지양(dépassements)[9]은 모든 의미를 상실하는 게 당연하다. 그러므로 첫 권을 쓰고 있는 바로 지금 이 순간 나는 결국 다음

---

9   변증법에서 주로 사용되며 '부정되고 보존되다'라는 의미를 가지고 있는 이 dépassement이라는 용어는 보통 '지양(止揚)'으로 번역된다. 하지만 이 저서에서는 '극복', '뛰어넘음', '초극' 등의 의미도 가져 경우에 따라 번역을 달리했다. 그리고 transcendance는 모두 '초월'로 옮겼다.

과 같은 근본적인 문제에 접근해야 할 필요를 느낀다. 인간에 대한 하나의 **진리**라는 것이 있는가?

그 누구도 — 경험주의자들조차도 — **이성**을 인간적 사고 — 그 어떤 사고이든 — 의 단순한 배열로 부르지 않았다. "합리주의자"는 이 배열이 **존재**의 질서를 재현하거나 구성해야 한다고 보았다. 이처럼 **이성**이란 인식과 **존재** 사이의 어떤 관계다. 이런 관점에서 보면, 만약 역사적 총체화와 전체적 **진리** 사이의 관계가 존재한다면, 그리고 만약 이 관계가 인식과 **존재**에서 이루어지는 이중의 운동이라면 이런 운동 관계를 **이성**이라고 칭하는 것이 타당하리라. 따라서 내가 이 연구에서 내세우는 목표는 **자연 과학**에서의 **실증주의적 이성**이 인간학의 전개 과정에서 발견될 바로 그 이성인가를 밝혀 보는 것이며, 혹은 인식과 인간에 의한 인간의 이해가 단지 특수한 방법론만 아니라 새로운 **이성**, 즉 사고와 대상 간의 새로운 관계를 품고 있는가를 밝혀 보는 것이다. 그러니까 **변증법적 이성**이 있는가를 살펴보는 것이다.

사실 문제는 변증법을 *발견하는* 것이 아니다. 한편으로 변증법적 사고는 역사적으로 이미 지난 세기 초부터 변증법 자체에 대해 의식해 왔다. 다른 한편으로 단순한 역사적 혹은 민족학적 경험만으로도 인간 활동에서 변증법적 분야가 충분히 드러날 수 있다. 그러나 경험 — 일반적 경험 — 만으로는 부분적이고 우연적인 여러 진리의 기초가 될 뿐이다. 또한 변증법적 사고도 마르크스 이후에는 그 자체보다 변증법적 사고의 대상에 더 몰두하고 있다. 여기에서 우리는 18세기 말의 **분석적 이성**이 그 자체의 정당성을 증명해야 했을 때 부딪혔던 것과 같은 어려움을 다시 발견하게 된다. 그러나 비판적 관념론이라는 해결책이 우리 뒤에 있기에 문제는 더 난감하다. 인식이 **존재**의 한 양태이긴 하다. 하지만 유물론적 관점에서는 **존재**를 인식된 것으로 환원하는 일은 있을 수 없다. 어쨌든 **변증법적 이성**의 정당성을 확립하지 못하는 한, 즉 인간, 인간 집단, 그리고 인간의 대상을, 그 각각의 의미화와 진행 중인 총체화에의 참조를 함께 고려하는, 종합적 총체화 안에서 연구할 권리를 획득하지 못하는 한, 인간과 그의 생산물에 대한 부분적이고 고립된 모든 인식은 총체화를 향해 지양되거나 불완전함으로 인한 실수로 환원된다는 것을 입증하지 못하는 한 인간학은 경험적 인식과 실증주의적 결론, 그리고 총체화하는 해석이 뒤범벅된 모호한 덩어리로 남고 말 것이다. 따라서 우리의 시도는 **변증법적 이성**의 유효성과 한계를 시험해 보는 *비판*이 될 것이며, 이 작업은 **변증법적 이성**과 **분석적**이고 **실증주의적 이성** 사이의 대립과 연결 관계를 드러내 줄 것이다. 아울러 이 시도는 변증법적으로 이루어져야 한다. 왜냐하면 변증법적 문제들을 다룰 수 있는 것은 변증법뿐이기 때문이다. 그렇다고 해서 거기에 동어 반복이 있는 것이 아니다. 나는 이 점을 뒤에서 살펴볼 것이다. 『변증법적 이성 비판』 1권은 실천적 총체들의 이론, 즉 총체화의 계기로서 집렬체(série)와 집단(groupe)에 대한 이론의 정리에 국한될 것이다. 나중에 출간할 2권에서는 총체화 문제 자체, 즉 진행 중인 **역사**와 생성 중인 **진리** 문제를 다룰 것이다.

방법의 문제

I. 마르크스주의와 실존주의

어떤 사람은 **철학**을 사고가 태어나고 소멸하는 곳, 체계들이 세워지고 무너지는 동질성의 장소로 생각한다. 다른 사람들은 철학이란 우리가 항상 자유롭게 취할 수 있는 모종의 태도라고 생각한다. 또 다른 사람들은 철학을 문화의 한정된 한 분야로 여기기도 한다. 우리가 보기에 *그런* **철학**은 *존재하지 않는다*. 어떤 형태로 생각하든 과학의 한 그림자 혹은 인류의 배후 세력 등등으로 표현되는 그런 철학은 실체화한 추상에 불과할 따름이다. 실제로 *여러* 철학이 있다. 혹은 그보다는 오히려 한정된 상황에서 그 사회의 전반적인 움직임을 표현해 주는 *하나의* 철학이 — 왜냐하면 *하나* 이상의 철학이 동시에 살아남을 수는 없기 때문이다 — 있을 따름이다. 그래서 그 철학이 살아 있는 한, 그것은 동시대인들의 문화적 배경으로 소용된다. 철학이라는 이 당혹스러운 대상은 서로 분명히 구별되는 여러 양상하에 나타남과 동시에 그 양상들을 끊임없이 통합한다.

철학은 무엇보다도 "상승하는" 계급에게는 자기 자신을 의식하는 어떤 방식이다.[10] 그리고 이 의식은 분명하거나 애매할 수도 있고, 직

---

10 내가 여기에서 자기 저작 안에서 스스로를 객체화하며, 또 스스로를 발견하는 인물로서의 *개인*을 언급하지 않은 것은 한 시대의 철학은 그 철학을 최초로 형상화한 철학자 개개인을 — 설사

접적이거나 또는 간접적일 수도 있다. 법복 귀족 시대나 중상 자본주의 시대의 법관, 상인, 은행가 등등의 부르주아들은 데카르트주의를 통해 자신들에 대해 무엇인가를 이해하기 시작했다. 한 세기 반이 지난 후 초기 산업화 단계의 제조업자들, 기술자들, 학자들 같은 부르주아 계급은 희미하게나마 칸트주의가 제시한 보편적 인간의 이미지에서 자기 모습을 발견하기도 했다.

그러나 이와 같은 거울이 진정으로 철학적인 것이 되기 위해서는 동시대적 **지**(知)의 총체화로 제시되어야 한다. 그러니까 철학자는 자기 시대와 세계 앞에서 상승하는 계급이 취하는 태도와 기술을 표현하는 주된 도식에 따라 모든 인식에 대한 통합을 행한다. 나중에 **계몽**사상의 발달에 의해 이 **지**의 세부 분야들이 낱낱이 반박되고 파괴되어도, 전체는 미분화된 내용으로 남게 될 것이다. 즉 원칙들에 의해 서로 연결되었던 이 인식들은 거의 알아볼 수 없을 정도로 부서지고, 그리고 이제는 그 파편화된 인식들이 원칙들을 서로 연결하게 된다. 가장 단순한 표현으로 환원되었다고 해도 철학의 대상은 **규제적 관념**의 형태로 "객관적 정신" 속에 남아 무한한 과제를 드러내게 된다. 이렇게 해서 사람들은 오늘날 프랑스에서는 "칸트적 관념", 독일에서는 피히테(Fichte)의 **세계관**(Weltanschaunung)에 대해 말하는 것이다. 왜냐하면 철학이 한창 그 맹위를 떨칠 때는 무기력한 것으로, 즉 수동적이고 막다른 **지식**의 통일체로 결코 제시되지 않기 때문이다. 철학은 사회적 운동 속에서 태어났기 때문에 그 자체가 운동이며 또한 미

그가 아무리 위대할지라도 ──넘어서기 때문이다. 하지만 역으로 개별 이론에 대한 연구는 철학을 실제로 깊이 연구하는 일과 분리될 수 없음을 알게 될 것이다. 데카르트주의는 그 시대를 밝히고, **분석적 이성**이 절대적으로 발전하던 시대 한복판에 데카르트의 자리를 정한다. 이러한 사실을 토대하여 한 개인으로, 그리고 철학자로 간주된 데카르트는 18세기 중반까지 이르는 새로운 합리성의 역사적(그리고 결과적으로 개별적인) 의미를 조명하게 된다.(원주)

래에 대해 작용한다. 이런 구체적 총체화는 동시에 그 마지막 한계까지 통일화를 추구하는 추상적 기도이기도 하다. 이와 같은 양상하에서 철학은 탐색과 설명의 방법으로 특징지어진다. 철학이 스스로의 내부에, 그리고 그 자체의 미래 차원의 발전에 부여하는 자신감으로 인해 이 철학을 지지하는 계급의 확신이 재현된다. 모든 철학은 실천적이다. 처음에 지극히 관조적으로 보이는 철학조차도 그렇다. 철학의 방법은 사회적이고 정치적인 무기다. 위대한 데카르트 철학자들의 비판적이고 분석적 합리주의는 그들보다 더 오래 살아남았다. 투쟁에서 태어난 이 합리주의는 이 투쟁을 명확히 밝히기 위해 그것을 되돌아보게 된다. 부르주아 계급이 **구체제**[11]의 제도들을 무너뜨리고자 했을 때, 이 합리주의는 구체제를 정당화시키려 했던 낡은 의미들을 공격했다.[12] 그러나 나중에 이 합리주의는 자유주의에 봉사하고, 프롤레타리아의 "원자화"를 실현하려 했던 활동들에 이념적 근거를 제공하게 되었다.

이처럼 철학을 낳고 지탱하는, 그리고 철학을 밝혀 주는 *실천* (praxis)[13]이 살아 있는 한 철학은 유용하다. 그러나 철학이 차츰 대중 속으로 스며들어 대중 속에서, 그리고 대중에 의해 해방의 집단적 도구가 되면 그 독자성을 상실하여 오래된 본래의 의미를 잃게 된다. 이렇게 해서 18세기에 데카르트주의가 서로 보완적이면서 불가분의 관

---

11   Ancien Régime. 프랑스 혁명 이전의 정치 체제.

12   데카르트주의의 경우 "철학"의 행위는 부정적으로 남는다. 거기에서 철학의 행위는 토대를 일소하고 파괴하며, 무한한 분규와 봉건 체제의 자치주의를 통해 부르주아 소유의 추상적 보편성을 예견하도록 했다. 그러나 다른 상황에서 사회적 투쟁이 다른 형태를 취할 때 데카르트 이론의 기여도는 긍정적일 수 있다.(원주)

13   이때 쓰인 praxis는 행위 혹은 행동을 뜻하는 그리스어다. 사르트르는 목적을 가진 인간 활동을 지칭하기 위해 이 단어를 사용했다. 이것은 사르트르가 『존재와 무』에서 자기 철학의 매우 중요한 부분으로 다루었던 실존적 기획에 연결된다.

계에 있는 다음과 같은 두 양상하에 나타나게 되었다. 한편으로 데카르트주의는 이성의 **관념**, 분석적 방법으로서 올바흐(Holbach), 엘베시우스, 디드로 그리고 루소에게까지 영감을 주었으며, 또한 반종교적 팸플릿과 마찬가지로 기계적 유물론에서도 이와 같은 데카르트주의를 발견할 수 있다. 다른 한편으로 데카르트주의는 익명의 손으로 넘어가 **제3계급**의 태도에 영향을 미쳤다. 이 두 경우 모두 **보편적이고 분석적인 이성**은 자취를 감추고 "자발성"의 형태로 다시 나타나게 된다. 이것은 억압에 대한 피억압자의 즉각적인 반응이 *비판적*이 될 것임을 의미한다. 이와 같은 추상적인 반항이 **프랑스 대혁명**과 무기를 갖춘 봉기에 앞선 몇 해 동안 진행되었다. 그러나 이렇듯 **이성** 안에서 이미 와해되어 버린 특권 계급은 무기를 동원한 폭력에 의해 완전히 무너지게 된다. 사태는 더 멀리까지 진행되어 이 철학 정신은 부르주아 계급의 경계선을 넘어서서 민중 속으로 침투하게 된다. 바로 이 순간이 프랑스 부르주아가 보편적 계급임을 자처하는 순간이다. 이 보편적 계급이 내세우는 철학의 침투를 통해서 **제3계급**을 분열시키기 시작하는 투쟁이 감추어 지고 모든 혁명적 계급을 위한 공동의 언어와 행동이 발견된다.

만약 철학이 **지식**, 방법, **규제적 관념**, 공격적 무기, 언어 공동체, 이 모든 것의 총체화여야 한다면, 그리고 만약 이 "세계관"이 낡고 부패한 사회를 개선하기 위한 도구여야 한다면, 또한 만약 인간 혹은 인간들로 이루어진 집단의 그러한 특수한 개념이 계급 전체의 문화가 되고 때로는 계급 전체의 본성까지 되어야 한다면 철학을 창출한 시대는 분명 그리 흔하지 않다. 나는 17세기부터 20세기에 이르기까지 잘 알려진 이름으로 다음과 같은 세 개의 계기를 지적하고자 한다. 데카르트와 로크의 "계기", 칸트와 헤겔의 계기, 마지막으로 마르크스의 계기가 그것이다. 세 철학은 각기 그 시대에 독특하게 나타났던 모든 사고의 부식토, 모든 문화의 지평이 되었고, 그 철학이 표현하는 역사적 순간들이 극복되지 않는 한 뛰어넘을 수 없는 철학들이다. 나는 "반마르크스주의적" 논쟁이 마르크스 이전 사상의 명백한 회생일 따름이라는 점을 자주 주장한 바 있다. 이른바 마르크스주의의 "극복"이란 최악의 경우 마르크스 이전으로의 복귀일 뿐이며, 최선의 경우라도 극복되었다고 생각했던 마르크스 철학 속에 이미 내재된 사고의 재발견일 뿐이다. "수정주의"는 자명한 이치 아니면 부조리다. 이미 살아 움직이는 철학을 세계의 흐름에 다시 적용할 필요는 없다. 철학이란 사회의 흐름과 함께하기 때문에 수많은 진취적 노력과 개개의 연구를 통해 스스로 적용해 나간다. 선행자의 가장 충실한 대변인을 자처하는 사람들조차 그 자신의 선의에도 불구하고 그저 반복하고자 했던 사고들을 변형시키고 만다. 즉 방법을 새로운 대상에 적용했기 때문에 방법의 변형을 초래한 것이다. 만약 이와 같은 철학 운동이 더 이상 존재하지 않는다면 그것은 다음의 두 경우 가운데 하나다. 철학이 죽었거나 아니면 "위기에 처한" 것이다. 첫 번째 경우라면 문제가 되는 것은 부패한 체계를 수정하는 것이 아니라 그것을 땅바닥에 내팽개쳐 버리는 것이다. 두 번째 경우라면 "철학적 위기"는 사회적 위기의 특별한 표현이므로 철학의 수구주의는 사회를 분열시키는 모순들에 의해 좌우되기 마련이다. 따라서 "전문가"들이 실행하는 이른바 "수정"이라는 것은 실질적인 영향력이 없는 관념론적 기만에 불과하다. 폐쇄된 사고를 해방시켜 활발하게 펼쳐지도록 하는 것은 바로 **역사**의 운동 자체, 즉 모든 체계와 전면적인 인간 활동 안에서 벌어지는 인간의 투쟁을 통해서다.

문명의 개화 이후 나타난 교양인들은 체계를 정비하고 새로운 방법을 이용해 미개척지를 정복했다. 그들은 이론에 실천적 기능을 부여하고 나서 마치 도구를 사용하듯이 그 실천적 기능을 파괴와 건설에 이용했다. 이들을 철학자라고 부르는 것은 적절하지 않다. 그들은 한 영역을 탐사하고 면밀히 조사하며, 몇 개의 건축물을 세우고 때로는 그 영역에 어떤 내적인 변화까지도 일으킨다. 하지만 그들은 여전히 위대한 선조들에게서 물려받아 통용되는 사상으로부터 자양분을 얻는다. 움직이는 대중의 무리가 지지하는 이 사상은 그들의 문화적 배경과 미래를 구성하고, 탐색과 "창조"의 영역을 규정한다. 나는 이와 같은 *상대적인* 사람들을 이데올로그들(idéologues)로 부를 것을 제안한다. 그리고 이제 실존주의에 대해 이야기해야 하기 때문에 내가 실존주의를 하나의 *이데올로기*로 여기고 있음을 이해할 것이다. 이데올로기는 **지식**의 저변에 있는 기생적 체계로서 처음에는 이 지식과 대립했으나 오늘날에는 그것과의 통합을 시도한다. 이와 같은 이데올로기의 현실적인 야망과 기능을 좀 더 잘 살펴보기 위해 우리는 이제 키르케고르의 시대로 거슬러 올라가야 한다.

가장 방대한 철학적 총체화는 헤겔 철학이다. 헤겔 철학에서 **지**(知)는 가장 높은 존엄성에까지 고양된다. 이 **지**는 바깥으로부터 **존재**를 겨냥하는 데 그치지 않는다. 이 **지**는 존재와 통합하여 그 내부에서 용해시켜 버린다. 이렇게 해서 정신은 끊임없이 스스로를 대상화하고 소외시키며, 끊임없이 다시 시작된다. 정신이 자기 고유의 역사를 통해 스스로를 실현하는 것이다. 인간은 사물을 통해 자신을 외재화하며 사물 속에서 스스로를 상실하지만 모든 소외는 철학자의 절대지(savoir absolu)에 의해 극복된다. 이처럼 우리를 불행하게 하는 정신의 온갖 분열과 모순은 극복되기 위해 제시되는 계기들이다. 우리는 그저 단순한 *식자*(識者)들이 아니다. 오히려 지적 자의식의 승리 속에서 우리가 알려지는 것처럼 보인다. **지**는 도처에서 우리를 관통해 그 속에 우리를 용해시키기에 앞서 우선 우리의 위치를 정해 준다. 그렇게 되면 우리는 최상의 총체화 속에 산 *채*로 통합된다. 이렇게 해서 죽음으로 이어지는 고통, 즉 비극적 경험의 순수 *체험*은 매개되어야 할 비교적 추상적인 규정이나 진정으로 유일한 구체성인 절대에 이르는 통행로와 같은 체계 속에 흡수된다.[14]

헤겔 앞에서 키르케고르는 거의 중요하지 않은 것처럼 보인다. 분명 키르케고르는 철학자가 아니다. 게다가 그 자신이 철학자란 칭호를 거부했다. 사실 그는 체계 속에 갇히길 원치 않았던 기독교인이었으며, 또한 헤겔의 "주지주의(intellectualisme)"에 끊임없이 반대하

---

14 헤겔을 실존주의의 한 측면에서 끌어들이는 일은 가능하며, 이폴리트•는 『마르크스와 헤겔에 대한 연구(*Etudes sur Marx et Hegel*)』에서 이 작업을 성공적으로 이루어 냈다. 헤겔은 "현상 그 자체의 실체가 있다."라는 점을 보여 준 최초의 사람이 아니었는가? 그리고 그의 범논리주의는 범비극주의와 겹치는 것이 아닌가? 헤겔의 입장에서 "실존이 창조해 내는 **역사**는 구체적 보편성으로서 실존을 판단하고 초월하는 것"이라고 쓸 수 있지 않은가? 그렇게 하는 것은 쉽지만 문제는 다른 데에 있다. 키르케고르와 헤겔이 대립하는 까닭은 헤겔에 있어서는 *하나의* 삶의 비극적인 면이 항상 극복된다는 점에 있다. 구체적 체험이 지식 속으로 자취를 감춰 버리는 것이다. 헤겔은 노예와 이 노예가 죽음에 대해 갖는 공포에 대해 말한다. 그러나 이 공포의 느*낌*은 단순한 인식의 대상이 되어 버리고, 변형의 순간 자체는 극복된다. 키르케고르는 헤겔이 "죽기 위한 자유"에 대해 말하거나 신념의 몇 가지 양상에 대해 정확히 기술하는 것 등에 별다른 중요성을 부여하지 않는다. 키르케고르는 체험된 경험의 극복될 수 없는 불투명성을 헤겔이 소홀히 하고 있다는 점을 비난한다. 이 두 사람 사이에 불일치가 일어나는 곳은 단순한 개념들의 수준이 아니라 앎의 비판과 그 영향력의 한계설정에 관련된 측면이다. 예를 들어 헤겔이 삶과 의식의 통일성 및 그 대립에 대해 깊이 있게 지적한 바는 완벽하게 정확하다. 그러나 총체성의 *관점*에서 볼 때 이 두 가지를 그 자체로서 인식하는 일은 불충분하다는 것 역시 사실이다. 혹은 현대 기호학자들의 언어로 말하자면 헤겔은 정신의 운동을(기표-기의나 기의-기표, 즉 절대-주체로 형성되는) **기표**(역사의 어떤 한 순간의)로 본다. 그리고 **기의**는 살아 있는 인간과 그의 객체화를 의미한다. 키르케고르는 인간을 기표로 본다. 인간은 스스로 의미를 생산하기 때문에 이 인간의 바깥에서 그를 겨냥하는 의미란 그 어디에도 있을 수 없다는 것이다.(아브라함은 자기가 아브라함인지를 알 수가 없다.) 그러므로 인간은 결코(심지어는 신에 의해서도) *기의*가 될 수 없다.(원주)

• 장 이폴리트(Jean Hyppolite, 1907~1968). 프랑스에서 헤겔주의 쇄신에 앞장섰던 철학자.

여 체험의 환원 불가능성과 특수성을 주장했던 기독교인이었다. 장발[15]이 지적했듯이 그 어떤 헤겔주의자도 이 낭만적이고 고집스러운 의식과 이미 극복되어 본질적 성격 안에서 인지된 계기인 "불행한 의식"을 동일시하지 않는다. 그러나 키르케고르가 반박한 것은 정확히 이 객관적 지식이다. 그가 보기에 불행한 의식의 극복이란 순전히 말뿐이다. 실존하는 인간을 관념들의 체계에 동화시킬 수는 없다는 것이다. 고통에 대하여 어떻게 말하고 생각하든지 간에 고통 속에서 고통 자체를 느끼는 한, 고통은 지식의 범위를 벗어나며, 이런 상황에서의 지식이란 고통을 변형시키는 일에 있어 무력하다. "철학자는 관념들의 성(城)을 지어 놓고는 초라한 오두막에서 살고 있다." 물론 키르케고르가 옹호하고자 했던 것은 종교였다. 헤겔은 기독교가 "극복"될 수 있기를 바라지는 않았지만, 바로 그 사실로 인해 기독교를 인간 실존의 가장 고양된 계기로 만들었다. 이와는 반대로 키르케고르는 **신성**의 초월성을 주장했다. 그는 인간과 신 사이에 무한한 차이를 두고, 전능한 신의 존재는 객관적 지식의 대상이 될 수 없으며, 단지 주관적 신앙의 표적이라고 했다. 그리고 이런 신앙은 그 자체의 힘과 자발적인 확신 안에서 극복되거나 분류될 수 있는 어떤 계기로, 다시 말해 일종의 인식으로 결코 환원될 수 없다. 이처럼 키르케고르는 본질의 객관적 보편성에 대립하는 개별적 순수 주관성을, 온갖 현실의 조용한 매개와 상반되는 즉각적인 삶의 열정적이고 밀착된 집착, 그리고 그 모든 스캔들에도 불구하고 과학의 명백성에 맞서 스스로를 완강하게 긍정하는 신앙을 주장하기에 이르렀다. 그는 끔찍스러운 "매개"를 피하기 위한 무기들을 도처에서 찾는다. 그리하여 대립, 미결정, 불

---

15   Jean Wahl(1888~1974). 프랑스 철학자로서 실존 철학의 중요한 역사가.

명확함 등 극복될 수 없는 것들, 가령 패러독스, 모호함, 불연속성, 궁지 등을 자기 안에서 찾아낸다. 헤겔이라면 이 모든 분열에서 모순의 형성 혹은 진행 중인 발전만을 볼 것이다. 하지만 바로 그것이 키르케고르가 헤겔을 비난한 점이다. 이 예나의 철학자[16]는 상황을 그렇게 의식하기에 앞서 이와 같은 관념들을 부분적으로 절단된 불완전한 관념으로 인정했어야 했다는 것이다. 사실 *주관적인 삶*은, 그것이 체험된다는 점에서 볼 때 결코 지식의 대상이 될 수 없다. 그런 삶은 원칙적으로 인식에서 벗어난다. 그리고 신앙인과 초월성의 관계는 초극의 형태로는 인지될 수 없다. 모든 철학에 반대하여 자신의 엄격함과 무한한 심연 속에서 스스로를 인정하는 내면성, 타인과 **신** 앞에서 각자의 개인적인 모험, 언어를 뛰어넘어 재발견된 주관성, 바로 이것들이 바로 키르케고르가 실존이라고 부르는 것이다.

　주지하다시피 키르케고르는 헤겔과 불가분의 관계에 있으며, 전체 체계에 대한 그의 격렬한 부정은 전적으로 헤겔 철학에 의해 주도되는 문화권 내에서만 일어난다. 개념들과 **역사**에 쫓기는 듯한 느낌을 받은 이 덴마크인은 자신을 방어하지만, 이것은 신앙의 합리주의적인 인간화에 대항한 기독교적 낭만주의의 대처다. 합리주의적 인간화를 주관주의의 이름으로 거부하는 일은 너무나 용이할 것이다. 차라리 그 시대를 배경으로 다시 자리를 잡고서 다음과 같은 사실, 즉 키르케고르에 반해 헤겔이 옳았던 만큼 헤겔에 반해 키르케고르도 옳았다는 사실을 지적해야 할 것이다. 결국에는 공허한 주관성으로 귀착될 경직되고 빈약한 역설을 고집한 관념론자 키르케고르보다는 자신의 개념들로서 진정한 구체성을 겨냥하고 매개를 충실화로 제

16　헤겔이 태어난 곳이 예나(Jena)이며, 따라서 그를 '예나의 철학자'로 지칭한다.

시했던 점에서 예나의 철학자가 오히려 옳다. 반면에 인간의 고통, 욕구, 정열, 괴로움은 생생한 현실이며 지식에 의해 극복되거나 변화될 수 없다고 한 키르케고르의 주장도 옳다. 물론 그의 주관주의는 당연히 관념론의 극치로 오인될 수 있지만, 헤겔과 비교해 볼 때 그는 실재론을 향해 나아간 것이다. 왜냐하면 키르케고르는 무엇보다도 사고로 환원될 수 없는 어떤 실재적인 것과 그것의 *우위*를 주장했기 때문이다. 우리들 내면적 삶에 일어난 몇몇 진보를 내면적 삶 자체에 가한 훈련의 결과로 인정하는 심리학자와 정신 분석학자들이[17] 프랑스에 존재한다. 이런 의미에서 보면 키르케고르의 실존은 바로 이와 같은 내면적 삶의 *작업* — 패배하면서도 끊임없이 다시 태어나는 저항 정신, 끝없이 재개되는 노력, 극복된 절망, 잠정적 실패와 일시적인 승리 — 이며, 이것은 지성적인 인식과 정면으로 대립한다. 아마도 키르케고르는 헤겔에 반대했기 때문에, 그리고 헤겔 덕분에 현실과 **지식** 사이의 측정 불가능성을 지적할 수 있었던 최초의 사람이다. 그리고 이 측정 불가능성은 보수주의적 비합리주의의 기원이 되며, 키르케고르의 업적을 이해하는 한 방식이 된다. 그러나 이것은 또한 절대적 관념론의 소멸로도 이해될 수 있다. 관념들이 인간을 변화시키지는 않으며, 어떤 정열을 제거하려면 그 원인을 아는 것만으로는 불충분하고 이 정열을 겪어야 하며, 다른 정열들에 대조시키면서 집요하게 쳐부숴야 한다. 한마디로 말해 노력*해야* 한다.

전혀 다른 관점에서이긴 하지만 마르크스주의 역시 헤겔에 대해 같은 비판을 가하고 있다는 점은 놀랍다. 실제로 마르크스가 보기

---

17   라가슈•의 『장례 작업(*Le Travail du deuil*)』 참고.(원주)
     • 다니엘 라가슈(Daniel Lagache, 1903~1972). 프랑스 정신 분석학자이자 정신과 의사로 사르트르의 파리 고등사범학교 동기.

에 헤겔은 인간이 **우주** 내에서 행하는 단순한 외면화인 대상화와 이런 외면화가 인간에게 등을 돌리는 소외를 혼동하고 있다. 마르크스가 여러 번 강조했듯이 대상화는 그 자체로 보면 성숙한 발달로서, 끊임없이 자기 삶을 만들고 재생산하며 **자연**을 변화시키면서 스스로를 변형시키는, "인간으로 하여금 자신이 창조한 세계에서 스스로를 관조할 수 있도록 해 주는 것이다."[18] 이와 같은 대상화에서 어떤 변증법적 요술을 부려도 소외가 나올 수는 없다. 왜냐하면 그것은 관념의 놀이가 아니라 실제 **역사** 그 자체에 관계된 것이기 때문이다. "자신들의 사회적 존재를 만들어 가면서 인간은 자신들의 의지와는 독립된 필연적이고 결정적인 관계로 진입하게 되며, 이 생산관계는 그들의 물질적 생산력이 가져다준 발전의 정도와 상응한다. 이 생산관계들의 총합이 법률적, 정치적 상부 구조 발생의 현실적 발판을 구축하며, 이 발판은 한정된 사회의 의식 형태와 일치한다."[19] 그런데 우리 역사의 현 단계에서 생산력은 생산관계와 갈등 관계에 있다. 창조적 노동은 소외되고, 인간은 자신의 생산물에서 스스로를 인식하지 못한다. 그리하여 고된 노동은 인간에게 적대적 세력으로 나타나게 되었다. 이와 같은 갈등의 결과로 나타나는 것이 소외이기 때문에, 역사적 현실로서의 소외는 관념으로 완벽하게 환원될 수 없다. 인간이 소외로부터 벗어나고, 노동이 인간 스스로에 대한 순수한 대상화가 되려면 "의식이 스스로를 관조하는 것"만으로는 충분하지 않고 물질적 노동과 혁명적 실천이 있어야 한다. "어떤 개인을 그 자신을 가지고 만들어 낸 관념에 비추어 판단하지 않듯이, 혁명적 전복의 시대를…… 그 시

---

18   『정치경제와 철학(*Economie politique et Philosophie*)』(1844년) 수고(手稿).(편집자 주)
19   『정치경제학 비판(*Critique de l'Economie politique*)』(1859년)(서문).(편집자 주)

대의 자의식에 비추어 판단할 수는 없는 노릇이다."[20]라고 했을 때 마르크스는 **지식**에 대한 행동(노동과 사회적 실천)의 우위 및 그것들 사이의 이질성 역시 지적하고 있다. 마르크스 역시 인간사란 지식으로 환원시킬 수 없으며, 그것은 *체험되고 만들어지는 것*임을 주장한다. 단지 그는 이것을 청교도적이고 기만에 빠진 프티부르주아의 공허한 주관성과 혼동하지 않고, 철학적 총체화의 즉각적인 주제로 삼아 구체적 인간을 그의 연구의 중심에 올려놓았다. 이런 인간은 자신의 욕구, 실존의 물질적 조건들 그리고 노동의 성격에 의해, 다시 말해 인간과 사물에 대항하는 인간의 투쟁에 의해 규정된다.

이처럼 키르케고르와 더불어 인간 실존의 특수성을 인정한 점, 그리고 헤겔과 더불어 인간의 객관적 실재 안에서 구체적 인간을 파악한 점에서 마르크스는 키르케고르와 헤겔에 반해 동시에 옳다. 이와 같은 조건에서 관념론에 대항한 관념주의적 항거인 실존주의가 모든 유용성을 상실하고 헤겔주의의 사양길에서 살아남지 못한 것은 당연한 일로 보일 수도 있을 것이다.

사실 실존주의는 빛을 잃고 있다. 부르주아적 사고는 마르크스주의에 대항하기 위해 후기 칸트주의와 칸트 그리고 데카르트에 의존하긴 했지만 키르케고르에 의지할 생각은 없었다. 덴마크인 키르케고르가 다시 등장하게 된 것은 20세기 초반으로, 마르크스의 변증법에 맞서 싸우기 위해 다원주의, 모호성, 역설을 변증법에 대립시키던 때, 즉 부르주아적 사고가 처음으로 방어 자세를 취하도록 몰리던 시기로 거슬러 올라간다. 양차 대전 사이에 독일에 실존주의가 등장한 것은 초월적인 것[21]을 부활시키고자 하는 음험한 의지 — 적어도 야스

---

20   같은 책.(편집자 주)
21   신적(神的) 요소를 가리킨다.

퍼스의 경우는 그러하다[22] — 와 확실하게 일치한다. 장 발의 지적에 의하면 키르케고르가 **신** 없는 세계에서의 인간의 불행을 발견하게 하려는 유일한 목적으로 독자들을 주관성의 심연으로 끌어들인 것은 아닌가라는 의구심을 가질 수 있다. 이와 같은 계략은 인간들 사이의 소통을 부정하던 "위대한 고독자"의 방식이나 자신의 동료들에게 영향을 미치기 위해 "간접적 행동" 이외의 수단을 고려하지 않았던 점에서 충분히 드러난다.

야스퍼스는 차라리 드러내 놓고 행동한다. 사실 그는 스승인 키르케고르를 해설하는 것 이외엔 한 일이 없기 때문에 그의 독창성이란 것도 스승이 다루었던 몇 가지 주제를 부각시키고 다른 것들은 숨기고 한 데 있다. 예를 들어 그의 초창기 사상에는 초월적인 것이 드러나지 않았지만 사실 그는 거기에 사로잡혀 있었다. 우리는 실패를 통해 초월적인 것을 예감하도록 배우며, 바로 그것이 실패에 담긴 심오한 의미라는 것이다. 이런 생각은 이미 키르케고르에게서 발견된다. 하지만 그는 계시의 울타리 안에서 살며 사고하던 기독교인이었기 때문에 그것이 덜 두드러져 보였었다. 계시에 대해 침묵하던 야스퍼스는 — 불연속, 다원주의, 무기력을 통해 — 순수 형식적인 주관성으로 우리를 이끌며, 이 주관성은 실패를 통해 스스로를 발견하며 초월성을 드러낸다. 결국 성공이란 일종의 *대상화*로서 사람을 사물 속에 위치시키면서 갑자기 스스로를 뛰어넘도록 강요한다. 반면에 실패에 대해 깊이 생각하는 일은 부르주아에게 완벽하게 들어맞는다. 이들 부르주아는, 부분적으로 기독교에서 벗어났지만 합리적이고 실증적인 이데올로기로 인해 지난날 자신들이 지녔던 신앙을 잃어버린 것

---

22   하이데거의 경우는 여기에서 논의하기엔 너무 복잡하다.(편집자 주)

을 후회하던 사람들이다. 이미 키르케고르는 모든 승리가 인간을 자기로부터 돌아서게 한다는 이유로 그 승리를 의심스럽게 생각했었다. 카프카는 이와 같은 기독교적 주제를 그의 『일기』에서 다시 다룬바 있다. 사실 소외의 세계에서 승리자 개인은 승리 속에서 스스로를 알아보지 못하고 승리의 포로가 되어 버리기 때문에, 여기에서는 얼마간의 진리가 발견된다. 그러나 야스퍼스에게는 그로부터 주관적 염세주의를 이끌어 내어 감히 이름조차 언급할 수 없는 신학적 낙관주의로 귀속시키는 일이 중요했다. 베일에 가려진 초월자란 부재를 통해서만 그 스스로를 증명해 보일 수 있다. 염세주의는 극복될 수 없으며, 전적인 분열 그리고 극복할 수 없는 모순의 단계에 머무른 채 화해를 *예감*할 수 있을 뿐이다. 변증법에 대한 이와 같은 유죄 판결이 겨냥하는 것은 더 이상 헤겔이 아니라 마르크스다. 그것은 이제 **지식**에 대한 거부가 아니라 실천에 대한 거부인 것이다. 키르케고르는 헤겔의 체계 속에서 개념으로 등장하기를 원하지 않았고, 야스퍼스는 마르크스주의자들이 만드는 **역사**에 *개인*으로 동조하기를 거부했다. 키르케고르는 체험의 *현실성*을 인정했기 때문에 헤겔과 비교해서 진보를 이루었다. 하지만 야스퍼스는 *실천*의 현실적 흐름에서 벗어나 내면적 *자질*[23]에 다다르는 것을 유일한 목적으로 삼는 추상적 주관성으로 도피했기 때문에 헤겔로부터 후퇴했다. 바로 이 퇴행의 이데올로기는 지난날 두 차례의 패전으로 궁지에 몰린 일부 독일인의 태도, 그리고 영혼의 귀족성으로 특권을 정당화하면서, 자신의 객관성을 정교한 주관성으로 회피하면서 말로 표현되지 않는 현재에 매혹되어 미래를 보지 않으려던 일부 부르주아의 태도를 아주 잘 나타내

---

23   야스퍼스가 실존이라 명명한 것이 바로 이러한 내면적이면서(우리의 주관적 체험을 통해 전개되므로) 동시에 초월적인(우리가 다다를 수 없는 곳에 있으므로) 자질이다.(원주)

었다. 철학적으로 보면 무기력하고 음험한 이와 같은 사상은 과거의 유물일 뿐 큰 흥미를 제공하지 않는다. 그런데 또 하나의 실존주의가 마르크스주의에 맞서서가 아니라 마르크스주의 주변에서 발전하고 있다. 우리가 원용하는 것은 바로 이 실존주의이며, 이제 그것에 대해 말해 보도록 하자.

하나의 철학은 그 *실제적 현존만으로도* **지식**의 구조를 변형시키고 이념들을 부추기며, 설령 피지배 계급의 실용적 관점을 규정할 때조차도 지배 계급의 문화를 결속하고 변화시킨다. 마르크스는 지배 계급의 이념이 바로 지배적 이념이라고 했는데 그의 말은 *절대적으로* 옳다. 내가 20세 때, 즉 1925년 당시에는 **대학**에 마르크스주의에 대한 강의가 개설되지 않았다. 그래서 공산주의자였던 학생들은 자신들의 시험 답안지에서 마르크스주의를 원용하거나 마르크스의 이름조차 거론하지 않도록 아주 조심했다. 그렇지 않으면 시험에서 떨어졌기 때문이다. 헤겔이 낯선 인물로 다가올 정도로 변증법에 대한 두려움이 컸던 시기였다. 물론 "반박하기 위해서는" 알아야 할 필요가 있다며 마르크스의 저서를 읽도록 허용했고 또 읽는 것을 독려하기도 했다. 하지만 헤겔적 전통도 없고, 마르크스주의를 가르칠 교수나 교과 과정, 사상을 설명할 도구가 마련되지 않은 상황에서 우리 세대는 이전 세대나 이후의 세대와 마찬가지로 역사적 유물론에 대해 전적으로 무지했다.[24] 그 대신 우리는 아리스토텔레스의 논리학과 기호 논리학을 아주 자세히 배웠다.

바로 그즈음에 나는 『자본론』과 『독일 이데올로기』를 읽었다. 물

---

24   이것은 내 또래의 마르크스주의를 신봉하는 지식인들이(공산주의자건 아니건 간에) 왜 그다지 그릇된 변증법론자들인지를 설명해 준다. 즉 그들은 모르는 사이에 기계론적 유물론으로 돌아서 버렸던 것이다.(원주)

론 나는 이 저서들의 내용 자체는 분명히 이해했으나 그 어떤 것도 진정으로 이해하지 못했다. 이해한다는 것은 자신을 변화시키는 것이고, 스스로를 넘어서는 일이다. 나는 마르크스의 저서를 읽으면서 특별한 변화를 겪지 않았다. 나를 변화시키기 시작했던 것은 마르크스주의의 현실, 즉 마르크스주의를 *체험하고 실천하면서* 멀리서나마 프티부르주아 지식인들을 저항할 수 없는 마력(魔力)으로 이끌던, 나의 지평으로 다가온 어둡고 거대한 노동자 대중의 묵직한 현존이었다. 책을 통해 접할 때 이 마르크스주의 철학은 우리에게 어떤 특별한 힘도 발하지 않는다. 최근에 마르크스에 대한 방대하고도 아주 흥미로운 저서를 쓴 한 신부[25]는 책의 첫머리에서 "다른 철학자 또는 사회학자의 사상처럼 마르크스의 사상도 안심하고 연구할 수 있다."라고 침착하게 선언하고 있다. 우리도 그렇게 생각했다. 마르크스의 사상이 글을 통해 우리 앞에 나타나는 한 우리는 "객관적"일 수 있으며 '지난 세기 한가운데, 런던에서 살았던 한 독일 지식인의 개념들이 바로 이런 것이구나.'라고 생각할 수 있다. 그러나 마르크스의 사상이 프롤레타리아에 대한 현실적인 규정으로 주어질 때, 즉 프롤레타리아적 행위의 심오한 의미로 ― 프롤레타리아를 위하고 또한 그 자체로 ― 주어질 때 이 사상은 우리도 모르는 사이에 저항할 수 없는 힘으로 우리를 끌어당기며 기존의 모든 문화를 변형시켰다. 반복해서 말하건대 우리를 전복시켰던 것은 이념도, 체험하지도 못한 채 그 추상적인 지식만을 알고 있었던 노동자의 조건도 아니었다. 그것이 아니다. 우리를 전복시킨 것은 이 두 가지가 결합한 것으로서 ― 관념론과는 결별했지만 당시 우리가 쓰던 관념론적인 은어로 말하자

---

25   칼베즈(Calvez), 『카를 마르크스의 사상(*La Pensée de Karl Marx*)』(세유, 1956).(원주)

면 ─ 어떤 이념의 구현이며, 또한 전달자로서의 프롤레타리아였다. 나는 여기에서 마르크스의 주장을 보충할 필요성을 느낀다. 즉 상승하는 계급이 자의식을 가질 때 이 자의식은 거리를 둔 채 멀리서 지식인들에게 영향을 미쳐 그들 머릿속의 이념들을 붕괴시킨다는 사실이다. 우리는 "삶의 비극"[26]이라는 이름으로 공식적 관념주의를 거부했다.

멀리 있어 보이지도 않고 다가설 수도 없으나 자의식을 가지고 행동하는 이 프롤레타리아의 존재는 모든 갈등이 해결되지 않았다는 증거를 우리에게 ─ 우리 가운데 많은 사람에게는 아주 모호하게나마 ─ 제공해 주었다. 우리는 부르주아적 휴머니즘 속에서 교육을 받았다. 그러나 도시 주변에서 "자신들의 인간 이하의 삶을 의식하는 하층민들"의 거대한 무리를 직감하면서부터 우리의 낙천적 휴머니즘은 붕괴했다. 하지만 이와 같은 파괴가 아직은 개인주의적이며 관념주의적인 방식으로 진행되고 있음을 느낄 수 있는데, 그 무렵 우리가 좋아했던 저자들이 실존을 스캔들로 설명했던 것이 바로 그 예다. 그러나 우리의 관심은 자신들의 노동을 제공하고 고통을 느끼는 실제적인 인간들에 있었으며, 따라서 우리는 이 모든 것을 설명할 하나의 철학을 요구했다. 그런데 그런 철학은 이미 존재하고 있었으며, 우리가 그와 같은 철학을 요구하게 된 것도 바로 그 철학의 부추김 때문이었음을 깨닫지 못했을 뿐이었다.

당시 우리 사이에서 상당한 성공을 거두었던 한 권의 저서는 장 발이 쓴 『구체적인 것을 향하여』였다. 총체적인 구체성에서 출발해 절대적인 구체성에 다다르기를 바랐던 우리는 저서의 제목에 포함된

---

26   이 말은 에스파냐의 철학자 미겔 데 우나무노(Miguel de Unamuno)에 의해 유행했다. 물론 이 비극은 우리 시대의 진정한 갈등과 아무런 공통점이 없다.(원주)

이 "향하여"라는 말 때문에 다시금 실망했었다. 하지만 **우주** 안의 모순, 애매함, 풀리지 않은 갈등을 드러내면서 낙천적 관념주의를 흔들어 놓은 이 책을 모든 사람이 좋아했다. 우리는 (우파 개념인) 다원주의를, 우리 교수들의 일원론적이고 낙천적 관념주의에 대항하는, 아직은 알려지지 않은 좌파 사상이란 이름으로 바꾸는 것을 배웠다. 우리는 인간을 명확하게 구획된 여러 그룹으로 갈라 놓는 모든 이론을 열광적으로 받아들였다. 민주적 *프티부르주아*였던 우리는 인종 차별주의를 거부했다. 하지만 어린이나 광인의 세계 같은 *원시적 정신 상태*가, 침투할 수 없는 완벽한 상태로 우리 안에 머물러 있다고 생각하고 싶어 했다. 전쟁과 **러시아 혁명**의 영향하에 ─ 물론 이론적으로이지만 ─ 우리는 스승들의 부드러운 꿈에 폭력을 대치시켰다. 이 폭력은 우리를 다시 파시즘으로 몰고 갈 위험이 있는 좋지 않은 폭력(욕설, 싸움, 자살, 살인, 복구할 수 없는 재난)이었지만, 우리 눈에는 현실의 모순들을 드러내 주는 장점을 지닌 것으로 보였다. 이렇게 해서 *세계가 된 철학*으로서의 마르크스주의는 과거에 기대어 근근이 살아가던 부르주아 계급의 사멸한 문화로부터 우리를 해방시켜 주었다. 우리는 인간과 사물을 그 *구체적* 실존 안에서 접근하던 다원적 실재론의 위험스러운 길 위로 무턱대고 뛰어들었다. 그러나 여전히 *지배적 이념*의 테두리 안에 있었기 때문에 우리가 알고자 원했던 실제적 삶을 사는 인간을 삶의 여러 조건을 생산해 내는 노동자로 간주하려는 생각은 미처 하지 못했다.

　우리는 오랫동안 총체적인 *것*과 개인적인 *것*을 혼동했다. 브룅슈비크[27]의 관념론에 대항하기 위해 곧잘 사용되던 다원주의가 우리

27　레옹 브룅슈비크(Léon Brunschvicg, 1869~1944). 비판적 관념론의 입장을 취했던 프랑스의 철학자. 사르트르는 학창 시절 브룅슈비크에게 직접 사사를 했으나 그의 사상에 대해서는

의 변증법적 총체화를 이해하는 데 걸림돌이 되었다. 이 다원주의는 *생성된* 진리의 종합적 운동을 재구성하기보다는 인위적으로 고립시켜 놓은 유형과 본질의 서술을 더 즐겼던 것이다. 정치적 사건들을 통해 우리는 *계급 투쟁*의 도식을 진실한 것이라기보다는 편리한 일종의 일람표로 이용하도록 유도되었다. 그러나 계급 투쟁의 현실을 포착해서 분열된 사회 내에서 우리의 자리를 매김하기까지는 반세기에 걸친 유혈의 역사가 필요했다. 우리 사고의 낡은 틀을 깨부순 것은 전쟁이었다. 세계 대전과 독일군의 **점령** 그리고 **항독 운동**으로 이어지는 몇 년의 세월이 흘렀다. 우리는 노동자 계급의 편에 서서 싸우고자 했으며, 역사는 구체적이라는 점과 행동은 변증법적이라는 점을 마침내 깨닫게 되었다. 우리는 파시스트들에게서 다원적 현실주의를 다시 보았기 때문에 그런 현실주의를 거부했으며, 이렇게 해서 세계를 다시 발견하게 되었던 것이다.

그렇다면 "실존주의"는 왜 자율성을 간직했는가? 왜 그것은 마르크스주의 안에 용해되지 않았는가?

루카치[28]는 『실존주의와 마르크스주의』란 자신의 소책자에서 이 질문에 대답을 했다고 생각했다. 그의 지적에 따르면 부르주아 지식인들은 "그 결과와 기초는 그대로 간직한 채 관념론의 방법론을 포기하도록 강요당했으며, 거기로부터 제국주의가 진행되는 시기에 현실과 부르주아적 의식에서의 *제3의 길*(유물론과 관념론 사이의)에 대한 필요성이 연유하고 있다." 개념화에 대한 이와 같은 *선험적 의지*가 마르크스주의 내부에서 끼친 폐해에 대해서는 뒤에서 다시 살펴볼 것이다. 다만 여기에서는 루카치가 중요한 사실을 전적으로 간과하고

철저히 반대 입장을 견지했다.

28   죄르지 루카치(Görgy Lukács, 1885~1971). 헝가리 출신의 마르크스주의 철학자.

있다는 점만을 지적하겠다. 우리는 역사적 유물론이 **역사**에 대해 가치 있는 유일한 해석을 제공한다는 사실과 실존주의는 현실을 구체적으로 접근하는 유일한 이념이라는 사실을 동시에 인정했었다. 나는 이런 태도의 모순들을 부정하려는 것은 아니며, 단지 루카치가 그 태도를 의심조차 하고 있지 않다는 점만을 지적하려고 한다. 그런데 수많은 지식인과 학생들은 이와 같은 이중적 요구의 긴장을 직접 체험했으며 아직도 체험하고 있다. 그러면 이와 같은 긴장은 대체 어디에서부터 오는 것일까? 그것은 루카치가 완벽하게 알고는 있었으나 당시로서는 아무 말도 할 수 없었던 상황으로부터 연유한다. 달이 밀물과 썰물을 일으키듯이 마르크스주의는 우리를 끌어들여 모든 이념을 변형시키고 내부의 부르주아적 사고 체계를 버리도록 한 뒤에 갑자기 우리를 포기한 채 내버려 두고 있다. 마르크스주의는 이해하고자 하는 우리의 욕구를 만족시켜 주지 못하고, 우리가 처한 특수한 상황에서 더 이상 새로운 어떤 것도 가르쳐 주지 못한다. 왜냐하면 마르크스주의는 멈춰 버렸기 때문이다.

마르크스주의는 정지해 버렸다. 마르크스주의 철학은 세계를 변화시키고자 하며, "세계 생성의 철학"을 목표로 하고 또한 *실천*의 철학이자 또 그렇게 되기를 원했다. 하지만 이 철학의 내부에서 진정한 분열이 일어나 이론과 *실천*을 따로 분리시켜 버렸다. 사방으로 포위되어 고립된 소련이 거대한 산업화의 노력을 기울인 순간부터 마르크스주의는 이 새로운 투쟁의 반격, 즉 실제적인 필연성들과 그로 인해 발생한 불가분의 과오들을 받아들이지 않을 수 없었다. 이와 같은 (소련의) 후퇴와 (혁명적 프롤레타리아의) 역류의 시기에 이데올로기 자체는 안전 — 즉 통일성 — 과 소련 *내에서의* "사회주의" 구축이라는 이중의 요구에 응해야 했다. 구체적 사상은 *실천*으로부터 태어나며, 이 사상을 조명하려면 이 실천을 향해 나아가야 한다. 이것은 우연히 그리고 규칙 없이 이루어지는 것이 아니라 — 모든 과학과 기술에서처럼 — 원칙에 따라서 이루어지는 것이다. 그런데 집단의 통합을 극한으로 밀어붙이는 데 열중한 당(黨)[29]의 지도자들은 진리의 자유로운 생성 과정이 포함하는 온갖 토론과 갈등이 투쟁의 통일성을 깨뜨리지 않을까 두려워했다. 그들은 노선을 규정하고 사건을 해석하는 권리를 유보했다. 더욱이 경험을 통해 얻은 그 자체의 명증성이 지도적 이념들을 다시 문제시하면서 *이데올로기 투쟁을 약화시키지 않을까* 하는 두려움 때문에, 자신들의 이론을 힘이 미치지 못하는 곳에 위치시켜 놓았다. 이와 같은 이론과 실천의 분리는 실천을 원칙 없는 경험주의로, 이론을 순수하고 고착된 지식으로 변형시키는 결과를 낳았다.

다른 한편 자신들의 과오를 깨닫지 않으려는 관료들에 의해 실시된 계획 경제는 현실에 가해진 폭력이 되었다. 그리고 국가의 미래 생산을 사무실 안에서, 그것도 종종 국가를 벗어난 영토에서 결정했기 때문에 이 폭력은 절대적 관념론이라는 반대급부를 가지게 되고, 인간과 사물을 *선험적으로* 이념에 복종시켰다. 예측을 검토하지 않았을 때 경험은 틀릴 수밖에 없다. 부다페스트의 지하철은 라코시[30]의 머릿속에서는 현실적이었다. 그래서 만일 부다페스트의 지하가 지하철 건설을 허용하지 않는다면, 그것은 이 지하가 반혁명적이기 때문이라는 것이다. 인간과 **역사**에 대한 철학적 해석으로서의 마르크스주의는 계획 경제의 방침들을 단연코 반영해야 했다. 그러나 관념론

---

29   공산당을 지칭한다.
30   마차시 라코시(Mátyás Rákosi, 1892~1971). 철저한 스탈린주의자로 헝가리의 공산화와 산업화를 주도했던 공산주의 정치가.

과 폭력이 지닌 이와 같은 고정된 이미지가 사실들에 관념론적 폭력을 가했다. 오랫동안의 경험을 선별하고, 거추장스러운 세부들을 무시하고 주어진 여건들을 단순화시키면서, 무엇보다도 사건들을 검토해 보기도 *전에* 개념화하면서 마르크스주의를 신봉하는 지식인들은 자신들이 당을 위해 봉사했다고 믿었다. 단지 공산주의자들만이 아니라 그 동조자들, 트로츠키주의자들과 트로츠키의 동조자들을 포함한 모두가 그랬었다는 사실을 지적하고 싶다. 왜냐하면 그들 모두가 공산당에 대한 자신들의 동조나 반대를 통해 *형성되었기* 때문이다.

1956년 11월 4일 소련이 헝가리를 두 번째로 침공했을 때 각 그룹은 상황에 대한 아무런 정보도 없이 이미 결정을 내린 상태에 있었다. 즉 이 침공은 관료주의에 대한 대중의 반항 또는 소련의 절제(節制)가 제압할 수 있었던 반혁명적 시도를 꾀한 헝가리 **노동자 연맹**의 민주주의에 대한 소련 관료 체제의 공격을 나타낸다는 것이다. 그 후에 수많은 새로운 소식이 들어왔다. 하지만 마르크스주의자 가운데 자신의 견해를 바꾼 사람이 있다는 이야기는 단 한 번도 듣지 못했다. 내가 인용한 여러 해석 가운데서 헝가리 사건을 "**노동자 연맹**의 민주주의에 대한 소련의 공격"[31]으로 해석해 적나라하게 드러내는 방법론이 하나 있다. **노동자 연맹**이 민주적 제도임은 말할 것도 없으며, 그 내부에 사회주의 사회에 대한 미래까지도 품고 있었음을 지지할 수도 있다. 소련이 처음 헝가리를 침공했을 때는 이 연맹이 존재하지 않았다. 폭동 기간에 이루어진 그들의 출현을 조직화된 민주주의라고 단정하기엔 이 연맹이 너무 단명했고 또 혼란에 휩싸여 버렸다.

---

31   예전의 트로츠키주의자들에 의해 지지된 방법.(원주)

하지만 이것은 별로 중요하지 않다. 어쨌든 **노동자 연맹**이 존재했음에도 소련의 침공이 이루어졌다는 사실이 중요하다. 이를 바탕으로 마르크스주의적 관념론은 개념화와 극단을 향한 이행이라는 두 작업을 동시에 수행하게 된다. 즉 경험적 생각을 유형의 완성화로 밀어붙이면서 씨앗을 완전히 전개시키는 것이었다. 이와 동시에 경험의 애매한 조건들은 혼란을 가져올 뿐이라며 제거해 버리는 것이었다. 이렇게 해서 플라톤적인 두 이데아 사이의 전형적인 모순에 직면하게 된다. 한편으로는 소련의 주춤거리던 정치가 "소련 **관료 체제**"라는 실체의 엄격하고 예측 가능한 활동에 자리를 내어주게 되었고, 다른 한편으로는 **노동자 연맹**이 "**직접 민주주의**"라는 또 다른 실체 앞에서 사라지게 되었다.

　나는 이 두 실체를 "일반적인 개별성"이라고 부르고자 한다. 여기에서 추상적이고 보편적인 관계들의 순수 형식적인 통일성만을 볼 때 두 실체는 역사적이고 특수한 현실로서 여겨질 수 있다. 이 각각의 실체에 실제 권력이 부여되면서 물신화는 완성된다. **노동자 연맹**의 **민주주의**는 **관료주의**에 대한 완전한 부정을 그 내부에 포함하고 있으며, 관료주의는 그런 적대자를 분쇄하면서 대응한다. 그러나 살아있는 마르크스주의의 풍요로움은 경험에 다가서는 그 방식에서 부분적으로 연유한다는 사실에는 의심의 여지가 없다. 사실들이란 결코 고립된 모습으로 나타나는 것이 아니며, 함께 이루어지는 사실들을 그 내적인 관계 속에서 연결하는 것은 전체를 총괄하는 상부의 통일체로서, 개개의 사실들은 서로를 아주 깊이 있게 변형시킨다는 점을 마르크스는 인식했다. 이렇게 해서 그는 1848년 **2월 혁명**과 루이 나폴레옹 보나파르트의 **쿠데타**에 대한 연구를 그런 종합적인 정신으로 접근했다. 그는 여기에서 내적인 모순들에 의해 분열되면서 동시에 생산되는 총체성을 보았다. 물리학자의 가설도 실험으로 입증되기 전에는 경험의 해독이지만, 무언의 것이라는 단순한 이유로 가설은 경험주의를 거부한다. 그러나 이 가설의 구성적 도식은 보편적이긴 하지만 총체적이지는 않다. 즉 그것은 구체적 총체성이 아닌 하나의 기능 및 관계를 규정한다. 이에 반해 마르크스주의자는 보편화하면서 총체화하는 도식을 가지고 역사의 과정에 접근했다. 물론 총체화는 우연히 이루어지지 않았다. 이론이 관점을 결정하고 조건들의 질서를 규정했으며, 개별적인 각각의 과정은 발전해 가는 일반적 체계라는 틀 안에서 연구되었다.

그러나 마르크스는 어떤 경우에도 이런 관점의 설정을, *개별적 총체성인 각 과정의 평가를 저지하는 일이라거나 쓸모없는 일이라고 주장하지 않았다.* 그 한 예로 **1848년 공화정**의 짧고 비극적인 역사를 다룰 때 그는 — 오늘날 사람들이 하듯이 — 공화파 프티부르주아가 프롤레타리아와 그 동맹자들을 배반했다고 선언하는 것에 결코 그치지 않고 도리어 이 비극적 사건을 그 세세한 부분과 전체 속에서 동시에 설명하려고 노력한다. 그가 지엽적인 사실들을 (어떤 운동 혹은 태도의) 총체성 안에 종속시킨 까닭은 바로 이 지엽적 사실들을 통해 총체성을 발견하고자 했기 때문이다. 다시 말해 그는 각각의 사건에 그 개별적 의미를 넘어서는 시사적인 역할을 부여한 것이다. 개별 연구를 지배하는 원칙은 총괄적인 전체를 찾아내는 것이다. 따라서 일단 세워진 개개의 사실은 전체의 일부로서 질문되고 해독되어야 한다. *종합적인 전체에 근거해서 그것에 결여된 것들과 "과잉 의미들"을 통해 가설로서의 총체성을 결정해야 하고, 그 가운데에서 전체의 진리를 다시 찾아내야 한다.*

이처럼 살아 있는 마르크스주의는 스스로 해답을 찾게 하는 것이며,[32] 마르크스주의의 구체적 연구와의 관계에서 볼 때 마르크스주의의 원칙들과 선행 지식은 *규제적*인 성격을 띤다. 마르크스의 사상에서는 본질적 실체를 결코 찾아볼 수 없다. 개개의 총체성들(예컨대 **브뤼메르 18일**, 즉 1799년 11월 9일의 보나파르트 나폴레옹의 정변 당시의 "프티부르주아")은 살아 있는 것으로서, 연구의 테두리 안에서 저절로 규정된다.[33] 그렇지 않다면 마르크스주의자들이 (오늘날에도) 상황 "분석"에 부여하는 중요성을 이해할 수 없을 것이다. 하지만 이와 같은 분석으로 충분한 것이 아니며, 총괄적 재구성을 위한 노력의 첫 순간

32   euristique 또는 heuristique로 썼다. 원래 고문서학에서 사용되는 용어. 칸트는 경험의 구성에 관계하는 것이 아니라 경험 구성의 원리를 지도하고, 그것을 발견하는 원리를 발견적 원리 또는 규제적 원리라고 불렀다. 하지만 사르트르는 이 용어를 칸트와는 다른 의미로 사용하고 있으며, '구체적 현실을 관통하는 원리나 법칙을 발견하는 데 도움을 주는 방법'이라는 의미를 가지는 것으로 보인다. 가장 쉽게 옮기면 '사람들이 스스로 해답을 찾게 하는 것'이라는 뜻이다.
33   물론 "프티부르주아" 개념은 루이 나폴레옹의 쿠데타에 대한 연구 훨씬 이전에 마르크스 철학 내에 존재하고 있었다. 하지만 이것은 프티부르주아 자체가 오래전부터 계급으로 존재하고 있었기 때문이다. 중요한 것은 이 프티부르주아가 역사와 더불어 발전하여, 1814년에 이르러서는 원래의 개념 자체에서는 끌어낼 수 없는 독특한 성격을 나타낸다는 점이다. 마르크스는 프티부르주아를 계급으로 정의할 수 있는 일반적 특성들을 재검토하는 동시에 *이로부터 그리고 경험으로부터* 출발하여 프티부르주아를 1848년의 특별한 현실로 결정하는 특성들을 정의하고 있다. 또 다른 예로 마르크스가 1853년에 일련의 소논문(「인도에서의 영국의 통치(The British Rule in India)」)을 통해 힌두스탄의 독창적 지형학을 드러내고자 했던 것이 있다. 막시밀리언 루벨(Maxmilien Rubel)은 뛰어난 저서에서 마르크스의 이 희한한(요즘의 마르크스주의자들에게는 상당히 터무니없어 보이는) 논문을 다음과 같이 인용하고 있다. "쾌락의 세계인 이탈리아와 고통의 세계인 아일랜드의 이 낯선 조합은 힌두스탄의 오랜 종교적 전통, 즉 넘쳐흐르는 관능과 극도의 고행이 혼용된 이 종교 속에서 이미 예상되고 있다……"(막시밀리언, 『카를 마르크스(Karl Marx)』, 302쪽. 인용된 마르크스의 글은 1853년 6월 25일에 나온 「인도에 대하여(On India)」다.) 물론 우리는 이와 같은 말들 뒤에서 진정한 개념들과 그 방법을 찾아볼 수 있다. 즉 이탈리아가 환기하는 것은 사회적 구조와 지형적 양상이며, 아일랜드는 영국식의 식민화를 환기하고 있다는 것 등등. 어쨌든 그는 쾌락, 고통, 관능의 과잉, 극도의 고행 등의 단어들에 현실을 부여하고 있다. 더욱이 마르크스는 힌두스탄의 오랜 종교적 전통을 통하여 그 "예상 가능한" 현실적 상황을 (영국인들*보다* 앞서) 보여 준다. 힌두스탄이 실제로 그러한지 아닌지는 그다지 중요하지 않다. 여기에서 중요하게 인식해야 할 것은 분석 대상에 *생기*를 주는 종합적인 시선이다.(원주)

일 뿐이라는 점은 말할 것도 없다. 그러나 이 분석은 뒤따르게 될 전체의 재구성을 위해 필수 불가결하다.

그런데 분석에 대해 말하기 좋아하는 마르크스주의적인 의지주의는 이 작업을 단순한 의례로 축소했다. 지식을 풍부히 하고 또한 행동을 조명하기 위해서, 사실들을 마르크스주의의 일반적 관점에서 연구하는 일을 더 이상 문제 삼지 않게 된 것이다. 분석은 오로지 세부 사항을 벗어 던져 버리기 위해, 사건들의 의미를 강요하기 위해, 사실들을 왜곡하기 위해 또는 사실들의 밑바닥에서 고정불변의 물신화된 "종합적 개념"을 마치 실체인 양 찾아내기 위해, 사실을 만들어 내는 일에만 바쳐지고 있다. 마르크스주의의 개방된 개념들은 스스로 폐쇄되어 더 이상 해석적 도식으로서의 열쇠가 되지 못하고 있다. 이 개념들 자체가 이미 총체화된 지식이 되고 만 것이다. 칸트식으로 말하자면 마르크스주의는 개별적 유형들을 경험 구성적인 개념으로 만들어 버렸다. 이 유형화된 개념들의 실제 내용은 항상 *과거의* **지식**인데, 마르크스주의자는 이것을 영원한 지식으로 만들고 있다. 분석의 순간 그들의 유일한 관심은 이 관념적 실체를 "자리매김하는 일"이다. 관념적 실체가 *선험적으로* 진리를 표방한다는 생각에 동의하는 만큼 증거는 어렵지 않게 찾아진다. 케르스타인(Kerstein)의 수정안,[34] "유럽 자유 방송"의 호소, 떠도는 소문들은 프랑스 공산주의자들이 헝가리 사건의 근원을 "세계적 제국주의"라는 관념적 실체로 "자리매김"하는 데 충분했다. 전체적 연구는 총체성의 형식주의로 대체되었다. "부분들을 통해서 전체를 찾는다."라는 발견적 원칙은 "개별

---

34   Kerstein은 Kersten의 오기로 보인다. 찰스 커스틴(Charles J. Kersten, 1902~1972). 미국의 하원 의원을 역임함. 재임 중에 매카시즘에 앞장섬으로써 반공산주의운동의 선봉에 섰음. 하지만 여기에서 사르트르가 말하는 수정안이 어떤 것인지는 분명하지 않다.

적인 것들을 제거한다."라는 테러적인 적용으로 변해 버렸다.[35] 루카치 — 그토록 빈번하게 **역사**를 모독했던 루카치 — 가 1956년의 헝가리 사태에서 경직된 마르크스주의에 대한 가장 적절한 정의를 찾아내고 있는 것은 결코 우연이 아니다. 20년간의 실제 경험은 이 사이비 철학을 의지주의적 *관념론*으로 명명하는 데 필요한 모든 권위를 그에게 주었던 것이다.

오늘날 사회적, 역사적 체험은 **지식**의 외부로 떨어졌다. 부르주아적 개념들은 조금도 개선되지 않았고 곧장 소모되었다. 살아남은 개념들은 토대를 가지고 있지 못했다. 미국식 사회학의 실질 성과들은 그 이론적 불확실성을 감출 수가 없었다. 전격적인 출범 후에 자리 잡은 정신 분석학은 세부적인 지식은 많이 갖고 있었지만 기본이 결핍되어 있었다. 마르크스주의는 이론적 바탕이 있어서 모든 인간 활동을 포괄할 수 있었지만 그 이상은 아무것도 *알아내지* 못했다. *강요된* 개념들은 지식을 획득하고자 노력하기보다는 이제 절대적 지식의 선험적 구성을 겨냥했다. 실존주의는 이와 같은 이중의 무지 앞에서 다시 태어나 유지될 수 있었다. 그 까닭은 키르케고르가 헤겔에 맞서 자기 자신의 고유한 현실을 주장했던 것과 마찬가지로 실존주의가 인간의 현실을 긍정했기 때문이었다. 이 덴마크의 철학자는 인간과 현실에 대한 헤겔적 개념을 거부했다. 하지만 이와는 반대로 실존주의와 마르크스주의는 같은 대상을 겨냥했다. 마르크스주의가 인간을 이념 속에 흡수시켰던 반면, 실존주의는 *인간이 있는* 모든 곳, 인간의 노동 현장, 그의 집, 거리 등등 어디에서나 인간을 찾았다. 물론 우리는 — 키르케고르가 그랬던 것처럼 — 이 현실의 인간을 알 수 없는

---

35   한동안 이 지적 테러는 특정인들의 "물리적 제거"와 일치했다.(원주)

것이라고 주장하지 않는다. 단지 이 현실의 인간은 우리에게 알려지지 않았을 뿐이다. 이 인간이 잠정적으로 절대적 지식의 울타리를 벗어난다면 그 이유는 우리가 그를 이해하기 위해 이용한 유일한 개념들을 우파나 좌파의 관념론으로부터 빌려 왔기 때문이다. 우리는 이 두 가지 관념론을 혼동하지 않도록 주의를 기울인다. 우파의 관념론은 개념들의 *내용* 면에서, 좌파의 관념론은 오늘날 자신들의 개념을 만들어 내는 *사용* 면에서 그 가치를 갖는다. 대중 속에서 볼 수 있는 마르크스주의자의 *실천*은 이론의 경직화에 대해 거의 혹은 아예 숙고하지 않는다는 것 역시 사실이다. 그러나 혁명적 행동과 이 행동의 스콜라 철학적인 정당화 사이에서 빚어지는 이런 갈등이 바로 — 부르주아 사회에서와 마찬가지로 — 사회주의 국가에서 공산주의자의 명확한 자기 인식을 방해하고 있다. 우리 시대의 가장 뚜렷한 특징 중 하나는 **역사**가 자의식 없이 이루어진다는 사실이다. 단지 우리 시대뿐 아니라 항상 그래 왔다고 말할 수도 있겠지만 지난 세기 중반까지, 다시 말해 마르크스까지는 정말로 그러했다. 마르크스주의가 풍요롭고 강력했던 것은 역사의 과정을 그 총체성 속에서 조명하려던 마르크스주의의 매우 근본적인 시도 때문이었다. 그런데 20년 전부터 마르크스주의의 그림자가 **역사**를 가리고 있다. 그 이유는 마르크스주의가 더 이상 *역사와 더불어* 살아가지 않고 관료적 보수주의에 물들어 변화를 그 자체 동일성으로 환원시켜 버렸기 때문이다.[36]

36   헝가리 비극에 대한 내 견해*는 이미 밝힌 바 있기 때문에 더는 그 문제를 논하지 않겠다. 지금 우리 관점에서는 공산주의의 주석자들이 소련의 침공을 정당화해야 한다고 생각했다는 사실 자체가 *선험적*으로 그다지 중요하지 않다. 이와는 반대로 우리가 유감스러워하는 것은 그들의 "분석"이 헝가리 사태의 독창성을 완전히 제거해 버렸다는 점이다. 대전 후 12년, 스탈린이 죽은 지 5년도 안 되어 일어난 부다페스트에서의 봉기가 매우 특별한 성격들을 제시했으리라는 점은 의심의 여지가 없다. 우리의 "도식적 공산주의자들"은 무엇을 했는가? 그들은 당이 무엇을 잘못했는지는 규정하지도 않은 채 잘못만을 강조했다. 그리하여 이 막연한 잘못들은 추상

그러나 이와 같은 경직화가 정상적인 노화와 일치하지 않는다는 점만은 분명히 이해해야 한다. 이 경직화는 특수한 유형의 세계 정세를 통해 이루어진 것뿐이다. 마르크스주의는 고갈되기는커녕 아직 젊고 거의 유년기 상태이며, 이제 겨우 발전을 시작했다고 할 수 있다. 마르크스주의는 우리 시대의 철학으로 남아 있다. 마르크스주의를 배태시켰던 상황들이 극복되지 않은 채 그대로 있는 한 그것은 아직은 뛰어넘을 수 없는 철학이다. 우리 사고가 어떤 형태를 띠고 있든지 간에 마르크스주의라는 부식토 위에서만 형성될 수 있으며, 이렇게 형성된 사고는 이 부식토가 제공한 테두리 안에 담기거나 허공에서 방황하거나 퇴보하게 되어 있다. 마르크스주의와 마찬가지로 실존주의도 구체적인 종합을 발견할 목적으로 경험에 다가선다. 실존주의는 이 종합을 변증법적으로 운동하는 총체화의 내부에서만 인지할 수 있으며, 총체화는 다른 어떤 것이 아니라 **역사** 또는 —— 철저하게 문화적 관점을 취한다면 —— "철학의 세계 생성"이다. 우리에게 있어 진리란 생성되는 것이다. 따라서 이 세계에서 진리는 *지금 현재 생성되고 있으며, 앞으로 생성될 것이다.* 이 진리는 바로 스스로의 총체화

성을 띠고 역사적 맥락에서 떨어져 나가 "인간적 실수"라는 보편적인 관념의 실체가 되어 버린다. 그들은 반동적 요소들이 있다는 점을 강조하긴 했지만 이 요소들이 가진 형가리적 현실을 드러내진 못했다. 갑자기 이 요소들은 **항구적인 반동**으로 몰리고, 1793년 당시의 반혁명 분자와 같은 취급을 받게 된다. 유일하게 규정된 그 특징이란 악의(惡意)다. 마지막으로 이 주석자들은 세계적 제국주의를 영구적인 힘을 가진 얼굴 없는 세력이며, 적용 지점이 어디든 간에 그 본질은 변하지 않는 것으로 소개한다. 이 세 가지 요소(실수, 민중의-불만을-이용한-지엽적-반동, 세계적-제국주의에-의한-이런-상황의-악용)를 가지고 그들은 봉기가 일어났던 모든 곳에 "제국주의"를 귀족주의로만 바꿔치면 1793년 프랑스 혁명 당시 방데와 리옹에서의 혼란까지도 그럭저럭 적용할 수 있는 만사형통의 해석을 구축했다. 그리하여 결국 새로운 아무 일도 일어나지 않은 것이 되어 버렸다. 그러나 바로 그런 것들을 제시해야만 했었다.(원주)

• 『상황』 7권에 실린 「스탈린의 환영」을 말한다. 이 글은 1956년 11·12월과 1957년 1월의 3개월 합본인 《현대》에 '헝가리의 반항'이란 제목으로 처음 실렸다.(편집자 주)

를 영원히 계속해 나아가는 총체화다. 총체성의 다양한 부분들의 매개를 통해, 진행 중인 총체화에 연결하지 않는 한 개별적인 사실들은 아무것도 의미하지 않으며, 그것들 자체는 진실도 거짓도 아니다.

좀 더 멀리 가 보자. 가로디[37]는 1955년 5월 17일 자 《뤼마니테(*L'Humanité*)》[38]에 다음과 같은 글을 썼다. "사실 오늘날 마르크스주의는 좌표 체계를 설정하여 하나의 사고를 그 어느 곳에든지, 즉 정치, 경제로부터 물리, 역사, 도덕에 이르는 모든 영역에 위치시키고 규정한다." 우리는 이와 같은 그의 주장에 동의한다. 그리고 그가 이 주장을 개인, 대중, 작품, 생활 양식, 노동 방식, 감정, 제도나 성격의 개별적인 발달에까지 연장했다면 ── 그러나 이것이 그의 주제는 아니었다 ── 역시 그에게 동의했을 것이다. 한 걸음 더 나아가 우리는 엥겔스가 플레하노프[39]에게 베른슈타인[40]에 대한 그 유명한 공격을 가할 기회를 제공한 편지에서 했던 다음과 같은 주장에도 완전히 동의한다. "그러므로 마르크스주의는 흔히 우리가 편리한 대로 단순하게 생각하듯 경제 상황으로부터 자동적으로 만들어지는 결과가 아니다. 이와는 반대로 인간의 역사를 만드는 것은 바로 인간들 자신이며, 그들을 조건 짓는 것은 주어진 환경 및 이전부터 있어 온 실제 조건들

---

37   로제 가로디(Roger Garaudy, 1913~). 프랑스 공산당원이자 정치가. 사르트르가 플로베르론을 집필한 것은 부분적으로 가로디와의 논쟁 때문이기도 했다. 그러니까 가로디는 사르트르와 그들 각자가 주장하는 방법론을 통해 플로베르라는 작가를 누가 더 효율적으로 설명할 수 있는가에 대해 일종의 내기를 건 적이 있다. 사르트르는 플로베르론을 써서 이 내기에 응한 반면, 가로디는 아무 글도 쓰지 않았다.

38   프랑스 공산당 기관지.

39   게오르기 플레하노프(Gheorghi Plekhanov, 1856~1918). 러시아의 사회주의자. 마르크스와 엥겔스의 저작들을 러시아어로 번역 출판하여 러시아에 마르크스주의를 처음 보급하고 선동한 사람 중 한 명.

40   에두아르트 베른스타인(Edouard Bernstein, 1850~1932). 카우츠키와 더불어 독일의 사회민주당을 이끌었던 정치가. 처음에는 정통 마르크스주의자였으나 수정주의자로 돌아섰다.

의 바탕이고, 그 조건 중 경제적 조건은 ── 비록 그것이 정치 이데올로기적인 다른 조건들의 영향을 아무리 크게 받는다 해도 ── 우리가 이해하도록 해 주는 유일한 붉은 선을 처음부터 끝까지 형성하는, 최종 단계에서의 결정적 조건인 것이 사실이다."[41] 우리가 경제적 조건을 고정불변하는 사회의 단순한 정태적 구조로 파악하지 않는다는 것은 이미 분명하다. **역사**의 동인을 형성하는 것은 경제적 조건 내부의 모순들이기 때문이다. 앞에서 인용한 그의 저서에서 루카치가 "의식에 대한 실존의 우위"라는 유물론의 마르크스적인 정의를 환기하면서 스스로를 우리와 다르다고 생각한 점은 우스운 일이다. 실존주의란 ── 그 명칭에서 이미 충분히 드러나듯이 ── 실존의 우위를 기본적 확언의 대상으로 삼고 있는데도 말이다.[42]

---

41   한스 슈타르켄부르크(Hans Starkenburg)에게 보낸 엥겔스의 1894년 1월 25일 자 편지.(편집자 주)

42   반성과 더불어 확신을 갖기 시작하는 *방법론적* 원칙은 구체적 인간을 그의 물질성으로 정의하는 *인간학적* 원칙과 조금도 어긋나지 않는다. 우리가 말하는 반성은 관념론적 주관주의의 단순한 내면성으로 환원되지 않는다. 반성은 우리를 즉시 사물과 인간들, 즉 세계 속으로 내던져야만 비로소 출발한다. 오늘날 유일하게 유효한 인식론은 미시 물리학의 진리에 근거한 이론, 즉 실험자가 실험 체계의 일부가 되는 그런 이론이다. 이와 같은 이론만이 모든 관념론적 환상으로부터 거리를 둘 수 있게 하며, 실제의 인간을 실제 세계 한복판에서 보여 줄 수 있다. 그런데 이 현실주의는 반성적 출발점을 반드시 포함한다. 즉 어떤 상황을 *드러내는* 일은 그 상황을 변화시키는 *실천* 속에서, 실천을 통해 이루어진다. 우리는 이런 의식화가 행동의 근원이라고 상정하는 것이 아니라, 행동 자체의 필연적 순간을 그 안에서 본다. 행동이 *이루어지는* 동안 행동 스스로가 자기 해명을 하게 되는 것이다. 이런 해명이 행위자의 의식화를 통해 그의 내부에 나타나는 것을 막을 수는 없으며, 이는 곧 의식에 대한 이론이 반드시 전개되어야 한다는 것을 함의한다. 반면에 인식론은 마르크스주의의 취약점으로 남아 있다. 마르크스가 "세계의 유물론적 개념은 외부의 그 어떤 낯선 부가물도 없는, 있는 그대로의 자연의 개념을 의미할 뿐이다."[*]라고 했을 때 그는 있는 그대로의 자연을 온전히 *객관적 시선*으로 응시하고자 한다. 모든 주관성이 벗겨진 채 순수 객관적 진리에 동화된 그는 인간−대상들이 모여 있는 대상들의 세계를 거닐게 된다. 반면에 레닌이 "의식이란 존재의 반영이며 가장 잘 반영된 경우에도 근사치로서만 정확하다."[**]라고 의식에 대해 썼을 때 그는 자신의 이런 생각을 글로 표현할 권리를 제거하고 있는 셈이다. 두 경우 모두 주관성을 제거하는 것이 문제다. 첫 번째 경우는 스스로를 주관성의 저편에 위치시키고, 두 번째는 이쪽에 자리한다. 하지만 이 두 위치는 서로 모순된다. 어떻게 "근사

좀 더 명확히 하기 위해 우리는 마르크스가 "유물론"을 정의하려

치로만 정확한 반영"이 유물론적 합리주의의 근원이 될 수 있는가? 이것은 양다리를 걸치는 기회주의적 태도다. 마르크스주의에는 세계의 합리성을 선험적으로 수긍하는 구성적 의식이 있다.(그리고 바로 이와 같은 사실로 인해 그것은 관념론으로 추락한다.) 이 구성적 의식이 개개의 인간 안에 형성된 의식을 단순한 반영으로 규정한다.(이것은 회의적 관념론으로 귀착한다.) 이 두 개념 모두 인간의 역사에 대한 현실적 관계를 깨뜨린다. 왜냐하면 첫 번째 경우의 인식은 자리 잡지 못한 시선으로서의 순수 이론이고, 두 번째 경우는 인식이 단순한 수동성이 되기 때문이다. 단순한 수동성인 경우 더 이상 실험은 없고 회의적 경험주의만 남아, 인간은 사라지고 흄의 도전에 대응할 수 없다. 순수 이론인 경우 실험자는 실험 체계를 초월한다. 이 두 개념은 본질적으로 반변증법적이라 서로를 "반영의 변증법 이론(théorie dialectique du reflet)"으로 연결할 수 없다. 인식이 절대 보편적 타당성하에 이루어지고, 어떤 반박도 가능하지 않은 상태에서 그 한계와 권리가 규정되지도 않은 채 성립된다면 그 인식은 세계와 단절된 형식 체계가 되어 버린다. 또한 인식이 생리학적이고 심리학적인 순수 결정론으로 축소된다면 인식의 가장 으뜸가는 성격인 대상과의 관계를 상실하여 인식 자체가 인식의 단순한 대상이 되고 만다. 그 어떤 매개도 원칙들과 명백한 진리로 표명된 마르크스주의를 생리적–심리적(또는 변증법적) 반영에 연결시킬 수 없다. 인식에 대한 이 두 개념화는 (교조주의와 이중적 지식) 모두 마르크스 이전적 성격을 띤다. 마르크스적 분석의 흐름에서는 특히 총체화 과정에서는 마르크스가 진리의 구축 양상에 대해 그리고 이론과 실천의 일반적 관계에 대해 했던 지적에서와 마찬가지로 실재론적 인식론의 기초들이 쉽게 발견되는데 이것들은 한 번도 전개된 적이 없다. 그러나 이렇게 산재한 지적들로부터 구축할 수 있는 것, 구축해야 하는 것은 인식을 세계 속에 위치시키고 (반영 이론이 어설프게 시도했던 것처럼) 이 인식을 그 부정성 속에서 결정하는 일이다.(스탈린의 교조주의는 부정성을 절대에로 밀고 나가 부정으로 변형시킨다.) 그래야만 인식은 이념들에 대한 인식이 아니라 사물들에 대한 실용적인 인식임을 이해할 수 있으며, 그때 비로소 무용하고 빗나간 중개자인 '반영'을 제거할 수 있다. 이 순간 행동하는 동안 소외되고 상실되었던 사고를 고려하게 되고, 행동 속에서 행동을 통해 사고를 재발견하게 된다. 그런데 실천의 순간이며 사물 자체와의 순수한 관계로서 위치한 이 부정성을 의식이라 칭하지 않으면 달리 뭐라 부르겠는가? 관념론으로 빠져 버리는 두 가지 방식이 있다. 하나는 실제적인 것을 주관주의 속에 용해시키는 것이고, 다른 하나는 객관성을 위하여 모든 실제적 주관성을 부인하는 것이다. 진실을 말하자면 주관성이란 모든 것이 아니지만 그렇다고 아무것도 아니지도 않다. 주관성은 객관적 과정의 한 순간(외면성의 내면화 순간)을 나타내며, 이 순간은 끊임없이 사라져서 끊임없이 다시 태어난다. 하지만 역사 주체는 이 덧없는 매 순간들을 ── 인류의 역사가 진행되는 중에 나타나며 결코 맨 앞으로 나서거나 맨 뒤로 처지지도 않는 ── 출발점으로 체험한다. "계급 의식"은 고려된 계급을 단순히 객관적으로 특징지으면서 체험되는 단순한 모순은 아니다. 계급 의식은 실천을 통해 이미 지양된 모순이며, 바로 그로 인해 보존되면서 동시에 부정된다. 실존주의가 "대상에 대한 의식"과 "자아에 대한 비명제적 의식"이라고 부르는 바를 동시에 이루어 내는 것이 바로 이와 같은 드러내는 부정성, 즉각적 근사치에서의 거리다.(원주)

• 이것은 사실 엥겔스의 말이다.(편집자 주)
•• 『유물론과 경험비판주의』(1908)(Eds. Sociales, 1973), 322쪽 참고.(편집자 주)

한 『자본론』[43]의 표현 방식에 전적으로 의거한다. "물질생활의 생산 양식이 사회적, 정치적, 지적 생활의 발달을 총체적으로 지배한다." 그리고 이 조건은 오로지 변증법적 운동(모순, 지양, 총체화)하에서만 인지될 수 있다. 루벨 씨는[44] 1946년에 내가 썼던 「유물론과 혁명」에서 "마르크스의 유물론"을 언급하지 않은 점을 비난한다. 그러나 뒤이어 이와 같은 생략의 이유를 스스로 밝힌다. "사실 사르트르는 이 글에서 마르크스보다는 차라리 엥겔스를 겨냥하고 있다." 그렇다. 나는 특히 오늘날 프랑스의 마르크스주의자들을 겨냥했었다. 사회관계들의 변형과 기술의 진보가 인간을 희소성의 질곡으로부터 구원하지 못하는 한 내가 보기에 마르크스의 명제는 뛰어넘을 수 없는 명백한 것이다. 우리는 마르크스가 오래전의 한 시대를 두고 했던 다음과 같은 말을 알고 있다. "사실 자유가 지배하기 시작했던 것은 필연성과 외적인 목적성에 의한 노동이 중지되었던 바로 그 순간부터다. 즉 말 그대로 물질적 생산의 영역을 넘어선 상태부터다."(『자본론』 3권, 873쪽)[45] 살아 나가기 위한 생산을 넘어선 현실적 자유의 여지가 모든 사람에게 존재하는 바로 그 순간 마르크스주의는 과거의 일이 될 것이고, 자유의 철학이 그 자리를 차지할 것이다. 그러나 우리는 이와 같은 자유와 철학을 인식할 수 있도록 해 주는 어떤 수단도 지적 도구도 구체적 경험도 지금으로서는 갖고 있지 않다.

43   제1서. 카를 마르크스, 『작품집(Œuvres)』 1권(플레야드판), 915쪽 참고.(편집자 주)
44   막시밀리언 루벨, 『카를 마르크스, 지적 전기 소고(Karl Marx, Essai De Bibliographie intellectuelle)』(1957).(편집자 주)
45   『자본론』 2권(플레야드판)(단편적 글들), 1487쪽.(편집자 주)

II. 매개와 보조 학문의 문제

그렇다면 왜 우리는 그저 단순히 마르크스주의자가 되지 못하는 가? 그 이유는 우리들이 엥겔스와 가로디의 주장들을 구체적 진리가 아닌 지도적 원칙, 과업의 지침, 문제점으로 여기기 때문이다. 즉 이 주장들이 불충분하게 규정된 것으로 보이고, 그렇기에 수많은 해석이 가능해 보이기 때문이다. 한마디로 우리에게 이 주장들이 규제적 관념들로 보였기 때문이다. 그런데 근래의 마르크스주의자들은 이와 같은 주장을 오히려 분명하고 자세하며 일의적(一義的)이라고 보며, 이 주장이 *이미 지식*을 구성한다고 생각한다. 이와 반대로 우리는 방법을 찾아내고 과학으로 구성하는 등등의 해야 할 일이 남아 있다고 생각한다.

마르크스주의가 로베스피에르의 연설, 대혁명 당시의 상퀼로트[46]

---

46 '반바지를 입지 않은'이라는 뜻을 가진 단어로, 프랑스 혁명 때 혁명군 중에서 남루한 옷차림새에 장비도 허술했던 의용군을 지칭한다. 나중에는 급진 민주파를 뜻하게 된다. 대부분 빈민층이거나 하층민의 지도자들이었으나 공포 정치 기간에는 공무원과 고등 교육을 받은 사람들이 스스로를 '상퀼로트 시민들(citoyens sans-culottes)'이라고 불렀다. 전형적인 상퀼로트 복장은 상류층이 입는 퀼로트(반바지) 대신에 판탈롱(긴 바지)과 카르마뇰(짧은 코트), 자유를 상징하는 빨간 모자, 사보(나막신)였다. 이들의 영향력은 로베스피에르의 몰락(1794년 7월) 후 불어닥친 반동의 물결과 함께 사라졌고, 그 이름도 쓰이지 않게 되었다.

에 대한 **산악파**[47]의 정치, **국민 공회**[48]가 의결한 "최고 가격"에 대한 법률과 경제 규제뿐만 아니라 발레리의 시집과 위고의 시집 『여러 세기의 전설』까지도 *위치시켜* 줄 수 있다는 사실에는 추호의 의심도 없다. 그런데 *위치시킨다*(situer)라는 것은 도대체 무엇을 뜻하는가? 요즘 마르크스주의자들의 작업을 참조해 보면 이 말은 고려된 대상의 실제 위치를 전체의 과정 안에서 규정한다는 의미다. 즉 대상의 실존을 위한 물질적 조건, 그것을 만들어 낸 계급, 계급(또는 계급의 분파)의 이해관계, 계급의 운동, 다른 계급들에 대한 이 계급의 투쟁 형태, 서로 대치하고 있는 세력들의 관계와 그 목적 등을 설정하는 것이다. 그러므로 연설, 선거, 정치 행위, 책 등은 각각의 객관적 현실에서 이와 같은 갈등의 한 순간으로서 나타나게 된다. 우리는 개개의 사건을 이것들이 종속된 여러 요인과 실제로 일어난 행동을 통해 정의한다. 그로부터 개개의 대상은 상부 구조로 간주되는 정치 혹은 이념의 보편성 속에 그 실례의 구현들로서 다시 들어서게 된다. 일례로 **지롱드파**[49]는 상인과 선주로 구성된 부르주아들과의 관련하에서 위치시킬 수 있는데, 이들은 중상주의의 제국주의 전쟁을 야기하고는 곧이어 대외 무역에 해를 끼친다는 이유로 전쟁을 즉시 중단하기를 원했다. **산악파**는 좀 더 나중에 부르주아의 대표로서, 국가 재산과 전쟁 물자를 사들여 부를 축적했기 때문에 그들의 주요 관심사는 갈등을 연장하는 것이었다고 말할 수 있다. 로베스피에르의 연설과 행위는 근본적인 경제 모순을 토대로 해석될 수 있다. 즉 전쟁을 계속하기 위해

47 언론인, 변호사 등 부르주아 대표들로 구성된 혁명 의회의 과격파로서 지롱드파와 대립적 위치에 있었다.
48 1792년 9월 20일 시작된 프랑스 혁명 의회.
49 대혁명 당시 온건 공화파들로서 기자와 변호사가 주축을 이룬 부르주아 대표.

이 프티부르주아는 민중에 의존해야 했으나 아시냐[50]의 하락, 독점, 생필품의 위기로 인해 민중은 통제 경제 체제를 요구했으며, 이 체제는 산악파의 이익을 해칠 뿐 아니라 그들의 자유주의 이데올로기에도 위배되었다. 이와 같은 갈등의 배후에서 우리는 권위적 의회주의와 직접 민주주의의 아주 뿌리 깊은 모순을 발견한다.[51] 또 다른 예로 오늘날의 작가를 위치시킨다고 상정한다면? 관념론은 모든 부르주아적 생산의 토양이다. 그것은 나름대로 사회의 뿌리 깊은 모순들을 반영하므로 운동 중인 세력이다. 각각의 개념들은 상승 이데올로기에 대항하는 무기가 되어 상황에 따라 공격이나 방어의 무기로 작용한다. 또는 처음에는 공격적이었으나 방어적으로 바뀌는 경우도 있다. 그래서 루카치는 "물신화된 내면성의 항구적 카니발"을 통해 표현된 전쟁 전의 거짓된 평온과, 작가들이 자신들의 관념론을 감추기 위해 "제3의 길"을 모색하던 전후의 후퇴, 즉 위대한 참회를 구별한다.

하지만 이 방법은 *선험적*이기 때문에 만족할 만한 것이 못 된다. 이 방법은 경험으로부터 — 또는 적어도 밝히고자 하는 새로운 경험으로부터 — 개념을 끌어내는 것이 아니라 이미 개념을 형성해 놓고 그것의 진리에 대해 확신하고는 거기에 구성적 도식의 역할을 부여한다. 이 방법의 유일한 목표는 고려된 사건이나 사람 혹은 행위를 이미 만들어진 틀 속에 집어넣는 것이다. 루카치의 경우를 보자. 그가 보기에 하이데거식 실존주의는 나치 영향하에서 적극적 행동주의로

---

50   1789년에서 1797년까지 사용된 프랑스 혁명 정부의 지폐.

51   이 부분과 뒤이은 지적들은 논란의 여지가 있긴 하지만 새로운 관점들이 풍부하고 아주 흥미로운 다니엘 게랭(Daniel Guerin)의 『제1공화국하의 계급 투쟁(*La Lutte des classes sous la première République*)』(갈리마르, 1946)에서 영감을 받았다. 이 저서는 그 과오들(역사를 강요하려는 의도에서 비롯된)에도 불구하고 현대의 마르크스주의자가 역사 연구에 기여한 풍요로운 업적 중 하나로 남아 있다.(원주)

변하는 반면, 자유주의적이고 반파시스트적인 프랑스식 실존주의는 2차 세계 대전 독일군 점령기에 속해 있던 프티부르주아의 반항을 나타낸다. 웬 그럴싸한 소설인가! 불행하게도 루카치는 두 가지 중요한 사실을 소홀히 하고 있다. 우선 독일에는 당시의 히틀러 사상과 어떠한 결탁도 하지 않으면서도 히틀러의 **제3제국** 시절에 살아남을 수 있었던 실존주의의 흐름이 *적어도 하나쯤*은 있었다. 바로 야스퍼스의 실존주의다. 어째서 이 비순종적 흐름은 강제된 도식에 들어맞지 않는가? 이 흐름이 파블로프[52]의 개처럼 "자유 조건 반사"를 가졌단 말인가? 루카치가 간과한 두 번째 사실은 철학에는 시간이라는 핵심적 요인이 있다는 점이다. 이론서 한 권을 쓰려면 많은 시간이 필요한 법이다.

　루카치가 명백하게 참고하고 있는 내 저서 『존재와 무』는 1930년부터 기획된 연구의 결과였다. 내가 후설, 셸러, 하이데거, 야스퍼스의 글을 처음 읽은 것은 1933년 베를린에 있는 **프랑스 연구소**에 1년간 머물 때였으며,[53] 내가 그들의 영향을 받았던 것도 바로 *이때*(즉 하이데거가 "행동주의"[54]의 정점에 있었을 때)다. 그러므로 나는 1939년에서 1940년 사이의 겨울에 내 저서의 방법과 중요한 결론들을 이미 가지고 있었다. 그런데 이 "행동주의"라는 것이 피상적인 유사점만을 가진 일정 수의 이념적 체계들을 *한꺼번에* 청산시키는 공허하고 형식적인 개념이 아니라면 대체 무엇이겠는가? 적어도 자신의 철학서들을

52　이반 페트로비치 파블로프(Ivan Petrovitch Pavlov, 1849~1936). 러시아 출신의 의사이자 생리학자. 1904년 노벨 의학상을 수상했음. 자율 반사 신경 이론으로 유명하다.

53　사르트르는 절친한 친구였던 레몽 아롱(Raymond Aron)의 뒤를 이어 베를린 연구소에서 주로 후설과 하이데거의 저서를 읽게 된다.

54　'행동주의(activism)'는 1916년 벨기에 플라망 지역의 사회, 정치 운동을 지칭하기 위해 벨기에의 매스컴이 사용했던 용어. 직접적인 행동을 동반하는 정치 참여를 가리킴. 이 경우 행동에 폭력이 가미되면 행동주의는 '테러리즘'이 된다.

통해 드러나는 하이데거는 *결코* "행동주의자"가 아니었다. 애매한 말이지만 이 말 자체를 통해 루카치라는 마르크스주의자가 다른 사고들을 완전히 잘못 이해하고 있음이 증명된다. 루카치가 하이데거를 이해하기 위한 도구들을 가진 것은 사실이지만 그를 진정으로 이해하지는 못하고 있다. 이해하기 위해서는 *그의 저서를 읽어야 하고*, 문장 하나하나의 의미를 포착해야 한다. 그러나 내가 아는 한 그럴 능력이 있는 마르크스주의자란 지금 없다.[55] 그리고 브렌타노[56]에서 후설, 후설에서 하이데거에 이르는 영향, 대립, 일치, 새로운 대립, 몰이해, 오해, 부인, 지양 등으로 이루어지는 — 아주 복잡한 — 변증법 전체가 있다. 결국 모든 것은 *국지적 역사*라고 칭할 수 있는 것을 구성한다. 이 역사를 순수한 부대 현상으로 간주해야 하는가? 루카치는 그래야 한다고 말한다. 아니면 이념들의 운동과 같은 어떤 것이 존재하며, 후설의 현상학이 — 보존되고 극복된 순간으로서 — 하이데거의 체계 속에 들어설 수 있는가? 이와 같은 경우 마르크스주의의 원칙들이 바뀌지는 않지만 *상황*은 훨씬 더 복잡해진다.

이와 마찬가지로 정치적인 것을 사회적인 것으로 가능한 한 빨리 환원시키려는 의도가 게랭의 분석을 간혹 그르치고 있다. 예를 들어 혁명전쟁이 *1789년 이래* 영국과 프랑스 사이에 있어 왔던 무역 경쟁

---

55 그들은 스스로를 벗어 던질수가 없기 때문이다. 적대적인 문장들을 마주하면 그것에 대해 열린 상태가 되길 바라는 순간에조차 그들은 (두려움, 증오 혹은 게으름 때문에) *거부해 버린다*. 이와 같은 모순이 그들을 가로막는다. 그리하여 자신들이 읽은 바를 문자 그대로 한마디도 이해하지 못한다. 나는 마르크스주의자의 이와 같은 몰이해를 일종의 부르주아적 객관주의의 이름이 아닌 바로 마르크스주의의 이름으로 비난하는 것이다. 우선 자신들이 단죄하고 논박하는 바를 알면 알수록 그들은 더 정확히 거부하고 단죄할 수 있으며 더욱 승리에 찬 논박을 할 수 있을 것이다.(원주)

56 프란츠 브렌타노(Franz Brentano, 1938~1917). 독일 철학자이자 심리학자. 후설과 프로이트의 스승.

의 새로운 일화라는 그의 의견은 수긍하기 어렵다. 지롱드파의 호전성은 본질적으로 *정치*적이었으며, 이 파에 속한 자들이 자신들을 만들어 낸 계급과 지지 사회 계층의 이익을 정치를 통해 표현하고 있음은 의심할 여지가 없다. 그들의 거만한 이상, 자신들이 경멸하는 민중을 **계몽 시대**의 부르주아 엘리트에게 복종시키려는 즉 부르주아에게 계몽 전제 군주의 역할을 부여하려는 그들의 의도, 말로만 과격주의일 뿐 실제로는 기회주의인 그들의 감수성과 경솔함, 이 모든 것은 잘 알려진 사실이다. 그러나 이렇게 해서 표현된 것은 선주와 상인들의 이미 낡아 버린 거만한 신중함이라기보다는 차라리 권력을 쥐려는 과정에 있던 지식인 부르주아의 열광이다.

브리소[57]가 **대혁명**을 구해 내고 왕의 배반을 폭로하기 위해 프랑스를 전쟁으로 몰아넣었을 때 이 순진한 마키아벨리주의는 앞에서 설명한 지롱드 일파의 태도를 완벽하게 재현하고 있다.[58] 하지만 당시

---

57   자크 피에르 브리소(Jacques Pierre Brissot, 1754~1793). 대혁명 당시의 정치가. 혁명 초기부터 자코뱅당 일원이었으며, 지롱드파의 중심 세력권을 형성함. 국민 공회 의원으로 피선되어 산악파, 특히 로베스피에르와 격렬한 대립 상황에 있게 됨. 나중에 혁명 재판에 회부되어 교수형을 당했다.

58   그러나 **산악파**였던 로베스피에르가 1791년 12월 초반까지는 브리소의 제안을 지지했다는 사실을 잊지 말아야 한다. 더욱이 그는 본질에 곧장 다가섰기 때문에 그의 총괄적인 의도로 의결에 붙여진 칙령들은 더욱 강화되었다. 11월 28일 그는 사람들에게 "자잘한 세력들"을 무시하고 **황제**에게 "(모임을) 해산하지 않으면 우리는 전쟁을 포고할 것"이라고 발표하도록 직접 호소하기를 요구했다. 또한 그가 비요바렌*(이 사람은 **자코뱅들**에게 *내부의* 적 세력과 국경 방위의 위험스러운 상황에 대해 역설했다.)의 영향으로 얼마 후 견해를 바꾸었다는 점은 아주 중요하다. 로베스피에르로서는 나르본 백작**이 전쟁에 임명되었다는 사실을 알았을 때 비요바렌의 논리가 진정한 의미를 지니게 된 듯하다. 그때부터 이 갈등이 그에게는 폭탄처럼 교묘히 준비된 함정으로 나타난다. 그리고 갑자기 외부의 적과 내부의 적 사이의 변증법적인 관계를 파악한다. 마르크스주의자는 이와 같은 소위 "세부 사항들"을 소홀히 해서는 안 된다. 왜냐하면 이런 세부들은 모든 정치인의 즉각적인 움직임들이 전쟁을 포고하거나 최소한 전쟁의 위험을 지닌다는 사실을 보여 주기 때문이다. 아주 깊이가 있는 정치인들에게는 적대적인 움직임의 윤곽이 즉시 드러났다. 하지만 그 근원에는 평화의 의지가 아닌 **불신**이 자리 잡고 있었다.(원주)
    • 자크니콜라 비요바렌(Jacques-Nicolas Billaud-Varenne, 1756~1819). 프랑스 대혁

로 돌아가 그 이전의 사실들을 고려해 보자. 왕의 도피, 샹드마르스에서의 공화파의 대학살, 궤멸 직전에 있던 **제헌 의회**의 우경화 경향과 **헌법 개정**, 전제 군주제에 대한 염증과 억압으로 의기소침해진 대중의 불확실성, 파리 부르주아의 대량 선거 기권(시의회 선거에서 8만 명 가운데 1만 명만이 투표), 한마디로 **대혁명**의 붕괴였다. 지롱드파의 야심을 고려할 때 *정치적 실천*을 당장에 감출 필요가 진실로 있는가? "우리는 위대한 배반이 필요하다."라던 브리소의 말을 기억해야 하는가? 게랭의 설명에 의하면 1792년 한 해 동안 영국에 맞서 치렀어야 했을 이 전쟁에서 영국을 전쟁에서 멀리 떼어 놓고자 조심성을 발휘했던 사실을 역설해야 하는가?[59] 이와 같은 계획 — 당시의 글들과 연설을 통해 자체의 목표와 의미를 드러내는 — 을 경제적 이해관계의 갈등을 감추려는 불안정한 모습으로 간주하는 일이 꼭 필요했는가?

명기의 정치인. 1790년 자코뱅 당원이 되어 당통, 마라, 로베스피에르 등과 함께 혁명을 주도했다. 국민 공회 의원을 지냈으며, 로베스피에르의 실각과 더불어 유배형에 처해졌다. 나폴레옹 보나파르트가 석방 조치를 취했으나 이를 거절했고, 말년을 아이티에서 보내다 세상을 떠났다.

•• 본명은 루이마리 드 나바론 라라(Louis-Marie de Narbonne Lara, 1775~1813)이며 대혁명 당시 장군을 지냈다.

59 1792년 12월 15일의 법령 이후에도 망설임과 신중함이 계속되었던 사실을 기억하자. 브리소와 **지롱드파**는 네덜란드의 침공을 막기 위한 조치를 했다. 은행가인 클라비에르•(브리소 일파들의 친구)는 아시냐 지폐를 피점령국에 도입하는 생각에 반대했다. 드브리••는 국가가 더 이상 위험에 처해 있지 않다고 포고할 것과 공안위원회가 강요한 모든 조치를 폐지할 것을 제안했다. **지롱드파**는 전쟁이 점점 더 민주적인 정치를 부과한다는 사실을 깨달았으며, 이것은 실제로 그들이 우려하던 바였다. 그러나 전쟁을 선포한 것은 그들이었다는 사실이 날마다 언급되자 지롱드파들은 궁지에 몰리게 되었다. 실상 12월 15일의 법령은 경제적 목표를 가진 것이었지만, 정복한 나라들로 하여금 전쟁 비용 부담을 지게 하는 유럽 경제에 관한 것이라고 말할 수 있다. 이렇듯 영국과의 전쟁으로 인한 (게다가 절망적인) 경제적 양상은 주사위가 던져졌던 1793년에야 드러나게 된다.(원주)

• 에티엔 클라비에르(Étienne Clavière, 1735~1793). 제노바 출신의 은행가.

•• 장 앙투안 조제프 드브리(Jean Antoine Joseph Debry 또는 De Bry, 1760~1834). 프랑스 혁명 시기의 정치인으로 국민 공회 의원을 지냈다.

1792년도의 사람들에게 정치적 현실은 돌이킬 수 없는 절대적인 것이었음을 어떤 역사가도 ─ 설사 마르크스주의자일지라도 ─ 잊지 말아야 한다. 물론 당시 사람들은 좀 더 음험하고 분명히 밝혀지지 않는, 그러나 무한히 강력한 어떤 힘들의 작용을 무시해 버린 과오를 범하긴 했다. 하지만 바로 이 점이 그들을 1792년도의 부르주아로 규정한다.

대체 이와 같은 것이 그들의 행동 및 정치적 동기들을 규정하는 상대적 환원 불가능성을 거부하고 반대의 과오를 범할 이유가 되는가? 게다가 거친 환원을 시도하는 상부 구조의 현상에 반대하는 저항들의 힘과 성격을 못 박아 규정하려는 것이 여기에서 결코 문제 되지 않는다. 그렇게 하면 하나의 관념론에 또 다른 관념론을 대립시키는 일이 되기 때문이다. 단지 *선험주의*를 단순하게 거부할 필요가 있다. 행동이나 저작을 기본적 조건화에 의해 형성된 집단 혹은 개인의 상부 구조적 동기들이 반영된 것으로 보아야 하는지, 아니면 이 동기들을 경제적 모순과 물질적 이해의 갈등에 즉각적으로 관련시켜 설명해야만 하는지는 역사적 대상에 대한 편견 없는 검토를 통해서만 결정할 수 있다. 미국의 **남북 전쟁**은 북군의 청교도적 관념론에도 불구하고 경제 용어들로 곧바로 해석되어야 하며, 당시 사람들은 이 점을 의식하고 있었다. 반면에 프랑스의 혁명전쟁은 1793년부터 아주 정확하게 경제적 의미를 띠고 있었음에도 1792년 당시 중상 자본주의의 해묵은 갈등으로 *직접 환원*되지 않는다. 여기에서는 관련된 구체적 인간들, 기본적 조건화가 만든 특성, 사용된 이념적 도구들 그리고 **대혁명**의 실제적 환경이라는 매개를 반드시 거쳐야만 한다. 특히 부르주아는 그들의 왕성한 발전을 *내부에서* 방해했던 낡은 봉건제도의 질곡에 대항해서 투쟁했기 때문에 정치가 *자체적으로* 사회

경제적인 의미를 가진다는 사실을 기억해야 한다. 이와 마찬가지로 이념의 관대함을 *너무 빨리* 계급의 이해관계로 환원하는 것도 무리다. 이와 같은 태도는 오늘날 "마키아벨리주의자"라는 딱지를 붙이는 반마르크스주의자들에게 정당성을 줄 뿐이기 때문이다. **입법 의회**가 해방전쟁을 결정했을 때 의회가 복합적인 역사 과정에 몸을 내던진 것은 의심할 여지 없는 사실이고, 이 과정이 입법 의회로 하여금 정복 전쟁을 하도록 필연적으로 이끌었을 것이다. 그러나 1792년의 이념을 부르주아 제국주의에 던져진 단순한 덮개 역할로 축소하는 것은 그야말로 빈곤한 마키아벨리적 태도일 것이다. 이념의 객관적 현실과 효용성을 제대로 인식하지 못하면 우리는 마르크스가 자주 고발했던 이른바 *경제주의*라는 관념론으로 다시 추락하고 말 것이다.[60]

60   국가 재산의 매입자와 군대의 어용상인으로 이루어진 이 산악파 부르주아라는 존재는 논증을 위해 고안된 것이라는 생각이 든다. 게랭은 동물학자인 퀴비에●가 하듯이 이 부르주아지를 뼈대로부터 재구성하고 있다. 뼈대가 된 것은 **국민 공회**에 있던 부유한 캉봉이다. 실제로 캉봉은 **산악파**이고 호전적이며 **국가 재산**의 취득자였다. 사실 로베스피에르가 아주 명백하게 거부했던 12월 15일 법령의 배후자는 바로 이 캉봉이었다. 하지만 그는 뒤무리에●●● 장군의 영향을 받았다. 이 장군과 군대의 어용상인이 함께 관련되었던 오랜 기간의 역사를 거친 끝에 이 법령은 프랑스의 지폐 아시냐가 벨기에에서 유통되도록 교회와 귀족의 재산의 차압과 매매를 가능하게 하려는 목적을 띠었다. 영국과의 전쟁 위험에도 *불구하고* 법령은 통과되었으며, 캉봉과 법령을 지지한 모든 이들에게는 법령 자체가 프랑스와 영국의 경제적 경쟁 관계와 아무런 적극적인 관계가 없는 것으로 보였다. **국가 재산**의 매입자들은 독점적이었고 최고 가격제에 극도로 적대적이었다. 그들은 전쟁을 과도하게 몰고 갈 특별한 이해관계도 없었기 때문에 대개는 1794년의 타협에 동의했을 것이다. 의심을 받고 바짝 감시를 당하고 때로는 검거되기도 했던 군대의 어용상인들은 사회적 세력을 구성하지 못했다. 어쨌든 1793년에서 1794년까지의 **대혁명**은 대부르주아의 손을 벗어나 프티부르주아 계급에게 넘어갔음을 인정해야 한다. 프티부르주아는 전쟁을 계속했고, 대부르주아에 대항한 혁명적 운동을 처음엔 민중과 함께 나중에는 민중에 대립하여 밀고 나갔다. 이것이 그들의 최후이자 **대혁명**의 최후였다. 로베스피에르와 **산악파**가 전쟁 확대에 그렇게까지 심하게 대립하지 않았던 까닭은 (지롱드파의 이유와는 반대로) 무엇보다도 정치적인 이유 때문이다. **지롱드파**의 승리로 평화가 도래했으며, 12월 15일 법령의 거부는 평화에의 서곡이었다. 로베스피에르는 *이번의* 평화가 단지 일시적 휴전은 아닌지, 그리하여 두 번째 연합이 일어나는 것은 아닌지를 두려워했던 것이다. (원주)

  ● 조르주 프레데리크 퀴비에(Georges Frédéric Cuvier, 1773~1838). 프랑스의 동물학자.

왜 우리는 실망했는가? 무슨 이유로 게랭의 탁월하지만 그릇된 설명에 반대하는가? 그 이유는 구체적인 마르크스주의를 통해 실제 인간들을 심화시켜야지 독한 황산수에 인간을 녹여 버려서는 안 되기 때문이다. 전쟁을 상인 부르주아 계급의 작용으로 도식화시켜 성급하게 설명해 버리면 우리가 익히 알고 있는 인간들, 예를 들어 브리소, 가데, 장소네, 베르뇨[61] 같은 사람들을 사라지게 하거나 최종 분석에서 단순히 계급의 수동적 도구로 만들어 버리고 만다. 그런데 바로 1791년 말에 대부르주아는 대혁명의 통제권을 상실하는 중이었고(그들은 그 힘을 1794년에나 되찾는다.) 권력을 향해 상승하던 새로운 사람들은 다소간 계급을 이탈한 가난하고 별로 매인 것이 없는 프티부르주아들이었다. 그리고 이들은 자신의 운명을 열정적으로 **대혁명**에 결부시켰다. 물론 그들은 "상류 사회(보르도 지방의 사교계와는 크게 다른 **파리 사교계의**)"의 영향을 받았고 그것에 먹혀들어 갔다. 그러나 어떤 경우에도 그리고 어떤 방식으로도 보르도 선주들과 상업 제국주의의 집단적인 반응을 자발적으로 표현할 수 없었다. 부의 축적에는 호의적이었지만 일부 대부르주아의 이권을 확보하기 위해 **대혁명**을 전쟁의 위험에 빠뜨린다는 생각이 그들에게는 아주 낯선 것이었다. 더욱이 게랭의 이론은 다음과 같은 놀라운 결과로 이어진다. 즉 대외 무역으로부터 이득을 챙긴 부르주아는 영국의 힘을 파괴하기 위하여 오스트리아 황제에 대한 전쟁에 프랑스를 던져 버린다는 것이다. 이와 동시에 권력을 잡은 부르주아 대표들은 영국을 전쟁에서 멀리 떼

•• 조제프 캉봉(Joseph Cambon, 1756~1820). 대금융업자 가문 출신의 의원.
••• 샤를 뒤무리에(Charles Dumouriez, 1739~1823). 군인이며 외무 대신으로 나중에 반란을 일으킨다.
61 뒤의 세 사람은 각각 지롱드파가 의회에 보낸 당시의 탁월한 웅변가이자 의원 집단이다.

어 놓으려고 온갖 애를 쓴다. 1년 후 마침내 영국에 대해 전쟁을 선포했을 때 *성공의 순간에 좌절한* 이 부르주아는 더 이상 전쟁을 원치 않았고 새로운 토지 소유자인 부르주아에게(이들은 갈등의 확대에 관심이 없었다.) 전쟁을 넘겨준다.

우리는 왜 이토록 길게 논의했는가? 너무 성급히 실제를 총체화하고 증거도 없이 의미를 의도로, 결과를 실제로 겨냥된 목표로 변형시키면 현실이 사라져 버린다는 것을 가장 훌륭한 마르크스주의적 저자 중 하나인 게랭의 예를 통해 보여 주기 위해서다. 그리고 또한 완벽하게 정의된 실제 집단(**지롱드파**)을 불충분하게 규정된 집합체(수입자와 수출가인 부르주아)로 대치시키는 일은 무슨 수를 써서라도 막았어야 했다는 것을 보여 주기 위해서다. **지롱드파**는 실재했고 정해진 목적을 따랐으며, 정확한 상황하에서 외적 조건의 바탕에 따라 **역사**를 이루었다. 그들은 자기 이익을 위해 **대혁명**을 적당히 회피할 수 있다고 생각했지만 실제로는 혁명을 과격화했으며 민주화시켰다. 바로 이와 같은 *정치적 모순의 내면*을 통해 그들을 이해하고 설명해야 한다. 물론 브리소 일파가 내건 목표는 하나의 위장에 불과하며, 이 혁명적 부르주아들은 스스로를 그 옛날의 유명한 로마인들로 자처하며 행동했다는 것 그리고 그들이 한 일을 실제로 규정하는 것은 객관적 결과라는 등등의 말이 있을 것이다. 그러나 경계해야 할 것은 『루이 보나파르트의 브뤼메르 18일』에서 볼 수 있듯이 마르크스 사상의 독창성은 의도와 결과의 어려운 종합을 시도한다는 점에 있다. 그런데 오늘날 이 사상은 피상적이고 부정직하게 사용되고 있다.

사실 우리가 마르크스의 은유를 끝까지 밀고 나가면 인간 행동에 대한 새로운 이념에 도달한다. 햄릿 역을 맡아 자신의 연기에 빠진 한 배우를 상상해 보자. 그는 벽걸이 뒤에 숨은 폴로니어스를 죽이기 위해 어머니의 방을 지나간다. 그런데 *그가 행동하고 있는 곳*은 진짜 방이 아니다. 그는 관객 앞의 무대를 가로질러 가는 것이며 돈을 벌기 위해, 배우로서의 영광에 도달하기 위해 무대의 "오른쪽"에서 "왼쪽"으로 옮겨 가는 것이다. 그리고 이와 같은 실제 행위가 사회에서의 그의 위치를 결정한다. 그러나 이 *실제의* 결과가 일종의 상상적 행위의 방식으로 드러나는 것을 부정할 수는 없다. 즉 상상적 왕자의 방식은 그의 실제 방식이 굴절되고 우회된 모습을 통해 나타난다는 것을 부정할 수 없다. 또한 스스로 햄릿이라고 *생각하는* 방식 자체가 그 자신을 배우로 *인지하는* 그 나름대로의 방식임을 부인할 수 없다. 1789년대 우리의 로마인들[62]로 다시 이야기를 돌려 보자면 스스로를 로마 시대의 카토[63]라고 말하는 그들의 방식은 스스로를 부르주아로 만드는 방식이다. 즉 **역사**를 발견하는 한 계급의 구성원들인 이들 부르주아는 이미 그 역사를 정지시키려 하고, 자신들이 보편적임을 주장하면서 결국은 경쟁적 경제 토대 위에 고전 문화의 최후 계승자인 자기 구성원들의 자만에 찬 개인주의를 세우는 것이다. 모든 것이 여기에 있다. 스스로를 로마인이라고 공표하는 것과 **대혁명**을 중지시키려는 것은 매한가지 사실이다. 또는 브루투스[64]나 카토인 체를 잘하면 잘할수록 혁명은 더욱 쉽게 정지시킬 수 있다. 그 자체가 모호한 이러한 사상은 신비적인 목적을 띠게 되며, 애매한 지식을 객관적 목적으로 감싸 버린다. 이와 같이 우리는 주관적인 희극 — 아무것도 감추지 않는 단순한 외형의 유희이며 아무런 "무의식적" 요소도 없는 — 에

---

62   지롱드 일파를 뜻한다.
63   마르쿠스 카토(Marcus Cato, 기원전 234~149). 로마의 정치가.
64   마르쿠스 유니우스 브루투스(Marcus Junius Brutus, 기원전 85~42). 로마의 정치가. 카이사르를 살해했다.

대해서, 그리고 실제의 목적에 다다르기 위한 실제 수단들의 *객관적이고 의도적인* 조직에 대해서 — 어떤 의식이나 계획적인 의도가 이 기구를 구성하지 않고도 — 동시에 언급할 수 있게 된다. 간단히 말해 *상상적 실천*의 진실은 실질적 실천에 있으며, *상상적 실천*이 단지 상상적임을 자처하는 한 상상적 실천은 실질적 실천의 해석과 마찬가지로 실질적 실천에 대한 암암리의 참조를 감싸게 된다. 1789년도의 부르주아는 역사를 부정하고 정치를 덕목으로 대치함으로써 **대혁명**을 중지시키기 위해 카토로 자처한 것은 아니다. 또한 그들은 자신들이 했으면서도 자신들의 손아귀를 벗어나는 행동에 신화적인 이해를 부여하고자 브루투스와 닮았다고 생각하지도 않았다. 이것은 두 경우 모두에 해당한다. 그리고 바로 이와 같은 종합이 각자에게 실제적이고 객관적인 행위의 모태이면서 동시에 한 쌍을 이루는 것으로서 상상적 행위를 발견하도록 해 준다.

그러나 의미하는 바가 바로 *이런 것*이라면 브리소 일파는 설사 완전한 무지의 상태였을지라도 경제 전쟁을 일으킨 책임을 질 장본인이어야 한다. 이 외부적이고 중첩된 책임은 그들이 벌인 정치 희극이 지니는 모종의 막연한 의미로서 내면화되었어야 한다. 간단히 말해 사람들이 비판하는 것은 물리적 힘이 아니라 인간들이다. 그렇다면 대상화와 주관적인 것의 관계를 정하는 — 그리고 내가 개인적 입장으로 전적으로 지지하는 — 강경하지만 아주 정당한 이 개념의 이름으로 지롱드에게 무죄를 선고해야 한다. 그들 행위의 객관적 구성과 마찬가지로 그들이 벌인 희극과 내면의 꿈들은 영국과 프랑스 사이의 다가올 갈등으로 귀착되지 않기 때문이다.

그런데 이토록 어려운 이념이 오늘날에는 아주 빈번히 보잘것없는 자명한 이치로 축소되고 있다. 사람들은 브리소가 스스로 한 일을 몰랐다는 사실은 흔쾌히 인정하면서도 유럽의 정치, 사회적 구조가 조만간 전면전을 부추겼을 거라는 명백한 사실은 강조한다. 그리하여 **입법 의회**가 군주들과 **황제**에게 전쟁을 선포함으로써 영국의 왕에게 전쟁을 선포했다는 것이다. 바로 이것이 입법 의회가 부지불식간에 했던 일이다. 그런데 이 개념에는 특별히 마르크스적인 점이 전혀 없다. 단지 모두가 항상 알고 있던 바를 재삼 확언하고 있을 뿐이다. 즉 모든 예정된 계획은 실현 즉시 전 우주와 관계하며, 이렇게 맺어진 관계들의 무한한 증식은 우리의 판단을 넘어서기 때문에 모든 행위의 결과는 언제나 우리들 손아귀를 벗어나고 만다는 것이다. 이런 측면에서 사태를 살펴보면 인간 행동은 물리적 힘의 행동으로 귀착되고, 그 결과는 행동이 이루어지는 체계에 명백하게 의존한다. 단지 *바로 그렇기 때문에* 우리는 더 이상 *행위*에 대해 말할 수 없다. 그러나 인간이 *행동하는 것*이지 눈사태가 행동하는 것은 아니다. 마르크스주의자들의 자기기만은 목적론적인 해석의 이점을 유지하기 위해, 궁극적 목적에 의한 설명을 과도하고 거칠게 이용한 사실을 숨겨가면서 두 개념을 동시에 끌어들인 데 있다. 모든 사람에게 **역사**에 대한 기계론적인 해석을 드러내기 위해 두 번째 개념을 이용했고, 그리하여 목적을 사라지게 했다. 이와 동시에 첫 번째 개념을 사용해 행위 안에 포함된 필연적이지만 예측할 수 없는 결과들을 인간 행위의 실제적 목표로 슬그머니 변형시키고 있다. 그로부터 마르크스주의적 설명의 아주 피곤한 왕복 운동이 연유한다. 이렇게 해서 역사적 계획은 한 문장 한 문장이 암암리에 목표들(대개 이 목표들은 예측하지 못한 결과들일 뿐이다.)로 정의되거나 생기 없는 공간을 가로지르는 물리적 운동의 파급으로 귀착된다. 이것은 모순인가? 아니다. 이것은 자기기만이다. 이념들의 반짝임을 변증법과 혼동해서는 안 된다.

마르크스주의자의 형식주의는 제거 기획이다. *차별화*에 대한 단호한 거부로 인해 그 방법은 **공포 정치**와 같아지며, 그 목표는 최소의 노력으로 완전한 동화를 이룩하는 데 있다. 상대적 자율성을 유지하면서 다양한 것들을 있는 그대로 통합하려는 것이 아니라 다양성을 제거해 버리는 것이다. 이렇게 해서 *동일화*를 향한 항구적인 운동은 관료 제도의 획일적인 적용으로 드러난다. 특수한 결정들은 현실에서 특수한 개인들이 그러하듯이 이론에 의심을 불러일으킨다. 요즘 대부분의 마르크스주의자들에게 사고한다는 것은 총체화를 주장하는 것이고, 이런 구실로 특수성을 보편적인 것으로 대체하는 것을 의미한다. 이렇게 해서 우리를 구체적인 것으로 이끌어 간다고 주장하지만 제시되는 것은 근본적이지만 추상적인 결정들이다. 헤겔은 적어도 특수자는 극복된 특수성으로 존속하도록 했다. 예컨대 마르크스주의자들은 부르주아 사고를 그 독창성 안에서 이해하려는 일은 시간 낭비라고 생각할 것이다. 그들에게 중요한 것은 부르주아 사고가 관념론의 한 양상임을 보여 주는 일뿐이다. 그들도 물론 세상이 변했으므로 1956년도의 저서가 1930년도의 저서와 같지 않다는 사실은 인정한다. 계급의 관점을 반영하는 이데올로기 역시 마찬가지다. 부르주아지는 후퇴의 시기에 들어서고 있고, 이와 같은 새로운 입장과 새로운 전술을 표현하기 위해 관념론은 또 다른 형태를 취할 것이다.

그런데 마르크스주의를 신봉하는 지식인들에게 있어 이 변증법적 운동은 보편성의 영역을 떠나지 못한다. 그래서 변증법적 운동을 일반성 안에서 규정하고, 고려된 저서가 같은 시기에 나타났던 다른 모든 저서와 같은 방식으로 변증법 운동을 표현하고 있음을 드러내는 것이 문제가 된다. 그러므로 마르크스주의자는 하나의 행동이나 사상의 실제적 내용을 겉모습으로 여기게 되고, 특수한 것을 보편적인 것으로 용해시킨 후 겉모습을 진리로 환원했다고 자족하게 된다. 그러나 사실상 그는 현실에 대한 자신의 *주관적* 개념을 규정함으로써 스스로를 규정한 것에 불과하다. 마르크스는 이런 그릇된 보편성과는 너무도 거리가 멀기 때문에 가장 광범위한 결정들로부터 가장 세부적인 결정들로 차츰 거슬러 올라가면서 인간에 대한 자신의 지식이 변증법적으로 *생성되기*를 시도했었다. 마르크스는 라살[65]에게 보낸 편지에서 자신의 방법을 "추상에서 구체적인 것으로 거슬러 올라가는" 탐구라고 규정한 바 있다. 마르크스에게 구체성이란 위계화된 현실들과 결정들의 위계적 총체화다. "민중을 형성하고 있는 계급들을 빼면 민중이란 추상적인 개념이다. 그리고 이 계급들이 기대는 요소들, 예컨대 임금 노동, 자본 등의 요소들을 무시한다면 이번에는 계급이란 말은 의미 없는 공허한 것이 되고 만다.[66] 그러나 이와는 반대로 이 결정들을 지탱하는 현실, 그리고 이 결정에 의해 변형되는 현실로부터 그 근본적 결정을 분리해야 한다면 근본적 결정은 추상으로 남고 만다. 19세기 중반의 영국 민중이 단순히 양적으로만 고려되는 한 그것은 추상적 보편, 즉 "총체의 혼돈스러운 표상"[67]이다. 그러나 만약 우리가 경제적 범주를 영국 민중, 즉 산업화가 가장 발달한 자본주의 국가에서 역사를 이루며 사는 실재의 사람들에게 우선 적용하지 않는다면 그 범주 자체는 불충분하게 규정된 것이다. 마르크스가 하부 구조적 사실들에 가해지는 상부 구조의 작용을 보여 줄 수 있는 것은 바로 이와 같은 총체화의 이름으로써다.

"민중"을 그 가장 근본적인 구조들을 통해 규정하지 않는 한, 즉

65   페르디난트 라살(Ferdinand Lassalle, 1825~1864). 독일의 사회주의 지도자.
66   『정치경제학 비판(Critique de l'Economie politique)』(1859).(편집자 주)
67   위의 책.(편집자 주)

민중이 마르크스주의적 해석의 테두리 안에서 개념으로 자리매김되지 않는 한 민중은 추상적인 개념이라는 것이 사실이라면, 이런 테두리가 존재할 때 변증법적 방법에 익숙한 지식인에게는 인간과 그들의 대상화와 노동 그리고 인간관계들이 결국은 *가장 구체적인 것으로* 나타나는 것 역시 사실이다. 왜냐하면 처음의 개략적인 접근을 통해 인간들을 각각의 수준에 어렵지 않게 위치시키고, 일반적 결정을 발견하기 때문이다. 즉 한 사회의 운동과 특성들, 생산력의 발달 그리고 생산관계를 안다면 각각의 새로운 사실(인간, 행위, 저서)은 그 일반성 속에 *이미 위치된 것으로* 나타난다. 이렇게 해서 고려된 개개 사실의 독창성을 통해 좀 더 심오한 구조가 밝혀지고, 근본적 구조를 통해 이 독창성이 다시금 규정되는 진전이 이루어진다. 그러므로 여기에는 이중의 운동이 있는 것이다. 그런데 오늘날의 마르크스주의자들은 마치 마르크스주의란 존재하지 않는 것처럼 행동하고, 그들 각자가 모든 사유 행위에서 마르크스주의와 똑같은 마르크스주의를 재발견하는 것처럼 행동하고 있다. 그들은 인간이나 집단 혹은 한 권의 저서가 "총체의 혼돈스러운 표상"으로 보이는 것처럼 처신하는 것이다.(그러나 일례로 한 권의 책은 부르주아 사회에 속한 한 부르주아 작가가 발전해 가는 부르주아 사회의 어떤 시기에 쓴 것이라는 사실과, 이 모든 특성은 이미 다른 마르크스주의자들에 의해 설정된 것임을 우리는 너무도 잘 알고 있다.) 이렇게 해서 이 이론가들은 모든 것에서 소위 이와 같은 추상화를 — 즉 어떤 개인의 정치적 행동이나 그 문학 작품을 — *진정으로* 구체적인 어떤 현실(제국 자본주의, 관념론 등등)로 반드시 환원해야 할 것으로 본다. 하지만 이런 현실이란 *사실상 그 자체가* 추상적 결정화에 불과하다. 그 결과 한 권의 철학서에서 볼 수 있는 *구체적 현실*은 *관념론*이 되고, 이 저서는 관념론의 한 과도기적 형태를 대표할 뿐이며 이 저서 자체를 결핍과 무(無)로 특징짓고 만다. 결국 한 권의 저서의 존재란 "관념론"이라는 본질로의 영구적인 환원성이다. 바로 여기에서 항구적 물신화가 유래한다.[68]

차라리 루카치의 예를 보도록 하자. "물신화된 내면성의 항구적 카니발"이라는 그의 표현은 현학적이고 애매할 뿐 아니라 그 외양 자

---

68   그럼에도 내 견해로는 사회학과 역사를 유물론적 변증법의 관점에 통합하는 단순하면서도 비난할 데 없는 방법을 부여한 사람은 마르크스주의자인 앙리 르페브르다. 그의 구절 전체는 인용할 만하다. 그는 농민의 현실이 우선은 *수평적 복합성*으로 나타난다는 지적부터 한다. 한정된 농업 생산력과 기술을 소유한 인간 집단인 농민은 기술 자체와 이 기술이 규정하는 사회 구조와 관계를 맺으며, 이 사회 구조는 다시금 기술에 영향을 미친다는 것이다. 국가적이고 전 세계적인 큰 전체(예컨대 국가적 규모의 전문성을 조건 짓는 전체)에 광범하게 의존하는 특성을 갖는 이 인간 집단은 자세히 설명하고 확정해야 할 여러 양상(인구 통계학적 양상, 가족 구조, 주거, 종교 등)을 드러낸다. 그러나 르페브르는 이런 수평적 복합성에 "수직적 혹은 역사적 복합성"을 서둘러 첨가한다. 사실 농촌에는 "서로 다른 연령과 시기의 형성 과정들이 공존"한다. 두 개의 복합성은 서로 영향을 미친다. 일례로 그는 (경험적, 통계적 사회학이 아닌) 역사 하나만으로도 미국의 농촌을 설명할 수 있다는 놀라운 사실을 지적한다. 일례로 미국의 인구는 유휴지에서 증가했고, 토지 점유는 도시부터 이루어졌다.(반면 유럽의 도시는 농경지에서 발달했다.) 때문에 미국에는 엄격한 의미의 농경 문화가 부재하거나 혹은 기껏해야 퇴보한 도시 문화가 있을 뿐이라고 설명한다.

이와 같은 (두 쌍의) 복합성과 그 상호 관계를 빠뜨리지 않고 연구하기 위해 르페브르는 "보조적 기술을 사용하고, 여러 시기를 포함하는 아주 단순한 방법을" 다음과 같이 제시한다.

    1) *서술적*(Descriptif): 경험과 일반 이론의 세밀한 정보를 통한 시각으로 이루어진 관찰…….

    2) *분석적-후진적*(Analytico-régressif): 현실 분석. 분석의 정확한 *시대* 추정 노력…….

    3) *역사-발생적*(Historico-génétique): 밝혀지고 이해되고 설명된 현재를 재발견하려는 노력.

(앙리 르페브르, 「농촌 사회학의 관점(Perspective de sociologie rurale)」, 『사회학지(Cahiers de sociologie)』(1953).)

명쾌하고 풍부한 이 글에 더 이상 덧붙일 말은 없다. 단지 이 방법은 그 현상학적 서술의 단계와 후진과 전진의 이중 운동──대상들이 방법에 부과할 변형들과 더불어──을 드러내는 *모든 인간학의 영역*에 가치 있는 방법이라는 점을 지적하고 싶다. 뒤에서 다시 보겠지만 우리는 이 방법을 의미 작용, 개인들 자체, 개인들 사이의 구체적 관계들에 적용할 것이다. 비교를 가능하게 하면서도 개개 사실의 독창성을 끌어내 줄 이 유일한 방법만이 스스로 해답을 찾는 데 도움이 된다. 마르크스주의 지식인 중 르페브르를 쫓아 이 방법을 사용한 사람이 없다는 사실만은 유감으로 남는다.(원주)

체도 의심스럽다. 색채와 혼란과 소음을 연상시키는 *카니발*이라는 격렬하고 구체적인 단어를 채택한 것은 개념의 빈약함과 부질없음을 가리려는 명백한 의도를 지닌다. 왜냐하면 그것이 단지 당시의 문학적 주관주의를 지칭하고자 한다면 이런 주관주의는 *공표된* 것이기에 자명한 이치가 되고 말며, 또는 작가와 그의 주관성과의 관계가 필연적으로 *물신화*라고 주장한다면 너무 성급한 단언이 되기 때문이다. 와일드, 프루스트, 베르그송, 지드, 조이스 등은 각자의 이름만큼이나 다양한 서로 다른 주관성과의 관계가 있는 것이다. 세계를 비출 거울을 창조하여 공통 언어를 입증하고 새로운 언어적 보편성의 기초를 다지고자 했던 조이스나 분석을 통해 자아를 용해하고 순수한 기억의 마법을 통해 *실재하는 외부의 대상*을 그 완전한 독자성 안에서 재생시키려는 목표만을 가졌던 프루스트, 아리스토텔레스적인 휴머니즘의 전통에 서 있는 지드 등을 예로 볼 때 우리는 루카치의 견해와는 *정반대로* 이들 가운데 그 누구도 내면성의 물신주의자가 아니라는 것을 보여 줄 수 있다. 루카치의 이 개념은 경험에서 이끌어 낸 것도 개별적 인간 행동의 연구를 통해 세워진 것도 아니다. 그릇된 개별성으로 말미암아 이 개념은 헤겔식의 이념(**불행한 의식** 혹은 **아름다운 영혼**)이 되어 나름의 도구들을 창출한다.

이처럼 게으른 마르크스주의는 모든 것을 한데 구겨 집어넣고, 실제의 인간을 그 신화의 상징으로 만들며, 인간 존재의 복합성을 실제로 포착할 수 있는 유일한 철학을 편집광적인 꿈으로 변형시킨다. 가로디의 "위치시킨다."라는 말은 한 시대, 조건, 계급, 그 계급과 다른 계급의 힘의 관계 등 한쪽의 보편성과 공격적이거나 방어적인 다른 한편의 보편성(사회적 실천이나 이데올로기적 개념)을 서로 관련시킨다는 의미다. 그러나 이런 추상적 보편성들 사이의 상응 체계는 살펴보고자 하는 집단이나 개인이 제거되도록 아주 고의적으로 구성되어 있다. 그래서 만약 내가 지난 세기말의 프랑스 프티부르주아라는 구체적이고 역사적인 한 집단 출신인 프티부르주아 지식인 발레리를 이해하고자 한다면 차라리 마르크스주의자들에게 도움을 청하지 않는 편이 낫다. 왜냐하면 그들은 수적으로 정의된 집단 대신에 한 집단의 물질적 조건, 다른 집단들 사이에서의 그 위치(프티부르주아는 항상 이쪽 혹은 다른 쪽에서 보면…… 이라는 식으로 말한다.) 그리고 그 내적인 모순 등이 드러내는 이념으로 대치하기 때문이다. 그래서 결국 경제적 범주로 되돌아오고, 자본주의적 집중과 민중의 요청이라는 위협을 동시에 받는 이 프티부르주아의 특성을 되찾게 된다. 물론 그들의 사회적 태도에서의 동요는 여기에 근거한다. 이 모든 것은 아주 정확하다. 이와 같은 보편성의 뼈대는 그 *추상화의 단계*에서 진리이기조차 하다. 좀 더 멀리 밀고 나가 보면 제기된 질문들이 보편성의 영역에 머물 때 이 도식적 요소들의 조합을 통해 때로는 대답을 찾을 수도 있다.

그러나 발레리라는 개인이 문제다. 우리의 추상적 마르크스주의자는 사소한 것에는 감동하지 않기 때문에 유물론의 지속적인 진보를 수긍하고 염세주의가 미약하게 가미된 분석적, 수학적 관념론을 묘사하지만 이것도 결국 상승하는 철학의 유물론적 합리주의에 대한 방어적인 반격으로 소개되는 정도로 끝날 것이다. 모든 특성은 이 유물론과의 *관련하*에서 변증법적으로 결정된다. 유물론은 항상 독립 변수로 소개되며, 결코 영향을 받지 않는다. 역사적 *실천*의 표현인, 역사 주체로서의 유물론적 "사고"는 *적극적인 유도 요소의 역할*을 담당한다. 부르주아의 작품과 관념 안에서는 *실천적 시도*(그러나 이 시도는 늘 헛되다.)만을 보려고 하는데, 이 시도란 점점 더 거센 공격을 막아 내기 위해 진지를 재정비하고 틈새와 터진 곳을 틀어막아 마침내는 적의 침투를 소화하려는 것이다. 이렇게 서술된 이데올로기의 거의 전적인 불확정 상태는 추상적 도식을 만들어 내도록 하며, 이 도식이 동시대 작품들의 제조를 주관하게 된다. 바로 이 순간에 분석은 중단되고 마르크스주의자는 자신의 작업이 완결되었다고 판단한다. 그리하여 발레리라는 개인은 사라지고 만다.

우리도 역시 관념론은 *하나의 대상*이라고 주장한다. 그 증거로 우리는 관념론을 지시하고 가르치고 채택하거나 그것과 논쟁을 벌인다. 따라서 관념론은 역사를 가지게 되며 끊임없이 변화하게 된다. 이 관념론은 한때 살아 있는 철학이었으나 이제는 죽어 버린 철학이며, 한때 인간들 사이의 어떤 관계를 증명했으나 오늘날에는 비인간적인(예컨대 부르주아 지식인들 사이의) 관계를 표시한다. 하지만 바로 이런 이유로 우리는 관념론을 정신에 투명하게 보이는 *선험성*으로 생각하지 않는다. 그렇다고 해서 이 관념론이 하나의 *사물*로 보인다는 의미는 아니다. 그렇지는 않다. 단지 우리는 이 철학을 현실의 한 특수한 유형, 즉 관념-대상으로 여기는 것이다. 이 현실은 우리가 뒤에서 검증할 "집합태"의 범주에 속한다. 우리가 보기에 이와 같은 현실의 실존은 실제적인 것이기에 경험, 관찰, 현상학적 서술, 이해 그리고 전문적인 작업에 의하지 않고서는 그것에 대해 아무것도 알 수가 없다. 오늘 우리에게는 이 *실제적* 대상이 객관적 문화의 한 결정으로 보이지만 당시의 상승 계급에게는 신랄하고 비판적인 사고였고, 중간 계급에게는 일종의 보수적 사고 형태가 되었다.(경우에 따라 공리주의나 인종 차별주의 등등을 합법화시키던 과학적 유물론 및 여러 다른 보수적 사고들도 있었다.) 우리가 보기에 이 "집단적 도구"는 다른 것들, 예컨대 고딕식 교회 같은 것과는 전혀 다른 현실을 제공하지만 고딕 교회만큼의 역사적 *깊이*와 실제적 현존을 가지고 있다. 많은 마르크스주의자는 거기에서 세상에 흩어져 있는 사고들의 공동 의미만을 보려고 한다. 하지만 우리는 그들보다는 현실적이다. 바로 여기에 관계를 전도시키기를 거부하며, 체제를 물신화하고 관념론적 지식인들을 그 체제의 표명으로 간주하는 것을 거부하는 이유가 또 있다. 우리는 발레리의 이데올로기를 *부분적으로 관념론과 관련된* 특징을 지닌 어떤 존재의 구체적이고 개별적인 산물로 여긴다. 그러나 이 존재는 특수성 안에서, 그리고 우선은 그를 배출한 구체적 집단으로부터 출발해서 해독되어야 한다고 생각한다. 그렇다고 해서 그의 반응에 그가 속한 환경과 계급 등의 반응이 포함되지 않았다는 의미는 결코 아니다. 단지 그러한 반응들은 관찰을 통해서 그리고 이 질문에 관련된 가능한 지식의 전부를 총체화하려는 노력 속에서 *귀납적으로* 습득되어야 한다는 것이다.

　발레리가 프티부르주아 지식인이라는 사실에는 의심의 여지가 없다. 하지만 모든 프티부르주아 지식인이 다 발레리인 것은 아니다. 해답을 스스로 찾는 데 도움이 되지 않는 현재의 마르크스주의의 부족함은 바로 위의 두 문장에서 드러난다. 마르크스주의에는 인격이 만들어지는 과정과 주어진 역사적 시기의 사회와 계급 내부에서 그 인격이 생산해 내는 산물을 포착하기 위한 매개들의 위계가 결여되어 있다. 발레리를 프티부르주아로, 그의 작품은 관념론자의 것으로 한정한 마르크스주의는 두 경우에서 모두 자신이 집어넣은 것만을 재발견할 뿐이다. 바로 이런 부족함 때문에 마르크스주의는 특수한 것을 단순한 우연의 결과로 정의한 후 결국 그 특수한 것을 떨궈 버리고 만다. 엥겔스는 다음과 같이 말한다. "어떤 한 사람이 정해진 한 시대, 어떤 한 나라에서 성장하게 되는 것은 물론 순전한 우연이다. 그러나 만약 나폴레옹이 없었더라면 다른 누군가가 그 자리를 채웠을 것이며…… **역사**에서 나타나는 모든 우연과 우연으로 보이는 모든 일들도 마찬가지다. 우리가 탐색하려는 영역이 경제로부터 점점 더 멀어져서 추상적 이데올로기의 성격을 띨수록 그 진전 과정에서 우리는 더 많은 우연을 발견하게 된다. ……하지만 우연이 그려 내는 곡선의 평균 축을 그어 보자. 이 축은 경제 발전의 축과 평행선을 이루게 된다."[69] 다시 말하자면 엥겔스가 보기에 한 사람의 구체적 성격은 "추상적 이데올로기의 한 성격"이라는 것이다. 실제적이고 감지될 수 있는 것은 (인생, 역사, 당, 사회 집단이 그려 내는) 곡선의 평균 축일 뿐이며, 이 보편성의 순간은 또 다른 (정확히 말해서 경제의) 보편성과 상응한다.

그런데 실존주의는 이 선언을 변증법적 운동의 자의적인 한계로, 사고의 중단으로, 이해의 거부로 간주한다. 오로지 자체적으로 무한정 스스로만을 비추는 것에 만족하는 보편성을 관조하기 위해 생각할 수도 없는 출생의 우연에 실제의 삶을 맡겨 버리는 일을 실존주의는 거부한다.[70] 실존주의는 마르크스주의자의 명제에 충실하면서 생산력과 생산관계의 일반적 모순들로부터 개별적 구체성 — 인생, 실제의 날짜가 정해진 투쟁, 개인 — 을 드러내는 매개들을 발견하고자 한다. 예컨대 오늘날 마르크스주의는 플로베르의 사실주의가 **제2제정** 당시 프티부르주아의 정치, 사회적인 발달과 서로 상징적 관계에 있음을 보여 준다. 그러나 이런 관점의 상호성에 대한 기원은 결코 보

---

69   한스 슈타르켄부르크에게 보낸 편지.(편집자 주)
70   평행하는 평균 축들은 결국 단 하나의 선으로 귀결한다. 이런 시각에서 보면 생산관계, 정치 사회적 구조 그리고 이데올로기는 (스피노자의 철학에서처럼) 단지 "동일한 문장의 여러 다른 해석들"로 보인다.(원주)

여 주지 않는다. 우리는 왜 플로베르가 다른 무엇보다도 문학을 좋아했는지, 왜 그가 은둔 생활을 했는지, 왜 하필이면 뒤랑티[71]나 공쿠르 형제 같은 리얼리즘 작품이 아닌 바로 그 작품들을 썼는지에 대해서 모른다.

마르크스주의를 통해서 위치 설정은 가능하지만 그 이상 아무것도 발견되지 않는다. 그러고는 다른 학문들이 원칙도 없이 플로베르의 삶과 개인에 대한 정확한 상황을 확립하도록 방치한 후 자신의 도식들이 다시금 입증되었음을 증명하러 나선다. 사태들은 있는 그대로이고, 계급 투쟁은 이런저런 형태를 취했을 것이고, 부르주아에 속했던 플로베르는 그 자신이 살아온 대로 살아야 했고, 그가 썼던 작품을 썼을 것이라는 식이다. 그런데 "부르주아에 속했다."라는 말의 의미에 대해서는 아무 말도 하지 않은 채 그냥 지나쳐 버린다. 왜냐하면 플로베르를 부르주아로 만든 것은 부동산 연금도 아니고, 그의 작업이 매우 지적이기 때문만도 아니기 때문이다. 그는 *부르주아로 태어났기* 때문에 부르주아에 속한 것이다. 즉 그는 *이미 부르주아인* 가정에서 태어났으며,[72] 루앙의 외과 의사였던 부친은 자기 계급의 상승 흐름에 휩쓸렸다. 플로베르가 부르주아로서 느끼며 사고했던 까닭은 그 자신에게 부과된 역할과 몸짓 등의 의미를 깨달을 수도 없던 시기에 사람들이 그를 부르주아처럼 행동하도록 만들었기 때문이다. 모든 가정처럼 그의 가정도 유별났다. 모친은 귀족에 속했고, 부친은 그 지방 수의사의 아들이었다. 겉으로 드러난 재능이 더 많았던 플로베

---

71   루이 에드몽 뒤랑티(Louis Edmond Duranty, 1833~1880). 프랑스의 작가. 리얼리즘 문학
      운동의 대표자 중 한 명.
72   또한 *부르주아지로 들어서게* 되는 경우도 있다. 그러나 어떤 경계를 넘어선 후에 프티부르주아
      가 된 것과 태어날 때부터 프티부르주아인 경우는 서로 다르다.(원주)

르의 형은 일찍부터 그에게 미움의 대상이 되었다. 귀스타브 플로베르가 모호하게나마 자기 계급을 차츰 몸에 익히게 되는 것은 바로 이 가정 고유의 모순들이 얽혀 이루어진 특수한 역사를 통해서다. 거기에 우연이란, 적어도 사람들이 생각하는 그런 우연이란 존재하지 않는다. 즉 아이는 보편적인 것을 특수하게 겪어 나갔기 때문에 이런저런 모습으로 커 갔다. 그는 다시금 소생하려는 전제 군주제의 종교적 허식과 **프랑스 대혁명**의 후예이며 프티부르주아였던 아버지의 무종교 사이의 갈등을 특수하게 체험했다. 일반적으로 보면 이 갈등은 **국가 재산**을 획득한 자들과 산업 부르주아들에 대항한 옛 토지 소유자들의 투쟁으로 해석할 수 있다.

플로베르는 이와 같은 모순(게다가 **왕정복고**하에서 잠정적인 균형으로 가려진)을 혼자 몸소 체험했다. 귀족을 향한, 특히 신앙을 향한 그의 열망은 부친의 분석적 정신에 의해 끊임없이 뭉개졌다. 플로베르는 그리하여, 자신의 주요한 적대자인 **신**을 죽도록 파괴하려 들고 아들의 열정을 한갓 신체적 기질로만 몰아붙이며 짓누르는 아버지를 *자기 안에 들어앉히게* 되었다. 어린 플로베르는 이 모든 것을 어둠 속에서 겪어 냈을 뿐이다. 부르주아 집안의 물질적 상황 안에서 잘 먹고 좋은 보살핌을 받았지만 현실에 대해 어떤 의식도 갖지 못한 채 공포와 도피와 몰이해 속에서 세상과 격리되어 무기력하게 커 갔다. 플로베르가 앞으로 자신에게 제시될 직업들을 통해 미래의 조건을 체험하게 된 것은 *어린아이로서다*. **의과 대학**의 수재였던 형에 대한 증오로 그는 **과학**의 길을 스스로 차단해 버린다. 말하자면 그는 "프티부르주아" 엘리트가 되기를 바라지도 시도하지도 않았다. 그에게는 **법학**만이 남았다. 스스로 열등하다고 생각했던 이 경력들을 통해 그는 자기 계급을 몹시 싫어하게 된다. 이런 혐오는 의식화이면서 동시에 프티부르주아로부터의 결정적 소외가 된다. 그는 또한 부르주아적 죽음을 체험하는데, 우리가 태어나면서부터 함께하는 이 고독을 그는 가정의 구조를 통해 체험한다. 그와 누이가 함께 놀던 정원은 아버지가 시체를 해부하던 실험실 바로 옆에 있었다. 죽음, 시체들, 곧 죽게 될 누이, 학문, 아버지의 무종교, 이 모든 것이 복합적이고도 아주 독특한 태도 속에 결합한다. **신** 없는 종교와 단순한 과학만능주의의 폭발적인 혼합이 플로베르를 형성했으며, 그는 이것을 형식 예술에 대한 사랑으로 극복하고자 했다. 이것이 *어린 시절*, 즉 어른의 상황과는 근본적으로 구별되는 상황에서 일어났다는 사실만 제대로 이해할 수 있다면 모든 것은 설명된다. 극복할 수 없는 편견들을 만들어 내는 것은 어린 시절이다. 훈련의 혹독함과 훈련되는 동물의 혼란 속에서 그런 환경에 속해 있다는 사실을 *마치 특별한 사건처럼* 느끼게 되는 것 역시 어린 시절이다.

오늘날 아무것도 모르는 어린아이가 어른들에 의해 부과된 사회적 인격체의 역할을 어둠 속에서 더듬거리며 시도하는 과정을 근본적으로 연구하는 것은 정신 분석학뿐이다. 정신 분석학만이 아이가 자신의 역할에 질식되고 있는지, 그로부터 도망치려 하는지 혹은 완전히 동화되고 있는지를 보여 줄 수 있다. 정신 분석학만이 어른 속에서 한 사람의 전체를 되찾도록, 즉 현재 그가 내리는 결정들만 아니라 그 개인이 지닌 역사의 무게까지도 되찾게 해 준다. 이 학문이 변증법적 유물론과 정반대의 위치에 있다고 생각하면 큰 잘못이다. 물론 **서구**의 비전문적 애호가들은 사회나 역사에 대한 "분석적" 이론들을 구축했지만 실제로는 관념론으로 빠져들고 말았다. 로베스피에르가 했던 행동의 모순들이 상황의 객관적 모순들에 의해 조건 지어졌다는 사실조차 이해하지 않은 채 그를 수없이 정신 분석의 대상으

로 삼지 않았던가? 민주주의 체제에 의해 마비된 테르미도르 일파[73]
에 속하는 부르주아들이 실제로는 군사 독재를 주창하고 나서게 된
상황을 이해하고 나면 나폴레옹의 행위를 실패 행위로 설명하는 정
신 분석가의 글을 읽을 때 몹시 화가 날 것이다. 벨기에의 사회학자인
드 망[74]은 계급 갈등들을 "프롤레타리아의 열등감"으로부터 유래한
것으로까지 밀고 나간다. 마르크스주의는 **보편적 지식**이 되어 이제
는 거꾸로 정신 분석학의 목을 조르면서 그것을 자기 속에 통합시키
고자 한다. 정신 분석학을 사멸한 관념으로 만들어 고갈된 체계 속에
위치시키는 것이다. 즉 정신 분석학을 관념론이 가면을 쓰고 다시 나
타났거나 내면성을 고집하는 물신주의가 표변한 것으로 본다.

　그러나 위의 두 경우 철학자들은 마르크스주의를 "도식화하는 사
람들"에게서 스스로의 정당성을 찾고자 하며, 역으로 보면 마르크스
주의자 역시 마찬가지다. 사실 변증법적 유물론은 일반적이고 추상
적인 결정들을 개별적 개인의 특성으로 넘어가게 해 주는 특권적 매
개 없이는 더 이상 오래 버틸 수 없다. 정신 분석학은 원칙도 없고 기
본적 이론도 없다. 기껏해야 완벽하게 무해한 신화 —— 융이나 프로이
트의 몇몇 저서에서 나타나는 —— 를 동반할 뿐이다. 사실 정신 분석
학은 무엇보다도 주어진 사회 내부에서 어린아이가 자신의 가족 관
계를 체험하는 양상을 설정하는 방법에 몰두한다. 그렇다고 해서 이
방법이 사회 제도들의 우위를 의심하는 것은 아니다. 이와는 정반대
로 연구 대상인 아이는 그가 속한 *이런저런* 개별 가족 구조에 의존하
며, 이 가족은 이런저런 상황들 가운데 그 계급에 고유한 가족 구조
가 개별적으로 드러난 것뿐이라고 생각한다. 이렇게 해서 정신 분석

73　프랑스 혁명력 11월인 테르미도르 9일, 즉 1794년 7월 27일에 로베스피에르를 타도한 일파.
74　앙리 드 망(Henri De Man, 1885~1953). 벨기에의 좌파 정치가이자 이론가.

학의 논문들은 — 가능하면 — 18세기와 20세기 사이의 프랑스 가족 발달사를 강조하며, 이 가족 발달사는 생산관계들의 일반적 진전 모습을 나름대로 보여 준다.

오늘날 마르크스주의자들은 어른들만을 고려한다. 그래서 마르크스주의자들의 글을 읽으면 우리는 마치 첫 월급을 타는 나이가 되어서야 세상에 태어나는 것처럼 생각된다. 이들은 각자의 고유한 어린 시절을 망각하고 모든 사람이 무엇보다도 *자기* 노동을 통해서 소외와 사물화를 체험하는 것처럼 말하고 있다. 그러나 모든 인간은 우선 부모의 노동을 통해 아이로서 소외와 사물화를 체험한다. 정신 분석학이 지나치게 극단적으로 성적 해석을 한다는 사실에 정면으로 맞선 마르크스주의자들은 각 개인에게서 본성을 **역사**로 바꿔 버리기만을 주장하는 해석 방법을 비난하는 데 그 사실을 이용한다. 그들은 성이란 삶의 어떤 단계에서 그리고 개인적 모험의 어떤 관점에서 우리 조건의 총체성을 체험하는 한 방식일 뿐이라는 점을 아직 이해하지 못하고 있다. 이와 반대로 실존주의는 정신 분석학의 방법을 통합할 수 있다고 믿는다. 왜냐하면 이 방법은 인간이 자기 계급에 동화되는 지점, 즉 보편적 계급과 개인 사이의 매개로서의 개별 가족을 찾아내기 때문이다. 사실 가족이란 **역사**의 일반적 흐름에 의해서 그리고 그 흐름 안에서 이루어지며, 어린 시절의 불투명함과 깊이 속에서 하나의 절대로서 체험된다.

플로베르의 집안은 반(半)가정적 형태를 띠었고, 의사이던 부친이 환자들을 보살피러 가거나 자주 드나들던 산업화한 가정들에 비해 좀 뒤떨어져 있었다. 지도 교수인 뒤피트랑[75] 때문에 자기가 망가졌다

---

75   기용 뒤피트랑(Guillaume Dupuytren, 1777~1835). 프랑스의 해부학자이자 의사.

고 판단한 플로베르의 부친은 자신의 장점과 명성, 볼테르식의 아이러니, 끔찍한 분노, 우울증 등으로 모두를 두려움에 떨게 했다. 우리는 여기에서 어린 플로베르와 모친의 관계는 결코 결정적이지 않았음을 쉽게 이해할 수 있다. 그녀는 무서운 아버지 곁의 그림자일 뿐이었다. 이 점이 플로베르를 흔히 동시대 사람들과 갈라놓는 아주 선명한 차이다. 부유층 부르주아들 사이에서는 부부 중심의 가정 형태가 유행하던 때였기 때문에 뒤 캉이나 르 푸아트뱅[76] 같은 친구들은 *가장의 강권적인 힘*으로부터 벗어난 아이들의 모습을 대표했다. 하지만 플로베르는 아버지에 "고착"된 특성을 보인다.

반면에 같은 해에 태어난 보들레르는 전 생애에 걸쳐 어머니에 고착된다. 이와 같은 차이는 환경의 차이로 설명된다. 플로베르의 부르주아적 특성은 투박하지만 새로운 것이었다.(애매한 상태로 귀족에 속한 모친은 소멸해 가던 토지 소유자 계급을 대표하며, 작은 마을 출신이었던 부친은 겨울이면 루앙이란 도시에서는 보기 드문, 염소 가죽으로 된 농부 옷을 여전히 입고 다녔다.) 이 부르주아는 시골 태생이므로 돈을 벌어들여 부자가 되자 땅을 사서 다시 시골로 되돌아간다. 역시 부르주아인 보들레르의 가정은 오래전부터 도시에 살던 사람들로 스스로를 예전의 법복 귀족에 속한다고 생각했으며, 주식과 증권을 소유했다. 두 지배자[77] 사이에서 얼마간 지내던 보들레르의 모친은 스스로 자율성의 빛을 발하며 홀로서기를 한다. 나중에 오피크[78] 대령이 엄격하게 굴어도 이미 소용없는 일이었다. 어리석고 꽤나 허황하긴 하지만 매력적이었던 그녀는 당시의 흐름을 잘 탔기 때문에 계속해서 *그녀 스스로의*

---

76   두 사람은 플로베르의 법대 시절 친구들이다.(편집자 주)
77   첫 남편과 아들.
78   보들레르 어머니의 두 번째 남편.

힘으로 존재하게 된다.

그러나 그들 각자가 처음 몇 년간을 마치 심오하고 고독한 현실로 여기면서 혼돈과 미망 속에 살아간다는 사실을 조심해서 살펴보아야 한다. 즉 이 시기에 이루어지는 외부적인 것의 내면화는 돌이킬 수가 없다. 어린 보들레르의 "균열"[79]은 물론 편모슬하와 아주 아름다운 어머니의 재혼에서 비롯된다. 하지만 죽을 때까지 보들레르를 쫓아다닌 것은 그가 영위한 삶의 고유한 특성이었던 불균형과 불행이기도 하다. 아버지에 대한 플로베르의 "고착"은 집단 구조의 표현이다. 또한 이것은 부르주아를 향한 그의 증오, 그의 "히스테리성" 발작, 수도승 같은 그의 소명이다. 정신 분석은 변증법적 총체화 내에서 작용하며 한편으로는 객관적 구조와 물질적 조건을 가리키고, 다른 한편으로는 극복할 수 없는 어린 시절이 성인이 된 우리 삶에 가하는 작용을 가리킨다. 『보바리 부인(*Madame Bovary*)』이란 작품을 정치적, 사회적 구조와 프티부르주아의 발달에 직접 연결하는 것은 더 이상 가능하지 않다. 오히려 플로베르가 어린 시절을 통해 체험한 그대로의 현실에 작품을 연관시켜야 한다. 물론 그로부터 어느 정도의 간격이 생겨난다. 작품이 나타난 시대 자체와 비교해 볼 때 작품에 *이력 현상* (hystérésis)[80]이 생기는 까닭은 작품이 동시대의 여러 가지 의미와 최

---

79 사르트르의 실존적 정신 분석학에 의하면 보들레르는 어머니의 재혼 이전에 어머니와 합체하여 그녀와 '하나'를 이루고 있다고 생각했으나 재혼 이후 갈라지면서 그의 내부에 이 '균열'이 생겨났다. 이는 사르트르 자신에게도 그대로 적용된다고 할 수 있다. 그러니까 어머니 안느 마리가 조제프 망시와 재혼했을 때 사르트르 역시 마음의 '균열'을 느꼈다는 것이다.

80 원뜻은 외부적인 힘에 의해 성질이 변한 어떤 물체가 변화의 원인이 제거됐는데도 본래 상태로 되돌아가지 않는 현상을 말한다. 물리학, 생물학, 경제학 등과 같은 여러 분야에서 사용된다. 여기에서 사르트르는 플로베르가 작품 활동을 하던 성인 시절에 이미 어린 시절의 요소가 사라졌음에도 작품에 그의 어린 시절을 특징짓는 여러 요소가 나타나는 것을 설명하는 데 이 용어를 사용하고 있다. 마르크스주의자들이 작가나 작품을 설명하면서 작가의 어린 시절이나 무의식 등을 고려하지 않고 오로지 사회적, 역사적 조건들만을 고려하기 때문에 이 부분을 보충하려면

근의 것이지만 이미 극복한 사회상을 나타내는 다른 의미들을 자체 속에서 결합시켜야 하기 때문이다. 마르크스주의자가 항상 소홀히 다뤄 온 이 *이력* 현상은 진정한 사회 현실을 나름대로 설명해 내며, 이 사회 현실에서 *동시대*의 사건, 생산물, 행위들이 그 시간적 깊이의 놀라운 다양성을 통해 특징을 드러낸다. 플로베르가 살던 시대(『보바리 부인』의 시기)보다 앞서 나타나는 순간이 있는 것은 *그가 살던 시대보다 뒤처져 있기* 때문이다. 그리고 그의 작품이 낭만주의에 신물이 난 세대에게 1830년대를 살았던 한 학생의 후기 낭만주의적 절망을 위장된 형식으로 표현하고 있기 때문이다. 이 작품의 객관적 의미는 ── 텐[81]의 충실한 제자인 마르크스주의자들은 이를 작가가 살았던 시기가 결정해 주는 것이라고 아주 단순하게 생각해 버린다 ── 새로운 젊은 세대의 독자가 자기 고유의 역사로부터 요구하는 것과 작가가 스스로의 역사로부터 그 젊은 세대에게 제공할 수 있었던 것 사이의 타협의 결과다. 즉 그 작품은 이 프티부르주아 지식인이 거쳐 왔던 두 시기의(1830년과 1845년) 역설적인 결합을 실현한다. 바로 이와 같은 사실로부터 우리는 그 작품을 한 계층 혹은 체제에 대항한 무기라는 새로운 관점으로 *이용할 수 있게* 된다.[82] 그러나 마르크스주의

정신 분석학의 도입이 필요하다는 것을 보여 주기 위해서다.

81 이폴리트 텐(Hippolyte Taine, 1828~1893). 프랑스의 역사가, 철학가이며 실증주의 문학 비평가.

82 이 젊은 독자는 *패배주의자*들이다. 그들은 **대혁명**에 실패한 자신의 부끄러움을 지우기 위해, 작가들이 행동이 불가능하다는 것을 보여 주기를 요구했다. 그들에게 리얼리즘이란 현실을 단죄하는 것이고 삶이란 완전한 파산이었다. 플로베르의 염세주의는 『보바리 부인』 여기저기에서 발견되는 그 긍정적 보완책(미학적 신비주의라는)을 갖게 된다. 이것은 확실히 눈에 들어오는 것이지만 대중들이 작품 속에서 추구하던 바는 아니었기에 거기에 "빠져들 수는" 없었다. 보들레르만은 그 점을 정확하게 보았기 때문에 "『성 앙투안의 유혹(La Tentation de saint Antoine)』과 『보바리 부인』은 같은 주제를 갖고 있다."라고 지적할 수 있었다. 그러나 독서를 통한 책의 변형이라는 이러한 *새롭고 집단적인 사건*에 대항해서 그가 무엇을 할 수 있었겠는

는 이 새로운 방법들에 대해 아무것도 두려워하지 않는다. 왜냐하면 이 방법들이란 것이 현실의 구체적인 부분들만을 단순히 재구성하며, 개인의 불안들은 그것들이 인간의 소외를 구체적으로 표현한다는 것이 상기될 때에야 진정한 의미를 갖기 때문이다. 오늘날 정신 분석학의 도움을 받은 실존주의는 어린 시절 이래 인간이 스스로를 상실한 상황들만을 연구할 수 있을 뿐이다. 그 까닭은 착취에 근거한 사회에는 더 이상 다른 상황이 없기 때문이다.[83]

매개에 대한 설명이 아직 끝나지 않았다. 생산관계와 정치, 사회적 구조의 수준에서 볼 때 한 개인은 그가 맺는 *인간관계*들을 통해 조건 지어진다. 일차적이고 일반적인 진리에서는 이런 조건화가 "생산력과 생산관계 사이의 갈등"으로 귀착한다는 사실은 의심할 여지

가? 『보바리 부인』의 의미는 오늘날까지도 베일에 가려 있다. 1957년 오늘날 이 작품을 알게 된 젊은이는 자기도 모르는 사이에 이 작품의 방향을 비껴가게 한 죽음들을 통해서 작품의 의미를 발견하고 있기 때문이다.(원주)

83 그렇지만 의문점이 생긴다. 마르크스주의자들은 개인의 사회적 행위는 자기 계급의 일반적 이해에 따라 조건 지어진다고 주장한다. 이 이해관계 — 처음에는 추상적인 — 는 변증법적 운동을 통해서 우리를 구속하는 구체적 힘이 된다. 우리의 지평을 가로막는 것이 바로 이해관계이며, 이것은 우리 자신의 입을 통해 표현된다. 우리의 입을 통해 표현되는 것이 이 이해관계고 우리가 스스로의 행동을 끝까지 이해하고자 할 때나 주변의 환경으로부터 벗어나려고 할 때 우리를 제지하는 것도 바로 이 이해관계다. 그렇다면 이 명제는 우리의 현재 행위가 어린 시절의 조건화에 의해 이루어진다는 생각과 양립할 수 없는가? 내 생각으론 그렇지 않다. 오히려 분석적 매개는 아무것도 변화시키지 않는다는 사실을 쉽게 알 수 있다. 물론 우리의 편견, 관념, 믿음 등은 우선 *어린 시절에 경험된 것*이므로 대개 극복할 수 없는 것이 사실이다. 이성에 대한 우리의 비합리적인 반응과 저항은 — 부분적으로 — 어린 시절의 맹목과 장기화한 혼란으로 설명된다. 그러나 이와 같은 극복할 수 없는 어린 시절이란 것이 주변의 일반적 이해관계를 겪어 내는 한 독특한 방식이 아니라면 도대체 무엇이겠는가? 아무것도 변화하지 않았다. 도리어 집착, 범죄적인 미친 정열, 영웅주의조차도 그 *진정한 두께*와 뿌리박기 그리고 과거를 되찾는다. 매개로 인식된 정신 분석은 그 어떤 새로운 설명의 원칙도 개입시키지 않는다. 정신 분석은 개인과 그가 속한 계급이나 환경과의 직접적이고 현존적인 관계를 부정하지 않으려고 조심하기까지 한다. 정신 분석은 한정된 한 사회 계층의 구성원인 개인이 스스로를 실현해 가는 바로 그 방식으로 역사성과 부정성을 다시 도입하는 것이다.(원주)

가 없다. 그러나 이 모든 것이 그렇게 단순하게 *체험되지*는 않는다. 차라리 문제는 *환원*이 가능한가를 살펴보는 것이다. 개인은 자신이 어떤 집단에 속해 있다는 사실을 통해서 스스로의 조건을 다소간 명확하게 체험하고 알게 된다. 대개의 집단은 국지적이고 한정적이며 직접적으로 주어진다. 사실 공장의 노동자는 그 "생산 집단"의 압력을 받는다. 그런데 만약 노동자가 파리와 같은 대도시의 경우에서처럼 자기의 노동 장소와 멀리 떨어진 곳에서 산다면 그는 "거주 집단"의 압력 또한 받는다. 그런데 이 집단들은 구성원들에게 다양한 행동을 가하며 "고립된 소집단", "주택 단지", "동네" 등의 집단들이 때로는 공장이나 작업장에서 각자가 받은 충동에 제동을 가하기도 한다. 문제는 마르크스주의가 이 거주 집단을 마르크스주의의 요소들로 분해하는지 아니면 상대적 자율성과 매개의 힘으로 인식하는지를 알아보는 일이다. 이 결정이 그리 쉽지는 않다. 실제로 한편으로는 거주 집단과 생산 집단 사이의 "간격", 즉 생산 집단에 비교한 거주 집단의 "지연"은 마르크스주의의 근본적인 분석을 입증할 뿐이라는 사실은 쉽게 납득할 수 있다. 어떤 의미에서 보면 아무것도 새로울 것이 없다. 그리고 **공산당**은 출범 이래 가능한 모든 곳에 거주지에 따른 조직망보다는 기업에 따른 조직망을 구성해 왔기 때문에 이와 같은 모순을 알고 있다는 것을 보여 주었다. 그러나 다른 한편 고용주가 자신의 방법을 "근대화"하고자 할 때 정치 외적인 제동 집단의 구성을 장려하고 있음을 어디서나 볼 수 있다. 그 결과 프랑스에서는 젊은이들이 조합이나 정치적 활동으로부터 아주 확실하게 멀어지고 있다.

한 예로 프랑스 남부의 안시라는 지방은 아주 급속히 산업화되어 그곳을 찾던 관광객과 피서객들을 호수와 바로 인접한 다른 지역들에서마저 몰아낼 정도라고 한다. 조사자들에 따르면 성격이 아주 모호한 소수 집단들(문화, 스포츠, 무선 통신 등의 단체들)이 급속도로 확산하고 있다고 한다. 이런 집단들이 구성원들의 문화 수준 향상에 기여하는 것은 사실이지만 — 이것은 어쨌든 프롤레타리아가 얻어 낸 산물이긴 하다 — 확실히 프롤레타리아 해방에는 장애가 된다. 그러므로 이 소집단들(대개의 경우 고용주는 집단들을 완전한 자율 상태로 방치하는 교묘함을 발휘한다.) 내의 문화가 *필연적*으로 어떤 방향성을 띠고 있지 않은가를 검토해야만 한다.(즉 부르주아 이데올로기의 방향으로 이끌어지고 있지 않은가를 보아야 한다. 통계에 따르면 노동자들이 가장 많이 찾는 책은 부르주아의 베스트셀러라고 한다.) 이와 같은 고찰들은 "집단에 대한 관계"를 그 자체를 위해 체험된 현실로 만드는 경향이 있으며, 이 현실은 특별한 효용성을 갖게 된다. 예컨대 우리가 살펴보고 있는 이 집단들이 개인과 그가 속한 계급의 일반적 이해관계 사이의 장막이 되고 있음은 분명하다. 집단의 이런 견고성은 — 이것을 애매한 집합의식과 혼동해서는 안 된다 — 그것만으로도 미국인들이 소위 "미시사회학"이라고 부르는 것을 정당화해 줄 것이다. 더욱이 미국에서는 사회학이 그 효용성 때문에 발전되고 있기 때문이다. 사회학에서 관념적이고 정태적인 인식 방법만을 보려는 사람들이 있는데, 이런 인식 방법이 할 수 있는 유일한 기능은 **역사**를 가리는 것이다. 나는 그런 사람들에게 미국에서 이와 같은 학문 분야, 특히 제한된 집단을 한정된 상황 내에서의 인간적 교제의 총체화로 연구하는 그런 분야를 장려하는 사람이 고용주라는 사실을 지적하는 바다. 게다가 미국식의 신가족주의와 **인간 공학**(Human Engineering)은 거의 전적으로 사회학자의 작업에 근거하여 이루어지고 있다. 그렇다고 이것을 구실삼아 재빨리 반대의 태도를 취하고, "자본주의자들의 손아귀에 있는 계급의 무기"라는 이유로 그런 학문을 여지없이 배척해서는 안 된다. 그것이 효력 있는 무기라면 — 그렇다고 입증되었다 — 어느 정도는 진실이라는 소리이며, 더욱이 이 무기가 "자본주의자의 손아귀에" 있다면 빼앗아서 그들을 겨냥하도록 방향 전환을 시켜야 하기 때문이다.

사회학 연구들의 원칙이 흔히 위장된 관념론이라는 데는 의심의 여지가 없다. 한 예로 레빈[84]의 연구에서는 (모든 형태 심리학자의 경우에서와 마찬가지로) 총체화의 물신주의가 드러난다. 그는 **역사**의 실제 운동을 보기보다는 *이미 이루어진* 총체 속에 역사를 실체로 들어앉혀 *실험한다.* 그래서 그는 "모든 사회 문화적인 결과들과 더불어 상황을 *역동적 구체성의 전체로* 고려해야 한다."라든가 "역동적 총체의 구조적 특성들은 부분들의 구조적 특성과 같지 않다."라고 말한다. 다른 한편으론 우리를 외적인 것들의 종합에 직면하게 하고, 사회학자는 이렇게 주어진 총체성의 바깥에 머물게 된다. 이 연구들은 *실증주의*의 태도를 유지하면서 — 즉 인간 행위의 목적을 제거하거나 위장하면서 — 동시에 목적론의 이점을 놓치지 않으려 한다. 바로 이 지점에서 사회학은 자체의 지위를 확보하고 마르크스주의와 반대 위치에 서게 되는데, 자기 방법의 잠정적인 자율성을 인정함으로써가 아니라 — 이렇게 하면 오히려 방법을 통합하는 수단을 제공하고 말 것이다 — 사회학적 대상의 근본적인 자율성을 인정함으로써다.

첫째, 이 자율성은 **존재론적 자율성**이다. 따라서 아무리 조심하더라도 이렇게 인지된 집단이 실체를 가진 통일체가 되어 버리는 것을 — 설령 *그리고 특히* 경험론의 의지에 의해 실존을 그 단순한 기능작용으로 정의하더라도 — 막을 수 없다. 둘째, 위의 자율성은 **방**

---

84   쿠르트 레빈(Kurt Lewin, 1890~1947). 독일 출신의 미국 사회 심리학자. 게슈탈트 형태 심리
      학의 영향을 받아 심리장(心理場)에 대한 독창적 이론을 정립했다.

법론적 자율성이다. 변증법적 총체화 운동을 현실적 총체들로 대체하는데 이는 자연스럽게 변증법과 **역사**에 대한 거부를 내포한다. 변증법이란 이미 이루어진 통일체의 "기능적"이고 "역동적"인 연구가 아니라 현재 이루어지고 있는 통일체의 실제 운동일 뿐이기 때문이다. 레빈은 모든 법칙은 구조적 법칙으로서 부분들과 전체 사이의 기능이나 기능적 관계를 명백히 드러낸다고 보았다. 바로 이런 이유로 그는 르페브르가 말한 바 있는 "수평적 복합성"의 연구에만 의도적으로 몰두했다. 그는 개인(정신 분석)이나 집단의 역사를 연구하지 않는다. 앞에서 우리가 각주를 통해 소개한 르페브르의 비난이 가장 잘 적용되는 경우가 바로 레빈이다. 레빈의 방법은 미국 농촌 공동체의 기능적 특성을 밝혀낼 수 있다고 하지만 모든 특성을 전체의 변동에 관련지어 해석한다. 바로 이런 점으로 인해 이 방법은 역사를 결여하게 된다. 한 예로 신교도 농민 집단의 두드러진 종교적 동질성을 설명해 내지 못한다. 미국의 농촌 공동체가 도시적 모델에 완벽하게 침투된 현상은 농촌이 현존하는 *도시*를 염두에 두고 형성되었기 때문이며 또한 상대적으로 앞선 산업 기술을 이미 소유하고 있던 도시인들을 통해 생겨났기 때문이라는 사실은 실제로 레빈의 방법에서 별 중요성을 띠지 않는다.

레빈은 이 설명을 — 그의 표현대로 — 아리스토텔레스적인 인과론으로 여길 것이다. 하지만 바로 이 점이 그가 변증법적 형태의 종합을 이해할 능력이 없다는 사실을 의미한다. 레빈에게는 변증법적 종합이 *주어진 것*이어야 한다. 마지막으로 위의 자율성은 실험자와 실험 집단 사이의 **상호적 자율성**이다. 사회학자가 자리하지 않거나 설사 자리하더라도 스스로가 *자리*에서 벗어날 구체적인 조심성만 있으면 된다. 그가 집단에 통합되려 시도할 수도 있다. 하지만 이것은 잠정적인 것이다. 그는 자신이 집단에서 벗어날 것이며 자신의 관찰을 객관적으로 기록하리라는 사실을 안다. 간단히 말해 이것은 영화에서 흔히 볼 수 있듯 악당을 좀 더 잘 공격하기 위해 악당의 신임을 얻어 내는 형사와 같다. 사회학자와 형사 모두 집단의 행위에 참여하지만 그들의 행위는 괄호 속에 묶여 있으며, 그들이 단지 "상부의 이익"을 위해 몸을 움직일 뿐이라는 것은 자명한 일이다.

카디너[85]가 미국의 신문화 운동에서 도입하려고 한 "기본 인격"의 개념에 대해서도 같은 비난을 할 수 있다. 만약 이 운동에서 한 인격이 자기 안에서 혼자 힘으로 사회를 총체화하는 방식만을 본다면 우리는 곧 이 개념의 무용함을 알게 될 것이다. 예컨대 노동자가 역사적, 물질적 조건으로부터 스스로의 객체화를 향해 어떻게 자신을 투사하는가를 이해할 방법을 갖고만 있다면 프랑스 프롤레타리아의 "기본 인격"에 대해 말하는 일은 어리석고도 쓸데없다. 이와 반대로 우리가 이 인격을 집단 구성원들에게 주어진 객관적 현실로 본다면 설사 그것이 "그들 인격의 기본"일지라도 이는 물신이다. 인간에 앞서 인간을 세우고 원인 작용의 관계를 복원해 버린 것이 되기 때문이다. 카디너는 "일차적 제도들(개인에 대한 환경의 영향을 설명하는)과 이차적 제도들(환경에 대한 개인의 반응을 설명하는) 사이의 중간에" 기본 인격을 위치시킨다. 그럼에도 불구하고 이렇게 설정된 "순환성"은 정태적인 채 남아 있다. 다른 한편 이처럼 "중간에 끼인" 위치가 그 무엇보다 이 기본 인격이라는 개념의 무용성을 잘 드러낸다. 개인이 사회적 환경의 영향을 받으면서 이 환경을 조건 짓기 위하여 반작용하는 것은 사실이다. 바로 이것이 — 이것만이 — 개인의 현실이다. 하지만 우

85   어브램 카디너(Abram Kardiner, 1891~1981). 미국의 민족학자며 정신 분석가. 기본 인격에 관한 이론을 세웠다.

리가 일차적 제도들을 규정하고, 개인이 그 제도들을 극복하면서 자신을 이루는 운동을 따라갈 수 있다면 그 도중에 이 기성복을 껴입을 필요가 있겠는가? "기본 인격"은 *귀납적인 추상적 보편성과 완성된 총체성인 구체적 실체* 사이에서 갈피를 잡지 못하고 있다. 만약 이 기본 인격을 뒤이어 나타날 것에 앞서 *존재하는 전체*로 파악한다면, **역사**를 정지시켜 역사를 인생의 여러 유형과 다양한 방식들로 이루어진 불연속체로 귀착시키거나 혹은 역사의 연속적 운동이 기본 인격을 폭발시켜 버릴 것이다.

이와 같은 사회학적 태도 또한 *역사적*으로 설명된다. 초경험주의 — 이것은 원칙적으로 과거와의 관계들을 소홀히 한다 — 는 비교적 짧은 역사를 가진 나라에서만 태어날 수 있었다. 사회학자를 실험이 이루어지는 장(場)의 바깥에 두려는 의지는 부르주아의 "객관주의"와 사회학자가 경험한 자신이 배제되는 상황을 나타낸다. 독일에서 추방되고 나치의 학대를 받은 레빈은 히틀러로 인해 타락한 독일 공동체를 재건할 실제적 수단을 찾기 위해서 사회학자가 되었다. 그러나 추방되어 독일의 거대한 세력에 대항하기에는 무력했던 *그에게* 이런 재건은 외부의 수단을 통해서, 즉 **동맹국들**의 협조를 얻어야만 가능했다. 역동적 총체성이라는 테마를 제공한 것은 자신을 배척했으며, 폐쇄된 채 멀리 있는 조국 독일이었다.(그는 독일을 민주화하려면 다른 지도자들이 필요하지만 이 새 지도자를 받아들이도록 집단 전체가 바뀌어야 그가 집단의 복종을 받을 것이라고 말하고 있다.) 이 뿌리 뽑힌 부르주아가 나치즘을 유발한 실제 모순들, 그리고 그가 자기 것으로 살아가기를 그만둔 계급 투쟁을 고려하고 있지 않다는 점은 놀랍다. 사회의 분열과 그 안에서 생겨난 여러 분파, 독일의 노동자는 바로 이것을 체험했다. 그 결과 노동자는 탈나치화의 조건에 대해 전혀 다른 생각을 품게 되었다. 사실 사회학자는 역사의 대상이다. "원시인들"을 다루는 사회학은 좀 더 심오한 관계, 예컨대 식민주의의 기반 위에서 성립된다. 사회학적 연구란 인간들 사이의 살아 있는 관계다.(레리[86]가 탁월한 저서인 『아프리카 망령(*L'Afrique fantôme*)』에서 묘사하려 했던 것이 바로 이 전체적 관계였다.) 실제로 사회학자와 그 연구 대상은 한 짝을 이루며 서로가 서로를 해석해야 하며, 둘의 *관계* 자체가 **역사**의 한 순간으로 해독되어야 한다.

사회학적 계기를 역사적 총체화 속에 통합하고자 하는 이와 같은 배려에도 불구하고 사회학의 상대적 독립성이 있다고 볼 것인가? 우리는 그것을 의심치 않는다. 카디너의 이론에 이의를 제기할 여지가 있다 해도 그가 행한 몇몇 조사, 특히 마르키즈 제도에 대한 조사들은 아주 흥미롭다. 그는 마르키즈섬에 사는 사람들의 잠재된 불안을 조사하여 그 원인이 기근의 위협과 여자들이 희귀하다는(남자 250명에 여자 100명) 등의 객관적 조건들에서 비롯한다는 점을 밝혀냈다. 그리고 이 기근으로부터 시체의 방부 처리와 식인 풍습이라는 대립되면서도 서로를 조건 짓는 모순적인 두 반응을 끌어냈다. 그는 동성애가 여자의 숫자가 적다는 사실(과 일처다부)에서 비롯되기는 하지만 단순히 성적 필요에 대한 만족만이 아니라 여성에 대한 보복으로 나타난다는 점을 조사를 통해 보여 준다. 결국 이와 같은 사태로 인해 아이들과의 관계에서 여성들의 실제적인 무관심과 아버지 쪽의 굉장한 온화함이 생겨나며, 아이는 *자신의* 아버지들 가운데서 자란다. 이로 인해 아이들은 자유롭게 성장하고 조숙함을 띠게 된다. 조숙함, 부드럽지 않고 거센 여자들에 대한 보복으로서의 동성애, 여러 가지 행

---

86   미셸 레리(Michel Leiris, 1901~1990). 프랑스의 민족학자이며 작가.

동 속에 표현되는 잠재된 불안, 바로 이런 개념들은 환원될 수 없는 성향이다. 이것들은 *체험된 것에 관계되기* 때문이다. 카디너가 이것들을 묘사하기 위해 정신 분석학을 이용했는지의 여부는 별로 중요하지 않다. 사실상 사회학은 이 특성들을 인간들 사이의 실제적 관계로 *설정할 수 있다.* 카디너의 *관념들*은 변증법적 유물론에 대립되긴 하지만 그는 이 유물론을 부인하지는 않는다. 우리는 그의 연구에서 여자가 희귀하다는 구체적인 사실이 남녀 관계와 남자들 사이의 관계에서 어떤 양상으로 체험되는가를 알 수 있다. 그의 연구는 오늘날의 마르크스주의가 철저히 소홀히 한 구체성을 어느 정도의 수준에 이르게 하고 있다. 그 결과 미국의 사회학자들은 "경제가 전적으로 결정적인 것만은 아니다."라는 결론을 맺는다.

하지만 변증법은 결정론이 아니기 때문에 이와 같은 결론은 맞지도 틀리지도 않는다. 에스키모족은 "개인주의적"인 반면 다코다족[87]은 협동적이지만 두 종족의 "생활 방식"은 서로 흡사하다는 것이 사실일지라도, 그로부터 마르크스주의적 방법의 결정적인 결함을 결론지을 것이 아니라 단지 그 전개의 불충분함을 지적해야 한다. 이는 사회학이 한정된 집단에 대한 조사에서 스스로의 경험주의로 *인해* 상세한 정보를 주며, 또한 변증법적 방법으로 하여금 이 정보를 통합하도록 총체화를 더 앞으로 밀고 나감으로써 변증법적 방법이 전개될 수 있도록 만든다는 의미다. 에스키모인들의 "개인주의"는 마르키즈 제도 공동체에서 연구했던 요인들과 같은 요인들로 조건 지어질 것이다. 그들의 개인주의는 하나의 사실(또는 카디너식으로 말하자면 "삶의 방식")이며 "주관주의"와는 아무런 관련이 없고, 집단 내부의 개인들 안

---

87   북미 원주민의 한 종족.

에서 드러나는 태도로서 일상생활의 현실(주거, 식생활, 축제 등등) 그리고 노동 자체와도 관련이 있다.

하지만 사회학 자체가 이런 종류의 사실을 향한 *전망적 관심*인 한 그것은 해답을 스스로 찾는 방법론이 되며, 마르크스주의로 하여금 이런 방법론이 되도록 강요한다. 실제로 사회학은 새로운 관계들을 밝혀내어 새로운 조건과 연결시킬 것을 요구한다. 예컨대 "여자의 희귀성"이란 진정한 물질적 조건이다. 즉 경제가 희귀성으로 정의된다는 점에서 보면 이는 *어쨌든* 경제와 관련된 것이다. 희귀성이란 욕구를 엄격하게 조건 짓는 양적 관계다. 하지만 카디너는 레비스트로스가 『친족 관계의 기본 구조(*Les Structures élémentaires de la parenté*)』에서 훌륭하게 설명했던 바를 잊고 있기도 하다. 결혼이란 *전체적 노역*의 한 형태라는 점이 그것이다. 아내란 단순히 잠자리의 동반자일 뿐 아니라 또 하나의 노동자, 즉 생산력이다. "지리적 환경이 척박하고 기술이 발달되어 있지 않던 아주 원시적인 단계에서는 사냥이나 원예도 땅에 떨어진 것을 줍거나 야생 채취하는 일 못지않게 위험했기 때문에, 동떨어진 개인으로 혼자 산다는 것은 거의 불가능했다. 이런 사회에서 결혼이란 각 개인에게 (우선은) 짝을 찾는다는 점에서만 아니라 독신자와 고아라는 원시 사회의 두 가지 불행한 경우로부터 자기 집단을 보호할 수 있는 아주 큰 중요성을 갖는 것이라 해도 과언이 아니다."(『친족 관계의 기본 구조』, 48~49쪽)[88] 이것은 기술에 전적으로 근거하는 단순화에 양보하여 기술과 도구가 특정한 맥락에서의 사회적 관계를 조건 짓는 유일한 것인 양 제시해서는 결코 안 된다는 것을 의미한다. 전통과 역사(르페브르가 말한 수직적 복합성)가 노동과 욕구의

---

88   『친족 관계의 기본 구조』(P. U. F., 1949).(편집자 주)

단계에 개입할 뿐 아니라 또 다른 물질적 조건들(여자의 희귀성이 그 좋은 예다.)이 존재하며, 이 조건들은 기술 및 삶의 실제 수준과 순환적 조건화 관계를 이룬다.

이처럼 남녀의 수적인 관계는 기근의 위협이 있고 도구가 발달하지 않았던 만큼 생산과 상부 구조 관계에서 중요성이 크다. 문제는 그 어느 것도 *선험적*으로 *종속시키지* 말아야 한다는 것이다. 여자의 희소성이란 한 공동체 내부에서만 나타나므로(기술의 제도적 성격에 반하여) 단지 자연적 사실일 뿐이라고 말할 수도 있다. 그렇다면 누구도 더이상 마르크스주의적 해석의 "결정적" 측면이 불완전하다고 비난할 수 없다. 사실 전진-후진적 방법(méthode régressive-progressive)으로 물질적 조건들의 순환성과 이와 같은 기초 위에 세워진 인간관계의 상호적 조건화를 *동시에* 고려할 수 있으면 충분하다.(여성들의 냉혹함, 아버지들의 관대함, 동성애 성향을 만드는 감정, 아이들의 조숙함 등이 *각각의 수준*에서 맺는 즉각적이고 실제적인 관계는 일처다부제에 근거하며 일처다부제는 희소성에 대한 집단의 반응이다. 하지만 이와 같은 서로 다른 특성이 마치 바구니 속의 달걀들처럼 이미 일처다부제 속에 포함된 것은 아니다. 이것들은 끊임없는 극복으로 *일처다부제를 겪어 내는 방식*인 상호 작용을 통해 풍요로워지는 것이다). 이와 같은 전망적인 형태하에서 이론적인 토대 없이 보조적 방법의 정밀함 ─ 조사, 테스트, 통계 등등 ─ 만을 갖춘 사회학은, 역사적 총체화의 잠정적 계기로서 구체적 인간과 그들 삶의 물질적 조건 사이, 인간관계와 생산관계 사이 그리고 개개의 인격과 계급들(또는 아주 다른 집단 종류) 사이에서 새로운 매개를 발견한다.

한 *집단*은 사람들이 거기에 부과하려는 형이상학적 형태의 실존을 결코 갖지 않으며 또한 가질 수도 없다는 사실을 우리는 어렵지 않게 인정한다. 그래서 우리는 인간들과 그들 사이의 실재하는 관계만

이 있을 뿐이라는 마르크스주의의 생각을 반복해서 말하는 것이다. 이런 관점에서 보면 집단이란 어떤 의미로는 관계들과 이 관계들이 서로 얽힌 관계의 다양성에 불과하다. 이런 확신은 우리가 사회학자와 그 대상과의 관계를 상호성의 관계로 인식하는 데서 비롯한다. 조사자는 그가 다른 집단 "안"에 있지 않는 한 결코 어떤 집단 "바깥"에 있을 수 없다. 이와 같은 추방이 배제라는 실제 행위의 이면인 제한적인 경우를 제외하고는 말이다. 그리고 이런 다양한 관점들을 통해 공동체는 모든 방면에서 조사자를 벗어난다는 사실을 조사자에게 충분히 보여 준다.

그렇다고 해서 조사자가 집합적 대상들 고유의 현실과 효용성을 유형화하는 일로부터 면제될 수는 없다. 집합적 대상들은 우리의 사회장(場)을 가득 채우고 있으며, 세계 사이의 공간[89]으로 지칭된다. 낚시꾼들의 모임은 돌멩이나 초의식(超意識)도 아니며, 회원들 간의 특별하고 구체적인 관계를 지칭하기 위한 단순한 언어적 분류도 아니다. 이 모임은 그 나름의 규약과 행정, 예산, 회원 모집 방식, 기능을 갖고 있다. 그리고 그 결과 회원들 사이의 상호 관계의 유형이 세워진다. 우리가 인간과 그들 사이의 실제적인 관계만이(메를로퐁티를 위해 여기에 사물과 동물 등도 첨가시키자.) 있을 뿐이라고 말한 것은 집합적 대상들의 버팀대를 개개인의 구체적 행위 안에서 찾아야 한다는 의미다. 그러므로 이 대상들의 현실을 부인하는 것이 아니라 이 현실이란 것이 *기생적*임을 주장하는 것이다. 마르크스주의는 우리의 개념에서 아주 멀리 떨어져 있지는 않다. 그러나 현 상태의 마르크스주의에 대해서는 두 가지 중요한 비판을 가할 수 있다. 물론 마르크스주의

89   intermonde라는 프랑스어는 '세계 사이의 공간'이라는 에피쿠로스적 개념을 참조한 것이 명백하다.

는 개인적인 이해관계에 반대되는 "계급의 이해관계"가 각 개인에게 강요되는 모습 또는 처음에는 인간관계의 단순한 복합체였던 시장이 판매자나 고객보다도 더 현실적으로 되어 버리는 모습을 보여 준다. 그러나 마르크스주의는 이와 같은 "집합태들"의 기원이나 성격에 대해서는 불확실한 채로 남아 있다. 마르크스가 윤곽을 잡아 놓은 물신주의 이론은 진전되지 않았을 뿐 아니라 그 이론으로는 모든 사회 현실을 포괄하지 못한다. 이렇듯 유기체론을 거부한 마르크스주의는 그것에 대항할 무기를 결여하고 있다. 마르크스주의는 시장을 하나의 *사물*로 보고, 이 시장의 냉혹한 법칙들이 인간들 사이의 관계를 사물화시킨다고 생각했다. 그러나 ─ 앙리 르페브르의 표현을 빌자면 ─ 변증법의 요술로 이 엄청난 추상화를 진정한 구체성이라고 갑작스럽게 설명해 버리면(물론 이것은 소외된 사회의 경우다.) 이번에는 개인들이(예컨대 노동 시장의 냉혹한 법칙에 순종하는 노동자의 경우) 추상화로 전락하게 된다. 그리고 우리는 다시 헤겔식의 관념론으로 되돌아갔다고 생각하게 된다. 왜냐하면 자신의 노동력을 팔러 나온 노동자의 *의존 상태*는 그 어떤 경우에도 노동자가 추상적 실존으로 추락했다는 것을 의미하지는 않기 때문이다. 이와는 반대로 시장의 현실은 제아무리 냉혹한 법칙을 가지고 있더라도 그 구체적인 외형에서조차 소외된 개인들의 현실과 그들의 분리에 근거하고 있다. 집단에 대한 연구를 처음부터 다시 해야 하며, 이 집단적 대상이 *만장일치*의 직접적 통일체로 규정되기는커녕 오히려 이처럼 일치된 관점으로부터 도피하려는 모습임을 그려 내야 한다. 이렇게 되는 이유는 기본적으로 주어진 조건들에 근거한 개인들 사이의 직접적 관계가 다른 개별적 관계에 의존하고 또한 이 관계가 다른 관계에 의존하는 등등으로 맞물려 있기 때문이며, 구체적 관계 안에 객관적 제약이 있기 때문이다.

이와 같은 제약을 구축한 것은 타인들의 현존이 아닌 부재이며, 그들의 결합이 아니라 분리다. 우리에게 있어서 집합적 대상의 현실은 *회귀*에 근거한다. 이 회귀는 총체화는 결코 완결되지 않으며 총체성이란 기껏해야 *탈총체화된 총체성*으로서만 존재할 뿐이라는 것을 표명한다.[90]

집합태들은 이런 모습으로 존재하며, 행동과 지각을 통해 즉각 드러난다. 각각의 집합태에서 우리는 구체적 물질성(운동, 본부, 건물, 말 등등)을 항상 발견하며, 이 구체적 물질성은 그것 자체를 마모시키는 도피를 지지하고 표명한다. 내 앞에 있는 창문을 열기만 하면 나는 교회와 은행과 찻집을 볼 수 있다. 이것은 세 개의 집합태들이다. 한편 100프랑짜리 지폐는 전혀 다른 것이며, 방금 구입한 신문 역시 또 다른 것이다. 우리가 마르크스주의에 가할 수 있는 두 번째 비난은 이 주의가 이와 같은 대상들을 전혀 그 자체로서 고려하지 않는다는 점, 즉 사회생활의 모든 면에서 연구하지 않는다는 점이다. 그런데 인간이 자기 조건을 습득해 나가는 것은 집합태들과의 관련을 통해서다. 즉 가장 즉각적인 모습으로 드러나는 "사회적 장" 안에서다. 여기에서도 역시 개별적인 관계란 구체성 안에서 보편성을 체험하고 실현해 가는 방식을 의미한다. 또한 이 개개인의 특성은 근본적 결정론 속으로 용해되기를 거부하는 고유의 불투명성을 가지고 있다. 이것은 우리가 삶의 "환경"을 연구할 때 그 제도들, 유물들, 도구들, 문화적 "무한대"(즉 본성의 **이념**과 같은 사실적인 것과 소설의 주인공인 쥘리앵 소렐이나 동 쥐앙과 같은 상상적인 것 모두를 포함하는 무한한 문화적 자료들), 물신들, 사회적 시간성 그리고 "주행적(走行的)" 공간[91] 역시 포함해 연구

---

90   나는 이것에 대한 설명을 『변증법적 이성 비판』 제2서에서 전개했다.(원주)
91   espace hodologique. 레빈 일파의 위상 심리학에서 사용되는 용어다. 이 말의 어원은 '거리,

의 대상으로 삼아야 한다는 것을 의미한다. 이렇듯 다양한 현실의 존재는 인간성이라는 비존재에 정비례한다. 이 현실들은 인간관계의 중개를 통해 서로 관계를 맺으며 *우리와*도 수많은 관계를 형성하는데, 이와 같은 관계들은 그 자체로서 연구될 수 있으며 연구되어야 한다. 자기 생산물의 산물이며, 자신의 노동 및 생산의 사회적 조건에 의해 형성되는 인간은 자신의 생산물들과 함께 그들 가운데 동*시적*으로 존재하며, 자신을 마모시키는 "집합태들"의 실체를 제공한다. 그래서 삶의 각 단계에는 일종의 짧은 회로가 세워지고, 수평적 경험은 출발 시의 물질적 조건의 토대 위에서 인간을 변화시킨다. 예컨대 아이는 "단순히 자기 가정만을 체험하는 것은 아니다." 그는 또한 —— 일부는 가정을 통해서 때로는 혼자서 —— 자신을 둘러싼 집합적 풍경을 겪어 낸다. 그리고 이 독특한 경험 속에서 아이에게 드러나는 것은 역시 자기 계급의 일반성이다.[92]

따라서 문제는 고려된 대상들이 그 구조와 법칙을 자유롭게 전개

길' 등의 의미를 가진 그리스어 hodos다. 따라서 espace hodologique는 '여정 공간' 또는 '주행 공간' 등으로 번역할 수 있다. 위상 심리학에 의하면 공간은 단순히 수학적, 기하학적으로 정의되는 것이 아니라 행동하는 자와 그자를 관찰하는 자의 심리, 환경, 상황 등을 고려하여 정의된다. 그러니까 타자에 의해 관찰 가능한 심리적 사상, 즉 행동 B는 개인 P와 그 환경 E를 포함하는 심리적 전체 상황, 즉 생활 공간 S의 함수 $B=f(S)=f(P-E)$로 여겨진다. 이와 같은 생활 공간 개념을 한층 현실화해서 거리와 방향의 차이까지도 포함할 수 있는 새로운 개념으로 정립한 공간이 바로 espace hodologique이다.

92 "찰리 채플린의 전 생애는 벽돌과 철공소 등등의 풍경 속에서 이루어진다. ……램버스 로드•는 채플린의 영화 「이지 스트리트(*Easy Street*)」에 나오는 봉장팡가(rue des Bons-Enfants)의 배경이다. 바로 거기에서 채플린은 덩치 큰 깡패에게 가스등을 뒤집어씌웠다. 어린 시절 채플린이 드나들었던 온갖 건물이 그곳에 있으며, 그는 누구보다도 풍부한 감정으로 이 모든 것을 기억해 냈다."(폴 질송••) 채플린이 겪은 비참한 어린 시절의 집합적 환경은 그의 내부에서 하나의 표지, 신화 그리고 창작의 근원이 된다.(원주)

• Lambeth Road. 런던의 지역 이름.
•• Paul Gilson. 프랑스 영화인.

시켜 가는 수평적 종합을 구축하는 일이다. 수직적 종합화와 비교해 보면 이 수평적 총체화는 그 의존성과 상대적 자율성을 동시에 입증한다. 이 총체화는 그 자체로 충분하지는 않지만 그렇다고 해도 견실성이 없지는 않다. "집합태들"을 순전한 외관의 측면으로 던져 버리려는 시도는 소용없는 일이다. 물론 집합태들을 현대인들이 그것들에 대해 갖고 있는 의식에 비추어 판단해서는 안 된다. 하지만 이 집합태들을 단순히 궁극적 의미의 관점으로만 고찰한다면 그 독창성을 잃게 될 것이다. 만약 어떤 공장 내에 있는 한 문화 집단을 연구하려면 낡은 주장으로는 해결되지 않는다. 예컨대 노동자들은 *자신들이 독서를 한다고 생각한다.*(그러므로 그 집합적 대상이 문화적이다.) 하지만 사실상 이것은 그들 내부의 의식화와 프롤레타리아 해방을 늦출 뿐이라고 생각해서는 안 된다. 그들이 스스로의 의식화를 늦추는 것이 *틀림없는 사실*이긴 하다. 하지만 책을 읽는다는 것과 이 독서가 공동체 한가운데서 이루어지는 것, 이 공동체가 독서를 장려하고 이 독서를 통해 공동체가 발전되어 가는 것 역시 *사실*이기 때문이다. 또 다른 대상을 하나 더 인용하자면, 도시는 사회적이고 물질적인 구성체로서 그 부재의 편재(偏在)로부터 현실성을 이끌어 낸다는 것을 누구나 인정할 것이다. 즉 도시는 언제나 다른 곳에 있는 한에서 도시의 온갖 거리마다 현존하며, 수도의 신화는 그 신비스러운 일들과 더불어, 직접적인 인간관계의 불투명성이란 이러한 인간관계가 항상 다른 것들에 의해 조건 지어진다는 점에서 비롯된다는 것을 충분히 보여 준다. ***파리의 신비***는 확연한 구획 정리로 서로서로 연결된 지역들 간의 절대적 상호 관련성에서 유래한다. 그러나 각각의 도시 집합태는 고유의 형상을 갖고 있다. 마르크스주의자는 탁월한 분류 작업을 했고, 경제 발전이란 관점에서 농업 도시, 산업 도시, 식민지 도시, 사회주의

적 도시 등을 구분했다. 그들은 이 각각의 도시 유형에서 노동의 형태
와 분업 그리고 생산관계가 어떻게 도시 기능들의 독특한 구성 및 분
배를 이루어 내는가를 보여 주었다.

하지만 경험들을 서로 연결하려면 이것으로 충분하지 않다. 일례
로 파리와 로마는 아주 다르다. 파리는 19세기의 전형적인 부르주아
도시다. 로마는 파리에 비해 앞서기도 하고 뒤처지기도 하는데, 도심
은 귀족적 구조이고(1830년대 이전의 파리처럼 부자와 빈자가 동일한 건물
에서 사는) 외곽은 미국식 도시 계획을 본뜬 근대적 구역들로 둘러싸
여 있다. 이와 같은 구조적 차이가 두 도시의 경제 발전에 나타나는
근본적 차이와 일치하며, 필요한 도구를 잘 갖춘 오늘날의 마르크스
주의는 이 사실들을 설명하고 보여 주는 것만으로는 충분치 않다.[93]
이 두 도시의 구성이 주민들의 구체적 관계에 즉각적인 영향을 미친
다는 점 역시 고려해야 한다. 빈부가 혼합되어 있는 주거를 통해 로마
인들은 국가 경제의 발전을 단축해서 겪어 내긴 했다. 하지만 이와 같
은 잡거는 *그 자체가* 사회생활의 직접적인 조건이므로 특별한 유형의
인간관계를 통해 드러난다. 잡거는 각 개인이 도시의 과거 속에 뿌리
박고 있다는 사실, 인간과 폐허의 구체적 관계(이것은 노동의 종류 혹은
계급과 별 관계가 없다. 이런 폐허가 결국 대부르주아보다는 모든 사람, 나아가
국민 전체의 주거지가 되고 이용되기 때문이다.), 사람들을 서로 왕래하게
하고 노동의 장소로 옮겨 주는 거리들 같은 공간 조직이 바로 그것이
다. 만약 우리가 이와 같은 "사회적 장"의 구조와 영향을 연구하는 데
필요한 도구를 갖고 있지 않다면 전형적으로 로마적인 태도들을 단
순한 생산관계의 결정론에서 벗어나게 하는 것이 전적으로 불가능할

---

93 나중에 행정 수도가 되었지만 로마는 원래 농업의 중심지였다. 그래서 본격적인 산업은 덜 발
달한 도시다. (원주)

것이다. 값비싼 음식점들이 가장 가난한 동네에 위치해 있었고, 좋은 계절에는 부자들이 테라스에서 저녁 식사를 하곤 했다. 파리에서는 상상하기 힘든 이와 같은 사실은 단지 개인들에만 관계된 것이 아니며, 각 계급의 관계가 체험되는 방식을 여실히 보여 준다.[94]

이처럼 사회학이 초경험주의로 제시될 때 마르크스주의로의 통합은 그만큼 쉬워진다. 사회학 자체만으로는 본질주의나 불연속적인 것으로 굳어지고 말지만 역사적 총체화의 운동 속에서 — 조심스러운 통제를 거친 경험주의의 *순간*으로 — 다시 포착된다면 사회학은 깊이와 생명을 되찾을 것이다. 하지만 사회적 장의 상대적 비환원성을 견지해 주는 것은 사회학이며, 일반적 운동 한가운데에서 저항, 제동, 애매함, 모호성을 강조할 수 있는 것도 사회학이다. 더욱이 이것은 마르크스주의에다가 단순히 방법을 하나 더 *덧붙이자*는 것이 아니다. 변증법적 철학의 전개 자체가 수평적 종합과 깊이 있는 총체화를 동일한 행위 안에서 이루어 내도록 사회학을 이끌어야 한다. 마르크스주의가 이런 일을 거부한다면 다른 이론들이 이런 시도를 대신할 것이다.

달리 말하자면 인간 생활의 모든 구체적 결정을 우연의 측면이라며 거부하고 보편성의 추상적 골격이 아닌 모든 것을 역사적 총체화에서 제거하려는 우리 시대 마르크스주의의 태도를 우리는 비난한다. 마르크스주의는 그 결과 인간은 무엇인가라는 질문의 의미를 모두 상실하게 되었다. 그리고 마르크스주의는 이와 같은 결함을 메우기 위해 어처구니없는 파블로프식의 심리학만을 내세운다. 우리는 철학의 관념화와 인간의 탈인간화에 맞서기 위해 우연의 부분은 최소

---

94   이는 계급들 사이의 투쟁이 그다지 격렬하지 않았다는 것이 아니라 오히려 정반대였으며, 단지
      그 투쟁이 *다른 모습*일 뿐이라는 의미다.(원주)

한으로 줄일 수 있으며, 또한 줄여야만 한다는 사실을 인정한다. "개인으로서의 나폴레옹은 하나의 우연한 사건일 뿐이었다. 필연적이었던 것은 **대혁명**이라는 숙청 체제로서의 군사 독재였다."라는 사실은 모두가 이미 아는 것이므로 아무런 관심도 유발하지 않는다.

이와는 달리 우리가 입증하려는 것은 그 나폴레옹이 필연적 인물이라는 것, **대혁명**의 전개는 독재의 필연성과 더불어 이와 같은 독재를 실행한 사람의 인간성 전체를 만들어 냈다는 사실이다. 또한 이미 선행한 권력과 자신에게 허용된 기회를 가지고 *보나파르트 장군이 친히* 그런 숙청 작업을 서둘러 시행할 수 있었던 역사적 과정의 배려가 있었다는 사실이다. 요컨대 문제는 여러 명의 보나파르트가 가능했을 것이라는 잘못 정의된 상황론이나 추상적 보편성이 아니다. 구체적 총체화, 즉 실재하고 살아 있는 인간들 사이에서 형성되고 실재하던 부르주아였던 그 인물이 **대혁명**을 쏠어버리게 되는 과정과 그런 **대혁명**이 그 자체를 위해, 부르주아를 위해 보나파르트라는 개인을 창출했던 구체적 총체화가 문제인 것이다. "비합리적인 것에 권리를 돌려주자는 것"이 아니라 결정되지 않은 부분들과 비지(非知)의 부분들을 줄여 보자는 것이다. 제3의 방법이나 관념론적 인간주의를 발견하기 위해 마르크스주의를 폐기하려는 것이 아니라 마르크스주의 내부에서 인간을 다시 찾아보자는 것이다. 우리는 변증법적 유물론이 서구의 몇몇 학문 분야들을 통합하지 않으면 그 자체의 유골로 귀착하고 만다는 점을 지적했다. 하지만 이것은 부정적인 증명일 뿐이다. 우리는 마르크스주의 철학의 심장부에 인간학이 들어앉을 빈자리가 있음을 예를 통해 보았다. 하지만 운동과 총체화의 실제적 노력이 없이는 사회학과 정신 분석학은 나란히 잠들고 말 것이며 "**지**(知)"로 통합시킬 수도 없을 것이다. 마르크스주의의 태만은 우리로 하여금 이런 통합을 직접 시도하게 했고, 우리는 응급 수단들을 가지고, 즉 규정된 수술들을 통해 그리고 우리의 이데올로기에 그 고유한 성격을 부여하는 원칙들에 따라 이 일을 설명해 볼 것이다.

III. 전진-후진적 방법

　나는 엥겔스가 마르크스에게 보낸 편지[95]에서 제시했던 "인간은 자신을 조건 짓는 주어진 환경 속에서 스스로의 역사를 만들어 간다."라는 명제를 이의 없이 수긍한다. 그렇지만 이 명제가 아주 명확하지는 않기에 수많은 해석을 가능케 한다. 사실 인간이 역사를 만든다는 말을 어떻게 받아들여야 하는가? 게다가 역사가 인간을 만든다면서 말이다. 관념적 마르크스주의는 가장 쉬운 해석을 선택한 듯하다. 인간은 이전의 상황들, 즉 최종 분석에서의 경제적 조건들에 의해 완전히 결정되는 수동적 산물이며 조건 반사의 결과라는 것이다. 그러나 이처럼 무기력한 대상인 인간은, 마찬가지로 조건화되는 다른 타성태적 대상들 가운데 뒤섞여 사회 속에 통합되면서도 그가 받아들인 본성으로 인해 "세계의 흐름"에 제동이나 박차를 가하게 된다. 인간은 타성태의 원칙에 계속 순응하면서도 마치 건물을 폭파할 수 있는 폭탄처럼 사회를 변화시킨다. 이 경우에 인간과 기계의 차이는 어디에도 없다. 사실 마르크스는 "총기와 같은 새로운 전쟁 무기의 개발은 군대 내부의 모든 조직과 군대를 형성하며 이 군대를 유기적 총

95　사실 마르크스가 아니라 한스 슈타르켄부르크에게 보낸 편지다.(원서 37쪽 참고.)(편집자 주)

체로 만드는 개개인들의 관계망, 그리고 서로 다른 군대들 사이의 관계들을 필연적으로 변화시킨다."[96]라고 말했다. 무기든 도구든 그 단순한 출현이 전체를 전복시킨다는 점에서 이 점은 동일해 보인다. 이 개념은 (상트페테르부르크의)《유럽 통신(Courrier européen)》에서 했던 발언에서 요약되어 나타난다. "마르크스는 인간들의 의지나 의식 또는 의도에 따르지 않는 법칙들이 지배하는 자연적 과정을 사회적 발전이라고 한 것이 아니라, 이와는 반대로 그러한 의지, 의식, 의도를 결정하는 법칙이 지배하는 과정을 사회 발전으로 여긴다."

　마르크스는 이 문장을 『자본론』의 두 번째 판본 서문[97]에서 인용했다. 하지만 그가 해명을 위해 이 문장을 직접 인용했는지는 단언하기 어렵다. 어쨌든 그는 자신의 방법을 훌륭하게 묘사한 그 비평가를 칭찬한 뒤 사실상 문제가 된 것은 변증법적 방법이라는 점을 깨닫게 하고 있다. 그러나 마르크스는 이 진술의 세부 사항까지는 문제 삼지 않고 단지 실질적인 부르주아는 자본주의 사회의 모순들을 분명히 의식하고 있다는 점만을 지적하면서 끝을 맺는다. 이것은 "노동 운동은 사회를 전복하는 역사적 과정에의 의식적 동참을 나타낸다."라는 1860년도의 자신의 주장을 반박하는 것처럼 보인다. 그런데《유럽 통신》에서의 진술은 『포그트 씨(Herr Vogt)』에 이미 인용된 문구뿐 아니라 "인간은 상황과 교육의 산물이라는 유물론적 이념은 상황이란 인간에 의해 수정되며 교육은 바로 인간 자신에 의해 이루어진다는 사실을 고려하고 있지 않다."라는 널리 알려진 포이어바흐에 대한 세 번째 가설 역시 부인하고 있다. 이것을 단순한 동어반복으로 보고, 교육자 자신이 상황과 교육의 산물이라고만 단순히 이해해야 한

96　『임금 노동과 자본(Travail salarié et Capital)』(1849).(편집자 주)
97　사실 이 판본의 후기에서다.(편집자 주)

다면 이 문구는 의미도 없고 필요하지도 않다. 아니면 그것을 인간적 *실천*의 결정적인 비환원성에 대한 주장으로 보고 교육자가 교육되어야 한다는 의미로 이해한다면 이것은 교육이 하나의 계획이 되어야 함을 의미한다.[98]

마르크스주의에 전적인 복합성을 부여하려면 개척 시기의 인간은 자기 생산물의 생산물임과 동시에 어떤 경우에도 생산물로 취급될 수 없는 역사의 행위자라는 점을 언급해야 한다. 이와 같은 모순은 고정된 것이 아니며 *실천* 운동 안에서 포착되어야 한다. 그렇게 할 때 인간은 이전의 실제적 조건들(여기에서는 획득된 성격, 노동과 삶의 양식이 부과한 변형, 소외 등등을 집어넣어야 한다.)의 기초하에서 스스로의 역사를 만들긴 하지만 역사를 만드는 것은 *인간*이지 이전의 조건들이 아니라는 엥겔스의 말도 그 의미가 분명하게 밝혀진다. 다시 말해 조건들이란 비인간적인 힘의 단순한 담지자로서 사회에 영향을 미칠 뿐이다. 물론 이 조건들은 실재하는 것들이며, 일어나게 될 변화에 구체적 현실과 방향을 제공할 수 있는 것도 바로 이 조건들뿐이다. 그러나 인간 *실천*의 운동은 이 조건들을 보존하면서 동시에 지양한다.

인간은 분명 자신이 하는 행동의 실제 중요성을 가늠하지 못한다. 혹은 적어도 역사 주체로서의 프롤레타리아가 같은 운동 속에서 자신의 통일성을 실현하지 못하고 역사적 역할을 의식하지 못하는 한 그들은 이런 중요성을 놓치고 만다. 하지만 **역사**가 나를 벗어난다면

---

98 마르크스는 교육자에게 영향을 가하려면 그를 조건 짓는 요인들에 영향을 가해야 한다는 생각을 상술했다. 이처럼 마르크스의 사고에는 외부적 결정의 성격들과 인간의 *실천*이라는 점진적이고 종합적인 통일화의 성격들이 불가분의 관계로 연결되어 있다. 마르크스주의의 가장 심오한 *이론적* 공과를 위해서는 외부와 내부, 다양성과 통일성, 분석과 종합, 자연과 반물리성 사이의 대립들을 초월하려는 의지가 필요할 것이다. 그러나 이는 전개되어야 할 것에 대한 지적들일 뿐 그 일이 쉬우리라고 생각한다면 오산이다. (원주)

그것은 내가 역사를 만들지 않아서가 아니라 타인들 역시 역사를 이루기 때문이다. 이 주제에 대해 서로 모순되는 여러 발언들을 했던 엥겔스는 『농민 전쟁(*La Guette des Paysans*)』에서 그가 이 모순에 부여했던 의미를 밝히고 있다. 엥겔스는 독일 농민의 용기와 열정, 그들 요구의 정당성, 몇몇 대표들(특히 뮌처[99])의 재능, 혁명적 엘리트들의 능란함과 지성에 대해 역설한 후 다음과 같은 결론을 내린다. "농민 전쟁에서는 영주들만이 뭔가를 얻어 냈으며 그것이 전쟁의 결과였다. 영주들은 경쟁자인 승려, 귀족, 시 당국이 허약해진 상태였으므로 상대적으로 승리했을 뿐만 아니라, 다른 계급들의 전리품들을 빼앗았기 때문에 절대적으로도 승리했다."

그렇다면 대체 무엇이 반란자들의 *실천의 의미*를 앗아 갔는가? 그것은 분열된 독일이라는 한정된 역사적 조건에서 기원한 독일인의 분열이었다. 통일에 이르지 못한 수많은 지방 운동들 — 이 운동들은 서로 달랐다 — 의 존재는 각 집단이 의도했던 기획의 실제 의미를 박탈하고 말았다. 이것은 **역사**에 대한 인간들의 실제적 행동인 기획이 존재하지 않는다는 의미가 아니라 단지 도달된 결과 — 설령 그 결과가 제시되었던 목표와 일치한다 하더라도 — 는 총체화 운동 속에 다시 위치시켜 볼 때 국부적 단계에서 나타나는 결과와는 근본적으로 다르다는 것을 의미할 뿐이다. 결국 국가의 분열이 전쟁을 실패로 이끌었고, 농민 전쟁은 이 분열을 더욱 가중시키고 공고히 하는 결과를 초래했다. 이처럼 인간은 **역사**를 만든다. 이것은 **역사** 속에서 인간은 스스로를 객체화하고 소외시킨다는 뜻이다. 이런 의미에서 보자면 **역사**란 모든 인간의 온갖 활동이 빚어 낸 작품이다. 인간이 자

---

99   토마스 뮌처(Thomas Münzer, 1489 또는 1490~1525). 독일 출신의 종교 지도자로 15세기 농민 전쟁 당시 종교 지도자로 활약했다. 대표적 종교 개혁주의자.

신의 기획(비록 부분적으로는 성공했더라도)의 의미를 전체적이고 객관적인 결과 안에서 인식하지 못하는 한 **역사**는 인간 스스로에게 낯선 힘으로 나타난다. 개별적인 평화를 체결함으로써 몇몇 지방의 농민들은 *자신들에 속했던* 것을 얻어 냈다. 하지만 그들은 자기 계급을 약화했고, 스스로의 힘을 확신한 토지 소유자들이 농민들과의 계약을 부인하려 들 때 이 농민 계급의 실추가 걸림돌로 나타나고 말았다. 19세기에 있어 마르크스주의는 하나의 거대한 시도였다. 그것은 단순히 **역사**를 만들자는 것뿐 아니라 노동 운동을 결집하고, 노동자의 객관적 현실과 자본주의의 과정에 대한 지식을 통해 프롤레타리아의 행동을 조명하면서 이론적이고 실제적으로 **역사**를 장악하기 위한 거대한 시도다. 피착취자들의 단결을 통해, 그리고 투쟁하는 계급들의 수를 점차 줄여 감으로써 이와 같은 노력의 마지막 단계에서 **역사**는 마침내 인간을 위한 의미를 갖게 될 것이다. 스스로에 대한 의식을 통해 프롤레타리아는 **역사**의 주체가 되며, 역사 안에서 스스로를 인식하게 된다. 노동계급은 겨냥된 목표에 부합하는 결과들을 매일매일의 투쟁에서도 얻어 내야 하며, 혹은 적어도 그 결과들이 그들의 목표와 배치되어는 안 된다.

우리는 아직 그 단계에 이르지 못했다. 서로 다르게 발전해 온 여러 민족의 생산 집단들이 공존하기 때문에 하나가 아닌 *여러* 프롤레타리아들이 있는 것이다. 이와 같은 프롤레타리아들의 연대성을 무시하는 것은 그들의 *차이*를 간과하는 것만큼이나 어리석은 일이다. 거친 분류와 그 이론적 결과(부르주아 이데올로기의 부패, 마르크스주의의 잠정적 정체 등등)로 인해 우리 시대가 스스로를 인식하지 못한 채 이루어지고 있는 것은 사실이다. 하지만 우리가 역사의 시대적 구속을 그 어느 때보다도 심하게 받아들이고 있다 하더라도 **역사**가 완전히 낯선 힘으로 우리에게 나타난다고 할 수는 없다. **역사**는 매일 우리의 손에 의해 이루어지지만, 우리가 생각하는 것과는 다른 방향으로 이루어지고, 따라서 우리가 생각하는 것과는 다른 모습으로 우리를 만들어 놓는다. 그렇지만 역사는 예전보다는 덜 불투명하다. 프롤레타리아가 "**역사의 비밀**"을 발견해서 드러내 주었으며, 자본주의자들의 자본에 대한 인식과 노동 운동 이론가들의 연구를 통해 자본의 운동이 스스로를 의식하게 되었기 때문이다. 각각의 집단에게 다수의 집단과 그들 사이의 모순 및 분열은 좀 더 뿌리 깊은 통일 내부에 *자리한* 것으로 나타난다.

모두에게 내란이나 식민 전쟁, 외국과의 전쟁 등등은 동일한 계급투쟁이 서로 다르면서도 상호 보완적인 형태로서 신화라는 일상적 가면 아래 나타난다. 대개의 사회주의 국가들이 스스로를 *의식하지 못하는 것*은 사실이다. 하지만 탈스탈린화 현상은 — 폴란드에서 그 예를 볼 수 있듯이 — 의식화를 향한 일보 진전을 보여 준다. 이처럼 **역사**의 복수적 *의미*는 미래의 총체화의 바탕 위에 그 총체화를 따라서, 그리고 그것과의 모순에 의해서만 그 자체로 밝혀지고 정립될 수 있다. 우리가 날마다 더욱 가까이해야 하는 이론적, 실제적 본령이 바로 이 총체화다. 모든 것이 아직은 모호하지만 빛으로 가득 차 있다. 이론적 양상을 고려하기 위한 도구들이 있으므로 우리는 방법을 세울 수 있다. 다양한 가치들이 공존하는 세계 한가운데에서 우리의 역사적 임무는 함께 역사를 만들어 가는 구체적 인간들 속에서 그 역사가 용해되어 가는 순간 오로지 *단 하나의 의미*만을 갖는 **역사**의 순간을 좀 더 가까이 다가오게 만드는 일이다.[100]

---

100 각각의 시도가(비록 그것이 한 *집단*의 것일지라도) 총체화 운동 한복판에서 얼마만 한 개별적 결정으로 제시되는가, 그렇게 얻어진 결과는 그 시도가 애초에 추구했던 것과 얼마나 상반되는

기투(企投).[101] 이처럼 소외는 행동의 *결과*들을 변형시키기는 하지만 행동의 심오한 실재는 바꾸지는 못한다. 우리는 소외된 인간과 사물을 혼동하거나 외면성의 조건화에 작용하는 물리적 법칙을 소외로 착각하지 않는다. 우리는 결정론을 유지하면서도 사회적 환경을 가로질러 주어진 조건의 기초 위에서 세계를 변형하는 인간 행위의 특수성 또한 인정한다. 우리는 인간이란 무엇보다도 상황의 극복, 즉 주어진 상태를 바탕으로 자신을 만들어 가는 특성을 가진다고 본다. 설사 이 대상화의 과정에서 인간이 스스로의 모습을 결코 알아보지 못한다 하더라도 말이다. 이와 같은 극복은 인간의 뿌리에서, 그리고 무엇보다도 그의 욕구에서 발견된다. 일례로 마르키즈 제도에서 볼 수 있는 여자의 희소성은 집단 구조상에서 파생한 사실로서 일처다부의 결혼 제도와 연결된다. 이 희소성은 단순한 결핍이 아니며, 사회의 한 상황을 적나라한 형태로 표현하는 것으로 상황을 극복하고자 하는 인간의 노력을 이미 함축하고 있다. 가장 초보적인 행위는 이 행위를 조건 짓는 현존의 실제 요인들과의 관련하에서, 동시에 그 행위가 만들어 내려는 미래의 어떤 대상과의 관련하에서 규정되어야 한다.[102]

가를 예상하는 일은 비교적 쉽다. 이런 일을 하는 것이 *하나의* 이론이나 *하나의* 방법 등일 것이다. 하지만 이런 시도의 부분적인 양상이 후에 새로운 세대에 의해 어떻게 훼손되는가, 마르크스 철학 내부에서 이런 시도가 더 광범위한 전체 속에 어떻게 통합되는가 하는 것 역시 예상할 수 있다. 바로 이런 추정하에서 우리는 신흥 세대가 우리 앞 세대보다는 자신들이 하는 일에 대해 더 많은 *앎*—적어도 형식적으로는—을 가질 능력이 있다고 말할 수 있다.(원주)

101 사르트르는 『존재와 무』의 차원에서 "인간은 미래를 향해 스스로를 내던지는, 즉 기투(企投)하는 존재, 곧 se projeter하는 존재"로 정의하고 있다. 여기에서는 projet가 인간 스스로 자신의 본성(essence)을 창조해 나가는 기본적인 기제가 된다는 의미에서 경우에 따라 '기도', '투기', '기투' 등으로 번역했다.

102 현실적인 탐색을 더 이상 전개할 수 없기 때문에 마르크스주의는 중단된 변증법을 사용한다. 사실 마르크스주의는 데카르트적인 합리주의의 시간에 다름 아닌 무한히 분할되는 동질성의 연속체 내부에서 인간 활동의 총체화를 시행한다. 자본의 과정을 검색할 때는 이와 같은 환경*으로서의 시간성*이 방해가 되지 않는다. 왜냐하면 자본주의 경제가 화폐 유통, 부의 재분배, 신

이것이 우리가 *기도*(企圖)라고 부르는 것이다. 우리는 이 개념을 통해 동시적인 이중 관계를 규정한다. 우선 여건과의 관련하에서 보면 *실천은 부정성*이다. 하지만 문제가 되는 것은 항상 부정의 부정이다. 또한 겨냥된 대상과 관련해서 보면 *실천은 긍정성*이다. 그러나 이 긍정성은 "실존하지 않는 것", *아직까지 존재하지 않았던 것*으로 귀착된다. 도피와 앞으로의 도약, 거부와 실현의 전체로서의 기도는 현실을 극복하는 운동 자체를 통해, 거부되고 극복된 현실을 보유하며 폭로한다. 그러므로 인식이란 가장 근본적인 실천의 한 순간이지만 **절대지**와는 아무 관련이 없다. 인식은 만들어져야 할 현실이라는 명목으로 거부된 현실의 부정에 의해 정의되며, 이 인식이 조명하는 행동에 사로잡혀 있고 또한 행동과 더불어 사라진다. 그러므로 인간이 자기 생산물의 생산물이라는 말은 전적으로 옳은 소리다. 인간의 노동으로 창출되는 사회 구조들은 각 노동의 출발인 객관적 상황을 규정한다. 한 인간의 진실이란 그의 노동의 성질이며, 그가 받는 임금이다. 그러나 이 진실은 인간이 끊임없는 실제 행위를 통해(예컨대 대중 민주주의에서는 불법 노동을 하거나 "행동주의자"가 되거나 혹은 노동량 상승에 은

용, "복합 금리" 등을 생산의 의미로 산출해 내는 것이 바로 이 시간성이기 때문이다. 이처럼 시간은 체제의 산물로 간주될 수 있다. 그러나 이 보편적 용기(用器)를 사회 발달의 단계로 서술하는 일과 *실재*의 시간성을 변증법적으로 규정하는 일(즉 과거와 미래에 대한 인간의 현실적 관계)은 다른 문제다. 시간이 변증법적이 아니라면, 다시 말해서 있는 그대로의 미래 행위를 거부한다면 현실 운동으로서의 변증법은 와해한다. 이 자리에서 역사의 변증법적 시간성을 논의하는 일은 너무 장황하다. 나는 단지 난점들을 지적하고 문제를 공식화하고 싶었다. 사실 인간이나 그의 행위가 *시간 안에* 있는 것이 아니며, 역사의 구체적 성격인 시간은 그 원초적인 시간화의 바탕에서 인간에 의해 이루어진다는 것을 이해해야 한다. "진보"에 대한 부르주아적 개념을 깨부수고 비판했을 때 마르크스주의는 이미 진정한 시간성을 예감했으며, 이것은 출발점 및 도착점을 위치시켜 줄 좌표들과 동질성의 환경을 필연적으로 함의한다. 하지만 마르크스주의는 ── 결코 그렇게 말하지는 않았지만 ── 이와 같은 탐구를 포기하고 자기의 이해에 맞게끔 "진보 개념"을 다시 취하고 말았다. (원주)

밀히 저항하면서, 자본주의 사회에서는 조합에 가입하거나 파업을 위한 투표 등을 통해) 어느 정도 자기 현실을 극복하느냐에 따라서 정의된다. 그런데 이와 같은 극복은 존재하는 것과 가능태들과의 관계하에서만인지 가능하다. 게다가 한 인간에 대해 "지금 있는 그대로의 그를" 말하는 것은 동시에 그가 할 수 있는 일을 말한다. 한 사람의 실존에 관한 물질적 조건은 그의 가능성의 장을 경계 짓는다.(노동이 너무 힘들어서, 조합원으로서의 활동이나 정치적 활동으로 자신을 입증하기가 너무 힘겹다는 식으로도 표현될 수 있다.)

이처럼 가능성의 장은 행위 주체가 자신의 객관적 상황을 뛰어넘는 목표가 된다. 그리고 이 장은 사회적이고 역사적인 현실에 밀접하게 의존한다. 한 예로 모든 것을 사들일 수 있는 사회에서 식비가 예산의 50퍼센트 또는 그 이상을 넘어서면 노동자에게 문화의 가능성은 사실상 사라지게 된다. 이와는 반대로 부르주아들은 자기 수입 가운데 늘 더 많은 몫을 가장 다양한 소비 항목에 할애할 수 있는 자유를 누린다. 하지만 아무리 제한된 범위일망정 가능성의 장은 언제나 존재하므로 그것을 불확정한 영역으로 상정하지 말고 강력하게 구조화된 영역으로 생각해야 한다. 이것은 **역사** 전체에 의존하면서 고유의 모순을 감싸고 있다. 가능성을 향해 주어진 여건을 넘어섬으로써, 그리고 모든 가능성 가운데 하나를 실현함으로써 개인은 스스로를 대상화하고 **역사**를 만드는 데 기여하게 된다. 이때 비로소 개인 주체의 기도는 자신도 모르는 사이에 현실을 포착하며, 현실이 표방하고 발생시키는 갈등을 통해 역사적 사건의 흐름에 영향을 미치게 된다.

그러므로 가능성이란 이중으로 결정된다는 것을 인식해야 한다. 우선 개별 행동 한복판에서 볼 때의 가능성이란 *결핍된 것*이며, 바로 그런 부재를 통해 현실을 드러내는 미래의 현존을 의미한다. 다른 한편 가능성은 집합체를 끊임없이 유지하고 변형시키면서 계속적으로 실재하는 미래다. 공동의 필요로 인해 새로운 직책을 만들어 낼 때(일례로 산업화된 사회에서 의사의 수가 증가하는 경우) 아직 채워지지 않은 이 직책은 — 또는 퇴직이나 사망 등등으로 자리가 비어 있을 때의 경우도 그러하다 — 어떤 이들에게는 실제적이고 구체적이며 *가능성 있는* 미래가 될 것이다. 그래서 그들은 의학 공부를 할 수 있고, 의사로서 경력을 쌓아 가는 데 아무런 방해도 받지 않게 되며, 바로 그 순간 그들의 인생은 죽을 때까지 열려 있게 된다. 게다가 군의관 교수나 시골 의사나 식민지 의사나 상황은 동일하며, 조만간 그들이 받아들이게 될 어떤 이득이나 의무 등으로 성격이 규정된다. 물론 이와 같은 미래는 부분적으로만 사실일 뿐이다. 우리 사회의 부단한 역사화와 상반되는 *정체* 상황이나 최소한의 질서(우연의 배제)를 상정하기 때문이다. 하지만 사회에 현존하는 모순들을 표출하는 것이 바로 그런 미래 — 달리 말하자면 직업이나 계층 등의 이익, 항상 더 세분화되는 노동 등등 — 이므로 아주 틀린 말이라고는 할 수 없다. 그러므로 미래란 항상 열려 있으면서 도식화된 가능성, 현재에 가해지는 즉각적인 행동으로 제시된다.

이와 반대로 미래는 개인을 지금의 현실 안에서 규정한다. 부르주아 사회에서 의과 대학생들이 수행하는 조건들은, 그들이 속한 사회와 의사라는 직업과 그 일을 하는 사람들의 사회적 상황을 *동시에* 드러낸다. 부모가 여전히 재산이 있어야 하거나 장학금 수혜가 확산되지 않았다면 장차 의사가 될 의대생은 현재로서는 중간 계층으로 분류될 수밖에 없다. 그런데 이와는 달리 그는 자기에게 가능한 미래, 다시 말해 선택한 직업을 통해 자신의 계급 의식을 갖게 된다. 요구된 조건을 수행하지 못한 의대생에게는 의학이 *자신에게 결핍된 것,* 즉 인간성 상실이 된다.(다른 직업으로의 길이 "막혀 있을"수록 더욱 그러하다.) 상대적 빈곤의 문제는 바로 이런 관점을 통해 접근되어야 할 것이다. 모든 인간은 자기에게 불가능해진 모든 가능성, 즉 이렇게 저렇게 막혀 버린 미래의 잣대로 스스로를 부정적으로 규정한다. 혜택받지 못한 계층에게는 사회의 모든 문화적, 기술적, 물질적 풍요가 쇠퇴와 빈곤감일 뿐이며, 미래는 거의 모두 막혀 있다.

이처럼 긍정적이건 부정적이건 사회적 가능성이란 개인적 미래의 도식화된 결정으로서 나타난다. 가장 개인적인 가능성이란 것도 사회적 가능성을 내면화하고 충실화한 것일 뿐이다. 어느 항공사의 "지상 근무 요원"이 런던 근처의 항공 기지에서 비행기를 탈취하여, 이전에 한 번도 비행 조종을 해 본 적이 없었음에도 불구하고 영국 해협을 횡단했다. 유색 인종이었던 그는 항공 조종 요원이 될 수 없었던 것이다. 이와 같은 금지가 그에게 *주관적* 빈곤으로 부각되었지만 주관적인 것은 즉시 극복되어 객관적인 것이 된다. 즉 그에게 금지된 미래는 그가 속한 유색 "인종"의 운명과 영국인의 인종 차별주의를 반영하기 때문이다. 식민자에 대한 유색인들의 *총체적 저항*은 이런 금지에 대한 한 *개인 내부의 개별적 거부*로 표현된다. 그는 **백인**에게 가능한 미래는 모든 사람에게도 가능하다는 것을 입증하며, 스스로는 분명히 의식하지 못했을 정치적 입장을 개인적 강박 관념으로 체험한 것이다. 즉 비행은 불법적이고 은밀한 미래로서 그의 가능성이 되어 버린 것이다. 실상 그는 식민 통치자들이 식민지인들에게 *이미 인정한*(처음에는 제거할 수 없었기 때문에) 가능성 하나를 선택한 것이다. 그것은 반역, 위험, 추문, 억압이라는 가능성이다. 그런데 이 선택으로 우리는 그의 개인적인 기도와 동시에 식민 통치자들에 대항한 식민지인들의 투쟁의 현 단계를 이해할 수 있다.(유색 인종은 수동적인 저항과 존엄성의 순간은 넘어섰지만 그가 속한 집단이 개인적 반항과 폭력주의를 넘어설 방법은 아직 없었다.) 자기 나라에서의 투쟁이 잠정적으로 개인적인 행동들을 요구하는 한 이 젊은 반항인은 *개인적이고 개별적이다*. 그러므로 그 개인의 특수한 개별성은 그의 동족과 **백인**이 함께 관계되어 있는 이중적 미래의 내면화이며, 이러한 내면화의 모순은 감옥이나 사고사로 즉시 부서져 버린 전격적이고 짧은 *그의* 미래를 향한 기도 안에서 체험되고 극복된다.

　미국의 문화주의 운동과 카디너의 이론이 기계적이고 구태의연한 모습을 띠는 이유는 문화적 행동과 기본적 태도(또는 역할 따위)를 시시각각 살아 있는 진정한 관점에서 포착하지 않고 마치 과거의 결정론처럼 하나의 원인이 여러 결과를 지배한다는 방식을 취하기 때문이다. 각 개인에게 있어 사회란 *미래의 관점*으로 제시되며, 이 미래는 각자의 심중에 자기 행동의 현실적 동기로서 침투된다는 사실을 고려하면 모든 것은 달라진다. 거대한 사회주의 계획을 알고 있으면서, 거기에 동의한 마르크스주의자들은 스스로를 기계적 유물론에 의해 기만당하도록 방치한 사실을 용서받지 못할 것이다. 중국인에게 있어 미래는 현재보다도 더욱 진실하다. 한 사회 안에 있는 미래의 구조를 제대로 연구하지 않는 한 이 사회를 이해시킬 그 무엇도 제시할 수 없게 된다.

　여기에서 주관과 객관의 진정한 변증법을 모두 기술할 수는 없다. 단지 "외면성의 내면화"와 "내면성의 외면화"가 필연적으로 맞물려 있음을 드러내야 한다. 사실 *실천*이란 내면화를 통해 객관에서 객관으로 넘어가는 것이다. 객관성을 향한 객관성의 주관적 초월인 기투 *자체*는, 환경의 객관적 조건들과 가능성의 장이라는 객관적 구조들 사이에 걸쳐 있으면서 행위의 주요한 두 결정 요인인 주관성과 객관성 사이에서 움직이는 통일성을 표현한다. 이때 주관적인 것은 객관적 과정에 필요한 순간으로 표현된다. *실천의 실제적 조건들이 되기 위해서는 인간관계를 지배하는 물질적 조건들이 개별적 상황의 특수성 안에서 체험되어야 한다.* 일례로 구매력의 감소는, 노동자들이 그런 감소를 처절한 경험에 기초한 필요와 두려움의 형태로 몸소 체험하지 않는 한 결코 필요한 행동을 촉발하지 않을 것이다. 노동조합 행위의 실천은 훈련된 투사들에게 객관적 의미의 효용성과 중요성을 증대시킬 수 있으며, 임금 상승률과 물가 지수는 그들의 행동을 설명해주거나 동기화한다. 하지만 이 모든 객관성은 결국 체험된 현실에 연결된다. 노동자는 자신이 느낀 바와 다른 사람들이 느낀 바를 안다.

그런데 느낀다는 것은 이미 객관적 변형의 가능성을 향해 뛰어넘는다는 것이다. *시련을 체험한* 주관성은 자신에게서 등을 돌려 객체화를 통해 절망으로부터 벗어난다. 이처럼 주관적인 것은 자신이 부정하는 객관적인 것을 자체 안에 포함하고 있으며, 그 객관적인 것을 넘어서서 새로운 객관성을 향한다. 이 새로운 객관성은 객체화에 의해서 기도의 내면화, 즉 객체화된 주관성을 외면화한다. 이것은 다음의 두 가지 사실을 *동시에* 의미한다. 즉 체험은 결과 속에서 제자리를 찾으며, 행동의 의도된 의미는 세계의 현실 안에 나타나 총체화 과정에서 그 진실에 도달한다는 것이 그것이다.[103] 이 객관성의 두 계기 사

---

103 나는 다음 사실들을 상기한다. (1) 객체화된 주관의 객관적 진리는 주관성의 유일한 진리로 간주되어야 한다는 사실이다. 주관적인 것은 객체화되기 위해서만 존재하는 것이므로 그것을 그 자체로 그리고 세계 속에서 판단하는 것은 객체화, 즉 현실화를 통해서다. 행동을 의도에 따라 판단할 수 없다. (2) 이와 같은 진리는 객체화된 *기도*를 총체성 안에서 평가할 수 있게 해 준다. 현대사와 정세의 조명하에 나타나는 행동은 그 행동을 지지하는 집단(또는 이 집단이 속한 좀 더 광범위한 형성 집단 — 계급이나 계급의 분파)의 눈에는 근본적으로 *상서롭지 못한* 모습으로 비친다. 그러나 이와 동시에 이 행동을 그 개별적 객관성을 통해 보면 *선의의 계획으*로 비친다. 어떤 행동이 사회주의 구축에 해롭게 여겨지는 것은 그 행동을 사회주의 구축이라는 특별

이의 매개인 기도(企圖)만이 **역사**, 즉 인간의 창조성을 설명해 낼 수 있다. 모든 것을 자체 동일성으로 귀착시키든지(이것은 기계론적 유물론을 변증법적 유물론으로 대체하는 것이다.) 우주에 부과되는 천상의 규율, 즉 자체적으로 역사적 과정을 낳는 형이상학적 힘을 변증법을 이용해 만들어 내든지(이것은 헤겔의 관념론으로 귀환하는 것이다.) 또는 노동과 행위를 통한 극복의 능력을 개별 인간에게 돌리든지 선택해야만

한 목적과 관련시켜 파악하기 때문이다. 그리고 이런 특성화는 *어떤 경우에도* 그 자체로서 미리 판단되어서는 안 된다. 다시 말해 객관성의 또 다른 단계로 고려되고, 개별적 상황과 특수한 환경의 조건화에 연결 지어야만 한다. 우리는 습관적으로 위험한 구별을 하곤 한다. 즉 어떤 행위가 주관적으로는 수긍 됨에도 (당이나 코민포름 등에 의해) 객관적으로는 비난받을 수 있다는 식의 구별 말이다. 주관적으로 보면 선의의 사람이지만 객관적으로는 배반자가 될 수 있다는 것이다. 이런 구별은 스탈린 사상의 진보적 해체, 즉 의지주의적 관념론을 보여 준다. 그 구별이 선의를 가진 "프티부르주아"와 그 실제 결과를 구별하는 일로 넘어가는 것을 쉽게 볼 수 있다. 문제 된 행위의 일반적 중요도와 개별적 의미는 똑같이 객관적 성질의 것이며(객관성 안에서 해독할 수 있으므로), 주관성을 *총체화의 관점에서* 발견한다는 전체적 운동에서건 개별적인 종합 안에서건 둘 다 주관성의 객체화를 의미하므로 주관성을 끌어들인다. 게다가 한 행위는 진리의 여러 단계를 지니며, 이 단계들은 맥 빠진 층위를 나타내는 것이 아니라 서로 제기되고 극복되는 여러 모순의 복합적인 움직임을 보여 준다. 일례로 행위를 역사적 *실천*과 정세와의 관련하에서 포착하려는 총체화는 개별적 시도의 형태하에서도 *똑같이* 그 총체화를 재통합하기 위해 다시금 행위로 돌아가지 않는 한 추상적이고 불충분한 총체화(실용적 총체화)로 드러난다. 크론시타트의 폭도를 단죄하는 일은 불가피했을 것이며, 이는 이 비극적 시도에 관한 유일한 역사적 판단일 것이다. 하지만 이와 동시에 이 실용적(유일하게 실재한) 판단은 폭도들 자신으로부터, 그리고 당시의 모순들로부터 출발해 항거에 대한 자유로운 해석을 포함하지 않는 한 예속된 역사의 판단으로 남고 말 것이다. 이 자유로운 해석은 폭도와 그들의 단죄자 역시 모두 죽고 없는 상태이므로 조금도 실용적이 아니라고 말할지도 모른다. 그러나 그렇지 않다. 사실들을 현실의 모든 단계에서 연구할 것을 수락함으로써 역사가는 미래의 역사를 해방하는 것이다. 이와 같은 해방은 민주화의 일반적 운동 테두리 안에서만 가시적이고 유효한 행동으로 나타날 수 있다. 하지만 거꾸로 이 해방이 민주화 운동 자체를 가속화하는 것 또한 사실이다. (3) 소외의 세계에서 역사 주체는 결코 자신의 행위 안에서 스스로를 완전하게 인식하지 못한다. 이 말은 역사가들이 소외된 인간인 그를 알아보지 못한다는 의미가 아니다. 소외는 그것이 어떤 방식이든지 간에 바탕과 정상에 있다. 주체는 소외를 부정하는 일 이외의 그 무엇도 의도하지 않으면서도 소외된 세계로 다시 떨어지고 만다. 하지만 객체화의 결과로 나타나는 소외는 출발 시의 소외와는 같지 않다. 한 인간을 규정하는 것은 바로 이러한 하나의 소외에서 다른 소외로의 이행이다.(원주)

한다. 마지막 해결책만이 총체화의 운동을 현실 속에서 구축할 수 있다. 변증법은 인간들이 자연 및 "출발 조건들"과 맺는 관계를 인간관계 속에서 탐색해야 한다. 여러 기도(企圖)가 맞부딪혀 빚어낸 *결과*인 변증법의 원천이 바로 여기에 있다. 오로지 인간 기도의 특성들을 통해서만 이 결과가 단지 통계적 평균치로 머무는 것이 아니라 고유의 의미를 지닌 새로운 현실임을 이해하게 해 준다.[104] 본서의 두 번째 부분의 내용이 될 이 사항들에 대해 지금 여기에서 논의를 계속할 수는 없다. 여기에서는 실존주의에 대한 간략한 문제 제기로 간주될 수 있는 세 가지 사항의 발제로 논의를 제한하겠다.

(1) 우리가 매 순간 체험이라는 단순한 사실을 통해 극복하고 있는 여건은 실존의 물질적 조건으로 환원되지 않는다. 앞에서 말했듯이 우리 자신의 어린 시절을 이 여건에 포함해야 한다. 어린 시절이란 가족 집단을 통한 사회적 조건화로서의 계급에 대한 막연한 이해와 동시에 그로부터 벗어나려는 서투른 노력을 하는 눈먼 상태의 극복 단계라고 할 수 있다. 그런데 이와 같은 어린 시절은 결국 우리들 속에 *성격*의 형태로 각인 되게 마련이다. 습득된 태도들(부르주아의 태도, 사

---

104 엥겔스의 사유는 바로 이 점에서 흔들리고 있는 듯하다. 그가 *통계적 평균치*라는 개념을 종종 부적절하게 사용하고 있음은 주지의 사실이다. 그의 분명한 목적은 *선험적*으로 무제약적인 힘의 성격을 변증법 운동에서 제거하자는 것이었다. 그러나 그렇게 하자 갑자기 변증법이 사라져 버렸다. 만약 적대적인 힘의 결과들을 통계적 평균치로 고려한다면 자본이나 식민주의 같은 체계적 과정의 출현을 인지할 수가 없다. 개인들은 분자들처럼 서로 부딪히는 것이 아니라 여러 분파로 대립되어 나타나는 이해관계와 주어진 조건들의 기초에 따라 각기 타인의 기도를 이해하고 극복한다는 사실을 깨달아야 한다. 이와 같은 극복들, 그리고 극복의 극복들을 통해서 *의미를 지닌* 현실의 전체, 그 누구도 완전하게 자신을 알아볼 수 없는 그 무엇, 한마디로 *저자 없는 인간적 작품*인 사회라는 대상이 형성되는 것이다. 엥겔스와 통계학자들이 인지한 대로의 통*계적 평균치*들은 사실상 저자를 제거한다. 그러자 갑자기 통계적 평균치는 작품과 그것이 나타내는 인간성마저 제거해 버리게 된다. 이 점에 대해서는 『변증법적 이성 비판』의 제2서에서 좀더 다룰 것이다.(원주)

회주의자의 태도)이 자리 잡고, 모순된 역할들이 우리를 억압하고 분열시키는(플로베르의 예를 들자면 신앙심 깊은 몽상적인 소년과, 무신론자인 외과 의사의 아들로서 장차 외과 의사가 되어야 하는 소년이라는 모순된 두 모습) 것이 바로 이 어린 시절의 단계다. 또한 우리의 첫 반항, 억압적인 현실을 극복하려는 절망스러운 시도가 이루어지는 것도 이 시기다. 바로 거기에서 모든 일탈과 비틀림이 비롯된다. 이 모든 것을 지양하는 일은 또한 그것을 보존하는 일이 된다. 왜냐하면 우리는 이런 원초적 일탈과 더불어 사고하고, 우리가 거부하고자 하는 습득된 태도들과 더불어 행동하기 때문이다. 실존의 모순에서 벗어나 가능성의 세계로 향해 가면서 우리는 그 모순들을 폭로하게 되며, 그런 우리의 행동 속에서 모순은 드러난다. 비록 이 행동이 모순들보다 더 풍부하여 새로운 행위를 유발하는 새로운 모순을 이끌어 낼 사회로 우리를 인도하더라도 말이다.

이처럼 우리는 끊임없이 우리의 계급을 극복하고, 바로 이 극복에 의해 우리가 처한 계급의 현실이 명백해진다. 왜냐하면 가능성의 실현은 필연적으로 사회 세계에서의 대상과 사건을 생산하는 일로 귀착하며 이 생산이 곧 우리의 객체화로서 그 속에 반영되는 원초적 모순들은 우리의 소외를 보여 주기 때문이다. 따라서 자본이 부르주아의 입을 통해 표현되고, 부르주아는 계속해서 오로지 자본에 대해서만 더욱 많이 말하게 되는 까닭을 이해할 수 있다. 사실 그들은 무슨 말이건 한다. 잘 먹는 음식, 좋아하는 예술, 사랑과 증오 등 그 자체로는 경제적 과정으로 환원되지 않지만 고유의 경제적 모순에 따라 전개되는 모든 것에 대해 말한다. 그러나 이와 같은 개별적인 언급들의 추상적이고 보편적인 의미는 사실상 다른 무엇이 아닌 바로 자본이다. 휴가 중의 산업가가 자기의 직업적, 경제적 활동을 잊기 *위해* 사냥이나 해저 낚시에 광적으로 몰두한다거나 사냥감 혹은 대어를 열광적으로 기다리는 모습에서 정신 분석가가 밝혀낸 어떤 의미를 찾아낼 수 있다는 이야기 등은 일리가 있는 말이다. 하지만 그렇다고 해서 이와 같은 행위의 물질적 조건들이 "자본을 표현하고 있는" 그의 모습을 객관적으로 구성한다는 사실, 게다가 행위 자체는 경제적 반향을 통해 자본주의의 과정에 통합된다는 사실을 밝혀낼 수 없는 것은 아니다. 그의 행위는 기존 사회 구조를 유지하는 데 기여하고 있기 때문에 생산관계 수준에서의 **역사**를 통계적으로 만들어 낸다. 그러나 이런 결과들이 더욱 구체적인 서로 다른 단계들에서 행위를 포착하는 일과 그러한 단계들에서 행위가 갖게 될 결과들을 검토하는 작업을 방해하지는 않는다.

이런 관점에서 보면 모든 행위와 말은 여러 가지 의미들이 겹친 복수적 층위를 이룬다. 이 피라미드에서 하위에 있는, 보다 일반적인 의미는 상위에 있는 좀 더 구체적인 의미의 배경을 이룬다. 그러나 상위의 의미가 결코 이 배경을 벗어날 수 없다고 하더라도 그 의미를 배경으로부터 연역해 내거나 그 속에 용해시키는 일은 불가능하다. 일례로 프랑스의 고용주가 내세우는 맬서스주의[105]는 몇몇 부르주아 계층을 두드러지게 탐욕적인 일면으로 이끈다. 그러나 이 집단과 사람들의 탐욕성에서 경제적 맬서스주의의 단순한 결과만을 본다면 구체적 현실을 놓치고 만다. 왜냐하면 탐욕성이란 아주 어린 시절부터, 즉 돈이 뭔지 겨우 알게 될 때 생겨나는 것이며, 그것 역시 세상 속에서 스스로의 몸과 상황을 지켜 나가는 일종의 경계 방식이기 때문이다. 또한 그것은 죽음과 관련된 것이다. 그러므로 이 구체적 성격들을

105   산아 제한의 의미로 사용되었다.

경제 운동의 *바탕 위*에서 연구하되, 그 특수성[106]을 경시해서는 안 된

106 의학 문제를 집중적으로 다룬《에스프리(*Esprit*)》에 대해 장 마르세나크•는 편집자들이 "인격
주의자들"의 경향에 양보하여 의사와 환자의 관계에 관해 지나치게 많이 할애하고 있음을 비
난한다. 덧붙여 그는 현실이란 "더 소박하게" 그리고 더 단순하게 경제적이라는 사실을 지적한
다.(1957년 3월 7일 자《레 레트르 프랑세즈(*Les Lettres françaises*)》)•• 이것은 프랑스 공
산당 내부의 마르크스주의자 지식인들을 경직시키고 있는 선입관에 대한 아주 좋은 예다. 프
랑스에서 의학의 시행이 그 사회의 자본주의적 구조 및 맬서스주의를 향한 역사적 상황에 의
해 조건 지어진다는 것은 부정할 수 없는 사실이다. 의사의 상대적 희소성은 프랑스 체제의 결
과이며, 그것이 고객과의 관계에 영향을 미친다는 것 역시 사실이다. 또 하나 분명한 사실은 대
개의 경우 환자는 바로 *고객*이고, 그를 치료할 수 있는 의사들 사이에 경쟁 관계가 있다는 점이
며, 그 자체가 "생산관계"에 근거하는 이 경제적 관계가 직접적 관계를 변질시키며 희소화한다
는 것도 인정해야 한다. 그래서 어떻다는 건가? 이 성질들은 대다수의 경우 인간적 관계를 조건
짓고 변질시키고 변형시키면서 그 관계를 감추지만 인간관계의 독창성을 없애지는 못한다. 방
금 서술한 배경에서, 그리고 이미 인용한 요인의 영향하에서는 도매상인과 소매상의 관계나 하
급 군인과 상관의 관계의 문제가 아니라 치료라는 *물질적* 계획을 통해 체제 안에 있는 한 인간
이 정의되는 것이 문제가 된다. 그리고 이 계획은 두 가지 측면을 드러낸다. 마르크스식으로 말
하자면 병이 의사를 창출한다는 사실에는 의심의 여지가 없기 때문이다. 우선 병이란 사회적인
것이다. 병이란 것이 흔히는 직업에서 기인하며, 병 자체가 삶의 어떤 수준을 드러내기 때문만
이 아니라 질병과 죽음을 *결정하는 것*이 바로 사회 ── 그 사회가 가지고 있는 의술의 단계 ── 이
기 때문이다. 다른 한편 병이란 물질적 삶, 생리적 욕구 그리고 죽음을 ── 특별히 위급한 방식으
로 ── 드러낸다. 그러므로 병이란 의사가 그와 마찬가지의 상황 속에 규정된 다른 사람들
(고통받고 위험에 처해 있으며 구조를 요청하고 있는 사람들)과 특별히 심오하고 특수한 어떤
관계를 맺도록 해 주는 것이다. 이 사회적이고 구체적인 관계는 사랑의 행위보다도 더욱 친밀한
관계인 의료 행위를 통해 공고해진다. 하지만 이 친밀성은 두 사람 모두를 참여시키는 세밀하고
독자적인 기술과 활동을 통해서만 실현된다. 경우에 따라 현격하게 다를 수도 있지만(사회적으
로 보상이 되는 의료든지 환자가 직접 보수를 지급하는 의료든지) 두 경우 모두 현실적이고 특
수한 *인간관계*라는 점 그리고 자본주의 국가들에서조차 ── 적어도 대다수의 경우 ── 의료 기
술에 따라 영향을 받으면서 그 기술을 극복하여 고유한 목표를 향해 가는 *인간과 인간의 관계*
라는 점에는 하등 차이가 없다. 의사와 환자는 공동의 계획으로 연결된 한 묶음이며, 한 사람은
병자를 고치고 돌보아야 하고 다른 한 사람은 스스로의 병을 고치고 회복해야 하는 것이다. 서
로 간의 신뢰 없이는 이러한 일이 이루어지지 않는다. 마르크스는 이런 상호성을 경제학 안에
용해시켜 버리는 일을 거부했을 것이다. 경제의 한계와 조건을 고발하는 일, 경제의 사물화 가
능성을 폭로하는 일, 육체노동자가 지식인 노동자(즉 의사)의 물질적 실존을 창출한다는 사실
을 환기하는 일 등 모든 것이 *오늘날의 부르주아 민주주의 안에서* 환자와 의사라는 복합적이고
현실적이며 인간적이고 전체적인 관계로 연결된, 이 불가분하게 묶인 두 사람의 문제를 연구해
야 할 실제적인 필요성에 대해 아무것도 변화시키지 못한다. 현대의 마르크스주의자들이 잊고
있는 점은 소외되고 신비화되고 사물화되는 등등의 인간은 어쨌든 인간으로 남는다는 사실이
다. 마르크스가 사물화를 이야기할 때 그는 우리가 사물로 변형된다는 것이 아니라 우리 인간

다. 이렇게 해야만 우리는 *총체성*을 향해 나아갈 수 있다.

그렇다고 해서 물질적 조건(여기에서는 프랑스의 맬서스주의, 그에 따른 투자의 흐름, 금융 압박 등)이 고려된 태도와 관련해 볼 때 불충분한 "결정 요인"이란 의미는 아니다. 또는 물질적 조건이 인간의 기도를 통해 벌어지는 일들의 상호 행위를 모든 면에서 검토했다면 굳이 그 조건에 다른 어떤 *요인*을 덧붙일 필요는 없다. 가계의 빈곤과 불안정 때문에 한 푼 한 푼을 아끼고 계산할 필요성으로 "소고용주" ── 이 소고용주는 우리의 맬서스주의자들이 보존하는 오래된 부류에 속하는 자이며, 또한 그가 맬서스주의자들을 지지한다 ── 의 아들은 맬서스주의를 직접 체험할 수 있다. 아들은 또한 ── 흔히는 자신의 임금 노동자일 뿐인 ── 아버지가 자신의 재산이 위협당할수록 더욱더 완강하게 재산에 집착하는 것을 발견한다. 그리고 어떤 상황에서는 죽음에 대해 투쟁하는 아버지의 모습을 소유에 대한 격렬한 욕망의 또 다른 양상으로 느낄 수도 있다. 그러나 죽음에 대한 이와 같은 즉각적인 관계, 아버지가 재산으로 도피해 버리는 그 관계는 바로 근본적인 외면성의 내면화로 체험되는 자기 재산으로부터 기인한 것이다. 소유된 사물의 특수한 성격은 인간들로부터의 격리, 자신의 죽음을 마주한 소유주의 고독으로 느껴지며 소유의 관계들을 좀 더 긴밀히 하고자 하는 의지, 즉 스스로의 실종을 예고하는 대상 자체 속에서 생존을 찾으려는 의지를 조건 짓는다. 어린아이는 파산 지경에 이른 재산에 대한 초조함과 죽음에 사로잡힌 인간의 초조함을 동일한 운동 안에서 발견하고 극복하며 간직한다. 이 두 종류의 초조함 사이에

은 물질로 된 사물들의 조건을 인간적으로 겪어 낼 수밖에 없다는 사실을 의미한 것이다.(원주)
• Jean Marcenac. 프랑스의 언론인이자 평론가.
•• 1941년 독일 침략 당시 창간되었으며, 1972년까지 주로 공산당과 가까웠던 프랑스 문예지.

서 그는 탐욕이라는 새로운 매개를 실현한다. 아버지의 삶과 가족 집단의 삶이라는 서로 다른 삶의 순간들은 프랑스 경제를 통해 포착되는 생산관계를 공통 근원으로 갖는다. 하지만 같은 인물이(더군다나 집단이) 유일하지만 복합적인(고용주이며 생산자이며 — 대개는 그 자신도 노동을 하므로 — 소비자 등으로) 근원과 아주 다양한 관계를 맺는 위치에 놓여 있기 때문에 그는 이 순간들을 다양하게 체험한다. 이 순간들이 어린아이 속에서 서로 부딪히고, 동일한 기도의 통일성 안에서 서로 변형되기 때문에 그로부터 새로운 현실이 구성된다.

그런데 여기서 몇 가지 사실을 자세히 밝혀야 한다. 첫째로 우리가 어린 시절을 우리의 *미래*로 체험한다는 사실을 기억하자. 어린 시절은 미래의 관점 안에서 행위와 역할을 결정하는 것으로 결코 몽타주처럼 행해지는 기계적 재생이 아니다. 행위와 역할은 그것들을 변형시키는 기도와 불가분의 관계에 있으므로, 행위나 역할이 결합하고 인간 계획의 모든 순간에 발견해야 하는 시기들과는 독립된 관계들이다. 지양되고 보존된 행위와 역할들은 내가 기도의 내적 착색(coloration interne)이라고 부르는 것을 구성하며, 그것들은 동기 유발이나 특수화 같은 것과 구별된다. 계획의 동기 유발은 계획 자체와 같은 것이다. 특수화와 기도는 유일하고 동일한 현실이다. 결국 기도는 목표에 통합됨과 동시에 극복되어 버리기 때문에 결코 *내용*을 갖지 않는다. 하지만 기도의 *착색*, 즉 주관적으로는 기호(嗜好)이며, 객관적으로는 스타일을 나타내는 착색은 우리들의 근원적 일탈의 극복에 다름 아니다. 이 극복은 순간적인 운동이 아니라 장기간의 작업이다. 이 작업의 매 순간은 극복인 동시에 그 자체로 정립되는 한 정해진 통합의 단계에서 보면 순전히 일탈의 존속이다. 이런 까닭에 삶이란 나선형의 소용돌이를 그리며 흘러간다. 즉 항상 같은 지점을 중심으로 돌아가지만 서로 다른 통합과 복합성을 가지게 된다.

어린 시절의 귀스타브 플로베르는 형으로 인해 아버지의 애정을 충분히 받지 못했다. 형 아실이 아버지를 닮았기 때문에 아버지의 마음에 들려면 형을 모방해야만 했다. 그러나 귀스타브는 이것을 거부한 채 토라지고 원망을 품었다. 중학교에 들어간 플로베르는 상황이 바뀌지 않았음을 알았다. 그 옛날 영리한 학생이었던 아버지의 마음에 들게끔 형 아실은 아버지보다 9년이나 앞질러 수석의 자리를 차지했다. 플로베르가 아버지로부터 후한 평가를 받길 원하면 같은 일에서 형과 같은 점수를 받아야만 했다. 하지만 그는 자신의 감정을 제대로 정리하지도 않은 채 그런 일을 거부했다. 이것은 명명되지 않은 어떤 반항이 그의 일에 제동을 걸었음을 의미한다. 그는 *그럭저럭 괜찮은* 학생이었지만 항상 일등을 하던 그의 가문으로서는 불명예였다. 이 두 번째의 상황은 중학교라는 새로운 요인이 끼어들었을 뿐 *억압된* 첫 번째 상황과 같다. 동급생들과의 접촉도 플로베르에게는 *주된* 조건이 되지 못했다. 가족 문제가 컸던 관계로 그는 동급생들에게 관심을 기울일 수가 없었던 것이다. 몇몇 동급생들의 성공 앞에서 플로베르가 굴욕을 느꼈다면 이것은 동급생들의 성공이 (모든 학과에서 우수상을 차지했던) 형 아실의 우월성을 다시 한번 상기시키며 확인해 주었기 때문이다. 세 번째 상황은 원래 조건들의 증대와 강화일 뿐이다.(플로베르는 법학을 공부하기로 결심한다. 아실과 좀 더 확실하게 달라지기 위해 그는 형보다 열등해지기로 결심한다. 그는 이 열등감의 징표로 드러나게 될 검사라는 미래의 직업을 증오하게 되고 나중에는 스스로 관념적 보상 작용으로 빠져 버린다. 그래서 결국 검사가 되어야 할 진퇴유곡의 상황을 "히스테리성" 위기를 통해 벗어난다.) 이처럼 따로 떨어진 각 단계는 같은 상황의 반복으로 보이는 반면, 어린 시절에서 신경 발작으로의 움직임은 주어진 조건들에 대한 끊임없는 극복이 된다. 결국 이 극복의 움직임은 플로베르의 문학적 참여로 귀결된다.[107] 이 모든 단계는 극복된 과거(passé-dépassé)이긴 하지만 동시에 각각의 실행을 통해서 보면 극복되어 가는 과거(passé-dépassant), 즉 미래로 드러난다. *우리가 해내는 역할들은 늘 미래적이다.* 그러니까 역할은 각자가 완수해야 할 일, 피해 가야 할 덤불, 발휘해야 할 힘 등등 곧 미래로 나타난다. "부권"은 미국 사회학자들이 주장하듯 하나의 역할일 수 있다. 또한 갓 결혼한 젊은 남편은 자신을 아버지와 동일시하거나 그를 대신하기 위해 혹은 반대로 그로부터 벗어나기 위해 아버지의 "태도"를 떠맡으면서 아버지가 되기를 희망할 수 있다. 어쨌든 부모와 맺었던 과거의(혹은 과거에 심오하게 체험했던) 관계는 새로운 일로 도피해 가는 맥락에서만 그에게 분명히 드러난다. 부권이란 죽음으로 이어지는 그의 삶을 열어 준다. 만약 이 부권이 하나의 역할이라면 그것은 항상 새로워지는 상황 속에서 끊임없이 배우고 만들어 내는 역할, 죽을 때에야 겨우 알게 되는 역할이다. 콤플렉스, 살아가는 방식 그리고 극복되어 가는 과거의 양태로 창출해야 할 미래의 드러냄, 이 모든 것이 유일하며 동일한 현실을 만든다. 그것은 방향 지어진 삶, 행동을 통해 인간임을 긍정하는 기도다. 이와 동시에 그것은 위치를 잡아낼 수 없는 불합리한[108] 안개와도 같아서 어린 시절에 대한 우리의 기억 한가운데에서 미래를 반영하고, 우리들 성숙한 인간의 합리적인 선택 안에서 우리의 어린 시절을 조명한다.

---

107 플로베르의 현실적 문제가 이보다 훨씬 더 복잡했으리라는 사실은 충분히 짐작할 수 있다. 나는 단지 끊임없는 변형의 모습 속에 드러나는 영속적인 것을 제시하고자 하는 의도 때문에 과장해서 "도식화하고 있다."(원주)

108 물론 이때의 불합리란 우리가 보기에 그렇다는 것이지 그 *자체*가 불합리하다는 의미가 아니다.(원주)

또 하나 지적해야 할 것은 **역사** 운동으로서의 총체화, 즉 하나의 사건, 집단, 인간을 "위치시키기" 위한 실제적이고 이론적인 노력으로서의 총체화다. 조금 전에 나는 동일한 행위가 더욱 구체적인 여러 단계에서 평가될 수 있으며, 결과적으로 아주 다양한 일련의 의미들을 표현할 수 있음을 지적했다. 그러나 몇몇 철학자들이 주장하듯이, 이 의미들이 서로 건너뛸 수 없는 거리를 갖고 있으며, 분리된 채 독립되어 있다고 결론지어서는 절대로 안 될 것이다. 물론 대부분의 마르크스주의자들은 이런 잘못에 빠져들지 않으며, 상부 구조가 어떻게 해서 하부 구조로부터 나오게 되는가를 보여 준다. 좀 더 멀리 밀고 나가 그들은 상부 구조에 속하는 신념들이나 실천들의 상징적 기능을 — 그것들의 자율성과 함께 — 보여 준다. 하지만 이것만으로는 변증법적 과정의 드러남인 *총체화*를 충분히 밝힐 수 없다. 서로 포개어진 의미화들은 분석을 통해 분리되고 나열된다. 그러나 *삶 속에서* 이들을 서로 결합시켰던 운동은 종합적이다. 조건화도 마찬가지다. 그러므로 요인들의 중요성이나 그 순서가 바뀌지는 않는다. 하지만 의미화들이란 종합적이고 복수(複數) 차원적이며 분리할 수 없는 대상들로서 다양한 시공간 차원에서 개별적인 자리를 차지한다는 점을 인식하지 않으면 인간적 현실을 제대로 보지 못하게 된다. 여기에서의 잘못은 체험된 의미화를 인간 언어가 부여한 단순하고 선(線)적인 진술로 축소한다는 점이다.

우리는 앞에서 "비행기를 훔쳐 탄 사람"의 개인적인 반항은 식민지인의 집단적 반항을 특수화한 것임과 동시에 구체적 실현을 통해 벗어나고자 한 해방의 행위였음을 보았다. 집단적 반항과 개인적 집착의 이런 복합적인 관계는 은유 관계로 축소될 수도 없고 일반론으로 용해될 수도 없다는 사실을 이해해야 한다. 비행기라는 집착 대상의 현존 그리고 실제적 고민들(어떻게, 그리고 언제 비행기를 훔쳐 타 볼까 등등의 문제들)은 다른 것으로 대체할 수 없는 것들이다. 다시 말해 그 남자는 정치적 시위를 하려던 것이 아니라 스스로의 개인적 운명에 몰두했던 것이다. 하지만 우리는 또한 그가 *했던 일*(집단적 항의, 해방을 의미하는 스캔들)이 그가 *하고 있다고 생각했던 일*(이것은 또한 그가 했던 일이 되는데, 왜냐하면 그는 비행기를 훔쳐 비행을 했고 프랑스에서 죽었기 때문이다.)을 암암리에 포함하지 않을 수 없다는 사실을 안다. 그러므로 이 두 가지 의미화를 분리할 수 없으며, 하나의 의미화를 다른 의미화로 연역할 수도 없다. 이것은 동일한 하나의 대상이 가진 불가분의 두 측면이다. 여기에 세 번째 의미화가 나타난다. 막힌 미래에 대한 전면적인 수락이자 거부로서의 죽음과의 관계다. 이 죽음은 동시에 그의 종족의 불가능한 항거, 즉 식민지 지배자들과의 *현실적인* 관계로 해석되는 증오와 거부의 급진화로서 결국 그 사람의 내밀한 기도로 해석된다. 그것은 폭발해 버린 짧은 자유, 죽음을 부른 자유의 선택이다. 죽음과 관련한 이 여러 가지 양상들은 차례로 결합되어 있어서 하나하나로 환원시킬 수 없다. 이것들은 행위에 새로운 차원을 가져다준다. 이와 동시에 이 양상들은 식민지 지배자들과의 관계와 집착 대상과의 관계, 다시 말해 앞에서 폭로된 차원들을 반영하며 여러 양상은 이와 같은 차원 속에서 반영된다. 즉 그 결정 요인들은 죽음을 통한 항거와 죽을 수 있는 자유를 여러 차원 속에 포함시키며 끌어모은다.[109]

물론 우리는 다른 정보들을 놓치고 있다. 우리는 그 남자의 어린 시절이 어떠했으며 어떻게 그가 이 시절을 겪어 냈는지, 어떤 물리적

---

109 이것을 *상징화*로까지 연결해서는 안 된다. 즉 그가 비행기를 훔친 것은 죽음이며, 죽음에 대한 그의 생각이 비행기였다는 것은 아주 다른 문제다. (원주)

조건들이 그의 성격을 만들었고 또 그의 계획을 착색했는지 등을 모른다. 그렇지만 의심할 여지 없이 각각의 결정 요인들은 고유의 풍부한 자료를 갖고 있을 것이며, 그 안에 다른 것들(그의 어린 시절이 어떤 모습이었든지 간에 미래가 없는 미래라는 절망스러운 조건을 배워 가는 과정이 아니었겠는가? 죽음과 어린 시절의 관계는 너무도 밀접하고 모두에게 흔히 일어나는 일이므로 그가 아주 어릴 때부터 죽음을 통해 스스로를 입증하려는 기도가 있지 않았는가 질문할 수도 있다 등등)을 포함하고 있을 것이다. 그래서 각각의 결정 요인은 특별한 조명을 통해서 다른 의미화들 안에서의 고유의 실존, 예컨대 짓밟힌 현존이나 어떤 기호들과의 비합리적인 관계 등도 분명히 보여 줄 수 있을 것이다. 그리고 사람들은 삶의 물질성 자체가 이 모든 의미 작용들의 객관적 의미이자 근본적 조건이라고 생각하지 않는가? 소설가는 이 여러 차원의 이모저모를 주인공의 "의식" 안에서 교차하는 생각들로서 우리에게 제시할 것이다. 그러나 소설가는 거짓말을 하게 된다. 왜냐하면 단지(또는 반드시) 생각이 문제가 아니라 모든 것이 전체로서 한꺼번에 주어지며, 인간은 그 안에 갇혀 있어 그를 둘러싼 이 모든 벽 그리고 그를 유폐시킨 *지식*에 끊임없이 연결되어 있기 때문이다. 이 모든 벽이 *단 하나의 감옥*을 만들며, 이 감옥이 *유일한 삶, 유일한 행위*다. 각각의 의미화는 끊임없이 변화하며 이 변형된 모습이 다른 모든 것에 반향을 일으킨다. 총체화를 통해 밝혀져야 할 것은 이처럼 행위의 복수 차원적 통일성이다. 이 통일성은 의미화들의 상대적 자율성과 상호 침투의 조건인데, 우리의 낡은 사고방식은 그것을 단순화할 우려가 있다. 현재 사용되는 언어의 형태로는 이것을 복구하기가 적합하지 않기 때문이다. 그럼에도 불구하고 이렇게 좋지 않은 수단과 습관으로 이 다면체의 다가적(多價的)이고 복합적인 통일성을 서로 교통하는 변증법의(다시 말해 개별적으로 서로 관계를 맺고 각각은 또 전체와 관계를 맺는) 법칙으로서 표현하도록 시도해야만 한다. 헤겔과 마르크스 이래 인간에 대한 변증법적 인식은 새로운 합리성을 강요한다. 이 합리성을 경험 속에서 구축하려고 하지 않기 때문에 오늘날 **서양에서건 동양에서건** 우리나 우리와 유사한 사람들에 관한 어떤 글 혹은 어떤 말도 터무니없는 실수 없이 사용되거나 말해지지 않은 것이 없는 게 사실이다.[110]

(2) 기도는 필연적으로 도구적 가능성의 영역을 관통해야만 한다.[111] 도구가 가진 특별한 성격들은 기도를 다소간 심하게 변형시키고 객체화에 영향을 미친다. 그런데 어떤 도구이든지 간에 도구 자체는 기술 발전의 산물이며 최종 분석에서 보면 결국 생산력의 산물이다. 우리의 주제가 철학적인 만큼 문화 영역에서의 예를 들도록 하겠다. 이데올로기적 성격을 띤 기도는 그것이 어떤 외양을 취하든 간에 모순에 대한 의식화를 통한 기본 상황의 변화를 목적으로 한다는 사실을 이해해야 한다. 계급과 조건의 보편성을 표현하는 개별적인 갈등에서 탄생한 이데올로기적 기도는 갈등을 폭로하기 위해 갈등을 넘어서고, 모든 사람에게 갈등을 표면화하기 위해 갈등을 폭로하며,

110 설마 진정으로 말해진 것이 단 하나도 없었겠느냐는 반박이 가능할 것이다. 하지만 그 반대다. 사고의 흐름이 계속 유지되는 한 모든 것은 진리이거나 진리의 순간을 가진다. 오류들조차도 현실적인 인식을 포함하고 있다. 콩디야크*의 철학은 당시, 즉 부르주아를 혁명과 자유주의로 이끌어 가던 흐름에서는——역사 진보의 현실적 요인이라는 점에서——오늘날의 야스퍼스의 철학보다 더욱 진정한 것이었다. 거짓된 것은 사멸한다. 지금 우리의 관념들은 거짓이다. 왜냐하면 이것들은 우리에 앞서 사멸했기 때문이다. 시체의 썩은 냄새가 나는 관념이 있는가 하면 작지만 아주 깨끗한 골격을 아직 지니는 것들이 있으며 바로 그런 것이 가치가 있다.(원주)

• 에티엔 보노 드 콩디야크(Étienne Bonnot de Condillac, 1715~1780). 영국의 철학자 로크의 감각론 철학을 유물론적 방향으로 발전시킴과 동시에 언어를 성찰 대상으로 삼은 첫 번째 철학자로 19세기 언어학에 커다란 영향을 주었다.

111 사실 "사회적 장"은 여러 개다. 게다가 그것은 사회에 따라 다양한 모습으로 변화한다. 하지만 그 목록을 작성하는 일이 이 글의 논지는 아니므로 그중 하나를 선택해서 개별적인 경우에 대한 극복의 과정을 제시하고자 한다.(원주)

갈등을 해소하기 위해 갈등을 표면화한다는 목표를 겨냥한다. 그러나 단순한 폭로와 공개적 표면화 사이에는 문화적 도구와 언어라는 제한되고 규정된 장이 개입한다. 생산력의 발전은 과학적 지식에 영향을 주며, 이 지식이 다시금 생산력 발전의 조건으로 작용한다. 이와 같은 지식을 통한 생산관계들이 철학의 윤곽을 그려 나가며, 구체적으로 체험된 역사가 개별적인 관념 체계를 낳고 이 관념 체계는 그런 철학의 배경 안에서 한정된 사회 집단들의 실제적이고 현실적인 태도를 해석해 낸다.[112] 이 언어들은 새로운 의미화들을 떠맡게 되며, 그 보편적 의미는 제한되고 심화된다. 일례로 **본성**이란 말이 18세기에는 대화자들 사이에 즉각적인 공감대를 형성했었다. 이 공감대는 엄격한 의미에 대한 것은 아니었다. 오히려 디드로의 시대에는 **본성** 개념에 관한 논쟁이 끊이지 않았다. 하지만 철학적 소재인 이 주제에 대해서는 모든 사람이 이해하고 있었다.

이처럼 문화의 일반적 범주, 개별 체계들 그리고 그런 것들을 표현하는 언어는 이미 한 계급을 객체화하며, 잠재적인 갈등 혹은 표명된 갈등을 반영하고 소외를 개별적으로 표현한다. 세계는 바깥에 있

---

112 드장티*는 상업 자본주의와 신용 대부의 발달에 의해 지지되었던 17세기의 수학적 합리주의가 어떻게 시간과 공간을 무한한 동질적 장소로 인식하기에 이르는지를 아주 잘 보여 준다. 결과적으로 중세에는 바로 가까이에 현존하던 **신**이 세계 밖으로 떨어져 나가 **숨은 신**이 되어 버린다. 또 하나의 마르크스주의자 저작에서 골드만**은 신의 부재와 삶의 비극성에 대한 이론의 중추인 얀세니즘이 어떻게 해서 법복 귀족들——새로운 부르주아에게 왕의 옆자리를 빼앗긴 채 자신의 실추를 받아들이지도 못하고, 자신의 생계의 원천이었던 군주에 대항하지도 못하던——을 흔들어 놓은 모순된 정열을 반영하고 있는지를 보여 준다. 이 두 가지 해석은——헤겔의 "범논리주의"와 "범비극주의"를 연상시키는——상호 보충적이다. 드장티는 문화적 장을 제시한 것이고, 골드만은 역사적 실추의 시기에 한 개별 집단이 구체적으로 경험한 인간적 수난을 통해 문화적 장의 일부분이 결정되는 모습을 보여 준 것이다.(원주)

• 장투생 드장티(Jean-Toussaint Desanti, 1914~2002). 프랑스의 철학자이자 수학자.

•• 뤼시앵 골드만(Lucien Goldmann, 1913~1970). 루마니아 출생의 철학자, 사회학자. 소르본 교수를 지냈으며 마르크스주의 문학 이론가로『숨은 신』등의 저서가 있다.

다. 언어나 문화는 신경 조직을 통해 개인 속에 기록되는 표시가 아니라 개인이 문화나 언어, 즉 도구들로 이루어진 장의 특수한 한 분야 속에 있는 것이다. 자신이 폭로하는 것을 명백하게 드러내기 위해 개인은 지나치게 풍부하면서도 동시에 턱없이 부족한 요소들을 사용한다. 턱없이 부족한 것은 단어들, 사유의 유형들, 방법론들이다. 이것들은 너무 적은 수로 제한되어 있다. 이것들 사이의 공백과 결여된 부분들 때문에 새로이 탄생한 사고는 적절한 표현 방법을 찾아내지 못한다. 반면에 지나치게 풍부한 것은 어휘. 각각의 어휘는 시대 전체가 부여한 깊은 의미화를 동반한다. 관념론자가 말을 하자마자 그는 자신이 의미하는 것보다 더욱더 많이 그리고 자신이 의도했던 것과 다른 말을 하게 된다. 시대가 관념론자 고유의 생각을 훔치고 만 것이다. 그래서 그는 이리저리 우회하여 말하게 되고, 표현된 의미는 결국 심하게 빗나가게 되어 말의 신비화에 빠져들고 만다. 사드 후작은 — 시몬 드 보부아르가 적절히 지적하고 있듯이[113] — 봉건제의 몰락을 체험했다. 그는 온갖 특권을 하나하나 반박했다. 그의 유명한 "사디즘"은 전사로서의 자기 권리들을 폭력 속에서 재확인하려던 맹목적인 시도였다. 그는 자기 개인의 주관적 *자질*이 이 권리들의 근거라고 주장했다. 그러나 이런 시도에는 이미 부르주아의 주관주의가 침투되어 있었으며, 귀족이란 객관적 칭호는 **자아**라는 제어할 수 없는 우월성으로 대체되어 있다. 그의 폭력적 충동은 애초부터 빗나가고 있었던 것이다.

그러나 사드가 좀 더 앞으로 밀고 나가려 하면서 **자연**이라는 **중요한 개념**과 마주치게 된다. 그는 **자연의 법칙**은 가장 강한 자가 살아

---

113 보부아르가 쓴 『사드를 불태워야 할 것인가?(*Faut-il brûler Sade?*)』를 가리킨다.

남는 법칙이며 학살과 고문은 자연스러운 파괴의 반복이라는 점 등등을 제시하고자 했다.[114] 하지만 그에게 있어서 이 **자연** 개념은 말도 안 되는 의미를 내포하고 있었다. 귀족이건 부르주아건 1789년의 모든 사람에게 **자연**은 선한 것이었다. 그런데 갑자기 모든 체계가 빗나간다. 살인과 고문은 자연을 모방할 뿐이므로 가장 극악한 죄가 좋은 것이고, 가장 좋은 덕이 나쁜 것이 되기 때문이다. 이와 동시에 귀족이던 사드는 혁명적 이념에 사로잡히게 되었다. 그는 모든 귀족의 모순을 체험하는데, 이들은 1787년부터 오늘날 "귀족적 혁명"이라고 불리는 것을 준비했었다. 사드는 희생자(귀양과 투옥으로 고통받았으며 바스티유 감옥에서 몇 해를 보냈다.)인 동시에 특권을 받은 사람이었다. 다른 사람들 같으면 단두대에서 처형되거나 망명의 사유가 될 모순을 그는 혁명적 이데올로기로 바꿔 놓았다. 그는 자유(그에게는 살인의 자유)와 인간 사이의 소통(소통될 수 없는 깊이 있고 내밀한 그의 경험을 표명하고자 하는 의사소통)을 요구했다. 그의 모순들, 옛날의 특권들 그리고 실추는 그를 고독으로 내몰았다. 사드는 자신의 경험이 *보편적인 것*, *합리성*, *평등*이라는 그 시대의 도구적 개념들에 의해 빗나가고 도둑질당하는, 후에 슈티르너[115]가 **유일한 것**이라 명명한 그런 체험을 하게 된다. 그런 도구적 개념을 통해 사드는 힘겹게 스스로에 대한 사유를 시도한다. 그 결과 다음과 같은 비정상적인 이데올로기가 생겨난다. 즉 사람과 사람 간의 유일한 관계는 고문하는 자와 그 희생자의 관계라는 것이다. 이와 같은 개념은 갈등을 통한 소통의 추구인 동시

---

114 이 정도만 해도 이미 많이 양보한 것이다. 왜냐하면 자기 권리를 확신하던 귀족이었더라면 자연에 의존하기보다는 혈통에 대해 말했을 테니 말이다.(원주)

115 막스 슈티르너(Max Stirner, 1806~1856). 독일의 철학자. 본명은 요한 카스파르 슈미트(Johann Caspar Schmidt)이며 헤겔 좌파 철학자로서 개인주의적 무정부주의를 주창했다.

에 절대적인 비소통에 대한 빗나간 긍정이다. 사드의 끔찍스러운 작품들은 이렇게 해서 집필되었는데 그런 작품을 귀족적 사고의 마지막 흔적들 중 하나로 성급하게 분류하는 것은 잘못이다. 차라리 그의 작품은 혁명가들의 보편주의 이데올로기에 운수 좋게 포착되어 변형된, 고독한 자의 반박으로 보인다.

사드의 예는 현대의 마르크스주의가 문화 체계의 한 개별적 내용을 어느 정도까지 소홀히 다루면서 그것을 계급 이데올로기의 보편성으로 즉각 환원시켜 버리고 있는가를 보여 준다. 체계란 자신의 소외를 넘어서고자 소외된 말들 속에 얽혀들게 된 소외된 인간이며, 스스로의 도구들에 의해 일탈하여 문화가 개별적 *세계관*으로 변형시킨 의식화다. 또한 이 체계란 사회적 도구에 대항한 사고의 투쟁이며 도구들을 과잉 상태로부터 비워 내려는 노력, 그리하여 도구들이 오로지 사고만을 표현하도록 유인하려는 노력이다. 이 모순들의 결과는 바로 이데올로기의 체계가 환원 불가능하다는 사실이다. 어떤 도구든지 간에 모든 도구는 그것을 사용하는 자를 소외시키고 그의 행동의 의미화를 변형시키므로 이데올로기를 구체적인 인간의 객체화와 그의 소외라는 관점으로 고려해야 한다. 이데올로기는 언어의 물질성 안에서 이데올로기 자체를 외면화한다. 그러므로 이데올로기를 그 전체적인 발달 과정에서 연구해야 한다. 우선 그 *주관적* 의미(이데올로기를 표현하는 사람을 위해)를, 이데올로기의 일탈을 이해하기 위한 지향성을, 마지막으로 그 객관적 실현에 이르는 과정을 밝혀야 한다.

이렇게 할 때 우리는 레닌이 말했듯이 **역사**가 "교활하다"라는 것과 우리가 그런 역사의 교활성을 과소평가하고 있다는 것을 입증할 수 있다. 대부분의 정신적 저작들은 분류하기 어려운 복합적인 대상들이기 때문에 이를 단 하나의 계급 이데올로기와 관련지어 "위치 설정"하는 일은 흔치 않으며, 오히려 그런 저작들은 그 깊숙한 구조 안에서 동시대 이데올로기들의 모순과 투쟁만을 재생산한다는 것을 우리는 알게 된다. 오늘날의 부르주아 체계에서 혁명적 유물론의 단순한 부정만을 보아서는 안 된다. 이와 반대로 이 체계가 어떻게 유물론의 유혹을 감당해 내고 있는가를 보여 주어야 한다. 다시 말하자면 이 철학이 어떻게 체계 안에 들어가 있으며 유혹, 거부, 영향, 완곡하게 침투한 부드러운 힘 혹은 격렬한 갈등 등이 각각의 이데올로기 안에서 어떻게 서로 연이어 나타나는지를 드러내야 한다. 한 서구 사상가의 관념론은 사유의 중지를 통해, 즉 이미 현존하는 몇몇 테마들의 전개를 거부함으로써 이루어진다는 점, 한마디로 "주관성의 카니발"이라기보다 일종의 결핍감으로 정의된다는 것을 보여 주어야 한다.

사드의 사고는 귀족의 사유도 부르주아의 사유도 아니다. 그것은 자기 계급에서 추방된 귀족의 사유다. 그가 자신을 표현할 방법은 상승 계급의 지배적 개념뿐이었기 때문에 개념들을 왜곡해 사용했고, 또 그렇게 스스로를 왜곡시켰다. 특히 보편적 계급으로서 스스로를 표명하던 부르주아의 시도를 특징적으로 나타내는 혁명적 보편주의는 사드에 의해 완전히 잘못 사용되어 블랙 유머의 방식이 되어 버리기까지 했다. 바로 이 점으로 인해 그의 사고는 광기 한복판에서조차 아직도 생생한 논쟁의 힘을 지니며 분석적 이성, 본래적 선의, 진보, 평등, 보편적 조화 등의 부르주아 관념들을 혼란시키는 데 기여하고 있다. 사드의 염세주의는 부르주아 혁명이 아무것도 가져다준 것이 없으며, 1794년경에 이르러 자신들이 혁명의 *보편적* 계급에서 제외되었음을 자각한 육체노동자들의 염세주의와 결합한다. 그것은 혁명적 낙관주의의 이면이면서 동시에 그런 낙관주의를 뛰어넘는다.

문화는 한 예일 뿐이다. 대개의 경우 정치, 사회적 행동의 모호함은 한편으로는 욕구, 행위의 동기, 즉각적인 계획의 모순들로부터, 다른 한편으로는 사회적 장의 집단적 기구들, 다시 말해 *실천의 도구들*에서 비롯된다. 오랫동안 **프랑스 대혁명**을 연구했던 마르크스는 자신의 연구로부터 우리가 인정하는 하나의 이론적 원칙을 끌어냈다. 즉 생산력은 발전의 어느 단계에 이르면 생산관계와의 모순에 접어들며, 그때 혁명적 시대가 열린다는 것이다. 봉건적 소유제의 특징이었던 통제와 지역 분할 통치로 인해 1789년의 상업과 산업이 질식되었던 것은 의심할 여지가 없다. 부르주아와 귀족의 갈등 같은 몇몇 계급 갈등은 이런 식으로 설명된다. 그리고 **프랑스 대혁명**의 근원적 운동과 일반적 배경도 그런 식으로 규정된다. 하지만 부르주아 계급은 ── 비록 산업화가 아직은 초기 단계에 불과했지만 ── 자기들의 요구와 세력에 대해 분명히 의식하고 있었다. 이들은 *성장한* 계급으로서 모든 기술, 기술자, 도구 들을 자기 수중에 두고 있었다. 당시 역사의 특별한 한 순간을 연구해 볼 때 사정은 완전히 달라진다. 일례로 **파리 코뮌**과 **국민 공회**에 대한 상퀼로트의 행동을 보자. 출발은 아주 단순하다. 민중은 생존의 위기로 끔찍한 고통을 받고 있었으며, *배가 고팠고 먹을 것을 원했다.* 바로 이것이 욕구이고 동기였다. 그리고 여기에서 아직은 일반적이고 모호하지만 즉각적인 기본적 기도가 이루어진다. 즉 상황을 빨리 개선하기 위해 당국을 대상으로 힘을 가하는 것이다. 행동의 도구들을 발견하고 이 도구들을 사용하게 될 정책을 규정할 수 *단만 있다면* 이런 기본 상황은 혁명적이다.

그런데 상퀼로트 집단은 서로 이질적인 구성원들인 프티부르주아, 장인, 노동자가 뒤섞여 있었고, 그들 대부분이 자신들의 도구를 소유하고 있었다. 평민들인 이 **제3계급**(르페브르 같은 역사학자는 이를 "**인민 전선**"으로 불렀다.)의 반(半)프롤레타리아 분파는 사유 재산 제도

에 매여 있었다. 그들은 이 사유 재산으로 일종의 사회적 의무를 치르
길 원했을 것이다. 그렇게 해서 독점을 야기하는 상업적 자유를 제한
하는 경향이 있었다. 그러나 부르주아 재산의 이러한 윤리적 개념이
애매함을 불러일으켜 나중에는 제국주의적 부르주아가 애호하는 속
임수가 되어 버린다. 하지만 1793년에는 **구제도**하에서 탄생한 봉건적
이고 온정주의적인 개념의 찌꺼기처럼 보였다. 봉건 제도하에서의 생
산관계는 절대 군주의 법률적 명제에서 그 상징을 찾았기 때문에 왕
은 원칙적으로 토지를 소유하며, 그의 재산은 국민의 재산과 동일했
다. 재산을 소유한 신하들은 매번 자신들의 재산권을 갱신해 주는 왕
의 자비로움으로 재산 보증을 얻어 냈다. 상퀼로트들은 그들의 기억
속에 남아 있지만 그 낡은 성격에 대해서는 아는 바 없는 이 모호한
개념의 이름으로 과세를 요구했다.

그런데 과세는 과거에 대한 추억임과 동시에 앞날에 대한 예상이
기도 하다. 그것이 예상되는 까닭은 가장 의식 있는 구성원들이 혁명
정부가 공화 민주제의 건설과 방어를 위해 모든 것을 희생하길 요구
했기 때문이다. 전쟁은 필연적으로 통제 *경제* 체제를 끌어들이며, 어
떤 의미에서 보면 바로 그것이 구성원들이 의미하던 바다. 그러나 이
새로운 요구는 낡은 의미를 통해 표현되고, 이것이 새 요구를 일탈시
켜 그들이 증오하던 군주제의 실행으로 이끈다. 과세, 최고 가격법, 시
장 통제, 곡식 저장소[116] 등과 같은 것들은 기근을 물리치기 위해 18
세기에 줄곧 사용되던 수단들이다. 과격 **산악파**와 온건 **지롱드파 당**
원은 민중이 제안한 계획에서 그들이 이제 막 타파해 버린 제도의 권
위주의적 관습을 발견하곤 놀라움을 금치 못했다. 그것은 뒤로 되돌

---

116   대혁명 때 기근에 대비해 여러 지역에 설치했다.

아가는 일이다. 산악파와 지롱드의 경제 이론가들은 생산과 교역의 전적인 자유만이 풍성함을 이끌어 낼 수 있다는 주장에 만장일치로 동의했다. 부르주아 대표들이 세부적인 이권을 보호하고 있었다는 주장은 확실하지만 그것이 문제의 핵심은 아니다. 더욱 집요하게 자유를 지지하던 사람들은 **온건 지롱드파 당원들** 사이에 있었으며, 특히 그들은 선박 소유주나 은행가, 외국과 무역을 하는 고위층을 대표하고 있었다고 한다. 이 대부르주아들의 이해관계는 곡물세의 실시에 전혀 영향 받지 않았다. 요컨대 행동의 제약을 받았던 **과격 산악파들**은 과세로 특히 소득이 줄어들 위험이 있는 국가 재산 취득자들의 지지를 받고 있었다. 통제 경제 정책을 가장 적대시했던 롤랑[117]은 아무런 재산도 없었다. 사실 대개가 가난했던 **국민 공회 의원들**은 ── 지식인, 법조인, 소행정관 ── 경제적 자유를 옹호하기 위한 이념적이고 실제적인 열정을 갖고 있었다. 경제적 자유 안에서 객관적으로 표출되는 것은 부르주아 계급의 일반적 이권이었으며, 국민 공회 의원들은 현재의 상태를 조정하기보다는 미래를 구축하기를 더욱 원했다. 그들은 자유 생산, 자유 통화, 자유 경쟁이라는 진보를 위한 불가분의 조건을 형성했다. 열정적인 *진보주의자*였던 그들은 **역사**가 앞으로 나아가길 원했으며, 소유자와 소유물의 직접적인 관계를 통해 재산을 새로 만들어 냄으로써 실제로 역사의 진보를 가져왔다.

　그 결과 모든 것은 복잡해지고 어려워진다. 갈등의 의미를 어떻게 객관적으로 평가하겠는가? 가장 온건한 통제 경제 체제에 반대했던 부르주아들에 대해 **역사**의 방향으로 가고 있었다고 할 것인가? 전시의 통제된 경제 정책은 성급한 것이었는가? 이 경제 정책은 극복할

117　롤랑 드 라 플라티에르(Roland de la Platière, 1734~1793). 브리소와 결탁한 지롱드파의 일원이었고, 입법 의회 시절 내무부 장관을 역임했다.

수 없는 저항에 부딪혔을까? 상당수의 부르주아가 통제 경제 형태를 채택할 만큼 자본주의의 내적 모순이 진전된 것이었을까? 그리고 상퀼로트들은 어떤가? 그들은 자신들의 욕구 만족을 주장하면서 근본적 권리를 시행한 것인가? 그들이 제안한 수단은 스스로를 역행시키지 않았는가? 그들은 마르크스주의자들이 말하듯 **프랑스 대혁명**의 후위대인가? 사실 최고 가격의 요구는 그것에 점철된 기억 때문에 상당수의 굶주린 사람들에게는 과거를 회상하게 한다. 그들은 1780년대의 기근을 망각하고는 "왕이 통치하던 시절에는 빵이라도 있었다."라고 외쳐 댔다. 물론 어떤 이들은 물가 통제를 전혀 다른 의미로 받아들여 거기에서 사회주의를 엿보았다. 하지만 이 사회주의는 실현할 수단이 없었으므로 신기루일 뿐이었다. 게다가 그것은 모호하기만 했다. 마르크스는 바뵈프[118]가 너무 늦게 나타났다고 말한다. 그의 출현은 너무 늦었거나 너무 일렀다.

다른 시각에서 보자면 민중들 자신, 상퀼로트의 민중이 바로 **혁명**을 이루어 낸 사람들 아닌가? **테르미도르**는 상퀼로트와 **국민 공회**의 지도적 소수 분파 사이에 증대하던 대립을 통해 가능했던 것 아닌가? 부자도 가난한 사람도 없고, 모든 사람이 주인이 되는 국가를 만들자던 로베스피에르의 꿈 역시 그 시대의 흐름에 역행하지 않았는가? 무엇보다 먼저 내부의 반응에 대항하고 군대의 세력에 대항할 투쟁의 필요성을 관철시키는 일, 부르주아 **대혁명**을 충분히 실현하고 방어하는 일, 이런 것들이 물론 국민 공회의 유일한 급선무였다. 그러나 이 **대혁명**은 *민중에 의해* 이루어진 것인 만큼 거기에 민중의 요구

---

118   프랑수아 에밀 바뵈프(François Émile Babeuf, 1760~1797). 혁명 시대의 선동가. 토지 분배와 토지 균분법에 대한 글을 썼으며, 평등 사회 건설을 위한 공산주의 이론을 제안했으나 사형되었다.

를 통합해야 하지 않았을까? 처음에는 기근이 도움이 되었다. "만일 빵을 싼값에 살 수 있었다면 **구제도**를 확실하게 붕괴시키는 데 필수 불가결했던 민중의 급작스러운 개입이 이루어지지 않았을 것이고, 그 랬더라면 부르주아지가 쉽게 승리하지도 못했을 것"이라고 르페브르 는 지적한다. 그러나 부르주아가 루이 16세를 전복하고부터, 즉 부르 주아 대표들이 전적으로 자신들의 이름으로 책임을 전담한 시기부터 민중 세력의 개입은 정부와 제도들을 지지하기 위한 것이었지 그것들 을 전복하기 위한 것이 아니었다. 민중을 만족시키지 않은 채 어떻게 거기까지 다다를 수 있었는가? 상황, 낡은 의미들의 잔존, 산업 및 프 롤레타리아의 초기 발달, 보편성이라는 추상적 이데올로기, 이 모든 것이 부르주아와 민중의 행동을 일탈시키는 일에 기여한다. 민중이 **대혁명**을 *감내했던 것*도 사실이다. 하지만 민중의 비참함이 반혁명적 결과를 초래한 것 역시 사실이다. 사라진 제도에 대한 민중의 *정치적* 증오심은 상황에 따라 달라져서 때로는 그들의 사회적 요구들을 위 장했고, 그 요구들에 승복하기도 했다. **대혁명**은 부르주아적 착취의 도래를 준비한 것이므로 어떤 진정한 정치, 사회적 종합도 시도될 수 없었던 것 역시 사실이다. 승리에 집착한 부르주아가 진정한 혁명의 전위대이긴 했지만 이와 동시에 그들이 **대혁명**을 *끝내는* 일에 골몰했 던 것도 사실이다. 그들이 과격파의 압박하에서 진정한 사회 전복을 시행하면서 내란을 전면화해 나라를 외국에 넘겨줄 수도 있었던 것 도 사실이다. 그러나 또한 민중의 혁명적 열기를 의기소침하게 하여 장기적으로는 **부르봉 왕조**의 멸망과 복귀를 준비한 것도 사실이다. 그 리고 그들은 한 걸음 물러나 최고 가격제에 찬성투표를 했던 것이다. **산악파들**은 이 투표를 타협으로 간주하고 "우리는 포위된 요새 안에 있다!"라며 이에 대한 공개 사과를 했다.

내가 알기로는 포위된 요새의 신화를 필연성의 압력하에 자기 원칙과 타협한 혁명 정부의 정당화에 사용한 것은 이번이 처음일 것이다. 그러나 물가 통제는 기대한 결과를 가져다준 것 같지 않았고, 상황은 근본적으로 변하지 않았다. 상퀼로트들은 1793년 9월 5일 **국민 공회**로 돌아섰지만 여전히 배고픔에 시달렸으며, 이번에도 역시 도구들이 부족했다. 그들은 물가의 앙등이 아시냐 화폐 체계로 인한 일반적 원인에서 비롯되었다는 사실, 즉 부르주아가 자신들의 세금으로 전쟁의 재정을 지원하기를 거부한 데서 기인했다는 사실을 *생각해 낼 수 없었다.* 그들은 아직도 자신들의 불행이 반혁명 분자들 때문이라고 상상했다. **국민 공회**의 프티부르주아들은 경제 자유주의를 단죄하지 않고서는 체제를 비난할 수 없었고, 그들 역시 적대자를 소환하기에 이르렀다. 바로 여기에서 그 이상한 기만의 날이 비롯된다. 민중 대표가 책임자들의 징벌을 요구한 것을 이용하여, 비요바렌과 로베스피에르는 *정치적* 공포에 의존할 목적으로 민중의 애매한 분노를 이용하는데 민중이 분노한 진정한 동기는 경제적 이유였다. 민중은 사람들이 처형되는 걸 보게 되지만 배고픔은 여전했다. 체제의 변화를 바라지 않았고 그렇게 할 힘도 없었던 부르주아 지배층은 **테르미도르**와 반동과 보나파르트가 등장하기까지 수많은 죽음을 맞이하게 된다.

보다시피 이는 어둠 속의 전투다. 표현과 행동의 필요성, 도구적 장(이론적, 실제적)의 객관적 한계, 구태의연한 의미들의 잔존 그리고 모호하기만 한 새로운 의미들(게다가 이 새로운 의미는 대개 낡은 의미를 통해 표현되곤 했다.) 때문에 집단에 속한 개개인들이 보기에 원래의 운동은 방향이 틀어진 모습으로 나타났다. 거기로부터 우리에게 하나의 임무가 부여된다. 즉 이렇게 형성된 정치, 사회적 집단들의 환원 불가능한 독창성을 인식하고, 그 집단들의 불완전한 진전 상황과 일탈된 구체화를 통하여 집단의 복합성 자체 안에서 집단을 규정해 보는 일이다. 우선 관념주의적 의미화는 피해야 할 것이다. 즉 상퀼로트를 진정한 프롤레타리아와 동일시하지 말아야 하며, 발아 상태의 프롤레타리아가 실존했다는 것을 부정하는 일도 전적으로 거부해야 한다. 실제의 경험 자체가 주어지지 않는 한 한 집단을 **역사**의 주체로 고려하거나 1793년대 부르주아의 "절대적 권리"가 **대혁명**의 담지자였다고 확언하지 말아야 한다. 한마디로 말해 이미 체험된 역사는 어떤 종류의 *선험적 도식주의*에도 *저항한다*는 사실을 고려해야 한다. 그리하여 이렇게 일화적으로 알려지고 만들어진 **역사** 자체가 완벽한 경험의 대상이 되어야 한다는 것을 이해하게 될 것이다. 현대 마르크스주의자가 역사를 죽은 것으로, 요지부동한 **지식**의 투명한 대상으로 다루었던 점을 비난해야 한다. 지나간 사실들에는 어떤 모호함이 있다는 점을 우리는 강조할 것이다. 하지만 이 모호함을 키르케고르식으로 뭔지 모를 애매한 이성의 결여로 생각해서는 안 되고, 단지 성숙한 지점까지 다다르지 못한 모순으로 이해해야 한다. 현재는 미래에 의해, 발아 상태의 모순은 명백하게 전개되는 모순에 의해 전체적으로 조명해야 하며, 수많은 기복을 겪고 나서 다다르게 된 현재에 그 애매한 모습들을 그대로 남겨 놓아야 한다.

따라서 실존주의란 역사적 *사건*에 그 기능과 다양한 차원들을 복원시켜 주면서 역사적 사건의 특수성을 확인할 뿐이다. 물론 마르크스주의자들도 사건을 무시하지는 않으며 사회의 구조, 계급 투쟁의 형태, 힘의 관계, 상승 계급의 상향 운동, 각 계급 한가운데서도 서로 다른 이해관계를 가진 대립된 개별 집단들의 갈등을 그들 나름대로 해독해 낸다. 그러나 거의 100년 이래 마르크스주의자의 경구는 역사적 사건에 그다지 큰 중요성을 부여하지 않는 경향을 보여 준다. 18세기의 중대한 사건은 **프랑스 대혁명**이 아니라 증기 기관의 출현이라는 것이다. 그의 명저 『루이 보나파르트의 브뤼메르 제18일』에 나타나듯이 마르크스는 그런 방향을 취하지는 않았다. 그러나 오늘날에는 사건이 ─ 사람처럼 ─ 점점 더 상징적으로 되어 가고 있다. 사실이란 상황의 *선험적* 분석을 입증해야 하는 의무를 갖게 되고, 어쨌든 사실과 상황이 어긋나서는 안 되는 것처럼 되어 버렸다. 그래서 프랑스 공산주의자들은 가능성과 당위라는 용어로 사실을 묘사하는 경향이 있다. 그들 가운데 꽤 중요한 위치에 있던 어떤 이는 소련의 헝가리 침공을 다음과 같이 설명한다. "노동자들은 기만당할 수 있었고, 반혁명에 연루되리라고는 믿지 않은 길로 빠져들 수도 있었다. 그러나 결과적으로 그들은 이후 그런 정치의 결과를 *생각하지 않을 수 없었으며*…… 호르티[119] 섭정이 복귀하는 모습을 *보게 될 것에 대해 초조해하지 않을 수 없었고*, (분노하지 않고서는) 그 모습을 지켜볼 수 없었다. ……이런 상황에서 헝가리 현 정부의 구성이 헝가리 노동 계층의 기대와 바람에 부응했던 것은 *아주 자연스러운 일이다.*" 이론적이라기보다 정치적인 이 텍스트에서 헝가리 노동자들이 했던 일이 아니라 *하지 않을 수 없었던* 일을 우리는 알 수 있다. *그렇다면 어째서 그들은 그렇게 하지 않을 수 없었는가?* 왜냐하면 그들은 사회주의 노동자라는 자신들의 영원한 본질을 거스를 수 없었기 때문이라는 것이다.

희한하게도 이렇게 스탈린화된 마르크스주의는 고정불변의 태도를 띠며, 노동자는 세상과 함께 변화해 가는 실제적 존재가 아니라 플

119 　미클로시 호르티(Miklós Horthy, 1868~1957). 헝가리의 반혁명주의, 극보수주의, 권위주의 정치가. 소련의 헝가리 침공 당시에 분리 휴전 협정을 시도했다.

라톤적 **이데아**가 된다. 사실 플라톤에게 있어 **이데아**란 **영원, 보편, 진리**다. 이와 같은 정체된 형식들의 혼돈스러운 반영으로서의 운동과 사건은 당연히 **진리**의 밖에 있다. 플라톤은 그런 운동과 사건들에 신화를 통해 접근했다. 스탈린의 세계에서 사건이란 구축되어 가는 신화이다. 기만적인 고백들은 바로 그런 신화에서 이른바 이론적 바탕을 발견한다. "나는 이런 죄를 저질렀고, 저런 배반을 했다."라고 말하는 자는 자신이 저지른 일을 어떤 영원한 본질의 상징적 표현으로 제시하도록 요구당하기 때문에 사실성에 대한 어떤 근심도 없이 전형화된 신화적 이야기를 만들어 낸다. 한 예로 1950년에 고백된 끔찍스러운 행위들은 유고슬라비아 체제의 "진정한 본성"을 폭로하는 것이 목적이었다. 그런데 가장 충격적인 일은 러이크[120]의 고백들을 채우고 있었던 당시의 모순들이나 잘못들이 공산주의자들에게는 아주 막연한 의심조차도 불러일으키지 않았다는 사실이다. 이 관념론자들은 구체적 사실들에는 아무런 관심도 없었고, 오로지 그 상징적 의미만을 중시했다. 달리 말해 스탈린식 마르크스주의자들은 사건에 눈이 멀었던 것이다. 그들은 사건의 의미를 보편적인 것으로 환원할 때 일말의 여지가 남아 있음을 인식하려 했지만, 이 여지를 단순한 우연의 결과로 만들었다. 우발적 상황들은 용해될 수 없는 것들(날짜, 전개, 단계들, 행위자들의 근원과 성격, 모호함, 애매함 등등)의 우연한 원인이었다. 이렇게 해서 개인이나 계획 같은 체험적인 것은 비합리적인 것, 이용할 수 없는 것으로 추락하게 되고 이론가는 이런 체험을 *의미 없는 것*으로 생각하고 만다.

　실존주의는 역사적 사건의 특수성을 인정하면서 대응하며, 그것

120　라슬로 러이크(László Rajk, 1909~1949). 헝가리의 공산주의 투사. 1949년 유고슬라비아의 티토주의 신봉자로 구속되어 재판받는 과정에서 죄를 고백했다.

을 우연히 남아도는 것과 *선험적* 의미화의 불합리한 병렬로 받아들이기를 거부한다. 이것은 운동을 그 진리 속에서 결합시키는 참을성 있고 유연한 변증법을 되찾으려는 노력으로서 모든 체험된 갈등은 모순되거나 상반되는 것들을 반박한다고 선험적으로 생각해 버리는 것을 거부한다. 우리가 보기에 관련된 *이해관계*들을 조화시키는 매개는 반드시 찾아지지 않을 수도 있다. 대개의 경우 이해관계들은 서로 배타적이긴 하지만 모든 이해관계가 동시에 만족될 수 없다고 해서 현실이 *관념*들의 순수한 모순으로 환원된다는 것을 반드시 증명하는 것은 아니다. 도둑맞은 사람이 도둑의 반대는 아니며, 피착취자가 착취자의 반대자(또는 모순되는 자)도 아니다. 착취자와 피착취자는 하나의 체계 속에서 투쟁하고 있는 사람들이며, 그 체계의 주된 특성은 *희소성*이다. 물론 자본가는 노동의 도구를 소유하지만 노동자는 그것을 소유하지 못하며, 바로 여기에 순수한 모순이 있다. 하지만 이 모순이 각개의 사건을 제대로 고찰하는 데까지는 이르지 못하고, 각 사건의 배경이 되어 사회 계층의 영원한 긴장과 자본주의 사회의 분열을 일으킨다. 이 모순은 현대(프랑스 부르주아 사회)에 일어나는 모든 사건의 기본 구조일 뿐 어떤 경우에도 그 구체적 현실을 비춰 주지는 못한다.

8월 10일[121]이나 테르미도르의 9일[122] 또는 1948년 6월의 날들[123] 등은 개념들로 환원될 수 없다. 이런 날들이 집단과 맺었던 관계는 분

---

121 1792년의 8월 10일 혁명일로 파리 각 구의 대표들이 모여 봉기를 결성하고 민중과 연맹군이 튀일리궁을 습격. 그날 밤 의회는 국왕의 권리 중지를 선언하고 보통 선거에 의한 국민 공회 소집을 결의했다.
122 1794년 7월 27일에 해당. 국민 공회가 공포 정치의 수뇌인 로베스피에르, 생쥐스트 등을 비난하기 시작했다.
123 제2공화국의 몰락을 가져온 노동자 계급의 유혈 폭동이 일어난 1848년 6월 말의 며칠간을 말한다.

명 무장 투쟁이며 폭력이다. 그러나 이 투쟁 *자체*는 적대 관계에 있는 집단들의 구조, 그 집단의 잠정적이고 불완전한 발달 상태, 명료하게 표명되지 않은 채 *내부적*으로 집단의 균형을 깨뜨리는 잠재된 갈등, 현재의 도구가 각자의 행동에 가하는 일탈, 집단들의 욕구와 요구가 집단 개개인에게 표명되는 방식 등을 반영한다. 1789년부터 혁명적 민중을 지배했던 열정은 공포였으며(물론 이것이 영웅주의를 배제하지는 않으며 오히려 그 반대다.) 민중이 공격했던 모든 날(7월 14일, 6월 20일, 8월 10일, 9월 3일 등)은 근본적으로 *방어적* 날들이었다는 반박할 수 없는 사실을 르페브르는 지적한다. 사실 연맹군이 **튀일리궁**을 습격했던 것은 반혁명 군대가 파리시를 몰살하려 어느 날 밤 투입되지 않을까 하는 두려움 때문이었다. 오늘날의 마르크스주의적 분석은 이런 단순한 사실을 놓치고 있다. 스탈린식의 관념적 의지주의는 공격적 행동만을 인지하며, 부정적 감정은 오로지 하강 계층에게만 부여한다. 더욱이 자신들이 사용하던 사고 도구에 의해 신비화되어 버린 상퀼로트들이 물질적 필요에 따른 즉각적 폭력을 전적으로 *정치적인* **공포**로 변질되도록 방치했던 사실을 상기할 때 우리는 고전적 개념과는 전혀 다른 의미의 공포에 대해 생각하게 될 것이다.

그런데 사건이란 주저하고 왜곡된 행동과 그에 못지않게 불확실한 반응이 수동적으로 만들어 내는 결과가 아니다. 더구나 그것은 행동과 반응의 상호 몰이해가 빚어낸, 도피적이고 위험한 종합 또한 아니다. 하지만 *실천*을 그르치는 사고와 행위의 모든 도구를 통해 각 집단의 행위는 다른 집단을 어느 정도 드러낸다. 각 집단은 자신의 행동을 이끄는 한에서는 주체이며, 타 집단의 행동을 받아 내는 한에서는 객체다. 각 집단의 책략은 타 집단의 책략을 예상하며, 다른 집단의 책략을 좌절시키고 또한 스스로도 좌절한다. 폭로된 집단의 각각의 행위가 반대 집단의 행위를 극복하기 때문에 각 집단은 전술상 반대 집단에 따라 변형되며, 결과적으로 집단 자체의 구조들이 변형된다. 사건이란 그 온전한 구체적 현실 안에서 서로 지양되는 여러 개의 대립이 유기적으로 얽힌 통일성이다. 집단 혹은 개개인의 주도하에 끊임없이 이루어지는 바로 이와 같은 극복들로부터 통합된 이중의 조직화가 나온다. 이와 같은 조직화의 의미는 통일성 내부에서 타 집단에 의한 각 집단의 궁극적 파괴를 실현하는 것이다. 이렇게 구축된 집단은 구성원 각자에게 영향력을 행사하며, 집단이라는 *기구* 안에 인간들을 감금한다. 물론 집단은 독립된 현실로 자처하지 않으며 오로지 즉각적 물신화에 의해서만 개인에게 부과된다. 일례로 "**8월 10일 사건**"에 참여한 모든 사람은 그 일이 **튀일리궁**의 탈취, 즉 전제 군주제의 실추에 관련된 것임을 알고 있었으며, 타 집단의 저항이 그들 행위를 순수한 자기 객체화로 포착하는 일을 허용하지 않는 한 그들이 하려는 일의 객관적 의미가 실재적 실존처럼 자신들에게 부과되리라는 것을 알고 있었다.

물신화는 결과적으로 숭배 대상을 *실현하는* 목적을 갖기에 바로 여기서부터는 사건을, 인간을 스스로의 무화로 이끄는 운동 상태의 체계로서 고찰할 필요가 있다. 결과가 명백하게 드러나는 경우는 드물다. 8월 10일 저녁 왕은 왕권을 잃지는 않았다. 왕은 단지 더 이상 **튀일리궁**에 머물지 않고 **의회**의 보호하에 있게 되었다. 불편하긴 해도 왕의 신병은 그대로 유지되었다. 8월 10일 사건의 가장 실재적인 결과들은 우선 이중적 권력(**대혁명**에서는 고전적인)의 등장이다. 그다음으로는 **국민 공회**가 소환되어 사건이 해결하지 못했던 문제를 기초부터 다시 취급한 점이다. 마지막으로 드러난 결과는 증폭되는 불안과 불만으로 인해 파리 시민들이 자신들의 혁명이 성공했는지 여부조차 알 수 없었다는 사실이다. 이 두려움의 결과가 **9월 대학살**이다. 따라서 사건의 **모호함 자체**가 종종 그 역사적 효용성을 가져다준다. 이것은 역사의 특수성을 인정하는 충분한 근거가 된다. 우리는 사건을 분자들의 충돌과 충격으로 만들어진 비현실적인 단순한 의미화 또는 그것들의 특수한 결과, 철저한 운동의 도식적 상징으로 고찰하길 원하지 않기 때문이다. 우리는 사건을 되풀이되는 집단들의 잠정적이고 운동적인 통일성으로 생각한다. 그리고 이 통일성은 집단들을 변형시키고, 집단들은 이 통일성을 변화시킨다고 생각한다.[124] 그렇게 해야 사건은 개별성, 즉 날짜, 속도, 구조 등등을 갖게 된다. 이와 같은 개별성의 연구는 **역사**가 그 구체적인 수준에서도 합리성을 갖도록 한다.

좀 더 멀리 나아가 각각의 역사적 사건에서 개인의 역할도 고려해야 한다. 왜냐하면 개인의 역할이란 단 한 번으로 영원히 결정되지 않기 때문이다. 각각의 상황에서 역할을 결정하는 것은 고려된 집단들의 구조다. 그러므로 우리는 우연성을 완전히 제거하지는 않으면서 역할의 한계와 합리성을 복원할 수 있다. 집단은 자신이 만든 힘과 효용을 개개인에게 부여하며, 개인들은 그 대신 집단을 이룬다. 개인의 환원 불가능한 개별성은 보편성을 체험하는 방식이다. 집단은 개인을 통해서 스스로를 되돌아보며, 개별적인 삶의 불투명성과 그 삶이 벌이는 투쟁의 보편성 속에 다시 자리하게 된다. 또는 이 보편성이 집단이 만들어 낸 지도자들의 목소리와 몸과 모습을 띠게 된다고 말할 수 있다. 이처럼 사건 자체는 그것이 집합적 기구임에도 어느 정도는 개인적 표식들의 낙인이 찍히게 된다. 집단의 구조와 투쟁의 조건이

---

124   여기에서 갈등은 다소간 분명하게 드러나기도 하고, 서로 투쟁하는 집단들의 일시적인 공모에 의해 가려지기도 한다.(원주)

개인의 모습을 구현하도록 하는 한 개인들의 모습은 집단 속에 반영된다. 우리가 사건에 대해 지적한 바는 집합체의 전체적 역사에 대해서도 유효하다. 각각의 경우와 각 단계에서 개인과 사회의 관계, 그 힘과 효용성을 결정하는 것은 바로 집합체의 전체적 역사다. 그래서 우리는 플레하노프가 "영향력 있는 개인들이 사건의 개별적 형세와 그 부분적 결과를 바꿀 수는 있지만 사건의 방향을 변경하지는 못한다."라고 말한 것에 동의한다.

다만 문제는 현실을 정의하기 위해 우리가 *어떤 단계*에 위치해야 하는가다. "다른 장군이 권력을 잡았더라면 나폴레옹의 치하보다 더 평화적이었을 것이고, 전 유럽이 그에 맞서 들고 일어서지도 않았을 것이고, 그는 **세인트헬레나섬**이 아니라 **튀일리궁**에서 죽었을 것이다. 그랬더라면 **부르봉 왕조**가 프랑스에 복귀하지도 않았을 것이다. 물론 그것은 부르봉 왕조에게 실제로 일어난 결과와 *반대되는* 것이 되었을 것이다. 하지만 프랑스 내부의 전체적인 모습과 관련지어 보면 실재 결과는 별다른 차이가 없다. 질서를 재정비하고 부르주아의 지배를 확실히 한 후 이 *선량한 장군*은 지체하지 않고 다시금 프랑스인들의 삶을 억압했을 것이기 때문이다. ……그러면 자유주의의 운동이 시작되었을 것이고…… 1820년이나 1825년에는 루이 필리프가 권좌에 올랐을 것이고…… 하지만 어쨌든 혁명 운동의 마지막 결과는 실제로 일어났던 결과와 상반되지는 않았을 것이다."[125] 이 오래된 플레하노프의 글은 읽을 때마다 항상 웃음을 자아낸다. 그 까닭은 마르크스주의자들이 이 문제에 대해서는 그다지 진보하지 않았다는 생각이 들기 때문이다. 마지막 결과가 실제 모습과 상반되는 것이 아니라

125 　모스크바 출판사의 플레하노프 작품집.(편집자 주)

는 사실은 분명하다. 하지만 얼마나 많은 변수가 제거되었는가를 보라. 많은 피를 흘리게 했던 나폴레옹의 전쟁들, 유럽에 끼친 혁명 이데올로기의 영향, **동맹국들**의 프랑스 점령, 토지 소유자들의 복귀와 **백색 공포 시대**[126] 등등. 경제적으로 보면 **왕정복고**는 프랑스에 후퇴를 가져온 시대로 정의되는 것이 일반적이다. **제정 시대**에 빚어진 부르주아와 토지 소유자 사이의 갈등이 과학과 산업의 발달을 늦추었기 때문에 경제적 회생은 1830년에야 일어난다. 좀 더 평화적인 황제하에서였더라면 부르주아의 도약에 제동이 걸리지 않았을 것이며, 당시 영국 여행자들을 충격받게 했던 **"구제도"**의 모습을 간직하고 있지도 않았을 것이라는 점은 인정할 수 있다. 그리고 이 상황에서 자유주의 운동이 벌어졌다면 1830년대의 그것과는 전혀 다른 모습이었을 것이다. 1830년의 자유주의 운동에는 바로 그 경제적 바탕이 마련되어 있지 않았을 것이기 때문이다.

물론 *이것*들을 제외한다면 프랑스에서 전개된 모습은 마찬가지였을 것이다. 그러나 멸시하듯 우연의 항목으로 던져 버리는 바로 "이것들"이 사람들의 전체적인 삶을 형성한다. 플레하노프는 나폴레옹 전쟁의 그 끔찍한 유혈 사태, 프랑스가 그로부터 회생하기까지 수많은 시간이 걸렸던 그 전쟁을 호방하게 바라보았고 경제적, 사회적 발전의 지체가 **부르봉 왕조**를 복귀하게 했으며 그로 인해 전 민중이 고통받았던 사실에 대해 무감각했다. 그는 또한 1815년 이래 부르주아와 광신도 사이의 갈등으로 인해 야기된 뿌리 깊은 불안을 무시하고 있다. **왕정복고**하에서 살아가며 고통받고 투쟁했던 모든 사람, 그리하여 마침내 왕권을 전복시켰던 이 사람들에게는 만약 나폴레옹이 쿠

---

126   1795~1815년 남부 프랑스를 중심으로 한 왕당파의 공포 정치 시대.

데타를 일으키지 않았더라면 어느 것도 실제로 일어났던 그 모습은 아니었을 것이며 실존하지도 않았을 것이다. 위고의 부친이 **제정 시대**의 장군이 아니었더라면 과연 위고는 어떤 모습이었겠는가? 그리고 뮈세는? 우리가 앞서 지적했듯이 회의주의와 신앙 사이의 갈등을 내면화했던 플로베르는? 그런데도 이런 변화들이 이전 세기의 생산력과 생산관계의 발전을 변화시킬 수는 없었다고 말한다는 것은 뻔한 소리일 뿐이다. 하지만 그런 발전만을 인류사의 유일한 대상으로 삼는다면 우리가 피하려고 했던 "경제주의"로 빠져들고 말 것이다. 또한 마르크스주의는 비인간주의가 되어 버린다.

분명 인간이나 사건은 — 그 모습이 어떠하든 간에 — 이제까지는 *희소성*의 테두리 안에서 나타났다. 인간은 자신의 욕구, 즉 본성에서 아직 해방될 수 없는 사회의 테두리 안에 있기 때문에 사회가 가진 도구와 기술에 따라 규정된다. 욕구에 의해 짓눌리고, 생산 양식의 지배를 받는 집합체의 분열은 집합체를 구성하는 개인들 사이에 적대 관계를 불러일으킨다. 상품이나 돈 등 사물들 사이에 맺어지는 추상적인 관계는 인간들 스스로의 직접적인 관계를 가리거나 그것에 영향 미친다. 이렇게 해서 시설이나 상품의 유통 등이 경제적, 사회적 발달을 결정하게 된다. 이와 같은 원칙이 없다면 역사적 합리성도 없다. 하지만 살아 있는 인간이 없다면 **역사**도 없다. 실존주의는 — 마르크스주의자들의 태만으로 인해 — 사회적 장, 계급, 집합적 대상 및 다른 개인들 안에서의 개별적 인간을 대상으로 삼는다. 그 개인은 노동 분업과 착취로 인해 소외되고 사물화되고 신비화되어 버렸다. 하지만 왜곡된 도구를 수단으로 소외에 대항하여 투쟁하는 것, 이 모든 것에도 불구하고 힘겹게 자기 영역을 지키려는 것이 개인이다. 변증법적 총체화는 경제적 범주들과 더불어 행위, 열정, 노동, 욕구 등도 포괄해야 한다. 따라서 역사적 전체 속에 행위 주체나 사건도 동시에 다시 위치시켜야 하고, 그것들을 생성의 방향성과 관련시켜 정의해야 하며 있는 그대로의 현재의 의미를 정확하게 규정해야 한다. 마르크스주의의 방법은 긴 분석의 결과 —— 마르크스 자신의 작업에서의 —— 이므로 전진적(progressive)이다. 그런데 오늘날의 종합적 전진은 위험하다. 왜냐하면 게으른 마르크스주의자들이 현실을 선험적으로 구축하고자 그리고 정치 이론가들은 일어난 일은 일어났어야만 했던 것임을 입증하고자 그 방법을 사용하는데, 이런 소박한 *전개*의 방법으로는 아무것도 발견할 수 없기 때문이다. 자신들이 발견해야 할 것을 미리 알고 있다는 것이 바로 그 증거다. 우리의 방법은 해답을 스스로 찾아가는 방법이다. 이 방법은 전진적인 동시에 후진적(régressive)이기 때문에 우리에게 새로운 것을 알려 준다. 그 첫 번째 노력은 마르크스주의자처럼 인간을 그 테두리 안에 다시 위치시키는 것이다. 우리는 현대 사회의 구조, 갈등, 깊숙한 모순 그리고 이 모순이 규정하는 전체의 운동을 재구축할 수 있는 전체 역사를 요구한다. 이렇게 해서 우리는 고려된 순간에 관한 전체적 인식을 출발점에서부터 갖게 된다. 하지만 연구 대상과의 관련에서 보면 이런 인식은 추상적 상태다. 인식에는 즉각적인 삶의 물질적 생산으로부터 시작하여 시민 사회, **국가**, 이데올로기까지 포함된다.

그런데 운동 내부에서 우리의 대상은 *이미 모습이 그려지고*, 인식의 요인들에 의해 조건 지어지며, 대상 자체는 그런 요인들에 영향을 미친다. 이처럼 대상의 행동은 고려된 총체화 안에 이미 새겨지지만 우리에게는 그 행동이 함축적이고 추상적인 모습으로 남는다. 다른 한편 우리는 대상에 관한 어느 정도의 단편적인 인식을 갖는다. 예컨대 우리는 로베스피에르의 전기를 그에 대한 시간적 규정, 즉 일목요연한 사건들의 연결로서 이미 알고 있다. 이와 같은 사실들은 세부적으로 알려졌기 때문에 구체적인 것처럼 보인다. 그러나 이 사실들을 전체의 운동에 연결시킬 수 있는 현실이 아직은 결여되어 있다.[127] 무의미한 객관성 내부에는 포착할 수는 없지만 역사가가 재구성한 시대가 이 객관성을 내포하고 있는 것과 같은 방식으로 포함되어 있다. 하지만 우리가 가진 이 두 가지 추상적 인식은 서로의 바깥으로 떨어져 나간다. 우리는 오늘날의 마르크스주의자가 이 지점에서 멈춰 서 있다는 것을 알고 있다. 이들은 역사적 과정 안에서의 대상과 대상 안에서의 역사적 과정을 발견했다고 주장한다. 실제로 마르크스주의자는 이 둘을 한 묶음의 추상적 고찰들로 대체해 버리며, 이것은 곧 원칙으로 돌아간다. 반대로 실존주의적 방법은 *사람들로 하여금 스스로 해답을 찾게 하는 것이다.* 이것은 "왕복"이라는 수단과 같다. 예

---

127 생쥐스트*와 르바**는 스트라스부르에 도착하자마자 슈나이더 검사를 "폭력 행위를 이유로" 체포한다. 이 사실은 명백했다. 그 자체로는 아무 의미도 없는 이 사실에서 혁명의 엄중성(로베스피에르에 의하면, **공포**와 **덕** 사이에 맺어진 상호 관계인)을 보아야 하는가? 올리비에의 견해로는 그렇다.*** 그렇지 않으면 이 사건을 권력을 쥔 프티부르주아의 권위주의적 중앙 집권주의를 드러낸 수많은 예 가운데 하나로 보아야 할까? 다시 말하자면 *민중으로부터 나온* 권력이 상퀼로트의 견해를 지나치게 강하게 표현할 때 그것을 제거하려는 **공안 위원회**의 노력으로 보아야 할 것인가? 이것은 다니엘 게렝의 해석이다. 어떤 결론을 선택하느냐(즉 *전체적* **대혁명**에 대해 어떤 관점을 취하느냐)에 따라서 사실은 근본적으로 달라진다. 슈나이더는 폭군이거나 희생자가 되고, 그의 "폭력"은 죄가 되기도 변명이 되기도 한다. 이처럼 대상의 체험적 현실은 대상의 온갖 "깊이"를 포함한다. 즉 하나의 대상은 다른 무엇으로도 대체할 수 없는 환원 불가능성 안에서 견지됨과 동시에 그 대상을 지탱하는 모든 구조들을 찾아내려는 시선, 결국 총체화 과정으로서의 **대혁명** 자체를 찾아내려는 시선에 의해 관통된다.(원주)
• 루이 앙투안 드 생쥐스트(Louis Antoine de Saint-Just, 1767~1794). 국민 공의회의 산악당 의원으로 격렬한 입장을 고수한 혁명 정치가. 로베스피에르와 함께 테르미도르 9일에 체포되어 사형되었다.
•• 프랑수아 르바(François Lebas, 1765~1794). 국민 공의회의 산악당 의원. 로베스피에르와 함께 체포되어 자살했다.
••• 알베르 올리비에(Albert Olivier)의 『생쥐스트 혹은 사물의 힘(*Saint-Just ou La Force des choses*)』(1955) 참조.(편집자 주)

컨대 시대를 심화하면서 전기(傳記)를 전진적으로 규정하고, 이 전기를 심화시키면서 시대를 규정한다. 시대와 전기를 성급히 상대편에 통합시키려 하지 않고, 상호적 감싸기가 자체적으로 이루어져 연구에 잠정적인 종결을 지을 때까지 서로 떨어진 상태로 그 둘을 견지한다.

우리는 도구들의 장과 같은 가능성의 장을 *그 시대 안에서* 규정하려는 시도를 해 볼 것이다. 예컨대 로베스피에르의 역사적 행동의 의미를 발견하기 위해 우리는 (다른 여러 가지 가운데서) 지적 도구 부분을 규정할 것이다. 이것은 비어 있는 형태들로서, 동시대인들의 구체적인 관계들 안에서 나타나는 중심 세력의 추세에 관한 것이다. 18세기에는 **자연**의 **개념**이 관념화의 세부적인 행위, 문자화 또는 언술적 지칭 이외에 물적, 구체적 존재는 아직 갖고 있지 않았다.(즉 아직은 덜 실존했다.) 하지만 개인들은 독자나 사상가의 세부적인 행위와는 다르게 자연을 받아들였고, 수많은 *다른 사람*들 역시 자연을 그들의 사유 대상 중 하나로 여겼으므로 실재하기는 했었다. 이처럼 지식인은 자신의 사유를 *자신의 것*인 동시에 다른 *사람의 것*으로 포착하게 된다. 자신의 사유 속에 관념이 있지 않은가라고 생각하기보다는 차라리 그가 관념 속에서 생각하는 것이다. 이것이 의미하는 바는 다음과 같다. 즉 관념이란 사유자가 특정한(그의 기능과 이데올로기 등등을 알고 있으므로), 그러나 무한한(개인은 결코 집단의 구성원들 전체도 집단의 전체적 숫자도 모르므로) 어떤 집단에 속해 있다는 표시가 된다.

실재하면서 동시에 잠재적인 ─ 잠재성으로서 실재하는 ─ 이 *집합태*는 공동의 도구를 대표한다. 개인은 집단을 통해 스스로의 객관화를 지향하므로 집단을 특수화하는 일을 피할 수가 없다. 따라서 살아 있는 철학을 ─ 초월 불가능한 지평으로서 ─ 규정하는 일과 이데올로기적 도식에 그 진정한 의미를 부여하는 일은 불가피하다.

또한 시대의 지적 태도들(예컨대 대부분의 경우 공동의 도구를 나타내는 역할 같은 것)은 그 즉각적인 이론적 의미와 깊은 효용성(각각의 잠재적 관념과 지적 태도는 *계획*으로 나타나며, 이것은 실제적인 갈등을 바탕으로 전개되고 이용된다)을 동시에 드러내면서 연구하는 일도 필수 불가결하다. 하지만 루카치와 다른 많은 사람이 그랬던 것처럼 이 효용성을 섣불리 판단해서는 안 된다. 우리는 도식과 역할에 대한 *포괄적 연구*가 그 것의 다양하고 상호 모순적인, 애매하지만 실제적인 기능을 알려 주길 바란다. 우리는 개념과 태도에 관한 역사적 근원이 이 새로운 기능 내부에 마치 오래된 의미들처럼 또 다른 직능을 부여할 수 있다는 사실을 기억해야 한다. 예컨대 부르주아 작가들은 **"착한 미개인의 신화"**를 이용하여 귀족에 대항하는 무기를 만들었지만, 이 무기가 반개혁 세력에 의해 고안되었고 애초에 신교도들의 예속 의지에 반대하는 방향으로 돌아섰다는 사실을 망각한다면, 이 무기 본래의 의미와 성격을 단순화하게 된다.

이와 같은 맥락에서는 마르크스주의자들이 체계적으로 무시했던 사실인 세대 간의 *단절*을 빠뜨리지 않는 것이 중요하다. 사실 한 세대에서 다른 세대로 옮겨 갈 때 하나의 도식이나 태도는 안으로 폐쇄되어 역사적 대상이나 일례 또는 닫힌 관념이 되기 때문에 바깥에서부터 다시 열어 그럴듯하게 모사해야만 한다. 말하자면 로베스피에르 시대의 사람들이 **어떻게 자연**이란 **관념**을 받아들이게 되었는지를 알아야만 한다.(이들이 관념의 형성에 기여하지는 않았을 것이고, 아마도 곧 죽게 될 루소 같은 사람으로부터 그 생각을 받아들였을 것이다. 아주 가까운 곳에서 느껴지는 거리와 같은 이 관념은 단절과 동일한 신성한 성격을 갖고 있었다.) 어쨌든 우리가 연구해야 할 인간의 행동과 삶은 이와 같은 추상적 의미, 비개성적인 태도 등으로 귀착되어서는 안 된다. 이런 의미와 태도를 향해 자신을 투여하면서 힘과 생기를 불어넣는 것은 바로 개인이다. 그러므로 우리는 우리의 대상으로 되돌아가야 한다. 또한 개인적으로 표명된 것들(예컨대 로베스피에르의 담화)을 집합적 도구의 그 물망을 통해 연구해야 한다. 우리 연구의 방향은 메를로퐁티가 말했던 "차별화"가 될 것이다.

실제로 연구 대상을 밝혀 주는 것은 *무엇보다도* "공통적인 것들" 사이의 *차이*이며, 연구된 개인의 구체적 생각과 태도, 이것들이 풍요로워지는 모습, 구체화되는 유형과 일탈의 모습 등이다. 이 *차이*는 그의 개별성을 구성하며, 개인이(그가 속한 계층과 환경의 모든 다른 구성원과 마찬가지로) *집합*을 이용하는 한 아주 일반적인 해석이 나타난다. 이것만으로도 벌써 후진(régression)을 물질적 조건으로까지 밀어붙이는 것이 가능하다. 그러나 개인의 행위들이 차별화된 해석을 요구하는 한 보편적 의미의 추상적 테두리 안에서 개별적인 가정을 해야 한다. 그래서 때로는 관습적 해석의 도식을 거부하고 그때까지 알려지지 않은 하위 집단을 만들어 대상을 정돈할 수도 있다. 앞에서 보았듯이 바로 사드가 그 경우에 해당한다. 우리는 아직 거기까지 이르지는 않았고, 지금으로서는 차별화의 연구를 총체화의 요구와 더불어 시행해야 한다는 점만을 지적하고 싶다. 이와 같은 다양한 변주들을 비정상적인 우연성이나 우발사 혹은 무의미한 양상들로 고려하는 것이 아니다. 개별화된 행위와 개념화는 *무엇보다도* 체험된 총체화로서의 구체적 현실이며, 그것은 개인의 특질이 아니라 객체화의 과정에서 포착된 총체적 개인이다. 1790년의 모든 부르주아가 새로운 국가를 구성하고 그에 맞는 헌법을 부여하고자 했을 때 이들 모두는 *원칙*에 의거했다. 그러나 당시의 로베스피에르는 이런 원칙에 의거하는 자신의 독특한 방식 속에 완전히 빠져 있었다. 내가 "로베스피에르의 사상"에 대한 좋은 연구서를 모르고 있다는 사실은 참으로 유감스럽다. 그랬더라면 보편적인 것이 그에게는 구체적(다른 헌법 구성원들에게는 추상적이었던 반면에)이었다는 사실과 그가 *총체성*의 개념에 대해 혼돈하고 있었음을 알 수 있었을 것이다.

대혁명은 총체화 과정에 놓인 현실이었다. 따라서 대혁명은 중도에 멈춰 서는 순간부터 틀어져 버리며, 부분적인 혁명으로 그친다면 귀족 정치보다도 더 위험스러운 것이라서 그 완전한 전개에 이르러서야 비로소 진정한 혁명이 된다. 이것은 생성 중인 총체성으로서, 언젠가는 생성된 전체로 실현되어야 한다. 그러므로 로베스피에르가 원칙의 도움을 받았다는 것은 변증법적 일반화의 시초이다. 만약 그가 원칙들로부터 결과들을 *연역하려고* 했다면(그는 실제로 그렇게 생각했다.) 도구들과 말들에 의해 기만당했을 것이며, 실제로 그는 그렇게 되고 말았다. 원칙은 총체화의 방향을 지적할 뿐이다. 싹트기 시작하는 변증법을 아리스토텔레스적인 논리로 착각한 것, 그것이 바로 *생각하는* 로베스피에르였다. 그러나 우리는 사유를 특권적 결정화로 생각하지는 않는다. 지식인이나 정치 웅변가는 사유를 우선으로 다룬다. 왜냐하면 사유란 것이 인쇄된 말들을 통해 제시되므로 일반적으로 가장 쉽게 접근할 수 있기 때문이다. 총체화의 요구는 개인이 표명되는 모든 것에 개인을 전적으로 재위치시키는 것을 함의한다. 그렇다고 해서 이런 표명들 사이에 어떤 층위가 없다는 의미는 결코 아니다. 우리가 의미하고자 하는 바는 — 고려된 어떤 단계나 수준에서 — 개인은 언제나 전체적으로 존재하며, 그의 치명적인 감정, 물질적 조건은 가장 추상적인 그의 사상의 독특한 불투명성이나 유한성을 나타내는 동시에 효모로서 자리한다는 사실이다. 그러나 역으로 보면, 수축되고 함축적인 이 사상은 즉각적인 그의 삶의 단계에 행동의 의미로서 이미 존재하고 있다.

　로베스피에르의 실제 생활 양식(검소, 절약, 소박한 주거, 프티부르주아이며 애국적인 셋방 주인), 옷차림, 몸가짐, 반말하지 않는 습관, "청렴함" 등은 그의 정치적 태도의 조명하에서만 전체적 의미를 부여하며, 이 정치적 태도는 이론적 관점으로부터 영감을 받게 된다.(그리고 이 태도는 다시 이론적 관점에 영향을 끼친다.) 이처럼 발견에 도움이 되는 방법은(만약 이것이 개인에 대한 연구라면) 전기적 관점에서의 "차별화"를 목표로 한다.[128] 주지하다시피 이것은 분석적이고 후진적인 계기를 문제 삼는다. 우선 대상의 역사적 개별성을 가능한 한 아주 멀리서부터 점검하지 못한다면 아무것도 발견할 수 없다. 여기에 대해서는 특별한 예를 통해 후진 운동을 제시할 필요가 있다고 생각된다.

　예컨대 내가 — 문학에서 사실주의의 아버지로 제시되는 — 플로베르를 연구한다고 가정해 보자. 나는 우선 그가 "보바리 부인은 바로 나다."라고 말했다는 사실을 알게 된다. 그리고 가장 민감한 그의 동시대인들 — "여성적" 기질을 가진 보들레르를 우선 꼽을 수 있다 — 이 플로베르의 이와 같은 동일시를 예감했음을 발견한다. 나는 이 "사실주의의 아버지"가 동방 여행 중에 네덜란드에 존재했던 신비한 성 처녀 이야기를 글로 쓰고자 하는 꿈을 가졌음을 알게 된다. 자신의 꿈으로 괴로워하던 이 성 처녀는 플로베르가 예술에 대해 품었던 숭배의 상징이었을 것이다. 플로베르의 전기를 거슬러 올라가 보

128　1793년부터 1794년 **테르미도르**까지의 로베스피에르의 역할을 판단하려면 이 선행 연구가 필수적이다. **대혁명**의 흐름에 휩쓸려 밀려가던 그의 모습을 보여 주는 것만으로는 불충분하고, 그가 어떻게 혁명 속에 들어서게 되었는지를 알아야 한다. 그러니까 어떤 **대혁명**이 그를 압축시켜 갔는가 하는 생생한 응축 과정을 알아야 한다. 그리고 바로 이 변증법만이 **테르미도르**를 이해할 수 있게 한다. 로베스피에르를 이런저런 사건에 의해 규정되는 어떤 *사람*(본성이라든가 폐쇄된 본질 등의)으로 파악하지 말고, 열린 변증법을 구축하여 그의 태도로부터 사건을 해석하고 또 반대 방향으로 나아가야 하며, 원초적 요인들을 하나도 잊지 말아야 한다. (원주)

면 그가 의존성, 복종, "상대적 존재" 등 한마디로 당시에 흔히 "여성적인 것"으로 불리던 모든 성격을 가지고 있었음이 발견된다. 그리고 나중에는 의사들이 그를 신경질 많은 노처녀로 취급했으며, 플로베르 자신이 이 점에 대해 은근히 자랑스러워했음이 드러난다. 하지만 그가 결코 성도착자(동성애자)는 아니었다는 사실에는 의심의 여지가 없다.[129] 그러므로 문제는 — 작품, 즉 문학적 의미를 간과하지 않은 채 — 어째서 작가가 (『보바리 부인』을 낳은 순수하고도 종합적인 활동을 한 작가) 여성으로 변모했는지, 이 변모 *자체*는 어떤 의미를 가지는지 (이것은 작품 속의 엠마 보바리에 대한 현상학적 연구를 상정한다.), 이때의 여성은 어떤 모습이고(보들레르는 이 여성이 남성의 의지와 광기를 가졌다고 주장한다.), 19세기라는 시기에 남성이 예술을 통해 여성으로 변모한다는 사실이 의미하는 바가 무엇인지(우리는 테오필 고티에[130]가 쓴 『모팽양(*Mademoiselle de Maupin*)』[131]의 맥락을 연구해야 한다.), 결국 자신의 여러 가능성의 영역 중에서 스스로를 여성으로 묘사해 내는 가능성을 가졌던 귀스타브 플로베르라는 사람은 과연 누구였는*지*이다. 이 질문에 대한 대답은 전기(傳記)와는 무관하다. 왜냐하면 문제는 칸트적인 용어로, 즉 "체험의 여성화는 어떤 조건에서 가능한가?"라는 질문으로 제기될 수 있기 때문이다. 이 질문에 답하려면 한 작가의 문체는 세계에 대한 개념화와 직접적으로 연결되어 있다는 사실을 결코 잊지 말아야 한다. 구문들의 구조, 부연 설명들, 명사나 동사 등의 위치와 사

129　루이즈 콜레*에게 보낸 플로베르의 편지를 보면 그의 나르시시스트적이고 몽상가적인 면이 드러난다. 하지만 그는 실제 있었던 자신의 연애담을 자랑스럽게 여기면서 그 이야기들을 자신의 유일한 증인이며 비판자인 콜레에게 털어놓곤 했다.(원주)
　　• Louise Colet(1810~1876). 프랑스 여류 시인. 플로베르와 뮈세의 연인이었으며, 특히 플로베르와 주고받던 수많은 서간문으로 유명하다.
130　Théophile Gautier(1811~1872). 프랑스의 소설가, 화가, 시인.
131　고티에의 1835년도 소설.(편집자 주)

용, 문단의 구성과 이야기의 특성 등등 — 몇몇 개별적인 예만 들더라도 — 은 굳이 작가의 전기에 도움을 구하지 않고서도 *차별적으로* 규정될 수 있는 숨은 전제들을 표출한다.

그럼에도 불구하고 우리는 여전히 *문제*들에만 다다르게 될 것이다. 동시대인들의 직관이 아마도 도움이 될 것이다. 부이예[132]가 "흩어진 진주알들"이라고 칭했듯이 당시의 거대한 형이상학적 주제들(인간의 운명, 삶, 죽음, 신, 종교, 무 등등)을 가장 완벽한 혼돈 속에서 다룬, 광포한 "예술가"의 저작인 『성 앙투안의 유혹(*La Tentation de saint Antoine*)』의 깊은 의미. 그리고 (겉보기에) 극히 건조하고 객관적인 작품인 『보바리 부인』. 실제로 보들레르는 이 두 작품 사이의 동질성을 인정한다. 광란적인 관념론과 냉담하다 못해 고약스럽기까지 한 사실주의라는 두 형태로 자기 고유의 현실을 그려 낼 수 있었던 플로베르라는 사람은 과연 누구이며, 어떤 사람이었는가? 불과 몇 년간의 차이를 둔 두 작품에서 신비스러운 수도사의 모습과 단호하며 "다소 남성적인" 여자인 엠마의 모습을 통해 스스로를 객체화하던 플로베르는 도대체 어떤 사람일 수 있는가?

여기에서부터는 전기, 즉 동시대인들이 모으고 역사가들이 입증한 사실들로 넘어가야 한다. 작품은 삶에 문제를 제기한다. 그러나 어떤 의미에서 그러한지를 이해해야 한다. 사실 개인성을 객체화한 것으로서의 작품은 삶보다는 *좀 더 완벽하고 좀 더 전체적이다.* 작품이 삶에 뿌리를 박고 있으며 삶을 조명하는 것은 확실하지만, 작품은 작품 자체에서만 전체적인 설명을 찾아낸다. 그러나 이런 설명이 우리 앞에 나타나기에는 아직 시기가 이르다. 작품에 의해 삶은 하나

---

132 루이 부이예(Louis Bouilhet, 1821~1869). 시인이자 극작가로 플로베르의 친구였다.(편집자 주)

의 현실로 조명되는데, 이 현실을 전체적으로 규정하는 것은 작품의 바깥이다. 즉 작품을 생산해 낸 조건들과, 표현을 통해 작품을 마감하고 완결 짓는 예술적 창조가 동시에 현실을 규정한다. 이처럼 작품은 ── 그것을 뒤져 보면 ── 전기를 분명히 밝혀내기 위한 탐색의 방법과 가정이 되어 버린다. 마치 작가 자신의 문제들에 대한 대답처럼 작품은 구체적인 일화들을 질문하고 물고 늘어지기 때문이다.[133] 그러나 이 대답들이 *만족스러운 것은 아니다.* 예술에서의 객체화는 일상적 행동의 객체화로 환원될 수 없으므로 그 대답들은 불충분하고 편협하며, 삶과 작품 사이에는 어떤 간극이 있기 마련이다.

그렇지만 그가 맺은 인간관계와 더불어 작품에 의해 조명된 플로베르라는 인간은 여러 가지 질문의 종합적 전체로 드러난다. 작품은 플로베르의 나르시시즘, 몽상주의, 관념론, 고독, 의존성, 여성성, 수동성 등을 밝혀낸다. 하지만 이 성격들이 이번에는 우리에게 문제를 던진다. 이 성격들은 사회적 구조들(플로베르는 토지 소유자로서 연금 배당권을 지급받았다는 것 등의 사실)과 그가 어린 시절에 겪었던 독특한 드라마를 동시에 짐작하게 하기 때문이다. 요컨대 이와 같은 후진적 질문들은 어린 플로베르가 체험하고 부정했던 현실인 가족 집단에 대해 질문할 수단을 제공해 주며, 이것은 이중의 정보원을 통해 이루어

133   내가 기억하는 바로는 이 노르망디의 거장이 자기 작품 속에서 여자로 투사된 사실에 대해 사람들이 놀란 적은 없다. 또한 플로베르의 여성성(그의 노골적이고 소리 *질러 대*는 일면은 사람들을 혼란하게 했지만 이것은 눈속임일 뿐이며, 플로베르 자신이 그 점을 여러 번 반복했었다.)에 대해서도 연구된 일이 없다고 기억된다. 그러나 보바리 부인은 남성적 여성이며 여성화된 남성이고 그 책은 서정적이면서도 사실적인 작품이라는 논리적 스캔들은 분명하다. 플로베르의 삶과 그의 체험된 여성성이 관심을 불러 모으는 까닭은 바로 이 고유의 모순을 지닌 스캔들 때문이다. 이 스캔들을 그의 행동, 특히 성적 행동 안에서 탐색해야 한다. 루이즈 콜레에게 보낸 그의 편지들은 우선은 행동이다. 각각의 편지들은 이 성가신 여류 시인에 대한 플로베르의 외교술이 발휘된 순간이다. 편지에서 『보바리 부인』이 탄생하는 모습을 찾아낼 수는 없지만 『보바리 부인』을 통해(물론 다른 작품들을 통해서도) 편지의 내용을 조명해 볼 수는 있다.(원주)

진다.(계급의 성격, 가족 유형, 개인적 양상 등 가족에 관한 객관적 증언과, 부모, 형제 등에 대한 플로베르의 분노에 찬 주관적 발설이라는 두 가지 정보원이다.) 이 단계에서는 끊임없이 작품으로 거슬러 올라가야 하며, 작품이 (작가 스스로의 속임수에 의해) 서간문에는 포함할 수 없었던 전기적 진실을 포함하고 있는가를 살펴보아야 한다. 또한 작품은 결코 전기적 비밀을 드러내지 않는다는 사실을 알아야 한다. 작품이란 단지 삶 자체에서 그 비밀들을 발견하도록 하는 도식이나 길잡이이기 때문이다. 이 단계에서는 일반적 조건들을 모호하게 겪어 내는 방식으로서의 어린 시절을 연구하면서 **제정 시대**의 프티부르주아 지식인이 어떻게 형성되고, 그가 어떻게 프랑스 사회의 발달을 겪어 내는지를 체험의 의미로서 드러나게 해야 한다.

여기에서 우리는 순수한 객관성, 즉 역사적 총체화의 단계로 넘어간다. 우리는 **역사** 자체, 가족 자본주의의 억제된 성장, 토지 소유자들의 복귀, 제도의 모순들, 아직 충분한 발전에 이르지 못한 프롤레타리아의 빈곤에 대해 질문해야 한다. 그러나 이 질문들은 칸트적 개념들이 "구성적"이라고 일컬어지는 의미에서처럼 *구성하는* 질문들이다. 왜냐하면 이 질문들은 아직은 추상적이고 일반적인 조건들만을 가지고 있었던 그 지점에서 구체적 종합을 실현할 수 있게 하기 때문이다. 즉 모호하게 겪은 어린 시절로부터 프티부르주아 가족의 진정한 성격을 재구축할 수 있는 것이다. 우리는 플로베르의 가족을 (좀 더 "높은" 사회 수준에 있었던) 보들레르의 가족, (단순히 "귀족" 토지를 획득함으로써 18세기 말에 귀족이 된 프티부르주아인) 공쿠르 형제의 가족, 루이 부이예의 가족 등과 비교할 수 있다. 이런 맥락에서 우리는 학자 겸 개업 의사(플로베르의 아버지)와 산업가(플로베르의 친구인 르 푸아트뱅의 아버지) 사이의 진정한 관계를 연구할 수 있다.

이렇게 볼 때 개별성 안에서 체험된 보편성이라는 플로베르의 어린 시절에 대한 사례 연구는 1830년대 프티부르주아에 대한 일반적 연구를 풍부하게 한다. 개별 가족 집단을 지배했던 구조들을 통해 늘 지나친 일반화로만 고려되었던 계급의 성격을 구체화하고 풍부히 할 수 있기 때문이다. 예컨대 미지의 "집합태"를 포착하게 되며, 한편의 공무원과 지식인이라는 프티부르주아, 다른 한편의 "엘리트" 산업가와 토지 소유자, 이 두 요소 사이의 복합적인 관계 혹은 이 프티부르주아의 "뿌리", 애당초 그들의 기원이었던 농민 등등 그리고 영락한 귀족과의 관계 등을 알아낼 수 있다.[134] 우리는 바로 이 단계에서 어린 플로베르가 자기 나름대로 겪어 냈던 중요한 모순들을 발견할 수 있다. 부르주아의 분석적 정신과 종교의 종합적 신화 사이의 대립이 그것이다. 여기에서도 산발적인 모순들을 조명하는 개별적인 일화들(일화들은 모순들을 하나로 집합시켜 폭발시키기 때문이다.)과 삶의 조건들이 빚어내는 일반적 결정화 사이의 왕복이 생겨난다. 그리고 이 왕복은 고려된 집단들의 물질적 실존을 *전진적*으로 재구축(일화들은 이미 연구된 것이므로)하도록 한다. 후진과 왕복이라는 이 방식들 총체는 내가 체험의 깊이라고 일컫는 바를 드러내 주었다.

한 에세이스트가 실존주의를 거부한다는 생각에서 "깊이를 가진 것은 인간이 아니라 세계"라고 쓴 적이 있다. 전적으로 옳은 말이며, 우리는 아무런 이의 없이 동의한다. 단지 세계란 인간적이며, 인간의 깊이가 바로 세계이고, 그렇기 때문에 깊이란 인간을 통해 세계에 나타난다는 사실을 덧붙여야 할 것이다. 이와 같은 깊이의 탐구는 절대적 구체(플로베르와 같은 시대에 살았던 독자 — 보들레르건 황후건 혹은 검

---

134 왕당파였으며 지방 수의사의 아들로 태어난 플로베르의 부친은 왕실 행정부의 특별 대우를 받았고, 귀족 가문의 딸과 결혼했다. 그는 부유한 산업가들과 친분을 맺고 토지를 사들였다.(원주)

사이건 간에 ── 의 손에 들린 『보바리 부인』이라는 작품)로부터 가장 추상적인 조건화(생산력과 생산관계 사이의 갈등에서 빚어진 물질적 조건들이 보편성 속에 나타나서 불특정 집단의 모든 구성원,[135] 즉 추상적 주체들에 의해 실제로 체험되는 것으로서의 물질적 조건들)로의 하강이 된다. 『보바리 부인』을 통해 우리는 토지 임대료의 변동, 상승 계급의 진보, 프롤레타리아의 완만한 성숙 등을 엿볼 수 있으며, 모든 것은 이 작품 안에 다 있다. 그러나 가장 구체적인 의미들은 가장 추상적인 의미로 원칙적으로 환원되지 않는다. 유의미한 각 층위 안에 있는 "차별적인 것"이 그 층위를 허술하게 하고 수축시키면서 상층의 차별적인 것을 반영한다. 이것은 하층의 차별적인 것을 조명하고, 가장 추상적인 지식의 종합화를 위해 부속적으로 사용된다. 이와 같은 왕복이 **역사**의 전적인 심오함 속에서 대상을 풍부하게 드러내며, 아직 비어 있는 대상의 자리를 역사적 총체화 안에서 결정한다.

하지만 본 연구의 현 단계에서 우리는 이질적인 의미들의 층위만을 밝혀낼 수 있을 따름이다. 즉 『보바리 부인』을 통해 드러나는 플로베르의 여성성, 병원 건물에서 보냈던 어린 시절, 동시대 프티부르주아의 모순들, 가족과 소유지의 변화 상태 등이 그것이다.[136] 각각의 사항은 서로를 비춰 주긴 하지만 그 환원 불가능성으로 인해 서로 간에

---

135 실제로 1830년대의 프티부르주아는 수적으로 한정된 집단(물론 이들을 농부나 자본가, 토지 소유자로 통합시키는 분류할 수 없는 중간 계급도 있었지만)이었다. 그러나 통계가 불충분했던 까닭에 프티부르주아라는 이 구체적인 보편성은 *방법론*적으로는 항상 불특정한 상태로 남아 있었다.(원주)

136 플로베르의 재산은 전적으로 부동산으로 구성되어 있었다. 태어날 때부터 연금 수혜자였던 그는 산업으로 인해 파산하게 된다. 말년에 스칸디나비아의 산업과 대외 무역 관계를 맺고 있던 사위•를 구하기 위해 땅을 팔아 버린 것이다. 플로베르는 만약 부친이 토지를 산업에 투자했더라면 수익금이 토지 연금보다 많았을 것이라는 생각에 자주 불만을 토로했었다.(원주)

• 용어의 실수인 듯하다. 플로베르에게는 사위가 없었다. 아마도 질녀인 카롤린의 첫 남편이었던 에르네스트 코망빌(Ernest Commanville)을 지칭한 것이리라.(편집자 주)

진정한 불연속성이 창출된다. 각각의 사항은 선행하는 것의 배경이 되지만 감싸인 의미는 감싸는 의미보다 더욱 풍부하다. 한마디로 우리는 변증법 운동 자체보다는 그 운동의 그림자만 가진 셈이다.

바로 이때, 오로지 이 순간에 우리는 전진적 방법을 이용해야 한다. 이것은 각각의 순간을 발생시키는 총체화의 풍부화 운동을 선행하는 순간으로부터 되찾고, 궁극적 객체화에 다다르기 위해 체험된 모호성에서 출발한 도약을 되짚는 방법이다. 요컨대 플로베르가 프티부르주아에서 벗어나려고 여러 가지 가능성의 장을 통해 자신을 소외시키는 객체화에 몸을 던진 것, 이렇게 해서 불가피하고 불가분하게 『보바리 부인』의 작가가 된 것, 자신이 거부했던 프티부르주아가 되어 버린 플로베르의 기도를 더듬어 보는 일이다. 이와 같은 기도는 *하나의 의미*를 갖는다. 단순한 부정이나 도피가 아닌 이 기도를 통해 그는 세계 안에서의 객관적 전체라는 자아의 생산을 겨냥했다. 플로베르라는 고유의 인물을 만들어 낸 것은 글을 쓰겠다는 추상적이고 단순한 선택이 아니라 세계 속에 자기 자신을 이러저러하게 표현하고자 하는 어떤 방식의 선택인 것이다. 요컨대 그것은 — 동시대의 이데올로기 테두리 안에서의 — 개별적인 의미화로서 자신의 근원적 조건에 대한 부정이며, 자기 모순에 대한 객관적 해결책으로 그가 문학에 부여한 바다. 이와 같은 "……을 향한 벗어남"의 의미를 발견하려면 그가 관통해 온 모든 의미의 층위들에 관한 지식의 도움을 받아야 한다. 우리는 이 의미의 층위들을 플로베르가 남긴 흔적이라고 해독했다. 그런데 바로 이것들이 그를 궁극적인 객체화로 이르게 했다. 우리는 물질적이고 사회적인 조건부터 작품까지 이어지는 일련의 조건들을 가지고 있다. 문제는 객관성에서 객관성으로 이어지는 긴장을 찾아내는 일, 하나의 의미화가 뒤따르는 의미화에 *의해* 극복되고, 이 뒤따른 의미화는 앞의 의미화 속에 유지되는 전개의 법칙을 발견하는 일이다. 사실 이것은 운동을 만드는 일, 그 운동을 재창조하는 문제다. 그러나 가정은 즉각 검증할 수 있다. 창조적 운동 속에서 온갖 이질적 구조를 횡단하며 통일체를 구현해 내는 가정만이 가치 있다.

그렇지만 사드의 경우처럼, 집합적 도구들에 의해 기도가 일탈할 위험이 있다. 그래서 마지막에 다다른 객체화가 최초의 선택과 정확하게 일치하지 않을 수도 있다. 그러므로 최종 객체화를 좀 더 가까이에서 포착하여 후진적 분석을 해야 하고, 일탈의 가능성을 규정하기 위해 도구적 장을 연구하고, **절대지**에 대한 동시대적 기술에 대해 우리가 알고 있는 일반적 인식을 이용해야 하며, 선택과 행동의 진전을 검토하기 위해 삶의 전개 과정을 다시 보아야 하고, 그 명백한 일치 혹은 불일치를 살펴보아야 한다. 플로베르의 『성 앙투안의 유혹』은 최초 기도의 온갖 모순과 순수성 안에서 그의 모든 모습을 표현하지만 실패한 작품이다. 부이예와 막심 뒤 캉은 단호하게 이 작품을 실패작으로 규정하고, 플로베르에게 "이야기를 하라"라고 강요했다. 바로 여기에서 일탈이 일어난다. 플로베르는 하나의 일화를 이야기하면서 그 안에 모든 것 ── 하늘, 지옥, 플로베르 자신, 성 앙투안 등등 ── 을 포함시키게 된다. 그 결과 엄청나고 대단한 작품, 플로베르 자신을 객체화하고 소외시키는 작품을 쓰게 된다. 이것이 곧 『보바리 부인』이다. 이처럼 작가의 전기를 되돌아보면 플로베르가 삶의 우여곡절과 연속을 드러내는 동시에 (최초 기도의) 가정을 확인해 가는 충돌과 균열 그리고 돌발 사건들을 찾아낼 수 있다.

우리는 실존주의의 방법을 전진-후진과 분석-종합의 방법으로 규정한다. 또한 이것은 (의미화의 층위를 이루는 시대 전체를 포함하는) 대상과 (그 총체화 속에 대상을 포함하는) 시대 사이의 풍요로운 왕복 운동이다. 실제로 대상을 그 심오함과 개별성 속에서 *되찾아 보면*, 대상은 총체화의 외부에 머물지 (이제까지의 마르크스주의자들이 대상을 **역사** 속에 통합시켰던 것처럼) 않으며 즉각적으로 **역사**와의 모순 관계로 들어선다. 요컨대 시대와 대상의 무기력한 병렬 관계가 갑자기 활기찬 갈등 관계로 바뀐다. 플로베르를 사실주의자라고 정의해 버리고, 사실주의란 **제2제정**하의 대중에게 적합했다고(이런 생각은 1857년부터 1957년 사이의 사실주의의 발달에 대한 재치 있는, 그러나 완벽하게 그릇된 이론을 만든다.) 나태하게 결정해 버리면 『보바리 부인』이라는 괴이한 거작과 그 저자 그리고 대중에 대한 진정한 이해에 다다르지 못한다. 결국 또다시 그림자밟기 놀이에 빠져들고 만다. 하지만 —— 길고 어려운 연구를 통해 —— 이 소설에 나타난 주관성의 객체화와 소외를 드러내 보이는 수고를 한다면, 즉 작품이 작가를 빠져 달아난 순간에조차 작품이 간직하는 구체적 의미 속에서, *동시에* 마치 자유롭게 펼쳐 나가도록 방치된 대상처럼 바깥에서부터 작품을 포착할 수 있다면 작품은 갑자기 여론, 행정관들, 동시대 작가들에 대해 그 작품이 품은 객관적 현실과의 대립 관계에 들어서게 된다. 바로 이 순간 우리는 그때로 되돌아가서 사실주의 유파가 당시에 있었는가 하는 아주 단순한 질문을 해야만 한다. 회화에서는 쿠르베,[137] 문학에서는 뒤랑티가 사실주의의 대표였다. 뒤랑티는 자신의 독트린을 자주 발표했고 성명서도 여럿 작성했다. 플로베르는 사실주의를 증오했으며 평생 이 점을 반복해 말했다. 그는 예술의 절대적 순수성만을 사랑했다. 그런데 대중은 *왜* 단번에 플로베르를 사실주의자로 결정했으며, 어째서 플로베

---

137   장데지레 귀스타브 쿠르베(Jean-Désiré Gustave Courbet, 1819~1877). 사실주의 회화의
        창시자로 일컬어지는 프랑스의 대표적 사실주의 화가.

르 안에 있는 그런 *사실주의*를 좋아했는가? 다시 말해 대중은 왜 플로베르의 그와 같은 찬탄할 만한 기만적 고백, 위장된 서정주의, 암시적 형이상학을 좋아했는가 하는 것이다. 어째서 대중은 보바리 부인이라는 감탄스러운 인물을 여자로(또는 여자에 대한 가차 없는 묘사로서) 평가하는가? 사실 그녀는 변장하고 나타난 가련한 남자의 모습에 불과한데 말이다. 그러므로 당시의 대중이 *어떤 종류의 사실주의*를 요구했는지를 자문해야 한다. 또는 사실주의라는 이름하에 어떤 유형의 문학을 요구했으며, 왜 그러한 문학을 원했는가를 물어야 한다.

이 마지막 단계는 아주 중요하다. 왜냐하면 바로 이것이 소외의 순간이기 때문이다. 시대가 부여한 성공에 의해 플로베르는 자신의 작품이 공중으로 날아가 더 이상 알아볼 수 없을 만큼 낯설게 된 모습을 본다. 갑자기 그는 자신의 객관적 실존을 잃어버린 것이다. 그러나 동시에 그의 작품은 그 시대를 새로운 빛으로 밝히며, **역사**에 새로운 질문을 던질 수 있게 한다. 이는 *이와* 같은 책을 요구했던 그 시대, 시대가 가진 고유의 모습을 허구를 통한 책 속에서 되찾고자 한 그 시대는 도대체 어떤 시기였는가 하는 질문이다. 바로 이 지점에서 우리는 역사적 행동의 진정한 순간, 내가 기꺼이 오해의 순간이라고 부르는 그런 순간에 있게 된다. 하지만 여기에서 그 새로운 지점을 전개할 수는 없다. 단지 **역사**가 어떻게 이 모순을 극복하는가를 보여 줄 때 인간과 그의 시간이 변증법적 총체화 속에 통합될 것이라는 점을 결론적으로 말할 뿐이다.

(3) 그러므로 인간은 자신의 기도에 의해 규정된다. 인간이라는 물질적 존재는 자신에게 만들어진(익숙해진) 조건을 끊임없이 극복해 나간다. 그는 스스로를 객체화하기 위해 노동, 행동, 제스처 등을 통

해 상황을 넘어서면서 이 상황을 드러내고 결정한다. 어떤 상황에서는 기도가 의지의 형태를 띠고 있긴 하다. 하지만 그렇다고 해서 이를 추상적 실체인 의지와 혼돈해서는 안 된다. 주어진 구성 요소들을 넘어서서 자기 아닌 **타자**와 맺는 이 관계, 노동과 *실천*을 통해 끊임없는 자아 생산을 하는 것이 바로 우리들 자신의 구조다. 이 관계는 의지도 욕구도 정열도 아니다. 하지만 우리의 욕구는 정열이나 가장 추상적인 사고와 마찬가지로 이 구조의 성질을 띠며, 이 모든 것은 언제나 *자기 밖의 ……을 향한* 상태로 나아간다. 이것이 바로 우리가 실존 (existence)이라 부르는 것이다. 실존이란 그 자체에 안주하는 고정된 실체를 갖고 있지 않다는 것을 의미한다. 실존이란 끊임없는 불균형이며, 온몸으로 자신으로부터 벗어나는 것을 뜻한다. 객체화를 향한 이 열망이 개인에 따라 다양한 형태를 취하기에 그리고 이 열망은 다른 가능성을 제외한 채 몇 가지만을 취하여 그중 한 가능성을 실현하도록 하기에 우리는 그것을 선택 혹은 자유라고 부른다.

하지만 우리가 여기에서 비합리적인 것을 도입한다거나 세계와 아무런 연관도 없는 "최초의 시작"을 고안한다거나, 인간에게 물신화된 자유를 부여한다고 비난한다면 큰 잘못이다. 사실 이와 같은 비난은 오직 기계론적 철학에서만 나올 수 있다. 이런 비난을 퍼붓는 자들은 실천이나 창조 등 우리의 기본적인 삶의 조건을 재생산하려는 창의력을 축소시키려고 한다. 그들은 작품, 행위, 태도 등을 그 조건적 요인들로 설명하려는 것이다. 이와 같은 설명에 대한 욕구는 복합적인 것을 단순한 것으로 동화시키려는 의지, 구조의 특수성을 부정하는 의지, 변화를 동일성으로 환원시키려는 의지를 뒤에 숨기고 있다. 이것은 과학적 결정론의 수준으로 뒷걸음질 치는 것이다. 이와 반대로 변증법적 방법은 *환원을 거부*하며, 반대 방향의 방식, 즉 유지하면서 지양하는 방식을 취한다. 그러나 극복된 모순의 관계들은 극복 자체나 이후의 종합을 고려할 수 없다. 관계들을 조명하고 그 이해를 가능하게 하는 것이 바로 종합이다. 근본 모순은 가능성의 장을 한정하고 구조화하는 요인들 가운데 하나일 뿐이다. 관계들을 세부적으로 설명하고, 개별성(즉 일반성이 그 경우에 나타내는 개별적 양상)을 드러내어 그 관계가 어떻게 체험되었는가[138]를 이해하려면 선택에 대해 질문해야 한다. 조건화의 비밀을 밝혀 주는 것은 개인의 작품이나 행위다. 플로베르가 글쓰기라는 선택을 통해 우리에게 밝혀 주는 것은 어린 시절에 죽음에 대해 가졌던 공포의 의미이지 그 반대 방향의 것은 아니다. 이 원칙을 무시했기 때문에 오늘날의 마르크스주의는 의미화와 가치를 이해하지 못하고 있다. 대상의 의미화를 대상 자체의 무기력하고 단순한 물질성으로 환원하는 것은 사실로부터 권리를 추론하는 것만큼이나 부조리하다. 행동의 의미화와 그것의 가치는 주어진 조건을 폭로하면서 가능성들을 실현해 가는 운동의 관점 안에서만 포착될 수 있다.

인간은 자기 자신과 타인들에 대해 의미를 나타내는 존재(un être signifiant)다. 인간이란 순수한 현재를 뛰어넘고, 이 현재를 미래에 의해 설명하지 않고서는 자기 행동의 아주 작은 부분도 결코 이해하지 못하기 때문이다. 더욱이 인간은 기호(記號)의 창시자다. 인간은 부재하거나 미래에 속한 다른 대상을 지칭하기 위해 항상 자기 자신에 앞서 어떤 대상을 이용한다. 그러나 이 두 작업은 순수한 극복으로 귀착된다. 이후의 변화를 향한 현재 조건의 극복과 부재를 향한 현재 대상의 극복은 결국 같기 때문이다. 인간은 자신의 현실에서조차 의

---

138 독자들은 다음 문구를 기대했을 것이다. "그것들(모순의 항목들)이 체험되었다."(편집자 주)

미하는 존재이기 때문에 기호를 구성하며, 단순하게 주어진 모든 것을 변증법적으로 지양하기 때문에 그는 의미하는 존재다. 우리가 자유라고 부르는 것은 문화적 질서가 자연적 질서로 환원될 수 없음을 일컫는다.

인간 행동의 의미를 포착하려면 독일의 정신의학자들과 역사가들이 "이해"라고 명명했던 것을 이용해야 한다. 하지만 이것이 특별한 재능이나 직관의 특수 능력에 대한 것은 아니다. 이 인식은 단순한 변증법적 운동으로, 어떤 행동을 그 출발 조건으로부터 시작해서 최종의 의미화에 의해 설명한다. 이것은 본래 전진적이다. 만약 내가 창문쪽으로 가는 친구의 몸짓을 이해하려면 우리 둘이 함께 처한 구체적 상황부터 이해해야 한다. 예컨대 날씨가 너무 더웠기 때문에 "환기를 시키려고" 그가 창가로 갔다고 이해하는 식이다. 이런 행동은 기후 속에 각인된 것이나 연쇄적 행동을 유발하는 "자극"처럼 열기에 의해 "촉발"된 것이 아니다. 행동 자체를 통합하면서 우리 둘이 서로 처한 실천적 장을 눈앞에서 결합한 종합적 행동이다. 이 움직임들은 새로운 것이며, 특별한 장애와 상황에 적용된 것이다. 습득된 움직임들의 조립은 추상적 동인의 도식이며 불충분하게 규정되지만, 이 움직임들은 계획이라는 통일체 안에서 규정되기 때문이다. 창문 앞의 탁자를 치워야 하고, 그런 다음 창문이 미닫이인가 여닫이인가 혹은 — 우리가 외국에 있다면 — 전혀 낯선 종류의 창문인가를 알아본다. 어쨌든 일련의 몸짓을 넘어서서 그 몸짓들이 제시하는 통일체를 인지하려면 나 역시 질식할 것 같은 열기와 신선한 공기의 필요를 느껴야만 한다. 다시 말하자면 나 자신이 우리 두 사람이 처한 물적 상황을 체험한 극복이어야 한다. 방 안의 문이나 창들은 결코 완전한 수동적 현실이 아니다. 타인들이 노동을 통해 그 사물들에 의미를 부여하고는 도구로 만들어 *다른 어떤 것(그것이 무엇이든 간에)*을 위한 가능성들로 만들었기 때문이다. 이는 내가 이미 그것들을 도구적 구조로, 계획된 행위의 산물로 *이해하고* 있음을 의미한다. 그러나 내 동료의 움직임은 이와 같은 산물에 결집된 지시들과 표시들을 명백히 하며, 그의 감정 상태는 "주행적 공간"으로서 실천적 장을 내게 드러낸다. 또한 역으로 실용적 도구들에 포함된 지시들은 결집된 의미가 되어 내가 그 계획을 이해하도록 한다. 그의 행위는 방을 *결합하고*, 방은 그의 행동을 규정하는 것이다.

만약 여기에서 *우리* 둘에게 풍요로운 극복이 문제라면 물질적 상황을 통해 행동이 밝혀지기보다는 상황이 먼저 내게 드러날 것이다. 만약 내가 같이 하는 일이나 토론 등에 빠져 있다면 나는 방 안의 열기를 혼란스럽고 명명되지 않은 어떤 불편함쯤으로 느꼈을 것이다. 그런데 친구의 몸짓에서 나는 그것의 실제 의도와 내 불편함의 의미를 동시에 알게 된다. 이해의 운동은 전진적이면서(객관적 결과를 향하므로) 동시에 후진적(그 행위를 유발한 근원적 조건으로 거슬러 올라가므로)이다. 게다가 더위를 참을 수 없게 하는 것은 행위 그 자체다. 우리 둘이 손 하나 까딱하지 않는다면 그것은 기온이 참을 만하기 때문이다. 이처럼 계획의 풍부함과 복합성은 가장 빈약한 조건으로부터 생기므로 계획을 조명하려면 조건의 도움을 받아야 한다. 게다가 또 다른 차원이긴 하지만, 내 동료는 그 자신의 감정을 통해 스스로를 드러내기도 한다. 만약 그가 일이나 토론을 시작하기에 앞서 창문을 열기 위해 침착하게 일어섰다면 그의 행위는 좀 더 일반적인 목적들(방법적으로 보이려는 의지, 질서를 존중하는 실재적이고 정돈된 사람의 역할을 하려는 의지)로 돌려진다. 그러나 마치 질식하겠다는 듯이 갑작스럽게 벌떡 일어나 창문을 크게 열어젖힌다면 그는 아주 다른 모습으로 나타난다. 내가 그를 이해하려면 나 자신의 행동 역시 그 기도 안에서 나의 내면적 깊이에 관해 알려 주어야 한다. 다시 말하자면 가장 방대한 나의 목적들과 이런 목적의 선택에 부합하는 조건들에 대해 알려 줘야 한다. 이처럼 *이해*란 다른 무엇이 아니라 나의 실제적인 삶, 즉 나의 옆 사람과 나 자신과 주변을, 진행 중인 객체화라는 종합적 통일체 안에 그러모으는 전체적 운동이다.

　우리는 앞으로-투기(投企)하는 존재이므로, 이해란 전적으로 후진적이 될 수 있다. 친구와 내가 둘 다 기온에 대해 의식하지 못한다면, 방 안에 들어선 제삼자는 "둘 다 너무 토론에 빠져서 더위에 질식되고 있는 중이다."라고 말할 것이다. 이 제삼자는 방 안에 들어서자마자 느껴지는 더위 때문에 환기와 신선한 바람에 대한 욕구와 의지를 느낀다. 그는 닫힌 창을 하나의 의미로 포착하는데, 그가 그 창문을 곧 열 것이라서가 아니라 그것이 열려 있지 않기 때문이다. 꽉 막힌 채 과열된 방은 이루어지지 않은(그리고 현존하는 실용성 안에 놓인 노동에 의해 영속적인 가능성으로서 지시된) 행위를 그에게 드러낸다. 그러나 이와 같은 부재, 존재하지 않는 것의 객체화는 긍정적인 계획을 드러내는 일에 쓰여야만 진정한 일관성을 갖는다. 아직 실행되지 않은, 이루어져야 할 행위를 통해 이 제3의 증인은 우리가 토론에 쏟아붓는 열정을 발견한다. 그래서 그가 웃으면서 우리를 "책벌레들"이라고 부른다면 그는 우리 행동의 아직은 좀 더 일반적인 의미화를 발견하며, 우리 존재의 깊이를 밝혀 주게 된다. 우리 인간은 인간과 일과 갈등의 세계에 살기 때문에 우리를 둘러싼 모든 대상이 기호다. 기호들은 스스로 그 사용법을 지시하며, *우리를 위해* 이 기호들을 만들어 이것들을 통해 우리에게 말하고 있는 사람들의 실천적 기도를 숨길 수 없다. 그러나 기호들은 이런저런 상황에 따라 특수한 배열을 이루면서 특별한 행동과 사건과 기도를 다시 그려 낸다. 이 기법은 영화에서 하도 많이 사용해서 상투적이 되었다. 영화에서는 저녁 식사가 시작되는 장면을 보여 주고, 곧이어 장면을 바꾼다. 그러고는 몇 시간 후의 장면으로 사람이 없는 빈방에 널브러진 접시들, 빈 술병, 바닥에 떨어진 담배꽁초들만을 보여 줌으로써 식사에 참여한 사람들이 거나하게 먹고 마셨음을 지시한다. 이처럼 의미화란 인간과 그의 기도로부터 연유하지만 그 의미화는 사물들과 사물의 질서에 새겨지게 된다. 모든 것은 매 순간, 항상 의미 작용을 하며, 의미화는 우리 사회의 구조들을 통해서 인간과 인간 사이의 관계를 폭로한다. 하지만 이와 같은 의미화는 우리 자신이 의미 작용을 하고 있어야 나타난다. 우리가 타인을 이해하는 것은 결코 관조적 행위가 아니다. 그것은 우리의 *실천*의 한 순간일 뿐이며, 투쟁이나 공모 속에서 우리를 타인에 결합하는 구체적이고 인간적인 관계를 체험하는 방식이다.

이와 같은 의미화들 가운데 우리를 체험된 상황, 행동, 집합적 사건으로 유도하는 것이 있다. 말하자면 위에서 예를 든 영화의 화면에 나타난 깨진 술잔들을 통해 우리가 그날 저녁의 거나한 술자리를 그려 낼 수 있는 것과 같은 경우다. 지하철 복도의 벽에 그려진 화살표 같은 것들은 그저 단순한 지표일 뿐이다. 어떤 의미화들은 "집합태"에 의거한다. 또 어떤 의미화들은 상징이기도 하다. 의미된 현실이 상징 속에 표현되는 경우의 한 예로 국가를 상징하는 국기를 들 수 있다. 횡단보도, 대피소 등의 수단으로 제시되는 의미화들은 유용성을 표방한다. 실제 인간의 가시적이고 현실적인 행위들을 통해 포착되는 어떤 의미화들은 — 항상 그렇지는 않지만 — 그저 단순히 목적들이다.

우리는 요즘의 마르크스주의자들을 물들여 앞서 마지막으로 언급한 의미화를 인간의 실존에서 부정하도록 한, 이른바 "실증주의"를 배격해야 한다. 실증주의가 내세운 최상의 신비화는 *선험성* 없이 사회적 경험에 접근한다고 주장한 점이다. 그런데 실증주의는 처음부터 기본적 구조의 하나를 부정하고, 그것을 반대의 구조로 대체하기로 결정했다. 자연 과학이 무생물적 존재에 인간의 고유성을 부여하던 신인 동형론(神人同形論)으로부터 벗어난 것은 적절한 결정이었다. 하지만 같은 유추로 신인 동형론에 대한 경멸을 인간학에 도입한 것은 어리석다. 인간을 연구하면서 인간에게 *인간의 고유성을 깨닫게 하는* 일보다 더 정확하고 엄격한 일이 또 있겠는가? 단순히 사회적 장만을 탐색해 보더라도 목적에 대한 관계가 인간 계획의 영원한 구조이며, 실재의 인간들은 바로 *이 관계에 의거해* 행동과 제도와 경제 체제를 평가한다는 사실이 밝혀질 것이다. 따라서 타인에 대한 우리의 이해는 반드시 목적에 의거하여 이루어져야 한다고 주장할 것이다. 멀리 떨어진 곳에서 일하는 어떤 사람을 바라보며 "저 사람이 뭘하고 있는지 모르겠군."이라고 말하던 사람은 목표했던 결과를 예상하고 흩어진 활동의 순간들을 결합할 수 있을 때 그 일이 무엇인지에 대한 계시를 받게 된다.

더욱이 투쟁하거나 적을 물리쳐야 할 때는 목적에 관련된 여러 가지 체계들을 동시에 사용해야 한다. 위장된 궁극적 목표(복싱을 예로 들어, 만약 눈썹 끝부분에 왼쪽 혹을 치려 한다면)를 발견하는 동시에 밀어내리려면 위장된 몸짓에 그 진정한 목적(자신의 방어 자세를 다시 올리도록 하는)을 부여할 것이다. 타자가 사용하는 이중, 삼중의 목적 체계들은 나 자신의 목적들과 마찬가지로 우리 행위를 철저하게 조건 짓는다. 자신의 목적론적 색맹 상태를 보존하려는 실증주의자는 오래 살아남을 수 없다. 사실 "자본이 점점 더 사회적 세력으로 나타나고 자본가가 그 자본의 직무 수행자가 되는",[139] 구체적으로 소외된 사회에서는 명백한 목적이 이미 짜여진 메커니즘이나 진보 배후에서 작용하는 심오한 필연성을 가릴 수 있다. 그러나 외양은 외양으로서의 현실을 갖는다고 헤겔이 말했듯이 이때 역시 인간이나 인간 집단이 체험한 기도의 의미화인 목적은 실제적인 것으로 남는다. 그러므로 이 경우에도 앞의 경우에서처럼 그 역할 및 실제적인 효용성을 규정하는 것이 옳다. 경쟁 시장에서의 가격 고정화가 어떻게 해서 판매자와 구매자의 관계를 *사물화하는가*는 나중에 『변증법적 이성 비판』에서 밝혀질 것이다. 가격 결정으로 이미 모든 거래가 완료되었기 때문에 둘 사이의 예의나 망설임 또는 흥정 따위의 모든 것이 거부되고 제지된다. 그렇지만 이 각각의 제스처가 그 주체에게 하나의 행위로 체험된다. 물론 이 행위는 결코 순전한 재현의 영역으로 떨어지지는 않는다. 그러나 목적이 환상으로 변형될 수 있다는 영원한 가능성은 사회장과 소외의 양태를 특징짓는다. 하지만 이 가능성이 목적으로부터 자신의 환원 불가능한 구조를 제거하지는 않는다. 더욱이 소외와 신비화의 개념은 그것들이 목적을 도용하여 실추시키는 한에서만 그 의미를 갖는다.

따라서 다음 두 개념을 혼동하지 말아야 한다. 첫째, 개념은 대다수의 미국 사회학자와 몇몇 프랑스 마르크스주의자가 지지하는 것으로, 추상적 인과론이나 몇몇 형이상학적 형태 혹은 궁극적 목적과의 관계에서만 의미를 갖는 행위의 동기화나 역할 같은 것들을 어리석게도 경험의 조건들로 대체한 것이다. 둘째, 개념은 목적이 있는 어디서나 목적의 존재를 인식하여, 그중 몇 개 목적들만이 역사적 총체화의

---

139 카를 마르크스, 『자본론』 III-1권, 293쪽. (플레야드판 2권, 1044쪽 참조.) (원주)

과정 한가운데서 약화할 수 있다는 주장으로 만족하는 것이다.[140] 이것이 마르크스주의와 실존주의가 취하는 실질적인 입장이다. 객관적 조건화로부터 객체화로 이르는 변증법적 운동은 인간 활동의 목적이 행위 자체에 덧붙여진 신비한 실체가 아니라는 점을 이해하도록 한다. 인간 활동의 목적들은 현재에서 미래로 향하는 행위 안에서 조건의 지양과 보존을 표현하기 때문이다. 목적은 인간 행위의 변증법적 법칙과 그 이후의 모순들의 일체성을 구성하는 객체화 자체다. 목적은 이것이 인간 행동의 변증법적 법칙과 이후의 모순들의 통일을 구성하는 만큼 객체화 그 자체다. 목적이 행동 그 자체와 더불어 풍부해진다는 점을 고려한다면 현재 한가운데에 미래가 현존한다는 사실은 놀라운 일이 아니다. 목적이 행동을 통해 통일을 이루는 한 목적은 행동을 넘어선다. 그러나 이 통일체의 내용은, 동일한 순간에 통일된 계획이 그렇지 않듯이 결코 더 구체적이지도 더 명백하지도 않다.

『보바리 부인』은 1851년 12월부터 1856년 4월 30일까지의 플로베르의 모든 행동의 실제적인 통일성을 구성한다. 그러나 여러 개의 단락과 수많은 문장으로 이루어진 구체적이고 자세한 이 작품이 작가 플로베르의 1851년 당시 삶의 중심부를 — 설사 이것이 엄청난 부재일망정 — 그려 낸다는 의미는 아니다. 목적은 변형되고, 추상적인 것에서 구체적인 것으로, 전체에서 세부로 이행한다. 목적은 매 순

---

140 목적의 현실과 그 객관적인 비실존 사이의 모순은 매일매일 나타난다. 개별적 투쟁의 일상적인 예를 들어 보자. 상대방의 위장 자세에 속은 복싱 선수는 눈을 보호하려 방어 자세를 위로 올리면서 실제로는 자기의 목적을 따라간다. 하지만 복부 공격을 노린 상대방에게는 이 목표가 그 자체로 혹은 객관적으로 일격을 가하기 위한 수단이 되어 버린다. 어설픈 복싱 선수는 공격 주체가 되려다가 실제로는 공격 대상이 된다. 그의 목적이 상대방 선수가 노린 목적의 공모가 된 것이다. 그러므로 그의 목적은 목적인 동시에 수단이다. 우리는 나중에 『변증법적 이성 비판』에서 "군중의 원자화"와 회귀 모두가 사람들이 제기했던 것과는 반대되는 방향으로 목적을 뒤집어 버리는 데 기여하는 것을 보게 된다.(원주)

간 진행되는 작업의 현실적인 통일성이며, 수단들을 행위로 통합한다. 언제나 *현재*의 *저쪽* 편에 있는 목적은 근본적으로 *다른 쪽에서* 본 *현재 자체*일 뿐이다. 그럼에도 목적은 멀리 떨어진 미래와의 관계를 그 구조 속에 포함한다. *이 문단을 끝맺어야 한다*는 플로베르의 당장의 목표는 작업 전체를 요약하는 멀리 있는 목표, 즉 *이 작품을 완성한다*는 목표에 의해 밝혀진다. 그러나 겨냥된 결과는 총체화에 이를수록 추상적이 된다. 처음에 플로베르는 "난 이런저런 작품을 쓰고 싶다."라는 편지를 친구들에게 썼었다. 당시 플로베르가 사용한 모호한 문장들은 우리들 독자에게보다는 작가 자신에게 의미 있는 것이었다. 편지에서 밝힌 그런 문장들이 작품의 실제적인 내용이나 구성에 부여되지는 않았다. 그렇지만 그 문장들은 작품의 구상이나 인물의 선택 등과 같은 그 이후의 모든 탐색에 계속적인 배경으로 사용된다. 그 결과 편지에서 말한 "이런저런 작품" 역시 『보바리 부인』인 것이다. 따라서 작가의 경우, 그가 현재 하는 작업의 당장의 목적은 미래의 의미화들(즉 목적들)이 이루는 층위와의 관련하에서만 밝혀지며 각각의 의미화는 선행 의미화의 배경이 되고 뒤따라올 의미화의 내용으로 쓰인다. 목적은 계획이 진행되는 동안 풍부해지고 계획과 더불어 그 모순들을 전개하며 극복해 간다. 객체화가 완수되었을 때 생산된 대상이 갖는 구체적인 풍요로움은 이전의 그 어떤 순간에 목적이 가졌던 풍요로움(의미들의 통합 계층으로 포착된)을 훨씬 능가한다. 이것은 대상이 더 이상 목적이 아니라 노동의 산물 "자체"로서 세계 안에 실존하면서 무한대의 새로운 관계들(새로운 객관적 환경 안에서의 요소들 서로간의 관계, 다른 문화적 대상들과의 관계, 문화적 산물인 대상 자체와 인간들이 맺는 관계)을 함의하기 때문이다. 하지만 대상은, 객관적 산물이라는 자신의 현실 속에서도, 한때 스스로의 목적으로 삼아 겨어 냈으며 이제는 사라져 버린 작업 과정으로 반드시 되돌아간다. 플로베르의 책을 읽는 동안 그의 욕망과 목적, 플로베르의 전체적 계획에까지 끊임없이(그러나 모호하고 추상적으로) 역행해 가지 않는다면 우리는 이 작품을 단순히 상품처럼 *사물화하게* 되며(게다가 이것은 흔히 일어나는 일이다.) 작품이란 것을 작업을 통해 객체화된 한 인간의 현실로서가 아니라 말하고 있는 사물로 간주하게 된다. 어쨌든 독자의 이해적 후진에서는 순서가 정반대다. 즉 독자에게 있어 총체화적 구체성은 책이 된다. 그리고 저자의 삶과 계획은 사장된 과거가 되어 멀어져 가며 가장 풍부한 것에서 초라한 것으로, 가장 구체적인 것에서 추상적인 것으로, 개별적인 것에서 일반적인 것으로 진행하는 일련의 의미화들로 배열되며, 이와 같은 삶과 계획이 이번에는 우리를 주관적인 것에서 객관적인 것으로 돌아서게 한다.

만약 우리가 개인 속에서 그리고 스스로의 삶을 생산하고 객체화하려는 개인의 계획 속에서 이런 원초적인 변증법 운동을 보지 않는다면 변증법을 포기하거나 변증법으로 **역사**의 내재적 법칙을 만들어야 한다. 우리는 이와 같은 극단적인 두 경우를 보았다. 때때로 엥겔스의 작업에서는 변증법이 폭발하여 인간들이 물리적 분자들처럼 서로 충돌하는데, 이 모든 대립적 동요의 결과가 *평균치*다. 그런데 이 평균적 결과는 그 자체만으로는 기구나 과정이 될 수 없으며, 수동적으로 기록될 뿐 필요 불가결한 것이 되지는 못한다. 반면에 자본은 "소외된 사회의 자율적 힘이며, 자본주의적 힘이자 대상으로서 이 대상을 중개로 사회에 *대립한다*."(『자본론』 III, 293쪽)[141] 이와 같은 평균적 결과와 스탈린식의 물신주의를 피하기 위해 공산주의자가 아닌 마르

---

141   같은 책, 1044쪽.(편집자 주)

크스주의자들은 구체적 인간을 종합적 대상 속에 용해시키고는 집합태의 모순과 운동을 있는 그대로 연구할 것을 선호했다. 그들은 이 작업에서 아무것도 얻어 내지 못했으며, 궁극적 목표는 그들이 차용하거나 구축해 놓은 개념 속에 숨어 버린다. 관료주의는 그 계획이나 기도 등과 더불어 인격체가 되어 버린다. 관료주의는 이런저런 것을 참을 수 없기 때문에, 이런저런 의도 때문에 등등의 이유로 헝가리 민주주의(또 다른 인격체인)를 공격했다. 결국 그들은 과학적 결정론에서 도피하여 절대적 관념론으로 전락하고 말았다.

사실 마르크스의 텍스트는 그가 문제를 훌륭하게 이해했다는 점을 보여 준다. 마르크스는 자본이 사회에 대립한다고 말했다. 하지만 자본은 사회적 힘이다. 이 모순은 자본이 *대상*이 되어 버린 사실로 설명된다. 그러나 "사회적 수단"이 아니라 "반사회적 현실"인 이 대상은 *자본가*의 능동적이고 실재적인 힘에 의해 운용되고 유지되어야만 현 상태를 유지한다.(이 자본가는 자기 고유의 힘으로부터 소외된 객체화에 전적으로 사로잡혀 버리는데, 그 이유는 그의 힘이 다른 자본가들에게는 또 다른 극복 대상이 되기 때문이다.) 이 관계들은 분자적이다. 왜냐하면 *여기에는* 개인들과 이들 사이의 개별적 관계들(대립, 동맹, 의존 등등)만 있기 때문이다. 하지만 *어떤 경우에도* 이 관계가 단순하고 무기력한 충돌만은 아니므로 기계적이지는 않다. 고유의 계획 자체에서도 각자는 서로를 극복하여 타인을 수단으로 통합하며(그 역도 성립한다.), 이와 같은 통합 관계에 있는 두 짝은 제삼자를 매개로 극복된다.

이처럼 각 단계에서는 포괄하고 포괄되는 목적들의 층위가 이루어져 처음의 목적은 나중의 의미화를 훔치고, 나중의 목적은 처음의 의미화를 폭발시킨다. 한 개인이나 집단의 계획이 타인들에게는 대상으로 나타나며, 타인들은 자기의 목적을 향해 가기 위해 다른 사람들의 계획을 극복한다. 사회 전체로 보면 계획은 목적성을 자신의 현실적인 통일체로서 간직하고 있기 때문에 이와 같은 목적성은 계획을 만든 사람들에게조차 외부 대상이 되어 버려 그들을 지배하고 그들보다 오래 살아남는 경향이 있다.(우리는 이 소외의 일반적인 조건들을 나중에 보게 될 것이다.) 조직과 기구와 제도는 이런 식으로 이루어지며, 이것들은 실존의 물리적 바탕과 그 *과정*을 소유하는 실제 대상으로서 ― 사회 안에, 흔히는 사회에 맞서 ― 더 이상 개인적이 아닌 어떤 목적을 수행한다. 그런데 이 목적은 실제로 수행된 목적을 소외시키는 객체화로서 *집합적 대상*의 전체적이고 객관적인 통일체가 된다. 자본의 추이가 이와 같은 엄격성과 필연성을 제공하려면 자본을 사회적 구조나 제도가 아니라 물질적 *기구*로 파악하여 자본의 냉혹한 움직임이 통합적 극복이 가진 무한성의 이면임을 드러내는 관점에서 고찰해야만 한다. 따라서 주어진 사회 안에서 한 개인, 집단, 계급의 고유한 노력과 일치하는 살아 있는 목적들과 우리 활동의 부차적 산물이며, 이 활동으로부터 그 통일성을 이끌어 내어 결국은 본질적인 것이 되면서 우리의 모든 계획에 그 법칙과 테두리를 부여하는 비개성적인 궁극 목적들을 조사해야 한다.[142] 사회적 장은 주모자 없는 행

142 흑사병은 영국에서 농업 임금의 앙등을 가져왔다. 농부의 구체적인 행동을 통해서만 얻을 수 있었던 바를(게다가 당시로는 생각할 수도 없었던 것을) 흑사병을 통해 얻은 것이다. 재앙의 이와 같은 *인간적 효용성*은 어디서 비롯하는가? 이것은 재앙의 위치, 범위, 피해자가 제도에 의해 이미 결정되어 있었기 때문이다. 토지 소유자는 자기들 성안으로 피신했고, 흑사병이라는 악이 번져 간 이상적 장소는 농민 대중이 모여 사는 곳이었다. 흑사병은 오로지 계급 관계를 *과장*하는 요인으로 작용하여, 가난한 사람들을 내리치고 부자들은 비껴가기를 *선택했던 것이다.* 그러나 이 전도된 목적성의 결과는 무정부주의자들이 이르고자 했던 결과(이들이 임금 상승을 촉발하기 위해 노동자의 조업 단축에 의존했을 때)와 맞닿는다. 일손 부족 ―종합적이고 집합적인 결과인― 은 영주들로 하여금 비싼 노동가를 지불하게 했다. 민중들이 이 재앙을 인격화하여 "그놈의 흑사병"이라고 부른 것은 아주 잘한 일이다. 그러나 뒤집어 보면 이 통일체는 영국 사회의 분열된 통일체를 반영한다.(원주)

위와 구성자 없는 구성들로 가득하다. 우리가 인간 안에서 그 진정한 인간성을 되찾으면 — 즉 스스로의 목적을 추구하면서 동시에 **역사**를 만들어 내는 힘을 재발견하면 — 우리는 *그때*, 즉 소외의 시기에 비인간적인 것이 인간적인 것의 행태 아래 나타난다는 것을 알 수 있다. 또한 인간들을 관통하는 도피의 관점인 "집합태"는 자체 안에 목적성을 움켜쥐고 있으며 이 목적성이 인간관계를 특징짓는다는 사실도 알게 된다.

물론 모든 것이 인격적이거나 비인격적인 목적성뿐이라는 의미는 아니다. 물질적 조건들은 그 사실적 필연성을 강요한다. 예컨대 이탈리아에는 석탄이 나지 않는 것이 *사실*이며, 19~20세기 이탈리아의 산업 발전은 바로 이 불가피한 조건에 의존한다. 그러나 지형적(또는 다른) 조건들은 주어진 사회의 테두리 안에서 그 사회의 구조와 경제 제도 그리고 사회가 부여한 제도들에 따라 작용한다는 점을 마르크스는 자주 주장했다. 이와 같은 주장은 사실적 필연성은 인간의 구조물들을 통해서만 포착될 수 있다는 의미 아니겠는가? 용해될 수 없는 "기구들"의 통일체 — 그 속에서 인간이 길을 잃고 항상 인간의 손아귀를 빠져 달아나는, 제작자 없는 이 끔찍스러운 구조물 — 곧 그것의 엄격한 기능화, 전복된 목적성(반목적성이라 불러야 할), 순수하고 "자연적인" 필연성과 소외된 인간의 분노에 찬 투쟁을 동반하는 이 용해 불가능한 통일체가 사회라는 세계를 이해하려는 모든 연구자 앞에 나타난다. 그들 눈에 이 대상들이 있는 것이다. 연구자는 하부 구조들의 조건을 제시하기에 앞서 이 대상들을 있는 그대로 바라보아야 하고, 그 구조의 어느 것도 소홀히 하지 말아야 한다. 왜냐하면 그토록 이상하게 뒤엉킨 목적성과 필연성 등등 모두를 고려해야 하기 때문이다. 우리를 지배하는 반목적성을 벗겨 내면서 이것을 활용하거나 이것에 대항하는 다소간 구체적인 계획들을 함께 보여 주어야 한다. 연구자는 눈에 들어오는 목적들이 현실 속 개인의 의도를 표현하고 있는가를 알아보기에 앞서 드러난 그대로의 조건을 그 목적들과 함께 잡아내야 한다. 연구자가 철학과 관점 그리고 해석 및 총체화의 이론적 바탕 등등을 사용할 수 있다면 일은 더욱 용이해질 것이다. 그는 이것들을 절대적 경험주의의 정신 안에서 접근해 나가야 한다. 즉 이것들이 저절로 전개되도록 하며, *재발견*이 아니라 *배워 나간다*는 의도하에 이것들로부터 즉각적인 의미가 저절로 나오도록 해야 한다. 바로 이와 같은 자유로운 전개 안에서 사회 전반과 총체화에 관계된 대상의 *상황*에 대한 일차적 묘사와 그 조건들은 역사적 과정 내부에 자리하게 된다.[143]

143 오늘날 어떤 철학에서는 (넓은 의미의) 제도들에 기표적 기능을 부여하고 개인(몇몇 예외를 제외한)이나 구체적인 집단을 *기/의*의 역할로 환원하는 것이 유행이다. 실제로 군복을 입고 병영을 방문한 소령은 견장과 특징적인 속성을 통해 자신의 기능과 계급을 표시한다. 사실 나는 사람 자체보다는 그의 기호를 먼저 알아보기 때문에 길을 건너는 *한* 소령을 보게 된다. 소령 역시 *자신의 역할에* 빠져들어 부하들 앞에서 권위를 의미하는 관습과 동작을 행한다는 점에서 그것은 사실이다. 그러나 이런 관습과 동작은 배운 것이지 소령 스스로 만든 것이 아니다. 그는 단지 이 동작을 재구성했을 뿐이다. 이와 같은 관찰은 시민 복장이나 태도에까지 연장시켜 볼 수 있다. 백화점에서 구입한 기성복은 그 자체가 하나의 의미화다. 옷을 입은 사람이 속한 시대, 사회적 조건, 국적, 나이를 의미한다. 그러나 ——사회의 모든 변증법적 이해를 포기하고 싶지 않다면——그 역 또한 진실이라는 것을 결코 잊지 말아야 한다. 즉 이런 객관적인 의미화 대부분이 저절로 존재하면서 개개의 인간에게 부여되는 것처럼 보이지만 이 의미화 역시 인간이 만든 것이다. 그리고 이런 의미화들을 꿰차고, 이것을 다른 사람에게 나타내는 인간들 자체가 스스로*를 드러냄으로써만* 기의로 나타날 수 있다. 달리 말하자면 사회가 부과한 역할과 태도를 통해 자신을 객체화해야만 한다. 여기에서도 역시 인간은 이전의 조건들을 바탕으로 **역사를** *만든다*. 모든 의미화는 개인이 자기 고유의 *전체적* 의미화를 사물 속에 각인하는 행위를 통해 다시 포착되고 극복된다. 소령은 자기 자신을(즉 그가 좀 더 복합적이라고 생각한 총체성을) 표시하기 위해서만 소령이라는 기의가 된다. 인간이란 기의도 기표도 아니며, 기표적 기의이며 동시에 기의적 기표(헤겔이 다른 의미에서 말한 절대-주체 같은)라는 사실에서 헤겔과 키르케고르의 갈등은 그 해결점을 발견한다.(원주)

결론

키르케고르 이래 존재와 인식을 구별하려는 몇몇 관념론자의 노력 덕택에 실존의 "존재론적 영역"으로 일컬어지는 부분을 좀 더 잘 기술하게 되었다. 관념론자가 기술한 이와 같은 *세계-내-현존*은 동물 심리학과 정신 생물학에서 내놓은 여건들에 대한 편견 없이 동물 세계의 한 분파 ── 아마도 그 전체에 대해서조차 ── 의 특징을 규정한 것이 사실이다. 그런데 *우리가 보기에* 인간은 살아 있는 우주 내에서 특권적인 자리를 차지한다. 첫 번째 이유는 인간이 역사적이기 때문이다.[144] 즉 인간은 변화를 받아들이고 야기하며, 이 변화를 내면화하고 이 내면된 관계를 극복해 가는, 끊임없는 자기 나름의 *실천*에 의해 규정될 수 있기 때문이다. 두 번째 이유는 인간이 *지금의 우리*라는 *실존자*로 특징지어지기 때문이다. 이 경우 질문자는 바로 질문 대상의 위치에 서게 된다. 말하자면 인간적 현실이란 자기의 존재 속에

---

144 인간을 역사성으로 정의해서는 안 되고 ── 역사가 없는 사회도 있으므로 ── 인간은 반복적인 사회를 간혹 전복시키래 단절을 역사적으로 살아가는 영원한 가능성이라고 정의해야 할 것이다. 이 정의는 필연적으로 *귀납적*이다. 즉 역사적 사회 한가운데에서 생겨나며 그 자체가 사회적 변형의 결과. 그러나 이 정의는 역사가 없는 사회에 다시 적용되는데, **역사** 자체가 사회를 변형하기 위해 사회를 재검토하는 것과 마찬가지다. 우선은 외부적으로, 그다음에는 외부적인 것의 내면화 속에서 그 내면화를 통해 이루어진다. (원주)

서 존재를 문제 삼는 실존자다. 이 "문제의 존재"는 *실천*의 결정화로 포착되어야 하며, 이론적 문제 제기는 전체적 과정에서 단지 추상적 계기로서만 개입되어야 함은 말할 나위도 없다. 게다가 이런 인식 자체가 매우 실제적이라 이미 알려진 내용을 변화시킨다. 이는 고전적 합리주의의 의미에서가 아니라 경험이 필연적으로 대상을 변형시키는 미시 물리학에서와 같은 방식이다.

인간이라는 특권적인(우리가 보기에 특권적인) 실존자를 존재론의 영역에서 연구하기를 선택함으로써 실존주의는 *인간학*이라는 이름하에 결집된 모든 학문과의 근본적인 관계에 문제를 제기한다. 인간학이 그 자체의 기초를 구축하려고 노력한다고 볼 때 실존주의는 ─ 비록 이론적으로 적용 범위가 훨씬 넓다 하더라도 ─ 인간학 그 자체다. 사실 문제는 후설이 과학 일반에 대해 정의했던 바로 그 점에 있음을 주목하자. 예컨대 고전 역학은 시간과 공간을 동질적이고 연속적인 장소로 *이용할* 뿐 시간이나 공간, 운동에 대해서는 *질문하지 않는다*. 이와 마찬가지로 인간에 대한 학문도 인간에 대해서는 *질문하지 않는다*. 인간학은 인간적 사실의 전개와 관계를 연구하는 것으로 인간은 의미가 생겨 일어나는(의미화에 의해서 규정되는) 장소로 나타나며, 그 안에서 개별적인 사실들(사회나 집단의 구조, 제도의 발달 등등)이 구성된다. 이처럼 각각의 집단에 대한 사실들이 경험을 통해 완벽한 집합으로 주어지고 인간학의 학문들이 이와 같은 사실들을 엄격하게 규정된 객관적 관계로 연결한다고 가정한다 해도 "인간적 현실" 자체는 기하학이나 역학의 공간만큼이나 접근하기 어렵다. 또한 이와 같은 근본적인 이유로 해서 인간 현실을 드러내기보다는 법칙을 구성하고 기능적 관계와 과정을 밝히는 데 연구의 목표를 두게 된다.

그러나 인간학이 발전하면서 어느 지점에 이르면, 스스로 인간을 부정하고 있거나(신인 동형론에 대한 완강한 거부를 통해) 인간을 당연한 전제로 삼고 있음을(인종학자가 매 순간 그러하듯이) 인식하는 만큼 인간학은 인간적 실체가 어떤 존재인가를 알아보려는 요구를 은연중에 하게 된다. 인종학자 또는 사회학자 ── 이들에게 **역사**란 문화의 노선을 자주 교란하는 운동으로 나타날 뿐이다 ── 와 역사학자 ── 그는 구조의 영구성 자체를 지속적인 변화로 본다 ── 사이의 본질적 차이와 대립은 방법의 다양성[145]이 아니라 인간적 현실의 의미 자체에 닿아 있는 그들의 좀 더 깊은 대립에서 연유한다. 인간학이 조직화된 전체이려면 이와 같은 모순 ── 이 모순의 근원은 **지식**이 아니라 현실 자체다 ── 을 극복하고 그 자체를 구조적이고 역사적인 인간학으로 구성해야 한다.

*인간적 본질*이 무엇인가를 규명할 수 있다면, 즉 결정화의 고정된 전체를 규정하고 그것으로부터 정해진 위치를 각각의 연구 대상에 부여할 수만 있다면 이와 같은 통합 작업은 쉬울 것이다. 그러나 ── 공시적 관점에서 고찰된 ── 집단의 다양성과 사회의 통시적 발전이 개념적 지(知)에 근거한 인간학의 구축을 가로막고 있다는 점에 대해 대부분의 연구자는 동의한다. 일례로 뮈리아족[146]과 우리 근대 사회의 역사적 인물 사이에 공통된 "인간성"을 발견하는 일은 불가능하다. 하지만 반대로 아주 다른 존재들(예를 들어 민족학자와 고툴[147]에 관해 말하는 젊은 뮈리아) 사이에는 현실적인 소통과 ── 어떤 상

---

145 합리적인 인간학에서는 방법들이 조직적으로 정돈, 통합되어 있다.(원주)
146 인도의 원시 부족으로 현재 약 10만 명 정도 남아 있다.
147 gothul. 뮈리아족에서 결혼 전에 일정한 나이에 이른 청소년들을 모아 성교육을 시키는 일종의 합숙소다.

황에서의 — 상호적 이해가 성립하며 또 성립할 수 있다. 인간학의 운동이 다시금 새로운 형태로 실존의 "이데올로기"를 제기하는 것은 바로 이 대립된 두 성격(공통된 본성은 없지만 소통은 언제나 가능하다는)을 고려하기 위해서다.

사실 실존의 이데올로기는 인간적 현실은 그것이 형성되어 감에 따라 직접적 앎에서 벗어난다는 사실을 고려한다. 개인성의 결정화는 노동 및 노동의 산물에 대한 관계 그리고 다른 구성원과의 생산 관계를 구성원 각자에게 끊임없이 부과하면서 구성되는 사회 안에서만 나타난다. 즉 이 모든 것의 부단한 총체화 운동 속에서만 개인성의 결정화가 나타난다. 그러나 이 결정화 자체는 *개인적 기도*에 의해(수용이나 거부를 통해) 지지되고 내면화되어 체험되며, 이 개인적 기도는 두 가지 근본적인 성격을 지닌다. 어떤 경우라도 개념으로 정의되지 않는다는 점, 또한 이것이 *인간의* 기도이므로 (현실적으로는 아니라도 이론상으로) 언제나 *이해 가능하다*는 점이다. 이와 같은 이해를 *명백하게* 하는 일은 추상적 개념들을 찾아내도록 이끄는 것이 아니라 — 이 개념들의 조합은 이해를 다시금 개념적 지(知) 속에 자리 잡게 한다 — 받아들여진 조건에서 출발하여 의미를 생성하는 활동으로 부상하는 변증법적 운동 자체를 재생산하는 일이다. *실천과* 구별되지 않는 이 이해는 즉각적인 실존인(행위의 운동으로서 이루어지므로) 동시에 실존에 대한 간접적 인식(타인의 실존을 포함하므로)의 근간을 형성한다.

*간접적 인식*은 실존에 대한 반성의 결과를 의미한다. 이 인식은 개념의 대상이 되지 않으면서도 인간학의 모든 개념의 전제가 된다는 의미에서 보면 간접적이다. 기본적인 개념들을 암시하고 있는 *기도*, 기도의 바탕인 *부정성*, **자기-이외의-타자**와 **인간-이외의-타자**의

관계인 자기-외적 실존으로서의 초월, 받아들인 조건과 실제적 의미화 사이의 매개가 되는 극복 그리고 실제적 유기체인 세계-내-자기-외적-존재로서의 욕구[148]에 대한 즉각적인 이해 없이는 어떤 학문이라도 가장 기본적인 그 개념들을 *이해할 수 없을* 것이다. 기계론적 실증주의나 물질주의적 "형태주의" 등으로 이와 같은 이해를 위장하려 해도 소용이 없다. 이해는 계속 남아 논증을 지속시킨다. 변증법 자체는 ── 변증법 운동은 개념을 발생시키고는 그것을 모두 용해시키므로 개념의 대상이 될 수 없다 ── 실존의 바탕에서만 **역사** 그리고 **역사적 이성**으로 나타난다. 그 까닭은 변증법 자체가 *실천*의 전개이고 *실천*은 욕구, 초월, 기도 없이는 그 자체로 고려될 수 없기 때문이다. 실존이 드러나는 구조 안에서 실존을 지칭하기 위해 이런 어휘를 사용한다는 것 자체가 실존의 외연이 가능하다는 점을 시사한다. 그러나 이러한 기호와 기의의 관계는 경험적 의미화의 형태로 인지될 수 없다. 의미 생성의 운동 ── 언어란 모든 사람에 대한 각 개인의 즉각적인 태도이면서 동시에 인간의 산물이므로 ── 은 그 자체가 기도다. 실존적 기도가 말 속에 있으며, 말이란 기의 ── 기의는 원칙적으로 외부에 있다 ── 로서가 아니라 원초적 토대와 구조 자체로서의 기도를 표시한다는 뜻이다. 그리고 언어라는 말조차도 개념적 의미를 지녀서 언어의 일부분으로 전체를 개념적으로 지칭할 수 있다. 그러나 언어는 모든 명명을 기초하는 현실처럼 말 속에 있지 않다. 사태는 오히려 그 반대로, 각각의 말은 언어 전체다. "기도(企圖)"라는 말은 원

---

148   욕구의 기본적인 우월성을 부정하는 것은 아니다. 욕구를 맨 나중에 열거한 것은 오히려 그것이 모든 실존적 구조를 요약하고 있음을 강조하기 위해서다. 완전한 전개 상태에서의 욕구는 초월과 부정(부정이 스스로를 부정하려는 결핍을 생산하는 것인 한에서 부정의 부정)이므로 *지향적 극복(초보적인 기도)*이다.(원주)

래 인간의 태도(기도를 "하다(fait)"에서처럼)를 지칭하는 것으로 투기-
한다(pro-jet)는 실존적 구조를 그 기본으로 한다. 그리고 이 말은 기
도한다는 인간 현실의 특별한 실행을 통해서만 가능하다. 이런 의미
에서 보면 말은 그것이 발생할 기도를 말 자체로 표명한다. 하나의 상
품이 그것을 생산한 인간 노동을 자체 안에 간직하면서 그 노동을 우
리에게 넘겨주는 것과 같은 방식이다.[149]

하지만 여기에서는 전적으로 합리적인 과정이 문제가 된다. 사
실 말이란 것은 후진적으로 행동을 지칭하지만 결국은 각 개인 및 모
든 사람의 인간적 현실에 대한 근본적인 이해를 가리킨다. 그리고 이
와 같은 이해는 항상 현실적이며, 비록 그 형태가 체계화되지는 않았
지만 개개의 실천(개인적이건 집단적이건) 안에 주어진다. 이처럼 말이
란 ── 근본적이고 변증법적인 행위에 후진적으로 돌려지지 않으려
는 말들조차도 ── 행위의 이해에 돌려지는 후진적 지시를 포함한다.
그리고 실존적 구조를 명백하게 드러내려고 시도하는 말들은 반성적
행위를 후진적으로 표시하도록 제한된다. 그런데 이 반성적 행위는
실존의 구조이며, 실존이 스스로에게 수행하는 실제적인 작용이다.
키르케고르적 시도의 근원적인 비합리성은 반지성주의에 자리를 내
어주기 위해 완전히 사라져 버린다. 사실 개념은 대상(대상이 인간 안에
있든 바깥에 있든지 간에)을 겨냥하며 바로 그런 이유로 개념은 지성적
지(知)가 된다.[150] 달리 말하자면 언어 안에서 인간은 인간의 대상으
로서 스스로를 지칭한다. 그러나 각 기호의 근원, 즉 결과적으로 각

149 이것은 무엇보다도 ── 우리 사회에서는 ── 말의 물신화 형태하에서 그렇다.(원주)
150 여기에서 이해가 주관적인 것에 관계된다고 생각하면 잘못이다. 왜냐하면 주관적인 것과 객관
    적인 것은 앎의 대상인 인간이 지닌 대립적이며 상호 보충적인 두 성격이기 때문이다. 사실 문
    제는 행동으로서의 행동 그 자체. 즉 행동이 발생시키는 (주관적이고 객관적인) 결과들과 원
    칙적으로 구별되는 행동 그 자체가 문제다.(원주)

객관성의 근원을 되찾으려는 노력 속에서 언어는 끊임없이 행위 중에 있는 이해의 순간들을 지시하려고 언어 자체로 돌아서 버린다. 이것은 이해란 다름 아닌 실존이기 때문이다. 이런 순간들에 이름을 부여한다고 해서 그것들이 **지**로 — 이는 타성태적인 것에 관여하게 되며, 우리는 『변증법적 이성 비판』에서 이것을 실천적-타성태(pratico-inerte)[151]라고 부르게 된다 — 변형되지는 않는다. 그러나 반성적 실제와 이해적 반성의 내용으로 동시에 돌려지는 지시들을 통해 우리는 이해의 현실화를 경계 짓게 된다. 욕구, 부정, 지양, 기도, 초월은 종합적인 총체성을 형성하며, 지시된 각각의 계기들은 그 안에서 다른 모든 것을 포함한다. 이처럼 반성적 작용은 — 개별적이고 날짜가 정해진 행위로서 — 무한히 반복될 수 있다. 바로 이와 같은 반복을 통해, 변증법은 개인적인 혹은 집합적인 각각의 변증법 과정 속에서 무한히 그리고 전체적으로 전개된다.

그러나 만약 이 반성 작용의 내용이 자체적으로 존재할 수 있어서, 상황에 의해 엄격하게 규정된 구체적이고 역사적인 행동으로부터 분리할 수 있다면 반성 작용은 다시 반복될 필요도 없이 형식적 지(知)로 변형될 것이다. "실존 이데올로기"의 진정한 역할은 존재하지도 않았던 추상적인 "인간적 현실"을 기술하는 것이 아니라 연구되는 과정들의 실존적 차원을 끊임없이 인간학에 환기하는 것이다. 인간학은 대상들만을 연구한다. 그런데 인간은 생성-대상이라는 존재를 통해서 인간에 이른다. 그러므로 인간학은 인간적 대상들에 대한 연구

---

151 사르트르 고유의 용어다. 그는 물질적 환경과 인간적 구조들을 모두 포함하는 외부 세계를 지칭하기 위해 이 용어를 사용한다. 언어의 형식적인 규율들, 미디어에 의해 표현되고 조율되는 여론들, 존재한다는 단순한 사실 자체만으로도 나의 행동을 변형시키는 온갖 완료된 물체들을 포함한다.

를 생성-대상의 서로 다른 과정들에 관한 연구로 대체해야만 명실상부한 가치를 지닌다. 인간학의 역할은 합리적이고 포괄적인 *비지(非知)*에 근거하여 자체의 *앎*을 구축하는 데 있다. 그러니까 인간학은 스스로를 무시하지 말고 자기 자신을 알아야만 역사적 총체화를 이루어 낼 수 있다. 자신을 이해하고 타자를 이해하고 실존하고 행동하는 것, 이것은 결국 간접적이고 포괄적인 인식에 기초하여 직접적이고 개념적인 인식을 구축하는 유일하고 동일한 운동이다. 하지만 그것은 구체적인 것, 즉 **역사** 혹은 좀 더 정확히 말해 *자신이 알고 있는 것을 이해하는* 일을 결코 떠나지 않는 운동을 뜻한다. 해득(intellection)을 이해 속에 끊임없이 해체하는 일 그리고 역으로 앎의 한복판에 *합리적 비지식*의 차원으로서 이해를 해득으로 끊임없이 하강시키는 일, 바로 이것이 학문의 모호성 자체며 그 안에서 질문자와 질문과 질문 대상은 일체가 된다.

　이와 같은 고찰들을 통해 마르크스 철학과의 심오한 일치를 표방하면서도 우리가 실존적 이데올로기의 자율성을 잠정적으로 유지할 수 있는 이유를 이해할 수 있다. 오늘날 유일하게 역사적이면서 동시에 구조적일 수 있는 인간학은 마르크스주의뿐이라는 사실은 명백하다. 동시에 마르크스주의는 인간을 총체성 안에서 포착하는, 즉 출발점을 인간 조건의 물질성으로 삼는 유일한 인간학이다. 그 누구도 마르크스주의에 다른 출발점을 제시할 수는 없다. 만약 그렇게 한다면, 마르크스주의에 자기 연구의 대상으로서 *다른 인간*을 제공하는 셈이 되기 때문이다. 마르크스주의가 자기 탐색의 질문자를 제거하여 질문 대상을 **절대지**의 대상으로 만들려고 함에 따라 우리는 어쩔 수 없이 마르크스주의 사상 내부에서 어떤 균열을 발견하게 된다. 역사적 사회를 기술하기 위해 마르크스적 연구가 사용하는 개념들 자체 — 착취, 소외, 물신화, 사물화 등등 — 는 가장 즉각적으로 실존적 구조를 가리킨다. 실천과 변증법 — 서로 불가분의 관계로 연결된 — 의 개념은 인식에 대한 주지주의적 이념과 모순을 일으킨다. 요점을 말하자면, 인간이 자기 삶을 재생산하는 행위인 노동의 기본 구조가 기도에 있지 않다면 노동은 그 어떤 의미도 보존할 수 없다. 이와 같은 결점 — 학설의 원칙들에서가 아니라 *역사적 사건*에서 비롯된 — 을 기점으로 실존주의는 마르크스주의와 동일한 조건과 앎에서 출발하여 **역사**의 변증법적 해독을 — 연구의 자격으로나마 — 마르크스주의의 한복판에서 시도해야 한다. 실존주의는 기계적 결정론을 제외하고는 그 무엇도 다시 문제 삼지 않는다. 이 기계적 결정론은 바깥에서부터 마르크스주의 안에 도입된 것으로 정확히 말해 전체를 겨냥하는 철학인 마르크스주의라고 할 수 없다. 실존주의 역시 생산관계와 생산 양식에서 출발하여 인간을 그의 계급 안에서 그리고 다른 계급과의 대립 관계로 몰아가는 갈등 속에서 위치시키고자 한다. 하지만 실존주의는 이런 "상황" 설정을 실존으로부터, 즉 이해로부터 시도한다. 질문자로서의 실존주의는 스스로를 질문 대상 및 질문으로 만든다. 실존주의는 키르케고르가 헤겔에 대해 그랬던 것처럼 개인의 비합리적 개별성을 보편적 **지**(知)에 대립시키지 않는다. 단지 인간적 시도의 극복할 수 없는 개별성을 **지** 자체와 개념들의 보편성 안에 다시 도입하려는 것이다.

이처럼 실존에 대한 이해는 마르크스적 인간학의 인간적 기초로서 제시된다. 하지만 여기에서 중대한 결과를 초래하게 될 혼동을 경계해야 한다. 사실 **지**의 차원에서는 원칙적인 인식이나 과학적 구축의 기초가 우선적으로 제시되곤 한다. 설령 이와 같은 인식과 기초가 경험을 통한 결정화에 뒤이어 나타날 때조차도 — 이것이 통상적인 경우다 ─ 그러하다. 이처럼 기초 공사를 확실히 한 후에 건물을 짓듯이 이 인식으로부터 지의 결정화들을 연역한다. 하지만 이것은 기초 자체가 인식이기 때문이며, 만약 거기로부터 이미 경험의 담보를 가진 몇몇 명제를 연역할 수 있다면 그것은 그 명제들로부터 가장 일반적인 가정으로서의 기초를 귀납해 냈기 때문이다. 반면에 역사적이고 구조적인 인간학인 마르크스주의의 기초는 실존과 이해가 불가분의 관계에 있는 인간 자체다. 역사적으로 보면 마르크스적 인식은 발전의 어느 순간에 자신의 기초를 생산하며, 이 기초는 위장된 모습으로 나타난다. 즉 이론의 실제적인 기초로서가 아니라 원칙적으로 모든 이론적 인식을 거부하는 모습으로서다. 이처럼 키르케고르에서는 어떤 경우에도 실존의 개별성이 원칙적으로 헤겔적 체계(즉 총체적 **지**) 바깥에 자리한 것으로 *사유*될 수 없으며, 단지 신념의 행위 안에서 체험되는 것으로 제시된다. 그러므로 ─ 한 번도 알려지지 않았던 ─ 실존을 **지**의 중심부에 기초로서 재통합하려는 변증법적 방식은 시도될 수 없었던 것이다. 당시 유통되던 태도들은 ─ 관념적 **지**, 정신적인 실존 ─ 그 어느 것도 구체적인 현실화를 주장할 수 없었기 때문이다. 이 두 태도들은 미래의 모순들을 추상적으로 그려 냈다. 인간학적 인식의 발전 단계가 당시로서는 이런 형식적 입장들을 종합할 수 없었다. 관념들의 운동은 ─ 사회 운동으로서 ─ 현실적으로 구체적인 앎의 유일하게 가능한 형태인 마르크스주의를 우선 생산해 내야 했다. 그리고 우리가 처음에 지적했듯이 마르크스의 마르크스주의는 **인식**과 **존재**의 변증법적 대립을 지적하면서도 이론의 실존적 기초에 대한 요구를 명백하게 포함한다. 게다가 사물화나 소외 같은 개념들이 완전한 의미를 갖기 위해서는 질문자와 질문 대상이 일체여야 한다. 어떤 사회에서 인간들의 관계가 사물들 사이의 관계로 나타나려면 어떠해야 하겠는가? 인간관계의 사물화가 가능하다면 그것은 인간의 관계가 — 사물화되었을망정 — 사물들 사이의 관계와 원칙적으로 구별되기 때문이다. 자체 작용에 의해 자체의 삶을 재생산하여 마침내 노동과 궁극적으로 그 현실 자체까지도 소외시키는, 즉 인간에게 *타자*로 돌아와 인간을 규정하는 그 실제적 유기체는 어떤 것인가? 사회 투쟁에서 태어난 마르크스주의는 이 문제들로 돌아서기 전에 실천 철학으로서의 자신의 역할, 즉 사회적이고 정치적인 *실천*을 밝혀 줄 이론으로서 역할 했어야 했다. 현대 마르크스주의 내부의 뿌리 깊은 **결핍**은 바로 여기서 연유한다. 즉 앞서 인용한 개념들 — 그리고 다른 여러 개념 — 의 사용은 마르크스주의에 있어 인간적 현실에 대한 이해가 결핍되었음을 가리킨다. 그리고 이 결핍은 — 오늘날 몇몇 마르크스주의자가 공언하듯이 — **지**를 구축할 때 나타나는 국부적인 공백이나 구멍이 아니다. 그것은 포착할 수는 없지만 도처에 현존하는 일반화된 빈혈이다.

이와 같은 *실제적* 빈혈이 마르크스주의적 인간의 빈혈이 됨은 의심할 여지가 없다. 우리들 20세기 인간에게 마르크스주의는 극복될 수 없는 **지**(知)의 테두리로서 우리의 개인적, 집단적 *실천*을 조명하며 결국 우리를 우리의 실존 안에서 규정한다. 1949년 즈음 바르샤바의 담벼락에는 "결핵이 생산에 제동을 걸고 있다."라는 여러 장의 벽보들이 나붙었다. 이 벽보들은 정부의 결정에 의한 것이었으며, 이 결정은 선의에서 비롯된 것이었다. 그러나 그 내용은 순수한 앎이 되고자 하는 인간학에서 인간이 어느 정도로 제거되고 있는가를 그 무엇보다 잘 드러냈다. 결핵은 실제적 앎의 대상이다. 즉 의사는 치료를 위해 그 병에 대해 알고 있고, 당(黨)은 폴란드의 통계를 통해 병의 중요성을 규정한다. 결핵이 진정한 변수 역할을 하는 $y=f(x)$ 형태의 법칙을 얻으려면 변수를 계산한 통계와 생산 통계(각 산업 집단에서 결핵의 비율에 따른 생산량 변화)를 연결하기만 하면 된다. 그러나 선전용 벽보에서 읽어 낼 수 있는 이 법칙은 결핵 환자가 완전히 제거되고 질병과 공장의 수효 사이의 매개자라는 기본적 역할까지도 거부당한 결핵 환자의 새로운 이중의 소외를 폭로한다. 즉 사회주의 사회에서의 노동자는 발전의 어느 단계에 이르면 생산으로부터 소외된다. 인간학의 인간적 기초가 이론과 실천의 차원에서 **知**에 의해 사장되어 버리는 것이다.

이와 같은 인간의 추방, 마르크스적 지식에서의 이러한 인간의 배제가 바로 **知**의 역사적 총체화 바깥에서 실존주의적 사고의 부활을 일으켰다. 인문 과학이 비인간적인 것 속에 동결되어 버렸으므로 인간적 현실은 인문 과학 바깥에서 스스로를 이해하고자 한다. 그러나 이번에는 종합적 극복을 직접 요구하는 사람들에게서 반대가 선다. 마르크스주의가 인간을 근본 삼아 그 자체 속에 재통합하지 않는다면 마르크스주의는 비인간적인 인간학으로 쇠퇴하고 만다. 그러나 실존 그 자체에 다름 아닌 이와 같은 이해는 마르크스주의의 역사적 운동을 통해, 이와 동시에 마르크스주의를 간접적으로 조명하는 개념들(소외 따위)을 통해 명백하게 드러난다. 또한 이해는 사회주의 사회의 모순들을 생겨나게 하고, 인간에게 자신의 버려진 상태, 즉 실제적 **知**와 실존 사이의 양립 불가능성을 드러내는 새로운 소외들을 통해서도 드러난다. 이 운동은 마르크스주의자의 용어로만 스스로를 사고할 수 있으며 소외된 실존, 즉 사물화된 인간 현실로서만 스스로를 *이해*할 수 있다. 이와 같은 대립을 극복하는 계기는 이해를 자신의 비이론적 기초로서 지식 안에 재통합해야 한다. 그러니까 인간학의 기본은 인간 자신이며, 이 인간은 실제적 **知**의 대상이 아니라 자기 실천의 계기로서 **知**를 생산해 내는 실제적 유기체로서의 인간이다. 구체적 실존인 인간이 인간학의 중심에 그 항구적인 버팀대로서 재통합되는 일은 철학의 "세계-생성"의 한 단계로서 반드시 나타난다. 이런 의미에서 보면 인간학의 기초가 (역사적으로나 논리적으로나) 실존을 앞설 수는 없다. 만약 실존이 자체의 자유로운 이해 속에서 소외나 착취에 대한 인식을 앞선다면 실제적 유기체의 자유로운 발달이 현재의 실추나 구속을 역사적으로 선행한다고 가정해야 한다.(이것이 확고한 사실로 굳어졌을 때도 그 역사적 선행성은 결코 우리의 이해를 증진시키지 않는다. 사라진 사회에 대한 회고적 연구는 오늘날 복원된 기술의 조명하에서 그리고 우리를 구속하는 소외들을 통해서 이루어지기 때문이다.) 또는 논리적 선행성을 주장하더라도 기도의 자유는 우리 사회의 모순 *아래*에서만 온전히 회복될 수 있다고 가정해야 하고, 자유를 포함한 구체적인 실존으로부터 이와 같은 실존을 왜곡시키는 현 사회의 다양한 변질에 이르는 변증법적 추이의 모습을 가정해야만 한다. 이와 같은 가정은 부조리하다. 물론 인간이 자유로워야 노예도 될 수 있다. 그러나 스스로를 알고 *이해하는* 역사적 인간에게는 이런 실제적 자유가 노예 상태에 대한 구체적이고 영구적인 조건으로서 포착된다. 즉 이 예속 상태를 통해 그리고 그것에 의해 가능해지는 실제적 자유를 자신의 기본으로서 포착한다. 이처럼 소외된 인간을 다루는 마르크스적 **지**(知)가 인식을 물신화하지 않고 인간을 소외에 대한 인식 안에 와해시키지 않으려면 자본의 과정이나 식민지 체제를 기술하는 것만으로는 충분하지 않다. 질문자는 질문 대상 — 즉 그 자신 — 이 어떻게 *자신의 소외를 실존하는가*, 어떻게 소외를 극복하며 또한 이 극복 안에서 어떻게 스스로를 소외시키는가를 이해해야 한다. 질문자의 사고 자체가 인간-주체에 대한 이해를 인간-대상의 인식에 결합시키는 내밀한 모순을 매 순간 극복해야 하며 새로운 개념들, 즉 **지**의 새로운 결정화들을 구축해야 한다. 이 개념들은 실존적 이해로부터 부상하여 그 내용의 운동을 변증법적 방식에 따라 규제한다. 이해란 — 실제적 유기체의 살아 있는 운동으로서 — 오직 구체적 상황 내에서만 생겨날 수 있으며, 이론적 **지**는 이 상황을 밝히고 풀어내는 것이다.

이처럼 실존주의 연구의 자율성은 필연적으로 마르크스주의자(마르크스주의가 아니라)에 대한 부정으로부터 비롯한다. 마르크스주의 독트린이 자신의 빈혈 상태를 인식하지 않는 한, 살아 있는 인간의 이해에 근거하지 않고 교조적 형이상학(**본성**의 변증법)에 근거한 앎을 구축하는 한, **존재**와 **지**를 분리하고 — 마르크스가 그러했듯이 — 인간적 실존에 대한 인간의 인식을 인간학 안에서 정초하려는 이데올로기들을 비합리주의의 이름으로 배척하는 한 실존주의는 자기 본연의 연구를 계속해 나갈 것이다. 실존주의는 간접적인 인식들(예컨대 앞에서 보았듯이 실존적 구조를 후진적으로 표현하는 단어 같은 것들)을 통해 마르크스적 **지**의 여건들을 밝혀 보려고 시도할 것이다. 마르크스주의의 테두리 안에서 진정한 *이해적 인식*이 발생하도록 시도하리라는 뜻이다. 이해적 인식이란 인간을 사회 세계 안에서 되찾아 그의 *실천* 속에서 또는 규정된 상황으로부터 사회적 가능성을 향해 몸을 던지는 인간의 기도 속에서 인간을 추적하는 일이다. 그러므로 실존주의는 **지**의 바깥으로 떨어진 체계의 파편처럼 나타날 것이다. 마르크스주의의 연구가 인간적 차원(즉 실존적 기도)을 인간학적 **지**의 근본으로 취하는 날 실존주의는 더 이상 존재 이유가 없어질 것이다. 철학의 총체화하는 운동에 의해 흡수되고 지양되어 보존된 실존주의는 특정 조사의 수준에서 벗어나 모든 조사의 기초가 될 것이다. 우리가 이제까지 이 글에서 했던 지적들은 우리 능력의 일정한 한계 안에서나마 그런 와해의 순간을 앞당겨 보려는 것이었다.

변증법적 이성 비판
1

서론

A. 교조적 변증법과 비판적 변증법

I

「방법의 문제」에서 정립된 모든 내용은 역사적 유물론에 대해 우리가 원칙적으로 동의한 데서 파생한 결과다. 그러나 이와 같은 동의를 여러 가능한 선택들 가운데 하나로 제시하는 한 우리는 아무것도 이루지 못할 것이다. 또한 우리가 도달한 결론도 단순한 억측 수준에 머물고 말 것이다. 우리는 방법론으로 몇 가지 정리되어야 할 사항을 제안했다. 그런데 이 사항들도 유물론적 변증법이 진실이라는 가정하에서만 유효하며, 적어도 논의될 수 있을 것이다. 결국 분석-종합적이며 전진-후진적인 방법의 세세한 면을 구상하려면 부정의 부정은 긍정이 될 수 있다는 사실, 한 명의 개인 또는 하나의 집단 내부에서 발생하는 갈등은 **역사**의 원동력이라는 사실, 하나의 집렬체에 관계된 매 계기들은 최초의 계기에서 출발해 *이해되어야* 하고 또한 최초의 계기로 *환원되지 않는다*는 사실, **역사**는 매 순간 총체화의 총체화를 수행한다는 사실 등을 확신해야 한다. 그런데 이와 같은 원리들을 공인된 진리로 간주하는 것이 허용되지 않고 있다. 이와 반대로 오히려 대다수의 인간학자들[152]은 이 원리들을 거부하고 있다. 분명 실증주의자들의 결정론은 하나의 유물론이다. 그 연구 대상이 무엇이든 간에 이 결정론은 그것에 기계적 물질성의 특성, 즉 타성태와 외면적 조건화를 부여한다. 이들은 일반적으로 종합적 전진 속에서 각 계기들이 재내면화된다는 사실을 인정하기를 거부한다. 우리가 동일한 과정을 통해 이루어지는 발전의 통일성을 목격하는 바로 그 지점에서, 이들은 문제의 사건이 발생되는 별개의 수많은 외적 요인을 보여 주려 노력할 것이다. 이들이 거부하는 것은 해석의 *일원주의*다. 나는 저명한 사학자 조르주 르페브르[153]를 예로 들겠다. 그는 1789년의 사건들에서 하나의 통합 과정만을 보았던 조레스[154]를 다음과 같이 비난한다. "조레스가 제시한 바와 같은 1789년의 여러 사건은 하나의 단일한 사건처럼 나타난다. **대혁명**은 성숙기에 도달한 부르주아 계급의 권력 때문에 발발했으며, 그로 인해 이 권력을 합법적으로 신성화하는 결과에 이르렀다. 그러나 우리는 지금 특정 사건으로서 1789년 **대혁명**은 직접적인 여러 원인의 정말 놀라운, 그리고 예측 불가능한 중첩을 필요로 했다는 사실을 잘 알고 있다. 미국의 독립 전쟁으로 인해 유례 없는 심각한 재정 위기가 발생했고, 1786년의 통상 조약[155]

---

152 인문학자들을 가리킨다.

153 Georges Lefebvre(1874~1959). 프랑스 혁명을 장 레옹 조레스식의 경제·사회주의적 직관으로 해석한 사회주의 역사학자. 소르본 대학 정교수, 프랑스 혁명사 연구소장을 역임함. 20년 연구의 소산인 『프랑스 대혁명 기간의 북부 농민들(*Les Paysans du Nord pendant la Révolution française*)』(1924)이 유명하며, 『프랑스 대혁명(*La Révolution française*)』(1951) 등 총 스물한 권의 저서가 있고 그중 『프랑스 혁명』(민석홍 옮김, 을유문화사, 1993)이 국내에 소개되었다.

154 장 레옹 조레스(Jean Lèon Jaurès, 1859~1914). 제국주의적 팽창이 유럽 내 긴장을 고조시키고 민족주의가 도래하던 시대에 프랑스 제3 공화국의 사회주의 운동과 정치를 이끈 인물. 1940년 프랑스 공산당 기관지인 《뤼마니테(*L'Humanité*)》를 창간했고, 현 프랑스 사회당의 전신인 노동자 인터내셔널 프랑스 지부(SFIO)를 결성해 진보파의 지도자로 활약했다. 1차 세계 대전 발발 직전인 1914년 극우파에 의해 암살되었다.

155 영불 통상 조약을 말한다.

과 오리엔트 전쟁[156]으로 인해 대규모 실업 사태가 발생했으며, 마침 내 1788년의 흉작과 곳간을 텅 비게 했던 1787년의 칙령으로 인해 고 물가(高物價) 속 대기근이 야기되었다……."[157]

대혁명의 심층 원인들을 설명하면서 르페브르는 (1787년에 시작되고 실패한) 귀족 혁명이 없었다면 부르주아 혁명도 불가능했으리라는 점을 강조하고 있다. 그리고 이렇게 결론을 맺는다. "혁명 계급의 상승이 반드시 이 계급이 거둔 승리의 유일한 원인은 아니다. 또한 이 승리가 뜻밖에 오거나 아니면 모든 경우에 폭력적 형태를 띠는 것도 아니다. 프랑스의 경우 혁명은 이것을 이용할 사람들에 의해서가 아니라 이 혁명에 의해 소탕될 사람들에 의해 시작되었다. ……게다가 18세기에 위대한 왕들이 귀족 계급의 발전을 저지하는 데 성공하지 못했다고 말할 수 있는 근거는 어디에도 없다." 물론 문제는 르페브르가 쓴 이 구절을 여기에서 다시 논박하는 것이 아니다. 적어도 지금 당장으로서는 그렇다. 게다가 르페브르의 해석과 더불어 조레스의 해석은 지나치게 단순하며, 역사적 과정의 통일성은 ― 적어도 그 초기에는 ― 더 모호하고 더 "다의적"이라고 동의할 수도 있으리라. 더 광범위한 종합 속에서 잡다한 원인들의 통일성을 발견하는 것을 시도할 수도, 18세기 왕들의 무능은 영향을 미쳤던 만큼 영향을 받기도 했다는 점 등을 보여 줄 수도 있을 것이다. 또한 *순환성*을 발견할 수도, 우연적 요소들이 어떻게 **역사**의 사건들로서의 그 놀라운 피드 백 속에 통합되는가를 보여 줄 수도, 모두에게 신의 섭리의 발현처럼 나타날 정도로 우연이 전체에 의해 즉시 잘 소화되는 점 등을 보여 줄 수도 있을 것이다. 그러나 문제는 거기에 있지 않다. 또한 이런 종

156   영불 전쟁을 가리킨다.
157   『프랑스 대혁명 연구』(P.U.F.), 247쪽.(원주)

합들이 가능하다는 사실을 증명하는 것도 역시 문제가 아니다. 오히려 문제는 이 종합들이 *요청된다*는 사실을 밝히는 데 있다. 이 종합이냐 저 종합이냐가 아니라 학자는 모든 경우에 있어 그리고 모든 차원에서 자기가 연구하고 있는 것에 대해 총체화하는 태도를 취해야만 하는 것이다.

실제로 인간학자들이 변증법적 방법을 *반드시* 거부하지는 않는다는 점을 잊지 말자. 르페브르 자신도 총체화의 모든 시도를 전반적으로 비판하는 것은 아니다. 프랑스 **대혁명**에 대한 유명한 강의에서 오히려 그는 예컨대 **8월 10일**부터 **9월의 대학살**에 이르는 동안 **국민공회와 코뮌** 그리고 여러 시민 집단 사이에 정립된 관계들을 *변증법주의자로서* 연구하기도 했다. 그는 이 "**제1기 공포 정치**"에 진행 중인 하나의 총체화라는 통일성을 부여했다. 즉 그는 모든 *경우에* 총체화하는 태도를 취하는 것을 거부했을 뿐이다. 우리가 던진 질문에 답을 주기를 원했더라면 그는 이렇게 주장했을 것이다. **역사**란 *하나가* 아니고 여러 법칙을 따르며, 독립된 요인들이 완전히 우연하게 조합됨으로써 특정 사건을 발생시킬 수 있고, 또한 이 사건은 그 자체에 고유한 총체화하는 법칙들에 따라 전개될 수 있다고 말이다. 요컨대 르페브르는 우리에게 자신이 일원주의를 거부하는 이유는 그것이 일원주의여서가 아니라 자기에게 하나의 *선험성*으로 보이기 때문이라고 단호히 말할 것이다.

이와 같은 태도는 **지**(知)의 다른 분야에서도 분명하게 드러났다.

귀르비치[158]와 같은 사회학자는 이런 태도를 아주 정확하게도 변증법적 초경험주의로 정의했다. 중요한 것은 모든 *선험성*을 거부하는

---

158 조르주 귀르비치(Georges Gurvitch, 1897~1965). 러시아 태생의 프랑스 사회학자. 구조적 사회학의 주창자.

일종의 신실증주의다. 여기서는 배타적으로 **분석적 이성**에만 의지하는 것도 무조건적으로 **변증법적 이성**을 선택하는 것도 합리적으로 정당화될 수 없다. 연구 과정에서 만나게 되는 어떤 형태의 합리성도 예단하지 말고 대상을 주어진 대로 포착하고, 이 대상이 우리 눈앞에서 자유롭게 전개되어 가도록 해야 한다는 것이다. 그렇게 하면 대상 자체가 우리에게 접근 방식, 즉 방법을 보여 준다는 것이다. 귀르비치가 자신의 초경험주의를 변증법적이라고 명명하는 것은 그다지 중요치 않다. 그렇게 함으로써 그가 강조하고 싶었던 것은 이 초경험주의의 대상(사회적 사실들)이 탐구 속에서 자기 스스로를 변증법적인 것으로 제시한다는 사실과 이 초경험주의의 변증법은 그 자체가 경험적 결론이라는 사실이다. 이는 다음을 의미한다. 바로 총체화하는 운동을 확립하고, 여러 조건의 혹은 귀르비치가 매우 정당하게 지적했던 여러 "관점들"의 상호성을 확립하기 위한 노력은 과거의 경험들을 바탕으로 이루어지며 현재의 경험들 속에서 *시험된다*는 것이다. 이런 태도를 일반화한다면 그 결과 우리는 ── 이것이 내가 생각하는 바인데 ── 인간학의 각 분야에서 때로는 변증법이라는 영역을, 때로는 분석적 결정론이라는 영역을, 필요에 따라서는 다른 형태의 합리성들을 발견하는 신실증주의에 대해 논의할 수도 있을 것이다.[159]

---

159 이론적 정신 분석은 결정론과 변증법 그리고 키르케고르적 의미에서의 "역설"을 동시에 사용한다. 예를 들어 오늘날 양면성은 모순으로도 여겨질 수 없고 또 키르케고르적 모호성으로도 결코 간주될 수 없다. 작금의 용례에 따라 양면성을 실제적이지만 두 항이 상호 침투 의존하는 모순, 달리 말하자면 대립 없는 모순으로 생각해 보고 싶을 것이다. 내가 보기에는 적어도 몇 가지 점에서 정신 분석학자들에게는 *대립*이 부족하다.(이드와 초자아, 그리고 자아 사이에는 변증법적 갈등이 있기 때문이다.) 그럼에도 그들 역시 하나의 합리성과 ──가련한 키르케고르를 화나게 할 만한 것으로── 모호성의 논리라 부를 수 있는 것을 구축했다. 이 논리는 비아리스토텔레스적이지만(왜냐하면 이 논리는 사실들과 태도들의 관계, 즉 서로 초월하고 서로 만나고 서로 다투는 사실들과 태도들의 관계를 보여 주며, 결국 신경증, 즉 순환적 존재에 적용되기 때문이다.) 그렇다고 완전히 헤겔적이지도 않다. 총체화보다 조건의 상호성에 더 집착하기 때문

선험성에 대한 이와 같은 불신은 경험적 인간학[160]의 영역 내에서는 완전히 정당화된다. 「방법의 문제」에서 나는 이러한 불신이 살아 있는 마르크스주의를 통해 이제까지 이 주의와 동떨어졌던 분야들이 하나로 통합되는 것을 가능케 해 주는 조건 그 자체라는 사실을 살펴보았다. 그런데 이와 같은 통합은 — 누가 무엇이라고 주장하건 간에 — 몇몇 "분야들"의 고전적 결정론하에서 이 분야들이 전체와 맺는 변증법적 관계를 재발견하는 것과 같다. 또한 이 과정이 이미 변증법적이라고 인정되었다면 그 지엽적 변증법을 보다 더 심층적이고 더 전체적인 하나의 운동의 표현으로 보여 주는 것과도 같다. 이것은 결국 우리가 변증법을 인간학의 보편적 방법과 보편적 법칙으로 정립해야 할 필요성에 직면한다는 의미다. 또한 마르크스주의자에게 자신의 *선험적* 방법의 기초를 세우도록 요구하는 것이기도 하다. 결국 연구를 통해 어떤 관계들이 확인되건 간에 이 관계들은 수적으로 결코 하나의 변증법적 유물론을 정립하는 데 충분하지 않다. 아무리 폭넓은 — 즉 제한이 없는 — 외삽법이라 할지라도 과학적 귀납법과는 근본적으로 구분된다.

이다. 그렇지만 정신 분석이 인간의 행위를 환경과 개인적 삶의 역사 사이의 순환성의 표현으로 정의하는 한 분석되는 주체는 하나의 진정한 전체로 나타난다. 사실상 적어도 "고전적" 정신 분석에 있어 인간 존재는 수동성이다. 프로이트학파의 분석가들이 자아의 기능들에 점점 더 많은 중요성을 부여하기에 이르렀다는 사실도 결국 별로 중요치 않다. (다른 많은 사람에 뒤이어) 안나 프로이트가 자아의 기능들을 "방어 기제"로 정의할 수 있었다는 사실 하나만으로도 자아의 작업을 선험적 관성으로 후려치는 꼴이다. 사실 물리학에서도 외면성의 영역을 벗어나지 않고서 "힘"과 "노동"에 대해 그처럼 말할 수 있다.(원주)

160 인문 과학을 가리킨다.

II

유물론적 변증법을 그 내용, 즉 이 변증법을 통해 획득된 지식들과는 다르게 정립하려는 노력을 관념론이라고 비난할 것인가? 먼저 디오게네스[161]는 걸어가며 운동을 직접 증명했다고 말할 수 있을 것이다. 그러나 만약 그가 순간적으로나마 마비되어 걷지 못했다면 그는 무엇을 했을까? 현재 마르크스주의적 문화에 위기가 존재한다. 오늘날 많은 징후가 이 위기는 일시적이라는 점을 보여 주고 있기는 하다. 하지만 이 위기는 결과에 의해 원리를 입증하기를 금지한다.

하지만 역사적 유물론은 특히 **역사**의 유일한 **진리**인 동시에 진리의 총체적인 *미결정*이라는 역설적인 특징을 지닌다. 이 총체화하는 사유는 그 자체의 고유한 존재를 제외하고는 모든 것을 정립했다. 그러니까 이 사유는 항상 맞서 싸웠던 역사적 상대주의에 의해 감염된 채 그 자체로 정의되며 역사적 시도의 흐름 안에서, *실천과 인간적 경험의 변증법적 발전 가운데서 그 본성과 범위를 결정하는* **역사**의 진리를 드러내 보이지 못했던 것이다. 다시 말해 한 마르크스주의 역사가에게 있어서 *진실을 말한다는 것*이 무엇인지를 우리는 알지 못했던 것이다. 물론 이는 이 역사가의 발언 내용이 허위여서가 아니다. 결코 그렇지 않다. 그 이유는 그가 의미 작용, 곧 **진리**를 갖고 있지 못하기 때문이다. 이처럼 마르크스주의는 우리들 사상가들에게는 **존재**의 계시로서, 이와 동시에 이 계시의 범위를 채워 주지 못하는 요구의 차원에 머물러 있는 질문으로서 제시된다.

---

161   고대 그리스의 철학자(?기원전 412~?기원전 323). 견유학파의 한 사람으로 자족과 무치(無 恥)가 행복에 필요하다고 말했으며, 반문화적이고 자유로운 생활을 실천했다. 키니코스학파의 창시자.

이 질문에 대해 사람들은 물리학자들이 자신들의 귀납법적 근거를 발견하는 데 별다른 관심을 갖지 않는다고 대답한다. 사실이 그렇다. 그러나 문제되는 것은 일반적이고 형식적인 하나의 원칙, 즉 사실들 사이에는 엄밀한 관계들이 존재한다는 원칙이다. 이 원칙은 현실적인 것이 합리적임을 의미한다. 그렇다면 이것은 단어의 보통 의미에서 하나의 원칙일까? 아니, 그보다는 오히려 과학적 *실천*의 근본적 조건이자 구조라고 말하자. 다른 모든 형태의 활동을 통해서처럼 인간의 활동은 실험을 통해 그 고유한 가능성을 정립하고 부과한다. *실천*은 현실적인 것의 *절대적* 합리성을 교조적으로도 주장하지 않는다. 물론 이 합리성이 다음과 같은 것을 의미한다는 조건, 즉 현실은 *선험적인* 법칙들이나 이 법칙들에 의해 정의된 특정 체계에 복종할 수도 있다는 조건하에서 그러하다. 달리 말하자면 현실은 *구성된* 이성의 그 어떤 형태와도 일치할 수 있다. 무엇을 연구하든 간에 또한 어디에 있든지 간에 학자는 그 자신의 행동 속에서 현실이 항상 다음과 같은 방식으로 드러난다는 점을 가정한다. 그 방식이란 곧 현실에 의해 그리고 이 현실을 통해 일시적이고 항상 움직이는 일종의 합리성을 구성하는 방법이다. 이것은 인간 정신이 탐구에 의해 제시되는 모든 것을 받아들이고, 그가 가지고 있는 논리와 가지성(可知性)의 개념을 탐구를 통해 발견되는 현실적인 여건에 복종시킨다는 점을 주장하는 것과 같다. 바슐라르[162]는 근대 물리학이 어떻게 그 자체로 새로운 합리주의*인가*를 잘 보여 주고 있다.[163] 자연 과학의 *실천*이 포함하는 유일한 주장은 항상 더 현실적인 다양성에 대한 계속되는 통일

---

162 가스통 바슐라르(Gaston Bachelard, 1884~1962). 프랑스의 과학 철학자이자 문학 이론가.
163 『현대 물리학의 합리적 활동(*L'Activité rationaliste de la physique contemporaine*)』
      (1951) 참고.(편집자 주)

화로 여겨지는 통일성에 대한 주장이다. 그러나 이 주장은 현상의 다양성보다 오히려 인간적 활동을 겨냥한다. 게다가 이것은 인식도 가정도 칸트적인 *선험성*도 아니다. 이와 같은 과학적 실천, 연구 분야에 대한 조명, 목적에 의한 수단의 통일화 속에서(또는 경험적 "이념"에 의한 경험적 결과들의 총계 속에서) 확인되는 것은 바로 인간적 활동 그 자체다.

이와 같은 이유로 합리성에 대한 과학적 원칙과 변증법 사이의 비교는 절대로 허용될 수가 없는 것이다.

사실 과학적 탐구는 반드시 이 탐구 자체의 주요 특성을 의식하지 않는다. 이와 반대로 변증법적 인식은 실제로 변증법에 대한 인식이다. 과학에 있어서는 형식적인 구조도 우주의 합리성에 대한 암묵적인 주장도 중요하지 않다. 이것이 의미하는 바는 **이성**은 *진행 중이라*는 사실과 정신은 그 어떤 것에 대해서도 속단하지 않는다는 것이다. 이와 반대로 변증법은 방법*이자* 대상 내에서의 운동이다. 변증법주의자에게 변증법은 현실의 구조와 동시에 *실천*의 구조에 관한 기본적인 긍정을 토대로 한다. 우리 모두는 인식의 과정이 변증법적 질서에 속하고, 대상(그것이 무엇이든 간에)의 운동은 *그 자체가* 변증법적이며 또한 이 두 변증법은 결국 하나일 뿐이라고 주장한다. 이와 같은 명제들 모두 물질적 *내용*을 갖는다. 이 명제들 자체가 조직화된 인식들을 형성하며, 달리 말하자면 이 세계에 대한 합리성을 규정한다.

근대 학자는 **이성**을 특정의 합리적 체계와 완전히 독립된 것으로 여긴다. 그에게 있어서 **이성**은 통일화시키는 텅 빈 정신이다. 변증법주의자는 하나의 체계 속에 직접 위치한다. 그는 *하나의* **이성**을 규정하며, 17세기에 통용되었던 순전한 **분석적 이성**을 *선험적*으로 거부한다. 달리 말하자면 그는 이 **분석적 이성**을 **종합적이며 전진적인 이성**의

제1 계기로서 통합한다. 거기에서 우리가 가진 가소성(可塑性)이 현동화된다는 주장을 간과하는 것은 불가능하다. 또한 이것을 연구의 전제, 가정으로 삼는 것도 불가능하다. **변증법적 이성**은 방법론의 범위를 넘어선다. 이 이성은 **우주**의 한 영역이 무엇인지 또는 **우주** 전체가 무엇인지를 *말해 준다.* 이 이성은 탐구의 방향을 정해 주는 데 한정되지 않으며, 대상들의 출현 방식을 예단하지도 않는다. 이 이성은 (인간의 세계이건 전체 세계이건 간에) 변증법적 인식이 가능하게끔 하기 위해 존재해야 하는 그대로의 세계를 규정하고 정의한다. 이 이성은 현실의 운동과 우리들의 사유 운동을 상호적으로 동시에 밝힌다. 하지만 이와 같은 개별적인 합리적 체계는 합리성의 모든 양태를 극복하고 또 그것을 통합시킨다고 주장한다. **변증법적 이성**은 구성하는 이성도 구성된 이성도 아니다. 이 이성은 세계 내에서 그리고 세계에 의해 스스로 구성되는 **이성**이다. 이때 이 이성은 그 자체 안에서 구성된 모든 이성을 용해시켜 이 이성 자체가 극복하면서 동시에 해체시키는 새로운 **이성들**을 구성하게 된다. 따라서 이 이성은 합리성의 한 형태인 동시에 모든 합리적인 형태의 극복이다. 항상 극복 가능하다는 확신은 여기에서 형식적 합리성이 가지는 의미 없는 가소성과 만나게 된다. 인간의 입장에서 보면 항상 주어져 있는 통일化의 가능성은 총체화하고 또 총체화할 수 있는 지속적인 필연성이 되고, 세계의 입장에서 보면 더 광범위하고 항상 그치지 않고 진행되며 또 총체화되어야 하는 필연성이 된다. 이와 같은 폭을 가진 이성에 대한 지(知)는, 만약 이것이 우리에게 논리 필증적으로(apodictique) 자명한 모든 특성들을 발견해 주지 못한다면 그저 하나의 철학적 망상에 불과할 것이다. 실천적 성공만으로는 충분하지 않다는 뜻이다. 변증법주의자의 주장이 연구 결과에 의해 무한히 입증될 수 있다고 하더라도 이러한 영속적인 확신이 우리를 경험적 우연성에서 벗어나게 해 줄 수는 없을 것이다.

따라서 문제를 처음부터 다시 제기해서 **변증법적 이성**의 한계, 그 유효성, 그 범위는 어떤 것인가를 살펴보아야 한다. 그리고 만약 이 **변증법적 이성**이 그 자체에 의해서만 *비판될*(칸트가 사용한 의미에서) 수 있다면 우리는 위의 사실이 진실이기는 하나 이 변증법적 이성이 정확히 그 자체에 대한 자유로운 비판으로서, 이와 동시에 **역사**와 인식의 운동으로서 스스로를 정립하고 또 발전시켜 나가야만 한다고 답할 것이다. 지금까지 바로 이것이 연구되지 않았다. 변증법적 이성을 교조주의 속에 가두어 두었기 때문이다.

III

이 교조주의의 기원을 "변증법적 유물론"이 갖는 근본적인 난점에서 찾아야 할 것이다. 변증법을 일으켜 세워 바로잡으면서 마르크스는 실재론의 참된 모순들을 발견했다. 이 모순들은 인식의 질료 그 자체가 되어야 했다. 그러나 사람들은 이것을 감추기를 더 선호했다. 따라서 그 문제로 다시 돌아가서 이 모순들을 출발점으로 삼아야 한다.

헤겔적 교조주의 — 이것을 믿는다는 조건하에서 — 의 우월성은 바로 우리가 이것을 배척하는 지점, 곧 그 관념론 속에 있다. 헤겔에게 있어서 변증법은 증명해 보일 필요가 없다. 우선 헤겔은 그 자신이 **역사**의 종말이 시작되는 시점, 즉 죽음에 다름 아닌 **진리**의 순간에 서 있다고 굳게 믿었다. 따라서 지금이 판단을 내려야 하는 시점인 것이다. 왜냐하면 *그다음에*는 어떤 것도 철학자와 그의 판단을 문제 삼지 않을 것이기 때문이다. 역사의 발전은 이와 같은 **최후의 심판**을 요구한다. 이 역사의 발전은 이것을 논구하는 철학자의 내부에서 완성되기 때문이다. 이렇게 해서 총체화가 이루어지게 된다. 그렇게 되면 결산하는 일만 남게 된다. 게다가 ── 그리고 특히 ── **존재**의 운동은 **지**(知)의 과정과 하나를 이룰 뿐이다. 따라서 이폴리트가 잘 지적하듯이 **타자**(대상, 세계, 자연)에 대한 **지식**은 자기에 대한 **지식**이다. 그 역도 마찬가지다. 이렇게 해서 헤겔은 다음과 같이 말할 수 있었다. "학문적 인식은 우리가 대상의 삶에 우리 스스로를 내맡길 것을 요구한다. 혹은 같은 의미에서 이 대상의 내적 필연성을 표현하고 드러낼 것을 요구한다."[164] 절대적 경험론은 절대적 필연성과 일치한다. 우리는 주어진 대로의 대상을 **세계**와 **정신**의 역사 속에서 그것이 주어지는 순간에 파악한다. 그러나 이 사실이 의미하는 바는 의식이 **지**의 시작 단계로 되돌아가며, 또 이 지(知)가 의식 안에서 ── 이 의식 자체를 위해 *이 지*를 재구성한다 ── *자유롭게* 재구성되게끔 방임한다는 것이다. 달리 말하자면 이것은 결국 의식이 점차 세계를 총체성으로 구성하는 계기들과 맺는 관계의 엄밀한 필연성을 파악한다는 것이다. 자신의 엄밀한 필연성의 절대적인 자유 속에서 **절대지**로서 자기 자신을 위해 스스로를 구성하는 것은 바로 이 의식 자체이기 때문이다. 칸트는 현상과 물자체라는 이원론을 유지할 수 있었다. 그에게 있어서 감성적 경험의 통일화는 형식적이고 비시간적인 원리들에 의해서 이루어졌다. 지의 내용은 인식하는 방식을 변화시킬 수 없다. 그러나 형식과 인식이 함께 변화하고 또 하나가 다른 하나에 의해 변화될 때, 필

---

164   『정신 현상학(*La Phénoménologie de l'Esprit*)』 서문.(편집자 주)

연성이 순수한 개념적 활동의 필연성이 아니라 영원하며 또 계속해서 전체적인 변화의 필연성일 때 그 필연성이 앎의 발전 속에서 인정되려면 존재 속에서 체험되어야 한다. 즉 이 필연성이 대상의 발전으로부터 확인되려면 인식의 운동 내에서 체험되어야 한다. *헤겔의 시대에 이런 요구의 필연적인 결과는 지(知)와 그 대상의 일치인 것으로 보였다. 의식은 **타자**의 의식이며, **타자**는 의식의 타자적 존재(être-autre)이다.

IV

마르크스의 독창성은 헤겔에 반대하면서 **역사**가 진행 중이고, **존재**는 **지**로 환원 불가능하다는 사실을 명확히 밝힘과 동시에 **존재** 그리고 **지** 안에서 변증법적 운동을 보존하기를 희망한 데 있다. *실천적으로 보자면 마르크스가 옳다.* 그렇지만 마르크스주의자들은 변증법을 제대로 *재고하지* 못했기 때문에 실증주의자들이 득을 보는 결과를 낳았다. 실제로 실증주의자들은 마르크스주의자들에게 종종 이렇게 묻는다. 즉 마르크스 자신도 분별력 있게 "전사(前史)"가 아직 끝나지 않았다고 말했는데 마르크스주의가 무슨 권리로 역사의 "간지(奸智)"를, 프롤레타리아 계급의 "비밀"을, 역사의 운동 방향을 간파했다고 주장하느냐고 말이다. 실증주의 입장에서 보면 예견이란 진행 중인 계기의 순서가 앞선 계기의 순서를 반복해야 비로소 가능하다. 그러니까 미래는 과거의 반복이라는 것이다. 헤겔이라면 실증주의자들에게 다음과 같이 대답할 수 있었을 것이다. 마르크스는 단지 끝난 역사를 재검토하면서 *과거형으로* 예견했다고 말이다. 그러니까 미래에 대한 그 자체의 불완전함으로 인해 실제로 살아 진행 중인 **역사**가 자기 자신을 대자적으로 설정하는 *그 계기에는* 인식 불가능한 진리로서의 미래를 추측만 할 수 있을 뿐이라고 말이다. 그러나 마르크스주의의 미래는 진정한 미래, 즉 *모든 경우*에서 새롭고 현재로 환원될 수 없는 미래다. 하지만 마르크스의 *예견*은 단기적이기보다 장기적으로 이루어진다. 그런데 실증주의적 합리주의에 따르면 마르크스는 사실 그런 권리를 가지고 있지 않다. 또한 전사 시대의 한복판에서 그 자신이 전역사적 존재이므로 과거에 대한 그의 판단조차 상대적이며 역사적인 효력만을 가질 뿐이다. 따라서 *변증법으로서의* 마르크스주의는 실증주의자들의 상대주의를 거절해야만 한다. 그리고 다음의 사실을 잘 이해해야 한다. 상대주의는 광대한 역사적 종합만 아니라 **변증법적 이성**에 대한 사소한 발언까지도 반대한다는 것을. 우리가 무엇을 말하거나 무엇을 알 수 있다고 하더라도, 또한 우리가 총체화하는 운동에서 재구성하려는 현재나 과거의 사건이 아무리 우리에게 가까운 것이라 할지라도 실증주의는 우리의 그럴 권리를 거부할 것이다. 그것은 실증주의가 인식의 종합을 완전히 불가능하다고 판단하기 때문만은 아니다.(실증주의가 인식의 종합을 앎의 조직적 체계라기보다 하나의 재고 조사쯤으로 여기더라도 말이다.) 단지 실증주의는 오늘날 인식의 종합이 불가능하다고 판단한다. 그러므로 실증주의에 반대하여 **변증법적 이성**이 오늘날 **진리** 전체는 아니라도 적어도 어떻게 총체화하는 진리들을 말할 수 있는지를 체계적으로 정립해야 한다.

V

더욱더 중요한 문제가 있다. 우리는 헤겔에게 있어서 변증법적 인식의 논리 필증성이 **존재**, **행위** 그리고 **지**의 동일성을 내포한다는 사실을 보았다. 그런데 마르크스는 물질적 실존이 인식으로 환원될 수 없고, *실천*이 그 모든 현실적 유효성으로 **지**를 넘어선다는 사실을 정립하면서 논의를 시작한다. 물론 이와 같은 입장이 당연히 우리의 입장이기도 하다. 하지만 바로 거기에 새로운 난점이 나타난다. 바로 하나의 동일한 변증법적 운동이 그 이후에 어떻게 서로 다른 과정들을 만들어 내는가를 증명하는 문제다. 특히 사유란 **존재**에 속하는 동시에 **존재**의 인식에 속하기도 한다. **역사**의 한정된 한 순간에 특정 조건들 속에서 행해지는 개인 또는 집단의 *실천*이기도 하다. 이와 같은 것으로서의 사유는 또한 전체적, 세부적 역사 과정과 마찬가지로 변증법을 자신의 규칙으로 삼고 이에 *따른다*. 하지만 사유는 또한 **이성**, 즉 **존재의 법칙**과 같이 변증법에 대한 인식이다. 이것은 변증법적 대상들에 대한 인식의 거리를 가정하는데, 이를 통해 적어도 대상들의 운동을 밝혀낼 수 있어야 할 것이다. **존재**에 대한 인식과 인식의 존재 사이에는 극복할 수 없는 모순이 있지 않은가? **역사** 전체와 같은 운동에 의해 야기된 *존재로서의* 사유를 보여 주면서 모든 모순이 해결되었다는 생각은 잘못일 수도 있다. *심지어 이런 범위에서 보아도* 사유는 그 자체로 자신의 변증법적 발전의 필연성에 도달할 수 없다.

『정신 현상학』에 따르면 의식은 **타자** 안에서 자기 자신의 필연성을 파악하면서 동시에 자기 안에서 **타자**의 필연성을 포착한다. 하지만 이것은 또다시 총체화가 과거에 이루어지기 때문이고 — 헤겔에 따르면 기독교와 회의론이 그 이전의 계기인 스토아 철학의 이해에 도움을 준다 ── 특히 **존재**가 **지식**이며, 따라서 사유는 구성적이며 동시에 구성된 것이기 때문이다. 하나의 동일한 운동에서 사유는 구성된 것으로서 *자신의 법칙을 따르고*, 구성하는 것으로서 이 법칙을 *인식한다*. 그러나 사유가 더 이상 전체가 아니기 때문에 이 사유는 여러 계기들의 연속적인 경험 속에 가담하는 것처럼 자기 자신의 전개에도 가담하게 될 것이다. 그리고 이 경험은 경험된 것을 의식에게 필연성이 아닌 우연성으로 제공하게 될 것이다. 사유가 자기 자신을 변증법적 과정으로 파악한다 해도 이 사유는 그 자신의 발견물을 단순한 사실의 형태로밖에 넘겨줄 수 없다. 게다가 사유가 자신의 대상으로 하여금 사유 자신의 운동에 따르게 하거나 사유가 자신의 운동을 자신의 대상의 운동에 맞추게 할 권한은 어디에도 없다. 실제로 *물질적 존재, 실천* 그리고 *인식*, 이 세 가지가 환원될 수 없는 현실들이라면 이것들의 발달을 일치시키기 위해서는 예정 조화의 도움이 필요하지 않을까? 그러니까 **진리** 탐구가 그 과정에서 변증법적이어야 한다면, 이 탐구가 **존재**의 운동과 합치하게 된다는 것을 *관념론 없이* 어떻게 증명하겠는가? 이와 반대로 **인식**이 **존재**로 하여금 존재의 고유 법칙에 따라 전개되도록 방치해야 한다면 어떻게 그 과정들이 ── 어떤 과정들이든 간에 ── *경험적*으로 나타나는 것을 피할 수 있을까? 게다가 이 두 번째 가정에서 의문이 생긴다. 어떻게 수동적인, 그러니까 비변증법적인 사유가 변증법을 평가할 수 있는가? 혹은 존재론의 용어로 말하자면 어떻게 **종합적 이성**의 법칙을 벗어나는 유일한 현실이 그 법칙들을 제정하는 바로 그 현실일 수 있는가? 의사 변증법적 답변들로 이 문제를 해결할 수 있다고 생각하지 말자. 그 예로 특히 다음과 같은 것, 즉 **사유**는 *그 자체의 대상에 의해* 변증법적이고, 현실적인 것의 운동으로서의 변증법에 다름 아니라는 대답을 들 수 있다. 역사를 변증법적으로 고찰할 때 이 **역사**가 진실을 드러낸다는 주장이 옳다 하더라도, 실증주의자들의 예는 역사를 단순한 결정론으로 치부할 수 있다는 것을 보여 주는 셈이기 때문이다. 이처럼 **역사**에서 구성된 **변증법적 이성**을 보려면 구성하는 **변증법적 이성** 속에 그것이 이미 *정립되어* 있어야 한다. 단지 **변증법적 이성**이 스스로 *만들어진다면* (추종되기보다는) 어떻게 관념론의 나락에 떨어지지 않으면서 이 이성이 **존재**의 변증법과 합치한다는 것을 증명할 수 있을까? 이 문제는 오래되었고, 낡은 교조적 이원론이 대두될 때마다 다시 대두된다. 내가 마르크스의 일원론을 이원론이라 지칭하면 모두들 놀랄 것이다. 사실 그는 일원론자임과 동시에 이원론자이기도 하다.

　마르크스는 일원론자이기 때문에 이원론자다. 그는 **존재**의 사유로의 환원 불가능성을 주장하면서, 또한 이와 반대로 그 여러 사유들을 인간적 활동의 일종으로 보고 이것을 현실로 통합하면서 자신의 존재론적 일원론을 정의한다. 하지만 이 일원론적인 주장은 **교조적 진리**로 나타난다. 우리는 이것을 보편적 변증법의 단순한 생산물에 불과한 보수주의적 이데올로기들과 혼동할 수 없다. 이처럼 진리를 담지하는 사유는 관념론의 붕괴 이후 그 사유가 존재론적으로 상실한 모든 것을 회복하게 된다. 그러니까 사유는 **지식**의 **규범**의 지위로 이행하게 된다.

　변증법적 유물론은 분명 현대의 다른 이데올로기에 대해 상승 계급의 이데올로기라는 실천적 우월성을 가진다. 하지만 만약 유물론이 이와 같은 상승 또는 *혁명적 실천*의 단순한 타성태적 표현에 불과하다면, 만약 유물론이 그 실천을 설명하고 또 그 실천을 그 자체에게 드러내기 위해 그 실천으로 되돌아가 가지 않는다면 어떻게 *자각*

의 발전을 논할 수 있겠는가? 변증법이 어떻게 스스로 드러나는 **역사**의 현실적 운동으로 제시될 수 있겠는가? 사실 오늘날 철학적 자유주의가 그렇듯이 오로지 신화적 반영이 문제가 될 뿐이다. 게다가 다소간 기만적 경향을 가진 이데올로기들조차도 변증법주의자의 시각으로는 어느 정도 진실을 담고 있는 법이다. 그리고 마르크스도 종종이 부분적 진리들을 어떻게 근거 지을 것인가의 문제를 강조하곤 했다. 한마디로 유물론적 일원론은 아주 다행스럽게도 전체 **존재**, 그러니까 그 자체의 물질성에서 파악된 존재를 위해 사유와 **존재**의 이원론을 폐기했다. 그러나 이것은 이율배반 ─ 적어도 외견상으로는 명백한 ─ 때문에 **존재**와 **진리**의 이원론을 복구하기 위함이었다.

VI

오늘날의 마르크스주의자들은 이러한 난점을 극복될 수 없는 것으로 보았다. 이 난점을 해결할 수 있는 유일한 방법은 사유 그 자체에 대해 모든 변증법적 운동을 거부하고, 사유를 보편적 변증법에 용해시키며, **우주** 속에서 인간을 와해시켜 제거하는 것이었다. 이렇게해서 그들은 **진리**를 **존재**로 대체할 수 있었던 것이다. 더 이상 인식은 없고, **존재**는 어떤 식으로든 *더 이상 드러나지 않는다*. 존재는 자신의고유 법칙에 따라 진화한다. **자연변증법**은 인간 없는 **자연**이다. 그러므로 더 이상 확실성과 기준이 필요 없고, **인식**을 비판하고 정초하고자 하는 것조차 소용없는 일이 되어 버린다. 왜냐하면 **인식**이란 어떤형태로든 인간과 인간을 둘러싼 세계와의 모종의 관계이기 때문이다.인간이 더 이상 존재하지 않는다면 이 관계는 소멸할 것이다.

우리는 이와 같은 불행한 시도의 기원을 알고 있다. 화이트헤드[165]가 적절하게 지적하고 있듯이, 하나의 법칙은 처음에는 하나의 가정으로 시작했다가 나중에는 *하나의 사실*이 되고야 만다. **지구**가 회전한다고 말하면 하나의 명제를 말했다는 생각이나 여러 지식 체계를 참조한다는 감정을 더 이상 갖지 않게 된다. 우리는 사실 그 자체 앞에 서 있다고 생각하는데, 이 사실은 단번에 인식 주체로서의 인간을 배제하고 중력의 지배를 받는 대상으로서의 "본성"을 인간에게 되돌려준다. 따라서 이 세계에 대해 실재론적 관점을 취하려는 사람의 입장에서 볼 때 인식이 *생성-세계*를 위해 스스로를 제거한다는 것은 전적으로 옳다. 이것은 철학만 아니라 모든 과학 지식에도 적용된다. 변증법적 유물론이 **자연변증법**을 세운다고 주장할 때 이 유물론은 여러 인간적 지식들에 대한 아주 일반적인 종합을 체계화하는 시도이기보다는 간단한 사실들의 조직화로서 나타난다. 이 유물론이 사실들에 관계한다는 주장은 틀리지 않다. 엥겔스가 물체의 팽창이나 전류에 대해 말할 때, 그는 사실들 그 자체에 대해 말하는 것이다. 물론 여기에는 이 사실들이 과학의 진보와 더불어 본질 면에서 변화할 수 있다는 사실이 제외되어 있기는 하다. 따라서 우리는 이 세계가 스스로 자신을 드러내려는, 그 누구에게도 드러내지 않는 이 거대한 — 그리고 나중에 다시 보게 되듯이, 실패한 — 시도를 *외부적* 혹은 초월적 변증법적 유물론이라고 명명할 것이다.

---

165   앨프리드 노스 화이트헤드(Alfred North Whitehead, 1861~1947). 영국의 수리 철학자이자 자연 철학자.

VII

우리는 이러한 유물론이 마르크스주의에서 말하는 유물론이 아니라는 것을 잘 안다. 그러나 우리는 마르크스에게서 다음과 같은 유물론의 정의를 발견한다. "세계에 대한 유물론적 개념은 외부로부터의 아무런 낯선 부가물이 없는 단지 있는 그대로의 **자연** 개념을 의미한다."[166] 이 정의에 따르면 인간은 마치 **자연**의 한 대상처럼 자연 속으로 들어가, 즉 보편적 변증법의 법칙에 의해 지배되는 순수 물질성으로서 **자연**의 법칙에 순응하며 우리 눈앞에서 전개된다. 사유의 대상은 있는 그대로의 자연 그 자체고, **역사**에 대한 연구는 그중 한 특수화일 뿐이다. 그렇다면 물질에서 출발해서 생명을 낳는 운동, 생명의 원초적인 형태로부터 출발해서 인간을 낳는 운동, 최초의 인간 공동체로부터 출발해서 사회의 역사를 발생시키는 운동을 추적해야 할 것이다. 이 정의의 이점은 문제를 우회한다는 것이다. 변증법을 선험적으로, 아무런 정당화 작업 없이 **자연**의 근본적 법칙으로서 제시해 준다. 이 외부적 유물론은 우리에게 외면성으로서의 변증법을 부과한다. 그러니까 인간의 본성은 인간 외부의 *선험적* 규칙 속에, 인간 외적 **자연** 속에 그리고 성운(星雲)에서 시작되는 **역사** 속에 있는 것이다. 이와 같은 보편적 변증법의 관점에서 보면 부분적 총체화는 일시적인 가치조차도 지니지 않으며, 나아가서는 아예 존재하지도 않는다. 전체는 항상 **자연사**의 총체성으로 수렴되고 말며, 인간의 역사는 그것의 한 특수한 규정일 뿐이다. 이렇게 해서 지금 *현재* **역사**의 구체적 운동 속에서 형성되는 모든 현실적 사유는 이 사유 대상의 근본적

---

166 사르트르는 이미 「유물론과 혁명」(『상황』 3권)에서 이 정의를 인용한 바 있다. 카를 마르크스와 프리드리히 엥겔스의 전집 『루드비히 포이어바흐』(모스크바판) 참고.(편집자 주)

인 왜곡으로 간주된다. 사유를 죽은 대상으로, 즉 하나의 결과로 환원시킬 수 있는 경우에 대상에게 진실을 되돌려줄 수 있게 되는 것이다. 이렇게 되면 우리는 사유를 의미 부여 행위가 아니라 사물들에 의해 의미화하는 하나의 사물처럼 파악하기 위해 인간 밖에, 사물 옆에 위치시키게 된다. 이와 동시에 현실적 목적을 가진 살아 있는 구체적 인간에 다름 없는 "낯선 부가물"을 그의 인간관계, 옳거나 그른 그의 생각, 그의 행위와 더불어 세계로부터 떼어 놓아 버린다. 인간의 자리에 하나의 *절대적* 대상을 위치시키는 것이다. "우리가 *주체*라고 부르는 것은 특수한 반응의 본거지로 간주되는 대상일 뿐이다."[167] 이는 *진리*의 개념을 테스트에서 흔히 말하는 성공이나 정상 상태 등의 개념으로 대체하는 것이다. "다소간 지연된 반응의 중심으로서의 신체는 하나의 행동 내에서 조직화되는 운동을 한다. 거기에서 행위들이 생겨난다.(사고한다는 것은 하나의 행위다. 고통을 느끼는 것도 하나의 행위다.) 이 행위들은 테스트…… 또는 시험으로 간주될 수 있다."[168] 우리는 여기서 "반영"으로 위장된 회의론으로 되돌아온다. 그러나 모든 것이 이 회의론적 객관주의로 귀결되는 순간 갑자기 그들이 교조주의적 태도로 이 객관주의를 강요하고 있음을 발견하게 된다. 이것이 바로 보편적 의식 앞에 나타나는 **존재**의 **진리**다. **정신**은 변증법을 세계의 법칙으로 *이해한다.* 그 결과 우리는 완전히 교조적 관념론으로 다시 추락하게 된다.

실제로 과학 법칙들은 사실들을 통해 검증되는 경험적 가설이다.

---

167 피에르 나빌•, 『프리드리히 엥겔스의 『자연변증법』 일반 서설(*Introduction générale à "La Dialectique de la Nature" de Frédéric Engels*)』(마르셀 리비에르 도서, 1950), 59쪽.(원주)
      • Pierre Naville(1904~1993). 프랑스의 초현실주의 작가, 트로츠키를 추종했던 공산주의자.
168 같은 책, 같은 곳.(원주)

그러나 이와 달리 **"자연**은 변증법적이다."라는 절대적 원리는 지금으로서는 전혀 검증할 수 없다. 여러분은 학자들에 의해 정립된 법칙 전체가 이 법칙이 적용되는 그 대상들 속에서 모종의 변증법적 운동을 표상한다고 말할 수는 있다. 하지만 이것을 증명할 그 어떤 유효한 수단도 갖고 있지 않다.[169] 여러분이 고찰하는 방식이 어떠하든 간에 이 법칙들은 변하지 않으며, "대(大)이론들" 또한 변하지 않는다. 빛이 비추는 물체에 그 빛의 에너지의 입자를 넘겨주느냐 아니냐를 밝히는 것은 중요하지 않다. 오히려 **우주**의 변증법적 총체화에 양자론이 통합될 수 있는지 여부를 밝히는 것이 중요하다. 가스의 동력학을 재검토해서는 안 된다. 다만 이 이론이 총체화를 약화하는지 아닌지만을 재검토해야 한다. 달리 말하자면 **지식**에 대한 반성이 문제다. 그리고 학자가 지금 방금 발견한 법칙은 그것만 따로 떼어 놓고 보면 변증법적이지도 반변증법적이지도 않다.(그저 단지 양적으로 함수 관계를 결정하는 것이 문제이기 때문이다.) 따라서 이 법칙은 우리에게 변증법적 경험을 줄 수 있거나 혹은 이것을 암시해 주는 과학적 사실(즉 낡은 법칙)에 대한 고찰이 아니다. **변증법적 이성**이 포착되었다 해도 이는 *다른* 곳에서 이루어져야 할 것이고, 물리 화학적 여건에 이것을 강제로 적용해야 할 것이다. 사실 우리는 변증법적 관념이 헤겔이나 마르크스가 인간과 물질 또는 인간들 상호 간의 관계에서 발견하고 규정한 다양한 길들을 통해 **역사**에서 나타났다는 사실을 *잘 알고 있다.* 인류 역사의 운동을 자연사 안에서 재발견하려는 것은 통일화하려고 하

---

169 물론 이 모든 언급은 **자연**에 대한 보편적이며 추상적인 법칙으로서의 변증법에만 적용된다. 그러나 우리는 인간의 역사가 문제 될 때도 변증법이 *발견에 도움이 되는* 가치를 보존할 수 있는지를 보게 될 것이다. 변증법은 은폐된 채로 사실들의 정립을 주관하고, 이 사실들을 총체화하고 이해시키면서 스스로를 드러낸다. 이 이해가 **역사**의 새로운 차원을 폭로하고, 궁극적으로는 그 진리와 가지성을 보여 준다.(원주)

는 의지에 따른 *사후적*인 것이었다. 따라서 **자연변증법**이 존재한다는 주장은 물질적 사실의 전체 — 과거, 현재, 미래 — 에 관계된 것이며, 달리 말하자면 거기에는 시간성의 총체화가 따른다.[170] 이 주장은 신기하게도 칸트가 설명하는 **이성**의 **관념**들과 비슷하다. 칸트에 의하면 이 이성의 관념들은 규제적이며, 어떤 개별적 경험도 그것을 정당화할 수 없다.

VIII

결국 우리의 관심사는 순수 의식에 의해 관조되는 관념들의 체계다. 이 순수 의식이 절대적 명령을 정립하는 것은 완전히 불가능했지만, *이미 이 관념들에 대해 법칙을 구성해 준 바 있다.*[171] 사실 있는 그대로의 물질성을 겨냥하기 위해서는 물질이라는 단어만을 논의하는 것으로는 충분치 않다. 언어의 모호성은 단어들이 어느 때는 사물을, 또 어느 때는 이 사물의 개념을 지칭한다는 사실에서 기인한다. 이런 이유로 유물론 그 자체는 관념론과 대립하지 않는다. 오히려 그 반대다. 유물론적 관념론은 물질의 관념에 대한 담론에 불과하다. 이것의 진정한 대립물은 실재론적 유물론, 즉 온갖 우주적 힘에 의해 관통되고 세계 안에 *위치한* 한 인간의 사유다. 이 사유는 또한 "상황" 안에서 하나의 *실천*을 통해 조금씩 자기 모습을 드러내는 것으로서의 물질세계를 논하기도 한다. 지금 우리가 다루는 것은 분명 아주 희미하게만 빛이 보이는 빈약한 어떤 내용의 관념을 지칭하기 위해 과학으

---

170   역사의 의미 같은 시간화의 *내부적* 총체화가 있다. 그러나 이는 전혀 별개의 것이다.(원주)
171   『자연변증법』에서 엥겔스는 **영원 회귀**의 이론까지도 지지하고 있다.(원주)

로부터 말을 가져온 한 관념론이다. 그러나 중요한 것은 다음의 사실이다. 만약 당신이 **세계의 진리**(인간의 기도로서의)를 추구한다면 그것은 당신이 사용하는 말 속에서 절대적, 구성적 의식의 대상으로 발견하게 되리라. 이는 우리가 **진리**의 문제에서 벗어날 수 없다는 것을 의미한다. 나빌은 그의 "지연된 반응의 중심들"에서부터 **진리**와 **거짓**을 구별하는 방법을 제거해 버렸다. 그는 그 중심들에 변증법을 강요만 하고 그것이 무엇인지 알게 할 가능성은 주지 않았다. *그가 말한 것은 곧 근거 없는 절대적 진리가 된다.*

그렇다면 이와 같은 인격의 분열[172]을 어떻게 받아들일 것인가? 그러니까 전체로부터 오는 절대적 운동에 의해 관통된 채 세계 안에서 길을 잃고 있는 한 인간은 도대체 어떻게 자기 자신과 **진리**를 *동시에* 확신하는 의식이 될 수 있는가? "이 반응의 중심들이 개인 또는 종(種) 안에서 엄밀하게 조건화된 불가피한 발전을 인식할 가능성에 따라 행동하고", "실험을 통해 정립된 반사적 통합과 조건이 축소된 여백을 평가하게 하며, 이 여백 안에서 유기적 행동은 자동적이라고 말할 수 있다."라고도 할 수 있다. 하지만 이와 같은 나빌의 주장은 중요하지 않다. 이와 마찬가지로 우리도 이 모두를 잘 알고 있다. 중요한 것은 오히려 나빌이 위의 주장들을 사용하는 방식이다. 그런 사용은 당연히 반영론으로 귀결되고, 인간에게 구성된 이성을 부여하게 된다. *사유 자체가 세계의 인식임을* 우리에게 말하기를 생략한 채 그 사유를 세계(즉 *사유인 것*)에 의해 엄격하게 조건화된 행동으로 만드는

172　그다음 문장에서 보는 것과 마찬가지로 한 명의 인간은 역사의 형성에 관여하는 동시에——즉 역사 안에 "위치됨(situé)"과 동시에—— 이 역사 전체를 관통하는 하나의 법칙, 곧 '역사의 진리' 혹은 변증법적 이성을——즉 역사 "밖에 위치해서(dé-situé)"——포착하게 된다. 여기에서 "인격의 분열"은 이 두 가지 상황을 동시에 지칭하는 것으로 보인다.

것이다. "경험적" 인간이 어떻게 사유할 수 있는가? 이 인간은 **자연** 앞에 선 것과 마찬가지로 불확실한 역사 앞에도 서 있다. 법칙은 그 자체에 대한 인식을 스스로 만들어 내지 않는다. 그에 정반대다. 비록 이 법칙이 수동적으로 행해졌다 해도 그것은 대상을 수동성으로 변모시킨다. 그러니까 이 법칙은 자신의 모든 경험의 티끌들을 끌어모아 종합적 통일체로 만들 가능성을 대상에게서 완전히 제거한다. 그리고 이 법칙을 관조하는 초월적 인간은 그 자신이 위치한 일반성의 단계에서 개인들을 포착할 수 없다. 따라서 우리는 어쩔 수 없이 두 개의 사유를 갖게 된다. 이 두 개의 사유 가운데 어느 것도 우리를 사유하지 못하고, 스스로를 사유하지도 못한다. 왜냐하면 간헐적이고 수용되고 수동적이기만 한 사유는 인식을 위해 정립되며, 외적 원인의 지연된 결과일 따름이기 때문이다. 다른 한편 상황에서 벗어나 있고, 능동적이고 종합적인 다른 하나의 사유는 자신을 모르고, 완전한 부동성 속에서 사유가 존재하지 않는 세계만을 관조하므로 이 역시 스스로를 사유하지 못한다. 사실상 우리의 교조적 이론가들은 그들만의 *체험적 사유*를 **보편적 의식**의 대상인 양 그들에게 제시해 주었던 개별적 소외와, 이 필연성을 *마치* **타자의 사고**에 종속시키듯 그 자신의 성찰에 종속시켰던 개별적 소외를 **필연성**의 실제적 이해로 간주했었다.

이성은 하나의 뼈도 아니고 우연한 사건도 아니라는 중요한 사실을 강조해야 한다. 즉 만약 **변증법적 이성**이 합리성이어야 한다면 이것은 그 자체의 여러 이성에 대한 **이성**을 제공해야 한다. 이런 관점에서 보면 분석적 합리주의는 그 자체로 증명된다. 왜냐하면 앞에서 살펴보았듯이 이는 영원한 가능성으로서의 외면성의 관계를 그저 확인 ── 매우 피상적인 수준에서 ── 할 뿐이기 때문이다. 그러나 엥겔스가 "자연사와 사회사의 가장 일반적인 법칙들"에 대해 우리에게 말한 것[173]을 살펴보자.

> "우리는 본질적으로 이 법칙을 세 개로 환원시킬 수 있다.
>
> 양(量)이 질(質)로 변환되고, 그 반대 현상도 일어나는 법칙.
> 대립물의 상호 침투 법칙.
> 부정의 부정 법칙.
>
> 헤겔은 이 세 법칙을 자신의 관념론적 방식에 의해 단순한 사고의 법칙으로 발전시켰다. ……다만 이 법칙들을 사유법칙에서 연역하지 않고 오히려 자연과 역사에 이것들을 부과하려 한 것이 그의 오류였다."

엥겔스의 불확실성은 "추상화하는 것은 연역하는 것이 아니다."라는 점을 말하기 위해 사용한 용어들에서 엿보인다. 대체 어떻게 전체 특수 법칙들로부터 보편 법칙들을 연역할 수 있는가? 굳이 말하자면 그것은 *귀납*하는 것이다. 그리고 우리는 사실상 **자연** 안에서 이 자연에 주입된 변증법만을 발견한다는 사실을 보았다. 이 법칙들을 *귀납*할 수 있다고 잠시 생각해 보자. 즉 법칙들이 과학적 **지식**을 조직하는 수단과 독자로 하여금 홀로 진리를 발견하는 데 도움을 주는 수단을 동시에 제공해 준다고 인정해 보자. 그렇다고 해도 이것들은 그저 개연성일 뿐이다. 또한 이 개연성이 매우 높다고, 그 결과 이것들을 진(眞)이라고 인정해야만 한다고 생각해 보자. 그러면 어떤 결론에 도달

---

173 『자연변증법』에서.(편집자 주)

하는가? 뉴턴이 만유인력을 발견한 것과 마찬가지로 **우주에서 이성**의 법칙들을 발견한다는 결론에 도달할 것이다. 뉴턴이 "*표상할 수 없는* **가설**(Hypotheses non fingo)"[174]이라고 대답했을 때 이 말은 계산과 실험이 중력이라는 *사실상의 존재*를 확립하게 해 줄 것이라는 의미였다. 하지만 그는 이것을 이론으로 확립하거나 설명하기를 거부했고, 좀 더 일반적인 원리로 환원시키려 하지 않았다. 그래서 그와 동시대인들은 증명이나 시험과 함께 합리성도 멈춰 버렸다고 생각했다. 사실 그 자체도 설명이 불가능하고 우연적이라고 생각했다. 실제로 과학은 자신이 발견한 사실들을 이성적으로 설명할 필요가 없다. 과학은 이 사실들의 존재와 또 다른 사실들과의 관계들을 그저 반박할 수 없는 방식으로 정립할 뿐이다. 그리고 나면 과학적 사유의 운동 자체가 이 가설을 폐기하게 될 것이다. 현대 물리학에서 만유인력은 전혀 다른 양상을 띤다. 만유인력은 여전히 하나의 사실로 인정되지만, 더 이상 *결코 극복할 수 없는* 사실은 아니다. 만유인력은 지금 새로운 우주관에 통합되어 버렸다. 이렇게 해서 우리는 극복할 수 없는 것으로 보이는 모든 우연한 사실이 또 다른 사실에 의해 극복된다는 것을 알게 되었다.

그러나 뉴턴이 만유인력의 법칙에 대해 이미 경험했지만, **이성**의 법칙을 제시해 주는 하나의 교조적 주장에 대해 어떻게 생각해야 할까? 엥겔스에게 열 개 또는 단 한 개의 법칙이 아니라 왜 하필이면 세 개의 법칙이 있느냐, 왜 사고의 법칙이 다른 어떤 것이 아니고 하필이 법칙이어야 하느냐, 이 법칙들은 어디에서 왔느냐, 우리 눈에는 이

---

174 뉴턴이 사용한 표현. 그는 반대자들로부터 중력 현상을 증명할 것을 요청받았을 때 이 현상을 아직 증명하지 못했지만 여러 가지 계산과 실험의 결과 이 현상의 존재가 분명하다는 의미로 이 표현을 사용했다.

것이 사실의 우연성으로 보이는데 그것 말고 여기에 필연적인 근거를 줄 수 있는 좀 더 일반적인 원칙이 있느냐, 이것들을 하나의 유기적 종합 속에 묶어 위계화할 방법은 있느냐고 묻는다면 아마도 그는 어깨를 한 번 으쓱해 보이고 뉴턴처럼 다음과 같이 대답할 것이다. "표상할 수 없는 **가설**"이라고 말이다. 이 알량한 노력의 결과는 매우 역설적이다. 엥겔스는 헤겔을 물질에 대해 사유의 법칙을 부과했다는 이유로 비난했다. 그러나 그가 사회 안에서 발견한 변증법적 이성을 증명하고자 과학을 동원했을 때 한 일도 바로 이것이었다. 뒤에서 다시 살펴보겠지만 사회적, 역사적 세계 안에서는 정말로 단 하나의 변증법적 이성만이 문제가 된다. "자연" 세계에 이 변증법을 옮기고 또한 강제적으로 거기에 새겨 넣음으로써 엥겔스는 합리성을 제거했다. 이것은 더 이상 인간이 그 자신을 형성하면서 만들어 내는 변증법이 아니다. 또한 이와 반대로 그 자신이 우리 인간을 만들어 주는 변증법도 아니다. 오로지 *그냥 그런 것*이라고 할 수 있는 우연한 법칙일 뿐 그 어떤 다른 것이 아니다. 결국 **이성**은 다시 하나의 뼈가 되었다. 왜냐하면 그것은 인식할 필연성이 없는 하나의 사실이 되었기 때문이다. 대립물들이 상호 침투 작용을 일으킨다. 합리성은 그저 단지 하나의 극복할 수 없는 보편적 법칙, *그러니까* 순수하고 단순한 비합리성일 뿐이다. 어느 쪽 끝에서 잡아도 초월적 유물론은 경험적 인간의 사유를 말살하면서 또는 자신의 법칙을 하나의 변덕으로 제시하는 실체적 의식을 창조하면서 또는 "낯선 부가물이 없는" 자연 안에서 우연적 사실의 형태로 변증법적 이성을 재발견하면서 결국 비합리성으로 귀착된다.

IX

그렇다면 생명이 없는 **자연** 속에서 변증법적 관계들이 존재한다는 사실을 *부정해야* 할 것인가? 결코 그렇지 않다. 내가 보기에는 우리가 도달한 지식의 현 단계에서는 이 문제를 부정할 수도 긍정할 수도 없다. 물리, 화학 법칙들이 **변증법적 이성**을 드러낸다고 *믿는 것이나 그렇지 않다고 믿는 것이나* 모두 각자의 자유에 속한다. 어쨌든 비유기적 **자연**에 속하는 사실들의 영역에서는 과학 외적 주장이 문제가 된다. 우리는 다만 여러 확실성과 발견들의 위계질서를 재정립하는 것을 요구하는 데 그치고자 한다. 만약 **변증법적 이성**과 같은 그 무엇인가가 존재한다면 이는 그 자체 전개 과정의 특정 계기에 특정 사회 내부에 있는 사람들에게 인간적 *실천* 안에서, 그리고 이 *실천*에 의해 스스로를 드러내게 — 스스로를 정초하게 — 된다는 점을 말이다. 우리는 이와 같은 발견을 토대로 변증법적 명증성의 한계와 그 유효성을 확정해야 한다. 변증법이 **존재**의 가지성에 대한 법칙으로, 존재의 합리적 구조로서 *필연적인* 것으로 남아 있는 한 이는 방법으로서 유효하다. 유물론적 변증법은 상황에 처한 인간들의 *실천*을 통해 발견되고, 또 이 실천이 감내하는 것과 같은 물질적 조건들의 우위성을 인간 역사의 내부에 정립할 때야 비로소 그 의미를 가질 수 있을 뿐이다. 요컨대 만약 변증법적 유물론과 같은 그 무엇이 존재한다면 그것은 *역사적* 유물론, 즉 내부의 유물론이어야 한다. 이를 고안하고, 따르고, 체험하고, 인식하는 것은 결국 같다. 또 같은 이유로 만약 이 유물론이 존재한다면 이것은 우리가 형성하는 사회적 세계의 한계 속에서만 *진리성*을 가질 수 있을 뿐이다. 새로운 기계의 출현이 하부 구조에서 상부 구조에까지 반향되는 심층의 변화를 야기하는 것은 바로 조직화되고 계층화된 — 동시에 분열된 — 사회 속에서다. 우리가 한 사회를 조건 짓는 물질적 사실들 — 지하자원의 풍부함이나 빈약함, 기후적 요소 등등 — 을 발견하는 것 그리고 이것들과의 관련하에 이 사회가 스스로 규정되는 물질적 사실들을 발견하는 것은 이미 도구들과 시설들을 갖춘 이 사회의 *내부*에서다.

　자연변증법에 대해서 말하자면 이것은 어쨌든 형이상학적 가정의 대상이 될 수 있을 뿐이다. *실천 속에서 변증법적 합리성을 발견하고, 이 합리성을 비유기적 세계 안에서 절대 법칙으로 정립하고, 거기에서부터 사회들로 되돌아가는 것* — **자연법칙**이 이것의 비합리적인 불투명함 속에서 이 사회들을 조건 짓는다고 주장하면서 — 으로 이루어진 정신의 행보, 우리는 이와 같은 행보를 가장 혼미한 사유의 과정으로 여긴다. 사람들은 그 자신들에 의해 이해되는 인간관계와 만나게 된다. 왜냐하면 그들 자신이 인간이며, 그들이 이 인간을 실체화하며, 또 그에게서 모든 인간적 특징을 앗아 가고, 결국에는 최초에 만났던 진정한 인간관계에 이와 같은 비합리적이고 제조된 사물을 대치시키기 때문이다. 이처럼 사람들은 일원론의 이름으로 **역사**를 만들어 가는 인간의 실천적 합리성을 옛날의 맹목적인 필연성으로, 빛을 어둠으로, 명백한 것을 추측에 의한 것으로, **진리**를 **공상소설**로 대치하게 된다. 오늘날 변증법이 존재한다면, 또 우리가 이것을 정초해야 한다면 우리는 이 변증법을 그것이 존재하는 바로 그곳에서 찾게 될 것이다. 인간은 다른 여러 물질적 존재 가운데 하나의 물질적 존재라는 생각, 그런 존재로서 특권적인 지위를 누리지 않는다는 생각을 우리는 받아들일 것이다. 그러나 **자연**의 구체적 변증법이 언젠가 스스로 제 모습을 드러낼 수 있다 — 변증법적 방법이 **자연 과학**에서는 진리를 발견하는 방법이 되리라는 사실, 학자들 자신들에 의해 그리고 경험의 통제하에서 이용될 수 있으리라는 사실을 의미한다 ─ 는 가능성을 선험적으로까지 거절하는 것은 아니다. 단지 **변증법적 이성**은 한 번 더 검토되어야 한다는 사실, 이것을 포착할 수 있는 수단을 우리가 가지지 못한 곳에서 꿈꾸는 대신에 이 이성이 제 모습을 스스로 *드러내는* 바로 그곳에서 포착해야 한다는 사실을 우리는 말하고자 한다. 역사적 유물론은 존재한다. 그리고 이 유물론의 법칙이 바로 변증법이다. 그러나 몇몇 사람이 원하는 것처럼 변증법적 유물론이라는 개념을 통해 인간의 역사를 외부로부터 지배한다고 주장하는 일원론을 말하고자 한다면, 이때 *변증법적 유물론*은 지금 ─ 또는 아직 ─ 존재하지 않는다고 말해야 할 것이다.[175]

이상의 긴 논의는 앞으로 유용하게 소용될 것이다. 실제로 이 논의를 통해 우리가 다루고자 하는 문제, 즉 *어떤 조건하에서 변증법*이 성립될 수 있는지가 분명하게 드러났다. 물론 이 조건들이 모순적이

---

175 비유기적 물질에서 유기체로의 이행과 이 지구상의 생명의 진화를 이해하기 위해 자연변증법을 이용할 때 사람들은 아마도 이 **자연변증법**에 대한 형이상학적 가정이 훨씬 더 흥미롭다고 말할 것이다. 이것은 사실이다. 다만 나는 다음 사실을 지적하고자 한다. 즉 생명과 진화에 대한 형식적인 해석은 학자들이 총체성과 총체화라는 개념을 *주도적인* 가설로 이용하는 수단을 가지고 있는 못하는 한 그저 실현 불가능한 꿈에 불과할 것이라는 점이다. *어떻게* 생명이 출현했는지, 어떻게 여러 종이 변화되는지를 알지 못하면서 여러 종의 진화와 생명의 출현이 "**자연변증법**"의 여러 계기에 해당한다는 사실을 주장하는 건 아무런 소용이 없다. 지금 이 순간에도 생물학은 그 구체적인 연구 분야에서 실증주의적이고 분석적인 입장을 취하고 있다. 이 분야의 대상에 대한 심도 있는 인식이 자가당착에 의해 유기체를 그것의 총체성 속에서, 즉 변증법적으로 고찰하는 의무와 모든 생물학적 사실을 그것들의 내면적 관계 속에서 관찰하는 의무를 부여할 수도 있다. 이는 *가능하기는 하지만 확실한 것은 아니다.* 어쨌든 **자연변증법주의자들**인 마르크스주의자들은 (옳건 그르건 간에) 유기적 존재들을 총체성들로서 고찰한다는 사실을 들어 기이하게도 골드슈타인*과 같은 이들이 시도하는 것과 같은 관념론을 비판한다. 하지만 이러한 사실은 "물질 상태", 곧 생명이 변증법적으로 볼 때, 이것을 낳아 준 또 다른 상태─비유기적 물질─로 환원 불가능하다는 사실을 증명해 주는(또는 증명하려고 노력하는) 것으로 귀착된다.(원주)

● 쿠르트 골드슈타인(Kurt Goldstein, 1878~1965). 독일의 신경 생리학자.

라는 것은 의심의 여지가 없다. 하지만 우리를 변증법적 운동 속으로 던져 넣게 될 것도 바로 이 조건들의 유동적 모순들이다. 앞서 인용한 글에서 볼 수 있듯이 엥겔스의 잘못은 비교, 유추, 추상, 귀납 등과 같은 비변증법적인 방법들을 이용해 **자연**으로부터 변증법적 법칙들을 도출할 수 있다고 믿은 데 있다. 사실 **변증법적 이성**은 하나의 전체이며, 그 자체로 변증법적으로 정립되어야 한다.

(1) 변증법적 교조주의의 실패는 우리에게 다음과 같은 사실을 보여 주었다. 합리성으로서의 변증법은 직접적이고 일상적인 경험 속에서 사실들의 객관적인 연결로서, 이와 동시에 이 연결을 인식하고 정착시키는 방법으로서 드러나야 한다. 그러나 다른 한편으로 *변증법적 초경험주의*의 잠정적 특징 때문에 우리는 어쩔 수 없이 변증법적 보편성이 *선험적* 필연성으로서 부과되어야 한다는 결론을 내린다. 여기에서 *선험적이라* 함은 구성적이고 경험에 앞선 뭔지 모를 구성적 원칙들을 따르는 것이 아니라, 모든 경험 속에 포함되어 있으며 각각의 경험을 넘어서는 보편성과 필연성에 따르는 것을 의미한다. 이 모순은 명백하다. 칸트 이래로 경험이 사실을 인도하는 것이지 필연성을 인도하는 것은 아니라는 사실은 잘 알려져 있기 때문이다. 또한 우리가 관념론적 해결책을 거부하기 때문이기도 하다. 후설은 별다른 어려움 없이 논리 필증적인 명증성을 지적할 수 있었다. 그러나 이것은 자기 형식 속에서 스스로 자신에게 도달할 수 있는 형식적인 순수 의식의 지평에 그가 위치해 있었기 때문이었다. 논리 필증적인 경험을 **역사**의 구체적 세계 속에서 찾아야 한다.

(2) 우리는 마르크스에게 나타나는 **존재**와 **인식**의 논리적 궁지를 보았다. 존재가 인식으로 환원되지 않는다는 것은 분명하다. 다른 한편 **"자연변증법"**은 우리에게 만약 인식을 다른 여러 **존재** 양식 가

운데 하나로 환원시키려고 한다면 이 **인식**이 소멸되리라는 점을 보여 주었다. 그렇다고 해서 일종의 위장된 유심론으로 빠질 위험이 도사린 이원론을 지지할 수는 없다. 변증법이 존재할 유일한 가능성은 그 자체가 변증법이어야 한다. 달리 말하자면 역사의 전개 법칙으로서의 변증법과 이 전개에 대한 운동 중인 인식으로서의 변증법 사이의 가능한 유일한 통일은 변증법적 운동의 통일이어야 한다. **존재**는 **인식**의 부정이고, **인식**은 **존재**의 부정으로부터 자신의 존재를 도출해 낸다.

(3) "인간들은 선행 조건들의 바탕 위에서 **역사**를 만들어 나간다." 이 주장이 사실이라면, 이것은 인류 역사의 방법과 규칙으로서의 결정론과 **분석적 이성**을 단호히 거부하는 것이다. 이 주장에 이미 완벽하게 포함된 변증법적 합리성은 필연성과 자유의 변증법적이고 항구적인 통일로서 제시되어야 한다. 달리 말하자면 만약 인간이 외적 변증법을 절대 법칙으로 *감내한다면* **우주**는 꿈속으로 소멸하게 된다는 점을 앞에서 보았다. 그러나 각자가 자신의 성향에 따르고, 이 분자들 사이의 충돌이 전체적 결과를 만들어 낸다면 우리는 역사적 발전이 아닌 *평균적이거나* 통계적인 결과들을 발견하게 될 것이다. 결과적으로 어떤 의미에서 인간은 변증법을 적대적으로 추종하는 것이고, 또 어떤 의미에서는 *변증법을 만들어 내는 것이다.* 그리고 만약 **변증법적 이성**이 **역사**의 **이성**이어야 한다면 이러한 모순은 그 자체가 변증법적으로 체험되어야 한다. 이것은 다음을 의미한다. 인간은 그 자신이 변증법을 만들어 내는 한에서 이 변증법을 추종한다는 것, 또 그가 이 변증법을 추종하는 한에서 그것을 만들어 낸다는 사실을 말이다. 게다가 **인간 일반**(Homme)은 존재하지 않는다는 점을 알아야 한다. 자신들이 소속된 사회와 그들을 이끌어 가는 역사적 운동에

의해 전적으로 규정되는 복수의 사람들(des personnes)이 존재할 뿐이다. 만약 변증법이 다시 신성한 법칙, 형이상학적 운명이 되는 것을 우리가 원치 않는다면 이 변증법은 *개인들로부터* 유래해야 하지 뭔지 모를 초개인적인 총체들로부터 유래해서는 안 된다. 달리 말하자면 우리는 다음과 같은 새로운 모순에 봉착하게 된다. 변증법은 *여러 집합체, 여러 사회, 하나의 역사,* 곧 개인들에게 부과되는 현실들이 거기에 있게끔 만드는 총체화의 법칙이지만 동시에 수많은 개인적 행위로 짜여야 한다는 점이다. 이 변증법이 어떻게 수동적인 평균치가 아니면서 산출도 되고 또 동시에 초월적 운명이 아니면서 *총체화의 힘이* 될 수 있는가를, 그 변증법이 어떻게 매 순간 확산되는 군집과 통합의 통일을 실현해야 하는가를 분명히 확립해야 한다.

(4) 문제는 *유물론적 변증법이다.* 우리는 — 엄밀히 인식론적 관점에 서서 — 이 개념의 의미를 다음과 같이 규정하려고 한다. 사유는 자신의 물질적 대상 속에서 자신의 필연성을 찾아내야 하는 동시에 *사유 자체가 하나의 물질적 존재라는* 점에서 자기 속에서 그 대상의 필연성을 찾아내야 한다. 이것은 헤겔의 관념론에서 가능했다. 그런데 변증법은 단순한 꿈이든지 아니면 마르크스주의의 현실적, 물질적 세계 내에서도 역시 가능하든지 해야 한다. 이 경우에 우리는 반드시 사유로부터 행동으로 옮아 가야 한다. 사실 사유는 행동의 한 계기에 불과하다. 따라서 우리는 논리 필증적 경험의 통일 속에서, 물질적 세계 속에서 그리고 물질적 세계에 의해 *실천* 하나하나가 **타자**에 그 자체의 대상-존재의 극복으로 구성되는 한편 **타자**의 실천을 하나의 대상으로 드러내는지를 살펴보아야 한다. 그러나 이와 동시에 **타자**를 통해 그리고 이 **타자**에 의해 각자의 *실천*과 사물 세계 사이의 관계가 정립되어야 한다. 그래야만 결코 멈추지 않는 총체화 과정에

서 사물이 인간적이 되고, 또 인간은 사물로서 자기를 실현하는 일이 발생한다. 구체적 현실에서 변증법적 방법은 변증법적 운동, 즉 각자가 비유기적 물질성을 통해 모든 사람과 맺는 관계 및 각자가 타자들과 맺는 관계와 구별할 수 없다는 것을 보여 주어야 한다. 따라서 변증법은 다음과 같은 각자의 지속적인 경험에 기초를 둔다는 점을 밝혀야 한다. 그 경험이란 외면성의 세계에서 각자가 물질적 세계와 **타자**에 대해 맺는 *외면적* 관계는 비록 그것이 항상 현전한다고 해도 언제나 우연적인 반면, 각자가 인간과 사물과 맺는 내면적 관계는 비록 그것이 종종 가려진다 할지라도 근본적이다.

(5) 그러나 변증법이 맹목적인 법칙이 아니라 하나의 **이성**이어야 한다면 그것은 극복될 수 없는 가지성을 갖추어야 한다. 내용, 발전, 부정들의 출현 순서, 부정의 부정, 갈등 등등과 같은 것들, 그리고 대립항들의 투쟁 국면, 그 결말, 요컨대 변증법적 운동의 현실성, 이 모든 것이 저변에 깔린 조건, 물질성의 구조, 애초의 상황, 내외적 요인들의 연속적인 작용, 현존하는 역학 관계에 의해 지배된다. 즉 칸트의 범주가 현상에 부과되는 것처럼 사실들에 부과되는 *하나의* 변증법이 있는 것은 결코 아니다. 만약 변증법이 존재한다면 그것은 그 대상이 행하는 개별적 시도다. 개별적인 발전 과정에 부과되는 예정된 도식이란 인간의 머릿속이건 예지적 천계이건 간에 그 어디에도 있을 수 없다. 만약 변증법이 존재한다면 물질성의 여러 영역이 구조상 변증법이 존재하지 않을 수 없게 되어 있기 때문이다. 달리 말하자면 변증법적 운동은 **역사**의 배후에 깔린 신의 의지와 같이 드러나는 그런 강력한 통일적인 힘이 아니다. 이는 우선 하나의 *결과*다. 역사적 인간들에게 끔찍한 모순들을 통해 그들의 역사를 살아가도록 강요하는 것은 변증법이 아니다. 오히려 **역사**나 경제학을 통해 열거될 수 있지

만 변증법적 합리성을 통해서만 가지적이 되는 여러 상황 속에서 희소성과 필요성에 의해 지배되는 그대로의 인간들이 서로 대립하고 있는 것이다. 모순은 *원동력*이기 이전에 하나의 결과다. 그리고 존재론적 차원에서 볼 때 변증법은 일정한 모양으로 자리 잡고 구성된 개인들이 바로 그 구성을 위해서 서로 맺는 관계들의 유일한 정형으로 나타난다. 만약 변증법이 존재한다면 총체화하는 다수의 개별성에 의해 행해지는 구체적인 총체화들의 전체화로서 존재할 수 있을 따름이다. 나는 바로 이것을 변증법적 *유명론*이라고 부르고자 한다. 그렇기는 하지만 변증법이 그것(변증법)을 재창출하는 각각의 경우에 있어서 유효한 것은 오직 이 변증법이 그것(변증법)을 재발견하는 경험에서 매번 *필연성*으로서 나타날 때다. 또한 변증법은 오직 그것을 나타내는 시도를 이해하는 열쇠를 우리에게 내어줄 때, 즉 우리가 고찰하는 과정을 *가지성*으로서 파악할 때만 유효하다.[176]

변증법적 이성의 필연성 및 가지성과 그것을 *경우마다* 경험적으로 발견해야 한다는 당위성을 함께 생각할 경우 다음과 같은 몇 가지 점들이 떠오른다. 우선 **분석적 이성**의 견지에 서 있는 한 누구도 변증법을 *발견할* 수 없다. 이것이 의미하는 것 가운데 하나는 고찰되는 대상의 *외부*에 머무는 한 누구도 변증법을 발견할 수 없다는 것이다. 실제로 특정 체계를 외부에서 고찰하는 사람의 경우에는 특정한 탐구로도 이 체계의 운동이 과연 연속적인 전개인지 아니면 순간의 계기인지를 결정할 수가 없다. 그러나 상황에서 벗어난 실험자의 태도는 **분석적 이성**을 가지성의 정형으로 유지하려는 성향이 있다. 이렇게 해서 학자 자신이 체계에 대해 수동적 태도를 취하는 데만 머문다면 그

---

176   따라서 이런 관점에서 보자면 이 유명론은 동시에 변증법적 *실재론*이기도 하다.(원주)

는 자신과 이 체계와의 관계 역시 수동적이라고 생각하게 될 것이다. 따라서 변증법은 체계의 내부에 위치한 관찰자만이 발견할 수 있다. 자기의 탐구가 시대의 이데올로기에 대한 가능한 공헌이 되고 동시에 더욱 넓은 역사적 조건하에서 역사적, 개인적 시도로 규정된 개인의 특정한 *실천*이 된다고 생각하는 탐구자만 이 변증법을 발견할 수 있을 뿐이다. 요컨대 헤겔의 관념론을 철저하게 폐기하면서도 그의 사유를 보존할 수 있으려면(**의식**은 **타자**에게서 자신을 인식하고, 자기에게서 **타자**를 인식한다는 사유) 나는 다음과 같이 말할 수 있어야 한다. 변증법적 운동으로서 모든 사람의 *실천*은 각자에게 그 자신의 *실천*의 필연성으로 인식되어야 하며, 또한 역으로 각자가 지닌 *실천*의 자유는 모든 사람에게서도 재인식되어 스스로를 만들며 그 생성을 통해 각자를 형성하는 그런 변증법을 밝혀 주어야 한다고 말이다. 행동의 살아 있는 논리로서의 변증법은 관조적 이성에게는 나타나지 않는다. 변증법은 *실천*의 과정에서 그리고 실천의 필연적인 계기로서 발견된다. 달리 말하자면 변증법은 행동할 때마다 새롭게 만들어지며(비록 행동은 과거의 변증법적 실천에 의해 이미 완전히 구성된 세계를 기반으로 삼아 나타나지만), 전개 과정에 있는 행동이 그 자체를 밝히는 빛을 스스로에게 던질 때 이론적이며 실천적인 방법이 된다. 이와 같은 행동의 과정에서 개인은 그 자신이 이 변증법을 구성한다는 점에서는 합리적인 투명성으로 인식하고, 그것이 그에게서 벗어난다는 점에서는, 단적으로 말해 타자들이 그것을 만든다는 점에서는 필연성으로 인식한다. 결국 개개인은 자기의 욕구를 충족해 나가는 과정에서 자신의 존재를 인정하는 동시에 타자들이 자신들의 욕구를 해결하는 과정에서 그에게 강요하는 법칙을 인정한다.(그러나 그것에 굴복한다는 의미는 아니다.) 그리고 그는 자신의 자율성(이 자율성이 타자에 의해 사용될 수 있고 또 매일같이 위장, 조작 등으로 사용되는 한)을 낯선 힘으로 인정하고, 반대로 타자들의 자율성은 그들을 강제할 수 있는 가혹한 법칙으로 인정한다. 그러나 강제성과 자율성의 상호적 관계 그 자체로 말미암아 이 법칙은 모든 사람에게서 벗어나고, 또한 그것이 변증법적 이성으로서 나타나는 것은 총체화의 순환 운동 속에서다. 즉 그것은 각자에게 내재해 있기 때문에 모든 사람에게 외면적인 것으로 나타나고, 또한 모든 총체화된 총체화와 탈총체화된 총체화의 현재 진행 중이지만 총체화하는 주체가 없는 총체화로서 나타난다.

만약 **변증법적 이성**이 각자의 시도로서 그리고 각자의 자유, 경험, 필연성으로서 가능해야만 한다면, 만약 우리가 변증법적 이성의 전면적인 반투명성(그것은 바로 우리들 자신일 뿐이다.)과 동시에 그 극복할 수 없는 엄격성(그것은 우리의 조건이 되어 있는 모든 것의 통일이다.)을 보여 줄 수 있어야 한다면, 만약 우리가 그것을 *실천*과 총체화와 사회적 미래의 합리성으로서 정립해야 한다면, 만약 앞에서 **분석적 이성**을 비판할 수 있었듯이 우리가 훗날 이 변증법적 이성을 *비판해야* 한다면, 즉 그 범위를 결정해야 한다면 상황 속에서 논리 필증성을 탐구하는 일은 *우리 인간들 자신에 의해* 실현되지 않으면 안 된다. 그러나 이 탐구가 경험주의자들의 직관이나 혹은 심지어 특정 과학 실험과 비교될 만하다고 생각하는 것은 금물이다. 물론 이 작업은 길고 어렵지만 그 결과는 당장 인지될 수 있다. 변증법의 탐구 그 자체는 변증법적이다. 모든 측면에서 이 탐구가 추구되고 이루어진다는 뜻이다. 이와 동시에 변증법의 탐구는 삶의 경험 그 자체이기도 하다. 왜냐하면 산다는 것은 곧 행동하고 추종하는 것이기 때문이며, 변증법이란 *실천의 합리성 그 자체이기 때문이다.* 변증법의 탐구는 삶의 체험을 토대로 차츰차츰 실천의 모든 구조를 발견해 가는 것이기에 후진적이다. 그러나 미리 지적해 둘 것이 있다. 여기에서 우리가 착수하려는 탐구는, 모든 기도와 마찬가지로 그것 자체가 역사적인 것이긴 하지만, **역사**의 운동, 노동과 생산관계의 변화, 계급 투쟁 등등을 재발견하는 것을 목적으로 하지 않는다는 점이다. 목적은 단순히 변증법적 합리성, 즉 *실천*과 총체화의 복합적인 상호 작용을 발견하고 확립하는 데 있다. 그리고 우리의 작업이 가장 일반적인 조건이 될 때, 즉 물질성에 도달하게 될 때 우리의 탐구에서 출발하여 총체화에 고유한 가지성의 도식을 새로 구성하게 될 것이다. 이 책 제2부는 나중에 집필되겠지만[177] 그것은 말하자면 "행동의 합리성"에 대한 종합적이며 전진적인 정의가 될 것이다. 이와 관련해 우리는 **변증법적 이성**이 어떻게 **분석적 이성**을 벗어나고, *그 자체 내에* 자신의 비판과 극복을 포함하게 되는가를 살펴보게 될 것이다. 그러나 우리는 여기에서 이 작업이 갖는 제한적 특성을 거듭 강조하고자 한다. 나는 인간의 **역사**에 대한 단 하나의 유효한 해석은 역사적 유물론이라고 단언했으며 또 반복해서 강조해 왔다. 따라서 나는 다른 사람들이 이미 수없이 해 온 일을 다시 보여 주려는 것이 아니다. 게다가 이는 내가 다루려는 주제도 아니다.

이 서론을 요약하자면 이렇게 말할 수 있다. 역사적 유물론은 변증법적 합리성의 테두리 안에서 그 자체의 증명이 되는 것이지만 그 합리성의 근거가 되는 것은 아니다. 역사적 유물론이 그 발전의 역사를 이미 구성된 **이성**으로서 복원할 경우조차, 아니 그럴 때 특히 그 근거가 될 수 없다. 마르크스주의는 그 자체를 의식하는 **역사** 그 자체다. 이 주의가 유효한 이유는 의심받지도 않고 또 의심할 수도 없는 물

---

177 『변증접적 이성 비판』 2권이며 사르트르 사후인 1985년에 미완성 상태로 출간되었다.

질적 내용 때문이다. 그러나 마르크스주의의 현실성은 그 내용에 있다는 바로 그 이유 때문에 이것이 드러내는 마르크스주의의 현실적 내용의 일부로서의 내적 연관들은 형식적으로 불확정적 상태에 있다. 특히 어떤 마르크스주의자가 "필연성"이라는 개념을 이용하여 동일한 과정 내부의 두 사건 사이의 관계를 규정하는 경우에는 비록 그 종합의 시도가 완전히 납득할 만한 것이라 하더라도 우리는 여전히 망설이게 된다. 그렇다고 해서 우리가 인간사에 있어서 필연성을 거부한다는 뜻은 아니다. 오히려 그 반대다. 우리가 말하려고 하는 것은 다만 변증법적 필연성은 *본질적으로* **분석적 이성**의 필연성과는 다르며, 바로 마르크스주의는 **존재**와 경험의 이 새로운 구조를 결정하거나 그 근거를 제공하는 데 괘념하지 않는다는 점, 괘념할 까닭이 전혀 없다는 점이다.

이처럼 우리의 과제는 현실적 **역사**를 그 발전 과정에 따라 복원하는 것이 결코 아니다. 사회학이나 민속학처럼 생산 양식이나 집단에 대해 이루어지는 구체적 연구도 아니다. 우리의 과제는 *비판적인* 것이다. 분명 이 과제 자체는 **역사**에 의해 야기됐다. 그러나 우리의 과제는 바로 *역사의 한복판에서*, 인간 사회 발전의 바로 이 순간에 있어서, 그것들을 따라 역사가 스스로를 생각하는 사유 도구들을(이것들은 또한 역사가 이루어지는 실천적 도구들이 되기도 하지만) 탐구하고 비판하고 확립하기를 겨냥한다. 물론 우리는 그 자체가 변증법적이 될 이 과정의 통일성 속에서 **행위**(Faire)[178]에서 **인식**으로 또 인식에서 *행위*로 옮아 가게 될 것이다. 그러나 우리의 진정한 목표는 이론적이며, 또

---

178 사르트르는 『존재와 무』에서 인간 실존의 세 범주를 Faire, Avoir, Etre로 규정한다. 『존재와 무』를 우리말로 옮긴 손우성은 이를 각각 '함, 가짐, 있음'으로 번역하고, 양원달은 '하다, 가지다, 있다'로 번역한다. 여기에서는 각각 '행위, 소유, 존재'로 번역한다.

한 그것을 다음과 같이 정리해 볼 수 있겠다. *하나의 역사에 대한 인식은 어떤 조건하에서 가능한가? 우리가 밝힌 연관들은 어떤 한도 내에서 필연적일 수 있는가? 변증법적 합리성이란 무엇이며 그 한계와 근거는 무엇인가?* 마르크스주의 이론의 자구(字句)에 대해 조금만 물러서서 거리를 두고 살펴본다면(나는 「방법의 문제」에서 그것을 보여주었다.) 우리는 이 질문의 의미를 비진리로의 추락을 거부하는 진실한 탐구가 지니는 일종의 불안으로서 파악할 수 있다. 우리는 위의 질문들에 대답해 보려고 한다. 그러나 이렇게 방대하고 **역사** 전체와 관련되는 질문에 대해 한 개인의 고립된 노력이 비록 부분적일망정 만족할 만한 대답을 줄 수 있으리라고는 전혀 기대하지 않는다. 다만 이 최초의 탐구로 말미암아 내가 잠정적인 검증을 통해서(그것은 비판되고 수정되어야 할 것이지만) 문제를 정확히 제시할 수만 있다면, 그리고 이 탐구가 토론을 불러일으키고 또 되도록이면 몇몇 연구 그룹 내에서 그 토론이 집단적으로 이루어져 나간다면 나는 흡족하게 생각할 것이다.

B. 비판적 연구[179]에 대한 비판

(1) 만약 이 비판적 연구가 가능해야 한다면 이 연구가 충족시켜야 하는 추상적 조건들이 어떤 것인지를 우리는 알고 있다. 그러나 이 조건들은 이 연구를 개별적 현실성 속에 여전히 미확정 상태로 방치하고 있다. **자연 과학**에서는 하나의 실험에 관계되는 물리적 사실, 이 실험에서 사용되는 도구들, 이 실험을 통해 정립되고 또 독립적으로 정립되는 실험 체계를 알아야만 일반적으로 실험의 유효성의 조건과 목표를 알 수 있다. 달리 말하자면 과학적 가설은 실험에 고유한 요구를 내포하며, 검증을 통해 충족되어야 할 조건들을 일반적인 특징별로 보여 준다. 그러나 이 첫 번째 도식은 검증해야 할 추측들과 —— 형식적으로가 아니라면 —— 구별되지 않는다. 바로 이런 이유로 하나의 가설을 하나의 실험적인 사유라고 부르는 것이다. 미리 제시된 실험에 특정한 형태를 부여해 주는 것은 역사적 여건들(도구들의 역사, 지식의 현 상태)이다. 패러데이,[180] 푸코,[181] 맥스웰[182] 등은 이런저런 결과를

---

179   원문에는 expérience라는 용어가 사용되고 있으나 여기에서는 investigation, 즉 '연구'의 의미로 사용되었다. 물론 이 단어가 '경험'의 의미로 사용된 경우도 있다.
180   마이클 패러데이(Michael Faraday, 1791~1867). 영국의 화학, 물리학자.
181   장 베르나르 레옹 푸코(Jean Bernard Léon Foucault, 1819~1968). 프랑스의 물리학자. 광파동설을 주장.

얻기 위해 이런저런 체계를 세웠다. 우리에게 중요한 것은 총체화하는 연구다. 이것은 물론 이 연구가 정밀과학의 연구와 전혀 다르다는 것을 의미한다. 그러나 이 연구가 기술적 특수성 속에서 드러나며, 이것이 사용하는 사유의 도구들을 나열하고 또 이것이 구성할 구체적 체계(즉 실험상의 실천 속에서 외면화될 구조적 현실)를 기술해야 한다는 것 또한 사실이다. 바로 이것이 지금부터 우리가 밝히게 될 점이다.[183] 어떻게 정해진 실험을 통해 우리는 변증법적 과정의 현실성을 드러내고 증명할 수 있는가? 우리가 이용하는 도구들은 어떤 것인가? 이 도구들이 적용되는 지점은 어디인가? 우리는 어떤 실험적 체계를 구성해야 하는가? 그것은 어떤 형태의 일반화를 가능하게 하는가? 검증의 유효성은 어떤 것인가?

(2) 이와 같은 질문에 답하려면 우선 실마리를 풀어야 하는데, 이 실마리는 대상의 요구 자체에 다름 아니다. 따라서 근본적인 요구로 되돌아가야 한다. 만약 우리가 이 요구를 다음과 같은 단순한 질문으로 환원시킨다면 가지적이지 않을 위험성이 대단히 크다. 또한 이 요구는 우리를 어떤 초경험주의 또는 불투명성, 엥겔스가 정립한 법칙들의 우연성으로 인도할 위험성도 대단히 크다. 그 질문은 이것이다. **존재**의 법칙과 동시에 **인식**의 법칙이 변증법적이라고 여겨질 수 있는 존재론적 영역이 존재하는가? 만약 실제로 *자연적* 영역(예컨대 고유한 기후, 하천과 호수, 산악지대, 식물군, 동물군 등을 가진 지구상의 한 지역)을 발견하는 것처럼 우리가 위의 영역들을 발견해야 한다면 이 발견은

---

182 제임스 클러크 맥스웰(James Clerk Maxwell, 1831~1879). 영국의 물리학자. 전자기학 이론의 대가.

183 사실 대부분의 경우 이 계기들은 불가분의 관계에 있다. 그러나 방법론상의 연구는 적어도 이성의 완고함을 보여 주는 것이 바람직하다.(원주)

발견된 사물의 불투명성과 우연성에 공히 속할 것이다. 다른 한편 칸트가 **실증주의적 이성**을 위해 그랬던 것처럼 만약 변증법적 범주들을 이 범주들 없이는 경험하는 것이 불가능하다는 사실 위에 정립해야 한다면 우리는 분명 필연성에 도달하게 될 것이다. 하지만 이 경우에 우리는 이 필연성을 사실의 불투명성으로 오염시킬 수도 있다. 사실 "경험과 같은 그 무엇이 행해져야 한다면 인간 정신은 몇몇 종합적 판단에 의해 감성적 다양성을 통일시킬 수 있어야 한다."라고 말하는 것은 어쨌든 비판적 체계를 비가지적 판단(사실 판단) 위에 세운다는 뜻이다. "그런데 경험은 발생한다." 우리는 나중에 **변증법적 이성** 그 자체는 **실증주의적 이성**의 가지성이라는 점을 보게 될 것이다. 바로 이런 이유로 실증주의적 이성은 처음부터 모든 경험적 가지성의 비가지적 규칙으로서 주어진다.[184]

그러나 **변증법적 이성**의 근본적 특징들 ── 만약 이 이성이 처음부터 인간들의 관계를 통해 파악된다면 ── 은 자신의 가지성 자체 내에서 논리 필증적 경험에 스스로를 내맡긴다는 사실을 내포한다. 단지 이 이성의 존재를 단언하는 것은 문제가 아니다. 그보다 오히려 경험적 발견 없이도 이 이성의 존재를 그 자체의 가지성을 통해 증명하는 것이 문제다. 달리 말하자면 변증법이 적어도 몇몇 분야에서는 **존재**와 **인식**의 이성이라면 이는 다음과 같은 이중의 가지성으로 드러나야 한다. 첫째, 변증법 그 자체는 세계와 지식의 규칙으로서 가지적이어야 한다. 다시 말해 ── **실증주의적 이성**과는 반대로 ── 그 자체 내에 그 자신만의 가지성을 포함해야 한다. 둘째, 만약 어떤 현실

184 　나는 여기에서 칸트의 마지막 저작들이 아니라 『순수이성 비판(*Critique de la raison pure*)』을 염두에 두고 있다. 칸트의 말년에 가지성에 대한 요구가 그를 **변증법적 이성**의 문턱에 이르도록 했다는 사실은 여러 차례에 걸쳐 지적되었다. (원주)

적인 사실 — 예컨대 하나의 역사적 과정 — 이 변증법적으로 전개된다면 이 사실의 출현의 법칙과 생성의 법칙은 — **인식**의 관점에서 볼 때 — 그 자체의 가지성의 순수한 토대가 되어야 한다. 지금 당장으로서는 근원적 가지성을 고찰할 것이다. 이와 같은 가지성 — 또는 변증법의 반투명성 — 은 엥겔스와 나빌이 그랬던 것처럼 변증법적 법칙들을 말로만 주장할 때는 출현할 수 없다. 물론 여기에는 다음과 같은 조건이 따른다. 이 법칙들 하나하나가 변증법을 총체성으로 드러내는 "모습"으로 주어지지 않는다는 조건이다. **실증주의적 이성**의 규칙들은 분리된 지침처럼(이 **실증주의적 이성**을 **변증법적 이성**의 한계로서, 그리고 이 변증법적 이성의 관점에서 고찰하는 경우를 제외하고는) 나타난다. 이른바 **변증법적 이성**의 "법칙들"은 모두 변증법적이다. 달리될 수가 없다. 그렇지 않다면 **변증법적 이성**은 그 자체 변증법적 과정이기를 그치게 될 것이고, 이론가의 *실천*처럼 사유는 필연적으로 비연속적이 될 수도 있을 것이다. 이처럼 **변증법적 이성** — 이것이 존재해야 한다면 — 의 근본적 가지성은 총체화의 가지성이다. 또는 **존재**와 **인식**의 구분으로 되돌아가자면, 적어도 존재론적 영역에서 하나의 사유에 직접적으로 접근 가능한 진행 중인 총체화가 존재한다면 그때는 변증법이 존재하게 된다. 그런데 이 사유는 이 변증법으로부터 파생되며 또한 스스로 그 자체의 대상이 되는 총체화에 대한 이해 속에서 끊임없이 총체화된다.

헤겔이나 그의 추종자들이 주장한 법칙들은 우선 가지적으로 나타나지 않는다는 사실이 종종 지적되었다. 이 법칙들을 따로 취급한다면 심지어 그것들은 잘못되었거나 근거가 없는 것으로 드러날 수도 있다. 이폴리트는 부정의 부정 — 이 도식을 그 내부에서 고찰한다면 — 이 반드시 긍정은 아니라는 사실을 잘 보여 준다. 이와 마찬가지로 얼핏 보기에는 대립항들의 대립은 반드시 변증법적 과정의 원동력으로 보이지 않는다. 예를 들어 아믈랭[185]은 반대항들의 대립 위에 자신의 체계를 세우기도 했다. 또 다른 예를 보자. 대립항들을 극복하고, 또 그것들을 자기 안에 보존하는 하나의 새로운 현실이 그 대립항들로 환원되는 것은 불가능하며 이와 동시에 그것들로부터 출발해서 가지적이 된다는 것은 대단히 어렵다. 그런데 이 어려움은 단지 변증법적 "원리"를 단순한 소여나 귀납된 규칙들로 고찰하는 것, 요컨대 이것을 **실증주의적 이성**의 관점과 이 이성이 그것의 "범주들"을 고려하는 방식에 따라 고찰한다는 점에서 기인한다. 실제로 우리가 총체화의 관점에 선다면 이른바 변증법적 법칙 하나하나는 완전한 가지성을 되찾게 된다. 따라서 비판적 연구는 다음과 같은 질문을 제기해야 한다. 총체화가 존재의 형식 그 자체인 그런 **존재**의 영역이 과연 있을까?

(3) 논의를 계속하기 전에 이런 관점에서 총체성과 총체화라는 두 개념을 분명히 구분하는 것이 바람직하다. 총체성은 하나의 존재로서 정의된다. 부분의 총합과 완전히 구분되는 이 존재는 — 이런저런 형태하에서 — 이 부분들 하나하나에서 자기를 완전히 재발견하며, 이 부분들의 하나하나 또는 다수와 맺는 관계를 통해 또는 이 부분들 전체나 여러 부분이 서로 맺는 관계를 통해 자기 자신과도 관계를 맺는다. 그러나 가정에 의해 *이루어진* 이 실재성은(통합을 극단으로 밀고 간다면 그림이나 교향곡 등이 그 예가 된다.) 상상 속에서만 존재할 수 있을 뿐이다. 그러니까 상상 작용의 상관자로서만 존재할 수 있다. 이 실재성이 그 정의상 요구하는 존재론적 위상은 **즉자 존재**의 그것, 또

---

185   옥타브 아믈랭(Octave Hamelin, 1856~1907). 프랑스 철학자.

는 달리 말하자면 타성태의 그것이다. 총체성의 외관을 낳게 될 종합적 통일은 하나의 행위가 될 수 없으며, 단지 과거 행위의 잔유물(메달의 통일된 모습이 주조 행위의 수동적인 잔유물이 되는 방식으로)이 될 수 있을 따름이다. 이 **즉자 존재**의 타성태는 자기 외적-존재를 통해 이와 같은 통일의 모습을 부식시킨다. 사실 수동적 총체성은 무한한 분할 가능성에 의해 부식된다. 이렇게 해서 부분들을 안고 있으려는 현세적 힘으로서의 이 수동적 총체성은 상상 작용의 상관자에 불과하다. 그 교향곡 또는 그 그림 — 내가 다른 곳에서 보여 주었듯이 — 은 말라 버린 그림물감 전체를 통해 또는 여러 음의 연속을 통해 겨냥된 그 교향곡이나 그 그림에 *유사물*[186]로 소용되는 상상적인 것들이다. 그리고 실천적 사물들 — 기계들, 도구들, 순수 소비물들 등등 — 이 문제가 될 때 이 사물들에게 이것들의 타성태를 총체화하려고 시도했던 *실천*을 — 어떤 방식으로든 — 부활시키는 총체성의 외관을 주는 것은 바로 우리의 현재 행위다. 우리는 조금 뒤에서 이 타성태적 총체성들이 아주 중요하다는 사실, 이것들이 인간들 사이에서 나중에 실천적-타성태라고 명명될 관계의 유형을 창조한다는 사실 등을 보게 될 것이다. 이 *인간적* 대상들은 인간 세계에서 연구될 만한 가치가 있다. 이 사물들이 실천적-타성태의 위상을 부여받는 것은 바로 그 세계에서다. 바로 이 세계에서 이 대상들은 그것들 안에서 *실천*(그것들을 만든 노동과 이용하는 노동)과 타성태를 대립시키는 모순을 통해 우리들의 운명을 짓누르게 된다. 그러나 우리는 이런 지적을 통해 이 대상들이 생산되었다는 점과 *총체성* —사람들이 생각하는 것과 반대로 — 은 총체화의 규제적 원리에 불과하다(이와 동시에 잠정적 창조

---

186 『상상계(*L'Imaginaire*)』(1940)의 결론 중 "예술 작품"에 대한 구절과 1947년 쓰이고 1983년 출간된 『도덕을 위한 노트(*Cahiers pour une morale*)』, 552~567쪽을 참고할 것.(편집자 주)

의 타성적인 총체로 환원된다.)는 점을 알 수 있다.

만약 자기 자신을 다양성의 종합적 통일로서 드러내는 그 무엇인가가 실제로 존재해야 한다면 이는 진행 중인 하나의 통일화, 즉 하나의 행위일 수밖에 없다. 하나의 주거 환경의 종합적인 통일화는 단지 그것을 만들어 낸 노동만이 아니며, 그곳에서 거주하는 행위이기도 하다. 자기에게로 환원된 이 주거 환경은 다양한 타성태로 향하게 된다. 이처럼 총체화는 총체성과 동일한 위상을 가진다. 총체화는 다양성을 통해 각 부분을 총체의 드러남으로 바꾸는, 부분들의 매개를 통해 총체를 그 자체에 결합시키는 종합적 작업을 추구한다. 그러나 총체화는 *진행 중인* 행위이자 다양성이 원래의 지위로 돌아가지 않으면 스스로 멈출 수 없는 행위다. 이 행위는 실천적 장을 드러내는데 이 장은 *실천*과는 무관한 상관자로서 통합시켜야 할 총체들의 형식적인 통일이다. 이 실천적 장의 내부에서 이 행위는 가장 분화된 다양성을 가장 엄밀한 방식으로 종합하려고 시도한다. 이렇게 해서 이중의 운동을 통해 다양성은 무한히 다양화되며, 각 부분은 다른 모든 부분과 형성 중인 전체와도 대립하게 된다. 반면에 총체화하는 활동은 모든 관계를 강화하며, 분화된 각각의 요소를 자신에 대한 직접적인 표현으로 삼거나 자기 자신과 다른 요소들과 관련하여 매개로 삼기도 한다.

이런 사실들을 토대로 **변증법적 이성**의 가지성은 쉽게 정립된다. 우선 변증법적 이성은 총체화 이외의 다른 것이 아니다. 가령 — 하나의 예를 들자면 — 부정의 부정이 긍정이 되는 것은 바로 이런 총체화의 범위 내에서다. *실천*의 상관자인 실천적 장 안에서 모든 규정(détermination)은 부정이다. *실천*은 몇몇 총체를 분화시키면서 이것들을 다른 총체들에 의해 형성된 집단으로부터 배제한다. 그리고 진행 중인 통일화는 가장 분화된 생산물(운동의 방향을 가리키는), 덜 분화된 생산물(항구성, 저항, 전통처럼 덜 엄밀하지만 표면적인 통일을 더 보여주는), 이것들 사이의 갈등(진행 중인 총체화의 현 상태를 보여 주는) 등에 의해 동시에 드러난다. 덜 분화된 총체들을 규정하면서 이것들을 다른 총체들과 같은 차원으로 끌어올리는 새로운 부정은 총체들 하나하나를 다른 총체의 적대자로 만드는 부정을 반드시 사라지게 할 것이다. 이처럼 규정은 부정으로 불릴 수 있다. 또한 부정의 부정이 반드시 긍정이 되어야 하는 것은 바로 이 진행 중인 통일화 작용의 내부에서이며, 오직 그곳에서일 뿐이다. 만약 **변증법적 이성**이 존재한다면 이것은 — 존재론적 관점에서 — 총체화가 일어나는 바로 그곳에서 진행 중인 총체화가 될 수 있을 뿐이고, 또한 — 인식론적 관점에서 — 이 총체화의 인식(이 인식 과정도 원칙적으로 총체화하는 과정이다.)으로의 침투성이 될 수 있을 뿐이다. 그러나 총체화하는 인식이 존재론적 총체화에게 이 총체화에 대한 새로운 총체화로서 다가가는 것이 허용되지 않기 때문에 변증법적 인식은 이 총체화의 한 계기여야 한다. 달리 말하자면 총체화는 그 내부에 자신에 대한 반성적인 재총체화를 전체 과정에서 하나의 불가피한 구조로서, 그리고 하나의 총체화하는 과정으로서 포함해야 한다.

　(4) 이처럼 변증법은 총체화하는 운동이다. 변증법은 진행 중인 총체화에 의해 파생된 규칙들 이외의 다른 규칙을 가지고 있지 않다. 이 규칙들은 분명 통일화와 통일화되는 것 사이의 관계,[187] 즉 총체화

187　몇 가지 예를 들어 보자. 전체는 부분의 현행적 의미와 그것의 운명으로서 그 부분에 전적으로 현전한다. 이 경우 부분이 자신의 *규정*(전체의 부정) 속에서 전체와 대립하는 것처럼, 부분들이 자기들끼리 대립하는 것처럼(각 부분은 다른 부분들의 부정이다. 하지만 각 부분은 자신의 총체화 활동 속에서 스스로 규정되고, 전체적 운동이 요구하는 부분적 구조들에게 규정들을 부여하는 전체다.) 전체는 자기 자신에게 대립한다. 그러한 것으로서 부분은 다른 부분들과의

된 부분에 대한 총체화하는 생성의 *효율적인* 현전 방식에 관계된다. 그리고 총체화가 일정한 특징을 가진 몇몇 부분적 구조 속에 현전하는 점에서 스스로 총체화하는 인식 역시 총체화 그 자체다. 달리 말하자면 만약 총체화에 대한 총체화 그 자체의 의식적 현전이 있다면 이것은 총체화가 여전히 형식적인 행동, 종합적으로 통일시키는 모습이 없는 행동의 범위 내에서만 가능할 뿐이다. 그러나 총체화가 통일시키는 것은 바로 분화된 현실들의 매개를 통해서이며, 총체화 운동 그 자체에 의해 이 현실들이 스스로 총체화하는 범위 내에서 이 총체화를 효율적으로 구현시키는 것 역시 분화된 그 현실들의 매개를 통

관계 속에서 전체에 의해 매개된다. 총체화의 내부에서 다양성들은(절대적인 외면성의 관계-양(量)으로서) 스스로 제거되는 것이 아니라 내면화된다. (우리가 집단에 대해 고찰할 때 살펴보게 되겠지만) *100이라는* 사실은 이 100이라는 숫자가 되는 각각의 숫자의 입장에서 보면 다른 99개의 부분과 내면성의 종합적 관계가 된다. 100이라는 사실은 그 자체의 개별적 실재 속에서 100번째라는 숫자적 성격에 의해 변형된다. 그리하여(헤겔 이후 엥겔스가 선언한 것처럼) 양(量)은 외면성의 관계까지 재내면화하는 전체 속에서만 질(質)로 변화할 수 있을 뿐이다. 이처럼 전체는(총체화하는 행위로서) 부분들 사이의 관계가 된다. 달리 말하자면 총체화는 내면적 관계로서 부분들 사이의(그것들의 규정 속에서 고찰된) 매개인 것이다. 총체화의 내부에서 그리고 이 총체화에 의해 각 부분은 다른 각 부분과의 관계 속에서 모든 부분에 의해 매개되고, 각 부분은 모든 부분 사이의 매개체다. 부정(규정으로서)은 각 부분이 다른 각 부분, 다른 모든 부분 그리고 전체와 맺는 종합적 연결이 된다. 그러나 이와 동시에 상호적으로 서로를 조건 짓는 부분들의 연결된 체계는 절대적 통일화(행위로서) 전체에 대립한다. 그리고 이것은 작동 중인 이 체계가 진행 중인 종합으로서의 전체의 구현 그 자체로서, 그리고 현전하는 실재(지금, 여기)로서만 존재하고 또 존재할 수 있을 때만 그러하다. 이와 같은 방식으로 두 개의(또는 n+1개의) 부분이 그들 사이에 맺는 *종합적 관계*들은(왜냐하면 이 부분이 전체의 유효한 구현이므로) 그 부분을 각각의 다른 부분에, 연결된 체계로서의 모든 부분에, 따라서 진행 중인 종합, 모든 부분의 효과적인 현전 그리고 표면적 조직화라는 삼중의 활동 아래에서 전체에 대립시킨다. 지금 문제시되는 것은 추상적인 몇몇 예일 뿐이다. 그러나 이 예들만으로도 진행 중인 총체화 속에서 내면성의 관계들이 갖는 의미를 충분히 보일 수 있다. 위와 같은 대립들이 정태적이지 않음은 당연하다.(만약 총체화가 총체성으로 완결된다면 그 대립들은 정태적일 수도 있다.) 그러나 이 대립들이 진행 중인 행위를 이 행위의 실천적인 유효성 속에서 표현한다는 점에서 내부 영역을 끊임없이 변화시킨다는 것 역시 당연하다. 내가 **전체**라고 부르는 것이 총체성이 아니라 총체화의 통일이라는 것 또한 분명하다. 이것은 이 행위가 총체화된 다양성 속에서 다양화되고 구현되는 한에서 그러하다.(원주)

해서다. 이와 같은 지적을 토대로 우리는 *비판적 연구*의 첫 번째 특징을 규명할 수 있다. 이 연구는 총체화 작용의 *내부에서* 이루어지며, 총체화하는 운동에 대한 관조적 포착일 수 없다. 또한 인식된 총체화의 독립적이고 개별적인 총체화일 수도 없다. 그러나 이 연구는 이 총체화가 그것을 이루는 모든 부분 속에서 구현되며, 그 몇몇 부분의 매개에 의해 그 총체화 자체에 대한 종합적 인식으로서 스스로를 실현하는 한에서 진행 중인 총체화의 실질적인 계기다. 실천적으로 보아 이것은 비판적 연구가 어떤 사람이든지 그의 반성적 경험일 수 있고 또 그래야만 한다는 것을 의미한다.

(5) 그럼에도 불구하고 우리가 방금 이용한 개념을 심화시키고 또 동시에 거기에 제한을 가할 필요가 있다. 연구는 *반성적이어야* 한다는 말은 실제로 다음과 같은 사실을 의미한다. 이 연구가 그 자체의 여러 계기의 개별성 속에서 진행 중인 총체화와 구분되지 않는 것과 마찬가지로 반성 역시 인간의 실천과 구분되지 않는다는 것이다. 나는 다른 곳에서[188] 반성을 기생적이고 구분되는 의식이 아니라 몇몇 "의식들"의 특별한 구조로서 고찰해야 한다는 사실을 밝힌 바 있다.[189] 만약 총체화가 현실의 한 영역에서 진행된다면 이 총체화는 특정 상황에서 발생하는 특수한 시도일 수밖에 없다. 그리고 인식론적 관점에서 보면 이 총체화는 그것을 밝혀 주는 보편소들을 만들어 내며, 이 보편소들을 내면화하면서 *개별화한다.*(실제로 이런 방식으로 인간을 포함하여 **역사**에 의해 형성된 모든 개념은 개별화된 보편소들이며, *이와 같은 개별적 시도의 바깥에서는 아무런 의미도 가지지 못한다.*) 비판적 연구는 이 시도의 한 계기일 수밖에 없다. 달리 말하자면 이 총체화의 시

---

188   사르트르의 『자아의 초월성(*La Transcendance de l'Ego*)』 참고.
189   『존재와 무』, 2부 2장 참고.(편집자 주)

도는 이 시도가 전개되는 과정의 한 계기에서 발생하는 이 시도 자체에 대한 비판적 연구로서 이루어진다. 그리고 이 비판적 연구는 반성에 의해 개별적 운동을 파악한다. 이것이 의미하는 바는 행동이 반성적 구조를 스스로에게 부여하는 개별적 계기가 바로 이 연구라는 사실이다. 이처럼 변증법의 보편소들 —— 가지성의 원리와 법칙 —— 은 개별화된 보편소들이다. 추상화와 보편화를 위한 모든 노력은 결국 *이런 시도에 대해* 지속적으로 가치를 갖는 도식들을 제공하게 된다. 우리는 앞으로 형식적인 외삽법을 어느 정도까지 생각할 수 있는가를 보게 될 것이다.(아직까지 모르고 있던 다른 존재론적 영역들 역시 총체화라는 추상적인 가정하에서 말이다.) 그러나 어쨌든 이와 같은 외삽법이 지식 행세를 할 수는 없다. 만일 그것이 가능하다면 그 유일한 효용성은 연구가 이루어지는 총체화하는 시도의 특수성을 더 잘 밝혀 주는 데 있다.

(6) 이와 같은 설명을 통해 우리는 "어느 누구라도"라는 말을 어떤 의미로 사용하였는가를 이해할 수 있다. 만약 총체화가 비판적 의식의 한 계기를 총체화하는 실천의 필연적 화신을 자처한다면 이 계기가 언제 어느 곳에서든지 나타날 수 없음은 자명하다. 이 계기는 그 자체의 출현 양식에서와 마찬가지로 심오한 현실에서 이 총체화를 특징짓는 종합적 규칙에 의해서만이 아니라 이 계기가 극복하고 또 그 규칙에 따라 자기 안에 간직해야 하는 선행 조건들에 의해 조건 지어진다. 이 주장을 좀 더 잘 이해하기 위해 나는 이렇게 말할 것이다. 이는 가정인데, 만약 우리에게 있어서 총체화의 영역이 인간의 **역사**라면 **변증법적 이성**은 역사적 총체화를 통해 변증법이라고 명명되는 개별화된 보편자가 만들어지기 전에는 출현할 수 없다. 그러니까 총체화가 헤겔과 마르크스의 철학을 통해 대자적으로 정립되기

전에는 출현할 수 없는 것이다. 이 변증법적 이성은 또한 변증법적 합리성이라는 개념 자체를 흐려 놓았으며, *실천과 이 실천을 밝혀 주는 인식 사이의 새로운 결렬을 낳은 오류 이전*에도 나타날 수 없다. 실제로 **비판**은 진리를 거짓과 구분해야 할 현실적인 필요성, 총체화하는 활동들에 유효성을 주기 위해 이 활동들의 범위를 제한하려는 필요성에서 태어나며, 이 경우에 이 말의 어원적인 의미를 갖는다. 달리 말하자면 비판적 연구는 스탈린적 관념론이 실천과 인식론적 방법을 동시에 경직화시키기 전에는 우리 역사 속에서 이루어질 수 없다. 이 비판적 연구는 우리들의 것인 *하나의* **세계**에서 스탈린 이후의 시대를 특징짓는 *재질서화*에 대한 지적 표현으로서만 나타날 수 있을 뿐이다. 또한 어느 누구라도 비판적 연구를 실현할 수 있다는 사실을 우리가 알아낸다고 해도, 이것은 이 시도를 감행하는 시기가 확정되어 있음을 의미하지 않는다. 문제가 되는 것은 바로 *오늘날의 어느 누구*다.

그렇다면 "어느 누구라도"란 무엇을 의미하는가? 우리는 이 표현을 통해 다음을 말하고자 한다. 만약 역사적 총체화가 존재할 수 있어야 한다면 어떤 인간의 삶도, 이 삶이 모든 것 그리고 모두와 대립한다는 점에서 모든 것(총체화하는 운동)과 모든 삶에 대한 직접적이고 간접적인 표현이라는 사실이다. 따라서 그 어떤 인간의 삶에서도 총체화는 맹목적이고 원칙이 없는 *실천*과 경직화된 사유 사이의 결렬을(그러나 상황에 따라 다소간 분명하게) 실현하게 된다. 달리 말하자면 변증법의 불명료화는 총체화하는 활동과 세계의 한 계기인 것이다. 이처럼 불안을 통해, 때로는 결렬 속에서 체험된 이러한 모순을 통해 총체화는 각자에게 그 자신의 개인적인 미래와 마찬가지로 인간의 실제 시도의 더 상세하고 더 통합되고 더 풍부한 새로운 계기를 나타내 주는 지적인 도구들을 재검토하기를 명령한다. 실제로 오늘날 변증법 그 자체에 대해 물음을 던지려는 수많은 시도가 — 모두 다 흥미롭고 이론의 여지가 있다(물론 우리의 것도 포함해서) — 나타나는 것을 목격한다. 이는 다음을 의미한다. 비판적 연구의 기원은 그 자체로 변증법적이다. 그뿐 아니라 각자에게서 반성적이고 비판적인 의식의 출현은 각자의 실제 삶(전체의 표현으로 여겨지는)을 통해 역사적 총체화의 계기를 파악하기 위한 개인적인 시도로서 정의된다. 이처럼 총체화에 대한 비판적 연구는 그것의 가장 직접적이고 가장 피상적인 특성 내에서 보자면 연구자의 삶이 반성적으로 삶 자체를 반성하는 한에서 그 연구자의 삶 자체다. 추상적인 용어로 말하자면 총체화의 한 영역 안에서 살아가는 단 한 명의 사람만이 그를 총체화의 운동에 합류시키는 내면적 관계를 파악할 수 있다.

(7) 이와 같은 지적들은 내가 「방법의 문제」에서 고찰된 총체들과 관련해 연구자 스스로를 *상황 지*으면서 사회 문제들을 다룰 필요성에 대해 지적한 것과 일치한다. 이 지적들은 또한 인식론적 출발점은 항상 자기에 (대한) 논리 필증적 확신, 이런저런 대상에 *대한* 의식과 같은 *의식*이어야 한다는 사실을 상기시킨다. 그러나 이때 문제는 의식 그 자체에 대해 질문하는 것이 아니다. 의식이 스스로에게 부여해야 하는 대상은 정확히 **삶**, 즉 타자들 세계 속의 연구자라는 객관적 존재고, 이것은 태어나서부터 죽을 때까지 스스로를 총체화할 존재다. 이로부터 이 개인은 역사적인 범주들에서 사라지게 된다. 예를 들어 소외, 실천적-타성태, 집렬체, 집단, 계급, **역사**의 구성 요소들, 노동, 개인적이며 공동적인 *실천* 등 이 모두를 그는 내면성 속에서 체험해 왔고 하고 있다. 만약 **변증법적 이성**의 운동이 존재한다면 이와 같은 삶을, 특정 계급, 특정 계층, 특정 집단 등에 소속되는 일 따위를

만들어 낸다. 그가 속한 공동체의 변천들을 통해 개인의 성공과 실패, 행복과 불행을 야기하는 것이 바로 총체화 자체다. 이 개인의 사랑이나 가족 관계를 통해, 그가 맺는 우정과 그의 삶에 영향을 준 "생산관계"를 통해 드러나는 것도 바로 변증법적 관계들이다. 이런 사실을 토대로 이 개인의 삶에 대한 이해는 인간적 시도 전체 속에서 이 삶의 변증법적인 가지성을 찾기 위해 이러한 삶 자체의 특수한 규정을 부정하는 데까지 나아가야 한다. 물론 나는 여기서 다음과 같은 자각을 염두에 두고 있지 않다. 이 개인이 속하는 계급의 구체적인 역사로부터, 이 계급의 모순으로부터, 다른 계급에 대항하는 이 개인의 투쟁으로부터 이와 같은 삶의 *내용*을 파악하게 해 주는 그런 자각 말이다. 우리가 복원하려는 것은 인류의 실제 역사가 아닌 바로 **역사의 진리**다.

따라서 연구자를 규정하는 인간관계에서 출발하여 내면성의 관계들(그런 것이 존재한다면)의 특징 포착을 겨냥하는 비판적 이성이 문제다. 만약 이 연구자가 **역사**에 의해 총체화되어야 한다면, 중요한 점은 여러 다른 구조를 가진 인간적 총체들에 이 개인이 속한다는 사실을 추체험하는 것, 또한 이 총체들을 구성하고 규정하는 실천을 통해 이 총체들의 실재성을 결정하는 것이다. 그리고 개인이 직접 이처럼 이질적인 여러 총체(그 어떤 다른 개인의 경우에도 마찬가지인데) 사이의 매개임을 고려한다면 그의 비판적 연구는 이 매개적 관계가 그 자체로 총체화의 표현인지를 알아내야 한다. 요컨대 만약 **역사**의 통일성이 존재한다면 연구자는 이 통일화의 변증법적 운동 속에서 자신의 삶을 **전체**로서, **부분**으로서, **전체**에 대한 **부분**들의 관계로서, 그 **부분들** 사이의 관계로서 파악해야 한다. 그러니까 자기 삶을 규정하는 부정에 대한 단순한 실천적 부정에 의해 개인적인 삶에서 **역사**로 비약

할 수 있어야 하는 것이다.

이런 관점에서 보면 우리의 연구 순서는 분명해진다. 우선 후진적 (régressive)이어야 한다. 방법으로서 변증법의 종합적 운동과 반대로 (생산과 생산관계에서 집단들의 구조로, 이 집단들의 내부 모순으로, 상황으로, 필요하다면 개인으로 향하는 마르크스적 사유의 운동과 반대로) 비판적 연구는 직접적인 것에서 출발한다. 다시 말해 점점 더 심오한 조건화들을 통해 타자와 맺는 실천적 관계들의 총체성을 재발견하고, 그렇게 해서 실천적인 다양한 구조들까지 다시 발견하며, 이 실천적 다양성의 모순과 투쟁을 통해 절대적인 구체성을 재발견하고자 자신의 추상적인 *실천* 속에서[190] 자기 자신에 도달하는 개인으로부터 출발한다. 결국 이 개인 — 질문을 받는 질문자 — 은 *나*이며 또한 그 누구도 아니라는 뜻이다. 남은 문제는 집합태들과 집단들의 *관계*다. 소속을 체험한 관계를 통해 우리는 — 사라지는 *나*에 대해 — 여러 다른 사회적 구조가 지닌 역동적 관계 — **역사**를 통해 이 관계가 변화되는 한에서 — 를 파악하게 된다. 예를 들어 우리는 집단이 집합태의 해체 위에서 구성될 때 그 집단을 포착한다. 이와 마찬가지로 공동 *실천*의 운동 자체와 해체를 통해 몇몇 집단의 사회성으로의 회귀를 파악하게 된다.

(8) 그럼에도 우리는 비판적 연구의 중요한 차원 하나를 소홀히 했다. 과거의 차원이 바로 그것이다. 인간적 시도 안에서 *내*가 어떻게 실제로 용해되는가를 우리는 잘 알고 있다. 하지만 여전히 공시적

---

190 나는 여기에서 "추상적"이라는 말을 *불완전한*이라는 의미로 사용하고 있다. 개인도 자신의 개별적인 현실성에서 보면 추상적이지 않다.(그는 구체성 자체라고 할 수 있다.) 그러나 이것은 그의 존재에서 역사적 주체이자 **역사**의 산물로서 그를 구성하는 점점 더 심층적 결정 요인을 재발견한다는 *조건하에서* 그러하다.(원주)

지평에 머물러 있다. 어쨌든 총체화는 총체성과 구별된다. 왜냐하면 총체성은 총체화되고 이 총체화는 스스로 총체화하기 때문이다. 이런 의미에서 스스로 총체화한다는 것은 분명히 스스로 시간화한다는 것을 의미한다. 실제로 — 나는 이 문제를 다른 곳에서 다루었는데[191] — 생각할 수 있는 유일한 시간성은 개별적인 시도로서의 총체화가 갖는 시간성이다. 만약 총체화가 진행 중인 총체화로서 발견되어야 한다면, 이것은 단지 이 총체화가 생성되고 또 생성될 것이라는 사실뿐 아니라 이미 *생성되었다는 것*을 뜻한다. 이 경우 개별적인 운동 속에서 *내* 삶은 너무 짧아 총체화의 통시적 흐름을 포착하기를 기대할 수 없다. 만약 할 수 있다면 개인을 구성하는 과거와 총체화하는 관계가 지니는 개인들의 총체화에 대한 상징으로 소용될 수 있는 한에서 가능하다.

이 모든 것은 사실이다. 아니, 만약 우리가 모든 통시적 연구의 문화적 구조를 무시해야 한다면 *사실*일 수도 있다. 그런데 문화가 이질적인 지식들과 날짜들의 덩어리가 아니어야 한다면(간단히 말해 만약 — 이것이 문제인데 — 총체화가 진행 중이라면) 내가 *아는* 것은 나의 안과 밖에 특정한 긴장의 장으로 존재한다. *지식들*은 아무리 그 내용과 출현 날짜가(세계와 나의 문화적인 학습 내에서) 잡다하다고 할지라도 그 내적 *관계*에 의해 연결된다. 게다가 그날까지 이루어진 문화의 전체 *내부*에서 내가 아는 것은 알지 못하는 것에 의해 변증법적으로 조건 지어져야 한다. 우리가 존재하는 이 순간에 이것은 아직 자명해 보이지 않는다. 어떤 것도 문화가 집합, 엄밀히 말해 지층들의 포개기 — 이것의 유일한 관계(그 포개기 그 자체)는 외면적 관계인데 — 가

---

191 『존재와 무』, 2부 2~3장 참고.

되는 것을 막지는 않는다. 절충주의자처럼 내면성 속에서 스스로를 조건 짓는 문화 영역을 고려할 수도 있고, 또 총합으로서 남아 있는 다른 영역, 마지막으로(지식의 성질에 따라) 그 두 가지 특성을 다 가진 다른 영역을 고려할 수도 있다. 이 영역들의 내면적 조건화 — 이것은 변증법적인데 — 에 의해 그 영역들을 정의할 수도, 그 영역들의 관계가 순수한 연속성(또는 몇몇 *외면적* 관계)과 다르다는 것을 부정할 수도 있다.

그러나 **역사**가 스스로 시간화하는 하나의 총체화라면 문화는 그 자체로 시간화하는 그리고 시간화되는 총체화다. *나의 지식들과 금세기의 객관적 문화* 속에서 그 지식들을 특징짓는 "부조화"에도 불구하고 그러하다. 바로 이것이 변증법적 연구가 가능한지 아닌지에 따라 단번에 결정되어야 하는 것이다. 만약 우리가 실제로 일순간이나마 이 연구의 가능성을 상정한다면, 우리는 곧장 *나의* 문화가 지식들과 방법들로 이루어진 "*나의 정신 속*" 주관적 축적으로서 주어질 수 없음을 알게 될 것이다. 그보다는 내가 나의 것이라고 말하는 이 문화를 객관적 문화에 대한 내면성의 참여로 고려해야 한다. 그리고 내가 우선 문화의 가능성을 스스로 정의하는 하나의 사회적 원자인 대신에 그와 같은 참여가 (특정한 정신하에서) *나를 규정하게 된다.* 내가 반성적으로 문화적 총체화와 맺는 내면적 관계를 포착하는 바로 그 순간 문화적 장이라고 불리는 것과 각자가 맺는 종합적 관계로서 나 자신을 드러내기 위해 교양 있는 개인으로서의 나는 사라진다. 이 관계는 그것의 복잡성(나의 매개에 의한 전체와 전체의 관계, 전체와 부분, 전체와 전체의 대립, 부분들의 그 부분과 전체에 대한 대립 등등) 속에서 출현하게 될 것이다. 게다가 — 계속해서 변증법적 연구가 가능하다면 — 바로 이 관계를 통해 총체화로서 그리고 시간화로서의 **문화** 그 자체에 접근하게 된다. 이와 같은 사실을 통해 나는 변증법적으로 인간적 시도의 총체화되고 총체화하는 과거에 의해 조건 지어진다. 문화적 인간(이 표현은 그의 문화가 어떤 것이든 간에, 심지어는 문맹인의 경우에도 모든 인간을 지칭한다.)으로서 과거 천년의 역사로부터 출발해서 나는 스스로 총체화하며, 나의 문화화의 정도에 따라 이 연구를 총체화한다. 이것은 나의 삶 자체가 천년의 역사를 가졌다는 의미다. 나의 실천적 기도들(그리고 여기에 동반되는 규정의 총체)을 나 자신이 이해하고 변경하고 총체화하는 것을 가능케 해 주는 도식들은 *현실적인 것* 속으로 들어갔기 때문이다.(이 도식들은 효율성에 의해서는 현재적이고, 이루어진 그것들의 역사에 의해서는 과거적이다.) 이런 의미에서 보면 통시적 발전(과거적인 것으로서, 그리고 뒤에서 보겠지만 미래적인 것으로서의)은 공시적 총체화 속에서 현재화한다. 쌍방의 관계는 내면적이며, 비판적 연구가 가능함에 따라 내가 개인적 삶의 여러 활동들을 반성적으로 해석하는 순간부터 총체화하는 기도의 시간적 깊이가 드러난다.

분명 여기에서 **개인**은 방법론적 출발점에 지나지 않는다. 그리고 그의 짧은 삶은 자신의 총체화를 시간화하고, 자신의 시간성을 총체화하는 다양한 차원을 가진 인간들의 총체 속에 희석된다. 인간의 개별적 보편이 계속해서 — 나의 반성적인 삶에서와 마찬가지로 직접적인 삶에서도 — 스스로 나타나고, 이 보편이 현실화된 심오한 과거로부터 나의 행동들의 열쇠와 규칙을 주기 때문에 우리는 자신의 후진적인 연구 속에서 이러저러한 기도, 사회적 총체, 실천의 변천들 등을 밝히기 위해 *모든 현재의 지식*을 (적어도 원칙적으로는) 이용할 수 있어야 한다. 달리 말하자면 문화의 첫 번째 사용은 비판적 반성의 비반성적 내용이어야 한다. 비판적 반성이 우선 현재의 개인을 통해 공시성에 도달하는 범위 내에서 그러하다.

몇몇 철학자가 그랬던 것처럼 우리가 아무것도 알지 못한다는 사실 대신 궁극적으로 모든 것을 안다(하지만 이것은 불가능하다.)는 사실을 가정해야 한다. 어쨌든 우리는 모든 지식을 받아들인다. 개인을 구성하는 인간적 총체와 개인이 이 총체들을 체험하는 방식에 의해 그가 총체화하는 인간적 총체를 해석하기 위해서다. 우리들은 이 모든 지식을 받아들인다. 개념화되기 이전의 현실을 발견하는 절대적 무지에 대한 꿈은 18세기의 "착한 원시인"에의 꿈이 그랬던 것처럼 철학적으로 위험한 바보짓이기 때문이다. 사람들은 문맹에 대한 향수를 품을 수도 있다. 그러나 이것 역시 문화적 현상의 하나다. 절대적 문맹은 스스로를 그런 것으로서 인지하지 못한다. 또한 스스로 그렇게 인지할 때, 그것은 벌써 스스로를 제거하려 한다. 이처럼 "우리가 아무것도 알지 못한다고 가정하자."라는 서두(exorde)는 문화의 부정과 마찬가지로 ── 총체화적 시간화의 한 계기 속에서 ── *자신의 이익을 위해* 스스로 모르기를 선택하는 문화에 다름 아니다. 달리 말하자면 이것은 변증법이 자기 스스로를 비판할 정도에 이르지 못했던 시대에 지식을 비판하고자 하는 *전(前) 비판적* 시도와 같다.

이와 반대로 우리의 연구에서는 가능한 모든 수단이 동원된다. 개별적인 삶에서 각자의 실천은 모든 문화를 이용하며, (이 문화가 갖는 인간적인 깊이 속에서) 공시적인 동시에(현실적인 것의 총체 속에서) 통시적이기 때문이다. 또한 우리의 연구는 그 자체로 하나의 문화적 사실이다. **역사**를 방법적으로 재구성하는 일이 그 내용 사이의 유추에 끌려가도록 방치하는 것, 예를 들어 크롬웰 혁명 같은 하나의 혁명을 프랑스 **대혁명**에서부터 해석하는 일은 실제로 금지되어 있다. 이와는 달리 개인들이나 집단들 사이의 형식적인 관계들(예컨대 모든 종류의 내면적 관계)을 파악하고, 실천적 다양성들의 서로 다른 형식적 관계와 이런 다양성 속에서 형성되는 상호 관계의 유형들에 대해 연구할 때 가장 좋은 예는 문화가 제공해 주는 여러 예 가운데서 날짜를 고려하지 않고서도 가장 분명하게 드러난다. 달리 말하자면 변증법은 **역사**의 종말이 아니다. 변증법이 존재해야 한다면 총체화의 근원적 운동으로서다. 분명 변증법은 우선 직접적인 것, 체험된 단순한 *실천*이어야 한다. 그리고 이 변증법은 스스로 총체화하기 위해 시간의 흐름 속에서 그 자체에 영향을 끼침에 따라 *스스로를 발견하게 되며*, 점차 비판적 반성에 의해 매개된다. 그러나 현재의 *실천*이 문제가 되건 과거의 *실천*이 문제가 되건 간에 이러한 반성에 직접적인 것은 정의상 더 이상 존재하지 않는다. 비판적 연구의 현시점에서 현재의 실천은 그것의 구성적 계기에서 반성적인 구조로서 주어진다. 그리고 과거의 실천은, 이 실천이 보존되거나(적어도 흔적에 의해) 재구성된다는 이유로 사람들이 이 실천을 밝힐 때 *이미 매개된* 상태로 있다. 반성적 분열은 여기에서 *거리 두기*가 된다. 그러나 반성적 비판은 재구성적 *실천*(역사가나 민속학자의 실천)이라고 불리는 것의 일부가 되며, 이 재구성적 실천은 —— 그것이 재구성인 한에서 —— 재구성된 실천과 불가분의 관계를 맺는다.(이 재구성적 실천은 과거의 현실, 즉 극복된 현실을 구성한다. 이 현실을 보존하는 현재의 극복을 통하여 그 현실을 다시 발견하면서 말이다. 그리고 이 실천 자체는 되살아난 과거, 즉 이 과거가 실천을 재구성함에 따라 그 실천을 변화시키는 부활된 과거에 의해 구성된다). 게다가 극복된 과거처럼 이 재구성적 실천은 필연적으로 그것 자체의 통시적인 깊이와 같은 것으로 나타나는 우리의 *실천*의 한 부분이다. 이처럼 반성적 비판이 그것의 예들과 명징성을 객관적인 문화에 요구할 때 그 비판은 비판적이고 준반성적 인식이 된다. 게다가 사회적 기억의 내용에 대한 선택은 현행적 *실천*(이 실천이 이 선택의 동기를 부여한다는 점에서)과 동시에 사회적 기억의 내용을 규정한다는 사실을 기억하자. 이 내용이 우리의 *실천*과 더불어 그 실천을 특징짓는 선택을 만들어 냈다는 점에서 그러하다.

이러한 조건에서 **역사**의 종합적인 관계들을 드러내는 것이 문제일 때 반성적 연구와 준(準)반성적 인식은 완전히 동질적이다. 이 관계들의 내용조차도 그것의 물질성에서 보자면 단지 구별하고 차별화하는 일에만 이용되어야 한다. 소크라테스가 살았던 시대에는 우정이 현대의 우정과 같은 의미나 기능을 가지지 못했다는 사실을 지적할 필요가 있다. 그러나 "인간의 본성"에서 모든 신념을 엄격히 배제하는 이와 같은 구분에 의해서까지도 우리는, 개별화된 보편이자 모든 인간관계의 기초인(뒤에서 보게 될) *상호성*의 종합적 관계만을 더욱 분명히 드러나게 할 뿐이다. 이런 주의를 기울인다면 직접 체험하지는 못했지만 ── 문화의 매개에 의해 ── 부분적으로나마 우리의 것이 된 과거 속에서 위와 같은 기본적인 상호성의 가장 좋은 예들을 선택하는 것으로 충분할 것이다. 사실 인간적 시도 전체를 다시 쓰는 것이 아니라 내면적 관계에 대한 비판적 연구를 하는 것, 달리 말해 실질적이지만 어떤 평범한 시도들이나 구조들 또는 사건들에 대해 다음의 근본적인 질문에 답을 주는 것이 문제다. 인간적 시도에서 내면적 관계와 외면적 관계가 각기 맡는 역할은 무엇인가? 만약 이와 같은 전체적 연구 ── 이는 결국 나의 전 생애가 전체 **역사** 속에 용해되는 측면에서 보면 나의 전 생애에 대한 전체적 연구고, 이 전체 역사가 하나의 전 생애 속에 쌓인다는 측면에서 보면 전체 **역사**에 대한 전체적 성찰이다 ── 속에서 우리가 다음 사실, 즉 *내면적 관계*(분석적이고 실증적인 이성) 그 자체는 실천적 다양성들에 의해 *내면화되고*, 또 이 관계가 내면성에 대한 내면적 부정이 될 때 그 다수성들 안에서만(역사의 힘으로서) 행동한다는 사실을 밝히려 한다면[192] 우리는 이와 같은 연구로 진행되는 총체화의 한복판에 위치하게 될 것이다.

(9) 그러나 우리의 의도는 단지 총체화의 존재론적 영역이 존재한다는 사실과 우리가 그 영역 안에 위치해 있다는 사실만을 밝히는 데 있지 않다. 실제로 **변증법적 이성**이 존재해야 한다면 총체화 운동은 모든 곳에서 언제나 우리에게 *가지적*이어야 한다. 적어도 이론상으로는 그러하다.(우리가 어떤 사건을 이해하기 위한 정보가 불충분할 수 있다. 그러나 설령 이런 경우가 아주 빈번하더라도, *이론상의* 가지성은 우리의 경험에 의해 보장되어야 한다.) 여기에서 문제가 되는 것이 바로 제2의 가지성이다. 앞에서 살펴본 대로 제1의 가지성은 — 이것이 가능해야 한다면, 즉 무엇인가가 총체화하는 시간화로 존재한다면 — 변증법의 법칙들을 총체화의 계기들로 환원하는 데 있다. *선험적으로 우리 내부에서* 원칙들을(즉 사유에 불투명한 한계들을) 파악하는 대신에 우리는 *객관성* 안에서 변증법을 파악해야 하며, 그것을 총체화 운동으로서 이해해야 — 우리들 각자가 개인이자 인간 역사*의 전체*라는 이중의 관점에서 이 변증법을 *만들고* 또 그러면서 이것을 받아들이는 범위 내에서 — 한다. 그러나 제2의 가지성은 **변증법적 이성**이 갖는 반투명성이 아니다. 이것은 총체화의 부분적인 계기들에 대한 가지성으로, 스스로의 시간화 과정에서 이루어지는 총체화 자체의 도움, 그러니까 변증법적 도식들의 비판적 적용을 통해 이루어진다.

우리는 **변증법적 이성**을 **자연 과학**에 적용하는 경우 이것이 "구성적"일 수 없다는 사실을 보았다. 달리 말하자면 이 경우 변증법적 이성은 **실증적 이성**에 의해 정립된 엄밀하고도 양적인 법칙 너머에서

---

192 예컨대 우리는 뒤에서 다수성이 스스로 집단이 되기 위해 어떻게 자신의 수(數)(외면성으로서의 자신의 질(質))를 내면화해야 하는지 보게 될 것이다.(원주)

이루어지는 총체화의 공허한 관념에 불과하다. 그러나 우리가 그 *내부*에 있고 또 우리들 *자신이기도* 한 총체화 속에서 이 **변증법적 이성**은 *어쨌든* 역사적 사실들의 이해를 위해 그것이 가진 우월성을 증명해야만 한다. 즉 이 이성은 자신의 총체화하는 활동의 내부로부터 실증적이고 분석적인 해석을 용해시켜야만 한다. 원칙상 이 변증법적 이성은 모든 실증주의에서 벗어나는 구조들, 관계들, 의미 작용들을 드러내야 한다. 게다가 사건 자체는 (우리가 완전한 정보를 갖는 극단적인 경우를 가정한다면) 투명해져야 한다. 그러니까 이 사건 자체는 **변증법적 이성**에 의해서만 투과될 수 있는 것으로 드러나야 한다. 총체화하는 요소들이 그 자신들의 모순을 극복하면서 총체화의 새롭고 환원 불가능한 계기를 생산해 내는 운동 그 자체가 우리에게 실재와 동시에 설명으로 나타나야 한다는 뜻이다. 달리 말하자면 만약 **변증법적 이성**이 존재한다면 이 이성은 환원 불가능한 새로움에 대한 — 이 새로움이 환원 불가능한 한은 — 절대적 가지성으로 정의되어야 한다. 새로운 사실들을 과거의 사실들로 귀착시켜 설명하려고 하는 실증적이고 분석적인 노력과는 정반대다. 또한 어쨌든 실증주의의 전통이 우리 생활에 오늘날까지 너무도 깊이 뿌리를 내리고 있어서 여기에서 가지성에 대한 요구는 역설적인 것처럼 보인다. 새로운 것은 *그것이 새로운 것인 한* 인식에서 벗어나듯 보인다. 사람들은 새로운 특성을 갑작스러운 출현으로 받아들이거나 기껏해야 그 특성의 환원 불가능성은 잠정적이라고, 또 분석을 통해 나중에 옛 요소들을 발견해 내게 될 것이라고 가정할 뿐이다. 그러나 새로운 것은 정확히 인간에 의해 세계에 출현한다. 실천적 장의 부분적이거나 전체적인 재구성을 통해 자신의 모습과 기능의 새로운 통일 속에서 새로운 도구를 생산해 내는 것은 (색깔이나 냄새와 같은 지각의 차원에서조차도) 바로 그 인간의 *실천*이다. 인간들의 세계에서 ─ 생산자들의 실천과 상응하여 ─ 그 도구를 유지하고 또 그것을 이용함으로써 소위 자기 실천의 "요소들"을 결합함으로써 인간들에게 보존시키고, 그들을 위해 자신의 환원 불가능성을 보존하도록 하는 것 역시 바로 이 도구를 이용하는 자의 *실천*이다.

기술의 수준, 사유라는 보편적 기술의 수준에서 보면 "인간이라는 실재"는 종합(synthèse)이다. 우리는 이를 잘 안다. 또한 ─ 나는 이 점을 뒤에서 자세히 검토할 것인데 ─ **분석적 이성**은 종합적 변형이며, 이 변형에 대한 사유는 의도적으로 이루어진다는 사실도 잘 안다. 이 사유는 스스로 사물이 되어야 하며, 외면성에서 스스로를 잘 통제해야만 한다. 그 사유가 고찰하는 대상의 자연적 환경이 *자기 내부에서*, 즉 외부에 의해 조건 지어진 것으로 스스로를 규정하는 터전으로서의 사유가 되기 위해서다. 뒤에서 자세히 검토하게 되겠지만 바로 이 점에서 실천적 유기체가 타성태에 작용하기 위해 스스로 타성태화할 때 이 사유는 모든 수준에서 유기체의 규칙에 복종한다. 그러나 사유는 스스로 변신의 대상이 되면서 그 변신을 지도하고, 그 자체가 연구하고자 하는 타성태적 체계와 관련하여 그 변신을 실현한다. 그 사유는 움직이고 있는 신체의 법칙이 되거나(우선 정해지지 않은 도식으로서 그리고 이 특수화한 법칙이 *되기 위해*) 혹은 (이와 같은 결합이 총체화가 될 수 없다는 단순한 *선험적인 확신으로서*) 화학적 결합의 규칙이 된다.

이처럼 자연법칙들의 보편적이고 순수한 도식으로서의 **분석적 이성**은 하나의 종합적 변형의 결과에 불과하다. 달리 말하자면 **변증법적 이성**의 하나의 실천적 계기일 따름이다. 변증법적 이성은 도구-동물들과 마찬가지로 몇몇 영역에서 *자신의 타성태를 통해 타성태를*

해석하는 준비유기적(quasi-inorganique) 잔유물로서 스스로를 만들어 가면서 자신의 유기적 힘을 이용한다. 과학적 사유는 이 내부 운동에서 보자면(경험과 가설의 발명) 종합적이고, 그 사유 자체의 노에마적 투영에서 보자면(현재 상태에서의 여러 **자연 과학**이 문제가 된다면) 분석적이다. 과학적 사유의 가설들은 이것들의 통일화 함수($y=f(x)$)에 의하면 종합적이고, 실질적 내용의 분산적 타성태에 의하면 분석적이다. 뒤에서 다시 살펴보겠지만 ── 우리의 연구가 성공적으로 끝난다면 ── **변증법적 이성**은 자연적 외면성에 대한 외면적 관계로서 **실증적 이성**을 끊임없이 지지하고 지도하고 재발견한다. 그러나 특정 곤충류의 키틴질 껍질처럼 만들어진 이러한 **분석적 이성**은 **변증법적 이성** 안에서만 그 근거와 가지성을 가진다. 만약 어떤 경우에 한 대상의 통일성 그 자체가 외부적 힘으로부터 그 대상에게 오는 것이 사실이고 가지적이라면, 그리고 ── 점차 ── 이 힘 자체가 **우주**의 무한한 외면성에 의해 조건 지어진다면 이는 인간이 이 **우주** 안에 존재하고 또 이 우주에 의해 엄격하게 조건 지어져 있기 때문이다. 또한 모든 *실천*(따라서 모든 인식)은 분자의 분산을 통일시켜야만 하기 때문이다.(그 실천이 하나의 도구를 만들어 내든지 아니면 한 집단 내에서 사회적 다양성을 내면화하면서 그것을 통일시키든지 간에 그러하다.) 이처럼 **자연 과학**은 그 내용에 의해 분석적인 반면 과학적 사유는 특수한 과정 때문에 분석적이며 동시에 그것의 심오한 의도 때문에 종합적이다.

그러나 총체화가 존재한다면 유기적이고 창조적인 사유가 그 자체로 인류의 *비가지적 사실*이라고 생각해서는 안 될 것이다. 또한 이 사유라는 것이 자연 과학의 방법들과 지식들을 통해서만 우리가 알게 되는 뭔지 모를 무의식적 활동이라고 생각해서도 안 된다. 수학적 논증이나 경험적 증명을 이해하는 것은 사유의 과정과 그 방향을 이해하는 것과 같다. 달리 말하자면 계산의 분석적 필연성(등식 체계로서, 따라서 변화가 없는 상태로의 환원으로서)과 새로운 인식의 확립을 향한 동등 가치의 종합적 방향을 한꺼번에 파악하는 것이다. 사실 어떤 엄밀한 논증이 새로운 것을 옛날 것으로 환원시키는 일이 일어난다 할지라도 여전히 모호한 가설만이 존재한다. 그리고 어쨌든 *진리*가 없는 곳에서 *증명된* 하나의 인식은 **지식**과 이것의 실천적 적용의 질서 속에서 환원 불가능한 새로움으로 나타나야 한다. 그리고 이와 같은 환원 불가능성에 대한 완전한 가지성이 존재하지 않는다면 (실험을 하는 학자나 이 학자의 발표를 듣는 학생에게서) 목표에 대한 의식도 논증의 점진적 과정의 파악도 존재하지 않을 것이다.

자연 과학은 이처럼 *기계*의 구조를 가진다. 하나의 총체화적 사유가 이 기계를 지배하고 풍부하게 하며, 이것의 응용을 고안해 낸다. 이와 동시에 이 운동의 통일성(즉 축적)이 *인간을 위해 기계적* 질서에 속하는 총체들과 체계들을 총체화한다. 내면성은 외면성을 내면화하기 위해 자신을 외면화한다. *실천*(*개인적 실천*을 말한다.)의 투명성 그 자체는 부정(*상황에서 그 실천이 부정하는 것을 총체화하는*)과 기도 사이의 불가분의 관계에서 기인한다. 이때의 기도는 추상적인 — 여전히 형식적인 — *전체*와의 관계 속에서 정의되고, 실천 주체가 미래에서 행하는 기도이며 부정된 상황 속에서 재조직화된 통일로서 출현하는 기도이다. 이런 의미에서 하나의 기획의 시간화는 투시될 수 있다. 이 시간화는 이것을 조건 짓는 미래에서 출발하여(즉 실천에 의해 실현되어야 할 것으로 인식되는 *전체*에서 출발하여) 이해되기 때문이다.

이처럼 부정은 부정하는 행위 그 자체에 의해 잠정적인 총체성을 만들어 낸다. 이 부정은 부분적이기 *이전에* 전체적이다. 그리고 이 부정이 거부된 상황의 특수한 구조를 부정하는 결정은 잠정적인 총체화의 기초 위에서 내려진다. 부정의 특수화는 순수한 *분석*이 아니다. 반대로 하나의 변증법적 계기다. 제2의 구조는 잠정적인 전체 속에서 총체성을 표현하는 것으로, 이 총체성 자체가 변화되어야만 변화할 수 있는 것으로(또는 심지어 총체성의 선행적인 변화에 의해서만 변화 가능한 것으로) 나타난다. 정확히 위와 같은 통일(그리고 총체화된 영역에서 스스로 이루어지는 발견)이 곧 가지성이다. 이때 (거부 또는 기도의) 현행적 통일처럼 자기 자신에 대해 투명한 인간의 *실천*이 자신의 실천적 이해(이해한다는 것은 — 그 어떤 기술자에게 있어서도 — 전체를 보는 일이다. 예를 들어 어떤 수선 기계가 가진 기능 전체, 그리고 이로부터 *출발해서* 그 기능을 연결해 주는 세부 구조를 찾는 일이 바로 이해한다는 것이다.)를 통일된 다양성의 총체화적 파악으로 규정하는 범위 내에서 그러하다.

결국 우리가 곧 살펴볼 사실, 즉 총체화는 다양화되며 통합은 그것에 비례해서 강화된다는 사실이 중요하다. 그러나 이것은 당장 미래에서 과거로(예컨대 작동 중인 기계) 넘어가는 것을 의미한다. 수선은 수선해야 할 대상의 통일성을 시간적 추상으로서, 이와 동시에 재구성해야 하는 미래의 상태로서 파악하는 것이다. 이런 사실을 토대로 실천 주체의 모든 행보는 잠정적인 총체성의 지속적인 재총체화로서 *미래*를 통해 이해된다. 그리고 시간화에 의해 그 자체로 재총체화된 이 계기들의 총체가 정확하게 원초적인 가지성이다. 실천의 주체는 자기 자신과 자신을 에워싼 주변 환경을 통일시키는 통일성으로서 자기에게 투명하기 때문이다. 이런 의미에서 주체의 활동 그 자체(이 새로운 것이 외부에서 오는 것이 아니라 이 활동에 의해 *생산되는* 점에서) 내에서 *새로운 것*은 즉각적으로 그에게는 가지적이다. 왜냐하면 이 실천의 주체에게 이 새로운 것은 자기 자신에 고유한 *실천적 통일성* 이외의 다른 것 — 주체가 통일성을 끊임없이 자기 밖에서 항상 심화되는 다양성의 보증으로서 만들어 내는 한에서 — 이 아니기 때문이다. 이처럼 변증법적 가지성은 실천적 총체성에 대한 모든 새로운 결정의 가지성 위에 기초한다. 물론 이와 같은 결정이 이전의 모든 결정의 총체화하는 유지와 극복 이외의 다른 것이 아니라는 점에서, 이와 같은 극복과 유지가 실현되어야 할 하나의 총체성을 통해 밝혀진다는 점에서 그러하다.[193]

이러한 지적들이 우리가 곧 착수할 비판적 연구를 예단하는 것은 아니다. 단지 이 연구의 의도만을 보여 줄 뿐이다. 개인적인 *실천*이 어떤 차원에서 그 자체에 대해 투명하든, 이 실천이 이와 같은 투명성을 통해 완전한 가지성의 모델과 규칙을 제공해 주든 — 비록 우리가 그것을 아직 증명하지 못하고 있음에도 — 이 연구를 수행하는 것은 가능하다. 인간의 사유(이것이 그 자체로 *실천*이고 실천의 계기인 한)가 근본적으로 새로운 것의 인지로서(목적에 따라 밝혀지는 행동과 관련된 여건의 지속적 재조직화로서) 특징지어지는 것은 적어도 가설로서 여전히 용인될 수 있다.[194] 그러나 우리는 문제가 거기에 있지 않음을 너무나

---

193 이와 같은 총체성은 실천적 총체화의 한 계기에 불과하다. 만약 행위 주체가 이 총체화를 결정적인 것으로 간주한다면 그 까닭은 다양화하는 순수한 통일성의 외면적 이유들 때문이다. 예를 들어 그것의 공리성이 그러하다. 게다가 이렇게 만들어진 총체성은 이 총체성의 실현이 이것 자체를 근원적 타성태와 순수한 외면성 속으로 떨어뜨리는 정도에 따라 주체로부터 벗어난다는 사실을 나중에 보게 될 것이다.(원주)

194 미래의 총체성이라는 관점에서 보면 조직화된 체계 각각의 새로운 상태는 실제로 *앞선-새로움*이다. 그 새로운 상태가 다가올 통일에 의해 *이미 초월되었다*는 점에서, 그것이 자신의 가지성을 내보이기에 *충분히 새롭지 않다*는 점에서 그러하다. 기하학적인 논증과 비교되는 직관적인(그리고 변증법적인) 명증성의 간단한 예를 하나 들어 보겠다. 임의의 한 점에서 하나의 원과 교차하는 하나의 직선은 다른 한 점에서 그 원과 교차해야 한다는 것은 아주 *명백* — 우선 그리고 특히 어린아이에게서 — 하다. 어린아이든 글을 알지 못하는 성인이든 누구나 이 진리를 원 위에서 파악하게 될 것이다. 그들은 칠판에 그려진 직선에 대해서 말할 것이다. 원 안으로 들어간 그 직선은 밖으로 나와야 하기 때문이다. 하지만 수학자는 이와 같은 소박한 명증성으로 만족하지 못한다. 그에게는 논증이 필요하다.

우선 우리가 알고 있는 모든 이유 때문에 그러하다.(그리고 그 이유는 기하학을 엄밀한 체계로 만든다. 이것은 하나의 지식이 하나의 체계에 자리를 잡으려면 논증되어야 한다, 다시 말해 기하학에 고유한 규칙에 따라 증명되어야 한다는 사실을 내포한다.) 그러나 무엇보다도, 방금 내가 위에서 지적한 직관적 명증성은 변증법적인 데 반해 논증은 분석적이기 때문에 그러하다. 사람들은 원이라는 지각 가능한 대상을 없애고 그것을 생각으로 포착하여 그것의 고유한 특징 가운데 하나로 대치시킨다. 문제가 되는 원의 내부에 그 원주상의 모든 점으로부터 같은 거리에 있는 점이 하나 있다. 원주상의 모든 점은 중심이라고 불리는 점으로부터 같은 거리에 있다. 그러므로 한 점, 즉 중심이라고 명명된 한 점을 가정하자. 반지름이라고 불리는 한 선분의 직선에 의해 우리는 이 점과 다시 만난다. 이렇게 해서 다음이 증명된다. 첫 번째 반지름과 같은 선분에 의해 중심과 만날 수 있는 또 다른 점이 직선 위에 존재한다. 이때 이 논증은 우리의 관심을 끌지 못한다. 우리는 필연성을 논할 때 이를 다시 거론하게 될 것이다.

그러나 우리에게 있어서 중요한 것은 이 논증이 "궤적"의 타성태적 가분성을 위해 원(圓)-게슈탈트의 감성적이고 질적인 통일을 파괴한다는 사실이다. 게슈탈트가 여전히 존재하므로 논증은 잠재적인 앎 속에 억압된다. 따라서 외면성의 문제가 남는다. 다시 말해 발생적 운동의 잔재가 남는 것이다. 반대로 원-게슈탈트는 감성적인 형태를 훨씬 넘어선다. 그것은 도형에 대한 관념을 품을 때부터 이루어졌으며, 눈이 계속해서 다시 만드는 조직화하는 운동이다. 이러한 사실로부터 출발하여 우리는 공간적 미분화에 대한 이와 같은 인간적 결정이 *실행적*이라는 점 혹은 그 결정이 그 내부에서 에워싸기(enclosure)의 모든 실행을 요약하는 추상적 *실천*이라는 사실을 이해할 수 있다.

이와 마찬가지로 여기서 문제되는 직선은 한정된 점들의 총체가 아니다. 그것은 하나의 운동이다. 한 점에서 다른 점까지의 지름길, 다시 말해 길을 만드는 것인 동시에 이러저러한 동체에 적용되는 엄밀한 법칙인 것이다. 이러한 고찰로부터 출발하여 우리는 문제가 되는 정리(定理)의 *변증법적* 가지성을 이해할 수 있다. 에워싸기의 추상적 이상(理想)인 원은 *둘러싼다.* 곧게 뻗어 나가는 것의 이상인 직선은 *장애물을 부순다.* 또는——직선이 장애물을 부수어서는 안 된다면——요새나 언덕 앞에서 이 직선은 "제자리걸음을 할 것이다." 혹은 벽을 허물거나 터널을 파야 할 것이다. 그러나 무한한 뻗어 나감——따라서 실질적인 장애물이 없는——이 문제되기 때문에 우리는 직접 기하학적 그림 위에서 원 모양의 울타리 너머로 *도달한* 직선을 파악한다. 결국 이 직선의 운동을 칠판이나 크로키 위에서는 나타나지 않는 장소에서 출발하여 파악할 수 있을 뿐이다. 이때 장소는 잠재적으로 우리가 보고 있는 것 속에서 운명, 의미, 의미의 미래처럼 드러난다. 그러나 무한히 후퇴하는 이 미래는 지각을 통한 포착 속에 이미 나타나 있으므로 우리가 직선에서 보는 것은 보지 못하는 것에 비해 *이미* 늦었다. 말하자면 현재는 *이미 지나갔다.* 왜냐하면 동체는 동시에 무한의 장소에 위치하기 때문이다. 선은 흔적이 되며, 흔적은 분산될 준비가 되어 있다.

이렇게 해서 우리는 칠판 위의 한구석에서 (예를 들면) 하늘로 향하는 선분을 보게 된다. 이어서 원(칠판의 복판에 그려진)과 직선의 두 교차점은 도형 속에서 *초월된 과거*로서 나타난다. 도식적인 시간화 작용(직선의 벡터로의 변환이 밝혀 줄 뿐인)은 비록 한정되고 추상적이라고 할지라도 그 직선의 *여정*을 총체화한다. 원과 마찬가지로 직선은, 아무리 모호하다고 할지라도 인간적인 모험에 의해 개별화된다. 그리고 우리가 닫힌곡선(커브)을 횡단하는 이 동체에 *이르*

게 *되었을 때* 사실상 우리가 그 동체로 *되돌아오는 것이다.* 직선이 원을 횡단하는 것을 볼 때 그 직선은 이미 무한에 이른다. 그리고 분명 이와 같은 두 조직의 만남에 관한 인식은 새로운 인식이다. 그러나 여기서 가지성은 두 가지 모순되는 실천(예를 들면 내부와 궤도)에 대한 직관적 파악으로부터 생겨난다.

그런데 두 실천 가운데 하나는 자신의 법칙에 복종하면서 다른 하나를 지배한다. 궤도의 강직한 뻣뻣함과 동체의 절대적 완고함은 궤도의 원의 저항과 타협한다. 저항의 방향은 하나의 *내부*를 창조한다.(그리고 거기서 역시 완성된 운동은 우리가 원을——그 원이 수학자에 의해 그려졌건 아니면 위험에 처한 사람에 의해 만들어진 것이건 간에——총체화된 시간성으로 파악하게 한다.) 생성하는 행위, 말뚝을 모으는 종합 또는 공간의 추상적 요소들의 전체를 지탱하는 종합 작용을 제외하고는 여기에서 이해할 수 있는 것은 아무것도 없다. *새로운 것*은 공간을 나타내는 절대적이며 타성태적 분산 위에 총체화하는 시간화 작용이 남긴 흔적이다. 이 흔적은 가지적이다. 이 흔적이 모으는 분산적 타성태가 그것 자체로 거기에 아무것도 덧붙이지 않는다는 점에서, 생성하는 행동의 고정된 재생산에 불과하다는 점에서 그러하다. 곡선의 모든 점에서 원은 만들어져야 하며 또 이미 만들어져 있다. 곡선의 모든 점에서 이루어져야 할 운동은(구성의 규칙) 이루어진 운동(종합의 시간화된 총체성)으로부터 출발해서 이해되며 그 역 또한 마찬가지다.(감성적 결정의 새로운 불투명성은 그것을 만들어 낸 규칙 내에서 용해되며, 점 하나하나마다 운동의 과거와 미래에 관한 소묘가 된다.)

직선과 닫힌곡선의 관계는 여기서 시간적이고 거의 개별화된 사건으로서 나타난다. 이 관계는 두 개의 서로 모순되고 이미 실현된 명령의 종합이다. 닫힌곡선은 이중으로 외면성에 저항한다. 이 곡선은 하나의 내부를 모든 외부의 힘에 대립시킨다. 그리고 이 내부 안에 내면성을 가두게 된다. 그러나 울타리를 뚫으면서 이 곡선을 횡단하는 *직선*은 내면성의 법칙을 따른다. 이 직선은 자신의 운동을 규정하는 규칙에 따라 그것이 떠나왔던 외부로 되돌아가야 한다. 당장 동체가 "들어오는 것"은 "나가는 것"을 요구한다. 들어옴이 동체를 원의 내부의 결정으로 변화시키기 때문이다. 그러나 역으로 원주를 횡단하면서 직선은 내면적 내용의 외면성을 실현한다. 기하학적 사건의 실제적 가지성을 부여하는 것은 바로 우리 자신과 우리가 다시 행하는 운동을 통해 내면적인 것의 외면화(직선이 곡선에 대해 하는 행위)와 외면적인 것의 내면화(직선은 장애물을 통과하기 위해 스스로 내면화되며, 곡선의 구조에 복종한다.)를 실현하는 새로운 조직이다. 그러나 이와 같은 모순의 종합은 그것의 초월된 새로움 속에서 미래의 총체화로부터 출발해서 해석된다. 다시 말해 이 총체화를 실현해야 하는 유일한 지시에 의해 우리가 실천에 옮기는 행위로부터 출발해서 해석된다.

아주 단순하지만 그래도 이와 같은 고찰을 통해서 우리는 다음을 알 수 있다. 감성적 직관은 단지 공간적인 두 개의 규정이 발생시키는 행위다. 이것은 그 행위 주체가 이중의 전체적 *실천*(직선을 긋고, 원을 닫는 행위)에서 출발해서 자신의 부분적 행위를 이해한다는 의미다. 요컨대 변증법적 명증성은 총체화되는 행위에 의해 진행 중인 행위를 밝히며, 재료의 성질은 정보의 *실천*을 규정하기 위해서만 개입할 뿐이다.(물론 재료가 구체적인 것이 되면 더 이상 그렇지 않다. 우리는 이 점에 대해 더 자세하게 다룰 것이다. 하지만 변증법적 명증성의 원리는 어쨌든 최종 목표에 비추어 진행 중인 *실천*을 파악하는 것이어야 한다.) 만약 실천적 새로움에 대한 이와 같은 직접적 이해가 인용된 예에서 무용하고 거의 유치한 것으로 보였다면 이것은 기하학자가 행

잘 안다. 사실 노동하는 개인을 검토하는 것만이 문제가 아니다. 오히려 **변증법적 이성** 비판은 이 **이성**의 적용 영역과 한계에 관심을 가져야 한다. (여러 개의 진리가 아니고, 심지어 체계적으로 조직화된 여러 개의 진리도 아닌) 하나의 **역사의 진리**가 존재하는 것이 분명하다면 우리의 연구는 다음 사실들을 밝힐 수 있어야 한다. 즉 앞에서 기술된 변증법적 가지성의 형태가 인간의 기도 전체에 적용된다는 사실, 달리 말하자면 우리의 실천적 다양성을 총체화하는 시간성이 존재한다는 사실, 비록 이 총체화가 위대한 총체화를 행하는 주체를 포함하고 있지는 않지만 그래도 이 총체화는 가지적이라는 사실 등등이다. 개인(아마도 "사회적 원자들")이 자신의 존재를 통해서(그러나 개인 자격으로, 또한 그들 노동의 특정한 분야에서) 분산을 총체화한다는 사실을 보여 주는 일과, 그들 가운데 대부분이 그 어떤 분명한 관심도 가지지 않은 채 스스로 가지적으로 총체화한다는 것을 보여 주는 일은 완전히 별개다.

(10) 만약 역사가 총체화이고 개인적 실천들이 총체화적 시간화의 유일한 토대라면 이 개인들 각자에게서 — 결과적으로 우리의 비판적 연구의 범위 안에서 — 진행 중인 총체화를 이것을 표현하기도 하고 감추기도 하는 모순들을 통해 재발견하는 것만으로는 충분

위가 아닌 행위의 흔적에 관심을 가졌기 때문이다. 기하학자는 기하학적 도형이 현실의 추상이 아닌지, 즉 실제 작업의 한계 도식이 아닌지를 알아보는 일에 별 관심이 없다. 그의 관심은 도형을 만들어 내면서 사람들이 이 도형에 부과하는 내면성의 각인 아래에서 근본적인 외면성의 관계를 재발견하는 것이다. 그러나 그렇게 되면 당장 가지성은 사라지고 만다. 실제로 우리는 실천적 종합들을 연구한다. 종합적 행동이 이 행동을 통해 가까워지는 요소 사이에 외면적 관계를 정립하는 것을 가능케 해 주는 순수한 수동적 지시 작용이 되는 범위 내에서 말이다. 우리는 실천적 타성태가 어떻게 실천적 내면화의 수동성 속에서 이와 같은 외면화를 다시 발견하는지, 이 과정을 따라가면서 사람들이 어떻게 소외를 그 근본적 형태에서 정의할 수 있는지 살펴보게 될 것이다.(원주)

하지 않다. 우리 연구는 실천적 다수성(경우에 따라 "인간들" 혹은 **인류**라고 부를 수 있는)이 마구 흩어져 있으면서도 *어떻게* 내면화를 실현하는가를 드러내야 한다. 게다가 우리는 이 총체화 과정의 변증법적 필연성을 발견해야 한다. 사실 얼핏 보면 변증법적 행위 주체들(즉 실천을 만들어 내는 개인들)의 다수성이 제2단계의 원자론을, 다시 말해 다수의 총체화를 야기하는 듯 보이기도 한다. 만약 그렇다면 제2단계에서 **분석적 이성**의 원자론을 다시 발견하게 될 것이다. 하지만 우리는 개인의 *실천*으로부터 출발하기 때문에 이 *실천*으로부터 인간 총체의 다양한 형태로 우리를 유도하는 모든 실마리를 조심스럽게 따라가야 한다. 각각의 경우에서 이 총체의 구조들, 각 요소들로부터 이 총체가 형성되는 실제의 방식, 그것들을 형성한 요소들에 미치는 총체화의 행동을 찾아내야 할 것이다. 그러나 그 어떤 경우에도 이 총체가 개인들 또는 이 개인들의 상호 작용에 의해 생성된다는 것을 밝히는 것만으로는 불충분하다. 역으로 이들이 구성하는 총체들을 통해 개인이 어떻게 형성되는가를 보여 주는 것도 충분치 않다. 오히려 경우마다 이 변형들의 변증법적 가지성을 드러내 보여야 한다. 물론 형식적 가지성이 문제가 된다. 이것을 통해 우리가 의미하는 바는 *실천* — 자아를 의식하는 것으로서의 — 과 복합적인 모든 다수성, 즉 그 *실천*에 의해 조직화되며 *실천-과정*이 되기 위해 그 안에서 실천으로서 자기 자신을 상실하는 복합적인 다수성들과의 관계를 이해해야 한다는 것이다. 하지만 우리가 실천의 이와 같은 변천들에 대한 구체적인 역사를 규정하고자 하는 것 — 이 점에 대해서는 나중에 좀 더 명확하게 다시 다룰 기회가 있을 것이다 — 은 결코 아니다. 우리는 특히 실천적 개인은 전혀 다른 여러 총체들 속으로 편입된다는 사실, 이를테면 내가 *집렬체*(série)라고 부르는 것과 사람들이 *집단*(groupe)이라고 부르는 것들 안으로 편입된다는 사실을 뒤에서 보게 될 것이다. 집렬체가 집단에 선행하는지 또는 그 반대인지를 규정하는 일, 그리고 그것이 근본적으로 그러한 것인지 또는 **역사**의 어느 특별한 순간에 그러한지를 결정하는 일은 결코 우리의 계획 속에 들어 있지 않다. 이와는 정반대로 우리는 집단들이 집렬체로부터 태어나며, 종종 스스로 집렬체화한다는 것을 살펴보게 될 것이다.[195] 따라서 우리 인간들의 무수한 실천들의 부단한 부침으로서의 집렬체에서 집단으로의 이행과 집단의 집렬체로의 이행을 보여 주는 일, 그리고 이와 같은 가역적 과정에 대한 변증법적 가지성을 체험하는 일만이 *전적으로* 중요한 과제가 될 것이다.

이와 마찬가지로 우리가 계급과 계급적 존재를 연구할 때 노동자들의 역사에서 빌려 온 예들을 선택할 수도 있다. 하지만 우리의 의도는 프롤레타리아라고 불리는 이 특수 계급을 규정하는 데 있지 않다. 우리의 목표는 이 예들을 바탕으로 하나의 계급의 구성, 그 총체화(와 탈총체화) 기능, 그리고 이 변증법적 가지성(내면성과 외면성의 관계, 내면적 구조, 다른 계급들과의 관계 등등)을 찾아보려는 것뿐이다. 요컨대 우리는 인류의 역사, 사회학, 인류학 등등을 살펴보려고 하지는 않을 것

---

195 『존재와 무』로 대표되는 전기 사상과 『변증법적 이성 비판』으로 대표되는 후기 사상은 바로 이
      점에서 갈라진다고 해도 과언이 아니다. 전기 사상에서는 집단을 고려하지 않은 상태의 개인
      문제가 중점적으로 다루어지고 있다면 후기 사상에서는 이와 같은 개인들이 형성하는 집단의
      문제가 집중적으로 다루어지고 있다. 특히 후자의 문제와 관련하여 사르트르는 인간들에 의해
      구성되는 실천 단위를 '집렬체'와 '집단'으로 크게 구분하는데, 여기에서는 이 두 단위 가운데
      어떤 것이 먼저 형성되는가를 결정하지 못하겠다는 사실을 지적하고 있는 것이다. 이 저서의 뒷
      부분에서 자세히 거론되는 것처럼, '집렬체'에서 '집단'으로의 이행과 그 역의 이행도 항상 가능
      하기 때문이다. 하지만 사르트르는 여기에서 논의의 편의상 '집렬체'의 형성을 먼저 상정하고,
      이것이 '집단'으로 이행하는 과정에 대한 가지성을 먼저 다루겠다고 선언하고 있다.

이다. 오히려 우리는 칸트의 한 저서의 제목을 패러디하여 "미래의 모든 인간학에 대한 프롤레고메나(Prolégomènes à toute anthropologie fuure)"[196]의 토대를 마련한다고 할 수 있을 것이다. 사실 우리의 비판적 연구가 긍정적인 결과를 낳아야 한다면 변증법적 방법이 인간 과학에 적용되었을 때 그것의 발견에 도움이 되는 가치를 ── 마르크스주의자들이 그렇게 했다고 믿고 있듯이 *후천적으로가 아니라* ── *선험적으로* 밝힐 수 있어야 할 것이다. 그리고 또한 고찰의 대상이 된 사실이 어떤 것이든지 간에 그것이 *인간적이기만* 하다면 그 사실을 진행 중인 총체화에 다시 위치시키고, 그로부터 이 사실을 이해해야 하는 필연성을 밝힐 수 있어야 할 것이다. 그러므로 우리의 연구는 매 순간 이중의 탐구로 제시될 것이다. 즉 *만약 총체화가 존재한다면* 우리 연구는 *한편으로*(그리고 후진적인 순서로) 총체화에 의해 실행된 모든 수단, 즉 모든 총체화, 탈총체화, 부분적 재총체화를 그 추상적 구조와 기능 안에서 드러내야 한다. 그리고 *다른 한편으로* 우리의 연구는 이 형태들이 어떻게 *실천*의 전적인 가지성 안에서 서로를 변증법적으로 발생시키는지를 보여 주어야 한다. 게다가 우리의 연구가 단순한 것에서 복잡한 것으로, 추상적인 것에서 구체적인 것으로, 구성하는 것에서 구성된 것으로 이행함에 따라, 구체적 역사는 고려하지 않더라도 개인적 *실천*의 변천들, 그 소외의 형식적 틀,[197] 그리고 공

---

196 "프롤레고메나"라는 표현은 칸트의 저서 『학으로 나타날 수 있는 미래 형이상학에 관한 프롤레고메나(*Prolégomènes à toute métaphysique future qui voudra se présenter comme science*)』(1783)에서 유래했다.

197 소외에 대한 변증법적 경험은 구체적인 **역사**가 제공하는 *현실적인* 소외로부터 출발한 인간적 *실천의 선험적 가능성*으로 이해해야 한다. 소외와 물화 같은 무엇인가가 행위자와 행위의 대상 그리고 다른 행위자들의 *실제적* 관계 안에서 주어지지 않는다면, 사실 인간의 행동이 *소외되었다거나* 인간적 관계들이 물화될 수 있다는 것은 상상할 수 없는 일이다. 몇몇 관념론자들의 상황을 벗어난 자유도, 의식과 자아 사이의 헤겔적인 관계도, 유사 마르크스주의자들의 기계적

동 *실천*의 구성을 유발하는 추상적 상황들을 확정할 수 있어야 할 것이다.

이와 같은 사실을 통해 우리는 이 책 1권을 중요한 몇 부분으로 나눌 수 있다. 우선 *구성하는 변증법*(개인의 실천을 통해 자신의 추상적인 반투명성 안에서 스스로를 포착하는 것과 같은)은 그 자신의 작업 안에서 스스로의 한계를 발견하고 또한 스스로 *반변증법*으로 변형된다. 이 반변증법 또는 변증법에 대항하는 변증법(수동성의 변증법)[198]은 *집렬체*를 인간들이 형성하는 군집의 유형으로, 소외를 집렬체적 영역에서 **타자**와 노동의 대상에 매개된 관계로서, 공존의 집렬체적 양식으로서[199] 드러내야 한다. 이 단계에서 우리는 소외된 *실천*과 가공된 타성태의 등가를 발견하게 될 것이고, 이와 같은 등가의 영역을 *실천적-타성태*라고 부를 것이다. 우리는 *실천적-타성태*와 무기력에 대항하여 변증법적 모임의 두 번째 유형인 모임이 나타나는 것을 보게 될 것

결정론도 그 점을 설명할 수 없었다. 우리가 모든 가능한 소외의 근본을 발견할 수 있는 곳은 사물의 중개를 통한 행위자와 **타자** 간의, 그리고 **타자**의 매개를 통한 행위자와 사물 간의 구체적이고 종합적인 관계 안에서다.(원주)

198 수동성의 변증법은 어떤 식으로도 **분석적 이성**으로 환원되지 않는다. 분석적 이성은 외면성의 타성태적 틀을(시간-공간)을 그대로 *선험적*으로 구성하는 것이며, 또는 외부의 것을 포착하기 위해 스스로를 외면성에 던지는 변증법으로, 외면화된 외면성의 수동적 방식의 일방통행 안에서만 스스로를 암묵적으로 드러낸다. 우리가 수동성의 변증법 또는 반변증법이라고 부르는 것은 영원한 타성태의 낙인으로 복원되어 그 자체로부터 되돌아선 *실천*에 상응하는 가지성의 계기다. 이 단계에서 우리가 살펴보아야 하는 것은 각인된 것으로 되어 가는 변증법의 타성태 그 자체다. 그것은 순수한 타성태로*서*의 변증법이 아닌, 수동화된 *실천*(예컨대 화폐의 유통)을 발견하기 위해 타성태적 외면성의 관점에 위치해야 하는 변증법이다. 이 유사-변증법 또는 전복된 변증법은 겉으로 보면 마법적 외양을 띠고 있지만 실제로는 우리가 밝혀내야 할 합리성의 유형을 소유하고 있다.(원주)

199 물론 소외는 훨씬 더 복잡한 현상이며 그 조건들은 경험의 모든 단계에 자리하고 있다는 걸 알 수 있다. 그렇지만 여기에서 그 근거를 지적해야 한다. 예컨대 소외는 실제 집단 안에서 영구적인 위험으로 존재한다. 하지만 가장 활발하고 가장 단결된 집단은 언제나 그것이 빠져나온 집렬체로 되돌아갈 위험이 있다는 한에서만 이해될 수 있다.(원주)

이다. 하지만 뒤에서 보겠지만 나는 집단을 구성하는 행위 주체들의 개인적 *실천*을 통해 이 집단의 공동 *실천*이 구축되어 감에 따라 구성된 변증법과 구성하는 변증법을 구별할 것이다. 그러므로 만약 총체화가 존재해야 한다면 **구성된 변증법적 이성**의 가지성(공동 행동과 실천-과정의 가지성)은 **구성하는 변증법적 이성**(노동하는 사람의 추상적이고 개인적인 실천)으로부터 출발해서 찾아야 할 것이다. 여기에서 변증법적 가지성의 한계와 동시에 총체화의 고유한 의미 역시 우리 연구의 범위 안에서 규정할 수 있을 것이다. 그때 예컨대 계급과 같은 현실들은 유일하고 동질적인 형태를 갖는 것이 아니라 우리가 처음에 상상했던 것보다 더 복합적인 총체화의 방향에서 모든 면에 동시에 걸쳐 존재하며 이루어진다는 것이 드러날 것이다.(왜냐하면 반변증법은 구성된 변증법에 의해 통합되고 총체화되지만 와해되지는 않으며, 구성된 변증법은 구성하는 변증법의 바탕 위에서만 총체화할 수 있기 때문이다).

후진적 연구는 바로 이 단계에서 그 기저에 도달하는 것처럼 보일 것이다, 그러니까 집단과 집렬체의 운동을 통해 우리의 뿌리가 근본적인 물질성에까지 빠져드는 한에서 개인적 깊이를 파악하게 될 것이다. 물론 후진의 매 계기가 고립되고 피상적인 개인적 *실천*의 계기보다 더 복잡하고 더 일반적인 것으로 나타나기는 한다. 하지만 다른 시각에서 보면 각 계기는 완전히 추상적인 것으로, 즉 여전히 *가능성*으로 남아 있다. 사실 우리는 이 형식적인 방식을 통해 변증법적 *순환성*에 도달하게 될 것이다. 집단과 집렬체의 관계를 형식적으로 고려하여 이 두 총체들 가운데 하나가 다른 하나를 생산할 수 있다고 보든지, 또는 이 총체들의 실질적인 근본을 개인적 경험에서 포착하고, 개인들을 만들어 내는 것으로 여겨진 총체를 역사적 행위자의 현실에서 포착하든지 하는 것이다. 분명 이 순환성은 존재한다. 이것은 (헤겔이나 엥겔스 모두에게) 변증법적 질서와 그 가지성의 특징이기도 하다. 그렇다고 순환적 가역성이 경험에 주어지는 것과 같은 **역사**의 불가역성과 모순을 일으키지 않는 것은 아니다. 집단과 집렬체가 무차별적으로 서로서로를 생산할 수 있다는 것이 이론상으로 사실이라면 역사적으로 어떤 집단이 그 집렬체화에 의해 어떤 집렬체적 총체를(또는 그 반대를) 만들어 냈으며, 만약 그 집렬체화한 총체가 새로운 집단의 기원이라면 그 집단은 그것이 어떤 것이든 맨 처음으로 되돌릴 수 없다는 것 또한 사실이다. 더구나 이 후진적 연구는 비록 그것이 어떤 갈등을 야기한다 하더라도 집단과 집렬체의 변증법적 관계, 집렬체들 사이의, 그리고 집단들 사이의 변증법적 관계를 드러내지 않고도 인간들에 의해 형성되는 군집의 심오한 구조와 그 가지성을 드러내 줄 수 있을 뿐이다.

이렇게 해서 변증법적 연구는 그 후진적 계기에서 총체화, 즉 **역사**의 가능성에 대한 정태적 조건들만을 드러낼 수 있을 뿐이다. 그러므로 상반되고 보완적인 연구를 실행하는 것이 바람직할 것이다. 즉 우리는 고찰된 형성 과정의 모순적이고 살아 움직이는 관계들을 토대로 역사적 과정을 점진적으로 재구성함으로써 **역사**를 경험할 수 있다. 이 변증법적 연구는 사회적 모순과 갈등, 공동체와 개인의 *실천*, 도구를 생산해 내는 것으로서의 노동, 인간들의 생산물로서의 도구, 노동과 인간관계의 규제자로서의 도구 등등이 가지적인(따라서 그 방향이 결정된) 총체화 운동의 통일성을 구성하고 있는지를 우리에게 보여 줄 수 있어야 한다. 하지만 *무엇보다* 먼저 이 모든 발견이 이 특별한 예들과 관계하에서 이루어지고 확정되어야 하더라도 우리의 비판적 연구는 역사적 운동의 가지성을 재구성하는 것을 목표로 한다. 물론 이 역사적 운동 안에서 서로 다른 총체들은 자신들의 갈등을 통해 규정된다. 우리의 비판적 연구는 공시적인 구조와 그 모순들로부터 출발해서 역사적 변형의 통시적 가지성, 그 조건화의 질서, **역사**의 불가역성에 대한 가지적 이성, 곧 그 방향성을 탐구한다.

이렇게 해서 이루어지는 종합적 전진은 비록 형식적으로 머문다 해도 여러 기능을 수행하게 된다. 이 종합적 진전은 그 과정을 통해 이루어지는 매 계기들의 재구성에 의해 개별화될(이 역사의 이 시기의 이 사건) 뿐인 절대적 구체성은 아닐지언정 적어도 조건들의 절대적 체계로 우리를 이끌며, 이 조건들은 "*구체적 사실*"의 결정을 어떤 역사의 사실에 적용할 수 있게 해 준다. 이런 의미에서 우리의 비판적 연구는 구조적이고 역사적인 인간학의 정립을 목표로 하며, 이 연구의 후진적 계기는 사회학적 지식의 가지성을(이 지식을 구성하는 여러 하부 지식들 중 어느 것도 예단하지 않은 채로) 기초하며, 이 연구의 전진적 계기는 역사적 지식의 가지성(총체화된 사실들의 실재적이고 개별적인 전개에 대한 예단 없이)을 기초해야 한다고 말할 수 있을 것이다. 그리고 물론 이 연구의 전진 과정은 후진적 연구에 의해 밝혀진 구조들 이외에는 다룰 수 없을 것이다. 이 전진 과정은 오직 그 구조들의 상관관계의 계기들, 그 계기들을 총체화하는 더 방대하고 더 복잡한 끊임없는 운동, 그리고 최종적으로는 총체화의 방향성 그 자체, 즉 "**역사의 의미**"와 그 진리를 되찾는 일에만 몰두할 것이다.

이 새로운 연구 과정이 진행되는 동안 우리는 구성하는 변증법이 구성된 변증법과 맺는 근본적이고 다양한 관계들, 반변증법의 부단한 매개에 의해 구성된 변증법이 구성하는 변증법과 맺는 관계들을 살펴보게 될 것이다. 만약 이 연구의 결과들이 긍정적이라면, 우리는 마침내 **변증법적 이성**을 실천적 다수성의 **구성하면서 구성된 이성**이라고 규정할 수 있을 것이다. 우리는 총체화하는 주체 또는 탈총체화된 총체화 없이 총체화의 의미를 이해하게 될 것이고, 결국 실천과 그 특정한 분화 사이의 엄격한 등가를 증명하고 창조적 행동의 논리로서의 변증법, 결론적으로 자유의 논리로서의 변증법을 증명할 수 있을 것이다.

『변증법적 이성 비판』1권은 우리가 "**역사**의 장소"에 다다르는 바로 그 순간에 멈추게 될 것이다. 즉 1권에서는 구조적 인간학의 가지적 토대를 찾는 일에 전적으로 집중하게 될 것이다. 이것은 물론 이 종합적 구조가 진행 중이고, 지속적으로 방향이 잡힌 총체화의 조건을 구성하기 때문이다. 곧이어 간행될 2권에서는 비판적 전진의 여러 단계를 되짚어 볼 것이다. 2권에서는 *하나의* 인간 역사와 *하나의* 진리와 *하나의* 가지성이 있다는 사실을 밝히도록 노력할 것이다. 이런 시도는 역사의 구체적 내용을 고려함으로써가 아니라 실천적 다수성은 그것이 어떤 것이든 간에 모든 단계에서 그 다수성을 내면화하면서 스스로를 끊임없이 총체화해야 한다는 사실에 대한 논증을 통해서 이루어지게 될 것이다.

(11) 우리의 비판적 연구의 맥락은 개별적 삶과 인간의 역사(또는 방법론적 관점에서 보면 "그 각각의 전망의 상호성") 사이의 근본적 일치에 있다고 할 수 있다. 사실을 말하자면 이 두 총체화 과정의 일치는 그 자체로 증명되어야 한다. 그러나 정확히 우리의 연구는 이 가설에서 출발하고, 후진(그리고 나중에는 전진)의 매 계기는 이 가설을 직접적으로 문제 삼는다. 만약 정확히 존재론적 일치와 방법론적 상호성이 매번 가지적이고 필연적인 진리이자 사실이라는 것이 밝혀지지 않는다면 이 후진적 방식은 단계마다 중단될 것이다. 실제로 우리 연구를 가능케 하는 가설은 정확히 이 연구를 통해 논증하고자 하는 가설이다. 만약 변증법이라는 것이 존재한다면 이 변증법을 우리는 우리 *자*

신을 총체화하는 총체화의 뛰어넘을 수 없는 엄격함으로써 그저 수동적으로 받아들여야만 할 것이다. 또한 이 변증법을 자유로운 실천적 자발성 안에서 우리 자신인 총체화하는 *실천*으로서 포착해야만 할 것이다. 우리는 연구의 단계마다 종합적 운동의 가지적 통일 속에서 모순을 발견해야 하고, 동시에 비록 계기마다 이 연관이 서로 다른 형태로 제시되기는 하지만 거기서 필연성과 자유의 끊으려야 끊을 수 없는 연관 관계를 발견해야 할 것이다. 여하튼 만약 나의 삶이 심화되면서 **역사**가 된다면 나의 삶은 그 자유로운 전개 속에서 역사적 과정의 엄격한 필연성의 모습을 띠게 될 것이다. 그리고 좀 더 심오한 차원에서는 이 필연성의 자유로서, 그리고 종국에는 자유의 필연성으로서 자기 모습을 드러내게 될 것이다.[200] 뒤에서 보겠지만 비록 총체화하는 자가 **왕** 개인이라 할지라도 그는 항상 동시에 총체화되는 사람이라는 점에서 우리 연구는 무수한 파편적 단면의 작용을 보여 줄 것이다. 그리고 우리가 — 만약 이 연구가 이루어져서 — 자유로운 개별적 자유의 *실천*이라는 반투명성 아래에서 필연성의 험한 지층을 발견하게 된다면 우리는 길을 제대로 찾아들었다고 생각할 수 있을 것이다.

따라서 우리는 두 권의 책을 통해 다음과 같은 사실들이 증명될 것이라는 점을 알아차릴 수 있다. 첫째, 변증법적 경험의 논리 필증적 구조로서의 *필연성*은 내면성의 자유로운 전개 안에도 없고, 그렇다고 외면성의 타성태적 분산 안에도 들어 있지 않다는 점이다. 둘째,

---

200 이 형식을 이 실재들의 최종적 관계로 삼고 있기는 하지만 나는 계속해서 비교의 두 항을 고려하면서 이 모순적 통일성들을 열거할 것이다. 그리고 우리가 앞에서 예로 든 통일성의 연속을 거꾸로 다시 발견하게 될 다른 변증법적 계기들을 순환적으로 인식하는 것을 그 어느 것도 방해하지 않을 것이다. 여기서 내가 열거를 멈춘다면 그것은 그 통일성들 자체만으로 우리 연구의 계기들을 구획 지을 구조적, 역사적 총체화의 운동이 요구하고 있기 때문이다. (원주)

이 필연성은 불가피하고 완강한 계기로서 외면성의 내면화 또는 내면성의 외면화 안에 자리 잡고 있다는 사실이다. 바로 이와 같은 이중의 운동이 우리의 모든 후진적 연구의 운동이 될 것이다. 개인적 실천의 심화는 우리에게 그것이 외면성을 내면화한다(행동 그 자체로 실천의 장을 그려 보임으로써)는 것을 보여 줄 것이다. 그러나 역으로 우리는 노동을 통해 객체화와 도구 속에서 내면성의 의도적 외면화를 포착하게 될 것이다.(각인은 그 예이며 동시에 상징이다.) 이와 마찬가지로 연구가 진행되는 동안 그것에 의해 개인의 실천적 삶이 사회적 또는 역사적 총체화 속에서 용해되는 그런 운동은 총체화하는 주체가 갖는 반투명의 내면성을 새로운 형식 — 이 형식은 삶의 객관적 실재(집렬체, 집단, 체계, 과정)로서 나타난다 — 으로 보존하지 못한다. 처음에는 더 분명한 것으로 보였겠지만, 그러나 사실은 덜 정확한 용어를 쓰자면, 자유로운 주관성은 우선 *자기 안에서* 자신의 객관성을 발견한다. 이때 자신의 객관성이란 총체화 안에 전망을 둔 가지적 필연성이고, 이 총체화는 바로 주관성 자신을 총체화하고(작동 중인 종합의 형식 속에 이 주관성을 통합시키고) 있다. 그러니까 주관성은 그것을 아무리 추상화해도 "진행 중인" 한 사회가 우리에게 내린 선고를 우리 자신이 자유롭게 수행하도록 강요하는 판결, 그리고 우리의 존재를 *선험적*으로 규정하는 판결로서 나타난다. 우리가 *실천적-타성태*를 만나는 것은 바로 이 차원에서다.

그럼에도 불구하고 *실천*은 물질적 행위 주체(유기적 개인)를 전제하고, 또 물질에 대한 물질의 기획이라는 물질적 조직을 전제한다는 것을 이해해야 한다. 그러니까 스스로 물질적 분야들을 매개함과 동시에 그 자신이 물질에 의해 매개되지 않는 인간이란 없는 것이다. 실천적 다수성은 *실천*의 매개를 통해 자기 자신과 관계를 맺는 어떤 물질의 관계다. 물론 이 물질의 관계가 타성태적 물질성을 가공된 물질로 변형시킨다. 이와 마찬가지로 우리를 포위하고 있는 대상들의 집합체는 우리를 총체화하는 실천적 다수성에 자신의 매개를 부과한다. 그래서 인간의 역사는 **자연**의 역사와 같은 것이다. 이것은 인간이 물질적 욕구를 가진 물질적 유기체이기 때문만이 아니라 내면성의 외면화로서의 가공된 물질이 인간을 만들기 때문이다. 그때 인간은 그자신을 총체화하는 다수성의 총체화 운동 속에서 자기 자신이 만들어 낸 생산물의 외면성을 필연적으로 다시 내면화해야 하기 때문에 가공된 물질을 만들어 내고 또 그것을 이용하게 된다. 그것이 각인에 의해서건 법칙에 의해서건 간에 *외부적* 타성태의 통일과 *실천의* 내부로서의 타성태의 도입은 우리가 앞에서도 살펴보았듯이 둘 모두가 결과적으로 인간관계 내부의 엄격한 결정이라는 필연성을 낳게 된다. 그리고 나의 자유로운 체험적 총체화 한가운데에서 내가 발견하는 수동적 총체화는 다음과 같은 두 가지 근본적 이유 때문에만 필연성의 형태를 띤다. 첫째, 나를 총체화하는 총체화는 노동의 타성태적 산물의 매개를 이용해야만 하기 때문이다. 둘째, 여하튼 실천적 다수성은 당연히 자기 고유의 외면성의 타성태, 즉 그 이산량(離散量)[201]의 특징과만 관계가 있기 때문이다.

우리는 수(數)의 내면화가 항상 가능한 것은 아니고, 또 이것이 가능하다 해도 비록 내면성 안에서 변증법적으로 체험된 것이지

---

201 예컨대 사람의 체중은 1부터 200까지의 모든 숫자가 가능하다. 또한 체중 50킬로그램에는 49.9, 49.8 등등이 연속적으로 들어 있으며, 이것이 연속수다. 그러나 주사위의 숫자는 5 아니면 6이지 5.5, 5.6이 있을 수 없으며, 이것이 바로 비연속수 혹은 이산수(異散數)다. 이산량 또는 '불연속 양'도 이와 비슷한 개념으로 사용된다. 여기에서 사르트르가 이와 같은 수학적 개념을 원용한 것은 각 개인의 실천은 이 실천의 고유한 단위(unité) ── 만약 이 단위를 '1'로 표기한다면 ── 그 개인에게만 고유한 것이지 타인이라는 실천 단위 ── 즉 '2' ── 에는 적용되지 않는다는 것을 보여 주기 위함이다.

만 양(量)은 집단의 각 구성원들 안에서 (내면성 속의 외면성이라는) 깊은 타성태의 층위를 형성한다는 사실을 살펴보게 될 것이다. 따라서 필연성의 문제는 —— 우리의 비판적 연구의 한 구조로서 즉각 제시되는 —— 당연히 인간학의 근본 문제, 즉 실천적 유기체들과 비유기적 물질의 관계를 가리킨다. 외면성 —— 즉 양, 또 다른 말로 하면 **자연** —— 은 모든 행위 주체들에게 있어서 외부적 위협인 동시에 내부적 위협이라는 사실을 결코 간과해서는 안 될 것이다.(우리는 반변증법에서 그 역할을 보게 될 것이다.) 그리고 이와 동시에 외면성이 총체화의 깊은 계기이고 영원한 수단이라는 사실도 잊어서는 안 된다. 우리는 또한 외면성이 인간의 본질이라는 사실도 살펴보게 될 것이다. 극복된 과거로서의 본질은 타성태적이고, 또한 실천 주체의 극복된 객체화라는 의미에서 말이다.(이것이 모든 개인에게서, 그리고 모든 다수에게서 끊임없이 해결되고 끊임없이 다시 나타나는, 생산자-인간 또는 생산물-인간의 모순을 야기한다.)[202]

이어서 우리는 2권에서 오로지 외면성만이 자신을 각인시키는 *새로움*을 감당할 수 있다는 점에서 이 외면성이 **역사**의 타성태적 동인이라는 것을 보게 될 것이다. 이와 동시에 이 외면성은 이 새로움을 **인류**의 기억으로서 또는 환원 불가능한 계기로서 보존하기도 한다. 타성태적 동인이건 창조적 기억이건 그 어떤 경우에도 비유기적 물질(그러나 항상 우리에 의해 유기체화되는)이 우리의 유기적 물질성의 역사 속에 없었던 적은 없다. 비유기적 물질은 역사를 만들어 내기 위해 내

---

202 인간의 대상화는 봉인된 타성태다. 그러므로 ——실천적 인간이 거기서 자신의 본질을 보는 한에서——초월된 대상화는 결국 로봇이다. 우리가 묘사하는 이 낯선 세계에서 로봇은 인간의 본질이다. 이것은 그가 미래를 향해 자유롭게 자신을 초월하지만 과거로 되돌아올 때마다 자신을 로봇으로 생각한다는 의미다. 그는 *타성태에 맞추어* 스스로를 습득하고 결국 완전히 소외되기 이전에 이미 자신의 물화된 이미지의 희생자다.(원주)

면화된 외면성의 조건이다. 그리고 이 원칙의 조건은 가지성의 한가운데에 **역사**의 필연성이 *있게끔 하기* 위한 (그리고 실천적 해득의 운동 자체 안에서 끊임없이 해체되는)[203] 절대적 요구다. 그러므로 우리의 비판적 연구는 유기체와 비유기체의 분리될 수 없는 통일 ── 총체화의 능

---

203 결국 가지성과 필연성 사이에는 모순이 존재한다. 가지성은 옛것에서부터 새것의 완벽한 자명성을 도출한다. 가지성은 예전에 정의된 요인들에서부터, 그리고 총체화의 빛 속에서 새로움의 실천과 투명한 생산을 보여 준다. 그러나 *정확히* 빛이 도처에 있으므로 가지성은 ── 우리가 앞으로 보게 되듯이 ── 필연성에 다름 아닌 외부에 의해 사유의 과정 안에서까지 이 통제를 해체한다. (필연성)은 결국 그저 *외부로부터* 불가능성을 강요하면서 모든 가능성들을 말살할 뿐이다. y와 z가 주어져 있으므로 x의 현상은 일어나지 않는다.(그리고 당연히 이 불가능성은 동시에 사유의 과정과 연관이 있다.) 변증법적 해득은 그것이 조직적 운동의 시간화된 충만한 직관을 준다는 점에서 이 자명성의 시간화 속으로 흡수되어 버리는 경향이 있다. y와 z는 그것들의 단순한 내면성의 관계에 의해 (진행 중인 총체화 속에서) 이 운동의 힘을 빌어 x 속으로 통합된다. 투명성은 그 자체가 보증이고, 기원의 문제는 가능성들을 제한하는 것이 아니라 모든 계기 안에서, 그리고 미래의 총체성에서부터 *한* 가능성의 완벽한 실현을 포착하는 것이다. 자명성은 필연성이 자명성을 거부하는 한에 있어서 논리 필증성을 거부한다. 역사적 자명성이 항상 수많은 *외면성*(그 각각의 요소들은 서로 다른 요소들에게 외면적이고, 자기 자신에게도 외면적이며, 외부로부터 통제된다.)을 ── 부분적으로 ── 통합시키고 변형시키는 내면성의 연관을 보여 주어야 한다는 점에서, 그리고 또 이 내면적 연관이 절반쯤 외면적인 그 활동 자체에 의해 영향을 받는다는 점에서, 필연성은 가지성의 형식적 타성의 모습으로 자명성의 한가운데에 나타난다. 매번의 수정은 다양한 타성태를 제한하고, 또 한순간 이 타성태에게 내적이며 자율적인 힘을 전달해 주는 것으로 보이는 운동 속에서 자명성을 해체하는 경향이 있다. 그러나 이 자명성은 부분적 총체화의 끝에 이르러 형해의 구조로, 자명성의 뼈대로 다시 나타난다. 따라서 *실천*의 가지성은 이 *실천*의 *결과*에 걸려 부딪치게 될 것이다. 이 결과는 기도된 상태 그대로이기도 하고 또는 *항상 다른 것*이기도 하다. 이 *타자로서의* 결과는(다시 말해서 역시 외면성에 의해 전체와 연결되어 있는) 그 본래의 것과 다를 수 *없었던* 것으로 제시된다.(결국 사유의 총체화 과정들은 그것들이 그러했던 바의 모습으로만 제시될 것이다.) 이것에 대해 하나의 예시 이상의 이미지를 제공하기 위해서 나는 소설과 연극 작품의 독서가 하나의 총체화(독자의 삶으로서)라는 것을 상기시키고 싶다. 역사에 의해, 그리고 자기 자신의 개별적 삶으로서 작동되는 이 이중의 총체화에서부터 독자는 작품을 자신의 개별성 안에서 다시 총체화해야 할 총체성으로서 접근한다. 행동이나 대화들의 해득은 ── 만약 작품이 만족스럽다면 ── 예측 불가능의 반투명성(여기에서 우리는 예컨대 갈등과 상황의 부분적 재총체화라는 응답의 가지적 탄생을 목도한다.)이며, 동시에 매 순간이 타성태의 과거로 전락한다는 점에서(직접적 기억에 의해 체험되는) 불가능성이어야 한다. 즉 이 순간은 과거의 그것이었던 순간이 아니라는 그런 불가능성 말이다.(원주)

동적 수동적 모든 단계에서 ─ 로서의 논리적 필증성을, 이 둘의 연결이 취할 수 있는 모든 형식(유기체의 한가운데에 있는 비유기체의 현전에서부터 무기체의 유기체화에 이르기까지, 그리고 유기체화된 실천적 다수에 의해 내면화된 수의 한가운데에 있는 순수 외면성으로서의 수의 현전에 이르기까지)을 통해 우리에게 제시해 주어야 할 것이다.

바로 이런 과정을 통해 우리는 비판적 연구의 도식을 재발견하게 된다. 사실상 후진적 계기에서 우리는 구성하는 변증법, 반변증법, 그리고 구성된 변증법을 발견하게 될 것이다. 종합적 전진의 계기에서는 전적인 총체화의 한복판에서 이루어지고 있는 이 세 가지 부분적 운동을 통합시킬 수 있는 총체화의 운동을 추적해 보아야 할 것이다. 우리가 역사에서의(그리고 일반적으로 *실천에서의*) *가능성*과 역사적 필연성의 문제를 그 올바른 견지에서 제시할 수 있는 것은 바로 이것을 바탕으로 해서다. 그리고 마침내 우리가 종합적 통일의 실천으로서의 **진리**란 무엇인가, **역사**란 무엇인가, 왜 인간의 역사와 같은 그 무엇이 존재하는가(왜냐하면 민족지학은 역사 없는 사회도 있다는 것을 우리에게 알려 주었으므로), 진행 중인 **역사** 한가운데에 위치해 있는 한 행위 주체(총체화하며 동시에 총체화되는)에게 오늘날 폭로되는 모습으로서의 역사적 총체화의 *실천적* 의미는 무엇인가 등의 기원적 문제의 의미를 알 수 있게 되는 것도 역시 이 전진적 운동 안에서다.

(12) 만약 「방법의 문제」에서 정의했던 *이해*(compréhension)와 변증법이라는 것이 존재한다면 당연히 정의되어야 할 이해와 *해득*(intellection) 사이에 밀접한 관련이 있음을 알아차렸을 것이다.[204] 자

---

204 뒤에서 바로 설명하는 바와 같이 '이해'가 '유(類)'에 해당하고 '해득'이 '종(種)'에 해당한다고 할 수 있다면 '이해'가 '해득'보다 훨씬 광범위한 차원에서 이루어지는 것으로 보인다. 사르트르는 특히 '이해'는 이 이해의 대상이 되는 실천 주체, 역사의 담지자인 개인이나 집단의 '의도' 파

신을 구성하면서 자기 고유의 빛을 생산하건, 아니면 타자의 *실천* 안에서 자신의 모습을 다시 드러내건 간에 사실 *이해*는 자기 자신에 대한 *실천*의 반투명성에 다름 아니다. 어쨌든 행위에 대한 이해는 행위(생산된 것이건 재생산된 것이건 간에)에 의해 이루어진다. 행위의 목적론적 구조는 목적에 의해, 즉 미래에 의해 자신을 정의하는, 그리고 극복된 과거의 부정으로서의 미래를 부각시키기 위해 미래에서부터 현재로 되돌아오는 하나의 기도 안에서만 스스로를 포착할 수 있다. 이런 관점에서 각각의 *실천*은 실천적 장(이것이 그 부정에 의해 정의되는 한에서, 그리고 첫 번째 내적 총체화가 실천적 다수 또는 행위 주체에 의해 작동되는 한에서)의 부분적 재총체화다. 그리고 내가 **타자**의 미래로부터 그의 현재로 올 수 있는 것은 나의 삶이 영원한 재총체화(수직적이건 수평적이건 간에)이기 때문이다. 그런데 우리가 앞에서 보았듯이 변증법적 가지성은 진행 중인 총체화의 투명성의 정도에 따라 결정된다. 그리고 실천적 주체는 이 총체화의 내부에 자리 잡은 그 자신이 총체화하면서 동시에 총체화되는 한에서만 가지적 자명성을 시간화할 수 있을 뿐이다. 그러므로 해득은 이해를 지칭하는 새로운 용어로 보인다. 이 경우 우리는 이 새로운 용어를 불필요하다고 생각할 위험이 있다. 사실상 사람들은 흔히 (**분석적 이성**의 과정을 가리키는) 해득을 (오로지 인문학에서만 마주칠 수 있는) 이해와 대립되는 것으로 생각했다.

이와 같은 구분은 — 이것이 통용된다고 해도 — 아무런 의미도 제공하지 않는다. **자연 과학**에는 *가지성*이 없다. 타성태적 외면성의 영역에 자신의 각인을 부과하면서 *실천*은 필연성을 생산해 내고, 고찰 대상인 사실들이 자신들과는 다를 수 없는 그런 불가능성으로

악과 밀접하게 연결되어 있다는 점을 강조한다. (원문 190쪽, 본 역서 295~296쪽 참고.)

서 이 필연성을 발견한다. 이런 경우에 **이성**이 어떻게 스스로 타성태적 체계가 *되어* 외면성에서 연속성을 재발견하고, 이어서 그들의 유일한 외면적 통일로서의 필연성을 생산하고 동시에 발견하는지를 우리는 알게 되었다. 외면성 안에서의 연속성인 필연성[205]은(계기들은 상호 간에 서로 *외면적*이고, 그것들이 서로 다른 질서 안에서 연속을 이룬다는 것은 불가능하다.) 자기 고유의 한계, 즉 *외면성 안에서 사유할 수 없는 불가능성*인 그 한계를 생산하며 발견하는 정신에 다름 아니다.[206] 사유를 불가능성으로서 발견하는 것은 정확히 해득과 반대되는 것이다. 왜냐하면 해득이란 실재가 합리적 *실천* 속으로 삼투해 들어가는 현상을 포착하는 것이기 때문이다. 다른 한편 이 삼투성을 인문학의 영역에서 포착하는 *이해*는 근거가 충분치 않고, 만약 이것을 빛과 함께 스스로 생산되는 것으로서의 *실천* 자체로 한정시키지 않는다면, 이것은 비합리적이고 신비주의적인 직관(또는 공감)으로 선회할 위험이 있다. 그리고 만약 우리가 그것을 *실천*의 한 계기로서 포착해야만 한다면 이해란 당연히 총체화의 과정이다. 또 이것은 당연히 시간화하며 시간화되는 실천들의 자명성을 파악한다. 실천들이 스스로를 생산하는 곳에서, 그리고 실천들이 총체화인 한에서 말이다.

사실 우리는 가지성과 이해의 이 대립을 견지해서는 안 된다. 이것은 원칙적으로 분리되는 두 계열의 자명성이 아니다. 그러나 우리가 이 두 용어를 여전히 보존하는 것은 이해가 유(類)이고 해득이 그

---

205 "외면성 안에서의 연속성인 필연성"이란 객체 또는 사물을 뜻한다. 왜냐하면 우리 의식 안의 각 사실들은 상호 외면성이 없는 연속성인 데 반해 의식 밖의 대상들은 연속성이 없는 외면성이기 때문이다. 다시 말해 외면성이란 사물 고유의 성격이고, 의식은 동질적 시간 안에서의 연속성이다. 베르그송의 『의식의 직접 소여 시론』 참고.

206 내가 "생산하는"이라고 말했을 때 그것은 칸트의 "범주"를 말하는 것이 아님은 분명하다. 외면성에 새겨진 *각인*은 실천의 한 작용(예를 들면 기계적 모델의 구축, 또는 실험적 체계의 구축)에 불과하다.(원주)

종(種)이기 때문이다. 사실상 우리는(개인이나 집단의) 모든 *의도적 실천*을 지칭하기 위해 "이해"라는 단어를 간직하고자 한다. 우리는 감수성 자체가 *실천적*이라는 것을 잘 알고 있다. 따라서 이해를 단순한 행동이나 노동으로 한정할 의도는 전혀 없다. 하나의 *실천*을 한 집단 또는 한 실천적 유기체의 의도와 ── 이 의도가 주체에게 있어서조차 암묵적이거나 모호한 경우라 할지라도 ── 연관 지을 때마다 거기에는 이해가 있다. 그러나 비판적 연구는 우리로 하여금 주체 없는 행동, 생산자 없는 생산물, 총체화하는 자 없는 총체화, 반목적성, 악순환 등등을 발견하게 해 줄 것이다. 또한 우리는 집단을 구성하는 개인들이 상호 간에 알지도 못하고 또 서로 참조도 하지 않은 채 그 집단이 총체화된 사유와 행위를 생산하는 것을 보게 될 것이다.

이 모든 경우에 있어서 ── 그리고 우리가 점차 발견해 나가게 될 다른 많은 경우에서 ── **역사**의 **진리**는 *하나가 아니다.* 총체화하는 해득이 *가능해야 한다.* 하나의 사회나 사라져 버린 제도들을 전복시키고 자신의 의미를 상실한 채(아마도 새로운 의미를 채택하여) 머물러 있는 이 유목적, 그리고 행위 주체가 없는 자유로운 행동들, 그리고 이것들이 총체화될 수 있어야 한다. 그리고 진행 중인 **역사** 안에서 그것들이 소원한 요소로 남아 있어서는 안 되고, 결국 가지적이어야 한다. 여기서 더욱 복합적인 해득은 진행 중인 총체화에서부터 그들의 근원과 그 비인간성의 이성(**역사**의 *내부적*)과 총체화의 인간학에 대한 삼투성 등등을 있는 모습 그대로 동시에 포착할 수 있어야 한다. 해득은 그것들이 한 변증법적 과정의 통일 속에서, 달리 말하자면 *실천* 자체와의 직접적인 관계 안에서, 그리고 한 내면성의 일시적 외면성으로서 샘솟거나 잦아드는 것을 보게 될 것이다. 따라서 나는 모든 실천적 실재들을 총체화하는 시간화의 자명성, 그리고 변증법적 자명성을 *해득*이라고 부르게 될 것이다. 그리고 이 행위 주체들에 의해 의도적으로 생산되고 있는 각 실천의 총체화적 파악을 *이해*로 부르고자 한다.

제1서
개인적 "실천"에서
실천적-타성태로

A. 총체화로서의 개인적 "실천"에 대하여

변증법이 가능하다면 우리는 다음과 같은 네 가지 질문에 대답할 수 있어야 한다. 고전 논리학의 주장에 따르면 하나의 경험적 과정에서 필연성도 자유도 포착할 수 없는 것으로 되어 있는데 어떻게 실천이 그 자체로 필연성과 동시에 자유의 경험이 될 수 있는가? 변증법적 합리성이 총체화의 논리라는 것이 사실이라면 무수한 개인적 운명들의 집합인 **역사**가 어떻게 총체화 운동으로 나타날 수 있으며, 이 경우에 우리는 총체화하기 위해서는 사전에 이미 통일된 원칙이 있어야 한다는 기이한 논리적 궁지, 달리 말하자면 활동 중인 총체성만이 스스로 총체화될 수 있다는 논리적 궁지에 빠져들지는 않는가? 변증법이 과거와 미래에 의한 현재의 이해라면 어떻게 역사적 미래가 있을 수 있는가? 변증법이 유물론적이어야 한다면 우리는 어떻게 실천의 물질성을 이해하고, 또 이 실천과 다른 모든 형태의 물질성과의 관계를 이해해야 하는가?

내가 여기에서 곧바로 상기시키고 싶은 점은 다음과 같다. 이 변증법적 연구의 중요한 발견은, 인간에 의해 사물들이 "매개"되는 것과 마찬가지로 인간도 사물들에 의해 "매개"된다는 사실이 그것이다. 우리는 이 사실을 머릿속에 온전히 간직하고 있어야 그로부터 파생되는 모든 결과를 전개시켜 나갈 수 있을 것이다. 바로 이것이 변증법적 *순환성*이라고 불리는 것이다. 앞으로 살펴보게 되겠지만 우리는 이 연구를 통해 이 순환성을 확증해야 한다. 그러나 우리가 이미 변증법적 존재가 아니라면 우리는 이 순환성을 이해할 수조차 없으리라. 이 순환성에 대한 논의를 시작하면서 나는 이것을 하나의 진리로서 또 심지어 하나의 예측으로서가 아니라 *예측적* 방식으로 가져야 하는 사고의 한 유형으로 제시하여 경험이 스스로 전개된다는 점을 분명히 한다.

가장 피상적이며 가장 친숙한 영역에 대한 연구를 통해 변증법적 관계의 통일성에서 우선 발견할 수 있는 것은 개인적 실천의 운동으로서의 통일성, 복수성(複數性), 이 복수성의 조직화, 그리고 이 조직화의 복수성이다. 잘 생각해 보면 이것은 바로 알 수 있는 것이다. 우리에게 문제가 되는 것은 이것들 사이에 맺어지는 관계의 문제다. 개인들만이 존재한다면 누가, 무엇을 총체화하는가?

이 질문에 대해 곧바로 할 수 있는 대답 — 그러나 불충분한 대답 — 은 만약 개인이 스스로 총체화하는 자가 아니라면 부분적인 총체화의 편린조차 찾아볼 수 없을 것이라는 점이다. 모든 역사적 변증법은 *개인적 실천에 근거하며, 그 까닭은 이 실천이 이미 변증법적이기 때문이다.* 그러니까 행동은 그 자체로 모순을 부정하는 극복이며, 미래의 총체성이라는 이름으로 행해지는 현재의 총체화에 대한 규정이며, 물질에 대한 현실적이고 효과적인 작업이기 때문이다. 우리는 이 모든 사실을 익히 잘 알고 있다. 왜냐하면 주관적, 객관적 경험이 이미 이 사실을 오래전부터 가르쳐 주었기 때문이다. 우리가 제기하는 문제는 바로 여기에 있다. 오직 인간들만이 존재하고, 또 이들이 모두 변증법적이라면, 변증법 *그 자체*는 도대체 무엇인가? 그런데 나는 경험 자체가 그 자체의 가지성을 제공한다고 말한 바 있다. 따라서 개인적 실천의 차원에서(지금 당장으로서는 개인적 실천을 유발하거나 제한하거나 혹은 무효화하는 집단적 제약이 무엇이냐는 점은 중요하지 않다.) 이른바 행동의 합리성은 어떤 것인지를 검토해 보아야 한다.

모든 것은 욕구 안에서 발견된다. 욕구란 다음과 같은 것이다. 즉 인간이라는 이 물질적 존재가 그 자신이 부분으로 포함되어 있는 물질적 총체를 총체화하는 첫 번째 관계다. 이 관계는 *일의적이며 내면적*이다. 사실 욕구를 통해 최초의 부정의 부정과 최초의 총체화가 물질 속에 나타난다. 유기체의 내부에서 *결핍*으로 스스로를 드러낸다는 점에서 보면 욕구는 부정에 대한 부정이다. 또한 그 자체를 통해 유기적 총체성이 스스로를 있는 *그대로* 보존하려고 한다는 점에서 보면, 욕구는 긍정성이다. 원초적 부정은 과연 다음과 같은 이중의 의미에서 유기체와 비유기체 사이의 최초의 모순이다. 첫째, 결핍은 *총체성과의 관련하에서* 규정되기 때문이다. 둘째, 하지만 *결핍이나 부정성 그 자체는 기계적인 존재* 양식을 가지고 있고, 결국 따지고 보면 *결핍되는 것은* 비유기적이거나 덜 유기적인 요소로 환원되고, 단적으로 말해 죽은 고기와 같은 것으로 환원될 수 있기 때문이다.

이런 관점에서 보면 이와 같은 부정의 부정은 유기체를 비유기체 쪽으로 뛰어넘음으로써 이루어진다. 즉 유기체가 *자양분을 섭취하려고* 한다는 점에서 보면, 욕구란 주위의 물질과 맺는 일의적 내면성의 관계다. 또한 욕구는 이미 총체화이며, 그것도 이중의 의미에서 그러하다. 왜냐하면 욕구는 총체성으로 나타나는 살아 있는 총체성, 또한 물질적 환경을 그 충족 가능성의 전 영역으로서 무한히 드러내는 살아 있는 총체성 이외의 다른 것이 아니기 때문이다. 지금 우리가 고찰하고 있는 차원에서 보면, 욕구를 통한 극복에는 전혀 신비스러울 것이 없다. 왜냐하면 가령 식욕과 관련된 원초적 행위는 씹는 일, 타액의 분비, 위의 수축과 같은 음식 섭취의 기본 행위를 되풀이하는 것에 지나지 않기 때문이다. 여기에서 극복은 헛되이 작용하는 총체화하는 기능의 단순한 통일로서 나타난다. 전체라는 테두리 속에서의 기본 행위들의 통일이 없다면, 허기는 존재하지 않을 것이고, 단지 무질서하고 연관 없는 여러 행위가 흩어져 존재할 뿐이다. 욕구는 대자적으로 스스로 정립되며, 또한 기능으로서 자신을 총체화하는 기능이다. 왜냐하면 기능이 한낱 제스처로 축소되고 유기체적 생명의 통합 속에서가 아니라 자기 자신을 위해서 기능하도록 축소되기 때문이다. 그리고 이와 같은 고립으로 인해 유기체 전체가 와해의 위기에 직면하는데 이것이 바로 죽음의 위험이다. 이 원초적 총체화는, 유기체가 자신의 존재를 자신의 밖에서 — 직접적이건 간접적이건 간에 — 즉 생명 없는 존재에서 발견한다는 점에서 보면 초월적이다. 욕구는 *최초의 모순*을 만들어 낸다. 왜냐하면 유기체는 그 자체의 존재에서 직접적으로(산소의 경우) 혹은 간접적으로(음식의 경우) 비유기체에 의존하고 있으며, 또한 역으로 이 비유기체의 반응들을 규제함으로써 그것에 생물학적 지위를 부과하기 때문이다.

사실을 말하자면, 살아 있는 육체와 생명 없는 사물이 모두 같은 분자들로 이루어져 있다고 생각할 수밖에 없는 한[207] 동일한 물질성의 두 가지 지위가 문제가 된다. 그러나 이 두 가지 지위는 서로 모순된다. 왜냐하면 한쪽은 통일성으로서의 전체와 분자적 관계들 사이에 내면적 관련성을 상정하는데 비해 다른 쪽은 순전히 외면성으로서만 존재하기 때문이다. 그렇지만 부정성과 모순은 유기적 총체화

---

207   그 어떤 *정확한* 실험이 그것을 입증하지 못했다고 할지라도 그러하다. (원주)

를 통해 타성체에서도 발생한다. 욕구의 출현과 더불어 그 주변의 물질은 수동적 통일성을 갖게 된다. 진행 중인 총체화가 거기에 총체성으로서 반영된다는 단 한 가지 사실로 인해 그렇게 되는 것이다. 이렇게 해서 물질이 그 속에서 자신의 존재성을 발견하려는 유기적 존재에 의해 수동적 총체성으로서 드러날 때, 최초 형태의 **자연**이 출현한다. 욕구는 이미 자연이라는 전체의 장에서 출발해 그곳에서 충족의 가능성을 찾는다. 그리고 오직 총체화 작용이 이 수동적 전체 속에서 그 자체의 물질적 존재를 풍요성으로 혹은 희소성으로 인식하는 것이다.

그러나 **자연**이 욕구의 매개를 통해 가짜 유기체로서 나타남과 동시에 유기체가 자연 속에서 순수한 물질성으로 외면화되기도 한다. 사실 유기체에게는 생물학적 지위가 물리화학적 지위와 중첩된다. 그런데 음식물의 동화작용이라는 내면성에 있어서 분자들이 지속적으로 총체화와 밀접한 연관을 맺으면서 조절되고 여과되는 것이 사실이다. 하지만 생명체가 외면성의 차원에서 인식될 경우, 그것은 모든 외면적 법칙을 충족시킨다. 이런 의미에서 생명체가 물질을 총체성으로 변형시키는 것과 마찬가지로, 생명체 밖에 있는 물질은 생명체를 비유기체의 지위로 떨어뜨린다고 말할 수 있다. 그리고 바로 이런 사실로 인해 생명체는 **우주**에서 *위험에 처하게* 되며, 우주도 또한 유기체의 *비존재*[208]의 가능성을 내포하고 있는 것이다. 이와는 반대로 유기적 전체가 **자연** 속에서 그 자체의 존재를 확인하거나, 파괴로부터 스스로를 보호하기 위해서는 그 자체로 타성태적 물질이 되어야 한다. 왜냐하면 유기적 전체는 오직 기계적 체계가 됨으로써만 물질 환경

---

208   죽음 또는 사라짐을 의미한다.

을 변화시킬 수 있기 때문이다. 욕구를 지닌 인간은 외부적 환경에서 부단히 스스로를 자기의 도구로 만들어 나가는 유기적 전체다. 유기적 전체가 타성체에 작용할 수 있는 이유는 이 유기적 전체가 타성체로 *존재하고* 또 스스로를 그렇게 만들어 *나가기* 때문이다. 이 유기적 전체가 *타성체로 존재하는* 이유는, 이것이 자기를 순수한 수동성으로 드러내 보이고 있는 여러 물리적 힘에 이미 종속되어 있기 때문이다. 이와 동시에 유기적 전체가 스스로를 *그렇게* 만드는 것, 그리고 외부적 환경에서 한 물체가 다른 물체에 대해 작용할 수 있는 것은 이 작용이 타성체 그 자체에 의해, 그리고 외부로부터 이루어지기 때문이다. 타성체에 대한 생물체의 작용은 직접적으로 이루어질 수도 있고 아니면 다른 타성체의 매개를 통해 이루어질 수도 있다. 후자의 경우 우리는 그 매개체를 도구라고 부른다. 그러나 유기체가 자신의 타성태를 타성태적인 물질과 그 욕구 사이의 매개체로 삼을 경우, 도구성, 목적, 노동이 동시에 주어진다. 보존되어야 할 총체성이 생물체가 사물의 타성태를 극복하기 위해 자신의 타성태를 이용하려는 운동의 총체화로서 투사되는 것이다.

이런 차원에서 내면화를 향한 외면성의 극복은 실존으로서의 특징과 *실천*으로서의 특징을 동시에 갖는다. 유기적 기능, 욕구, 실천은 변증법적 질서를 이루면서 단단하게 결합한다. 사실 유기체의 출현과 더불어 변증법적 시간이 존재 속으로 유입된다. 왜냐하면 생물은 그 자체를 항상 새롭게 만들어 나가야만 살아남을 수 있기 때문이다. 현재를 거쳐 미래가 과거와 맺는 이 *시간* 관계는, 바로 총체성이 자기 스스로와 맺고 있는 함수 관계와 같다. 총체성이란 재통합된 해체의 현재를 넘어서는 그 자체의 미래이다. 요컨대 살아 있는 통일성이 갖는 특징은 순간이라는 시간성의 감압에 있다. 그러나 새로운 시간성은 변화와 동일성의 기본적 종합이다. 왜냐하면 미래가 과거와 엄밀하게 합치하면서 동시에 현재를 지배하기 때문이다.

그런데 이 순환적 과정 — 이것은 생물학적 시간과 아울러 초기 사회적 시간을 특징짓는데[209] — 은 *외부로부터*, 그리고 환경에 의해 단절되고 만다. 왜냐하면 단순히 우연적이면서도 불가피한 사실로서의 희소성이 교환을 중단시키기 때문이다. 이 중단은 *부정*으로 체험된다. 즉 순환적 운동이나 기능이 헛되이 재생산되고, 그 결과 미래와 과거의 동일성을 부정하고 과거에 의해서 조건 지어진 *현재*의 순환적 조직의 차원으로 전락한다는 단순한 의미에서 그러하다. 그러나 이 어긋남은 유기체가 기능의 환경이나 운명이 아니라 기능의 목적이 되기 위한 필수 조건이다. 사실 원초적이며 종합적인 시간성과 기본적 *실천*의 시간 사이에 놓여 있는 유일한 차이는, 유기체가 추구하는 것이 부재하기 때문에, 미래의 현실로서의 총체성을 *가능성*으로 변모시키는 물질적 환경으로부터 유래한다. 부정의 부정으로서의 욕구란, 그 자체의 고유한 가능성으로서, 따라서 또한 그 자체의 불가능성의 가능성으로서 현재의 무질서를 거치면서 미래에 있어서 자신을 살려 나가는 유기체 그 자체다. 그리고 실천이란 우선 외적인 미래의 목적으로서의 유기체와 위협을 겪는 총체성으로서의 현재의 유기체 사이의 관계 이외의 다른 것이 아니다. 이것은 외면화된 기능이다. 내적 동화 작용으로서의 기능과 어떤 목적을 위한 도구의 구성 사이에는 진정한 차이가 존재하지 않는다.

---

209 이런 사회가 유기적이라고 해서 그렇다는 것이 아니다.(뒤에서 보게 되겠지만 유기체설은 절대적으로 배척되어야 한다.) 그 이유는 그 사회의 구성원들이 개인적으로 순환적 반복의 유기적 시간에 여전히 매우 가깝기 때문이며, 생산 양식이 반복의 과정을 유지하는 데 이바지하기 때문이다. 우선 생산 양식 그 자체에 의해서, 그다음으로는 생산 양식이 인간 상호 간의 제도적 여러 관계 속에 도입하는 매개와 통합에 의해서다.(원주)

사실 많은 종류의 동물은 자기를 도구로 삼는다. 다시 말해 유기체가 그 자체로서 비유기체나 의사 타성체를 산출하는 것이다. 나는 앞에서 유기체가 주위 환경에 작용하는 것은, 오직 일시적으로 타성태의 처지로 전락함으로써만 가능하다는 사실을 지적한 바 있다. 도구-동물들은 생명을 지키기 위해 지속적으로 타성태적이 된다. 달리 말하자면 이것들은 자신들의 타성태를 이용하는 대신에 형성된 타성태 배후에 그것을 숨긴다. 그리고 우리가 기능으로부터 행동으로의 변증법적 이행을 보게 되는 것은 바로 이 모호한 차원에서다. 초월로서의 기도(企圖)는 내면성의 외면화일 따름이다. 사실을 말하자면 음식 섭취와 분해 작용이라는 기능적 사실에 이미 초월이 존재한다. 왜냐하면 우리는 이 사실에서 물질의 두 가지 상태 사이의 일의적이며 내면적 관계를 찾아볼 수 있기 때문이다. 그리고 역으로 초월성은 그 자체 내에 내면성을 포함하고 있다. 왜냐하면 목적 및 환경과의 그 연관은 외면화된 내면성을 여전히 지니고 있기 때문이다.

따라서 비록 처음에는 물질세계가 인간의 실존을 불가능하게 만들 수 있을지 모른다. 하지만 부정이 인간과 물질에게 도래하는 것은 바로 이 인간을 통해서다. 이 사실을 토대로 우리는 그 유명한 "부정의 부정"이라는 법칙, 엥겔스가 결국 자연법칙의 "추상적" 비합리성이라고 잘못 판단한 그 법칙을 그 원초적인 가지성에서 이해할 수 있다. 사실 **자연변증법**은 — 이것을 일반적 "상태의 변화"에서 찾건 아니면 인간 역사에서 *외부적 변증법*으로 변화시키든 간에 — 다음과 같은 두 가지의 본질적인 질문에 대답할 능력을 갖고 있지 않다. 대체 자연의 세계나 인간의 역사에 부정과 같은 무엇이 있는 이유는 무엇인가? 그리고 부정의 부정이 긍정이 되는 것은 어떤 이유에서이며, 어떤 한정된 상황에서 그러한가? 사실 에너지의 변환이 — 비록 이것이 나빌 씨가 생각하듯이 "벡터"의 변화라고 하더라도, 또 어떤 변환은 가역적이고 다른 변환은 비가역적이라고 하더라도, 또한 화학 실험에서처럼 특정의 부분적 반응이 전체적 반응의 내부에서 일어나고 전체적 반응을 변질시킨다[210] 하더라도 *인간에 의해서가* 아니라면, 그리고 과정의 방향을 관례적으로 지시하기 위한 것이 아니라면 ─ 어떤 이유에서 부정으로 생각될 수 있을지를 우리는 결코 알 수 없다. 하기야 물질은 한 상태에서 다른 상태로 옮겨 간다. 이것은 변화라는 것이 존재한다는 것을 의미한다. 그러나 물질적 변화는 긍정도 부정도 아니다. *구성된 것이* 아무것도 없으므로 변화가 그것을 *파괴했다고는* 말할 수 없다. 또한 이런 변화가 *저항을 분쇄시킨 것도* 아니다. 왜냐하면 현존하는 힘들은 그것들이 빚어내게 되어 있었던

---

210 내 머리에 떠오르는 것은 예컨대 생트클레르 드빌* 이후로 화학적 균형이라고 부르는 현상이다. 화학자가 두 가지 물질(그것을 각각 a와 b라고 부르자.)을 특정한 실험 조건하에 갖다 놓고서 c와 d라는 다른 두 가지 물질을 만들어 내려고 할 때, a+b=c+d라는 직접적 반응은 일반적으로 그 반대의 반응을 수반한다. 그래서 c와 d는 상호적으로 반응하여 a와 b로 변환된다. 이렇게 해서 화학적 균형이 생긴다. 즉 변화는 중도에서 정지되고 마는 것이다. 사실 여기에서 우리는 두 가지 형식의 반응을 보게 된다. 그런데 학자가 ─ 실험적이건 산업적이건 간에 ─ 그 자신의 인간적 투기와 관련시켜 말한다는 조건하에서라면 이 두 가지 반응 가운데 한쪽을 긍정적이라고 부르고 다른 쪽을 부정적이라고 부르지 못할 이유가 없다. 실제로 "반대의" 반응을 부정적이라고 생각한다면 그것은 이 반응의 존재 때문에 소기의 결과를 얻을 수 없게 되었다는 것을 의미한다. 그것은 지향된 전체와 관련해서 볼 때 제동력이 되는 것이다. 그러나 엄밀히 자연적인 반응, 즉 실험실이나 미리 세운 모든 가설 밖에서 일어나는 반응의 경우에는 어떻게 될 것인가? 이 경우에도 역시 한쪽을 긍정량으로, 다른 쪽을 부정량으로 간주할 수는 있을 것이다. 하지만 그것은 기껏해야 그러한 반응들이 일어나는 순서를 가리키기 위한 것이다. *어쨌든 이 경우에 분자적 재분배는 비록 지향되어 있기는 하나, 그것 자체로서는 긍정적인 것도 부정적인 것도 아니다.* 게다가 반대의 반응을 직접적 반응의 부정으로 보려 한다고 해도 최종적인 결과는 종합적 형태가 아니라 타성태적 균형이라는 점, 즉 그 기원이 "긍정적"이건 "부정적"이건 간에 그 자체로서는 모두 "긍정적"인 그러한 결과들의 순수한 공존이라는 점에 주목해야 한다.(원주)
• 앙리 생트클레르 드빌(Henri Sainte-Claire Deville, 1818~1881). 프랑스의 화학자. 알루미늄의 양산 방법을 알아내고, 열해리의 현상을 발견한 것으로 유명하다.

결과만을 빚어냈기 때문이다. 하나의 막에 작용하는 상반된 두 힘은 *서로를 부정한다*라고 말하는 것도, 또 이 두 힘이 일정한 긴장을 초래하기 위해서 *협동한다*라고 말하는 것도 모두 부조리하다. 우리가 할 수 있는 일이라고는 오직 한 방향을 다른 방향과 구별하기 위해 부정적 질서를 이용하는 것뿐이다.

저항이 있을 수 있고, 따라서 부정적 힘이 있을 수 있는 것은, 오직 *미래에 따라서* 결정되는 운동, 즉 일정한 통합 형식의 내부에서뿐이다. 만약 도달해야 할 목표가 처음부터 정해져 있지 않다면 제동이라는 것을 어떻게 생각할 수 있겠는가? 달리 말해 만약 미래의 총체화가 이 총체의 탈총체화된 전체로서 부단히 현존하지 않는다면 부정은 있을 수 없는 것이다. 스피노자는 "모든 규정(détermination)[211]은 부정이다."라고 말한 바 있지만 *그의 관점에서* 보자면 이것은 옳은 말이다. 왜냐하면 그가 보기에 실체는 무한한 총체성이기 때문이다. 따라서 이 말은 *전체의 내적 관계들*을 기술하고 이해하기 위한 사유의 한 도구가 된다. 그러나 **자연**이 하나의 거대한 분산적 감압인 한, 그리고 자연적 사실들의 관계가 외면성의 양상으로밖에는 생각될 수 없는 한 몇몇 입자들의 개별적인 연결과 그것에서 일시적으로 유래하는 소태양계는 순전히 형식적, 논리적, 관념론적 의미에서가 아니라면 결코 하나의 *개별화*라고는 말할 수 없다. 실제로 분자 하나하나가 어떠어떠한 결합을 한다는 *사실 때문에* 그것이 어떤 다른 결합에는 *존재하지 않는다*고 말하는 것은 긍정하려는 명제를 부정적 방식으로 반복하는 것이다. 마치 논리학자들이 "모든 사람은 죽는다."라는 명제를 "죽지 않는 모든 사람은 인간이 아니다."라는 말과 바꾸어 놓는

211 détermination은 '한정', '결정' 등으로도 번역되나 여기에서는 국내에서 가장 많이 사용되는 용어인 '규정'을 따랐다.

것과 마찬가지다.

　만약 규정이 규정된 것을 총체화 또는 총체성의 틀 속에서 고립시키게 되면 그것은 실질적인 부정이 된다. 욕구에서 비롯되는 *실천*은 총체화다. 그런데 그 자체의 목적을 지향하는 이 총체화 운동은 *실천적*으로 환경을 하나의 총체성으로 변형시킨다. 부정의 운동은 이 이중의 관점에서 그 가지성을 획득한다. 사실 유기체는 부정을 자신의 통일성을 파괴하는 것으로서 만들어 낸다. 분해 작용과 배설 작용은 이들이 일정한 방향의 폐기 운동이라는 점에서 볼 때 아직은 불투명한 생물학적 부정의 형식이다. 이와 마찬가지로 *결핍*은 기능을 통해 나타난다. 이것은 단순한 타성태적 결핍으로서가 아니라 기능이 자신에 대한 대립으로서 나타난다. 마지막으로 욕구는 그 자체가 결핍에 대해 이루어지는 최초의 부정이므로, 바로 자신의 존재를 통해서 부정을 정립한다.

　요컨대 **존재** 구조로서의 부정에 대한 가지성은 진행 중인 총체화의 과정과의 연관하에서만 나타날 수 있다. 부정은 통합이라는 원초적인 힘에서 나오는 *대립되는 힘*으로 정의되고, 또한 미래의 총체성과 관련해서 총체화 운동의 운명 내지는 목적으로 정의된다. 더 심층적이고 더 막연한 차원에서 보자면 외면적 다수성의 극복으로서의 유기체 그 자체가 최초의 일의적인 부정이다. 왜냐하면 이 유기체는 자기 내부에 다수성을 보존하고, 이 다수성을 제거하지는 못하면서도 그것에 맞서 통일을 이루기 때문이다. 다수성은 유기체의 위기이자 그것에 대한 지속적인 위험이다. 그러나 이와 동시에 다수성은 유기체와 이것을 둘러싸고 또 부정할 수 있는 물질적 우주와의 매개이기도 하다. 부정은 이처럼 통일성에 의해 규정된다. 심지어 부정이 나타날 수 있는 것은 바로 통일성에 *의해서, 그리고 통일성 안에서*라고까지 말할 수 있다. 물론 이때 부정은 우선 역방향의 힘으로서가 아니라 결국 같은 이야기가 되겠지만 그것이 대자적으로 정립되는 한에서 전체의 부분적인 규정으로 나타나게 된다.

이와 같은 고찰을 토대로 우리는 내적 구조들 사이의 관계와 확립된 총체성이나 진행 중인 총체화 내에서 전체와의 관계로서 부정의 변증법적 논리를 정립할 수 있다. 실제로 전체에 의해 규정된 존재와 긴장의 영역에서 모든 개별성은 근본적인 모순의 통일 속에서 발생한다는 사실을 살펴보게 될 것이다. 개별성은 전체의 규정이며, 그런 것으로서 이 개별성에 존재를 부여하는 전체다. 어떤 면에서는 전체가 그 자체의 모든 부분 속에 현전할 것을 이 전체의 존재가 요구한다는 점에서 보면, 개별성은 *전체 그 자체다*. 그러나 이와 동시에 정지, 자기에게로의 귀환, 닫힘으로서의 개별성은 전체가 아니다. 개별성이 개별화되는 것은(이 총체성의 외부에 있는 존재들에 맞서서가 아니라) 전체에 맞서서다. 그러나 이 개별화는 정확하게 이와 같은 모순의 범주 내에서 내면성의 부정으로 발생한다. *전체*의 개별화로서의 개별성은 이 전체가 지배하고, 또 이 전체에 의존하는 개별성을 통해 자기 자신과 대립하는 전체다. 규정으로서의 개별성, 즉 제한으로서의 개별성은 전체의 재총체화를 방해하고, 만약 이 재총체화가 발생한다면 그것 안에서 제거될 무(無)로서 규정된다. 전체를 자신의 미래와 자신의 종말로 규정짓는 총체성을 구체적 현실 속에서 구성하는 것을 목표로 하고 있는 것은 바로 구성된 전체와 구성하는 총체화 사이의 *진행 중인 관계*로서의 이 비존재다. 즉 미래의 추상적인, 그러나 *이미 거기에* 있는 결과로서의 전체와 과정으로서의 변증법 사이의 *진행 중인 관계로서의 비존재*인 것이다. 변증법에 대한 최초의 가지적 부정을 구성하는 것은 바로 능동적(자신의 계기들을 설정하는 총체화)임과 동시에 수동적(미래의 현전으로서의 전체)인 무의 존재다. 그리고 부정의 부정이 긍정이 되어야 하는 것도 바로 힘과 긴장 영역의 추상적 통일체로서의 총체성 내부에서다.

실제로 개별성이 어떤 방식으로 드러나든 간에 —— 부분적 계기의 제거가 문제가 되건, 아니면 첫 번째 계기와 갈등의 관계에 있는 다른 계기들의 출현이 문제가 되건 간에(간단히 말해 부분적 총체성의 훨씬 더 작은 부분으로의 분화나 파편화가 문제가 되건 간에) —— 새로운 구조는(때로는 직접적으로, 또 때로는 단지 자신의 현전만으로 전체와 첫 번째 구조와의 관계를 유도하면서이건 간에) 첫 번째 구조에 대한 부정이다. 이런 과정을 통해 전체는 직접 생산해 내고 지지하는 이 두 번째 구조 속에서 자기 내부의 특수한 규정들을 다시 취하고, 또 그것들을 제거하는 총체성으로 그 모습을 다시 드러낸다. 그런데 이 총체성이 이 규정들을 제거하는 것은 그것들의 개별성을 무조건 없애거나, 아니면 그것들 주위에서 그리고 그것들과의 비교를 통해 그 자신의 분화된 구조로서 전체 그 자신이 되는 새로운 질서 속에 그것들을 삽입시키는 방식으로 스스로 분화되면서다. 이와 같은 총체화의 논리는 전체와 부분들의 관계, 또는 부분들 상호 간의 관계(직접적이건 전체와의 관련을 통해서건)의 다수성을 가리키는 명제의 추상적 체계일 것이다. 각자가 손수 재발견할 수 있는 이와 같은 체계를 여기에서 다시 정립하는 것은 아무런 의미가 없다. 나는 단지 이 주장들에 포함된 내용이 추상적이기는 하지만 아리스토텔레스적 논리의 분석적 판단처럼 *텅 비어 있는 것은 아니라는 사실을 지적할 뿐이다. 또한 비록 이 주장들이 종합적이라고 할지라도 이것들은 그 자체로 *진실된 가지성*을 나타낸다는 사실을 지적할 따름이다. 달리 말하자면 우리가 *이 주장들을 이해할* 수 있기 위해서는 하나의 총체성(게다가 그 어느 것이라도)으로부터 그것들을 정립하는 것으로 충분하다는 것이다. 우리는 이 문제를 다시 검토하게 될 것이다.

다시 욕구로 돌아가자. 투기가 자신의 고유한 목적 — 여기에서 이 목적은 부정되었던 유기체의 복원인데 — 을 향해 주위 세계를 횡단할 때 이 유기체는 자기 주위에 도구성의 장을 통일시키게 된다. 이것은 이 장을 하나의 총체성으로 만들어 투기의 작업을 돕게 될 개별적 사물들의 기반으로 삼기 위해서다. 이것은 실제로 주변의 세계가 자원들과 수단들의 통일로서 구성되어 있다는 사실을 의미한다. 그러나 이 수단들의 통일성이란 바로 목적일 수밖에 없기 때문에, 그리고 이 목적 자체는 위험에 빠져 있는 유기적 총체성을 나타내기 때문에 우리는 여기에서 두 가지 "물질 상태"에서 나타나는 새롭고도 전도된 관계를 처음으로 포착하게 된다. 타성태적 복수성은 목적에 의해 도구적 장으로 통합되었기 때문에 총체성이 된다. 또한 복수성은 수동성의 영역으로 추락한 목적 그 자체다. 그러나 이 복수성의 타성태는 확립된 총체성이라는 자신의 특징에 해를 끼치기는커녕 그 특징을 유지한다. 유기체에서 내면적 관계는 외면적 관계를 포괄한다. 그러나 도구적 장에서는 상황이 그 반대다. 외면적 다수성이 내면적 통일의 관계에 의해 연결되어 있다. 그리고 추구된 목적에 따라 심층적 통일의 기초 위에서 외면적 질서를 끊임없이 규제하는 것은 바로 이 *실천*이다. 바로 거기에서 두 번째 형태의 부정이 유래한다. 왜냐하면 새로운 총체성이 수동적인 동시에 통일된 상태로 존재하기는 하지만 때로는 인간의 직접적 행동 아래에서, 또 때로는 외면성의 고유 법칙 덕택으로 지속적으로 수정되기 때문이다. 이 두 경우에 있어서 변화는 기존 통일성의 바탕 위에서 이루어지며, 이 총체성의 운명이 된다. 비록 이 변화가 세계의 다른 끝, 다른 곳에 그 기원을 가지고 있다고 해도 사정은 마찬가지다. 전체 내에서 발생하는 모든 것은 — 심지어는 해체까지도 — 총체성의 전체적 사건이며, 그런 것으로서의 총체성을 토대로 해서만 가지적이 될 수 있을 뿐이다.

그러나 총체화된 복수성의 혼합이 여기저기에서 수동적 종합을 구성하자마자 이 혼합은 구성된 전체의 내부에서 전체에 대한 요소들의 직접적 통합 관계를 깨뜨리게 된다. 이렇게 해서 형성된 부분이 갖는 상대적 자율성은 총체의 운동과 비교해 볼 때 반드시 하나의 제동으로서 작동해야 한다. 따라서 부분적 총체화의 선회적(tourbiollnnaire) 운동은 전체적 운동의 부정으로서 구성된다. 또한 비록 *실천*에 대한 필연적인 수정이 문제 된다고 할지라도 그에 대한 규정은 그 자체에 대한 부정이 *된다*. 통합된 요소들의 부분적 전체에 대한 관계는 총체의 총체화에 대한 관계보다 더 정확하고 더 "제한적"이다. 그러나 이 관계는 규모가 더 크지 않으며 더 풍부하지도 않다. 외면화된 이 새로운 내면적 관계에 의해 여러 요소는 전체의 운동 내에서 각 요소의 가능성들이었던 객관적 가능성의 총체를 거부하며, 이렇게 해서 그 요소는 더 빈곤해진다. 더군다나 전체적 총체성에 대한 이 부분적 총체성의 관계는 갈등으로 나타나며, 절대적 통합은 개별적 규정의 파괴를 요구한다. 이는 이 개별적 규정이 새로운 다수성을 구성할 위험이 있는 한에서 그러하다. 역으로 타성태와 부분적 통합의 필연성은 상대적 총체성의 각 부분이 전체의 압력에 강제로 저항하도록 한다. 결국 탈총체화된 총체성에서 부분적 총체성의 규정은 또한 — 그러나 부정적으로 — 이 통합의 외부에 *부분적 총체성*으로 남아 있는 총체를 규정하는 필연적 결과를 낳게 된다. 부분적 통합 지역과 비교해 볼 때 통합되지 않은 지역들의 외면적 통일(이 지역들은 우선 통합되지 않았던 지역들이다.)은 내면적 통일성으로, 즉 통합하는 규정으로 변화한다. 그 이유는 총체성 내에서 외면성 자체가 내면적 관계들 속에서 드러난다는 단 하나의 사실 때문이다. 이와 동시에 전체와 이 새로운 총체화의 관계는 변화한다. 때로는 이 새로운 총체화가 이번에는 대자적으로 정립되든지 ─ 이것은 진행 중인 총체화를 결정적으로 폭발시키는 효과를 낳는다 ─, 또 때로는 이 총체화가 전체 자체와 하나가 되고 또 갓 출현한 남의 소유지로 둘러싸인 지역을 흡수하기 위해 투쟁하거나, 마지막으로는 전체로 그리고 동시에 ─ 아니면 어쨌든 ─ 총체화의 과정 자체로서, 그리고 자신과 대립되는 한정들을 다른 계기로 유도하는 부분적 계기로서 스스로를 정립시키는 모순에 의해 그 새로운 총체화가 분열되거나 한다.

물질적 장의 통일성 속에서 삶을 영위하는 인간은 *실천* 그 자체에 의해 이 타성태적 총체성 내부의 여러 지역, 체계들, 특권적인 대상들을 규정하지 않을 수 없다. 통일된 환경 속에 부분적 규정들을 도입하지 않고서는(이 환경이 **지구**든 바다와 처녀림 사이에 있는 좁은 땅이든 간에) 인간은 자신의 도구들을 만들어 내지 못할 것이다. 이와 같은 사실은 원자력의 실질적 이용에서와 마찬가지로 원시인들의 경작 도구에도 해당한다. 이처럼 인간은 타성태의 매개를 통해 그 자신과도 대립한다. 그리고 역으로 노동자의 구성적인 힘은 "자연적" 통일성의 타성태 안에서 부분을 전체에 대립시키기도 한다. 우리는 뒤에서 이와 같은 수많은 예들을 살펴보게 될 것이다. 어쨌든 이 사실이 의미하는 바는 우선 부정은 심지어 외면성의 환경 속에서도 내면적이 된다는 점이고, 그다음으로 부정은 힘들의 실질적인 대립이라는 점이다. 그러나 이와 같은 대립은 인간을 통해 이중으로 **자연**에게 온다. 왜냐하면 이 인간의 행동은 전체를 구성함과 동시에 이 전체의 분열을 구성하기 때문이다.

노동은 어떤 것이든 간에 총체화로서, 그리고 극복된 모순으로서만 존재할 수 있을 뿐이다. 노동자가 자신의 노동을 통해 최초의 계기에서 그 자신을 만들어 가는 환경과 같은 것으로 주위를 구성하게 되면 이때부터 그의 모든 미래의 행보는 이 행보가 긍정적인 한에서 부정에 속하게 될 것이다. 그리고 이 부정은 대자적으로 정립되는 계기로서만 파악될 수 있을 뿐이다. 왜냐하면 타성태 속으로의 재추락은 전체 속에서 그 계기들의 분리를 증가시키기 때문이다. 이처럼 노동이 보여 주는 미래의 행보는 반드시 전체의 내부에서 창조된 대상을 다른 영역들과 새로운 관점에서 이루어진 이 영역들의 통일화와 연결시키는 것이 되어야 할 것이다. 왜냐하면 그것은 분리를 부정하기 때문이다. 그러나 부정의 부정인 이와 같은 새로운 행보에 대한 가지성은 이번에도 여전히 정확히 첫 번째 총체성 속에 머물게 된다. 그 어떤 것도 실재적이고 물질적인 체계 속에서 부정의 부정이, 이 부정들이 발생하는 현실의 형태를 우리가 규정하지 않는 한 새로운 긍정을 낳아야만 한다고 *선험적*으로 단언하게 할 수는 없다. 총체성들의 세계인 인간 세계에서조차도 부정의 부정이 새로운 부정이 되는 것으로 완전히 정의되고 또 그렇게 분류될 수 있는 상황들은 얼마든지 존재한다. 왜냐하면 이와 같은 예외적인 경우들에서는 총체성과 회귀가 서로 간섭을 하기 때문이다. 그러나 여기에서 이 문제를 다룰 수는 없다. 어쨌든 한 가지 확실한 것은, 부정의 부정은 전체의 내부에서 발생한다고 여겨지는 경우를 *제외하고*는 규정되지 않은 총체를 구성한다는 점이다.

그러나 심지어 총체성 속에서도 부정의 부정은 만약 총체화하는 하나의 목적을 향해 극복된 총체성이 문제가 된다면 출발점으로의 회귀가 될 것이다. 도구적 장의 부분적 조직들의 제거는 만약 이 조직들을 제거하기 위한 운동에 그것들을 보존하려는 노력이 동반되지 않으면 우리를 통일된 환경의 원초적인 미분화 상태로(사람들이 하나의 사건, 하나의 경험, 하나의 건축물의 흔적을 사라지게끔 할 때처럼) 이끄는 결과를 낳을 것이다. 이것은 사람들이 이 조직들을 *분화*의 통일성으로 향한 하나의 단계로 고려하지 않아도 된다는 전제하에서 그러하다. 물론 이 단계에서는 전체에 대한 부분들의 종속, 부분들 상호 간의 규제 등등이 새로운 형태로 실현되어야 한다. 또한 이것은 반드시 그렇게 실현된다. 왜냐하면 행동의 장의 통일성을 즉자적으로, 그리고 대자적으로 보존하는 것이 목표가 아니라 이 행동의 장이 포함하고 있는 유기적 총체성을 보존할 수도 있고 또 재건할 수도 있는 물질적 요소들을 그 장 안에서 찾아내는 것이 목표이기 때문이다.

이처럼 신체가 기능이라는 점에서 보면 기능은 욕구다. 또한 욕구는 *실천*이라는 점에서 보면 *인간의 노동*, 즉 그것을 통해 자신의 삶을 만들어 나가고, 또다시 만들어 가는 원초적 *실천*은 완전히 변증법적이라고 할 수 있다. 이 노동의 지속적 가능성과 필연성은 환경과 통일시키는 내면적 관계 위에, 그리고 이 둘 모두 각 개인의 내부에 현전하는 비유기적 질서와 유기적 질서 사이의 심오한 모순 위에 유기체를 정립시킨다. 이 노동의 최초 계기와 본질적 특징은 모순되는 이중의 변화에 의해 규정된다. 투기의 통일성은 실천적 장에 대해 준종합적 통일성을 부여하며, 노동의 중요한 계기는 에워싸고 있는 타성태를 변화시키기 위해 스스로를 타성태화(인간이 체중을 실어 지렛대를 밟는다 등등)하는 계기다. 인간적 사물과 인간-사물을 대립시키는 이와 같은 교차는 변증법적 연구의 모든 수준에서 다시 발견할 수 있다. 그럼에도 불구하고 노동의 의미는 하나의 *목적*에 의해 제공된다. 그리고 욕구는 노동자를 떠미는 *배후의 힘*이기는커녕 오히려 도달해야 할 하나의 목표에 대한 체험된 드러내기이고, 그것은 우선 유기체의 재건에 다름 아니다. 결국 행동은 실제로 물질적 환경을 하나의 전체 —— 이 전체로부터 출발해서 수단에서 목적에 이르는 조직이 가능하다 —— 로서 존재하게 하며, 가장 단순한 활동의 형태에서 보면 이와 같은 조직은 목적 그 자체에 의해 주어져 있는 것이다. 즉 이 조직은 기능의 외면화에 불과하다. 자기에게 부족한 것을 통해 자신의 수단을 규정하는 것이 바로 총체성이기 때문이다. 사람들은 사냥을 할 때나 낚시를 할 때 동정을 살핀다. 또한 재빨리 주위를 탐색한다. 다시 말해 탐색된 대상을 그 바탕 위에서 더 잘 포착하기 위해 장의 통일성을 실현한다.

바로 이와 같은 사실에서 출발해서 노동은, 전체의 종합적 규정들에 의해, 그리고 이 장의 내부에서 항상 더 긴밀한 관계들을 만들어 내거나, 아니면 구축에 의해 스스로를 조직해 우선 전체와 부분들 사이, 그리고 부분들 사이의 아주 모호한 관계에 불과했던 것을 조건들의 완전한 순환성으로 변형시킨다. 미래에 의한 현재의 한정, 타성태와 유기체의 교차, 극복된 모순과 부정, 부정의 부정, 간단히 말해 진행 중인 총체화, 이 모든 것이 바로 노동 —— 그 어떤 것이든지 간에 —— 의 여러 계기다. 물론 —— 우리가 아직 고찰하지 않은 변증법적 수준에서 —— 사회가 노동의 분화를 끝까지 밀고 나가 기계들을 전문화하는 경우를 제외하고 말이다. 그러나 이 경우에 정확히 반대되는 상황이 발생한다. 반자동 기계는 환경을 변화시키고, 그 자체에 필요한 인간을 직접 만든다. 그 결과 내면성은(가짜이기는 하지만 효율적인) 비유기체의 편에 속하며, 외면성은 유기체의 편에 속한다. 이때 인간은 기계의 기계이며, 그는 자기 자신에게 그 자신의 고유한 외면성이다.

다른 모든 경우에서 변증법은 노동의 논리로 나타난다. 노동을 하고 있는 *한 명*의 인간을 고려한다는 것은 완전히 추상적이다. 왜냐하면 현실 속에서 노동은 인간들 사이에 맺어지는 관계이기도 하고, 또한 인간이 물질적 세계와 맺는 관계이기도 하기 때문이다. 그리고 여기에서 우리가 역사적으로 최초의 변증법적 계기를 발견했다고 주장하는 것은 결코 아니다. 우리가 보여 주고자 했던 것은, 바로 가장 추상적인 수준 —— 고립된 개인의 행동의 수준 —— 에서 포착된 우리의 가장 일상적인 경험(이것은 분명 노동에 대한 경험일 텐데)이 우리에게 직접적으로 행동의 변증법적 특징을 보여 준다는 점이다. 달리 말하자면 가장 높은 추상화의 정도에 따라 —— 그리고 심지어 사람들이 분석적 합리주의에 자신들의 분자적 이론들을 양보한다 할지라도 —— 변증법은 발전 법칙과 가지성의 도식에 대한 기본적이고 완전한 형태하에 이미 거기에 존재하는 것이다. 비록 유기적 총체성과 총체화하는 과정의 실제 존재가 변증법적 운동을 드러낸다고 하더라도 변증법이 그 대가로 유기체의 존재를 정당화하지는 않는 것은 당연하다. 생물학이 장차 어떻게 발전하든 간에, 우리들은 유기체를 사실상의 실재로서만 고려할 수 있을 뿐 이것을 이성 속에 정초할 수 있는 수단을 갖고 있지 않다. 이 유기체들이 비유기체에서 유래한다는 주장은 각자 —— 심지어 기독교인조차도 —— 동조할 수 있는 합리적이고 경제적인 가설이다. 그러나 이 가설은 우리의 내부에서 거의 신념의 경지에 이르렀다. 이렇게 해서 외면성의 관계에 적용되는 **분석적 이성**도, 그리고 자신의 가지성을 총체성에서부터 끌어오는 **변증법적 이성**도 —— 전체와 부분, 혹은 점점 더 밀접해지는 통합 속에서 부분들 상호 간의 관계를 좌우하는 것은 바로 이 이성이다 —— 유기체에게 최소한의 가지성의 지위도 부여하지 못한다. 이 유기체가 비유기체로부터 나왔다 해도 그것은 단지 무생물에서 생명으로의 이행만이 있다는 것이 아니라 하나의 합리성에서 다른 합리성으로의 이행을 의미하는 것이다.

그렇다면 우리는 결국 우회해서 엥겔스가 주장한 비합리성으로 되돌아온 것에 불과한가? 결코 그렇지 않다. 실제로 엥겔스에게서 사유와 **자연**에 대한 형식적이고 불투명한 원칙과 같이 비합리적인 것은 바로 법칙들이다. 우리에게 우연적인 것은 바로 몇몇 대상들의 존재다. 그러나 **분석적 이성** 역시 이 세계에는 왜 아무것도 없지 않고 물질과 같은 그 무엇인가가 존재하는가라고 자문할 수 있는 근거를 가지고 있지 않은 것과 마찬가지로 **변증법적 이성** 역시 왜 비유기체가 아니라 유기적 총체들이 존재하는가라고 자문하도록 강요당하지는 않는다. 과학적이 될 수 있는 이 질문들은(과학에 선험적으로 제한을 가하는 것은 불가능하다.) 아직은 과학적이지 못한 상태에 있다. 이와는 달리 중요한 것은 만약 모든 유기체가 존재한다는 것이 사실이라면 변증법은 이것들에 대한 가지성의 형태라는 점이다. 그리고 개인 노동자가 정확히 이 총체화들 가운데 한 자리를 차지하고 있기 때문에 만약 이 노동자가 매 경우 총체의 총체화에서 출발해서 부분적 총체성들을, 진행 중인 통일화의 관계들로부터 출발해서 그 부분적 총체성들의 내적 관계들을, 목적에서 출발해서 수단들을, 그리고 미래를 과거와 연결하는 기존의 관계로부터 출발해서 현재를 해석하지 못한다면 이 노동자는 자신의 행동 속에서도 *자연과의* 관계 속에서도 스스로를 이해할 수 없을 것이다.

그러나 역으로 변증법적인 이 노동자의 *실천*은 그 내부에 고유한 가지성을 내포하고 있다. 하나의 예만 들어 보자. 엥겔스에 의해 아주 거칠게 정립된 법칙인 대립항들의 상호 침투성의 법칙은 미래의 총체화에 의해, 그리고 그것을 에워싸고 있는 기존의 총체성에 의해 밝혀지는 하나의 *실천*에서 완전히 가지적이 된다. 하나의 총체성(기존의 것이든 진행 중이든) 내부에서 전체에 대한 한정으로서의 부분적 총체성들 하나하나는 이 전체를 자신의 근본적인 의미로 포함하고 있으며, 따라서 다른 부분적 총체성 역시 포함하게 된다. 이렇게 해서 각 부분의 비밀은 다른 부분들 속에 들어 있게 된다. 이것은 각각의 부분이 이 전체와 맺는 관계 속에서, 즉 개별적 존재 속에서 다른 부분들을 결정짓는다는 의미다. 변증법적 가지성의 형태는 정확히 이 수준에서 출현하며, 이것은 부분들 사이의 *직접적인* 갈등(**변증법적 이성이 분석적 이성**을 초월하는 한에서)과 동시에 끊임없이 이동하는 은밀한 갈등을 하나로 결합하고, 각각의 부분들을 다른 부분들과의 내적 변화에 따라 *내부에서부터* 변모시키며, 각 부분들이 그러한 바의 모습과 그렇지 않은 바의 모습, 그리고 서로 소유하고 소유되는 상태로서의 이타성을 각 부분 안에 정착시킨다.

　이와 같은 고찰을 통해 나는 단지 이 대상들에 고유한 관계의 유형, 즉 내적 관계의 유형만을 설명했을 뿐이다. 이 수준에서 변증법적 연구를 *설명하는 것*은 결코 쉬운 일이 아니다. 그러나 이 연구는 모두에게 공통되며 명백한 것이기도 하다. 대부분의 사람이 분석적 합리성의 규칙에 따라 담론 속에서 자신을 표현한다는 것은 *사실이다*. 물론 그렇다고 해서 이것이 그들의 *실천*이 스스로를 자각하고 있다는 것을 의미하지는 않는다. 실제로 그 무엇보다도[212] **변증법적 이성**은 그 안에 **분석적 이성**을 포함하고 있다. 이것은 총체성이 그 안에 복수성

212　우리는 나중에 이 변증법적 경험이 항구적(사람들은 노동을 하고 있고 항상 노동을 해 왔다는 점에서)이며 동시에 *생성된* 것이라는 점을 보게 될 것이다. 왜냐하면 역사의 가지성으로서의 변증법은 어느 한 시점에서 발견된 것이기 때문이다. (원주)

을 포함하고 있는 것과 같다. 노동의 흐름 속에서 노동자가 부딪치는 어려움에 대한 분석으로 넘어가기 위해서는 실천적 장의 통일이 이미 실현되어 있어야만 한다. 이와 같은 "상황에 대한 분석"은 여러 방법과 분석적 *이성*에 대한 가지성의 형태에 따라 이루어진다. 이 분석은 필연적이기는 하지만 우선적으로 총체화를 가정한다. 이 분석은 결국 내면적 복수성, 즉 외면적 관계들에 의해 통일된 여러 요소에 이르게 된다. 그러나 여러 조건화의 이와 같은 분자적 분산을 뛰어넘는 실천적 운동은 그 자체로 문제와 해결책을 동시에 창조해 내는 통일을 다시 발견하게 해 줄 것이다. 게다가 이와 같은 통일은 결코 상실되지 않는다. 왜냐하면 이 통일 *안에서* 바로 분산을 추구하기 때문이다. 단지 분석은 우선 담론과 사유에 의해 이루어진다. 비록 그 이후에 물질적 장치를 이용해야만 하더라도 말이다. 이와는 반대로 대상의 *생산*은 완전히 *실천적*이다. 그리고 *실천*이 자기를 비추고, 자기 자신에게 투명하다고 하더라도 이 실천이 반드시 언어에 의해 표현되는 것은 아니다.

실제로 *인식*은 목적에 의해, 즉 미래의 비존재에 의해 지각적이고 실천적인 장이 드러남으로써 나타난다. 오직 변증법만이 **인식 행위**와 진리의 가지성을 정초할 수 있다는 것을 밝히는 일은 용이하지만 너무 장황한 작업이 될 것이다. 왜냐하면 인식과 진리 모두 존재와 존재 사이의 긍정적 관계가 될 수 없고, 오히려 반대로 부정적이고 무에 의해 매개된 관계가 될 뿐이기 때문이다. 극복된 것과 극복하기의 드러냄은 아직 존재하지 않는 미래에서 출발하여 진행 중인 총체화의 실천적 통일 속에서만 이루어질 수 있을 뿐이다. 그러나 이와 같은 드러내기는 *실천적이며*, 전체적으로 보아 아직도 인식과 관조를 혼동하는 사회 속에서 담론에 의해 고정될 수 없다. 이처럼 각자의 노력은 모든 사태에 대해 분석적이고 기계적인 합리성의 용어로 변증법적 경험을 표현하기 위해 행해진다. 만약 각자가 정통하다면 그는 계기마다 자신의 기본적인 경험을 주제화할 수 있다는 것은 여전히 사실이다. 총체화하는 투기로서의 인간은 그 자신이 총체화들을 실행하는 중의 가지성이다. 소외는 아직 문제가 되지 않으므로(게다가 우리는 모든 것을 동시에 말할 수 없기 때문에) 행동과 이해는 불가분의 관계에 있다.

이와 같은 경험을 통해 총체들의 논리와 인간과 **우주**의 관계가 분명하게 드러난다고 해도, 우리는 아직 이 경험을 논리 필증적으로 여길 수 없다. 행동과 대상에 대한 완전한 이해는 필연성의 파악으로서가 아니라 실천적 직관의 시간적 전개로서 특징지어진다. 필연성은 도피선으로서 또는 말을 바꾸어 가지성의 가지적 한계로서가 아니면 절대로 직관에 주어지지 않기 때문이다.

B. 물질성의 여러 분야 간
매개인 인간관계

직접 경험을 통해 *가장 구체적인* 존재가 주어진다. 하지만 이 존재는 이 경험의 가장 피상적인 수준에서 이해될 따름이며, 이 경험 자체는 추상적인 상태로 남게 된다. 우리는 욕구의 주체인 인간에 대해 기술했고, 또한 그의 노동을 변증법적 전개로 제시했다. 그리고 고립된 노동자란 존재하지 않는다고 말하지 말자. 오히려 그의 노동의 사회적, 기술적 조건이 홀로 노동을 요구할 때 고립된 노동자는 도처에 존재한다. 그러니까 그의 고독조차도 역사적, 사회적 지정(désignation)인 셈이다.[213] 즉 한 특정 사회에서 기술 발전의 특정 단계 등등에서 농부 한 명이 1년 중 어느 시점에 완전한 고독 속에 노동을 한다고 해도 이 노동은 노동 분업이라는 사회적 양태가 된다. 그리고 그의 작업 ── 즉 그가 *자신을 생산하는* 방법 ── 은 욕구의 충족뿐만 아니라 욕구 그 자체를 조건 짓는다.

이탈리아 남부 지방의 일용직 농부들 ── *브라치안테*라고 불리는 반실업자들 ── 은 하루에 한 끼 이상, 그리고 어떤 경우에는 이틀에 한 끼 이상을 먹지 않는다. 따라서 이러한 계기에서 *욕구로서의* 허기

---

213 고립된 노동자의 노동이라 할지라도 이 노동자 자신이 역사적, 사회적 지평 위에 서 있으므로 그의 노동 역시 이와 같은 지평과 무관하지 않다는 의미다.

는 사라진다.(차라리 허기는 그들이 매일 혹은 이틀에 한 번 하는 식사가 갑자기 불가능해질 때 나타난다.) 그들에게 허기가 더는 존재하지 않아서가 아니라 오히려 허기가 만성 질환처럼 내면화되고 구조화되었기 때문이다. 욕구는 더 이상 *실천* 속에서 완수되는 과격한 부정이 아니다. 이것은 *존재태*(exis)[214]로서의 신체, 무기력해지고 일반화된 결핍으로서의 신체 일반으로 이행한다. 유기체 전체는 자신의 요구를 줄일 수 있게 축소되고 훼손되면서 이 결핍에 적응하려 한다. 그럼에도 불구하고 유기체는 홀로 있고 현재 시점에, 현재 사회에서 그가 겨냥하는 특별한 목적들과 그가 사용하는 도구들을 가지고 *이 일* 혹은 다른 일을, 그리고 수단들의 순서를 결정한다는 점을 고려해 보면, 그는 후진적 연구의 대상이 될 수 있다. 또한 그렇기 때문에 나는 *그의 실천*을 모든 조건화 과정을 통해 스스로 시간화하는 것으로 포착하고 고정할 권리를 가진다. 단지 이 후진의 계기는 우리가 이 단계에만 머물러 있고자 한다면 거짓이고 관념론적일 수 있다는 점 — 우리 연구의 첫 번째 핵심적 접근이라는 점에서는 사실이지만 — 을 분명히 지적해 두어야 한다. 역으로 우리의 연구 전체를 완성했을 때 개인적 실천은 환경과 분리될 수 없는데 — 개인적 실천은 환경을 구성하고, 또 이 환경은 실천을 조건 짓고 소외시킨다 — 이는 **구성된 이성**으로서의 **역사** 한가운데에서 그 자신이 동시에 **구성하는 이성**이 된다는 것을 우리는 보게 될 것이다.

하지만 바로 그 때문에 후진의 두 번째 계기가 개인과 사회체(타성태적인 또는 활성화된), 혹은 개인과 제도들 사이에 맺어지는 *직접적인*

---

214 실천(praxis)과 대조되는 용어. praxis가 사회, 경제적 세계에서 투기하는 대자(對自)의 적극적 행동을 의미하는 반면에 exis는 진실한 초월 없이 현 상태를 단순히 재생산하는 것을 가리킨다. '상태', '습성'을 뜻하는 이 그리스어는 라틴어 '아비투스(habitus)'에 해당한다.

관계일 수는 없다. 마르크스는 주어진 사회 제도에서 *인간관계들을* 그것들의 물화 혹은 일반적으로 소외와 구별한다. 실제로 그는 다른 도구들에 기초한 중세 사회에서, 그리고 그 시대 사람들에게 다른 문제, 즉 그들만의 문제들을 제기하던 중세 사회에서는 인간에 의한 인간의 착취가 가장 잔혹한 탄압과 함께 존재했다는 사실, 그러나 모든 것이 *다르게* 이루어졌다는 사실, 특히 인간관계는 물화되지도 파괴되지도 않았다는 사실을 지적하고 있다. 마르크스가 두 체제, 착취와 제도화된 폭력에 기초해 세워졌던 두 체제 모두를 인정하거나 비교한다고 주장하지 않았다는 사실은 분명하다. 마르크스는 단지 농노나 흑인 노예가 소유주와 맺는 관계가 종종 *개인적*(어떤 의미에서는 이 사실이 노예에게는 더 참을 수 없고 더 모욕적이다.)이고, 노동자들과 고용주의 관계(혹은 노동자들끼리의 관계, 왜냐하면 그들이 대중적인 힘의 대상이기 때문에)는 단순한 외면성의 관계임을 확인한다. 하지만 이 외면성의 관계는 그 자체로 내면성의 객관적 관계의 물화로서만 생각해 볼 수 있을 따름이다. **역사**는 인간관계의 내용을 그 총체성 속에서 규정하며, 이 관계는 — 아무리 내밀하거나 단순하더라도 — 전체에 관여한다. 그럼에도 불구하고 일반적인 인간관계를 *존재하게끔* 하는 것은 역사가 아니다. *그 이전에 분할된* 이 대상들, 즉 인간들 사이의 관계들을 맺게 한 것은 조직이나 분업의 문제들이 아니다. 하지만 이와는 정반대로 만약 하나의 집단이나 하나의 사회 구성 — 기술 문제들 전반과 많은 도구를 중심으로 — 이 가능하다면 이는 우리가 서 있는 **역사**의 특정 순간에 다양하고 서로 모르는 체제들의 사회들에 소속된, 분리된 개인들 사이에서도 인간관계는 (그 내용이 어떠하든) 항구적인 사실의 실재이기 때문이다. 이것은 정확히 다음과 같은 점을 의미한다. 즉 우리가 인간관계라는 추상적인 단계를 건너뛰고 곧

장 마르크스주의에 익숙한 생산력, 생산 방식 그리고 생산관계의 세계에 자리한다면 우리는 본의 아니게 자유주의와 분석적 합리성의 원자론을 지지하게 될 위험이 있다는 것이다.

일부 마르크스주의자들은 정확히 이런 유혹에 빠졌다. 그들은 개인은 *선험적*으로 고립된 입자도 직접 관계하는 활동도 아니라고 응수한다. 왜냐하면 각각의 경우, 운동의 총체성과 상황의 개별성을 통해 결정을 내리는 것은 사회이기 때문이다. 하지만 우리의 "형식주의"를 거부한다고 주장하는 이와 같은 대답은 *자유주의적* 요구에 대한 전적으로 형식적인 수용을 포함하고 있다. 개인주의적 성향을 가진 부르주아 계급은 다음과 같은 한 가지 점만을 양보해 줄 것을 요구한다. 즉 개인들의 관계는 그들 각자에 의해 수동적으로 체험되고, 또한 다른 힘(그들이 원하는 모든 힘)들에 의해 이 관계가 외면적으로 조건화된다는 점이다. 이것은 그들이 타성태의 원리와 인간관계에 대한 실증주의적 외면성의 규칙들을 자유롭게 적용하도록 방치한다는 것을 의미한다. 이 순간부터는 실제로 개인이 격리된 채 살고 있다는 것은 별로 중요하지 않다. 어떤 시대에 혹은 매우 잘 통일된 집단에서 사는 농부가 그렇듯이 말이다. *절대적 격리*는 정확히 말해 개인 각자가 근본적인 외면성 속에서 그 자신과 타인들 사이에 맺어지는 관계가 갖는 역사적 위상을 겪는다는 것과 같은 것이다. 또는 ── 결국 같은 말이지만 그다지 까다롭지 않은 마르크스주의자들이 속아 넘어가는 ── 절대적 격리는 자신들의 생산물의 생산물(따라서 수동적이고 소외된 개인들로서)의 자격으로 개인들이 그 자신들 사이의 관계를 *제도화*(이전 세대들이 구축한 관계들, 그들에게 고유한 관계 구성, 그리고 당대의 세력들과 주요 현안들로부터 출발해서)한다는 것과 같은 것이기도 하다.

이렇게 해서 우리는 「방법의 문제」에서 다룬 문제들을 다시 발견하게 된다. 이전 상황들에 기초해서 **역사**를 만든다는 것은 무슨 의미를 가지는가? 거기에서 우리는 이렇게 말했었다. 만약 우리가 — 극복으로서의 — 투기를 조건으로서의 상황들과 구별하지 않는다면 더 이상 타성태적인 사물들밖에 남지 않으며, 또한 **역사**는 사라진다고 말이다. 이와 마찬가지로 만약 인간관계가 오로지 생산물에 불과하다면 이 관계는 본질적으로 물화된다. 하지만 우리는 이 인간관계의 물화라는 것이 무엇인지 더 이상 이해하지 못하게 된다. 우리가 내세우는 형식주의는 마르크스의 형식주의에서 얻어 온 것으로, 단순히 **역사**가 인간을 만드는 것과 정확히 같은 정도로 인간도 역사를 만든다는 점을 상기시키는 데 그 의의가 있다. 이것은 인간관계들이란 매 순간 그들 *행위*의 변증법적 결과라는 의미다. 왜냐하면 이 인간관계들은 참아 내고 견뎌 내어 제도화된 이전의 인간관계들에 대한 극복으로서 정착되기 때문이다. 인간의 입장에서 보면 인간이란 주어진 상황과 사회 여건 속에서만 존재할 뿐이다. 따라서 모든 인간관계는 역사적이다. 하지만 이 역사적 관계들 또한 인간적이다. 이 관계들이 *실천*의, 즉 동일한 실천적 장에서 이루어지는 복수적 행위들의 직접적인 변증법적 결과로서 *항상* 주어지는 한에서 그러하다. *언어의 경우가 이와 같은 사실을 잘 보여 준다.*

말(mot)은 물질이다. 말은 *외관상*(그 자체로 자신의 진실을 가지고 있는 외관) 나를 물질적으로 강타한다. 이것은 공기의 동요처럼 내 신체에 어떤 반응을 일으키고, 특히 그 말의 물질성으로 어떤 조건 반사들을 내 안에서 재생산한다.(*나는 목구멍 저 안쪽에서 말을 하면서 그 말을 듣는다.*) 따라서 더 간단히 말하자면 — 이것은 옳기도 하고 그르기도 하지만 — 말은 대화 상대자들에게 마치 그 의미의 운반자처럼 들어온다. 말은 나에게 타자의 기도(企圖)들을, 그리고 타자에게 나의 기도들을 전달해 준다. 우리가 언어를 화폐와 같은 방식으로 연구할 수 있다는 것은 의심의 여지가 없다. 유통되고, 타성태적이며, 분산된 것을 통일시키는 물질성으로서 말이다. 게다가 이것은 부분적으로 역사 언어학이 담당하는 연구이기도 하다. 말은 인간의 죽음을 먹고 살며, 인간들을 통해 결집된다. 내가 만드는 모든 문장의 의미는 나에게서 벗어나며, 나는 그 의미를 빼앗긴다. 매일, 그리고 모든 발화자는 모두에게 의미를 변질시키고, 타인들은 내 입속까지 들어와 의미를 바꾸어 버린다.

언어가 타성태적 총체성인 것은 어떤 의미에서 의심의 여지가 없다. 하지만 이 물질성은 유기적이며 동시에 영원히 진행 중인 총체성이다. 파롤(parole)은 분명 결합시키는 만큼 분리시키는 기능을 가지고 있다. 파롤에는 분명 집단의 균열들, 지층들, 타성태들이 반영되어 있다. 대화들 일부는 분명 청각 장애인의 대화처럼 이루어진다. 부르주아들의 비관주의는 오래전부터 이 확인에 만족하기로 작정했다. 인간들 사이의 원초적 관계란 불변하는 실체들의 무조건적인 외면적 우연의 일치로 환원될 수 있고, 이와 같은 조건에서 각자에게 단어 하나하나는 현재의 의미 작용 속에서 내면성의 전체적 체계의 지시에 의존하게 될 것이라는 점, 그리고 이 단어는 소통 불가능한 이해의 대상이 될 것이라는 점은 당연하다. 단지 이 소통 불가능성 — 이것이 존재한다면 — 은 그것이 기본적인 소통 가능성에 기초해야만 의미가 있다. 즉 상호 인정 위에, 소통에 대한 끊임없는 기도 위에 근거하고, 더 나아가 모든 프랑스인의 항구적, 집단적, 제도적 소통 위에 — 예를 들어 침묵 속에서도 언어적 물질성이라는 안정된 매개자에 의해 이루어지는 소통에 — 그리고 이런저런 인간의 이와 같은 일반적 소통을 개별화하려는 현재의 투기 위에 근거해야만 한다.

사실 각각의 말은 *유일하고*, 우리 각자나 모두에게 외면적이다. *외부라는 것, 그것은 공적 제도라는 의미다.* 말한다(parler)는 것은 한 단어를 귀를 통해 두뇌로 들어가게 하는 것이 아니라 소리를 통해 상대방을 공공의, 외부의 소유물인 이 단어와 관련을 맺게 하는 것이다. 이런 관점에서 보면 객관적 의미의 *내적* 관계의 총체로서의 언어 전체가 우리 모두에게, 우리를 위해 주어져 있는 것이다. 단어는 단지 언어의 바탕에 나타나는 특수화에 불과하다.[215] 문장은 현재 진행되고 있는 총체화이며, 거기에서 단어 하나하나는 다른 단어의, 상황 그리고 언어 전체와의 관련하에서 마치 전체를 구성하는 하나의 부분과 같이 규정된다. 말한다는 것은 따라서 **언어**라는 공통 바탕 위에서 하나의 어휘를 다른 모든 어휘로 바꾸는 것이다. 언어는 모든 단어를 포함하고, 모든 단어는 언어 전체 속에 포함되며, 단어 하나하나는 그 자체 안에서 언어를 요약하고 그것을 재확인한다. 하지만 이와 같은 근본적인 총체성은 타자에게 직접 표명되는 *실천*이 아니라면 그 무엇도 될 수 없다. 언어란 한 사람이 다른 사람과 맺는 실천적 관계로서의 *실천*이고, *실천*이란 항상 언어(거짓을 말하든 진실을 말하든)이다. 왜냐하면 실천이란 무엇인가를 의미함이 없이 이루어질 수 없기 때문이다. 언어들은 **역사**의 산물이다. 이와 같은 특징을 가진 언어 하나하나에서 우리는 외면성과 분리의 통일성을 찾게 된다. 하지만 언어가 자족적이라고 해도 *이 언어가 인간에게 올 수 있는 것은 아니다*.[216] 왜냐하면 언어는 그 자체로 자족적이기 때문이다. 한 개인이 자

---

215 이런 이유로 모든 어휘는 현동화된 언어 전체다. 개별화란 총체화다.(원주)
216 이 문장은 언어가 갖는 '실천적-타성태'로서의 특징을 잘 보여 준다. 언어가 인간의 창조물이라
     는 것은 분명하다. 즉 인간 실천의 생산물이다. 하지만 이 언어는 인간에 의해 창조되었음에도
     불구하고 그 자체로 자족적이며, 시간의 흐름과 더불어 이 언어는 다른 인간들에게 영향을 미
     친다. 태어난 후 일정한 시간이 지나 하나의 언어를 배우는 어린아이를 상상해 보자. 이 아이는

신의 고립과 소외를 발견하기 위해, 또한 침묵을 감내하기 위해, 그리고 또 어떤 집단적인 기획에 참여하기 위해서는 언어의 물질성으로, 그리고 이 물질성 안에서 표현되는 것과 같은 그와 타인의 관계가 그대로 그의 실재 자체를 구성해야만 한다.

이것이 의미하는 바는 만약 개인의 *실천*이 변증법적이라면 타자와의 관계 역시 변증법적이고, 이 관계는 그의 안에서 혹은 외부에서 물질성과 맺는 최초의 관계와 동시대적이라는 점이다. 또한 이 관계를 각자 내부에 포함된 잠재성이라거나 어느 특별한 경우들에 현동화될 "타자에 대한 열림"이라고 이해해서는 결코 안 될 것이다. 만약 그렇게 이해한다면 그것은 이 관계들을 마치 금고에 가두듯 그 "본성" 속에 가두고, 주관적인 단순한 기질로 축소하는 것이 될 것이다. 그렇게 되면 우리는 당장에 **분석적 이성** 그리고 분자적 유아론[217]으로 추락할 것이다. 실제로 "인간관계들"은 상호 개인적인 구조로 되어 있다. 언어가 이 관계들을 이어 주는 공통의 연결이고, 이 구조는 **역사**의 모든 계기에 *현세적*으로 존재한다. 고독이란 이 관계들의 특별한 양상일 뿐이다.

우리의 연구를 뒤집어 보아도 우리는 똑같은 *인간*들을 보게 된다. 우리는 다만 조금 전에는 각 개인을 대다수의 타인(사실은 거의 전부)을 모르는 그런 인간으로 바라보았다. 지금은 이 각각의 개인이 노동,

---

이미 과거에 다른 사람들의 실천에 의해 누적된 이른바 '문법'을 지켜야 한다. 그러니까 이 '문법'은 이 어린아이에게는 마치 '외부'로부터 와서 그가 언어를 배우고 익히는 행위를 '조건 짓는' 하나의 요소로 작용하게 된다. 이것이 바로 언어가 갖는 '실천적-타성태'의 특징이다. 이런 의미에서 볼 때 이 문장에서 "언어가 인간에게 올 수 없다."라는 말은 이 언어가 나타나는 최초의 계기에는 '인간'이 있는 것이지 그 반대가 아니라는 것을 의미한다.

217 실재하는 것은 오직 자아와 그 의식뿐이며, 다른 모든 것은 자아의 관념이거나 자아에 대한 현상에 지나지 않는다는 이론. 분자적 유아론은 모든 인간관계를 분석하면 결국 그것은 '분자'에 해당하는 '자아'들의 관계로 환원된다는 이론을 가리킨다.

이해관계, 가족 관계 등등으로 다른 개인들과, 그리고 이 개인들은 또한 또 다른 개인들과 연결된다는 시각으로 그들을 본다. 우리는 여기에서 총체화도, 나아가서 총체성도 만나지 못한다. 문제가 되는 것은 오히려 규정되지 않은 채 끊임없이 변화하는 상호성의 분산일 뿐이다. 그리고 이 집단의 구조를 이해하기에는 우리의 연구가 아직 정비되지 않았고, 다만 모든 구조화를 조건 짓는 기초적인 관계를 찾고 있을 뿐이다. 즉 인간관계가 특수한 것인지, 만약 그렇다면 *어떤 점에서* 그러한지를 가장 간단한 수준 — 이원성과 삼원성[218]의 수준 — 에서 알고자 하는 것이 문제다. 나머지와 마찬가지로 이것도 *단순한 일상적 실천*에서 발견되어야 한다.

인체 조직들의 분산으로부터 출발했기 때문에 우리는 (제도들, 그들의 사회 여건, 그들의 삶에서 겪는 우연들에 의해) 완전히 분리된 개인들을 고려하게 될 것이고, 이 분리 자체 — 즉 절대적 외면성을 지향하는 관계 — 에서 내부성에 대한 그들의 역사적이고 구체적 연관을 발견하려고 시도할 것이다.

내가 묵고 있는 호텔의 창문으로 도로 인부와 정원에서 일하는 정원사가 보인다. 그들 사이에는 깨진 병 조각들이 꽂힌 담장이 있고, 이 담장은 정원사가 일하는 부르주아의 소유지를 보호해 주고 있다. 그러니까 이들은 서로의 존재를 전혀 모른다. 각자 일에 몰두하여 저쪽에 사람이 있는지조차 생각할 꿈도 꾸지 않는다. 그런데 나는 그들에게 내 모습을 보이지 않은 채 그들을 보고 있으며, 나의 위치, 그리고 그들의 작업에 대한 이 수동적 개관은 나를 그들과 관련해서 위치시킨다. 즉 나는 호텔에서 "휴가를 보내고" 있는 중이고, 그들을 보

---

218   각각 2인 사이에, 3인 사이에 형성되는 인간관계를 의미한다.

고 있는 증인이라는 타성태 속에서 내 자신을 프티부르주아 지식인으로 실현하고 있다. 나의 지각은 내 직업이나 내 환경 고유의 필요성과 가능성을 보여 주는 한 순간의 시도("과로" 때문에 휴식을 취하거나 혹은 책을 쓰기 위해 "고독"을 찾는 등등)일 뿐이다. 이런 관점에서 보면 창문에 있는 나의 존재는 수동적 행동("깨끗한 공기를 마시고" 싶다든가, 풍경이 "편안하다"고 생각하든가 등등)이고, 나의 현재의 지각은 내 삶 전체를 표현하는 복잡한 과정에서 수단으로서 기능하고 있다. 이로 인해 내가 이 두 노동자들과 맺는 첫 번째 관계는 부정적이다. 나는 그들과 같은 계급에 속해 있지 않고 그들의 두 직업 가운데 어떤 것도 수행하지 않으며, 그들이 하는 일을 할 수도 없을 것이고 또 그들의 근심거리를 나누어 가지고 있지도 않다.

하지만 이 부정은 이중의 성격을 갖는다. 우선 이 부정은 이 두 사람과 나를 함께 현재적 내면성 속에 있게 해 주는 미분화된 종합적 관계의 바탕 위에서만 나타날 뿐이다. 다시 말해 나는 그들의 목적을 목적으로 인정하지 않고서는 그들의 목적과 나의 목적을 대립시킬 수 없다. 이해의 기초는 모든 시도와 ─ 비록 차후에 이 시도와 싸우거나 이 시도를 비난하게 될지라도 ─ 원칙적으로 공모 관계다. 모든 새로운 목적은 일단 의미 작용을 하게 되면 모든 인간적 목적들의 유기적 통일성으로부터 분리된다. 어떤 병적인 경우들에 있어서(예컨대 자아 상실) 인간은 낯선 종(種)의 대표처럼 나타난다. 그러면 더 이상 인간을 목적론적인 현실 속에서 파악할 수 없게 된다. 왜냐하면 환자와 그의 목적들과의 관련이 일시적으로나마 단절되기 때문이다. 자기를 천사라고 생각하는 모든 사람에게는 그들의 이웃이 하는 행위들이 부조리하게 보인다. 왜냐하면 그들이 거기에 참여하는 것을 거부하며, 또한 인간적 시도를 초월하고 싶어 하기 때문이다.

그렇다고 해서 나의 지각이 나에게 나를 다른 두 *사람* 앞에 있는 *한 명의* 인간으로 발견하게 해 준다고 믿어서는 안 된다. 인간이란 개념은 구체적 직관에 결코 나타나 주지 않는 추상일 뿐이다. 사실상 정원사와 도로 인부 앞에 있는 나는 나 자신을 한 명의 "피서객"으로 파악한다. 그리고 나는 나 자신을 현재 있는 그대로의 나로 만들며, 나는 그들이 현재 그들이 되어 가는 그대로, 즉 그들의 노동이 그들을 만들어 내는 대로의 그들을 발견한다. 하지만 내가 그들에게서 (마치 탐미주의자가 하듯이) 개미나 혹은 (신경 장애인이 하듯이) 로봇의 모습을 볼 수 없기 때문에, 또한 그들의 목적을 나의 목적과 차별화하기 위해서는 내가 그들을 통해 그들의 목적들 앞에 내 자신을 투기해야 하기 때문에 나는 구성원들 각자의 가능성들과 목적들을 결정하는 하나의 한정된 사회의 한 구성원으로서 나를 실현한다. 그들의 현재 활동 이외에도 나는 그들의 삶, 욕구와 봉급과의 관계, 그리고 무엇보다도 사회적 상처들, 계급 투쟁 등등을 다시 발견하게 된다. 이와 같은 사실을 토대로 보자면 나의 지각의 감정적 특성은 나의 사회적, 정치적 태도와 동시에 시대적 사건들(파업, 내전 혹은 외전의 위협, 적군의 점령 혹은 다소 환상적인 "사회적 휴전")에 의존하게 된다.

다른 한편 각각의 부정은 내면성의 관계다. 이것을 통해 내가 말하고자 하는 바는 **타자**의 실재는 나의 실재가 *아닌* 만큼 나의 존재의 가장 깊은 심층부에까지 영향을 준다는 점이다. 나의 지각은 우선 타자들의 노동으로 생산된 많은 도구와 기계들(담장, 도로, 정원, 밭 등등), 이와 동시에 나의 지각에 의한 이것들의 객관적 의미에 따라, 그리고 내 자신의 투기에 따라 통일된 많은 도구와 기계들을 나에게 드러내 보인다. 각각의 *사물*은 현재에는 사라져 버린 하나의 행위가 자신에게 부과한 개별적인 단일성을 그 자체의 모든 타성태를 통해 견뎌 낸다. 이들 전체는 지각 행위에서 내가 행하는 생생하지만 이상적인 통일화를 무관심하게 용인한다. 하지만 이 두 *개인*은 나에게 *가시권 내에서* 다른 사물들 사이에 위치한 사물들처럼, 멀어져 가는 전망처럼, 실재의 유출이 일어나는 중심처럼 나에게 동시에 주어져 있다. 내가 그들을 그들의 노동에서 출발해서 이해하기 때문에 나는 그들의 몸놀림을 그들이 제시하는 목적들로부터, 따라서 그들이 투기하는 미래로부터 출발해서 지각한다. 그러니까 지각 내적인 이해의 운동은 무생물에 대한 단순한 이해를 전복시키면서 이루어진다. 즉 현재는 미래로부터, 개별 운동은 전체 활동으로부터, 간단히 말해 세부는 전체로부터 출발해서 이해된다.

이와 마찬가지로 그들 두 사람의 물질적 환경은 나로부터 벗어난다. 왜냐하면 이 환경이 그들 활동의 목적이나 수단이 되기 때문이다. 내가 보고 있는 사물들에 대한 그들의 실천적 관계는 *바로 그 실천* 안에 이 사물들의 구체적 드러남을 포함하고 있다. 그리고 이 드러남은 그들의 활동에 대한 나의 지각 속에 포함되어 있다. 하지만 이 활동이 그들을 *나와는 다른* 자들로 정의하기 때문에, 또한 이 활동이 저 육체노동자들 앞에서 나를 지식인으로 구성하기 때문에 이 활동의 필수적 계기인 드러남은 나를 벗어나는[219] **대타적-객관성**을 객관성의 한복판에서 발견하는 것으로서 나에게 나타난다. 두 사람 모두 나의 이해 행위에 의해 지각장(知覺場)에서 다시 파악되고 고정된다. 그러나 이 두 사람 각자는 잡초를 뽑고, 가지치기도 하고, 땅을 파는 손을 통해, 측정하기도 하고, 계산하는 눈을 통해, 경험 많은 도구로

---

219 하지만──다음 장에서 보게 되듯이──*나를 벗어나는* 객관성으로서(그리고 정해진 상황들에서 내가 명확히 구분할 수 있고 혹은 더 나아가 추측할 수 있는 객관성으로서) 총체화된 실천의 장의 객관성에 속하는 것으로 그러하다. (원주)

서의 신체 전체를 통해 실재의 한 양상을 나에게서 훔쳐 가기도 한다. 그들은 자신들의 노동을 통해 이 양상을 발견하게 되며,[220] 나는 그들의 노동을 발견하면서 그것을 존재의 결여로 파악하게 된다. 이렇게 해서 그들이 내 자신의 존재와 맺는 부정적인 관계는 나의 가장 깊은 내부에서 나를 한정된 무지로, 부족함으로 구성한다. 그들이 내 지각에 지시하는 한계들에 의해 나는 스스로 지식인임을 느낀다.

따라서 그들 각각은 대상의 내출혈이 일어나는 중심을 보여 주며, 나의 주관성에서까지 나를 객관적으로 규정한다.[221] 이처럼 그들은 우선적으로 나의 지각 안에서 연결되어 있다. 즉 그들은 세계 한복판에서 원심적이며 상반되는 두 개의 미끄러짐으로서 서로 연결되어 있는 것이다. 그러나 정확하게 이 세계는 동일한 세계이기 때문에 각자가 타자로부터 이 세계를 앗아 가는 한에서 그들은 나의 개별적 지각을 통해, 그리고 우주 전체에 의해 결합되어 있다. 그들 각자에 있어서 상대방이 보지 못하는 것을 보고, 개별적인 노동에 의해 대상을 드러낸다는 사실 하나만으로도 나의 지각장에서는 나의 지각 자체를 초월하는 상호성의 관계가 정립된다. 즉 그들 각자는 상대방에 대한 무지[222]를 구성한다. 그리고 분명히 이 상호적인 무지는 내가 없이

---

220 사실 실제 범위에서, 그리고 과거와 관련하여 능력과 무지의 부분을 한정하는 것은 행동이다.(원주)

221 사르트르의 『존재와 무』에 의하면 '나'와 '타자'는 우연성의 존재이기는 하지만, 서로 만나자마자 자신의 주관성을 유지하기 위해 서로를 '시선'을 통해 바라보면서 객체로 사로잡으려고 노력하는 것으로 이해된다. 사르트르의 '대타 이론'에 의하면 '내'가 이 세계의 중심이 되어 형성한 세계에 '타자'가 출현하게 되면 나를 중심으로 나의 세계를 구성하고 있던 모든 요소가 '타자'라는 또 다른 하나의 극을 중심으로 형성되는 세계로 빠져나가게 된다. 사르트르는 이와 같은 현상을 '내출혈(hémorragie interne)'이라고 규정한다. 이 내적 출혈이 완전히 이루어지면 나는 그때부터 나의 주관성을 상실하고 객관성의 상태로 전락하게 되는 것이다.

222 사르트르에 의하면 '나'는 '타자'의 자유의 안쪽을 마치 '카드의 안쪽'과 마찬가지로 전혀 알 수가 없다. 그러니까 타자의 세계는 내 입장에서 보면 내 지각의 저 너머에 있으므로 나로서는 도

는 객관적 실존에 이르지 못한다. 무지라는 개념 자체는 질문하거나 이미 알고 있는 제삼자를 상정한다. 그렇지 않으면 이 개념은 체험될 수도 없고 이름을 줄 수도 없다. 유일한 현실적 관계란 인접성, 즉 외면성 가운데에서의 공존이다. 그러나 나는 나의 지각에 의해 이 두 개의 분자 사이에서 현실적이고 객관적인 매개체가 된다. 만약 내가 이 분자들을 실제로 무지의 상호성 속에 구성할 수 있다면, 그것은 이 분자들의 활동이 나를 함께 결정짓고, 나의 내면적인 부정들의 이중성을 드러내면서 나의 지각이 나에게 나의 한계를 그어 주기 때문이다. 나의 주관성에서까지 **타자**(다른 계급, 다른 직업 등등)로서 그들에 의해 객관적으로 지시되고, 이 지시를 내면화하면서 나는 스스로 이 두 사람이 *나의 밖에서* 상호 의존적 관계를 실현하는 객관적 장소가 된다. 이런 매개를 주관적 인상으로 축소시키는 것을 삼가도록 하자. 두 일용 노동자가 *나에 대해* 서로 모르는 사이라고 말하지 않아야 한다. 그들에 의해 내가 정확히 현재의 내가 된다는 점에서 그들은 나에 의해 서로 모르는 자들이 되는 것이다. 그 결과 각자는 암묵적인 실재로서 타자의 환경 속으로 들어가는 것이다. 각자는 상대방이 그의 입장이라면 볼 수도 있을, 접촉할 수도 있을 것을 보고 접촉하지만, 각자는 이런 드러냄 자체의 규칙으로 사용되는 *정해진 실천*을 통해서 세계를 드러낸다. 그러므로 각자는 나를 제한하면서 상대방의 한계를 구성하고, 나에게서와 마찬가지로 상대방에게서도 세계의 객관적 양상을 훔쳐 간다.[223] 그러나 이와 같은 상호적 절도 행위[224]는 그들이 나만

저히 그 세계를 알 수 없다.

223   여기에서 사용한 '훔쳐 간다'라는 표현 역시 『존재와 무』에서 볼 수 있다. 사르트르는 '타자'를 '나'의 세계를 '훔쳐 가는 자'로 보고 있다.

224   사르트르에게서 '나'에게 해당하는 것은 모두 '타자'에게도 해당하는 것으로 여겨진다. 따라서 '타자'가 '나'의 세계를 훔치는 자라면 '나' 역사 '타자'의 입장에서 보았을 때 그의 세계를 훔치

의 지각 속에서 실천하는 출혈과는 아무런 공통점도 가지고 있지 않다. 그들은 둘 다 육체노동자이며 시골 사람이다. 둘 사이의 다름은 그들과 나 사이의 다름보다는 덜하고, 결국 나는 그들의 상호 부정 안에서 일종의 근본적인 공모를 발견한다. 나에 대항하는 공모.

실제로 내가 이 사람이나 저 사람을 발견하는 순간에 그들 각자는 *자신의 투기* 안에서 자신의 노동과 목표들의 객관적 포괄로서의 세계가 출현하도록 한다. 이와 같은 포괄적 드러냄은 그의 앞에 있는 것과 마찬가지로 그의 뒤에 있는 것과의 관련하에 그를 위치시키기 위해 그에게로 되돌아온다. 객관적인 것과 주관적인 것을 구분할 수 없다. 노동자는 자신의 노동을 통해 자기 자신을 세계에 대한 모종의 드러남으써 생산해 낸다. 이때 이 세계는 이 노동자를 그 자신의 생산물의 생산물로서 객관적으로 특징짓는다. 이렇게 해서 그들 각자는 *세계 속에서의 자신의 객체화*로서 자신의 노동, 그리고 이 노동이 실현하는 개인적 통일화에 의해 자기 안에 스스로를 각인시킴으로써 이 세계의 통일성을 재확인한다. 따라서 각자는 그 *자신의 상황 자체* 속에서 **우주**에 현전하는 객체로서의 타자를 발견할 가능성을 가지고 있는 것이다. 그리고 이 가능성들이 나의 창문으로부터 객관적으로 파악되기 때문에, 게다가 나의 유일한 매개가 이 가능성들을 접근시킬 수 있을 현실적인 통로들을 드러내기 때문에 분리, 무지, 외면성 속에서 볼 수 있는 순수한 병치는 하나의 상호적인 발견에 대한 직접적이고 항구적인 근본적 가능성, 그러니까 실제로는 인간관계의 존재를 가리는 단순한 사건들로서 주어진다.

이와 같은 기본적인 차원에서 나는 나 자신으로 지시되며, 나 자

_____

는 자다. 따라서 절도는 '상호적'일 수밖에 없다.

신을 다시 문제 삼게 된다. 나의 지각 자체 속에는 다음과 같은 세 가지의 객관적 가능성이 주어진다. 첫째, 나 자신이 이 사람 아니면 저 사람과 관계를 맺을 가능성이다. 둘째, 그들 사이에 소통이 가능하도록 해 줄 *실천적인* 매개가 되는 것, 달리 말해 그들에 의해 내가 이미 위치한 이 객관적 장소로서 드러날 가능성이다. 셋째, 그들의 만남에 수동적으로 참여하고, 내가 거기로부터 배제될 하나의 폐쇄된 총체성을 그들이 구성하는 것을 목격할 가능성이다. 이 세 번째의 경우 나는 이 배제에 의해 직접적으로 *관련이 되며*, 이 배제는 나에게 하나의 실천적 선택을 강요한다. 즉 내가 이 배제를 감수하거나 그것을 받아들여 강화하거나(예컨대 나는 창문을 다시 닫고 나의 일을 다시 시작한다.), 아니면 내가 직접 그들과 관계를 맺거나 하는 것이다. 그러나 나는 나 자신을 변화시키면서 단번에 그들을 변화시킨다.[225] 어쨌든 내가 어떤 결정을 내리더라도, 그리고 두 사람의 만남이 이루어지지 않았을지라도 각자는 상대방에 대한 자신의 무지 ─ 나에 의해 현실적이 되는 무지[226] ─ 속에서 무관심의 외면성이었던 것을 행위 속에서 내면화한다. 인간관계의 *숨겨진* 존재는 물질적이고 사회적인 장애물들, 즉 타성태의 세계를 비본질적인 실재의 수준으로 던져 버린다. 이와 같은 지속적인 비본질성은 바로 거기에서 수동적 가능성으로 존재한다. 단순한 식별이 거리의 붕괴를 일으키거나 노동이 물질 위에 접근하여 무생물적 운동을 기획한다. 간단히 말하자면 세계 속에서

---

225 뒷부분의 3절을 볼 것.●(원주)
  ● 이 변화들에 대해서는 이 책 349쪽 이하를 볼 것. 저자에 의해 지시된 참조 항은 그가 보전하지 못한 항목에 관계된 것으로 보임.(편집자 주)
226 내가 이 무지에 기대를 걸자마자 그것은 현실이 된다. 어느 군대의 부대장이 자신들의 상호 위치를 모르는 두 부대를 섬멸하기 위해 적군의 무지를 이용한다면 이때 이 무지는 연락의 부재, 무능 등등이 된다.(원주)

의 실천적 장의 조직은 각자에게 현실적인 관계를 결정한다. 하지만 이 관계는 이 장에 등장하는 모든 개인과 더불어 유일하게 경험을 통해서만 정의될 것이다. 이것은 다름 아닌 *실천*에 의한 통일화의 문제일 뿐이다. 그리고 자신의 행위들에 의해 변증법적 장을 결정하는 한에서 통일화시키는 각자는 이 장의 내부에서 타자의 통일화에 의해, 즉 *복수의 통일화 작용이* 일어나는 만큼 통일화된다.

관계들의 상호성 — 여기에 대해서는 뒤에서 자세히 검토하게 될 것이다 — 은 *실천*의 통일적 단일성과 인간적 유기체들을 외면화하는 다수성을 대립시키는 모순의 새로운 계기다. 다수의 외면성이 이 실천적 장의 종합적 통일화의 조건이란 의미에서 이 관계는 역전된다. 그러나 다수성은 또한 외면성의 요소이기도 하다. 왜냐하면 이 총체화하는 다수의 중심 속에서 — 여기에서 중심 하나하나는 다른 중심에서 벗어난다 — 맺어지는 진정한 관계는 *부정*(어쨌든 우리가 거기에 도달한 순간에)이기 때문이다. 각각의 중심은 도주(逃走)의 중심으로서, 또한 *다른* 통일화로서 타자와의 관련하에서 스스로를 정립한다. 이 부정은 *내면적인 것*이지만 총체화하는 것은 아니다. 각자는 활동적이고 종합적인 방식으로 타자인 것이 *아니다*. 왜냐하면 여기에서 그 누군가가 *아니라는 것*은 다소간 차이가 있지만 실천적 장의 통일성을 파악하는 활동 그 자체 속에서 이 누군가를 객체 — 도구 또는 반목적 — 로서 나타나게 하는 것이기 때문이다. 또한 이것은 동시에 그에 대항해(그 자신이 구성적인 한에서) 이 통일성을 구성하는 것이며, 또한 그에게서 사물들의 한 양상을 훔치는 것이기 때문이다. 실천적 통일화의 수준에서 이중으로 부정된 복수(複數)의 중심들은 복수의 변증법적 운동들이 되지만 이 외면적 복수성은 내면화된다. 이것은 이 복수성이 하나하나의 변증법적 과정을 내면성 안에서 규정한다는 의미에서 그러하고, 그리고 변증법적 전개가 변증법적(즉 총체와 종합적으로 조직화된) 규정에 의해서만 내부로부터 드러날 수 있다는 유일한 이유에서 그러하다.

이처럼 본 연구의 이 새로운 단계는 나에게 다음과 같은 경우에 외면성 안에서 인간관계를 발견하게 해 준다. 즉 내가 객관적 외면성을 나의 *실천*의 내면성 속에서 체험되고 극복된 것으로서, 또 나에게서 벗어나며, 자기 자신이 진행 중인 총체화 그 자체이기 때문에 모든 총체화에서 벗어나는 *다른 곳* ── 왜냐하면 이 다른 곳이 그 자체로 진행 중인 총체화이기 때문에 ── 을 가리키는 것으로서 발견하는 경우가 그것이다. 하지만 이와는 반대로 다음과 같은 경우에는 내가 인간관계의 이와 같은 부정적 기초를 각자에게 있어서 객관적이고 구성적인 내면성으로서 발견한다고 사람들은 말할 수 있다. *실천*의 주관적 계기 속에서 내가 나 자신을 이 내면성에 의해 객관적으로 규정된 것으로 발견하는 경우가 그것이다. 이런 기본적인 의미에서 개인은 조금 전처럼 물질의 관점에서 자기 존재를 인식함으로써 주관성에서 객관성으로 다시 이행하는 것이 아니다. 이와는 달리 이 이행은 내면성을 통해 타자들과 이 동일한 부정들의 적극적인 통일화로서의 자신의 투기의 내부와 이 개인을 연결시켜 주는 모든 부정의 긍정적 통일로서 *자신의 인간적 객관성*을 실현함으로써 이루어지는 것이다. 사람들이 나에 의해 나에게 그리고 그들에게 객체가 되지 않고서는, 내가 그들에게 객체가 아니고서는, 또 그들에 의해 나의 주관성이 그 자체의 객관적 실재를 나의 인간적 객관성의 내면화로서 간주하지 *않고서는 사람들 가운데 존재한다는 것은 불가능하다.*[227]

---

227 이런 시각에서 보면 『변증법적 이성 비판』과 『존재와 무』 사이에는 이른바 '인식론적 단절'이 존재하지 않는다고 할 수 있다. 『존재와 무』에서 전개된 '나'와 '타자' 사이의 주체의 위치를 선

타자와 모든 사람에 의한 직접적이고 지속적인 결정으로서의 인간관계의 근거는 어떤 **위대한 전화 교환수**[228]에 의한 *선험적* 통화 연결도 아니고, 본질적으로 분리된 행동들의 무한한 반복도 아니다. **역사**의 결정된 한 계기에, 그리고 이미 정해진 생산관계들의 기초 위에서 결정된 개인들에게 항상 일어남과 동시에 하나의 *선험*처럼 스스로를 드러내 보이는 이와 같은 종합적 관계는, 실천 그 *자체* ── 즉 각 개인에게 살아 있는 행동의 전개로서의 변증법 ── 이외의 다른 것이 아니다. 이것은 이 관계가 물질적 *주거* 내에서 다수의 인간에 의해 복수화되는 한에서 그러하다. 각각의 *존재자*는 진행 중인 총체화에 타자를 통합시키며, 그 결과 ── 그가 타자를 결코 보지 못할 때라도 ── 그는 ── 차단막들, 장애물들과 거리들에도 불구하고 ── **타자**가 시행 중인 현재의 총체화와 관련하여 스스로를 정의한다.

그렇지만 인간관계가 제삼자의 매개에 의해 드러난다는 점을 지적해야 한다. 무지는 나에 의해 *상호적*이 된다. 그런데 겨우 드러남과 동시에 이 상호성은 나를 거부한다. 우리는 상호성이 스스로 닫히는 것을 보았다. **우주**에서 모래에 덮여 있고, 서로 모르는 두 개인을 *실제*로 연결해 주는 극단적인 관계의 경우에 삼인조가 필요하더라도 이는 사람들이나 집단들이 서로 돕거나 *사정*을 잘 알고 서로 싸울 때 제삼자의 배제에 의해 깨지게 된다. 인간 매개자는 이 기초적인 관계를 다른 물건으로밖에 변형시킬 수 없는데(우리는 이 변형을 나중에 보게 될 것이다.) 이 기초적 관계의 근본적 특징은 물질의 매개 이외에는 아무런 다른 매개 없이 체험된다는 것이다. 그렇지만 이것만이 전부

점하기 위해 서로를 먼저 객체화하려는 노력에 관한 지평이 『변증법적 이성 비판』에서 더욱더 확장되고 있다고 하겠다.
228   신과 같은 존재를 가리킨다.

가 아니다. 인간들이 서로 대면할 때 이들 관계의 상호성은 제삼자의 매개에 의해 현실화한다. 하지만 이 상호성은 이 제삼자에 맞서 곧 스스로 닫혀 버린다.

모스[229]의 뒤를 이어 레비스트로스[230]는 포틀래치[231]가 "초경제적" 성격을 지니고 있다는 것을 보여 주었다. "그 가장 좋은 증거는…… 더 큰 위엄이 자유롭기는 하지만 항상 답례를 상정하는 분배보다는 부의 파괴로부터 온다는 사실이다."[232] 여기에서 증여가 상호성의 원초적 성격을 지닌다는 것을 부인할 사람은 없을 것이다. 그렇지만 이 증여는 *파괴적인* 형태로 교환의 기초적 형태를 구성하기보

---

229 마르셀 모스(Marcel Mauss, 1872~1950). 프랑스의 사회학자이며 인류학자. 『증여론』으로 유명하다.

230 클로드 레비스트로스(Claude Lévi-Strauss, 1908~1991). 프랑스의 사회 인류학자, 구조주의의 선구자. 『구조주의 인류학』, 『토템과 터부』, 신화론 4부작 등의 저서가 있다.

231 북미 인디언 종족들의 상호 경쟁적인 선물 증여 행사로 모스가 '증여'의 사회적 기능을 설명하기 위해 자신의 『증여론』에서 자세히 다룬다. 일반적으로 증여 또는 선물은 아무런 대가를 바라지 않고 하는 순수한 행동으로 보이지만 실제로 이 행동에는 '의무' ──선물을 할 의무, 선물을 받을 의무, 선물을 갚을 의무가 그것이다── 가 포함되어 있다는 것이 모스의 주장이다. 모스는 이 주장을 좀 더 상세히 전개하는 과정에서 포틀래치의 예를 이용한다. 그러니까 포틀래치에는 파괴적 의미가 들어 있다는 것이다. 왜냐하면 상호 경쟁적으로 선물을 주고 파괴하면서 더 많은 선물을 한 종족, 더 많은 선물을 파괴한 종족이 그렇지 못한 종족에 비해 더 강한 힘을 가진 것으로 여겨지기 때문이다. 가령 우리나라에서 종종 볼 수 있는 혼수 경쟁을 보자. 결혼을 앞둔 남녀의 집안이 경쟁적으로 혼수를 장만하는 것은 결국 자신들의 자존심을 만족시키는 데 그 목적이 있다.

232 『친족 관계의 기본 구조(*Les Structures élémentaires de la parenté*)』, 70쪽. 물론 레비스트로스는 "제도의 다른 양상들에 의해 제한되고 규정지어질지라도" 경제적인 성격이 항상 존속한다는 것을 강조한다. 조르주 바타유[•]의 흥미로운 지적들(『저주받은 몫(*La Part maudite*)』)에 의거하여, (정치, 종교적인 성격의 다른 제도들에 연결된) 사치스러운 소비는 어떤 사회들과 어떤 조건들 속에서 경제적인 기능이라는 사실을 들어 레비스트로스를 반박할 수 있을 것이다. 희소성의 틀 안에서 생산, 분배 및 소비의 과학으로서의 경제학은 소비 사회에서의 무상 소비를 연구해야 한다.(원주)

• Georges Bataille(1897~1962). 프랑스 작가이자 철학자. 『내적 체험』, 『저주받은 몫』 등의 저서가 있다.

다는 한 *사람이 다른 사람*에게 저당 잡히는 일을 구성한다는 것을 지적해야 한다. 두 차례의 의식을 가르는 기간이 최소로 줄어든다고 해도 이 의식들의 가역성을 숨기고 있다. 사실 두 번째 증여자에게 도전장을 던지는 첫 번째 증여자가 있는 것이다. 모스는 우정과 동시에 공격 행위인 포틀래치의 애매한 성격을 특히 강조하고 있다. 실제로 가장 단순한 형태로서 증여 행위는 절대적 **타자**를 의무자로 변화시키는 목표를 지닌 물질적 희생이다. 한 종족 집단의 구성원들이 이동 중에 낯선 종족을 만날 때 그들은 갑자기 인간을 낯선 종으로서, 즉 함정을 설치하고 도구들을 벼려 만들 줄 아는 사나운 육식 동물로서 발견하는 것이다.[233] 이 무서운 이타성의 출현은 필연적으로 인간의 *실천*이 그들에게 적대적인 힘처럼 온다는 사실에 대한 인정을 내포한다. 그러나 이와 같은 인정은 이것에 의해 생산되고, 그 자체 속에 지탱되고 있는 기이함의 성격으로 인해 분쇄된다. 그리고 속죄의 희생물로서 증여는 분노를 가라앉힐 신과 동시에 먹이를 주어 달래는 짐승에게 행해지게 된다. 그 자체의 매개에 의해서 상호성을 *끌어내는 것은 물질적 객체*다. 그렇지만 이것은 그렇게 체험되지 않는다. 어떤 사람이 남이 자기에게 준 것을 받는다면 이 사람은 증여물을 비적대의 증거로서, 이와 동시에 *그 자신으로서는* 새로 온 사람들을 손님으로 대우할 의무로서 파악하는 것이다. 이렇게 해서 관문 하나를 통과

---

233   같은 식탁 또는 *우리 사회* 속에서 같은 구획을 공유하는 낯선 사람들 사이의 관계에 대한 레비스트로스의 뛰어난 기술(75~76쪽)을 참고할 것. "고독의 규범과 공동체라는 사실 사이에서 한 사람이나 다른 사람에게 하나의 갈등이…… 존재한다." 또한 옛 추크치족• 시장들에 대한 기술을 참고할 것. "사람들은 무장을 하고 그곳에 왔고, 생산품들은 창끝으로 주어졌다. …… 때때로 사람들은 한 손엔 가죽 보따리를 들고 다른 손엔 빵칼을 들고 있었으며, 사소한 도발에도 싸움을 벌일 기세였다. 그래서 예전에 그 시장은 복수 행위에도 적용되는 어떤 한 단어…… 로 지칭되곤 했다.(77~78쪽)(원주)
    • 시베리아 북동쪽 끝 추코트반도에 사는 소수 민족. 이들 사이에서는 물물 교환이 성행했다.

한 것일 뿐이며,[234] 그뿐이다.

　여기에서 *시간*의 중요성을 충분히 강조해야 한다.[235] 증여는 교환
이면서 교환이 *아니다*. 달리 말하자면 증여는 비가역성으로서 체험
되는 교환이다. 증여의 일시적인 성격이 절대적인 상호성 속에 용해
되기 위해서는 이 증여가 *제도화되어야* 한다. 즉 증여가 체험된 시간
의 객관적 총체화에 의해 파악되고 고정되어야 한다. 그러면 지속 시
간은 물질적 객체로서, 그들의 내면성 속에서 서로를 결정하는 두 가
지 행위 사이의 매개로서 나타나고, 전통과 법에 의해 규정될 수 있으
며, 순간들의 동질성이 단번에 연속의 이질성을 덮게 된다. 그러나 제
도(예컨대 교차적으로 피가 섞인 사촌간의 결혼)는 레비스트로스가 훌륭
하게 기술한 "이원론적 조직"의 바탕 위에 분명히 나타나는데 이 구
조의 근원은 원시 집단들의 복수화에 반대하는 반작용다. 이주 운동
들은 "다른 종족의 요소들을 도입시켰고", 중앙 권력의 부재는 "분열
들을 조장하였다" 등등. 이렇게 해서 사람들은 이원적 조직을 가지게
되며, 이 조직은 복수의 무리들과 "단위 조직들"에 겹치며, "규제적 원
칙"으로서 기능한다. 메케오족[236](뉴기니)은 스스로 "그들 집단의 명백

234　포틀래치에서 볼 수 있는 것과 같이 증여자가 증여물을 피증여자에게 줄 때 이 피증여자가 증
　　여물을 받으면서 증여자의 '파괴' 의도를 파악하고 느끼지 못하고 넘어갔다고 해도 이는 증여
　　가 이루어지는 전체 과정에서 보면 한 단계에 불과할 뿐이라는 의미다. 그러니까 곧이어 사르
　　트르가 지적하듯이 약간의 '시간'이 지나면 피증여자는 증여자의 증여물에 담긴 '파괴'의 의도
　　를 알아차릴 수밖에 없다.

235　증여 문제에서 '시간'은 아주 중요한 변수다. 사실 증여에 대해 커다란 관심을 표명한 데리다
　　역시 이 시간이라는 요소를 중심으로 논의를 전개한다.(『시간을 주기(*Donner le temps*)』 참
　　고.) 그러니까 증여(또는 선물)에 대해 이 증여를 수락한 즉시 답례를 해서는 안 된다. 그렇게 되
　　면 이 증여는 순수 증여의 성격을 상실하고 '교환'이 되어 버린다. 반대로 만약 증여받은 자가 이
　　증여를 무한정으로 답례하지 않는다면 증여의 본질적인 성격을 상실할 것이다. 따라서 증여가
　　증여로서 의미와 가치를 발휘하기 위해서는 이 증여는 '언젠가'──너무 이르지도 않고 너무 늦
　　지도 않게──는 반드시 답례가 되어야 한다.

236　뉴기니의 원주민 부족 이름.

한 혼란"이 실제로는 상호 급부에 기초한 이원적 질서를 숨기고 있다고 주장한다. 이것은 총체성 *내부와 관계로서의* 상호성은 총체성의 관점에서만, 즉 각 집단이 모든 타자들과 통합을 요구하는 한 이 집단에 의해서만 파악될 수 있기 때문이다. 이 경우 전체는 부분들에 선행하는데 쉬고 있는 실체로서가 아니라 선회하는 총체화로서 그러하다.

우리는 이 점을 다시 다루게 될 것이다. 그러나 여기에서 명백히 나타나는 것은 일반 규칙으로서, 그리고 복수성을 상정하는 일종의 교환적 삼원성에 의해서 특별한 경우마다 이원성이 드러난다는 점이다. 자신의 매개를 통해 교환된 재산들의 등가를 그 결과 계속되는 행위들을 나타나게 할 수 있는 것은 실제로 제삼자이며, 유일하게 그만이 그것을 할 수 있다. 외부에 있는 *그에게서는* 교환된 재산들의 사용 가치는 명백히 교환 가치로 변화한다. 이처럼 그가 실행 가운데 *행위 주체로서* 나타나지 않기 때문에 그는 포틀래치를 부정적으로 규정하며, 이 포틀래치를 체험하는 자들을 위해서는 상호 인정을 보여 준다. 어떤 사회를 고찰하더라도 여기에서 문제가 되는 제삼자는 각자이며 모든 사람이다. 그러므로 상호성은 각자에 의해 *객관적이고 분산된 가능성으로서* 체험된다. 그러나 이 상호성은 현실화되자마자, 즉 가면을 벗어던지자마자 스스로 닫히게 된다. 이원적 조직은 선회하는 총체화에 의해 성립되며, 조직이 성립되자마자 이 총체화를 부정한다.[237] 이와 마찬가지로 상호성은 개인들 사이의 인간관계로서 고립되며, 기본적이고 구체적이고 체험된 관계로 정립된다. 내가 사회에 자리 잡고자 할 때 나는 내 주위로 삼원적 또는 이원적 관계의 형

---

237 우리는 이원적 조직이 발전의 나중 계기에서 총체화를 요구하는 것을 보게 될 것이다.(원주)

성들을 목격하게 된다. 이 가운데 삼원적 관계들은 계속적으로 붕괴하고, 이원적 관계들은 선회하는 총체화의 바탕 위에 나타나며, 매 순간 삼원성으로 통합될 수 있다. 따라서 삼원성에 도달하기 위해 이원성에서 출발하는 일시적 과정은 상정할 수가 없다. 인간에서 인간으로의 직접적 관계로서 이원적 형성은 모든 삼원적 관계의 필요한 토대다. 그러나 역으로 인간들 사이의 인간의 매개물로서의 이 삼원적 관계는 그 위에서 상호성이 스스로를 상호적 관계로서 인정하는 바탕이 된다. 관념론적 변증법이 삼원론을 남용한 것은 무엇보다도 인간들 사이의 *현실적인* 관계가 필연적으로 삼원적이기 때문이다. 그러나 삼원성은 인간관계의 의미 작용이나 이상적인 성격이 아니다. 그것은 **존재** 속에, 즉 개인들의 물질성 속에 각인되어 있다. 이런 의미에서 상호성은 명제가 아니며, 삼원성도 종합이 아니다.(또는 그 역도 마찬가지다.) 문제가 되는 것은 그 내용의 결정이 이미 존재하는 사회에서 이루어진 체험된 관계들이며, 이 관계들은 물질성에 의해 조건 지어지고 행동에 의해서만 변경시킬 수 있을 뿐이다.

그렇지만 가장 단순하다는 이유로 우리가 우선적으로 연구하는 인간관계의 이원적 형성으로 돌아와 보자. 물론 이와 같은 형성이 그것과의 관련하에서 정의되는 종합적 전체를 시야에서 놓치지 않은 채 말이다. 앞에서 보았듯이 이 이원적 형성은 외부로부터 인간들에게 도래할 수 있거나 아니면 그들이 공통된 합의하에 그들 사이에 정립할 수 있는 그 무엇이 아니다. 제삼자들의 행동이 어떻든 간에, 또는 방금 서로 만난 낯선 두 사람의 상호 인정이 아무리 자발적이라고 하더라도 이 이원적 형성은 *항상 존재했던 것*으로서, 그리고 방금 *형성된 한 쌍의* 사람들의 구체적이고 역사적인 현실로서 주어지는 관계의 현실화일 뿐이다. 실제로 타자 앞에서, 그리고 인간의 세계 속에서 두 사람 각자가 존재하는 — 달리 말해 스스로를 존재*하도록* 만드는 — 방식을 여기에서 잘 살펴보아야 한다. 이런 의미에서 상호성은 각각의 대상의 지속적인 구조다. 집합적 실천에 의해 사물들로 먼저 정의된 우리는 인간들 속에서의 인간들로서 우리를 생산함으로써 우리 존재를 넘어서며, 각자가 우리의 투기로 통합되어야 함에 따라 각자에 의해 우리들이 통합되도록 방임한다. 물질에 각인된 의미 작용들을 통해 이미 사회 속에 고정된 자리를 가지는 어떤 부류에 속하는 사람, 어떤 환경에 속하는 사람으로 다른 사람들에 의해 내가 인정받게 되고, 또한 그들 사이에 이미 있다는 사실에 의해 나의 역사적 투기가 조건 지어지기 때문에 상호성은 항상 구체적이다. 보편적이고 추상적인 관계 — 기독교인들의 "자선"과 같은 — 가 문제 되는 것도 아니고, 나 자신과 **타자** 속에서 사람을 절대적 목적으로 삼으려는 *선험적* 의지가 문제 되는 것도 아니며, 각자에게 자기 이웃의 본질로서 **"인간성"**이라는 것을 배달해 줄 순전히 관조적인 제도가 문제 되는 것도 아니다. 투기의 실현으로서 각자와 상호성의 관계들을 결정하는 것은 각자의 *실천*이다. 그리고 *사람의* 성격은 있는 그대로 존재하지 않는다. 그러나 *이* 농부는 *이* 도로 인부에게서 그 자신의 행동들을 통해 드러나고, 타자들이 그에게 요구한 임무 그 자체에 의해 이미 *인정을 받은* 하나의 구체적인 투기를 인정한다. 이렇게 해서 각자는 의복, 연장 등등이 수동적으로 보여 주는 사회적 인정의 토대 위에서 **타자**를 인정한다. 이런 관점에서 보면 말의 단순한 사용, 가장 단순한 몸짓, (미래에서 현재로, 전체에서 특별한 계기들로 이행하는 **타자**의 행동들을 드러내는) 지각의 기본적인 구조는 상호 인정을 포함한다.

자본주의적 착취와 억압을 내세워 나에게 반박하는 것은 잘못일 것이다. 실제로 자본주의적 착취를 이루는 진정한 사기는 계약의 토대 위에 행해진다는 점을 지적해야 할 것이다. 그리고 이 계약이 필연적으로 노동 ── 즉 *실천* ── 을 타성태적 상품으로 변형시키는 것이 사실이라면 계약이 그 형태 자체로 상호적 관계라는 것도 사실이다. 자신들의 자유 속에서 *서로를 인정하는* 두 사람 사이의 자유로운 교환이 문제가 되는 것이다. 단지 그들 가운데 한 명이 필요 때문에 물질적 대상으로 자신을 팔아야 하는 상황에 내몰린 사실을 다른 한 명이 모르는 척하는 것이다. 그러나 고용주의 양심은 임금 노동자가 *완전히 자유롭게* 자신의 노동력을 제공한다고 간주되는 교환의 계기 위에서 작동하고 있다. 사실 임금 노동자가 자신의 곤궁에 맞서 자유롭지 않다고 해도, 그는 고용주 앞에서 법적으로 자유롭다. 왜냐하면 고용주는 고용의 순간에 노동자들에게 아무런 압력을 가하지 않기 ── 적어도 이론상으로 ── 때문이며, 그가 가능한 최고 임금을 정하고 그 이상을 요구하는 사람들을 *거절할* 뿐이기 때문이다. 여기에서도 여전히 노동자 자신들의 경쟁과 적대 관계가 그들의 요구를 낮추게 만드는 요인이다. 고용주 자신은 전혀 책임이 없다. 이 예는 다음과 같은 사실을 충분히 보여 주고 있다. 즉 사람은 *실천* 그 자체에 의해 인간의 자유로서 정립되는 것과 정확히 비례해서 **타자**에게나 그 자신에게 *사물*이 된다는 점이 그것이다. 궁핍한 사람의 자유에 대한 절대적 존중은 계약을 맺는 순간 그를 물질적 구속에 내맡기는 가장 좋은 방식이다.

억압으로 말하자면 이는 오히려 **타자**를 동물 취급하는 것이다. 동물성의 존중이란 명목하에 남북 전쟁 때 미국 **남부파들**은 노동자들을 물건으로 취급하는 미국 **북부**의 제조업자들을 신랄하게 비판했다. 실제로 사람 길들이기, 구타와 위협에 의해 일을 하도록 강요받는 것은 동물이지 "재료"가 아니다. 그러나 주인을 통해 노예에게 동물성이 도래하는 것은 이 노예가 인간성을 인정받은 *다음의* 일이다. 17세기에 미국의 농장주들이 흑인 아이들을 인간 이하로 취급할 권리를 유지하기 위해 그들을 기독교 신앙 속에 키우기를 거부한 사실은 잘 알려져 있다. 그렇게 키운다면 이 흑인 아이들이 *이미* 인간이라는 것을 암암리에 인정하는 것이기 때문이었다. 이에 대한 증거는 이 아이들이 기독교 신앙에 의해서만 그들의 주인들과 달라졌다는 사실이다. 물론 그들이 이 신앙을 얻을 수 있는 것은 그들에게 이 신앙을 거부하려고 쏟아부은 정성 그 자체 때문이라고 말하곤 한다. 사실 가장 모욕적인 명령은 사람으로부터 사람에게 주어지는 것이다. 그런데 명령을 내리기 위해서는 분명 주인이 자기 노예들의 인격 속에서 인간에 대한 신뢰를 가져야 한다. 우리는 인종 차별주의, 식민주의 그리고 모든 형태의 전제 정치에 포함된 모순을 잘 알고 있다. *한 사람을 개로 취급하기* 위해서는 그를 우선 사람으로 인정했어야 한다. 주인의 내밀한 불안은(그가 노예들의 솜씨나 상황에 대한 노예들의 종합적 이해력을 기대하든, 아니면 반항이나 도주의 상시적 가능성에 대비하여 그가 주의를 기울이든 간에) *당시* 인간 존재를 규정하는 경제적, 정치적 신분을 노예들에게 부여하기를 철저히 거부하면서, 자신의 노예들 안의 *인간 실재*를 계속해서 고려할 수밖에 없다는 사실이다.

이처럼 상호성은 근본적으로 물화와 소외에 대립하기는 하지만 이것들에 대항하여 사람들을 보호해 주지 못한다. 우리는 모순 명제로부터 출발해서 이와 같은 *비인간적* 관계들을 야기하는 변증법적 과정을 나중에 보게 될 것이다. 사람들 사이의 관계들이 어떤 형태를 취하든 간에 상호적이고 삼원적인 관계는 그 모든 관계의 토대가 된다. 상호성이 기초하고 지탱하는(그리고 예컨대 억압적이고 물화될 수 있는 등등의) 관계들에 의해 종종 가려질지라도 이 상호성이 명백히 드러날 때마다 이 상호성의 두 개의 항 각각이 그 자신의 존재 자체에서 **타자**의 존재에 의해 변경되는 것은 명백하다. 달리 말하자면 사람들은 *내면성의 관계*로 연결되어 있다. 이와 같은 상호적 관계가 *가지성*을 지니지 못한다고 반박할 수도 있을 것이다. 사실 우리는 종합적 관계의 가지성이 총체화하는 *실천*의 도중에 명백히 드러나거나 타성태적 전체 위에 응고된 것으로 남아 있다는 점을 보여 준다고 주장했다. 그러나 여기에서는 총체성도 총체화도 존재하지 않으며, 이 관계들은 외면성 가운데서 복수성으로 명백히 드러난다. 여기에 대해 우선 다음과 같이 대답을 해야 한다. 즉 연구의 현재 수준에 머물러 있는 한 우리는 하나의 변증법과 관계하는 것이 아니라 오히려 변증법들 간의 외면적 관계, 즉 변증법적이고 *동시에* 외면적인 관계로 남아 있는 관계와 무관하지 않다는 점이다. 달리 말하자면 상호성의 관계도 삼원적 관계도 총체화하는 것이 아니다. 이 관계들은 사람들 사이의 다양한 점착, 곧 아교질 상태로 하나의 "사회"를 유지시키는 점착이다. 게다가 이해하기 위해서는 우리가 이미 확정한 연구의 계기들의 총체성을 지금, 그리고 각각의 경우에 사용해야 한다는 점이다. 상호성과 같은 것이 있기 위해서는 각자의 변증법적 물질성만으로는 부족한 것이 사실이다. 최소한 준(準)총체성이 필요하다. 그런데 주지의 사실이지만 이 준총체성은 존재하며, 이것이 사람들 사이의 매개가 된다는 점에서 보면 그것은 가공된 물질성이다. 부정적이고 타성태적인 이 통일성의 기초 위에 상호성이 나타나는데 이는 언제나 상호성이 각각의 사람을 이미 정의하고 소외시킨 제도들과 도구들의 타성태적 기초 위에 나타난다는 것을 의미한다.

그렇다고 해서 우리가 목적의 도시에 들어섰다고 생각하지는 말자. 또한 상호성에서 각자가 **타자**를 절대적 목적으로 인정하고 취급한다고도 생각하지 말자. 이것은 다음과 같은 경우, 즉 각자가 스스로를 조건 없는 목적으로 간주하거나 아니면 자기 안에서 인간을 조건 없는 목적으로 간주하는 범위 내에서만 형식적으로 가능할 뿐이다. 이 가정 자체는 우리에게 절대적 관념론을 가리킬 것이다. 여러 가지 다른 관념들 가운데 어떤 하나의 관념만이 자기 자신의 목적으로 제기될 수 있다. 그러나 인간은 물질세계 속에 있는 물질적 존재다. 인간은 자신을 내리누르는 세계를 변화시키고자 한다. 즉 물질성의 질서에 대해 물질로 대항하기를 원한다. 따라서 그는 스스로 변화하는 것을 원한다. 매 순간 그가 추구하는 것은 인간으로서의 다른 지위를 동반하는 **우주**의 다른 *배치*다. 이 새로운 질서에서 출발해서 인간은 스스로를 스스로에게 *장차 자기가* 될 **타자**로 정의하는 것이다.

　이처럼 인간은 매 순간 스스로 도구화되고 또한 이 도구를 **타자**로서 실현할 미래적 지위의 수단인 것이다. 인간은 자기 자신의 현재를 목적으로 간주하는 것이 불가능하다. 달리 말하자면 인간의 미래로서의 인간은 모든 투기를 규제하는 도식이다. 그러나 목적은 언제나 *그 자체에 의해* 인간을 가능케 하는 물질적 질서에 대한 규제다. 또한 이 문제를 다른 각도에서 보기를 원한다면 헤겔의 잘못은 객체화할 *무엇인가*가 각자에 있고, 또한 작품은 이 작품을 만들어 낸 자의 개별성을 반영한다고 믿었던 것이었다. 사실 있는 그대로의 객체화는 목적이 아니라 목적에 덧붙여지는 결과다. 목적은 상품, 소비품, 도구의 생산 또는 예술품의 창조다. 그런데 인간이 스스로를 창조하는 것, 즉 인간이 자신의 노동을 사물에 각인시켜 감에 따라 천천히 그것으로부터 드러나는 것은 바로 이 생산, 이 창조에 의해서인 것이다. 그 결과 나의 투기가 미래를 향한 현재의 극복, 그리고 세계를 향한 나 자신의 극복이라는 점에서 나는 나 자신을 항상 수단으로 간주하며, **타자**를 목적으로 간주할 수 없다.

상호성은 다음과 같은 사실들을 포함한다. (1) 내가 내 스스로 수단인 것과 같이 정확히 **타자**도 수단이다. 즉 타자는 초월적 목적의 수단이지 *나의* 수단이 아니다. (2) 나는 **타자**를 *실천*으로, 즉 진행 중인 총체화로 인정함과 동시에 그를 나의 총체화하는 투기에 대상으로 통합시킨다. (3) 내가 나의 고유한 목적을 향해 투기하는 운동 속에서 나는 타자의 고유한 목적을 향한 그의 운동을 인정한다. (4) 타자를 나의 목적을 위해 객관적 도구로 구성하는 행위 그 자체를 통해 나는 나 자신을 그의 목적의 대상과 도구로서 발견한다.

이와 같은 사실들을 통해 보면 상호성은 긍정적일 수도 부정적일 수도 있다. 첫 번째 경우는 **타자**가 자기 자신의 투기 안에서 수단이 되게끔 하기 위해 각자는 **타자**의 투기 안에서 스스로 수단이 될 수 있다. 물론 이 두 개의 초월적 목적은 분리되어 있다. *교환* 또는 봉사에 대한 급여의 경우가 거기에 해당한다. 혹은 목적이 공동이며(공동 기획, 노동 등등), 각자는 스스로 **타자**의 수단이 된다. 이것은 결합된 그들의 노력이 유일하고 초월적인 그들의 목적을 실현하기 위해서다. 부정적 상호성의 경우에는 앞에서 살펴본 네 개의 필요한 조건이 충족되기는 하지만, 다만 상호적 거절의 바탕 위에서다. 각자는 **타자**의 목적을 위해 봉사하기를 거절한다. 게다가 각자는 상대의 투기 안에서 자신의 대상적 존재를 수단으로 인정하면서, 타자의 의도에도 불구하고 그로 하여금 그 자신의 목적의 도구가 되도록 하기 위해 *타인 안에서 자신의 도구성*을 활용한다. 이것이 바로 투쟁이다. 각자는 **타자**의 물질성에 작용하기 위해 자신의 물질성 안으로 집약된다. 각자는 속임수, 꾀, 사기, 수작 등등을 사용하여 **타자**로 하여금 *가짜* 대상으로, 속임수의 수단으로 구성되도록 자신을 맡긴다.

그러나 이 점에서 만약 그 목적이 상대방의 제거라고 믿는다면, 혹은 헤겔의 관념론적 언어를 빌려 말해 의식 하나하나는 다른 의식의 죽음을 추구한다는 것을 믿는다면 그것은 커다란 오해일 것이다. 사실상 투쟁은 각각의 경우 애초부터 희소성[238]을 정해진 형태하에서 물질적 조건으로 소유하고 있는 구체적 힘의 대결이다. 그리고 투쟁의 실제 목적은 적의 사라짐이 하나의 수단에 불과한 객관적 정복이거나 아니면 창조다. 비록 증오가 — 증오는 인정이다[239] — 대자적으로 정립된다고 할지라도 이 증오는 모든 힘의 이동과 전체적 참여를 요구하는 목적을 위한 모든 열정의 이동에 지나지 않는다. 달리 표현하자면 헤겔은 개인들 사이의 매개로서의 물질을 제거해 버렸다.[240] 그의 용어를 채택한다고 해도 각각의 의식은 다른 의식의 상호성이지만 이 상호성은 무한정 다른 형태 — 긍정적 또는 부정적 — 를 가질 수 있으며, 또한 각각의 구체적 경우에서 이 형태를 결정하는 것은 물질의 매개라고 말해야 할 것이다.

그러나 인간이 인간들 사이에서 스스로 인간이 되는 한은 인간 개개인으로부터 모든 인간에게 오는 이와 같은 관계는 그 자체로 모순을 포함하고 있다. 이 관계는 개개인 자체 — 이 관계가 총체화하는 — 에 의해 총체화될 것을 요구하는 총체화다. 이 관계는 두 개의 참조 체계와 두 개의 행동 사이의 절대적 등가를 상정한다. 한마디로 이 관계는 자기 자신의 단일성을 상정하지 않는다. 단일화의 한계는

238 이 주제는 다음 장에서 전개하려 한다.(C장 참조.) (원주)
239 가령 사르트르는 『존재와 무』에서 이 '증오'를 '내'가 '타자의 죽음' 또는 '타자'가 '나'의 죽음을 추구하는 관계로 규정한다. 이와 같은 시각에서 보면 '증오'는 이미 '나'와 '타자'가 상호적으로 상대방의 존재를 인정한다는 사실을 전제로 한다고 할 수 있다.
240 헤겔이 『정신 현상학』에서 다루는 유명한 '주인과 노예의 변증법'은 결국 '의식'과 '자의식'의 투쟁과 인정이지 여기에 결코 '물질'이 개입되어 있지 않다. 결국 이 인정 투쟁이 물질의 매개를 통해 이루어진다는 사실을 파악하기 위해서는 마르크스의 출현을 기다려야 했다.

두 개의 종합적 총체화가 이루어지는 중에 행해지는 상호 인정 속에 있다. 두 개의 통합이 아무리 멀리 추진된다고 해도 이것들은 *서로를 존중할 것이며, 각자* **우주** *전체를 통합하는 두 개의 통합으로 항상 남아 있게 될 것이다.*

가령 두 사람이[241] *모종의 일을 함께 한다고 하자.* 이 경우 각자는 상대방의 노력에 자신의 노력을 합치시킨다. 각자는 순간의 요구에 따라 가까워지거나 멀어진다. 각자는 상대가 스스로 자기의 도구가 되는 것과 같이 스스로 상대의 도구가 된다. 각자는 각기 몸에서 상대의 운동을 예측하고, 그것을 극복된 수단으로서 자신의 운동에 통합시킨다. 그 결과 각자는 상대의 운동 속에서 수단으로 통합되도록 한다. 그렇지만 이 친밀한 관계는 그 실재 자체에서는 통일성의 부정이다. 분명 통일화의 객관적 가능성은 지속적으로 존재한다. 물질적 환경, 즉 도구들의 성질, 작업장의 구조, 완수해야 할 임무, 사용해야 할 재료 등등에 의해 통일화가 예측되고 이루어지기도 한다. 그런데 이들 두 사람을 대상들의 매개로 가리키는 것은 바로 *제삼자들*이다. 달리 말하자면 이들 두 사람에 의해 형성된 팀의 통일성은 생기 없는 명령처럼 물질에 각인되어 있다. 각자는 실질적으로 그가 사용하거나 변화시키는 대상들에 의해 계급에 속하는 개인[242]으로 지칭된다. 이것은 그가 사용하는 물건들에 의해 또는 그가 자신의 *실천*으로 물질화된 의미들을 일깨우고 또 지지하는 범위 내에서 그러하다. 각자는 수공업자, 이 기계가 요구하는 프롤레타리아가 *된다.* 그러나 이들 두 사람의 단일성, 그것은 물질 속에 남아 있다. 또는 그것은 오히려

---

241 본문에는 Ces deux hommes으로 되어 있어 문제가 되는 두 사람이 이미 지적된 것으로 생각할 수 있으나 실제로 이 두 사람은 그다음 부분에서 지적된다.

242 뒤에서 "계급적 존재"를 참고하라.(원주)

도구에서 재료로 나아간다. 이들의 이중적 *실천*은 끝난 생산 속에서 공동 *실천*으로 대상화된다. 그러나 그것은 단번에 이중적 통일성의 특징을 잃고 단순히 *대상*의 *통일성*, 즉 익명의 노동의 결정체가 된다. 그리고 그 어떤 것도 실제로 이 노동이 얼마나 많은 노동자에 의해 이루어졌는가를 선험적으로 말해 주지 않는다.

분명 각자는 노동을 하는 동안에 이와 같은 객관적 통일성이 나타나는 것을 목격한다. 그리고 그의 고유한 운동은 대상 속에서 자기 자신의 노동과 상대방의 노동으로서 동시에 반영되고 있다. 분명 자기에게 다가오는 상대방에게 다가감과 동시에 각자는 이 다가옴이 외부로부터 자기에게로 다가오는 것을 목격한다. 이 연속의 순간들은 분명 모두 양가적이다. 왜냐하면 각자의 실천이 자신의 비밀스러운 외면성으로서, 그리고 심오한 내면성으로서 상대의 실천을 사로잡기 때문이다. 그러나 이런 상호성은 분리 속에서 체험된다. 다른 방법으로는 될 수가 없다. 왜냐하면 상호적 통합은 **타자**에 대한 각자의 객체-존재를 내포하기 때문이다. 각자는 목적 속에서 자기에게로 오는 자기 자신의 투기를 **타자**에게 반사한다. 그러나 내면성 속에서 정렬되고 연결된 이 경험들은 종합적 통일성에 통합되어 있지 않다.

그 까닭은 각자는 인정 *속에서* **타자**의 투기 역시 자기 자신의 투기 밖에서 존재하는 것으로 드러내고 존중하기 때문이다. 결국 그는 타자의 투기를 극복된 극복의 단순한 객체성 속에서 요약되지 않는, 그러나 그 자신의 목적들을 향하여, 그리고 이 목적들에 의해 스스로 생산되는 극복으로서 가리킨다. 그러나 극복은 매번 정확하게 *저기*, *밖에서* 경험되기 때문에 이 극복은 자신의 주관적 실재성 속에서 **타자**로부터 벗어난다. 또한 이 극복은 행위들의 객관성을 통해 포착할 수 있는 내용물이 없는 *의미* 작용으로서만 겨냥될 수 있을 뿐이다.

따라서 총체화 운동에서 이들에 의해 형성된 팀을 통일시키는 것은 불가능하다. 왜냐하면 정확하게 진행 중인 총체화는 해체의 요소인 **타자**를 포함하기 때문이다. 이 타자는 투기 밖에서 체험되고 초월하는 또 다른 총체화 — 이 총체화에서 첫 번째 총체화는 상호적이고, 이와 유사하게 침식적인 대상으로서 나타난다 — 로 향하는 통합된 대상으로서의 타자다. 총체화 운동에서 팀을 동일시키는 것은 또한 다음과 같은 이유 때문에 불가능하다. 다시 말해 총체화 하나하나는 이것이 타자의 공본질성(co-essentialité)을 단언한다는 점에서 *지금 그리고 여기*에서 스스로 본질적인 것으로 정립되기 때문이다.

이처럼 각자는 통일성 없이 하나의 관계가 갖는 절대적 내면성 속에서 살아간다. 그의 구체적 확신, 그것은 분리 안에서의 상호적 적응이다. 이 확신은 또한 그가 자신의 총체성 속에서는 결코 포착할 수 없는 이중의 중심을 가지고 있는 관계의 존재다. 연대(긍정적 혹은 부정적인) 속에서의 해체는 결함보다는 과잉에서 기인한다. 사실 해체는 종합적이고 정확히 등가적인 두 개의 단일화의 존재에 의해 발생한다. 우리는 여기에서 실질적이고 물질적이나 모호한 대상을 만난다. 이 관계의 항들은 이산량(離散量)으로 계산될 수도, 그들의 통일성을 효과적으로 실현시킬 수도 없다. 진앙들[243]의 통일은 실제로 초월적 초중심일 수밖에 없다. 달리 말하자면 이원적 관계의 통일은 제삼자에 의해 외부에서부터 수행된 총체화에서만 *실현될 수 있을 뿐이*다. 인간들로 이루어진 팀의 각 구성원은 일종의 불안 속에서 이와 같은 통일을 부정, 결핍으로 발견한다. 이것은 동시에 각각의 총체화 과

---

243 사르트르의 존재론에서와 마찬가지로 『변증법적 이성 비판』에서도 역시 개인은 하나의 '중심'으로 여겨지며, 이 '중심'을 중심으로 모든 관계가 맺어진다. 이런 의미에서 볼 때 각 개인은 지진이 발생하는 중심지인 진앙과도 같다고 할 수 있겠다.

정의 요구에서 나타나는 분명치 않은 결함이며, 부재하는 한 명의 증인을 계속해서 가리키는 행위이며, 체험되었으나 공리화되지 않은 확신, 즉 공동 기도의 전체적 실재성이 *다른 곳에서*, **타자**의 매개로, *비상호적 대상*으로가 아니라면 존재할 수 없다는 확신이다.

이처럼 상호 관계는 본래적 구조 속에서 이 관계를 변모시키는 존재의 불충분성처럼 통일성에 의해 강박적으로 사로잡혀 있다. 그리고 상호성에 대한 이와 같은 불안은 이제 변증법이 각자 안에서 타자의 변증법을 경험하는 순간으로서 — 종합적 노력 자체 안에서, 그리고 이 노력에 의해 총체화의 투기에 강요된 정지(停止)로서 — 가지적이다. 이런 이유로 상호성이 관계를 내리누르는 가짜의 총체성의 자격으로 다시 이 총체성을 구성하는 여러 항 위로 추락하는 것은 항상 가능하다. 그리고 이 현상은 긍정적 관계는 물론 부정적 관계에서도 발생할 수 있다. 각자가 **타자**를 고려하며 공동 투기를 계속하기를 고집할 때 이 투기는 일종의 지옥 같은 충동이 될 수 있다. 수련 중인 두 명의 권투 선수는 자주 *그들의 싸움에 의해* 압도된다. 통일성 속에서 이들 두 선수가 계속되는 해체로 잠겨 버린다고 말할 수도 있을 것이다. 허공을 가르는 펀치를 날리면서, 긍정적 상호성의 어두움을 암시하는 같은 정도의 피로 때문에 갑자기 서로 껴안으면서, 링의 코너에서 회복하려고 하면서, 이 두 명의 권투 선수는 서로에게 사로잡혀 비본질적인 요소가 되는 반면 시합은 본질적인 것이 되어 버린다.[244]

물론 구체적 현실에서 볼 수 있는 인간관계를 형성하는 한 쌍의

---

244 주위에서 우리는 이와 같은 현상을 종종 목격한다. 확실한 목표를 설정하고 살아가는 것이 아니라 그저 매일매일 시간에 떠밀려 살아가는 사람들이 그 대표적인 예다. 사르트르가 인용하는 권투 선수들의 예처럼 이 예 역시 자기 삶을 영위해 나가고 있음에도 인간은 '비본질적'인 상태로 전락하고, 어쩔 수 없이 하루하루 살아가는 것 자체가 '본질적'이 되어 버리는 전도 현상이 발생한다.

각각은 상대방에게 멀어지는 통일성을 표명하기 위해, 그리고 허공에서 사라지는 통일성을 겨누기 위해 추상적 지시들 전체를 소유하고 있다. 그러나 우선 이 지시들과 그것들을 사용하는 가능성까지도, 즉 이중의 총체화를 총체성-대상으로 생각하는 가능성까지도 각자에게는 제삼자의 출현에서 기인한다는 것을 관찰해야 한다. 왜냐하면 이미 살펴본 대로 제삼자는 상호성 자체에 대해 다음과 같은 상호성, 즉 그 자체의 불충분성으로 인해 또다시 제삼자를 겨누려고 이 제삼자를 부정하면서 스스로 폐쇄되는 그런 상호성을 보여 주기 때문이다. 이런 의미에서 제삼자들 사이의 관계 — 각자가 상호적 관계를 매개하는 데 열중하는 한 — 는 상호성을 인간들 사이의 기본적 연결로 가정하는 분리다. *그러나 체험된 상호성은 언제나 제삼자를 가리키고, 또한 삼원적 관계를 자신의 기초인 동시에 완성으로 드러낸다.* 이제 우리는 이 새로운 관계를 검토해야 한다. 이원적 관계의 입장에서 볼 때 이 새로운 관계가 삼원적 관계에 통합된다는 사실은 무엇을 의미하는가?

두 명의 노동자가 공동으로 작업을 하는, 앞에서 인용한 우리의 예로 다시 돌아오자. 특정 규범을 설립하는 일이 문제가 된다고 가정하자. 한 명의 시간 측정원의 존재와 그의 특별한 임무는 타성태적 의미들을 소생시키기에 충분하다. 시간 측정원은 특정 사건을 통제하려고 애쓴다. 그는 생산성의 증가라는 객관적인 목표를 바탕으로 그 자신의 객관성 속에서 매 계기를 포착하는 것이다. 이자(二者) 관계의 환원 불가능한 이질성은 가려져 있다. 왜냐하면 지시된 일에 비추어 보면 노동자들과 도구들은 동질적인 전체로 드러나기 때문이다. 이 노동자들의 상호 동작은 둘 다 그의 *감시 대상*이 된다. 그리고 그가 가능한 한 엄격하고 정확하게 고정해야 하는 것은 리듬이다. 이런 이유로 객관적 목적에 비추어 보면 이 공동의 리듬은 이 두 노동자들을 사로잡는 살아 있는 통일성으로 드러난다. 이처럼 객관성의 움직임이 뒤바뀌는 상황이 벌어지게 된다. 시간 측정원이 우선 자신의 투기의 의미와 통일성으로서 포착하는 것은 바로 그가 추구하는 목표다. 그는 속도를 *재야*만 한다. 그는 자신의 *실천*을 규정하는 관계를 통해 노동자들에게 그 자신의 충만한 객관적 통일성 속에서 부과되는 목적을 포착한다. 왜냐하면 비록 그 통일성과 긴밀히 연결되어 있을지라도 이 목적은 그 시간 측정원의 목적이 아니기 때문이다. **타자들**의 목적으로서 그 목적은 그 자신의 기능을 완수케 하는 주된 수단이다. 시간 측정원의 목적과 **타자들** 목적 사이의 객관적이고 주관적 관계는 그에게 리듬을 그 자신의 대상으로, 그리고 노동자들을 리듬을 유지하거나 속도를 증가시키는 수단으로서 발견하게 해 준다.

이와 같은 이중의 이질성이 갖는 실질적 관계로서의 상호성은 이제 뒷전으로 물러나게 된다. 중심을 빼앗긴 내면성, 분리 속에서 체험된 은밀함은 별안간 자리를 옮기고, 그 자신의 목적을 외부에서 찾는 유일한 *실천*이 되고자 스스로에게서 벗어난다. **타자들**의 목적은 *그들의* 목적과 *그의* 수단으로 드러나면서 객관적 총체성으로 그 증인에게 주어진다. 이 목적은 그 내용물을 — 모든 제조 행위와 전체 사회 체계를 가리킨다 — 발견함과 동시에 생산 요구 기능에 따라 기술적 작업에 의하여 외부에서 이루어진 구속의 구조로 드러난다. 바로 이와 같은 드러남이 시간 측정원과 두 노동자의 관계, 그리고 감독들의 관계를 규정하는 것이다. 달리 말하자면 자신의 객관적 존재를 자신의 주관성 속에서까지 겨누는 것이다. 목적이 노동자들에 대한 초월의 구조로서 정립되는 것은 바로 이 시간 측정원을 통해서다.

이렇게 해서 이 시간 측정원은 그 목적을 하나의 독립된 대상으로 발견하게 된다. 그러나 이 구속의 구조는 객관성에서조차 그 자체가 구속하는 이들의 주관성을 가리킨다. 이 목적은 도달해야만 하는 것이다. 이 목적은 그들에게 공동 명령으로 부과된다. 이와 같은 명령적 특징으로 인해 객관적 장에서의 완전한 현전에도 불구하고 이 목표는 증인에게서 멀어진다. 또한 이 목표는 그들에게 자신의 내면 얼굴, 즉 시간 측정원이 순수한 의미로서, 그리고 충만함 속에서 일어나는 도주의 차원으로서 포착해야 하는 내면적 얼굴을 드러내면서 동일한 것으로 만드는 두 주체성에 대해 스스로를 폐쇄한다. 객관적으로 총체성은 동시에 이루어지는 두 행위를 포함하고, 규정하고, 제한을 가함과 동시에 그것들을 둘러쌈으로써 직접적 이해를 방해한다. 이것이 세계의 구조이며, 이 구조는 그 자체로 존재한다. 이 구조는 이중적 *실천*에 의해 표명되고 유지된다. 그러나 이것은 단지 이 실천을 조건 짓는 예정된 절대적 명령에 복종한다는 점에서 그러하다. 객관적으로 그리고 제삼자에 의해 목적의 독립성은 상호성을 움직임들의 결합으로, 상호적인 적응을 *실천*의 내면적 자동결정으로 바꾸어 놓는다. 목적의 독립성은 이중의 행동을 두 명의 노동자를 부차적 구조로 자신에게 종속시키는 단 하나의 사건으로 탈바꿈시킨다. 물론 이들이 맺는 개별적인 관계는 전체적 관계에 달렸으며, 또한 전체의 매개로 관계들 사이를 연결 짓는다. 인간들, 그들의 대상들, 그들이 노동을 가하게 될 물질을 포함하는 생동하는 전체는 객관적 명령의 시간화로서의 사건인 동시에 — 결국 같은 말이지만 — 사건의 구체적 통일성으로서의 목적이 후진적으로(미래에서 현재로) 드러난 것이다. 이와 같은 움직이는 총체성 내에서 주관성들은 필요하고도 포착될 수 없는 의미처럼 둘러싸여 있다. 그러나 이 주관성들은 초월적 목적에 공통되는 관계로서 정의되는 것이지 분리의 상호성에서 주관성

하나하나가 자신의 목적을 포착하면서 정의되는 것이 아니다. 이처럼 객관적 의미에서 동질화된 이 (주관성들)은 초월적 명령의 포착 내에서 서로 합해지고 융화된다. 아주 간단히 이것은 **타자**의 중개로 이 명령이 본질로 표명되기 때문이며, 또한 주관성이 스스로를 명령으로 포착하게끔 하는 자신의 비본질적 수단이 되기 때문이다.

　이와 같은 사실에 비춰 본다면 주관성은 명령을 구속의 내면화로 매개하는 내적 환경에 지나지 않는다. 이 환경에서 개인은 주관적 실재의 *사후적*이며, 게다가 보잘것없는 규정으로 나타난다. 개체성의 원칙은 겉모양에서만 ── 파동 역학에서처럼 ── 적용될 뿐이다. 외부적 차이가 어떻든 간에 사람들은 명령의 전체적 내면화로서의 목적에서 출발해서, 따라서 그들 안에서의 모든 주관성의 현전에 의해 정의된다. 여기에서 사회적 집단은 가장 간단한 표현으로 축소되어 나타난다. 그것은 객관적 총체성이다. 다만 이 총체성이 객관적 가치와 목적의 유일한 내면화를 통해 정의되는 한, 또 기도 가운데 실재적 개인들을 주관적 *실천*의 교환 가능한 단순한 양태로서 이 총체화에 예속시키는 한 그러하다. 제삼자를 매개로 분할될 수 없는 것으로 드러난 집단의 주관성은 대상 안에서 환경, 내용물 그리고 숨결로서 자유로이 순환한다. 주관성은 상호 주관적 실재로서 시간화하는 객관성을 통해 표현된다.

　상호 주관성은 가장 우연적이고 가장 일시적인 집합에서 표현된다. 강물 위로 몸을 기울이고 있는 똑같은 구경꾼들, 택시에서 그들을 보고 있는 운전기사, 이들은 같은 호기심에 의해 하나로 통일되는 것이다. 그리고 이 능동적 호기심(사람들이 서로 밀치고, 몸을 기울이고, 발끝으로 발돋움하고 있다.)은 초월적이기는 하지만 보이지 않는 목적을 보여 준다. *보아야만 하는 무엇인가가 있는 것이다.* 제삼자는 자신의 매개를 통해 사물들에 이미 각인되어 있으면서 집단을 총체성으로 구성하는 객관적 의미들을 깨어나게 한다. 실현된 의미들은 **타자**의 익명성 *실천*을 보여 주고, 물질을 통해 고정된 드러내기를 보여 준다. 제삼자는 이 의미들을 깨우면서 *타자*로서의 객관적 사유와 구체적 개인들 사이에서 중개자가 된다. 그를 통해 하나의 일정한 보편성이 그 자체의 활동으로 그 의미들을 *구성한다*.

이처럼 통일은 제삼자의 *실천*에 의해 *외부*에서 이원적 관계로 오는 것이다. 우리는 곧 집단의 구성원들이 어떻게 그것을 내면화하는지 볼 것이다. 지금 당장으로서는 이 집단에 초월적으로 남아 있는 변모를 살펴보자. 물론 제삼자가 이 이원적 관계와 맺는 관계는 내면적이다. 왜냐하면 이 이원적 관계를 변화시키면서 그 자신도 변화하기 때문이다. 그러나 이 관계는 상호적이지 않다. 제삼자는 이 이원적 관계를 자기 자신의 목표를 향해 뛰어넘으면서 그것들을 통일-대상, 즉 물질적 통일로 드러낸다. 아마도 통합된 여러 항들의 관계는 외면적이지도 분자적이지도 않을 것이다. 그러나 각각의 항이 *사실상의 인정*으로 **타자**를 배제시키기 때문에, 달리 말해 이 관계는 통일시키지 못하고 연결만 할 수 있기 때문에 통일성은 외부에서부터 각인되고, 또한 *첫 번째 계기*에서는 수동적으로 받아들여진다. 두 항은 자신의 총체성을 생산하면서가 아니라 이것을 우선 **존재**의 *규정*으로 감내하면서 하나의 팀을 형성하는 것이다.

사람들은 아마도 이 삼원적 관계가 위계질서의 발아처럼 나타난다고 지적할 수 있다. 매개자로서의 제삼자는 종합적 힘이고, 그가 다른 두 항과 함께 맺는 관계는 상호적이지 않다. 따라서 이 자연 발생적인 위계질서가 무엇에 기초하는지를 물어야 할 것이다. 왜냐하면 우리는 이 위계질서를 추상적으로, 즉 그것이 표명되는 역사적 상황들을 검토함이 없이 하나의 종합적 관계로서 다룰 것이기 때문이다. 이 문제에 대해 우리는 우리로 하여금 후진적 연구로 나아가게 하는 다음과 같은 두 가지 사실을 지적함으로써 대답해야 한다. 우선 이원적 관계와 제삼자 사이에 상호성이 없는 것은 *제삼자의 관계* 구조 그 자체에서 기인한다는 사실이다. 그러나 이것은 *선험적*으로 어떤 위계질서도 예단하지 않는다. 왜냐하면 삼원적 관계의 세 구성원은 다른 두 구성원에 대해 제삼자가 될 수 있기 때문이다. 그다음으로 상황만이(그리고 그것을 통한 전체 **역사**가) 순환하는 이 관계가 순환적일 것인가를(어린애 각각이 차례로 군대의 대장이 되거나 강도 두목이 되는 아이들 놀이에서 같이, 각자가 차례로 제삼자가 되면서), 또는 그것이 원시적 위계질서의 형태로 고정될 것인지를 결정한다는 사실이다. 실제로 우리는 문제가 한없이 복잡해질 것임을 이미 짐작하고 있다. 사회적 현실에서는 제삼자의 무한한 다수성(개인들의 수가 숫자적으로 한정되어 있어도 무한정이고, 또한 단지 회전하기 때문에도 무한정이다.)과 상호성의 무한한 다수성과의 문제를 살펴보아야 하기 때문이다. 더군다나 개인들은 집단에 소속되어 제삼자들이 될 수 있으며, 거기에는 상호성들의 상호성과 집단들의 상호성이 있을 수 있다. 결국 같은 개인이나 같은 집단은 하나의 상호적 행위에 참여할 수 있고 또 동시에 제삼자들로 정의될 수 있다.

그러나 지금 당장으로서 우리는 가지성 속에서 작동하는 이와 같은 무한적인 관계들을 *고려해* 볼 어떠한 수단도 가지고 있지 못하다. 우리는 아직 모든 도구를 얻지 못했다. 단지 결론으로 생각할 수 있는 것은 결국 인간관계는 모든 인간 사이에 실제로 존재하며, 이 관계를 동반한 *실천*의 관계 이외에는 아무것도 아니라는 점이다. 이 새로운 관계들을 낳게 하는 복잡성은 복수성, 즉 행동하는 유기체들의 *다수*

성에서 기인한다. 이처럼 — 대립의 모든 문제 밖에서 — *실천* 하나하나는 다른 실천을 초월하고 또 그것을 완전히 부정한다. 이것은 이 실천이 다른 실천을 자기의 대상으로 초월하고 또한 이 다른 실천에 의해 스스로 초월되게끔 한다는 점에서 그러하다. 그리고 실천적 장의 근원적 통합으로서의 *실천* 하나하나는 다른 실천들과의 관계 속에서 이미 복수성의 부정을 생략함으로써 모든 실천들의 통합하고자 하는 기획을 모색한다.

그런데 이 복수성은 유기체들의 비유기적 분산에 다름 아니다. 사실 복수성은 이미 존재하는 사회의 기초 위에 항상 나타나기 때문에 결코 완전히 *자연스럽지* 않다. 우리는 그것이 항상 기술들과 사회적 제도들에 의해 표현되는 것을 보았다. 제도들은 그 안에서 복수성이 생산되는 것과 같이 이 복수성을 변화시킨다. 그러나 자연적 분산이 실제적, 즉 사회적 분산의 추상적 의미일 수밖에 없을지라도 주어진 사회 테두리 안에서 상호성의 이상한 관계 — 여러 행위의 고착에 의해 복수성을 부정하는 것과 동시에 인정들의 복수성에 의해 통일을 부정하는 — 를 항상 조건 짓고, 제삼자의 이원적 관계에 대한 관계 — 순수한 내면성 속에서 외면성으로 자기 자신을 규정하는 — 를 조건 짓는 것은 바로 기계적 외면성의 이 부정적 요소다. 게다가 우리는 한 개인에게 있어 이 보편적 관계의 현재화로서의 제삼자의 지칭은 주어진 상황에서 또 물질적 상황의 압력하에서 실제로 행해진다는 점을 보았다.

이렇게 해서 이제 우리의 연구는 방향을 바꾸게 된다. 고립된 노동자에게서 출발해서 우리는 개인적인 *실천*을 변증법적 운동의 충분한 가지성으로 발견했다. 그러나 이 추상적 계기를 떠나면서 사람들 사이에 맺어진 첫 번째 관계를 각자와 각자의 무한한 고착으로서 발견했다. 모든 **역사**의 형식적인 이 조건들이 별안간 우리에게 비유기적 물질성에 의해 조건 지어진 것처럼 보이는 동시에 인간관계의 내용을 결정하는 기초 상황으로, 교환적인 상호성과 삼원적 관계의 내부에 외면적인 복수성으로 나타난다. 이와 동시에 우리는 비록 이 교환성이 각자를 점점 모두와 하나로 통일시킬지라도 그것이 그 자체로는 총체화를 **역사**의 운동으로서 실현하기란 불가능하다는 것을 발견하게 된다. 정확히 인간관계의 본질을 이루는 이 끈적끈적한 실재는 분산적인 외면 관계들의 무한한 내면화를 보여 주지만 그것들의 생략이나 총체화하는 초월을 보여 주지 않기 때문이다. 아마도 이 끈적끈적한 실재는 이 관계들을 초월하기는 한다. 하지만 유기체들의 이산적 다수성이 여러 진앙의 무한하고도 회전하는 다수성과 더불어 일종의 순찰대에 참가한다는 점에서다. 그리고 이 모호성은 친구, 지인, 잠시의 손님, "만남"과 동료(사무실, 공장에서) —— 이들이 바로 우리를 모든 사람에게로 통합시키는 살아 있는 환경, 노동이 끝났을 때 우리로부터 이들을 분리하는 기계적인 무관심인 한 —— 을 충분히 설명해 준다. 그러나 이와 같은 모호성은 모든 측면에서 능동적 집단들, 계급들, 국가들, 제도들은 물론 *사회*라고 불리는 복잡한 전체를 만드는 구조화된 관계를 설명할 수 없다. 우리의 연구 방향의 변경은 바로 역사적 유물론의 형태로 행해진다. 만약 역사적 과정으로서의 *총체화*가 존재한다면 그것은 물질을 통해서 인간들에게 온다. 달리 말하자면 유기체의 자유로운 전개로서의 *실천*은 실천적 장의 형태하에서 물질적 환경을 총체화시켰었다. 이제 우리는 인간관계들의 첫 번째 총체화로서의 물질적 환경을 살펴보고자 한다.

C. 총체화된 총체성으로서의 물질과 필연성의 최초 체험에 대하여

1. 희소성과 생산 양식

물질은 비인간적이고 비유기적인 순수 물질로서(즉자적으로가 아니라 물질이 과학적 실험에서 스스로 드러나는 *실천*의 단계에서) 외면성의 법칙들에 의해 지배된다. 물질이 인간들 사이에서 최초의 통일을 실현하는 것이 사실이라면 그것은 이미 인간이 이 물질을 실천적으로 통일시키려고 시도했고, 또한 이 물질은 이 통일의 표시를 수동적으로 받아들이는 범위 *내에서*만 그러하다. 달리 말하자면 통일성에 의해 가려지는 분자적 분산의 수동적 종합은 유기체들의 총체화를 조건 짓는다. 이때 이 유기체들의 분산은 그것들 사이에 맺어지는 내면성의 심오한 관계를 감출 수가 없다. 따라서 물질은 역사성의 물질적 조건을 나타낸다. 물질은 또한 우리가 **역사**의 수동적 동력이라고 부를 수 있는 것이기도 하다. 결국 과거의 총체화하는 보존과 미래를 향한 방향 설정과 같은 것인 인간의 역사는 현재 속에서도 인간들에게 *무엇인가 일어나고 있다*는 사실을 통해 규정된다. 우리는 제한된 하나의 사회적 장 속에서 가공된 물질의 타성태적 총체성만으로도 이전의 노동이 각인시킨 형태들을 모든 사람의 타성태적 기억으로서, 그리고 역사적 사건의 끊임없는 풍부함을 물질적 종합적 판단으로서 기록하고 간직하면서 **역사**의 전체 과정을 통한 각각의 역사적 상황의 극복을 가능케 한다는 사실을 보게 될 것이다. 그러나 *실천*에 의해 각인된 것으로서의 비유기적 물질성이 *감내된* 통일성으로서 나타나기 때문에, 또한 행위의 변증법적 계기들의 통일성인 내면성의 통일성이 그 자체 안에서 자기에게로 되돌아가며 *외면성에 의해서만* 지속되기 때문에 ── 즉 외부로부터 그 어떤 힘도 그것을 파괴하러 오지 않는다는 점에서 ── 인간의 역사는, 곧 살펴보겠지만, 우리 연구의 이 수준에서는 *반드시* 비인간적 역사로서 체험되어야 한다. 그렇다고 해서 이것이 우리에게 사건들이 비합리적 사실들의 자의적인 연속처럼 나타나리라는 것을 의미하지 않는다. *이와는 반대로* 사건들은 오히려 인간이 부정을 통해 총체화시키는 통일성을 띠게 된다. 즉 이 수준에서 포착된 **역사**는 끔찍하고 절망적인 하나의 의미를 제공해 주는 것이다. 사실 인간들은 그들로부터 실재(즉 그들의 노동)를 빼앗아 이 실재를 *적극적 타성태*와 멸망을 통한 총체화의 형태하에서 모든 사람에게 대항하게끔 방향을 바꿔 놓기 위해 타성태적이고 악마적인 이 부정에 의해 통일되는 것처럼 보인다. 다수의 개인이 그들을 둘러싸고 있는 실천적 장과 맺고 있는 관계를 ── 이 관계는 각자에게 내재성의 일률적인 관계인데 ── 개인들을 결합하고 있는 상호적 관계들에 변증법적으로 연결하면서 검토하게 되자마자 우리는 이 이상한 관계 ── 이 관계에서 연유하는 최초의 소외와 더불어 ── 가 자신의 변증법적 가지성을 내포하고 있다는 사실을 살펴보게 될 것이다.

그러나 개인들과 그들을 둘러싼 물질성이 맺고 있는 이 일의적인 관계는 우리 **역사** 속에서 우연적이고 특수한 형태로 나타난다는 사실을 지적하는 것이 좋을 듯하다. 왜냐하면 모든 인간적 기도는 — 적어도 지금까지는 — *희소성*에 대항하는 치열한 투쟁이기 때문이다. 이렇게 해서 가공되고 사회화된 물질성의 모든 차원에서 우리는 인간의 수동적 행위들 하나하나의 기저에서 인간들에 의해 물질로 오는, 그리고 물질을 통해 이 인간들에게로 되돌아오는 최초 통일성으로서의 희소성이 갖는 원초적 구조를 재발견하게 된다. 우리 입장에서 보면 희소성의 관계가 갖는 우연성은 우리를 거북하게 하지 않는다. 분명 다른 혹성들에 존재하는 다른 유기체들의 경우 희소성이 아닌 환경과의 관계를(이 관계가 어떤 것일지를 *상상해 보는 것도 불가능하고*, 그 혹성들에 생명체가 존재한다는 전제하에서도 가장 그럴듯한 추측은 그곳에서도 이곳처럼 생명체는 희소성의 고통을 치르고 있으리라는 것이지만) 상정해 보는 것은 논리적으로 가능하다. 그리고 특히 희소성이 *보편적*이기는 하지만 같은 역사적 순간에도 고려되는 지역들에 따라 다양하다.(이런 다양성의 몇몇 이유들은 역사적이며 — 인구 과밀, 저개발 등등 — , 따라서 **역사** 자체의 내부에서 충분히 이해될 수 있는 것들이다. 역으로 어떤 이유들은 — 기후, 지하자원 등등 — **역사**에 의해 조건 지어지지 않고 사회적 구조들을 통해 주어진 기술들의 상태에 의해 역사를 조건 짓는다.)

그러나 수천 년 **역사** 이래 인류의 4분의 3은 영양실조 상태에 있는 것이 사실이다. 이처럼 희소성은 우연적 현상임에도 근본적인 인간적 관계(**자연** 및 인간들과 맺는 관계)다. 이런 의미에서 우리 인간들을 *이* **역사**를 만들고 또 스스로를 인간으로 정의하는 *이* 개인들로 만들어 주는 것이 바로 희소성이라는 사실을 지적해야 한다. 희소성이 없다면 하나의 변증법적 *실천*과 노동까지도 완벽하게 생각해 보는 것이 가능하다. 유기체에 필요한 생산물들이 실제로 고갈되지 않을 수도 있다. 그럼에도 불구하고 그것들을 땅에서 캐내기 위해서는 실천적 작업이 필요한 것 또한 사실이다. 이와 같은 전제하에서도 물질에서 유래하는 반목적성들에 의해 전복된 인간적 다수성들의 통일체는 필연적으로 잔존할 것이다. 왜냐하면 이 통일체는 원초적인 변증법에 연결된 것과 마찬가지로 노동에도 연결되어 있기 때문이다. 그러나 이 경우에 사라지게 되는 것은 바로 *인간들의 특성*, 즉 — 이 특성이 역사적이기 때문에 — 우리가 형성해 온 **역사**가 갖는 고유한 특수성이다.

이처럼 오늘날 모든 인간은 이 근본적인 우연성 속에서 그 자신으로 하여금 정확히 그 자신인 바가 되도록 (수천 년을 통해, 그리고 매우 직접적으로 바로 오늘날에) 강요하는 필연성을 인정해야 한다. 우리는 이 연구의 전진적 계기 속에서 **역사**의 우연성 문제를 연구하게 될 것이고, 이 문제가 인간의 미래 관점에서 특히 중요하다는 사실을 보게 될 것이다. 지금 우리가 문제 삼고 있는 경우에서 보자면 우리 스스로가 원초적인 우연성의 기초 위에 희소성의 새로운 형태들을 우리의 삶의 환경으로서 만들어 냄에 *따라* 희소성은 점점 덜 우연적인 것으로 나타난다. 말하자면 우리는 희소성에서 우리의 우연성의 필연성 또는 우리의 필연성의 우연성[245]을 볼 수 있다. 하나의 비판적 시도를 통해 다양한 변증법적 *실천*이 물질성과 맺는 일반적인(즉 모든 역사적 결정으로부터 독립적인) 관계로부터 특수화된 이 관계를 구별해야만

---

245 '희소성'이 이와 같은 두 가지 특징을 갖는 것은 다음과 같은 이유다. 우선 사르트르에 의하면 우리가 이 세계에 존재하는 것은 우연성의 질서에 속하는 사건이며, 이 세계가 희소성에 의해 지배되는 것 역시 같은 질서에 속하는 사건이다. 하지만 우리가 이처럼 '우연성'을 띠고 이 세계에 나타난 것은 '필연성'의 질서에 속하는 사건이다. 그다음으로 우리가 희소성에 의해 지배되는 이 세계에서 우리 자신의 욕구를 충족시키면서 삶을 영위하는 것은 전적으로 '우연성'의 질서에 속하는 것이다. 하지만 우리가 살기 위해서 희소성의 지배 아래 놓여 있는 이 세계로부터 뭔가를 선택하여 그것을 가공하고, 뭔가를 만들어 내면서 우리 욕구를 충족시켜야 하는 것은 '필연적'인 것이다. 만약 그렇지 않다면 우리는 죽음의 위험에 처하게 될 것이기 때문이다.

하는 일이 남는다. 그러나 희소성이 이 일반적 관계의 결정이기 때문에, 또한 이 결정은 희소성을 통해서만 우리에게 명백히 나타나기 때문에 혼동하지 않기 위해 우선 희소성을 제시하고, 그러고 나서 변증법이 이 희소성이 타성태와 맺고 있는 보편적 관계들로부터 스스로 드러나도록 하는 것이 바람직할 듯하다. 희소성의 관계에 대한 모든 것은 이미 기술되었기 때문에 여기에서 우리는 간략하게 기술할 것이다. 특히 우리 **역사**에 대한 해석으로서 역사적 유물론은 이 점에 대해 바람직한 정확한 설명을 제공했다. 이와는 반대로 사람들이 전혀 시도하지 않은 것은 있는 그대로의 물질성이 인간과 반목적성이 그들에게 그 자체의 형태로 훔친 *실천*을 되돌려주면서 그들의 **역사**에 행사하는 수동적 행위의 형태를 연구하는 것이다. 우리는 다음과 같은 점을 더욱 강조하게 될 것이다. 즉 **역사**는 소박한 마르크스주의가 생각하는 것보다 훨씬 더 복잡하며 인간은 **자연**, 자신을 낳아 준 사회 환경, 그리고 다른 인간들에 맞서 투쟁할 뿐 아니라 타자가 되는 한에서 자기 자신의 행위에 맞서 투쟁해야 한다는 사실이 그것이다. 이 최초의 소외 형태는 소외의 다른 형식들을 통해 표현되기는 하지만 이것들과는 독립적이며, 오히려 이것들의 기반이 되기까지 한다. 달리 말하자면 우리들은 바로 거기에서 *실천*의 새로운 필연적 계기로서의 반실천을 발견하게 될 것이다. 이를 결정하기 위한 노력 없이는 역사적 가지성(시간적 발전의 복잡성 속에서의 명증성인 가지성)은 본질적 계기를 잃고 비가지성으로 전락하고 말 것이다.

(1) 우리 **역사**의 근본적 관계로서의 희소성과 우리가 물질성과 맺는 일의적 관계의 우연적 결정으로서의 희소성

희소성 — 실천적 다수성이 주위의 물질성과 맺고, 이 물질성의 내부에서 맺는 체험된 관계로서의 희소성 — 은 인간 역사의 가능성

을 정초한다. 물론 이 사실에는 다음과 같은 두 개의 명백한 유보 사항이 포함되어 있다. 첫 번째 유보 사항은 1957년에 위치한 역사가가 보기에는 희소성이 모든 **역사**의 가능성을 정초하지는 않는다는 사실이다. 왜냐하면 우리는 다른 혹성들에 사는 다른 유기체들에게, 사회적 기술적 변화로 인해 희소성이 붕괴되었을지도 모를 우리의 후손들에게 또 다른 토대 위에서 다른 원동력과 다른 내적 투기들과 함께 형성된 또 하나의 다른 **역사**를 생각하는 것이 논리적으로 가능한지 그렇지 않은지를 알 수 있는 어떤 수단도 가지고 있지 못하기 때문이다.[246] (나는 이렇게 단언함으로써 유기적 존재가 비유기적 존재와 맺는 관계가 희소성과 다른 관계일 수 있는가를 우리가 알 수 없다는 점뿐만 아니라 특히 이러한 존재들이 설령 존재한다 할지라도 이것들의 시간화가 하나의 역사의 형태를 띨지 아닐지를 *선험적*으로 결정하는 것은 불가능하다는 점을 말하고자 한다.) 그러나 우리 **역사**는 인간들의 역사라고 말하는 것이나, 이것은 희소성에 의해 발생한 긴장의 장의 지속적 틀 속에서 태동하고 발전한다고 말하는 것이나 결국 같다.

두 번째 유보 사항은 이와 같은 희소성에 의해 인간 역사의 현실이 아닌 가능성이 정초된다는 점이다. 달리 말하자면 희소성은 **역사**를 가능케 하며, 이 역사가 만들어지기 위해서는 다른 요소들(우리가 결정해야 할)이 필요하다는 점이다. 우리가 이와 같은 제한을 가하는 이유는 어떤 의미에서 다른 사회들보다 식량 자원의 궁핍 또는 계절적 고갈로 인해 더 심한 고통을 겪는, 인류학자들이 정당하게도 반

---

246 사실 이와 같은 사르트르의 유보적 주장은 어느 정도 일리가 있어 보인다. 그러니까 『변증법적 이성 비판』을 집필하던 1957년에 비해 지금 사회는 어떤 분야에서 '희소성'의 지배로부터 완전히는 아니라도 상당 부분 벗어났다고 해도 과언이 아니기 때문이다. 물론 그렇다고 이 '희소성'의 문제가 근본적으로 해결된 것은 아니다.

복에 기초하여 역사를 가지고 있지 못한 사회로 분류한 후진 사회들이 존재하기 때문이다.[247] 이는 희소성이 더 광범위할 수도 있다는 점을 의미한다. 일정한 생산 양식에 맞는 균형이 수립된다면, 그리고 이 균형이 한 세대에서 다음 세대로 보존된다면 이 균형은 *존재태*처럼, 즉 인간 유기체들의 생리적, 사회적 결정 작용처럼, 그리고 이와 동시에 제도들과 육체적 발전을 그 수준에서 유지하고자 하는 실천적 투기처럼 보존된다. 이런 사실은 이념적으로 인간의 "본성"에 일치한다. 즉 인간이란 발육이 부진하고 기형적이며 고통을 잘 견디고 새벽부터 밤까지 그 (초보적) 기술 수단들을 가지고서 위협적인 불모의 땅을 개간하는 존재라는 사실이 그것이다. 우리는 나중에 스스로 변화하는(물론 왜 그런가 하는 점을 지적해야 할 것이다.) 기술들의 틀 속에서 희소성 그 자체들도 삶의 일정 수준에서 갑자기 발생하는 변화의 형태 하에서 스스로 생산하고, 이때 이 희소성들이 **역사**의 한 계기를 조건 짓는다는 사실을 보게 될 것이다. **역사**는 사회의 모든 차원에서 균열을 일으키는 갑작스러운 불균형으로부터 태어난다. 희소성은 일정한 한계들 사이에서 하나의 균형처럼 (유기체들의 내적 적응에 의해) 체험될 수 있다는 점에서 인간 역사의 가능성을 기초하며, 오직 이 가능성만을 정초할 뿐이다. 이 영역에 머물러 있는 한 반복의 순환에 머물러 있는 인간 집단들이 초보적 기술들과 도구들을 가지고서 그들 삶을 생산하면서, 그리고 완벽하게 서로를 모르면서 마치 식물처럼 성장하는 **역사** 없는 땅을 생각하는 일에 어떤 논리적(즉 변증법적) 부조리도 없다.

247 사실 우리는 이와 같은 후진 사회들이 우리 **역사**를 내재화하기 시작한다는 점을 보게 될 것이다. 왜냐하면 그들은 식민 사업을 역사적 사건처럼 수동적으로 받아들였기 때문이다. 그러나 그들을 역사화한 것이 그들의 희소성에 대한 반응은 아니다.(원주)

나는 다음과 같은 주장, 즉 **역사** 없는 사회들이란 실제로 이 역사가 멈춰 버린 사회들이라는 주장을 잘 알고 있다. 이는 충분히 가능하다. 왜냐하면 이런 사회들도 결국 적어도 하나의 기술을 자유롭게 사용하며, 이 기술의 도구들이 아무리 원시적일지라도 이 도구들을 여러 사회적 형태를 통해 — 이 사회적 형태들 자체도 그 과정과의 관계 속에서 여전히 일정한 차별화를 제시하며, 따라서 시간화와 연결된다 — *현재* 그 정도의 유용성에 이르게 하기 위한 시간적 과정이 필요했기 때문이다. 이와 같은 인식의 방식은 사실 역사를 본질적인 필연성으로서 정초하고자 하는 일부 사상가들의 *선험적* 의도 — 마르크스주의자들과 마찬가지로 관념론자들에게서도 보이는 — 를 감추고 있다. 이런 관점에서 보면 비역사적 사회들은 역으로 역사적 발전이 그 자체에 맞서 자신의 고유한 힘들을 되돌림으로써 억제되거나 멈추는 매우 특수한 계기들이 될 수도 있다. *비판적* 입장에서 보면 이와 같은 생각이 아무리 기분 좋은 것이라 할지라도(왜냐하면 이 생각은 도처에 필연성과 통일성을 재도입하기 때문에) 단지 이 생각이 어떠한 사실들도 그것을 약화하거나 확인시켜 줄 수 없는데 스스로를 세계에 대한 생각처럼 제시하기 때문에 이 생각을 받아들이는 것은 불가능하다.(반복 속에 머물러 있는 많은 집단이 전설적 역사를 가지고 있는 것은 사실이다. 그러나 이는 아무것도 증명하지 못한다. 왜냐하면 이 전설은 **역사**의 부정이며, 이 전설의 기능은 반복의 신성한 순간들에 원형을 재도입하는 것이기 때문이다).

우리가 변증법의 유효성을 검토하고 있다는 점에서 내릴 수 있는 유일한 결론은 다음과 같은 것이다. 그러니까 어쨌든 희소성 — 모든 가정하에서 — 그 자체만으로는 역사의 발전을 촉발하거나 또는 발전 도중인 **역사**를 반복으로 변질시키는 저해 요인을 폭발시켜 버리기에는 불충분하다는 점이다. 이와는 반대로 인간과 환경 사이의, 그리고 인간들 사이의 영속적이고 실제적인 긴장으로서, 어쨌든 근본적 구조들(기술들과 제도들)을 ─ 희소성이 실제적 힘처럼 이 구조들을 생산했다는 점에서가 아니라 이 구조들이 희소성[248]에 의해 지배되는 세계의 한복판에서 *자신들의* 실천을 통해 이 희소성을 극복하기를 원하면서도 이 희소성 자체를 내면화하는 인간들에 의해 만들어졌다는 점에서 ─ 설명해 주는 것이 바로 희소성이다.

추상적으로 보면 희소성은 개인과 환경 사이에 맺어지는 관계처럼 간주될 수 있다. 실천적, 역사적으로(즉 우리가 상황 속에 위치하는 한) 보면 환경은 각자에게 집단적인 구조들을(우리는 나중에 이것이 의미하는 바를 살펴보게 될 것이다.) ─ 그 가운데 가장 근본적인 구조는 바로 인간들의 다수성(그 구체적 다수성)에 대한 부정적 통일체로서의 희소성이다 ─ 가리키는 이미 구성되어 있는 하나의 실천적 장이다. 이 통일체는 인간들과의 관계라는 점에서 보면 부정적이다. 왜냐하면 이 통일체는 그것이 비인간적인 한(즉 인간과 대면한 그것의 출현이 이 지상에서 투쟁 없이는 가능하지 않은 한) 물질을 통해 인간에게로 오기 때문이다. 따라서 이와 같은 사실이 의미하는 바는 물질성을 통해 이루어지는 최초의 총체화는(특정 사회의 내부에서, 그리고 자율적 사회 집단들 간에) 모두에게 공통되는 파괴의 가능성으로, *그리고 이 파괴가 각자에게 물질에 의해, 다른 인간들의 실천을 통해 도래하는 지속적인 가능성으로 나타난다는 것이다. 희소성이 보여 주는 이 최초의 양상은 집단의 결합을 조건 지을 수도 있다. 이는 공동 목표로 정해진 집단이 집단적으로 대응하기 위해 조직될 수 있다는 의미에서 그러하

***

248 나중에 다시 살펴보겠지만 희소성은 복수적인 개인들의 통일적 관계라는 점에서 환경이다. 달리 말하자면 이것은 개별적 관계이며 사회적 환경이다.(원주)

다. 그러나 *실천이 갖는 변증법적이고 본래 인간적인 이 양상은 어떤 경우에도 희소성 그 자체의 관계 속에는 포함될 수 없다.* 왜냐하면 하나의 공동 행위의 긍정적이고 변증법적 통일성은 주변의 물질성이 그것을 통합했던 개인들에게로의 회귀와 같은 부정적 통일성에 대한 부정이기 때문이다. 사실 긴장과 힘들이 얽히는 장으로서의 희소성은 하나의 양적 사실(어느 정도 엄격히 제한된)의 표현이다. 집단들의 구성원 수나 그 지역 주민들의 수가 있*기 때문*에 제한된 하나의 사회적 장속에서는 특정한 자연적 실재나 생산된 특정한 생산물의 양이 충분하지는 않다. 즉 모든 *사람을 위한 충분한 양이 존재하지 않는다.*

이처럼 각자에게 모든 사람(전체)은 저곳에서 다른 사람들에 의한 특정 상품의 소비로서 존재하고, *이곳에서* 같은 종류의 상품을 발견하고 소비할 기회를 그에게서 박탈한다. 결정되지 않은 상호성의 막연하고 보편적인 관계를 검토하면서 우리는 다음과 같은 사실을 지적했다. 즉 인간들은 서로 서로에게 간접적으로 연속적 유착에 의해, 그리고 이런저런 타자의 존재를 짐작조차 못 한 채로도 연결될 수 있다는 사실이 그것이다. 그러나 이와는 반대로 희소성 속에서는 개인들이 서로 모를 때조차, 그리고 사회 계층들과 계급 구조들이 상호성을 분명히 깨뜨릴 때조차 한정된 사회적 장의 내부에서 각자는 모든 사람과 자기 면전에서 존재하고 행동한다. *이* 사회의 *이* 구성원은 아마도 이 사회를 구성하는 개인들의 수가 얼마나 되는지도 모른다. 그는 아마도 인간이 자연적 물질들, 도구들, 인간적 산물들과 맺는 정확한 관계, 즉 희소성을 정확하게 규정하고 있는 이 관계를 알지 못한다. 그는 아마도 현재의 궁핍을 부조리한 이유들을 통해, 그리고 그 어떤 진실도 없이 설명한다. 그렇다고 해도 집단의 다른 인간들이 그에게 *전체*로 존재하는 것 역시 사실이다. 그리고 이때 그들 각자는 그의 생명에 대한 위협이며, 또는 달리 말하자면 각자의 실존은 이 인간들의 부정으로서의 환경을 인간적 삶을 통해 내면화하고 책임지는 행위다. 단지 우리가 고려하는 개인적 구성원은 만약 그가 *인간들 가운데에서* 그렇게 하는 것처럼 자신의 욕구와 *실천*을 통해 스스로를 실현한다면, 그리고 소비재나 공산품에서 *출발해* — 또한 우리가 처해 있는 기본적인 차원에서 ← 그들 각자를 드러낸다면 그는 그들을 자신이 필요로 하는 대상의 단純한 소비 가능성으로 드러내게 된다. 요컨대 그는 그들을 1차적 필요 대상의 물질적 소멸을 통한 자기 소멸의 물질적 가능성으로 드러내는 것이다.

우리는 이와 같은 고찰들을 당연히 우리의 후진적 연구에 해당하는 아직도 매우 추상적인 한 계기에 대한 기술(記述)로 간주해야 한다. 사실상 모든 사회적 대립은 사회를 구성하는 집단들을 위해, 그리고 집단적 희소성의(즉 생산력들이 생산관계들과 맺고 있는 원초적 관계의) 근본적 틀 속에서 희소성의 한계들을(적어도 어느 정도는) 스스로 규정하는 하나의 사회 속에서 규정되고 구조화되어 있다. 지금 우리에게 중요한 것은 단지 변증법적 명료성의 구조들을 순서대로 표시하는 것이다. 그런데 이런 관점에서 우리는 희소성에 의한 총체화가 순환적이라는 점을 즉시 이해하게 된다. 결국 희소성은 인간 유기체가 존재하는 근본적 불가능성을 나타내지는 않는다.(내가 보여 주었듯이 인간이라는 유기체가 노동 없이 존재하는 것은 근본적으로 불가능하다는 식으로 표현한다면 이 말도 진실일 수 있지 않을까 하고 자문할 수 있다.) 하지만 주어진 상황에서 그것이 **메두사**의 뗏목[249]이든 포위된 이탈리아 도시이

---

249 프랑스 화가 테오도르 제리코(Théodore Géricault, 1791~1824)의 그림을 가리킨다. 현재 루브르 박물관에 소장된 이 그림은 19세기 초 세네갈 인근 바다에서 침몰한 프랑스 군함 메두사호의 난파를 기초로 한 사실화로 난파 당시 배에는 149명이 승선했으나 급조된 뗏목을 타고

든 아니면 현대 사회이든 간에(주지하다시피 현대 사회는 가장 깊은 토대 속에서 이미 부자와 영양실조자의 선택인 식량 배급 사무소들의 단순 배분에 의해 은밀히 죽은 자들을 선택한다.) 희소성은 한 집단의 개인들의 수동적 총체성을 공존 불가능성으로 실현한다. 집단이나 국가는 잉여자들에 의해 정의된다.[250] 살아남기 위해서는 그들의 수를 줄여야 한다. 이 실천적 필연성으로 항상 발생하는 이와 같은 수적 축소가 반드시 살인의 형태를 취하지는 않는다는 점을 지적하자. 죽게 내버려 둘 수도 있고(**구제도**하에서 어린이의 수가 너무 많았을 때) 맬서스주의를 실시할 수도 있다. 후자의 경우에 달갑지 않은 것으로 여겨지는 것은 바로 미래의 소비자로 태어날 아이다. 즉 장차 태어날 아이는 부르주아 민주주의 국가들의 개별 가정에서 그의 형제들을 계속 양육하는 것을 불가능하게 하는 요소로 이해되거나 또는 ─ 예를 들어 중국과 같은 ─ 사회주의 국가에서는 일정한 생산 증가율을 초과하지 않는 가운데 일정한 인구 증가율을 유지하는 것을 불가능하게 하는 요소로 이해되기도 한다. 그러나 맬서스주의가 문제 되지 않을 때 물질성의 부정적 요구는 오직 양적 양상하에서만 나타난다. 즉 잉여자들의 수를 결정할 수는 있으나 그들의 개별적 성격을 결정할 수는 없다.[251]

최후에 구조된 사람은 열두 명이었다고 한다. 이와 같은 사실에 입각해 사르트르는 이 세계에 존재하는 남아도는 존재 또는 잉여 존재로서 인간들의 상황을 보여 주고 있다.

250 이어지는 문장들을 통해 알 수 있듯이 여기에서 "집단이나 국가는 잉여자들에 의해 정의된다." 라는 것은 마치 넓이가 제한된 메두사의 뗏목에 탈 사람들의 수가 한정되어 몇 명이 되든 이 뗏목에서 필요 없는 자들이 죽어야 하는 것과 마찬가지로 희소성에 의해 지배되는 이 세계에서 필요 없는 자들을 제거할 필요가 있으며, 결국 이 일을 담당하기 위해 강제력을 동반한 집단이나 국가가 탄생해야 하는 것이다.

251 이미 말한 것을 다시 한번 반복하자면 우리는 나중에 한 사회가 사망자들에 대해 가하는 층화된 타성태적 선택으로서 사회적 제도들을 보게 될 것이다.(물론 이는 제도의 여러 양상 중 *단 하나*에 불과하다.) 그러나 이 선택이 수행될 경우에도 억압하고 착취받는 계급이 그것을 감내해야 할 경우에도 미확정은 여전히 이 계급의 내부와 개인들의 차원에 머물고 있다.(원주)

바로 여기에서 집단의 각 구성원을 생존 가능자와 동시에 제거해야 할 잉여자로 구분하게 될 이 *치환 가능성* — 나중에 우리는 그 중요성을 인정하게 될 것이다 — 이 그 적나라한 모습을 드러낸다. 각자는 이처럼 자기 자신에 의해, 그리고 모두에 의해 자신의 객관성 속에서 구성된다. 각자는 자기 욕구의 직접적인 작용에 의해 무조건적으로 살아남아야 하는 그런 존재로 여겨진다. 이것이 기아와 노동의 실천적 명증성이다. 이 명증성에 대한 그 어떤 직접적인 문제 제기도 생각될 수 없다. 왜냐하면 이 문제를 제기하는 행위 자체가 물질에 의해 제기되는 인간에 대한 근본적 문제의 극복을 보여 주기 때문이다. 그러나 이와 동시에 개인은 각자에 의해 *그의 존재* 속에서 문제시되며, 바로 모든 문제 제기를 극복하는 그 동일한 운동에 의해 문제시된다. 이처럼 *그 자신의* 행위는 자신에게 역행해서 되돌아오며, 사회적 환경을 통해 *타자로서* 그 자신에게 온다. 사회화된 물질과 타성태적 통일체로서의 물질적 부정을 통해 인간은 인간과는 다른 **타자**로서 구성된다. 각자에게 있어서 인간은 *비인간적 인간*으로서, 달리 말하자면 낯선 종처럼 존재하게 된다. 그리고 이런 사실은 갈등이 삶을 위한 투쟁의 형태로 *이미* 내면화되고 체험되고 있다는 점을 반드시 의미하는 것은 아니라 오직 각자의 *소박한* 실존은 희소성에 의해 *타자를 위한*, 그리고 모두를 위한 비실존[252]의 지속적인 위험으로서 정의된다는 점을 의미한다. 그러니까 이와 같은 나 자신과 모두의 소멸의 지속적인 위험을 나는 **타자들**에게서만 발견하는 것이 아니다. 이 위험은 *나 자신이* **타자**로서의, 즉 **타자들**과 함께 주변의 물질적 현실에 의해 가능한 잉여자로서 지시된 것과 같은 위험이다. 결국 문제가 되

[252] 죽음과 같은 의미다.

는 것은 내 존재의 객관적 구조다. 왜냐하면 나는 *실제*로 **타자들**에게 위험하며, 부정적 총체성을 통해 내가 그 총체성의 일부라는 점에서는 나 자신에게도 위험하다. 우리는 나중에 왜 자유 시장에서 상인들과 고객들이 서로서로 즉자적으로 그리고 대자적으로 **타자들**의 자격으로 가격을 결정하게 되는가를 보게 될 것이다. 여기에서는 지금까지의 관찰을 토대로 몇 가지 결론을 이끌어 내는 것으로 그치고자 한다.

내가 인간은 비인간적인 인간의 특징하에서 *타자*로서 존재한다고 말할 때, 이것은 물론 고찰된 사회적 장을 차지하고 있는 모든 사람으로부터 출발해서 타자들과 그 자신들에 대해서 하는 말임을 이해해야 한다. 달리 말하자면 각자는 모든 **타자**에 대해 비인간적인 인간이며, 모든 **타자**를 비인간적인 인간들로 간주하며, 실질적으로 **타자**를 비인간적으로 다룬다.(우리는 이와 같은 지적의 의미를 곧 살펴보게 될 것이다.) 그러나 이와 같은 지적은 진정한 의미에서, 즉 인간적 본성이 존재하지 않는다는 관점에서 이해해야 한다. 하지만 전사(前史)의 이 시기까지는 적어도 희소성이 어떤 형태를 취하든지 간에 모든 *실천*을 지배한다. 따라서 인간의 비인간성은 그의 본성에서 오는 것이 아니라는 사실과 동시에 그 자신의 인간성을 제외하기는커녕 오히려 이 비인간성은 그의 본성을 통해서만 이해될 수 있을 뿐이라는 사실을 잘 이해해야 한다. *그러나 희소성의 지배가 끝나지 않는 한 각 개인 속에, 그리고 모든 사람 속에는* 결국 내면화된 것으로서 물질적 부정에 다름 아닌 비인간성의 타성태적 구조가 자리하고 있다는 사실 또한 이해해야 한다. 실제로 비인간성은 인간들 사이의 관계이며, *이 관계일 수밖에 없다는* 사실을 이해하자. 아마도 사람은 아무런 이득도 없이 이런저런 동물에 대해 잔인할 수 있다. 그러나 이 잔인함이 비난 받거나 처벌 받는 것은 오로지 인간적 관계의 이름으로다. 실제로 수많은 동물을 죽이거나 아니면 그 노동력을 이용하기 위해 수천 마리 동물을 기르는 육식 종류, 다른 동물들을 철저하게 절멸시키는 (위생을 위해, 자기를 보호하기 위해, 혹은 그저 유희로) 육식 종류, 이와 같은 육식 종류가 ── 거세된 동물, 가축 그리고 단순한 상징성을 위해서가 아니라 ── 자신의 가치와 자신에 대한 그 자신의 현실적 정의를 동물과 맺는 관계 속에 부여했다는 사실을 대체 누구에게 믿게 만든다는 것인가?

그런데 인간관계는 (긍정적이든 부정적이든) 상호적이다. 이것이 의미하는 바는 어떤 자의 실천은 그의 실천적 구조 속에서, 그리고 그 자신의 투기의 완성을 위해서 타자의 실천을 인정한다는 점이다. 결국 그의 실천은 활동의 이원성을 비본질적인 특징으로 판단하며, 그런 것으로서의 실천의 통일성을 본질적 특성으로 판단하는 것이다. 결과적으로 상호성 속에서 상대방의 실천은 결국 우연히 둘로 나뉜 나의 실천, 그리고 둘로 나뉜 부분들이 각자 완전한 실천으로 회복되어 상호적으로 근원적인 미분화로부터 하나의 심오한 자기 동화와 하나의 직접적인 이해를 보존하게 되는 것이다. 나는 인간에게 있어서 상호성의 관계가 희소성의 관계 이전에 존재했다고 주장하지는 않는다. 왜냐하면 인간은 희소성의 역사적 산물이기 때문이다. 그러나 내가 주장하는 바는 이와 같은 상호적 인간관계 없이는 희소성의 비인간적 관계가 존재하지 않으리라는 점이다. 실제로 물질에 대한 각자 그리고 모든 사람의 일의적 관계로서의 희소성은 물질적 환경의 객관적, 사회적 구조가 된다. 그러나 역으로 바로 이 사실로 인해 희소성은 자신의 타성태적 손가락으로 각 개인을 희소성의 요인이자 희생자로 가리킨다. 그리고 각 개인은 자기 자신의 행동을 통해 희소성의 인간이 된다는 의미에서 이 구조를 내면화한다. 각자가 **타자**와 맺는 관

계는 이 관계가 물질로부터 그에게로 오는 한 외면적 관계다. 그 이유
는 우선 **타자**는 필연적인 생산물이 파괴되는 순수한(중요하나 추상적
인) 가능성이기 때문이다. 그러니까 이 타자가 외면성 속에서 외면적
대상으로서의 생산물 그 자체에 대한 위협적이나 우연적인 가능성으
로서 스스로를 규정하기 때문이다. 또 다른 이유는 부정의 응고된 도
식으로서의 희소성은 각자의 *실천*을 통해 각각의 가능한 잉여 집단
을 자기 이외의 모든 것을 부정하는 총체성을 *부정해야* 할 총체성으
로서 조직화하기 때문이다.

　이처럼 물질에 의해 이루어지는 부정적 통일은 인간들을 허위로
만드는, 그러니까 타성태적으로 총체화하는 결과를 낳는다. 이것은
정확히 밀랍의 분자들이 봉인될 때 *외부에서* 타성태적으로 통일되는
것과 같다. 그렇다고 해서 상호적 관계들이 제거되지 않으며, 따라서
외면성이 바로 이 관계들 안으로 슬며시 미끄러져 들어오게 되는 것
이다. 이는 **타자**의 *실천*에 대한 각자의 이해는 여전히 남아 있지만 이
타자의 *실천*은 외부로부터 이해된다는 점을 의미한다. 이는 이해하
는 주체에게서 내면화된 물질성이 외면적 부정에 의해 모든 분자와
분리되고, 타성태적 분자 속에서 **타자**를 구성한다는 점에서 그러하
다. 순수한 상호성 속에서 나와 **다른 자**(l'Autre) 역시 나와 **동등자**(le
Même)[253]다. 희소성에 의해 변형된 상호성 속에서 이 동등자는 우리
에게 반인간으로 나타난다. 이는 *이 동등자*가 근본적으로 **타자**(즉 우
리에게 죽음의 위협을 가진 자)로 나타나는 점에서 그러하다. 달리 말하
자면 우리는 개략적으로 그의 목적(이것은 우리 것이기도 하다.), 그의 수
단(우리 역시 같은 수단을 가진다.), 그의 행동의 변증법적 구조들을 이해

253　le Même를 '동일자'로 번역하는 경우가 있으나 여기에서는 l'identique를 '동일자'로, le
　　　Même는 '동등자'로 번역한다.

한다. 그러나 우리는 그것들을 마치 우리와는 *다른 종*(별종)의 특징처럼, 우리의 악마적 분신의 특징처럼 이해하게 된다. 실제로 인간에게는 그 무엇도 — 맹수도 병균도 — 인간의 지성을 이해할 수 있고, 좌절시킬 수 있으며, 정확히 인간의 파괴가 자신의 목적일 수 있는 지성을 가진, 육식을 하는 이 잔인한 종보다 더 끔찍하지는 않을 것이다. 이와 같은 종은 바로 희소성의 환경 속에서 **타자들**에게서 모든 인간을 통해 포착되는 우리 인간인 것이 분명하다.

어쨌든 어떤 사회든 간에 바로 이와 같은 사실이 인간관계의 모든 물화 현상의 추상적이지만 근본적인 모태인 동시에 윤리의 제1단계다. 이 윤리가 주어진 상황이라는 토대 위에서 자기 자신을 밝히는 *실천*에 불과할 따름이라는 점에서 그러하다. 여기에서 윤리의 최초의 운동은 근본적인 악과 선악 이원론²⁵⁴의 구성이다. 이 윤리는 내면화된 희소성에 의해 내면적 상호성의 결렬을 **타자**의 *실천*의 산물로서 파악하면서 평가하고 가치를 부여한다.(여기에서 가치의 생산을 언급할 수는 없다.) 실제로 반인간은 다른 인간들의 목적을 나누어 가지면서, 그리고 그들의 수단을 채택하면서 그들의 제거를 추구한다. 상호성이 덮고 있는 죽음의 위험을 가짜 상호성이 폭로하는 순간, 또는 달리 말하자면 이 인간들을 지탱하고 그 상호성에 참여한 인간들 상호적 관계에 자양분을 주는 토지 위에 모두가 거주할 수는 없다는 불가능성을 폭로하는 바로 그 순간에 인간들 사이의 결렬이 나타나게 된다. 그리고 내면화된 이 불가능성이 개인들을 *주관적*으로 특징짓는다고 생각하지는 말자. 이와는 정반대로 이 불가능성은 각자를 **타자**에 대해 *객관적*으로 위험한 존재로 만든다. 그리고 이 불가능성은 각 개인의

---

254 manichéisme의 번역어로 선과 악의 절대적 이원론을 중시하는 주의를 가리킨다.

구체적 존재를 **타자**의 구체적 존재 속에서 위험하게 만든다. 이렇게 해서 인간은 *객관적*으로 비인간적으로 구성되며, 이 비인간성은 *실천* 속에서 **타자**의 구조로서의 악에 대한 이해를 통해 표현된다. 이런 이유로 유목민들이 우연히 서로 만나서 시작하게 되는 처음부터 아주 애매하고 상당히 혼란스러운 성질을 가진 투쟁들을 통해 사학자들과 인종 지학자들이 역사적 유물론의 몇몇 기본 진리에 대해 이의를 제기하는 것이 가능해졌다. 실제로 경제적 동기가 항상 본질적이지는 않으며, 심지어 이 동기를 찾아볼 수 없는 경우도 종종 있다. 이 유랑 집단들은 자신들만을 위해 완전한 대상(大商)을 가지고 있으며, 또한 서로 *방해하지* 않는다.

그러나 문제는 거기에 있지 않다. 희소성이 항상 원인이 될 필요는 없다. 문제는 이 부족들 가운데 한 부족에게서 희소성의 인간은 다른 부족의 상대방을 반인간의 모습으로 만난다는 데 있다. 각자는 물리적 세계에 대항하고 또 인간에 대항하는(종종 그 자신의 집단 내부에서) 그 자신의 투쟁에 의해 구성된다. 그 결과 미지인(未知人)들의 출현은 ── 그에게 내면적 관계와 동시에 절대적인 외면성의 관계로 설정하면서 ── 그에게 인간을 그와는 낯선 종의 형태로 발견하도록 한다. 그의 공격의 힘, 증오의 힘은 욕구 속에 들어 있다. 그러나 이 욕구가 충족되는 것은 별로 중요하지 않다. 계속해서 다시 생겨나는 욕구와 각자의 불안은 하나의 부족이 출현할 때마다 이 부족의 구성원들을 인간적 *실천*의 형태하에 상대방 부족에 나타나게 되는 **기근**(饑饉)으로 구성하게 된다. 그리고 투쟁 속에서 각각의 적대자가 상대에게서 파괴하고자 하는 것은 단순한 희소성의 위험이 아니다. 그것은 오히려 실천이 반인간에 대한 인간의 배반인 한에서 그 *실천* 자체다. 따라서 우리는 욕구의 수준에서 그리고 욕구에 의해 희소성이 실천적으로 선악 이원론적 행동에 의해 체험되며, 윤리는 파괴적 명령법으로 드러나게 된다. 즉 악은 반드시 파괴해야만 *하는 것*이라고 생각할 수 있다. 또한 폭력을 선악 이원론의 지배하에서, 희소성의 범주 내에서 인간 행동의 구조로서 규정해야 하는 것도 역시 바로 이 수준에서다. 폭력은 항상 대항 폭력을 위해, 그러니까 **타자**의 폭력에 대한 반격으로 주어진다. 따라서 **타자**의 폭력은 그것이 모든 사람에게서 대항 폭력의 보편적 동기로서 존재하는 한에서만 객관적인 현실일 뿐이다. 그리고 이것은 단순히 단절된 상호성과 인간적인 것의 파괴를 실현하기 위한 인간의 인간성의 체계적인 이용이라는 견딜 수 없는 사실이다. 대항 폭력은 정확히 그와 같은 것이다. 하지만 이는 질서 회복의 과정, 도전에 대한 응전으로서다. 적에게서 반인간의 비인간성을 파괴하면서 실제로 내가 얻는 것은 그의 내부에서 인간의 인간성을 파괴하고, 나의 내부에서 그의 비인간성을 실현하는 것뿐이다. 상대방을 죽이거나 고문하거나 아니면 단순히 굴종시키거나 간에 나의 목표는 적대적인 힘으로서의, 즉 나를 실천적 장으로부터 몰아내고, 나를 사형 선고가 내려진 "잉여 인간"으로 만드는 힘으로서의 그의 낯선 자유를 제거하는 것이다. 달리 말하자면 내가 공격하는 것은 바로 인간으로서의 인간, 즉 하나의 유기적 존재로서의 인간, 자유로운 *실천*으로서의 인간이다. 내가 적에게서 증오하는 것은 바로 인간 이외의 무엇이 아니다. 곧 **타자**로서의 나 자신이다. 내가 그에게서 파괴하고자 하는 것은 바로 나 자신이며, 그렇게 함으로써 그가 실제로 나의 신체 속에서 나를 파괴하는 것을 방해하려 한다.

그러나 이와 같은 상호성 내에서의 외면적 관계는 현실적 투쟁이 전개되는 순간부터 적대 관계의 부정적 형태하에서 상호성을 재정립하는 *실천* 그 자체의 발전에 의해 더 복잡하게 된다. 전략과 전술의 구체적 필요성이라는 시각에서 보면 만약 누군가가 상대방을, 함정을 파고 함정을 피하고 함정에 스스로 빠질 수도 있는 능력을 갖춘 또 다른 하나의 인간 집단으로 *인정하지 않는다면* 그는 투쟁에서 패배할 수밖에 없다. 희소성에서 유래하는 갈등(유목민의 전쟁에서 파업에 이르기까지)은 두 개의 축 사이에서 계속 왔다 갔다 한다. 하나는 갈등을 인간들이 자신들의 끔찍한 분신들과 벌이는 선악 이원론적인 투쟁으로 만드는 축이고, 다른 하나는 이미 화해가 끝났거나 아니면 중재가 실패했기 때문에 그 갈등을 폭력에 의해 해소되는 분쟁의 인간적 규모로 환원시키는 축이다. 여기에서 중요한 것은 하나의 군대, 하나의 계급 또는 심지어 규모가 작은 하나의 집단의 행위로서 *실천*이 스스로를 구성할 때 이 실천은 *원칙적*으로 희소성의 관계를 물화시키는 타성태를 넘어선다는 점이다. 내가 이런 지적을 통해 드러내고자 하는 것은 선악 이원론의 타성태적인 도덕과 급진적인 악의 도덕은, 겪게 된 거리감, 체험된 무능력, 희소성을 운명으로 발견하는 태도, 요컨대 내면화된 물질적 환경에 의한 인간의 완전한 지배를 가정한다는 점이다. 따라서 문제가 되는 것은 항구적인 하나의 구조 ── 이 구조가 인간적 두께의 한 수준에 고정되고 타성적인 것으로 남아 있다는 의미에서 ── 가 아니라 오히려 항상 극복되고 부분적으로 청산된, 또 항상 다시 태어나는 인간적 관계들의 계기다. 실제로 이 계기는 희소성에 의한 긍정적인 상호성의 청산(이 청산이 사회적 실천의 어떤 단계에서 발생한다 해도)과 같은 희소성의 지배 아래에서 부정적이고 대립적인 상호성의 재출현 사이에 놓이게 된다. 그리고 이 중간 계기는 정확히 물화의 복합 과정의 제1의 계기이자 그 과정을 생산해 내는 도식이다. 이 계기 속에서 사회 여러 분야의 개인들은 상호성의 허위 관계 속에서 환경과 더불어 생활하며(즉 그들은 그 자신들이 존재하는 바와 타자들이 존재하는 바를 순수한 양으로서의 물질에 의해 지시한다.) 이 관계를 사회적 환경 속으로 이동시킨다. 이런 작업은 개인들이 그 자신들의 인간 존재들의 상호성을 부정된 내면성으로 체험하면서, 달리 말하자면 이 상호성을 외면성 속에서 허위로 체험하면서 이루어진다.

사람들은 이렇게 말할 것이다. 경제적 제약 밖에서 맺어진 자유로운 인간관계들이 상호성의 배치로 환원되는 반면, 희소성으로서의 물질이 어떻게 공동 실천의 장에서 인간들을 통합시킬 수 있는가를 설명하는 일이 여전히 남아 있다고. 달리 말하자면 총체화하는 힘이 *실천*으로부터 유래하는데 물질이 어떻게 *총체화하는* 행동들을 희소성에 의해 모든 개인적 총체화 작용을 총체화하는 방식으로 지배하느냐고. 그러나 답은 질문 속에 있다. 실제로 다른 구조를 가진 이웃하는 집단들 — 예를 들어 당나라 때 중국 농부들과 국경에 살았던 유목민들 — 이 특정한 물질적 형세, 기술 상태, 특히 교통을 통해 같은 장소에서 물질적으로 결합되었다는 사실을 한번 생각해 볼 필요가 있다. 유목민들은 제한된 이주 공간을 가지고 있었을 뿐이며, 어쨌든 사막 가장자리에 있었던 것이다. 한편 중국 농부들, 즉 이 개척자들의 군대는 조금씩 전진했으며 매일 불모지인 사막을 시작으로 경작할 수 있는 땅을 쟁취해 나갔다. 이 두 집단은 서로의 존재를 알게 되었고 극단적인 긴장이 이 두 집단을 대립시키고 또 결합시키기도 했다. 중국인들에게 유목민들은 다른 사람들의 노동 수확물을 훔치는 것만 아는 약탈자들이었다. 이와 반대로 유목민들에 중국인들은 그들을 점점 거주 불가능한 사막으로 내모는 진정한 식민자들이었다. *실천*으로서의 각 집단은(우리는 뒤에서 집단에 대해 자세히 검토할 것이다.) **타자**를 자신의 실천적 장의 통일 속에서 대상으로 나타나게 한다. 각자는 자신이 **타자**의 집단 속에서 대상으로 나타난다는 것을 알고 있다. 예컨대 이와 같은 유용한 인식은 농민들이 불의의 공격에 대비한 신중함 속에서, 유목민들이 다음번 약탈을 위해 들이는 수고를 통해 표현될 것이다. 그러나 실천적 통일화의 두 운동에 대해 같은 환경을 가지고 두 개의 *서로 다른 행동의 장*을 형성하는 것을 방해하는 것은 바로 *이와 같은 것이다*. 각자에게 대상으로서의 **타자** ── 그는 이 타자의 대상이다 ── 의 존재는 단순히 약화된 것으로서, 달리 말하자면 이중의 배경으로서의 물질적 장을 구성한다. 이런 공존에서 각각의 물질적 대상에 대한 의미의 이원성이 아니라면 이원성은 존재하지 않는다. 행동의 장은 **타자**에 의해 이용될 수 있는 수단으로서 실천적으로 구성된다. 각자가 이 장을 **타자**의 수단에 대항하기 위한 수단으로 삼는 경우 이 장은 두 집단 사이의 매개가 된다.

모든 것이 함정이며 동시에 대응이다. 대상의 비밀스러운 현실성은 바로 **타자**가 그것을 가지고 만들어 내는 것이다. 주위의 순수한 물질성이 대립하고 있는 두 개의 총체화의 모순적 통일임과 동시에 대상들 가운데 하나의 대상으로서의, 즉 자신의 목적에 도달하기 위해 **타자**에 의해 선택된 수단으로서의 각 집단은 그 행동의 장의 모든 다른 물질적 구조들과 더불어 물질적 취약성으로서 객관적으로 총체화된다. 극복되고 좌절을 맛본 그리고 속임 당하고 자기 의사에 반해 이용된 **실천**으로서의(나는 이런 관계를 「방법의 문제」에서 지적했다.) 각 개인과 각 마을은 주위의 타성태에 의해 객관적으로 특징지어지는 것으로 자기를 실현한다. 그리고 이와 같은 객관적인 특징은 약탈을 두려워하는 농부들이 지난번보다 더 규모가 큰 약탈을 당하지 않기 위해 더욱 정교한 방책을 취하는 경우에 더 잘 드러나게 될 것이다. 앞에서 살펴본 대로 고독한 *실천* 속에서 경작자는 토지에 대해 행동을 가할 목적으로 자신을 타성태적 대상으로 만든다. 이제 그의 타성태가 다시 나타나는데 그것은 다른 사람들을 통해 그에게 온다. 그러나 이런 참여 속에서 세력 관계가 그에게 유리하다면 그는 그 자신의 새로운 노동(전쟁은 인간에 대한 인간의 노동이다.)을 권력의 형태로 발견하게 된다. 이것은 완전히 새로운 그 무엇을 의미해야 한다. 즉 물질을 통한 타자의 실천에 대항하는 인간적 실천의 효율성, 하나의 대상을 객관적으로 절대적 대상으로 변화시킬 가능성을 말이다. 그러나 우리의 관점에서 특히 우리에게[255] 흥미로운 것은 매 1제곱미터의 실천적 장이 두 집단의 구성원 각자에게 이 두 집단과 그들 각각의 활동을 총체화한다는 것이다. 물론 이것은 토지가 각자와 모든 사람에게 소외의 지속적인 가능성으로 제시되는 한에서다. 상호성의 물화속에서 내면화된 희소성의 부정적 통일성은 우리 모두에게 대립하는 공동의 장소로서의 세계라는 통일성 안에서 다시 외면화된다. 그리고 우리는 이 통일성을 새로운 부정적 통일성 속에서 다시 내면화한다. 우리 모두는 희소성에 의해 규정된 세계 속에 살고 있다는 사실로 인해 결합된다.

희소성이 — 이미 살펴본 것처럼 — 이 희소성에 대항하는 전쟁을 시도하는 종합적 집단화가 이루어지는 하나의 기회가 될 수 있다는 것은 당연하다. 실제로 인간은 자신의 삶을 다른 사람들 가운데서, 그것도 그 자신들 역시 이 삶을 만들어 내는 다른 사람들(혹은 다른 사람들에 의해 이 삶을 만들어 내게끔 하는 다른 사람들) 가운데서, 즉 희소성의 *사회적 장*에서 만들어 낸다. 이 사회적 장에서 형성되는 집단들, 집합태들, 제도들의 유형을 살펴보는 것은 아직 우리의 의도에 없

---

255 본문에는 '9,ls'로 되어 있으나 이는 분명 nous의 오기다.

다. **역사**의 계기들을 재구성하거나 사회학의 설명들을 다시 들먹이는 것도 중요하지 않다. 또한 지금은 분화된 여러 기능과 더불어 다양성의 능동적 조직화의 충동하에서 결합되는 것으로서의 여러 인간의 활동 영역에 대해 논할 때도 아니다. 우리의 연구는 후진적 방향으로 계속 이루어져야 하며, 인간적 복수성의 타성태적 종합으로서의 물질성으로 되돌아와야 한다. 그럼에도 우리는 결합되고 분화된 집단들이 희소성에 대항해 싸우는 한, 이 희소성이 이 집단들을 그 구조에서 조건 짓는 한 이 집단들에 대해 몇몇 사실을 지적하지 않고서 이 단계에서 벗어날 수가 없다. 이 집단들이 구성되고 제도화하는 것은, 희소성이 **타자들**의 욕구를 통해 각자의 욕구에 나타나는 한에서가 아니라 그보다는 오히려 이 희소성이 실천의 통일화된 분야 속에서 노동에 *의해* 부정되는 한에서다.

이것은 다음을 의미한다. 즉 앞에서 지적한 대로 노동은 우선 타성태에 대해 작용하기 위해, 그리고 욕구로서 자기만족을 위해 관리된 타성태로 환원되는 *유기체*라는 사실이다. 이것은 물론 그 자체로 (노동)이 희소성의 장 속에 존재한다는 것도 노동을 희소성에 대한 투쟁으로 규정되어야 한다는 것도 의미하지 않는다. 우리는 이 사실을 잘 안다. 그러나 희소성에 의해 정의된 사회적 장 속에서 ── 즉 인간적이고 역사적인 장 속에서 ── 노동은 자기 스스로를 반드시 인간에게 희소성의 범주 속에서, 그리고 이 희소성의 특수한 부정에 의해서 욕구를 충족시키는 것을 목적으로 하는 *실천*으로서 규정된다. 예컨대 하나의 무기를 체계적으로 생산해 내는 것은 중요하지 않다. 이미 사냥터에 있는 동물들을 *발견하는* 것이 중요한 사냥에서 "사냥감"의 속도, 이 사냥감이 *평균적으로* 유지하고 있는 거리(철새의 공중에서의 비상 등등), 모든 종류의 위험 등등은 *희소성의 요인*을 구성한다. 이렇게 해서 소극적으로는 사냥용 무기가 거리를 부분적이나마 줄인다는 의미에서, 이 무기가 자신의 속도를 덫에 걸린 동물에게 대립시킨다는 의미에서 그리고 적극적으로는 이 무기가 사냥꾼에게 가능한 노획물의 숫자나 그 가운데 하나를 잡을 기회(이것은 같은 의미다.)를 배가시킨다는 의미에서 이 무기는 창조적인 것으로 드러난다. 그리고 여기에서 선택된 관점에서 중요한 것은 한 개인이나 한 가족이 먹고 살기 위한 기회가 주어진 실천적 장에서(왜냐하면 이 실천적 장은 문제가 되는 장에서 도구에 의해 *정말로 변화하지는* 않기 때문에) 무기에 의해 배가된다고 선언하는 것이나, 이와는 반대로 낚시나 사냥으로 먹고사는 사람들에게 도구는(그 실천적 장의 범위에서가 아니면 적어도 그것의 분화와 팽창 속에서) 실천적 장의 변화를 가져다준다고 선언하는 것이 여기에서는 같다는 사실이다. 이처럼 개인의(따라서 집단의) 인간적 노동은 그 목표에서, 곧 그의 운동 속에서 인간에 의한 **자연**과 **자연**에 의한 인간을 동시에 구성하는 죽음의 위협, 현재의 고뇌, 원초적 관계로서의 희소성을 — 그를 위해서 또는 집단을 위해서 — 극복하고자 하는 이 인간에게서 발현되는 근본적 투기에 의해 조건 지어진다.

그러나 바로 *정확히 이런 이유로* 희소성은 계속해서 이와 같은 근본적인 관계로 있으면서, *이 희소성을 파괴하기 위해* 스스로를 희소화하면서 이 집단 전체나 개인을 규정하게 된다. 특정한 역사적 조건 안에서 만약 기술이 희소성의 일정 단계를 넘어서는 것을 가능케 한다면, 즉 만약 전 세대에 의해 마련된 환경과 도구들(그 숫자와 질적인 면에 의해)이 일정 수의 노동자들에게 일정 비율로 생산을 증가시키는 것을 가능케 한다면 조직화된 생산의 토대 위에서 희소성을 제거하는 노동의 단위로서 인간들이 역으로 희소해지거나 또 그럴 위험이 있다. 이것을 잘 이해해야 한다. 다시 말해 (모든 장에서가 아니라) 일정한 상황하에 있는 사회적 장에서 인간들을 희소성으로 지정하는 것은 생산물의 희소성이며, *이와 동시에* 이 희소성이 이들을 욕구의 인간들로서 상호 치환 가능한 잉여 존재로 가리키는 것도 역시 생산물의 희소성이다. 그리고 물론 이 인간들의 희소성은 사회적 조직의 구조만 아니라 또 다른 구조(일손의 부족, 전문 노동자의 부족, 기술자의 부족, 간부의 부족)를 지적할 수도 있다.

어쨌든 주어진 집단에서 개인은 그 자신의 인간성 속에서 다른 개인들에 의해 잉여자이면서 동시에 희소자로 구성된다는 점이 중요하다. 그의 잉여자로서의 면모는 직접적이다. 그의 *희소한 대상*으로서의 면모는 실천적 연합의 가장 원시적인 형태 속에서 나타나고, 한정된 사회 속에서 계속되는 긴장을 만들어 낸다. 그러나 이 한정된 사회 속에서는 일정한 생산 양식으로 인해 도구에 대한 인간의 희소성은 그 자신만의 결과 아래서 인간에 대한 도구의 희소성으로 바뀔 수 있다. 문제의 기본적 내용은 같다. 주어진 사회에서 도구들의 숫자는 그 자체로 생산자들을 가리키며, 그 결과 생산자들과 생산 수단들 총체는 이 사회가 스스로에게 가하는 생산의 한계와 비생산자들의 규모(즉 거절된 생산자들)를 결정한다. 잉여의 비생산자들은 영양 부족 상태에서 살거나 죽거나 할 가능성이 있는 잉여 존재를 나타낸다. 이와 같은 새로운 형태의 희소성이 조직화된 하나의 집단에 의해 공동으로 이루어진 몇몇 노동에 기초를 두고 있는 하나의 사회를 가정한다는 것은 당연하다. 그러나 이 희소성을 통해 우리는 특정한 역사적 사회를 규정하는 것은 아니다. 황제 시대의 중국 사회 — 우선 이 사회가 여러 하천의 치수 사업에 의해 조건 지어진다는 점에서 — 와 마찬가지로 로마 사회 — 이 사회가 광범위한 교통망의 건설을 통해 지중해 세계에 대한 지배를 확보한다는 점에서 — 는, 비록 이런 형태의 희소성이 본질적으로 근대의 산업화 운동 속에서 발전했다고 하더라도 자본주의와 마찬가지로 요구된 조건에 부응했던 것이다. 그러나 같은 방식으로 그리고 구조화된 몇몇 역사적 상황에서는 제도적으로 확립된 계급들과 조건들의 불평등성이 상황의 전면적인 역전, 즉 *생산물에 대한 소비자의 희소성*을 야기할 수도 있다. 물론 그것은 생산의 물질적 경직성(어느 한계 이하로 떨어뜨릴 수 없는)과 동시에 소비자들의 제도화된 사회적 선택(또는 오히려 생산양식 주위에서 결정화된 구조들, 즉 마르크스주의자들이 생산관계라고 부르는 것을 배반하는 소비자들의 위계질서의 선택)에 의해 설명되는 상대적 희소성의 문제다. 특히 이와 같은 전복이 우리의 자본주의 사회를 특징짓는다는 사실과 그것이 과잉생산이라는 그 자신의 근본적인 모순의 표현을 보여 준다는 사실은 너무 자명하다. **고대**부터 바다를 통한 해상 무역을 주로 했던 (즉 새로운 생산물이나 재료를 찾고, 특히 쌍무적 교역의 조직화를 추구했던) 사회를 제약하는 것은 모든 생산을 흡수할 수 있는 국내 시장의 부재다. 또한 군국주의 시대에 대륙의 국가들을 제약했던 것 역시 이 국내 시장의 부재다.

그러나 생산물에 대한 이와 같은 인간의 희소성은 ─ 이 희소성의 최후의 변증법적 급변인데 ─ 자신의 본질적 조건으로서 인간에 대한 생산물의 희소성을 가정한다. 이 희소성은 인간에 대한 근본적인 제한으로 존재한다. 생산의 사회화가 아직 그 결말을 알 수 없는 변증법적 과정의 긴 여정에서가 아니라면 이 희소성을 제거하지 못한다는 사실을 우리는 안다. 이런저런 생산물에 대한 소비자의 희소성은 모든 소비자에 대한 모든 생산물의 희소성에 의해 조건 지어진다. 실제로 생산 양식에서 출발해서 제도적으로 몇몇 사회 집단들을 전체 소비에서 배제하고, 이 소비를(모든 것을 소비하기에는 불충분한 숫자의) 다른 집단들에게 유보한 몇몇 생산관계들이 규정되는 것은 바로 이와 같은 근본적 희소성의 바탕 위에서다. "과잉 생산"과 이로 인해 발생하는 위기 사이의 변증법을 여기에서 보여 주는 것은 전적으로 무의미하다. 중요한 것은 다만 과정의 총체 속에서 과잉 생산이 자본가를 — 경쟁 체제하에서 판로의 부족으로 인해 — 폐망시킨다는 점을 보여 주는 것이다. 이것은 과잉 생산이 프롤레타리아의 빈곤화를 증가시킨다는 점, 즉 프롤레타리아에게 이 과잉 생산이 생필품들의 희소성을 증가시킨다는 점에서 그러하다. 모순의 이 수준에서 하나의 사회가 이 사회 구성원들의 일부를 잉여자들로 제거하고, 소비에 비해 생산이 과잉이기 때문에, 이 사회의 생산물의 일부를 파괴하는 것을 목격하는 것은 지극히 당연하다. 게다가 이 사회는 이 생산물들을 무상으로, 그리고 이 사회가 죽어 가도록 방치한 자들에게까지 분배할 수도 있을 것이다. 그런데 우리는 이 사회가 이들의 운명을 전혀 개선하지 않을 것이라는 사실을 잘 알고 있다. 사실 변화는 생산 양식의 수준과 이 양식이 야기하는 근본적 관계의 수준에서 발생해야 한다. 이것은 어쨌든 소비자들의 희소성의 가능성을 제거하기 위한 것이고, 또한 근본적인 희소성의 현실을 장기 과정에서 제거하기 위함이다. **역사**의 논리적 구조라는 관점에서 우리의 흥미를 끄는 것은, 역사적 과정이 희소성의 장을 통해 구성된다는 점이다. 만약 이 장이 역사적 과정의 모든 변증법적 가능성을 현재화한다면, 이것은 최초의 우연성에서 기인하는 우연적 사실의 물질성에 의해서다. 그러나 이와 같은 변증법적 계기들 하나하나의 경우를 고찰해 볼 때, 비록 이것들이 모두 전개될 수는 없다고 할지라도(역사가 없는 부족들이나 자본주의적 **서구**가 식민지 개척 사업에서 우선적으로 그들에게 부과했던 것과 같은 기계에 대한 인간의 근본적 관계를 *내면화*해야만 했을 아시아의 몇몇 국가들의 경우를 고찰하는 것으로 충분하다.), 이 계기들이 진행 중인 역사 속에서 가지성의 구조들로서 나타날 때부터 바로 이 계기들이 이 역사를 전체적 합리성으로 파악하는 것을 가능케 해 준다.

(2) 희소성과 마르크스주의

마르크스[256]는 매우 분명하고도 설득력 있게 자본주의의 과정을 변증법적으로 재구성하고 그 필연성을 제시했다. 하지만 그가 마르크스주의를 "초역사적임을 최고의 장점으로 삼는 역사적, 철학적 이론"[257]으로 제시하는 것을 끝끝내 거절하는 태도를 — 그리고 이것은 옳았다 — 보였다는 것은 주목할 만하다. 그러나 이와 동시에 그는 역사적 유물론을 역사적 과정의 모든 시기에 적용하는 것이 가능하다고 판단하고 — 이것 역시 옳기는 하지만 거기에는 역사적 증거가 결핍되어 있다 — 있다. 그는 아주 주목할 만한 텍스트에서 오늘날의 마르크스주의자들과 이들이 빠져든 교조주의를 벌써 다음과 같이 비판한다. "고대 로마의 [이 평민들]은 원래 각자 자기의 땅을 제 몫으로 경작하던 자유로운 농민들이었다. 이들은 로마의 역사가 전개되어 나가는 과정에서 수탈당했다. 이들의 생산과 생존의 수단을 앗아 간 이 움직임은 다만 대토지 소유권의 형성만이 아니라 대화폐 자본의 형성을 가져왔다. 이렇게 해서 한편으로는 어느 날 노동력을 제외한 모든 것을 박탈당한 자유로운 인간들이 존재하고, 다른 한편으로는 모든 기존의 부를 차지하여 그들의 노동을 착취하는 사람들이 존재하게 되었다. 그래서 어떤 일이 생겼던가? 로마의 프롤레타리아

256　마르크스는 희소성을 다룬 부르주아 경제학자로부터 출발해서 유물론적 변증법을 구축했으므로 다음과 같은 지적은 비록 여담으로 보일망정 필요하다. 즉 유물론적 변증법은 희소성을 *인간적 사실로서*(심술궂은 자연의 악의로서가 아니라) 인간 역사에 재통합하는 것을 겨냥한다.(원주)

257　마르크스의 편지(1877년 11월).

는 임금 노동자가 아니라 빈둥거리는 평민이 되었다. …… 그리고 이
와 병행하여 자본주의적이 아니라 노예제적인 생산 양식이 전개되었
다. 이렇듯 매우 유사한 사건들도 환경이 다른 곳에서 일어나면 완전
히 상이한 결과를 가져왔다. 이와 같은 각각의 발전을 따로따로 연구
하고, 그리고 그다음에 이것들을 비교하면 그 현상들을 푸는 열쇠를
쉽게 얻을 수 있을 것이다……".[258]

이 텍스트에서 분명히 볼 수 있듯이, 마르크스의 생각으로는 비
자본주의적 혹은 전(前) 자본주의적 사회의 역사가 *형성되었던 것이
아니다.* 이와 같은 사회들의 발전을 연구하고, 그 발전상들을 서로 비
교하고 또 적어도 유사성이 현저할 경우에는 이것을 근대 사회의 발
전과 비교하는 것도 좋을 듯하다. 이와 같은 개별적 연구와의 비교 결
과로 가지성을 얻게 될 것이다. 물론 이 비교를 통해 여러 사회의 발전
상들이 완전히 다른 환경에서 산출된 것이므로 *서로 다르다는 점*을
알 수 있을 것이다. 그러나 이 비교는 다만 과정의 외적 유사성에만 의
거하지 않는다. 비록 유사성은 차이의 기반이 되지만, 이것 역시 특정
기반 위에 성립된다. 유사성은 *본질적으로* 인간과 그의 *실천,* 즉 그
의 노동과의 어떤 관계들의 변증법적 발전(*자유로운, 그러니까 자신의 토
지를 자유롭게 경작하는 농민, 피수탈자를 가능한 노동자로, 그러나 그들의 삶
의 생산 조건으로서의 노동이 최초의 희소성이 되어 버린 그런 노동자로 만들
어 놓은 토지 및 화폐 자본의 집중*)에 그 기반을 둔다. 다만 이상의 모든
사실만 단순히 지적되어 있을 뿐이어서 로마 사회의 변화 과정은 현

---

258 막시밀리언 루벨, 앞의 책, 426~427쪽에 인용된 「니콜라이 미하일롭스키에게 보낸 회답」
    (1877). 여기에서 마르크스는 로마 평민의 프롤레타리아화는 현대 일부 농민들의 프롤레타리
    아화와의 유사성에도 불구하고 동일한 결과를 가져오지 않았다는 것, 따라서 사회주의를 향한
    러시아의 길은 선진자본주의 국가들의 길과는 다를 것이라는 점을 말한다. (원주)

실적인 가지성이 결핍된 이야기의 형태를 띠고 있는 것이다. 그렇다고 해서 이 두 과정의 차이를 가져오는 이유가 생산 양식의 근본적 차이에 있다고 생각해서는 안 된다. 왜냐하면 로마 평민의 형성이 당시로서는 근대적 의미의 산업이 *없었다*는 사정과 관련되는 것은 어떤 의미에서는 *사실*이지만 이는 우리 시대에 시골에서 쫓겨난 농민의 프롤레타리아화의 직접적 조건이 산업화와 산업의 집중화에 있었다는 것을 뒤집어 말한 것에 지나지 않기 때문이다. 달리 말하자면 현대적 현상으로서는 산업화의 움직임이 적극적인 가지성의 원천을 이루지만 로마와 로마 사람들에게 있어서 산업화가 없었다는 사실은 다만 우리들의 입장에서만, 그리고 완전한 외면성의 성질을 띤 엄밀한 부정으로서만 의미를 가질 수 있을 따름이다. 왜냐하면 가령 어느 나라가 (적의 군비에 비해) 자국의 군비가 불충분해서 패전했다고 말하는 것은 가지성의 소극적 원천이 되나, 만약 나폴레옹이 공군(空軍)을 가지지 못해서 워털루 전투에서 졌다고 말한다면 완전히 무의미한 발언이 될 것이기 때문이다. 사실 로마 흥망의 과정은 그 자체로서 적극적인 가지성의 원천이 되어야 한다.

그런데 마르크스는 전사(前史) 시대, **고대, 중세,** 자본주의 이전 시대의 도식들을 *가지적인* 형태로 제시한 일이 거의 없다는 사실을 지적해야 할 것이다. 그는 우선 비마르크스주의적 역사가들의 주장을 고려하면서 이 도식들을 수정하기를 — 이것이 그의 훌륭한 점이다 — 주저하지 않았다. 예컨대 그는 자신의 계급 투쟁 이론을 극히 일반적인(그리고 경험에서 얻은) 진리로서 이렇게 제시한다. "과거의 모든 사회의 역사는 계급 투쟁의 역사다."[259] 그런데 엥겔스는 나중에

---

259 몰리토르(Molitor) 옮김, 『공산당 선언』, 54쪽.(원주)

다음과 같은 주석을 달아 놓았다. "정확히 말하자면 문서를 통해 전승된 **역사**. 1847년에는 사회의 전사, 즉 글로 쓰인 모든 역사 이전의 사회 조직은 알려지지 않은 것이었다. 그 이후…… 토지 공유제를 수반한 농촌 공동체가 사회의 원시적 형태였다는 것이 발견되었다……. 이 원시 사회의 와해와 더불어 사회가 특정한 계급들로, 그리고 마침내 서로 대립하는 계급들로 분열하기 시작했다."

"발견되었다……."라니, 도대체 누구에 의해서 발견되었다는 것인가? 학스타우젠,[260] 마우러,[261] 모건[262] 등등이 그 주인공이다. 이들은 전사 시대의 여건을 연구하고 가설을 세우고 이 가설이 사실들에 부합한다고 판단했다. 이와 같은 *개연성*에 비추어서 엥겔스는(그리고 그에 앞서 마르크스는) 자기의 **역사관**을 바꾸는 것을, 즉 가지적인 발전을 경험적인 조건으로 바꾸는 것을 주저하지 않았다. 전사 시대와 민족지학에 대한 최근 연구에 비추어 볼 때 만약 엥겔스가 살아 있었다면 다시 한번 생각을 바꾸는 것을 주저하지 않았을 것이다. 또한 그의 생각이 전적으로 틀린 것은 아니었지만 진실은 19세기의 역사가들의 단순한 주장과는 달리 한결 복잡하다는 것을 인정하기를 주저하지 않았을 것이다.

그렇다면 원시 사회의 해체는 대체 *왜* 일어난 것인가? 우선 엥겔스 자신도 이와 같은 해체가 모든 곳에서 일어났다고 보지는 않았다. 주지하다시피 그는 이로쿼이족[263]을 매우 좋아했고, 이 민족이 원시

---

260 막스 학스타우젠(Max Haxthausen, 1792~1866). 독일의 경제학자. 프러시아, 러시아 토지 제도의 연구자.

261 게오르크 루트비히 폰 마우러(Georg Ludwig von Maurer, 1790~1872). 독일의 정치가이자 법제사 연구자.

262 루이스 헨리 모건(Lewis Henry Morgan, 1818~1881). 미국의 민족학자. 원시 공산제의 존재를 밝힌 유명한 『고대 사회(*Ancient Society*)』(1877)의 저자.

263 지금의 미국 뉴욕주에 살고 있던 아메리칸 인디언의 한 종족이다. 호전적이며 문화 수준이 높

적인 순수성을 더 오래 간직해 왔다고 믿고자 했다. 그다음으로 그가 예시하는 많은 사회에서 이 해체는 매우 다양한 시기에 걸쳐 일어났고, 더 "발달한" 사회와의 접촉에 의해 *밖으로부터* 초래된 일이 많았다. 가령 『반뒤링론(*Anti-Düring*)』에서 그는 이렇게 쓴다. "동양적인 전제 정치도 침략적인 유목 민족들의 연이은 지배도 수천 년 동안 이 공동체들을 어찌할 수 없었다. 이 사회가 차츰차츰 무너진 것은 이들의 원시적 산업이 거대 산업의 생산물과의 경쟁에 의해서 점차 파괴되었기 때문이다."[264] 그리고 마르크스도 러시아의 공동체에 대해 지적하면서[265] 러시아야말로 "농업 공동체가 오늘날까지 전국적 규모로 유지되어 온 유럽 유일의 나라"라고 말하고 있다. 이와 같은 모든 고찰은 역사를 갖지 않은 민족들에 대한 어려운 문제를 다시 일깨워 주는 것은 틀림없지만 이와 동시에 이 문제를 확대하고 과장하고 있기도 하다. 그것은 *여러 역사 출현의 시간적 순서를 전적으로 우연한 것으로* 제시하는 듯이 보인다. 물론 나는 마르크스와 엥겔스가 이 *개별적인* 우연성을 환원 불가능한 것으로(예컨대 뒤에서 다시 논의하겠지만 역사가 있다는 더 일반적인 우연성으로 환원 불가능한 것으로) 보고 있다고 주장하려는 것은 아니다. 그러나 방금 다룬 경우에는 사건들의 계기에 대한 막연한 가설만이 있을 뿐 아무런 변증법적 가지성이 없다는 점은 분명하다.

아울러 엥겔스가 농촌 공동체의 붕괴를 어떻게 기술하고 있는지 살펴보자. 같은 저서에 나오는 두 가지 텍스트를 들어 보겠는데 첫 번째 텍스트는 다음과 같다. "모든 개화된 민족의 옛 원시 공동체에

다. 독립 전쟁 후로는 대부분 캐나다로 이주했다.
264 몰리토르 옮김, 『반뒤링론』 II, 33쪽.(원주)
265 베라 자술리치(Вера Ивановна Засулич)에게 준 편지의 초고.(1881년 3월 8일)(편집자 주)

는 비록 일정한 대상에 한정되어 있을망정 사적 소유가…… 존재했다. 이것은 이 공동체에서 우선 외부인과의 교환을 통해 상품의 형태를 띤다. 공동체의 생산물이 상품의 형태를 띠면 띨수록, 즉 생산물이 생산자 자신의 사용을 위해서 만들어지는 비율이 줄어들고, 교환을 목적으로 삼는 비율이 증가하고, 공동체의 내부에서 교환이 자연적, 원시적 분업보다 중요성을 가질수록 그만큼 더욱 공동체의 여러 구성원 사이의 재산 상태도 불공평해지고, 예로부터의 토지 공유제가 흔들리고, 공동체의 해체와 더불어 분할된 토지를 소유하는 농민들의 촌락이 형성되는 속도가 늘어 간다."[266] 그렇다. 여기에서 문제는 실증적 의미에서의 하나의 법칙, 즉 $Y=f(x)$로 표시되는 함수와 이 함수의 변수 결정에 대한 법칙이다. 하나의 공동체가 분할 농지를 소유하는 농민들의 촌락으로 변하는 속도는 "자연적인" 생산물의 수효가 증가해 상품으로 변하는 속도와 정비례한다. 그러나 이 법칙도 정확히 모든 **자연법칙**과 마찬가지로 다만 가능한 것들 사이의 보편적 관계만을 겨냥하기에 그 내용은 역사적이 아니다. 이와는 반대로 왜, 그리고 어떻게 특정 사회에서는 그 속도가 급격히 빨라졌으며, 다른 사회에서는 왜 이런 변화가 실제로 일어나지 않았는가를 밝히는 것은 오히려 **역사**다. 따라서 시간적 사건으로서 그 자체의 가지성을 제공하는 것은 바로 **역사**이지 고려된 과정을 밝히는 분석적 법칙이 아니다.

그런데 엥겔스 자신이 바로 뒤이어 온 문장에서 이 붕괴의 예를 역사적 가지성으로서 제시하려 했고, 또 이 예를 아시아적 공동체에서 가져온 것은 놀랄 만한 일이다. 뒤이어 온 문장이란 바로 우리가

---

266 『반뒤링론』 II, 33쪽.(원주)

앞에서 인용한 문장이다. 이 문장은 우리에게 이 공동체들이 거대 산업의 매우 근대적인 경쟁을 제외하고는 모든 *것*에 *저항했다*는 것을 가르쳐 준다. 물론 이 문장을 그 당시의 문맥 속에 다시 끼워 넣고 생각해 보아야 할 것이다. 여기에서 엥겔스가 뒤링에게 보여 주려는 것은 정확하게 사적 소유가 폭력에 의거하고 있지 않다는 사실이었다. 다만 농업 공동체에 대한 산업화된 사회의 작용을 예로 들고 있는 것이다. 그가 선택한 또 하나의 예는 더 결정적이다. 그는 **모젤강**[267] 유역과 **호흐발트**[268] 지방에서 공유 경작지가 분할 농지로 해체된 *근대적* 현상을 설명하면서 이렇게 말한다. "농민들은 토지의 공유제가 없어지고 개별 소유제가 생긴 것이 그들의 이익이 된다고 철석같이 믿고 있다." 그들의 이익이 된다는 것은 오늘날 독일이 산업화되어 있으니까 그렇다는 것이다. 하지만 그 이전 세대들은 정확하게도 그것이 자신들의 이익이 된다고 생각하지 않았다. 따라서 역사 없는 사회가 **타자들**의 역사에 의해서 흡수되고 해체되었다는 것을 보여 주는 실례에 의거해서 **역사**를 설명하는 것은 기이하다. 그런데 설명되어야 할 것은 바로 이와 같은 역사 없는 사회들이다. 그렇기 때문에 다음과 같은 결론은 무의미하다. "어디에서나 사적 소유의 형성은 생산과 교환 관계의 변화 때문에, 생산의 증가와 상업의 발전이라는 이익 때문에, 즉 경제적 원인에서 이루어진다." 이와 같은 주장은 모든 것을 설명하려다가 결국 아무것도 설명하지 못하게 되는 주장과 같으며, 기껏해야 보편적 함수만을 언급한 것에 지나지 않는다.

엥겔스가 앞의 텍스트에서 상품 생산을 재산 불평등의 원천으로 제시하고 있다고 말할지도 모르겠다. 그러나 이와 같은 불평등이 그

---

267 독일 라인강의 왼편 지류.
268 독일 중서부 라인란트팔츠주 중부 라인 고지대 남쪽 끝에 있는 산악 지역.

것 자체로서 *계급*을 형성한다고는 결코 생각할 수 없으며, 엥겔스 자신도 그렇게는 생각하지 않는다. 왜냐하면 그는 자신의 저서 제3권에서 계급 분열에 대해 전혀 다른 해석을 보여 주고 있기 때문이다.

착취 계급과 피착취 계급, 지배 계급과 피압박 계급으로의 계급 분열은 과거 생산의 빈약한 발전의 필연적 결과다. 사회의 전체 노동이 모든 사람의 생존을 보장하기에 최소한으로 필요한 분량을 겨우 넘어설 정도의 생산밖에는 제공할 수 없는 한, 따라서 노동이 사회의 구성원들 대부분의 모든 시간 내지는 거의 모든 시간을 요구하는 한 이 사회는 반드시 계급으로 분열된다. 힘든 노동에 전적으로 몸을 바치는 대다수의 사람 곁에는 생산 노동에서 해방된 계급이 형성되고, 이들이 노동의 지위, 행정, 사법, 학문, 예술 등등과 같은 사회의 공적인 일들을 관장한다. 따라서 분업의 법칙이 계급 분열의 토대가 되는 것이다.[269]

이렇듯 이번에는 설명이 *역사적*이다. 하지만 이것은 도리어 이런 설명이 얼마나 허위적인가를 보여 준다. 우선 과거의 사회 ─ "쓰인" **역사**의 사회, 따라서 계급에 의해서 특징지어진 사회 ─ 는 복수의 *여러 계급*(계급 상호 간의 투쟁에 의해서 조금씩 감소되는)으로 분열되는 것이지, 오늘날의 산업화된 나라들에서조차 볼 수 없는 도식적인 이원성으로 분열되는 것이 아니다. 더구나 엥겔스에 의하면 노예

---

269 『반뒤링론』 III, 48쪽. 엥겔스는 다른 곳에서 지배 계급이 자신의 기관의 하나로서 국가를 만들어 낸다는 보다 합당한 주장을 하고 있는데 여기에서는 행정과 사법이 계급을 태어나게 한다고 말하고 있다. 내가 뒤에서 지적하게 될 모순들은 차치하고라도 이런 주장은 야릇한 일이다. 어쩌면 그 사이에는 모순이 있는 것은 아니겠지만 이 "순환성"은 매우 의심스럽다. 정치적, 사법적 권위에서 비롯하여 발전해 가는 계급이 과연 있다면 이 계급은 **구제도**의 지주나 부르주아의 특징이 되어 있는 것과 같은 성격을 띠지는 않을 것이다.(원주)

제도가 대부분의 "자유인"을 노동의 구속으로부터 부분적으로 해방시켜 준 것으로 되어 있는데, 그리고 또 토지의 수탈과 집중의 시기는 ─ 마르크스에 의하면 ─ 농민에 의한 토지의 사적 소유의 시기에 뒤이어 온 것이며 바로 이 시기가 대지주 계급(및 다른 중간 계급)에 대립하는 무산의 프롤레타리아를 만들어 낸 것인데, 과연 상층 계급이 *먼저 지배* 계급으로 스스로 형성되고 새로운 기능을 담당함으로써 직접 생산을 위한 노동에서 자신을 해방시켰다는 주장을 어떻게 받아들일 수 있겠는가? 이와 마찬가지로 **중세**에서 ─ 마르크 블로크[270]가 지적하고 있듯이 ─ 귀족이란 처음에는 말[馬]을 소유한 사람을 가리켰다. 그리고 농민들이 성의 외곽에 모여 살고 농노 노릇, 부역, 공동 화덕 사용[271]과 같은 구속 조건을 받아들인 것은 특정 종류의 분업에 의거하지만 엥겔스가 말하는 그런 분업은 아니었다. 농민들은 귀족에게 전쟁이라는 일을 맡아 주기를, 즉 *희소성의 환경 속에서* 폭력을 폭력으로 물리치면서 자신들을 지켜 주기를 요구했던 것이다.

사실 엥겔스의 해석에서 ─ 그리고 또 자주 마르크스의 해석에서도 ─ 특이한 것은 희소성에 대한 언급이 거의 눈에 띄지 않고 더구나 모호하다는 것이다. 계급의 이원성에 대한 앞의 설명을 보면 그 언급의 흔적이 보이기는 한다. 하지만 여기에서 고찰되고 있는 사회는 필요한 것을 약간 상회하는 정도의 분량을 생산하는 사회다. 그리고 이 희소성은 재화의 희소성도 아니고 도구나 인간의 희소성도 아닌 *시간의* 희소성이다. 물론 시간의 희소성은 그 안에 다른 모든 희소성을 반영하고 있기는 하다. 노동하는 사람에게 시간이 부족하기 때

---

270 Marc Bloch(1886~1944). 프랑스의 사학자. 중세 연구로 유명하다.
271 봉건 시대에 농민들은 영주의 화덕을 빌려 빵을 굽고 그 사용료를 낼 의무가 있었다.

문에(노동하는 사람이 자신의 주권을 행사할 만한 충분한 시간을 가지고 있지 않다면) 재화와 생산자의 희소성은 분명 시간의 희소성으로 자리를 바꾸고 변환된다고 생각해야 한다. 그러나 이렇듯 지나치게 정제된 형태는 *심지어 사회주의* 제도를 포함하여 오늘날의 모든 정치제도하에서 보편화되어 있는 영양실조라는 현실을 설명할 수 없다. 마르크스와 엥겔스의 역사 해석을 문자 그대로 믿는다면 모든 사회는 항상 필요한 것을 향유하고 있으며(각각의 사회가 이용할 수 있는 도구들과 유기체 내에서 계층화된 욕구들을 고려하면서 하는 말이지만) 오직 생산 양식이, 그것에 의해서 결정된 제도를 통해서, 이 생산물의 사회적 희소성을, 즉 계급 간의 불평등을 초래한다는 것이다.

마르크스는 『임금 노동과 자본』에서 이렇게 쓴다. "사람들은 생산에서 단순히 **자연**과 관계를 맺는 것만이 아니다. 이들은 오직 일정한 방법으로 협동하고 자신들의 활동을 서로 교환함으로써만 생산할 수 있는 것이다. 생산하기 위해서 이들은 상호 간에 일정한 관계와 조건들을 조성한다. **자연**에 대한 이들의 지배와 생산은 그런 조건과 사회적 관계의 테두리 내에서만 성립될 수 있을 따름이다." 그리고 몇 줄 뒤에서 이렇게 말한다. "생산관계들의 총체는 우리가 사회적 관계들, 즉 사회라고 부르는 것을 형성한다." 우리는 이 점에서 마르크스주의와 전적으로 의견을 같이한다. 그리고 *계급들이 주어지자마자,* 즉 "협동"이라는 것이 그 밑에 깔린 심층의 적대 관계를 드러내 보이자마자 우리는 마르크스주의에서 진실한 가지성의 토대를 재발견하게 된다. 다만 모든 문제는 — 우리는 이제 문제는 하나밖에 없다는 것, 농업 공동체의 역사적 붕괴의 문제도 그 유일한 문제의 일부인 세부적 문제일 따름이라는 것을 알게 되었지만 — 마르크스주의의 테두리 내에서 긍정적인 것이 어떻게 부정적인 것으로 전화(轉化)하는

지를 아는 데 있다. 우리가 살펴보았듯이 엥겔스는 노동자들이 자신들의 관리자를 만들어 낸다고 생각했다. 한편 마르크스는 개인들의 직접적 협동이 일정한 생산 양식을 중심으로 이루어지는데 생산 양식이 그 협동의 조건을 결정한다고 보았다.

그렇다면 심지어 루소가 말하는 사회 계약과도 일맥상통하는 듯한 이와 같은 직접적인 변화가 무슨 이유에서 *불가피하게* 적대 관계로 낙착되고 마는 필연성은 어디에 있는가? 긍정적인 분화인 사회적 분업이 계급 투쟁으로, 그러니까 부정적 분화로 전환되는 이유는 어디에 있는가? 오늘날 노동조합 가입자들은 결국 노동 계급의 조직자이며 관리자다. 어떤 나라에서는 이들이 너무나 중요한 지위를 차지하거나, 조합의 지도자들이 관료화하는 일까지 있지만 노동자들은 이들이 별개의 계급을 형성했다거나 그렇게 되어 가고 있다고는 주장하지 않는다. 그렇다면 이것은 분화가 피착취 계급 내부에 머물고 다른 계급들과의 대립이 유지되어 있기 때문인가? 그럴지도 모른다. 하기야 집단이 노동에 모든 시간을 빼앗겨서 — 엥겔스가 주장하는 것과 같이 — 감독, 관리, 지휘를 위한 기구들을 만들 때는 이 기구들은 아직도 초보적인 이 사회의 *내부*에서 유지되고, 내적 분열이나 자연적 위험이나 외적(外敵)에 대항하는 임무를 수행할 것이다. 그런데 이 기구들이 사회의 통일성을 파괴하고 계급을 형성하는 이유는 어디에 있는가? 이 질문에 대해서 할 수 있는 유일한 대답은 — 이런저런 개별적 과정의 역사적 이유로서가 아니라 **역사**의 가지성의 근거로서 줄 수 있는 유일한 대답은 — 농업 공동체의 경우이건 유목민 무리의 경우이건 간에 이미 최초의 미분화 상태에서 *처음부터* 부정이 이루어질 수밖에 없었다는 것이다. 그런데 이 부정은 물론 희소성에 의한 몇몇 사람들의 내면화된 부정, 즉 사회가 죽은 자들과 영양실조자들을 고를 수밖에 없다는 필요성을 두고 하는 말이다. 달리 말하면 이는 희소성을 겪는 인간에게 비인간성이라는 실천적 차원이 존재한다는 것을 의미한다.

마르크스는 희소성에 대해 거의 언급한 적이 없다. 그 이유는 희소성이라는 말이 애덤 스미스에 의해서 널리 퍼지게 되고, 맬서스와 그 후계자들이 발전시킨 고전 경제학의 상투어였기 때문으로 생각된다. 그래서 마르크스는 이것을 당연한 것으로 받아들이고, 그로서는 — 바로 이 점이 마르크스주의의 본령임으로 당연한 일이었지만 — 노동을 다음과 같은 것으로 여기기를 택한다. 즉 도구와 소비재를 생산해 냄과 동시에 인간 상호 간의 관계의 일정한 유형을 조성하는 것으로 말이다. 그러나 한 가지 덧붙여 말해 둘 것이 있다. 마르크스가 희소성, 즉 인구의 과잉과 그 결과로서의 이민에 대해서 언급할 때 이 이민의 유일한 *부정적* 이유는 오직 무지에 있다고 생각했다는 점이다. "실제로 고대에서는 강제 이민이…… 사회 기구의 지속적인 한 요소를 이루고 있었다. ……**고대인들은 자연**에 대한 여러 지식을 물질적 생산에 적용하는 법을 몰랐기 때문에 문명인으로 남기 위해서는 인구가 적어야 했던 것이다."[272] 그러나 우리가 앞에서 보았듯이 이런 부정적 이유는 사실 공허하다. 말하자면 마르크스는 그리스나 로마의 집단의 내면적인 부정을 **하늘**로부터 떨어진, 즉 1853년이라는 시점에서 본 외면적 부정으로 전환하려고 했던 것과도 같다.

게다가 마르크스가 이 예를 든 것은 오직 그것을 *과잉*에 의해서 설명되는 자본주의 시대의 이민의 예와 대조시키기 위해서였다. "인구의 과잉을 가져오는 것은 생산력의 부족이 아니라 오히려 그 증가

272 《뉴욕 트리뷴(New York Tribune)》(1853년 2월 9일 자)에 실린 논설.(루벨의 책에서 재인용.) (원주)

이며, 이것이 인구의 감축을 요구하고 기아와 이민을 통해서 이 과잉을 처리하는 것이다."[273] 이 구절은 물론 기술 발전에 따른 실업과 산업화에 의한 노동 계급의 빈곤 증대를 잠깐 암시한 것에 지나지 않는다. 그러나 이런 비교는 전형적이다. 첫 번째 경우에서는 마르크스는 부정적 이유(지식의 결핍, 따라서 생산력의 결핍)를 상기시키면서도 이것을 감춘다. 이에 반해 두 번째 경우에서는 *완전히 부정적인 사건*(기아와 이민에 의한 과잉 인구의 청산)에 대해 생산력의 증가라는 *완전히 적극적인 원인*을 부여하고 있다. 그런데 그가 도달하고 싶었던 결론이 바로 이것이었다. 즉 자본주의의 시대에는 생산 양식 그 자체가 희소성(한 사회에서 과잉 상태가 되는 인간들, 각자의 구매력의 감소)을 가져오는데 그 까닭은 생산 양식이 생산관계와 모순을 일으키기 때문이라는 것이다. 따라서 마르크스의 생각으로는 **혁명**은 — 그는 혁명의 날이 가까웠다고 믿었다 — 단순히 파산의 상속자가 아니며, 프롤레타리아는 생산관계를 혁신함으로써 머지않아 *사회적 희소성*을 새로운 사회의 테두리 속으로 흡수할 수 있게 될 터였다. 다만 희소성에 대항해 전개하게 될 거대한 투쟁으로 말미암아 후일 사회주의 사회에서 새로운 모순이 태어나는 것을 보게 될 때 진실이 어떤지 밝혀질 것이다. 그러나 방금 지적한 적극적인 확신 때문에 마르크스와 엥겔스는 물질을 매개로 한 인간의 노동과 투쟁을 통해 부정적 통일성으로서의 희소성을 부각하는 데 실패했다. 또한 바로 이런 확신이 폭력에 대한 엥겔스의 성찰을 그토록 불확실한 것으로 만들어 놓은 것이다. 왜냐하면 엥겔스는 한편으로는 도처에서 폭력을 발견하고 마르크스를 따라서 이 폭력을 변혁의 산파로 보고, 너무나 당연한 말이겠지만 투쟁

273 같은 책.(원주)

은 폭력을 수반한다고 생각하면서도 다른 한편으로는 *정당하게도* 뒤 링이 소유와 착취의 근원을 폭력에서 찾아보려는 것에 반대하고 있 기 때문이다. 그런데 뒤링은 어리석은 자이며, 로빈슨 크루소를 닮은 그의 모험담은 황당무계하다. 그러나 그의 관념론적이며 소설적인 사 상은 터무니없기는 하지만 **역사**에서의 *부정적인 것의 존재*를 주장하 고 있는 것이다. 뒤링이 "폭력"이라는 말로 의미하려 한 것은 다음과 같은 것이었다. 그러니까 역사적 과정은 인간에게 있어서 외적인 동 시에 내적인 부정성이라는 영속적 요소를 빼놓고는 이해할 수 없다 는 것, 그 부정성이라는 요소는 타자를 죽게 하거나 타자에게 죽음을 당하는 자라는 *인간의 존재 그 자체*에 내재하는 영원한 가능성이라 는 것, 달리 말해 희소성이라는 것이다.

　고전 경제학자들의 오류와 뒤링의 오류는 정반대되는 것이다. 고 전 경제학자들은 당시의 모든 사람처럼 인간의 본성이 있다고 믿었 다. 이들은 인간을 희소성이라는 상황에 위치시키고 — 이것이 경제 의 정의를 이루는 것이다 — 그의 행동과 이 행동에서 비롯되는 경제 적 대상들 사이의 관계를 고찰하고자 했다. 다만 이들이 생각하기에 인간은 애초에 있는 *것으로 존재하고* 희소성은 그의 외부적 조건을 이룰 뿐이다. 이와 달리 뒤링은 처음부터 인간에게 폭력을 행사하는 능력과 오직 그의 노예 의지에서만 비롯될 수 있는 폭력 행사의 의지 가 존재한다고 생각했다. 그렇다면 빵이 없을 때 이 사악한 인간이 무 슨 짓을 하게 될지는 넉넉히 짐작할 수 있는 일이다. 사실을 말하자면 폭력이 반드시 행동은 아니며, 엥겔스는 수많은 역사적 과정에서 폭 력이 *행동으로서* 나타나지 않았다는 점을 지적했다. 이것은 정확한 지적이다. 폭력은 또한 어떤 본성적인 특징이나 감춰져 있는 잠재성 도 아니다. 이것은 내면화된 희소성으로서, 인간 행동이 가지고 있는 지속적인 비인간성이다. 요컨대 이것은 각자가 각자에게서 **타자**를, 그리고 **악**의 원리를 보게 만드는 것이다. 따라서 — 희소성의 경제가 폭력이기 위해 — 반드시 학살이나 투옥과 같은 명백한 힘의 행사가 수반되는 것은 아니다. 심지어 힘의 행사라는 현실적 투기가 필요한 것조차 아니다. 공포와 상호 불신의 분위기 속에서 타자는 반인간이며, 이방인에 속한다고 생각할 준비가 항상 되어 있는 개인들에 의해서 생산관계가 성립되고 추구되기만 하면 충분하다. 달리 말하자면 그 누구이건 간에 **타자**가 타자들에게 "애초에 일을 저지른 자"로 나타날 때면 언제나 폭력이 존재하게 된다. 이것은 물질을 매개로 삼아서 인간 속에 깃드는 인간에 대한 부정으로서의 희소성이야말로 변증법적 가지성의 원리라는 것을 의미한다.

　나는 여기에서 전사 시대에 대한 해석을 하려는 것도 아니고, 또 계급이라는 관념으로 다시 돌아와 다른 많은 사람의 뒤를 이어 계급이 어떻게 생겼는지를 보여 주려는 것도 아니다. 이와 같은 시도는 한 개인의 능력을 넘어설 뿐 아니라 나의 주제도 아니다. 나는 다만 농업 공동체의 붕괴(이것이 존재했던 곳에서만 일어난 일이지만)도 계급의 출현(엥겔스처럼 *심지어* 이것이 직능의 분화에서 생겼다고 인정한다 하더라도)과 마찬가지로 그 현실적 조건이 어떻든 간에 오직 근원적 부정이라는 개념을 통해서만 가지적이 된다는 점을 보여 주고 싶을 따름이다. 과연 물질적인 견지에서 볼 때 만약 노동자들이 사회에 꼭 필요한 것보다 *조금 더* 생산한다고 하면, 그리고 이들이 생산 노동에서 해방되고 잉여 생산물을 서로 나누어 가질 수 있는 어떤 집단 — 당연히 소수로 구성되지만 — 에 의해 관리된다고 하면 어떤 이유에서 상황이 변화할 수 있는지를 — 그 우여곡절이야 어떻든 간에 — 설명할 수 없다. 이와 반대로 나는 다음과 같은 사실을 — 이런 현상은 모든 곳에서(그리고 기술의 모든 차원에서, 따라서 인간적 요구의 모든 차원에서) 일어난 진실이다 ─ 인정하는 경우에는 그 변화의 틀과 그 가지성을 파악하게 된다고 생각한다. 즉 분화는 전체에 필요한 것보다 구성원들이 항상 조금 덜 생산하는 사회에서 일어난다는 점이다. 이것은 비생산적인 집단이 만인의 영양 부족을 조건으로 삼게 하기 위해서, 또 이 집단의 본질적인 기능의 하나가 잉여자들을 골라 제거하는 것이 되도록 하기 위해서 그렇다. 저개발 사회에서 그렇게도 충격적인 식량 부족에 대한 공포나 봉건 시대의 농민들이 굶주림의 귀신에 쫓겨 느끼는 **대공포**가 단순한 주관적인 감정이라고 생각할 권리는 그 누구에게도 없다. 이것은 정반대로 객관적 조건의 내면화를 나타내며, 그 자체로 *실천*의 시작이다. **역사**가 기능과 하위 집단의 분화를 통해서 발전해 온 것은 바로 오늘날까지도 수백만의 사람들이 *문자 그대로* 굶어 죽는 인류 사회에서다.

이렇게 해서 우리는 당장 행정, 관리, 지휘를 담당하는 집단들은 관리되는 자들과 동등자들(관리되는 자들이 그들을 승인하는 한)인 동시에 *다른 자*들이라는 사실을 포착하게 된다. 왜냐하면 이들은 집단 내에서 **타자들**을 결정하는 역할, 즉 새로운 분배에 따른 희생자들을 골라내는 임무를 떠맡은 자들인 동시에, 또한 생산은 하지 않고 소비만 하면서 각자에게 순전한 위협이 되는 완벽한 잉여 존재라는 점에서 스스로 **타자들**이기 때문이다. 희소성의 환경에서 기능의 분화는 (이 분화가 어떤 방식으로 이루어지든 간에, 왜냐하면 엥겔스는 이것을 극히 단순하게 생각했기 때문에) 필연적으로 잉여 집단(그러나 승인된 집단)의 구성을 야기하고, 또한 많은 다른 사람과의 공모하에 이 집단을 영양 부족 생산자들의 집단으로 구성한다. 역으로 **절대적 타자**(**타자들**의 노동에 기생해서 사는 자)이므로 항상 제거될 위험에 처해 있는 비생산적 집단들은 이와 같은 양면적인 이타성을 내면화한다. 이렇게 함으로써 이 집단들은 때로는 다른 개인들에 대해 마치 이들이 보통의 인간과는 다른 **타자들**(마치 신처럼 적극적인 의미에서)인 것처럼, 또 때로는 **다른 종족**(인간 이하의 상태로 전락한) 사이에 존재하는 유일한 인간인 것처럼 처신한다. 한편 희생당한 집단으로 말하자면 이 집단과 **타자들**과의 관계는 진정한 의미에서 투쟁이라고 규정할 수 있을 것이다. 왜냐하면 비록 폭력이 행사되지 않는다 하더라도 이 집단은 만인에 의해서, 즉 만인을 통해 나타나는 희소성에 의해서 부정되기 때문이다. 또한 이 집단은 *실천*의 차원이 아니라 단순히 욕구라는 부정의 부정을 통해서일망정 이 부정을 거부하며 대응하기 때문이기도 하다.

우리는 이런 행동과 태도가 실제로 어떻게 존재들로, 즉 집합태로 변하는지를 뒤에서 보게 될 것이다. 또한 집단의 진정한 구조도 보게 될 것이다. 중요한 점은 이렇듯 내면화된 물질이 인간의 원초적 조건이 된다는 것 그리고 바로 *실천*의 한복판에서도 매 순간 실천과 모순되는 외면적 타성태를 원초적으로 걸머졌다는 점을 보여 주는 것이었다. 이 사실이야말로 인간의 기원에서 그리고 오늘날조차도 인간 역사의 저주된 측면, 즉 인간은 자기의 행동을 각인시키려는 환경에 의해서 도리어 이 행동이 도둑질당하고 완전히 왜곡되는 것을 매 순간 보게 된다는 그런 저주받은 측면에 대해 가지성의 기초를 제공해 준다. 가장 기본적인 차원에서 모든 *실천*에 대해 극단적인 긴박성이라는 변치 않는 특징을 부여하고, 또한 각각의 실천이 추구하는 현실적 목적이 무엇이든지 간에 그것을 다른 개인이나 다른 집단에 대한 적대 행위로 만들어 버리는 것은 *무엇보다* 이 긴장이다. 이것은 사회 속의 모든 사람에게 심각한 위험을 무릅쓰게 하고, 각 개인과 모든 사람에게 널리 퍼지는 폭력을 만들어 내고, 가장 가까운 친구조차 낯설고 사나운 짐승처럼 덤벼든다는 느낌을 각자에게 품게 함으로써 이루어지는 것이다. 만약 계급 투쟁을 — 즉 한쪽 계급에 의한 다른 쪽 계급의 부정, 달리 말해 부정 그 자체를 — 마르크스와 엥겔스의 사상이라고 치부한다면 이들은 **역사**를 충분히 이해했다고 말할 수 있으리라. 그러나 원초적으로 부정을 찾아보아야 한다. 우리가 살펴본 바와 같이 희소성의 체제하에서 인간에 의한 인간의 부정은 *실천*에 의해 수용되고 내면화되어 물질에 의한 인간의 부정을 의미했다. 이것은 유기체가 자신의 존재를 자신의 밖에 있는 **자연** 속에 가지고 있다는 점에서 그러했다.

그러나 우리는 거기에서 멈춰서는 안 된다. 우선 희소성은 유기체에 대한 물질적 반응의 근본적인 표현이지만 또한 우연적인 표현이기도 하기 때문이다. 따라서 우리는 물질과 *실천*의 관계에 대한 일반 이론을 끊임없이 우리를 만들어 내는 희소성이라는 불가피한 테두리 안에서 다루어야 하지만 희소성의 문제를 그 자체로서 다룰 필요는 없다. 그다음으로는 재화, 생산물과 같은 것은 인간과의 관계에서 이중의 성격을 가지고 있기 때문이다. 사실 한편으로 보면 이 *생산물*은 희소하지만 다른 한편으로 보면 현재 실재하는 (예컨대 내가 생산했고 소유하고 소비하는) 존재다. 하기야 내가 그것을 사용할 때 취하는 신중한 태도 그 자체로 보면 희소성이 그 안에 부정적 존재로서 스며들어 있기는 할 것이다. 그러나 내가 이것을 생산하고 사용하는 한 나는 *또한* 나의 목적을 향해 이것을 초월하는(나의 목적에서는 나의 *실천*이 이 존재의 부정이다.) 관계, 그리고 이것에서 얻으려는 성과가 인간과 **자연** 사이의 일의적인 내재적 연결로 보아 *긍정적인 획득물*이라는 관계를 가진다. 하나의 소비품이나 도구의 창조는 희소성을 감소시키며 — 부정의 부정 — , 따라서 그 자체로서 집단 내에서의 이타성의 긴장을 틀림없이 완화해 줄 것이다. 특히 개인의 생산 노동이 동시에 *사회적* 노동이 된다는 점에서, 즉 개인의 노동이 (단독적이건 집합적이건 간에) 공동체의 재화를 증가시킨다는 점에서 그러하다.

그런데 *이와 같은 긍정성의 차원에서*, 즉 객체화의 차원에서 가공된 물질은 그 완전한 순응성 속에서 사회의 새로운 총체화 작용으로서, 사회의 근본적인 부정으로서 나타난다. 소외의 현실적인 근거가 바로 이 차원에서 나타난다. 즉 물질은 그 자체 내에서 이것을 가공하는 행위를 소외시킨다. 이것은 물질 그 자체가 어떤 힘이기 때문이 아니고, 더군다나 심지어 타성태이기 때문도 아니다. 오히려 이 타성태가 타인들의 노동력을 흡수하고 이것을 각자에게 되돌려주기 때문이다. 물질의 내면화된 희소성은 수동적인 부정의 순간에 있어서는 각자가 타인들에 대해서 **타자**로 나타나게 했었다. 노동의 순간에 있어서는 — 즉 인간이 그의 삶을 생산하면서 자신을 객체화하는 *인간적* 순간에 있어서는 — 객체화의 타성태와 물질적 외면성이 다음과 같은 현상을 가져오게 된다. 즉 인간관계가 어떻든 간에 인간을 **타자**로 지정하고 자신을 다른 종족으로, 반인간으로 구성하는 것은 바로 *이 생산물이라는 점이 그것이다.* 그리고 각자가 자기에게 적으로 되돌아오고, 또한 그 자신을 한 명의 **타자**로 구성하는 그 자신의 객관성을 만들어 내는 것은 바로 이 생산물 안에서다. 역사적 사회가 계급 투쟁을 통해 이루어지기 위해서는 사회에서 떨어져 나온 *실천*이 독립적이며 적대적인 현실로서 인간에게로 되돌아오는 것이 반드시 필요하다. 이것은 다만 자본주의적 과정의 테두리만이 아니라 역사적 과정의 모든 계기에서 그러하다. 마르크스는 마침내 반사회적 힘으로서 개인들에게 부과되는 사회적 힘인 **자본**이 출현하는 물질적 조건들을 밝힌 바 있다. 그러나 인간과 물질의 관계에서 총체적 과정의 계기로서 명확한 역전을 산출하는 일반적이며 변증법적인 조건들에 대한 구체적 연구가 필요하다. 또한 이 명확한 계기에서 **타자들**의 *실천*과 타자로서의 자신의 실천을 통해 인간에 의한 물질의 지배의 필연적인 결과로서 물질에 의한(이미 가공된 *이* 물질에 의한) 인간의 지배를 산출하는 그런 일반적이며 변증법적인 조건들에 대한 구체적 연구가 필요한 것이다. 자본주의적 과정의 가능성이 소외가 생길 수 있는 역사적 계기의 하나로서 형성되는 것은 바로 이러한 변증법적 관계들의 복합체 내부에서다.

달리 말하자면 희소성의 환경에서 생산이 어떻게 성립되며, 그것이 어떻게 이타성을 생산관계의 특징으로 ─ 또는 물질성에 의한 인간의 부정을 물질의 타성태적 결핍으로 ─ 규정하는지를 우리는 살펴보았다. 이제 우리는 가공된 물질의(도구의) 적극적 현전으로서의 물질성이 인간의 여러 관계의 조건이 된다는 점에서, 역사적 사회에서의 객체화 규칙으로서 소외의 문제를 검토해 보려고 한다. 이렇게 하면 이 두 가지 변증법적 계기의 관련을 통해 *계급과* 같은 그 *무엇이* 어떻게 존재할 수 있게 되는지를 이해하게 될 것이다. 그러나 우리의 *실천*이 소외를 경험하는 그 순간에 객체화의 내적-외적 구조가 발견되는데 이것이 바로 **필연성**이다. 이처럼 앞으로도 계속될 후진적 성찰은 비단 계급 형성의 *가지성*을(희소성의 테두리 속에서의 생산 양식으로부터 출발해 중층화된 대타성과 내면화되었다가 다시 외면화되는 모순과 적대 관계의 복합적인 구조로서) 제시해 줄 뿐 아니라 또한 계급 형성의 최초의 논리 필증적 구조와 만나게 해 준다.[274]

274 이 연구에서 희소성의 재발견은 마르크스주의 이론에 반대하거나 그것을 보완하려는 뜻이 아님을 이 자리에서 분명히 밝혀 두어야겠다. 이것은 차원이 다르다. 마르크스주의의 중요한 발견은 역사적 현실로서의 노동, 이미 한정된 사회적, 물질적 환경에서의 한정된 도구의 사용으

2. 개인적, 집단적 "실천"의 소외된 객체화인 가공된 물질

    한 사회가 영양 부족 상태의 생산자들을 지정하고 사망자들을 선택한다고 할 때 우리는 이 말을 잘 이해해야 한다. 어떤 경우에는(예컨대 약탈에 의해 한 나라가 다른 나라에 승리를 거두어 피정복자들이 예속되는 경우) 조직적인 권력이 한 집단의 이익을 위해 다른 집단을 의식적

로서의 노동이 사회적 관계 형성의 현실적 기초라는 것이다. 이 발견은 *이제 더 이상 의심의 대상이 될 수 없다.* 우리가 제시하고 싶은 것은 다음과 같다. 즉 이와 같은 사회적 관계에서의 모순 가능성은 인간이 재내면화하는 타성태적이며 물질적인 부정에서 유래한다는 점이다. 또한 하나의 *실천*과 다른 실천 사이의 부정적 관계로서의 폭력은 모든 인간의 직접적 관계의 특징이기는 하지만 이것은 현실적 행동으로서가 아니라 유기체에 의해서 재내면화된 무기적(inorganique) 구조로서 그렇다는 점 그리고 물화의 가능성은 모든 인간관계에서, 심지어 자본주의 이전의 시대에서도, 또 심지어 가족 관계나 친구 관계에서도 존재한다는 점이다. 희소성 그 자체에 대해서 말하자면 이것은 생산물의 희소성, 도구의 희소성, 노동자의 희소성, 소비자의 희소성 등 우리가 기술한 형식적 변증법과 또한 역사적이며 구체적인 변증법을 가졌다. 하지만 이 후자의 계기들에 대한 추적은 역사가의 임무이기 때문에 우리로서는 아무 할 말이 없다.
사실 여기에서 필요한 것은 생산 그 자체의 영향하에 있는 이중의 이행을 제시하는 것이다. 첫째로는 모든 사람과의 관계 속에서 볼 때 각자가 잉여 존재라는 차원에서의 희소성으로부터, 사회에 의해서 과소 소비의 집단이 지정된다는 차원에서의 희소성으로의 이행이 있다.(이때 사회적 관계는 집단들 간의 폭력으로 나타난다. 이 관계가 반드시 폭력에 의해서 성립하기 때문이 아니라 ── 이 점에서는 엥겔스의 생각이 옳다 ── 이 관계 자체가 폭력적인 인간들 사이의 폭력 관계*이기* 때문이다.) 둘째로는 어떤 일정한 물질적 조건하에서 집단의 모든 구성원이 함께 생존하는 것이 불가능하다는 의미에서의 절대적 희소성으로부터, 생산 양식과 생산관계가 바뀌지 않으면 집단은 주어진 상황하에서 어떤 한계를 넘어서서 성장하기가 불가능하다는 의미에서의 상대적 희소성(즉 어떤 사회의 내부에서 일정한 규칙에 따라 이루어지는 비생산자의 조심스러운 제거로서, 동시*에* 영양실조의 생산자 골라내기로서 받아들여진 희소성)으로의 이행이 있다. 이와 같은 상대적 희소성은 그 자체로서 역사적 변증법(즉 가지적인 역사)을 가지는데 이는 계급으로 분열된 사회에서 *제도*라는 지위를 획득한다. 그리고 희소성의 제도에 대한 분석적 연구는 정치 경제학이라고 불린다. 이상의 내용을 요약하면 결국 희소성의 중요성을 강조함으로써 우리는 "소비"라는 요인의 우위성을 내세우는 어떤 마르크스주의 이전의 이론으로 되돌아가려는 것이 아니라 부정성을 역사적 변증법의 암묵적 원동력으로 부각하고, 이를 가지적인 것으로 만들고자 한다. *희소성의 환경에서는 일정한 사회의 모든 구조는 그 생산 양식에 의존한다.*(원주)

이고 고의적으로 착취하는 수가 있다. 물론 이런 경우는 아주 드물다. 두 집단이 일련의 계약적 교환 관계를 맺었을 때 한 집단이 결국 수용되고, 프롤레타리아화되고, 종종 착취를 당하기도 하는 반면에 다른 집단은 재화의 집중을 실현시킨다는 엥겔스의 말은 옳다. 물론 이 모든 것은 폭력 안에서 — 폭력에 *의해서*가 아니라 — 일어난다. 이처럼 교환을 결투로 체험하는 방식은 희소성의 인간의 특징이다. 그러나 지배 계급에 의해 폭력 안에서 수행되는 것이라 할지라도 이 결과는 지배 계급을 구성하는 개인들에 의해 예견되지 않는다. 마르크스의 설명에서 특히 우리의 눈길을 끄는 것은 교환이라기보다는 도구에서 유래하는 요구다. 18세기 말과 19세기의 사회는 전적으로 철과 석탄의 결합에 근거하고 있었다. 다시 말하자면 — 우리는 조금 후에 이와 같은 단언의 의미와 가지성을 보게 될 것이다 — 에너지원으로서의 석탄은 그 자체로 이 에너지를 효율화하는 수단(증기 기관)의 조건이 된다. 그리고 이 새로운 도구를 통해 철을 가공하는 새로운 방법이 생겨난다. 이렇게 해서 인류는 사라져 매몰된 식물에 축적된 에너지의 잠재력을 소유하게 되었다. 이 잠재력은 말하자면 다른 생물체가 인류에게 유산으로 남겨 준 자본인 셈이다. 그러나 이와 동시에 개개의 소유주는 자신의 자본을 소비하고 광산은 고갈되게 마련이다. 광산이 1차 산업화에 유익한 것은 물론이다. 하지만 광산이 가진 이 특별한 성격에 의해 초기 자본주의에 격렬하고도 뜨거운 성격이 부여되었다. 모든 착취 활동은 광산의 착취 양식, 즉 1차 재료의 고갈 이전에 빠르고 무자비한 부의 축적이라는 전망 속에서 진행되었다.

　그로부터 증기 운송 수단, 기차(그 첫 번째 기능이 광물을 운송하는 것이었기 때문에 광산과 매우 직접적으로 연결되어 있었다.), 가스 조명 등의 방식이 생겨났다. 수단과 재료의 이 혼합 안에서 분업이 요구되었다. 광산과 공장은 그 자체의 자본가, 기술자, 노동자를 만들어 냈다. 마르크스와 그 이후의 많은 사람은 이와 같은 물질에서 기인하는 요구의 의미, 즉 철과 석탄의 결합이 사회 저변에서 어떻게 탈계급, 계급으로의 재진입, 새로운 제도와 기능, 전문화의 심화, 재산 제도의 변화 등등의 조건이 되는지를 잘 보여 주었다. 그러나 사람들이 옛 기술의 단계라고 부르는 것의 결과는 —— 그 어떤 것도 이것을 부정하지 못할 것이다 —— 낡은 사회의 구조를 부분적으로 청산하는 것이고 특정 사회 집단을 프롤레타리아화하는 것이며, 이 집단의 구성원들을 육체적 피로와 희소성이라는 두 가지의 비인간적 힘에 예속시키는 것이었다. 그 결과 새로운 인간이 태어났다. 광산과 새로운 주철 기술에서 생겨난 "철과 석탄"의 인간, 산업 프롤레타리아(그리고 기업인, 기술자 등등)이 그들이다.

우리는 이 모든 사실을 잘 알고 있다. 그러나 무엇보다도 역설적으로 보이는 것은 무자비한 농민의 프롤레타리아화(이것은 19세기 내내 진행되었다.)가 인류의 경이로운 부유화와 절대적 기술 발전에서부터 시작되고 발전되었다는 사실이다. 그 역사적 이유를 우리는 잘 안다. 아주 분명한 두 개의 예만 들어 보자면 우리는 **제2제정**에서 산업 자체가 얼마나 토지 자산의 집중을 가져왔는지를 이미 백번도 넘게 제시했다. 기업가들이 농기구를 제작하기로 결정한 순간부터 돈많은 농민들은 더 부유해지고, 가난하거나 파산한 농민들은 땅을 팔고 도시로 흘러 들어갔다. 19세기 말 증기 기관선이 아르헨티나의 밀을 영국에서 *며칠 거리로* 좁혀 준 그 단순한 사실만으로도 유례없는 농업의 위기를 야기하면서 이 새로운 교통 기관이 영국의 인구 상태를 변모시켰다는 것도 제시한 바 있다. 그러나 가지성의 관점에서 우리가 갖는 관심은, 석탄의 대규모 사용이라는 하나의 실증적 사실이 어떻게 — 온갖 수단을 동원해 그 사회적 부를 증가시키려 애쓰는 — 한 노동 사회에서 사회 구성원들 사이의 가장 격렬하고 첨예한 분열의 원인이 될 수 있는지를 이해하는 것이다. 그리고 인간이 물려받은 복합적 자원의 요구가 어떻게 부정적으로 작용하여 수용되고 착취되고 영양 부족에 시달리는 새로운 집단을 만들어 낼 수 있는지를 이해하는 일이다. 아마도 이 새로운 생산 양식은 희소성을 극복하기에 적합하지 않았던 것 같다. 그러니까 생산 수단을 사회화한다는 것은 상상조차 할 수 없었다.

그러나 이와 같은 부정적인 설명은 **고대 그리스인들**의 이주가 **자연**에 대한 학문적 무지에서 비롯된 것이라고 설명하는 것에 다름없다. 차라리 산업화를 그 *이전* 시대의 희소성의 기초 위에서 진행되는 발전 과정으로 제시하는 것이 더 합리적이고 가지적일 것이다. 그 이전 시대의 희소성이야말로 물질에 의한 타인의 부정을 기초로 하는 **역사**의 진정한 요소(제도와 실천으로 결정되어 나타나는)다. 예컨대 영국에서 공장과 광산에서 일을 하게 될 첫 번째의 노동 인력은 *가난한 사람들*, 즉 농업 경제의 복합적인 운동과 부르주아 자산가들의 가혹한 정치를 통해 잉여자들이라고 지칭된(가끔은 아버지에서 아들로 이어진다.) 농부들이었다. 기계로 인해 마지막 긍정적 관계가 단절되었다. 교구가 가난한 사람들을 먹여 살렸다. 이것은 교회 주변에 형성된 봉건적 관계의 유일한 흔적인 윤리적-종교적 실천이었다.(마르크스는 억압과 착취도 이 관계 안에서는 아직 물화되지 않은 인간관계를 감추지 못했다고 말했다.) 산업과 산업인들의 정치적 대변자로서 산업화에 정치적으로 봉사한 정치인들이 가난한 사람들에게 판결을 내렸다. 이들은 자신들이 살던 마을에서 뿌리가 뽑혔고, 인구 이동이 일어났으며, 모든 개인은 추상적 노동력의 대체 가능한 단위로 축소되었다. 그리고 (모든 사람이 비슷하게) 스스로 상품이 되었다. 노동은 대량화되었고, 노동자들의 첫 번째 양상은 *단순하고도 무기력한 사물*이라는 모습이었다. 이들이 다른 노동자들과 맺는 유일한 관계는 경쟁적 적대 관계이며, *자신*과 맺는 유일한 관계는 또 다른 이 *사물*, 즉 자신들의 노동력을 팔 수 있는 "자유로운" 가능성이었다.(또한 당나귀로서가 아니라 인간으로서 일할 가능성, 생산에 더욱 봉사하는 방식으로 *실천*을 조직할 가능성, 인간 일반이 될 가능성이다. 왜냐하면 실천은 인간의 진정한 인간성이기 때문이다.) *이와* 같은 모든 특별한 부정 안에서 나는 더 이상 희소성이나 전기 자본주의 사회의 구조들을 발견할 수 없다.(비록 새로운 부정이 구성되는 것은 당연히 전 시대의 부정의 기초 위에서임에도 불구하고 말이다.) 이 부정들은 실질적으로 그들의 부정적 성격을 경이로운 부에 근거한 생산 양식으로부터 끌어온다.

전혀 다른 관점에서 그리고 전혀 다른 의도에서 엥겔스는 실증성의 결과로서 부정이라는 이 역설적 성격을 매우 분명하게 지적했다. "농부 가족 내에서의 자연스러운 분업은 어느 정도 여유가 생기면 하나 혹은 몇 명의 외부 노동력 도입을 허용한다. ……(특정 지역, 특정 조건 속에서) 생산은 충분히 발달하여 인간의 노동력이 그 자신을 부양하는 데 필요한 이상의 식량을 생산할 수 있게 된다. 그렇게 되면 더 많은 노동력을 유지할 수 있게 됨과 동시에 이들을 소유할 수단을 갖게 된다. 노동력은 가치를 획득한다. 그러나 공동체는…… 잉여 노동력을 제공하지 않는다. 전쟁이 이것을 제공해 주는데 서로 다른 몇몇 사회 집단이 공존하는 한 전쟁은 언제나 있게 마련이다. ……그때까지…… 사람들은 전쟁 포로들을 죽였다. ……이들은 하나의 가치를 획득했다. 그래서 포로들을 살려 주고, 이들의 노동을 예속시켰다. ……그래서 노동력은 경제적 상황을 지배하기보다는 오히려 경제적 상황에 예속되었다. 노예제가 생겨난 것이다……"[275]

경제 발전의 관점에서 보면 노예제는 분명 발전이다. 노예제는 그 것을 태어나게 한 실질적 조건들에 대한 실질적인 대응인 셈이다. 노 예제가 헬레니즘과 로마제국의 토대가 된 것은 *사실*이다. 그 자체로 고찰해 보면, 전쟁 포로가 그 자신의 가능한 노동으로 가치를 획득했 다는 점에서 우리는 이것을 전쟁의 인간화 혹은 긍정적 요소(물론 의 심스럽기는 하지만 노예제의 출현이 그토록 단순한 방식으로 설명될 수 있다는 것을 인정한다면)로 간주할 수 있다. 그러나 첫 번째 관점에서 생각해 보면 기술 발전과 인간적 윤리라는 측면에서 볼 때 산업 프롤레타리 아는 실제 획득물이다. 왜냐하면 산업화는 프롤레타리아화를 통해 이루어졌고, 여기에서 생겨난 노동자는 자본주의가 그에게 내린 선 고를 이행하는 자이기 때문이다. 마르크스주의도 이것을 인정한다. 다만 오늘날 *진행 중인* **역사** 안에서 마르크스주의는 프롤레타리아의 현실적 성격을 *부정의* 부정(인간적 부정실천)으로 제시한다. 이와 마찬 가지로 다수의 예속에 의한 소수의 해방은 만인의 예속에 대한 부정 으로, *완전히 고대 세계의 전망* 속에서 일부 사람들에게 부과된 예속 으로서 제시된다. 노예제는 가능한 예속을 피하게 해 준다.

그러나 엥겔스가 노예제를 그 기원에서 혹은 그 자신 생각했던 기 원에서 우리에게 제시했을 때 이 노예제는 생산의 실질적 발전의 부 정적 결과였다. 자기 자신 혹은 공동체를 위해 일했던 자유로운 인간 들은 자신들의 노동력으로만 축소되어 순전히 타인을 위해 이 노동 력을 사용하지 않으면 안 되게 되었던 것이다. 노예제가 존재하는 집 단에서 이 부정적인 측면은 완벽하게 노정되었다. (전쟁이 일어났을 때)

---

275 『반뒤링론』 II, 65쪽. (원주)

노예가 되기보다는 차라리 죽음을 택하겠다고 하는 수많은 사람의 반복된 서약이 그것을 잘 증명해 준다. 따라서 포로들의 학살이 자행되었을 때 이것이 피정복자에 대한 정복자의 무관심이라는 가설은 결코 사실이 아니다. 죽음이 적대적 상호성의 관계가 된 그런 폭력의 상태일 뿐이다. *전쟁의* (계속되는) *위협* 속에서, 각자에게 새로운 신분이 부과될 위험 속에서 긍정적이고 보충적인 피착취 노동력은 *전쟁을 부정하는* 역할을 했기 때문에 노예제 출현은 긍정적으로 받아들여졌다. 게다가 경제 발전의 영향 속에서 전쟁 포로들의 운명의 변화는 단순하게 소설화된 역사의 형태 속에서 아주 분명한 것으로 남게 되었다. 그러니까 관습의 제도화와 함께 복합적인 제도가 노예제의 희소성에 대한 대응으로 형성되었다. 이 복합적인 제도는 노예를 확보하기 *위한* 전쟁과 원정의 증가, 교역의 시작을 전제로 했다. 도덕적인 입장을 보이며 — 이것은 완전히 무의미한 것이리라 — 고대 노예제를 비판할 일이 아니라는 사실을 이미 알아차렸을 것이다.

우리는 단지 엥겔스가 노예제에서 근원적 폭력, 즉 근본적으로 인간에 의한 인간의 부정만을 보았던 뒤링에 반하여 *실증적 표현과 단어들로* 노예제에 대해 글을 썼다는 것을 지적하고자 했을 뿐이다. 그러나 이 실증적 제안 전체는 노예제가 우선 자신의 인간성을 의식하고 있는 사람들에 의해 영양실조의 인간-이하의 범주를 선택하는 모습으로 나타났음을 감추지 않는다. 그리고 — 전쟁에 대한 허울 좋은 잘못된 논의에도 불구하고 — 노예제는 부정성으로 모습을 드러냈다는 것을 감추지 않는다. 도구의 부족, 1차 재료의 부족을 노동자의 부족이 대체하면서 이 부정성을 야기한 것은 결국 희소성의 자리 이동이라고 말할 수 있을까? 물론 이것은 틀림없는 사실이다. 그러나 바로 이것이 우리를 문제의 핵심으로 인도한다. 왜냐하면 부정해야 할 부정성으로서의 이 희소성의 이동은 실증적 과정을 통해 그 모습을 드러냈기 때문이다. 그리고 이 부정의 생산은 욕구에 의해 *체험된* 희소성으로부터 직접적으로 유래한 것이 아니다. 왜냐하면 이 생산은 "특정 수준의 안락함"을 향유하는 집단(특히 가정에서) 안에서 나타나기 때문이다. 이 집단은 그 희소성을 오로지 놓쳐 *버린* 돈벌이로서만, 즉 이것이 도구, 개간 작업, 가족 경작의 기술적 조직 안에서 실질적 가능성으로 나타나는 모습 그대로만 파악할 수 있을 뿐이다. 그리고 이 가능성은 그 자체 안에 이미 스스로를 부정하는 요인을 잉태하고 있다. 행동에 의해 드러난 물질성은 결국 전적인 실증성이다. 실천의 장에서 토지는 개간해야 할 땅으로 그 모습을 드러낸다. 이것은 물질성이 또한 개간의 수단(즉 물질성은 똑같은 땅의 다른 부분을 실제로 개간한 도구와 조직을 통해서만 스스로의 모습을 드러내는 것)임을 의미한다. 그러나 엄밀하게 말해서 이 실증성 전체는 부정적 복귀로서 체험되고, 또 모든 부정성, 즉 사람을 짐승처럼 사로잡는 약탈 행위라든가 새로운 사회 안에서 꼭 필요한 생산자 및 저소비가 강요된 잉여적 소비자의 지위를 할당해 주는 법규, 그리고 타자를 인간-이하로 구성하면서 노예 소유주를 인간과는 다른 존재로 만들어 버리는 법규의 조건이 된다.[276]

---

276 여기에서 헤겔주의로 되돌아가 **노예**는 **주인의 진리**라고 말할 생각은 없다. "**주인과 노예**"에 대한 그 유명한 구절의 관념론적 측면은 차치하고라도 우리는 헤겔이 *그 주인*과 *그 노예*, 다시 말해서 결국 보편성을 통해 어떤 *한* 주인과 *그의* 노예의 관계를 다른 주인들, 다른 노예들과의 관계와는 무관하게 고찰했다고 비난할 수 있을 것이다. 사실 모든 사회에는 무수하게 많은 주인과 노예가 있으므로 관념론의 용어를 견지한다 해도 실제의 **주인**은 자기 계급 안에서 *다른 진리*를 갖게 마련이다. 노예들은 주인들의 진리이다. 그러나 주인들 역시 주인들의 진리이고, 이 두 진리는 이 두 범주의 개인들과 마찬가지로 서로 대립한다. 뿐만 아니라 ─ 로마 시대와 그 이후 토지 자산이 심하게 집중되었던 시대를 제외하고는 ─ **주인**도 역시 노동을 *했다*. 그러니까 문제는 더 이상 게으른 변덕을 예속적 형태의 노동(이것은 나중에 전체적 노동이 되었다.)과 비교해서는 안 된다. 예컨대 그리스 장인의 자유노동(아직 육체노동의 수준인)을 그것의 조건인 예속적 노동(그러나 노예에게 기술이 필요 없는 힘든 일만을 맡긴다는 점에서 이는 본래 의미의

그러므로 *실천* 안에서(현재의 조직 안에서 그리고 미래의 재조직에서부터 시작되는) 물질의 부정으로서의 행동과 행동의 부정이며, 재조직의 실질적이며 유순한[277] 기반으로서의 물질 사이에는 변증법적 운동과 변증법적 관계가 있다. 그리고 —— 실패와는 아무런 공통점이 없는 —— 이 행동의 부정은 행동 그 자체의 끝에 이르러, 다시 말해 대상 안에 각인된 그 실제 결과가 객관적이며 부정적인 요구에 의해 행동 안으로 또는 행동을 거슬러 되돌아오는 한에서만 행동을 통해 드러난다. 누구도 이런 관찰 때문에 놀라지 않는다. 우리 모두는 기술과 질료의 복합체에서부터 시작된 사회 변형의 필연성을 이해하고 있다. 오늘날 우리 각자에게는(엥겔스의 마르크스주의에 의해 제시된 것보다 훨씬 더 복잡한) 객관적 과정에 대한 진정한 가지성이 있다. 이 과정은 엥겔스가 동물성의 강제라고 불렀던 상황에서부터(대부분의 경우 예속 상태에 떨어진 집단을 포함하여) 어떤 집단들을 끌어내는 기술적 진보와 안락의 증가를 *단초로 하여* 아직 미결정 상태에 있는 개인들을 미래의 인간-이하인 노예로 예고하고 있다. 오늘날 우리는 기계가 그 구조와 기능에 의해 불특정 개인들의 경직적이고 수동적인 미래로서 자신의 노예의 유형을 결정하고, 이를 통해 인간들을 *창조한다*는 것을 이해하고 있거나 또는 이해할 수 있다.

그리고 이 과정 전체에 포함된 가지성과 객관적 필연성이 이 과정에 대한 우리의 인식을 지지하거나 밝혀 주고 있는 것도 사실이다. 그

노동이라고 할 수 없다.)과 비교해야 한다. 노예가 주인의 비밀을 간직하고 있다는 것은 차라리 노예의 노동이 벌어들이는 것보다 그의 유지비가 더 비싸지는 시대에 가까워졌음을 뜻하는 것이다. 바로 이런 요인이 고대 세계의 붕괴를 가져왔다.(원주)

277 물질은 욕구의 주체이자 실천의 주체인 인간에게 저항할 수 없다. 저항한다고 해도 인간의 실천에 의해 가공될 수 있다. 사르트르가 여기에서 '유순한(docile)'이라는 표현을 사용한 것은 이런 의미에서다. 하지만 이 실천의 결과인 '가공된 물질'은 인간의 새로운 실천을 제한하는 '실천적-타성태'의 특징을 지님으로써 더 이상 '유순한' 상태에 있지 않게 된다.

러나 이와는 반대로 물질적 내용이 그 자체의 역사 발전의 특별한 규칙인 고유의 시간화를 통해 이 가지성과 객관성을 삼켜 버리거나 혹은 우리의 인식 앞에 드러내 보여 준다는 점에서 보면 이 가지성과 필연성은 우리에게 은폐되어 있다. 우리는 변증법적으로 설명하지 못하는 역사적 사회적 언어를 만들어 냈다. 나는 멈퍼드[278]의 탁월한 저서에서 다음과 같은 부분을 읽은 적이 있다. "증기 기관이 운전사와 엔지니어의 지속적인 관심을 요구했기 때문에 대규모 단지가 소규모 단지보다 수익성이 더 좋았다. ······따라서 증기 기관은 대규모 공장을 부추기는 경향을 낳았다······." 여기에서 이 주장의 정당성을 논하려는 것은 아니다. 다만 — 마르크스 이래 우리가 익히 알고 있고 또 우리 것으로 삼고 있는 — 이 이상한 언어에 주목하고자 한다. 이 언어에서는 동일한 명제에 의해 목적성과 필연성이 너무 밀접하게 연결되고 있기 때문에 우리는 저자의 실제 의도가 기계인지 사람인지 더 이상 알 수가 없다. 우리들 각자는 이 언어가 사실의 전달이라는 것을 느끼고 있지만, 이와 동시에 자신의 경험을 분명하게 표현할 수가 없다. 이와 마찬가지로 — 석탄을 에너지원으로 사용한 결과 — 가스 조명 덕분에 기업가들이 노동자들을 열다섯 내지 열여섯 시간씩 일을 *시킬 수 있었다*는 것을 알았다 해도 우리는 다음과 같은 점들을 정확히 알 수가 없다. 즉 기업에 의해 탄생한 인간들 각자가 열여섯 시간의 노동을 하도록 요구하는 것이 석탄의 지배를 받는 산업인지, 아니면 석탄을 이용하는 기업가가 생산을 늘리기 위해 가스 조명을 사용한 것인지, 그도 아니면 두 개의 표현이 변증법적 순환의 두 양상을 지칭하고 있는 것은 아닌지 등등이 그것이다.

278 루이스 멈퍼드(Lewis Mumford, 1895~1990). 미국의 문명학자. 『기술과 문명』이라는 저서로 유명하다.

우리의 변증법적 연구가 *실천*과 도구의 관계 또는 물질성 일반과의 관계에 대한 일반적 조건으로서의 그 고유의 가지성을 우리에게 보여 주어야 하는 것은 정확히 바로 이 수준에서다. 이것은 특정 조건을 재조직하는 자유로운 극복으로서의 개인적 *실천*의 투명성이 실제로 이 변증법적 연구의 추상적 계기임을 뜻한다. 이 계기는(예컨대 자신의 노동력을 판다는 것을 의식한다 해도 숙련공은 여전히 자신의 직업적 *실천*의 조직자로 남아 있다는 점에서) 개별적인 기도 또는 임금 노동자의 육체노동 안에서 구체적 현실로 발전되고 있다. 이 연구의 심화는 동시에 *실천*의 심화가 되어야 한다. 개별적인 기도를 부정하는 결과를 낳는 이 새로운 변증법적 가지성의 계기를 우리가 발견하게 되는 것은 바로 스스로 대상화하는 이 *실천* 안에서다. 그리고 우리는 이 합리성의 새로운 구조를 변증법적 가지성으로 명명하는 바이다. 왜냐하면 이 새로운 구조는 그 직접적 순수성 안에서의 새로운 변증법적 결정에 다름 아니기 때문이다. 이 새로운 변증법적 결정은 앞에서 나타났던 구조에서부터 생겨나고, 거기에는 극복의 총체화 또는 이 극복의 엄격한 필연성으로서의 총체화인 이 구조들로부터 이 결정이 만들어 내는 요소 이외의 다른 아무것도 없다.[279]

전도된 실천으로서의 물질

*실천*은 어떤 실천이든 우선 물질적 현실의 도구화다. 실천은 무기

---

279 극복 *이후에* 총체화는 그 자체가 소외된 객체화로서 역시 자유 안에서(다시 말해서 이 상호적 결정의 엄격한 조건화 안에서, 그리고 모든 극복의 외부에서) 계속 존재하는 극복된 구조와 비교해 볼 때 개별적인 것이 된다. 그래서 개별화된 다른 총체화들과 함께 새로운 극복의 대상이 된다. 총체화하는 이 새로운 극복에 대해서는 우리가 좀 더 설명을 해야 할 것이다. 예를 하나 들자면 카디너의 연구(특히 마르키즈 제도의 원주민에 대한 조사)에 대해 내가 언급한 부분을 읽어 보라고 독자 여러분에게 권하고 싶다.*(원주)

• 이 책에서 「방법의 문제」, 94~96쪽 참고.(편집자 주)

물을 하나의 종합적 투기로 감싸며, 이때 종합적 투기는 비유기체에 하나의 준유기적 통일체 성격을 부여한다. 이것은 이 통일체가 하나의 전체의 통일체이지만 사회적이고 인간적이며, 분자 세계를 구성하는 외면성의 구조들을 즉자적으로 달성하지 않는다는 것을 의미한다. 이와는 반대로 이 통일체가 저항한다면 물질적 *타성태에 의해서*다. 그러나 이 통일체가 실천의 수동적 반영, 즉 일정한 도구들과 함께 정해진 조건들 속에서, 한정된 발전 단계에 이른 역사적 사회 속에서 이루어진 인간적 투기의 수동적 반영 이외의 그 어떤 것도 아닌 만큼 생산물은 집단 전체를 반영한다. 단지 생산물은 집단 전체를 수동성의 차원에서 반영하는 것이다. *봉인하는* 행위를 예로 들어 보자. 우리는 (조약, 계약 등등과 같은) 의식에서 특정 도구를 가지고 이 행위를 수행한다. 이때 밀랍은 이 행위를 *뒤집으며*, 밀랍의 부동성은 **행위**를 순수한 *거기-있는 존재*로 반영한다. 이 점에서 자신의 "재료"에 흡수된 *실천*은 인간의 물질적 캐리커처가 된다. 제조물은 인간들에게 자신을 제시하고 강요한다. 또한 이것은 인간들을 가리키고, 그들에게 자신의 사용법을 지시한다. 이 지시들의 복합체를 의미 작용의 일반 이론에 비추어 보면 *여기에서는* 도구란 *기표*이고, 인간은 하나의 *기의*라고 말할 수 있을 것이다. 사실 의미 작용은 인간의 노동을 통해 도구에게로 오며, 이 인간은 자신이 알고 있는 바를 의미할 수 있을 뿐이다. 어떤 의미에서 도구는 인간들에게 이들 자신이 개별적으로 아는 것만을 반영하는 것처럼 보인다. 보통 수공업에서도 이 사실을 볼 수 있는데 이 수공업에서 장인은 자신이 직접 제작한 도구를 통하여 마을과 길드 내에서, 변함없는 고객들과의 관계 속에서 자신의 확고부동한 지위를 규정해 줄 동일한 작업들의 영원한 반복을 도모하는 것이다.

그러나 의미 작용이 물질성을 띤다는 바로 그 이유로 이 의미 작용은 **우주** 전체와 관계를 맺게 된다. 그리고 이것은 *실천*을 흡수하는 물질과 다른 물질화된 의미 작용들 간에 예측할 수 없는 무수한 관계들이 사회적 *실천*을 매개로 형성된다는 사실을 의미한다.

물질에 스며들어 타성태화된 실천은 의미 작용을 하지 않는 자연의 힘을 준인간적 실천, 즉 수동화된 행위로 변화시킨다. 그루세[280]가 적절히 지적했듯이 중국 농부들은 이주 경작인들이다. 이들은 4000년 동안 자연과 투쟁하고 유목민과 싸우며 국경 지대의 경작할 수 있는 땅을 정복했다. 이들의 활동 가운데 괄목할 만한 것은 여러 세기에 걸쳐 지속된 산림의 벌채였다. 전통의 면모를 간직하고 있는 이 *실천*은 현재에도 실제로 행해진다. 어제도 여전히 농부는 조와 수수를 평평하고 고른 땅에 심기 위해 관목들을 솎아 냈다. 그러나 이와 동시에 이 실천은 긍정적으로 그리고 부정적으로 **자연** 속에 자신을 각인시킨다. 이 실천의 긍정적 측면은 땅의 양상과 경작지의 배치이다. 또한 그것의 부정적 측면은 농부들 자신에 의해 파악되지 않는 의미다. 왜냐하면 이 의미는 하나의 부재, 즉 *나무들의 부재*이기 때문이다. 오늘날 중국 상공을 비행하는 모든 유럽인은 중국의 이런 모습을 보고 즉시 놀란다. 현재의 지도자들은 이 점을 자각하고 있으며 위험의 심각성도 잘 알고 있다. 그러나 지난 몇 세기 동안의 **전통주의자 중국인들**은 이 점을 알아차리지 못했다. 이들의 목적은 땅을 정복하는 것이었기 때문이다. 이들은 수확이 가져다줄 풍요를 보았다. 그러나 이들에게는 기껏해야 장애물로부터의 해방 또는 장애물의 제거에 불과한 그 *결핍*을 헤아릴 눈은 없었다. 그때부터 산들의(특

280　르네 그루세(René Grousset, 1885~1952). 프랑스의 동양학자.

히 쓰촨성 지역을 굽어보는 산들의) 특징이 된 수동화된 실천으로서 산림 벌채는 인간적 실천이 끝나는 곳에서 시작되는 관계로 "원시적"이라고 부를 수 있을 물리적, 화학적 부문을 변화시킨다. 무엇보다 우선 이 원시적 부문은 특정 시대의 사회에 대해 그 역사적 한계를 표명해 준다는 바로 그 점에서 인간적이다. 그러나 특히 장애물의 제거로서의 산림의 벌채는 부정적으로 보호의 부재가 된다. 산과 구릉 지대의 황토는 나무들에 의해 고정되지 못한 채 강으로 흘러들어 수위를 평야보다 높이고, 하류 지역에서는 마치 병마개처럼 강을 틀어막아 결국 강이 범람하게 한다. 이처럼 중국 대홍수들의 전 과정은 마치 고의로[281] 구성된 하나의 메커니즘처럼 나타난다. 만약 어떤 인간의 적이 **대평원**의 일꾼들을 박해하기를 원했다면 용병들을 고용하여 체계적으로 산들을 벌채하게 했을 것이다. 경작의 긍정적 체제가 폭탄으로 변했다.

그런데 이 파괴적 장치 안에 황토와 강, 무게 그리고 유체 동력학의 모든 것을 도입한 것은 농부 자신이었다. 그러나 생생한 변화의 순간에 취해진 그의 행동은 되돌아올 충격을 고의적으로든 실제적으로든 포함하지 않는다. 즉 이 장소에서 경작하는 이 인간에게는 부정적인 것(장애물의 제거)과 긍정적인 것(경작지의 확장) 사이에 하나의 유기적 연결만 존재할 뿐이다. 반목적성이 존재하기 위해서는 우선 물질의 일종의 *배치*(여기에서는 중국의 지질학적 수리학적 구조)가 이것을 미리 어렴풋이 나타내야 한다. 홍수의 위험을 완전히 물리치기 위해 산림을 남벌하지 않는 것으로는 충분치 않을 듯하다. **고대** 이래로 *재식림*이 필요했으리라. 둘째, 인간적 *실천*이 숙명이 되어야 하고, 타성

---

281   우리가 이미 반목적성에 대해 말했던 바를 상기하자.(원주)

태에 의해 흡수되어야 하며, 물리적 연결의 엄격성과 인간적 노동의 집요한 정확성을 동시에 지녀야 한다. **자연**에 의한 파괴는 모호하다. 이 파괴는 작은 섬들을, 또는 군도 전체까지도 잔존하도록 허용하기도 한다. 이에 반해 인간의 파괴는 체계적이다. 농부는 자신의 *실천*을 조건 짓는 한계, 즉 자기 땅에서 자라는 모든 나무를 제거해야 한다는 생각에 접근하는 것으로부터 출발해 노동을 한다. 이처럼 타성태적인, 따라서 물질적인 부정인 나무의 부재는 물질성에서 *실천*이 갖는 체계적 성격을 동시에 지닌다. 마지막으로 특히 행위가 *다른 곳에서* 계속되어야 하며, 도처에서 마을 사람들이 소관목들을 불사르거나 뽑아야 한다. 이와 같은 다수의 행위들은 그 자체로 동일함과 동시에 환원될 수 없는 것으로의, 자신이 통합하고 있는 물질에 의해 결합된다. 즉 분자적 동질성을 통해 다수의 행위는 **존재**의 "공동체" 속에 융합된다. 물질성의 무한한 전개처럼 제시되는 이 붉은 땅 위에 새겨진 개별 행위들은 이것들의 개성과 동일성의 관계를 (공간과 시간 속에서) 동시에 잃는다. 개별 행위들은 국경 없이 그 물질적 전개에 의해 확대되고 물질적 전개와 합류하며, 하나의 땅 위에는 새겨진 *단 하나의 표시*만 남는다. 그러나 이런 전개 자체도 그 수동적 움직임도 최초 실천의 결과다. 강들과 운하들과 길들을 통해 집단들이 서로 맺는 유동적 관계는 도구들과 노동에 의해 이미 구조화된 사회에 의해 같은 지리상 조건들의 공동생활인 최초의 통일체 속에 *접근과 멀어짐*을 창조했다.

이처럼 인간 행위들의 물질적 통일체로서의 벌채는 벌써 인간적인 것의 물질화인 최초의 타성태적 종합 속에 보편적 부재로서 각인된다. **실천**의 입장에서 보면 순수한 분산의 종합적 외양으로서 내면적 관계의 외면화로서 수동적 통일체는 **타자**의 영역 안에서 그리고 다른 것으로서 자기 자신의 통일체다.[282] 이런 사실에서 출발한다면 각자에게 있어서 **타자들**의 행위로서의 벌채는 물질 속에서 다른 것으로서의 그 자신의 행위가 된다. 객체화는 소외다. 즉 이 원초적 소외는 우선 개간 — 비록 이것에서 분리되어 있지는 않지만 — 보다는 회귀하는 물질화를 나타낸다. 공동 사업은 없으나 개별 사업들의 한없는 도주가 공동 결과처럼 **존재** 속에 나타난다. 일거에 **타자들**은 거짓 통일체의 수동적 종합 속에 **타자들**로서 용해되며, 역으로 물질에 고정된 **일자**는 일자가 아닌 **타자**로 드러난다. 노동자는 스스로의 물질적 숙명이 된다. 그는 자신을 황폐화시킬 홍수들을 생산한다.[283]

이처럼 "결정화"되자마자 인간의 노동은 그 자체의 물질성을 통해 노동자에게서 멀어지게 됨에 따라 새로운 의미들로 풍부해진다. 이와 같은 기본적 단계에서 인간의 노동은 자연적 환경 속에 각인되면서 **자연** 전체로 확산되며, 이 **자연** 전체를 합병하게 된다. 즉 이 인간의 노동 속에서, 그리고 그의 노동에 의해 자연은 새로운 도구들의 집합소와 동시에 새로운 위험이 된다. 왜냐하면 인간의 목표들이 실현되면서 그 주위에 하나의 반목적성의 장을 규정하기 때문이다. 그리고 이 반목적성의 통일체에 의해 벌채는 **대평원**에 거주하고 있는 거대한 군중을 부정적으로 통합한다. 즉 벌채는 하나의 동일한 위협

---

282   내가 선택한 예는 희소성의 환경 그리고 이동 속에서만 명백히 이해될 수 있다. (원주)

283   협력 체제만이 사라지게 했던 중국의 농촌 노동자들의 이 놀라운 분리는 명백히 기술의 원시성과 정체성에 연관된다. 이 두 현상은 특정한 사회적 관계의 체제와 특정의 소유 양식을 조건 짓고 보여 주는 사실들이다. 그러나 비록 소외로서의 개간이 고유한 특수성들을 가지고 물질성 속에 각인된다고 할지라도, 회귀에 의해 소외와 불가분 섞인다 할지라도 이 소외가 개간으로 환원될 수는 없다. 소외는 구체적 역사적 사회 속에서 생산 형태와 생산력의 관계를 규정한다. 개간은 — 고려된 양상하에 특정한 기술적 수준에서만 나타나지만 — *이에 대항해* 인간들이 연합하는 그리고 이 연합 자체 안에서 이들을 괴롭히는 분리의 항구적 형태다. (원주)

앞에서 모든 사람의 연대를 창조함과 동시에 적대 관계들을 더욱 심화시키며, 지주들과 마찬가지로 농노들을 위해서도 *사회적 미래*를 표상한다. 물론 이와 같은 미래는 비인간적인 것으로부터 인간에게 오기 때문에 부조리한 미래이다. 또한 이와 동시에 이 미래는 사회의 본질적 성격만을 고발하게끔 하기 때문에 합리적인 미래이기도 하다. 미래에 발생하는 홍수는 중국 사회의 전통적 성격처럼 스스로 *생명을 이어 간다.* 이것은 끊임없는 재산들의 이동을 야기하며, 새로운 불평등이 뒤따르기는 하지만 재난에 의한 평등화를 실현한다. 바로 여기로부터 기억을 갖지 못한 봉건주의가 유래하며, 이 봉건주의에서는 반복이 변형을 대신하고, 대지주를 제외하고 부자는 거의 언제나 새로운 부자가 된다. 그 이후 위험 제1호로 인식된 벌채는 *철폐해야 할 위협*의 형태하에서, 또한 그 결과가 모든 사람에게 이익이 될 공동 과업의 형태하에서 부정적 통일체로 남는다.

인간과 비인간적인 것 사이에 맺어지는 이 최초의 관계 — 이 관계 안에서 **자연**은 스스로 인간의 부정이 된다 — 는 인간 스스로 반자연적인 것이 됨에 따라, 원자화된 군중의 외면적 행위들이 그 결과의 공통적 특징을 통해 결합됨에 따라 물질성을 여전히 사회 그 자체에 통합하지 않으며, 단순한 **자연**과 더불어 사회의 외재적, 야생적 한계로서의 인간들의 통일체를 형성한다. 이들에게 이와 같은 현상이 발생하는 것은 물질의 매개를 통해서이며, 이 매개는 자신들이 철저하게 분리되어 있기 때문에 이들이 실현시킨 것이며 또한 이들에 의해 하나의 공동 사업으로 유도되었던 것이기도 하다. 사회의 외적 한계로서의 **자연**은 적어도 *이 형태하에서는* 이 사회 자체의 외면성 속에서 객체화를 통해 이루어지는 내면성으로서 이 사회에 부과되는 하나의 한계다. 그러나 실천적 결과로서 벌채가 홍수들을 야기하기 위해 **타자**에 의해 선택된 수단처럼 나타나고 이 홍수들이 역사적 사회를 통해 물리쳐야 할 재앙들로 나타남에 따라 이 한계조차도 재내면화되고 제도화된다. 어쨌든 이런 사실은 하나의 (대역사, 주민의 이주, 지도자의 가혹한 권위에 의해 필연적으로 조건화된) "하천 문명"을 내포하고 있다. 이처럼 우리는 인간과 환경을 이루고 있는 물질들 사이의 일의적이고 내면적인 관계로서의 노동의 실제 상태를 엿보게 된다. 물론 이 상태에서는 물질에 대한 인간의 요구가 인간에 대한 물질의 요구로 끊임없이 변형된다. 또한 이 상태에서는 인간의 요구 — 이 요구가 물질적 생산품으로서의 이 인간의 존재를 표현하는 한 — 는 그 자체의 목적성과 내면화된 외면성의 엄격성에 의해 물질의 요구 — 결정되고 도치된 하나의 인간적 *실천*이 그 자체를 통해 표현되는 한에서 — 와 동질적이다.

그러나 이와 같은 합리적 관계들은 좀 더 복잡한 통합의 차원에서 더 잘 나타날 것이다. *실천*은 도구들을 이용하는데 이때 이 도구들은 타성태적 환경에 작용하기 위해 유기체가 자신의 타성태를 실현하는 수단임과 동시에 하나의 비유기적 타성태에 의해 외면화된 이 타성태의 지지이며, 하나의 시도가 자신의 목적과 맺는 실천적 관계의 수동적 통일체이기도 하다. 이처럼 **자연**은 *사회 자체의 내부에서* 모든 물질성이 자기 자신과 함께, 그리고 모든 노동자가 그들 사이에 맺어지는 총체화하는 관계로서 다시 나타나기는 하지만, 그러나 극복된 채로다. 바로 이 차원에서 우리는 물질을 *전도된 실천*으로 연구할 수 있을 것이다. 예컨대 우리는 주어진 한 역사적 상황 속에서(에스파냐의 주도권, 지중해의 쇠퇴, 봉건적 형태들과 투쟁하는 상업 자본주의, 페루에서의 신기술에 의한 금광 개발) 생산물, 상품, 기호, 권력 그리고 도구로서의 *귀금속*과 또한 — 다른 방식으로 각자에게 있어서는 일시적 구매 능력의 증거로 남아 있으면서 — 그 자체로 요구, 제약, 시도, 비인간적 행위(비인간적인 것은 **다른 종**이라는 의미에서)가 되는 귀금속을 다룰 것이다. 우리는 여기에서 문제가 경제학적 또는 역사적 연구가 아니라는 점을 잘 알고 있다. 그러나 르네상스 시대의 지중해 세계에서 귀금속의 유통에 대해 역사학자와 경제학자들이 연구를 수행하는 경우, 이 유통 속에서의 외면성과 내면성의 명료한 관계를 생생하게 포착하려는 시도가 있어야 한다. 물론 이때 이 관계는 물질성으로서의 금과 은 속에서 그리고 그 자신의 생산물에 의해 만들어진 생산물로서의 인간에게서 인간적 *실천*을 *반실천*으로, 즉 감추어진 의미가 반목적성인 엄정한 목적을 향해 여건을 뛰어넘는 *행위자 없는 실천*으로 변경시키는 그런 관계다. 따라서 나는 에스파냐 **역사**에서 가져온 하나의 예를 검토하는 데 집중하려 한다. 이 예는 우리에게 실천적 전도 과정을 아주 명료하게 보여 주는 장점을 가지고 있다. 이 과정이 계급으로 분할된 사회들 속에서 전개되는 것은 더 말할 나위가 없다. 그러나 우리가 *이 과정에서* 이해하고자 하는 것은 계급들이 아니라 다른 조건이 모두 같다면 물질이 인간과 맺는 객관적 관계로서의 *반실천*의 변증법이다. 이와 같은 검토를 토대로 우리는 아마도 계급들의 구성에 관계된 변증법적 가지성의 조건들을 주어진 집단화 속에서의 분열과 갈등으로 결정지을 수 있을 것이다.

이미 우리가 인용한 것과 같은 선택된 예 속에서 사회적 유산은 재난으로, 풍요 그 자체는 (나중에 광산 문화 시대에서처럼) 부정성으로 변한다. 페루 광산들의 발견은 동시대 사람의 부를 증대시키고, 16세기 중반에 합금을 위한 신기술의 개발을 촉발한다. 그런데 에스파냐에서의 귀금속 보유량의 끊임없는 증가는 전체 지중해 연안 지방의 생활비의 급등, 피착취 계급 빈곤의 증가, 사업의 마비 그리고 수많은 상공인들의 도산을 가져오게 될 것이다. *금의 유출로* 촉발된 에스파냐의 공포를 통해 우리는 에스파냐과 지중해의 쇠퇴 결과와 (여러 조건 가운데) 하나의 조건을 보아야 한다. 도대체 어떻게 긍정의 긍정이 부정을 낳을 수 있는가?

에스파냐 동전이 주조되자마자 상업자본주의의 기구들과 구조들, 샤를 캥[284]과 필리페 2세[285]의 역사적 *실천*을 통해 이 동전과 이 나라의 모든 다른 동전, 그리고 다른 모든 나라의 동전 사이에 뚜렷한 관계가 형성된다. 또한 이 모든 동전과 금이 채굴되는 모든 광산 사이의 관계도 마찬가지로 형성된다. 이 관계는 ── 그러니까 채굴, 수송, 용해, 주조 등등과 같은 작업의 여러 양태 ── 처음에는 인간적이다. 이런 작업들은 기술들과 사회적 구조들을 규정한다. 유통과 축재는 *실천*의 여러 형태다. **구제도**하에서 에스파냐 화폐의 총량과 한정된 일정한 성장의 원천으로서의 광산 사이에 항구적 관계를 유지하게 했던 것은 바로 페루 광산에서의 노동, 파나마의 협곡을 통과하는 오솔길들을 통한 길고 힘든 수송, 에스파냐 함대의 왕래였다. 그러나 필리페 2세 치하에서 이런저런 순간들의 화폐 보유량을 설명해 주는 것은 적어도 부분적으로는 채굴 도구, 수송 수단, 주조 기술 등등이었다.

16세기 초에 지중해는 "금에 굶주리게 된다." 아프리카의 광산은 고갈되었다. 아메리카가 그 뒤를 잇는다. 1550년까지 에스파냐는 금과 은을 수입한다. 16세기 후반에 은이 더 우세했던 것은 바르톨로메

---

284 Charles Quint(1500~1558). 16세기 초반에 유럽 전역을 지배했던 에스파냐의 국왕 카를 5세를 프랑스에서 흔히 지칭하는 이름이다.

285 Philippe II. 에스파냐 최전성기의 왕(재위 1556~1598). 합스부르크가 카를 5세의 황태자로서 1554년 영국 여왕 메리 1세와 정략결혼을 하여 구교 반동을 지휘. 여왕이 죽은 뒤 1559년 프랑스와의 전쟁을 종결, 프랑스 왕녀와 결혼하여 프랑스 종교전쟁에 깊이 개입했다.

데 메디나[286]가 아메리카 광산에 합금의 신기술을 도입했기 때문이다. 1580년부터 1630년까지 귀금속의 수입은 열 배 증가한다. 여기에서는 물질이 물질에 영향을 미친다. 수은에 의한 은광석의 처리는 다음 세기 중반까지 화폐의 모든 변천을 조건 짓는다. 그러나 도구적 물질성은 물질화된 실천이다. 그 이후 물가가 급등하고, 급등의 결과는 특히 피렌체와 카스티야[287]에서 민감하게 나타난다. 브로델[288]은 그 이유를 다음과 같이 설명한다. "대륙의 생활비는 대륙을 바다로부터 분리시키고 있는 적대적인 거리들에 의해 곤란해진 경제의 끊임없는 긴장을 드러낸다."[289] 그러나 *적대적 거리들* 또한 물질화된 실천을 드러낸다. 물질성으로의 거리는 도로의 상태, 통신 수단들 그리고 하나의 도시를 다른 도시와 대립시키는 갈등들의 함수다. 오늘날 피렌체는 바다에 가깝다. 한마디로 말해 이 차원에서 의미 작용의 한계로서의 물질은 스스로 여러 의미 작용 사이의 매개가 된다. 이 의미 작용들(결정화된 실천)이 서로서로 결합하여 하나의 새로운, 그러나 여전히 타성태적인 종합이 되는 것은 바로 이 물질 속에서, 그리고 이 물질에 의해서다.

수동적 총체화 과정의 한복판에서 아메리카산 금과 은이 그 진정한 성격을 가지게 된다. 주화들은 이것들을 에워싼 타성태적인 행위

---

286 Bartolomé de Medina(1527~1581). 에스파냐의 신학자.

287 에스파냐 반도의 중북부 4분의 1이 넘는 영역을 차지하는 지역. 북부 지역은 카스티야라비에하(구카스티야)로 남부 지역은 카스티야라누에바(신카스티야)로 불린다. 카스티야 지방은 15세기 말부터 16세기 초까지 에스파냐를 통일한 카스티야 왕국의 핵심부였다.

288 페르디낭 브로델(Ferdinand Braudel, 1902~1985). 프랑스의 역사가, 교육자. 20세기의 중요한 사료 편찬가.

289 브로델, 『펠리페 2세 치하의 지중해와 지중해 세계(*La Méditerranée et le monde méditerranéen à l'époque de Philippe II*)』(1949), 413쪽. 앞으로 전개되는 모든 논지는 이 탁월한 저서에 대한 하나의 주석에 불과하다. 특히 2부 "집단적 운명과 전체의 운동", 2장 "경제"를 참고.(원주)

들의 영향 아래에서 *인간적인 양(量)이* 된다. 물론 어떤 의미에서 보면 양은 이미 주화들 안에 있다. 왜냐하면 양은 물질성이나 특히 *외면적 존재*로부터 분리될 수 없기 때문이다. 하지만 이것은 차별화된 양이 아니다. 특히 차별화된 양은 주화들 그 *자체*와 관계가 없다. 그리고 나는 이 주화들의 *가치*에 대해 말하고 있는 것도 아니다. 이 가치에 대해서는 나중에 살펴보게 될 것이다. 다만 중요한 것은 이 주화들의 무게다. 이 무게는 이 주화들을 나르는 범선들과 해안에서 수도까지 이송하는 수송대와의 관계에서만 비로소 그 구체적인 실재성을 가질 뿐이다. 이 주화들이 밖으로 내보낼 수 없이 다만 축적되기만 하는 한정된 용기(容器)와의 관련 속에서가 아니라면 어떻게 그 수효를 측정할 것인가? 하지만 이 용기는 존재한다. 에스파냐라는 나라 자체가 그것이다. "보호주의 정책을 쓰며, 관세 장벽을 높인 나라……그 결과 원칙적으로 말하자면 막대한 아메리카의 재화는 폐쇄된 항아리 안에서 끝장을 보게 된다."[290] 그리고 주화나 귀금속을 축적하고 측정할 수 있게 해 주는 것은 용기의 단위, 관세 장벽, 절대 정권의 권위주의다. 이 양이 풍요나 결핍으로 판정이 나는 것은 바로 이 단위와 관련해서다. 무거운 양의 금괴들과 주화들의 *무게가 측정되는* 것은 바로 용광로 바닥에서다. 이 광물과 여타 물질 대상들 — 제조품, 식품 등등 — 의 실제 관계들이 설정되는 것도 바로 이 용광로 안에서 그리고 이 용광로에 의해서다.

그런데 이 용광로, 즉(적어도 이론상으로) 뛰어넘을 수 없는 이 용기를 물질이라고 불러야 하는가? 에스파냐 국경(바다, 피레네산맥)의 성격이 그 자체로서 자연적 장벽을 이룬다는 의미에서, 또한 제도들, 사

---

290 브로델, 같은 책, 374, 375쪽.(원주)

회 구조들, 정체(政體)가 모두 결정화된 실천이라는 것과 같은 의미에서 물질이라고 불러야 하는가, 아니면 *실천*이라 불러야 하는가? 결정된 정책을 추구하고 지도자 계급들의 지지를 받는 정부가 — 행정관, 경찰관, 세관원 등등과 같은 — 책임이 분명한 사람들에게 금과 은의 유출을 감시하는 임무를 맡긴다는 그런 의미에서 실천으로 불러야 하는가? 사실 첫 번째 해석과 두 번째 해석을 구별하는 것은 불가능하다. 여기에서 우리는 구체적이고 근본적인 실재에 도달한다. 수동적인 실천의 집합소로서의 물질은 체험된 *실천*과 밀접하게 연결된다. 이때 이 체험된 실천은 물질적 조건들과 타성태적 의미 작용들에 동시에 적응하며, 이것들의 의미를 새롭게 해 주고, 이것들을 변형시키기 위한 것일지라도 넘어서면서 *재구성하기도 한다*. 이 단계에서 드러남은 구성적이다. 왜냐하면 이 과정은 인간이 없다면 즉시 해체될 그런 통일체를 *실현하기* 때문이다. **에스파냐**는 물질의 한 분야에 각인된 기호의 가치와 의미를 복원시켜 주는 하나의 기도를 보여 주는 생생한 통일체다. *이와 동시에* 에스파냐는 한정된 물질이고, 이 나라 자체가 만들어 낸 제도적 의미 작용을 지지하고 수정하는 지리적, 지질학적, 기후적 조건들의 총체다. 이 조건들의 총체는 또한 에스파냐라고 하는 이 사실상의 통일체에 복종하는 인간들의 *실천*을 조건 짓는데, 이들로 하여금 이 통일체를 극복하는 것을 가능케 해 주는 운동 속에서까지 그러하다.

이와 같은 후진적, 전진적이라는 이중의 진행 과정의 현 단계에서 우리는 실제적 변증법의 새로운 구조를 발견한다. 물질을 통합하고 드러내는 극복이 아닌 *실천*, 이미 물질화된 이전의 행위들을 의미하는 극복으로서의 물질성 안에서 결정화되지 않는 실천은 존재하지 않는다. 이와 마찬가지로 미리 이루어진 의미 작용들의 수동적 통일성을 통해 인간의 *실천*을 조건 짓지 않는 물질도 역시 존재하지 않는다. 인간들의 매개를 통해 서로서로 소통하지 않는 물질적 대상들은 존재하지 않는다. 인간화한 물질성들의 세계, 물질화된 제도들의 세계 안에서 태어나지 않은 인간, 역사의 운동 안에서 일반적인 미래로 예정되어 있지 않은 인간도 역시 존재하지 않는다. 그 결과 사회는 그 가장 구체적인 운동 속에서 수동성에 의해 관통되고, 그 자체의 타성태적인 다수성을 계속해서 총체화하며, 그 자체의 총체화를 타성태 속에 계속해서 각인시키게 된다. 반면 통일성이 재차 이루어지는 물질적 대상은 그 과정에서 자기 자신을 되찾고 부과하며, 자신의 고유한 풍속과 운동으로 기묘하게 생기 있는 한 존재가 된다. 이런 관점에서 브로델은 다음과 같이 말할 수 있었다. "창조적인 빈 공간과 놀랄 만큼 자유로운 항로들을 가진 자유(에른네스트 라브루스[291]의 표현으로는 자동적으로 이루어지는 자유 무역을 겸비한), 활기찬 수많은 도시들, 소녀들과 어머니들을 갖춘 지중해……."

이는 결코 은유가 아니다. 집이란 주거의 실재성을 보존하기 위해 거기에 사람이 *거주해야 한다*. 다시 말해 이 집을 유지하고, 난방과 굴뚝 청소를 하고, 벽을 새로 칠하는 등의 작업을 해야 한다. 그러지 않으면 집은 망가진다. 이 흡혈귀-대상[292]은 끊임없이 인간의 행위를 흡수하고 인간의 피를 먹고살며, 결국에는 인간과 공생한다. 온도를 포함한 집의 모든 형체적 특성은 인간의 행위로부터 오는 것이다. 그리고 거주자들에게는 "거주"라고 이름 붙일 수 있는 수동적인 행위와

---

291 Ernest Labrousse(1895~1988). 프랑스 사학자. 경제사회사 전문가로 『프랑스의 경제 사회사(*Histoire économique et sociale de la France*)』 등의 저서가 있다.
292 앞에서 말한 '집'을 가리킨다. 사르트르가 '흡혈귀'라는 표현을 사용한 것은 바로 이 '집'이라는 공간은 거주자의 온갖 행위를 요구한다는 의미다.

우주로부터 집을 방어하는, 즉 외부와 내부 사이의 중개가 되는 순수한 *재구성적 실천* 사이에는 아무런 차이가 없다. 이 차원에서는 "지중해"를 두고 인간과 사물의 실재적인 공생이라고 말할 수 있고, 이런 공생은 인간을 석화시키고 물질을 *활성화시키는* 경향이 있다. 역사적 사회 내에서 그리고 모종의 교역 형태와 요컨대 어떤 생산에 기반을 둔 경제 체제 내에서 **지중해**는 조건화된 것을 조건 지으며 "창조적인 빈 공간"으로 나타나고, 선박들에 그리고 이 선박들로 *인해* 항로들의 자유를 표현한다. 인간은 자신의 물질적 조건을 넘어서면서 노동을 통해 물질 속에서 스스로 객체화한다. 이것은 *인간적 사물*²⁹³이 존재하기 위해서 인간은 스스로를 상실해야 한다는 것을 의미한다. 또한 이것은 인간에 의해 생산된 대상의 의미 작용이 인간을 위해서 그러하듯이 이 인간은 목적 속에서 자기 스스로를 다시 발견한다는 것을 의미하기도 한다.

그럼에도 불구하고 다음과 같은 두 가지 형태의 인간적 매개를 구분해야 한다. 첫 번째 매개는 공동의, 단호하고, 종합적인 *실천*이다. 이것은 하나의 같은 목표를 지향하는 하나의 같은 시도로 인간들을 (이들이 착취당했건 그렇지 않건 간에) 통합하는 그런 실천이다. 지금 우리가 관심을 갖는 귀금속에 대해서 볼 때 특히 필리페 2세 정부의 *정책*이 이와 같았다. 이 잘 조화된 시도²⁹⁴는 에스파냐라는 용광로 바닥에서 이루어지는 금괴와 주화들의 축적이라는 결과에 이르게 된다. 이와 같은 매개를 통해 물질은 직접적으로 그 자체에 대한 관념

---

293 바로 이로 인해 졸라는 유명한 소설 가운데 하나인 『인간이란 짐승(*La Bête humaine*)』에 그 유명한 제목의 심오함을 부여하게 되었다. 이것은 인간화한 기계이고 동물적 욕구를 가진 인간이며, 기계에 희생된 인간이고 인간에게서 기생적 삶을 차용하는 기계다.(원주)

294 이 집단적 시도들이 **역사**를 만드는 만큼 이것들에 대해서는 나중에 다시 언급하겠다. 우리는 아직 이것들을 생각할 수 있는 수단을 가지고 있지 못하다.(원주)

을 만들어 낸다. 하지만 이 사유는 "상부 구조들"의 수준에서 실제로부터 아주 멀리 떨어졌거나 죽은 가능성들로 구성되는 것과 같은 철학적 혹은 종교적 개념들과는 전혀 관계가 없다. 사물에 대한 관념은 사물 속에 있다. 다시 말해 이것은 사물 그 자체이며 그것도 구성하는 실천, 그리고 그것을 지정하는 도구들과 제도들을 통해 자신의 실재성을 드러내는 사물 그 자체다. 식민지의 광산을 개발한다는 것은 16세기에는 반드시 식민지의 원료들을 본국으로 수입한다는 것을 의미했다. 따라서 이것은 또한 에스파냐에 귀금속이 축적된다는 것을 의미했다.

그러나 이와 같은 실천 자체도 금과 은을 상품으로 드러낸다. 게다가 이것은 당시의 중상주의에 적합한 드러남이다. 그리고 화폐 또한, 사람들이 그것을 상품으로 취급하므로, 상품으로 드러난다. 식민지화의 필요성이란 식민국의 금의 축적을 내포하고 있기 때문에 수송을 위해 지불된 노동이 대상을 *실제의 부*로 가리키는 것은 자명하다. 하지만 대상의 물질적 밀도, 불투명성, 무게와 광채가 대상을 더욱 자족적인 듯한 자율적 실체로 만들기 때문에 이와 같은 현상은 더 자명하다. 주화의 물리적 실재는 그 자체의 *내면적 완전성*[295]을 증명해 준다. 가격은 우리가 심사숙고하는 대상의 가치와 화폐 단위의 가치라는 두 상품 가치들 사이의 내적 관계가 된다. 물질에 대한 이와 같은 *관념*은 자연주의적이고 물질주의적이다. 왜냐하면 이 관념이야말로 자신의 관념을 만들어 내는 물질 그 자체이기 때문이다. 이 관념이 물질주의적인 까닭은, 이것이 가시적이고 만질 수 있는 그 자체의

---

295 이와 반대로 1792년에는 누구도 아시냐 지폐를 상품으로 여길 생각을 하지 못했다. 하지만 금속에 대한 이론들이 당시 한창이었으므로 사람들은 이 지폐를 *화폐-상품*으로 **담보된** 신탁의 표시로 생각했고, 이 담보는 지폐와 **국가 재산** 사이의 매개 역할을 하게 되었다.(원주)

물질성에 사로잡힌 도구 그 자체 이외의 다른 것이 아니기 때문이다. 자연주의적인 까닭은 그 자체의 효용성[296]의 근거로 주어지는 물리적 대상의 자연적 특징들이기 때문이다. 하지만 특히 이 관념은 하나의 *실천*의 사물을 통한 반향이다. 각각의 *실천*은 그 자체의 이념적 정당화 과정을 포함한다. 축적이란 운동은 반드시 부의 축적이 부유화로 이어진다는 생각을 가지고 있다. 금과 은을 축적하는 것이 문제이기 때문에 더 많은 금괴와 주화를 가지면 그만큼 더 부유해진다. 이처럼 하나의 단위가 갖는 *가치*는 불변항이어야 한다. 왜냐하면 부(富)라는 것이 화폐 단위들의 단순한 덧셈에 있기 때문이다. 그렇다면 금화에 대한 이런 관념은 진실인가, 허위인가? 사실 그것은 진실도 허위도 아니다. 수입이라는 운동 안에서 이 관념은 *귀금속*으로 밝혀지는 금 그 자체다. 하지만 이와 동시에 이 관념은 타성태적이다. 이것은 정신의 고안물이 아니라 하나의 행위의 경화(硬化)이기 때문이다.

바로 앞에서 살펴보았듯이 개인에게, 그리고 주화에 *대해서* 그리고 주화 안에서 진실이었고 또한 인간과 인간의 생산물 사이의 직접적 연결로서 진실이었던 이 관념은 회귀 작업이 집단의 일원적이고 합의된 시도를 완전하게 왜곡하는 순간부터 허위로, 즉 불완전함으로 바뀐다. 가격의 상황과 변동이 아무리 심하다 할지라도 한 상

---

296 『자본론』•에서 마르크스는 다음과 같이 말한다. "헤겔이 관념이라고 이름을 붙이며 자율적 주체로 삼는 사유의 과정은 외부 현상에 불과한 실재의 창조자다. 내가 보기에 관념들의 세계는 인간 정신으로 옮겨지고 번역된 물질세계일 따름이다." 우리도 물론 이러한 견해에 찬성한다. 다만 여기에 다음과 같은 조건이 덧붙여지는 한에서 그러하다. 즉 이 물질세계가 이미 인간의 *실천*을 그의 언어, 즉 타성태의 용어로 변형시켰고 번역했다는 조건이 그것이다. 화폐-상품은 에스파냐 장관의 머릿속에서는 하나의 불투명한 소재인 반면 금화 속에서는 정확하게 하나의 관념이다.(원주)
• 독일어 제2판 후기(1873).(편집자 주). 영역본으로는 Moore & Aveling, London, Lawrence & Wishart(1970), 19쪽.

인이 1000더컷[297]을 더 받는 경우 그가 그날 저녁 더 부유하게 될 것이라는 것은 여기에서는 그리고 이 특정 상인에게는 여전히 진실이다. 그렇지만 어떤 한 집합체가 화폐 기호들의 축적으로 부유해진다는 것은 *과정 전체에서 볼 때* 허위다. 여기에서 수동적 행위와 반목적성으로서 물질은 그 자체의 운동을 통해 그 자체의 관념을 반박하게 된다.

이와 같은 지적들과 더불어 우리는 인간적 매개의 두 번째 형태, 즉 집렬체적 형태로 넘어간다. 이 두 번째 매개의 경우 같은(혹은 다른) 사람들은 공동 실천과 관련해서 자신들을 **타자들로** 구성하게 된다. 다시 말하자면 노동을 하는 중인 집단의 종합적인 내면성은 개인들의 상호적 외면성이 이들의 물리적 분리를 구성한다는 점에서 이 외면성에 의해 침투당한다. 관세 장벽, 수입 금지, 세관의 추적에도 불구하고 귀금속은 에스파냐에 반입되었다가 모두 반출된다. 금이 국경 전체를 통해 빠져나간다. 우선 밀수가 행해진다. 같은 시기에 지중해 연안국들은 금이 필요했다. 거래는 활발하고, 수단의 금광은 고갈된다. 에스파냐에 정착한 외국 상인들은 주화를 본국으로 보낸다. 그다음으로는 합법적인 반출이 행해진다. 곡물과 제조 상품의 수입은 현금 지불을 필요로 하기 때문이다. 마지막으로 에스파냐의 제국주의 정책은 비싼 대가를 지불했다. 네덜란드가 페루산 금의 많은 양을 독점하기 때문이다. 브로델은 다음과 같은 결론을 내린다. "(이베리아)반도는 귀금속에서 급수탑 역할을…… 수행했다." 실제로 밀수가 **타자들**에 의해(외국인들을 상대로 외국인들에 의해) 행해졌고 에스파냐의 제국주의가 화폐 정책에 비교해 볼 때 **타자**의 정책처럼 이루어졌기 때

---

297 옛 유럽에서 사용하던 화폐 단위.

문에, 즉 왕도 자신의 결정 사항을 그르칠 때는 자기 자신과는 다른 자이기 때문에 어떤 공동 행위도 더 이상 간과될 수 없게 되었다. 실제로 분리되고 협력된 관계가 없는, 수많은 행위가 오히려 중요했다. 밀수 행위를 개인적으로 하든 아니면 작은 단위로 구성된 집단에서 하든 밀수자는 숨어야 하기 때문에 대부분 밀수꾼들은 서로를 잘 몰랐다. 왕도 자기 자신의 모순을 알지 못했다. 밀과 생필품의 구입은 즉시 *다른* 시각으로, 즉 에스파냐의 긴요한 필요와 관련지어 고려되었다. 하지만 고립된 이 행위들은 금 보유고라는 타성태적 단위에서, 그리고 모든 금괴에 각인된 타성태적 관념에서 외면적인 관계를 발견한다. 귀금속이 에스파냐의 국부(國富)를 위해 주어진다는 관념이 그것이다. 다시 말해 이 관념은 귀금속이 상인들과 정부의 합법적인 시도들을 통해 물질적 그리고 종합적 권력으로서 증가하고 감소할 수 있는 것으로 나타난다는 것이다.

이렇게 해서 에스파냐 **국회**는 금의 유출을 국가의 *체계적 빈곤화*로 여기게 된다. 한꺼번에 이루어진 축적 과정의 통일성이 물질에 대해 이 물질이 가진 부의 수동적 통일성을 부여하고, 이 물질적 통일성은 다시 밀수와 수입의 불분명한 범람을 통일시킨다. 하지만 그 결과 물질 그 자체가 본질적이 된다. 서로를 모르면서도 상호 교환이 가능한 개인들은 비본질성 속으로 사라진다. 막아야 하는 것은 바로 금의 유출이다. 그리고 **타자**에 *의한* 이 유출은 타자로서의 물질의 자발적인 운동이 된다. 이 물질이 그 자체의 인간화 과정에서조차 *인간과는 다르다*는 점에서 그러하다. 하지만 물질이 자신의 타성태, 분자 구조, 부분들의 상호적 외면성에 의해, 즉 *재료로서* 다르기 때문에 이 물질은 회귀를 흡수하여 이것을 인간의 소망과 실천에 대해 물질 그 자체가 내보이는 일종의 자발적인 저항으로 만든다. 이번에는 *이타성*

과 *섞여* 종합적 원칙이 되고 새로운 힘을 만들어 내는 것은 바로 타성태 그 자체다. 하지만 이 힘은 부정적이다. 금은 "깨끗한 삶", 즉 현실적인 *실천*(삶은 이 실천의 통일적 힘과 부정성을 흡수한다.)과 물리 현상의 단순한 연속(삶은 이것의 외면적 분산을 재확인한다.)을 중개하는 그런 삶을 앗아 간다. 여기에서 *실천*을 *자기 안에서* 뒤집고, 목적을 반목적으로 바꾸는 이 마법적 삶의 특징들을 분석할 수는 없다. 그 가운데 내가 마법에 걸린 수량이라고 명명하는 특징 하나만을 소개하도록 하겠다.

에스파냐 정부는 계속 금을 축적한다. *하지만* 금은 유출된다. 이 차원에서 우리는 우선 양(量)에 대한 실증적이고 논리적인 행위를 볼 수 있다. 요컨대 국가의 화폐 잠재력이 상승하면 할수록 그만큼 더 빠르게 대단위의 금이 유출되는 듯하다. 이런 이유에서 브로델은 다음과 같은 표현, 즉 "에스파냐는 급수탑이다."라는 은유적 표현을 사용하게 된 것이다. 그런데 이와 같은 행위가 부정적이라면 이는 오로지 인간의 시도와 관련지어서다. 이는 단지 다음과 사실만을 의미할 뿐이다. 즉 예를 들어 사람들이 보물선의 적재량을 제한하는 것과 같은 *이유*로 축적된 금화의 파괴적 가능성을 행위 안에서 고려해야 한다는 것이다. 만약 배가 침몰한다면 이는 적재라는 긍정적 행위가 바로 파선을 초래했기 때문이다. 그러니까 금괴가 *많은* 만큼 배의 무게가 *더* 무거웠던 것이다. 사실 이것은 그렇게 명쾌하지 않다. 하나하나의 개별적 흐름에서 우리는 부정적인 것을 다시 만난다. 그런데 전체 현상을 기술하기 위해서 역사가나 경제학자는 하나의 물질적 상징을 이용할 수 있다. 이와는 반대로 우리가 양의 마법이라 부르려는 것은 "축적-유출"이라는 복잡한 사실의 다른 양상이다. 아메리카의 재화가 에스파냐에서 다소간 오래 머물렀다가 그 후에 지중해 연안 국가

들로 분산된다. 거의 1세기 동안 에스파냐의 재고량은 재구성되고, 또한 새로운 수입으로 증가한다.

여기에서 화폐—상품이라는 물질적 관념과 경제 현실 사이에 모순이 생긴다. 양의 개념이 *관념* 속으로 들어오게 된다. 화폐 단위의 가치가 고정되어 있기 때문에 합계가 크면 클수록 가치도 *더 커진다.* 그리고 내가 앞에서 보여 주었듯이 이것은 개인에게 항상 사실이다. 하지만 *이 개인에게 있어서* 모든 새로운 양은 그의 부를 증대시키는 동시에 국가 공동체에서 이 수량은 단위의 *가치를 감소시킨다.* 그 결과 개별적 재화는 상인이나 산업가의 손에서 지속적으로 추락한다. 추락의 원인은 부분적으로는 이 개인이 부유해진 것이다. 그리고 분명히 수많은 물리 규칙에 의하면 하나가 증대하면 다른 하나가 감소하는 그런 두 수량들 사이의 함수 관계가 나타난다. 이런 이유로 자유주의 시대의 금속 전문가들은 화폐—상품과 비화폐—상품이라는 두 변수 사이의 관계라는 형태하에 저평가 현상을 소개하기도 하였다. 통화량이 늘면 가격은 오른다. 하지만 예를 들어 상품의 이용 가치 ― 또한 그 노동 가치 ― 가 고정된다면 가격만 오르게 된다. 이것은 단지 화폐 단위 가치가 붕괴하기 때문이다. 이렇게 해서 우리는 이 첫 번째 사실로 다시 돌아온다. 주화의 양이 늘어나게 되면 *가치*는 떨어진다는 사실이 그것이다. 어제 난 5000더컷을 가졌고, 오늘은 1만 더컷을 가지고 있다. 결과적으로 내 주머니를 떠나지 않은 이 특별한 주화는 성질의 변화 없이도 일종의 가치 하락이나 에너지 손실 (물론 부유해짐이란 저장분의 증가와 관련이 있음을 인정하면서도)을 견디어 냈다.

가격의 상승이 "동시대인들에게 어이없는 일로 보였음"은 자명하다. 500톤짜리 선박 한 척이 샤를 캥 시절에는 4000더컷이었는데

1612년에는 1만 5000더컷이 된다. 얼 해밀턴[298]이 이를 분석해 냈다. "미대륙에서 온 귀금속의 진행 상황과 가격의 상승 사이에는 우연의 일치가 너무 명백하게 나타나, 물질적, 기계적 관련이 이 두 경주를 서로 연관시켜 주고 있는 것처럼 보인다. 모든 것은 귀금속 재고 증가에서 기인했다."[299] 귀금속 재고는 16세기 동안 세 배나 올랐고 화폐 단위의 가치는 본래 가치의 3분의 2나 떨어졌다. 요컨대 한편으로는 기계적 연관 관계가 중요하다. 하지만 *다른 한편*으로는 전체의 부분들에 대한 변증법적 행위가 있다. 그 까닭은 엄밀한 의미에서 기계적 연관 관계란 외면적인 관계이기 때문이다. 동기에 작용하는 힘들은 독립적이고, 한 체제를 구성하는 요소들은 불변적이다. 바로 이런 이유로 이것들을 양으로 취급할 수 있다. 즉 전체란 존재하지 않는다는 이유로 전체는 부분들에 작용하지 않는 것이다. 총체와 합계만이 존재한다. 관계는 변하지만 이 변화로 인해 이 관계에 의해 통일되는 항들은 수정되지 않는다. 이와 반대로 우리는 가격 상승의 경우에서 하나의 총체성-유령이라고 부를 수 있는 것을 발견한다. 달리 말하자면 합계도 *전체와* 같은 방식으로 부분들에 부정적으로 작용하는 것이다. 왜냐하면 앞에서 보았듯이 바로 재고의 증가 때문에 개별 단위가 하락하기 때문이다. 따라서 매 순간 단위 요소들은 재고와 개별 단위 간의 관계에 의해 좌우된다.

하지만 이와 같은 관계는 겉보기에 양적이나 실제로는 양과 양의 관계 문제다. 그래도 이 외면적 관계는 내면적 관계에 의해 부식되어

---

298 Earl J. Hamilton(1899~1989). 미국의 역사학자. 수량 경제사 부분에서 탁월한 업적을 남겼다. 특히 미국과 에스파냐의 관계사를 수량 경제사적 측면에서 분석했다.

299 『에스파냐의 미국 보물과 가격 혁명(*American Treseure and the Price Revolution in Spain, 1501~1650*)』(1934) 참고.(편집자 주)

있다. 우리가 이 현상을 지속적 현재에 놓인 장치 속에 가두는 대신에 *실천*의 시간성에 다시 위치시킨다면 이 현상은 보다 분명하게 드러날 것이다. 그러면 하나의 미래가 나타나게 된다. 앞에서 보았듯이 자신의 미래의 총체성으로부터 출발해서 정의되고, 그 결과로 하나의 총체화 과정으로 나타나게 되는 협력된 행위 내에서 평가 절하의 과정은 그 자체로 하나의 운동이 된다. 이때 이 운동의 미래(여전히 더 놀랄만한 재고의 증가라는 관점)가 현재 자체와 집단 혹은 개인들의 실천을 규정하게 된다(이렇게 해서 나중에 "가격 하락을 유도할" 수 있게 된다). 마지막으로 평가 절하는 미래의 에스파냐 사람들에게 나타나고, 그들은 그것을 예견할 수 있다.

물론 16세기에 본위 화폐 이론[300]이 생각들을 흐리게 하고, 상인은 재고 증가가 경제 전반을 좌우한다는 사실을 이해하지 못한다. 이와 반대로 상인은 가격 상승이 계속되리라는 사실을 잘 이해한다. 가격 상승 그 자체가 그에게서 외삽법을 낳기 때문이다. 다시 말해 가격 상승은 상인을 통해 *진행 중인 과정*으로서 그 자신의 미래를 투영하는 것이다. 그로부터 다음과 같은 결정들과 행위들이 발생한다. 현재의 위험에 대처하게 되지만 이것도 상황의 지속적인 악화라는 관점에서 이러하며, 특히 산업은 봉급 동결을 시도하는 결정과 행위가 그에 해당한다. 에스파냐에서 봉급(1571~1580년 기준을 100으로 볼 때)은 1510년에는 지수가 127.84였는데 간혹 상승하고 간혹 다시 하락하면서 1600년에는 91.31에 이르게 된다. 이처럼 가격 상승은 *이타적 실천*(왜냐하면 동결이 정부의 결정이 아니고 무수한 개인적 주도의 결과이기 때문이다.)[301]의 중개로 이 사회의 여타 분야에서도 중대한 변화를 결

---

300   금이나 은의 일정량을 기준으로 화폐 단위를 정하는 이론. 예컨대 금 본위, 은 본위 제도 이론 등등이 있다.

정하게 된다. 협력된 하나의 *실천*은 아직 이 변화들에 대항할 수 없다. 방어 조직 없는 노동자들은 그 *자체 역시* 양(量)의 행위를 총체화로 발견케 해 주는 이 견고한 법에 복종한다. 1611년 봉급이 급상승했는데(130.56) 이는 비참한 생활과 전염병들 때문에 "이베리아반도의 인구가 현저하게 감소한 것"을 의미한다.

우리는 다음과 같은 사실들을 한꺼번에 발견하게 된다.

(1) 고용주들의 행위는 —— 중국 농부들의 그것과 마찬가지로 —— 희망했던 것과는 반대되는 결과를 낳는다. 전체 인구의 생활 수준을 떨어뜨리면서 그들은 이 전체 인구가 기근과 전염병에 좌우되도록 만든다. 따라서 그들은 노동력의 위기를 야기한다.

(2) 정치적 연관 관계가 부족한 까닭에 "원자화된" 대중은 대중화 현상의 힘에 의해 *물질화된다.* 우리는 여기에서 이 대중을 기계적 현실성 속에서 포착한다. 이것은 각 개인의 유기적, 인간적 측면이, 그가 타자와 맺는 관계가 *임금 방어라는 관점*에서 볼 때 순전히 분자적이라는 점을 방해하지 않는다는 의미에서다. 각 개인의 고립은 결국 타성태적이고 외부로부터 조건 지어진 광범위한 체계 속에서 임금 노동자들의 총체를 구성하기에 이른다. 이 수준에서 우리는 비활성 물질이 이 물질을 구성하고 있는 여러 입자(이 입자들은 타성태적이거나 살아 있거나 비활성적이거나 인간적일 수 있기 때문에)의 고유한 실체에 의해서 규정되는 것이 아니라 이 입자들과 **우주**를 연결하는 관계들 속에서 규정된다는 사실을 알게 된다. 우리는 또한 이와 같은 기본적인 형태 하에서 물화의 본성을 지적할 수 있다. 사람들이 너무나 종종 그렇게 믿는 것과는 달리 이 본성은 개인의 사물로의 변형이 아니다. 오히려

301 그리고 이것은 물론 한 계급의 태도를 표현한다. 그러나 우리는 아직 어떤 계급의 행위와 이해 관계를 생각할 만한 도구들을 가지고 있지 못하다. 이 책의 뒷부분을 참고하라.(원주)

이것은 사회 구조를 통해 사회 집단의 구성원에게 이 집단에 소속되었음을, 이 집단을 통해 분자적 지위로서 사회 전체에 소속되었음을 체험해야 한다고 강요하는 필연성이다. 그가 *개인의 자격*으로 체험하고 행한 것은 직접성 속에서 현실적 *실천*이나 인간적 노동으로 남게된다. 그러나 이와 같은 체험한다는 구체적인 기도를 통해 일종의 기계적 경직성이 자기 행동의 결과를 총체화하는-가산이라는 기묘한 법칙에 종속시키는 그를 사로잡는다. 그의 대상화는 타자들의 대상화가 갖는 타성태적 힘에 의해 외부로부터 변질된다.

(3) 물질성에 대립되는 것은 물질성이다. 인구 감소는 개인의 가치를 증가시킨다. 우리는 화폐에 대해 우리가 알게 된 관계와는 반대되는 관계를 보게 된다. 이번에는 *가장 적은 것이 가장 많은 것을* 만들어 낸다. 그리고 여기에서도 여전히 인간-상품들의 수와 그들의 임금 사이의 함수 관계를 정립하려고 해도 소용이 없다. 왜냐하면 인간-사물의 실재, 즉 그의 도구성은 벌써 *외면적 원자*의 상태, 즉 노동 시간으로 분해되고, 탈총체화되고, 분할된 그의 노동이기 때문이다. 그리고 노동 시간의 유일한 실재는 사회적인데, 사람들이 지불하는 가격이다.[302] 이처럼 풍요는 평가 절하를 낳으며 그 결과는 인적 자원을 희소화한다. 또한 희소성은 사회적 분자들의 가치를 회복시켜 준다. 여기에서 희소화는 화폐 보유고 증가의 역할을 수행한다. 즉 수적인 면에서의 감소가 — 수요와 공급의 매개를 통해 — 각 화폐 단위의 양을 증가시키면서 총체화로서 이 화폐 단위들에 대해 영향 미친다. 이산량으로서 가산될 수 있다는 것, 즉 *총체가 되지 않을 수 있다*

---

302 잉여 가치의 신비화 현상들 가운데 하나는 실제 노동, 즉 인간적이고 총체화하는 기도의 구체적이고 인간적인 시간을 노동-시간의 죽은 시간으로 대체하는 것이다. 마르크스는 이 사실을 강조하지 않은 채 지적하고 있다. 우리는 다른 곳에서 이 문제를 다루게 될 것이다. (원주)

는 것은 노동자들의 입장에서 보면 일종의 내면적 관계가 된다. 이 경우에 이중의 변화가 일어난다. 한편으로는 원자화된 집단이 기계적 체계가 되지만, 다른 한편으로는 총화의 순수 외면성이 인간적 혹은 의사 인간적 총체성이 되며, 따라서 총파업의 *방식*으로 고용주에 맞서서 행동하게 된다.[303]

이처럼 에스파냐에서 나타났던 과정의 총체는 여전히 인간적 의미를 가지고 있다. 왜냐하면 어쨌든 금의 유출에서 시작해서 물가의 상승을 거쳐 전염병의 만연에 이르기까지, 모든 것이 화폐 축적이라는 미리 구상되고 집요하게 행해진 실천의 결과로 여겨질 수 있기 때

---

303 우리는 이와 같은 물질의 변화와 인간적인 것의 물질화를 개인 속에서 한계 효용설과 더불어 다시 발견하게 된다. 이런 시각에서 볼 때 인간의 욕망과 욕구는 사물의 사용 가치 속에서 객체화되고 소외되며, 이때 이 사용 가치는 양화된다. 그러나 이와 동시에 "양"은 동전 주머니 속에 들어 있는 동전들처럼 이제 더 이상 병존하는 것에 그치지 않는다. 또는 오히려 병존은 내적 관계가 된다. "한계량"―가장 작은 사용 가치를 가진 한계량―은 다른 모든 양의 가치를 결정한다. 동시에 우리는 현상적 종합이 아니라 내면화의 유령에 직면해 있다. 즉 현실적 종합에서의 관계는 현실적이고 구체적이며 개별적인 부분들 사이에서 맺어진 것이다. 그런데 한계 효용설에서는 *최후의 양*이 실제로 *전혀 보잘것없는 것*이다. 내가 가진 열 개의 금화 가운데 금화 하나하나는 내가 마지막으로 소비할 수 있는 것으로 여겨질 수 있다. 한 명의 고용주가 고용한 열 명의 노동자 가운데 각각의 노동자는 *최후의* 노동자로 여겨질 수 있으며, 그의 노동은 항상 그의 *한계 생산력*에 따라 고찰될 수 있다. 실제로 치환 가능한 이 내면적 관계를 정립하는 것은 욕구의 물질화이다. 고센•의 법칙이 만들어 내는 분해를 통해 자신의 통일적 투기에 물질적 양의 총화를 삼투시키는 것은 바로 이 욕구이다. 한계 효용설의 진리성은 *외부*, 즉 순수한 양 속에도 또 *내부*, 즉 "심리적인 것" 가운데도 존재하지 않는다. 이 진리성은 내면성과 외면성 사이에서 계속되는 "교환"의 변증법적 발견 속에 있다. 그런데 이 발견은 의사 심리학 위에 의사 수학••을 정초하기도, 기본수의 비밀스러운 순서 속에서 만족된 욕구가 체험한 시간을 결정하기도 한다.(원주)
• 헤르만 하인리히 고센(Hermann Heinrich Gossen, 1810~1858). 한계 효용설의 선구자.
•• 여기에서 문제는 논리 계산이다. 실제로 의사-내면성의 보편적 관계들을 결정하게 되면 이 관계들 어느 것도 하나의 기호 체계를 구성하는 것을 막지 못한다. 외면성이 어떤 측면에 의해 소개된 채 남아 있는 것으로 충분하다. 기호 체계에 절대적으로 복종하지 않은 채 있는 것은 관계들의 진정한 내면성, 즉 개별화된 부분의 전체에 대한 구체적 소속이다. 달리 말하자면 변증법의 어떤 계기들은 대수(algebre)에 의해 표현될 수 있다. 그러나 변증법 자체는 자신의 현실 운동 속에서 볼 때 모든 수학 그 너머에 있다.(원주)

문이다. 그러나 지중해의 다른 국가들에서는 귀금속이 ─ 수많은 개인적인 밀수를 통해 ─ *침입의 형태*로 나타났다. 각국 정부는 화폐의 유입을 장려할 수 있는 합법적인 수단을 전혀 확보하고 있지 못했다. 할 수 있는 것은 기껏해야 자동적으로 이루어지는 축적에 대해 눈을 감고 모르는 체하는 것이었다. 그런데 이번에는 화폐가 소규모로 나누어진 총계에 의해[304] 또는 시간적인 병존 이외의 다른 관계를 가지고 있지는 않지만 그래도 합법적인 시장이 서는 기회에 물질적 확산 속에서 나타난다. 여기에서 통일은 여전히 인간적이다. 왜냐하면 이 통일은 금의 부족이기 때문이다. 이것이 의미하는 바는 지중해의 상공업 욕구가 서로 알지 못하는 사람들에게도 개인들을 통해 퍼졌고 또 *느껴졌다*는 점이다. 이 통일은 그 어떤 사람에게도 *체험된 현실*이 아니었다. 이것은 수많은 특정 수요를 통해 드러나는 물질적 현실이었다. 이런 의미에서 화폐들을 요구하는 상인들 각자는 자기 밖에서, 제도 안에서, 사회적 구조 안에서 경제의 총체화를 실현했던 것이다.

이처럼 화폐의 유입은 여러 사람에 의해 *요구되었고* 또 받아들여졌다. 이 유입은 사람들에게 침입과 마찬가지로 매력으로 작용하기도 했다. 특정 개인이나 특정 회사의 경우 이 매력은 구체적이고 능동적이기까지 했다. 그러나 도시나 **국가** 전체의 입장에서 보면 이 매력은 수동적이고, 많은 사람이 감내한 것이었다. 따라서 만약 **국가**가 역으로 이타성의 회귀라는 상황 속에서 시민 각자의 운명으로서 검토될 수 있는 것이 사실이라면 시민들의 원자화된 총체(적어도 중상주의

---

304 "1554년······ D. 후안 데 멘도사(D. Juan de Mendoza)는 자신의 갤러리선을 타고 카탈루냐에서 이탈리아로 가는 손님들을 신체검사했다. 그 결과 7만 뒤카를 압수했는데 제노바 상인들의 것이 가장 많았다."(브로델, 앞의 책, 376쪽.)(원주)

부르주아 계급에 소속된 자들의 총체)는 **국가**의 운명으로서 나타나게 될 것이다. 지중해 시장에서 에스파냐의 더컷 금화와 레알 은화[305]는 대단히 인기가 있었다. 이 화폐들은 자국 내에서조차 주조된 화폐보다 더 우세했다. 이 화폐들과 이 화폐들로 인해 야기된 물가 상승을 통해 에스파냐의 영향력과 헤게모니가 행사되었다. 이 화폐들을 통해 부르주아 계급의 사회적 현실성이 노동자들의 세계에 묵과할 수 없는 강제로서 부과되었다는 사실을 상론할 필요는 없지만 어떻게 그렇게 되었는지에 대해서는 지적할 필요가 있다. 그러나 부르주아 계급 자체는 자기 자신의 희생물이었다. 계급으로서 부르주아는 자기 계급 구성원들의 음모를 겪었기 때문이다. 은행가들과 공장주들은 인플레이션으로 인해 강한 타격을 받았다. 어쨌든 이 화폐 혁명을 통해 경제 발전의 과정에서 갑자기 *멈춰 버린* 지중해 세계가 쇠퇴의 운명을 맞게 되었다는 사실은 의심의 여지가 없다.

이와 같은 짧은 검토를 통해 우리는 무엇을 알게 되었는가? 우선 물질 단독으로도 의미를 *구성한다*는 점이다. 물질은 의미들을 자기 안에 각인처럼 지니고 있으며 이 의미들에 진정한 효율성을 부여한다. 인간의 투기는 인간적 특징을 상실하면서 **존재** 속에 각인되며, 이 투기의 투명성은 불투명성으로, 이 투기의 얇음은 두꺼움으로, 이 투기의 날아갈 것 같은 가벼움은 지속성으로 각각 변화하게 된다. 인간의 투기는 체험된 사건의 특성을 상실하면서 **존재**에 속하게 된다. 인간의 투기가 **존재**에 속하는 한 비록 이 투기가 해독되고 인식된다 할지라도 이 투기는 인간의 인식 속에 용해되기를 거부한다. 단지 물질 자체만이 물질에 부딪치면서 인간의 투기를 해체시킬 수 있을 뿐이

---

305   에스파냐 은화. 4분의 1페세타에 해당한다.

다. 인간의 노동이 갖는 의미는 물질에 대해 물질적으로 작용하고, 자신의 물질적 삶을 변화시키기 위해 무기적 물질성으로 환원되는 것이다. 우리의 신체를 통해서 사물 속에 각인된 투기는 바로 전환(轉換)[306]에 의해 자신의 본래 특질을 완전히 상실하지 않으면서, 이 사물이 가진 실체적 성격을 띠게 된다. 이처럼 인간의 투기는 타성태적 미래를 소유하게 되며 우리는 이 미래 안에서 자신의 미래를 결정하게 된다. 미래가 인간을 통해 사물에 오는 것과 마찬가지로 미래는 사물을 통해 인간에게 온다. 수동적 불침투성으로서의 의미 작용들은 인간적 세계에서 인간의 대리물들이 된다. 이런 의미에게 인간은 이 대리물들에 자신의 힘을 위탁한다. 접촉에 의해, *거리*를 둔 수동적 행위를 통해 이 의미 작용들은 물질세계 전체를 변화시키게 된다. 이것은 다음과 같은 두 가지 사실을 동시에 의미한다. 즉 사람들이 의미 작용들을 **존재** 속에 각인시켰다는 것과 **존재**를 의미 작용들의 세계로 유입시켰다는 것이다. 그러나 아울러 이것은 무겁고 타성태적인 이 대상들이 하나의 공동체의 심연에 위치하며, 이 대상들의 관계 가운데 일부가 내면적 관계에 속한다는 것을 의미한다. 하나의 물질적 요소가 거리를 두고서 다른 하나의 물질적 요소를 변화시킬 수 있는 것(예컨대 미국 광산에서 발생한 수익성의 저하가 17세기 중엽 지중해의 인플레이션을 멈추게 한 것)은 바로 이런 내면성에 의해서다. 그러나 이와 같은 변화 자체를 통해 물질적 요소는 인간들 사이를 맺어 주는 내면적 관계를 끊어 버리는 데 기여한다.

이런 관점에서 우리는 "사회적 사실을 사물로 취급하라."라는 뒤르켐의 주장과 이에 대한 베버와 동시대인들의 반응인 "사회적 사실

---

306 transsubstantiation은 기독교에서 '성찬의 빵과 포도주가 예수의 살과 피가 됨'을 말하는 '체화'의 의미를 가지며, '어떤 물질이 다른 물질로' '전환'되는 것을 의미하기도 한다.

은 사물이 아니다."라는 주장을 동시에 수용할 수 있다. 달리 말하자면 모든 *사물*이 직접으로든 간접적으로든 사회적 사실이라는 점에서 보면 사회적 사실은 엄연히 사물이다. 칸트처럼 종합적 풍부화의 기초를 선험적 종합 판단에서 찾을 것이 아니라 오히려 *의미가 힘이기 때문에* 의미의 타성태적 집합 속에서 찾아야 할 것이다. 그러나 이 힘이 타성태적인 힘이라는 점, 즉 이 힘이 *외부로부터* 물질에서 물질로 전달되는 점을 고려할 때 이 힘은 외면성을 수동적 통일의 형태로 *내면성의 물질적 관계로서* 도입시키게 된다. 이처럼 물질화된 실천(주조된 화폐 따위)은 인간들을 분리하기도 하고 또 결합시키기도 하며, 이들 각자와 모두에게 이들이 개인적으로 기대하는 결과보다 훨씬 더 풍부하지만 더 모순적인 의미 작용을 하는 현실을 무한정으로 부과한다. 물질화되고 사물의 외면성 속으로 흘러 들어간 실천은 서로 알지 못하는 인간들, 그리고 이와 동시에 자신들의 존재 자체에 의해 개인들의 분리를 반영하고 강화하는 인간들에게 공통의 운명을 부과한다. 요컨대 이타성은 인간을 통해 사물에게로 오며, 또한 사물을 원자화의 형태로 인간에게 되돌려준다. 금의 유출을 야기한 것이 바로 **타자**다. 그러나 화폐 단위의 타성태적 확산으로서의 금은 이 이타성을 자기 것으로 만들어 인간과는 **다른 것**이 된다. 즉 금을 통해 각자에게서 이타성이 강화된다. 다만 이 이타성이 하나의 대상이나 과정 —— **금, 금의 유출** —— 의 통일성이 되기 때문에, 그리고 이 통일성이 인간적 확산의 내부에서 하나의 운명 공동체로서 *그리고* 이해 충돌로서 나타나기 때문에 이 이타성은 각자에게서 단결을 위한 기도와 체험된 분리로서 모두에 대한 각자의 종합적 결정이 되며, 그 결과 인간들 사이에서 다소간 적대적 관계가 된다.

이처럼 가공된 물질은 우리에게 우리의 활동을 타성태로, 우리의 타성태를 활동으로, 집단에서의 내면성을 외면성으로, 외면성을 내면성의 결정으로서 보여 준다. 가공된 물질 안에서는 살아 있는 것은 기계적으로 변화되며, 기계적인 것은 일종의 기생적 생명으로까지 고양된다. 가공된 물질은 우리의 전도된 반영이며, 헤겔의 그 유명한 표현[307]을 빌자면 이것 안에서 "**자연**은 다른 **존재**의 형태하에서 **관념**으로서 그 자체의 모습을 드러낸다." 단지 여기서는 **관념**이 아니라 개인들이 행한 물질적 행위가 있을 따름이다. 그리고 물질은 한 사회적 세계의 내부에서만 외면성과 내면성의 변화하는 반영일 뿐이다. 물론 이때 물질은 이 사회적 세계 전체를 에워싸고 또 거기에 침투한다. 즉 이 물질은 *가공되는* 것이다.

만약 물질성이 도처에 있다면, 이 물질성이 *실천*에 의해 거기에 각인된 의미와 불가분의 관계를 맺고 있다면, 일군의 인간 집단이 준기계적인 체계 안에서 행동할 수 있다면 그리고 사물이 그 자체의 관념을 만들어 낼 수 있다면 도대체 *사물*, 즉 의미가 완전히 제거된 순수한 **존재**는 어디에 있는가? 답은 간단하다. 우리가 처해 있는 **역사**의 한 순간에서 사물은 정확히 인간이 사물인 것과 마찬가지로 인간이다. 한 번의 화산 폭발로 헤르쿨라네움[308]이 파괴될 수 있다. 어떤 면에서 보면 인간 자신이 스스로 화산에 의해 파괴되도록 방치하는 것이다. 인간적 세계에서 인간이 없다면 정확한 한계도 의미도 갖지 못한 하나의 과정 속에 용해되어 버릴 것에 하나의 사건으로서의 통일성을 부여하는 것은 하나의 도시와 이 도시 주민들의 사회적, 물질적 통일이다. 물질은 신을 위해서 아니면 순수 물질을 위해서만 물질이 될 수 있다. 그러나 이것은 부조리하다.

---

307 『철학백과사전(*Encyclopédie des sciences philosophiques*)』(1817)에서.(편집자 주)
308 79년 폼페이 화산 폭발 당시 매몰된 로마 시대의 도시 이름.

그렇다면 우리는 이렇게 해서 다시 이원론으로 되돌아왔는가? 그렇지 않다. 우리는 인간을 세계 속에 위치시켰으며, 단지 인간을 위한 그리고 인간에 의한 이 세계는 인간적일 수밖에 없다는 사실을 확인했을 뿐이다. 그러나 변증법은 정확히 일원론이다. 이것은 대립항들이 폭발하기 전에 한순간 대자적으로 정립된 여러 계기로 나타나기 때문이다. 만약 우리가 전적으로 물질이라면 어떻게 우리가 물질에 대해 작용할 수 있으며, 또 물질은 어떻게 우리에게 작용할 수 있겠는가? 만약 인간이 총체화하는 극복 속에서 자신의 조건을 체험하는 특수한 존재라면 어떻게 물질적 세계가 *존재*할 수 있겠는가? 일반적으로 어떤 하나의 활동이 가능하다는 것을 어떻게 생각할 수 있는가? 우리는 매 순간 물질적 실재를 우리의 생명에 대한 위협으로서, 우리 노동에 대한 저항으로서, 우리 인식에 대한 한계로서 그리고 또한 이미 드러난 또는 가능한 도구로서 체험한다. 그러나 우리는 타성태와 자동운동성과 불침투성이 우리의 행동을 제어하는 *사회에서*와 마찬가지로 이런 노력에 저항하는 타성태적 대상 안에서도 이 물질적 실재성을 마찬가지로 체험한다. 그리고 이 두 경우에서 우리는 하나의 유의미적 통일화 과정 내부에서 이 수동적인 힘을 체험한다. 물질이 스스로 *우리에게* 그리고 *우리 내부에서* 주어지는 것과 마찬가지로 이 물질은 우리에게서 벗어난다. 과학의 세계는 의미들로 이루어진 하나의 엄격한 연쇄다. 실천에서 유래한 이 의미들은 이 실천을 밝히기 위해 이 실천으로 되돌아간다. 그러나 이 의미 하나하나는 잠정적으로 주어진다. 비록 이 의미 하나하나가 내일의 체계 안에 있어야 한다고 해도 항상 가능한 총체의 전복은 이 의미들에 대해 전혀 다른 효력을 부여할 수도 있다. *인간적 세계*에서 출발하고 인간을 **자연** 속에 위치시킨 유일한 일원론, 그것이 바로 물질성의 일원론이다. 이 물질성의 일원론만이 유일하게 실재적이다. 이것만이 유일하게 **자연**을 "낯선 부가물 없이" 관조하는 순수한 *신학적* 유혹을 떨쳐 버릴 수 있다. 인간을 분자적 확산으로도 별도의 존재로도 만들지 않는 것, 동물적 생활이 영위되는 전체 환경 속에서 인간을 우선 그의 *실천*을 통해 정의하는 것, 다음과 같은 옳기도 하고 그르기도 한 주장 —— 즉 **우주**에서 모든 존재는 물질적이고, 인간의 세계에서 모든 것은 인간적이다 —— 을 극복하는 것 역시 이 물질성의 일원론뿐이다.

만약 우리가 이 일원론에서 근본적으로 비인간적인 하나의 과정의 비본질적 계기만을 본다면 어떻게 *실천*을 정초할 수 있는가? 만약 이 실천을 통해 **존재** 전체가 스스로 총체화된다면 어떻게 이 실천을 실재적이고 물질적인 총체화로서 제시할 수 있는가? 이렇게 되면 인간은 하이데거의 저서를 설명하면서 발터 비멜이 불렀던 대로 "**존재의 개방성**(Ouverture de l'Etre)의 담지자"가 되리라. 이와 같은 접근이 전혀 엉뚱한 것은 아니다. 하이데거가 마르크스주의에 대해 칭찬을 했다면 그것은 그가 마르크스주의의 철학에서 발렌[309]이 말한 것과 같이 "존재는 내 안의 타자라는 사실과 인간은…… 그가 아닌 존재에 대해서만 자기 자신일 뿐이라는 (사실)"[310]을 드러내는 방식을 보았기 때문이다. 그러나 인간과 인간적인 것을 인간과는 **다른 것**에 종속시키는 모든 철학은 그것이 실존주의적 관념론이든 마르크스주의적 관념론이든 간에 인간에 대한 증오를 토대로 하며 또 그런 결과를 낳는다. 이 두 경우에 있어서 **역사**가 이 사실을 증명해 주고 있다. 따라서

---

309 발터 비멜(Walter Biemel)과 알폰스 발렌(Alphonse Waelhens)은 모두 현대 철학자로 주로 현상학과 실존 철학 연구자들이다.

310 A. 발렌(Waelhens), 『현상학과 진리(*Phénoménologie et vérité*)』, 에피메테우스 총서, 160쪽.(원주)

우리는 선택해야만 한다. 인간이 우선 자기 자신이든지 아니면 우선 자기 자신과는 **다른 자**이든지, 두 이론 가운데 하나를 말이다. 만약 두 번째 이론을 선택한다면 이는 단적으로 인간의 현상적 소외의 희생자가 되는 동시에 공모자가 되는 것을 의미한다. 그러나 소외는 인간이 우선 *행동인 한*에서만 발생한다. 노예 상태를 정초하는 것은 자유이며, 외면적 인간관계를 정초하는 것도 인간들 사이의 관계가 갖는 원초적 형태로서의 직접적이고 내면적 관계다. 인간이 살고 있는 세계는 미래가 하나의 사물인 세계, 관념이 하나의 대상인 세계, 물질의 폭력이 그 자체로 "**역사**의 산파"가 되는 그런 세계다. 그러나 사물 속에 자기의 *실천*, 자기의 인식을 투여하는 것은 바로 인간이다. 그가 경험을 하는 가운데 가공되지 않은 물질과 조우할 수 있다면, 이것은 그가 신이거나 아니면 한 개의 조약돌이기 때문일 것이다. 그리고 이 두 경우에 있어서 물질은 *그에게 아무런 영향을 주지* 않을 것이다. 그렇게 되면 그가 이 물질을 자기 자신의 직관의 이해 불가능한 섬광 속에서 만들어 내든지 아니면 그의 행동이 단지 에너지의 등가를 위해 사라지든지 둘 중 하나다. 유일한 시간적 운동은 퇴화의 운동, 즉 복잡한 것에서 단순한 것으로 대지의 구체적인 풍요로움에서 완벽한 균형의 미분화로 이행하는 역방향의 변증법일 것이다. 요컨대 퇴행과 분해가 진화를 대치하게 될 것이다.

우리는 앞에서 인용된 예에서 사물이 모든 인간적 활동을 흡수하고 이것을 물질화시켜서 복권시킨다는 것을 보았다. 이와 달리 진행될 수가 없다. 인간들의 물질적 존재 속에서 그리고 **존재**의 물질성에 의해서가 아니라면 인간과 대상들에게 그 어떤 사건도 발생하지 않는다. 그러나 인간은 정확히 물질적 실재이며 물질은 이것을 통해 인간의 기능을 부여받는다. 에스파냐 화폐가 겪은 모든 변천들은 인간적 행위의 변화와 반전이다. 인간관계를 전복시키고, 그렇지만 그 어떤 인간도 원하지 않았던 *금의 작용*과 조우하는 모든 곳에서 우리는 개인적이거나 집단적인 목적을 암암리에 겨냥하고 또 사물의 매개를 통해 스스로 변화하는 수많은 인간적 기도들을 보게 된다. "물질-인간적 기도"라는 이 불가분의 쌍에서 하나의 항목은 다른 항목의 변형 장치로서 작용한다. 다시 말해 대상의 수동적 통일은 개인이나 집단의 투기에 의해, 즉 세계를 변화시키는 것을 겨냥하고 있는 현실적이고 능동적인 총체화에 의해 극복하는 물질적 환경을 결정한다. 그러나 만약 이 총체화가 존재 속에 각인되지 않는다면, 만약 이 총체화의 초벌 그림이 그려지기 시작하는 바로 그 순간에 **존재**가 이 총체화를 포착하여 이것을 새로이 도구의 의사-총체성 내에서 변형시키고 또 이것을 한정된 결정으로서 전 **우주**와의 관계 속에 위치시키지 못한다면 이때 이 총체화는 순수 부정이 될 것이다. 타성태적 의미들로부터 전체적으로 이탈하는 것은 의미적 총체에 대한 해독과 정도의 차이는 있으나 심오하고 분명한 이해를 내포하고 있다. 투기는 의미들을 일깨우며, 한순간 극복 속에서 이 의미들에게 활기와 진정한 통일성을 부여해 준다. 그런데 이 극복은 이미 유의미적이고 완전히 타성태화된 재료 — 철이건 대리석이건 언어이건 간에 — 속에서 총체성을 각인시키게 된다. 하지만 다른 재료들은 무대의 막 뒤에서 분주히 움직이는 엑스트라들처럼 자신들의 운동에 의해 활성화된다.

모든 것이 변화하고, 혼란스럽게 되고, 다양한 의미와 수동적 재조직화 속에서 더해지고 혼합된다. 그런데 이 수동적 재조직화는 활동 중인 총체화의 무한한 진보에 **존재**의 고정성을 대치시키면서 총체성-대상을 자신의 한계 속에 가두며, 이 총체성-대상을 **우주**에 대립시키는 모순들의 총체로 만들어 낸다. 왜냐하면 의미를 고정시키는 것은 오성이 아니라 **존재**이기 때문이다. 이런 의미에서 사물의 물질성이나 제도의 물질성은 고안이나 창조에 대한 근본적 부정이다. 그러나 이 부정은 이전의 부정들을 부정하는 투기에 의해 **존재**에게로 온다. "물질-기도"의 쌍에서 물질에 의해 스스로를 부정하는 것은 바로 인간이다. 물질 속에 자신의 의미(즉 이전의 **존재**의 총체화하는 순수한 극복)를 위탁하면서 이 인간은, 물질성에 침투하면서 파괴적인 힘[311]으로 변화하는 자신의 부정적 힘을 스스로 빌리게 된다. 이처럼 이전의 여건에 대한 재조정이라는 관점에서 보면 **존재**로부터 순수한 이탈과 실재의 드러남으로서의 부정은 짓누르고, 파괴하고, 훼손하는 타성태적 힘으로 바뀐다. 가장 적합하고 가장 편리한 도구 속에는 이 도구의 유순함의 뒷면에 해당하는 감추어진 폭력이 존재한다. 이 도구의 타성태는 이 도구로 하여금 항상 "다른 사물에 봉사하는 것"을 가능케 한다. 더욱이 이 도구는 벌써 다른 것에 봉사하고 있다. 그리고 이것을 통해 하나의 새로운 제도가 정립되는 것이다. 따라서 이 제도를 넘어서고자 하는 자들은 자신의 투기를 통해 다음과 같은 이중의 목표를 제시해야 한다. 하나는 훨씬 더 광범위한 총체화를 통해 모순을 해결하는 것이고, 다른 하나는 불투명성에 엷음을 대체시키고 무

---

311 화살이나 도끼 속에서 불길한 것이 되어 버렸고 또한 거꾸로 자기 자신을 겨누는 스스로의 힘을 원시인들이 두려워하고 경외시할 때 이들이 직접적으로 포착하는 것이 바로 이것이다. 이러한 의미에서 볼 때 매일매일 기술과 경험을 통해 그 효율성이 드러나는 무기에 대해 초자연적인 힘을 부여하는 종교적 의식이 존재한다는 사실은 그리 놀라운 것이 못 된다. 왜냐하면 이 효율성은 인간적 노동(*타자*의 노동)의 결정(結晶)이자 미래 행위의 응고된 지시이기 때문이다. 일종의 영원성 속에서 이루어지는 자기 자신과 **타자**와의 이러한 융합, 무기를 제조하는 기술적 능력을 통한 사냥꾼의 소유, 마지막으로 이 양자의 화석화, 이 모든 것 속에서 원시인은 혜택을 주는 힘과 위협을 동시에 발견한다. 가공된 물질의 도구성 밑에서 이 원시인은 자신의 비밀스러운 적의를 간파한다. 우리가 오래전부터 아는 바와 같이 이러한 모순이 신성한 것과의 관계를 특징짓는다.(원주)

거움에는 가벼움을 대체시키면서 물질성의 지배를 줄여 나가는 것, 즉 비물질적 물질을 창조해 내는 것이다.

이처럼 가공된 물질은 자기 안에 지닌 모순들을 통해 인간들을 *위해* 그리고 인간들에 *의해* **역사**의 기초적 원동력이 된다. 이 가공된 물질 안에서 모든 사람의 행동은 결합되며, 하나의 의미를 갖게 된다. 즉 모든 사람을 위해 하나의 공통된 미래의 통일성을 이루게 된다. 그러나 *이와 동시에* 이 가공된 물질은 모든 사람에서 벗어나며 반복의 순환 고리를 끊어 버린다. 왜냐하면 이 미래는 —— 항상 희소성의 범주 내에서 투기되었던 —— 비인간적이기 때문이다. 분산된 환경의 타성태 안에서 이 가공된 물질의 목적성은 스스로 반목적성으로 바뀌거나 그 자체로 남아 있으면서 모든 사람이나 일부 사람들에게 반목적성을 만들어 내게 된다. 이 가공된 물질은 따라서 *그 자체*로 그리고 모든 행동(즉 모든 고안과 모든 창조 등등)의 종합적 요약으로서 변화의 필요성을 창조해 내는 것이다. 이 가공된 물질은 한 집합체의 사회적 기억임과 동시에 이 집합체의 초월적인, 그러나 내부적인 통일성, 산재한 모든 활동으로 이루어진 총체성, 미래의 고정된 위협, 인간들을 접속시키는 이타성의 종합적 관계이기도 하다. 이 가공된 물질은 이 집합체 자신의 **관념**이자 부정이며, 어쨌든 모든 사람의 항구적인 풍부화다. 이 가공된 물질 없이는 모든 사유와 행동은 사라지고 말 것이다. 이 모든 사유와 행동은 가공된 물질 안에서 자신들의 적대 세력으로 각인될 것이다. 또한 이 모든 사유와 행동은 이 가공된 물질을 통해 인간과 사물에 대해 물질적으로 —— 즉 역학적으로 —— 작용하게 된다. 이 가공된 물질 위에서 이 모든 사유와 행동은 사물과 물화된 이념의 역학적 작용을 겪게 된다.

유통되고 있는 인간적 대상으로서의 동전 하나는 다른 인간적 대상들(범선, 전차 등등)을 통해 **자연법칙**을 따른다. 이 화폐는 **그 자체 위에** 자연의 여러 법칙을 *결합시킨다*. 이 동전의 유통이 인간적 행위들을 흡수하는 기생적인 타성태인 한에서 그러하다. 자신의 유통에서 유래하는 이상한 인간적 법칙들을 통해서 그러는 것과 마찬가지로 동적인 자연법칙들의 통일을 통하여 이 동전은 인간들을 *거꾸로* 결합시킨다. 우리는 이 모든 것을 다음의 단 한 문장으로 요약할 수 있다. 비유기적 복수성의 통일화로서의 *실천*은 그러므로 물질의 *실천적* 통일이 된다는 것이다. 도구나 기계의 수동적 종합 속에 결집된 물질적 힘들이 행동을 *만들어 낸다*. 이 힘들이 다른 비유기적 확산들을 *통일시키고* 또 그렇게 함으로써 인간들의 복수성에 대해 하나의 물질적 통일화를 부여한다. 실제로 물질성의 운동은 인간들로부터 유래한다. 그러나 이전의 노동에 의해 도구 속에 각인된 *실천*은 *선험적*으로 행동들을 규정하는데, 이때 이 실천은 자신의 수동적 경직 속에서 노동의 분업에 이르는 일종의 기계적 타성태를 소묘하게 된다. 정확히 물질이 인간들 사이의 매개가 되기 때문에 인간들 각자는 물질화된 *실천*들 사이의 매개가 되고 분산은 일종의 의사 종합적 위계질서 속에서 정돈되며, 이 의사 종합적 위계질서는 인간적 질서의 형태하에서 이전의 노동이 물질성에 부과하는 특수한 질서를 재생산하게 된다.

3. 가공된 물질에 지배되는 인간

우리의 연구는 현재 수준에서 아주 풍요로운 의미들에 벌써 도달했지만 아직은 여전히 추상적이다. 인간적 세계가 단지 비인간적이지만은 않다는 것을 우리는 잘 안다. 그래서 변증법적 연구의 총체성에 도달하려면 가지성의 다른 층위들을 통과해야 한다. 그렇지만 이연구와 다른 계기들과의 관계가 어떻든 간에 하나의 계기는 실제 **역사**의 특정 구조의 결정으로서 당연히 주어진다. 즉 가공된 물질에 의한 인간 지배로서 주어지는 것이다. 그러나 우리는 한 예를 통해 이지배의 움직임을 추적하면서 자신의 생산물의 생산물로서의 인간에 대한 무서운 얼굴의 밑그림이 그려지는 것을 목격할 수 있었다.(그리고 ─ 이 연구의 현재 수준에서는 ─ 얼굴의 밑그림은 그것 이외의 다른 것이 아니다.) 우리가 이 연구의 바로 이 계기의 통일성에서, 물질성의 비인간적 인간화와의 긴밀한 관계에서 연구해야 하는 것이 바로 이 얼굴이다. 우리는 사실상 가지성의 어떤 유형이 우리가 매일 사용하는, 그 뜻을 이해한다고 생각하는 그리고 용해되지 않는 총체화에서 목적과 필요, *실천*과 타성태 등을 통합시키는 기묘하고 종합적인 표현을 가질 수 있을까 하고 자문했었다. 그런데 우리는 이 표현들이 또한 인간의 행동이나 가공된 물질의 "행위들"에도 그대로 적용되는 것을 확인했다. 마치 자신의 생산물에 의해 만들어진 생산물로서의 인간과 인간에 의해 가공된 물질이 모든 원래적 차별화의 점차적인 무효화를 통해 완전한 등가를 지향하는 것처럼, 그리고 마치 이미 실현된 이 등가가 다양한 양상을 가지고 있지만 동일한 성질을 갖는 대상들을 ─ 이 대상들 가운데 하나는 인간이거나 인간들의 집단, 다른 하나는 철도 체계이거나 기계들의 집단일 수 있다 ─ 통해 이 개념들을 지시하고 생각하는 것을 허락하는 것처럼 말이다.

사실 매사가 항상 이렇지만은 않다. 이 연구의 현재 수준에서 문제되는 것은 동일하게 될 인간적 대상이나 생명이 없는 도구가 아니라 오히려 인간화된 물질로서 물질적 전체와 비인간화된 인간들로서 대응하는 인간적 총체와의 용해되지 않는 공생이다. 물질적으로 통일을 실현하는 벽에 둘러싸인 특정한 도구성의 조합을 지칭하기 위해, 이것에 관여하는 사람을 지칭하기 위해 또는 이 두 가지를 의도적인 무차별 속에서 한꺼번에 지칭하기 위해 사람들은 "공장", "기업" 등의 용어를 사용한다. 하지만 우리가 여기에서 이해하는 의미에서 본다면 이와 같은 총체화는 물질과 사람 사이에 엄격한 등가 없이 후자가 전자에 적합할 경우에만 일어날 수 있다. 만약 실제로 개인들이 자신의 노동의 산물로서 단지 물질을 조직하는 자유로운 *실천*(또한 더 표층적 수준에서는 이 자유로운 실천이다.)이라면 내면적 관계는 일의적일 것이며, 사회적 장에서 수동적 능동성, 능동적 수동성, *실천*과 운명으로 표현되는 아주 강한 특징을 가진 이 통일성에 대해 기술할 수 없을 것이다. 이렇게 구축된 사회적 대상이 하나의 존재를 가지려면 인간과 그의 생산물은 생산 자체 내에서 자신들의 특성과 지위를 교환해야만 한다. 우리는 곧 원시 사회에서 볼 수 있는 대상들의 존재에 주목하게 될 것이다. 하지만 지금 연구해야 하는 것은 가공된 물질에 의해 지배되는 자로서의 인간이다.

실천적-타성태의 현실: 요구

가공된 물질에 의해 지배된 자로서의 인간은 욕구, *실천* 그리고 희소성의 인간으로 남아 있다. 하지만 이 인간이 물질에 의해 지배되는 한 비록 욕구가 그의 활동의 기본적 토대일지라도 이 활동은 더 이상 욕구로부터 직접 유래하지 않는다. 이 활동은 그의 내부에서, 외부로부터, 생명 없는 대상의 실천적 요구로서의 가공된 물질에 의해 유발된다. 달리 말하자면 하나의 특정 행위가 그로부터 기대되는 자로 인간을 지시하는 것은 바로 대상이다. 실제로 사회적이고 제한된 실천의 장에서라면 노동자의 욕구와 그의 삶을 꾸려 나가야 하는(또는 생필품을 사기 위해 자신의 노동력을 팔아야 하는) 필요성은 각자에게 있어서 이 장에서 나타나는 통합적이며 총체화하는 긴장을 일으키기에 충분하다. 그러나 이 욕구는 꼭 "직접" 현전하는 것은 아니다. 이것은 단지 *실천*이 그 자체를 완전히 떠맡기는 것일 뿐이다. 이와 반대로 이 사회적 장(예컨대 공장이나 작업실)이 다른 모든 장에 의해 이미 형성된 위계질서를 통해 통일되는 한 노동자 개개인은 이 통일을 사물들 자체 속에서조차 낯선 힘과 동시에 자기 자신의 힘으로 견뎌 낸다.(자기 자신의 힘으로 견뎌 내는 것은 자본주의적 착취에 관련된 것으로서의 이른바 소외의 구조 외부에서다.) 그리고 자신을 **타자**들에게, **타자**로서 자기 자신에게 되돌려 보내는 이런 통합은 아주 단순히 자기 자신의 노동이라는 시각에서만 구체적으로 포착될 수 있을 뿐인 노동의(작업실과 공장의) 집단적 통일일 따름이다. 만약 이 노동자가 실제로 다른 노동자들이 일하는 모습을 *보게* 된다면 그들이 하는 동작들의 통일화는 추상적 지식에 해당한다. 그러나 그는 자신의 일을 자기가 속해 있는 **타자들**의 노동으로 경험한다. 왜냐하면 집단적 *실천*의 일반적 동작이 다른 시기에, 다른 장소에서, 이미 행해진 하나의 노동에 의해 도구들 속에 등록된 실천적 의미들을 일깨우기 때문이다.

사실 도구란 실천을 지탱하는 타성태에 의해 결정되며 또한 그것은 전도된 하나의 *실천*이기도 하다. 그리고 이 *실천*은 도구 안에서 그 누구와도 관련된다. 쇠에 구멍을 뚫는 드릴과 영국제 열쇠는 나와 마찬가지로 나의 이웃을 지시하기도 한다. 단지 나와 관련될 때만 이 지시들은 일반적으로 추상적이고 순수하게 논리적일 뿐이다. 왜냐하면 나는 프티부르주아 지식인이거나, 달리 말하자면 이 관계들이 완전히 죽은 가능성에 속한다는 그 사실 자체에 의해 스스로 프티부르주아로 지시되기 때문이다. 이와 정반대로 특수공은 진행 중인 공동 작업의 실천적 장에서 그 자신과 연결된 도구나 기계에 의해 실질적이고도 직접적으로 지시된다. 사실 *사용법*은 —— 과거 기계 생산자가 작성했던 것과 같은 —— 나와 마찬가지로 그 특수공도 지시하지 않는다. 누가 사용하든지 간에 이 사용법은 대상 그 자체를 구성하고 사용케 하는 특정 수법에 지나지 않는다. 그러나 노동을 하는 집단은 이와 같은 타성태의 죽은 지시를 통해 이 대상을 지시하게 된다. 그 까닭은 모든 사람의 노동이 각자의 노동에 의존하기 때문이다. 그러나 마르크스가 잘 보여 주었듯이 수동적 물질로서의 기계는 스스로를 이와 같은 인간적 상호 의존성의 *부정*으로서 스스로를 실현하며, 또한 노동자들의 노동의 필요 불가결한 수단의 자격으로 이들 사이에 개입한다. 그리고 집단의 생생한 연대 의식은 이것이 형성되기도 전에 파괴된다.

　인간들 사이의 관계가 인간적일 때 한 인간이 다른 인간에게 기대하는 바는 상호성 안에서 정의된다. 왜냐하면 기대는 하나의 인간적 행위이기 때문이다. 복잡한 집단에서 분열, 분리, 전달 조직의 엄격함이 물질성의 기계적 지위에 의해 생생한 관계들을 대체하는 경우를 *제외하고는*(우리는 뒤에서 이 문제를 다시 살펴보게 될 것이다.) 인간들 사이에서는 *수동적 요구*가 문제 될 수 없다. 왜냐하면 있는 그대로의 *실천*은 상호적 행위 안에서 실천에 통합될 수 있고, 각자는 자기가 **타자**의 목적을 인정함에 따라 자신의 목적을 제안할 수 있기 때문이다. 그러나 있는 그대로의 그 어떤 실천도 명령을 구성할 수조차 없다. 그 이유는 단지 요구는 상호성의 구조에 들어가지 않기 때문이다.[312] 제삼자가 소지자임을 보게 될 *주권*에 대해서 말하자면 이 주권

312　우리는 뒤에서 개인은 서약을 통해 타성태에 작용한다는 것을 보게 될 것이다. 요구가 가능해진다.(원주)

은 — 나는 이 사실을 증명하게 될 것이다 — 대자적으로 정립되는 하나의 자유에 불과하다. 이와 반대로 기계를 통해 노동자 개인을 겨냥하는 다른 사람들의 기대는 기계 자체에 의해 자격을 얻는다. 단순한 구조를 통해 해야 할 일을 명령하는 것은 바로 기계 그 자체다. 그러나 인간적 기대가 적어도 스스로에 대해 의식한다면 그리고 집단의 수가 너무 많지 않다면 이 기대는 노동자를 그의 이름과 성격 등등과 더불어 *직접* 겨냥하게 된다. 그리고 이와 동시에 기계는 이 기대를 흡수하고 비인간화시키고 어느 누구나의 기대처럼 해석한다. 이때 이 어느 누구나는 정확하게 *자기 자신*이 아닌, 그러나 하나의 보편적 행위에 의해 정의된, 따라서 **타자**로 정의된 그런 사람이다. 게다가 이와 동시에 기계는 동료들을 자신들이 아닌 **타자들**로 변화시킨다. 왜냐하면 이들은 다른 기계들을 이용하는 평범한 자들이기 때문이고, 따라서 이 기계는 그 자체의 요청을 통해 다른 기계들이 **타자들**에게 하는 요청을 가리키기 때문이다. 그 결과 요청은 결국 일군의 기계에서 평범한 사람들에게 오는 요청이 되어 버린다. 그러나 특정 방법, 특정 리듬 등등과 더불어 조작되기를 기다리는 하나의 도구로부터 유래하는 이와 같은 요청은 자신의 물질성 자체에 의해 중요한 변화를 겪는다. 이때 이 요청은 요구가 된다. 왜냐하면 이 요청은 이타성과 수동성이라는 이중의 특징을 부여받기 때문이다. 사실상 요구는 — 명령이든 정언명령이든 간에 — 각자 안에서 그 자신과 다른 자가 된다.(그는 요구를 변화시키는 방법들을 갖고 있지 않다. 단지 이 요구에 맞출 수 있을 뿐이다. 요구는 그의 능력 밖에 있고, 그는 요구의 변화 없이 스스로를 완전히 바꿀 수 있다. 요컨대 요구는 행위의 변증법적 운동에 포함되지 않는다.) 그리고 이와 동시에 요구는 각자를 그 자신이 아닌 **타자**로 구성한다. 실천이 그를 특징짓는 한에서 이 실천은 그 원천을 욕구나 욕망에서 취하지 않는다. 이 실천은 실행 중에 있는 투기(投企)의 실현이 아니다. 오히려 하나의 낯선 목표에 도달하기 위해 이루어지는 한에서 이 실천은 행위 주체 안에서 이루어지는 **타자**의 실천이고, 결과 안에서 대상화되는 것은 **타자**다.

그러나 이처럼 목표에서 목표로 나아가고 또 전진하는 과정에서 전체를 총체화하는 변증법적 운동에서 벗어나기 위해서 실천 그 자체는 타성태와 외면성의 영역에 있어야 한다. 명령의 특징은 타성태에 의한 견고함, 한마디로 물질성이다. 그런데 명령은 더 이상 바뀔 수 없기 때문에 명령이다.(명령을 내린 자는 떠났다. 이 명령을 실천하는 일만 남아 있다.) 바로 이런 이유로 요구의 최초의 형태는 노동자를 *어떤 몸짓이 기대되는* **타자**로 지시하는 도구나 물질의 타성태적 기대 속에 있는 것이다. 이 요구를 구체적인 상황 안에 다시 놓으면, 즉 노동자들의 깨진 연대의식이 실제로는 생산에 대한 공동 노예화라는 것을 이해한다면, 그리고 실천적 장의 긴장이 욕구를 다소간 직접적이지만 기본적인 원천으로 삼고 있다는 사실을 상기하면 요구[313](노동-상품)가 갖는 이른바 자본주의적 구조를 고찰하지 않고서라도 명령의 모든 형식은 가공된 물질로 인해 인간에게 오는 것으로 결론지을 수 있다. 그 까닭은 사회적 장에서 가공된 물질이 그 자체의 일반성에서 이 명령을 *의미하기* 때문이다. 달리 말하자면 검토된 수준에서 내면성의 일의적 관계는 거짓 상호성의 내면적 관계로 변모하는 것이다. 물질을 통해 인간이 인간에 대해서 자신의 우위를 확인하는 것은 바로 **타자**로서의 인간이다. 이처럼 기계는 과정의 질서가 계속해서 유지될 것을 *요구하며*, 물질과 인간의 실질적 관계는 이 기계의 요구에 대한

---

313   사회주의 사회에서 이와 같은 기술은 적어도 몇몇 공장과 특정 상황에서는 나름대로 가치를 가질 수 있을 것이다.(원주)

응답이 된다. 물론 기계라는 타성태적 물질은 전혀 요구를 할 수 없다고 대답하기 쉽다. 단지 이미 지적한 것처럼 우리의 관심사가 이제까지 가공되고 사회화된 물질에만 있다는 점에서 이 논쟁은 더 이상 가치가 없다. 이런저런 기계, 그것은 이미 자본주의적 구조를 지닌 사회에서 실질적인 노동(몇몇 무명의)의 실질적인 생산물임과 동시에 자본으로서는 한 개인의 사유 재산 혹은 이 재산에 따라 구조화된 집단의 사유 재산이기도 하다. 이 기계는 또한 이 사람들에게는 주어진 시간 단위에서, 이것을 움직이는 다른 사람들의 노동력을 수단으로 해서 얼마간의 상품을 생산해 내는 가능성임과 동시에 수공업자들에게는 이들 스스로가 대상들이고 또 자신들의 행동들이 이미 적혀 있는 대상이기도 하다.

그러나 이 기계는 산업 경쟁을 하는 도중에 나타난다. 이 기계는 경쟁의 산물이며 경쟁의 심화에 기여한다. 반복되는 적대 관계로서의 경쟁은 고용주 자신을 **자신이 아닌 타자**로 결정한다. 이때 이 고용주는 자신의 행동을 타자에 따라서 그리고 **타자들**에 대한 **타자**의 작용으로 결정한다. 프랑스에 *다른 것*으로 수입된(예컨대 직조 산업의 몇몇 생산자에 의해 1830년경에 최초로 아주 신중하게 이루어졌던 영국제 기계들의 수입을 생각해 보자.) 기계는 *모든 사람을 위해* 그리고 *모든 사람 사이에서* 새로운 적대 관계와 새로운 운명들을 만들어 냈을 것이다.(이 적대 관계와 운명들은 이와 같은 전망에서 이 모든 사람을 필연적으로 *다른 자*들로 구성하면서 계급과 사회적 환경을 정의한다. 1830년경 이 기계들에 의해 자격을 잃고 프롤레타리아가 된 노동자들과 수공업자들은 마법사가 자신의 마법이 끈으로 이들을 건드리지 않고도 망하게 하고 완전히 변모시키는 것처럼 그 자신들의 운명을 맞이했다는 사실을 보게 될 것이다.) 그 자체로 자신의 형식 속에서 그 시대의 사회 조직들과 기술들을 표현하는 특정 유형에 속하는 특정 기계가 *자기 안에서* 특정한 생산을 실현하고 유지하고 증가시키는 수단으로서 방금 *내가 지적한 것*, 즉 **타자** 한가운데 **타자**라는 사실은 의심의 여지가 없다. 또한 이런 상황에서 기계는 고용주에게 요구할 목적으로 경쟁에서 파생된 긴장을 이미 흡수했다는 사실, 그리고 노동자들에게 요구할 목적으로 욕구와 사회적 제약들에서 파생된 긴장을 이미 자기 안에 흡수했다는 사실 역시 의심할 수 없다.

이와 같은 사실을 통해 보면 하나의 경제적, 기술적, 사회적 복합체 속에 존재하는 한 모든 대상은 생산 양식과 생산관계를 통해 그 자체로 요구가 되고, 다른 대상들 안에서 다른 요구들을 유발한다. 다른 대상에 의해 이루어지는 하나의 물질적 대상의 *원격* 변화는 당연히 인간들의 집렬체적 행동 안에서 그 자체의 기초적 가지성을 발견하게 된다. 그러나 이 가지성은 바로 인간의 행동이 비본질적으로 구성될 것, 이 행동이 무능함을 확인하고 비인간적 목적, 그러니까 가공된 물질의 이익이 되는 수단이 될 것을 요구한다. 이때 이 가공된 물질은 *재화를 생산해 내는 수동적이고도 유일한 활동*의 입장에서 볼 때 — 이와 같은 명분으로 이 활동은 사회적 힘으로 표출된다 — 사회적 권력과 무조건적 요구로 나타나게 된다. 분명 물질적 요구를 가언명령으로 간주하는 것은 추상적으로 논리적으로 가능하다. "네가 월급을 받고 싶으면……" 또는 "만약 생산성이 증가하고 노동자들의 수가 줄어들어야 한다면……". 하지만 이와 같은 추상적인 시각은 **분석적 이성**의 차원에 머문다.

한편 생명을 잃을 가능성은 실제로 존재의 지속성에 그 실재가 들어 있는 생명 그 자체와 함께 주어져 있지 않다. 이 가능성은 한정된 특정의 역사적, 사회적 조건하에서 나타난다.(**인디언**의 예를 들면 이 가능성은 **유럽인**이 중앙아메리카와 남아메리카에 정착한 사실에서 기인한다. 이는 굴복한 패배자들에게 노동과 생활 양식의 변화를 가져오고, 이는 다시 조직 자체와 이 조직의 지속적인 적응 실패를 통해 생명을 위태롭게 하는 상태를 야기한다.)[314] 그 결과 "네가 월급을 받고 싶으면……"과 같은 가정은 이미 사회 자체가 구성원들에게 부과하는 변화를 통해 이들의 삶을 위태롭게 하는 경우를 제외하고는 각자의 *실천*에서 구체적으로 나타날 수 없다. 그 자체로 절대적 위치인 유기적 삶에서 *실천*의 유일한 목표는 생명의 무한한 재생이다. 존속의 수단들과 마찬가지로 이 수단들을 스스로 얻으려고 (직접적으로 또는 간접적으로) 하는 활동의 전형도 사회 자체에 의해 결정되어 있다. 그러나 이와 정반대로 실천적 장에서 나타나는 삶과 죽음이 문제가 되는 긴장은 요구를 실제로 정언명령으로 표출하는 결과를 낳는다. 앞으로 살펴보겠지만 고용주가 자신의 *실천*을 *이해관계*라는 공동 이름하에 세계 속에서 **자기-밖-존재**에 종속시켰다는 점에서(공장으로, 지상 혹은 지하 소유지로, 기계 집단으로) 명령은 또한 욕구 그 자체에서 그에게 유래하는 것이다. 물론 이 욕구는 지금 당장 느껴지지 않으며 직접적으로 문제화되지도 않는다.(한 명의 고용주의 입장에서 볼 때 그의 파산 자체는 반드시 자신과 가족의 욕구를 채울 수 없다는 불가능성이 아니다.)

그러나 역으로 대상을 살펴볼 필요도 있다. 이 대상은 사실상 **타자들**을 위한 그리고 각자가 포함되어 있는 **타자**의 상황에서 정언명령이기 때문에 이는 물질성의 부정을 통해 모인 모든 사회적 분산을 명령의 힘으로 자기 안에 응축하면서 각자에게로 되돌아온다. 이렇게 해서 삶과 죽음이 문제가 되는 긴급 상황에서 직접 체험된 정언명령

---

314 사실 이들은 패배와 노예 신분보다도 유목민 생활에서 농부의 정착 노동으로 중간 *과정 없이* 이행한 변천에 더 고통을 받은 것으로 보인다.(원주)

은 방향을 되돌리고 단호하게 각자를 **타자**로 겨냥한다. 이때 각자는 물질적 대상과 **타자들**의 명령 사이의 매개다. 여기에서 명령은 이중의 — 이중적으로 정언적인 — 구조를 가졌다고 할 수 있다. 왜냐하면 각자에게 삶의 긴장은 집렬체적 이타성을 유지시키며, 이 이타성은 이 긴장을 조건 짓기 위해 다시 삶으로 향하기 때문이다. 이런 점에서 볼 때 어떤 조직이든 그 테두리 안에서 개인들은 물질의 요구를 인간의 요구로 재외면화하기 위해 내면화한다. 감시와 규제를 받는 팀을 통해 기계는 노동자에게 일정한 리듬을 요구한다. 그래서 이것은 결국 생산자들을 몇몇 *사람*의 감시하에 종속시키는 것과 같아진다. 또는 시설이 갖춰져 있을 경우 이 감시자들을 어느 정도 자동화된 출석 점검 체계로 대체하는 것도 결국 이와 같다. 인간-기계에 의해 표현되든 아니면 인간적 기계에 의해 표현되든 간에, 어쨌든 물질에서 기인하는 요구는 기계를 통해 인간에게 오는 것과 마찬가지로 인간을 통해 기계에게로 온다. *기계에게는* 강압적 기대, 힘으로서 작동하고, *인간에게는* 모방으로서(명령을 내리면서 타성태를 모방하는 것) 작동한다. 분리될 수 없는 공생 속에서 제스처와 강제력인 기계는 항상 실천하는 행위 주체로서 인간인 동시에 가공된 산물로서의 물질이기도 하다. 더 정확히 말하자면 변증법적 과정의 결과로서 *새로운 존재*가 나타난다. 이 존재 안에서 *실천의 전체적 물질화*는 물질의 부정적 인간화이고, 자신의 진정한 실재성에 의해 개인을 고독한 행위 주체로 초월하는 동시에 무기적 물질을 타성태적이고 각인된 실재로서 초월하기도 한다. 이런 사실을 토대로 우리는 다음과 같은 주장들을 쉽게 이해할 수 있다. "증기는 큰 공장을 짓는 경향을 *촉발한다*.", "2퍼센트 이상 경사진 길에서 나타나는 기관차의 약한 성능은 (초기에) 물줄기와 골짜기를 따라가는 새로운 선로를 건설하도록 *강요한다*." 그리고 — 다른 요인 가운데 특히(어떤 것들은 더 중요하다.) — 철도가 가진 이와 같은 특징이 "고개 너머에 있는 지방의 인구를 흡수하는 경향이 있다." 등등. 물론 여기에서 고려된 물질적 요소들은 **하느님 아버지**에게도 **악마**에게도 아무것도 요구하지 않는다. 이 요구들은 인간들을 통해서 인간들에 의해서 나타난다. 또한 인간들과 함께 사라질 것이다. 그러나 기관차의 예가 보여 주듯이 물질의 요구가 결국 인간들을 통해 물질로 퍼진다는 것은 여전히 사실이다.

이처럼 개인(또는 집단)의 *실천*까지도 변질된다. 이제 이 실천은 더 이상 실천적 장의 자유로운 조직화가 아니라 물질성의 다른 분야의 요구에 따라 이루어지는 타성태적 물질성의 한 분야의 재조직화다. *발명*은 이루어지기도 전에 특정 생산의 환경에서는 우리가 방금 정의한 *실천적-타성태적 존재*에서 기인하는 요구가 될 수도 있다. 광산은 점차 파괴되는 "자본"이고, 이 광산의 소유주가 새로운 갱도를 파면서 채굴을 계속해야 하는 대상의 요구에 의해 결정됨에 따라 채굴 광석의 원가가 상승한다.[315] 그러나 석탄이 이제 필요한 장비를 갖추기 시작한 산업 세계의 제1의 요구가 된 상황에서 "자기 자신을 삼켜

---

315 이와 같은 요구는 16세기 사회에서는 이미 *객관적*이었다. 왜냐하면 헤론,[•] 포르타,[••] 코,[•••] 카르다노[••••] 등이 모두 이런 요구를 *실천적*으로, 즉 이 요구가 증기 기관의 이용을 암시하는 차원에서 포착했기 때문이다.(원주)

• Heron. 62년에 활동한 그리스의 기하학자이자 발명가. 헤론 공식으로 알려진 삼각형의 면적 공식과 아에올리스의 공(제트 기관의 원조인 첫 증기 기관으로 헤론이 설계)을 발명한 것으로 알려졌다.

•• 조바니 바티스타 델라 포르타(Giovanni Battista della Porta, 1535?~1615). 이탈리아의 자연 철학자이자 광선의 가열 효과를 최초로 깨달은 과학자. 당대 이탈리아의 뛰어난 희극 작가이기도 하다.

••• 살로몽 드 코(Salomon de Caus, 1576?~1626). 프랑스의 기술자. 증기 팽창과 응결에 대한 연구로 왕복 증기기관을 발명했다.

•••• 지롤라모 카르다노(Girolamo Cardano, 1501~1576). 이탈리아의 자연 과학자. 증기기관에 대한 연구 저작을 남겼다.

야 하는" 필연성이 광산과 동시에 이 광산의 소유주를 덮친다. 이 경우 이 광산과 이 소유주는 **타자들**일 뿐만 아니라 요청을 통해 하나의 공동의 이타성 속으로 용해된다. 광산으로부터 기인하는 공동 요구는 새로운 명령처럼 떠오른다. 이것은 마치 물질 그 자체가 다른 물질적 분야들의 요구를 내면화시킬 수 있는 것과도 같다. 깊은 갱도에서 (생산비를 줄이기 위해) 물을 퍼내야만 한다. 결국 인간의 노동이나 가축의 노동만으로는 충분치 않다. 18세기에 영국제 최초의 증기 펌프는 벌써 다양한 노력과 연구의 전통 속에 포함되었으며 이와 같은 전통 자체는 물질적 대상 속에서, 다시 시도해야 할 경험 속에서 그리고 책 속에 들어 있는 의미 속에서 결정화되었다. 달리 말하자면 물질의 요구는 인간을 통해 이것이 요구하는 물질적 대상을 명명하기에 이른 것이다. 요구 자체를 정의하면서 파팽[316]과 뉴커먼[317]은 발명이 *채 이루어지기도 전에* 이 발명의 도식과 원칙들을 정립했다. 이로 인해 그리고 석탄의 계속되는 증가와 일부 갱도의 점진적인 고갈로 인해 결국 존재의 요구가 되는 것은 바로 실현된 것이 아니라 정의된 것으로서의 대상 그 자체다.(그리고 경쟁을 거쳐 기술자 하나하나를 요구 그 자체를 실현해야 할 자로 지칭하는 요구는 모든 가능한 발명자에게 있어서는 **타자들**을 통해 긴급 사태가 된다. 그러니까 *가장 빠른 시간 내에* 물 펌프를 실현해야 하는 것이다.)

결국 와트가 증기 기관을 발명했을 때 사람들은 이 증기 기관이 이미 존재했었다는 사실과 그의 발명이 단지 개량(내연실의 분리)에 불과했다는 사실을 알게 되었다. 다만 이 개량은 실현이기도 하다. 이 개량은 수익의 증가를 가져다주며, 그 자체만으로도 기계들의 산업

---

316   드니 파팽(Denis Papin, 1647~1712). 프랑스 물리학자. 증기선 발명가.
317   토머스 뉴커먼(Thomas Newcomen, 1663~1729). 영국의 발명가. 증기력 양수기의 개량자.

생산을 정당화시켜 주기 때문이다. 같은 해(대략 18세기 마지막 10년 동안)에 우리는 다른 중요한 대상들, 특히 증기선의 등장을 볼 수 있다. 이것은 기본적인 요구가 다른 분야에서 유사한 요구들을 결정지은 결과다. 이 기본적 요구는 타성태적 물질이 그러해야 하는 것처럼 부정적인 것에 의해 총체화적이다. 이와 동시에 이 기본적 요구는 *인간-요구*를 낳는다. 즉 새로운 세대는 물질성에 의해 확산된 요구(이전 세대가 *자신들의 한계*라고 느낀)를 자신들의 요구로 내면화시킨다.(또는 특정 집단은 그 요구 안에서 내면화시킨다.) 발명가는 스스로 인간-요구가 된다. 그러니까 현재의 물질성과 이것이 요구하는 미래 사이에서 비본질적인 매개가 된다. 증기기관을 발명한 사람은 *그 자신이 직접 증기 기관이어야 하고* — 발명을 통해 이미 알려진 원칙들의 타성적 전체의 자격으로서 — 아주 강력한 물펌프의 *결여(지나간, 그러나 항상 실재하는 광산의 요구로서)이어야 하며* 또한 미래에 실현되어야 할 것으로 요구되는 실현 속에서 이루어진 *실천*의 미래적 객체화여야 한다. 우리는 여기에서 *실천*의 여러 차원을 다시 발견하는데, 이것은 자연스러운 일이다. 왜냐하면 모든 것이 *개인적* 실천에 의해 지탱되기 때문이다. 그러나 석탄은 이 실천을 통해 스스로 연료가 되면서, 그리고 새로운 갱도를 파는 것을 가능케 해 주는 기계의 에너지원이 되면서 고유한 채굴 수단을 만들어 내게 된다.

타성태적이며 강요된 목적성으로서의 요구에서 볼 수 있는 이 계기를 통해 *객관적 모순*으로 불리는 이런 유형의 부정성을 생각해 볼 수 있다. 우리는 뒤에서 모든 모순의 심층 구조가 주어진 사회적 장 내부에서 이루어지는 인간적 집단들 사이의 대립이라는 사실을 보게 될 것이다. 그러나 활동-*타성태*의 형태가 지니는 기술적 총체의 수준에서 모순은 하나의 총체 속에서 전개된 반목적성이다. 왜냐하면 모순 그 자체가 그것을 만들어 낸 과정에 대립하기 때문에, 그리고 이 모순이 부정된 요구로서, 사회적 장의 실천적-타성태적 존재들의 총체화된 총체에 의한 요구의 부정으로서 느껴지기 때문이다. 우리가 잘 이해해야 하는 것은 **실천적-타성태적 존재**의 수준에서 반목적성이 강하게 구조화되어 있으며, 혜택을 받는 몇몇 이익 집단들의 매개를 통해 *대항 목적성*들이 된다는 사실이다. 그리고 각각의 타성태적 목적성이 **타자**의 요구임과 동시에 *타자적* 실재인 것과 마찬가지로 이 대항 목적성들 하나하나는 또한 *반목적성*이 된다. 프롤레타리아화하는 농업 계급의 입장에서 보면 한 나라의 초공업화는 반목적성이다. 반면 가장 부유한 지주들의 입장에서 보면 목적성이다. 왜냐하면 이 지주들은 이 초공업화를 통해 자신들의 생산성을 증가시키기 때문이다. 따라서 초공업화는 프롤레타리아가 되어 가는 농촌 출신 사람들에게는 반목적성이 되나 나라 전체의 입장에서 보면 일정 단계를 지날 때 반목적성이 된다. 그 까닭은 이 나라가 점차 새로운 농업 기반으로부터 멀어지기 때문이다.[318] 사물들이 갖는 이와 같은 모순의 극복은 초공업화 그 자체 내에서, 즉 — 예를 들면 — 점점 더 빨라지고 점점 더 적재량이 증가하는 상선대의 발전과 이 상선대를 지키는 것이 주요 기능 가운데 하나인 전함의 발전 속에서만 이루어진다. 극복은 여기에서도 여전히 모순 그 자체에 의해 표현된다. 그리고 바로 이 차원에서 우리는 극복으로부터 출발해서 그리고 다른 형태하에서 이 모순을 재발견하게 된다.

이와 반대로 하나의 집단(또는 하나의 계급)에서 스스로 반목적성으로 변화하는 하나의 *실천*의 목적성이 있다는 것을 볼 수 있다. 이것

318   가공품에 대해 밀로 거래하는 식민지나 저개발국가들.(원주)

은 물론 계급 투쟁의 범주에서 가능하지만 물질적 사실 그 자체와는 상대적으로 독립된 발전으로서 그러하다. 제1차 산업 혁명(석탄, 철, 증기 기관, 노동자의 도시 집중 등등)으로 인해 도시 주민이 계속해서 심각한 *공기 오염* 증가에 직면한 것은 의심할 수 없는 사실이다. 이 오염의 생물학적 결과가 노동자들에게 아주 해로운 것도 자명하다. 우선 주거 형태와 노동 방식으로 인해 이들 노동자가 공기 오염의 근원지와 더 가까이 있게 되었기 때문이다. 또한 이들이 받는 보잘것없는 임금 때문에 이들은 끊임없이 노동해야만 하고, 따라서 매년 공장의 매연 속에 있을 수밖에 없다. 마지막으로 이와 같은 공기 오염의 영향은 지칠 대로 지치고 영양 부족 상태에 있는 신체에서 더욱더 쉽게 느껴지기 때문이다. 이런 의미에서 이와 같은 반목적성은 단순히 계급 투쟁(우리가 아직은 그 가지성을 모르는 채 가정하고 있는)을 나타낸다. 이 반목적성은 계급 투쟁의 특별한 한 양상이다.

그럼에도 불구하고 공기 오염은 철-석탄의 복합체를 상정한다는 사실을 지적해야 할 것이다. 비록 이 복합체가 계급 투쟁의 다른 국면이 아니라 이 특정 국면을 조건 짓는 것이 당연하다고 해도 그러하다. 공기 오염은 또한 계급의 구조화 때 발생하는, 그러나 다른 질서에 속하는 복합체의 또 *다른* 결과이기도 하다. 그리고 실제로 공기 오염은 고용주에게도 역시 — 적어도 그렇게 생각할 수 있다 — 반목적성으로 존재한다. 물론 고용주는 도시 밖에 있는 별장에서 저녁과 일요일을 보낼 수 있는 수단을 가지고 있다. 그러나 그 역시 매일 석탄 가루를 마시는 것 또한 사실이다. 어떻게 보면 노동 시간에 고용주와 피고용자, 제조업자와 노동자가 공기 오염에 노출될 위험성은 거의 같다고 할 수 있다. 부르주아 계급에 속하는 어린애들도 성장 과정에서 공기 오염으로 인해 고통을 받을 수 있다. 경우에 따라서는 커다란 재앙이 될 수도 있다.(1930년에 뫼즈[319]에서 유독 가스의 과다한 집중으로 인해 그 지역 전체로 퍼져 나간 질식성 가스 구름이 생겨 예순다섯 명 이상의 사상자가 발생한 적이 있다.) 게다가 석탄으로 인한 매연의 예만을 든다고 해도 이것 역시 고용주에게는 정확하게 반목적성으로 나타난다. 다음의 숫자에서 볼 수 있듯이 그 비용은 대단히 비싸다. 예를 들어 피츠버그에서는 보통 사람들이 공업화된 다른 도시에서 볼 수 있는 *평균적인* 청결을 유지하기 위해서만 다음과 같은 많은 *추가 비용*을(즉 같은 유형, 같은 숫자의 주민을 가진 다른 도시의 평균 청소비에 더해서) 지불해야만 했다. 그러니까 세탁비에 150만 달러, 대청소비에 75만 달러, 커튼에 36만 달러를 말이다. 또한 전체 추가 비용을 산정하기 위해서 다음과 같은 사실들을 추가해야 했다. 건물의 부식에 따르는 손실, 도시 상공의 가스 집중으로 인해 사무실과 작업장에 조명을 설치해야 하는 시기의 전기 소비에 해당하는 추가액 등등.

그렇다면 이 경우 부르주아 계급과 노동 계급 사이의 차이는 어디에 있는가? 우선 노동자들은 도시에 인구 집중이 이루어질 때부터 자신들의 삶을 위협하는 위험(프롤레타리아화한 농부들의 경우 이 대조는 즉각적이다.)을 의식하고 있었다. 그러나 노동조합이 아직 조직되지 않은 관계로 위생에 대한 입법의 요구는 초기의 저항과 투쟁 집단들이 감히 주장할 수 없는 사치였다. 임금의 하락을 막는 일만 해도 이미 꽤나 어려운 일이 되어 버렸다. 게다가 이들은 현재의 무능한 상태에서 자신들의 *반목적성*과 더불어 공장을 선호하게 된다. 왜냐하면 공장에서 일을 함으로써 이들은 공장이 없어질 때까지 자신들의 노동력을 팔 수 있기 때문이다. 물론 공장이 없어지면 잉여 집단들 전체의

319   벨기에와의 국경 쪽에 있는 프랑스 도시.

붕괴가 일어날 수도 있다. 그 결과 현재 이들이 처해 있는 상황을 통해 반목적성은 결국 이들 노동자들을 고용주에게 *하나의 일반적 요구로서* 지시하게 된다. 물론 이 일반적 요구는 *고용주를 특수 집단으로 구성하며, 그것도 이 고용주가 이 일반적 요구를 충족시키지 않는 범위에서 그러하다.* 달리 말하자면 비위생으로 인해 노동자들에게 발생하는 실질적 위험뿐만 아니라 실제 비용에 대해 노동자들이 무릅쓰는 죽음의 위험에 대해 여태까지 무관심했던 19세기 기업가들은 자신들을 정말로 특수 집단으로 특징지었다.(물론 기업가를 특수 집단으로 만드는 것은 *이와 같은 사실이 아니며, 그 자신의 특수성이 표현되는 것은 바로 이와 같은 사실 안에서다.*) 분명 이 구성은 산업화의 결과를 보편적 반목적성으로 만드는 것을 거절하는 이 기업가들의 행위를 통해 이루어진다. 반면에 이 보편적 반목적성은 잘 규정된 하나의 *실천을* 통해 그렇게 될 수 있었다.

　실제로 처음부터 오염을 없애는 것은 아니라고 해도 줄일 수 있는 수단이 있긴 있었다. 프랭클린[320]은 이미 석탄의 연기를 두 번에 걸쳐 사용하자고 제의한 바 있다. 연기는 불완전 연소한 석탄이라는 주장이었다. 그러니까 연기는 당시 기계가 가진 한계를 보여 주는 것이었다. 90퍼센트의 열이 소실되고, 연료가 굴뚝을 통해 하늘로 날아간 것이다. 그러나 그 시대의 부르주아의 *실천을* 특징짓는 것은 *정확히* 그들이 인간적이고 기술적인 요구를 알아차리지 못했거나 아니면 별다른 걱정을 하지 않으면서 그 요구를 직시했다는 점이다.(오늘날 안전과 위생을 위한 전체 조치는 노동조합의 압력 때문에 이루어진다. 선진국에서는 고용주가 특정한 경우에 주도권을 쥐게 되는데, 노동자들 각자의 생산성을

320　벤저민 프랭클린(Benjamin Franklin, 1706~1790). 미국의 과학자로 특히 전기 분야에서 혁혁한 공을 세웠으며, 피뢰침 발명으로 유명하다.

끌어올리기 위해서다. 따라서 문제는 전혀 다른 성질의 것이다.) 점차 고갈되는 자본으로서의 광산은 전통주의적인 신중함과 낭비벽(인간의 생명, 1차 재료, 에너지)을 교묘하게 갖춘 최초의 고용주를 만들어 냈다. 공기 오염의 결과를 *다른 계급*에 대한 반목적성으로 생각하는 것을 거절함으로써 이 고용주는 자신을 계급으로 (기이할 정도로) 구성한다. 그러나 그는 같은 공기 오염이 자기에게 미칠 수 있는 영향에 대해 무관심하고, 공기 정화 기술의 완성을 거절(앞에서 보았듯이 이것은 그의 무지가 아니다.)함으로써 스스로 옛날풍(오늘날의 우리와 비교해서, 또한 우리의 입장에서 볼 때)의 기업가가 된다.

우리는 실천적-타성태적 과정의 복잡성을 목격한다. 예컨대 목적성, 무기력 속에서 몇몇 집단이 발견했고 또 견디어 낸 반목적성, 상황을 변화시키는 힘을 가진 다른 집단에 의해 한정된 시기에 *실질적으로는 인정되었으나* 이론적으로는 비판받은 반목적성 등등이 그것이다. 몇몇 전체의 입장에서 볼 때 반목적성은 목적이 될 수도 있다. 최초의 증기 기관은 소음이 아주 심했다. 기술자들 — 특히 와트 — 은 이 소음을 줄이고자 했다. 그러나 실천적-타성태적 전체에서("철-석탄 복합체", 최초의 고용주, 최초의 기계주의의 출현) 소음(공장의 굴뚝을 통해 솟아오르는 검은 연기와 마찬가지로)은 새로운 인간적인 힘(즉 생산 양식의 변화라는 범주에서, 따라서 지주들에 *반항해서* 또 노동자들에 맞서 만들어진 새로운 계급의 힘)의 물질적 긍정으로서 그대로 유지되도록 요구되었다. *제거해야 할 반목적성*(더군다나 피착취 계급의 입장에서 볼 때만 진짜 반목적성일 뿐이다. 노동자는 소음 속에서 *살며*, 고용주는 소음 속을 그저 *지나갈 뿐이다.*)은 유지해야 할 목적성이 되면서 문제가 되는 전체 속에서 부정적 요구로서 스스로를 드러낸다. 그리고 실천적-타성태 속에서 자신의 "이점"과 "불편한 점"의 전체를 일련의 수동적(외면적 구조) 모순(능동적 기원의 주조)으로 발전시키는 것 역시 반목적성이다. "찬성과 반대가 있다."

이와 같은 부정적 차원에서는 그 어떤 극복도 생각될 수 없다. 찬성과 반대의 타성태적 투쟁 — 각자의 범위 밖에서, 이타성의 상황 속에서 이루어지는 — 속에는 조건과 대상에 따라 균형, 찬성하는 자의 승리(상대를 자기 안에 감싸기 위해 이 상대에게로 되돌아가는 총체성으로서가 아니라 승리를 거두는 힘으로서) 또는 반대하는 자의 승리가 있다. 우리는 다른 양상 — 약간 다른 — 하에서 타성태와 목적성 사이에 맺어지는 불가분의 관계를 다시 발견하게 된다. 이상의 사실을 한마디로 요약하면 현재 진행 중인 하나의 과정 내부에서 물질적 모순의 가지성은 다음 두 사실로부터 기인한다는 것이다. 모든 목적성은 사회적 장의 내부에서 물질적 통일로서의 부정에 의해 반목적성이 된다는 점이 그 하나다. 다른 하나는 이와 반대로, 물질의 모든 운동이 인간들에 의해 지탱되고 유도되는 한 반목적성 하나하나는 객관적으로 이 각각의 수준에서, 그리고 몇몇 실천적-타성태적 전체의 입장에서 볼 때 하나의 목적성이 된다는 점이다.

이해관계

우리가 발견하게 될 공생이 갖는 새로운 특징 하나는 경제학자들과 몇몇 심리학자가 *이해관계*[321]라고 불렀던 것이다. 어떤 면에서 보면 이것은 특정 조건에서 특정 개인들이나 집단들을 통해 이루어지는 요구의 단순한 특수화다. 이해관계란 *실천*을 정언명령으로 조건 짓는 하나의-사물-안의-전적인-자기-외-존재다. 한 개인은 그의

---

321 intérêt라는 용어의 번역어다. 경우에 따라 '이익', '이윤' 등으로 옮기기도 했다.

단순하고 자유로운 활동에서, 그리고 그 자신의 내부에서 고려해 보아도 욕구와 욕망을 가지고 있다. 그는 투기이며, 자신의 노동을 통해 목적을 실현한다. 하지만 이 허구적이고 추상적인 상태 안에서 그는 어떤 *이해관계*도 갖지 않는다. 아니 차라리 도달해야 할 목표 혹은 완수해야 할 과업으로 목적이 그의 *실천*에 자발적으로 드러난다고 해야 할 것이다. 물론 이때 자기에로의 어떤 귀환도 이 목표와 과업을 개인적인 목적과 연계시키지는 않는다. 그리고 희소성의 단계에서 이 개인이 자신에게 다가오는 인간에게서 죽음의 위협을 목격할 때 문제가 되는 것은 바로 *그의 삶*이며, 폭력으로서(즉 **타자**를 해로운 존재로, 그리고 *해를 입힐 수 있는 자*로 구성하는 것) 스스로를 객체화함으로써 자기를 확증하는 것도 바로 그의 삶이다. 하지만 여기에서 이해관계는 동기 유발이나 *과거의 성층*(stratification)과 같은 그 어떤 실질적 존재도 갖지 않는다. 이해관계란 사회적 장에서 인간이 사물과 맺는 특정한 관계다. 인간의 역사에서 이해관계는 실질적인 소유라 불리는 것과 더불어서만 완전하게 그 정체가 밝혀질 수 있을 뿐이다. 하지만 이해관계는 자신들의 기술을 부과하면서 인간들이 도구적 물질의 전체에 에워싸여 사는 어디에서나 어느 정도는 발전된 형태로 존재한다. 사실 이해관계의 변증법적 존재 가능성은 이미 생물학적 유기체와 더불어 주어졌다. 왜냐하면 이 생물학적 유기체는 이미 그 자체의 세계-내-자기-외-존재를 가지고 있고, 생존의 가능성은 그 자체를 벗어난 환경 안에 주어져 있기 때문이다. 따라서 추상적 토대의 자격으로서 이해관계의 기원은 인간 유기체를 환경과 연결시키는 일의적인 내면성의 관계다. 그러나 이해관계는 경험의 실천적-타성태의 계기에서 나타난다. 물론 이때 인간은 외부 환경 속에서 스스로를 가공된 물질에서 파생되는 *이* 실천적-타성태적 총체로서 구성함과 동시에 자신의 실제 인격 안에 전체의 실천적인 타성태를 위치시키게 된다.

가장 명백한 한 가지 예 — 실제적이고 부르주아적인 소유의 예 — 를 들어 보자. 이 경우 이 소유 과정의 첫 번째 계기는 소유자의 존재를 소유된 전체와 동일시하는 것이다.[322] 소유자는 자신의 재산을 감추기 위해 담을 쌓아 올림으로서 — 예컨대 정원이 딸린 집이라면 — *인간적 내면성*을 전체에 부여한다. 나는 그가 자기 삶 자체를 통해 전체에 일정한 통일성을 전달한다고 지적한 바 있다. 그는 자신의 기억을 서랍 속이나 테이블 위에 내려놓는다. 결국 기억은 그의 실천이나 관습들의 전체처럼 어디에나 존재한다. 모든 것이 그의 바깥으로, 벽 뒤로 숨어들어 가구 하나하나가 추억의 물질화인 방 안에 존재하는 순간 내면의 삶이란 전적으로 내부의 삶에 다름 아니라는 것과 그의 사유란 궁극적으로 가구들 사이의 타성태적이고 변화하는 관계들에 의해 규정된다고 단언할 수 있다. 하지만 이와 동시에 사물의 외면성은 그 고유한 인간적 외면성이 된다. 의미를 가진 물질성인 그 내밀한 삶을 사방의 벽으로 감금하는 타성태적 분리는 인간 자체를 분자들 사이의 물질적 분자가 되게 한다. 이 단계에서 그가 모든 사람, 그리고 각각의 사람과 맺는 사회적이고 제도화된 실천으로 포착된 관계는 사실 재산의(결과적으로 사생활의) 상호 준수라는 긍정적 외관 아래에서 행해지는 모든 내면적 관계에 대한 절대적 부정이다. 이때 소유자가 "인간 존재들이란 침투 불가능하다."라고 주장할 수 있다. 그 이유는 물질의 침투 불가능성(즉 서로 구별되는 육체들이 동시에 같은 장소를 차지할 수 없다는 것)이 직접 인간에게 주어지기 때문이

322 예를 들어 『존재와 무』에서 볼 수 있는 "나는 내가 가진 것으로 존재한다.(Je suis ce que j'ai.)"라는 사르트르의 주장을 상기하자.

다. 이것은 평범한 물화에 대한 설명이다. 하지만 소유자는 소유된 사물 안에서 그의 진리와 현실을 더욱 잘 발견하게 될 것이고, 그에게 이미 가시적이고 손에 잡히는 그 고유의 본질로서 관계하며, 불활성 권력으로의 이런 변형과 직접적인 관계 안에서 분자적 분말 상태 한가운데 있는 그의 기계적 고립을 더더욱 느끼게 될 것이다.

그렇지만 사적 소유의 이와 같은 이중의 보조적 양상은 여전히 추상화에 불과할 수도 있다. 왜냐하면 이 소유가 특정 사회에서 **역사**의 특정 순간에 존재하기 때문이며, 또한 이것이 이 사회의 제도들 — 이 제도들 자체는 생산양식의 발전에 근거하고 있다 — 에 의존하기 때문이다. 우리는 구조화된 사회적 장의 한복판에서, 그리고 **역사**의 일반적 흐름 안에서 소유자들의 집렬체적 조건화를 이들 사이의 분자적 관계의 형태로 발견한다. 예컨대 농촌의 소유권이 문제가 되는 경우 농업 계획으로 돌려진 투자의 흐름은 — 다른 역사적 이유로 — 이용 가능한 자본을 한창 개발 중인 산업에 한동안 집중시키는 일이 있을 수 있다. 이 기간에 농업은 자본 부족으로 동일한 기술 수준에 머물며, 토지 생산성은 증가하지 않고, 결과적으로 그 가치도 증가하지 않는다. 하지만 산업의 발전은 통신 수단을 점차 개선시키면서 토지의 가치를 증가시키는 결과를 가져올 수 있다. 게다가 만약 산업의 한 분야에서 새로운 농기구 개발에 착수한다면 생산성은 증가할 것이고, 수용을 동반한 상당한 집중이 일어날 것이다. 설사 소유자가 귀스타브 플로베르처럼 독신에다가 완전히 수동적인 예술가라고 가정하더라도 그의 연금과 재산 가치는 이런 모든 변형을 통해 해가 갈수록 *그의 손안에서* 변화한다.(또는 변화할 수 있다.) 다시 말해 소유된 물질성에 다름 아닌 이 내적-존재는 모든 외면성의 영향을 받는다. 고립된 분자로서 실재하는 인간인 그는 절대적 공백에 의해 다른 모든 사람과 분리되어 있다. 그리고 지금 있는 대로의 대상과 같은 그의 인격-물질은 외면성의 회전 법칙을 타락한 악마적 내면성으로 받아들인다. 결국 상승과 하락, 위기와 여러 해 동안의 번영, (부정적인 순간들에는) 결핍의 두려움을 통해 그는 다시 욕구로 향하게 되거나, 아니면 그 자신의 권력의 실질적 강화로서의 소유권의 증가로 향하게 된다. 그러니까 부정적 순간을 통해 그는 유기체 그대로의 절대적이고 즉각적인 요구로 향하게 되고, 긍정적 순간은 타성적 물질성으로서의 그 자신의 확장 가능성, 즉 요구가 된다. 정해진 사회에서 객관적 전체가 개인을 그의 *개인적* 특수성 안에서 규정하는 것으로 정립되는 순간, 그리고 그런 것으로서의 전체가 이 개인으로 하여금 실제적이고 사회적인 장의 전체에 대해 작용하면서 이 *전체를 보존하고*(유기체가 스스로를 보존하듯이) *나머지 것을 희생하여 이 전체를 발전시키는*(유기체가 외부 환경을 채취하여 양분을 취하듯이) 것을 요구하는 순간부터 이 개인은 *이해관계를* 갖게 되는 것이다.

　하지만 실천적-타성태로서의 물질적 전체는 그 자체로 이미 이것을 둘러싼 실천적-타성태의 세계에 대한 수동적 행동이다. 이것은 수동성의 부정적 통일에서 이 세계의 요구를 그 자신의 고유한 요구들로서 반영하고, 이와 동시에 장 전체에 대해 작용하고 또한 물질성의 모든 분야가 행하는 요구에 반영된 이미 목적론적인 과정이기도 하다. 이를 토대로 개인에게 있어서 그것을 피하거나 선동하는 것이 가능한 경우 실제로 물질적(그리고 각자에 의해 매개된) 총체성의 요구들과 *그 자신인* 제한된 총체성의 요구들 사이의 매개가 존재한다. 그의 자기-외-존재는 본질적인 것이 되고, 이것이 실천적-타성태의 총체성 한가운데서 그 자체의 진실을 되찾는 경우, 이 자기-외-존재는 소유에 의해 그에게 주어졌던 의사 내면성의 성격을 자기 안에서 와해시키게 된다. 이렇게 해서 개인은 물질적 대상 안에서 자기의 현실을 발견하게 된다. 그런데 이 물질적 대상은 처음에는 내면화하는 총체성으로 포착되고, 실제로는 외면화된 총체성의 통합적 일부로서 작용하게 된다. 개인이 그 자신이기도 한 이 대상을 보존하고 증가시키려 노력할수록 이 대상은 점점 더 다른 모든 **타자**에 종속되는 것으로서의 **타자**가 되며, 실제 현실로서의 개인은 점점 더 분자적 고독 속에서 비본질적인 것으로, 요컨대 기계적 요소로 규정된다. 결국 이해관계의 구조 안에서 인간들은 원자들의 총합으로 또는 기계적 체계로 인식되며, 이들의 *실천*은 총체성으로 포착된 비유기적 전체 안에서 자신들의 물질적 존재를 구원하는 데 사용된다. 그러므로 *이해관계*라는 관계는 ── 개인적 이익의 단계에서 ── 있는 그대로의 개인들의 대중화와 이들을 나타내는 물질의 적대 관계나 적합성을 통한 이들의 실제적 소통을 포함한다.

프랑스의 산업가는 가족 자본주의의 호시절이던 1830년에 영국제 기계를 신중하게 도입하게 된다. "기계를 도입한 것이 그의 이익에 도움이 되었기 때문이었다." 그런데 이때 그는 자기 소유의 공장의 매개를 통해서만 이 기계들과 관계를 맺었다. 내가 앞에서 지적한 바와 같이 비록 이 *실천*의 바탕이 결핍의 두려움 혹은 확장의 의지라고 하더라도 결핍의 두려움은 하나의 지평에 불과하다. 이것은 분명 기계의 대수를 늘린다거나 빵을 구걸하는 일과 같은 곤란한 지경에 빠져있지는 않다. 이와 마찬가지로 확장의 욕구는 (권력, 충동 본능 등등의 의지라는 이름으로 알려진 모든 폭력처럼) 공장의 실질적 확장에 다름 아니다. 왜냐하면 이 산업가의 *실천*을 통해 공장을 통제하고, 또한 그의 *실천*을 통해 이 공장을 목적론적인 미래를 향해 극복하기 때문이다.(즉 필연적으로 하나의 목적을 향해 이루어지는 활동으로서의 *실천*을 통해 그 자신의 운동 속에서, 그리고 그 자신의 목적으로서 유리한 정세 속에서 공장의 객관적 확장인 것이 드러나기 때문이다.) 예컨대 그는 이미 이 공장과 동의어다. 그 까닭은 그가 이 공장을 아버지로부터 물려받았으며 이 공장에서 그의 가족의 통일과 완만한 상승을 발견하기 때문이다. 그리고 그가 영국제 기계를 수입한다면, 이것은 한정된 경쟁 영역 안에서 공장이 그것을 요구하기 때문에, 즉 이미 공장이 *타자*로서 **타자들**에 의해 영향을 받기 때문이다. 따라서 중요한 것은 새로운 투자를 위해, 그리고 생산성을 높이고 임금을 줄여 생산 단가를 낮추기 위해 번창한 몇 년을 이용하는 것이다. 이런 결정은 경쟁적 환경(더 좋은 시장에 물건을 팔아 경쟁자들을 물리치는 것)에 의해 요구로서 내려지지만, 부정적으로 내려진다. 왜냐하면 다른 공장들이 영국제 기계를 이용할 것이라는 경쟁적 가능성이 스스로 공장이 된 그를 위험에 빠뜨리기 때문이다.

하지만 기계가 설치되자마자 이해관계는 옮겨 간다. 그 자신의 이해관계, 즉 그의 자기-외-존재에의 종속은 바로 그의 공장이었던 것이다. 하지만 공장의 이해관계는 기계 자체가 된다. 공장이 기계의 질서를 따르는 순간부터 생산을 결정하는 것은 기계이고, 수요와 공급 사이의 오랜 균형을 깨고 새로운 활로를 찾도록 강요하는 것, 즉 공급에 의해 수요를 조건 짓도록 하는 것도 역시 기계다. 공장의 이해관계는 변화했고, 이 이해관계를 특징짓던 신중함과 안정성은 계산된 위험과 확장으로 변모한다. 제조업자는 자기 공장의 작업실에 비가역성을 들여놓는다. 이 비가역성(기계는 멈추지 않는다.)은 그를 자신의 실천 안에서, 자신의 존재 안에서 성격 짓는다. 오히려 이 비가역성은 그의 내부에서 **존재**(타성태의 구조로서의)와 *실천*(진행 중인 실현으로서의)의 동일성을 사회적 대상으로서 실현한다. 하지만 이 타성태의 적대 관계라는 환경(여기서는 경쟁적 환경)에서 각 제조업자의 이해관계는 각자가 **타자**로서 구성되었다는 점에서 정확히 *동일하다*. 달리 말하자면 언제나 새로운 기계를 작동시켜 가격을 하락시켜야 할 필요가 **타자들**의 *이해관계로서의 자신의* 이해관계로서(공장의 실질적인 요구로서) 각자에게 도래하고, 그는 **타자들**을 *위해* 스스로 **타자**의 이해관계가 된다. 산업의 한정된 분야에서 각자는 **타자**의 이해관계를 이 **타자**를 위한 **타자**로서 규정하고, 이 이해관계가 **타자**에 의해 **타자**의 이해관계로 체험되는 한에서 각자는 자기 고유의 이해관계에 의해 스스로 규정된다.

이것이 적어도 요즈음 부분적으로는 경쟁을 하는 미국 내 공장들에서 행해지고 있는 예측을 통해 충분히 확인할 수 있는 바다. 우선 알고 있는 조건에 따라 앞으로 몇 년 동안의 공장 생산(모든 조건이 같다면 이 추상적 체계의 가능성들로서)을 확정한다. 그다음에는 이 생산을 ─ 이것이 포함하게 될 변형들과 더불어 ─ 이 분야의 국가 총생산 안에 다시 위치시키고자 한다. 특정 공장의 행정은 사실상의 조건들을 토대로 계산된 기회 위에, 같은 기간에 경쟁자들, 1차 재료 공급자들 등등의 생산 위에 공고히 기초하고 있는 총체적인 *내기*를 걸기도 한다. 그리고 이 내기는 *무엇보다도* 다른 집단들의 현실적인 결정에 영향을 미친다. 이때 이 집단들은 한편으로는 자기들의 가능성에서 출발하여, 그리고 다른 한편으로는 **타자들**, 특히 검토된 공장에 의해 예측되고 결정된 생산에 영향을 미치는 총체적 내기에서 출발해서 그 결정을 취하게 된다. 그러므로 이 공장은 미지의 결정에 대해 영향을 미치는 내기 체계의 마지막에 결정을 내리는데 이때 이 공장도 미지의 결정으로서 스스로를 조건 짓게 된다. 이렇게 해서 공장은 *타자*로서 스스로의 조건이 되며, 또한 이렇게 해서 설정된 생산의 리들은 언제나 그 자체 안에 이타성의 구조를 포함하게 된다.[323] 따라서 가공된 물질로서의 자기-외-존재는 이익이라는 이름하에 모두에 의한 각자의 그리고 각자에 의한 모두의 항상 다르면서도 항상 동일한 부정에 의해 개인들과 집단들을 통일시키게 된다. 이것은 대상-이해 관계가 다른 대상-이해관계들 내부에서 발전된 유사한 요구의 부정적 압력하에 (개인의 매개에 의해) 작용한다는 것과 같은 의미다.

이 단계에서는 ── 19세기 "자유주의" 시기를 예로 들자면 ── 이 윤이 산업을 위한 목적인지 수단인지를 말할 수 없다. 부정적 요구로서의 이해관계의 흐름에서 ── 즉 생산 수단의 지속적이고 필연적인 변화 속에서 ── 가장 중요한 부분은 기업 자체 내에 재투자된다. 어떤 의미에서 이 변화의 목표는 이윤율을 유지하거나 증가시키는 것이지만, 다른 의미에서 볼 때 이윤이란 자본가에게 이와 같은 변화를 실현하는 유일 가능한 수단이다. 즉 어떤 의미에서는 기업을 외부의 변화에 적용시키고 이렇게 함으로써 이윤을 추구하게 하며, 또한 다른 기업들의 변화를 통해 이 기업이 청산되는 것을 방해하는 것이다. 결과적으로 전체적인 과정의 통일에서 개인이나 개인들의 집단의 소유-권력인 공장은 이것의 유지와 발달 안에서 동일한 것으로 남기 위해 변화하거나, 혹은 기업이 배태한 이윤이라는 수단을 통해 발전하기 위해 변화하면서 스스로를 자기 자신의 고유한 목적으로 삼게 된다. 대상을 파괴하지 않고서는 생산의 흐름을 멈출 수 없다는 사실로 인해 증가된 생산을 위해 새로운 시장을 발견하고, 이 생산을 시장에

---

323 사실 여기에는 다른 요인들이 개입하며, 계산은 훨씬 복잡하다. 고객을 통해 국가 경제 전체와 그 방향을 고려해야 하기 때문이다. 그렇다고 해도 이 분야에서의 예측과 내기는 부분적 자율성을 갖게 되며, 다른 한편으로는 검토된 공장은 추측의 차원에서 그 스스로가 또 하나의 *타자*로 나타나게 된다.(원주)

서의 자기 유지를 위해 증가시킬 필요가 있을 때까지 준유기체의 성장과 성숙의 흐름이 존재한다. 그러니까 총체성이 존재하기 위해 인간이 사라지는 총체화된 거짓 총체성, 실천적 장의 모든 인간을 이타성의 부정적 통일 안에 재결집하는 총체화하는 거짓 총체성과 같은 것인 유기체의 전도된 모방의 흐름이 존재하는 것이다. 제조업자의 이해관계는 공장 이외의 다른 그 무엇도 아니다. 그가 가진 기계들은 이 기계들의 발달을 위해 이 제조업자의 협력을 요구의 형태로 주장하게 되고, 이 기계들의 외면화된 의사 내면성과 맺는 내면적 관계를 통해 이 제조업자는 실제적이고 사회적인 물질성의 세계 안에서 매 순간 위기에 놓이게 된다.

하지만 중요한 것은 ─ 이 경우와 다른 모든 경우에서, 즉 이해관계가 나타나는 **역사**의 다른 모든 계기에서 ─ *나의*(또는 *우리의*) 이해관계는 우선 **타자**의 이해관계로서 나타난다는 점이다. 그리고 정확히 이와 같은 측면에서 나는 내 자신의 자기-외-존재에서 이해관계를 실현하기 위해 **타자**에게서(**타자**의 자기-외-존재에서) 이것을 부정해야 한다는 점 역시 중요하다. 또는 이 이해관계는 나의 자기-외-존재를 통해 **타자**의 자기-외-존재의 부정으로서 드러나기도 한다. 루앙의 제조업자가 영국제 기계를 구입하는 것은 다음과 같은 두 가지, 단 두 가지의 이유 때문이다. 하나는 *긴박함*이다. 그의 경쟁자들이 곧 같은 기계를 수입하게 될 것이고, 어쨌든 그 기계를 수입하는 것은 항상 가능하다. 다른 하나의 이유는 *반격*이다. **타자**에 *의해* 그 기계가 이미 수입되었고, 제조업자는 더 이상 그와 경쟁하면서 맞설 수가 없다. **타자**의 가격 하락을 따라 이 제조업자 역시 가격을 낮추어야만 한다. *이해관계*란 결국 이 사물들의 세계 안에서 인간적인 사물이 내보이는 부정적인 삶이다. 물론 이때 인간은 사물에 봉사하기 위해 스스로 사물화한다.

　사회 구조들의 위계질서에서 인간적 사물은 계속해서 존재하는 것만큼은 아니지만 그 자신의 가촉성(可燭性)을 상실할 수 있는 것은 당연하다. 이 사물이 인간의 견고한 법칙인 것으로 충분하며, 실천적-타성태의 세계에서 이것을 **타자**로서의 자기 자신과 대립시키는 것으로 충분하다. 이때 이 사물은 적대 관계의 환경에서 그 자체에 다름 아닌 다른 대상의 파괴를 추구한다. 또한 ─ 이 점에 대해서는 뒤에서 다시 보게 될 것이다 ─ 물질성의 완화된 형태들 ─ 우리는 이것을 상부 구조에서 만날 수 있다 ─ 은 균일하고 기초적인 형태로 그 합리성과 토대를 갖는다는 것 역시 자명하다. 그렇다고 해서 예컨대 이데올로기적 이해관계에 대해 말할 수 없는 것은 아니다. 물론 이 표현을 하나의 작품인 책이라는 전체가 그 저자에게 다소간의 수입을 보장해 준다는 의미로 이해해서는 안 된다.(이 단계에도 이해관계가 존재하긴 하지만 이데올로기적인 것은 아니다.) 오히려 이 저자가 이 작품 안에 자신의 자기-외-존재를 구성해 놓았다는 점에서 언술적 질료를 통해 지탱되고 타성태적 의미 작용의 전체로서의 이 작품 자체를 의미해야 하는 것이다.

　우리는 실제로 이와 같은 점을 토대로 다음과 같은 두 가지 사실을 단언할 수 있다. *한편*으로는 이 작품이 그 총체성 안에서 매 순간 그 저자에 의해 *재현동화*될 수 없으며, 그 결과 이 작품을 구성하고 있는 의미 작용들의 세부적인 전체는 순전히 물질적으로 남아 있다는 점이 그것이다.(의미 작용이란 종이 위에 박힌 검은 글자들이기 때문이 아니라 의미 작용은 타성태적으로 남아 있으며, 이것을 통해 구성되는 전체들은 기계적인 총합화와 총체화하는 통합의 균형 잡히지 않은 종합이기 때문이다.) *다른 한편*으로는 이 지속되는 재현동화는 (물론 일단 출판이 되었고 충분히 보급이 된 작품의 경우를 상정한다면) 계속해서 *다른 곳에서* 그리고 어디에서나 **타자들에 의해**, 즉 저자와 비슷하지만 그를 부정하는(새로운 세대의 나이, 환경, 동일한 세계에 대한 실제적인 개방을 이루는 관점들 때문에) 존재들에 의해 이루어진다. 이 존재들은 무엇보다도 초월의 *실천*인 독서를 통해 의미 작용을 자신들을 향해, 구체적이고 사회적인 세계를 향해 재현동화하며, 이런 의미들을 새로운 맥락(10년 전에 쓰여 오늘날 바로 이 역사적인 순간에 스무 살 청년에 의해 읽히는 책)에 의해 조명하며 변형시킨다.

하지만 저자는 책을 계속 쓸 수도 있고 그렇지 않을 수도 있으며, 자기 책을 이따금 읽을 수도 있고 안 그럴 수도 있다. 그의 이데올로기적 이해관계는 자신의 자기-외-존재를 그가 물질적 의미 작용(그는 이것을 여전히 알고 있고 이해하고 있지만 만들어 내거나 체험하지는 않았다.) 내부에 가지고 있다는 *바로 그 점*에 있다. 이 물질적 의미 작용의 의사 유기적 총체는 이 실천적 유기체의 비유기적 현실로서 구성되어 있으며, 이 의미 작용을 통해 이 총체는 세계 내에서 **타자**에 의해 *위험에 빠지게* 된다. 이것은 이 총체가 끊임없이 의미 작용들로 되돌아가지 않는 한, 또한 이 의미 작용들이 새로운 발견들과 실천들과 양립할 수 있다는 것과 이것들이 타자에 의해 죽었던 것처럼(이것들은 스스로를 객관성으로 변화시키는 생생한 객체화의 운동이기도 했다.) **타자들**에 의해 죽을 수는 없다는 것을 설명하고 보여 주는(또는 보여 주려고 노력하는) 한에서 그러하다. 만약 저자가 자신이 이 책이기 때문에 스스로를 옹호하거나 보충하려고 한다면, 또한 만약 이런저런 내용을 쓴 행동이 잘못이었음을 드러내려고 한다면 이때 그는 그 자신이 **역사**를 등지고 도피했던 바로 그 대상에 의해 현재 진행 중인 모든 **역사**에 대한 종속에서 배척되고 만다. 이 저자의 이데올로기적 이해관계는 새로운 모든 이론과 작품들, 그를 낙오시킬 위험이 있는 모든 것에 맞서 싸우는 것(또한 그의 이전 작품에 대한 정당화이면서 보충이 되는 다른 책들을 구성하기 위해 모든 것을 흡수하고 소화하려는 노력)이다. 이 단계에서 우리는 인간과 그의 대상 사이의 상호적 의사 내면성의 관계는 소유자와 소유한 물건 사이의 관계가 아니라는 점을 지적해야 한다. 사실 어떤 면에서 보면 검토된 특정 사회에서 작가와 그의 생존 수단(연금, 월급, 인세 등등)인 책의 관계를 조정하는 제도들이 어떤 것이든 간에, 창조자와 그의 창작품 — 창작품 자체는 소모품에 불과하다는 점에서 — 의 관계는 소유의 관계가 아니다. 여기에서 이와 같은 종속을 그 자체 안에서 연구하는 일은 중요하지 않다. 나는 단지 — 사적 소유의 경우에 분명하게 드러나긴 하지만 — *이해관계*를 부르주아 사회의 실질적인 소유로 한정시키는 것이 전적으로 잘못되었다는 점만을 지적하고자 한다. 이것은 바깥에 있는 *사물*을 통한 인간과 실천적 장의 부정적이고 실천적인 관계이며, 또는 다른 의미에서 보자면 인간적 대상을 통한 *사물*과 사회적 장의 다른 사물들 사이의 관계다. 자유 경제의 낙관주의적 조화가 아니라 바로 이것만이 개인적 이해관계가 어떻게 한정된 조건 안에서 집단(혹은 계급)의 이익으로 변형되는지를 이해할 수 있게 해 준다. 이로 인해 개인의 주관적 특징이 다른 모든 사람의 주관적 특징과 일치해야 한다는 것을 의미해야 한다면 이러한 일치를 불가능하게 만드는 이타성의 변증법을 잊어버리는 것부터 시작해야 한다. 하지만 설사 그렇게 되더라도 이와 같은 분자적 주관성들의 일치를 이해해야 한다. 이 주관성들을 차이 속에 자리 잡는 일에서 시작한다면 어떤 이유로 동일한 외부적 상황이 이 차이를 자극하지 않는지, 게다가 진정한 이타성의 환경이라는 한정된 조건 내에서 동일한 위험이 긴박함을 통해 적대 관계와 갈등을 강화할 위험이 있는지를 알 수 없다.

이와 달리 세계의 물질적 대상인 특수한 이해관계는 이미 일반성의 구조라는 점은 쉽게 지적할 수 있다. 그 이유는 물질적 대상이 결국 모든 사람에게 같은 것으로 주어지기 때문이다. 이때 이 동일성은 이타성의 환경에서 적대 관계를 창출해 낸다. 물론 이것이 전적으로 사실은 아니다. 우선 물질적 대상이 무한성의 대립으로 갈라지기 위해 동등자가 존재하는 것이 아니다. 하지만 주어진 사회적 장에서 모든 적대 관계를 가능케 하는 것은 대립들 — 이 대립들이 같은 팀, 같은 기술, 같은 지식들의 통일이 실천의 기본 바탕을 이룬다는 점에서 — 이다. 또한 이 대립들은 서로의 충돌 안에서 모든 대립의 통일을 — 이 대립들이 하나하나의 대립을 부정하는 것으로서 — 특수한 이해관계의 보편적 특징으로 규정하게 된다. 이렇게 해서 고전 경제학은 같은 이해관계조차 집렬체적 과정의 결과라는 점을 고려하지 않은 상태에서, 이 이해관계가 마치 각 집단의 개개인 모두에게 똑같이 존재하는 것으로 규정할 수 있다고 믿게 되었다. 그러니까 이러저러한 명백한 진실이 표명될 때, 예컨대 자본주의 체제 안에서 생산자의 이익이 — 적어도 몇몇 한계 내에서 — 가격을 낮춤으로써 생산을 증진시키는 것이라고 말할 때 "모든 사람은 죽는다."와 같은 유형의 분석적이고 아리스토텔레스적인 진리를 표명하는 것이라고 *논리적으로* 생각하게 된다.

하지만 이것은 실제로 전혀 다른 문제다. 왜냐하면 이와 같은 이해관계는 몇몇 총체화하는 조건 속에서, 그리고 **타자들**에 *의해서만* 각자에게 오기 때문이다.(작은 기업들이 대항하지 못하는 경쟁이 일종의 무언의 동의와 아주 실질적이지만 비밀스러운 합의를 통해 맬서스주의의 이익을 위해 저지되는 프랑스에서 고용주 — 드물게 유럽이나 전 세계적인 상황 속에 자리 잡는다 ― 의 이해관계는 생산을 증가하지 않고 생산성을 증가시키는 일이다. 그리고 이것은 타자들로부터 그에게 온다.) 따라서 중요한 것은 개인적 자기-외-존재의 집렬체적 이타성의 구조다. 이처럼 개별적 이해관계가 갖는 보편성은 사유(합리성)의 형태에만 나타나게 된다. 나는 이 개념을 뒤에서 집렬체적 초한수(des transfinis sériels)를 기술할 때 정의할 것이다. 그리고 이와 같은 관점에서 볼 때 개별적 이익이 갖는 보편성("각자는 자신의 이해관계를 따른다." 등등)은 결국 모든 이해관계의 물질적이고 초월적인 통일성이 된다. 그리고 이것은 타성태적이고 근본적인 같은 부정에 의한 상호적 조건화와 같으며, 이 부정은 또한 결국 모든 적대 관계의 자기 파괴적인 결과로 주어진다. 각자가 자신의 이해관계를 따른다는 말은 다음 사실을 의미한다. 즉 개별적 이해관계가 갖는 일반적 특징은 결코 일반적 이해관계로 변형될 수 없고 또한 안정성 안에서 개별적 이해관계로 실현될 수도 없다는 것이다.

운명

그러나 이 연구 속에서 우리가 다음과 같은 사실을 가정했다는 점을 지적하는 것 또한 좋을 듯하다. 즉 처음부터 거의 균등한 기회를 이용하는 수많은 개인이 실천적 장을 차지하고 있다는 사실, 이 장은 *자유롭다*는 사실, 그러니까 이 장 안에서는 가정으로라도 외부로부터 문제의 개인들을 지배하거나 약탈하는 그 어떤 집단의 행동도 볼 수 없다는 사실이 그것이다. 따라서 이것은 이 연구의 추상적 계기를 가정하는 것이다. 예컨대 다른 계급들을 고려할 필요도 없는 대부르주아 자본가의 환경과 실천적이며 자유로운 장 사이에 일어나는 동화가 있다. 그러나 19세기 프랑스의 산업화를 예로 들려면 기계 역시 노동자 인구의 실천적 장의 결정으로서 존재하고 있다는 점과 ─ 이것이 실천적-타성태적 존재의 세 번째 특징이다 ─ 기계가 자본가에게는 정확히 이해관계인 것과 마찬가지로 노동자에게는 운명이라는 점을 가정해야 한다. 기계에 봉사하는 노동자는 자본가와 같이 *이 기계 안에서 그 자신의 존재*를 소유한다. 자본가가 이윤을 이 기계에 재투자하는 것과 마찬가지로 노동자는 *자기 자신과도* 같은 이 기계의 유지에 (최소 비용으로) 자신의 임금을 갖다 바쳐야 하는 객관적 상황에 처해 있다. 게다가 우리는 앞에서 **타자들**(그리고 **타자**로서 노동자 자신)의 욕구와 노동의 장에서 도구들이 어떻게 이들의 요구를 *명령*으로 나타내는지를 보았다. 또한 이 노동자는 신체에서조차 어떻게 그 자신이 직접 조작하는 기계의 반목적성에 의해 공격당하는지도 보았다.

그러나 우리는 이와 같은 외견상의 대조에 속을 수 없다. 기계는 노동자의 *이해관계*가 아니며, 그것이 될 수도 없다. 그 이유는 간단하다. 이 노동자가 이 기계 안에서 객체화되는 것이 아니라 이 기계가 이 노동자 안에서 객체화되기 때문이다. 산업화와 집중화가 일부 농촌 사람들의 프롤레타리아화를 결정짓고, 또한 이와 동시에 이 두 현상이 새로운 프롤레타리아에게 있어서 노동력을 판매할 가능성을 이루는 한 이 두 현상은 실천적-타성태적 존재의 장에서 농민들을 농업과 분리해 제조업의 작업장에 재배치시키기 위한 요인을 이룬다. 그런데 더군다나 물질적 실천에 의해 이런 의미를 갖게 된 개인은 평범한 자다. 따라서 그는 단순히 몇몇 보편적 조건(토지를 약탈당한 농민, 약탈당할 수 있는 농민, 또는 가난하고 너무 식구가 많은 농촌 가정의 아들 등등)에만 대응해야 하는 것이다. 노동자는 일당을 받고 매일 변화하며 새로워지는 잡다한 일들에 동원되는 노동력일 뿐이다. 이처럼 노동자의 존재는 그 자신 이전에 그의 외부에, 경제의 움직임 속에, 궁극적으로는 그를 요구하는 *이* 기계(또는 *이* 도구들) 안에 존재한다. 그뿐이 아니다. 이 존재는 또한 이 노동자 자신의 순수하고도 추상적인 모습을 보이기도 한다. 그의 대상-존재가 그를 기다리며, 거리를 두고 참을성 있게 그를 만들어 낸다. 예를 들어 농경지 일부의 산업화로 인해 아버지는 점차 토지를 빼앗겨 파산하게 되고, 그 결과 그의 자식은 가난으로 인해 *자유로운* 노동자, 즉 계약의 자유 안에서 완전하게 착취되는 한 명의 피착취자로 계속해서 형성되는 것이다.

사람이 기계를 만드는 것과 마찬가지로 기계 역시 자기 사람을 만든다.(우리는 뒤에서 이 과정을 자세히 보게 될 것이다.) 이것은 시간적이고 목적론적인 하나의 과정을 통해서 기계가 자기에게 봉사하는 사람을 자기 자체를 작동시키는 하나의 기계로 만든다는 의미다. 기계는 실천적 주체의 내부에서 이들의 관계를 역전시킨다. 정언명령으로서의 기계는 이 주체를 하나의 절대적 수단, 그러나 의식적인 수단(그가 명령을 *인지하는* 한에서)으로 삼는다. 임금 분배자로서의 이 기계는 그의 *실천*(또는 노동력)을 상품으로 변화시킨다. 그러니까 그에게 실천적 장을 통일시킬 수 있는 힘을 여전히 부여하면서 타성태적인 생산품으로 변화시키는 것이다. 게다가 그가 스스로 타성태적인 외면성의 힘이 됨에 따라(즉 그가 자기 자신의 실체를 무기적 형태를 한 에너지의 변형 속에서 소비함에 따라) 이 기계는 스스로 살아 있는 사물, 곧 의사 유기체가 된다. 따라서 기계는 이 기계에 봉사하는 자의 실재를 규정하고 만들어 낸다. 그러니까 이 기계는 이 봉사자를 실천적-타성태적 존재로 만드는 것이다. 이 존재는 이 기계가 인간적이라는 점에서는 기계일 수도 있다. 또한 이 기계가 어쨌든 작동시켜야 할 도구로 남아 있다는 점에서는 인간, 간단히 말해 도치된 인간의 자격으로 정확히 기계의 보조물일 수도 있다. 이와 동시에 기계는 자본가의 미래를 결정하는 것과 마찬가지로 이 살아 있는 유기체의 미래를 결정짓는다. 이 경우에 차이는 이 기계가 이 봉사자를 다소간 장기간에 걸쳐 살아가는 것이 불가능한 것으로 부정적 입장에서 규정한다는 점이다. 이것은 단지 우리가 앞에서 기술했던 반목적성(공기 오염, 환경 파괴, 직업병 등등)에 의해서만이 아니라 이 기계가 *그에게* 임금 저하, 기술적 실업, 자격 박탈 등등과 같은 위험을 계속해서 보여 주기 때문이기도 하다. 왜냐하면 이 기계가 산업화의 실천적 장에서 그 자체의 존재를 발전시켜 나가기 때문이다. 이 모든 것은 산업의 현실적인 의미 내에서 그 자체의 합리성을 발견하게 된다. 기계는 인간을 대체하기 위해 만들어졌다. 이것이 특정 사회, 특정 상황에서는 기계가 인간에게서 노동의 부담을 덜어 주어야 한다는 의미일 수도 있다. 그러나 기계의 역사적 출현이 이루어졌을 때 이 기계는 사회적 상황 속에서 *일부 부류의 사람들* — 정확히 육체노동자들 — 을 대체할 임무를 띠고 있었던 것이다. 왜냐하면 그들을 고용하는 비용보다 기계를 작동시키는 비용이 더 저렴했기 때문이다.

따라서 자본가가 공장에서 자신의 개인적 특수성의 자기-외-존재, 몇몇 규칙에 따라 이루어질 수 있는 확장의 가능성, 그리고 봉사하고 분명 발전시켜야 할 대상을 볼 때 — 그러나 이 대상이 이 자본가 자신의 긍정적 물질성이자 세계에 대한 그 자신의 힘인 한 — 노동자는 거기에서 자기 존재를 무차별적 일반성으로서, 미리 결정된 임무로서 이미 물질화된 그 자신의 *실천*을 수행해야 할 타성태로서 또한 그 자신의 미래를 무기력으로서 발견하게 된다. 그리고 결국 이 노동자는 자기에게 봉사하는 자들을 없애는 것을 목표로 하는 기계의 타성태적 기획 속에 미리 그려져 있는 그의 운명을 발견하게 된다. 이는 *그 어떤 경우에도* 기계는 노동자의 개별적 이해관계가 될 수 없다는 것을 의미한다. 이와 반대로 기계는 이 노동자의 개별성에 대한 *선험적인 부정*인 동시에 그가 이해관계를 가질 수 있다는 모든 가능성의 부정이기도 하다. 노동자가 자신의 대상적 존재를 이 기계 안에, 이 기계가 그에게 지불하는 임금 안에 가지고 있는 한 그는 이 기계를 다른 곳에서 이용할 수 없다. 이 세계에는 이 기계가 이 노동자의 개별적 자기-외-존재라고 말할 수 있는 그 어떤 대상도 존재하지 않는다. 물론 그의 노동력은 타성태적 상품처럼 취급된다. 그의 노동력이 실질적으로, 사회적으로 상품이 되기는 한다. 그럼에도 이 노동력은 스스로를 그 내부에서 그 자체와는 전혀 상관이 없는 하나의 목적을 위한 비유기적 수단, 그 자신이 객체화될 수도 있는 외부적 물질성 이상의 수단으로 삼으려는 필연성을 보여 준다. 이와 반대로 이 노동자는 자신의 생산물 속에서 객체화되기는 한다. 하지만 그 까닭은 정확히 이 생산품이 그에게 속하지는 않기 때문이다. 아마도 노동력을 상품으로 취급한다는 단 하나의 사실만으로도 노동 시장이 생겨날 것이다. 이 시장에서 노동자들은 적대적 경쟁 관계 속에서 서로 대립한다. 이것은 노동 판매자의 자격으로 이들이 모두 자본주의 자체에 의해 구조화된 시장에 뛰어든다는 것을 의미한다. 그러나 이 적대 관계는 이중의 기원을 가지고 있다. 직접적으로 느껴지거나 혹은 즉각적으로 예견된 욕구와 수요의 상대적인 희소성이 그것이다.(자본가가 기계들 자체에 의해 유지하게 되는 희소성이다.) *노동자의 이해관계는 노동하는 것이 아니다.* 문제가 되는 것은 분명 다른 것이다. 왜냐하면 그는 욕구의 강제하에서 그와는 먼 결과들을 통해(기계의 제조) 그를 제거하는 데 기여하는 노동을 억지로 하기 때문이다. 시장에서 이루어지는 노동자들 사이의 적대 관계에 대해서 말하자면 이 관계가 존재한다면 필연적으로 개인들 또는 계급의 "이해관계"와 정반대되는 결과로 이어지게 된다. 왜냐하면 이 적대 관계를 이용해 자본가 계급은 자유롭게 보잘것없는 임금을 지불하거나 아니면 파업에 참가한 노동자들을 즉시 해고한다는 협박으로 그들에게 겁을 줄 수 있기 때문이다.

일반성의 타성태적 환경 안에서의 운명에 대한 부정

　그러나 노동자에게 실천적-타성태적 존재의 의미를, 모든 개별적인 이해관계(혹은 이 이해관계를 가질 수 있는 가능성)를 빼앗긴 존재라는 의미를 부여하는 것과 마찬가지로 기계는 이 노동자를 또한 일반적 개인, 달리 말하자면 계급적 개인(아직은 이 단어에 "집합체"라는 아주 추상적인 의미만을 부여하지만)으로 가리키기도 한다. 그리고 우리는 여기에서 생산하는 것과 의미하는 것이 같은 것이라는 점을 알고 있다. 물론 이것은 기계가 추상적이고 개성이 없는 존재들을 생산해 낸다는 것을 의미하지는 않는다. 인간 주체는 물화의 한복판에서조차 구성적이며 변증법적인 총체성이다. 실제로 인간 각자는 스스로를 일반성으로서 구성하고, 또 스스로를 일반성으로 구성되도록 방치하는 방식에서 그 자신의 *실천*의 개별성을 내보인다. 그리고 이와 같은 각자의 일반성은 모든 사람의 관계를 특징짓는다. 각자는 **타자**에게서 그 자신의 일반성을 발견하며, *개인적* 관계들은 이와 같은 기초 위에 정립된다. 산업화의 초기에 노동자 계급의 환경으로서의 타성태적 일반성은 (한 공장, 한 도시 혹은 한 국가의) 노동자들의 현실적이고 총체화하는 통일로는 여겨질 수 없을 것이다. 우리는 이 점을 다시 보게 될 것이다. 물론 이 타성태적 일반성은 노동자들에게 가공된 물질에서 출발해서 우리가 알고 있는 이 부정적이고 허위인 통일성으로 다가오기는 한다. 그리고 이 일반성은 이들 노동자를 처단하는 운명의 부정적인 통일로서 각자와 모두에게 구성적인 요건으로 작용한다. 그러나 이와 동시에 일반성의 부정적 환경 속에서 각자는 자신의 일반적 운명(즉 아직 노동자 전체의 것은 아니지만 같은 조건에 처한 불특정 다수에 속하는 동류의 사람들의 것)을 보며, 그리고 그 자신의 일반적 운명 속에서 그는 모든 사람의 일반적 운명을 보게 되는 것이다. 달리 말하자면 그는 **타자**들의 일반성에 의해 소유된 그런 기계들의 일반성 속에서 노동자 각자의 운명을 자신의 생존 가능성의 부정으로 목격한다.

계급 또는 계급의 일부가 하나의 조직화된 집단으로 결합될 수 있는 방식, 즉 일반성과 동일성을 통일시키는 총체화로 변형시킬 수 있는 방식을 지적하는 것은 아직 시기상조다. 그러나 현재 연구 수준에서 내가 보여 주려고 했던 것은 단지 다음과 같은 것이다. 즉 집단(노동조합이나 정치 집단)의 능동적 총체성을 실현하는 일, 이 집단과 관련해(이 집단이 진행 중인 계급의 통일을 보여 주는 한), 그리고 이 집단 앞에서 산업적 기계주의의 총체성을 자본주의 사회에서 노동자 계급의 전체적 자기-외-존재로서(그리고 생산의 총체성을 대상화되고 도치된 *실천*의 총체성으로 구성하는 것) 구성하는 일, 이 두 가지는 결국 하나라는 점이다. 이와 같은 사실을 토대로 노동자 계급이 생산 수단을 사회화함으로써 이 계급의 전체 운명을 다시 차지하기 위해 조직화되는 한 그리고 심지어 이 계급이 역사의 진행 과정의 특정 시점에서 근본적 생산관계로서의 기계라고 하는 소유권에서 파생되는 개별적인 결과들에 대항해 투쟁하는 한(예를 들어 노동조합의 차원에서) 이 집단의 *실천*은 운명으로서의 자기-외-존재의 실천적 부정을 통해(즉 물질적 대상을 통해) 이 운명을 *미래의 이해관계*로서 물질성-운명 속에 포함된 물질성-이해관계로 변화시켜야 한다는 요구로서 구성하게 된다. 자본주의 시대에 볼 수 있는 기계의 모순은 이 기계가 노동자를 만들어 냄과 동시에 부정도 한다는 것이다. 일반적 운명 안에서 물질화된 이와 같은 모순은 계급적 자각의, 즉 부정의 부정의 근본적 조건이다. 그러나 모든 *사람의* 통일로서 유일하면서도 가능한 부정은 기계 자체의 부정(1830년경 여기저기에서 기계에 의해 길거리로 쫓겨난 수공업자들이나 형편없이 하락한 임금으로 인해 자격을 박탈당한 노동자들이 시도했던 것처럼), 그 결과 노동자가 이 기계의 산물이고 또 이 기계가 이 노동자의 존재라는 점에서 볼 때 이 노동자의 부정일 수는 없는 것이다. 그러나 이 기계는 만들어진 인간의 외적 운명이라는 *점에서* 볼 때 이 부정은 기계의 부정일 수 있다. 왜냐하면 *어떤 사회 체제에서는* 인간-기계에 대해 명령을 내릴 수 없는 데 반해 이 기계는 그에게 명령을 내리기 때문이다.

이처럼 노동자는 생산 수단과 생산물 총체가 자기 *계급의 물질적 확장을* 나타낸다는 사실을 원하는 데 그칠 것이다.(여기에서 계급 없는 사회에로의 요구를 향한 실천의 운동을 보여 주는 것은 소용없는 일이다.) 즉 이 총체는 이 노동자의 운명의 특징을 부정하는 유일한 운동에 의해 그의 이해관계가 된다는 사실이다. 물론 이와는 반대로 이것이 의미하는 바는 생산 수단의 현실적인 사회화가 일정한 역사의 발전 속에서 물질을 통해 *이타성의 상태에* 있는 인간들을 이어 주는 것처럼 이해관계 자체의 전면적인 폐기로 이어져서는 안 된다는 것이 아니다. 항상 그런 것처럼 이해관계는 인간적이며, 실천적인 도체(導體)가 된 물질에 의해 변형된 최초의 인간관계로서의 *이타성으로부터* 태어나고, 또한 이 이타성의 환경 속에서 유지된다. 노동자들의 여러 이해관계와 노동자 계급의 *하나의* 이해관계가 존재한다. 왜냐하면 자본가는 자본주의 사회에서 새로운 기계들을 도입하고, 이 기계들을 *자신의 이해관계로* 소유하면서 노동자들의 운명을 이들의 반(反)이해관계의 형태로 감내해야 하는 **타자**의 이해관계로 구성하기 때문이다. 또한 사회적 투쟁, 즉 부정의 부정의 계기에서 현실적이고 물질적인 목표는 자본가의 이해관계의 부정일 수밖에 없다. 이것은 특히 이 자본가가 스스로를 노동자에게 운명, 즉 부정으로서의 **타자의 이해관계**에 대한 부정을 만들기 때문이다. 그리고 단합의 특정한 역사적 계기에서 **타자**의 이해관계에 대한 부정은 *정확히 노동자 계급의 이해관계*에 대한 긍정으로서 실현된다.

　내가 여기에서 기술하고 있는 모든 사항은 실제로 자본주의의 초기 시대에 해당한다.(활동하는 집단들과 노동자 기관들의 존재를 비롯해서 어떤 국가들에서의 사회주의의 실현은 이 문제를 완전히 변형시킨다.) 그러나 1830년경에 기계를 부순 노동자들과 심지어는 리옹 견직물 직공들(*봉급의 하락에 맞서 항의했던*)은 자신들 운명의 안정화라는 사실만을 요구했을 뿐이다. 루이 필리프 치하에서는 산업화의 특정 단계와 연결된(어느 정도의 한계를 넘어선 임금은 1870년과 1914년 사이에 있던 산업화의 두 번째 단계 동안에는 다시 상승한다.) 흔들리지 않는 구매력의 하락만큼 노동자의 조직화에 기여한 것은 아무것도 없다. 그리고 노동자들에게 있어서 임금의 안정화는 불가능했다는 사실을 보여 주었던 것이다. 왜냐하면 임금의 하락은 그들 운명의 모든 안정화의 불가능성에 불과했기 때문이다. 이것은 물론 기계가 가지고 있는 물리적, 기계적 물질성 때문이 아니다. 오히려 이 기계가 가지는 사회적 물질성(이것의 실천적-타성태적 존재) 때문이다. 그러니까 이 물질성을 통제하지도 못하는 불가능성, 또한 이것을 노동자들이나 아니면 적어도 이들의 인간성에 대한 부정 쪽으로가 아니라 모든 *사람*을 *위한* 인간적인 노동의 현실적 감소 쪽으로 유도하지도 못하는 불가능성 때문이다. 따라서 노동자 계급의 이해관계는 계급 투쟁의 모순 속에

서 ── 19세기 중엽에 ── 이 계급의 미래의 이해관계와 동시에 현재
의 운명을 나타내는 실천적-타성태 전체 내에 각인되게 된다. 자본가
계급의 강경화, 단결을 위한 시도의 실패, 실패한 파업이나 유혈이 낭
자한 가운데 진압된 파업 등등이 확정되지 않은 미래에서 전체적 과
정으로서의 사회화의 실현을 가리킬 때 이것은 계급의 운명이다. 이
와 반대로 그것은 다음의 경우 이 계급의 이해관계가 된다. 즉 산업
확장을 위한 운동을 통해 노동력의 가치가 상승할 때, 이와 동시에
노동자의 세력 역시 증가하고, 따라서 통일화의 활동과 계급 자체를
통해 *장비*들과 *조직*들 역시 많이 배출되는 경우다.

그러나 19세기 중엽부터 지금까지 자본주의 국가들에서 이 두 개
의 구조는 계속 병행해서 나타난 것이 사실이다. 패배 속에서 사회화
는 *이루어야 할 과제*로 남아 있고, 패배 자체는 투쟁의 새로운 수단
들을 가르쳐 준다. *현재의* 세대가 맞이한 최악의 절망은(이 기계들은
나의 운명이다.) 차세대의 존재에 의해 반드시 부정된다. 그리고 역으로
가장 규모가 큰 자신들의 승리를 통해 노동자들은 자본주의 국가들
에서 본질적으로 개인들 또는 집단들에 의한 소유권을 폐기하지는
못했다. 이것은 비록 한계 이윤이 사회 전체에 의해 고정되어 있다 할
지라도, 또한 비록 노동조합 기구들에 의한 자본가 계급의 통제(위생,
안전, 그리고 심지어는 관리)가 효과적이라고 해도 사실이다. 그 이유는
정확히 노동자의 이해관계가 노동자에게 결코 타성태적인 관조의 대
상으로 나타나는 것이 아니라, 자본주의적 과정의 필연적 결과들에
대항하는 그의 투쟁의 가변적이고 실천적인 의미로 나타나기 때문이
다. 그러니까 현재로서다.(이것은 국지적이라고 할지라도 성공한 모든 행동
은 운명의 인간적 부정으로서 주어지며, 구체적으로는 자유 경쟁적 환경에서
조차 자본가에 대항하여 기계들의 실천적이고 부정적인 이용으로서 주어진다

는 점에서 그러하다.)[324] 그리고 또한 *다가올* 것으로서다. 이것은 개방과 심오함이 정확하게 전체적이고 역사적인 의미를 주면서 *실천* 자체에 의해 조건 지어지는 관점에서 그러하다. 이처럼 —— 비록 우리가 다음과 같은 질문, 즉 어떻게 *하나의 계급*이 변증법적으로 가지적인가, 어떻게 *하나의 실천적 집단*이 형성되며, 또 이 집단이 어떤 형태의 변증법적 현실을 보여 주는가 등등의 질문에 아직 대답을 하지는 않았다 하더라도 —— 우리는 벌써 우리의 연구로부터 다음과 같은 합리적인 확신을 도출해 낼 수 있다. 바로 노동자들의 개별적 이익(대중화의 힘에 복종하는 개인들의 자격으로)을 가지지 못한다는 확신, 이들의 단결은 만약 이것이 이루어진다면 일반적 이익(그러한 것으로서 아직도 비확정적인)을 *계급의 이익*으로 구축하는 것과 불가분의 관계에 있다는 확신이다.

자본가들에게 계급의 이해관계가 나타나는 것은 이런 사실로부터다. 실제로 토지도 기계도 이것들 단독으로는 생산해 내지 못하기 때문에, 달리 말하자면 이 기계들이 작동되기 위해서는 *인간이라는* 수단을 필요로 하기 때문에 이 자본가들의 개인적인 이해관계로서 자신들의 물질적 소유권을 형성하는 가운데 *묵과했던* 계기가 존재한다. 내가 *묵과했다고* 말할 때 이는 자본가의 노동자에 대한 태도의 그 어떤 개별적인 고려도 포함하고 있지 않다. 자본가는 가짜 순진함 속에서 자유로운 노동 계약의 절대적 가치를 믿거나 또는 이윤의 성질에 대한 아무런 암시도 하지 않으면서 노동자들의 수가 너무 많으

---

324 기계 사용에 대한 집단적 거부로서 파업이 일어날 경우 노동자들은 이 기계를 가지고 —— 이 기계가 한정된 상황 속에서 어느 정도의 생산율을 요구하는 한에서 —— 자본가에 대항하는 무기를 만들며, 파업이 계속되고 성공이 보장됨에 따라 자본가는 그 나름대로 자신의 현재 이익을 통해 미래의 먼(그를 위한 것이 아니라면 적어도 다음 세대를 위해) 가능성으로서 자신의 운명을 발견하게 된다.(원주)

며 너무 무력하기 때문에 아무것도 시도할 수 없을 것이라고 생각한다. 이와 같은 추상적인 입장은 노동자와 기계가 이것들에 공통되는 사회 활동의 실질적인 공존 속에서 하나 되는 것을 가능케 해 준다. 그런데 이 자본가가 보기에 이런 입장은 단 하나의 사회적 장의 구성을 정당화해 준다. 바로 *자본가들의* 장이다. 생산 재료와 생산 수단으로서의 이들의 소유권은 이들을 실천적-타성태적 존재 속에서 대립시키면서 서로서로 대립하게 만든다. 어떤 면에서 다수의 적대 관계는 항상 통일성과 보편성의 추상적 형식들로 통합되었다. 두 개의 기업체는, 비록 어느 한 기업체가 다른 기업체와 같은 *상품*을 생산해 낸다는 점에서 분열되어 있다고 해도 인류 전체에 대해 부의 창출자로서의 이들의 긍정적인 결합을 이러저러한 방식으로 확인한다.

바로 이것이 16세기부터 있었던 칼뱅주의, 20세기까지의 청교도주의가 가졌던 의미다. 즉 부르주아는 **신**의 인간이다. 왜냐하면 **신**이 **창조**를 계속하게끔 하기 위해 인간을 이 지구상에 태어나게 했기 때문이다. 그리고 자기 고향을 오염시키는 공장의 굴뚝을 바라보면서 자부심을 느끼고 있는 빅토리아조의 기업가는 집단적 구조 속으로 편입된다. 비록 그가 가장 강력한 사람이라 할지라도 그는 혼자 있는 것이 아니다. 이와 정반대로 기존의 강한 자들보다 더 강해지기 위해서 그는 다른 강한 자들을 필요로 한다. 결국 이와 같은 추상적 통합은 단지 *개별적 이해관계의 다른 측면*을 보여 줄 뿐이다. 생산의 차별화 위에 세워지고, 기능의 분화와 항상 멀리 나아가는 노동의 분화를 조건 짓는(적어도 19세기 중엽에) 공장의 개인 소유는 물질을 통해서 기업가와 그의 소매상, 그의 소비자들(과)의 연대성을 포함하고 있다. 사실 우리는 지금도 여전히 실천적-타성태의 영역에 머물고 있다. 왜냐하면 어떤 원료(그리고 이것을 통해 기계가 소통 수단의 개선을 조건 짓는)를 요구하는 것은 여전히 *기계*이기 때문이다. 그리고 판로(즉 생산의 일정 수준에서 자신들이 생산자들인 소비자들)를 요구하는 것도 여전히 그 기계이기 때문이다. 실천적 장 속에서 그리고 "사생활"의 비정상적인 외관하에서 이것은 소매상인-자본가들과 소비자-자본가들의 *사회적* 관계를 나타낸다.(나는 이 관계들을 극단적으로 단순화시켰는데 그 이유는 사실 이 관계들에 의해 이 생산이 이루어지는 모든 사회적 장이 문제 되기 때문이다. 물론 이때 이 생산은 자본가들의 개인적 이익이며, 따라서 "개인적" 사회관계들을 통해 금융업자들과 고급 관리직을 담당하는 사람들 사이에도 역시 접촉이 이루어지게 된다.) 그러나 이 사회적 관계들 —— 자본가들 사이에 이들의 기계들이 요구하는 인간관계를 정립하는 것을 목표로 하는 단순한 활동 —— 은 실제로는 외면성(이것이 경쟁 속에서 다시 이루어진다는 면에서)에 의해 부식된다. 스스로를 가변적인 것으로 제공하는 물질적 상황이 아니라면 그 어떤 것도 이 소매상인과 소비자를 진정으로 이어 주지 못한다.(이 소비자의 개인적 이익이 다른 곳에서 조달되기 위해서는 운송 가격이 하락하는 것으로 충분하다.) 이런 의미에서 "각자는 자신의 이익을 추구한다."라는 말의 부정적 통일은 차별화 속에서 이른바 연대성의 적극적 통일을 부식시키며 중성화한다. 기계들이 대부르주아들의 살롱으로 찾아들고, 이들의 일시적인 합의를 끌어낸다. 부르주아 계급의 구체적 통일은 노동자들의 공동 실천에 대한 공동의 거절 속에서만 실현될 뿐이다. 피착취 계급은 계급이라는 환경 속에서 노동자를 한 명의 인간으로 출현케 하는 단순한 단결에 의해 자기 계급을 *착취당하는 것으로* 드러낸다. 개인적 이해관계 속에 고립되어 있는 자본가에게 있어서 기계를 자신들의 운명으로 여기기를 거절하는 피착취자들의 엄격한 태도는 이 자본가의 이해관계가 그에게 운명으로 변화할 가능성으로서 나타나는 것이다. 이것은 여전히 요원한 생산 수단의 사회화 때문만은 아니다. 이것은 또한 원칙적으로 자본가의 이득의 감소를 내포하고 있는, 따라서 그의 가능한 파산을 내포하고 있는 노동자들의 단순한 저항(임금의 하락, 규범들의 강화 등등)에 의해서이기도 하다. 그러나 노동자들의 *실천의 통일*은 사회적 장에서 공장들이 지리적으로 분산되어 있기 때문에 자본가 각자에게 운명의 가능성을 부과한다. 그 이유는 자본가가 노동자들의 실천의 통일에 의해 일반적 개인이자 동시에 자본주의 과정 전체의 특정한 계기로서 겨냥되기 때문이다. 이런 의미에서 자본가들이 자본을 연대적이고 모순적인 이해관계의 단순한 분산의 총체성이 아니라 하나의 과정의 총체성으로 실현하는 것은 바로 이 *노동자의 단합*을 통해서다.

이와 같은 변화는 18세기 말부터 목격되며, 당시의 몇몇 문헌을 통해 이 변화를 확인할 수 있다. 네이스미스[325]는 당시 이렇게 썼다. "파업은 발명을 자극하는 데 도움이 되기 때문에 해를 끼친다기보다는 오히려 득이 된다." 유어[326]는 이렇게 말했다. "만약 자본이 과학을 사로잡게 되면 말을 잘 듣지 않는 노동자도 강제로 온순하게 될 것이다." 사실 하나의 순환이 존재한다. 기계는 일정 수의 노동자들을 배제하고자 하기 때문에 파업을 야기한다. 중요한 점은 자본이 *타자의 환경 속에서 통일된다*는 점에서, 그러니까 다른 총체성의 자격으로 자기 자신을 의식한다는 점이다. 따라서 자본의 일반적(그리고 전체적) 이해관계는 *타자로서*, 그리고 부정적으로는 이 자본의 운명을 이해관계로 변형시킬 모든 가능성을 다른 계급 내에서 파괴하는 필연성으로서 주어지게 된다. 바로 이것이 한 명의 고전 경제학자가 정확하게

---

325 제임스 네이스미스(James Nasmyth, 1808~1890). 스코틀랜드의 기술자, 기선 발명자.
326 앤드루 유어(Andrew Ure, 1778~1857). 영국의 화학자, 경제학자.

지적하고 있는 바다. "우리들이 가지고 있는 강력하고도 자동화된 도구들과 기계들 대부분을 기업가들은 파업에 의해 강제로서만 채택하게 될 뿐이다." 그러나 이 역시 부분적으로만 옳다. 사실 경쟁 시기에 기계를 생산해 내는 것 역시 기계다. 왜냐하면 투자의 흐름을 결정하는 것은 바로 이 기계이기 때문이다. 그러나 이와 같은 고백은 역사적으로 볼 때 흥미롭다. 왜냐하면 이 고백을 통해 자본의 역사적 발전이 부르주아 자신들을 위해 *다른 계급*의 압력하에서 이루어졌다는 것을 알 수 있기 때문이다. 그리고 기계가 자본가의 개인적 이해관계로서 그 자신에게 요구된다는 점에서, 생산의 증가가 직접 또는 간접적으로 한 집단의 모든 정치적, 사회적 활동들을 규정한다는 점에서, 어떤 나라들에서 새로운 에너지원의 발견이 더 열악한 상황에 처해 있는 나라들에 대해서 외부에서 오는 운명이 된다는 점에서 자본가 계급의 공동 이해관계로서의 "자본"이라는 총체성 역시 이들 각자와 모두에 의해 운명으로서 체험된다.

계급의 기관으로서 **국가**가 자본가들의 숙명으로서의 자본과 맞서 투쟁하는 기구를 대표하는 것은 바로 이와 같은 차원에서다. 노동자들의 투쟁 기관이 *이 투쟁 자체*의 입장에서 볼 때, *타자로서의 다른 계급* 내에서 노동자들이 만든 기구의 구조에 따라 자신들의 구조를 결정하는 자본가들의 협정과 조합을 낳는 것도 바로 같은 차원에서다. 하지만 경쟁 체제가 자본 그 자체의 반목적성에 대항해 투쟁하는 자본가들의 조직에 의해 직접적으로 문제 되지 않는 한[327] 자본가

---

327 이런 의미에서 독점, 카르텔, 담합——또한 국가의 개입——은 이것들이 우리가 사는 반(半)경쟁 체제를 규정한다는 면에서 생산 수단의 변화(전기 에너지 등) 그리고 동시에 노동자 계급 자체의 변화——이 계급이 일시에 대량 생산의 주요 판로 가운데 하나가 되는 한——에서 기인한다. 그럼에도 거기에서 자본주의적 과정 자체의 근본적 모순의 구조적 모순에 일시적으로 대처하기 위한 산업의 시도가 문제된다는 점을 지적할 필요가 있다. 생산자들은 그 자체로 그리고 소

들의 사회적 장의 분열된 통일성은 이들이 자신들의 모순의 산발적인 다수성을 부과하기 위해서만 하나가 될 수 있을 뿐이라는 사실에서 연유한다. 요컨대 자본가들의 계급적 이해관계는 19세기 말까지 개인적 이익들 사이의 갈등이 규칙이 되는 그런 하나의 체계를 유지하는 데 있었다. 또는 이 이해관계들을 이 자본가들-외-존재 속에서 포착한다면 이때 무산 계급이 시도하고자 하는(즉 사회화) 것은 바로 생산재의 물질적 총체다. 또한 이 계급의 실천적-타성태적 존재 전체를 통해 자본 소유자들의 부정적 분산을 단언하는 것은 생산재의 물질적 총화다. 이것은 이 총체성이 그 자체의 사회적 물질성 속에서 무산 계급이 시도하기를 원하는 실천적 총체화(즉 사회화)를 부정하는 한, 그리고 그 계급의 실천적 타성태 전체에 의해 자본 소유자들의 부정적 분산을 긍정하는 한 그러하다. 이와 같은 측면에서 보면 모든 것이 *타자*가 되어 버린다. **타자**들의 위협은 유산자들에게 있어서 타자로서의 이들의 일반적인 이해관계를 구성한다. 그리고 이 물질적 이해관계는 요구, 즉 자본가들 상호 간의 관계가 **타자**에서 **타자**에게로 향하

비자로서의 이들은 자본의 운명이다. 이것은 기업에서 나오는 대부분의 이윤을 재투자해야 하는 자본가의 필요성이 생산을 증가시키고 노동 계급 전체의 구매력을 감소시키는 이중의 모순되는 결과를 가져오는 범위 내에서 그러하다. 이처럼 기계에 의해 이루어지는 삶의 수준의 부정과 같은 노동자들의 운명은 기계에서 파생되는 생산물들을 유통시키는 가능성에 대한 부정과 같은 (자본주의의 사회적 장 내에서) 기계의 운명이 된다. 그리고 이 운명은 여러 차례의 *위기*를 통해 체험된다. 통제되고 있는 대량 생산의 틀 안에서 고임금 정책은(이것은 적어도 경쟁적 체제에 대한 부분적 부정을 내포하고 있다.) 몇몇 산업 부문과 몇몇 선진국에서 "2차 산업 혁명"을 통해 생겨난 자본가 계급의 의식적인 조직화의 노력이었다는 것은 의심의 여지가 없다. 이것은 물론 생산자 자신들을 이들의 생산물의 소비자들로 만들면서 자본주의 과정의 심각한 모순을 극복하기 위함이었다. 본 연구의 현 수준에서 볼 때 새로운 이론적 갈등은 마르크스주의자들(모순이 단지 감추어져 있다고 생각한다.)과 테크노크라트들(이 모순이 극복되었다고 주장한다.)을 대립시킬 것이다. 여기서 이 문제를 검토할 필요는 없다. 다만 자본가를 위해 프롤레타리아의 운명을 (지금까지 비참함 속에서 체험한) 심지어 소비의 영역에서조차 자본주의의 운명으로 변화시키는 역전을 보여 주는 것이 중요하다.(원주)

는 관계여야 한다는 요구, 달리 말해 생산관계를 결정한다는 점에서 자본가의 생산 양식은 이들의 근본적 이타성을 통해서만 지배 계급의 구성원들을 단결시킬 수 있을 뿐이라는 요구다. 우리는 실제로 개별적 이해관계가 결국 물질적 자기-외-존재를 **타자**의 환경 속에서, 그리고 자기와는 **다른 것**으로서 자기 자신으로부터 자기에게로의 도래를 표현하는 것을 보았다.

물론 우리는 이와 같은 모든 형식적인 지적들을 함으로써 마르크스가 『자본론』에서 정립한 종합적 재구성의 명증성에 대해 무엇인가를 덧붙이고자 하는 것은 아니다. 그렇다고 해서 이 모든 지적이 『자본론』에 대한 주변적 설명에 그치기를 원하는 것도 아니다. 실제로 마르크스의 재구성은 명증하기 때문에 모든 주석을 거부한다. 이와는 정반대로 (비록 방법과 대상을 동시에 재창조한 이 재구성의 기초 위에서만 가능하다고 해도) 이 지적들은 보다 더 광범위한 일반성과 미결정의 수준에서 논리적으로 이와 같은 역사적 재구성 *이전에* 자리를 잡는다. 이 지적들이 실천적-타성태적 장의 몇몇 관계들을 일반성 안에 고정한다는 점을 고려하면 이 지적들은 단순히 마르크스의 재구성 속에서 드러나는 가지성의 형태를 정의하는 것을 목표로 할 뿐이다. 우리는 단지 편견 없이(게다가 우리의 연구는 아직 끝나지 않았다.) 다음과 같은 사실을 정립하기 위해 노력했다. 즉 마르크스의 저서를 읽는 각각의 독자가 실현할 수 있는 것과 같은 변증법적 경험의 명증성에 대한 합리적인 근거를 실천과 물질적 환경 사이에 맺어지는 어떤 근본적인 관계 속에서 — 실천이 실천적 장을 조직하고, 또한 이 실천이 소유 대상들을 통해 맺어지는 인간들 상호 간의 관계, 그리고 이 인간들을 통해 이 대상들 상호 간에 맺어지는 관계를 규정하는 한 — 발견할 수 있는가 하는 것이 그것이다. 그리고 특히 이해관계들의 갈등에 대해 우리는 이 저서를 통해 전개되고 있는 연구 속에서 이해관계를 *주관적* 본능 충동과 객관적 조건들의 비합리적 혼합으로 만드는 쾌락주의적이고 공리주의적인 가설을 제거하는 수단을 발견했다. 실제로 다음과 같은 두 가지 주장 가운데 하나를 선택해야 한다. "각자는 자신의 이익을 추구한다." — 이는 인간들 사이의 분열은 *자연적이다*라는 것을 의미한다 — 라는 주장이나 아니면 이해관계(개인이나 계급의 특수하거나 일반적인)를 인간들 사이의 관계들의 현실적인 계기로서 나타나게 하는 것은 바로 생산 양식의 결과로서의 인간들 사이의 분열이라는 주장이 그것이다. 첫 번째 경우 자연적 사실로서의 이해관계는 완전히 비가지적인 하나의 여건이다. 게다가 이 이해관계를 인간 본성의 *선험적* 실재로 설정하는 귀납적 논리는 완전히 정당화될 수 없는 것이다. 결국 이해관계들의 갈등을 원동력으로 하는 **역사**의 총체는 완전히 부조리 속에 잠길 것이다. 특히 마르크스주의는 하나의 비합리적인 가정에 불과하게 될 것이다. 만약 이해관계들 사이의 갈등이 *선험적*으로 존재한다면 생산관계를 결정하는 것은 이 갈등이지 생산 양식이 아니다. 달리 말하자면 생산 양식은 객체화되고 또 자신의 객체화 속에서, 즉 자신의 물질-생성 속에서 이 모순들의 근거를 발견하는 *실천*이 더 이상 아니다. 이 생산 양식은 단순한 매개이며, 이것을 통해 개인적 이해관계들의 갈등의 형태와 강도가 결정된다. 실제로 이해관계의 법칙(또는 다윈의 *생존경쟁*)은 인간들 사이의 관계가 *선험적*으로 적대적이라는 직접적인 결과를 낳는다.

이런 조건 속에서 하나의 보수적인 이데올로기가 인간 본성의 이름으로(즉 이해관계라는 모호한 법칙의 이름으로) — 인간은 항상 같은 사람으로 남게 될 것이라는 등의 주장하는 법칙 — 사회화를 위한 모든 시도를 비난한다고 해도 놀랄 것은 없다. 그러나 몇몇 마르크스

주의자들에게 있어서 이해관계의 법칙과 **역사**에 대한 마르크스적 이
해 사이, 즉 일종의 생물학적 유물론과 역사적 유물론 사이에서 일종
의 동요를 볼 수 있다는 사실이 더욱 놀라운 것이다. 이들은 욕구 속
에 무엇인지 알 수 없고 이해할 수 없는 불투명함을 잡아넣는다. 이들
이 이 욕구를 완전히 *비가지적인* 것으로 여길 때 이들은 이 비가지성
을 "객관적 현실"이라고 부르게 되며, 이에 만족하여 이 타성태적이
고 어두운 힘, 즉 내면성 속의 외면성을 *이해관계*로 여기게 된다. 결
국 누구도 인간들 사이의 갈등에 대해 아무것도 이해할 수 없게 된
다. 왜냐하면 이 대부분의 갈등은 — 특히 이 갈등이 피억압자들이
나 피착취자들의 집단을 억압자들이나 착취자들의 집단과 대립시킨
다 — 아주 상이한 수준의 복잡한 구조를 가진 "이해관계들"을 문제
삼게 될 때 그러하다. 파업 중인 공장의 예를 들어 이 공장에 대해 우
리에게 다음과 같은 사실 — 어떤 경우에 이것은 완전히 옳다 — 을
말한다고 가정하자. 즉 파업자들은 특별한 경우 자신들의 최소한의
구매력이 더 떨어지는 것을 더 이상 견딜 수 없기 때문에 절망적으
로, 그리고 배수의 진을 치고 투쟁을 한다고 말이다. 반면에 자본가들
은 — 임금의 조정을 참아 낼 수 있지만 — 경기를 고려해 자신들의
공급과 생산 계획에 따라 이 조정을 거부하는 데서(또는 국가가 산업화
되고 인건비가 상승하여 이들이 양보하는 데서) 이익을 얻는다고 말이다.
이런 말을 들으면서 우리는 같은 이름하에 포괄되지만 상이한 여러
수준에서 구성되는 여러 이질적인 현실들을 상대하고 있는 것이다.
왜냐하면 여기에서 노동자의 이해관계란 단순한 생명의 욕구일 수
있지만 자본가의 이해관계는 바로 생산 자체에 의해, 즉 자본주의 사
회의 모든 구조를 통해서 이 노동자에게 부과되고, 또한 아주 간접적
으로 욕구 — 비록 이 욕구가 *긴장*으로서 항상 현전하고 있다고 해

도 — 그 자체를 가리키는 (우리가 보았던 대로) 필연성(혹은 가능성)이기 때문이다. 무엇인지 알 수 없는 사회주의적 관념론이 자본가들을 선험적으로 탐욕스러운 자들로 소개한다면 결과는 같을 것이다. 즉 이익을 내고자 하는 욕망, 힘 등등에 대한 욕망으로(사회 속에서, 그리고 사회에 의해서만 존재하며, 그 특징과 강도 자체가 역사적 총체나 제도들에 달린) 개인들을 움직이는 자연의 힘으로 만든다면 같은 결과를 낳게 될 것이다. 노동조합을 조직하고 탐욕의 충동에 양보하는 자본가-흡혈귀들에 맞서 자신들의 *계급적 이해관계*에 맞게 행동하는 집단화된 노동자들을 보여 줄 때 우리는 비가지적인 동일한 이질성을 발견하게 — 이것을 종종 발견하기도 한다 — 될 것이다. 이 두 경우에 있어서 개인의 가짜 객관성에서(외부적 힘으로 나타난 본능 충동) 하나의 과정의 객관적이고 추상적인 일반성으로서의 이동은 절대로 이해될 수 없다. 그리고 만약 노동자들이 무엇보다도 분산과 적대 관계를 통해 자연스러운 현실로서 정립되는 이해관계들이라면, 만약 이들 계급의 이해관계가 이들 각자에게 있어서 기계에 의해 미리 만들어진 운명 속에 부정적으로 각인되어 있다면 어떤 선전도, 어떤 정치적, 조합적 교육도, 그 어떤 해방도 가능하지 않을 것이다.

각 개인이나 각 계급에게 이해관계는 물질이 도구처럼 이 물질에 쓰이는 데(생산에 쓰이는 경우에도) 가장 적합한 인간들과 인간관계를 규정하고 만들어 내는 한 이 물질 속에서 그리고 이 물질에 의해 구성된다. 고찰된 인간들이나 집단들에게 있어서 이들의 이해관계는 가공 중인 물질 속에서는 이들의 자기-외-존재와 구분되지 않는데 이때 **타자**는(다른 사람들이나 다른 집단들에 의해) 이 자기-외-존재를 운명으로 겪게 된다. 물질적 장비의 구조만이 단독으로 현재 이해관계의 형태를 결정할 수 있을 뿐이다.(하나의 계급을 위해 개인적인 이익의 실천적 장을 창조하고, 또 다른 한 계급을 위해 유일한 가능성으로서의 일반적 이해관계의 장을 창조하는 것 역시 이 구조다.) 이런 관점에서 보면 이해관계들 사이의 갈등은 생산관계의 수준에서 규정되거나 오히려 생산관계 그 자체다. 이해관계들 사이의 갈등은 가공된 물질의 운동에 의해 직접적으로 촉발된 것으로 나타나거나 아니면 오히려 이 물질의 요구와 운동 내에서의 물질 그 자체로 나타난다. 이것은 각 집단이(또는 각자가) 가공된 물질의 관리권을 장악하기 위해(가공된 물질-내의-자기-외-존재를 통해서, 그리고 이 존재에 의해, 즉 이 가공된 물질 속에서 자기 자신의 타성태적이고 강력한 객체화를 통해, 생산을 관리하기 위해) 그리고 **타자**에게서 이 관리권을 빼앗기 위해서 싸우는 범위 내에서 그러하다. 이런 의미에서 보면 갈등을 낳는 것은 다양한 이해관계들이 아니다. 오히려 이 갈등이 이 이해관계들을 만들어 낸다. 물론 이것은 가공된 물질이 투쟁하고 있는 집단들에게 이 집단들의 역학 관계에서 파생되는 일시적인 무기력에 의해 독립된 실재로서 스스로를 부과하기 때문이다. 그리고 이런 의미에서 이해관계는 항상 **타자**의 부정일 뿐 아니라 물질과 인간들의 실천적-타성태적 존재에 대한 부정이기도 하다. 이것 역시 이 존재가 각자에 의해 **타자**의 운명으로 구성되기 때문이다. 그러나 이와 동시에 이해관계는 실천적-타성태적 환경 속에서 인간과 그의 생산물의 교환 가능성 이외의 다른 것이 아니다. 이해관계들의 모순은 바로 인간이 물질과 맺는 근원적이며 일의적인 관계, 즉 구성하는 자유로운 실천을 되찾기 위한 개인적이거나 집단적인 시도 안에서 드러난다. 그러나 이 이해관계는 벌써 그 자체로 이 물질에 의해 이루어지는 인간적 행동의 가짜 상호성으로서의 이 시도의 우회와 화석화이다. 달리 말하자면 실천적-타성태의 장에서는 능동적이나 자신의 생산물 속에서는 타성태적인 인간은 자신의 이해관계가 운명이 되거나 아니면 그 자신의 운명이 이해관계로 바뀌는 것을 막을 수 있는 유일한 수단이 된다.

그러나 운명과 이해관계가 자기-외-존재의 두 가지 서로 모순되는 위상에 해당되기 때문에, 그리고 이 두 가지 위상이 항상 동시에 존재하기 때문에(비록 하나가 다른 하나를 감싸거나 감추는 것이 가능하다고 해도) 이것들은 실천적-타성태적 장의 한계를 보여 준다. 그 까닭은 가공된 물질이 이 물질에 쓰이는 인간들을 이들의 갈등과 이들의 노동관계와 더불어 자신의 수단들로 만들어 내기 때문이다. 즉 변증법적 경험의 바로 이 계기에서 자신의 자기-외-존재에 의해 규정된 인간은(그가 물질에다 각인시킨 봉인이 문제가 되건, 아니면 물질적 요구의 만남과 수동적인 조직화에 의한 기능의 선제조(先製造)가 문제가 되건) *마법에 걸린 물질로서*(즉 정확히 비인간적인 행동을 발전시키는 비유기적이고 가공된 물질로서 ── 왜냐하면 이 물질이 수동성 속에서 이 물질을 지탱하는 인간의 행동의 무한 계열을 종합하기 때문에) 규정된다. 이렇게 해서 기술적이고 사회적인 환경과 자신의 *실천의* 계속되는 비상을 통해서 스스로를 내보이는 *이 존재에 대해* 운명은 기계적 숙명으로서 위협을 가한다. 그리고 있는 그대로의 이 운명에 맞선 이 존재의 투쟁은 자유로운 인간적 긍정으로 포착될 수 없다. 즉 이 투쟁은 *이 존재의 이해관계를* 구제하는(또는 어쨌든 이것에 쓰이는) 수단으로서 스스로를 제시해야만 하는 것이다. 따라서 이해관계는 개인이나 집단의 비유기적 물질성으로 나타난다. 이것은 이 비유기적 물질성이 그 자체의 실천적-타성태적 외면성 속에서 스스로를 보존하는 수단으로 실천을 종속시키는 절대적이며 환원 불가능한 존재이기 때문이다. 달리 말하자면 이것은 자유의 수동적이자 도치된 이미지와 같다. 그러니까 자유가 실천적 수동성의 장의 순환되는 지옥 속에서 스스로 생산해 낼 수 있는

(그리고 자기 자신을 자각할 수 있는) 유일한 방식인 것이다.

4. 변증법적 연구의 새로운 구조인
필연성에 대하여

가장 직접적인 차원에서 변증법적 연구는 그 자체의 발전을 조절하기 위해 스스로를 밝히는 *실천* 그 자체로 드러났다. *행위* 자체가 자기에 대한 인식의 기초를 세우는 이 첫 번째 연구의 명증성은 우리에게 하나의 확신, 즉 자기에의 현전처럼 나타나는 것이 바로 현실 그 자체라는 확신을 보여 준다. 역사적 변증법의 유일한 구체적 토대는 바로 개인 행위의 변증법적 구조다. 그리고 실제로 사회적 환경 속에 위치한 이 행위를 이 환경으로부터 순간적으로나마 추상할 수 있었을 때 우리는 이 행위 속에서 실천적 총체화와 실재적 시간화의 논리로서의 변증법적 가지성이 드러내 보이는 완벽한 전개를 발견했다. 그러나 이 연구는 이 연구 자체가 바로 그 자신의 대상이라는 이유 때문에 우리에게 *필연성이 없는* 충만한 투명성을 드러내 보인다. 인간은 물질에 작용하면서 스스로 변증법적으로 되기 때문에, 행위가 인식인 것과 같이 인식 또한 행위이기 때문에 우리는 하나의 *의심할 여지 없는 사실*을 다루고 있다. 그러나 이 의심의 여지 없음이 필연성인 것은 아니다.

게다가 일상생활이라는 좀 더 복잡하고 구체적인 현실과 조우하는 것을 바라자마자 우리는 곧장 이산량을 특징짓고 **분석적 이성**에 의해 연구될 수 있는 다수성을 재발견했다. 다수성이 살아 있는 단순한 유기체들의 차원보다는 오히려 총체화하는 종합들의 차원에서 확인된다는 사실은 그다지 중요하지 않다. 분산의 기원 그 자체가 변증법적이라는 사실 또한 그다지 중요하지 않다. 인간적 행위들의 복수성이 매 *실천*의 변증법적 통일의 부정이라는 점은 여전히 사실이다. 그러나 이 행위들의 — 이 행위들 가운데 일부는 집단들의 행위고, 다른 일부는 개인들의 행위다 — 총체가 *동일한 물질적 장*(이것이 브라질 원시림 속에서 고립된 **인디언들**의 한 마을에 관계되든지, 이 나라의 국토와 지층 또는 지구 전체에 관계되든지 간에)에 행해지기 때문에, 이 전체가 각자와 맺는 일의적이고 실천적인 내면성의 연대에 의해 원래 통일되어 있는 이 장이 수동성 속에서 결정 작용들의 다수성을 지탱하고 용해시키기 때문에 우리는 이 연구를 심화하는 과정에서 다음과 같은 사실을 알게 되었다. 즉 인간들은 알지 못한 채 자신들이 흩어져 살고 있는 물질적 장에서 이 물질적 장을 통해, 그리고 이들이 이 물질적 장에 대해 행하는 통합적 행위들의 다수성에 의해 자신들의 통일성을 적대적 이타성의 형태로 실현한다는 사실이다. 이처럼 육체들과 행위들의 복수성은 직접적으로 다루어질 때 고립된다. 복수성이 가공된 물질에 의해 인간들 위에 반사될 때, 이 복수성은 통일의 요소로 변형된다.

바로 이것이 가장 일상적인 객관성 속에서 드러나는 것이다. 나는 창을 통해 서로 모르는 사람들이 적어도 본 연구의 현재 수준에서 서로를 분리하는 일들을 수행하기 위해 가로질러 가고 있는 광장을 바라본다. 나는 또한 버스를 기다리면서 다른 사람들에게는 전혀 관심을 보이지 않는 한 무리의 사람들을 본다. 모든 눈동자가 렌가를 향해 있으며, 도착할 버스를 기다리고 있다. 이와 같은 반(半)고독 상태에서 이 사람들을 통일시키고 있는 것은 거리, 광장, 포장도로, 횡단보도, 버스라는 사실, 즉 수동화된 하나의 *실천*의 물질적 이면이라는 사실은 의심의 여지가 없다. 그러나 이 통일은 그 자체로 하나의 물질적 체계의 통합이다. 이런 점에서 이 통일성은 아주 모호하다. 검토된 총체가 행위들에 의해 총체화되었다는 점에서 우리는 이를 변증법이라 부를 수 있다. 또한 어떤 형태하에서든 희소성이 분리를 대립으로 변형시키는 점에서도 그러하다.

그러나 다른 한편 변증법이 총체화라는 것이 사실이라 할지라도 물질성이 총체화한다고 할 수는 없다. 그러니까 에스파냐 금의 유입과 반출이라는 변천들이 지중해 연안 국가들과 도시들의 실천들을 총체화하지는 않는다. 이 변천들은 실천들을 흡수하고, 이 실천에 대해 상호 침투의 수동적 통일성을 부여한다. 게다가 다양성의 총체성에로의 변화와 결합된 능동성의 수동성에로의 전도는 외면성의 관계들과 내면성의 관계들을 동시에 전도시키는 효과를 낳는다. 인간들이 신기하게도 양에 집착하는 것만큼 양은 사물화된 인간들을 지배한다. 모든 기호가 바뀌며, 우리는 부정의 영역으로 들어간다. 이와 같은 새로운 논리의 관점에서 보면 물질에 의한 인간들의 통일은 이들의 분리가 될 수밖에 없다. 달리 말하자면 분리는 체험된 내면적 연결이 되기 위해 외면성의 순수한 관계이기를 그친다. 우리는 *이타성*, 적대 관계 그리고 체계 속에서 우리가 차지하는 자리에 의해 분리되어 있다. 그러나 이와 같은 분리들은 ── 증오나 도피처럼 ── 연결의 여러 양태다. 단지 물질이 인간들을 움켜잡아 이들을 물질적 체계 속으로 들어가게 함으로써 이들을 통합시키기 때문에 이 물질은 이 인간들이 타성태적인 만큼 이들을 통합시킨다. 우리는 벌써 유기체가 자신의 비유기적, 타성태적 성질에 의해 비유기체화된 세계와 접촉하게 되는 것을 보았다. 우리는 여기에서 다시 한번 인간적 유기체의 기본적 구조로서의 수동적 물질성, 이 인간적 유기체에게 유기체화된 행위에로 극복할 수 있는 능력을 빌려주었던 비유기체적 물질에 포로가 된 물질성을 발견하게 된다. 만약 우리가 이 수준에서 멈추어야 한다면 유물론적 변증법에 대해 아주 기본적이고 아주 잘못된 인상을 가질 수 있다. 하지만 불행히도 이 인상이 가장 널리 퍼져 있다. 희소성, 욕구의 대립, 도구, 도구를 둘러싼 조직 등등이 그것이다. 물론 이 모든 것은 완전히 정당하다. 하지만 우선권이 역사적 행위 주체에게 보다는 타성태에게, 전도된 *실천*, 요컨대 비유기적 물질에게 주어질 때에 그러하다. 우리는 이 연구의 계기에 대해 길게 기술해야 한다. 결국 새로운 요소들의 도입으로도 변증법적 *가지성*이 사라지지 않았다는 것을 확립하고, 처음으로 행위 주체가 필연성에 대한 객관적 경험을 한다는 것을 보여 주어야 한다.

우리가 예로 든 사실들이 아무리 복잡하다 해도 **변증법적 이성**의 입장에서 이것들을 설명할 수 없을 정도는 아니다. 앞에서 보았듯이 외면성의 양적 관계들이 사라지지 않고 내면성의 관계들에 의해 우회되거나 되돌려진다는 바로 그 이유 때문에, 달리 말하자면 금화 하나하나가 총액 속의 한 단위임과 동시에 다른 모든 금화와 비교해 보면 전체 속의 한 부분이 된다는 바로 그 이유 때문에 **분석적 이성**이 에스파냐 금화의 변형을 설명할 수 있다고 단 한 순간도 희망해서는 안 된다. 이와는 반대로 변증법적 가지성은 완전히 보존된다. 왜냐하면 바로 이것이 행위들의 급격한 번식에서 출발해서 물질성이 나타내는 부정적 통일체의 유형을 포착하는 것을 가능케 해 주기 때문이다. 분명 우리는 이 수준에서는 *실천*의 투명성을 알아보지 못한다. 그러나 변증법 속에 변증법이 있다는 사실을 이해해야 한다. 즉 실재론적 유물론의 관점에서 총체화로서의 변증법이 절대적 분산으로서 자기 자신의 부정을 생산한다는 사실을 말이다. 변증법이 부정을 낳는 것은 행위들의 대립이 분리 속에서 이루어지는 통일이기 때문이다. 또한 *이와 동시에* 분산으로서의 복수성이 의미를 가질 수 있는 것은 바로 변증법에 의해, 그리고 이 변증법 속에서이기 때문이다. **이념**의 이면으로서 외면성을 생성하는 것은 **이념**으로서의 변증법이 아니다. 전형적으로 변증법적인 주체들에 의해 외면성의 내면화 형식하에서만 체험될 수 있는 것은 실제적으로 이 주체들의 *분석적 분산*이다. 따라서 하나의 기도의 통일성 속에서 실현되는 만큼 스스로에게 투명한 하나의 과정의 문제가 아니다. 그보다는 오히려 우리가 인식하고 있으며 명확히 이해하고 있는 몇몇 법칙들을 따라 — 이 법칙들 또한 내부와 외부의 균형 잡히지 않은 종합을 실현한다는 점에서 — 스스로 빠져나와 우회하는 하나의 행위의 문제다. 우리 자신이 정한 목표에 도달한 이 시점에서 우리가 실제로는 이 목표와는 *다른 것*을 실현했다는 사실과 함께 왜 우리의 행위는 우리 밖에서 변질되었는가를 이해하는 만큼, 우리는 첫 번째 필연성에 대한 변증법적 체험을 하는 셈이다.[328]

필연성을 속박과 혼동하지 말아야 한다. 우리는 속박을 사건의 우연적인 모든 불투명성을 제시하는 외부의 힘처럼 체험하며, 속박은 자유로운 *실천*에 반대된다는 점에서 폭력으로 나타난다. 그리고 나는 이미 구축된 몇몇 수단을 토대로 주어진 하나의 목적을 달성하기 위해 종국에는 여러 가능성들을 *단 하나의* 가능성으로 환원하는 행위의 점진적 수축 과정 속에서 필연성을 발견하지도 않는다. (물질적 총체를 하나의 상태에서 다른 상태로 넘어가게 하기 위한, 한 장소에서 다른 장소로, 한 인간으로부터 다른 인간으로, 하나의 생각에서 다른 생각으로 넘어가

---

328 모든 수단은 잠정적 목적이듯이 필연성의 체험은 행위의 끝에서가 아니라 *실천*의 전체 전개 과정 동안 이루어진다는 것은 자명하다.(원주)

기 위한) 하나의 가능한 길이 있다고 하더라도, 이 길이 존재하고 주어져 있고 열려 있다면 *실천*은 이 길을 창조하면서 자기 자신을 포착하며, 또한 당연히 그럴 수밖에 없다. 왜냐하면 실천이 없다면 이와 같은 가능성들이나 수단들도 존재할 수 없을 것이기 때문이다. 이처럼 사고의 영역에서 이해에 이르는 왕도는 종합적인 전진의 길이다. 부정적으로 보자면 이 길은 스스로 행하는 것에 대한 긍정적 의식을 통해 그 자신이 될 수 있는 모든 것과 같은 것으로 나타난다. 사실 행동의 전개와 겨냥된 목표와 획득된 결과의 일치는 만약 이것이 *타자*의 상황에서, 그리고 *타자*에 의해서 ── 연구의 다른 하나의 차원에서 ── 가 아니라면 논리 필증적 증명이 될 수 없다.

이와 같은 고찰은 우리에게 필연성에 대한 최초의 실천적 경험은 개인의 제약 없는 활동 속에서 이루어져야 한다는 점, 최종 결과가 비록 예견했던 바와 일치할지라도 이와 동시에 근본적으로 *다른 것*, 즉 행위 주체의 의도 대상이 결코 아니었던 것으로 나타나면서 이루어져야 한다는 점을 보여 준다. 이와 같은 필연성의 초보적 형태는 일찌감치 수학에서 발견된다. 즉 이론 정립의 최종 단계에서 마지막 명제는 결국 앞으로 증명해야 할 정리의 진술이 되는 *하나의 다른* 명제로 변형된다. 유일한 차이점은 수학자의 경우에는 변형된 결과의 변증법적 사실을 *방법*으로 사용한다는 것이다. 실천적 경험 속에서 필연성의 계기는 동등자를 **타자**로서, **타자**를 동등자로서 동시에 인지하는 것이다. 이 말을 잘 이해하도록 하자. 이 말은 도구와 함께 수행된 외로운 활동은 선택된 도구 또는 활동 대상의 성질에 기인한 변형들을 받아들인다는 것을 의미한다. 그러나 이 극복되고 수정되고 통제된 변형들은 *실천*을 변질시키지는 않는다. 비록 실천이 이 변형들에 의해 스스로 변화하고 우회로를 사용하도록 강제당한다고 해도 이것은 사실이다. 그러니까 *실천*의 변화는 변증법적이며, 내면적 관계들을 통해 연결된 생생하면서도 불가피한 계기들의 자격으로 *실천*의 일부분을 이룬다. 실패 자체는 마치 변증법의 최종 항목 ── 그리고 변증법의 파괴처럼 ── 운동에 통합되어 있다. 이것은 우리의 죽음이 삶에서 발생하는 하나의 사건처럼 이야기될 수 있는 것과 같은 논리다. 게다가 ── 외로운 활동의 경우에 ── 실패는 *실천의 총체*를 밝히기 위해 이 실천으로 되돌아오고, 이 실천 안에서 우리가 실패한 심층 요인들을 발견한다. 즉 우리는 잘못된 시도를 했거나 잘못된 수단을 선택했던 것이다. 대부분의 경우 우리는 실패를 통해 지나간 운동을 조명하면서 우리가 이미 실패하리라는 확신을 가지고 있었다는 점을 알게 된다. 달리 말하자면 객관적으로 보아 절제되지 못한 행위는 내면성 속에 어떠한 형태로든(고집, 서두름 등등) 무절제에 대한 인식을 낳는다. 그러나 이와 같은 인식이 없는 경우라고 할지라도 실패는 여전히 *실천* 그 자체 속에 부정의 변증법적 가능성으로 남아 있다.

본 연구에서 필연성이 나타나는 것은, 실제로 가공된 물질이 물질성의 자격으로가 *아니라 물질화된 실천*의 자격으로 우리의 행위를 앗아 가는 계기에서다. 이 계기에서 **타자**에 의해 주조된 도구는 행위의 변증법적 장 속에서 *외면성의* 요소로 나타난다. 그러나 이 외면성 자체는 비유기적 물질성의 특징을 이루는 외면적 관계들을 그 근원으로 하지 않는다. 결국 이 외면적 관계들은 행위의 실천적 장 속에 모두 포함되어 있는 것이다. 물질성으로서의 도구가 다른 내면성의 장들의 일부가 되는 한 *외면성*은 존재한다. 우선 개인들이나 집단들의 단호한 *실천*에 의해 결정된 장이 문제가 아니라 준변증법적 장이 문제가 된다. 이 준변증법적 장에서 달아나는 통일성은 인간으로부터 오는 것이 아니라 물질로부터 와서 물질성의 여러 영역 간의 매개 역할을 하는 인간들에게로 향한다. 실제로 그로부터 준변증법적 반목적성의 마법적 장이 형성된다. 이 마법적 장에서는 모든 것이 거리를 두고 다른 모든 것에 영향을 미치며, 아무리 하찮은 새로운 사건이라도 *마치* 물질적 총체가 진정한 총체성인 것처럼 총체를 동요시킨다. 그리고 특정 개인이나 특정 공동체가 사용하는 도구는 외부로부터 이것을 사용하는 손들 사이에서 변질된다. 예컨대 에스파냐가 패권을 잡았던 시절에 금은 한 개인이나 한 집단의 입장에서 보면 실재적인 힘이다. 그런데 역사의 주체는 자신의 객관적 실재, 즉 그 자신의 객체화에 의해 규정되기 때문에 사회의 입장에서 보면 이 금은 이 객체화 자체가 된다. 그다음으로 객체화하는 *실천*은 그 자체로 금을 사용하는 용도, 즉 부의 분배(자본 운용, 자금 조달, 지출 항목 작성 등등)에 의해 규정될 것이다. 그러나 금화는 특정 개인이나 집단 주체에게 있어서 내면성의 외면화의 방식임과 동시에 특히 집단 주체의 입장에서 보면 전체적 외면성으로서의 존재를 나타내는 것이기도 하다. 왜냐하면 **역사**의 총체는 그 가치를 특정 시점에서 결정하기 때문이다. 따라서 왕자나 상인의 객관적 실재는 그들에게서 벗어나는 것이다. 이것은 이 금화가 왕자나 상인의 객관적 실재를 실재화하는 한에서 그러하다. 그러나 이 외면성은 사건 하나하나가 하나의 유기적 전체(광산의 발견, 대규모 귀금속의 도착, 새로운 제련법의 발견 등등) 속에서처럼 *거리를 두고* 작용하는 여러 물질적 총체성을 가리킨다. 따라서 주체의 손들 사이에서 의미를 상실해 가는 객관적 실재의 유출은 진행 중인 총체성에서 출발하여 해독할 때 비로소 *모종의 의미*를 갖게 된다. 제노바 상인 한 사람의 파산은 이 상인의 *실천* 내부에서 해석될 수 있다. 하지만 이것을 이해하기 위해서는 이 실천이 — 브로델이 말했던 것처럼 **지중해**는 하나의 물질적 통일체이기 때문에 — 귀금속과 같은 것의 보유량에서 출발하여 *외부로부터* 그에게 오는 것으로 보아야만 한다.

결과의 변형이 행위 주체를 통해 이해되어야 한다고 *선험적으로* 주장할 수 있는 것은 아무것도 없다. 모든 것은 시대와 계급과 역사적 상황들이 그에게 부여한 사고 도구들에 달려 있다. 이와는 반대로 현재의 지식의 발전 정도에 따라 우리는 이 변형이 ── 필요한 도구들을 사용할 수 있을 때 ── 언제나 가지적이라는 사실, 즉 이 변형이 스스로 그 자체의 합리성에 대한 유형을 규정한다는 사실을 단언할 수 있다. 결국 불가분의 두 관점 ── 즉 객체화의 관점(또는 물질에 작용하는 인간의 관점)과 객관성의 관점(또는 인간에 작용하는 통합된 물질의 관점) ── 에서 *실천*과 그 결과를 포착하는 것이 문제가 된다. 하나의 실천의 합치된 결과가 어떻게 물질적 준총체성 속에 보편적 변화를 새로운 사건으로 도입할 수 있는가, 어떻게 이 결과가 움직이는 무기적 총체성으로부터 자신을 그 자신이 아닌 *다른* 것으로 만드는 일종의 수동적 변모를 수용하는가를 이해해야 한다.

벌채가 아주 좋은 예다. 수수밭에서 한 그루의 나무를 뽑는 것은 고립된 인간들의 노동에 의해 통일된 대평원과 황토 단구(段丘)의 관점에서 *벌채하는* 것이다. 뿌리를 뽑는 개인적 행위의 실제 의미로서 벌채는 모든 고립된 사람들이 생산했던 물질적 총체성에 의해 이루어지는 이들의 부정적 통일과 같다. 이처럼 행동의 변형은 개별적으로 달성된 목적을 평가한 후에 이 행동을 다음과 같은 요소들로부터 출발해서 이해하려고 하는 이해의 과정의 입장에서 보면 인지 가능하다. 즉 농부들의 집단화(동일한 노동, 반복), 운명(홍수)에 대한 공동 연합 속에서 분리를 소멸시키는 물질적 총체의 구성 그리고 마지막에는 이와 같은 기반과 분리 속에서 잉태되는 새로운 물질적 총체성이 바로 그것이다. 이러한 이중적 참조 작업이 고립된 주체에 의해 어렵게 이루어질 수 있는 것은 사실이라 할지라도 이 작업이 그에게 원칙적으로 금지된 것은 아니다. 달리 말하자면 각자는 그의 행동 속에서 외부와 동시에 내부로부터 스스로 이해될 수 있다. 그 증거는 벌체를 금지하는 중국 정부의 선전이 각 개인에게 자신의 가족적 실천의 통합적 의미를 가르쳐 주었다는 것이다. 필연성에 대한 연구는 실천의 모든 계기가 더 명확하고 더 의식적일수록, 수단들의 선택이 더 단호할수록 더 분명하고 더 맹목적이게 된다. 결국 실천은 스스로 풍부해지면서도 조금씩 여러 가능성을 단 하나의 가능성으로 제한하며 종국에는 변증법적 전개처럼, 그리고 사물에 기입된 결과를 위한 노동처럼 스스로를 폐지한다는 사실을 상기해야만 한다. 그런데 우리는 이미 결과만이 행위 주체의 현실적 목적을 평가하고, 결국 이 주체 자신에 대한 평가를 가능케 한다는 사실을 보았다. 『보바리 부인』이 플로베르를 밝혀 주는 것은 사실이지만 그 역은 성립되지 않는다. 그러나 모든 경우에서 현재의 총체성에 연결된 훨씬 더 큰 하나의 다른 결과가, 겨냥되고 획득된 결과를 뒤덮게 된다면 총체화된 객관성의 관점에서 우리의 평가 대상은 단지 목적만이 아니라 바로 그 행위 주체 자신이 되며 이 행위 주체는 실천에 의한 자기 객체화에 다름 아닌 것이다.

따라서 하나의 다른 결과로부터 출발해서 자신의 개별적 객체화 속에서 그 자신을 **타자**로 인지하는 것이 문제다. 그리고 이와 같은 발견은 필연성에 대한 체험이다. 왜냐하면 이것은 우리에게 가지성의 범위 내에서 제약 없는 환원 불가능성을 보여 주기 때문이다. 이와 같은 개별적 체험은 실천(내가 「방법의 문제」에서 정의했던 의미에서)의 자유에 의해서만 실현될 수 있을 뿐이다. 나에게 객관적 결과를 환원 불가능성처럼 제시하는 것은 성공한 행위의 자유로운 충만이다. 즉 만약 내가 실수를 저질렀거나 제약을 받았다면 그 결과가 실수에 의해서나 제약에 의해 왜곡되었을 가능성은 여전히 남아 있는 셈이다. 그러나 내가 이 작업에 대해 전적으로 책임을 지는 경우 나는 필연성을 불가피한 것으로 발견하게 된다. 달리 말하자면 필연성에 대한 기본적 체험은 궁극적 객관성으로부터 원초적 선택에 이르기까지 나의 자유를 침식하는 것이 사실이다. 하지만 이것은 나의 자유에서 태어나는 소급력에 대한 체험이다. 이것은 또한 완전한 자유의 한복판에서 자유 자체에 의해 지지된, 그리고 이 자유의 충만성 자체와 균형 잡힌(의식의 정도, 사고의 도구들, 실천적 성공 등등) 자유의 부정이다. 이런 의미에서 이것은 적으로서가 아니라 그의 분산된 *실천*이 물질에 의해 총체화되어 나를 변형시키기 위해 나에게 되돌아오는 자로서의 **타자**에 대한 체험이다. 이것은 창조자 없는 *실천*으로서의 물질이나 혹은 의미 작용을 하는 타성태 ── 나는 그것의 기의다 ── 로서의 *실천*에 대한 역사적 체험이다. 우리는 우리의 발견이 점차 이루어짐에 따라 이 체험이 복잡해진다는 사실을 보게 될 것이다. 그러나 지금도 이렇게 말할 수는 있다. 즉 자기 작품을 바라보면서 거기에서 완전히 자신을 느낌과 동시에 전혀 자신을 느끼지 못하는 인간, "나는 이것을 원치 않았다.", "내가 한 것이 바로 이것이며, 나는 달리 할 수 없었다는 것을 이해한다."라는 말을 동시에 할 수 있는 인간, 자유로운 *실천*이 그를 이미 만들어진 존재로 향하게 하며, 스스로를 자유로운 *실천*에서처럼 이미 만들어진 존재 속에서도 인지하는 인간, 직접적인 변증법의 운동 속에서 필연성을 *자유의 외면성으로의* 운명처럼 파악하는 자가 바로 이와 같은 인간이다.

여기에서 소외가 문제 되고 있다고 말해야 할까? 분명 그렇다. 왜냐하면 앞에서 본 인간은 타자로서 자기에게로 되돌아가기 때문이다. 그러나 마르크스주의적 의미에서 소외는 착취와 함께 시작된다는 점을 분명히 지적해야 한다. 소외를 객체화 — 어떤 것이든지 간에 — 의 항구적 특징으로 삼고 있는 헤겔에게로 되돌아가야 할까? 그럴 수도 있고 그러지 않을 수도 있다. 결국 총체화로서의 실천이 수동성으로서의 물질성과 맺는 원초적 관계는 인간으로 하여금 자신의 환경이 아닌 곳에서 스스로를 객체화하도록 그리고 하나의 비유기적 총체성을 스스로의 객체적 현실처럼 제시하도록 강요한다는 사실을 고려해야 한다. 유기체가 물질적 환경과 맺고 있는 관계처럼 실천을 원초적으로 구성하는 것은 바로 내면성이 외면성과 맺고 있는 관계다. 인간은 — 그가 스스로를 더 이상 자기 삶의 단순한 재생산이 아니라 자기 삶을 재생산할 생산물들의 총체로 지칭하자마자 — 스스로를 객체성이라는 세계 속의 **타자**처럼 발견한다. 타성태적 객체화로서 총체화되고 타성태에 의해 영구히 존속하는 물질은 결국 한 명의 *비인간*(non-homme) 또는 *반인간*(contre-homme)이다. 우리들 각자는 자신의 불길한 이미지, 그를 유혹하고 또한 — 그가 *이 이미지를 통해 그 자신을 이해하고자 할 때* — 방황하게 만드는 이미지를 사물에 각인시키면서 삶을 영위한다. 이것은 비록 우리들 각자가 *이와 같은 객체화에 이르는 총체적 운동에 다름 아니라고 해도 여전히 사실이다.[329]

329 이는 실천적 행위자에게 유기체화된 비유기체 속에서 스스로를 물질적 존재로 발견해야 할 필연성이다. 이는 인간을 하이데거가 "먼 곳의 존재(être des lointains)"라고 부르는 것으로 만드는 세계 속에서 자기 외부에서, 그리고 세계를 통해 자기 자신에 대한 포착으로서의 필연적인 객체화다. 그러나 특히 인간은 우선 자신의 실천적 삶의 환경이 아닌 환경 속에서 자신의 *실천*의 실제적 대상처럼 스스로를 발견한다는 사실을 지적해야만 한다. 즉 인간이 자기 자신에 대해 갖게 되는 인식은 하나의 각인을 지니고 있는 타성태로서의 자신에 대한 인식이라는 사실이다.(이와 반대로 인간은 실제로 무기체에 각인하는 행위를 통해 물질적 조건을 초월하는 운

5. 물질성으로서의 사회적 존재,
특히 계급적 존재에 대하여

여전히 아주 추상적인 형태이긴 하지만 변증법적 연구의 논리 필증적 구조에 도달하게 된 지금, 행위 주체가 그 자신의 *실천*이 소외되었다는 사실에 대한 발견은 소외된 존재로서의 자기 자신의 객체화에 대한 발견을 수반한다. 요컨대 이것은 타성태적이며 소외된 객체성 앞에서 소멸되는 *실천*을 통해 행위자가, 그의 자기-외-사물-내-존재를 자신의 근본적인 진실이며 자신의 *실재*로서 발견한다는 의미다. 그리고 이 자기-외-존재는 그에게서 실천적-타성태의 성질을 띤 물질로 구성된다.(또는 그런 물질로 구성되었다.) 이는 그 자신이 특수성으로 전 **우주**에 의해 외부로부터 갑자기 조건 지어지건, 반대로 그의 존재가 *여러* 요구의 연계에 의해서 미리 형성되어 외부로부터 조건

동이다.) 이렇듯 실천적 행위자는 하나의 행위에 의해 스스로를 초월하는 유기체이며, 자기 자신에 대한 객관적 이해가 자신을 하나의 작업의 결과나 생명 없는 대상 ── 그것이 조각상이든 기계든 그것의 특수한 이해가 무엇이든 ── 으로 발견하는 유기체다.『존재와 무』를 읽은 독자를 위해 나는 필연성의 기초는 실천적이라고 말하고자 한다. 이것은 행위 주체와 같은 스스로를 우선 타성태적인 것으로 발견하거나 또는 기껏해야 **즉자** 한가운데에서 실천적 타성태적인 것으로 발견하는 **대자**다. 말하자면 이것은 무기체의 조직화로서의 행위의 구조 자체가 우선 **대자**에게 **즉자 존재**로서 소외된 자신의 존재를 가리키기 때문이다. 따라서 자기에 대한 자기에 의한 전(全) 인식의 기초로서의 인간의 타성태적 물질성은 소외에 대한 인식인 동시에 인식의 소외다. 인간에게 있어서 필연성은 원초적으로 자신을 자신이 아닌 **타자**처럼 포착하는 것이고 이타성의 차원에서 포착하는 것이다. 분명 **실천**은 스스로를 밝혀 준다. 즉 실천은 언제나 자기 (에 대한) 의식이다. 그러나 *나는* 내가 했던(그리고 나를 즉시 하나의 **타자**처럼 구성하면서 나로부터 벗어나는) 것으로 존재한다는 실천적 확인에 맞서 이와 같은 비정립적 의식은 아무것도 할 수 없다. 내가 지적했듯이 왜 인간이 자신을 **즉자-대자 존재**의 한가운데 속으로 *투기하는가*를 이해하게끔 해 주는 것은 바로 이 근본적 관계의 필연성이다.『존재와 무』에서 잘못 그렇게 믿을 수 있는 것처럼 근본적 소외는 탄생 전의 선택으로부터 유래하지 않는다. 이것은 실천적 유기체로서의 인간을 그의 환경에 연결하는 내면성의 한결같은 관계로부터 유래한다.(원주)

지어지기를 기다리고 있건 간에 그러하다. 여하튼 이 차원에서는 인간의 *실천*과 그 직접적 목적은 종속 *상태*로만 나타날 수 있을 따름이다. 전자는 물질적 총체의 직접적이며 생명 없는 요구에 종속되고, 이 요구를 충족하기 위한 수단이 된다. 후자는 실천을 발동시키기 위한 수단으로서 나타난다. "노동자들이 파업을 하는 것은 *유익하다.* 왜냐하면 이것을 통해 고안이 촉진되기 때문이다." 고안은 그 자체를 통해 스스로를 강화하는 수단을 요구하는 생산(이것은 **신의 대지**에서 이루어지는 재화의 축적이라는 절대적 목적으로 주어져 있다.) 그 자체에 의해 요구된다. 고용주로 하여금 연구비를 대거나 혹은 연구를 장려하도록 하는 수단이 바로 노동자들의 소요다.

이 소요를 일으킨 실천적-타성태의 지옥에 완전히 적응한 이 낙천적인 사고방식(자본가적 사고방식을 두고 하는 말이지만)에서 파업은 고용주로 하여금 절대적 타성태로부터 벗어나도록 결심하게 하는 수단으로 생각된다. 이 경우에는 우리가 즉각적으로 인지할 수 있는 두 가지 특징이 있다. *한편*으로 이 파업은 집단적 *실천*으로서의 특징(동기, 목표, 이루어진 통일성 — 초기에는 이루어지기가 매우 어려운 것이지만 — , 기회의 계산, 용기, 계획의 채택, 선출된 책임자와 동지들의 관계 등등, 요컨대 인간적 활동으로서 집단의 구성의 계기가 되거나 될 수 있는 모든 것)을 상실하고 보편적인 *존재태*가 되어 버린다. 이 파업은 소요 — 노동자층이라고 불리는 기계적 전체의 특수한 성질로서의 소동 — 에 지나지 않는데 이런 소요는 일화적인 경우, 그러니까 이해관계가 결여된 경우를 통해 익명의 세대 속에서 나타난다. 이처럼 버밍엄이나 셰필드[330]의 파업은 인간의 역사라는 특이한 모험의 테두리 안에서 발생한 하

---

330   버밍엄과 셰필드는 영국의 주요 공업 도시다. 사르트르는 19세기 이 도시에서 일어났던 파업을 지적하고 있다.

나의 특수한 인간적 기도가 아니라 하나의 개념의 예증에 불과하다. 그렇다고는 하지만 이와 같은 비굴한 사고방식을 단순한 과오로 치부하지는 말자. 왜냐하면 고용주들이 생산 예측에서 파업의 위험성(지난 몇 년간의 사태를 참고로 계산된 것)을 일반적 요인의 하나로 간주한다는 차원에서 보면 이것은 사실이기 때문이다.

다른 한편으로 파업은 외부로부터 타성태적 환경을 지배한다. 전반적인 현실로서의, 부정적인 힘(같은 시대에 생각되었던 "물리적 힘"과 같은 유형의 힘)으로서의 노동자들의 소요는 타성태적 전체로서의 고용주들의 환경에 충격을 주고, 내부적 반작용, 특히 고안을 유발하는 어떤 에너지를 전달한다. 타성태, 외면성 등과 같은 개념을 들먹이는 고전 경제학은 물리학이 되고자 한다. 그러나 이와 동시에 이 타성태와 외면성은 이 동일한 사고방식에서 인간적 특징들에 속하는 것이기도 하다.(즉 이 타성태와 외면성은 그 유일한 가지성과 동시에 실천을 가리킨다.) 고용주들은 이 타성태 때문에 비난을 받는다. 이들은 자신들의 이해관계를 모르며, 적극적인 이들 각자는 외부로부터의 자극을 필요로 하지 않는다. 또한 내가 앞에서 인용한 저자들의 텍스트는 노동 계급에 대한 반감을 보여 주고 있다. 노동자들의 소요는 —— 이것이 분명하고 역사적인 사실로서 해결되지 않는 한 —— 이들 눈에는 적어도 비천한 결함으로 보인다.(이 결함은 고칠 수 없다. 다만 해고되고 대체될지 모른다는 두려움을 부단히 갖게 함으로써 —— 과학 기술 때문에 생긴 실업의 희생자로 대체하겠다는 협박[331]을 항상 유지함으로써 —— 물리적 힘으로서의 공포로 소요에 대처한다는 외부적 해결책을 찾을 수 있을 따름이다.) 그러나 이들이

---

331 이 부분의 초판본은 par le maintien constant d'une menace de remplacement par les victimes du chômage technologique로 되어 있고, 개정판은 menace를 masse로, par를 avec로 고쳐 놓았다. 여기서는 이 같은 수정이 타당하지 않다고 생각하여 초판본을 따랐다.

보기에는 단순히 무질서한 표현에 지나지 않는 소요가 힘 이상의 것, 즉 하나의 존재태인 것과 마찬가지로 공포는 —— 그 잔인한 책들의 도처에서 읽을 수 있는 바와 같이 —— 물리적인 동시에 도덕적인 반응이기도 하다. 이것은 당연한 징벌이다. 또는 결국 같은 이야기가 되지만 위협을 느낀 고용주들의 복수다. 여기에는 타성태(동등하고 일정한 힘들의 균형에 의한 안정)와 실천 ("소요"라는 존재태와 이것에 대한 징벌에 부여한 가치)의 혼합이 존재한다.

이런 사고방식이 불완전하고 허위적이라는 사실도 이것이 고용주의 사고방식이라는 사실도 별로 중요하지 않다. 이와 반대로 우리는 이것이야말로 산업 혁명 초기에 자본주의가 그 자체에 대해 생각한 방식이었다고 차분하게 말할 수 있다. 즉 자본주의는 외부에 있는 에너지원에 의해 에너지 전환이 야기되는 조건하에서 이 전환이 일어날 수 있는 타성태적 환경으로서 스스로를 생각했던 것이다. 그렇다고 해서 한 제조업자가 자신의 특수성 속에서 자기를 인식한다고 주장하며 자신에 대해 내리는 판단이 물론 문제가 되는 것은 아니다. 이와 반대로 이 제조업자는 스스로를 대담한 개혁자로(가령 새로운 기계를 구입했거나 공장을 확장한 경우), 혹은 현명한 인간으로(가령 당분간은 일정한 고안에 관심 갖기를 거부하는 경우) 여길 것이다. 그는 이렇게 고용주 계층(그의 경쟁자, 공급자, 고객 전체)을 타자로 여긴다. 그러나 이처럼 타자로 여겨진 고용주 계층은 그 내부에서 아무것도 바꿀 수 없는 상대적인 혹은 전체적인 무기력으로서("그렇게 된다면야 좋겠지만 글쎄 그것이……") 자기 자신을 인식한다. 이렇게 해서 그는 자기의 내부에서 **타자들**의 존재의 구성적 특징이라고 생각한 타성태를 자기의 부정적인 사회적 존재로서, 환기된 무기력으로서 다시 발견하게 된다. 그가 전적으로 틀린 것이 아니다. 그의 무기력은 **타자들**의 타성태로 인해 그에게 초래된 것이며, **타자들**은 그들을 무력으로 몰아넣는 다른 타성태로서 그의 무기력을 겪는다는 점을 이해하지 않으면 안 된다. 그리고 결국 그의 무기력은 그에게나 **타자들**에게나 단지 정해진 정치 체제와 경제 상황의 틀 속에서 이루어지는 전체 생산에 의해서 조건 지어지는 그의 생산 비율일 따름이라는 것을 이해하지 않으면 안 된다.

마르크스는 자본의 흐름 과정을 하나의 사회적 장의 내부에서 전개되면서도 대자적으로 정립되는 "반사회적 힘"으로 기술할 수 있었다. 이러한 기술은 통합적인 물질성의 장에서 나타나는 각자의 자기-외-존재를 바탕으로 이루어졌다. 그러나 우리는 이와 같은 무기력의 타성태를 다음과 같은 이유로 기본적 단계에서 인간의 *사회적 존재*로서, 즉 생산 양식에 의해 총체화된 실천적 장의 내부에 *인간*들이 존재한다는 의미에서 인간의 사회적 존재로 간주할 수 있다. 첫째, 이 무기력의 타성태가 자기 자신을 타성태에 의해 무기력으로 인식할 수 있기 때문이다.(주위의 사정이나 한 명의 경쟁자가 추진하는 개혁 등등은 제조업자로 하여금 그의 의사(擬似) 무기력을 타성태로 규정하게 해 준다. "나는 그런 눈치를 챘어야 했을 것이다.", "나는 이런저런 제안을 받아들여야 했을 것이다." 등등). 둘째, 이 타성태적 무기력이 자기 자신을 개인(또는 집단)의 현실 그리고 부정적 환경 — 이 환경을 통해 에너지의 전환은 외부로부터 제한되긴 하지만 *인간적 가치*로서 이루어지는 에너지의 변형이라는 형태로 *실천*을 밖에서 산출해 낸다 — 으로 구성하기 때문이다. 따라서 각자에게 중요한 것은 사회적인 것의 기본적 단계에서 (뒤에서 보겠지만 당연히 다른 단계들도 존재한다.) *자기 존재*를 외부의 비유기적 물질성으로서 자각하고 또한 이것을 모든 사람과 맺는 연결의 형태로 내면화하는 것이다. 우리는 실천적-타성태의 견지에서 처음에는 개인적 *실천*에서, 그다음으로는 공동 *실천*에서 현실적으로, 그리고 내부로부터 타성태의 구조를 결정해 가는 것으로서의 *사회적 존재*를 살펴보려고 한다. 마지막으로 우리는 사회적 존재를 최초의 *집합적 존재*들의 비유기적 실체로서 보게 될 것이다. 그렇게 되면 우리는 *사회적 및 집합적 존재*로서 계급의 기본적 구조를 발견할 수 있게 될 것이다.

만약 *나의 존재*인 *외부적 존재*가 나의 실천 속에서 타성태의 구조를 결정하는 것을 보고(실천이란 다름 아니라 "물질적 조건"의 모든 타성태를 목적을 향해 뛰어넘는 것일 터인데도 말이다.) 놀라는 사람이 있다면 그 까닭은 내가 우리의 접근 방법을 잘못 이해하게 했기 때문이다. 여기에서 거론하는 존재들, 대상들 및 사람들은 — 비록 아직은 추상적이긴 하지만 — *현실적이다.* 우리는 현실적으로 특정한 실천적 장에 있는 실천적-타성태의 존재다. 여기에서는 물질성에 의해 분산되고 재통합되는 인간의 활동들의 결과를 지시하기 위해 *상징적인* 항목을 내세우는 것이 문제가 되지 않는다. 금의 유출이나 **구제도**의 위기는 현실에 속한다. 다만 이와 같은 현실들은 구체적 체험의 특정 차원에서 산출된다. 이것은 산속에 있는 돌덩이에 의해서나 이 돌덩이를 위해서 존재하는 것이 아니며, **신**을 위해서나 고립된 개인들, 가령 글을 모르는 개인을 위해서 존재하는 것도 아니다. 하기야 이와 같은 개인들이 그 여파를 겪기는 한다. 사회적 인간들이야말로 이전에 이미 구성되었고 매개의 역할을 하는 다른 현실을 통해서 현실을 산출하고 발견하는 범위 내에서 실재들을 발견하고 만드는 것이다.

이렇게 해서 우리는 마침내 **존재**(Être)와 **행위**(Faire) 사이의 모순을 명확히 규정할 수 있다. 이 모순은 개별적으로 관찰된 개인, 즉 사회적 관계의 외부에서 관찰된 개인 속에 존재하는 것이 아니라 이와는 반대로 실천적-타성태의 영역에서 생겨난다. 왜냐하면 사회적 장의 원초적 토대는 바로 이 모순 자체이기 때문이다. 사실 인간의 실존은 주어진 성격을 부정하고, 사회적 장을 총체화하는 재조정을 향해 넘어서는 실천적 기도를 통해 구성된다는 사실을 우리는 앞에서 확인한 바 있다. 그런데 우리는 여기에 더해 인간이 수동적으로 노동자나 프티부르주아로 존재하는 것을 인정해야 할 것인가? 실존주의는 *선험적으로* 본질들의 존재를 부정했었다.[332] 그런데도 이제 와서는 본질들이 있으며, 본질들이란 우리의 수동적 존재의 *선험적* 특징이라고 인정하지 않으면 안 되는 것인가? 그리고 본질들이 있다면 어떻게 실천이 가능한가? 우리는 이전에 그 누구도 본질적으로 비겁자나 도둑이 아니라고 말했었다. 따라서 사람은 부르주아나 프롤레타리아로 *자신을 만들어 간다*고 말해야 하지 않겠는가? 바로 이것이 우선 검토해 보아야 할 문제다.

그런데 사람이 스스로 부르주아가 *된다*는 것에는 의심의 여지가 없다. 이 경우에 행동의 매 순간은 부르주아화의 순간이다. 그러나 부르주아가 되기 위해서는 부르주아로 존재해야 한다. 복잡한 활동을 간편하게 요약한 비겁이나 용기와 같은 개념을 계급적 소속과 비교해서 말할 수는 없다. 이 계급적 소속의 근원에는 물질성의 수동적 종합이 존재한다. 그런데 이 종합은 사회적 활동의 전반적 조건과 동시에 우리의 가장 직접적이며 가장 생생한 객관적 현실을 나타낸다. 이와 같은 종합은 이미 존재하고 있다. 이것은 전(前) 세대의 결*정화된 실천* 이외의 다른 것이 아니다. 각 개인은 태어나면서부터 윤곽이 미리 정해진 자기의 존재를 발견한다. 그는 "계급에 의해서 (자

---

332 『존재와 무』, 『실존주의는 휴머니즘이다』에서 볼 수 있는 사르트르의 다음과 같은 주장, 즉 "인간에게서 실존이 본질에 선행한다."라는 주장을 상기하자.

신의) 사회적 지위가, 따라서 (자신의) 개인적 발전이 정해져 있는 것을 알게 된다."[333] 그에게 "정해져" 있는 것, 그것은 노동의 종류이며 이 노동과 결부된 물질적 조건과 생활 수준이다. 그것은 기본적 입장이며 물질적, 지적 도구의 한정된 향유다. 그것은 엄밀하게 제한된 가능성의 영역이다. 이 점에서 클로드 란츠만[334]의 다음과 같은 말은 옳다. "하루 여덟 시간 돕(Dop) 회사 제품인 샴푸를 만지면서 만성 습진을 얻고 한 달에 2만 5000프랑[335]을 버는 여공의 삶은 그녀의 노동과 그녀의 피로와 그녀의 월급과 이 월급이 그녀에게 과하는 물질적 불가능성 — 세 끼를 정상적으로 먹고 신발을 구입해서 신고 아이를 시골로 놀러 보내고 자기의 조촐한 욕망을 충족시키는 일의 불가능성 — 으로 요약될 수 있다. 억압은 피억압자의 삶의 한 부분을 침해하는 것이 아니라 피억압자의 전체를 이룬다. 우선 피억압자는 욕구가 덧붙여진 인간이 아니라 *차라리*[336] 욕구 그 자체로 환원 가능한 그런 존재다. 자기와 자기 사이의 거리도 없고, 내면성의 테두리 속에 숨겨진 본질 같은 것도 없다. 인간은 밖에 있고, 세계와의 관계 속에 있으며, 따라서 모두의 눈에 보이는 것이다. 인간은 그의 객관적 실재와 정확하게 일치하는 것이다."[337]

그러나 이 객관적 실재는 당장에 눈에 띄는 모순을 그 자체 속에 노정하고 있다. 이 객관적 실재는 개인인 동시에 일반성 속에서 사전에 결정된 존재다. 부르주아 사회는 이 여공을 기다렸으며, 그녀의 자

---

333 몰리토르 옮김, 『독일 이데올로기(*L'Idéologie allemande*)』, 1부, 225쪽.(원주)

334 Claude Lanzmann. 사르트르에 이어 《현대》의 주간을 맡았으며, 영화 「쇼아(*Shoah*)」의 감독으로 유명하다.

335 이 글이 발표된 당시의 환율로 약 60달러.

336 원문은 plus인데 여기에서는 plutôt의 의미로 사용된 것으로 보인다.

337 《현대》, 좌파 특집호, 112~113호(1955), 1647쪽.(원주)

C. 총체화된 총체성으로서의 물질과 필연성의 최초 체험에 대하여 — **535**

리는 자본주의적 "과정"에 의해, 생산의 국가적 필요성에 의해, 돕 제조 회사의 특정 요구에 의해 미리 정해져 있었던 것이다. 나는 *고용되기 이전의* 그녀의 삶과 운명을 규정할 수 있다. 그리고 이렇게 이미 형성된 실재는 즉자의 순수한 물질성 속에서 존재의 양상으로 생각되어야 한다. 노동과 소비에서 그녀에게 부과된 역할과 태도는 *의도의 대상*조차 되지 못했다. 이것들은 방향 지어진 전체 활동들의 부정적 이면으로서 만들어진 것이다. 그리고 이 활동들이 목적론적이기 때문에 이와 같은 사전 결정의 통일성은 그 외부에서 추구되는 목적들에 대한 일종의 부정적 반영으로서, 달리 말하자면 *반목적성의* 결과로서 여전히 인간적인 것으로 남아 있다. 이와 동시에 모든 것이 가학적 의지에 의해 세밀히 조정되어 있는 이 물질적 기계가 바로 여공 자신의 존재다. 이것이 바로 마르크스가 『독일 이데올로기』에서 밝히고 있는 바다. "모순이 생기지 않는 한, 개인들이 서로 관계를 맺는 조건은 이들의 개별성의 일부를 이루는 조건들이다. 이 조건들은 결코 이들의 외부에 있지 않다. 이 조건들은 일정한 상황하에서 생존하는 일정한 개인들이 자신들의 물질생활과 거기에 부수되는 것을 생산하는 유일한 조건들이다. 따라서 이 조건들은 이 개인들 자신의 고유한 활동의 조건들이며, 이 고유의 활동에 의해서 산출된다."[338]

　여기에서 마르크스가 지적하는 모순은 생산력과 생산관계를 대립시키는 모순이다. 그러나 이 모순은 우리가 방금 지적한 모순, 즉 여공으로 하여금 사전에 결정된 운명을 *자신의* 현실로서 살아가게 하는 그 모순과 일체를 이루는 것이다. 그녀가 아무리 "사적"인 은신처로 달아나 보려고 해도 소용없다. 이런 도피는 곧 그녀를 배반하고,

---

338　마르크스, 앞의 책, 233쪽.(원주)

단지 객관성의 주관적 실현의 전적인 한 양태로 변질하고 만다. 반자동화 기계가 사용된 초기에 이루어진 조사에 의하면 전문직 여공들은 일을 하면서도 성적인 몽상에 빠져들며 침실, 침대, 어둠과 같이 밀폐된 남녀 한 쌍의 고독을 만들어 주는 것만을 상기했다. 그러나 이와 같은 애무를 꿈꾸는 것은 그녀들 속에 깃든 기계였던 것이다. 그녀들이 하는 노동이 요구하는 바와 같은 주의력은 과연 방심(다른 생각을 하는 것)도 완전한 정신 집중(이 경우에는 생각이 운동을 무디게 한다.)도 허용하지 않는다. 기계는 인간에게서 이것을 완성해 주는 역전된 반자동성을, 즉 자각이 이루어지지 않은 상태와 경계심의 긴박한 혼합을 요구하고 만들어 내는 것이다. 정신은 흡수될 뿐 활용되지 않는다. 정신은 *간접적인* 통제 속에 요약된다. 육체는 "기계적으로" 기능하지만 *감시하*에 있다. 의식적 생활은 임무를 넘어선다. 가짜 기분 전환을 순간마다 체험하지 않으면 안 된다. 정신을 집중하지 않은 상태에서 이 순간들을 살아 나가고, 세부에 대한 일체의 관심도 일체의 관념 체계도 거부해야 한다. 그래야만 제어의 측면적 기능이 순조로워지고 움직임을 더디게 하는 것을 막을 수 있다. 따라서 수동성에 몸을 맡기는 것이 합당한 것이다. 남자들은 이런 경우에 성적 몽상에 빠져드는 경향이 적다. 남자들이란 "제1의 성"[339]이며 적극적인 성이기 때문이다. 만약 이 남자들이 여공을 *차지할* 생각을 하면 일에 나쁜 영향을 주고, 반대로 일에 정신이 팔린 경우에는 성적 욕망을 느끼지 않을 것이다. 그 반면에 여공은 *성적 탐닉*을 꿈꾼다. 왜냐하면 기계가 그녀에게 그녀의 의식적 생활을 수동적으로 영위하도록, 또한 그렇게 함으로써 적극적인 생각에 빠져들지 않고 유연하고 예방적인

---

339 시몬 드 보부아르가 여성을 가리키면서 말한 "제2의 성(le Deuxième sexe)"과 대조시켜 한 말.

경계심을 유지하도록 요구하기 때문이다. 물론 이와 같은 *반추*는 여러 모습을 띠고, 여러 가지 다른 것을 대상으로 삼을 수 있다. 여성은 어제의 쾌락을 상기하고, 내일의 쾌락을 꿈꾸고 책을 읽다가 느낀 흥분을 무한히 되살리기도 한다. 여성은 또한 성적인 것으로부터 달아나 그녀의 개인적 상황에 대해 쓴맛을 되씹기도 한다. 중요한 것은 이와 같은 몽상의 *대상*이 동시에 주체 그 자신이라는 점 그리고 항상 *집착*이 있다는 점이다. 만약 대상이 대자적으로 정립되는 경우에는 (여성이 몽상에서 깨어나서 자기의 남편이나 애인을 생각하는 경우에는) 노동은 중단되거나 더뎌진다. 바로 이런 이유로 어머니는 실질적으로 아이들 ─ 돌봄과 근심의 대상으로서의 아이들 ─ 을 생각할 수 없고, 또 아주 많은 경우에 성적 반추가 부부 생활에서의 여성의 *성적 태도*와 일치하지 않는 것이다. 여공은 자신으로부터 *달아난다*고 믿으면서 사실은 자기가 있는 모습으로 되기 위한 내리막길로 접어든다. 그녀가 항상 느끼는 막연한 흥분 ─ 그러나 기계와 육체의 끊임없는 움직임이 제한하는 흥분 ─ 은 생각을 바로잡는 것을 가로막고, 의식에 간섭하지 않으면서도 이것을 억압하여 육체 속으로 흡수하는 방법이다. 그녀는 이것을 자각하고 있는 것일까? 대답은 긍정적인 동시에 부정적이다. 아마도 그녀는 전문화된 기계가 빚어내는 사막과 같은 권태를 메워 보려고 애쓰기 때문이다. 그러나 *이와 동시에* 그녀는 작업과 객관적 임무가 허락하는 범위 내에 자신의 정신을 고정하려고 애쓴다. 이렇게 해서 그녀는 자기 뜻과는 상관없이 여러 기준과 최저 생산량을 미리 정한 고용주의 공범자인 것이다. 결국 가장 심오한 내면성은 완전한 외면성으로서 자신을 실현하는 수단이 되는 것이다.

이런 의미에서 인간에게 부여되는 조건은 그 자체로 미래의 모순 ─ 갑자기 폭발하는 모순 ─ 이다. 그러나 이것은 현재의 모호성 속에 또는 마르크스가 말하듯이 "불완전성" 속에 깃든 모순이어서 폭발 후에야 비로소 나타나고, "따라서 뒤이어 오는 사람들에게만 존재하게 될 것이다."[340] 사실 어느 시기에 있더라도 우리는 한편으로 뚜렷한 대립과 다른 한편으로 불확실한 대립을 보게 된다. 왜냐하면 우리는 항상 앞서 온 사람들인 동시에 뒤이어 오는 사람들이기 때문이다. "프롤레타리아에게는…… 이들의 생활 조건, 노동, 그리고 이와 더불어 현대 사회의 모든 존재 조건이…… 우연적인 것이 되었다."라는 말은 *진실이다*.[341] 여기에는 개인이 그가 처한 상황과 투쟁 관계에 들어선다는 의미가 포함되어 있다. 그러나 그가 *개인으로서* 하는 모든 행위는 그에게 과해진 객관적 존재를 강화하고 부각할 따름이라는 것 *또한 진실이다*. 양육이 불가능한 아이의 출산을 피하려고 낙태라는 수단에 의지할 때 돕 공장의 여공은 자신이 겪게 될 운명에서 벗어나기 위하여 자유로운 결정을 내리게 된다. 그러나 이 결정 자체는 객관적 상황에 의해 근본적으로 날조되어 있다. 그녀는 스스로 그녀가 *이미 존재*하는 바를 실현할 따름이기 때문이다. 그녀는 자유로운 모성을 그녀 자신에게 거부하는 이미 내려진 선고의 무게를 자신의 의지에 반하여 짊어지고 있는 것이다.

이 첫 번째 사실에 대한 변증법적 가지성은 온전히 보존되고, 실존적 원칙은 전혀 영향을 받지 않은 상태로 있다. 헤겔의 뒤를 이어 우리는 『존재와 무』에서 본질은 이미 지나간, 극복된 존재라는 사실을 지적했다. 사실 현재 노동자의 존재는 *처음부터* 그러하다. 왜냐하면 자본주의 사회에서 노동자는 과거의 노동에 의해 사전에 만들어졌고, 이미 결정화되었기 때문이다. 그리고 자유로이 생산하는 변증

---

340 마르크스, 사르트르가 인용한 같은 책.(편집자 주)
341 같은 책.(편집자 주)

법으로서의 그의 개인적 *실천*은 선반이나 도구-기계 안에 그가 각인해 넣은 운동 그 자체 안에서 이번에는 사전에 만들어진 존재를 극복한다. 타성태가 이 개인에게 오는 것은 이전의 노동이 *극복 불가능한 미래*를 까다로운 요구의 형태(즉 정확히 한정된 조건 안에서 정해진 비율로 생산율을 증가시킬 가능성과 용법)로 기계 안에 형성시켜 놓았다는 사실, 그리고 이 극복할 수 없는 미래가 현재의 상황(자본주의 과정 전체, 그리고 역사적 총체화가 통일을 이룬 상황)에 의해 긴급하게 현동화되었다는 사실(로부터)이다. 이렇게 해서 실천의 새로운 성격으로서 *실천의 타성태*는 실천이 과거부터 가지고 있던 성격을 전혀 제거하지 않는다. 즉 실천은 아직 존재하지 않는 미래의 장의 재조직을 위해 **물질적 존재**를 극복하는 운동인 것이다. 그러나 수동화시키는 무효화는 요구의 고착된 테두리 속에서 미래를 기점으로 과거의 실천을 수정한다. 실현해야 할 미래는 기계적 타성태로서 이미 사전에 만들어졌는데 이는 *과거의* **존재**가 스스로를 *극복하는 방식에서*다. 그리고 우리는 항상 다음과 같이 말할 수 있다. 분명 미래를 향해 모든 물질적 상황을 극복해 가는 데, 이때 극복해야 할 이 모든 물질적 상황은 — 비록 이것이 산책 중인 거리라 할지라도 — 이 미래에 특정의 내용을 부과한다는 것이 그것이다. 물질적 상황은 특정의 가능성들을 제한하고, 최종적 결과를 특징짓는 특정의 도구성을 제공한다.

그러나 이 미래는 이 *상황의 산물이 아니고*, 미래가 물질적 상황으로 다가오는 것은 오로지 사람들에 의해서다. 그리고 물질적 상황이 의미 작용으로서 그 자체를 보존한다면 이는 미래가 이 상황과 동질적이어서가 아니라(그리고 이 상황처럼 수동적이어서가 아니라) 오히려 이와는 정반대로 *인간의* 실천이 미래 안으로(지양되고 보존된 채) 이 상황을 투사하면서 인간의 미래로 하여금 그것을 평가하게 하기 때문이다. 이와는 정반대로, 그리고 *정확히* 기계와 요구의 콤비나트가 사람들에 의해 가공되고 조립되어 인간을 반(反)인간으로 만들었기 때문에 이들은 자신들 안에 극복 운동을 내포하고 있고, 이 타성태적 운동과의 관련 속에서 총체의 미래는 이 총체성이 *기능하는* 한도 안에서(즉 *외부적* 힘이 이 총체성으로 하여금 의사 유기적 기능을 실현시키는 한도에서) 이 총체성의 기계적-실천적 의미가 되는 것이다. 이렇게 해서 과거 **존재**의 극복 불가능성의 이유는 이 존재 자체가 모든 개별적 인간 *실천*을 넘어서서 초월적 존재로서의 자기 고유의 의미를 생산하는 하나의 실천의 **존재** 안에 들어 있기 때문이다.

따라서 이 타성태적 *실천*과 공생하고, 이 실천을 하나의 요구로서 받아들이는 인간적 *실천*은 이 인간적 과업의 성격 안에서 하나의 기계가 존재하도록 만드는 (외면성의) 기계적 수단으로 형성된다. 이 실천은 — 만약 이것을 고립된 순수 실천으로 추상적으로 간주한다면 — 완전히 지금 그대로의 모습으로 남아 있게 된다. 그러나 자신의 과거-존재의 극복으로서의 고유한 미래는 이미 미래에 의해 의미가 부여된 것으로서의 과거-존재에 의해 극복된다. 나는 앞에서 이미 이렇게 말한 바 있다. 즉 만약 어떤 부대를 안전한 듯하지만 사실은 완전히 지뢰밭인 장소를 향해 급선회하도록 부추기는 것이 적의 계략이라면 퇴각을 수행하는 지휘관들의 실천적 자유는 변증법적 계기들 하나하나 안에 안전하게 보존되어 있다는 사실이 그것이다. 그러나 적의 함정에 빠져 있다는 사실에 대한 이들 지휘관들의 무지는 이 실천적 자유를 이 부대가 반드시 패하도록 하기 위해 적군이 선택한 필연적 수단으로 만든다. 이렇게 해서 하나의 *실천*은 다른 자유에 의해 설정되고, 강력한 물질적 수단에 의지하게 된다. 왜냐하면 하나의 맹목적 과정의 역할은 수동적이며 극복 불가능한 미래, 즉 그들 자신의 파멸이라는 미래로 사람들을 이끌고 가기 때문이다. 만약 목적지가 지뢰밭이라는 사실을 지휘관들이 알 수 *없었다*고 가정하더라도 ─ 이것은 규칙인데 ─ 이 실천이 바로 *그 역할을 맡고 있다*고 말해서는 안 되며, 다만 이것이 객관적으로 이 필연성 그 자체라고 말해야만 한다.

그러나 이 실천은 그 자체보다 그 자체를 더 잘 아는, 그리고 그 자체를 초월하는 그런 *실천*의 한가운데에 있을 때만 이루어질 수 있을 뿐이라는 사실에 주목하자. 곤란한 일 한 가지를 피하기 위해 더 나쁜 곤경에 빠지는 일이 흔히 있다. 그러나 누군가가 우리의 개인적인 행동의 공모를 통해 우리를 두 번째 곤경으로 이끌기 위해 첫 번째 위험을 고의로 만들어 놓은 것이 아니라면 우리는 거기에서 *실천*이 본래 가진 자연스러운 불확실성만을 볼 수 있을 뿐이다. 실제로 우리 각자는 각기 다른 수준에서 자신의 무지를 고려하고, *요행*에(글자 그대로의 의미에서) 기대를 걸고, 도박을 하고, 모험을 감행한다. 실패로 끝나는 행동의 자유는 결국 실패하는 자유에 다름 아니다. 왜냐하면 유기체와 환경과의 근본적인 관계는 일의적이기 때문이다. 물질이 실천으로 되돌아와 이를 수동적 운명으로 변형시키기는 것과 같은 그런 구성적 회귀는 없다. 이와 반대로 함정에 빠졌을 경우 작동되는 물질적 수단 전체와 지뢰밭에 가해진 최초의 사격을 통해 *적군의 자유가 우리의 자유에게 이면을 제공해 주고*, 대상 안에서 이것을 반목적성의 타성태적 실천의 과정으로 만든다는 것은 분명한 사실이다. 이것은 너무나 분명해서 매복에 걸린 한 군인이 도망쳐 나온다면 그는 스스로 이 이상한 역설(그러나 우리 모두에게는 가지적인)을 발견하게 된다. "그들이 우리를 물리쳤어.(Ils nous ont bien eus.)"라는 한마디의 관용구가 이것을 잘 설명해 준다. "물리치다(Avoir)"라는 말은 양도할 수 없는 *실천으로서의* 적을 굴복시켰다는 의미다.(결코 적이 더 강하거나 더 무장이 잘되었다는 의미가 아니다.) 우리는 전쟁의 계략에서 이와 같은 자유의 화석화를 발견한다. 왜냐하면 우리에게 스스로의 청산을 강요하며 작동하는 물질적 기계가 적의 실제적이면서도 생생한 자유에 의해 통제되며 유지되고 있기 때문이다.

자유에 침투하는 타성태로서 계급-존재의 경우에 사태는 그리 분명해 보이지 않는다. 한편에서는 자신들의 노동으로 기계를 만들어 낸 노동자들이 부재하고, 죽었다고까지 말할 수 있다. 여하튼 우리의 예속을 바라는 것은 이 노동자들이 아니라 다른 사람들 — 이들의 착취자들 — 이다. 그리고 그들은 이 종속을 직접 원하는 것이 아니라, 다만 자신들의 이익을 증대시키고자 할 뿐이다. 각각의 노동자가 메워야 할 빈자리는 이런 방식으로 각기 다양한 요구들에서 유래한 것이고, 이 요구들은 그 어떤 행동을 통해서도 통일되지 않은 채 서로 결합되어 있다. 이렇게 해서 노동자의 *실천 이면 그 자체*를 구성하는 기업주의 자유는 진정으로 존재하지 않게 된다. 그러나 일의적인 내면성의 관계는 실제적 의미와 요구에 의해 변형되었고, 이 의미와 요구를 수행하는 인간적 실천은 — 다양하건 통일되었건 간에 — 허위의 상호적 내면성 안에서 물질적 대상을 제공해 주었다. 그런데 실천이 자유롭게 실현시켜야만 하는, 그리고 미리 조성되어 도저히 극복할 수 없는 이 목적들과 더불어 이 가짜 내면성은 이 **존재**의 극복을 극복해야 할 **존재**를 통해 극복된 극복으로 변형시키기에 충분했다. 그 결과 소외된 노동의 복합적 운동 안에서 우리는 극복해야 할 물질적 상황으로서 기계의 타성태적 **존재**, 실천에 의한 극복(시동, 사용, 통제), 그리고 동일하나 앞으로 실현될 *다른* 의미 작용으로서의 **존재**에 의한 *실천*의 극복(하나의 외적 규범이 이것을 타성태적 요구로서 면세 통과 시키는 한) 등등을 갖게 되는 것이다. 생산 계획만이 아니라 모든 계획도 그러할 것이다. 예컨대 임금이 그에게 주어짐에 따라 노동자는 사회적으로 이 실천적-타성태적 대상, 즉 부양하고 먹여 살려야 할 기계가 되는 것이다. 그런데 자기 안에서 자신의 노동이 만들어 내는 욕구에 따라 (의복이나 주거보다는 우선 배고픔을 채우면서) 가계 예산을 짜는 19세기의 노동자는 *자기 자신인* 바를 실현하는 것이다. 즉 그는 지출의 긴급성의 순서를 실제로 합리적으로 결정하고 —— 그러니까 그는 자신의 자유로운 *실천* 안에서 결정하는 것이다 ——, 이 자유를 통해 과거에 자기 자신이었던 모습, 지금 그러한 바의 모습 그리고 앞으로 그렇게 되어야 할 모습을 행하게 된다. 이때 이 노동자는 그의 임금이 그 유지비와 같은 하나의 기계인 것이다.[342]

우리는 바로 이 수준에서 「방법의 문제」에서 다루었던 문제들을 다시 발견하게 된다. *자신의 계급 조건을 넘어서는 것*이 왜 실질적으로 이것을 실현시키는 일이 되는가를 우리는 이제야 알게 되었다. 그리고 행동의 투명한 운동으로서의 *실천*은 결코 소외될 수 없으므로, 우리는 각자에게서 각기 다른 행동들을 보게 된다. 즉 어떤 노동자는 글을 읽고 다른 노동자는 투쟁을 한다. 다른 사람은 이런저런 일을 하고, 또 다른 사람은 오토바이를 사고, 또 다른 사람은 바이올린

342　내가 "19세기의 노동자"라고 말한 것은 오늘날에 올수록 경제학자들이 임금을 사회적으로 분배된 국가 전체 소득의 개인적 몫으로 간주하는 경향이 있기 때문이다. 임금에 대한——협동주의적 낡은 이론에 근거한——이와 같은 윤리적 개념이 물고기를 물에 빠뜨리는——즉 계급 투쟁을 지적하지 않으려는——것 이외에 다른 어떤 이점이 있는지를 우리는 자문해야 한다. 실질적으로 사회 보험과 가족 수당 등이 소위 임금의 *사회적 부분*이 아닌지에 대해서도 자문해야 한다. 그러나 *그렇다 하더라도* 사회 전체가 이와 같은 국가의 공헌을 감당하기에 역부족이라는 사실도 주목해야 할 것이다. 여하튼 오늘날의 노동자는 많은 분야에서 과거 세대의 성격과 판이한 성격을 보여 준다. 그렇다고 해서 계급-존재의 문제가 합리성의 논리적, 변증법적 문제로서 변모되는 것은 아니다.(원주)

을 연주하고, 또 다른 사람은 정원을 손질한다. 이 모든 활동은 특정한 상황이라는 기초 위에서 형성되고 또 각자의 객관적 특수성을 형성한다. 그러나 이와 동시에 이 활동들이 어쩔 수 없이 극복 불가능한 요구의 테두리 안에서 행해진다는 점에서 볼 때 이 활동들은 각자를 위해 자신의 계급-존재를 실현시키는 일을 하고 있을 뿐이다. 각자는 자유로운 선택 안에서 의미 작용을 내면화하며 스스로를 *유의미한* 존재로 만들어 간다. 이 의미 작용에 의해 물질적 요구는 그를 *의미를* 갖는 존재로 만든다. 실천적-타성태적 존재로서의 계급-존재는 가공된 물질의 수동적 종합을 통해 인간에 의해 인간에게로 온다. 태어날 때부터 우리를 기다리고 우리를 만들어 낸 이 계급-존재, 그리고 우리를 통해 숙명적-미래, 즉 우리가 선택하는 행동을 통해 우리에 의해 필연적으로 실현되는 그 미래를 형성하는 이 계급-존재는 우리 각자에게 물질 속에 각인된 자기-외-존재다. 이 계급-존재가 우리로 하여금 개인적인 운명(각기 특이한 인생)을 실현시키지 못하도록 방해하는 것은 당연하다. 그러나 죽을 때까지 이어지는 이와 같은 경험의 실현은 우리의 계급-존재를 만들어 내는 여러 가능한 방식(즉 가능성으로 구조화된 장에 의해 결정된) 가운데 하나일 뿐이다.

그러나 계급-존재가 단순히 도구와 각자 사이에 맺어지는 관계, 그리고 이 도구를 통해 다른 계급과 각자 사이에 맺어지는 관계로서만 자신을 실현한다고 믿어서는 안 된다. 계급-존재는 전체와의 관계 속에서 그리고 동시에 계급의 구조로서, 즉 도구성의 기초 위에서 같은 계급 사람들 사이에 미리 형성된 관계로서 만들어진다. 이런 이유로 계급-존재는 순환적으로 계급들의 투쟁이라는 테두리 안에서 이 계급들의 집단적 *실천*을 규제하는 타성태적 법규가 되는 것이다. 분명 우리는 조직화된 활동으로서의 집단들이 무엇인지 아직 알지 못한다. 그러나 이것에 대해 기술하기 전에(우리는 2권에서 이것을 기술하게 될 것이다.) 이 집단들이 타성태적 구조의 기초 위에서만 조직되어 있다는 것을 제시하는 것이 옳은 순서일 것이다. 이 구조는 이 집단들의 행동이 갖게 되는 기능과 동시에 그 객관적 한계, 그러니까 그 은밀한 타성태를 동시에 보여 주는 것이다. 잘 알려진 하나의 예를 통해 우리는 이것을 좀 더 쉽게 이해할 수 있을 것이다.

철-석탄 공업 단지에 소위 "만능" 기계가 대응된다. 이 기계는 (자동 혹은 반자동의 특수 기계와 달리) 용도가 확실히 정해져 있지 않은, 그리고 솜씨 좋은 숙련공이 운전하고 조정하고 통제하기만 하면 수많은 다양한 작업을 수행할 수 있는 기계 — 19세기 후반에 나온 선반 같은 기계 — 를 뜻한다. 이 기계의 만능성은 이것을 다루는 사람의 전문성을 형성한다. 이것을 사용할 줄 아는 사람만이, 그러니까 종종 아주 오랜 숙련 기간을 거친 사람만이 이 기계에 접근할 수 있다.(그리고 이와는 반대로 50년 후에 반자동의 시대가 되었을 때 기계의 전문성을 통해 종사자들의 만능화가 이루어진다. 이들은 교체 가능하게 된다.) 따라서 기계의 제작자는 자신의 생산품과 이 생산품이 가져다주는 완벽성에 의해 특정의 인간, 즉 스스로 처음부터 끝까지 기계를 완전히 작동시킬 수 있는, 즉 변증법적 *실천*의 능력이 있는 숙련노동자를 염두에 두었다. 이와 같은 실천적 목표가 요구의 형태로 기계 안에 자리 잡는다. 이 기계는 순수한 육체적 수고를 덜어 주는 반면 숙련된 기술을 요구한다. 이 기계는 모든 부차적 작업에서 해방된 사람이 오로지 이 목표에만 전념할 것을 요구했다. 따라서 이 기계는 기업주를 통해 인력 충원의 양식을 *미리* 정해 놓았고, 또한 노동 시장에서 비교적 높은 임금과 일자리의 가능성을 창출해 냈다. 견습에 요구되는 상황과 능력을 가진 노동자의 아들들에게 이제 구조화된 미래가 열린 것이다.(즉 역시 노동자인 그 아버지가 자기 아들이 오랫동안 소득 없이 일하는 것을 받아들일 처지가 될 때 원칙적으로 그 자신도 숙련공이 될 것이다.) 그러나 이와 동시에 이 기계는 열등한 프롤레타리아 계층을 만들어 냈다. 이 계층은 노동 엘리트 — 견습에 의해 더 잘 선발되고 더 높은 임금을 받는 — 의 출현에 의해 직접적으로 생겨났고, 또한 동시에 만능 기계에 의해 직접적으로 요구되었다. 이때 만능 기계는 모든 작업장의 전문가들 주변에 모여든 노동자들 전체를 뜻한다. 이 노동자들은 전문 기술자들에게 복종하고, 모든 하찮은 일을 다른 사람들에게 할당해 이들을 그 일로부터 해방시켜 준다.

이렇게 해서 19세기의 기계는 선험적으로 프롤레타리아의 수동적 구조를 형성했다. 나는 이것을 태양계적 체계로 이루어진 구조라고 부르려 한다. 결국 노동자들은 불특정인이지만, 일반적으로 전문성을 갖춘 한 전문가 주변에 5~6명의 노동자 — 역시 불특정인이지만 기술이 없는 개인으로 한정된(그러니까 완전히 불특정의) — 가 속해 한 조를 이루는 형태를 취하고 있다. 자신의 기능에 의해 — 즉 생산에서 구성원들이 맡은 역할에 의해 — 구조화된 이 프롤레타리아는 (숙련노동력이 부족할 때를 대비하여 견습을 조직하고 격려해야 할 필요성 때문에) 기업주로부터 그리고(각자의 가능성의 테두리 안에서 욕구의 압력을 받으며 그들 자신이 노동자를 선발해야 했으므로) 노동자들 자신에 의해 요구되었다. 기계가 인간을 조직한다. 다만 여기에서 주목해야 할 점은 이 인간적 조직이 종합적 결합이나 의식화에 근거한 공동체와는 아무 상관이 없다는 사실이다. 이것은 대중화된 다수의 기계적 분산이며, 마치 우연인 듯이 위계질서가 설정되는 것이다. 어떤 아이들은 견습에 필요한 사회적, 정신적, 육체적 조건 속에 놓이고, 또 다른 아이들은 이 조건이 채워지지 않았으므로 — 앞의 아이들과 아무런 연관이 없는 ── 단순노동자가 될 것이다. 사실을 말하자면 각자가 기계와 맺는 관계는 개인적 운명이고 또 비교적 자율적인 데 반해 기계가 모든 사람과 맺는 통계학적 관계는 주어진 한 순간에, 주어진 한 사회에서 물질성 자체에 의해 이루어진 사회적 원자들의 재배치인 듯이 보인다. 이와 같은 낯설고 경직된 위계적 통일체를 분산 속에 유지시키는 것은 바로 물질적 타성태다. 이와 마찬가지로 이 위계질서를 선험적으로 설정한 것도 역시 한 집단, 한 계급, 한 사회의 기계적 미래로서 굳어진 물질화한 실천이다. 이 실천은 이들이 누구든 간에 평범한 개인들을 한데 결합시켜 생산의 시간적 테두리 안에서 이들을 강제하는 추상적 관계들의 전체다. 이미 공장은 자신의 기계와 함께 단순노동자와 전문 기술자의 수적 관계를 결정해 놓았고, 이미 공장은 각자에게 그들이 엘리트에 병합될 것인지 아니면 인간-이하의 인간에 머물러 있을 것인지를 결정해 놓았다.

이처럼 만능 기계는 노동자들에게 차별화를 사물의 법칙으로 부과한다. 그러나 이와 동시에 우리가 앞에서 에스파냐의 금화에 대해 기술했던 것과 동일한 과정을 거쳐 공장은 스스로의 이념이 된다. 한 기업주가 소유하게 된 공장은 그 종업원을 피착취자의 신분으로 내몰았고, 소유 계급과 노동 계급을 대립시키는 모순을 유지하고 악화시킨다. 그러나 이 공장이 요구하는 자격과 더불어 공장은 이것을 운영하는 사람의 손과 육체 안에 노동의 휴머니즘을 낳는다. 숙련노동자는 기계에 의해 자신의 노동력, 노하우 그리고 능력이 제품으로, 즉 사회적 재화로 변모되는 것을 보고 자신을 "자기 자신의 인간-이하의 인간성에 대해 의식하는 인간-이하의 인간으로" 간주하지 않게 된다. 물론 다른 사람들은 이들이 생산한 제품을 훔쳐 간다. 하지만 피착취자로서의 분노는 생산자로서의 자부심이라는 저 깊은 곳으로부터 생겨난다. "대지의 저주받은 자들", 이들이야말로 정확히 삶을 바꿀 능력이 있는 유일한 사람들이다. 이들은 실제로 매일매일 삶을 변모시키고, 인류 전체를 먹여 살리고, 이들에게 옷을 입혀 주고, 집을 지어 준다. 그리고 기계는 그 자신이 요구하고 창출하는 능력에 따라 종사자를 선택하는 선별적 기능이 있기 때문에, 전문 기술자들의 노동은 피착취자의 자부심으로서의 노동이 된다. 동시에 이로 인해 엘리트 노동자와 노동 대중에게 최저 임금, 최저의 기술력, 최저의 존재밖에 향유하지 못하는 열등한 단순노동자들이 제공된다. 기업주와 비교해 볼 때 단순노동자는 물론 *피착취자*의 지위를 갖고 있다. 그러나 엘리트 노동자와 비교해 볼 때 단순노동자는 누구일까? 아마도 운이 없는 사람(아버지가 가난했고, 열두 살 때부터 밥벌이를 해야 했다든가)이거나 아마도 용기가 없거나 혹은 재능이 모자라는 사람일 것이다. 아마도 이 두 명 가운데 한 명일 것이다. 긴장이 존재한다. 이것은 진정한 적대감은 아니며, 최소한 우선적으로 그런 것은 아니다. 단순노동자들은 전문 기술자에 대해 아주 모호한 감정을 갖는다. 그들을 경탄해 마지않고 그들의 말을 경청하기도 한다. 한편 전문 기술자는 정치적 교양 또는 가끔 과학적 교양을 습득하고 자신을 프롤레타리아의 행동대로 간주하지만 결국은 종사자들에 대한 기계적 이념을 발전시킬 뿐이다. 긍정적인 교육과 투쟁성을 통해 단순노동자들에게 기계의 이념을 부과하고, 또한 이들은 이 이념을 따른다. 그러나 이들은 자기들을 투쟁에 끌어들이는 엘리트 노동자들이 언제나 자신들의 이익을 지켜 주지는 않는다는 인상을 가끔 갖는다.

내가 방금 기술한 이 모든 것은 **존재** 속에 각인되어 있다. 노동-명예라는 타성태적 관념, 기술적 작업들, 인간들 사이의 차별화, 이 서열 및 거기에서 파생된 긴장, 이 모든 것은 기계의 산물이다. 달리 말하자면 어떤 공장에서든지 노동자들 자신의 실천적-타성태적 존재라고 할 수 있다. 이것은 이들 사이의 관계가 *기계 그 자체*(그 기계의 조수들을 통하기는 하지만)라는 점에서 그러하다. 하지만 다음과 같은 사실을 밝혀야 할 것이다. 즉 이와 같은 수동적 구조들이 노동 집단들의 아주 개별적인 타성태를 초래할 것이라는 점이 그것이다. 그 이유는 *실천*이 결코 자체적으로 얼마 되지 않는 극복 불가능한 구조들을 극복할 수 없기 때문이다. 나는 이미 다른 곳에서 어떻게 엘리트 노동자의 자유로운 노력의 산물인 무정부-노동조합 조직이, 그 통합이 채 이루어지기도 전에 개별 기업들에서 만능 기계의 매개로 수립되었던 구조들을 "자발적" 단체의 형태로 재생산하도록 운명 지어졌는가를 지적한 바 있다. 하지만 마치 하나의 "이유"가 바로 그 "결과"를 초래하듯 만약 기계가 1900년도의 노동조합 운동을 낳았다고 믿는다면 낭패를 볼 것이다. 그렇게 되었다면 변증법과 인간은 함께 사라졌을 것이다. 사실 노동의 휴머니즘은 숙련공의 물질적 존재다. 노동자는 그의 노동 속에서 자기 손과 눈으로 물질적 존재를 실현한다. 피착취인의 착취와 서열을 동시에 나타내는 그의 봉급 속에서 그는 이 물질적 존재를 부여받는다. 마지막으로 그는 그 자신이 노동자들에게 미치는 영향 그 자체와 그 자신을 이들과 대립시키고 아직은 제대로 파악하지 못하는 불투명한 갈등을 통해 이 물질적 존재를 존재하게끔 한다. 이것은 그의 동료들과 연합하고, 실천적 부정(否定)을 착취에 대립시키려는 그의 움직임이 바로 그 자신의 실천에서 반드시 *그가 현재 있는 바*의 투사를 통해 이루어진다는 것을 의미한다. 그런데 이 운동은 이 실천으로 인해 이 노동자에게 일어난 변화와 더불어서가 아니라면 그 무엇으로 착취를 극복할 수 있을 것인가? 숙련공들을 서로 가까워지게 하고, 이들의 적대 관계를 극복하게 하는 기본적 운동은 또한 노동 휴머니즘에 대한 긍정이기도 하다. 무정부-노동조합 조직은 숙련을 요구하는 육체노동이 다른 모든 활동에 대해 갖는 절대적 우위라는 이름으로 착취를 비난한다. 실천을 통해 이 하부의 주장은 확인된다. 만능 기계의 시대에는 노동자들이 파업을 하고 안 하고는 그다지 중요하지 않으며, 작업장의 폐쇄에는 몇몇 — 대체하기 어려운 — 전문가들의 부재만으로도 충분하다. 그 결과 *전문가들의 대표는 그 자신들도 모르는 사이에* 단순노동자들의 착취에 대한 대항 수단을 빼앗긴다. 분명 이들은 단순노동자들의 비참한 상태 때문에 분개한다. 하지만 그렇다고 해서 이들이 자신들의 노동의 자격 부여 위에 정초하면서 "인간-이하의 인간들"로부터 오는 요구를 정당화할 수 없다. 기계를 이용하는 노동이 이 기계의 도움에 대한 노동자의 지배권을 요구할 때, 노동 휴머니즘에 대한 근본적인 긍정과 계급 투쟁에 결부된 상황들은 노동자 대표의 통제라고 부를 수 있을 새로운 시도를 그 기원에 두고 있다. 예컨대 노동자들을 교육하고, 훈련하고, 이들에게 활기를 주는 등등이 그것이다.

이처럼 고용주의 착취에 맞서 형성되는 연합은, 물질성이 엄격하지만 자유롭게 소외된 인간에게 제기하는 모든 조정 작업을 다시 시도한다. 여기에서 우리가 관심을 갖는 것은 긍정적 충만 가운데 자리한 이 교묘한 무(無)다. 이 무는 이 휴머니즘이 가지고 있는 극복 불가능성이다. 사실 특수 기계에 의한 전문가들의 자격 상실로 (선진 자본주의 국가들에서) 전문 노동자들의 상호 교환 가능성에 근거한 노동의 통일이 다시 이루어졌을 때 이 휴머니즘은 극복되었다. 노동은 모두에게 집요한 속박, 적대적 강압과 같은 그 부정적 성격을 되찾을 것이다. 분명 육체노동자들은 여전히 자부심을 가지고 있다. 그 까닭은 이들이 사회 전반을 지탱하기 때문이지 이들의 작업이 갖는 특별한 가치가 이들을 부각시키기 때문이 아니다. 욕구의 휴머니즘이 ― 모든 인간에 대한 인간 전반의 직접적 영향력으로서 ― 막 태동하고 있다. 그러나 무정부-노동조합적 휴머니즘은 스스로를 뛰어넘을 수 없다는 것이 중요하다. 게다가 그 이유는 단순하다. 이 실천과 이 이론이 바로 집단의 삶을 재현했고, (어떤 조합이건 어떤 공장 직원이건) 행동적 집단이란 존재하는 구조적 기반을 바탕으로 한 사회 투쟁의 통일과 재구성 이외의 다른 것이 아니었기 때문이다. 더 배우고, 더 투쟁적이고, 더 유효하고, 자신들의 부재만으로도 작업을 중지시킬 수 있는 그런 전문가들이 덜 배우고, 덜 투쟁적인 사람들이 다수가 될 수 있는 대중 조직들과 실천적으로 융합하기는 실제로 불가능하다. 이와 같은 대중의 조합들이 오늘날에 가능하고 또한 필수적으로 된 것은 투쟁 기술이 계급 구조와 함께 변했기 때문이고, 전문 노동자들도 자신들의 상호 교환 가능성 때문에 대중적 행동 정책을 채택하게 되었기 때문이다. 노동자들 사이에도 생산 수단 변화와 이에 따른 실천적 의무 때문에 평등이 이루어진다. 따라서 평등은 *진실*이다. 즉 평등은 그 유효성 덕분에 매번 인정받는다. 그렇지만 시대가 1900년이었다면, 평등은 이상주의적 태도에 불과했을 것이다. 왜냐하면 아주 작은 파업이라도 이와 같은 평등의 무효성을 보여 줄 수 있었기 때문이다.

단순노동자들이 없어도 파업은 성공할 수 있었고, 이들만으로는 어떤 파업도 이겨 낼 수 없었는데 대체 어떻게 평등을 말할 수 있는가? 그리고 당시 단순노동자들은 ― 덜 배우고, 더 소심하고, 노동자 대표들이 가지던 존경할 만한 자만심도 없었기 때문에 ― *실제로는 동요시키고 흥분시켜야 할 타성태적 대중*을 이루고 있었는데 대체 어떻게 모든 의견에 같은 비중을 둘 수 있는가? 게다가 실증적으로 노동 휴머니즘은 몰입해야 할 끝없는 임무로 나타났다. 우리는 많은 연구를 통해 이 사람들이 어느 정도까지 이 임무를 진지하게 생각했는지를 알고 있다. 이들은 직업 분야에 있어 완벽해야 했고, 공부하고, 노동자들을 교육시키고, — 이들은 각자 자기 작업조의 책임자라고 생각했다 — 투쟁하고, 노동자 단체를 설립하고, 정권 쟁취의 날을 단축시켜야 했다. 요컨대 이들이 쉬지 않고 열정적으로 설립하고자 했던 것은 바로 자유롭고 충만한 세상이었다. 그런데 이 생생한 충만은 동시에 죽음을 맞았다. 경멸할 만하고 또한 진정한 생산 활동을 수행할 수 없는 고용주들과 맞서서, 해방시켜야 할 노동자들에 둘러싸여 이들은 실제적이고 완성된 인간을 전문 노동자와 동일시했다. 그리고 이 왜곡된 (고용주가 아니라 대중과 관련해서) 동일시는 극복할 수 없는 한계였다. 왜냐하면 이 동일시가 그들 *자체*였기 때문이었다. 달리 말하자면 이 동일시는 그들이 다른 노동자들과 맺는 실천적-타성태의 관계에 대한 이론적, 실천적 표현이었던 것이다.

또한 다음과 같은 사실을 잘 이해해야 한다. 오늘날 실천적 유효성 속에서 절대적 평등을 가치 있는 유일한 인간관계로 보고 마는 사람의 입장에서 보면 이론이라는 것은 마비되고 또한 운명이 된다는 점에서 허위라는 사실을 말이다. 노동조합들(직업 또는 산업)의 구조로부터 문제가 제기되었을 때 이론과 실천은 효과적인 재조직화에 대한 타성태적 저항으로서 허위가 되었다. 일부 몽상적 노동조합 운동가들이 노동자 기사회의 설립을 제의하기에 이르렀을 때 노동 휴머니즘은 허위가 되었다. 단순노동자들의 유순함이 증폭되는 불만으로 바뀌자 영주와의 관계는 허위가 되었다. 그리고 특히 만능 기계에 의해 구조화된, 한 계급의 투쟁을 표현했던 이념적이고 실천적 전체가 1914년 이전부터 초창기에 특화된 기계들에 의해 형성된 새로운 대중을 규합하고 조직화하려는 노동조합들을 저지했을 때 이 이념적이고 실천적인 전체는 허위가 되었던 것이다. 그런데 어떻게 이 피착취 계급이 자신이 아닌 다른 프롤레타리아를 위해 투쟁할 수 있었을까? 그리고 이 계급이 만능 기계에 의해 자신의 존재 속에서 구조화되고, 또한 이 계급의 엘리트가 *실천* 속에서 내면화시킨 "노동-명예"라는 물질적 이념에 수동적으로 타격을 받은 이 프롤레타리아가 아니라면 대체 누구란 말인가? 기계는 이들의 상황을 결정하며, 이들의 가능성도 결정한다. 또한 이들로부터 다른 투쟁 형태를 상상할 가능성까지도 빼앗았다. 이와 동시에 기계는 이들 자신에 대한 긍정, 즉 기계의 요구에 대한 윤리-실천적 재내면화에, 그리고 기계로 인해 미리 형성된 구조들을 행위에서 시간화하는 발전에, *이* 상황에서 *이* 소유주에 맞서 유일하게 가능한 하나의 유효한 투쟁 형태를 부과했다. 결국 여기에서 **존재**는 시간화의 부정적 결정으로서 미리 형성된 **미래**다. 달리 말하자면 존재는 *행위에서*(적어도 특정 상황에서, 특정 사람들에게, 예컨대 노동자들과 적대적인 특정 관계에서) 존재 자체의 고착되고 이해할 수 없는 모순으로서, 더 멀리 가고 더 많이 원하고 더 많이 이해할 수 없다는 불가능성으로서, 그리고 반투명의 철벽으로서 나타난다. 실제로 어떤 면으로는 한계가 주어지고, 전문 노동자와 단순노동자의 *실천* 자체(선택된 예에서 개별 관계의 *내부*, 즉 노동관계, 정치 사회적 관계, 개인적 관계에서도 한계는 나타난다.)에 의해 *내면화되기도* 한다. 특정 전문 노동자와 단순노동자 사이의 단순한 구원에서까지도 이 한계는 느껴진다. 이 한계는 같은 시대에 한 명의 산업가와 그의 노동자 한 명 사이에 교환된 구원에서도 엿볼 수 있다.

다른 사회(여전히 자본주의 사회이지만 그 구조는 새로운 에너지 자원, 새로운 기계, 그리고 대량 생산에 의해 주문된)에 속한 *우리에게*는 내면화된 이 한계들이 *객관적 의미*로서의 무정부-노동 운동 시대의 구조적 관계들을 서로에게 부여하는 것이다. 분명히 우리는 이 사람들을 보지도 듣지도 못한다. 이들의 일상적이고 개인적인 실천의 의미는 우리를 벗어난다. 하지만 이 의미는 도처에서 표현된다. 사회가 아직 기억을 간직하고 있는 집단적 행위들에서, 또한 이 행위들이 만들어 낸 제도들 안에서, 조합 내부에 자리한 여러 경향의 갈등들에서, 이 갈등들을 표현하는 연설문들에서, 그리고 일부 무정부주의적 신문 기자들의 몽상에서까지도 표현된다. 다른 곳에서[343] 나는 노동 운동 책임자들의 표현들을 인용한 바 있다. 이들은 인간에 의한 인간의 착취란 지금의 노동 가치의 절상(이에 대한 많은 예를 찾을 수 있을 것이다.)만큼이나 더 창피한 문제라고 조용히 주장한다. 결국 문맹의 단순노동자 ── 어떤 것도 할 줄 모르지만 작업장의 끝에서 끝으로 거대한 짐짝을 운반하며 힘을 소진하는 ── 의 착취는 전적으로 정당화될 수 없는 것은 아니라고 말하게 한다. 그런데 특히 이와 같은 사실을 통해 이들이(게다가 이들이 무엇이든 말하고 쓸 수 있다고 해도) 다음과 같은 사실을 이해하지 못했다는 사실을 증명해 준다. 즉 그 사회는 이미 문맹이고, 어쩌면 바보일 수도 있는 이 단순노동자가 결코 숙련공이 되지 못하리라는 것을 이미 그의 출생 이전부터 결정해 놓은 그런 인간이라는 사실이다. 그러므로 *우리에게는* 의미가 드러난다. 이 의미는 우리의 차이들을 비교하고, 우리는 또한 보이지 않는 우리의 벽들로부터 이 의미를 이해하기도 한다. 즉 우리는 우리의 인간관계를 물화시키는 보이지 않는 한계를 시작으로 완전히 굳어 버린 인간관계들에 대한 이해를 가지고 있다. 그런데 이와 같은 객관적인 의미가 *그들에게 선험적으로* 실현될 수 있다는 말은 아니다. 예를 들어 구조가 다

───

343 「공산주의자들과 평화」, 『상황』 6권 참고.(편집자 주)

른 두 사회의 접촉은, 비록 이 접촉이 저개발 사회로서는 여전히 지위를 떨어뜨리는 접촉일지라도, 특정 집단에게 그때까지는 단순히 생긴 관계일 뿐이던 관계를 특정 관계로 그들의 객관성 속에서 규정하도록 유도한다.

이처럼 우리가 대량 생산을 기반으로 하여 선진 자본주의 국가들에서 자리 잡는 다른 노동조합 활동의 이름으로 외국 노동자들이 국제 간담회 중에 무정부-노동조합 운동가들에게 사회적 *실천*의 몇몇 경화된 구조들을 통보했다는 사실을 — 역사적으로는 부조리하지만 — *선험적*으로 가정한다면 특정 집단들 — 또는 특정 개인들 — 이 이 사실을 자각했을 것이라는 점은 인정할 만(여하튼 논리적으로 가능)하다. 이것은 이들이 이 구조들을 수정하기보다는 오히려 — 이와는 반대로 — 정당화의 실천이라고 명명할 수 있을 그런 종류의 부차적 활동으로 옮겨 갔다는 것을 의미한다. 하지만 여하튼 — 다른 구조를 가진 프롤레타리아들 간에 — 이루어진 접촉은 20세기 초반, 즉 제2의 산업 혁명이 아무도 모르게 이루어지고 있던 때에는 이런 단순한 의미를 가질 수 없었다. 물론 오늘날에도 이런 접촉들이 존재하기는 하지만 다른 의미를 가진다.(프랑스는 오래전부터 발전이 정지된 나라이고 소수의 핵심 산업체들의 노동 계급은 더 동질적이지만 다른 분야에서는 여전히 서열화 되어 있다. 미국의 선진 자본주의는 프랑스의 맬서스주의적 고용주와 노동계급이 오랫동안 인정하지 않은 운명이다.) 그래도 여전히 인간관계의 실천적-타성태적 모든 한계는 이 관계에 의해 통합되는 인간들에게는 스스로 이 관계의 *객관적 존재*로서 스스로 도출되는 추상적 가능성을 가진다. 그러나 이 순간에도 *실제적 존재*로서의 이 의미 작용에 대한 연구를 통해 이들은 이 한계가 항상 활성적 실천과 주관성의 순간에까지도 존재했고, 내면화되었지만 굳어 버렸다는 사실을 알게 된다. 단지 이때 이 한계가 상호적 활동의 최절 정의 발전 단계에서 포착할 수 없는 무(無)와 마찬가지로 이 실천적 절정의 실증적 자격(숙련노동자와 단순노동자의 관계에서, 군주의 책임과 또한 신하에 대한 군주의 우정이라는 토대로서 경험한 권력)으로 주어졌을 뿐이다. 그리고 바로 이런 이유로 **존재**의 발견을 통해 공포를 느끼게 (왜냐하면 일반적으로 실패와 갈등에서 발견이 이루어지기 때문이다.) 된다. 이는 이 발견을 통해 우리가 모르고 있던 것을 항상 알고 있었던 것처럼 지나쳐 왔다는 것을 알게 되기 때문이다. 달리 말하자면 이 발견을 통해 우리의 존재에 대한 우리 자신의 무지는 회고적으로 우리가 모르고 있었으나 현재의 우리인 이 존재에 의해 정의되고 미리 형성된 것으로 나타나기 때문이다. 그 결과 — 이는 집단과 개인 모두에게 해당한다 — 자신이 누구인지 모르게 하는 실천적 선택이라는 형태로 **타성태적 존재**를 정의할 수도 있다.

그러나 *무엇보다도* 강조해야 할 점이 있다. 미리 형성된 객관성에도 불구하고 *실천*이 바로 이 *실천*이 진행되는 중에 발견되고 정립된 목적을 겨냥한 실천적 장의 자유로운 시간화와 *효과적인* 재조직화 과정이 된다는 사실이 그것이다. *사실* 무정부-노동조합 운동은 서서히 무기들을 만들고, 분산 상태로부터 시작해서 조합의 통합을 일구었던 효과적이고 생생했던 투쟁이었다. 오늘날에조차 이 노동조합 운동의 역사적 역할이 노동자 계급 내부에서 초기의 통합 조직들을 선동하는 것으로 보이기도 한다. 달리 말하자면 이 노동조합 운동은 전개의 어느 계기에서는 초보적 형태로나마 초기의 집단 기구를 만들어 내는 노동자 계급 자체이기도 하다. 단지 이와 같은 위계질서가 잡힌 통일의 형태는 이미 만능 기계에 의해 인간의 복수성 안에 각인되어 있었다는 사실을 반드시 이해해야 한다. 이것은 만능 기계가 그 자체의 강요를 통해 노동자들의 서열화된 집단을 구조화했다는 점에서 그러하다. 그리고 이것은 실질적인 다수, 개별적 대립 관계, 지역적 특정주의, 불신, 타성태 등등에 대한 극복이 —— 이런 극복이 전적으로 인간적인(즉 첫째, 상황의 이론적 이해, 둘째, 실천적 장, 지속적 노력, 용기, 인내의 조직, 그리고 셋째, 상황을 넘어설 새로운 기술 수단을 부수적으로 가져오는 연구의 실천적 개발, 등등을 필요로 하는) *실천*이었다는 점에서 —— 만능 기계가 이 프롤레타리아에게 내린 선고를 단지 인간적으로 —— 즉 실천적, 변증법적으로 —— 실현시키기만 했다는 점에서 그러하다. 또한 이 선고를 *실현해야* 했다. 인간적 *실천*이 아직 없었기 때문에, 노동자 계급은 우리가 다음 문단에서 살펴보게 될 타성태적 집합태로 남아 있었다. 하지만 집합태의 구조 자체에서 야기된(나중에 집단에 대해 언급하게 될 때 이 *야기하다*(susciter)는 어휘가 무슨 의미인지 알게 될 것이다.) 인간적 *실천*은 조직의 구성과 동시에 권리의 요구를 위한 행위의 통일성 안에서 인간들에 의해 정립된 관계라는 이유로 이 인간적 실천을 가능케 했던 동일한 구조들을 단지 시간화할 수 있을 따름이었다.[344]

344 우리의 주제는 아니지만 다음을 지적하는 것은 중요하다. 즉 **가치**(이 단어의 *윤리적인* 의미이지 경제적 의미가 아니다. 비록 전자가 후자에서 기원을 찾는다고 하더라도)가 *실천*(창조 행위라는 통찰력으로 모두를 극복한다는, 규정되지 않은 가능성에 스스로 자리매김하는 자유로운 극복으로서)과 요구(극복될 수 없는 미래로서)라는 바로 그 모순적인 통일체라는 점이다. 순수 *실천*에서부터 **가치**는 스스로 정립되는 이 자유의 반투명성을 간직한다. 그러나 투기된 목적이 *사실*은 미리 형성된 미래에 대해 갖는 타성태적이고 극복될 수 없는 의미 작용이라는 *점에서* **가치**는 하나의 독립적이고 수동적인 존재를 갖게 된다. 자신의 규칙을 스스로 부여하는 단순한 *실천*(이 실천은 가치로부터 그 자체의 내적 외면성의 성격, 즉 내재성 속의 초월성의 성격을 앗아 갈 수도, 이 가치를 단순한 자각으로 환원시킬 수도 있다.)이 되는 대신 이 가치는 스스로 격리된다. 하지만 가치의 타성태가 반드시 이 가치를 극복 *가능한* 것으로 만들고, 이 가치의 실천적-타성태적 성격이 극복 *불가능성*이기 때문에, 이 가치는 모든 가능한 극복의 초월적 일체로 정립된다. 여기서 초월적 통일체란 극복 불가능한 —— 무한성에 위치하기 때문에 —— 종말인데 이 종말을 향해 모든 행위는 이 행위를 야기하는 물질적 조건들을 뛰어넘게 된다. 무정부-

노조적 휴머니즘을 예로 들어 보자. 여기에서는 전문적인 노동을 필연적인 것으로 만드는 조건들 자체가 이 노동의 비전문화 위에서 형성될 수도 있을 다른 존재 양태를 아예 생각지도 못하게 방해하는 순간부터 이 전문적 노동은 하나의 *인간적 가치*가 된다. 만약 전문 노동자가 자신이 이러한 *선험적* 한계가 없는 단순한 역사의 요인에 불과하다고 자각하게 된다면 그는 분명 그의 노동을 착취 체제에서 이루어지는 인간적 *실천*의 변증법적이고 반투명적인 발전으로 여기게 될 것이다. 요컨대 이 전문 노동자는 자신의 노동을 인간이라는 그 자신의 실재가 역사적, 구체적으로 현재화한 것으로 여기게 될 것이다. 하지만 노동이 그 자체로 극복될 수 없을 때가 있다. 노동이 동시에 *다른* 것으로 나타날 때, 즉 노동자의 현재의 *실천*이 그 자체와는 *다른 것*으로 실현되어야 하는 것으로 그러니까 구현되어도 노동자에게 낯선 것으로 남아 있게 되는——다시 말해 모든 극복의 기호로 남아 있게 되는——타성태화된 의미 작용의 특별한 구현으로 구성될 때가 그렇다.

그러나 **가치**는 요구와 구분된다. 이것들은 하나의 동일한 과정 내에 있는 두 개의 다른 구조들이다. 요구가 가지는 강요적 성격은 물질성이 **타자**의 *실천*에 의해 활성화된다는 사실, 내가 이 *실천*을 인간적이고 동시에 낯선 것으로 발견한다는 사실에서 기인한다. 요구는 나에게 의미를 주고 나를 기다리지만 *나의 것*은 아니다. 내가 오히려 그의 것이다. 이와 반대로 **가치**는 이중의 운동 속에 있다. 내재성에서 나의 *실천*은 *다른 것*으로 정립되므로 이 나의 실천을 자유로운 발전 속에서 발견하기 위한 운동과 미래의 의미 작용을 반드시 나의 자유를 가리키는 하나의 타성태로서 발견하기 위한 운동이 그것이다. 이 두 경우에서 본래의 구조는 인간관계로서 가공된 물질성과 이 물질에 의해 흡수되고 전도된 *실천*이다. 하지만 첫 번째 운동에서 *나에게 의미를 주는* 것은 직접적으로 이와 같은 전도이다. 이것은 내가 물질적 목적을 *실현하는 수단*이라는 점에서 그러하다. 우리 연구의 다른 차원에 속하는 두 번째 운동 속에서 나는 우선 나의 *실천*을 파악한다. 이것은 나의 실천이 자유 속에서도 모든 *실천*의 *타자-존재* 쪽으로 초월된다는 점에서 *그러하며*, 따라서 *창조되고 용인된* 한계가 물질성으로 나의 실천에 작용한다는 점에서 그러하다. 새로운 이 구조는 다음과 같은 사실을 내포하고 있다. 즉 가치를 창조(혹은 실현)하는 *실천*에 대한 연구는 원천적이라는 사실이 그것이다. 이번에는 아무런 구속이 없다. 하지만 오히려 의식적 반투명성의 가장 높은 수준에 있는 *실천* 자체와 이 실천을 흡수하고 이 실천에 물질성으로서의 실천적-타성태의 위상을 주는 어떤 의미 작용 간에는 동일성이 있다는 (소외된) 의식이 존재한다. 한마디로 **가치**는 목적이나 혹은 실현된 객관성의 소외가 아니라 실천 그 자체의 소외다. 달리 말하자면 가치는 알아차리지도 못한 채 타성태를 발견하는 *실천*이다. 이때 이 실천은 실천적 주체의 실천적-타성태적 존재에 의해 영향을 받는다.

윤리적 시각에서 볼 때 이는 가치들이 실천적-타성태의 장의 존재에, 달리 말해 이 존재의 부정에 대한 부정(이는 가치들의 의사-실증성이 온통 부정적임을 보여 준다.)으로서의 지옥에 연결되어 있음을 의미한다. 그리고 만약 이와 같은 구조들의 가능한 제거 작업이 있어야 한다면——이 의문은 전진적 연구의 계기에서 검토할 것이다——이 구조들과 더불어 가치들도 사라질 터이고, 인간과 인간 사이의 유일한——이 인간들이 함께 물질을 지배한다는 점에서——윤리적 관계로서의 *실천*을 그의 자유로운 발전 속에서 다시 발견하게 될 것이다. 현재와 과거의 모든 도덕이 갖는 애매모호성은 인간관계로서의 자유가 스스로를 착취와 억압의 세계에서 이 세계에 반대해서, 그리고 *가치들을 통한* 비인간성에 대한 거부로서 자리매김하기 때문에 나온

이처럼 우리는 개인적 혹은 공동적 *실천*의 실천적-타성태적 지위

다. 그러나 이 자유는 이 세계에서 소외되어 있고, 사라지고, 그럼에도 불구하고 실천적-타성태적 존재가 이 자유에 대해 강요하는 초월 불가능한 모든 요구를 *가치*들을 통해 실현한다. 이때 이 자유는 그 내부에 실천적-타성태의 장을(적어도 새로운 상황들에 기초하여) 재구성할 가능성을 가진 조직에 기여하게 된다.

모든 가치 체계는 착취와 억압에 근거한다. 모든 가치 체계는 실제적으로는 착취와 억압을 부정한다.(명시적으로는 아니라도 적어도 체계의 내부 논리에 따르자면 귀족 제도까지도 그러하다.) 모든 가치 체계는 착취와 억압을 확인한다.(의도적이지는 않다 하더라도 적어도 이것이 체계들이라는 점에서는 피억압자에 의해 구축된 체계들까지도 그렇다.) 사회적 실천을 통해 지탱된다는 점에서 모든 가치 체계는 직접적이든 간접적이든 간에 장치들과 기구들을 설치하는 데 조력한다. 이것들은 기회(예컨대 기술과 연장들의 전복에 기초한)가 오면 *이* 억압과 *이* 착취를 부정하는 것을 가능케 해 준다. 모든 가치 체계는 그 혁명적 유효성의 순간에 체계이기를 그치고, 가치들은 가치이기를 그친다. 왜냐하면 가치들이 이 특징을 그 자체의 초월 불가능성에서 끌어내고, 상황들이 구조를, 제도를 그리고 조건들을 전복시키면서 이 가치들을 초월된 의미 작용으로 변형시키기 때문이다. 체계들은 그 자체에 의해 만들어진 조직들에 흡수되고, 이 조직들은 사회적 장의 전복으로 변형되어 새로운 조건들의 틀 안에서 수행된 새로운 집단 행위들에 합류되고 새로운 가치들을 발견해 낸다. 그러나 마르크스주의자들이 가치 체계들을 이것들에 대한 언어적 표현 그리고 이 체계들에 근거하여 지식인들이 만들어 낸 도덕들과 혼동한 것은 비난할 만하다. 그래서 이 사실에서 단지 실천의 사멸된 반향만을 보기란 쉽다. 마르크스주의는 가치 체계들을 이들의 철학적 용어들과 혼동하면서 어려운 문제, 즉 이 체계들의 구조를 이해하는 문제를 제거해 버린다. 다만 이와 동시에 마르크스주의는 무방비 상태로 도덕주의에 빠지게 된다. 왜냐하면 이것을 설명하지 못하기 때문이다. 예를 들자면 러시아 사회(새로운 모순을 통해 하나의 사회주의 사회를 건설하는 집단적 *실천*과 혼돈할 아무런 까닭이 주어지지 않은)의 뿌리 깊은 도덕주의보다 더 놀라운 것은 없다. 소련에서 모두에게 공통적인 몇 개의 개념들(특히 *삶*이라는 개념은 보존 가치뿐 아니라 연구 전반의 윤리적 원인으로서도 중요하다.)은 명백히 *가치*들로서 이 사회의 모든 계층에 소개된다.

이것을 이해하기 위해 마르크스주의는 다음과 같은 사실을 이해해야 한다. 즉 가치가 이 *실천* 그 자체로서의 기초적 실천(개별적이고 집단적인) 수준에서 생산된다는 사실이다. 이것은 이 가치가 스스로의 한계를 실증적이고 극복 불가능한 충만이라는 거짓 외양하에 파악한다는 점에서 그렇다. 여기에서 우리가 보여 주려고 하는 것은 이른바 모든 상부 구조라는 것들이 하부 구조 속에 이미 인간과 가공된 물질 그리고 다른 인간들 간의 기본적 관계의 구조로서 포함되어 있다는 것이다. 이 상부 구조들이 이어서 나타나고 또한 추상적인 계기들로서, 상부 구조들로서 대자적으로 정립된다면 이것은 복잡한 과정이 다른 장들, 특히 언어의 장을 통해 이 구조들을 굴절시키기 때문이다. 그러나 이미 본 연구의 모든 수준에서 그리고 가변적 형태들로 활동과 소외의 모든 계기 속에서 기호로서, 도구 속의 요구로서, 이와 동시에 이 도구를 통한 노동에 의해 발견된 세계로서 포함되어 있지 않다면 *어떤* 사유도, *어떤* 가치도, *어떤* 체계도 상상할 수 없을 것이다.(원주)

로서, 그리고 과거 **존재** 속에서 화석화된 미래의 선고로서의 *계급-존재*를 살펴보았다. 이 계급-존재는 이 *실천* 그 자체를 통해 실현되어야 하고, 또한 이 계급-존재 내에서 이 실천은 결국 필연성의 새로운 경험 속에서 스스로를 인정하게 된다. 그러나 이 실천적-타성태적 존재는 우리에게 개인의 현실적 계기로서, 능동적인 하나의 집단이 갖는 수동적 지위로서 또는 역으로 타성태적이며 물질적인 하나의 총체가 이루는 능동적 의사 통일로서 나타났다. 우리가 이 존재를 보다 더 잘 이해하고자 한다면 이전의 구조들에 의해 조건 지어지는, 그리고 이번에는 그 자신이 이 구조들을 조건 짓는 새로운 구조를 경험해 보아야 한다. 왜냐하면 앞에서 보았듯이 *계급-존재*는 단지 서로 고립되어 있고 산발적인 실체(예컨대 머리카락의 색깔이나 키와 같은) 내에서 분리되어 있는 성질의 자격으로 존재하는 극복 불가능한 물질성의 특성만이 아니다. 실제로 *계급-존재*는 독립된 여러 현실의 존재 동일성으로 나타나기는커녕 경험 속에서 개인들의 물질적 통일로서, 즉 이들의 개인성의 집합적 근거로서 나타난다. 왜냐하면 우리가 위에서 들었던 예들을 통해 개인들이 자신들의 계급적 지위를 *서로가 서로를 통해* 실현한다는 것을 볼 수 있기 때문이다. 기본적인 *실천*이 이루어지는 순간부터, 작업장에서 노동이 이루어지는 순간부터 각자의 *계급-존재*는 이 존재가 기계의 실천적-타성태적 요구인 한 그의 모든 동료를 통해서와 마찬가지로 그를 착취하는 계급을 통해서도 그에게 온다. 좀 더 자세히 보자면 계급-존재는 그에게 그 자신을 착취하는 계급을 통해 오며, 그의 동료들과 이들 모두의 피착취자들로서의 보편적 특성을 통해 그를 요구하는 기계들을 통해 그에게 온다. 이와 동시에 각 개인에게 이 *계급-존재*는 특정 구조 위에서 그와 같은 계급에 속하는 동료들과 맺는 (극복 불가능한) 타성태적 관계로서 정의된다. **운명, 일반적 이해관계**(그리고 개별적 이해관계), 계급의 **구조**, 공동의 한계로서의 **가치**, 이 모든 것을 통해 우리는 반드시 위에서 기술한 바 있는 개인적 존재의 한 유형을 가리키게 되며, 또한 이 존재를 통해서 모든 개인적 존재의 기초로서 *집합적 존재의 한 유형*을 가리키게 된다. 물론 여기에서 문제가 되는 것은 일정한 결과를 얻기 위해 조직되며, 우리가 나중에 집단이라는 이름으로 살펴보게 될 활동적 집합체들이 아니다. 또한 군대와 같은 뜨겁기도 하며 동시에 차갑기도 한 총체들이 문제 되는 것도 아니다. 왜냐하면 이 총체들은 전체적으로 하나의 조직의 실천적이고 역사적인 활동이자 하나의 제도의 타성적 물질성이기 때문이다. 그러나 더 깊게 들여다보면 이것은 모든 개별화와 마찬가지로 모든 결합의 기초이며, 하나의 총체에 속해 있는 모든 개인에게 공통된 *비유기적 물질성으로서의 타성태적 집합체 존재*의 기초이기도 하다.

바로 이것이 우리가 하나의 계급에 대해 기술하면서 최종적으로 주장하고자 했던 것이다. 왜냐하면 계급이란 개념을 통해 우리는 우선 자기 자신들이 만들어 낸 조직체 내에서 이루어 내는 모든 개인의 능동적 통일을 말하고자 하지도 않았고, 분리된 생산물의 집합태의 본성상의 동일성을 말하고자 하기도 않았기 때문이다. 사실 이 첫 번째 의미는 항상 이 경험에 적용되는 것도 아니며 심지어 자주 적용되지도 않을 것이다. 역사적 상황에서 발생한 수많은 모순에 의해 하나의 같은 계급 내에서 심각한 분열이 자주 발생하기도 하기 때문이다. 프롤레타리아가 집단적 *실천*이 낳는 통일성의 방향으로 나아갈 수 있다는 것은 의심의 여지가 없다. 물론 이 프롤레타리아가 만들어 낸 조직 ── 예컨대 프랑스에서 ── 이 노동조합 형태의 통일을 실현시키고 있다면 말이다. 그러나 이 프롤레타리아가 대립 중인 당이나 노동조합들에 의해 대표될 때 과연 이 프롤레타리아를 프롤레타리아라고 부르는 것을 포기해야만 할까? 각자의 경험은 반대 상황을 증명해 준다. 왜냐하면 사람들은 보통 노동 *계급의 분열*을 말하기 때문이다. 이 분열 상태는 결국 훨씬 더 강력한 통일에 이르게 되며, 이것을 토대로 적당한 여건이 조성되면 항상 더 멀리까지 나아가는 통합으로서의 능동적 통일(그리고 총체화 작용)이 이루어지거나 아니면 기존의 총체성의 와해로서의 분화가 이루어지게 된다. 더 자세히 살펴보자. 그 누구도 다음과 같이 주장하는 것을 생각할 수는 없을 것이다. 즉 이런 분열이 존재한다는 이유로 노동자 계급이 공동으로 겪는 착취를 통해 단결하기보다는 자신들이 추구하는 목표나 이를 위한 전략에 의해 더 반목하고 있는 피착취자들의 *여러 집단에게* 자리를 양보한다는 주장이 그것이다. 사람들은 종종 이와 같은 분열로 인해 노동자 계급은 무력하게 될 *위험*이 있다고 주장한다. 따라서 분열은 *실천의 입장에서 보면* 심각한 결과를 낳을 수 있는 사고로 나타나기도 하지만 그렇다고 해서 *하나인* 근본적인 실체를 해칠 정도는 아니다. 그리고 이 실체가 존재하지 않으며 같은 운명에 의해 위협받는, 동일한 요구의 희생자이자 동일한 일반적 이해관계를 가지고 있는 개인들만이 존재한다는 등등의 대답을 할 수는 없을 것이다. 왜냐하면 바로 실천적-타성태적 장의 구조 전체가 개인들의 자기-외-존재의 실체적 통일을 필연적으로 조건 짓기 때문이다. 또한 이와 반대로 **타자**의 영역에서 실체적이고 부정적인 통일로서의 이 자기-외-존재가 이번에는 이 장의 구조를 조건 짓기 때문이다.

그러나 다른 한편 *여러* 개인적 유기체들과 물질적이며 비유기적인 실재가 존재하는 수동적인 활동성의 거칠고 복잡하지만 명료한 이 장에서, 부끄러운 사회 유기체설이 여전히 모든 그럴듯함에 맞서 다시 찾고자 하는 초개인적 의식에 막연하게 사로잡혀 있는 젤라틴 같은 실재가 문제될 수는 없다. 실제로 만약 개인들이 모두 하나의 공동 존재 속에서 하나로 용해될 수 있다면 이는 실천적-타성태적 장에서만, 그리고 이 개인들이 *정말로 개인적 유기체이지 않은* 한에서만 가능하다. 즉 가공된 물질성이 그 자체로 이 개인들의 이 *가공된 물질성-안의-자기-외-존재*의 종합(또는 가짜 종합)을 이루는 한에서만 가능하다. 한 개인이 노동자 계급*에서 태어났다*, 그가 프롤레타리아 *출신이다*(만약 그가 거기로부터 벗어난다면), 또는 그가 거기에 *속한다* ─ 마치 계급이 전체로 보아 하나의 모태, 하나의 환경이자 일종의 수동적인 힘(한 명의 노동자의 자식이 노동자계급에서 벗어나기 위해 가질 수 있는 기회를 지칭하기 위해 사람들은 보통 계급의 *점착성*(viscosité)이라는 말을 사용한다.)인 것처럼 ─ 고 말할 때 이와 같은 말이 의미하는 바가 바로 그것이다. 요컨대 집합적 존재로서의 계급은 각자의 내부에 존재하며, 이는 각자가 이 계급 내부에 존재하는 것과 마찬가지다. 그리고 "조직되기" 전에, "자기의 고유한 기구들을 만들어 내기" 전에 이 계급은 일종의 공통된 타성태가 갖는 모순적 양상 아래에서 다양성의 종합으로서 나타나게 된다.

일반적으로 사회학자들에게는 이와 같은 고찰들만으로도 충분할 수 있다. 하지만 이것만으로는 기본적인 *사회성*의 가지성을 명료하게 확립할 수 없다. 애매모호한 설명들을 포기해야 하고, 가지성을 얻을 *때까지* 변증법적 연구를 밀고 나가야 한다. 그러나 기본적 구조로서 *계급*이 비록 어떤 수준에서 집단들과 수동적 사회성의 규정인 실체 그 자체의 모습을 보여 준다고 해도 현재 모든 인간의 집합들이 이런저런 방식으로 이 실체를 표현하거나 또는 ─ 이 집합들 안에서, 그리고 이것들의 타성태나 *실천* 속에서 ─ 사회 계급으로의 분열을 나타낸다고 해도 우리는 계급의 실천적-타성태적 사회성을 지금 당장 정의하려고 하지는 않을 것이다. 우리가 일상적인 경험에 나타나는 대로 검토하고자 하는 것은 바로 실천적 장의 가장 외관적이고 가장 직접적이며 가장 피상적인 집합들이다. 정확히 이 집합들 가운데 많은 숫자가 하나의 실체에 대한 단순한 내적 규정이기 때문에 우리는 이 집합들을 이런저런 사회적 존재들로서가 아니라 실천적-타성태적 장 속에서 그 자체로서 사회적 존재들인 한에서 형식적으로 검토할 수 있을 것이다. 이 경우 이 집합들은 그 자체로 우리가 이것들의 존재론적 가지성이라고 부를 수 있을 그 무엇을 보여 주게 될 것이다. 또한 우리는 우리 나름대로 제2의 계기 속에서 이것들을 통해 훨씬 더 기본적인 실재인 계급을 포착하고 이해할 수 있을 것이다. 이와 같은 비유기적 사회적 존재들이 바로 내가 「방법의 문제」에서 *집합태*들이라고 불렀던 것이다.

D. 집합태

1. 집렬체적 구조, 사회성의 기본 유형

사회적 대상들은(나는 집단적 구조를 가진 모든 대상을 이렇게 부른다. 사회학은 이러한 대상들을 연구해야 한다.) 적어도 그 기초적 구조를 통해 실천적-타성태적 장에 속하는 존재들이며, 이 대상들의 존재는 비유 기적 물질성 속에 있다. 이것은 이 비유기적 물질성 그 자체가 이 장에서 실천적-타성태인 한 그러하다. 우리는 여기에서 연계 신호 또는 통일성의 상징으로 불리는 물질적 존재들(이미 *인간 노동의 산물들*)을 고찰하지는 않을 것이다. 이와 반대로 우리는 실천적 실재들, 이미 요구를 내포하고 있는 실재들을 염두에 두고 있다. 물론 이 실재들은 그 자체 안에서, 그 자체에 의해 조직되지 않은 많은 개인들의 상호 침투성을 *자기 안에서* 실현하는 실재들이며 또한 그 자체로 총체성의 *미 분화* 속에서 개인들 하나하나를 만들어 내는 실재들이다. 우리는 이 "총체성"의 구조를 확정해야 할 것이다. 그러나 이것을 일군의 기계들에 의해 임무가 결정되면서 이 기계들을 사용하는 자들의 통일체가 된다는 의미로 이해해서는 안 될 것이다. 사실상 제대로 행해진 노동 분할의 도치로서의 이 통일체는 *기능들로* 차별화된 통일체의 비유기적 도치에 지나지 않는다. 그리고 이 통일체는 기능들을 만들어 내기 위해 인간들에게로 되돌아가기 때문에 구분된 여러 요구에 따라 이 기능들을 만들어 내게 된다. 이때 일반 개인으로서 각자는 이러저러한 분화된 기능의 수단(앞에서 살펴본 바와 같이 **타자**의 자격으로)이 된다.

만약 기계적 총체 속에 하나의 집합태의 구조, 즉 총체화하는 또는 의사 총체화하는 *상호 침투성*의 구조가 존재한다면 이는 오직 기계적 총체 그 자체가 *미분화된* 실천적-타성태적 실재로서(하지만 일반적으로 구분을 하기는 대단히 어려우며, 개별적인 경우에 대한 검토는 너무 많은 시간을 요구하게 될 것이다.) 존재하는 경우에만 (예컨대 문을 닫는 경우 2000명의 노동자들을 길에 내다 놓는 공장처럼, 또는 주인이 필요한 안전 조치를 취하는 것을 거부하기 때문에 *모두에게* 위험한 총체처럼) 가능할 뿐이다. 다른 한편 집단(인간들의 실천에 의해 곧장 정립되었으며 실천적인 조직으로서, 그리고 구체적이며 현실적인 기업으로서의)은 집합태의 기초적 토대 위에서만 탄생될 수 있는 만큼 여기에서는 더욱더 분명해져야 한다. 물론 그렇다고 해서 집단이 집합태(혹은 어쨌든 결코 전체를)를 제거하는 것은 아니다. 또한 역으로 ── 목적이 무엇이건 간에 ── 이 집단이 필연적으로 실천적-타성태적 장을 통해 행동하며, 같은 목적에 의해 개인들의 자유로운 조직으로서 *자신의 집합태 구조를* 스스로 만들어 내야만 하기 때문이다. 즉 실천을 *위해 자신의 타성태*(이미 살펴본 바와 같이 바로 이것이 모든 수준에서의 행동을 특징짓는다.)를 *이용해야* 하기 때문이다. 결국 집단들(우리가 이 집단들에 대해 논할 때 이것들의 존재 이유에 대한 가지성까지 비판하게 될 것이다.)은 몇몇 상황들의 작용 밑에서, 그리고 몇몇 조건 내에서 해체되기 전에 먼저 사라지고 말 것이다. 그러니까 이 집단들은 더 일반적인 사회성 속으로 용해됨이 없이 자신

들의 고유한 사회성을 간직한 채 굳어지고 중첩되어 이른바 집합태의
상태로 되돌아오게 된다. 그것이 어떤 것이든 간에 대부분의 사회적
장은 항상 실천이자 동시에 실천적-타성태인 단체들로 조직화된 전
체로 이루어졌다. 이것은 비록 이 특징들 가운데 하나가 끊임없이 폐
기되는 경향이 있다 할지라도 사실이다. 오로지 경험을 통해서만 정
해진 한 집단의 내부에서, 그리고 내부 변증법의 정해진 계기로서 구
조들의 내적 관계를 확정할 수 있다. 따라서 우리들이 살펴본 여러 예
에서 집단들의 기초 조직인 집합태는 존재하거나 사라지는 집단들을
통해 종종 나타나게 된다.

그러나 집단이 그 자체를 생성하고 지지하는 집합태의 부정으로
서 구성되기 때문에, 또한 역사적 상황 전체가 집단을 결정으로 제거
함이 없이 기도로서의 집단을 부인했을 때 집합태가 다시 나타나기
때문에 우리는 마침내 수동성이 완전히 사라지는 경향이 있는 집단
들(예컨대 모든 전투원이 결코 헤어짐이 없이 살아서 싸우는 아주 작은 "전투
단위")과 이 집단들을 거의 완전히 재흡수한 집합태들을 구별할 수 있
게 된다. 이런 방식으로 봉기가 발생하기 전에 실제로 당원을[345] 한 명
도 보유하고 있지 않았던 사회민주당은 부다페스트에 있는 한 채의

---

345 대부분의 당원들은 공산주의자들과 함께 새로운 당에 합병되었다. 우파의 소수파 당원들은
고소당했고 나머지는 망명했다. 노동자들에게 있어서 아주 강했던 사회민주당의 세력은 *하나
의 경향, 하나의 존재태*가 되었지만 모든 당으로부터 멀리 떨어져 있었다. 이와 반대로 가공된
물질성으로서의 본사는 **당** 그 자체가 되었다. 이것은 정부(당원들의 군집이 제거된 것이 아니
라 단지 이들이 떠났다는 것을 증명하려 하는)와 비교해 볼 때도 망명한 사회주의자들(당 안에
서 이들의 분산과는 동떨어져 있으면서도 초월적인 물질적 통일과 동시에 이들의 화석화된 희
망에 대한 확인을 발견하)과 비교해 볼 때도 사실이다. 또한 공산주의자들에게 합류한 사회주
의자들(이들의 과거 존재, 극복된 존재, 그리고 ——적어도 몇몇에게는—— 극복 불가능한 존재
로서)에게서나 일시적이든 결정적이든 간에 불가능한 통합의 고정된 요구(되돌아간 그들의 요
구)로서 당이 없는 동조자들에게도 마찬가지였다. 그런데 이 모든 사람 가운데 그 누구도 집합
태 대상이 타인들한테 야기한 것이 무엇인지를 모르지 않았다.(원주)

건물에 당사를 마련하고, 당의 상징물과 이름을 공식적으로 보존할 수 있었다. 극단적이기는 하지만 흔히 볼 수 있는 이와 같은 *정상적인* 경우들을 통해 우리는 두 개의 사회적 실재를 뚜렷이 구별할 수 있다. 우선 집단은 이 집단의 기도와, 자기 내부에서 모든 형태의 타성태를 제거하려고 노력하는 동시에 순수 *실천*이 되는 것을 겨냥하면서 끊임없이 진행되는 통합의 운동에 의해 정의된다. 이에 반해 집합태는 *자기 존재에 의해*, 즉 모든 실천이 집합태 자체에 단순한 *존재태*로 구성되는 것으로 정의된다. 집합태는 실천적-타성태적 장에 속하는 물질적이고 비유기적 대상이다. 이때 활동적인 개인들의 분산된 다수성은 이 *집합체 안에서* **존재** *속의 실재적 단위*로서, 그러니까 수동적 종합으로서의 **타자**라는 기호 밑에서 생겨난다. 또한 이때 구성된 대상은 스스로를 본질적인 것으로 정립하며, 이 대상의 타성태는 수동적 통일성을 통해, 즉 **타자들**로서 모두에게 *미리 주어진* 상호 침투성을 통해 그 자신의 기본적 결정으로서의 *각각의 개인적 실천*을 침투하게 된다.

우리는 나선 운동의 새로운 단계에서 그 자체의 부분적 총체화와 상호적 조건에 의해 풍부해진 동일한 개념들을 다시 발견한다. 예컨대 기본적 인간관계로서 상호성, 개별적 유기체들의 분리, 심층에서 이타성의 차원을 지닌 실천적 장, 타성적 대상 안에서 인간의 자기-외-존재와 내면성의 가짜 상호적 관계의 통일성에서 인간의 요구로서의 타성태적 자기-외-존재로서의 비유기적 물질성 등등이 바로 이 개념들이다. 그러나 정확히 자신들 내부에서는 *사회적이지 못한*(비록 이 관계들이 어떤 의미에서 모든 사회성을 조건 짓고, 또한 이들의 역사적 내용에서 사회성에 의하여 이들이 조건 지어진다고 하더라도) 상호성의 인간관계와 제삼자와의 관계 밖에서 한 개인과 다른 개인들과의 구조적 관계는 역사적 총체화 과정의 예견 속에서 완전히 미결정 상태로 그 자신 내부에 남아 있게 된다. 이는 이 관계가 성립된 기초를 제공하는 물질적 상황 전체를 정의하지 않는 한에서 그러하다. 이런 의미에서 볼 때 추상적으로 다수성 속에서 특징지어지지 않은 긴장을 조건 짓는 "내면적 관계로서의 상호성"과 "외면적 관계로서의 유기체들의 고독"의 대립은 실천적-타성태적 장의 작용을 통해 새로운 형태의 "외부-내부"의 관계 속에서 극복되고 용해된다. 이때 실천적-타성태적 장의 작용은, **타자**가 존재하는 상황의 모순을 *집렬체*성으로 변화시킨다. 집합태를 잘 이해하기 위해서는 다음과 같은 사실을 잘 이해해야 한다. 즉 이 물질적 대상이 *집렬체*의 새로운 규칙에 따라 이들 실천적 유기체들 사이의 관계를 구조화시킴에 따라 자기-외-세계-내-존재들로서의 개인들의 상호 침투적 통일체를 실현한다는 사실이 그것이다.

가장 피상적이고 가장 일상적인 한 예를 통해 이 개념들을 발견하도록 하자. 생제르맹 광장[346]에 한 무리의 사람이 있다. 이들은 교회 앞 정거장에서 버스를 기다리고 있다. 여기에서 나는 무리라는 단어를 중립적인 뜻으로 사용하고 있다. 그러니까 있는 그대로 분리된 활동들의 타성태적 결과인지 혹은 각자의 행동이나 상투적이거나 계약상의 조직을 명령하는 하나의 공동의 실재인지 어떤지를 알 수 없는 한 무리가 문제가 된다. 이 사람들은 ─ 나이, 성, 계급, 환경이 아주 다른 ─ 평범한 일상에서 고독, 상호성 그리고 외부에 의한 통합(그리고 외부에 의한 대중화)의 관계를 실현하고 있다. 이런 관계는 가령 대도시의 시민들을 특징지어 준다. 이들은 일, 투쟁 또는 자신들에게 공통되는 조직화된 집단에서의 활동에 의하여 통합되지 않고서도 한

---

346 파리의 생제르맹 데 프레 구역에 있는 광장 이름. 사르트르는 이 광장을 내려다볼 수 있는 건물에서 거주했다.

곳에 모여 있는 것이다.

먼저 고독의 다양성이 문제가 되고 있다는 사실에 주목해야 한다. 이 사람들은 서로에 대해 별다른 관심이 없고 서로 말도 건네지 않으며, 보통 서로 관찰도 하지 않는다. 그저 신호등 주위에 나란히 서 있을 뿐이다. 이 수준에서 나는 이들의 고독이 타성태적 지위(또는 유기체들의 간단한 상호적 외면성)가 아니라 *실제*로 각자의 투기 속에서 부정적 구조로서 체험되었다는 점을 지적할 수 있다. 달리 말하자면 유기체적 전체에서 **타자들**과 통합되는 불가능성과 같은 것으로서의 유기체의 고독은 각자에 의해 **타자들**과의 상호적 관계들의 일시적 부정으로 체험된 고독을 통해 발견되는 것이다. 이 사람은 있는 그대로 자신의 몸에 의해서만 아니라 옆 사람에게 등을 돌리고 있다는 사실에 의해서도 역시 분리되어 있다. 게다가 그의 옆 사람은 그를 거들떠보지도 않는다.(또는 자신의 실천적 장에서 그를 단지 버스를 기다리는 것에 의해 정의된 보통의 개인으로 발견한다.) 그런데 이와 같은 반무지(半無知)의 태도는 다른 집단들에 속해 있다는 사실(그는 아침에 일어나 집을 나선 지 얼마 되지 않았다, 그는 아픈 아이들에게 여전히 신경을 쓰고 있다 등등. 게다가 그는 사무실로 가는 길이며, 상관에게 보고할 말이 있다, 그는 적당한 말을 생각한다, "그는 입안에서 말을 중얼거린다." 등등)과 그의 타성태-안에-있는-존재(즉 그의 이해관계)를 실천적 조건으로 삼는다. 따라서 분리의 복수성은 어떤 면에서는 분리된(또는 *그 시간과 그 수준에서 분리된*) 집단들에 합류한 개인들이 이루는 통합에 대한 부정으로 표현될 수 있다. 그리고 이것을 통해 이 개인들이 주어진 조건을 근거로 사회적 장을 결정한다는 점에서는 각자의 계획들에 대한 부정으로 표현될 수 있다. 그러나 역으로 만약 문제를 집단이나 이해관계 등등, 요컨대 사회의 기본 체제를 표현하는 것으로서의 사회적 구조에서부터 살펴다면(생산 양식, 생산관계 등등) 위와 반대로 사회 전체가 개인에 끼치는 해체적 힘(물론 우리가 곧 언급하게 될 통합적 힘과 상호 의존 관계에 있는)에서 출발해서 각자의 고독을 정의할 수 있다. 달리 말하자면 일시적이며 우연한 무리의 구성원들 사이의 외면적 관계인 고독의 강도는 주어진 조건들[347]의 기초 위에서 만들어지는 것으로서의 사회적 전체의 군중화의 정도를 나타낸다.

정확히 이 수준에서 상호성에 대한 부정으로서의 상호적 고독은 같은 사회에 합류된 개인들의 통합을 의미한다. 그리고 *이런 의미에서* 이 고독은 내면성에서, 또한 사회 속에서 모든 내면성의 외면화된 부정을 상호성으로 살아가는 한 가지 방법(진행 중인 총체화에 의해 조건 지어지는)으로 정의될 수 있다. "아무도 다른 사람을 돕지 못한다. 각자는 각자다." 또는 이와는 반대로 프루스트가 연민하면서 썼듯이 "각자는 정말 혼자다." 결국 우리의 예에서 고독은 각자에게 있어서, 그에 의해, 그에게 있어서, 그리고 타자들을 위해 대도시의 실제적이며 사회적인 산물이 된다. 사실상 버스를 기다리는 집단에 포함된 각자에게 있어서 대도시는 실천적-타성태적 전체로 현존한다.(나는 이 사실을 「방법의 문제」에서 증명한 바 있다.) 실천적-타성태적 전체 안에서는 인간과 도구-전체와의 상호 교환을 향한 움직임이 존재한다. 아침부터 대도시는 요구, 도구성, 환경 등등으로서 거기에 있는 것이다. 그리고 이 대도시를 통해 이 대도시와 같은 것으로 여겨지는 수백만 사람들이 주어지는 것이다. 그리고 완전히 보이지 않는 이 대도시의 현존이 각각의 개인을 하나의 다가(多價)의(수백만의 양상을 띤) 고독과 *동시에* 도시에 *합류된* 한 명의 구성원("늙은 파리 시민", "파리의 토박이"

---

347 내가 고독의 강도가 군중화의 정도를 표현한다 말할 때 이는 순수하게 *지시적* 방법을 의미한다.(원주)

등등)을 만든다.

여기에 생활 양식이 각자에게 있어서 *고독의 행동들*을 촉발한다(집을 나서며 신문을 사고 버스에서 읽는다 등등)는 점을 덧붙이자. 이런 행동들은 종종 한 집단에서 다른 집단으로(가족의 친밀성에서 사무실의 공공 생활로) 이행하기 위한 *작업들*이다. 이처럼 고독은 투기다. 게다가 이런 고독은 이런저런 개인들과 이런저런 시간에 관련된다. 사람이 신문을 읽음으로써 고립된다는 것은 그가 국가적 집단성에 포함되어 있으며, 또 모든 사람에게 의존하고 있기 때문에 같은 대중교통을 기다리거나 이용하는 수많은 사람으로부터 멀어지기 위해 이 국가적 집단성과 결국에 가서는 살아 있는 사람들의 총체성을 이용하는 것이다. 유기적 고독, 참아 낸 고독, 체험된 고독, 고독-행위, 개인의 사회적 지위로서의 고독, 개인들의 외면성을 조건 짓는 집단들의 외면성으로서의 고독, *대중*을 창조하는 사회 속에서 고립들의 상호성으로서의 고독, 이 모든 고독의 형상들과 대립들은 고찰된 작은 집단에서 동시에 나타나게 된다. 왜냐하면 인간의 무리 가운데서 고립이 인간의 역사적, 사회적인 행위가 되기 때문이다.

그렇지만 이와 동시에 상호적 관계는 군집 자체 안에 그리고 이 군집의 구성원들 사이에 있으며, 고독의 *실천*에 의한 부정은 이 군집을 부정된 것으로 보존한다. 사실 이 상호적 관계는 사람들 속에서, 그리고 사람들에 의해 이루어지는 전적으로 순수하며 실천적 존재다. 우리는 이것을 체험된 실재로 여길 뿐 아니라 — 비록 각자가 다른 사람들에게 등을 돌리고 이들의 숫자와 양태를 모를지라도 그는 *그 자신이 일부인* 유한적이고 불확정적인 복수성으로 존재한다는 것을 알고 있다 — 또한 각자가 다른 사람들과 맺는 실질적 관계 밖에서조차 역사적 총체화에 의해 조건화되는 것으로서의 고독한 행위들의 전체는 모든 수준에서 상호성의 구조를 전제하고 있다. 물론 상호성은 가장 변함없는 가능성과 가장 즉각적인 실재여야 한다. 이것은 사용되고 있는 사회적 표본들(옷, 머리 모양, 풍모 등등)이 각자에 의해 채택될 수 있기 위함이고(물론 오직 *이것*만일 필요는 없다.) 또한 자신의 난삽한 모습에 놀란 각자가 서둘러, 그리고 가능하다면 비밀리에 이 모습을 고칠 수 있도록 하기 위함이다. 이 사실은 고독이 **타자**를 시각적이고 실천적 분야로부터 떼어 놓지 않는다는 것, 그리고 고독은 이 분야에서 객관적으로 실현된다는 것을 의미한다. 정확히 이 차원에서 우리는 다시 한번 실천적-타성태적 존재가 개인들 사이의 상호성을 유도하는 환경으로 소용되는 그런 사회(조금 전에는 군중의 상태로 행동했던)를 다시 발견할 수 있다. 왜냐하면 분리된 이 사람들은 광장을 가로지르는 차들로부터 자신들을 보호하는 인도(人道)에 의해 똑같이 보호되고 있다는 *점에서*, 그리고 이들이 같은 정거장 주위에 모여 있다는 *점에서* 집단을 형성하기 때문이다. 특히 이 개인들은 하나의 공동 *이해관계*를 가진다는 점에서 군집을 형성한다. 그러니까 유기체적 개인들로서 분리되어 있는 이 개인들의 실천적-타성태적 존재의 구조가 그 자신들에게 공통으로 적용되고, 그들을 외부로부터 통일한다는 점에서 그러하다. 버스의 통과 시간과 통과 횟수를 아는, 그래서 7시 49분 버스, 즉 같은 *차*를 기다리는 자들은 모두 또는 대부분은 직장인들, 이 버스 노선 이용객들이다. 이들이 의존하는 버스(손상, 고장, 사고)라는 이 대상은 *이들의 현재의 이해관계*다. 그러나 이 현재의 이해관계는 ─ 모두가 이 동네에 거주하기 때문에 ─ 이들의 일반적 이해관계의 더 폭넓고 더 깊은 구조, 공공 교통의 개선, 요금 동결 등을 가리킨다. 버스는 오늘 *아침* 센강 우안에 볼일이 있는 개인들의 이해관계다. 따라서 버스는 그들을 통합하게 된다. 그러나 이미 7

시 49분에 출발하는 버스는 *이용객들의 이해관계다.* 모든 것이 시간화된다. 승객 각자는 다시 *주민이* 된다.(즉 그는 5년, 10년 전으로 되돌아간다.) 이와 동시에 버스는 일상적이며, 계속되는 반복으로 특징지어진다.(실제로 이 버스는 같은 운전기사와 같은 차장을 동반한 같은 차다.) 대상은 자신의 순수한 타성태적 존재를 넘치게 하는 구조를 취한다. 있는 그대로의 대상은 그 자체를 승객들에게 이들의 운명의 (아주 작은) 일부분으로서 보여 주는 수동적인 과거와 미래를 갖춘다.

그렇지만 버스가 현재의 이용객들을 지칭한다는 점을 고려해 보면 이 버스는 이들의 상호 *교환성* 속에서 이들을 조직하게 된다. 사실상 각자는 자신의 이웃들과 엄격히 동일하기 때문에 이들에 통합된 것과 마찬가지로 사회적 전체에 의해 만들어진다. 달리 말하자면 이들의 외부-존재(즉 노선버스의 이용객으로서 갖는 이해관계)는 차별화되고 풍부한 종합으로서가 아니고 순수하고 분리할 수 없는 추상으로서 유일하다. 이것은 넓고 종합적인 *실천*(정해진 시각에 파리를 가로지르는 *정해진 노선이라는* 시간화 속에서 매일 아침 기사와 차장을 통일시키는 기도의 연장선상에서 정해진 *실천,* 즉 손짓하고, 올라타고, 앉고, 차표를 주는 것)을 통해 이용객이 추상적 일반성임을 알리는 단순한 동일성이다. 본 연구의 바로 이 계기에서 볼 때 집단은 도래하게 될 하나의 대상 안에서 그 자체 밖의 단일-존재를 가지고 있다. 그리고 공동 이해관계에 의해 결정된 자로서의 각 개인은 유기체의 단순한 물질성에 의해서만 다른 자와 구별될 따름이다. 그리고 만약 각 개인이 자신의 시간화 속에서 모든 개인들의 존재인 그 자신의 존재의 기다림으로 특징지어진다면 도래하게 될 공동 존재의 추상적 통일성은 유기체 — 이 개인은 그 *자체로* 유기체다.(달리 말하자면 이 개인이 *존재케 하는* 유기체다.) — 에 비해 스스로를 *타자-존재로* 드러낸다. 이 순간은 투쟁의 순간일 수 없으며, 이미 더 이상 상호성의 순간도 아니다. 거기에서는 단순히 동일성의 추상적 단계를 보아야 한다. *이들 모두가 미래에 동일한 객관적 현실을 가지고 있다는 점에서*(이들 모두에게 동일한 1분, 1분만 지나면 버스가 가로수길 모퉁이로 나타날 것이다.) 이 유기체들의 *정당화될 수 없는 분리*(이 분리가 존재의 다른 조건들과 다른 영역에 속하기 때문에)는 동일성으로 확정된다. 동일성이 있게 되는 것은 공동의 이해관계(정해진 실천의 테두리 안에서 하나의 대상의 통일성을 통해 이루어지는 일반성의 결정 작용으로서)가 드러날 때, 그리고 복수성이 *이 이해관계와의 관계하에서* 정의될 때다. 사실 이 계기에서 여행객들이 생물학적 혹은 사회학적 특징에 의해 서로 차별화된다는 사실은 그다지 중요하지 않다. 추상적 일반성으로 통합되었다는 점에서 볼 때 이들은 분리된 개인들로서 동일한 것이다. 동일성은 다가올 실천적-타성태적 통일이다. 이때 이 동일성은 현재의 계기 속에서 *의미가 없는 분리로서* 스스로를 한정짓는다. 그리고 내적 차별화에 소용될 수 있을 체험된 모든 특징들이 이와 같은 한정 작용 밖으로 떨어지기 때문에 각 개인과 각각의 **타자**와의 동일성은 거기에서는 **타자-존재**로서의 이들의 통일성이다. 그 결과 이 동일성은 지금 여기에서는 이들의 공동의 이타성이다. 각자는 자기와 다른 **타자**로서 **타자들**과 같다. 그리고 이타성으로서의 동일성은 *외면적 분리*다. 달리 말하자면 동일성은 신체를 통해서 다가올 초월적 통일성을 실현시키는 것의 불가능성이다. 물론 이 경우 우리는 이 불가능성을 비합리적 필요성으로 느끼게 된다.[348]

---

348 사실상 전 과정의 여러 단계를 다시 밟을 수 있다면 이것은 완전히 합리적이다. 상호 교환성과 개인적 실존의 갈등(체험된 유일한 *실천*으로서의)이 특정 수준에서 *터무니없는 모순*으로 체험되어야만 하는 것은 그래도 여전히 사실이다. (원주)

정확히 바로 이 수준에서 물질적 대상은 개인들을 분리하는 사회적 이성으로서 집렬체적 질서를 결정할 것이다. 여기에서 실천적-타성태적 요구는 희소성으로부터 유래한다. 모든 *사람에게 충분한 자리가 없는* 것이다. 그러나 인간이 **자연**과 맺는 우연적이지만 근본적인 관계로서의 이 희소성은 모든 경험의 틀로 남아 있을 뿐만 아니라 이 특별한 희소성은 물질적 타성태의 한 양태이기도 하다. 어떤 종류의 요구가 행해지든 간에 사물은 수동적으로 그 자체가 존재하는 대로 있다. 그러므로 물질적 요구가 반드시 특별하고 직접적으로 경험된 희소성이라고 생각할 필요는 없다. 우리는 보편성의 개별화된 존재로서 사물의 다른 실천적-타성태적 구조들이 다른 집렬체적 관계들을 조건 짓는 것을 살펴보게 될 것이다. 내가 이 예를 선택한 것은 그 단순성 때문이다. 그것이 전부다. 따라서 개별적 희소성(자리 수에 대한 사람 수)은 개별적 *실천* 없이 각자를 잉여 존재로서 지칭할 것이다. 즉 **타자**는 단지 자신들의 동일성 때문에 **타자**의 경쟁자가 될 것이다. 분리는 모순으로 바뀔 것이다. 그러나 실제로 개인 각자가 **타자** *속에서 스스로에게* 대항하며 투쟁하는 공포의 경우들을 제외하고는 이 추상적인 통일성과 구체적이지만 생각할 수 없는 개별성의 소용돌이치는 광기 속에서는 동일성의 외면성 위에서 발생하고 다시 생겨나는 상호성의 관계는 무엇이 잉여분인지를 *선험적*으로 결정할 수 없는 불가능성으로서 상호 교환성을 정립한다. 그리고 이 상호성의 관계는 질서에 의해 갈등들이나 자의적인 것을 피하는 것을 유일한 목적으로 하는 하나의 실천을 야기한다. 버스를 기다리면서 승객들은 순번을 부여받았다. 이는 *개인의 내면적 특성들을 토대로 잉여 존재를 결정하는 것이 불가능하다는 사실*을 이 승객들이 받아들이는 것을 의미한다. 달리 말하자면 의미가 결여된 부정과도 같은 분리의 동일성과 공동의 이해관계의 영역에 이들이 머무르고 있다는 것을 의미한다. 분명 이것은 적극적으로 이들이 각각의 **타자**를 다른 **타자들**과 구분하려 한다는 것을 의미한다. 물론 이 경우 이들은 각각의 타자 존재가 갖는 유일한 사회적 규정과도 같은 그의 특징에 아무것도 덧붙이지 않는다. 그러므로 공동의 이해관계로서의 *집렬체적 통일성*이 요구로서 부과되며, 모든 반대를 파괴하게 되는 것이다. 아마도 순번은 시간의 규정을 참고할 것이다. 그러나 이 시간의 규정이 *어떠어떠하다*는 바로 그 점 때문에 대상이 된 시간은 실천적인 시간화가 아니라 반복의 동일한 장소인 것이다. 각자는 ── 도착하자마자 자기 차례를 기다리면서 ── **타자**가 하는 일을 한다. 그는 전체의 실천적-타성태적 요구를 실현한다. 그리고 개인들은 서로 다른 일자리로 가는 길이며, 분리된 목표들을 지향하기 때문에, 맨 처음 도착했다는 사실은 *아무런 특별한 특징을 부여하지 않고*, 단지 차에 맨 처음 올라탈 수 있는 권한만을 부여하는 것이다. 이와 같은 순서의 모든 물질적 정당화는 실제로 사후에만 의미를 가질 뿐이다. 맨 처음 도착하는 것은 가치를 부여하지 않는다. 가장 오랫동안 기다렸다는 것도 권리를 부여하지 않는다.(실제로 보다 더 올바른 분류를 상정할 수 있을 것이다. 기다린다는 것은 청년에게는 아무것도 아니지만 노인에게는 힘든 일이다. 또한 전상자들은 어쨌든 우선권이 있다는 사실 등등.) 진정하고도 중요한 변화는 있는 그대로의, 즉 순수한 이타성은 공동의 통일성과 맺는 단순한 관계도 아니며 유기체들의 변하는 동일성도 아니다. 정돈으로서의 이 이타성은 **타자**로서의 *각개의 타자*에 의한 **타자**와도 같은 각자의 운명을 결합하고 규정하는 부정의 원리가 된다. 실제로 스무 번째보다는 열 번째의 순번을 가진다는 것이 내게는 매우 중요하다. 그러나 타자들이 자기 자신들과 **다른 자들**인 한에서 나는 이들 **타자**에 의해 열 번째인 것이다. 이것은 이 타자들이 자신들 내부에 이들의 순번의 **이성**을 지니지 않은 한에서 그러하다. 내가 나의 이웃 사람 다음에 서 있는 것은 그가 오늘 아침에 신문을 사지 않은 때문일 수도, 내가 집에서 지체한 때문일 수도 있다. 그리고 우리가 9번과 10번이라면 이 역시 우리와 모든 타인 — 앞사람들과 뒷사람들 — 에 달려 있다.

이와 같은 기본적인 논의를 토대로 우리는 대상과의 관계를 복잡성 가운데서 파악할 수 있다. 사실 한편으로 우리는(물론 이 군집의 일원이라는 점에서) 전체의 개인들로 남아 있다. 따라서 버스 이용객들의 군집의 통일성은 이 군집이 기다리는 버스에 있는 것이며, 단순한 수송 가능성으로서의 이 버스 그 자체인 *것이다*.(모든 사람의 수송은 아니다. 왜냐하면 전체와는 아무런 상관이 없고 각 개인과 상관이 있기 때문이다.) 그러므로 이 무리 속에는 외관상으로, 그리고 최초의 추상화로서의 하나의 보편적 구조가 존재하게 된다. 실제로 각자는 타자가 자기처럼 버스를 기다린다는 점에서 이 **타자**와 동일하다. 그렇지만 이들의 기다림은 동일한 기다림의 동일한 예들로서 별개로 체험된다는 점에서 공동의 사실이 아니다. 이런 관점에서 보면 집단은 구조화된 것이 아니라 군집이며, 이 군집에 속한 개인들의 수효는 우연적이다. 이것은 그 어떤 다른 수효가 *가능했다*는 것을 의미한다.(사람들을 그 어떤 미립자들로서 간주하고, 이들의 모임이 전혀 그 어떤 공동의 변증법적 과정의 결과가 아니라는 사실을 엄밀하게 고려할 때 그러하다.) *개념화*가 이루어지는 것은 바로 이 차원에서다. 즉 개념은 유기체의 분자적 외양과 집단의 초월적 통일성(공동의 이해관계) 위에 정립된다.

그러나 (자신의 통일성이 자기 밖에 있다는 점에서 볼 때) 모임의 유동적 동질성으로서의 이와 같은 일반성은 추상적인 외양일 뿐이다. 왜냐하면 군집이란 스스로의 다양성 가운데 구조화된 다수성으로서의 초월적 통일성에 의해 구성되기 때문이다. 실제로 각자는 이 개념 속에서 자기 자신이라는 점에서 **타자들**과 동일하다. 이와 반대로 집 렬체에서 각자는 그가 **타자들**과 다르다는 점에서(*자신이 아닌* **타자***로 서*), 즉 **타자들**이 그와 다르다는 점에서 자기 자신이 된다. 그 어떤 *개 념*도 집렬체로부터 만들어질 수 없다. 왜냐하면 집렬체의 각 구성원 이 질서 속의 자기 위치에 의해, 즉 이타성이 환원 불가능한 것으로 상정되는 점에서 자신의 이타성에 의해 집렬체적이기 때문이다. 이것 은 정수론에서 개념과 집렬체적 실체로서의 수에 대한 단순한 고찰 을 통해서도 알 수 있다. 모든 정수는 똑같은 특징을 보여 준다는 점 에서 똑같은 개념의 대상이 될 수 있다. 특히 모든 정수는(1의 수가 문 제 될 때 n=0을 인정한다면) 기호 n+1로 표시될 수 있다. 그러나 *바로 그 이유 때문에* 정수의 수열은 정수가 앞의 수에 단위 수가 첨가됨으로 써 구성된다는 점에서 비교할 수 없는 일련의 끝없는 실체들로 구성 되는 실질적이고 물질적인 실재다. 그리고 각 실재의 독창성은 이 실 재가 수열에서 앞의 실재에 대해 맺는 관계에서 비롯된다. 물론 이것 은 그 앞의 실재가 또 그 앞의 실재와 갖는 관계이기도 하다.

서수의 경우에는 이타성 역시 의미 작용을 바꾼다. 이타성은 개 념 속에서 모두에게 공통된 것으로 나타나며, 각 개인을 다른 분자들 과 동일한 분자로서 지칭한다. 그러나 집렬체 속에서 이타성은 구분 의 규칙이 된다. 그리고 정렬하기 위해서 채택한 방법이 무엇이든 간 에 집렬체성은 실천적-타성태적 물질, 즉 타성태적이며 모두 등가적 인 가능성들의 정체로서의 미래로부터 기인한다.(여기에서 등가적이라 고 하는 것은 예견하는 수단들이 주어지지 않았기 때문이다.) 자리가 한 개 있을 가능성, 두 개 있을 가능성, 세 개 있을 가능성 등등, 이와 같은 엄격한 가능성들은 비유기적 물질이 비적응성이라는 점에서 바로 비유기적 물질이다. 이 가능성들은 분리된 유기체들의 집렬체적 질서를 통과하면서 자신들의 엄격함을 견지한다. 각 개인이 한 순번을 가지게 되면 이 가능성들은 실제로 그의 입장에서 보면 그 자신에 고유한 가능성들의 전체가 된다.(만약 열 명이나 그 이상이 버스에 탈 수 있으면 그는 자리를 발견할 수 있을 것이다. 그러나 만약 아홉 명이 탈 수 있다면 그는 자리를 발견할 수 없기는 하지만, 그러나 다음 버스에 첫 번째로 탈 수 있다.) 그리고 집단 내부에서 그의 이타성의 *현실적 내용*을 구성하는 것은 바로 이 가능성들이며, 또한 이것들뿐이다. 다만 여기에서는 다음과 같은 사실을 지적해야겠다. 이와 같은 구성적 이타성이 필연적으로 모든 다른 타자 그리고 나타나게 될 현실적 가능성에 달려 있으며, 따라서 **타자**가 다른 **타자**들과 다른 경우 이 타자가 다른 모든 **타자** 속에 자신의 본질을 지니고 있다는 사실이 그것이다.[349] 게다가 정돈의 원칙으로서 이 이타성은 자연스럽게 하나의 연결로서 생겨난다.

그런데 인간들 사이의 이와 같은 연결은 우리가 살펴본 관계들과 비교해 볼 때 완전히 새로운 유형으로 드러난다. 한편으로 우리는 이 관계를 상호성으로 귀착시킬 수 없을 것이다. 왜냐하면 앞에서 살펴본 예에서 집렬체적 운동은 상호적 관계를 배제하기 때문이다. 각자는 **타자**가 자신의 존재 이유인 한에서 **타자**의 **타자-존재**의 이유다. 어떤 의미에서 우리는 물질적 외면성을 재발견하는데 이는 전혀 놀랍지 않다. 왜냐하면 비유기적 물질성이 집렬체를 결정했기 때문이다. 그러나 다른 한편으로 순서가 하나의 *실천*에 *의해* 생겨났고, 이 실천이 자체 속에 상호성을 포함한다는 점에서 볼 때 각자는 하나의 *현실적인 내면성*을 포함하고 있다. 왜냐하면 각자가 현실 존재 속에서 **타**

---

349 타자가 **동등자**인 한에서 그는 단순히 형식적으로 한 명의 **타자**다.(원주)

자에게 종속되는 것은 바로 외부에서 총체화된 총체성의 통합적 부분으로서 자기의 현실적인 존재 속에서이기 때문이다. 달리 말하자면 동일성의 환경 속에서 상호성은 관계들의 가짜 상호성이 된다. a의 b에 대한 관계는(자기 존재의 *타자* 존재인 이유) b의 c에 대한 관계이며, b와 집렬체 전체의 a에 대한 관계인 것이다. **타자**의 환경 속에서 **타자**와 **동일자**의 이런 대립으로 말미암아 이타성은 다음과 같은 역설적 구조가 된다. 즉 각자의 타자에 대한 집렬체적 내면성의 행동과도 같은 각자와 각자의 동일성이 그것이다. 그 결과(의미 작용이 결여된 분산의 단순한 부조리로서) 동일성은 종합적이 된다. 각자가 타자와 동일한 것은 이 타자가 **타자들**에게 작용하는 가운데 이 **타자들**에 의해 만들어지는 경우에서다. 이타성의 형식적이고 보편적인 구조는 **집렬체의 이성**을 만들게 될 것이다.

앞에서 살펴본 바와 같이 엄밀히 *실천적*이고 제한된 형식적 경우에서 집렬체적 세계의 수용이란 개인들에 대해 특별한 영향이 없이 단순한 편리함으로 남아 있다. 그러나 이 기본적 예는 우리에게 새로운 실천적-타성태적 특징들의 출현을 보여 주는 이점을 가지고 있다. 요컨대 이 예에서 우리는 능동적이지 못한 인간의 모임이 갖는 두 가지 특징을 발견한다. 여기 이 시점에서 모임(유리창으로부터나 맞은편 보도로부터 이들을 쳐다보는 사람들에게 이들이 만들어 내는 총체화된 현실)의 가시적 통일성은 외관에 불과하다. 이 통일성의 기원은 이 총체성을 발견하는 각 개인의 입장에서 보면 통합적 실천이다. 이것은 이 실천이 그 자체의 변증법적 장을 지속적으로 조직하는 한에서, 실천적-타성태적 객관성 안에서 사회적인 존재로서의 모든 도구성에 의해 제한된 장에 속하는 모든 사람 사이의 일반적, 타성태적 관계를 맺어 주는 한에서 — 즉 타성태적이고 도구적인 물질성이 결국 역사적 운동 속의 체제에 의존하는 한에서 — 그러하다. 그리고 이 도구성은 실천적 특정 객체 속에서 사람들의 진정한 자기-외-존재와 연결되어 있다. 또한 이 실천적 객체는 절대로 *상징*이 아니다. 이와 반대로 이 실천적 객체는 그 자체 안에서 이들의 통일성을 만들어 내고, 실천적-타성태의 장에서 타성태적 실천들을 통해 이들에게 그 통일성을 부과하는 물질적 존재다. 요컨대 하나의 군집의 가시적 통일성은 *부분적*으로 우연한(경험의 이 수준에서 우연적이며, 총체화의 더 광범위한 운동 속에서 그 자체의 통일성을 찾는) 요소들에 의해 만들어진다. 또한 이 가시적 통일성은 *부분적*으로 하나의 실천적-타성태적 대상의 *실질적이지만 초월하는* 통일성을 통해 만들어진다. 이것은 방향이 정해진 하나의 과정의 전개 속에서 이 통일성이 특정한 다수성 — 이 통일성에 의해 정의되며 한계가 부여되는 — 에 속하는 개인들의 실질적이고 물질적인 통일성으로 *만들어지는* 경우에 그러하다.

나는 벌써 이 통일성이 상징적인 것은 *아니라*고 말한 바 있다. 우리는 이제 그 이유를 알 수 있다. 모든 사람의 통일성이란 바로 이 통일성과 같기 때문에, 이 통일성은 상징할 만한 것을 아무것도 가지고 있지 않다. 그리고 만약 종종 (아주 특별한 상황들 속에서) 분산된 미립자들의 가시적 집합으로서의 모임(바로 거기에서 가시적 형태가 주어진다.)과 이 모임의 객관적 통일성 사이의 관계를 발견해야 한다면 그것은 다음과 같은 작은 규모의 가시적인 군중이 될 것이다. 이 군중은 모여 있는 그 자체의 현전에 의해 그 자체의 *이해관계*의 실천적 통일성의 *상징* 혹은 그 자체의 타성태적 종합으로 만들어지는 모든 다른 객체의 통일성의 *상징*으로 스스로를 *만들어 낸다*. 실천적-타성태로서의 이 통일성 자체에 대해 말하자면 이 통일성은 훨씬 더 규모가 큰 *실천*을 통해 개인들에게 주어진다. 이때 이 개인들은 이 실천의 수단,

목적 또는 객체이거나 동시에 이 모든 것이다. 또한 이 실천은 이 개인들의 모임의 진정한 종합적 장을 구성하기도 하고, 이들이 지닌 통일된 다수성의 새로운 법칙들로써 객체 속에서 이들을 창조하기도 한다. 이 *실천*은 대상을 만들어 내면서 이 개인들을 통일화시킨다. 그런데 이들의 이름은 이미 이 대상 속에 각인되었으며, 이들의 형태는 부정적으로 규정되었다. 그리고 이 개인들을 *다른* 통일성 속에서 공동으로 만들어 내는 것은 바로 이 실천 — 이 실천이 이미(물질의 모든 타성태의 영향을 받은) *다른* 것이란 점에서 — 그 자체다.

우리는 다음과 같은 또 하나의 사실을 지적할 수 있다.[350] 즉 군집에 분명하게 구조가 없다는 사실(또는 모임의 명백한 구조들)은 객관적 현실과 일치하지 않는다는 점이다. 이 군집의 구성원들 모두가 서로를 모르는 채 자신들의 고독한 사회적 행위를 극단으로 밀고 간다면 이 군집의 수동적 통일성은 *대상 속에서* 여러 유기체가 이루는 다수성이 갖는 하나의 *서수적* 구조를 요구하고 만들어 낼 것이다. 달리 말하자면 (서로 밀착하여 기다리고 있는 전체 사람들로) 조직화된 일종의 총체성으로서 혹은 분산으로서 지각에 나타나는 것은 완전히 다른 근본적 구조를 객체에 의한 인간들의 군집으로서 지니게 된다. 물론 이 구조는 집렬체적 정돈을 통해 외부와 내부 사이의 갈등, 통일성과 동일성 사이의 갈등을 넘어선다. 파리에서 파리교통공사(RATP)가 보여 주는 활동-제도(우리는 이 용어의 정확한 의미를 알게 될 것이다.)의 범주에서 정지 신호 주위로 점차 형성되는 이 작은 모임은, 단순한 정지 명령에 의해 *이미* 자신의 집렬체성의 구조를 *부여받은 것이다.* 이 구조는 신호대에 있는 번호 분배기에 의한 그 어떤 집합의 구조로서 *미*

---

350 더 정확히 말하면 "우리가 발견하는 두 번째 특징……." 앞 줄바꿈한 첫 부분과 대조할 것.(편집자주)

리 만들어져 있었던 것이다. 각 개인은 자신의 개인적 *실천*과 자신의 목적들을 통해서 자기를 위해 이 구조를 실현시키고, 타자들을 위해 이 구조를 확고하게 만든다. 이것은 다른 개인들과 목표, 수단들, 임무들의 차별화를 자유롭게 규정하면서 활동 집단을 창출하는 데에 그가 기여한다는 것을 의미하는 것이 *아니다*. 오히려 그가 자신의 자기-외-존재를 다수에게 공동의 현실로서, 도구성을 갖춘 타성태적 실천을 통해 *이미 존재하고*, 또 이 *자기-외-존재를 기다리는* 현실로서 *현실화한다*는 것을 의미한다. 그리고 이 현실은 이미 형성된 집렬체성 속에서 그에게 한 자리를 정해 줌으로써 그를 정돈된 다수에 통합시킨다는 의미를 가지고 있다. 이런 의미에서 하나의 대상이 갖는 수동적 통일성 속에서 나타나는 자기-외-존재들의 비차별성은 **타자**의 실천적-타성태적 장 가운데서 분리-통일성의 자격으로 이들 사이의 집렬체적 순서로서 생겨난다. 달리 말하자면 미래(와 과거)로부터 *군집*으로 오는 초월로서의 집합적 통일성과 **타자들**과의 관계를 맺는 각 개인에 의한 실천적-타성태적 현실화로서의 집렬체성 사이에는 객관적이고 근본적인 관련이 있다. 이것은 이 관계가 각 개인을 그의 존재 안에서 규정하고 또 그를 *이미 기다린다*는 점에서 그러하다. 공동 존재로서의 사물은 실천적 유기체의 다수 속에서 실천적-타성태적인 자기-외-존재로서 집렬체성을 만들어 낸다. 각 개인은 상호 침투의 객관적 통일성 가운데 자기 밖에서 자기를 실현한다. 이때 이 개인은 모임 내에서 자기 자신을 집렬체의 객관적 요소로 구성하게 된다. 또는 우리가 더 잘 알게 되겠지만 집렬체는 어떤 것이든 간에 통일성-객체로부터 출발해서 구성된다. 그리고 역으로 개인이 자신의 공동 존재에로의 소속을 실천적이며 이론적으로 실현하는 것은 집렬체적 행동을 통해서다. 집렬체적 행위들이 존재하며, 감정들과 집렬체적 감정들과 사고들이 존재하는 것이다. 달리 말하자면 *집렬체란 개 인들이 서로 관련되고 공동 존재에 관련된 존재 방식이며, 이 존재 방 식은 모든 구조 속에서 이들을 변화시킨다.*

이런 의미에서 보면 (개인이 집렬체의 구성원인 한, 개인의 실천으로서 그리고 개인들을 통한 전체적인 또는 총체화된 집렬체의 실천으로서) 집렬체 적 *실천*을 공동의 실천(집단행동)과 개인의 구성적 *실천*으로부터 구분 할 필요가 있다. 역으로 우리는 비집렬체적인 모든 *실천* 가운데서 이 *실천*이 사회적인 한에서, 이 *실천*의 실천적-타성태적 구조로서 집렬 체적 구조를 발견하게 될 것이다. 그리고 실천적-타성태적 기반의 *논 리*가 존재하는 것처럼 이와 같은 활동의 사회적 수준에서 생겨나는 사고에 고유한 구조들도 *또한* 존재하는 것이다. 달리 말하자면 하나 의 집렬체의 구성원으로서의 이론적이며 실천적인 행동들의 합리성 이 있는 것이다. 결국 집렬체가 이타성의 사용을 대상의 수동적 행동 하에 있는 인간들 사이의 관계로 드러낸다는 점에서, 그리고 이 수동 적 활동이 관계 역할을 하는 이타성의 일반적 유형을 정의하기 때문 에 이타성은 궁극적으로 실천적-타성태적 대상 그 자체다. 이것은 이 대상이 특별한 요구들과 함께 다수 가운데 생겨나는 한에서 그러하 다. 실제로 각각의 타자는 자기 자신과 다르며 **타자들**과도 다르다. 이 경우 이 타자들의 관계는 이타성(또는 이 이타성의 형식적 개별화)의 객 관적, 실천적, 타성태적인 규칙에 맞게 그를 구성하고 또 **타자들**을 구 성하기도 한다.

이처럼 이 규칙 ── 또는 **집렬체의 이성** ── 은 모든 사람이 스스로 를 차별화시킴에 따라 모두에게 공통된다. 나는 공통된다고 말했지 동일하다고 말하지 않는다. 실제로 동일성은 분리인 반면 **집렬체의 이 성**은 모든 사람에 의한 각자의 규정과 각자 속에의 모든 사람의 규정

을 가리키는 역동적 구조다. 따라서 **집렬체의 이성**으로서, 그리고 각
경우에서 특별한 이타성의 요소로서의 **타자**는 자신의 동일성 구조
와 자신의 이타성의 구조를 넘어서서 모든 사람에게 공통되는 존재
(극복되는 호환성으로서)가 된다. 이 수준에서는 개념과 규칙을 넘어서
서 **타자**는 곧 **타자** 전체 속에 있는 나이며, 내 속에 있는 **타자** 전체이
자 모든 **타자** 속의 **타자**로서 각자인 것이다. 결국 타자는 다수성의 수
동적 **통일성** ── 이 통일성이 그 자체 안에 존재한다는 점에서 ── 이
고, 인간 집합에 의한 외면성의 재내면화이며, 유기체들의 단일-존
재 ── 이 존재가 대상 속에 있는 이 유기체들의 즉자적 존재의 통일
성에 일치한다는 점에서 ── 이기도 하다. 그러나 각자가 **타자**와 모든
타자와 함께 이루는 통일성이 이 각자와 이 **타자** 속에서 상호성에 기
초한 진정한 관계로 결코 주어지는 법이 없다는 점에서, 또한 모든 사
람의 이와 같은 *내면적* 통일성이 항상 그리고 ── **타자**들이 **타자**들인
한에서 ── 모든 **타자** 속에 있는 각자 안에 있으며 결코 ── 각자가 타
자들과 다른 한에서 ── **타자들**을 *위한* 경우를 제외하는 이 *각자 안
에* 있지 않다는 점에서, *항상 현존하지만 항상 다른 곳에 있는* 이와
같은 통일성은 다시 외면성의 장에서 체험된 내면성이 되는 것이다.
이 통일성은 분자성과 더 이상 아무런 관계가 없다. *정녕 통일성이지
만 도피하는 통일성이다.* 이는 다음 사실을 생각해 보면 쉽게 이해가
될 것이다. 즉 활동적이고 계약에 의한 것이며 차별화된 집단 속에서
각자가 자신의 특별한 행동 가운데 전체에 종속된 것으로서, 본질적
인 것으로서, 또 여기에서 전체의 실천적인 현존으로서 동시에 지탱
할 수 있다는 것을 생각해 보는 경우가 그것이다. 이와 반대로 이타성
의 관계에서는 전체는 도피하는 총체화이며, 물질적 현실로서의 **존재**
는 존재하지 않는 것들의 총체화된 집렬체다. 이것이 바로 **타자**를 그

렇게 되도록 만드는 것, 그러니까 각자가 힘이 닿지 않는, 그에 대한 직접적 행동도 없이, 한 명의 **타자**의 행동하에서 자기 자신의 단순한 변형만으로 그 자신의 분신으로 만드는 것이다. 동일성들의 통일성으로서 이타성은 반드시 항상 다른 곳에 있다. **다른 곳**에는 항상 자기와 다른 **타자**만이 존재한다. 그리고 현실적인 **타자들**의 관념적인 사고에 의해 생각되어지자마자 이 타자는 논리적인 분열 번식으로 이 타자들을 낳는 것으로 보인다. 즉 이 타자들을 자신의 이타성의 정해지지 않은 계기들로서 산출하는 것으로 보인다.(발생하는 일은 그와 정반대임에도 말이다.)

　실체화된 이 집렬체의 이성을 개인들의 자기 외적 통일성으로서의 *실천적-타성태적 대상*만을 가리킨다고 할 수 있을까? 그렇지 않다. 왜냐하면 이와 반대로 실천적-타성태적 객체는 다수성에 의해 일종의 외부-존재의 실천적 내면화로서 이 이성을 산출하기 때문이다. 하지만 그렇다고 이 이성으로 하나의 **관념**, 즉 *하나의 관념적인 항목*을 만들어야 하는가? 분명 그렇지 않다. (다수의 유대인이 지닌 내면적, 집렬체적 통일성으로서) 그 유대인, 그 식민자, 그 직업 군인 등은 관념들이 아니다. 이와 마찬가지로 그 투사 또는 우리가 보게 되겠지만 그 소시민, 그 육체노동자도 관념이 아니다. 이론적인 오류(하지만 실천적인 오류는 아니다. 왜냐하면 실천이 이 존재들을 실제로 이타성 가운데 구성했기 때문이다.)는 이 존재들을 개념들로 상정한 것이었다. 이에 반해 이 존재들은 — 극히 복잡한 관계들의 근본적인 기초로서 — 무엇보다 집렬체적 통일성들인 것이다. 실제로 유대인들을 박해하고 모욕하며 때로는 이들에게 개방적이다가 곧 이들을 배척하는 적대적 사회 속에서 각 유대인의 유대인-존재는, 각각의 이스라엘인이 그를 둘러싸고 있는 반유대적이며 인종 차별적인 사회와 맺는 유일한 관계일 수 없다. 이 관계는 그가 다른 모든 유대인과 직간접적으로 맺는 관계 속에서 겪는 것과 같은 관계이며 또한 이 관계가 **타자**로서의 모두에 의해 그를 구성하고, **타자들** 속에서 또 **타자들**에 의해 그를 위험에 빠뜨리는 것과 같은 관계인 것이다. 의식이 있고 명철한 **유대인**에게 있어서 그의 유대인-존재(**비유대인들**에게 그의 신분이 되는)는 다른 모든 **유대인**과 관련된 그의 책임으로서 내면화된다. 그리고 저곳에서 그에게 아무것도 아닌 **타자들**에 의해 야기된 어떤 가능한 경솔함에 의해 그의 위험에-빠진-존재 역시 그의 책임으로 내면화된다. 물론 그는 이들에게 아무것도 할 수 없으며, 이들은 또한 각자 자신이 타자들로서 존재하기도 한다.(그가 어쩔 수 없이 이들을 그렇게 존재하게 하는 한에서 그러하다.) 즉 그 **유대인**이란 분리되어 있는 각각의 예에 공통적인 유형이기는커녕 *이와는 반대로* 이 실천적-타성태적 집합의 구성원들의 영원한 **타자-내-자기-외-존재**(내가 이렇게 부르는 것은 다수의 구성원이 유대인이 아닌 사회 안에서 그가 존재하는 한에서, 그리고 각각의 어린이가 ─ 나중에 자부심을 가지고 또 계획된 실천에 의해 이 명칭을 표방하더라도 ─ 우선 자신의 신분을 참고 *견뎌 내야 하는* 한에서 그러하다.)를 나타낸다.

이처럼 예컨대 반유대주의적 위기 상황에 있고, 유대인 구성원들에게 "모든 고위 직업들을 독차지한다."라고 비난하는 사회에서는 유대인 의사나 교수, 은행가 개개인에 대해 다른 은행가, 의사, 교수는 그를 잉여적인 것으로 구성할 것이다.(그리고 그 반대의 경우도 이루어질 것이다.) 더욱이 우리는 상황이 이렇게 전개되는 그 필연성을 이해한다. 통일하는 대상 속에서 각자가 행하는 자기의 자기-외-공동-존재의 내면화와 같은 것으로서의 이타성은 **타자-내-자기-외-공동-존재**의 형태로만 모든 사람의 통일성으로서 파악될 수 있다. 왜냐하면 실제로 *사회적 관계들의 조직화된 형태로서의 총체화*가(추상 속에서, 그리고 물론 궁극적으로) 독창적인 종합적 *실천*을 전제로 하기 때문이다. 분명 이 실천의 목표는 인간들 속에서, 그리고 이들에 의한 객체화로서의 통일성을 인간적으로 생산하는 것이다. 이 총체화 —— 이 점에 대해서는 나중에 기술하게 될 것이다 —— 는 인간들을 통해 인간 자신들에게로 온다. 그러나 모임의 총체성은 분산에 대해 하나의 실천적-타성태적 객체가 행하는 수동적 행동일 뿐이다. *이 개인들의 모임을 제한하는 것은 우연적인 부정일 뿐이다.*(왜냐하면 원칙상 동일성들로서 이들의 숫자는 정해지지 않았기 때문이다.) 그리고 총체성으로의 변화는 결코 하나의 *실천*의 목표가 되지 못하며, 이 변화는 인간들의 관계가 대상들의 관계에 의해 지배되는 한에서, 즉 이 변화가 실천적-타성태적 구조로서 이 대상들의 관계에 오는 한에서 나타나는 것이다. 이 실천적-타성태적 구조의 각인된 외면성은 실질적인 관계들의 내면성으로서 드러난다. 거기에서 출발해서, 그리고 실현해야 할 객관성으로서의 요구의 틀 안에서 복수성은 통일성이 되고, 이타성은 **타자** 속의 나 자신과 내 속의 모든 사람의 자발성이 되며, (의사 상호성으로서의) 도피의 상호성은 상호적인 인간관계가 되는 것이다.

우리는 버스 승객들이라는 사소하고 단순한 예를 들었다. 가장 일상적이고 가장 평범한 모임들의 존재로서의 집렬체적 구조를 보여 주기 위해서였다. 실제로 사회학자들은 사회성의 근본적인 구성으로서의 이 구조를 소홀히 다루는 경향이 있다. 마르크스주의자들은 이 구조를 알고 있지만 거의 기술하지 않았다. 그리고 자신들의 해방과 선동의 *실천* 속에 이들이 겪는 난점들을 집단들의 행동에 저항하는 (그리고 심지어 실천적-타성태적 인자들의 작용에 저항하는) 모임과 군중들의 물질적 저항과 같은 것으로서의 집렬체성에 돌리기보다는 계획된 세력들에게 돌리고 있다. 그러나 만약 우리가 단 한 순간이라도 집렬체성의 세계를 포용하려 한다면, 이 세계의 구조와 이 세계의 실천이 — 이 구조와 실천이 궁극적으로 모든 사회성의 기초, 심지어 실천의 조직에 의해 **타자**로부터 인간을 회복하려 하는 사회성의 근본을 구성한다는 점을 고려하면서 — 갖는 중요성을 지적하고자 한다면 선택한 예를 버리고 이와 같은 기초적 현실이 경험을 통해 이 현실의 진정한 성격과 효율성을 드러내는 영역에서 여러 사실을 고찰해야 한다.

물질적이고 비유기적이며 가공된 하나의 대상이 이 대상 속에서 자신의 외면적 통일성을 발견하게 되는 다수성과 맺는 이중의 방향으로 이루어지는 관계를 나는 *집합태*라고 부른다. 이 관계는 *하나의 사회적 대상*을 규정한다. 이 관계는 또한 두 방향(가짜 상호성)을 포함한다. 왜냐하면 나는 집렬체적 도피에 의해 부식되는 물질성으로서 비유기적 객체를 포착할 수도, 대상 속에서 공동 요구의 자격으로 자기 밖에서 물질화된 것으로서의 총체화된 복수성을 포착할 수도 있기 때문이다. 그리고 역으로 외면성으로서의 물질적 통일성으로부터 집렬체성의 최초의 각인으로 사회적, 물질적 환경을 표시할 행동들의 결정자로서의 집렬체적 도피로 거슬러 올라갈 수 있다. 아니면 집렬체적 통일성으로부터 출발하여 공동 대상에 대한 이 통일성(다수의 실천적-타성태적 통일성으로서)의 반작용들(즉 이 반작용들이 객체 속에서 이루어 내는 변화들)을 정의할 수도 있다. 실제로 이러한 관점에서 우리는 공동 대상과 총체화된 다수성 사이의 가짜 상호성을 실천적-타성태적 장에 있는 두 개의 물질적 상태의 호환성으로 간주할 수 있다. 하지만 이와 동시에 이 가짜 상호성을 타자에 의한 실천적-타성태적 물질성들 각각의 진행 중인 변화로서 고려해야 한다. 어쨌든 이제부터 우리는 집렬체적 구조의 의미를 밝힐 수 있고, 사회적인 것의 변증법적 가지성의 연구에 이 지식을 적용할 수 있는 가능성을 밝힐 수 있다.

2. 직접적, 간접적 군집들

실천적-타성태의 사회적 장의 규칙으로서의 *이타성*이 갖는 합리성을 이해하기 위해서는 이 이타성이 앞에서 살펴보았던 표면적이고 제한된 예보다 훨씬 더 복잡하고 구체적이라는 사실을 인정해야 한다. 우리는 연구를 계속 수행하는 과정에서 발생하는 새로운 특징들을 발견할 수 있다. 물론 이때 집렬체성은 훨씬 더 넓은 장에서 훨씬 더 복잡한 집합태들의 구조로 구성되게 된다. 사실 실천적-타성태의 대상들이 그 고유의 구조와 수동적 행동에 따라 다수성의 구성원들 사이의 직접적이거나 간접적인 관계인 군집을 만들어 낸다는 점을 우선 주목해야 한다. 우리는 현전(現前)에 근거하는 관계를 *직접적*이라고 규정할 것이다. 그리고 우리가 현전이라고 정의하는 것은 기술과 일정한 도구들을 소유하고 있는 한 사회에서 두 명의 개인에게 상호성의 관계를 즉각적으로 정립하도록 해 주는 최대한의 거리다.(분명 이 거리는 변화할 수 있다. 특히 서로 전화를 하고 있는 두 사람은 서로에 대해 *실제로* 현전 관계에 있다. 이와 마찬가지로 비행기는 무선 전화에 의해 안전을 보장해 주는 기술 서비스 총체와 지속적으로 *현전* 관계를 맺고 있다.)

물론 현전에는 서로 다른 유형들이 존재하며, 이 유형들은 실제로 *실천*(몇몇 기도들은 도구들의 중개 없이 타인의 지각 장에서 각자가 현전할 것을 강요한다.)에 의존한다. 하지만 어쨌거나 우리는 군집을 그 구성원들의 공현전(共現前)을 통해 정의할 것이다. 물론 이 경우 이 구성원들 사이에 상호적 관계들이나 공동의 유기적인 실천이 반드시 존재하지는 않는다. 오히려 여기에서는 이와 같은 공동 *실천*과 이 실천을 근거 짓는 상호적 관계들의 가능성이 즉각적으로 주어진다. 빈곤한 시기에 빵 가게 앞에 줄을 서 있는 주부들이 집렬체적 구조의 군집의 성격을 띤다. 그리고 이 군집은 *직접*적이다. 왜냐하면 갑작스러운 통합적 *실천*(폭동)의 가능성이 즉각적으로 주어지기 때문이다. 이와는 반대로 완벽하게 규정된 구조의 실천적-타성태적 대상들이 존재한다. 이 대상들은 규정되지 않은 사람들(도시, 민족, 지구에 속하는 사람들)이라는 다수성 사이에서 *간접적인* 군집으로서 특정의 복수성을 구성한다. 그리고 나는 이런 군집을 *부재*로 정의할 것이다. 물론 나는 이 부재라는 개념을 통해 실제로 추상적 관점에 불과한 절대적인 거리(주어진 한 사회에서, 이 사회가 발전되는 주어진 한 순간에서)까지 의미하고자 하는 것은 아니다. 오히려 이 개념은 개인들이 그들 사이에 상호성의 관계나 공동 *실천*을 설정할 수 없다는 것을 의미한다. 이것은 이 개인들은 이 대상에 의해 군집의 일원으로 정의된다는 *점에서* 그러하다. 사실 한 라디오 청취자가 송신기를 소유하고 있어서 개인 자격으로 *나중에* 다른 도시나 다른 나라의 청취자와 교신할 수 있다는 사실은 별로 중요하지 않다. *라디오를 듣는다*는 사실 그 자체, 즉 특정 시간에 특정 방송을 듣는다는 사실 그 자체로 인해 서로 다른 청취자들 사이에 부재의 집렬체적 관계가 정립된다. 이 경우에 실천적-타성태적 대상은(이것은 매스 미디어라고 불리는 모든 것에 적용된다.) 개인들의 유기체적 질료 안에서 자기를 벗어난 통일성만을 산출하지 않는다. 이 대상은 분리 안에서 이 개인들을 결정하고, 분리되어 있는 개인들 자격으로 *이타성*을 통한 이들의 소통을 보장해 준다. 내가 특정 방송을 "들을" 때 방송에서 말하는 사람과 나 사이에 맺어지는 관계는 인간적 관계가 아니다. 사실 나는 라디오를 통해 제시된 생각, 뉴스에 대한 정치적 해설 등등에 대해 수동적 입장에 있다. 몇 해에 걸쳐 모든 면에서 이루어지는 활동에서 이 수동성은 어느 *정도까지는* 상쇄될 수 있다. 나는 글을 쓰고, 저항하고, 동의하고, 축하하고, 위협하는 등등의 일을 할 수 있기 때문이다.

하지만 이런 방식의 총합은 다음과 같은 경우에만 무게를 가질 수 있다는 사실을 즉각적으로 지적해야 할 것이다. 즉 대다수의 사람들(혹은 청취자들 가운데 중요한 소수의 사람들)이 자기들 편에서 나를 모른 채 이 방식을 수행하는 경우가 그것이다. 그 결과 상호성은 여기에서 하나의 목소리를 내는 군집에 속하게 된다. 게다가 라디오들은 정부의 관점이나 자본가들 집단의 특정 이익을 대변한다. 이렇게 해서 청취자들의 행동 자체(프로그램이나 드러난 견해에 대한)는 효과가 없는 것으로 남게 되리라는 것을 이해할 수 있다. 나라 전체에서 모든 면에 걸쳐 일어나는 사회, 정치적인 사건들만으로도 방송이나 악의적인 논평 프로그램에 변형을 가져오는 것은 흔한 일이다. 이런 관점에서 보면 정부의 정책과 불화 상태에 있는 청취자는 비록 그가 다른 장소에서, 그리고 조직화된 집단이라는 상황에서 자신의 입장에서 효과적으로 이 정책에 반대한다고 하더라도 그 자신의 수동적인 활동 ─ 그의 "수신력" ─ 을 무기력으로 포착하게 될 것이다. 그리고 (이것은) 특히 다음의 경우에 그러하다. 즉 이 목소리를 통해 그에게 정확하게 그가 가진 힘의 한계가 주어지는 경우(너무 질이 떨어지는 연극이나 음악 방송일 경우 청취자는 행동할 수는 있다. 물론 그렇다고 해서 모든 사람이 다 행동할 수는 없다. 이런 예는 수없이 많다.) 그의 분노(혹은 그의 열광. 나는 여기서 부정적인 경우를 예로 들었는데 그 이유는 이 경우가 좀 더 간단하기 때문이다. 하지만 만약 라디오에서 강연하는 자나 가수에 열광해 내가 정기적으로 이들이 방송에 나오거나 좀 더 자주 마이크 앞에 서기를 요구하는 경우에도 동일한 무기력이 존재한다.)가 한 인간 앞에선 인간으로서의 그의 무기력에 대한 체험적 발견에 불과한 경우가 그것이다. 왜냐하면 어떤 의미에서는 아주 독특한 억양과 악센트를 가진 이 목소리는 특정 인물의 개인적인 목소리이기 때문이다. 그리고 이 사람은 정확하고 개인적인 일련의 행동들을 통해 자신의 방송을 준비했다. 또 다른 한편 이 목소리가 나에게 말을 건네고 있다는 사실에는 의심의 여지가 없다. 나와 마찬가지로 다른 사람들에게도 이 목소리는 "애청자 여러분"이라고 말한다. 하지만 특정 모임에서 연설자가 모든 청중에게 말을 하더라도 각자는 반박하거나 모욕까지도 할 수(물론 어떤 경우에는 약간의 위험을 감수하지만 상황에 따라서는 다소간 분명하게 정해진 관점에 따라 "여론을 뒤집을" 수도) 있다. 이처럼 이 연설자는 *우리에게* 말하며, 우리는 개인적인 상호성(*나는 동의나 비난의 소리를 외친다.*)과 마찬가지로 집단적인 상호성(*우리는 연설자에게 박수를 보내거나 야유를 보낸다.*)을 받아들이게 된다.

이와 반대로 인간의 목소리라는 현실에서 방송의 목소리는 그 원칙에 있어 신비화하는 면이 있다. 이 목소리는 담화의 상호성 위에, 즉 인간적 관계 위에 근거한다. 이 목소리는 사실 사물화하는 관계이기도 하다. 이 관계 안에서 이 목소리는 *실천*으로서 주어지며, 청취자를 *실천*의 대상으로 구성한다. 요컨대 이 목소리는 물질적 환경과 함께 작용하는 유기체의 관계와 같은 내면성의 일의적 관계다. 하지만 이 관계 안에서 나는 타성태적 대상의 자격으로 이 목소리의 인간적 활동에 비유기적 물질성으로서 복종하게 된다. 그렇지만 나는 원하기만 하면 버튼을 돌려 라디오를 끄거나 다른 프로그램을 들을 수도 있다. 하지만 바로 그 자리에 거리가 떨어진 군집이 나타나게 된다. 순전히 개인적인 행동은 목소리를 통해 이루어지는 실제 작업에 아무런 변화도 가져오지 않기 때문이다. 목소리는 수백만의 청취자들 앞에서 수많은 방에서 계속 울려 퍼질 것이다. 이와 같은 객관성에 아무것도 변화시키지 않은 채 사생활의 비효율적이고 추상적인 고독 속으로 성급히 들어가는 자는 바로 나다. 나는 이 목소리를 부정하지 않았다. 나는 군집의 한 개인인 나 자신을 부정한 것이다. 특히 이념적 성향이 강한 방송인 경우, 내가 이 목소리의 주인공이 입을 다물기를 바라는 것은 근본적으로 *타자*로서, 즉 이 목소리가 예컨대 이 목소리를 듣고 있는 **타자들**에게 해를 끼칠 수 있다는 의미에서다. 아마도 나는 스스로에 대해 완벽한 자신감을 가질 수도 있고, 내가 모든 개념을 공유하고 있는 적극적인 정치 집단의 일원일 수도 있고 또한 이 정치 집단의 모든 입장을 취할 수도 있다.

그렇지만 다른 사람들도 이 목소리를 듣고 있는 *한* 나는 이 목소리를 견딜 수가 없다. 이 다른 사람들이 라디오를 듣고 있는 한 이들은 정확하게 같은 *사람*들이고, 서로 다른 환경에 속해 있다는 점에서 볼 때 이들은 또한 **타자들**이기도 하다. 이 목소리가 *이*들을 설득할 수 있다고 나는 생각한다. 그렇기 때문에 이 목소리를 통해 표명되는 논쟁을 나는 이 **타자들** 앞에서 논박할 수 있을 것으로 보인다. 이것은 타자들이 설사 나처럼 생각하지 않는다고 해도 마찬가지다. 하지만 내가 느끼는 것은 바로 **타자들**과 나의 관계 방식인 *부재*다. 이번에는 나의 무기력이 단지 이 목소리를 멈추게 할 수 없다는 사실 속에만 있는 것이 아니다. 나의 무기력은 모두를 위해 이들의 타성태적 관계로 창출해 낸 이 공동의 고독에서, 이 목소리가 모든 사람에게 함께 권고하고 있는 청취자들을 *하나하나* 설득할 수 없다는 불가능성에 있다.

사실상 앵커의 말에 반대해 하나의 실천적 행동을 생각하자마자 나는 이 행동을 집렬체적으로만 품게 된다. 즉 나는 청취자들을 차례대로 정복해야 할 것이다. 물론 이와 같은 집렬체성은 나의 무기력을 측정하고, 또한 아마도 내가 소속된 당의 무기력도 측정한다. 어쨌든 만약 당이 역선전을 하려고 한다면 *매스 미디어*가 부과한 집렬체적 구조에 적응해야만 할 것이다.(그리고 만약 청취자가 언론인이라면, 그래서 그가 다음 날 자기 신문에 자신의 분노를 표출한다면 그는 다른 집렬체적 행동에 의해 하나의 집렬체적 행동과 투쟁하는 것이다. 그는 흩어져 있는 독자들처럼 도시에 흩어진 40만의 청취자들과 만날 수 있다고 말하고 있기 때문이다.)

이렇게 해서 무기력한 청취자는 간접적 군집의 *구성원-타자*로서 동일한 목소리에 의해 구성된다. 첫마디와 동시에 불확정적인 집렬체성의 측면적 관계가 그와 **타자들** 사이에 맺어지게 된다. 물론 이 관계는 *매스 미디어*를 위한 수단인 언어 자체에 의해 생산된 지식에 그 기원을 가지고 있다. 각자에게 프랑스 방송국의 수를 가르쳐 주는 것은 신문과 라디오 자체다. 하지만 이 지식은(그 자체의 기원, 내용, 그리고 실천적 목표에 의해 집렬체적 질서에 속하는) 오래전부터 사실로 변형되었다. 모든 청취자는 이 현실적 사실에 의해, 즉 지식으로 내면화된 외면성의 구조에 의해 객관적으로 규정된다. 그런데 주어진 역사적 상황과 이 상황이 빚어내는 갈등의 틀 안에서 그가 무기력한 스캔들에서 이 목소리를 듣는 바로 그 순간 그는 더 이상 이 목소리를 *자기 일*(우리는 그가 논쟁에 저항할 자신이 있다는 것을 인정했다.)로 듣지 않고 **타자들**의 *관점에서* 듣게 된다. 대체 어떤 관점인가? 경험과 과거를 가진 상황과 개인이 이것을 결정한다. 그는 익명의 누군가 혹은 그의 친구들의 자리를 차지하기 시작할지도 모르고, 이 친구들은 쉽게 영향받을 수 있거나 그가 보기에 그 전날 평소보다 더 머뭇거리는 것처럼 보였을 수도 있다. 이와 같은 일반성(소심한 사람, 무른 사람, 좀 더 정확하게는 이런저런 이해를 가지고 있고 서투르게 자만하는 사람 등등)에서 추상적으로 규정되고 알려진 청취자로서 들으려고 시도할 수도 있다. 하지만 어쨌든 간에 그가 자신의 이타성 속에서 추상적으로 환기하는 개인 역시 오래전부터 하나의 개념-사실(경험 속에서 *매스 미디어*의 도식화에 의해 굳어진 도식)이다. 그리고 역으로 그가 참고하는 머뭇거리는 가족은 그것이 집렬체의 최초의 항목을 대표하는 한에서만, 즉 가족 그 자체가 **타자**로서 도식화되는 한에서만 그를 진정으로 불안하게 한다.

여기에서 분개한 청취자(각자는 자기만의 경험에 근거할 수 있다.)의 묘한 태도와 세 계기 사이의 변증법을 묘사하는 일은 아무런 의미가 없다. 첫 번째 계기는 — 승리의 계기로 — 청취자가 주장(이미 이것은 **타자**를 *위한* 것이지만 상호성의 관계가 존재할 수 있을 것이라는 주장)을 반박(혹은 반박한다고 생각하든 별로 중요하지 않다.)하는 계기다. 두 번째 계기는 — 무기력한 분개의 계기로 — 청취자가 하나의 집렬체의 구성원으로서 실현되는 계기다. 이 집렬체에서 구성원들은 오직 이타성의 관계에 의해서만 통일된다. 세 번째 계기는 — 불안과 유혹의 계기로 — **타자**의 *관점*에 스스로를 위치시키고 **타자**로서 — 어느 지점까지 — 주장의 힘을 체험하기 위해 자신을 설득하는 계기다. 불안과 매혹의 계기인 이 세 번째 계기는 격렬한 모순을 포함하고 있다. 사실 나는 이 어리석음을 반박할 수 있는 자임과 동시에 이 어리석음에 의해 설득당할 수 있는 자이기도 하다. 물론 이런 주장을 통해 내가 나 자신이면서 동시에 **타자**라는 것을 나타내고 싶지는 않다. 아마도 이것을 알고 있는 자가 내보이는 승리의 태도는 이타성(나는 반박할 줄 아는 사람들에 대해 신뢰를 가지고 있으며, 나는 이들의 견해와 합쳐지기 때문에 나를 그들과 동일시한다.)의 또 다른 형태에 불과하다. 무엇보다 중요한 것은 **타자들**(스스로를 납득시키도록 할 수 있는)의 집렬체에 대해 영향을 미쳐야 할 나의 무기력은 이 **타자들**을 나의 운명으로 삼기 위해 나에게 되돌아온다는 사실이다. 물론 단지 이 방송에 대한 것만은 아니지만 이 방송이 타자들을 기만하고 잠재우는 특정의 선전이라는 틀 안에서 만들어지기 때문이다.

이와 같은 사실을 토대로 이 목소리는 각자에게 현기증을 일으키는 것이 된다. 이 목소리는 더 이상 (설사 앵커의 이름이 밝혀졌다 해도) 인간의 목소리가 아니다. 왜냐하면 상호성이 파괴되었기 때문이다. 하지만 이 목소리는 *이중으*로 집합태다. 한편으로 조금 전에 보았듯이 이 목소리는 집렬체의 타성태적 구성원으로, 그리고 **타자들** 가운데서의 **타자**로서 나에게 생성된다. 다른 한편으로 이 목소리는 그 자체 안에 정치적(국영 방송일 경우 정부의) 실천의 사회적 결과로, 그리고 또 하나의 집렬체적 부분을 이루는 청취자들에 의해 그 자체 안에서 *지탱되*는 것으로 나타난다. 이 청취자들은 이미 설득된 사람들, 목소리가 그 경향과 이해를 표현해 주는 사람들이다. 이처럼 이 목소리 안에서, 그리고 이 목소리에 의해 **타자들**(같은 정치의 동조자들)이 **타자들**(머뭇거리는 사람들, 중립적인 사람들)에게 영향을 미친다. 하지만 이 영향은 그 자체가 집렬체적인데(물론 집렬체적이 아닌 것은 정부의 정치적 행동과 그 선전 활동이다.) 그 이유는 각자가 **타자**의 위치에서 **타자**로서 방송을 듣기 때문이며, 이 목소리 자체는 *타자*이기 때문이다. 이것이 타자인 것은 이 목소리에 영감을 불어넣는 몇몇 **타자들**의 표현이자 **타자들**에 대한 행동으로서의 정치를 거부하는 사람들에게 있어서다. 이것이 또한 타자인 것은 **타자들**(매스 *미디*어를 거머쥐고 있는 전능한 타자들)의 견해로서 *이미* 이 정치를 받아들이는 머뭇거리는 사람들, 그리고 이 정치가 공식적으로 자기변호를 할 힘을 가지고 있다는 유일한 사실에 의해 이미 영향을 받은 사람들에게 있어서다. 마지막으로 이것이 타자인 것은 정부 정책을 지지하는 사람들에게 있어서다. 이것은 고립된 *각자에게* 정치란 **타자들**(그와 같은 의견의 사람들)의 동의에 의해, 머뭇거리는 사람들에게 정치가 행하는 행동에 의해 보장된다는 점에서 그러하다. 이 타자들의 입장에서 볼 때 이 목소리가 표현하는 것은 이들 고유의 생각이다. 하지만 이것은 *타자로서의* 이들 생각이다. 즉 **타자**에 의해 **표명되고** 다른 말로 표현됨과(다르게 표현된 것보다는 더 나은) 동시에 모든 **타자들**에게 사유-타자로서 존재하는 것과 같은 생각이다. 목소리-타자의 의미 작용으로서의 사유-타자가 모든 청취자에게서 야기하는 이 모든 반응적 행위는 언제나 *이타성의 행위*들이다. 이것은 다음과 같은 사실을 의미한다. 즉 이와 같은 행위들이 개인적 *실천*의 즉각적인 구조도, 공동의 조직화된 *실천*의 합의된 구조도 갖고 있지 않다는 것이다. 이 행위들은 ── 개인의 자유로운 반응처럼 ── 즉각적으로 야기되었다. 하지만 이 개인은 이 행위들을 집합태의 행동 아래서 만들어 낼 수 있는데 이때 이 행위들은 그 자체로 집렬체성의 측면적인 총체화(분개, 아이러니컬한 웃음, 무기력한 분노, 매혹, 열광, 타인들과 소통할 필요성, 스캔들, 집합적 두려움[351] 등등)에 불과하다. 달리 말하자면 집렬체의 구성원으로서의 개인은 이 변

---

351 집합적 두려움은 이것이 고립된 청취자에게서 집렬체적 행위로 드러나는 한 방송이 과감하거나 충격적으로 보일 때 나타난다. 이때 두려움은 분노에 대한 두려움이거나 **타자들**의 두려움에 대한 두려움이고, 또한 신성한 두려움이다. 그 까닭은 집렬체성의 불확정적인 환경에서 다름 아닌 두려움이라는 단어가 발음되었기 때문이고, 또한 **타자**가 이 말의 *청취자*였던 환경 안에서의 두려움이기 때문이다. 내 안의 이 **타자들**은 이 단어의 수용 순간을 단죄한다. 이 순간은 나의 실천적 유기체의 개인성에 의해 말들이 *여기* 이 방 안에 존재했던 바로 그 순간이다. 이타성은 내 안에서 나의 개인적 현실을 단죄하고, **타자**는 **동등자**에 대한 판결을 내린다. (원주)

600 ── 제1서 개인적 "실천"에서
실천적-타성태로

질된 행위들을 수행하게 된다. 이때 이 각각의 행위는 이 개인 안에서 행해지는 **타자**의 행동이다. 이것은 이 행위들이 그 자체에 의해 한계(즉 무한으로)로 밀려난 회귀성임을 의미한다.

　이와 같은 예를 논하면서 우리는 집렬체성에 대한 연구가 더 풍부해지는 것을 목격한다. 사실 몇몇 대상들이 서로 모르는 개인들 사이에 이타성의 직접적인 관계를 설정할 수 있다는 점에서, 우리는 하나의 집렬체성이 제한된, 제한되지 않은 또는 무한할 수 있는 가능성으로 나타나는 것을 목격한다. 숫자상으로 볼 때 그 자체로는 한정되었다고 하더라도 다수성이 군집의 요소로서 실질적으로 한정되지 않은 채로 남아 있는 경우 이 다수성은 제한되지 않은 것으로 남아 있게 된다.(가령 라디오의 경우가 그러하다. 지금 이 순간에 특정 방송을 듣고 있는 한정된 수의 개인들이 있기는 하다. 그러나 이 방송을 통해 청취자들의 집렬체성이 각자가 타자들과 맺는 관계로 구성되는 것은 결국 불확정적인 양으로 남아 있다.) 다수성이 순환적 회귀 운동에 의해 군집이 될 때 우리는 실제적으로 무한한 집렬체와 마주하게 되는 것이다.(적어도 순환적 운동이 계속 이어질 것이라는 점에서 그러하다.) 실제로 각각의 항이 **타자들**의 이타성을 생산해 낸다는 점을 고려할 경우 이 항은 **타자** 그 자체가 된다. 이 경우 **타자들**은 이 항목을 타자로 생산해 내게 되며, 또한 이번에는 이 항목이 타자들을 이들의 이타성 안에서 변형시키는 데 기여하게 된다.

3. 집렬체성과 무기력: 회귀

하지만 우리는 순수한 형식적 이타성(우리가 들었던 첫 번째 예들을 통해서 살펴보았던 것과 같은)은 집렬체적 과정의 추상적 계기에 불과하다는 사실 또한 지적했다. 예를 들어 이런저런 방식으로 *정돈된* 모든 집단(예컨대 판매해야 할 생산품의 희소성이나 사람의 희소성이 있을 때의 구입자 집단들) 내부에서 우리가 이와 같은 이타성을 발견할 수 있는 것은 확실하다. 그러나 형식적 순수성은 여기에서 숙고된 행동에 의해 유지된다. 우리는 연속의 규칙으로 구성되어 있는 이타성 자체 이외에 다른 것으로 개인들을 구별하기를 거절한다. 다른 모든 경우, 즉 이타성 자체가 선택의 수단이 아닌 경우 이 개인들은 자신들에게 고유한 몇몇 특징들, 그리고 이들 한 명 한 명에 따라, 아니면 전체 하나하나에 따라 달라지는 몇몇 특징들과 더불어 집렬체적 상황 속에서 스스로를 창조해 나간다. 물론 기본적 구조는 변하지 않은 채로 있다. 라디오 청취자들은 지금 이 순간 *하나의 집렬체*를 구성하고 있다. 이 경우 이 청취자들 각자는 자신들의 동일성 속에서 한 명의 **타자**로 구성하는 공통의 목소리를 듣는 중이다. 그러나 바로 이런 이유로 내용상의 이타성이 이들 사이에 나타나게 된다. 이 이타성은 여전히 매우 형식적인 것으로 남아 있다. 왜냐하면 이 청취자들을 대상(목소리)으로부터 출발해서 그리고 이 대상에 대한 이들의 가능한 반응에 따라 구성되기 때문이다. 이런 반응을 정당화하기 위해서는 차이를 심화하고, 다른 집합태들, 다른 이해관계들, 여러 집단을 발견하고, 궁극적으로는 과거와 더불어 역사적 계기를 총체화해야 할 필요가 있다. 이는 당연하다. 그러나 군집이 *라디오*를 통해 이루어지는 경우 이 군집은 실천적 *청취* 행위들의 실천적 이타성의 차원 위에 존재하게 된다. 바로 이런 사실을 토대로 집렬체의 **이성**으로서의 이타성은 각자와 모든 사람의 구성적 힘이 된다. 왜냐하면 각자 안에서 **타자**는 더 이상 동일성 안에 나타나는 단순한 형식적 차이가 아니기 때문이다. 각자 안에서 **타자**는 다른 반응이며, 다른 행동이다. 그리고 각자는 이타성의 도피하는 통일성 속에서 **타자**의 다른 행동들에 의해 조건 지어져 있다. 이것은 각자가 **타자** 안에서 이 행동들을 변화시킬 수 없다는 *점에서* 그러하다. 이처럼 각자와 타자 사이에 인간적 관계(직접적이고 상호적이든 아니면 조직화된 관계이든)를 맺는 경우 각자는 **타자**에 대한 자신의 행동 속에서도 역시 효율적이다. 그러나 각자의 수동적이고 간접적인 행동은 *그 자신의 무능력 그 자체로부터* 파생한다. 이 경우 **타자**는 자기 안에서 이 행동을 **타자**의 자격으로서 자기 자신의 고유한 무능력으로 여기게 된다.

이타성(달리 말해 그 자체로 이타성의 실천적-타성태적 세계를 창조해 내는 종합적 이타성)의 가변적 내용의 여전히 추상적이지만 물질적인 이와 같은 한정은 필연적으로 우리를 집렬체의 구성원 사이에 맺어지는 실제적 관계로서의 무기력에 대한 체험으로 유도한다. 집렬체가 각자에게 드러나는 것은 그것이 자기 안에서 그리고 **타자들** 안에서 이들 사이의 물질적 차이를 제거하게 될 공동 무기력을 파악하는 순간에서다. 우리는 한정된 조건의 토대 위에서 *집단*이 어떻게 이 무기력에 대한 부정, 즉 집렬체성에 대한 부정으로서 구성되는가를 살펴보게 될 것이다. 무기력의 체험이 집렬체성의 접합제라는 것도 분명하다. 나는 **타자**에게서 무기력을 느낀다. 왜냐하면 **타자**로서의 **타자**가 나의 행동이 개인적이고 광적인 투기로 남을 것인지, 나를 추상적 고독 속으로 내던져 버릴 것인지, 한 집단의 공동 행위가 될 것인지를 결정할 것이기 때문이다. 이처럼 각자는 **타자**의 행동을 기다리며 또 타자가 그 자신의 무기력인 한에서 각자는 스스로 **타자**의 무기력으로 화한다. 그러나 이와 같은 무기력은 반드시 — 각자에게서 집렬체의 구성하는 현전으로서 — 전체의 순수하게 수동적인 부동성과 일치하지는 않는다. 이와 정반대로 이 무기력은 조직화되지 않는 폭력이 될 수 있다. 정확히 내가 **타자**에 의해 무기력해진다는 점을 고려해 보면 나에게서 능동적 무기력이 되는 것은 바로 이 **타자** 자신이다. **타자**의 분노를 변화시키는 것은 불가능하며(내가 어떤 자들에게 있어서 스캔들이 되는 장면에 참여할 때), 무기력 속에서 체험한 이 분노는 나에게 *다른* 분노가 되며 — 이 분노 안에서 **타자**는 내 속에서 스스로 분노한다 — 나는 그의 지배하에서 행동하게 된다. 선동가들을 제외한다면 **스캔들**과 스캔들에 대한 **두려움**은 전혀 다르지 않다. 달리 말하자면 **스캔들**은 타자의 **스캔들**에 대한 공격적인 **두려움**이다. 그러니까 **스캔들**은 이 **스캔들**에 대한 두려움에 의해 야기된 폭력들의 집렬체적 전파의 초월적 이성으로서의 **타자** 그 자신이다.

　그러나 지금까지 우리는 집합태의 구조를 단순화하기 위해 집렬체는 고립된 항목들 — 이것들의 이타성은 무기력으로서의 유일하며 도피하는 통일성이다 — 에 의해 구성된다는 사실을 받아들였다. 실제로 이런 형태의 집렬체들이 존재하며, 거칠게 말하자면 이것들은 《르 피가로(Le Figaro)》의 독자들이나 라디오의 청취자들의 경우에 해당한다. 다만 훨씬 더 복잡한 집렬체들이 있다. 왜냐하면 상호적인 인간관계는 인간들의 공존과 마찬가지로 대중화된 분산의 지위를 규정하기 때문이다. 그리고 이 관계가 복잡한 연쇄들과 다가적 체계들을 구성하기 때문에 각각의 개별적 관계는 에워싸고 있는 물질성을 통해 부정적으로 또는 긍정적으로 다른 관계들에 의해 조건 지어지게 된다. 이처럼 다양성은 자리를 바꾸기만 할 뿐이다. 그리고 실천적-타성태적 장의 한 대상이 이 개인들 사이에 맺어지는 관계들의 자기-외적-통일성을 만든다는 사실을 고려해 보면 집렬체성은 개인들의 다양성을 규정하는 것과 마찬가지로 상호적 관계들의 다양성을 규정하기도 한다. 이처럼 인간들 사이의 관계의 분산은(각각의 관계가 다른 관계 혹은 다른 많은 관계들과 연결되어 있는 한, 또한 이 많은 관계들이 다른 관계들과 연결되어 있는 한) ─ 이 분산이 집렬체의 이성으로서 이타성이 된다는 점에서 ─ 다른 모든 관계에 의해 이 관계들 하나하나를 다른 *관계*로 변형시킨다. 달리 말하자면 **타자**는 모든 사람의 도피하는 통일성으로서 스스로를 창조한다. 이것은 각자에게서 타자를 직접적 상호성의 *필연적 변화*로서 발견하는 점에서 그러하다. 또는 **한 명의 타자**와 소통하기를 원하면서 각자가 총체화된 다른 모든 관계로부터 출발해서 실천적-타성태적 존재 속에서 자신의 관계를 구성하는 점에서 역시 그러하다. 여기에서 복수성은 특별한 형태에 속한다. 이것을 준복수성이라고 부르는 것이 더 나을 것이다. 실제로 현실에서 인간들 사이의 관계를 (항목을 분리시키는 것처럼) 정말로 분리시키고, 이 관계를 양화시키기란 어려운 일이다. 그도 그럴 것이 하나의 상호적 인간관계는 동시에 여러 사람 사이에 맺어질 수 있기 때문이다. 그러나 살아 있는 각각의 관계의 내부에서 경직된 이타성으로서의 집렬체적 존재는 자신의 힘을 실천적 격리, 즉 다른 관계들의 포착 불가능한 복잡함으로부터 끌어낸다. 이 관계들 각각의 연합(지도부가 취한 조치에 대해 어떤 공장에서의 불만족. 이와 같은 불만족이 ─ 요구하는 모든 행위에 앞서 ─ 노동자들 사이에 맺어지는 인간관계들의 준복수성에서 드러나는 한에서의 불만족)이 다른 연합들(다른 공장들. 이 공장들이 이전의 갈등의 기회보다 앞서는 행동들을 통해 나타나는 이들의 물질적 차이 속에서 혹은 이 갈등의 전개 속에서 *다른 것들*로서 개별적으로 구성되는 한에서의 다른 공장들)을 가리킨다는 점에서 그러하다. 또한 다른 연합들은 또 다른 연합들을(생산에 외부적이며, 직업에는 내부적인) 그리고 또 다른 연합들을(개인 관심사 — 예를 들어 날짜에 관계된 — 를 통해 이 연합들은 측면적이고 이차적인, 그러나 결정적으로 매우 중요한 집렬체성인 가족이나 주거 집단에 연결된다.) 가리키게 된다. 그 결과 멀어진 관계들은 어떤 식으로든 균질적이고 소원한 관계들로서가 아니라 *타성태적이며 인도하는 환경으로서* 타성태적 연합과 변화의 환경 안에서 가까운 관계들을 위해 생성된다. 따라서 구체적이며 각 개인들 사이에 맺어지는 모든 관계는 여기, 지금, 다른 모든 관계와의 집렬체적 관계 속에서 다소간 한정된 환경의 결정으로서 나타난다. 이때 이 관계는 실질적인 응집과 단단한 응고에 의해 특징지어지며, 타성태의 *힘과 관계들*의 종합적 구조를 동시에 제공하게 된다.

그러나 이와 같은 환경의 실천적 실재(각각의 관계 *내*에서 이타성으로서의 이 모든 관계에 의해 구성되는 실천적-타성태적 단순한 총체성)는 단순히 그 집렬체적 구조 속에 남아 있다. 달리 말하자면 인간적 환경이 존재하며, 이 환경은 바로 *인간들이다.* 물론 이것은 공동 대상들이 이 환경을 인간의 환경으로 만들어 낼 때 그러하다. 그러나 집합태로서의 *환경*은 — 즉 인간관계들의 준복수성의 타자적 통일성으로서 — 이 집합체가 여기에 속한 개인들에게 드러내 보이는 형태하에서 — 사회학자나 역사학자들에 의해 — 연구되어서는 안 된다. 실제로 이 환경은 *각자*에게 상호적 관계들을 통해 이 관계들의 종합적 응집력처럼 나타나기 때문에 개인들은 이 환경을 직접적으로 *다른 것으로서, 격리의 집렬체적 규칙으로서* 파악하지는 않는다. 개인들 자신이 집렬체의 항목일 때 이들에게 분명하게 나타나는 것은 — 직접적인 실천 속에서 — 도달할 수 없는 것이 된다. 또한 이때 개인들은 (집렬체의)

여러 항목의 내적 구조에 불과하며, 각 항목이 *사실상* 이 항목들을 이어 주는 관계이기도 하다. 환경은 즉각적으로 구성원들에게 *균질적인 것*을 담고 있는 것으로, 그리고 *관계의* (실천적-타성태적) 항구적인 힘, 각 개인을 거리 없이 통합시키는 힘으로 나타난다. 이런 관점에서 보면 두 명 또는 여러 개인 사이에 구체적으로 정립되는 각각의 인간 관계는 환경 속에서 이미 **존재**에 각인된 실천적-타성태적 구조의 비본질적 *현동화*로서 생산된다. 개인적 역사의 우연한 수준에서 이런 만남은 자연스럽게 개인적이고 또 개인들 사이의 *가능성들*의 다소간 의도적이며 우연적인 실현으로서 나타난다. 그러나 타성태 속에서 상호적 결정 작용의 현동화는 *환경의 관계의 자격*으로 하나의 가능성의 실현과는 아무런 공통점도 가지고 있지 않다. *이* 개인이 *저* 개인을 우연히 만나는 것은 가능하다. 그러나 그렇다고 해도 ── 예를 들어 경쟁 시장에서(우리는 이 예를 조금 뒤에서 살펴보게 될 것이다.) ── 이 상인이 다수적(또는 준복수적) 관계의 실천적-타성태적 요소로서 그의 경쟁자들과 고객(즉 그의 실질적이고 꾸준한 고객, 그 자신의 고객을 뺀 시장 전체의 고객들 그리고 동시에 근본적으로 시장의 모든 고객. 이 고객 역시 그 자신의 단골 고객을 포함하고 있다는 점에서)과 더불어 *벌써* 함께 연결되어 있는 것은 그래도 사실이다. 물론 이 다수의 관계는 환경을 가로지르는 실천적-타성태적 과정이 진행되는 동안에 나타나고 변형된다.

　그러나 이와 같은 상황의 *외관적* 구조(이 구조는 레빈과 같은 사회학자로 하여금 이 상황을 하나의 **게슈탈트**로 여기는 경향을 갖게끔 한다. 이때 이 게슈탈트는 *실재적 총체성*의 자격으로 상황의 구조들에 대해 종합적인 영향을 미치며, 각 부분의 활동과 과정을 ── 이 부분은 모든 다른 부분들과 직접적으로 이 부분들과 모든 부분 안에 있는 실재적 현전을 통해 소통한다는 점에서 ── 한정한다.)는 최초 경험의 피상적 계기에 불과할 뿐이다. 두 번째 계기는 집합태를 가공된 객체들의 총체성, 타성태적 외면성의 통일(파리의 제16구 등등)과 이와 같은 총체성이 의미하는 준복수성, 이 총체성 안에서 *부재로서* 통일을 생산해 내는 준복수성과 맺는 관계로서 발견한다. 나와 고객의 관계는 소매상의 부르주아적 상황 속에서 (그리고 더 자세히 말하자면 특정 도시의 특정 상점 따위) 생겨나고, 또한 미리 결정된 구조를 현재화하면서 이 환경을 한정하는 데 기여한다. 그러나 우리를 통일시키는 환경은 다음과 같은 경우에서만 (뒷거래가 이루어지는 중에) 행동하고 종합적인 힘으로서 드러날 뿐이다. 즉 *정확한 관계*가 이 항목과 저 항목을 연결시키고, 이 관계 자체를 다른 항목들과 다른 관계들에 연결시키는 경우(가격을 하락시키고, 소매상을 파멸시키는 것을 목적으로 하는 대회사들 사이에서 진행 중인 뒷거래 또는 단순히 나의 고객에게 나의 경쟁자들의 공급)에서다. 물론 이 경우 이와 같은 관계들에 대한 모든 실천적 영향을 *생각하는 것은 불가능하다.*

이처럼 환경의 *진짜* 구조들, 실천적-타성태의 장 속에서 자신의 실질적 힘을 생산해 내는 이 구조들은 실제로 이타성의 구조들이다. 각각의 관계가 각각의 관계와 모든 관계에 연결되어 있는 것은 사실이다. 하지만 아무렇게나는 아니다. 각각의 요소는 모든 요소와 연결되어 있다. 하지만 *집렬체 속에서 각 요소가 차지하는 자리로부터 출발해서 도피하는 그의 관계를 통해 모든 매개적 요소들에 연결된다.* 하나의 숫자는 모든 숫자와 연결되어 있는데 이는 바로 이 숫자 하나하나가 이 숫자들을 분리하는 숫자들의 집렬체를 통해서 다른 숫자들과 연결되어 있는 방식과 같다.(즉 하나의 숫자가 $(n+1)$이고 다른 숫자는 $(n+1)+1$ 등등이기 때문이다.) 상황의 통일이 존재하는 것과 마찬가지로 어떤 경우에는 끔찍한 집단적 힘(환경에 속해 있는 어떤 개인이 이 환경에서 벗어나기 위해 객관적으로 — 적어도 어떤 경우에 있어서는 — 기회의 수에 따라 측정되는, 그리고 역으로 이런저런 사회 범주 안에서, 그리고 자신의 고유한 환경에 의해 행해지는 모든 구속 밖에서 선택된 어떤 한 개인이 이 범주 내로 들어가기 위한 기회의 수에 따라 측정되는) 또한 존재한다. 그러나 *정확하게* 환경의 통일은 전체가 부분 속에 들어 있는 것처럼 여러 항목 안에 들어 있지 않은 것으로 존재하는 한에서, 또한 이 통일이 각각의 관계에 대해 그 자신의 구체적 존재와 내용을 *다른 곳에서* 조건 짓는 *이* 관계들처럼 스스로 실현하는 한에서 존재한다. 그리고 분명 현전하는 여러 항목 각각의 집렬체적 행동 속에서 **타자들**의 총체성은 행동의 환경과 일반적 조건으로서 만들어진다. 그러나 이 총체성은 긍정적이고 구체적인 총체성, 실제적인 *현전*과 혼동되어서는 안된다. 이 총체성은 실천적 장의 통일화의 결과가 아니다. 이와 반대로 이 총체성은 동일하고도 다른 관계들의 무한한 집렬체의 *실재적인 외삽*이다. 이는 물론 각자가 **타자를** 그 자신의 부재에 의해 조건 짓는다는 면에서 그러하다. 여기에서 총체성은 모든 총체성의 구체적 부정들의 집렬체의 실천적-타성태적 총체화다. 각각의 상호성 속에서 총체성은 자신의 **타자**-존재로서 드러난다. 이는 각각의 총체성이 모든 총체화의 불가능성에 의해 특징지어진다는 점에서 그러하다. 집렬체적 행동의 가지성(즉 부정적 총체성으로서의 집렬체적 통일성의 가지성)은 그 기원을 실천적 두 유기체를 결합시키는 구체적 상호성의 관계로부터 끌어낸다. 이것은 각각의 통일성이 다른 모든 통일성에 대해 행동할 수 없음에 의해 조건 지어진 것으로 이루어진다는 *면에서*, 그리고 다른 모든 관계가 집렬체적 장 속에서 똑같은 무능력을 갖는다는 점에서 그러하다. 그런데 이 집렬체적 장의 구조는 각자의 공동 대상과 그의 요구들에 대한 동일한 관계에 의해 규정된다. 그리고 인간관계의 부정적 이타성으로서의 *환경*의 목표는 경험에 대해 종합적이고 통일적이며, 총체화하는 그러나 구조화되지 않은(각 부분이 다른 부분, 모든 부분들 그리고 전체와의 관계일 수 있다는 의미에서) 형식으로서 스스로를 부여하는 것이다. 이것은 실천 속에서 타자에 의한 규정의 집렬체적 구조로서 스스로를 발견하기 위함이다.

그럼에도 불구하고 집렬체성의 실재적(그러나 실천적-타성태적)인 행동을 각각의 상호 관계와 집렬체(각각의 집렬체에서 극단적인 이행에 의해 총체화된 것으로서)에 대한 무기력 속에서 체험된 힘으로 파악하기 위해 위와 같은 구조들을 좀 더 주의 깊게 고찰할 필요가 있다. 나는 매일매일의 경제 현상에서 아주 도식적이고 간단한 하나의 예를 들려고 한다. 경쟁 시장에서 순간적으로 이루어지는 가격의 형성이 그것이다. 실제로 이 가격의 형성이 복수 상태의 계약 관계(판매자들과 구매자들), 경쟁적이며 복수 상태에 있는 대립, 따라서 부정적 상호성의(한편으로는 판매자들 사이의, 다른 한편으로는 구매자들 사이의) 관계를 가정하고 있는 것은 자명하다. 우리가 지금 공통의 대상(이 상품의 가격)의 근원이나 구조를 고찰하지 않는다는 점, 그리고 우리가 마르크스의 가치와 가격 이론을 이미 확실한 것으로 여기고 있다는 점을 독자들은 이해하게 될 것이다. 만약 독자가 이것을 부정한다고 해도 이는 앞으로 진행될 이 연구에 대해 아무런 중요성도 가지지 못할 것이다. 왜냐하면 모든 조건이 똑같은 경우 문제가 되는 것은 단순히 시장이라는 계기 속에서 행해지는 최후의 조정이기 때문이다. 게다가 우리는 가격을 결정짓는 요소들(생산 비용 따위)이나 경기 흐름의 작용도 고려하지 않을 것이다. 우리는 또한 판매자들과 구매자들의 원자성(原子性)과 유동성을 가정한다. 18세기에 경제학자들이 생각했던 것과 같이 이 경쟁 시장은 시장이 갖는 일종의 "자연적 상태"도, 오늘날 너무 자주 이야기되는 것처럼 단순하고도 편리한 추상도 아니다. 이 시장은 단지 전체 체계에 의존하고, 이러저러한 교환의 수준에서 경제의 전체적 발전에 따라 나타나고 사라지는 구성된 실재를 보여 준다. 예를 들어 1939년까지 증권 시장(파리, 런던 그리고 뉴욕에서)은 경쟁 시장의 모든 특징을 보여 주고 있다. 마치 18세기에 대규모의 국제적 생산물(밀, 목화 등등)이 거래되던 시장과 마찬가지로 말이다. 만약 우리가 일반 시장에 작용하는 모든 조건을 검토해야만 한다면 회귀로서의 "집합태"에 대한 우리의 생각은 확증될 수도 있다. 하지만 이 문제는 이 연구의 범위를 넘어설 수도 있다. 시장은 부정할 수 없는 실재를 가지고 있다. 교환 가격과 교환량이 필연적으로 공급량, 제시된 가격, 수요량, 희망 가격 등등에 의해 결정되는 것과 같이 시장은 각자에게 주어진다.[352] 그런데 한 명의 상인이 한 명의 소비자와 맺는 관계에서 이 상인에게 부과되는 필연성은 다음과 같은 사실로부터 파생된다. 즉 *다른 상인들과 고객들의 구체적 관계들*, 이 판매자(이 구매자들에게 있어서 고찰된 고객에게 있어서와는 **다른 자**가 된)와 다른 구매자들의 관계들, 그리고 마지막으로 *현재 있는 그대로의* 소비자가 시장에서 자기 자신과는 **다른 자**로 출현하며, 또 그런 자격으로서의 **다른 자**의 자격으로 그가 판매자와 맺으려고 시도하는 인간적이고 직접적인 관계들에 대해 작용한다는 사실이 그것이다. 가격이 공급과 수요의 곡선이 교차하는 점에서 형성된다는 것은 잘 알려진 사실이다. 이것은 *이 가격에서* 공급량과 수요량의 일치가 이루어진다는 의미다. 만약 판매자가 가격을 좀 더 낮게 책정한다면 수요는 공급을 초과하게 될 것이다. 반대로 그가 가격을 좀 더 높게 책정한다면 공급이 수요를 초과하게 될 것이다. 하지만 문제가 되는 것은 직접 이야기를 주고받

---

352   불변적 요소들의 토대 위에서 그리고 정해진 한계 내에서 그러하다.(원주)

을 수 있는 두 사람이나 두 집단 사이의 직접적 협약이 아니다. 실제로 어떤 상인도 직접 자신의 가격을 형성하지 못한다. 그리고 대상에 대한 수학적 엄밀함은 이 가격이 도피선(逃避線)[353]의 객관적 양상이라는 사실을 보여 준다.

다음과 같은 공급량과 수요량의 표를 가정하자.

가격(프랑)	수요량	공급량
1	18,500	0
2	16,500	0
3	15,000	3,000
4	13,500	6,000
5	12,250	8,500
6	11,000	11,000
7	10,000	13,500
8	9,000	15,500
9	8,250	17,250
10	7,500	19,000
11	6,750	20,500
12	6,000	22,000
13	5,250	23,250
14	4,750	24,250
15	4,250	25,250
16	3,750	26,000
17	3,250	26,750
18	2,750	27,500

353 경제에서 위험이나 손실을 피하기 위해 화폐나 자본의 움직임을 표시하는 선.

우리가 방금 지적한 사실에 따르면 사람들은 6프랑의 가격에서 1만 1000단위를 팔게 될 것이다.

우선 이와 같은 양의 법칙이 순전히 수학적 원칙 안에서도 양의 본질적 특징 속에서도 그 정당성을 찾지 못한다는 것은 자명하다. 증명의 요점(만약 가격이 더 낮다면 수요는 공급을 초과할 것이며, 그 역도 마찬가지다.)은 우리에게 반드시 판매자와 그의 행위, 구매자와 그의 실제 수요를 가리킨다. 수요는 공급을 초과할 수 없다. 왜냐하면 그 경우 더 비싼 값을 지불할 수 있는 구매자들이 *정확히* 새로운 가격 제안을 할 것이며, 이것은 가격을 끌어 올리는 효과를 낳을 것이기 때문이다. 공급도 수요를 초과할 수 없다. 가장 유리한 상품들(저렴한 비용으로 생산된)의 가격이 즉시 떨어질 것이기 때문이다. 따라서 우리는 구매 *세력*이나 판매 *세력*으로 여겨진 사람들을 다시 발견하게 된다. 그리고 간단하게 말하자면 우리는 요구된 매 단위에 한 명의 구매자가 대응하며, 한 명의 판매자는 공급된 매 단위에 대응한다고 생각하게 될 것이다. 따라서 가정된 2만 7500명의 판매자들 가운데 1만 1000명만이 단위당 6프랑으로 가격 인하를 결정한 것이다. 그리고 이들 가운데 8500명만이 5프랑으로 가격을 인하할 수 있다. 결국 2만 7500명의 판매자 중 6프랑으로 가격을 인하한 후 거기서 더 인하할 수 있는 판매자의 수는 2500명이며, 이 2500명이 다른 모든 판매자의 가격을 결정한다. 사실 한편으로 이들은 가격을 인하하면서 이러저러한 이유로 가격의 하락을 따를 수 없는 1만 6500명의 판매자들을 시장 밖으로 내쫓게 된다. 다른 한편으로 이들은 6프랑의 가격에서 멈추면서 8500명에게 단위당 5프랑까지, 3000명에게는 3프랑까지 인하하는 수고를 면제해 주는 것이다. 이렇게 해서 이들만을 고려한다면 마지막 3000명은 최소한의 공급에 대해 단위당 3프랑의

*판매자 이익*을 남기게 되는 것이다.

그렇다면 일부는 아무것도 팔지 못하고 시장을 떠나고, 또 다른 일부는 예기치 못한 수익을 올리는 2만 5000명의 운명은 대체 어디에서 기인하는 걸까? 우선 이들이 *적극적*이라는 사실, 즉 이들이 실질적인 판매자들이며 또한 자신들의 잠재 고객들과 더불어 실질적 관계[354]를 맺는다는 사실에서 기인한다. 그리고 *상거래*에서 이들이 다른 판매자들의 행동에 영향을 받는다는 사실과 이들이(고객 자신에 의해) **타자들로서** 취급된다는 사실에서 기인한다. 2500명의 판매자들이 6프랑 이하로 가격을 내릴 수 없는 *현실적 불가능성*은 8500명의 경쟁자들에게는 자신들의 가격을 내리지 못하게 하는 *금지*가 된다.(나는 이 표현에 윤리적, 심리적 의미를 부여하지 않은 채 그저 금지라고 말했다. 그러나 추측해 보자면 이들은 가격을 인하할 수도 있으며, **타자들**의 행동이 이들에게 원가나 수송비와는 아무런 관련이 없는 새로운 형태의 불가능성을 만들어 낼 수 있다. 문제가 되는 것은 더 이상 가격 형성의 물질적 조건, 가격 형성의 실질적이고 직접적인 요소가 아니다. 오히려 외부로부터 판매자들의 행동에 부여된 법칙이 문제다.) 구매자들에 대해서도 같은 고찰을 할 수 있다. 구매자들 가운데 1만 1000명은 7500명에게서 요구된 생산물을 구입할 가능성을 박탈한다. 이 1만 1000명 가운데 1000명의 고객이 다른 1만 명의 고객들에게 소비자의 *이익*을 만들어 준다. 이처럼 구매자들과 판매자들의 집단을 구성하고 있는 4만 6000명 가운데 4만 2500명이 곧장 다른 사람들(타자들)의 법칙을 따르는 것으로 보인다. 이들에게 시장의 법칙은 하나의 *타율성*이다. 그러나 만약 시장을 형성했던 것으로 보이던 3500명을 고려한다면, 우리는 이와 같은 행

---

354 우리는 일단 확립된 "집합태"는 이 관계들을 탈실재화시키고 사물화하는 결과를 낳는다는 걸 보게 될 것이다.(원주)

위는 외관에 불과하다는 사실을 곧바로 지적해야 한다. 만약 구매자들이(3500명을 위해) *가능한 한 가장 비싸게* 구입한다면, 그리고 만약 판매자들이 *가능한 한 가장 싸게* 판매한다면 이는 이들이 자신들의 극단적인 가능성을 따랐기 때문이다. 구매자들의 이해관계는 판매자들의 이해관계와 마찬가지로 소비자나 판매자의 "이익"에 기여할 수는 있었다. 하지만 이들에게 잉여 이득을 *실질적으로* 포기하도록 강제하는 것은 바로 이들보다 가격을 더 내리거나 더 올릴 수 있는 사람들이다. 예를 들어 판매자들은 전적으로 이타성의 상황에 처해 있다. 이들 가운데 8500명은 가격을 더 내리는 것에 대한 금지를 *체험*했다. 왜냐하면 이들 가운데 2500명이 그렇게 할 수 있는 물질적 불가능성을 가지고 있기 때문이다. 그리고 이들 2500명은 마지막까지 가격을 떨어뜨린다. 왜냐하면 다른 8500명이 더 낮은 가격을 책정할 수도 있기 때문이다. 그 결과 모든 행동은 결국 **타자**의 행동에 의해 결정된다. 그러나 각자가 **타자**라는 점을 *고려하면*(다른 판매자들과 다른 고객들에게) 이는 각자의 행동이기도 하다.

1만 명의 판매자들만이 가격을 7프랑까지 올릴 수 있는 물질적 가능성이 있고, 1만 명의 소비자들이 이 가격에서 소비를 할 수 있다고 가정하자. 공급과 수요의 두 곡선의 교차점은 다른 위치에서 형성될 수 있다면 교환된 양은 1만 단위가 될 수도 있을 것이며, 단위당 가격은 7프랑이 될 수도 있다. 이처럼 가격을 내릴 가능성은 *이들과는 반대로* 움직인다. 왜 그런가? 그 이유는 이 가능성이 가격을 올릴 수 있는 한계-가능성과 부딪치기 때문이다. 이 한계-가능성은 한정된 구매자들의 수를 결정하며, 수요와 공급의 일치를 가능케 한다. 6프랑을 지불할 용의가 있는 구매자들과 6프랑까지 가격을 내릴 수 있는 판매자들 사이에 어떤 일치(1000명과 2500명)도 존재하지 않는다는 사실은 여전히 지적되어야 할 점이다. 문제가 되는 것은 진짜 관계가 아니다. 오히려 관계의 부재가 문제다.(추측해 보면 구매자들과 판매자들 각자는 하나의 공급되고 요구된 단위에 대응하기 때문이다.) 물론 중요한 것은 가격과 교환의 일치를 규정하는 — 우리가 추상적으로 정한 — 1만 1000명이라는 숫자다. 6프랑에 팔려는 1만 1000명과 구매하려는 1만 1000명이 존재한다. 그러나 이 숫자는 바로 이타성의 숫자다. 왜냐하면 각 개인은 그 자신이 이러저러한 인간으로서가 아니라 1만 1000번째 사람으로서 사거나 팔기 때문이다. 또 다른 면에서 보면 이 숫자를 무조건적인 합으로 생각할 수는 없다. 예를 들어 이 숫자가 6프랑에 팔렸던 상품의 숫자나 상인들의 숫자라고 말한다면 이 경우 다음과 같은 중요한 사실을 간과하게 된다. 즉 다양한 가능성과 계획을 가지고 시장에 온 상인들은 자신들이 1만 1000명의 구매자들 앞에 있는 1만 1000명이라는 단 하나의 이유로 인해 6프랑까지 가격을 하락시켰다는 점이다. 하지만 이 집단에서는 그 어떤 참다운 단위도 찾아볼 수 없다. 여기서 1만 1000명은 1만 1000명의 개인을 가리키는 것이지 1만 1000명이라는 인격의 구체적 단위를 가리키는 것이 아니기 때문이다. 판매자들의 관계는 경쟁적이며 따라서 대립적이다. 그러나 이들을 서로서로 대립시키는 대립적 관계는 각자가 **타자**의 법을 자신의 법으로 받아들인다는 의미다.(그리고 직접 몸싸움을 하는 경우와 같이 각자는 **타자**가 자신의 법을 부과하는 것을 바라지 않는다.) 판매자들 간의 관계(한정된 숫자 내에서)는 단순한 병렬도 통일적 종합도 아니다. 구매자와의 관계가 실제 행동 속에서 **타자**의 관계와 독립적이라는 점에서 본다면 판매자들은 병렬적인 상태에 있다. 이들은 또한 인간들의 병렬이 단지 정어리 통조림 속에 들어 있는 정어리들의 병렬이 아니라는 사실에 의해 통일되어 있다. 같은 행동을 하는 이 판매자들은 사회적 장을 결정한다. 그 까닭은 단지 이 행동이 *인간적이며*, 또 이 행동이 반드시 **타자들**에 관계되기 때문이다. 달리 말하자면 구분되지 않는 구매자 대중에게 호소함으로써 이 행동들 하나하나가 *인간적 미래를 투사하기* 때문이다.

우리는 일부러 순수 경쟁 시장을 선택했다. 이 시장에서 헤겔이 "원자화된 군중"이라고 명명했던 현상이 나타나기 때문이다. 그러나 정확하게 물리적 분자들의 양적 관계는 사회적 분자들 사이의 관계와는 근본적으로 구분된다. 물리적 분자들은 외면성의 환경 속에서 활동하고 반응하는 반면, 사회적 분자들은 내면성의 환경 속에서 활동하고 반응한다. 각자는 스스로 한정하고 또 **타자**를 한정한다. 이때 각자는 **타자**와는 **다른 자**가 되며 또한 그 자신과 **다른 자**가 된다. 그리고 각자는 자신의 직접적 행동이 실제 의미를 빼앗기는 것을 목도한다. 이는 **타자**가 그에게 명령을 내리는 한에서 그러하다. 이 경우 타자는 이 행동을 통제하고, 이번에는 자신의 의도와는 실질적으로 관계가 없는 저기에 있는 **타자**에게 영향을 주기 위해 도피한다. 가짜 통일이 있어야 한다. 그리고 이것은 실제로 존재한다. 바로 군집[355]으로서의 시장이 그것이다.(이 시장이 실제의 장소인가 아니면 각자에게 수요와 공급 그리고 가격을 알려주는 원거리 통신 전체인가 하는 것은 별로 중요하지 않다.) 각자 처음에는 이 군집을 *방문한다.* 그리고 그는 이미 이 시장을 자신의 예상을 통해(이타성 속에서) 한정하고, 이 시장이 그에게서 멀어져 가기도 하며 또한 그를 한정하기도 한다. 그 결과 시장은 *그에 의해* (즉자적으로 대자적으로) 예상의 대상으로서, 그리고 그 자신의 도피하는 한정으로서 존재한다. 그러나 그 자신은 시장을 병렬되어 있는

---

355 연합(실천적-타성태적 장소)로서의 시장은 이 시장이 집렬체들의 실천적-타성태적 활동들을 기초하는 한 *그 자체로 가격이 된다.*(원주)

사람들의 집합으로 본다. "시장"이라는 총체성은 동시에 탈총체화된다. 가장 간단한 예를 들면(꽃 시장, 가축 시장 등등) 장소의 통일성은 다음과 같은 사실, 즉 모든 개인 각자가 동일하면서도 직접적인 행동 속에 자신을 내맡긴다는 사실 속에서 통일*되어 있다*는 사실을 보여 준다. 실제로 이 행동은 외면성과 이타성 속에서 다른 모든 유사한 행동에 의해 한정되도록 방치하는 행동이다. 이와 같은 한정은 이타성에서 이 한정의 대상이 되고 현실이 되는 것으로 마감될 정도로 이루어진다. 각자는 (경쟁적이라고 가정된 시장에서) 사회관계의 전형으로서의 원자화가 적어도 교환이 이루어지는 동안에는 여전히 남아 있을 것이라는 가정을 하면서 사태를 예상한다. 이처럼 여기에서 통일은 통일화하는 종합이 아니라 분산의 형태로 — 결국 이와 같은 분산이 행동의 규칙과 행동의 수단으로 포착되는데 — 여겨질 수 있는 것이다.

실제로 다음과 같은 두 가지 중요한 사실을 살펴보아야 한다.

(1) 물리적 분자와 사회적 분자의 진정한 차이는 바로 물리적 분자가 순전히 수적인 분산의 요소에 불과한 반면, 사회적 분자는 무엇보다도 그 자체가 통일의 요소라는 점에서만 분산의 요소가 된다는 점이다. 인간적 분자는 다수성 속에 머물지 않는다. 인간적 분자는 자기 행동에 의해 이 다수성을 종합적 통일로서 조직한다.(바로 이것이 목표로서의 그 시장이며, 그의 행동의 조건으로서의 그 시장이다.) 분산은 *제2단계에서* 개입한다. 단순히 고립된 분자들의 다수성이 아니라 실천을 통해(그리고 심지어는 종종 의식적으로) *이미 실현된* 통일화의 다수성이 있는 것이다. 각자는 시장을 하나의 전체적 실재로 통일하고, 파악하고, 조작하게 된다.(각자는 시장을 지역적 전통, 관습, 주기성, 자기 자신의 물질적 존재, 생산자-판매자로서의 자신의 투기 등을 통해 파악한다.)

(2) 그러나 이와 같은 하나하나의 통일화는 *현실적인 빈틈*에 의해 다른 통일화와 구분되어 있다. 즉 각자가 물리적으로 실천적으로 타자가 *아니라는 사실*, 그리고 장벽들과 마찬가지로 실천적 경쟁이나 상호 간의 존재에 대한 현실적인 무지도 이들을 서로 갈라놓고 있다는 사실에 의해 구분되어 있는 것이다. 그리고 시장은 다수성의 종합적 통일성이 아니라 자기 자신의 고유한 통일성의 분산적이고 실제적인 다양화다. 각자에게 있어 시장의 통일성은 그가 시도하는 행동의 기초임과 동시에 이 통일성은 그에게서 멀어진다. 왜냐하면 이와 같은 원자성의 행동 자체는 *소외시키는* 것이기 때문이다. 그리고 결국 시장의 *중심*은 항상 *다른 곳*에 있으며, 또 동시에 항상 (군집의 장소나 경기의 흐름에 대한 정보 전체로서) 현존한다. 바로 이와 같은 모순이 사회적 대상을 만들어 내는 것이다. 군집의 통일성이 단지 공동 행동에 의해(생산자들이나 소비자들의 직접적인 거래에서 발생하는 것처럼) 또는 개인적 행동에 의해 *극복되지* 않게끔 해 주는 것은 바로 이 모순이다. 이와 반대로 하나의 행동의 공동 대상임과 동시에 모든 개별적 행동의 엄격한 외부적 법칙으로서 스스로를 제시하는 것, 즉 "손아래", "눈앞에" 있는 도구적 대상과 마찬가지로 존재하는 것, 그리고 우리 각자의 내부에서 객관적이지만 낯선 필요성으로서 스스로를 제시하는 것을 가능케 하는 것 또한 이 모순이다. 바로 이 두 번째 사실을 강조해야 한다. 노동조합(또는 협동조합)과 독점 상인들 사이에서 결정되는 가격은 실질적인 구속력을 상실하는 경향이 있다. 실질적인 구매력으로서의 생산비는 당연히 가격 변동의 객관적 한계를 보여 준다. 그러나 이런 조건들은 물질적이며 가시적이고, 정면으로 접근할 수도 있다. 이와 반대로 한계 이윤은 현장에서의 세력 관계에 따라 감소할 수도 증가할 수도 있다.

이와 같은 차원에서 보면 판매가는 "상호적 대상"이 된다. 즉 어떤 사람에 대한 이 가격의 불투명함은 다른 사람의 직접적인 저항에 기초하며, 깊이를 보여 주는 것처럼 불투명성은 독점 업자나 협동조합의 행동과 필요를 엿보게 해 준다. 루스벨트 대통령 집권 시절에 미국인들은 도살장 독점 업자들의 요구에 반대하기 위해 육류의 구매를 거부한 바 있다. 이때 ── 보이콧이 계속되는 상황에서 ── 가격은 하나의 이상적인 기호로 남아 있게 된다. 왜냐하면 그 누구도 사지 않고 팔지도 않고, 따라서 이 가격이 가지는 의미는 바로 독점 업자의 투쟁 의지를 보여 주기 때문이다. 그 투쟁 의지란 독점 업자들의 힘, "버티고자" 하는 의지, 이들의 태도를 가능케 하고 또 필요로 하는 물질적 조건들에 대한 순수한 정보 등이다. 그러나 이 두 진영의 각각의 통일화는 직접적 관계를 가능케 해 준다.(나는 앞에서 이와 같은 통일화가 회귀를 이동시킬 뿐이라는 사실을 지적한 바 있다.) 통일화가 일어나지 않으면 ── 경쟁 시장에서처럼 ── 가격은 행위자들의 물리적, 정신적 분리로부터 그 자체의 객관적이고 실천적인 실재를 끌어낸다. 가격은 *현실적*이다. 왜냐하면 가격은 그 안에 분리의 실질적인 요소들을 끌어모으기 때문이다. 즉 상점들을 갈라놓고 있는 돌담 또는 경쟁을 넘어서 협동 쪽으로 나아가자고 이웃들을 설득할 수 있는 시간 등등 의사소통 수단의 동시대적 부족이 그것들이다. 그러나 *무엇보다도* 가격은 간접적 또는 측면적이라고 부를 수 있는 인간적 관계들의 전형 위에서 책정된다. 가격의 힘은 다른 구매자들(또는 판매자들)의 집렬체에 비해 각 구매자(또는 판매자)가 갖는 (일시적이거나 결정적인) 무력함으로부터 나온다. 이 힘은 필요성에 부응한다. 만약 판매자(또는 구매자)가 자신을 방어하려고 한다면 그에게 필요한 것은 하나의 *집렬체적* 행위, 즉 각자에게서 각자로 이동하는 행위로부터 시작해야 한다.

이와 같은 집렬체적 행위는 비결정적이며(왜냐하면 접촉해야 할 사람들의 수가 확정되지 않았기 때문이다.) 순환적이다.(왜냐하면 내가 방금 직접적 관계를 맺었던 개인은 다른 사람과 접촉하기 위해 내가 그에게서 멀어지는 순간 나에 대해 **타자**가 되어 버리기 때문이다. 그에게로 되돌아가야 한다.) 따라서 거기에는 무한한 회귀가 있게 된다.(이것이 무한한 회귀다.) 실제로 한 집렬체의 모든 요소는 같은 특성을 가진다는 점을 보여 주는 산술적 추론의 전형을 우리는 잘 알고 있다. 이와 같은 추론은 세 가지 연산으로 구분된다. 보통 형태의 보편적 명제를 정립하는 것으로 시작한다. (특정) 수 a에 대한 특징이 존재하다면 이것은 반드시 b라는 수(집렬체 a라는 수 바로 뒤에 오는)에 대해서도 존재한다. 그다음으로 이 집렬체의 (한) 특정한 수가 문제 되는 특징을 실제로 가지고 있는가를 검토한다. 마지막으로 수학자는 일종의 허구적 총체화, 달리 말하자면 수학자로 하여금 연산을 면제시켜 주는 마지막 단계로의 이행을 실현한다.(a에 대해 사실이다. 따라서 b에 대해서도 사실이다. b에 대해 사실이라면 c에 대해서도 사실이다. 따라서 c는 그 특징을 소유한다. 그리고 만약 c에 대해서 사실이라면 d에 대해서도 사실이다 등등.)

이렇게 해서 *집합적 대상*들은 그 기원에서 사회적 회귀를 갖는다. 즉 이 대상들은 실행할 수 없는 연산의 총체화를 보여 준다. 그러나 이 대상들은 우선 인식의 대상으로 나타나지는 않는다. 이 대상들의 객체성 속에서 *우리가 해야만 하는* 행동들에 의해 우리가 배우게 되는 것은 무엇보다도 체험된 현실들이다. 가격은 구매자인 나에게 부과된다. 왜냐하면 이 가격이 나의 이웃에게도 부과되기 때문이다. 그리고 이 가격은 내 이웃에게도 부과된다. 왜냐하면 이 가격은 그의 이웃에게도 부과되기 때문이다 등등. 그러나 역으로 나는 이 가격의 정립에 내가 기여한다는 사실을 알지 못한다. 이 가격이 나에게 부과되기 때문에 나의 이웃들에게 부과된다는 것도 알지 못한다. 가격은 일반적으로 이 가격이 한 집렬체의 총체화인 경우에만 안정되고 집단적인 현실로서 각자에게 부과될 뿐이다. *집합적 대상은 분리의 지표다.* 이와 같은 해석은 훨씬 더 복잡한 시장을 고려할 경우(경기, 국가의 개입, 반독점의 존재 등등과의 관계에서, 그리고 광고와 시간 — 따라서 생산과 도구의 변동 등을 고려할 경우) 더욱 분명하게 나타날 것이다. 그러나 본 연구에서 다루어지지 않은 것들의 전개 역시 필요할 것이다.

간단히 다음과 같은 특수한 경우를 보자. 인플레이션이 격심한 시기의 시장의 예[356]다. 화폐의 가치는 점점 하락한다. 각각의 개인이 현물을 구입하기 위해 화폐를 청산하기 때문이다. 그러나 이 행위는 *무엇보다도* 화폐의 가치 절하를 결정한다. 왜냐하면 이 행위가 그것을 반영해서다. 달리 말하자면, 이 행위는 미래의 가치 절하다. 이것은 이 가치 절하가 각 개인에게 부과되는 한에서, 이 개인이 이 가치 절하를 자신을 조건 짓는 하나의 과정의 통일로서 *여기는* 한에서 그러하다. 결국 현재의 가치 절하를 결정하는 것은 이 미래의 가치 절하다. 그런데 개인은 이 미래의 가치 절하를 화폐에 대한 **타자들**의 행위처럼 체험한다. 이 개인은 이 타자들의 행위를 모방하면서 이 가치 절하에 적응한다. 즉 그는 스스로 **타자가** 된다. 이 순간에 이 개인은 **타자**로서 자신의 봉급과는 반대로 행동하게 된다. 왜냐하면 화폐의 단

---

356 여기에서도 우리는 역시 인플레이션의 물질적 조건들에 대해서는 다루지 않을 것이다. 즉 화폐 수단의 총량의 엄청난 증가(정부의 예산 적자, 따라서 총체화로서의 역사에 관계되는)와 생산 요소들의 결핍(재고량의 고갈, 등) 같은 것들 말이다. 이 조건들은 인플레이션에 반드시 필요한 것들이다. 그리고 이 조건들이 모이게 되면 인플레이션은 불가피하게 발생한다. 그러나 이 조건들은 인플레이션 상황을 직접 체험하며 자신들의 행동 속에서 반응하는 *인간들*을 통해서 유발된다. 그런데 이 사람들은 모두 타자가 이들로부터 끊임없이 벗어난다는 사실 그리고 이들은 이 타자를 모방하면서만 그와 투쟁할 수 있다는 사실에 의해 조건 지어진다. (원주)

위를 하락시키는 데 기여하는 것은 다른 어떤 사람과 마찬가지로 그 자신이기 때문이다. 그리고 화폐에 대한 그 자신의 위치는(비관주의 등등과 같은 심리적 특성과 더불어) **타자들**의 태도 이외의 다른 근거를 가지고 있지 않다. 이런 현상은 도피로서 이루어진다. 왜냐하면 나는 미지의 한 사람이 그의 돈을 저장하게 될 상품에 대해 지불하는 것을 막을 수가 없기 때문이다. 나 또한 결국 내 돈을 다른 상품과 가장 빠른 시간 내에 서둘러서 교환하게 된다. 그러나 이 미지의 사람의 행동을 결정하는 것은 내 행동 자체 ─ 이 행동이 벌써 경제적 행동들 전체에 각인되어 있다는 점에서 ─ 이며, 또한 나의 미래의 행동이기도 하다. 나는 **타자**의 자격으로 나 자신에게로 되돌아오며 (내가 접촉할 수 없는) **타자**에 대한 나의 주관적인 두려움은 내게 있어서 낯선 힘으로, 화폐의 가속화된 가치 하락으로 나타나게 된다.

이와 마찬가지로 1792년 아시냐 지폐의 추락은 막을 수 없는 하나의 집단적 과정이었다. 이 현상의 객관적 모습은 전체적이었으며, 각자는 이 과정을 운명처럼 *겪어야* 했다. 그리고 물론 이 현상의 객관적 요소는 다양하고 강력한 것이었다. 화폐의 순환은 재화의 생산이 늘어나지 않는 상황에서도 두 배로 증가했다. 지폐에 맞서 경화의 계속된 사용이 두 개의 통화 제도(20억의 경화와 20억의 지폐)를 가져왔으며, 주지하다시피 이 제도에서는 악화가 양화를 구축했다. 즉 악화는 수요보다 더 많이 공급되었고, 빠르게 그 가치가 하락했다. 결국 투기나 외국에서 발행된 위조지폐[357] 등등을 고려해야만 한다. 그러나 많은 지폐는 실제로 이용될 때만 영향을 미칠 수 있다.(예를 들어 그레셤

---

357 물론 모든 요소는 부르주아지의 실천, 이 계급의 경제적 자유주의(아시냐에 대해 정화에 해당하는 자유주의적 힘을 주는 것에 대한 거부, 강제 유통 명령을 내리는 것에 대한 거부 ─ 부르주아지는 이 점에 대해 다시 거론하게 된다 ─ , 전비(戰備) 부담금 거부)로 이어진다.(원주)

의 법칙[358]은 우리에게 반드시 신뢰의 문제를 가르쳐 준다. 양화는 사라지게 되는데 그 까닭은 사람들이 이것을 보관하기 때문이며, 이들이 이 양화를 보관하는 것은 이들이 다른 화폐를 신뢰하지 않기 때문이다.) 그뿐 아니라 역사학자들은 아시냐의 가치 하락에서 *정치적* 요소들 역시 중요한 역할을 했다는 점을 인정하고 있다. 이 화폐에 대한 신뢰는 별로 강하지 못했는데, 그도 그럴 것이 이 화폐가 전복될 수도 있는 혁명 정부에 의해 발행되었기 때문이었다. 따라서 아시냐의 가치 하락은 루이 16세의 도주, 입헌 의회의 변절, 1791년 말에 있었던 혁명 세력의 약화 그리고 1792년의 첫 패배 이후 절대 왕정의 복고에 대한 두려움들을 한꺼번에 반영하고 있었던 것이다. 그러나 이와 같은 다양한 사건은 여기에 대항해 싸우기 위해 모여들었던 사람들에 의해 역사적으로 직접 체험되었다. 왕의 배신에 대한 조직적인 응수를 통해 그 왕을 8월 10일에 튀일리궁으로부터 축출하게 되었다. 이와 반대로 아시냐의 가치 하락은 각자에 대해 이 사건들을 간접적인 파급 효과를 가진 것으로, 회귀와 무기력 속에서 **타자들**의 분산된 반응으로서 체험된 파급 효과를 낳는 것으로 표현했다. 동일한 개인이 자코뱅 클럽에 속할 수도 있고, 열광 속에서 8월 10일 사건에 동의할 수도 있고, 자기의 금을 간직할 수도 있다. 물론 이때 그는 같은 사건들이 그에게 두 개의 서로 구별되는 차원 속에서 나타난다는 사실과 그가 각각의 차원에 따라 이 사건들을 고려함으로써 모순되게 반응한다는 사실을 이해하지 못하고 있는 것이다. 아시냐와 더불어 그의 수중에서 돈이 빠져나가게 한 것은 바로 **혁명**이며, 그를 사라지게 하는 데 기여한 것 역시

---

358   악화가 양화의 사용을 감소시킨다는 경제학 법칙. 특히 동일 명목 가치를 지닌 두 개의 통화 선택에 직면한 사람은 그중 하나가 금속으로 만들어졌기 때문에 다른 것보다 선호된다면 양화를 저장하고 악화를 사용할 것이다.

혁명이었다. 자기가 속한 클럽에서 투표한 동의안과 더불어 그가 계속해서 추구하고자 했던 것은 혁명의 추진이었다. 모순을 간파한 몇몇 사람들이 과연 아시냐를 받고 경화로 *지불을 하게* 될 것인가?

바로 여기에 회귀가 개입한다. 이 행위는 선전으로도 모범적인 예로도 사용될 수 없다. 이 행동은 거의 증인을 확보하지 못할 것이다. 만약 이 증인이 상인이라면, 그 유일한 결과는 혁명파의 몰락이 될 것이다. 그가 만약 생산자라면 목숨을 구하기는 할 것이다. 그러나 그는 **혁명**을 좀먹는 두 개의 통화 제도 유지에(게다가 별다른 의미가 없는 정도로) 기여하게 될 것이다. 따라서 이 혁명 대원은 걱정하고 불신할까? 그렇다. 그것도 심하게 그렇다. **타자**에 대한 불신, 회귀에 대한 불투명한 의식은 반드시 혁명의 시작과 더불어 나타난다. 이와 같은 불신은 *회귀에 반대해서*(보통 생각하는 것처럼 단순한 다양성에 반대해서가 아니라) 총체성을 요구하며, *무한한 도피에 반대해서*(헤겔이 말했던 것처럼, 특수한 차이에 반대해서 보편성을 요구하는 것이 아니라) 총체화를 요구한다. 바로 이와 같은 총체화가 *주관적인* 통일화의 시도로서의 **공포**를 낳고 지지한다. 그러나 반혁명적이 되고 또 사라지는 아시냐 속에서 스스로를 낯선 대상으로 포착하는 것 역시 타자들의 불신에 의해 지배되는 바로 이 총체화다. 바로 이 차원에서 우리는 물질성으로서의 화폐로 다시 돌아온다. 그러나 이번에는 이 화폐를 상호성의 실천적 관계의 범위 내에서 고찰한다. 이 화폐의 의미는 자기 안에 고찰된 시기의 역사적 과정의 총체성을 요약하고 있다. 그러나 이 과정을 기계화하면서 요약한다. 그리고 행위자들은 이 과정을 물질적 대상의 긍정적 특징으로 포착하는 것이 아니라(제노바 상인들이 에스파냐 금을 빌려 오면서 했던 것) 무한하며 퇴행적인 부재로서 파악한다. 오늘날 인플레이션과 평가 절하의 빠른 교대는 각자에게 모든 화폐가 갖는 이중의 특성을 물질적 현전과 무한한 도피로서 보여 준다. 이 지폐의 실질적 가치는 한정되고 전해진 역사적 상황에서만 결정된다. 또한 이 가치는 반드시 자본주의 체제, 생산관계, 계급들 간의 생산력 관계, 제국주의의 모순, 프랑스와 다른 부르주아 민주주의 국가들과의 관계 등등이 연관된다. 그러나 *나에게 있어서* 이 전체는 도피이며, 나는 이 전체를 100수짜리 동전에서 포착한다. 이것은 이 전체가 **타자**에 의해, 즉 전쟁을 예측해서 물건을 비축하는 구매자나 가격을 올리는 판매자 또는 생산을 중단하는 생산자 등등에 의해 체험된다는 점에서 그러하다. 그러나 이와 같은 부재, 계속해서 퇴행하는 운동은 *인간적 현실*을 구성하는 하나의 물질적 대상 속에서만 드러날 수 있을 뿐이다. *동전*(또는 지폐)이 갖는 사악한 면모는 바로 이 동전이 (계속되는 여러 순간에) 그 자체의 물질적 동일성 속에서 이해되었다는 점이고, 또한 내가 이것을 차지하고, 보존하고, 감출 수도 있다는 점이다. 그러나 이 사악한 면모는 이 동전이 항상 다른 곳에서 실현되며, 원자화를 통해 나에게 나의 무기력의 이미지를 가리키는 부재의 변화에 의한 부동성 그 자체 내에서 타격을 받는다는 점이다. 나는 후일 다른 저서에서 은화의 예를 다루려고 한다. 여기에서는 화폐가 그 구체적인 단위들 하나하나 속에서 보편적인 것과 회귀의 이중의 무한성을 지니고 있다는 사실을 지적하고자 한다. 내 손안에 있는 이 은행 지폐는 모든 곳에서 통용된다는 사실에 의해 보편화된 추상으로 구성된다. 이것은 100프랑짜리 *그* 지폐다.(거기로부터 "이것은 얼마죠? 100프랑짜리 *이* 지폐에 해당하나요?"라는 관용적 표현이 나온다.) 그리고 동시에 이 지폐가 갖는 실질적인 구매력은 나 자신이 한 사람의 타자로서 모습을 나타내는 무한한 회귀의 결과다. 따라서 우리는 이 결과를 하나의 "집합태"로서 고찰한다.

사회적 대상들의 타성태가 이 대상들을 보존하고 있다는 면에서 보면 이 모든 대상은 이 *기본적 물질성 내에서는* 집합태들이다. 이것들은 지속하는 순간부터 모두 인간의 총체성의 지속적 탈총체화로부터 그 실재적 현실을 찾아낸다. *기본적*으로 이것들은 모두 물질적 현존을 갉아먹는 손실을 가정한다. 물론 이것들은 아주 다양한 구조들을 가지고 있다. 우리는 경쟁 시장을 극단적으로 인간 집단의 근본적 분열(혹은 집단화)로 생각해 볼 수 있다. 공동의 의견 불일치로 고정되어 있는 *가격*이라는 무거운 실재는 *실질적으로 통일의 불가능성에 대한 집단적*(즉 모두에게 유효한) 표시이며 구매자(또는 판매자) 조직화의 불가능성에 대한 표시이기도 하다. 가격은 합치지 않는다. 이것은 분리의 결과이고, 새로운 분리의 요인이 된다. 한마디로 이것은 *실현된 분리*다. 그러나 인간에게 있어서 분리는 통일과 마찬가지로 특정 세력들에 의해 이루어진 특정 행위들에서 촉발되고 *이루어진* 상황일 뿐이다. 가격은 다음과 같은 사실로부터 그 허위의 통일성을 끌어낸다. 즉 분리는 하나의 촉발된 실재, 인간들 사이에 형성되는 관계가 가진 하나의 모습이라는 사실이 그것이다. 부르주아 계급을 불안하게 했던 수차례의 파업 후에 르 샤플리에[359] 법안이 노동 시장에서 실현되기를 바란 것은 바로 이 분리였다. 또한 노동자들에게 있어서 이들의 봉급으로 인해 탄력성의 절대적 결핍을 통해 표현되었던 것 역시 바로 이 모순이었다. 그러므로 이 집합적 대상(즉 가격)의 통일성은 그만큼 더 엄격하고, 그 경직성도 집단들의 분열이 진전된 만큼 더 완강하다. 각자의 행위가 **타자**의 행위에 의해 측면적으로, 그리고 멀리서 지배된다는 점에서 볼 때 이 대상이 근원적으로 각자의 행위를

---

359 Le Chapelier. 1791년 6월 헌법 제정 의회에 의해 가결된 법안. 이 법안은 직업상의 모든 위원회와 연합을 금지했다.(편집자 주)

재현하기 때문에 그 집합적 성격은 가장 단순한 형태의 소외를 나타낸다. 최고 임금법과 세금, 근대적 통제 경제에 대해 처음*부터* 사람들이 무관심한 것은 아니었다. 하지만 중앙 집권주의와 인간들의 상호 관계의 조직화를 전제(그리고 동시에 구성을 시도)하는 통일을 위한 적극적인 시도들은 매 순간 이 시도들이 발생하는 환경, 즉 회귀의 환경 속에서 오히려 용해될 위험이 있다. 이 시도들은 중앙 집권적 조직과 노동자 각자의 직접적 관계로서 체험되기 전에 ― 통치자들의 단호한 의지에도 불구하고 ― *타자들로서*, 그리고 **타자**를 통해 체험될 것이다.

이렇게 해서 **국민 공회**는 이 의회의 의원들에게서 벗어나게 되고, 또한 침투할 수 없는 다른 차원을 가지게 된다. 이것은 이 국민의회가 비의원들, 상퀼로트, 지방 도시들, 농촌들, 그리고 유럽(혁명 연설가들이 수없이 "세계가 우리를 지켜보고 있습니다!"라고 선언하지 않았는가!)까지도 대변한다는 점에서 그러하다. 본래 이 관계는 직접적 형태의 것이다. 즉 권력, 권위, 임무들 그리고 의원들을 갖춘 **국민 공회**는 유권자에게, **자코뱅 당원들**에게, 임무 수행 중인 대표자들에게 직접적 대상으로 존재한다. 의회는 정부 기관임과 동시에 국가에 보고를 해야 하는 선출된 **의회**다. 사람들은 이 의회를 따르고, 이 의회에 반대해 투쟁하고, 이 의회를 우러러보고 또 증오하기도 한다. 하지만 우리를 다시 회귀 상태에 떨어뜨리는 것은 정치적 모임들이 있다고는 해도 시민 전반이 전혀 조직되지 않았기 때문이고 또 어떤 면에서는 **의회**가 분산된 구매자들 앞에 있는 독점 기업처럼 존재하기 때문이다. 이 분산 상태는 지도자들의 권력과 무능력을 동시에 만들어 낸다. 이 분산 상태는 조직화된 저항(최고 임금법에 대항하는 파업들 등)의 가능성을 최소로 줄이기도 한다. 하지만 이와 동시에 이 분산 상태는 그 자체로 통일 의지를 갉아먹고 용해시키기도 한다.(식량난, 화폐 가치의 폭락 등등) 표상과 신뢰는 항상 *다른 곳에서* 오기 때문에 그 자체 내에 회귀의 표시를 지니며, 이것은 "넘쳐 나는" 생각들이다. 이것들은 분명 각 개인의 실제 상황을 표현한다. 하지만 이 상황을 기만적이고 도피하는 모습으로 표현한다. 이것들의 불확실성은 그 자체를 침투 불가능한 것으로, 극복 불가능한 것으로 변화시킨다. 의원이 **국민 공회**가 — 변화 중인 시도로서 — *유권자들에게 있어* 또는 국가에게 있어 무엇인가를 이해하고자 할 때 이 의회는 그를 전적으로 벗어나고야 만다. 프랑스 국경까지 확장되었으며, 실제적이고 구속적이기는 하지만 이른바 생각할 수 없는 그 *대상*이 바로 저기에 있는 것이다.

　이 마지막 지적들을 통해 우리는 여론이라고 불리는 또 다른 하나의 집합태 — 통치자들에게는 가장 중요한 것 가운데 하나인 — 의 몇몇 특징을 지적할 수 있다. 시간화와 총체화 과정의 틀 안에서 우리가 *의견*이라고 부르는 어떤 것이 존재하고, 이 의견이 여러 의미 작용들을 가리키는 말과 행위들로 나타나는 것은 의심할 수 없는 사실이다. 경찰이 보고서를 통해 열람용으로 매일매일 통치자에게 알리는 것은 바로 이런 말과 행위에 속한다. 그리고 이런 행위들을 *객관적 현실*이나 사상적, 감정적 물질성으로 보고 의미를 캐내는 일은 통치자들의 몫이다. 여기에서는 이와 같은 사회적 범주의 불만, 개인들과 집단들 사이에 생기는 *긴장*에 대해서 말하겠다.(왜냐하면 긴장이 언쟁이나 린치 등등과 같은 말과 행위들에 의해 표현되기 때문이다.) 바로 이 수준에서 우리는 또한 여론이 두 개의 사실들 혹은 두 개의 객관적 의미들을 직접적 관련하에 두는지 그렇지 않은지(예를 들면 세금과 아시냐의 평가 절하를 통한 1792년 전쟁의 지원을 부르주아가 거절한 사례), 또는 이와 반대로 — 그르건 옳건 간에 — 이 여론이 두 개의 다른 의미를 하나의 의미로 만드는지를 결정하게 될 것이다.

일반적으로 여론을 국가 내에서 많은 시민이 행하는 종합적 통합으로부터 태어나는 것으로, 이들 각자의 표상들을 전체를 구성하는 일부로 강요하는 집단의식으로 생각하는 경향이 있는 듯하다. 소매상인들의 불만(공동 행위들, *그리고 완전히 구분되는 행위들을 통해 발견되는 것과 같은 불만*), 제조업자들 또는 은행가들의 정부에 대한 불신(*차용의 실패를 통해 나타나는 것과 같은 불신*), *반유대주의의 재발*(국가 차원의 패배나 치욕적 사건 후의 재발), 우리는 이 모든 객관적 현실을 총체화의 도식이라 생각한다. 사실 우리는 이 현실들 하나하나는 그 자체로서 그리고 각자에게 있어서 **타자**이고, 이 현실의 기표적 구조는 무한한 집렬체성이며, 이 구조는 분리의 지표라는 실천적-타성태적 통일성을 가진다는 사실을 알아야 한다. 예컨대 소매업자들이 방어 장치들을 만들었고 정부에 대해 입김을 행사할 수 있다는 점을 고려해 보면 이들의 불만에는 이론의 여지가 없다. 오히려 이들은 내각의 정책에 반대하고 또 이 정책을 수정하려 든다. 모든 것이 *실천*이다. 이 실천이 성공하면 모든 것이 협상으로 해결될 것이다. 이와 반대로 고립된 소매상인이 세금이나 도매가가 오르는 것을 목격하는 경우 그는 개인적으로 가난과 굶주림의 공포를 느끼게 된다. 물론 이와 같은 반응은 아직 불만일 수는 없을 것이다. 하지만 이것은 다음과 같은 경우 단순한 공포가 될 것이다. 즉 이 소매상인이 그 두려움에서조차 다른 상인들이 느끼는 동일한 불만을 무기력의 집렬체적 총체로 보지 않는 경우가 그것이다. 그러니까 그가 자신을 **타자**의 집렬체성 내에서 분산된 모습으로 보거나 **타자들**의 무기력에 의해 영향을 받을 뿐만 아니라 자신의 무기력을 통해 이 **타자들**(즉 무한한 자기자신인 타자)에게 영향을 주는 자로 보지 않는 경우가 그것이다. 이와 같은 이유로 자신의 실천적-타성태적 진전 중인 *공동의 물질 대상*(가령 세금, 도매 물가지수)은 *불만의 통일성*을 실현하게 된다. 하지만 이 대상은 이 통일성을 외부에서, 곧 자기 내에서 실현하게 된다. 다수의 개인 속에서 이 불만은 고립된(그리고 개인으로서 서로를 모르는) 불평분자들의 이론적이고 실천적인 항의를 통해 이들의 분리 지표처럼 실현된다. 이런 의미에서 보면 *불만은 하나의 사회적 현실*이다. 이것은 하나의 힘이고(개별적으로 체험한 무기력으로서의 이 불만은 개인을 그의 소유의 자본을 팔아 치우거나 자살 행위 등으로 유도할 수 있다. 우리가 뒤에서 정의하게 될 상황 내에서 이 불만은 재결집의 기반으로 소용될 것이다.) 이 힘은 바로 잠재적 에너지로서의 수많은 인간의 실천적-타성태적 능력이기도 하다. 하지만 이 힘은 *개인에게 있지 않으며, 모든 사람의 산물도 아니*다. 이 힘은 정확히 모든 사람으로부터 벗어나 있기 때문에 이타성 그 자체다. 이 불만(혹은 모든 다른 감정적 행위)이 *즉석에서* 그대로 개인적으로 느껴지고 표현되는 대신에 나라 전체에 전파되는 한정된 경우에 우리는 정확히 이 불만이 갖는 이타성으로서의 특징을 명백히 보여 주는 집렬체적 파급에 참여하게 된다.

르페브르가 아주 탁월한 연구를 수행한 바 있는 1789년의 **대공황**[360]을 상기하는 것으로 충분하다. 르페브르는 우선 이 대공황이 도처에서 동시에 발생한 것도 프랑스 전역을 휩쓴 것도 아니라는 점을 보여 주었다. 이것은 자발적인 유기체적 사회관의 입장에서 역사가들이 주장한 것과 상반된다. 르페브르는 대공황의 다섯 가지 경향을 고려해야 한다는 사실과 몇몇 지역은 전혀 영향을 받지 않았다는 사실을 보여 주었다. 마지막으로 르페브르는 매 경우 그 기원이 장소와 날

---

360 프랑스 대혁명 초기의 대공황 상태를 지칭한다.

짜라는 면에서 밝혀질 수 있는 이와 같은 경향들은 해당 조건들이 정한 경로를 따라 도시에서 마을로, 마을에서 도시로 **집렬체적**으로 전파되었다는 점을 보여 주었다. 하지만 그의 저서에서 볼 수 있는 가장 놀라운 사실은 한 운동의 가지성을 재발견하기 위해서는 계속적으로 **타자**의 합리성에 도움을 청해야 한다는 필요성에 직면한다는 점이다. 나는 여기서 몇 개의 관찰만을 상기하고자 한다. 대공황은 아주 구체적 조건들을 가지고 있다. 하지만 지방이나 시골에서 이 대공황을 통해 표현되는 것은 무엇보다도 파리와 비교해 볼 때 나타나는 이타성의 구조다. 여러 소식은 드물고, 더디게 도착하며, 참지 못할 정도로 기다려지기도 한다. 이 소식들이 도시에 도착하더라도 시골까지는 잘 퍼지지 않으며, 퍼지더라도 애매하게 전파된다.(농부들은 주로 장날 이 소식들을 접하는데 그때는 벌써 변형되고 낡은 소식들이 된다.) 이처럼 수도(그리고 베르사유 궁전)에서 볼 수 있는 사건들의 신속성과 시골에서 볼 수 있는 정보의 희귀성 사이의 대비는 각자에게 파리에서 **역사**를 만드는 이 **타자들**(귀족, 평민 대표, 파리 시민)과 비교해 볼 때 그 자신의 수동성을 가늠해 보게 한다. 훨씬 더 뒤에 자코뱅 사회는 지방과 심지어는 농촌까지도 조직화하려 든다. 불안하고 걱정스럽고 초조한 이 사람들은 당장에는 모두 자신들을 **타자들**(역사를 체험하는 자들)로서 느낀다. 왜냐하면 이들이 파리에서 역사를 만드는 주체들에 대해 아무런 영향도 미치지 못하기 때문이다. 따라서 **대공황**을 낳게 한 조건들 전체가 자리 잡는 것은 바로 각자가 자기 자신을 **타자**(타자들이 만드는 **역사**의 대상)로 발견하는 테두리 안에서다. 그러나 이 **대공황**이 본질적으로 "불한당에 대한 두려움"에서 생겼다는 사실은 놀랍다. 실제로 구걸이란 시골의 만성적 상처다. 도처에 걸인들과 유랑민들이 있다. 이들은 몰락한 농부들이었고, 식구가 너무 많은 가정의 아이들이었다. 그럼에도 불구하고 경작인들은 이들을 좋은 눈으로 보지 않았다. 소작농들과 심지어 일용직 농부들마저 이들을 농촌의 **"룸펜 프롤레타리아"**로 취급함과 동시에 이들에게서 자신들의 모습을 보았다. 왜냐하면 이들과 마찬가지로 그들 자신도 몰락해 유랑 생활을 하는 **타자**가 될 가능성이 계속 존재했기 때문이다. 하지만 농부에게 있어서 진정한 **타자**, 즉 다른 계급은 당연히 봉권적 권리를 가진 지주 귀족들이었다.

그런데 놀라운 사실은 도시에서 사람들이 *귀족들의 공모*를 두려워한다는 소식에 귀족 계급과 유랑민들의 총합적 연대가 단숨에 밝혀졌다는 것이다. 당연히 사람들은 이 현상을 합리적으로 설명할 수 있었다. 이른바 귀족들이 시골 사람들을 억압하기 위해 유랑민들을 *매수했다*는 설명이다. 하지만 이 해석은 *사후적*으로 하나의 운동, 그러니까 그 가지성이 이타성의 과정 자체에 있고, 또한 유랑민을 **절대 타자**, 그러니까 이중적 **타자**(비참한 자로서의 **타자**와 지배 계급의 용병으로서의 **타자**)로 파악하게 했던 하나의 운동을 합리화하는 것이다. 이때 이 운동은 그 자체로 이타성의 차원에서 ── 인간과 *실천*으로서의 억압적인 지배가 농부를 인간 이하의 인간의 상태로 떨어뜨린다고 주장하는 ── **타자**의 반인간적 행위로서의 범죄를 만나는 셈이다. 무엇보다 **절대적 타자**(그와 유사한 사람들을 노예 상태로 떨어뜨리는 잔인한 인간, 모든 점에서 인간과 비슷하지만 그의 유일한 목적이 인간을 제거하는 것이라는 점에서만 차이가 나는 잔인한 동물)에 있어 모든 이타성의 종합적 통합이 문제가 된다는 증거는 **백 년 전쟁** 때 입은 피해에 대한 기억이 간직된 일부 지방에서는 불한당들을 "영국 놈들"이라 부르고, 거의 전역에서 조심성 없이 이 유랑민–용병들을 *이방인*이라는 이름으로 불렀다는 점이다. 사실 직업 군대의 지지를 받았던 "귀족들의 음모"는 처음에는 *파리와 베르사유*에서만 의미가 있었다. 귀족 계급(그리고 이것이 일부 귀족들이 실제로 실시하려던 정책이었다.)이 파리 주변에 집결한 부대들을 이용하여 **제3계급**과 대중의 저항을 분쇄하려 했다고 생각해 볼 수 있다. 하지만 이 정책이 농부들의 눈에 나타나는 새로운 형태하에서 귀족 계급은 완벽하게 불합리하게 된다. 그러나 *이 정책은 같은 것이다.* 다만 **타자**의 환경에서 자신들의 무기력에 밀려 대상들, **타자들**의 세계로 빠져든 개인들이 바라본 시각에서 그러하다. 불한당, 그것은 **타자**의 원초적 환경에서 응시당한 *타인*으로서의 그리고 절대적 이타성의 성격으로서의 귀족의 음모다. 또한 그것은 적대적 세력으로서의 **역사**이고, 각자에게 낯선 것으로 오는 역사다. **대공황**의 복잡성을 더욱 증폭시킨 것은 — 르페브르가 증명했듯이 — 이 대공황이 여러 성의 소요와 약탈을 *야기한 것이* 아니라 그 반대로(비록 당연히 **대공황**이 드리워진 *가운데, 그리고 그 이후에도 훨씬 더 많은 약탈들이 있었지만*) 일련의 지방 봉기들에 뒤이어 생긴 것이라는 사실이다. 농부들이 성들을 포위하고, 점령하고, 종종 훼손했으며 또한 영주들을 폭행하기도 했다.

그런데 이와 같은 지방 봉기들도 또한 두려움을 일으키는 데 한몫했다. 이 봉기들은 **타자**의 반응에 대한 무서움(혹은 보복의 두려움)만 아니라 이 봉기들에 참여하지 않은 사람들에게(그리고 아마 얼마 후에는 거기에 참가했던 자들에게도) 두렵고 해로운 행위들 — 어느 정도는 성스러운 금기에 대한 위반이나 혹은 폭력의 두려운 폭발 — 로 비쳤다. 그런데 봉기에 불참한 이 농부들은 소요에 참여한 농부들과 같은 자들이었다. 이 행위(그들이 증오해 왔던 동일한 억압자에 대항했던)를 실제로는 자신들에 반해 행해진 것으로 포착하면서 이들은 자신들의 폭력을 한 명의 **타자**의 폭력이라고 생각했고, 또한 자신들과 같은 자들을 이방인들로 생각했던 것이다. 이처럼 성의 화재는 공동의 기억(기억의 구조인 이타성으로서)에서도 신성한 것 그 자체와 마찬가지로 흑백이라는 양면적 성격을 가지게 된다. 화재란 민중의 합법적 반란임과 동시에 다른 폭력, *타자*로서의 폭력이었다. 바로 이것이 이 폭력을 불한당들의 탓으로 돌리도록 유도하기도 했다. 이 기이한 폭력 앞에서 각자는 실제로 **역사** 앞에서처럼 **타자-대상**임을 느꼈다. 그리고 같은 방식으로 바스티유 감옥의 함락 소식은 전국에 유포된 소식이 되면서 다소 막연하지만 진실되고 긍정적 양상(민중이 바스티유를 함락시켰다.)과 동시에 이 사실을 합리화하는지 여부에 따라 동질이형의 부정적 양상(바스티유 함락은 귀족 계급의 민중에 대한 복수를 폭발시키게 된다.)도 띠게 되었다. 또한 바스티유 함락의 결과 한 떼의 불한당들이 파리를 탈출하여 시골을 습격했고(그럼에도 불구하고 이 해석에 의하면 파리는 부정적 원인과 악의 기원이 된다.), 결국에는 다소 모호하게(**혁명**에 반대적인 요소들이 여기에 조력했을 것이다.) 바스티유는 불한당들에 의해 함락되었던 것이다. 이는 우리가 잘 아는 경제적, 정치적, 사회적 이유들이나 불한당들의 두려움 혹은 역사의 굴절 환경으로서의 **타자적** *환경의* 성립과 같은 요인들 모두 결국 대공황을 설명하는 데는 부족하다는 사실을 의미한다.

사실 앞에서 인용한 요인들(불한당의 두려움까지 포함해서)은 일반적이다. 실제적 과정으로서의 **대공황**은 폭넓기는 하지만 국지적이다. 매 경우 증인들에게 *타자*로서 포착되는 국지적 사건에 의해 동요가 일어나야 하고, 집렬체성은 *현동화되면서* 퍼져 나간다. 우선 출현하는 것은 항상 *다른 것으로 여겨진다.* 이는 절대로 의미 착오의 경우처럼 사람들이 대상을 다른 대상과 혼동하는 것을 의미하지 않는다. 정확히 포착된 대상도 전파의 운동 자체에서는 실제로는 *다른 의미 작*

용으로 *선회한다*. 한 무리의 날품팔이 농부들이 우아즈[361] 계곡에서 항의한다. 주인이 이들이 요구하는 봉급을 주지 않기 때문이다. 지방 신문은 이렇게 보도한다. "그 소식은 *증폭되면서 퍼져 나갔다*. 모든 작은 행정 구역에까지 경종이 울렸다." 같은 지역의 다른 신문은 다른 해석을 한다. "멀리서" 보면 측량사들을 불한당으로 오인할 수도 있다는 것이다. 다른 곳에서는 *멀리서* 살인자 집단으로 오인했던 자들은 실제로는 마을의 민병대원들이거나 군인들이었다. 여기에서 *멀리서*란 우리가 상대하는 자가 누구인지 알지 못할 정도로 불확정 상태가 심각한 경우를 의미한다. 이 경우, 즉 증인들이 긍정적 해석과 부정적 해석 사이에서, 상호성과 이타성 사이에서, 인간과 반(半)인간 사이에서 선택할 수 있을 때면 *매번* 이들은 **타자**, **부정**(否定), 비인간성을 선택한다. 멀리서 바라본 인간은 예외 없이 인간과는 다른 하나의 **타자**다. 이것은 진행 중인 이 **역사**에서 그에 대한 증인이 **타자**로 느낀다는 점에서 그러하다. 그다음으로 강조할 점은 이타성이 그 자체의 규칙들을 만들어 낸다는 점이다. 각자에게 있어서 진실은 명백하게 된다. 이것은 이 진실이 부정적이고 타자에 관계한다는 점에서뿐만 아니라 또한 이 진실은 **타자**로서의 하나의 **타자**에 의해 전달된다는 점에서 그러하다.

결국 이것은 신뢰의 규칙들이다. 각자가 **타자**에 대해 믿는 것은 바로 **타자**가 타자로서(아니면 그 소식이 벌써 한 명의 **타자**로부터 각자에게 온다는 점에서) 전해 주는 것이다. 달리 말하자면 이 소식은 부정적인 소식인데, 이때 이 소식을 전달받는 자도 전달하는 자도 이것을 확인할 수 없었고 또한 확인할 수 없다. 그리고 양편이 갖는 이와 같은 무능

---

361 파리의 서북부 지역.

은 다름 아닌 부정적 총체로서 집렬체성 그 자체인데, 각자가 자신의 정보 제공자를 그 무능에도 불구하고 믿는다고 생각해서는 안 될 것이다. 이와는 정반대로 바로 이 무능이 *타자*로서의 각자에게서 **타자**에 대한 믿음을 *타자*로서의 진실의 전파 수단으로 기초하고 지지하는 것이다. 내가 신뢰를 한다면 그것은 확인할 수 *없어서*이거나 정보 제공자를 믿어서도(그렇다면 이것이 상호성의 직접적 관계를 회복시킬 것이다.) 아니고, 나의 확인 작업을 유보해서도 아니다. 왜냐하면 최악의 경우에 대비하는 것이 더 신중하기 때문이다. 내가 믿는 것은 다음과 같은 이유다. 즉 **타자**로서의 어떤 정보의 진실이란 바로 이 정보의 집렬체성, 그러니까 무능의 무한한 집렬체이기 때문이다. 이 무능은 현동화될 것이고, 현동화되고 있고, 현동화되었으며, 그리고 **타자**들에 *의해* 나를 진실의 *실천적-타성태적 중계자*로 구성하는 무능이다. 내가 이 정보를 믿는 이유는 *이것이 타자*(즉 **역사**가 실제로는 인간-이 아닌-**타자**의 역사고, 최악은 항상 확실하다는 원칙에 따르면)*이기 때문*이고, 이 정보는 그것과 관련된 인간을 낯선 종으로 제시하기 때문이고, 그 전달 방법이 *타자*적이고 비상호적이기 때문이다. 정보 제공자는 물질적 파장을 *전파할* 뿐 정보를 알리지는 않는다. 그의 이야기는 하나의 공포일 뿐이다. 요컨대 타자로서의 진실은 *전염에 의해* 하나의 상태로서 전달된다. 간단히 말해 이것은 **타자**들을 대면한 **타자**의 타자 상태이고, 바로 이 전염이 진실을 각자에게 확립하게 된다. 물론 이 경우 이 전염에 의해 각자에게서 실현되는 것은 결국 집렬체의 타자-존재다. 외치며 달리는 이 광인, 내가 이미 나의 무능을 아는 순간 다가오는 것을 볼 수 있는 이 광인의 말을 믿는다는 것은 결국 *한 사람의* **타자**에게 *있어서* **동등자**가 되는 것이고, 내가 이웃을 향해 광인이 되어 달려가는 것이다. **대공황**과 같은 *과정*에서 믿음이란 이타성 그 자체다. 이것은 이미 구성된 한 집렬체의 현동화 과정에서 이 믿음이 시간화하기 때문이다. 이처럼 전염성을 가진 이 사실은 집합태와 회귀성의 *외부에서는* 어떠한 가지성도 가질 수 없다. 이 사실을 낳은 기본적, 역사적 조건들이 어떠하든 간에 이 사실은 다음과 같은 경우 결코 연쇄 분해 과정으로 발생하지 않을 것이다. 즉 이 사실이 실천적-타성태적 장의 구조화된 시간성에서 일어나지 않는 경우 그리고 집렬체성의 무한한 집합체가 이 장의 작은 조각과 그물눈처럼 *이미 발생되지 않은* 경우에 말이다. 게다가 이 사실을 저지하려고 할 때 동시대인들은 바로 이 집렬체성과 이타성을 이용해 설명한다. 그러니까 그래 봐야 단지 충위만 바꾸는 것이라고 설명한다. 지방 신문과 지방 당국은 *이방인들*이 공포를 조장하려는 의도로 불한당들이 있다는 소문을 퍼뜨린다(또는 자신들이 불한당으로 여겨지게 한다.)고 설명한다. 이것은 결국 당신 스스로를 **타자**의 환경 속에 빠지게끔 방치하면서 당신 스스로는 **절대 타자**의 유희를 하고 있다는 것을 의미한다.

내가 이 예를 든 것은 현동화되고 있는 하나의 집렬체라는 이 새로운 시간적 대상을 보여 주기 위함이었다. 여기에서 문제가 되는 것은 용어의 일상적 의미에서의 하나의 역사적 *사건*, 즉 적대적이거나 합의에 기초한 행동의 총체화가 아니라 오히려 하나의 *과정*이다. 하지만 실천적-타성태적 장이 물질적 요구, 반(半)목적성, 경직된 의미 작용의 장이라는 면에서 볼 때 이 과정의 통일은 반드시 목적론적이고 의미 발생적으로 남아 있다. 달리 말하자면 **대공황**은 동시대인들에게 봉건 세력에 대한 농민들의 봉기를 겨냥하는 혁명 운동의 실천적 결과(그리고 이로 인해 집합태의 무기력에 대한 *집단*의 첫 반작용으로 약탈과 봉기가 수없이 일어났다. 조금 뒤에 제안된 연맹안도 역시 대중의 무력함에 대한 반작용으로 보였다.)로서 또는 농민 대중의 무력화를 통해 그들을 **제3계급**인 부르주아지에 맞서 싸우게 하려는 이민 귀족 계급(그리고 일부 하급 사제들)의 시도로 나타났던 것이다. 그 결과 **대공황**은 사실상 이중의 반목적성을 지니게 되었다. 이것은 집렬체가 **역사**를 *타자*로서, 그리고 인간적 무능에서 출발해서 경험했다는 단순한 사실 때문이었다. 대중의 여론은 **대공황**의 방식으로 형성되었고 이때 각자는 자신의 의견에 의해, 즉 *타자로부터* 자신의 의견을 가져오면서 스스로 **타자**가 된다. 왜냐하면 하나의 **타자**는 **타자**로서 그리고 스스로 **타자들**의 정보 제공자가 됨으로써 이 의견을 생각하기 때문이다. 이 단계에서 **이념**은 과정과 같은 것이 된다. 이 이념이 갖는 불굴의 힘은 아무도 이 이념을 생각하지 않는다는 사실에서 나온다. 즉 이 이념은 *실천*을 의식하는 순간으로 — 그러니까 행동의 변증법적 시간화 안에서 대상들을 통합하는 폭로로 — 정의되는 것이 아니라 하나의 실천적-타성태적 대상으로 정의된다는 사실에서 나온다. 물론 내 입장에서 볼 때 이 대상에 대한 자명성은 이것을 증명할 수도 없고, **타자들**에게서 이것을 변형시킬 수도 없다는 무력감과 일치한다.[362]

---

362 또한 집합체 안에는 다른 형태의 사상도 있다. 예를 들면 *존재태의 이념* 같은 것이다. 우리는 실제로 실천의 일반적 운동 안에서 실천적-타성태적 대상(예컨대 금화 같은 것)이 스스로의 이념을 만들어 내는 것, 즉 실천에 의해 이 대상의 물질성의 수동적 통일이 의미 작용처럼 구성되는 사실을 보았다. 이 대상이 하나의 집렬체의 자기-외-공동-존재가 된다는 점에서 볼 때 그러한 것으로서의 **이념**은 이성 혹은 분리 지표로서 이 집렬체의 통일이 된다. 이처럼 식민화의 실천적-타성태적 장에서 나타나는 물질적 체계로서의 식민주의, 달리 말하자면 식민자들의 *공동의 이해관계*로서의 식민주의는 그 전개 과정에서 자기 자신의 고유한 **이념**을 생산해 낸다. 다시 말하면 이 식민주의는 본질적 피착취자들과 *능력에 의한* 착취자들 사이의 실제적인 선택 수단이 된다. 그리고 만약 이렇게 해서 식민주의가 본질에 근거하여 피억압자를 지정한다면(즉 *영원의 상* 아래에서 착취 가능한 인간으로 지정한다면) 이는 식민주의가 스스로 파괴되지 않고는 그 조건이 —아무리 사소한 것이라 할지라도— 결코 변화하지 않으리라는 것을 의미한다. 식민주의는 피착취자를 영원한 것으로 규정한다. 왜냐하면 식민주의는 그 자체를 착취의 영원성으로 구성하기 때문이다. 피식민자들에 내려진 이와 같은 타성태적인 판결이(그 이데올로기적 형식하에서) 식민자들의 집렬체적 통일, 즉 이타성의 관계가 된다는 점에서 볼 때 이 판결은

타자로서의 **이념** 또는 **이념**으로서의 **타자**다. 따라서 이 판결은 돌처럼 경직된 **이념**으로 남는다. 하지만 이 판결의 힘은 부재의 편재성에서 나온다. 이와 같은 이타성의 형식하에서 이 판결은 인종주의가 된다. 결국 인종주의 속성은 ── 얼핏 머리에 떠오르는 예를 들었지만 수많은 다른 "주제들"도 이와 마찬가지다 ── 이것이 잘못되었거나 혹은 불길한 사유 체계가 아니라는 점이다. 그것은 *그 어떤 방식으로도 결코 하나의 사유가* 아니다. 이것에 대한 진술 자체는 불가능하다. 그리고 지적인 사람들에게서 볼 수 있는(아무런 악의가 없는) ── 예컨대 "지중해 연안의 인종들은 ……하다는 사실을 고백해야만 할 것이다."와 같은 순진한 자만심의 형태로 표출되는 ── 인종주의적 유혹은 이들에 의해 한결같이 별것 아닌 것으로서(그리고 객관적으로 발견 가능한 방식으로), 즉 사유가 조약돌이기를 원하는 은밀한 희망으로서 체험된다. 실제에서 인종주의는 이타성의 집렬체적 도피에 의해 식민지의 모든 식민자가 자신들 상호 간을 연결하는 관계로서 체험하는 식민적 이해관계다. 이와 같은 것으로서의 인종주의는 스스로를 자신의 무한한 깊이로서 나타내는 살아 있는 **이념**과 공통의 어떤 것을 갖고 있다. 그러나 이 깊이는 경직되어 있으며 동시에 엄밀하게 형식적이다. 왜냐하면 이 깊이가 무한한 집렬체에 의한 각 개인의 부정에 그치고 말기 때문이다. 달리 말해 이 이념은 추상성 *속에서* 자기 말들과는 *다른* 어떤 것으로 주어진다. 이와 동시에 이 이념은 매 순간 식민자와 피식민자 간의 관계 속에서 식민 제도를 통해 실현된다. 그리고 식민자들 상호 간의 기본적인 행동으로서의 이 이념은 오로지 이타성에 의해서만 보증되는, 거의 존재하지 않는 내용의 몇 개 문장으로 축소될 뿐이다. 왜냐하면 **타자-이념**이 그 말들을 보증하는 것은 고작 총체화된 집렬성으로서의 그 이념이 특정의 표현들로 환원됨을 거부한다는 그 단순한 부정뿐이기 때문이다. 우리는 다음과 같은 담론을 통한 규정 행위를 잘 알고 있다. 즉 "원주민은 게으르고, 도둑질을 잘하고, 더럽다. 강제할 때만 일을 하고 자신을 통제하지 못하는 영원한 미성년이다. 게다가 그는 보잘것없는 것에 만족하고, 미래를 생각하지 않는다. 이 세상에서 피식민자를 가장 잘 아는 사람은 식민자다 등." 이와 같은 문구들은 한 번도 실질적이고 구체적인 사유의 표현이 아니었고, 심지어 한 사유의 *대상이* 된 적도 없었다. 이 문구들은 적어도 이것이 피식민자에 대한 인식을 표명한다고 주장하는 한에서는 아무런 의미도 갖고 있지 않았다. 이 문구들은 식민 제도의 정착과 함께 나타났고, 그저 이타성의 한가운데에서 식민자들의 언어 규정을 통해 생산되는 제도 그 자체일 뿐이었다. 이와 같은 측면에서 볼 때 이 문구들을 언어의 물질적 요구들(모든 실천적-타성태적 장치의 *언어적 환경*)로 보아야 한다. 이 요구들은 집렬체의 일원으로서의 식민자들을 대상으로 하여 집단의 통일성 안에서 이들을 이들 자신이나 남에게 있어서 똑같이 식민자를 *의미하도록* 만들어 준다. 이 문구들이 이리저리 유통되고, 각자가 각기 자기 방식으로 이 문구들을 되풀이한다고 말해 보았자 아무런 소용이 없다. 진실은 이 문구들이 결코 교환의 대상이 아니므로 유통될 수 *없다는* 사실이다. 이 문구들은 *선험적으로* 집단의 구조를 갖고, 만약 두 식민자가 대화 속에서 이 생각들을 서로 교환했다 하더라도 이들은 사실상 특정 양태 속의 집렬체적 이성을 나타내는 이 문구들을 그저 하나씩 다시 현동화시켰을 뿐이다. 달리 말하자면 발화된 문장들은 ── 공동의 이해관계에 대한 준거로서 ── 개인에 의한 언어적 규정으로서 주어진 것이 아니라 *타자*의 견해로서, 그러니까 그가 **타자들**로부터 받고, 또 자신이 **타자들**에게 준다고 주장하는 견해로서 주어졌다. 왜냐하면 이들의 통일성은 오로지 이타성에 근거하고 있기 때문이다.*

* 물론 우리는 식민자로서의 자신들의 이해를 조직적으로 지키기 위해 연합한 식민주의 집단

을 상상할 수 있고 또 충분히 그런 사례를 알고 있기도 하다. 물론 식민자와 피식민자 사이의 긴 장이 고조될수록 이런 집단의 수는 증가한다. 그러나 우리는 여기에서 식민지 *환경*만을 다루려 한다. 다음 장에서 다시 언급하겠지만 군집 그 자체 *위*에서 구성된 집단의 존재는 그것의 현실 적인 묘사를 더욱 복잡하게 만든다는 것을 지적해 두겠다.

사실상 이 견해를 수긍하는 힘은 이것이 각자 안에서, 그리고 각자에 의해 **타자들**에 대한 완강 한 고집이라는 사실에서 나온다. 그리고 이 견해를 단언하는 사람의 확신은 집렬체 속의 다른 구성원들에게 이 주제에 대한 의구심을 불러일으킬 수 없다는 그 무력감(기쁜 마음으로 체험 된)에 근거하고 있다. 공동 목표의 산물인 **이념**은 아무도 이것을 사유하지 않는다는 사실에서 그 물질성을 획득한다. 그러므로 이 이념은 하나의 사물이 갖는 불투명한 자명성을 가졌다. 그 러나 *이* 식민자가 이것을 마치 하나의 사물처럼 준거로 삼기를 즐기는 순간, 다시 말해 사유할 수 없는 사유로서 생각할 때 그는 이것을 (식민지 안의 어디라도 상관없이) 어딘가 *다른 곳에서* 자발적으로 재발견되는 새롭고 신선한 오락으로 간주하는 것이다. 예를 들어 상냥하고 젊고 바 보스럽게 이상주의적인 한 식민지 관리는 식민주의를 배우는 중이며, 그의 내부에서 그리고 그 에 의해 이념은 하나의 체험을 판독하는 열쇠와도 같은 가정이다. 각자가 반복해 말하는 타성 태적 문구는 발명의 분출하는 힘을 *다른 곳에서* ─ 그러니까 타자에게서 ─ 또는 *이* 식민자가 되풀이해 말하듯이 *타자*로서 발견한다. 상투화된 문구는 이것을 재생산하고 있는 식민자가 *자 신이 자기 자신이면서 동시에 타자로서 타자* 안에 들어 있다는 그런 확신에서 나온다. 그러나 정확히 그는 자신의 체험을 스스로 갱신하거나 이념을 *자기 안에서* 새롭게 보증하기 위해 이 이 념을 재검토할 의도도 수단도 가지고 있지 않다. 살아 있는 *실천*으로서의 **이념**은 세상 속에서 *언제나 반박될 가능성이* 있는 핵심적 행동으로서, 그리고 이 행동 안에서 나타난다. 이것은 단 순한 이의 제기의 문제가 아니다. 왜냐하면 공동의 목표는 모든 이의 제기의 실질적 거부로부터 정립되기 때문이다. *이* 특정 식민자의 힘은 (공동의 끈으로서의) **이념**이 그에게 **타자**의 사유로 서, 즉 총체화된 이타성의 사유로서 왔다는 사실에 기인한다. 또한 그가 이것을 되풀이하여 말 하는 순간 그는 끊임없이 도망쳐도 언제나 다시 붙잡히는 *모든 타자*라는 사실에 기인한다. 이 와 같은 절대적 확신은 **타자들**에게서 ─ 또는 젊은이들에게서 ─ 노동, 통일, 투명성이 된다. 이 와 동시에 그는 여기서 이것을 생각함 없이 반복하기만 하는 **타자**가 됨으로써 *다른 곳에서 진정 이것을 생각하는* **타자**로서 자신을 확인한다.

자명성으로 파악되는 이 불투명성 그리고 무오류성으로서 포착되는 **타자**를 바꿀 수 없는 무력 함과 관련해 나는 이 **이념들** 하나하나가 실천적-타성태적 요구로서, 즉 정언명령으로서 강제 되고 있음을 상기한다. 이와 같은 의미에서 이 이념은 피식민자에 대한 식민자들의 연대감으로 서 구성되는 공동의 이해관계이다. 그러나 이 연대감은 집렬체성의 수준에서는 부정적 형태를 가 질 수밖에 없다. 그러니까 이타성으로 결정될 뿐이다. 그 결과 이 연대감은 다음과 같은 (부정 적) 사실로 나타난다. 즉 피식민자들에 대항하여 힘으로 유지되고 있는 소수의 식민자들 *각자 는 **타자** 안에서 위기를 맞는다는 사실*, 그러니까 집렬체 안 어느 곳에 발생하는 불길한 행동의 영향을 *무력한 상태에서* 받을지도 모른다는 위험을 무릅쓸 수 있다는 사실이다. 사실상 ─ 그 리고 이 특별한 경우에 있어서 ─ 식민자들의 집렬체적 통일성은 **절대적 타자**로부터 이들에게 오는 것이다. 그리고 이 통일성은 피식민자를 능동적 집단화(다수의 긍정적이며 종합적인 통 일)의 모습으로 비춰 보여 준다. 집렬체의 무력감은 피식민자들의 마법적 힘으로 구성된다. 이들은 억압 받고 있으며, 어떤 식으로든 여전히 무력하다. 그렇지 않다면 식민자들이 더 이상 거기 있지 못할 것이다. 그러나 동시에 "이들은 모든 것을 알고, 모든 것을 보고, 염탐하며, 즉각적으로 자기들끼리 정보를 주고받는다." 이 *피식민* **타자**의 *마법적 환경과 각 원주민의 전체에의 참여* 속에서 집렬체성은 각자에 대한 전체의 위협으로서의 무기력, 결국 *타자의 행동을 자기 것으로 삼아야 하는* 의무감으로 드러난다. 이때 타자의 행동은 전체의 합의에 의해 정립된 행동이 아니라 한 사람의 피식민자가 어떤 다른 사람이라도 자기에게 보여 주기를 원하는 그러한 행동이다. 물론 이 행동은 식민자들의 집렬체성의 이성으로서 **타자** *그 자체*다. 달리 말하자면 언제나 한 명의 **타자** 안에서 내게 영감을 주는 모델로 남아 있는 그 식민자다. 식민자는 아무런 *약점 없이* **타자** 안에서 생산된다. 그는 내 안에 *하나의 금지로서* 부과된다. 원주민의 인격에 대해 그 어떤 죄책감도 있을 수 없다. 결국 이것은 체계로부터 나오는 강제다. 따라서 피식민자에게 있어서 변화란 식민 장치의 파괴 없이는 이루어질 수 없다. *식민자는* 아무도 그것을 실현시키지 않는 한에서, 원칙적으로 집렬체의 부정적 이성으로서 그가 외부에 머물러 있는 한에서 *나에 의해 실현되기를 요구받는 어떤 존재다.* 어떻게 생각해 보면 식민자 한 명 한 명은 매 순간 피착취자 가운데에서 자신의 특수한 이해관계를 표현하는 한에 있어서 자신의 자유로운 행동에 의해 자발적으로 식민자가 된다. 그러나 이 수준에서 *그는 존재가 아니다.* 봉기의 위협이 구체화되었을 때 비로소 그는 하나의 존재가 된다. 그러나 이 경우 그가 각자와 맺는 실천적-타성태적 관계는 정언명령이 된다. 왜냐하면 **타자** 한 사람 한 사람이 각기 자기 자신을 책임지므로 그도 또한 **타자**에 대한 책임으로서의 자신을 생산해 내기 때문이다.

거기에서부터 집렬체성의 처녀지를 관통하는 이상한 마법적 관계가 생겨난다. 나는 타자를 실현시키려고 — 즉 *나 자신의* 이해관계로서의 농장의 유지에 필요한 것 이상으로 원주민의 요구 사항을 냉혹하고 부정적으로 외면하려고 — 한다. 이렇게 해서 나는 이 시도가 양도의 유혹을 느끼게 될 **타자** 안에서 강제의 마법적 힘으로서의 **타자**의 진정한 현전이 되기를 원한다. 물론 거기에는 비합리적인 것이 전혀 없다. 부정적 통일성의 강제적 현전으로서의 타자는 집렬체의 모든 구성원에게 주어진다. 우리에게 이는 똑같은 정언적 명령이다. 이를 내 행동 속에서 현동화하면서 나는 *모든 현전을 위해,* 그리고 점점 더 근접하여(점점 증식되지만 그러나 모든 운동이 다 그렇듯이 결국 소멸되고 마는 *현실의* 집렬체에 의해) 집렬체적 총체성을 위해 이것을 현동화한다. 사실상 이 예는 결코 (비록 집단의 존재가 나중에 그 구조를 복잡하게 만들기는 하지만) 통일성의 실질적 행동에 의한 다수 집단의 직접적인 통일이 아니다. 원천적으로 이 예는 그저 단순히 집렬체성의 한 항목으로서의 현동화일 뿐이다. 원주민에 대해 공개적으로 *신사적인* 행동을 보이는(즉 그와 나의 본연의 모습인 **타자**로서) 이 **타자** 안에서 *나는* **타자**로서의 *나 자신* (집렬체성으로 결정된 정체성)을 발견한다. 이와 반대로 이 특정의 불투명성 속에서 이처럼 완벽하게 자신이 타자임을 보여 주었던 **타자**는 내게 내 특정의 정언명령, 즉 내가 되어야만 할 **타자**로서의 공동의 이해관계가 된다. 이때부터 식민자들의 공동의 견해라는 구조로서의 *인종주의의 이념*은 나에 의해서 실현되어야만 할 타자의 테두리 안에서 정언 명령으로서 나타나는 경직된(*처음부터 경직된*) 행동이 된다는 것을 우리는 이해할 수 있다. 개별적인 언어 행동들에 의해 매번 확인될 것을 영원히 요구하는 인종주의의 이념은 이 확인들의 실제적인 총체화가 불가능함을 보여 준다. 즉 정언명령의 강도는 이것들 각개의 분리 지표와 정확히 비례한다. 결국 이것들을 반복한다는 사실에 의해 사람들은 원주민에 대한 만인의 동시적 연대가 실현 불가능

4. 집합적 존재로서의 계급

앞에서 우리는 *집렬체적 존재*를 공동 목표의 요구와 구조를 통해 이루어지는 복수성의 통일 같은 이타성의 관계에 대한 규정으로서 기술했다. 물론 이때 이 공동 목표는 그 자체 내에 있는 이 복수성을 있는 그대로 한정하고 있다. 또한 이 집렬체적 존재가 *실천적이라는* 사실을 우리는 보았다. 왜냐하면 이 존재가 실천적-타성태적 장에서 인간들의 *개인적* 활동들 사이에 정립되는 관계에 의해서 현실에서 지탱되기 때문이다. 그러나 이 존재는 각각의 실천적 유기체의 현실적 행위 속에서, 그리고 이 행위를 통해서 집합적인 것으로서 산출된다. 이와 동시에 이 존재는 또한 개개의 현실적 행동의 *무기력*으로 말미암아 *부정적 통일성*으로서, 그리고 위협적인(또는 마비시키는) 상호 의존성으로서 구성되어 있기도 하다. 이것은 물론 이 무기력이 실천적 장을 통해 **타자들**의 행동으로부터 개개의 현실적 행동으로 온다는 점에서 그렇다. 따라서 집렬체적 존재의 실체 자체는 실천적-타성태적이며, 그 변용은 단순한 변증법에서 태어난다. 어떤 경우에 이 행동은 수동성으로서 ── *무기력*에서 기인하는, 즉 **타자들**로부터 행위자에게로 오는 자격의 부여와 변형에 기인하는 좌절에 의한 집합태로서 ── 구성된다. 이 경우에 집렬체적 존재는 무수한 무력한 행동을

한 일임을, 그리고 이것은 언제나 부메랑처럼 되돌아온다는 사실을 폭로할 뿐이다. 또한 이 연대가 적극적 집단화를 실현할 수 있는 것은 오로지 피식민자에 대한 학살로 이어질 때만 그러하다는 것을 폭로해 준다. 영원히 식민자의 터무니없는 유혹인 이 연대는 비록 그것이 실현된다 해도 결국 단숨에 식민체제를 말살하는 것으로 귀결된다. 이 점에서 사유할 수 없는 *이념으로서의 인종주의* 그리고 정언명령으로서의 인종주의는 이타성의 행동으로서의 *집렬체적 이념*의 전형적인 예로 사용될 수 있다. 이와 같은 이타성의 행동은 *긴급하게*(달리 더 어떻게 할 방법이 없으므로) 실천적-타성태적 집단 통일을 *실현시키고*, 애초의 요구와는 모순되게 근본적 부정으로서, 즉 분리에 근거한 무력감으로서 이 통일성을 보여 준다.(원주)

통해서 혹은 무기력을 나타내는 행동을 통해 부동성이 되고 만다. 또 어떤 경우에는 식민자의 예에서 볼 수 있듯이 무기력 그 자체가 행동의 통일화를 위한 요청으로 나타난다. 그러나 이 경우에 행동은 진정한 의미에서의 *실천*이 아니라 실천적-타성태다. 왜냐하면 이 행동은 도피적이며, 그 이전에 만들어진 수동성으로서 **타자**를 실현하는 것에 불과하기 때문이다. 이때 실천적-타성태적 현실로서의 집렬체적 존재는 *과정*으로서, 즉 방향이 잡혀 있긴 하지만 외부적인 힘에 의해 유발된 전개로서 정의될 수 있다. 이 외부적인 힘은 무기력한 폭력에 의해 이루어지는 도피하는 통일성 속에서 다수성의 시간화로서 집렬체를 현실화하는 결과를 가져온다.

이와 같은 지적들을 통해 *집합태*란 단순히 특정한 사회적 현실의 존재 양식이 아니라[363] 실천적-타성태적 장의 차원에서 파악된 사회성 자체의 존재 양식이라는 것을 이해할 수 있다. 그리고 기본적, 근본적 구조라는 면에서 집합태라는 존재가 사회적 존재였다는 사실을 지적할 수 있다. 왜냐하면 사회성이 인간들 속에서 사물을 통해 단순한 인간관계를 극복하고 변질시키는 물질성의 관계로서 산출되는 것은 바로 이 실천적-태성태의 차원에서이기 때문이다. 게다가 하나의 집합태는 그 자체로 실천적-타성태적 장과 이 장에서 이루어지는 모든 수동적 활동으로 이루어진 일종의 축소 모형이다. 실제로 이 집합태는 실천적 행위 주체와 가공된 물질 사이의 가짜 상호성의 바탕 위에서 구성된다. 가공된 물질은 *다른 활동의 각인을 지니고 있다*는 점에서(그리고 일련의 분산된 실천의 충동하에서 전개되는 *인간적 행동* 속에 편입된다는 점에서) 집합태 내에서 다수성의 공동의 목표가 된다. 물

---

363   비록 사회적 현실 중 어떤 것은 오직 집합태적인 존재 양식만을 가지고 있는 것이 사실임에도 그러하다.(원주)

론 이 통일성은 이 다수성의 공동 목표다. 이렇듯 집합의 통일성은 유기적이거나 실천적인 것과는 달리 오히려 각인된 물질의 모든 특징을 지니면서 나타난다. 달리 말하자면 비유기적 물질성이 있는 그대로의 집합에게 더해지게 되는데 이는 공동 목표라는 각인의 내면화를 통해서 그 타성태적(또는 실천적-타성태적) 통일화로부터 더해지는 것이다. 그러나 이 물질성은 실천적 관계 속에서, 그리고 이 실천적 관계를 통해서 산출되는 무기적 물질성이기 때문에 *이타성의* 제한을 받는다.

이처럼 집합태 내부에서 가짜 상호성의 구조를 특징짓는 변증법적 운동에 있어서 인간의 다양성 위로 투사된 공동 대상이 포함하고 있는 각인으로서의 집렬체성은 공동 목표로 되돌아오고, 각자의 행동을 통해 이 목표를 *타자적 대상으로*(즉 **타자**의 *객체화로서의 또는 별개의 객체성으로서의 공동 목표로*) 결정하게 된다. 이와 같은 변증법적 계기에 있어서 대상은 그 자체의 인간들(노동자, 프롤레타리아 등으로서의 인간)을 **타자들**로 만든다. 이 타자들의 이타성이 곧 이 대상이며, 또한 이들은 이 대상에 직접 작용하거나 아니면 이 작용을 직접 겪게 된다. 이때 각자에게 있어서 이 대상은 **타자적 운명**이 되거나 **타자적 이해관계**가 된다. 이는 *각자의* 활동이 ― 이 활동이 공동 목표의 요청에 응한다는 점에서 ― 또한 사물의 경직성이라는 객관적 형태로 모든 사람들 속에 깃들어 있는 무기력을 드러내는 한에서 그러하다. 19세기의 부르주아 경제학에서 말하는 그 유명한 *무자비한 법칙*들은 집렬체적 무기력이 지배하는 실천적-타성태적 장에 나타난 희소성의 결과 이외의 다른 것이 아니었다. 이때부터 실제로 동일한 실천적-타성태적 개념들(동결된 목적성, 인간적 실천의 변증법적 법칙과 무기적 물질성의 양적, 분석적 법칙의 동시적 전도)은 집합태의 내부에서, 인간들의 각인된 통일체로서의 물질에게, 분자적 분산 상태와 인간관계의 물질적 부정으로서의 모임에게, 또 자유로운 *실천*이 **타자**의 실천적-타성태적인 활동과 가공된 사물의 실천적-타성태적인 요청 앞에서 비본질적인 것으로 나타나는 경우에 있어서 행동하는 개인에게 공동으로 적용된다. 사실 우리는 바로 거기에서 담론의 현실적이며 보편적인 양상을 찾아볼 수 있다. 왜냐하면 담론 그 자체는 실천적-타성태적 장에서 이루어지는 실천적-타성태적 지시이기 때문이다. 이와 같은 언어적 구조는 수동적 활동성과 활동적 수동성의 세계에 대해서 생각하려고 하자마자 사유의 현실적 도구가 된다. 개인이건 집단이건 간에 직접적이며 조직적인 실천을 통해 이 언어적 구조의 *실천적-타성태적인* 존재태를 파악하기만 하면 사물의 대리물로서 그것을 적절히 이용할 수 있는 것이다. 그리고 이 언어적 구조는 누가 이것을 특별히 발명한 것이 아니라 이타성의 환경에서 수동적 활동으로서 조직되는 언어 그 자체다. 이런 점에서 볼 때 이 언어적 구조는 한 집합태 내에서 그 집합태 자체가 된다. 즉 (각자의 현실적 행동하에서) 인간 존재에 대한 물질적 **관념**으로서 산출되는 공동 목표가 되거나 아니면 집렬체적 무기력의 환경 속에서 **타자**로서 행동하고 말하는 행위적 개인이 된다. 이 언어적 구조화(결정되지 않은 일련의 문장들을 구성하기 위한 실천적 도식)는 어떠한 차원에서건 간에 집렬체의 구성원으로서의 행위자(또는 행위자들)와 인간을 자신의 산물로서 산출하는 대상을 구별하기를 엄연히 거부한다는 특징을 가지고 있다.

사실 집합태에서 요구하는 것은 현실적으로는 *대상이다*. 왜냐하면 사람들이 이 대상 속에 이 요구를 불어넣었으며, 다른 사람들은 역사적 과정 전체에 걸쳐 이 대상이 이 요구를 유지하도록 해 놓았기 때문이다. 따라서 이 요구는 실제적으로 *비인간적*이다. 그 이유는 비유기적 물질이 주도적 환경으로 작용하여 *실천의 구조를 필연적으로 전도시키기* 때문이다. 이와 반대로 이 요구는 각자에게 있어서 *실제적으로 인간적이지만*(이 요구가 욕구 등의 바탕 위에서 이루어지고, 과거와 현재의 조건들을 미래를 향해서 극복하는 투기(投企)를 통해 나타나기 때문에) 사물에 의한 군집의 통일성으로서 산출된다는 점에서는 *비인간화*를 가져온다. 따라서 이 요구의 현실성은 각자에게 꺾일 수 없는 것으로서 나타난다. 왜냐하면 이 요구는 무기력을 물질성으로서의 집렬체의 부정적이며 총체화적인 관계로서 산출하기 때문이다. 그뿐 아니라 이 무기력의 바탕 위에 나타나는 이타성의 구조는 인간으로 하여금 **타자**로서, 또한 **타자들**에 의해서 조건 지어진 상태에서(그리고 **타자**로서 그들을 조건 짓는 상태에서) 요구하도록 강요한다. 그 결과 결국 각자의 필요도 — 비록 유기체 내에 이 유기체의 현실적 부정으로서 직접적으로 현존하고 있기는 하지만 — 무기력 때문에 타자의 **필요** 또는 **타자**로서의 필요로 체험되는 것이다.

이러한 수준에서 보면 빈민촌의 아이들에게 햇빛이 필요하다고 말하는 것, 이 자동차에는 휘발유가 필요하다고 말하는 것, 이 방을 "빗자루로 쓰는 것이 필요하다."라고 말하는 것, 프랑스에는 아이들이 필요하다고 말하는 것 등은 모두 같게 되고 만다.[364] 그런데 이와 같은 구조와 그 표현 방식을 다만 자본주의 사회의 소산으로 돌리고, 또 이것을 자본의 역사적 산물이라고 생각하는 것은 완전히 잘못이다. 사실 우리는 다른 예들을 — 내용에서는 다르지만 본질적으로는 동일한 — 사회주의 사회에서도 발견할 수 있다. 폴란드의 한 신

---

364 문제는 —사회적, 정치적 차원에서 볼 때— 이 존재와 언어의 구조를 부정하는 데 있는 것이 아니라 실천적-타성태적 장을 청산하기 위해서 함께 행동하는 데 있는 것이다.(원주)

문 기자는 **포즈난** 사건[365] 2년 전에 바르샤바의 모든 벽에 널려 있던 다음과 같은 문구를 인용하면서 분노하고 있다. "결핵은 생산에 제동을 건다." 그가 분노한 것은 옳은 동시에 잘못된 일이다. 이 문구가 육체노동자로서의 결핵 환자를 세균이 기계에 대해서 갖는 단순한 부정적(그리고 타성태적) 관계로만 본다는 점에서 그의 분노는 옳다. 실제로 한 집합태 내에서 집렬체적 다수와 공동의 물질적 대상이 갖는 완전한 등가성을 이렇게 분명하게 표현하고 있는 구호는 별로 없을 것이다.[366] 그러나 다른 한편 이 문구는 어리석은 것도 거짓된 것도 아니다. 이것은 실천적-타성태적 장의 요구 때문에 능동적인 지도 집단이 집렬체적 모임으로 해체되는 것을 의미하는 관료 조직의 표현이다. 사실 관료 조직이란 통치의 원리와 수단으로서 설정된 **타자**다. 이것은 집단의 해체가 인간들을 실천적-타성태적 끔찍한 장 속으로 완전히 가두어 버렸다는 것을 의미한다. 그렇다고 해서 인간이 인간의 미래이기를 멈춘 것은 결코 아니다. 하지만 이 미래의 인간은 *인간적인 사물로서* 인간에게로 다가오는 것이다.

이런 시각에서 보면 변증법적 고찰은 앞에서 제기한 질문[367]에 답

---

365 1956년 6월 이 도시에서 폴란드의 자유를 요구하는 노동자들의 폭동이 일어났고, 그 결과 고무우카가 복권되었다.

366 과연 지상 명령으로서의 *생산*은 생산자들의 힘과 활동을 비본질적인 수단으로서 흡수하면서 생산되는 재화의 양이다. 이 문구는 그것이 합쳐 놓은 개념들의 실질적 동질성을 주장하고 있는데 이런 점에서 보면 결핵은 그 누구도 앓지 않는 *통계적인* 병, 즉 가령 이것 때문에 삭감되는 노동 시간에 따라서 평가되는 병이다. 결국 생산과 결핵의 관계는 인간의 노동을 기준으로 대상을 규정하는 동사에 의해서 표명되어 있다. 사실 *제동을 건다*라는 동사는 오늘날 어떤 기계적 조직이건 간에 그 내부에서 야기되는 자연스러운 변화를 가리킬 수 있지만, 이와 같은 말을 사용할 수 있는 것은 인간이 수천 년 전부터 가공된 사물들 내부에서 *브레이크*라는 이름의 어떤 내면적 관계를 만들어 놓았기 *때문이다*. 따라서 이 표현은 물질적 요구와 물질적 환경에 의한 부정 간의 실천적-타성태적 관계로서 선악 이원론적인 유형의 반목적성을 설정하는 결과를 가져온다.(원주)

367 원서 360쪽에서 제기한 질문 "계급의 실천적-타성태적 현실을 어떻게 정의할 것인가?"•(편집

을 할 수 있다. 그 고찰의 결과 우리는 *실천적-타성태적 수준에서* 보면 계급이 하나의 집합태임을 알게 되었고, 또한 *계급적 존재란* 다수자가 형성하고, 이 다수자에게 과해진 집렬체성의 지위를 가지고 있다는 사실을 알게 되었다. 그러나 아직도 몇 가지 밝혀야 할 것이 남아 있다. 따라서 우리는 19세기 전반기의 산업화가 만들어 낸 프랑스의 프롤레타리아를 다시 예로 들어 짧게 기술하게 될 것이다.

집합태들은 특별한 기도의 결과이자 목적성의 근본적 전도이기에, 그것의 주관적인 실존을 믿게끔 할 수는 있지만, 객관성 안에서 연구해야 하는 개별적인 힘을 가지고 있다. 한 사회의 경제 체제는 *집합태*이기 때문에 우리는 이것을 스스로 작동하며 자신의 존재를 유지하는 경향이 있는 체제로 이해할 수 있다. 특히 마르크스가 자본의 과정이라 부른 것은 반드시 유물론적 변증법에 의해 이해되어야 하고, 또한 이것이 부여한 엄격한 해석에 따라 이해되어야 한다. 하지만 이 과정이 "군중의 원자화"에, 그리고 결과적으로 회귀[368]에 대한 부

자주)
• 더 정확하게 인용하자면 사르트르는 거기에서 이렇게 말한다. "우리는 계급의 실천적-타성태적 사회성을 당장에 정의하려고는 하지 않겠다."

368   중세 공동체에는 원자화의 흔적이 없다. 중세 공동체는 인간 대 인간의 관계(개인적인 의존)에 기초한 특별한 구조를 가졌다. 중세에는 "각각의 노동 안에서 개인들의 사회적 관계가 사물들의 사회적 관계로 위장되기는커녕 이들 자신의 개인적 관계로 분명하게 규정된다."(『자본론』 1권, 89쪽)•라고 마르크스가 쓴 바 있다. 하지만 이와 같은 봉건 구조가 변질이나 순환적 회귀 그리고 몇몇 경우에 있어서 도피의 관점을 방해하는 일은 결코 없다. 예컨대 *교회*의 현실이 그러하다. 이 교회의 현실은 성직자들의 개인적 관계나 성직자들과 세속인들 간의 관계의 총체와는 전혀 다르다. 종교적 소외의 이 거대한 실체가 실존하며 전 유럽에 그 소유권과 특권의 무게를 드리우고 있다면, 이것은 교회가 신자들의 주관적 공동체 실현에 자신의 통일성을 두려는 경향에 따른 것이 아니다. 오히려 이는 교회가 탈총체화된 총체성으로 남고자 하는 것이다. 그리고 교회 밖에 혹은 교회 내부에서 교회에 가해진 모든 행동은 무한한 도피의 관점에서 사라진다. 진정한 문제는——여기에서 우리가 연구하고자 하는 문제는 아니지만——회귀와 소외가 언제나 마주치게 되는 과거보다는 미래다. 사회주의 사회는 어느 정도로 원자설을 *그 모든 형태하에서* 추방할 수 있을까? 우리의 소외의 지표인 집합적 대상은 진정한 상호 주관성의 공동

분적 책임이 있는 것이 사실이라면 이 과정은 이것을 유지하는 데 기여한 회귀의 환경 안에서 그리고 이 환경에 의해서만 "생산의 결정적 관계"로 존재할 수 있다는 것 또한 사실이다. 마르크스는 『공산당 선언(*Manifeste du parti communiste*)』에서 이렇게 쓰고 있다. "자본은 집단의 산물이고, 수많은 개인의 결합된 노력을 통해서만 작동하며, 특히 마지막 심급에서는 사회 전체의 개개인 모두의 결합된 노력을 통해서만 작동할 수 있다. 그러므로 자본은 개인적인 힘이 아니고 사회적인 힘이다." 그러나 이 사회적인 힘은 마르크스가 말한 "평범하게 사실적이고 전혀 상상적이 아닌 신비화와 전도"에 의해 "개인들의 외부에 존재하는 것"으로 부과될 것이다. 그리고 『자본론』의 한 구절(프랑스 번역본에는 빠졌었는데 다행히 막시밀리언 루벨[369]에 의해 복구된)은 이 전도의 기원을 이렇게 설명한다. "생산의 *사회적* 과정에서 인간들의 순전히 원자적인 행태와 생산에 대한 이들의 고유한 관계가 그 통제와 개인의 의식적 활동을 벗어나면서 취하는 *사물화된* 형식은 무엇보다도 이들 노동의 생산물이 일반적으로 상품의 형태를 띠고 있다는 점에서 분명하게 드러난다. 바로 그렇기 때문에 물신-돈이라는 수수께끼는 물신-상품에 다름 아니다." 이처럼 마르크스가 『공산당 선언』에서 상당히 비관적으로 말하고 있는 것과 같이 개인들의 실제적 생산

체 안에 어느 정도로 용해될 수 있는가? 이런 공동체의 유일한 실제적 관계는 인간들 간의 관계일 것이다. 그리고 모든 인간 사회가 탈총체화된 총체성으로 남아 있게 되는 필연성은 어느 정도로 회귀와 도피, 결국 진정한 통일의 한계로서의 통일-대상을 유지할 것인가? 소외의 자본주의적 형태의 소멸은 소외의 모든 형태의 억압과 일체가 되어야 하는 것인가? 여기에서 우리는 이폴리트가 『마르크스와 헤겔에 대한 연구(*Etudes sur Marx et Hegel*)』에서 제기한 질문을 다시 접하게 된다.(원주)
• 카를 마르크스, 『작품집』 1권(플레야드판), 612쪽 참고.(편집자주)

369 막시밀리언 루벨, 『카를 마르크스, 지적 전기 소고』, 350쪽. 이 텍스트는 『자본론』 2장 마지막에 실려 있다.•(원주)
• 『작품집』 1권(플레야드판), 630, 1640쪽.(편집자주)

관계에 사물의 비인간적 성격을 부여하는 것은 "개인들의 결합된 노력"이라기보다 무엇보다 개인들의 분리와 원자화다. 그 증거로서 부르주아 경제학자들은 자발적으로 노동자와 고용주의 이해관계의 연대를 말하는 것이다.

사실 완성된 상품은 연대가 이루어진 기도의 결과처럼, 즉 지도부, 기술자들, 고용주들, 노동자들을 포함하고 있는 집단적 활동과 노동의 결과처럼 제시된다. 단지 부르주아 경제학자는 이 연대가 *타성태적 물질* 안에서 현실적 관계의 전도로서 나타난다는 점을 알려고 하지 않는다. *인간들을 의미한다고 주장하는 타성태적 각인인 이 거짓된 통일성*은 사실상 대립과 집렬체의 관계만을 가리킬 뿐이다. 인간의 노력을 그 비인간적 통일안에서 *결합하는* 것은 바로 대상, 오로지 대상일 뿐이다. 실제로는 반사회적 힘(즉 실천적-타성태)만이 존재하는 곳에 하나의 선행하는 합의가 있다고 믿게 할 수 있다면 그것은 이와 같은 수동적 통일이 — 그 근본적인 이질성 안에서는 — 어떤 종류의 인간적 통합을 가리킬 수도 없기 때문이다. 달리 말하자면 이 통일은 기계의 사회적 기원을 전적으로 비결정적인 것으로 남겨 둔다.(예컨대 **역사**의 어느 순간에서 특정한 기계가 자본주의 체제를 가진 나라에서 생산되었는지, 아니면 생산 수단이 사회화된 나라에서 생산되었는지를 말할 수 있도록 해 주는 것은 아무것도 없다.)[370] 어떻게 "사물화"가 회귀를 통해 인간에게 온다는 것을 모를 수가 있는가? 그러니까 인간을 자신과

---

370 반면에 동일한 기계는 그 *자체로서* 동시대의 생산 수단과 기술에 대한, 그리고 *그로부터* 가공된 물질이 사용자들 사이에 설정하는 경화된 구조들에 대한 정보를 줄 수 있다. 하지만 생산 수단이 어디서나 동일하다는 점에서 보면 이 타성적 구조 역시 어디서나 동일하다. 공동의 *실천*이 그 구조들에 다시 넘어가 구조들을 유연하게 하거나 다른 영역에서 균형을 이루게 하는지 혹은 구조들을 저버리는지를(노동 시간의 감축, 여가의 조직, 문화 등) 알아볼 수 있는 것은 집단의 수준에서다.(원주)

는 다른 **타자**로 행동하게 하며, 그가 실제로 맺는 관계를 **타자들** 사이의 관계로부터 규정하는 것과 같은 것으로 온다는 사실을 말이다. 우리는 *가격*이 회귀의 작용하에서 결정된다는 것을 살펴보았다. 또한 우리는 이 가격이 누구도 그런 방식으로 진행되는 것을 원하지 않았음에도 모든 사람에게 즉각적으로 부과된다는 것도 살펴보았다. 아울러 우리는 판매자와 구매자 사이에 맺어지는 구체적 관계는 비본질적인 외양 속으로 떨어져 버린다는 사실도 살펴보았다. 가게 안에 들어가서 인사를 하고, 가격을 알아내고, 흥정을 하고, 망설이고, 마침내 구매를 하는 이 모든 행위의 계기들은 몸짓에 불과하다. 교환은 이미 조정되었고, 가격은 결정되었으며, 인간들의 관계를 결정하는 것은 바로 이 *사물*이다. 마르크스가 종종 주장했듯이 자본주의 사회에서 모든 것이 *타자*라면 그것은 무엇보다도 원자화가 사회적 인간을 자신과는 다른 **타자**로, 즉 그 역시 자신과는 다른 **타자들**인 **타자들**에 의해 결정되는 타자로 만들기 때문이다.

노동자가 자본주의의 산물이라는 점에서 볼 때, 즉 노동자가 개인들이나 사유 집단의 소유인 산업 장비를 이용하면서 빼앗긴 재산을 생산하는 월급자로 일한다는 점에서 볼 때 19세기 초반의 노동자계급은 국가 생산의 전체에서, 즉 자본으로서의 기계 전체, 그리고 노동자에게 기계를 통해서 자본의 증대를 생산하도록 강요하는 것으로서의 기계 전체 안에서 그 부정적인 공동 목표를 찾아낸다는 사실을 우리는 보았다. 우리는 또한 계급의 공동 이해관계는 이와 같은 부정의 부정일 뿐이라는 사실, 즉 공동의 타성태로서 체험된 운명의 실천적인 부정에 불과할 뿐이라는 것을 보았다. 따라서 *인간적 요구*로서의 실천적 조직은 그 자체 안에서, 그리고 실천적-타성태적 장 안에서 노동자들이 자신들 사이에 맺어지는 관계들의 구성적 구조라는 것을 인식해야 한다. 제2서에서 이 점에 대해 좀 더 자세히 보게 될 것이다. 그리고 이 조직은 수단인 동시에 목적이다. 왜냐하면 이 조직은 운명에 저항하는(즉 특정 체제 안에서 이 기계로 이와 같은 운명을 만들어 낸 사람들에 저항하는) 투쟁의 수단임과 동시에 실천적-타성태적 장에 대한 미래의 재내재화와 영원히 활동 중인 조직 한복판을 향한 그 와해로서 제시되기 때문이다. 이 조직은 구체적 총체화로서 생산수단과 생산 전반을 담당하게 될 것이다. 노동자는 인간 다수가 언제나 집단의 *실천*으로 변화되어야만 자신의 운명에서 벗어나게 될 것이다. 따라서 그의 유일한 미래는 사회성의 두 번째 단계, 즉 한 집단의 통일성 안에서(집합-환경의 불화 안에서가 아니라) 이루어지는 것으로서의 인간적 관계에 속하게 된다. 마르크스가 노동자의 사회성을 언급한 것은 바로 이런 의미에서였다.

하지만 이 사회성이 실천적 장의 두 가지 상호적 양상의 *부대적인 부정*으로 나타난다는 사실을 지적해야 한다. 즉 운명으로서의 공동 대상의 부정과 계열체성과 같은 다수성의 파생적 부정이다. 달리 말하자면 개인들 다수의(조직화된 집단 안에서의) 극복에 대한 여전히 개인적인 투기(投企)로서의 사회성은 집렬체성 자체를 무기력의 관계로서 폭로한다. 이 집렬체성은 공동의 목표를 사회화하는 경향의 행동을 향해 극복해야 하는 존재다. 다른 한편 이 사회성은 각자에게서 그의 투기의 고유한 구조로서 나타나며, 이렇게 해서 그 자체로 활동적인 조직들을 만들어 내기 전에 동일한 다수의 기도들로 분해된다. 이것은 이 사회성이 공동의 목표가 발생하는 집합태의 구조 자체에 의해 각자에게서 규정된다는 점에서, 그리고 *이 사회성이 우선은 결과를 갖지 않는다는 점에서*(즉 19세기 초반과 근본적으로는 리옹의 견직물 공장 직공의 항거까지) 혹은 이 사회성이 상호적 관계를 촉발하는 것으로 그친다는 점에서 그러하다. 이처럼 사회성은 기본적으로 통일을 향한 복수성의 극복으로 나타나는 한에서 고립으로 드러난다. 이것은 단순히 *각자에게서* 조직적 기도는 바로 이것이 극복하고 부정하는 것에 의해 부정되기 시작한다는 점, 즉 무기력의 관계인 집렬체성에 의해 부정되기 시작한다는 것을 의미한다.

좀 더 자세히 살펴보면 그 *어떤 공동 행위의 필연성*도 인간들 사이의 선행 관계로부터만 출현할 수 있다는 점 그리고 이 필연성은 이와 같은 기본적인 관계의 극복과 전복으로서만 주어질 수 있다는 점을 우리는 이해하게 된다. 순수한 상태를 상정해 볼 수 있다면(순수한 상태라는 것은 자유주의의 사회적 원자들이 아니라 사회적 관계들로 연결된 추상적이지만 실제의 개인들이다.), 또 목표에 의해 상호성이 이타성으로 변형되는 현상을 사상(捨象)해 버린다면 우리는 인간관계의 무한한 분산이 어떻게 그 자체로 재결집의 수단을 만들어 내는가 하는 것을 결코 이해할 수 없을 것이다. 우리의 역사에서는 완전히 터무니없는 이와 같은 생각은 다음과 같은 경우에 그 논리적 가능성의 자격으로서 하나의 의미를 간직하게 될 것이다. 그러니까 앞에서 지적한 유기체들, 즉 생명을 가지고 있고 **우주**에 속해 있지만 우리 역사의 우연적이고 기본적인 성격인 희소성에 의해 미리 결집되어 있지 않은 그런 유기체들의 경우가 비모순적이라고 가정하는 경우가 그것이다. 이와는 정반대로 희소성 위에 세워진 실천적-타성태적 세계에서는 대상이 인간들 사이를 가깝게 하면서 각인을 통해 이루어지는 격렬하고도 수동적인 통일을 이들의 다수성에 강요하게 된다. 그리고 이 대상이 (식민 지배를 받는 사람들, 착취당한 사람들에게 있어서) 하나의 위협일 때, 실질적 이해관계로서의 이 대상이 위협받을 때(식민자들과 착취자들에게 있어서) 무기력의 통합은 격렬한 모순으로 변형된다. 통합은 모순 속에서 그 자체를 부정하는 무기력과 대립한다. 뒤에서 우리는 이 계기의 가지성을 살펴보게 될 것이다. 지금 내가 강조하고 싶은 것은 단지 이타성의 힘으로서의 무기력은 우선 그 부정적 형태 아래서는 통합이라는 사실, 우선 그 수동성의 형태 아래서는 행동이라는 사실 그리고 우선 반목적성의 형태 아래서는 목적성이라는 사실이다.[371]

앞에서 살펴본 것처럼 **흑인들**이 대다수를 차지하는 도시에서 소수 백인이 취하는 일종의 공동 행동이 있다. 다만 (모든 유기체적 창조를 제외하고) 이 행동이 공동의 성격을 띠는 것은 모두가 이 행동을 모방하면서도 개인은 결코 이 행동을 *취하지* 않기 때문이다. 어쨌든 가공된 물질이 인간을 지배하는 상황에서 인간들의 실천적 통일은 이 통일에 의해 이루어지거나 시작되어서는 안 된다. 이런 의미에서 1830년 노동자들의 공동 *계급적 존재*는 **운명-기계**와 억압과 구속의 조직들을 마주한 노동자들의 상호적 관계들의 집렬체다. 이것은 극도의 무기력이 *동시에 통일체라*는 점에서 그러하다. 사실 노동 시장의 존재는 대립과 분리가 이타성으로 체험되는 노동자들 사이에 적대적인 상호 관계를 창출하게 된다. 우리는 자신들의 노동력을 파는 개인들로 이루어진 이와 같은 부정적인 총체 안에서 각 개인은 자기 자신인 동시에 **타자**로 나타난다는 것을 보았다. 이와 동시에 우리는 노동 자체는 생산 양식에 따라서 긍정적인 상호 관계나 분산의 관계를 낳는다는 것을 알고 있다. 19세기에 자본주의적 집중이 노동자들을 결집

---

371 나는 *사회성*이라는 개념을 이와 같은 세 가지 개념으로 이해한다. 변증법적 연구 이래로 통일, 행위, 목적성의 근원적 기초는 실천적 장을 향해 이전 상황들을 극복하는 통일적이면서도 재조직화하는 개인적 실천이 분명하다. 그러나 우리는 또한 다음과 같은 사실도 또한 알고 있다. 즉 이 개인적 실천은 실천적-타성태의 더욱 구체적 수준에서는 *자기 자신을 더 이상 인지하지 못한다*는 사실, 따라서 이 수준에서 이 실천은 가공된 물질의 해를 끼치는 행위를 위해 스스로를 상실하기 위해 존재한다는 사실이 그것이다. (원주)

시키는 경향이 있었다고 하더라도 분산 역시 중요한 요소로 남아 있었다.(프랑스 전역에서 이루어진 산업들의 분산, 거주 집단의 분산 등등) 그렇지만 노동자는 자신을 노동자로 만들고, 자신의 노동과 그가 복종하는 착취의 형태에 의해 자신을 규정하는 객관적 특징들을 의식하는 경향이 있다. 노동자는 차츰 자신의 객관적 현실을 포착하고, 바로 이것을 통해 동료들의 현실을 포착한다. 그러나 자신들의 생산물의 생산물이라는, 그리고 이 생산물 주위에 조직화된 사회의 생산물이라는 그들 공동의 특징은 몇몇 사람에게서 아주 분명하게 나타난다 해도 이것이 행동 안에서 체험되지 *않는다*면 이들 사이에 추상적이고 개념적인 정체성만을 정립할 뿐이다. 우리는 이것을 다음과 같은 의미로 이해해야 한다. 즉 이와 같은 공동 특징은 시장에서의 적대 관계와 노동에서의 연대성이라는 이중의 모순적인 상호 관계 안에서 명백히 드러나고, 또한 특히 지역적 권리를 요구하는 행동이 발생한 기회에 초기의 실패와 포기를 통해 매일매일 명백히 드러난다는 사실이다. 노동 운동의 초창기에 저항이 자발적이고, 무기력하며, 곧장 진압되었을 때 패배자는 *이와 같은 무기력* 안에서 스스로를 실현하며, 이 무기력을 이와 같은 조건에 처한 사람들의 집렬체적 분산으로 체험한다. 하지만 이 객관적 조건은 자기 동료들과 맺는 일상적 관계를 통해 실현되며, 공동 행동을 다시 취하려는 모든 노력을 가로막는 것이 바로 이 객관적인 조건이다.

이 모순적인 관계들의 무한한 복수성은 노동자인 그의 조건(특히 그 자신이 자기 동료들의 경쟁자라는 사실)을 규정하는 동시에 *그 계급*을 무한한 집렬체로 만들고, 이 계급을 구성하는 개인들의 무기력 속에서 이 집렬체적 통일성을 도처에서 발견하는 한정되지 않은 집렬체로서의 계급을 구성하는 개인들의 무기력 — 정확히 이 무기력이 이 개인들의 분리에서 비롯하기 때문에 ─ 속에서 찾아내는 것이기도 하다. 착취는 모든 사람의 수동적 통일로 (단지 조건의 동일성으로서가 아니라) 드러난다. 이 경우에 각자는 **타자들**의 고립을 자기 자신의 고립으로 체험하며, 자기 무기력을 통해 타자들의 무기력을 체험한다. 집합태로서의 계급은 인간들과 함께 이루어진 물질적 사물이 된다. 왜냐하면 이 계급이 인간의 부정으로서, 이 부정을 부정하는 집렬체적 불가능성이기 때문이다. 이 불가능성은 계급을 통해 사실상의 필연성을 만든다. 이것은 변화시킬 수 없는 운명이다. 이것은 실제적인 연대가 아니며, 이와 반대로 연대의 결여에 의한 운명들의 절대적 통일이다. 각각의 노동자는 다른 모든 **타자**의 타성태에 의해 자신의 타성태가 공고해지는 것을 느낀다. 조직화된 각각의 소집단은 이 계급을 자신의 노력을 중성화시키는 보편적 도피로서 느낀다. 형성 중인 이 프롤레타리아에게 있어서 **타자**는 우선 **타자들**의 집렬체적 총체화(그 안에서 그는 **타자**로서 나타난다.)다. 이 타자들이란 그를 포함한 모든 사람, 이들 각자에게 있어서 실업자나 혹은 좀 더 낮은 월급 노동자의 가능성을 대표하는 타자들이다. 요컨대 그는 **타자**로서의 자기 자신이고, 집렬체화되고 총체화된 그의 대립들은 그가 노동 시장에서 *자기 고유의 반목적성*이라는 사실에 의해 표명되며, 수요를 낮추게 하는 **타자**로서 나타난다. 이 집렬체화된 대립 혹은 부정적 집렬체성(시간 관계상 시장에 대한 것을 제외하고는 이 연구를 아주 멀리까지 진행시키지는 못했다.)은 대립의 상호성에 근거한 이타성의 첫 구조를 구성하며, 모든 **타자**에게 모든 노동자를 *자기 자신으로서* ─ 그가 그 자신의 적이라는 면에서 ─ 구성한다. 하지만 같은 순간에 이와 같은 대립들의 집렬체적 통일은 **동일자**와 **타자**의 모순으로서 설정되고, 이것은 통일시키는 *실천*을 요구한다.

그런데 역설적이지만 아주 논리적으로 통일-*실천*을 그토록 어렵게 만드는 것은 이와 같은 대립들이 아니다. 오히려 이 대립들은 그 자체를 요구의 공동 통일에 통합시키는 극복 안에서 그 진실을 발견함을 우리는 곧 보게 될 것이다. 19세기 초반에 노동자에게 무력감을 준 것은 시공간적 분할 배치로서의 이타성이다. 노동의 실질적 상호성의 수준(최초의 긴장을 부인하고, 계급의 실천적-타성태적 진정한 긴장을 만들어 내는 이타성의 구조)에서 보면 무기력을 만드는 것은 바로 분산이다. 사실 이 단계에서 각자가 자기 고유의 *실천*에 대한 실천적-타성태적 현실로서의 자신의 *계급-존재*를 객관적으로 이해하는 일(우리는 이것을 앞에서 연구했다.)은 자신의 동료가 그의 특별한 계급-존재를 상호적으로 포착하는 것을 내포한다. 이러한 이해는 (적어도 그 당시에는 이론적으로가 아니라) *실제적*으로 우정, 상부상조, 노동으로 형성되는 관계 등을 통해 이루어진다. 별자리처럼 촘촘하게 서로 연결된 이 상호성은 프랑스 전역을 통해(그리고 다른 집단들과의 관계들, 즉 몇몇 프롤레타리아의 고향 마을들과 공화국의 프티부르주아 정치 집단들을 통해) 계속 이어졌고, 계급은 계급-존재들의 무한한 집렬체인 *환경*으로 설정되었다.

그러나 이 환경은 노동자의 *객체적 표상*이 아니다. 노동자는 매 순간 이 환경을 실천적인 무기력으로 실현한다. 노동자 신문이 계급 행동의 현실적 결정을 통해 창간되었다는 것을 노동자가 알게 된다면 이 노동자는 *동시에* 다음과 같은 집단, 즉 실천적-타성태적 내부로부터 이 노동자에게 이 집단의 존재 내에서 무기력과 분리의 구조를 부인하라는 명령[372]으로 그를 자극하는 그런 집단의 직접적 영향

---

372 집단에 속하지 않은 자의 눈에 비친 집합적 행동의 *명령적* 특징은 인간의 자유가 물질의 실천적-타성태적 장에서 *타자*로 표명될 수 있는 유일한 방법이라는 것을 우리는 이해했다.(원주)

을 받는 것으로 나타난다. 하지만 이와 동시에 이 한정된 사업이 먼 *곳에서* 이루어졌기 때문에(그는 신문 사업이 구상된 도시에서 일하지 않는다. 그곳에서 온 동료가 그에게 이 사업에 대해 말해 주고, 신문 한 부를 보여 주었다.) 이 사업은 그 자신 및 각자의 부정적 결정인 것으로 드러난다. 사실상 이 사업은 그 자체 안에서 계급-행동으로서 환경의 총체화는 항상 가능하다는 사실, 그리고 이 총체화는 수동적 전체의 깊이 있는 진실이라는 것을 직접 보여 준다. 그러나 또한 계급-총체화에 비춰 보면 이 사업은 이와 같은 *총체화가 아닌 것으*로, 아무것도 아닌 것으로 정의된다. 그리고 어쨌든 단순하지만 피할 수 없이 대자적으로 정립된다는 사실에 의해 이 총체화를 부정하는 것으로 정의된다. 그러므로 이 사업은 그 자체로 다수성의 타성태적 통일성으로서의 군집 계급을 가리키게 된다. 집단 해산의 순간에 파리 동지들의 자발성을 배우는 리옹의 노동자는 그 자신을 타성태로, 무기력 속에 빠져 있는 것으로 구성한다. 이것은 단지 그가 파리의 동지들과 합류하는 것을 방해하는 거리(사실상 모든 것에 연결되어 있는) 때문이며 또한 리옹에서는 이들의 사업을 모방할 때가 아직은 아니라는 상황 때문이기도 하다. 동시에 이와 같은 불확실한 시기에 리옹의 노동자는 주도권의 내용에 대해서는 주저하고 있다. 그는 기독교 이념을 완전히 떨쳐 버리지 못했다. 그는 파리의 동지들도 이 이념으로부터 해방되지 않았다는 것을 알고 있다. 그 결과 그가 생산된 대상(신문, 신문이 지지하는 사상들, 신문의 선전들 등등)과 맺는 관계는 아직은 *미확정*으로 남아 있다. 이와 같은 모순된 관계 속에서 실현되는 것은 여기서도 역시 공동의 계급-존재다. 만약 실제로 이 집합태에서 어떤 집단이 ─ 아주 소규모일지라도 ─ 구성되고, 또 이 집단이 알려진다면 이 집단의 통일성은 모두와 각자에 의해 부정적으로, 그리고 집렬체적 타성태와 능동적 조직 사이를 이어 주는 일종의 매개로 체험된다. 각자는 **타자들**과 수동적이지만 부정적으로 통일되어 있다. 이것은 그가 *저기*를 부정하는 부분적 총체화 작용의 운동에 의해 전체적 총체화 작용의 순간으로 결정된다는 점에서다. 또한 그가 몇몇 구성원들에 의해 모든 구성원들의 타성태적 현존재로서의 군집-계급으로 결정된다는 점에서다. 그러나 그가 그 자신과 소집단 사이에서 환경의 타성태적 두께를 통해 단선적이고 종합적인 내부 연결(이 연결은 집단에서 개인으로 향한다)을 정립하는 동시에 이 연결의 미확정성과 집단 행동의 근본적인 미확정성이 이 관계를 미확정적(부정적도 긍정적도 아닌)으로 남아 있게 한다. 그 결과 종합적 내면성의 관계는 환경에 공통으로 소속된 집렬체적 관계에 의해 흡수되어 버린다.

다른 한편 지역적 시도들의 — 지지를 받지도, 감행되지도, 유지되지도, 계속되지도 못했던 — 실패로 각각의 집단은 패배 속에서 집렬체적 도피라는 운명에 대한 부정적 연대의 재발견으로부터 계급의 능동적 연대를 계급-대상의 타성태적 강요로 이해한다. 그런데 여기에서 문제는 노동자들 사이의 이익 투쟁이 아니다. 문제가 되는 것은 이들의 분리다. 집렬체적 방법을 통해 동요*시켜야* 하는 확정되지 않은 환경과 마주하여 집단은 자신의 왜소함, 무력함과 연약함을 포착한다. 달리 말하자면 집단은 공동 실체의 연약한 형태로서 스스로를 포착한다. 그리고 이와 동시에 집단은 동요하는 활동성 속에서 자기 자신의 깊이와 연약성을 구성하고, 또 그것을 결정하는 실체와의 "미시-조직"(나는 유기체적이나 게슈탈트적인 의미에서 이 단어를 취하지 않았다.)의 관계로 이루어진다. 물론 계급-존재는 시간화된 분리로 나타난다. 그 이유는 정치적 교육과 선동의 모든 작업이 "군중의 수동성", 즉 군집-계급의 집렬체성에 근원지가 있는 *이력 현상*(hystérésis)을 암시하기 때문일 뿐만 아니라 노동자들 각자의 역사에 따라 서로 다른 정도의 정치화와 해방이 있기 때문이며, 또한 공간적 분산이 시간적 분산을 배가시키기 때문이다.

어쨌든 계급의 역사적 현실과 특수한 구조가 생산 양식과 생산관계에 의해 생산된 소수의 사람들에게서 정의되었다는 점에서 볼 때 이 계급의 일반적 구조와 가지성은 다음과 같은 두 가지 사실에서 유래한다. 이 계급의 공동 대상이 집렬체적으로 구조된 환경으로 이 계급을 구성한다는 사실이 그 하나다. 다른 하나는 다른 계급들과 대립되는 모순들에 의해, 똑같은 실천적-타성태적 총체를 통해 다른 계급들이 이타성의 부정적 통일성으로부터 *유기체적 실천의 효모*를 이룬다는 사실이다. 고대 프롤레타리아의 예에서 보면 노동자는 *계급 안에* 있다. 이것은 프롤레타리아가 **타자들**에 의해 조건 지어진다는 점에서, 즉 그는 그 자신이고, 또한 그 자신에게 있어서 항상 **타자**라는 점에서, 또한 상품으로서 그의 노동의 힘은 그가 아닌 **타자**, 즉 소외되었다는 점에서 그러하다. 그는 계급 안에 있다. 이것은 그 자신의 타성태가 **타자들**의 타성태 위에 정립된다는 점에서, 그리고 각자 안에서 **타자**로서 **타자**의 타성태로 계급 자체가 된다는 점에서 그러하다. 그 결과 이 계급-존재는 흔히 투표에서의 기권, 패배주의, 낙담이나 포기 등과 같은 집렬체적이고 부정적인 실천들로 표현된다. 이와 같은 실천들은 각자에게서는 완전히 집렬체성이다. 이런 의미에서 계급-공동-존재는 완벽한 엄격함 속에서 노동자의 행동이 "후퇴 중"인 시기에 나타난다. 이 계급-공동-존재는 각자 안에서 ― 개인의 모순과 그의 삶의 물질적 조건에서 출발해서 ― 자신과 모든 **타자**에 비해 자신을 노동자의 **타자-존재**로 만들어 내는 운명이 되는 것이다.

이런 의미에서 내면화된 공동 대상으로서의 계급-공동-존재는 자신의 일부들, 서로 다른 일부들에게 부과되는 총체성도 아니며, 동일성의 보편적 재생산으로서의 개별적인 계급-공동-존재를 무한정 되풀이한다는 것을 함축하기 위한 말도 아니며, 때때로 노동자의 조건으로 명명되며 모두에게 공통되는 조건들의 총체를 지칭하는 방법도 아니다. 모든 사람은 체험의 가장 피상적 수준에서 계급 *안에* 있다. 왜냐하면 일련의 무한한 관계들이 이 관계들을 통해 통합되는 인간적 용어들에 의해 환경으로 실현되기 때문이다. 그러나 우선 있는 그대로의 이 환경은 인간들과 인간의 환경이 되는 이들의 대상 이외의 다른 것이 아니다. 달리 말하자면 이 환경은 사물을 통한 노동자들의 상호적 관계로서의 상호성이다. 이와 같은 상호성이 곧 *인류임*과 동시에 모든 사람의 동질성과 타성을 포함한다. 게다가 환경은 체험 이후의 단계에서 집렬체적으로 구조화된 수많은 다수성을 드러내기 위해 해체된다. 이 순간에 각자에게 있어서 *계급-공동-존재*는 이제 더 이상 *계급적 존재*가 아니다. 실제로 이 계급-공동-존재는 각자의 **타재**(他在)-존재다. 이는 그가 **타자**들의 전진적 집렬체에 의해 **타자**로서 구성되었기 때문이다. 그리고 이 계급-공동-존재는 집렬체 내에서 자신의 위치를 차지하는 각자의 **타자**-존재다. 이것은 각자가 **타자**들을 구성한다는 점에서 그러하다. 계급은 집렬체들의 총체화된 집렬체로 존재한다.

이런 이유로 한 계급에서 다른 계급으로의 계속되는 전이들, 중개인들, 불확실한 집단들을 발견했다거나 발견했다고 믿었던 것은 실제로 그다지 중요치 않다. 만약 우리가 계급을 그 구성원들을 감싸는 전체적이고 종합적인 형태로 생각해야 한다면 우리는 다음과 같은 두 가지 사실로 인해 크게 당황할 것이다. 하나는 부르주아 경제학자들이 기꺼이 실현하는 한 계급에서 다른 계급으로의 미세한 이 이

행들로 인해서다. 다른 하나는 이와 같은 새로운 회의주의가 발견했다고 주장하는(그리고 논리적 구조에 의해 논점이 대머리인가, 베일을 쓴 것인가, 뿌리 있는 것인가라는 낡은 논쟁을 닮은) 논리적 궁지로 인해서다. 그러나 만약 계급이 집렬체들의 집렬체적 총체성이라면, 이 집렬체들의 총체가 대체로 노동자의 **타자**-존재로 계급적 존재에 해당된다면 집렬체들이 결국은 흐트러지고, 분해되고 또는 **타자**로 바뀐다 해도 아무런 상관이 없다. 이와 반대로 이 노동자는 무한하거나 한정되지 않은 집렬체의 본질(실천적-타성태의 결정으로) 속에 있는 것이다. 이처럼 이 노동자는 다른 계급들에 속하는 다른 개인들의 타자-존재에 의해 수평선에서 사라지고, **영원한-타자-존재** 속에서 스스로를 결정하게 방임하는 무기력의 **절대적 타재**의 자격으로 계급적 존재 본질 속에 있는 것이다. 이와 같은 성찰은 계급의 무게 자체에는 어떤 변화도 주지 않으며, 실제적으로는 비효과적이다. 긴장의 경우(즉 결국 끊임없이 지속되는) 이타성은 매개의 수준에서 봉쇄되어 더 이상 어떤 일도 일어나지 않거나 아니면 매개가 일어나 해방된 두 개의 집렬체들은 이들이 일으키는 투쟁을 통해 정의되기도 한다. 역으로 한 계급의 역사적 실재를 정확히 정의할 수 있을 때, 이 정의가 이 계급의 모든 구성원들에게 적용될 때 집렬체들은 무한히 계속될 것이다. 왜냐하면 이 집렬체들은 순환적이 될 것이기 때문이다.

그러나 계급의 집렬체성은 개인(그가 누구든, 또 그가 어떤 계급에 속하든)을 인간화된 사물로 정의되는 존재로 만든다. 이 존재는 또한 실천적-타성태적 세계에서는 주어진 조건에서, 주어진 물질적 산물과 함께 엄격하게 상호 교환될 수 있는 그런 존재다. 결국 노동자 계급(우리가 이 예를 선택했기 때문에)을 특징짓는 것은 투쟁 집단의 조직화된 *실천*은 그 원천을 실천적-타성태의 중심부 속에서, 무기력과 타성태의 불투명한 물질성 속에서 *이 물질성의 극복*으로서 취한다는 점이다. 이렇게 해서 계급의 다른 형태, 즉 *실천* 속에서 총체화하는 집단은 수동적 형태의 중심부에서, 그리고 *그것의* 부정으로서 나타난다. *전체가 활동적인 계급* — 즉 모든 구성원이 단 하나의 *실천*으로 통합될 계급, 그리고 여러 기구가 대립하기는커녕 통일성 안에서 조직될 계급 — 은 노동자들의 역사 가운데 아주 드문(그리고 모두 혁명적인) 몇몇 순간에만 실현되었을 뿐이다. 노동자 체험의 진보와 객관적 조직에 대한 문제(이것은 하나이며 같은 것이다)를 아직 말하지 않더라도 실천적-타성태에 대한 가지성의 관점에서만 보면 **운명**이자 동시에 **운명**의 **부정**인 프롤레타리아가 *자신의 형태 자체 내*에서 모순적이며 생동적인 실재를 구성한다는 것은 분명하다. 달리 말하자면 프롤레타리아는 항상, 그리고 역사적 상황에 의해 정의된 규모와 비례해서 계급-공동-존재의 타성태적 통일성을 갉아먹는 집단의 실천(또는 대부분의 경우 집단 활동의 다양성)이라는 점은 분명하다. 따라서 모순적인 이중의 통일성으로 생산되는 계급이 문제가 된다. 왜냐하면 아주 다른 조합의 기초와 재료로서의 집렬체성-타성태적-존재가 진정으로 노동자들의 존재 안에서, 그리고 **존재**에 *의해* 이루어지는 이들의 통일성이기 때문이다. 이것은 이들 노동자들의 가혹한 운명이 이들의 분산[373]에서 유래하고, 또 이와 같은 분산을 확산시킨다는 점에서 그러하다. 이것은 또한 활동적인 조직이 **존재**에 대항하여 구성되고 이 조직의 통일성이 오로지 실천적임에도 불구하고, 달리 말해 *실천*이

---

373 여기에서 말하는 *분산*은 집중의 과정이 접촉을 증가시키면서 분산을 줄어들게 도울 수 있을지라도 이 집중의 과정과 역사적인 관계를 가지고 있는 것은 아니다. 분산의 장이 다소간 넓을 수는 있지만 그럼에도 이 분산이 필연적으로 흩어진 복수성에 의해 체험된다는 점에서 볼 때 이는 근본적으로 이타성의 무기력에 지나지 않는다. (원주)

사회적 장의 재조직을 향한 타성태적 **존재**의 조직적 극복으로서 지속적으로 진행 중인 노동으로서의 다양한 통일성임에도 불구하고 그러하다.

그렇다고 해도 다음과 같은 사실을 지적해야 할 것이다. (1) 집단적 *실천*은 기본적 공동-존재라는 기초 위에서만 이루어질 수 있다. (2) 이 실천은 이 실천에 의해 극복되고, 이 실천을 그 한계와 효율성(다용도 기계들의 압력하에 형성되었던 것과 같은 프롤레타리아의 실천적-타성태의 특징들을 통해 시간화 자체 내에서 우리가 1900년경 조직화된 조합의 실천에서 살펴본 바와 같이)에서까지 정의하는 바로 이 존재에 의해 구조화되어 있다. (3) 이 실천은 이타성과 관계가 있으며, 적대 관계들을 통해 이 실천과는 독립적인 다른 조직들과 더불어 집렬체성의 관계에 있다. 그리고 새로운 이 집렬체성을 유도하는 환경은 집합태로서의 계급으로 재발견된다. (4) 모든 조직은 — 앞으로 살펴보게 될 것처럼 — 매 순간 집렬체성(몇몇 나라에서 볼 수 있는 몇몇 조합의 관료주의와 같은)으로 용해될 위험이 있거나 혹은 공동-존재의 타성태로 곧바로 재추락할 위험이 있다. 물론 이와 달리 같은 순간에 *가공된 물질로서의* 집합태-계급은 자신의 모든 타성태, 즉 존재-통일성과 타성태적 의미들이 되어 버린 실천적 통일성을 각인처럼 감수하게 된다. 이렇게 해서 — 집렬체에 대한 조직화의 진보가 있든 없든 간에 — 노동자 계급은 자신의 모순 속에서 서로서로를 정복하기 위해, 즉 자신에게 자신의 무생물적 생산품과 똑같은 인간 사물의 지위를 부여하는 **존재로부터** 벗어나기 위해 사람들이 경주하는 가장 끈기 있고 가장 눈에 띄는 노력을 대표한다. 그리고 실천적-타성태적 존재의 장은 끊임없이 스스로 폐쇄되거나 끊임없이 그럴 위험을 내포하고 있다. **존재**는 사람들의 행동을 충만한 자유 속에서도 화석화시킬 때까지 나아간다. 이와 같은 새로운 경험의 순간은 우리들에게 실천적-타성태의 장 그 자체는 아직 **역사**의 추상적 구조에 불과하다는 것을 보여 준다. 이타성의 세계가 자기 극복의 조건과 원칙을 집렬체적 통일성으로 생산해 내지 못한다면 이 실천적-타성태의 장이 실제로 구성되는 것은 불가능하다. 지금 우리가 살펴보아야 하는 것은 바로 이 **존재**에서 조직으로의 이행이다. 우리는 지금까지 개인적 실천과 집합태의 수동적 활동에 대한 변증법적 가지성을 포착했다. 이제 이 집단적 실천의 가지성을 포착하고 확정해야만 한다.

5. 실천적-타성태적 장의 가지성

실천적-타성태적 장을 두루 횡단했으며, 폭력과 어둠과 속임수로 이루어진 이 장이 *과연* 변증법적 가지성을 현실적으로 지니고 있는지, 달리 말해 이상한 겉모습을 가진 이 세계가 엄격한 합리성을 내포하고 있는지 여부를 알아보고자 했던 것이 우리의 의도였다. 이제 우리는 실천적-타성태적 장에 포함된 모든 대상, 그 속에서 발생하는 모든 과정은 변증법적 전개의 규칙을 따르고 있다고 확신한다. 또한 그 덕분에 이 과정에 대한 *이해*가 항상 가능했을 뿐 아니라 실천적-타성태적 장에서 이루어진 연구의 구조화가 *명증성 안에서 필연성의 발현*으로 실현되며, 그런 까닭에 개인의 자유로운 실천 내에서 필연성은 *타성적 행위의 필연성*으로 드러난다고도 확신한다. 달리 말하자면 성취된 행동의 실천적 체험 속에서 객체화의 계기가 개인의 실천적 변증법의 필연적 목표로 나타나며 ── 그 대상으로서 목표 속에 포함되고 ── 다시 새로운 계기의 발현으로 나타난다. 그리고 이 새로운 계기(실천적-타성태의 계기, 혹은 근본적 사회성의 계기)[374]는 개인적 실천의 총체적이며 투명한 변증법으로 되풀이되면서 더 복잡한 변증법의 첫 번째 계기로 구성되는 것이다. 이것은 실천적-타성태적 장이 집단과 가공된 물질의 공통 구조인 수동적 행위를 위해 개개의 객체화된 *실천*에서 *그 자체의 부정*이 됨을 뜻한다. 이처럼 객체화의 순간은 그 변증법적 필연성을 타성태에 의해 *지양되고 유지된* 유기체적 활동으로 규정한다. 왜냐하면 그것은 개인 주체나 연구의 논리 필증성의 입장에서 보면 사물화하는 사회성의 *수동적이며 원초적 위상*에 의해 행위 주체나 모두에게서 개인성의 극복으로 나타나기 때문이다. 우리는 또한 필연성을 세 번째 계기로서의 또 다른 자유(통일되는 자유)로 이행시키며, 새로운 유형의 연구에서 하나의 전복의 원리를 발견하기 위해 이 사회성에 대한 연구를 충분히 천착한 바 있다.

그러나 우리가 기술한 — 그리고 피상적으로 드러나는 것과 같은 — 이 변증법적 운동은 *그 어떤 가지성도* 갖고 있지 않다. 심지어 그 현실적 조건을 환기해야 한다면 우리는 외부의 변증법으로 떨어지고 말 것이다. 우리가 실천적-타성태, 그리고 집단을 통해 이루어지는 이 실천적-타성태의 부정에 대한 가지성은 자유로운 실천을 통해 나타나는, 그리고 실천적-타성태적 장의 변화와 상이한 종류의 행위를 통해 이루어지는 변증법적 힘의 작용 속에 있다고 진실로 믿어야 한다면 오로지 **마법**이나 **숙명**만이 대상 속에 흡수된 개인적 *실천*이 집단의 변증법의 첫 번째 계기로 변모하는 새로운 부정의 기원이라고 설명할 수 있을 것이다. 투명성으로서의 자유로운 *실천*에 대한 가지성은 그 어떤 경우라도 실천적-타성태에 대한 가지성이 아니다. 이와

---

374   근본적이란 용어가 그 어떤 역사적 *선험*과도 관련되지 않았음을 우리는 이미 지적한 바 있다.(원주)

마찬가지로 개인의 *실천*, 타성태적 행동, 공동의 행위가 *인간적 실천*으로서 파악된 *동일한 힘*이 보여 주는 발전의 세 가지 계기라고 상상하는 것은 부조리하고 이상주의적인 태도일 것이다.

실제로 뚜렷이 구분되는 두 *개*의 변증법이 존재한다. 실천적 개인의 변증법과 실천으로서의 집단의 변증법이 그것이다. 그리고 실천적-타성태의 계기는 사실 반(反)변증법의 계기다. 실제로 이것은 두 개의 극단적 부정의 중간에 포함되어 있다. 하나는 *자기부정*으로서의 자신의 생산물에 여전히 집착하고 있다는 측면에서 행위 도중에 실천적-타성태를 만나는 개별적 행위의 부정이다. 다른 하나는 집렬체의 실천적 거부로서 집단 자체 내에서 구성된 집단적 통일성의 부정이다. 그러나 이와 같은 반변증법의 물질적 장에 변증법이란 이름을 부여할 수 있다면 그것은 바로 이 이중의 부정 때문이다. 그 안에서 각자의 행위는 비유기체와 외면성의 타성태 속에서 가짜 내면성과 결부된 행동과 통합의 힘을 지닌 흉측한 힘 앞에서 소멸된다. 이와는 정반대로 지난 세기 노동자 계급에서 발전되었던 단순한 통일 운동은 — 지나치게 취약하고 제한적이었던 최초의 통합을 뛰어넘어 비록 무기력한 점도 있지만 — 불굴의 인간적 힘을 간직한 계급, 근본적 총체성의 집렬체화로 충분히 구성될 수 있다. 따라서 실천적-타성태의 과정에 대한 가지성은 몇몇 단순 명료한 원리에 근거한다. 이 원리 자체는 실천의 장 속에서 개인적 실천과 행위자의 복수성이란 것을 근거로 고려한다면 내면성의 일방적 관계라는 종합적 모순이다. 사실상 모든 객체화는 직접적으로 *변질*을 내포하고 있다. 마르크스주의자가 사회주의 사회에서는 인간이 "자신의 생산물의 생산물"이 아니라 자기 자신의 생산물이라고 주장할 때, 그가 말하고자 하는 바는 다음과 같은 것이다. 만약 인간이 그 자신의 생산물이라면 그는

(자기 자신 안에서 그리고 **타자들** 안에서) 자신의 유일한 객체화가 될 것이라는 것이다. 이렇게 해서 객관적 존재는 객체화의 실천과 동질적인 것이 된다. 그러나 만약 개인이 자신의 실재를 물질적 대상에서 찾는다면 이때 반변증법이 시작된다. 각인된 비유기체는 인간의 존재로서 주어진다.

그런데 아주 특수한 이 상황은 분명 희소성의 장 속에서 공존하는 개인의 다수성에 의해 좌우된다. 달리 말하자면 가공된 물질을 통해 나의 *실천*의 효과와 자유를 제한할 수 있는 것은 오로지 물질적 상황을 기반으로 한 **타자**의 자유로운 *실천*뿐이다. 비록 역사적 가치는 거의 갖지 않지만 바로 이런 의미에서 볼 때 『반뒤링론』에서 볼 수 있는 계급에 대한 설명은 옳은 것이다. 그러나 역설적이지만 이 설명은 한정된 사회적 과정의 재구성으로서가 아니라 가지성의 변증법적 표상으로 옳다. 엥겔스는 실제로 농업 공동체에서 노동의 생산물이 상품으로 변할 때 계급(즉 사회성의 실천적 타성태의 유형으로서 집합태)이 형성되기 시작한다고 선언하고 있다. 나는 엥겔스에 의해 제시된 사례가 모두 논점에서 벗어나 있음을 보여 주었다. 왜냐하면 이 예들은 우리에게 몇몇 공동체가 이 공동체를 에워싸고 있는 부르주아 사회나 그 자체와 거래 관계에 있는 부르주아 사회의 영향하에서 해체되고 있는 공동체를 보여 주기 때문이다. 그러나 *가지성을 위해서*는 이 사례로 충분하다. 왜냐하면 상품의 특징은 외부로부터 농민 노동의 생산물 쪽으로 가기 때문이다. 엥겔스는 ― 우리도 그와 마찬가지이다 ― 토지는 공동의 재산이며, 농민은 자신과 가족이 먹고살기 위해 생산을 한다고 가정했다. 이와 같은 농촌 노동의 계기에서 보면 생산물은 목적도 객관적 한계도 아니다. 이것은 먹고살기 위한 수단이라는 점에서 노동의 목적이다.

*타자*의 자유로운 실천의 계기로서의 *객관적 수요*가 생산물을 *타자*로서 정립하는 것은 바로 교환 ── 특히 부르주아 사회와 저개발 사회 사이에서 실현되는 ── 에서부터다. 다시 말하자면 이 교환 행위는 노동을 흡수하여 교환 가능한 물건이 된 생산물을 "생산-소비"의 내적 순환에서 빼내어 그 자체를 독립적 대상으로 만든다. 물론 장래의 구매자가 지닌 단순한 욕망에 따라 생산물에 부여된 관념적 구조가 문제 되는 것이 아니다. 그러나 이런 변화는 부르주아가 주도하는 공동의 행위(식민화, 반(半)식민화, 탈영토화를 위해 공동체를 포위하는 일련의 움직임)와 자신과 거래하는 사회로부터 마을의 해체를 실현하는 모든 일련의 과정에서 일어난다. 생산물은 *실제*로 상품이 된다. 그러나 여기에서 중요한 것은 이런 변화가 개인의 자유로운 실천에 강요된다는 점이다. 객체화는 대상이 자기 스스로를 목적으로 설정한다는 점에서 대상의 생산이 된다. 이 경우 생산물은 인간이 되며, 또한 그런 것으로서 인간은 그 자체로 생산물이 된다. 그러나 이와 같은 변화는 그 자체의 온전한 가지성을 지닌다.

잠시 모든 집렬체적 과정과 실천적-타성태적 장의 변화는 접어 두자. 그래도 여전히 다음의 두 가지 사실은 남는다. (1) *하나의 실천*(구매자의 실천 혹은 구매자들 집단의 실천)은 생산자의 자유를 훔친 것이다. 자유로운 기획의 *대상*이란 점에서 생산자는 즉각적인 소비의 대상이 아니라 상품을 생산하는 행위를 하게 된다. 이 경우에 객체화는 *다른* 것이 되는데, 왜냐하면 **타자**의 자유로운 행위의 장 속에서 이 대상을 생산하기 때문이다. 자유를 제한하는 것이 바로 자유인 셈이다. (2) 그러나 이 두 개의 실천은 오로지 실천적 장 속에서만 모든 물질성의 매개를 통해서만 맞부딪칠 뿐이다. 일정한 상황에 의해 *하나의 실천*이 *다른* 실천의 의미를 훔칠 수 있게 된다는 것은 단지 다음을 의미하게 된다. 즉 하나의 실천이 객체화되는 대상은 다른 실천의 실천적 장 속에서, 그리고 이 장의 재구성을 통해서 다른 의미와 반목적성(그 생산자의 입장에서)을 갖게 된다는 것이다.

따라서 원래의 상황은 이런 식으로 나타난다. 그 방식은 내면성의 일방적 관계로 인해 구매자가 농부의 실천적 장을 날조하는 것이다. *실천*이란 통합적 유기체화이며, 유기체는 **자연** 속에서 자신의 자기-외-존재를 지닌다는 점에서 농부가 주변 환경과 맺는 관계 — 노동 — 는 내면화다. 그러나 *이것*만으로는 생산된 물질성이 어떤 변화도 일으키지 못한다. 왜냐하면 물질성이란 생산자와 일방적 관계 속에 있기 때문이다. 반대로 생산자의 입장에서는 **타자**에 *의해* 물질성에 *다른 의미*가 부여되는 순간부터 이 타자와 물질성의 관계 역시 — 비록 다른 방식이긴 하더라도 — 내면성의 관계이기 때문에 생산자와 생산물 사이에는 가짜의 상호 내면성의 관계가 수립된다. 왜냐하면 생산자는 생산물을 *의미하며*, 생산자는 *자신의 생산물의 기의*처럼 행동하기 때문이다.

그런데 이것은 너무나 분명하다. 왜냐하면 생산물을 통해, 그리고 생산자가 생산물이라는 점에서 볼 때 인간의 *실천*은 노동자를 *지향*하고, 그가 자신을 위해 노동하는 순간에조차 다른 자를 위해 노동을 하게 만들고자 하기 때문이다. 그러나 다른 한편 생산물은 *상품*이 되면서 수동성의 법칙에 따라 스스로 구성될 수밖에 없다는 것도 분명하다. 노동자 자신의 새로운 통일성을 지지하는 것이 바로 그 자신의 타성태 그 자체다. 타성태가 이 노동자의 뜻을 *거슬러* 자율적 의미가 된다는 면에서 보면 구매자의 *실천*을 요구로 바꾸는 것도 바로 타성태 그 자체다. 그리고 바로 이 *자율성*을 통해(종합적 비인간적 관계로서의 내면적 인간관계를 체험하지 못했다는 점에서) 요구로서의 상품으로 정립된 상품은 노동자가 만든 것이고, 사물의 세계 속에서 사물이 되어 버린 노동자 그 자신이다. 파괴의 힘은 개인적 변증법으로서의 *실천* 구조에 불과하다. 그러나 매개 물건의 이중 구성에 의해 자유 의지가 맞부딪치는 것은 객관적, 물질적 모순이 될 수밖에 없다. 이것은 대상의 타성태가 두 개의 통일성을 가지고 실질적이며 타성태적인, 다시 말해 수동적인 부정을 이루었다는 점에서 그러하다.

이와 같은 간단한 예를 통해 우리는 마침내 실천적-타성태의 장에 대한 가지성과 관련된 모든 조건을 발견하게 된다. 실천적이며 변증법적인 유일한 현실, 모든 것의 동인, 그것은 바로 *개인의 행동*이다. 하나의 희소성의 장이 현실 속의 행위자 사이의 갈등을 결정하는 경우 대결하는 행위에 의해 *가공된 **사물**에 새로운 위상이 부여된다. 이 가공된 사물은 각자의 실천적 영역에서(그것이 모든 사람의 사물이란 점에서) **타자들**을 향한 사물의 도피 방향을 지시하는 은밀하고 복수적인 의미를 지니게 된다. 그리고 한정된 기획의 수단과 목적(제약이 아니라 실천적 장의 위조를 통해 **타자**의 자유를 나의 자유의 고분고분한 수단으로 변형시키는 것)으로서 이 사물은 패배자의 실천적 자유에 대한 *매력적이며 타성태적 장악력*을 행사하는 *승자의 실천*을 연장시킨다. 이것은 내면성의 일방적 관계 속에서 실천의 장을 내면화하고 종합화하는 승자의 실천을 *재외면화*한다. 그리고 *의미-요구*로서의 가공물은 생산자에게 내면성의 세계 속에서 *피지배자의 타성태적 외면성인 자신의 존재*를 보여 준다.

그러나 노동자의 자유를 명령적 타성태를 통해 압류한 가공물은 이 가공물을 통해 노동자를 겨냥하는 자유로운 실천을 단순한 타성태적 규범으로 변하게 만든다. 그리고 어떤 면에서는 각자의 자유는 **타자**의 환경과 그 자신의 내면성 속에서 자신의 타성태의 한계, 즉 그 자신의 필연성의 한계를 체험한다. 다수성이 *무규정적이 되는* 순간부터(실천적, 집렬체적 의미에서) 행위와 반박의 다수화는 대상 속에서 통일성을 찾게 되는데 이 대상은 각자가 또 다른 각자를 부인함으로써(또는 훗날 공동의 대상으로서) 정립된다. 그리고 우리가 비유기적이고 각인된 타성태로서의 대상이 정립된다고 말할 때, 우리는 글자 그대로의 뜻으로 말하는 것이다. 하지만 우리는 이 과정을 완전한 가지성 속에서 포착한다. 모든 사람에게 저항하며 스스로 확립된 대상의 도피적 통일은 사실 실천의 장에서 모든 사람의 부정, 그리고 모든 사람을 위한 각자의 부정이다. 이것은 이와 같은 통일이 *대상 속에서* 부정적이고 타성태적 통일(예를 들어 *대상 속에서*, 그리고 이 대상을 구조로 변화시키려는 모든 시도에서 발견된 각자의 무기력)이라는 점에서 그러하다.

따라서 우리가 원하는 가지성의 도식을 얻기 위해 개별적 과정의 법칙에 입각해서 매 경우 재구성해야 하는 것은 바로 다음과 같은 전체적 구조들의 총체다. (1) 실천적-타성태적 장의 통일화로서의 *자유로운 실천* 속에서 이루어지는 일방적 내면성의 관계. (2) 대상에 가한 변화를 통해 **타자들**의 자유를 훔치려는 다수의 실천적 행위 사이의 애매한 관계(실천 행위는 동시에 부정적 상호관계이자 동시에 내면성의 관계이며, 그리고 타성태적 대상의 매개를 통해 이루어지는 외면성의 간접적 관계.) (3) 모든 자유로운 실천(대상에 흡수되고 구현되었다는 의미에서)의 *존재태로의 변화.* (4) 가공된 **사물**의 존재태가 **타자**의 *자유로운 실천* 에 의한 수동적 행위로의 필연적 변화. 어떤 경우라도 그 기획과 관점은 *이타적*인 것이다. (5) 대상의 수동적 행위에 의한 각자의 능동적 수동성으로 변화. 다만 이 변화는 유기적, 인간적 현실의 어떤 변모에 의해서가 아니라 대상 자체의 **타자**로의 냉정한 변화를 통해서 이뤄지며, 대상을 생산하는 손가락에 의해 **타자**는 자기 자신을 실현한다.(왜냐하면 대상의 무수한 의미, 이 생산자에게 부과되는 억압과 의미는 다른 행위에 의해, 또는 이 행위에 의해 생산된 다른 대상에 의해 이미 이루어졌기 때문이다.)

　이런 관점에서 본다면 실천적-타성태적 장은 *존재하며*, 실재적임과 동시에 인간의 자유로운 행위는 기획의 실현 과정에 대한 투명성 속에서 제거되거나 심지어 *변질되는 법이 없다*고 말해야만 한다. 실천적-타성태적 장은 실제로 존재한다. 단도직입적으로 말하자면 우리를 둘러싸고 조건 짓는 것이 바로 그것이다. 창밖을 한번 내다보는 것으로 충분하다. 인간이 자동차이며, 이 자동차의 운전사가 자동차 그 자체인 모습, 길모퉁이에서 교통정리를 하는 경찰, 조금 더 먼 곳에는 신호등 덕분에 자동으로 교통 흐름이 조절되는 모습, 땅에서 내게로 올라오는 *수만 가지 요구들*, 횡단보도, 도로 표지판, 금지 표지, 집합태(은행 크레디 리오네의 지점, 카페, 성당, 거주용 건물, 그리고 가시적인 집렬체, 가게 앞에서 줄을 선 사람들), 도구들(인도, 도로, 택시 정류장, 버스 정류장 등등을 사용하기를 요구하는) 등등을 보게 될 것이다. 이 모든 존재 ── 사물도, 인간도 아니지만 인간과 타성태적 사물의 실천적 단위들 ──, 이 모든 호소, 이 모든 요구는 아직까지는 나와 직접적으로 연관되지 않는다. 잠시 후 내가 길로 내려가면 나는 이 요구들의 사물[375]이 될 것이며, 집합태적 성격을 가진 신문을 살 것이며, 나를 포위하고 손가락질하는 실천적-타성태적 집합은 돌연 총체적 장, 즉 지구로*부터* 모든 **다른 곳**의 **다른 곳**(또는 집렬체의 모든 집렬체 중에서의 집렬체)으로서 자신의 전모를 드러낼 것이다. 이 현실이 경우에 따라서는 아

375　당연히 내 아파트에서 나는 다른 사물(건물 등등)의 사물이다.(원주)

무리 압도적이며 끈적거릴지라도, ── 그리고 **다른 곳**을 통해 내게 프
티부르주아 프랑스인으로서의 나의 운명을 가르쳐 줄지라도 ── 여전
히 하나의 추상화인 것은 사실이다. 그러나 이번에는 다음과 같은 사
실을 이해해야 한다. 이 현실이 추상화인 것은 이 추상화 속에서, 이
추상화에 반해, 그리고 결국 이 추상화를 해체하기 위해 집단들이 구
성된다는 사실이 그것이다. 이 현실이 추상화인 것은 다음과 같은 점,
즉 하나의 총체적 경험이 대개의 경우 *직접 감지되지* 않거나 집렬체
에 의해 가려져 있을 수도 있는 통일에 대한 의식적 노력을 내포해야
만 한다는 점에서 그러하다. 그러나 만약 총체화의 입장에서, 그리고
실천적-타성태적 장을 전체적 관점에서 보아 공동의 자유를 위한 필
연성을 극복하는 집단의 가지성이 있다면, 만약 집단의 변증법적 기
원이 자신을 수동적으로 부인하는 이타성의 수동적 통일체에 빠져
있다면 총체화하는 **역사** 속의 역사와 구체적 상황에 대한 평가 없이
는 특정 개인들 또는 특정 집합들이 과연 실천적-타성태로서의 존재
가 지닌 자신들의 추상적 조건으로부터 벗어났는지를 결정할 아무런
수단도 존재하지 않는다. 달리 말하자면 이들이 모두 구체적 현실이
란 점에서 사람들, 다수에게 있어서 제한된 수명, 삶의 일정한 기간에
존재와 수동적 *행위*의 위상 아래에서 머물 수 있는 가능성은 그 자체
로 현실적이며 구체적 가능성인 것이다. 특정 관료나 특정 피고용자
가 어느 날 문득 ── 한 집단에 포함됨으로써 ── 더 이상 자기 자신과
타자들에게 자신이 **타자**이기를 그칠 수도 있다는 것을 증명해 주는
것은 아무것도 없다. 이 순간 사물들(집합태서로의 *그의* 사무실, **타자**로
서의 직장 상사)에 의해 조작된 그는 다른 인간들에게는 마치 이 사람
손에서 저 사람 손으로 돌아다니는 사물(에스파냐 금화)과 같은 이타
성, 수동성, 반목적성의 요소다. 이와 같은 상황이 스스로 그 내부에

모순의 씨앗을 품고 있다는 것을 그 어떤 것도 증명해 주지 못한다.

하지만 만약 *각자에게 있어서* 실천의 자유가 구속, 외부적, 내부적 금지 사항들과 대립되는 상황에 빠지게 된다면 이와 같은 모순은 불가피할 것이다. 이러한 경우들은 서로 조우한다. 하지만 현재 우리는 이 경우들에 관심을 가지고 있지 않다. 실제로 신비화가 — 합의된 기도로서가 아니라 현실적인 과정으로서 — 불행히도 너무나 심각하게 일어나 물화된 개인은 그 자신의 자유로운 *실천*을 소유하고 있다. 더욱이 소외되거나 단순히 변질되기 위해서는 변증법적 행동을 할 수 있는 유기체여야 한다. 그가 자신의 산물, 그리고 그 산물에 의해 자기 자신이 *타자*로 변형될 수밖에 없다는 필연성을 발견하는 것은 자유로운 *실천*을 통해서일 뿐이다. 욕구의 구속, 가공된 **사물**의 요구, **타자**의 명령, 그 무기력 등을 발견하고 내면화하는 것은 결국 그의 *실천*이다. 탈진할 정도의 노동, 착취, 억압, 물가 상승 등등 그의 실천을 짓누르는 이와 같은 모든 것을 그 자신의 자유 속에 자기 것으로 삼는 것도 바로 그 자신의 자유로운 활동이다. 이것은 각자의 자유란 그를 짓누르고, 그를 가공된 **사물**로 변형시키기 위해 **사물**과 **타자**가 선택한 방법이라고 말하는 것과 같다. 이처럼 19세기에 고립되고 굶주림과 가난에 쫓긴 노동자가 가격을 강요하는 막강한 힘을 가진 고용주에게 자기의 노동력을 팔려고 자유 계약을 맺는 순간은 가장 파렴치한 신비화이자 동시에 하나의 현실인 것이다. 분명 이 노동자에게는 다른 출구가 없고 선택은 불가능하며, 보수가 더 좋은 다른 일자리를 찾을 기회가 전혀 없다. 게다가 그는 "무슨 소용이야?"라는 질문을 던지지도 않는다. 그는 매일 아침(호경기에 노동자들을 "장악하기" 위해 일일 계약을 맺곤 했다.) 실천과는 거의 닮지 않은 일종의 어둡고 체념한 존재태에 의해 자신을 팔러 공장으로 간다. 하지만 이 모든 것에도 불구하고 문제는 여전히 *실천*이다. 습관은 인도되고 조직되고, 목적은 정해지며, 수단들은 *선택되*는 것이다.(만약 그가 많은 노동자가 일자리를 구하러 오게 될 것이라는 사실을 안다면 그는 다른 사람들보다 그 자리에 먼저 가 있기 위해서 한 시간 일찍 기상할 것이다.) 달리 말하자면 그를 혹사하는 거역할 수 없는 운명이 그를 *관통하*는 것이다. 여성 노동자들은 막연한 꿈을 되씹음과 동시에 *타자로서* 모든 사람이 하는 노동 자체인 *그녀들 외부의* 리듬에 젖어드는데 — 내가 이미 지적한 바 있지만 — 결국 그녀들을 통해 꿈을 꾸는 것은 반자동 기계라고 말하는 것이 옳다. 그러나 이와 동시에 이 꿈들은 소리 없는 개인적인 행동이다. 또한 이 행동은 자신의 고유한 목적(요구가 내보이는 낯선 보편성을 통한 평가 절하에 대항해서 이루어지는 *육체적 개인*에 대한 가치부여 등등)을 추구하면서 기계의 선고를 실현한다. 그리고 *이 리듬으로 말하자면* 처음에는 지탱하기 어려울 정도로 개인의 생체 리듬과는 이질적인 것이지만 이 여성 노동자는 거기에 적응하길 *원했고*, 노력을 *기울였으며*, 동료들의 조언에 따랐고, 자신에게만 유효한 내부의 개인적 관계를 만들어 냈다.(그녀의 몸 크기, 힘, 다른 육체적 특징 등이 주어져 있으므로.) 말하자면 이 관계는 개인의 적응을 위한 최상의 수단인 것이다.

물론 이 여성 노동자는 기계에 자신의 모든 것을 주었으며, **타자들**의 노동으로서의 이 기계는 운명의 부정적 통일성 속에서 그녀의 노동을 빼앗아 *다른 것으로* 만들어 놓는다. 결국 반자동성에 완전히 적응하는 것은 이 여성 노동자의 유기체적 리듬을 파괴하는 것이며, 절대적으로 다른 리듬을 내면화하는 것이다. 그러나 이 여성 노동자가 *기계의 대상으로서* 자신을 발견하는 순간 — 즉 신비화가 객관적 소외 속에 드러나는 순간 — 은 또한 그녀가(그녀에게 허용된 엄격한 한계 내에서) 적응에 성공한 순간이기도 하다. 그녀는 아무것도 피할 수 없었다. 예컨대 아마도 적응에 실패해 처음에는 노동 시장에서 퇴출되고, 다음에는 질병 때문에 잉여 인간으로 사회에서 퇴출되는 일 같은 것 등에서 말이다. 그리고 (최소한 *세 식구*가 공장에서 일하지 않으면 가족이 살아갈 수 없는) 애당초의 구속, 공장의 작업 라인에서 가족들을 다시 보게끔 하는 구속 등은 불가항력적이었다. 각각의 구속은 다른 구속을 강화하기까지 했다. 그러나 사물들이 사람들의 행동을 연결하는 한에서만 이 구속들은 사물들로부터 오는 것이다. 이 구속들 뒤에는 다수의 노동자가 있으며 생산을 통해 이루어지는, 즉 다 함께 부정하고 감내하는 운명에 의해 이루어지는 이들의 가짜 통일성이 존재하는 것이다. 게다가 이 구속들은 자유로운 *실천*이 냉담한 이 목소리들에 의해 정의된다는 점에서 볼 때 순전히 물질적인 구속들이 아니라 요구들인 것이다. 달리 말하자면 여기에서 자유는 선택 가능성을 뜻하는 것이 아니라 *실천*에 의해 수행해야 할 요구의 형태하에서 이 구속을 체험해야 할 필연성을 의미하는 것이다. 만약 한 명의 아내 또는 한 명의 노인이 일을 계속하지 못한다면 가족의 상황(질병 또는 몇몇의 실업)은 실천적-타성태적 장에서 모든 가족 구성원들의 생존을 보장하지 못하는 불가능성으로 나타날 수 있다. 우리는 이런 가족 상황을 그 자체로, 단순한 수량적 연구에 의해 한편으로는 가족 구조, 전체 가족 수, 이들의 생존 가능성과 다른 한편으로는 (특정 사회, 특정 시기, 특정 생산 라인과 특정 분야에서) 활동하고 있는 가족들의 수와 특징 사이에 존재하는 함수 관계로 고찰할 수 있을 것이다.

그럼에도 불구하고 노동을 계속하는 노인의 입장에서 보면 이 상황은 우선 하나의 *개별적인 위험* 그리고 아주 특별히 중요하게 된 *위험*(위협들은 아이들과 병자들에게 더욱 명확하게 나타나며, 그 결과 이 노인의 인간관계와 그의 기호를 통해 그에게 나타난다.)으로서 나타난다. 그런데 이 노인만이 이 위험을 피할 수 있다는 것은 분명하다.(왜냐하면 다른 사람들은 실업자나 병자이거나 이미 고용된 사람들이기 때문이다.) 그리고 이 위험이 *피할 수 있는 것*이라는 점을 고려하면 이 위험의 부정은 이 노인과 *요구로서의* 가족 구성원들 사이에 맺어지는 특별한 관계를 통해서 구성된다.(그리고 이것은 좁은 주거 공간에서 행동들 혹은 일부 구성원들의 *존재태*로서 질병이 나타나자마자 그러하다.) 사실 이 요구의 특징은 개인의 실천의 범위 자체 내에서 보자면 완전히 무용한 것이다. 달리 말하자면 가족 집단의 집단적 *실천*(동시에 내적인 집렬체성에 의해 부식된)은 그 자체의 전개 속에 이 노인의 노동과 활동에 의해 이 실천이 전개될 계기의 가능성을 포함하고 있다. 노인도 알고 모든 사람이 아는 바와 같이 어떻게 보면 일자리에 지원하고자 하는 주도권은 어쨌든 그 어떤 개인적 결정(주저, 두 항 사이의 망설임 등등과 같은 언어의 고전적 의미에서)에서도 기인하지 않는다.

정확히 바로 이것이 개인의 자유로운 실천을 규정하는 것이다. 이 실천이 삶에서 시간화되는 기도로서 펼쳐지는 경우 그 동기들은 결코 "심리적"이거나 "주관적"이지 않다. 투기가 자신의 구체적인 목적들을 통해서, 그리고 이 목적들로부터 이 동기들을 드러내는 한에서 이 동기들은 사물들이자 현실적인 구조들이다. 그러므로 대부분의 경우 *자각*이 없는 것이다. 우리는 상황이 동기를 부여하는, 또 이미 이 상황을 부정하는 행동을 통해 상황을 인식하게 된다. 그러나 *정확히* **타자들**이 사물들을 통해 문제가 되며, 이들의 자유가 *타자*로서, 즉 자유-사물 혹은 특정 사물의 자유로서 나의 자유에 관계하기 때문에 상황의 구조는 역시 요구인 것이다. 우리가 문제 삼는 경우에서는 무시할 수 있지만 수동성이 갖는 이와 같은 권위적 구조는 다양한 중요성을 지니고 있으며, 어떤 경우들에 있어서는 가장 중요한 것이기도 하다. 특히 개인의 자유로운 *실천*이 스스로를 구성하면서 이 구조를 재현동화하고, 이 물질의 조각에 자신의 존엄성을 부여하기 위해 전력을 다한다는 점에서 그러하다. 앞에서 살펴본 것처럼 이 물질의 조각은 개인의 자유로운 실천을 그 자체에 되돌려 대항시키며, 자신의 극복 불가능성에 의해 이 실천을 타성태로 만드는 것이다. 그러나 이 타성태 자체는 이것이 *실천*인 한에서 *실천*에 도달하며, 이 타성태가 자신의 사물의 지위를 자유로운 활동에 부여하는 것이지 다른 물건에 부여하는 것은 아니다. 이와 마찬가지로 한 *사물*의 요구가 다른 *사물*에 관계되는 것은(결핵이 생산을 억제한다. 생산이 결핵의 박멸을 요구한다.) 자유로운 *실천*의 장을 통해서만 그러할 뿐이다. 이 *사물*들 가운데서 우리는 **타자들**의 실천이 개인의 활동을 하나의 매개로서, 즉 (수단으로서 본질적이며, 실천으로서는 비본질적인) 하나의 수단으로서 구성하는 것을 보았다. 그러나 타자들의 실천은 개인의 활동을 *실천*으로서, 즉 몇몇 목적들과 관련된 장을 조직하는 활동으로서 구성한다. 실천 행위자들의 목표가 속임수라는 면에서 볼 때 타자들의 실천은 *실제*로 수단이다. 그 결과 외면성 속에서 물질적인 다른 목표들을 위해 이 목표들이 사라지고, 또한 어쩌면 이 목표들은 결코 성취되지 않게 된다. 이처럼 육체노동자는 자기 자신을 훔치는 것이며, *생계비를 벌려고 그가 실행하는 노동 자체 속에서 자신의 삶을 희생하는 대가로* **타자들**의 부를 생산하는 것이다.

그러나 자유를 저주로 만드는 이 모든 속임수는 물질과 다른 인간과 맺는 관계가 무엇보다도 종합적이고 창조적인 노동으로서의 **행위**에 있다고 전제하고 있다. 그리고 비유기체적 수동성으로서의 인간 존재는 그의 행동 *가운데* 각 개인의 기도가 타성태적인 이중적 물질성을 내면화하는 그의 변증법적 자유에 의해 구속되는 사실로부터 그에게 오는 것이다. 타성태적 이중의 물질성이란 인간의 다수(우리가 알고 있는 관계들의 전체를 통해서만 발견되는 *추상적 양*)에게 자격을 부여하는 타성태적인 외부의 물질적 지위로서의 수와 노동자의 타성태적인 의미 작용으로서 가공된 물질이다. 수는 인간의 절대적인 추상화로서 혹은 추상 속에서의 절대적인 물질성으로서 간주될 수 있다. 그리고 가공된 **사물**이 개별적으로 (인구 내에서 일반적인 개인으로서) 인간을 지명하는 것은 바로 이런 추상화 속에서다. 그러나 인간이 자신의 활동의 초월할 수 없는 존재로서 이 물질성의 상호성을 다시 내면화할 수 있는 것은 다른 활동들이 이미 그를 타자로서 내면화하고 다시 재외면화했기 때문이다. 달리 말하자면 다수의 물질성은 그것이 하나의 실천적인 체계 내에서 그 자체가 발견되지 않는 한 결정되어 있지 않다.(그리고 예컨대 인구 통계학은 필연적으로 *존재태*와 *실천*의 연구다. 생산 운동과 그 요구들이 인구의 여러 영역 사이에 인구 통계학적 차이를 야기하는 것과 동시에 수는 하나의 어떤 생산 방식과 수가 만들어 내는 제도들의 산물로 나타난다. 그리고 이 조건들은 각자에게 있어서 자신의 개인적 실천들 ── 맬서스주의 혹은 기독교의 맬서스주의의 거부 ── 을 통해 내면화된다.)

　이런 관점에서 보면 고립된 개인에게 있어서 ── 즉 고립된 개인이 고독의 지위를 받아서 그것을 내면화하는 한 우리 각자에게 있어서 ── 자유로운 효율성으로서의 자신의 *실천*에 대한 의식은 모든 구속과 요구들을 통해 자신의 항구적인 현실로 남아 있다. 이것은 그가 그 자신의 목적들을 계속해서 극복해 나가는 행위와 같다는 점에서 그러하다. 그리고 그는 이 현실을 자신의 **타자-존재**와 직접적으로 모순되는 것으로 파악하지 않는다. 왜냐하면 극복할 수 없는 이 **타자-존재**는 *실천* 자체 속에서, 때로는 (요구나 가치 체계들 속에서) 이 *실천*의 동기로서 또 때로는 가능한 극복의 대상으로서 드러나기 때문이다. 실제로 집단의 공동 구조와 같은 개인의 **타자-존재**는 각자에게 있어서 타자-존재의 극복 불가능성으로부터 그 자신의 존재를 이끌어 낸다는 것을 우리는 알고 있다. 그러나 자유가 소외된 객체화의 필연적 구조로서 극복 불가능성을 이끌어 낸다는 점에서 보면 이 자유는 자유의 상황에서 극복 불가능성을 극복할 수 있는 극복 불가능성으로 드러내게 된다. 사실 프롤레타리아 계급의 대규모 조직 운동들 이전에 자신의 현실과 인간 이하의 상태로 자신을 규정하는 지위와 같은 자기 자신의 *실천*을 통해 자신의 피로, 자신의 직업병들, 물가 상승, 기계로 인한 직업의 점진적인 평가 절하 등등을 파악하는 피착취자의 입장에서 볼 때 이해된 이 현실은 단지 자신의 불가능성들의 집합(인간답게 사는 것의 불가능성 혹은 더 극단적으로 몇몇 경우에는 삶을 영위하는 것의 불가능성)일 뿐이다. 그의 존재의 이와 같은 현실이 아주 정확히 그의 무기력한 현실이라는 것, 즉 이 현실이 피착취자들로 이루어진 집렬체에서, 또한 이 집렬체에 의해 부정적 통일성 속에서 이타성 또는 분리의 지표로서 규정된다는 것을 우리는 알고 있다.

그러나 각자가 자신의 불가능성(즉 무엇이든 *변화시키고* *재조직하는* 일에서의 무능함)을 자신의 *실천*(주어진 모든 상황을 극복하는 지속적인 가능성으로서 변증법적 구조 속에서 정립되는 실천)을 통해 파악한다는 점을 고려하면 이 불가능성은 자유 속에서 그에게 잠정적이고 상대적인 불가능성으로 보인다. 의문의 여지 없이 *실천*은 그 자체로 특수한 재조직을 향해 이루어지는 불가능성의 구체적이고 물질적인 극복으로서 이루어지지 않는다. 이것이 바로 지위의 극복 불가능성을 증명해 준다. 그러나 드러난 단순한 불가능성은 한 가지 목적을 향한 초월에 의한 모든 여건의 추상적이고 이상적인 부정으로서의 실천을 이 실천 자체에 대해 현전하게 만든다. 인간적으로 산다는 것의 현실적인 불가능성 앞에서 실천은 인간의 *실천*의 일반성 속에 확고해진다. 이런 확고함은 실천이 삶을 재생산하기 위해 환경을 뛰어넘는다는 점에서 *그 이상도 그 외의 아무것도 아닌 행동 자체*일 뿐이다. 그리고 이 실천이 갖는 확고한 힘은 세계를 변화시키려고 애쓰는 유기체의 물질적인 힘에 다름 아니다. 단지 목표를 달성하기 위한 현실적인 목표와 현실적인 수단들이 없기 때문에 *실천은 보편 속에서 부정*(혹은 *긍정*)의 순수한 부정으로서 자신을 드러낸다. 그리고 더 정확히 말하자면 실천이 직접적으로 파악하는 것은 자신의 형태적 구조가 아니다. 그것은 오히려 *실천을 짓누르는 현실 속에서* 인간이 불가능하다는 사실의 불가능성이다.

실제로 인간의 불가능성은 삶의 개인적 규정으로서 주어진다. 그러나 이 불가능성을 발견하는 *실천*은 이 불가능성을 *자신의 불가능성*으로 포착하지 못한다. 실천은 이를 행동 속에서 포착한다. 이 행동은 그 자체로 인간을 불가능성 ── 이것은 어떤 방식으로든 불가능하다 ── 으로서 확인하는 것이다. 사실 환경을 재조직하면서 자신의 삶을 재생산하는 유기체의 *실천*으로서의 *실천*이란 바로 인간이다. 자신을 재창조함으로써 자신을 창조해 나가는 인간인 것이다. 그리고 자기 자신의 가능성으로부터 자신을 창조하거나 만들어 나가는 것은 같은 것이다. 그런데 인간의 불가능성이 그 자신의 존재와 같은 것으로 드러나는 것은 바로 실천적-타성태의 수준, 곧 인간의 이와 같은 생산 속에서다. 이 불가능성은 목표 없는 확인으로서 순전한 형식적 극복을 가리킨다. "이것이 지속된다는 것은 *불가능한 일이다.* 이를 조금도 변화시킬 수 없다는 것은 도저히 *있을 수 없는 일이다.*" 우리는 (가능성들의 객관적 구조를 강조하는) 이와 같은 표현 방식들을 알고 있다. 또한 주관적 계기에 관계되는 표현 방식들도 알고 있다. "나는 찾아내고 말 것이다. 나는 궁지에서 벗어나고 말 것이다." 등등. 어쨌든 모순이 두 가지의 유사한 계기를 대립시키는 경우 이 모순은 폭발할 위험이 있다. 그러나 개인은 *자기의 현실을 변화시킬 것이며 또 이것을 극복할 것이다.* 때로 그는 자기의 운명을 개선할 가능성이 있다. 이렇게 해서 극복할 수 없는 것이 극복된다. 그러나 이것은 외양일 뿐이다. 약간 다른 상황들 속에서 그는 단지 자기의 존재 ─ 그는 이것을 변화시킬 수 없는 것인데 ─ 를 *실현한 것이다.* 그리고 이런 외관상의 차이들은 현동화된 존재에 아무런 변화도 야기하지 못한다. 특정 노동자가 노동 조건들이 특히 나빠서 노동 조건들이 조금 나은 다른 공장에 가서 일하려고 자기 공장을 떠난다고 하자. 이 경우 그는 한계들을 ─ 그의 지위가 이 한계들 사이에서 약간의 변화들(생산의 전체적 상황들에서 기인하는 변화들, 가령 노동력의 수요, 어떤 분야에서의 임금 상승 등등)을 포함하게 된다 ─ 규정할 뿐이다. 그러나 그가 이와 같은 행동을 통해 확인하게 되는 것은 피착취자로서의 *그 자신의 일반적 운명*이다. 특정 생산 작업 라인에서의 임금 상승은 이윤 추구의 *전체* 구도 속에서만 일어날 수 있으며, 이는 역사적 총체화와 현실의 상황에서 그 설명을 찾아낼 수 있게 된다. 결국 그는 선고의 현실화에 *변화*를 줄 수 있지만 *그것을 초월할 수는* 없는 것이다.

실제로 구체성 속에서 발생하는 사태가 그렇게 단순하지는 않다. 자신의 무기력한 관계를 파기하고, 이 관계들을 결합으로 대치하는 것을 거부한다는 조건하에서 그는 집렬체적 구조화에도 불구하고(그리고 이것 때문에) 항상 정의되지 않고 규정되지 않는 사회 속에서 예측 불가능한, 즉 떨어져 나온 개인의 유효성을 재발견할 수 있다. 특정한 상황들, 특정한 역사적 계기들 그리고 특정한 사회들 속에서는 한 계급에서 다른 계급으로 옮겨 갈 현실적인 가능성들이 있다. 그리고 이 가능성들은 한 분야에서 다른 분야에 걸쳐, 한 나라에서 다른 나라에 걸쳐 변화한다. 16세기의 귀족 국가 베네치아에서 부르주아들은 귀족 신분에 이를 수 있는 그 어떤 방법도 가지고 있지 않았다. 다른 곳에서 — 예컨대 프랑스에서 — 부르주아들은 출신 계급을 "배신할" 수도 법복 귀족으로 진입할 수도 있었으며 때로는 무관 귀족에 끼어들 수 있었다. 이처럼 계급의 개인을 거부함으로써 개인은 이 차원에서 몇몇 특정 경우에 있어 자신의 계급 존재를 극복하고, 이것을 통해 거부된 계급의 모든 구성원에게 개인으로서 자신의 운명에서 벗어날 가능성을 만들어 낼 수 있다. 단지 공동의 운명을 초월하기 위해서 그에게 많은 지성과 노력과 인내가 *실제*로 필요했을지라도 그는 정작 몸소 자신의 계급 가능성들의 구조화된 장이 갖는 가능성 가운데 하나를 실현했을 뿐이다.

달리 말해 이 개인이 자기 아들을 소시민 계급으로 옮겨 가게 한다면 그는 실제로 — 상당수의 다른 개인들과 같은 순간에 — *그의 출신 계급의* (통계적으로 규정할 수 있고, 전체 역사 과정에 의해 조건 지어지는) 한 가지 가능성을 실현하는 것이다. 자신의 가능성들과 (운명으로서의) 불가능성들로 이루어진 사회적이고 구조화된 장에서 이 계급은 정해진 시기에 그리고 정해진 조건들과 정해진 분야들에서 계급 구성원들의 일정 비율이 다른 계급으로 옮겨 갈 수 있는 (농부들의 계급으로 되돌아가는 것, 시민계급으로 옮겨 가는 것 등등) 가능성에 의해서도 규정된다. 이것이 바로 계급의 점착성이라고 불리는 것이다. 이처럼 부르주아가 되는 노동자는 자기 계급에 대해 그 자신의 *점착성*을 보여 주는 것이다. 이렇게 자신의 원자적 특징 속에서 극복 불가능한 것으로부터 벗어남으로써 그는 그의 동료들과 그 자신의 계급-공동-존재로서 생겨나는 구조화된 불가능성을 현실 속에서 구성하는 데에 기여하게 된다. 이처럼 운명으로서의 극복 불가능성은 분자적 실천의 자유로운 고독을 가리킨다. 이때 개인은 이 극복 불가능성을 *자기 계급과 연대적으로 남아 있는 불가능성*으로서 체험하게 된다. 우리는 이와 같은 실천적 자유가 불가능성과 동시에 이 불가능성의 불가능성을 계급 자체를 통해 극복해야 할 계급-공동-존재로서 정립하면서 집단이라는 새로운 유형의 초월을 정립하게 되는 것을 살펴보게 될 것이다. 그러나 지금까지 중요했던 것은 이 불가능성이 실천적이고 방향이 정해진 행동들에 의해서만 나타날 수 있을 뿐이며, 또한 이와 동시에 이 불가능성은 추상 속에서 자기 자신에게 *실천*을 인간의 가능성에 대한 주권적인 확인으로 발견하게끔 해 준다는 사실이었다.

무엇보다도 스토아학파들이 주장하는 것처럼 인간이 모든 상황에서 자유롭다고 단정하는 일이 없기를 바란다. 우리는 이와 정반대의 사실을 말하고자 한다. 즉 인간들이란 생명에 연결된 그들의 경험이 실천적-타성태적 장에서 전개되는 한, 그리고 이 장이 근원적으로 희소성에 의해 조건 지어진다는 점에서 볼 때 모두 노예라는 사실이다. 실제로 현대 사회에서 피착취자의 소외와 착취자의 소외는 분리될 수 없다. 헤겔이 기술한 것과는 많이 다르긴 하지만 다른 사회들에서 주인과 노예의 관계는 그것 역시 소외의 상호적 조정을 상정한다. 그리고 고대의 주인 역시 그의 노예들로부터 소외를 겪었다. 이는 (이 노예들이 그의 진실이기도 했지만) 이 노예들이 그의 진실이었기 때문도, (주위 물질에 대한 작용 속에 드러나는 자유로운 *실천*으로서의) 이들의 노동 때문도 아니라 *무엇보다도* 한 명의 노예가 담당했던 생산성이 끊임없이 하락하는 데 반해 그를 사용하는 비용이 끊임없이 상승하기 때문이었다. 실천적-타성태적 장은 우리의 노예 상태의 장이다. 이는 이상적인 노예 상태가 *아니라* "자연적인" 힘에 대한, "기계적인" 힘에 대한, "반사회적인" 장치들에 대한 예속을 의미한다. 모든 인간은 자기 육체 속에 실제적으로 물질적으로 자기를 짓누르는 질서에 대항하여 투쟁하게 되며, 또한 그가 질서에 대항하여 개인적으로 전개하는 투쟁을 통해 이 질서를 지탱하고 강화한다는 것을 의미한다.

모든 것은 타성태와 외면성의 세계에서 물리적인 큰 힘들과(이 힘들의 특징을 규정짓는 에너지 변형들이 갖는 성질과 방향이 일반적으로는 삶에, 그리고 개별적으로는 인간의 삶에 특정 상태의 비개연성을 부여하는 한에서) 실천적 유기체들을(이 유기체들의 실천이 자신들의 타성태적 구조, 즉 자신들의 에너지 변형의 역학 속에 자신들을 축약하는 것을 겨냥하는 한에서) 분리하고 통합하는 선상에서 생겨난다. 과정으로서의 통합으로부터 타성태적 지위로의 통일성으로 교환이 이루어지는 것도 바로 그 지점에서다. 또한 삶과 실천을 통해 극복된 계기로서의 타성태가 변증법적 통일의 이름으로 이것들을 극복하기 위해 이것들에 호소하는 것도 바로 같은 지점에서다. 물론 그 까닭은 이 타성태가 노동 속에서 그리고 도구성에 의해서 도구의 실천적-타성태와 동일시되기 때문이다. 이런 변형들은 전적으로 물질적이다. 게다가 모든 것은 실제로 물리, 화학적 세계에서 일어나며, 유기체는 이른바 생물학적인 자신의 동화와 선별의 힘을 소비 수준에서만 재발견할 뿐이다. 그러나 우리는 다음과 같은 경우 인간의 역사에서 아무것도 이해하지 못하게 될 것이다. 곧 자유로운 다수의 개인적 행동들에 의해 만들어진 이와 같은 변형들이 수많은 행위자가 거주하는 실천적 장에서 일어난다는 것을 알지 못하는 경우다. 타성태의 비유기체적 통일성으로서의 집렬체적 복수성은 가공된 물질의 매개에 의해서만 이와 같은 다수성에 도달할 수 있다. 이는 이 가공된 물질이 반목적성의 부정적 통일성 속에 개별적 노동들을 변형시킨다는 점에서 그러하다.

이처럼 수의 타성태적인(그리고 추상적인) 다수성과 물리적-화학적인 것의 수동적인(마찬가지로 추상적인) 외면성 사이에 나타나는 것으로서의 *하나의 실천*은 그 자체의 *변증법적 자유* 속에서 가공된 물질을 통해 인간이 인간에 대해 가하는 모든 비인간적 선고들의(인간의 역사에서, 그리고 지금까지) 실제적이고 지속적인 근거인 것이다. 이 실천 속에는 다수성, 희소성, 외면성, 삶의 지속의 비개연성들이 인류의 *내면적 비인간성*처럼 내면화되고 인간화되었다. 이 실천에 의해 비유기체가 가지고 있는 이와 같은 동일한 성격들은 **운명**의 실천적이고 조종되는 형태를 취하며, 이 성격들의 단순한 비인간성은 반목적성 또는 반인간성이 된다. 물론 이 성격들을 완전히 전복시키고, 우리가 변증법적 연구의 보다 추상적인 계기에 그랬듯이 가공된 물질을 그것의 우위 속에 보여 줄 수 있고 무기체적 물질성이 실천에 의해서 인간을 지배하는 것으로서 보여 줄 수 있다. 이와 같은 관점이 직접적으로 물리적-화학적 비유기체로부터 사회적인 것의 비유기체적 물질성으로서 개인들의 수를 가리키는 한에서 보면 이 관점은 똑같이 또는 그 이상으로 정확한 것이다. 하지만 이 관점은 다음과 같은 경우 여전히 추상적으로 남아 있게 된다. 즉 모든 사물이 사람 사이의 매개가 되는 경우, 인간 행동들의 다양한 관계들이 사물들 사이의 관계가 되는 경우, 그리고 인간 행동의 다양한 관계들에 의해서 사물들의 관계가 엄밀히 조건 지어진다는 것을 연구의 전개가 명확히 보여 주지 않는 경우가 그것이다.

이런 관점에서 보면 우리가 이 장의 도입부[376]에서 단순한 실천

---

376 저자가 부정의 문제를 제기하는 것은 이 장의 도입부가 아니라 앞 장(또는 C)에서다. 더 자세하게는 이 책 416쪽을 볼 것.(편집자 주)

적-타성태적 관점으로부터 제기한 바와 같은 부정의 문제 역시 완전히 명확해진다. 우리는 실제로 "철강-석탄 복합 단지"의 시행에 즈음하여 엄청난 부를 얻을 수 있게 해 주는 새로운 기술 수단들의 발견이 어떻게 해서 한 국가에 속한 대부분의 개인에게 부정(토지 수용에 의해 영국 농부들이 서서히 제거되고 또 무산 계급화한 것)으로 *변했는지*를 생각해 보았다. 우리는 거기에 대한 역사적 *설명*을 알고 있다. 그것은 다음과 같은 조건하에서는 명백한 것으로 보였다. 그러니까 이 설명을 실천적-타성태적 장의 가지적 구조 위에 세울 수 있다는 것이 그것이다. 그러니까 다수성의 틀 안에서 물질이 이 물질을 가공하고 사용하는 *실천*의 실천적-타성태적 부정으로서 구성되는 것을 우리가 이 변증법적 골격인 이 설명에서 목격한다는 조건이 그것이다. 우리는 대략 다음과 같은 것을 알고 있다. 자유로운 *실천*은 특별한 행동 도중에 모든 특별한 소여에 대한 부정이며, 또한 그 근원이 욕구의 충족인 미래의 대상으로부터 물질의 수동적 존재 안에서 물질을 재조직하는 한에서 스스로 *물질의 부정*이 된다는 점이 그것이다. 사실 투기(投企)를 통해 부정되는 것은 물질의 현전이나 물질의 가능한 도구성이 아니라 타성태가 물질을 사실상의 불가능성으로서 제시하는 것으로서의 이 물질의 단순한 "역행 계수"다. 그리고 처음의 계기, 즉 기본적인 구조에서의 부정은 내면성의 실천적이고 일의적 관계다. 이 관계는 물질을 밝혀 주는 요구를 통해 물질에 의해 인간에 도래하며, 또 현전하는 물질의 *상태*(물질성이 아니다.)가 항상 극복된 것이라는 점에서 한 인간에 의해서 물질에게로 오는 관계다.

이처럼 개별적인 노동자로서의 인간의 실천적 장에 그 자신이 만든 — 또는 그가 노동의 대가로 획득한 — 도구들이 나타난다. 그리고 이 물질적 도구들은 이 도구들의 수동성(즉 적대성이나 반목적성)

속에서 특정 물질성의 상태들을 겨냥하는, 그리고 물질에 의해 지탱된 실천적이고 응고된 부정이다. 이렇게 해서 과거의 노동에 의해 응고된 산물로서, 그리고 미래의 노동의 응고된 각인으로서의 도구로부터 **사물**(그 자체가 도구, 예를 들어 수선하는 도구)에 이르기까지 *하나의 부정적 의미 작용*이 응고된 수동성으로서 이루어진다. 미래는 도구를 통해 몇몇 물질적 결합들이 실현될 필요성과 다른 물질적 결합들은 사라져야 할 필요성으로서 대상들에게 도래한다. 사실 실천적 장이 요구에 의해 이미 통일화된다는 점에서 보면 미래는 자유에 의해 도래한다. 그러나 가공된 대상과 **자연**의 관계 그리고 도구들 사이의 관계로서의 부정적 관계는 그래도 희소성의 장 안에서는 일종의 *물질 내부적 긴장*으로서 나타난다. 물질성에 대한 부정으로서의 인간과 그의 재산의 파괴와 파괴 가능성은 인간에 의해 물질에게로 오며, 이것은 인간적 도구의 현전에 의해(전적으로 혹은 부분적으로) 지칭되며 부정된다. 도구 — 어떤 것이든지 간에 — 가 적극적이고 창조적인 기능을 지니며, 이 기능이 도구를 우선 특징짓는다는 사실은 당연하다. 그러나 우리는 다음 장에서 실천이 갖는 적극적 양태를 살펴보게 될 것이다. 다만 여기에서 우리의 관심은 생산자의 노동에서마저 도구는(유기체가 자기 도구의 도구가 됨으로써 외면성으로 행동할 수 있는 지속적인 가능성과 관계를 갖는) *타성태의 부정으로서의 타성태*라는 점이다. 바로 이 수준에서 수동적 저항으로서 *가공해야* 할 물질은 인간의 부정이 *된다*. 이는 인간이 *주어진 상태*에 대한 부정이 된다는 점에서 그러하다. 피로란 인식과 *실천*으로부터 구분되는, 그리고 자신의 타성태적 불투명성이 *에너지의* 소모에 의해서만 감소하는 그런 **존재**다. 피로란 유기체 안에 내면화된 외면화의 타성태다. 이것은 유기체적 *실천*이 생산물에 찍힌 각인처럼 외면화되는 한에서 그러하다. 부정은 바로 거기, 즉 요구와 노동의 이러한 근본적 관계들 한복판에 있게 된다. 이때 이 요구와 노동은 *실천적 장*에서 물질성을 인간의 활동과 마찬가지로 이 물질성 자체의 수동성에 대한 부정으로 구성된다. 부정은 *실천* 가운데 그리고 이 실천의 전개를 통해 이 물질에게로 온다. 그리고 이 부정이 이중적이며 타성태(도구의 양면성)에 의해 응고된 부정이 된다는 점에서 개인에게 반기를 들게 된다. 이와 반대로 두 개의 인간 활동들의 관계는 다음과 같은 경우 *그 자체로 미결정적이라*는 점은 분명하다. 이 관계가 정립되는 물질적 조건들이 정해지지 않는 경우가 그것이다. 각각의 의식이 다른 의식의 죽음을 추구한다는 것은 사실이 아니다. 그의 삶을 추구한다는 것도 사실이 아니다. 결정을 내리는 것은 물질적 상황들의 총체(즉 희소성의 틀 안에서의 도구들과 재산들의 총체)다. 요컨대 *만약* 어떤 자유로운 *실천*이 어떤 다른 실천의 부정이 된다면 적대적인 상호성으로서 그들에게 도래하는 이 부정은 각자에게 있어 첫 번째의 타성태로 나타나게 된다. 왜냐하면 이 부정은 외면적 부정의 내면화이기 때문이다. 이와 같은 의미에서 보면 노동 시장에서 이루어지는 경쟁적 적대 관계는 20세기 초의 노동자들 사이에도 여전히 존재한다. 심지어 이들이 이 적대 관계를 실천의 계기로 삼아 보기도 *전에*, 또는 이들이 행동의 통일성의 이름으로 그것을 거부하기도 전에 그러하다.

이렇게 해서 인간이 환경과 맺는 근본적 관계로서 *실천*은 타성태적 부정의 내부 물질적 관계들의 총체로서 실천적 장을 구조화하게 된다. 타성태의 힘으로서 부정은 비유기체 속에 인간적인 각인을 새겨 넣는 것이다. 그리고 다수의 활동은 *그의 존재 속에서* 다수의 부정적 관계들(적대 관계들)로서 구성된다. 왜냐하면 각각의 *실천*은 **타자**를 위해 그리고 자신의 모든 의미하는 힘으로, **타자**에 의한 특정 부분의 장에 대한 타성태적 부정을 재현실화하기 때문이다. 물론 이것은 이 부정이 인간을 (규정된 조건들과 결정된 형태하에서) **타자**에 대한 타성태적 부정으로 만드는 점에서 그러하다. 요컨대 부정은 개인 노동으로부터 타성태적 물질에게 도래한다고, 또한 부정들은 모든 수동적 부동성의 모태이자 집합소로서 가공된 물질에 의해 그리고 이것들의 다수성의 수적인 타성태적 상태를 통해 인간들에게 도래한다고 말할 수 있을 것이다. 반목적성들 속에서 *실천*은 타성태 속에 새겨지며, 타성태는 전도된 *실천*으로서 이 가공된 물질 속에 객체화된 집단 자체를 지배하기 위해 되돌아온다. 이렇게 해서 이와 같은 행동의 전복과 수동화 속에서만 *아니라 물질-부정*에 의한 타성태 속에서도 개인들과 집단들은 하나씩 자신의 지위를 받아들이게 된다. 그리고 또한 분산된 행동들의 전개 속에 이 물질 자체는 각자에게서 자기 자신과 모든 **타자들**의 *타자로서의* 순수한 부정의 자격으로, 그리고 순전히 비유적으로 *인간에 대한 무기적 관점*이라고 부를 수 있을 *이타성의 이름으로 이 행동들*의 통일성이 되기도 한다.

이와 같은 몇몇 고찰을 통해 우리는 마지막 요점을 명확히 할 수 있다. 우리는 실제로 실천적-타성태적 경험은 공적인(그리고 최소한의 경우에는 사적인) 생활에서와 마찬가지로 노동 속에서 각자가 겪는 경험이라는 사실, 그리고 이 경험은 결국 우리의 일상생활을 특징짓는다는 사실을 선언했다. 우리는 또한 다음과 같은 사실을 덧붙였다. 즉 사회성의 이 타성태적 유대가 조직화된 다수로서의 집단을 *파악하지 못하므로* 경험은 추상적으로 남아 있다는 사실, 하지만 수동적 능동성의 세계는 규정된 개인들에게(이들의 기능, 이들의 계급 등등으로부터) 이들이 떠날 수 없는 장으로 남아 있다는 사실이 그것이다. 하지만 이와 동시에 우리는 자신의 반투명한 경험으로 남아 있는 각자의 자유로운 *실천*을 보여 주었다. 물론 이것은 이 *실천*이 **타자**인 한에서가 아니라 변증법적 실천이 이 타자를 ─ 이 실천이 낳는 조정된 변화 속에서 ─ 자기 자신과 동일한 것으로서(또는 "동일한 것으로 남기 위해 변화하는 것으로서") 만들어 내는 범위 내에서였다. 따라서 우리들 각자에게는 모순되는 두 가지 경험이 있는 것으로 보인다. 달리 말하자면 **변증법적 이성 비판**이 첫 번째 경험에 대한 부정으로서, 그러나 이 첫 번째 경험에 기초해 자신의 가지성을 세우는 두 번째 경험을 구성할 수 있고 또 구성해야 한다고 해도 우리가 했던 지적들은 일상적 현실에서 실천적-타성태적 장이 종합적 개화, 근본적인 추상과 그 모순의 재결합이 아니라는 것을 암시한다. 무엇인가가 불행 속에서 부정된다. 그러니까 부정 자체가 회피되며, 모든 활동은 반인간적인 가짜 통일성을 위해 실천적-타성태 속으로 사라지게 되는 것이다.

각자에게 *언제나 가능한* 경험들의 이 이중성을 어떻게 상정하겠느냐고 사람들은 말할 것이다. 그렇다면 상황들에 따라 우리는 우리 자신의 활동에 대한 반투명적 의식에서 실천적-타성태의 기이하고 괴물 같은 지각으로 이행할 수 있는 것인가? 나는 우리가 그렇게 할 수 있을 뿐만 아니라 끊임없이 그렇게 하고 있다고 대답하겠다. 노동을 하는 순간에, 그리고 ─ 단편적인 일의 경우에는 ─ 이 노동이 통제의 단순한 필연성으로 남아 있다는 점을 고려해 보면, 또는 특수 기계에 대한 인간의 완전한 예속 속에서는 자동화를 기다리는 *눈 하나, 손 하나*의 필연성으로 남아 있다는 점을 고려해 보면 행동은 ─ *최소한* ─ 또다시 긴급한 상황에 대한 육체의 적응으로서 나타난다는 사실은 의심의 여지가 없다. 이와 같은 방식으로 만약 어느 노동자가 특별 수당의 노동을 받아들이고, 그 결과 규준 상승에 기여하는 것을 받아들인다면 그가 필연적으로 그 희생자가 될 이 상승은 우선 그에게 거의 견딜 수 없는 하나의 노동 리듬으로서 대두한다. 하지만 그는 이 리듬을 기계들의 요구를 예상했던 결심을 통해, 즉 그의 동료들에게 거부당할 수 있었던 선택을 통해 견뎌 내는 것이다. 이와 같은 의미에서 본다면 통합하는 반투명한 실천인 자유의 계기는 *함정의 계기*다. 개별적인 자유로운 실천으로서 스스로를 정립하면서 자유는 그 자체 안에서, 그리고 모두를 위해 **타자**의 세계를 실현하는 데에 기여한다. 자유가 자기 자신을 포착하며, 자신의 실재만을 보게 되는 것은 바로 이 실천의 계기에서다. 물질이 공장 노동자와 농업 노동자에게 가하는 끔찍한 구속들은 결코 이들이 오랫동안 이 추상의 수준에 머무는 것을 허락하지 않는다. 그러나 유리한 특정 상황에서 중산층의 구성원 한 명이 교량 역할을 위해 자유에 대한 내적 담화를 이용하여 개별적 실천의 의식에 전념하는 일을 방해하는 것이라곤 아무것도 없다. 오히려 실천적-타성태적 장이 나타나는 것은 필연으로서의(즉 자기 존재의 실재적, 사회적 존재로서의) 소외의 경험으로부터 출발해서다.

　이와 같은 이유로 소박한 마르크스주의자들은 변증법의 근원적 경험으로서의, 달리 말하자면 실천적 경험 속에서 실현되는 변증법으로서의 개별적 *실천*의 계기를 조용히 제거해 버렸다. 이들은 이 계기의 근본적 실재를 보존하거나 소외의 실재를 제거해야 한다는 사실을 알지 못했다. 이들의 유일하고 정말 얄팍한 변명은 필연의 계기가 이타성의 세계 속에서 경험을 뒤흔든다는 것이다. 무력함이 실천적 힘의 의미가 되고 반목적성이 추구된 목적의 심오한 의미가 되는 계기에서 출발해서, 그리고 *실천*이 예속 상태로 환원시키기 위해 다른 곳에서 선택된 수단으로서 자신의 자유를 발견할 때 개인은 자유로운 행동이 근본적인 속임수인 하나의 세계 속에서 갑자기 스스로를 재발견한다. 부재하든 항상 도피하든 간에 이제 그는 이 자유를 경험의 이 단계에서 부정되는 실재로, 피지배자들에 대한 지배자들의 선전으로밖에 알지 못한다. 그러나 이 경험이 더 이상 행위의 경험이 아니라 물질화된 결과의 경험이라는 것을 이해해야 한다. 이는 이제 더 이상 사람들이 *만들어 가는* 적극적 계기가 아니라 사람들이 방금 만든 것을 가지고 실천적-타성태적 총체가 만들어 낸 것에 의해 자신들이 수동성 속에 생산되는 소극적 계기다. 예컨대 이것은 *자신의 노동 규준을 고양하려고 하는 노동자가* 일반적 요구로서 이 규준을 재발견하고 그 규준에 의해 자신이 **타자**로서 의미가 주어지는, 즉 이 경우에는 자신의 적으로서 고용주와 착취의 대리인으로서 스스로에게 의미가 주어지는 계기인 것이다.

　이런 의미에서 보면 자체 내에 가공된 물질을 포함하는 수동적 존재로서의 사회성을 발견하는 것은 개인이 행동 속에서 변증법적 전개로서 자신의 활동을 가지고 하는 경험처럼 충분한 경험이 되지 못한다. 그 이유는 정확히 이와 같은 발견이 사회적(즉 가공된) 물질 속에 새겨진 수동적 결과로서의 소외를 통한 집렬체로서의 사회성의 발견이기 때문이다. 또한 이 집렬체가 (대부분의 경우 정해지지 않았든 무한하든 간에) 도피이며, *도피하는 발견으로서* 스스로를 만들기 때문이다. 이와 마찬가지로 자신의 **타자-존재**가 **타자**들의 집렬체적 부재에 의해 구성되는 한에서 자신의 이 타자-존재를 발견하는 각자는 부정적이고 추상적인 의미 작용으로서만 자신의 타자-존재를 *실현*하게 된다. 물론 이때 각자는 그 내용을 담화 속에 표현할 수 있지만 그렇다고 해서 이것을 충분한 직관 속에 고정할 수는 없다. 이 존재의 **존재**는 다른 곳에 속한다. 그렇다고 거기에 나타나는 소외와 **타자-존재**가 본질적으로 (이것들이 경험에 주어진다는 점에서) *개연적인* 존재들이라고 이해하지는 말자. 분명 나의 행위가 가지고 있는 *타자적 성격*이 나에게 있어 불분명하고 개연적인 것으로 남을 수 있다. 이것은 경험의 상황들과 계획된 행위의 유형에 달려 있다. 그래도 역시 소외는 필연적인 발견의 대상이 된다. 이것은 소외의 특별한 의미 작용이 혼란스럽고 흐릿할지라도 객체화된 *실천*의 수동화하는 회귀가 항상 필연성으로 주어진다는 의미에서 그러하다. 이 말은 소외의 경험이 순간적인 직관이 아니라 — 이것은 아무런 의미가 없을 것이다 — 시간화되는 과정이며, "세계의 흐름"이 언제나 경험의 조건들의 중간에 일어나는 변형에 의해 내부와 외부로부터 잠정적으로 혹은 결정적으로 중단시킬 수 있는 과정이라는 뜻이다. **타자-존재** 또한 — 더 짧고 그 어떤 것에 의해서도 중단되지 않는 경험의 틀 안에서 — *필연적인 존재로서의* 자신의 내용 속에서 나타날 수 있다. 요컨대 특정 행동이 특정 타자-존재를 현실화하는 것과 마찬가지로 필연성 같은 것에 대한 인식 역시 가질 수 있는 것이다.

단지 이와 같은 인식은 현실화하는 것이 아니다. 내가 그런 상태로 있는 **타자-존재**는 *원칙상* 실천의 변증법적 전개 속에서 살아갈 수 없다. 타자-존재는 의식의 도피하는 객체이지 자신에 대한 의식이 아니며, 하나의 인식의 추상적이고 세밀한 제한이지 직관에 대한 구체적인 현전은 아니다. 이런 의미에서 **타자들**의 **타자-존재**에 대한 나의 일상적인 경험은 다음과 같은 계기들에서만 구체적인 경험으로서 실현된다. 즉 발견된 소외의 필연성과 이타성의 도피가 나로 하여금 **타자**가 **타자들** 속에서의 도피 가운데 이 타자를 뒤쫓게 하는, 즉 집렬체의 구성원들의 집렬체적 무기력함에 의해 나의 이타성을 실현하게 하는 계기들이 그것이다. *이때* 실천적-타성태적 장의 소용돌이치는 무한한 경험은 이타성의 공간적 구조로서 **다른 곳**을 나에게 드러내며, 한 사람에게서 다른 사람으로 도피하는 이 *다른 곳들* 가운데 **타자들**에게서, 그러니까 **사물**(인간의 반인간적 존재로서)과 *다른 것으로서* 가공된 **사물**에서와 마찬가지로 인간과 **다른** 존재로서 물화된 인간에게서 **타자**로서의 나의 **타자**-존재를 보여 준다. 이 도피하는 경험은 동일한 집렬체에 속하는 모든 존재들의 부정적 유대로서 또는 *한 계로의 이행*(즉 회귀적이며 무한한 초월에 의해 집렬체의 무한한 총체화를 실천적, 추상적으로 확립하는 것)으로서의 공동 *무기력*의 형태하에서만 그 자체의 통일성을 부여할 수 있을 뿐이다. 끊임없이 그 자체에서 벗어나는 이 경험에서 가공된 사물들이 삶의 가장 일상적인 순간에 인간들처럼 우리에게 도래한다는 것이 *사실이다.*(그리고 멜로드라마 연극은 외딴 집에서 저절로 열리는 문이 자아내는 공포 효과를 활용하거나, 아니면 반대로 — 결국 마찬가지인데 — 천천히 열리는, 그래서 범인이 그 뒤에 있다는 것을 우리가 아는, 문이 곧 범인의 존재인 그런 문을 충분히 활용했다.) 그러나 이것은 우리에게 인간은 우리 속에서 그리고 대상들 속에서 하나의 도피에 지나지 않는다는 점에서 그러하다. 또한 1000프랑짜리 지폐 한 장이 일차적 필수품과 갖는 무생물적 관계가 집렬체들의 집렬체적 총체에 의해서 *멀리서* 변질(나의 나-밖의-존재의 변질로서)된다는 점에서 그러하다. 물론 이것은 동료나 가족 구성원에 대한 나의 인간관계가 나의 계급을 구성하는 집렬체들의 총체 속에서 어디에서나 소외되고, 그 결과 마침내 실천적-타성태적 대상들(인간들, 사물들, 사물들의 관계, 인간들의 관계들)의 모든 의미의 통일성과 모든 **다른 곳**의 무한으로의 융합이 생기는 것과 마찬가지다.

실천을 수동적이고 소외된 활동(즉 사회성의 개인)과 구분하는 경계로서의 이 첫 번째 형태하에서 필연성은 우리에게 그 가지성, 곧 자기 존재의 **이성**을 넘겨준다. 이 이성이 개별적 실천이나 상호성의 인간관계들("제삼자"가 있든 없든) 속에서는 *나타날* 수 없을 것임을 우리는 보았다. 그러나 이와 마찬가지로 플라톤학파의 관념론의 틀 속에서 자연법칙을 고려하지 않는 한 아무도 이 자연법칙들이 물질에 부과되고, 에너지의 변형을 완강하게 지배하는 *선험적 규칙들*이라고 상상할 수는 없다. 과학 법칙들이 경험에 의거하고 있고, 경험은 끊임없이 이 과학 법칙들로 돌아와서 이 법칙들을 변경한다는 점에서 보면 이 법칙들은 통계적임과 동시에 우연적이다.(적어도 우리에게, 그리고 지금까지 그러하다.) 사실 이제 우리는 필연성이 인간 행동을 물질적인 것에 연결하는 의미 작용이며, 여기에서 인간 행동은 유기체의 환경에 대한 내면성의 일의적 관계의 기초 위에 객체화된다는 것을 안다. 이것은 **사물**을 만들어 낸 자유 자체에 의해서, 그리고 작업 중인 다른 자유들에 의해 변형된 이 사물이 *그 자체의 고유한 성격들*을 통해 추구하는 목표들이 엄밀하게 예견될 수 있으면서도 완벽하게 예견되지 않은 것인 변질로서 행위자의 객체화를 제시하는 계기다. 이 경우 대상이 갖는 특징들은 이 변질을 설명하기 위해 필요한 근거가 된다. 왜냐하면 다른 자유들의 행동이 이 특징들을 부각시키고 명시하기 때문이다. "네가 특정 도구를 가지고 특정한 일을 한다면 결과가 어떠어떠하리라는 것을 너는 예상했어야 했다 등등." 그러나 바로 도구의 고정된 특징들(요구, 도구성)은 *가공된 물질*에 속한다. 그러므로 필연성이란 말하자면 가공된 물질의 *존재태로서의* 자유 혹은 타자들의 자유-존재태로서의 — 이 자유-존재태가 자유로운 작용 가운데 발견된다는 점에서 — 가공된 물질성이다. 그리고 이런 관점에서 우리는 필연성이란 고립된 유기체의 행동 속에서도, 물리-화학적인 사실들의 연속에서도 명백하게 드러나지 않는다고 결론지을 수 있다. 필연성의 세계는 비유기체적 물질성이 인간의 다수성을 다시 장악하고,

생산자들을 생산물로 변형시키는 바로 그 영역 ── **역사**의 실재적이지만 아직 추상적인 ── 이다. 자유에 포함된 한계로서, 그리고 **실천**을 실천적-타성태적 활동으로 뒤집는 계기이자 맹목적인 명증성으로서의 필연성은 인간이 집렬체적 사회성 속에서 혼란을 일으킨 후에 집렬체성의 모든 과정의 구조 자체, 즉 이것들의 현전 속의 부재와 비어 있는 명증성의 *방식*이 된다. 이 필연성은 불행한 물질성의 소용돌이치는 총체다. 이것은 이 물질성이 모두에게, 그리고 모든 자유로운 행동들 속에서 *타자*들로서의, 즉 우리를 속박하는 모든 자유로운 행동을 통해 확인되고 또 감춰진다는 점에서 그러하다. 실천적 유기체들이 새로운 실천적 통일성을 실현하지 못했다는 점에서 보면 이 필연성은 환경과, 그리고 이 환경을 통해 이 유기체들 사이에 맺어지는 유일한 가능한 관계다. "과학적"이라고 말해지는 필연성 ── 즉 정확한 명제들의 특정 연결들로 된 방식 ── 이 외면성에 의한 변증법의 부정-한계로서 실천을 통해 그리고 실천에 *의해* 어떻게 과학에 주어지는지, 또한 필연성의 현실적이며 항상 *타자적인* 스스로의 객체화로서의, 자유로운 변증법적 연구에 의해 필연성이 어떻게 나타나는지 보여 주는 일은 쉬울 것이다. 그러나 우리의 주제는 아니다.

이 모든 것으로부터 실천적-타성태적 장은 보편적 변증법의 새로운 계기가 아니라 외면성과 복수성에 의한 변증법들의 무조건적 부정이라는 사실만을 포착해야 한다. 이 부정은 단순히 파괴나 용해로 행해지는 것이 아니라 우회나 전복으로 행해진다. 이처럼 *경험의*("변증법"이 아니라) 두 번째 계기는 그 자체 속에 반변증법으로서 혹은 달리 말하자면 인간의 내부와 외부에서 자유로운 인간적 활동으로서의 변증법의 무기체적인 모방으로서 그 자체 속에 나타난다. 이렇게 해서 변증법이 그 자체의 부정 속에 물질적 조건들을 보존하면서 이것들을 극복하는 것과 마찬가지로 물질성은 완강한 실천적-타성태적 필연성으로서 각자의 자유로운 *실천*을, 즉 진행 중인 다수의 변증법을 지양하며 그 자체의 무거운 기계를 가동시키는 필수적인 수단들로서 그 자체 안에 이것들을 보존하는 것이다.

　일반적으로 그리고 *선험적*으로 검토된 실천적-타성태적 장은 어떤 자기모순에 의해서도 우리가 이제 고찰하려 하는 것, 즉 집단이 갖는 실천적 사회성의 형태를 야기할 수 없다는 사실을 우리는 살펴보았다. 각 경우마다 집단은 특정한 개별적 모순들의 기초 위에 구성된다. 이 모순들은 어디에서나 마찬가지라고 *선험적*으로 단언할 수 없는 상태에서 수동적-능동성에 속하는 장의 특수한 한 분야를 정의한다. 이 모순들이 생겨날 때 우리는 개인의 변증법적 *실천*이 그로부터 그 자신의 결과물들을 앗아 가는 반변증법 가운데서 스스로를 문제 삼고, 또 *하나의 사회 공간*에서 총체화하는 객관적 결과 속에서 그리고 이 결과에 의해 다수의 행동의 총체화로서 스스로를 창조해 내는 것을 보게 될 것이다. 이 새로운 방식은 반성적인 동시에 구성적이다. 총체화하면서도 개별적인 자유로운 변증법으로서의 각각의 *실천*은 공통적인 하나의 변증법에 기여한다. 물론 이 변증법의 유형 자체는 고립된 노동자의 종합적인 행동의 근원적 전형에 따라 산출된다. 이처럼 근원적 변증법들은 또 다른 변증법을 향해 스스로를 극복해 나간다. 이 또 다른 변증법은 근원적 변증법들에 의해 극복 불가능성으로서의 반변증법으로부터 출발해서 *구성된다*. 이런 의미에서 여기에서 우리는 자연변증법(유기체와 그의 환경 사이의 내면성의 근원적 관계로서)으로부터 문화 변증법(실천적-타성태의 지배에 대항해 제조된 기계로서)으로 이행한다고 말할 수 있을 것이다. 달리 말하자면 인간의 **자연**에 대한 지배로서 반자연을 만들어 내는 *동시에* 인간에 대한 무기적 물질의 지배로서 반인간을 만들어 낸 다음 개별적인 변증법들은 인간의 세계(즉 인간들 사이의 자유로운 관계들)를 건설하기 위해 결합에 의해 그들 고유의 반자연을 만들어 낸다. 인간들이 실천의 통일성 속에서 스스로를 재조직하기 위해 총체화하고, 스스로를 총체화하는 것은 바로 이 수준 위에서 그리고 선행하는 조정들의 기초 위에서다. 달리 말하자면 우리는 본 연구의 세 번째이자 마지막인 계기, 즉 인간들의 세상(그러니까 인간들과 이들의 객체들의 세계)을 역사적 기도 속에 총체화하는 계기를 살펴보게 되는 것이다. 본 연구가 갖는 이와 같은 새로운 구조는 실천적-타성태적 장의 전복으로서 주어진다. 즉 *실천적 통일성*의 핵심은 바로 필연성의 필연성으로서, 혹은 필연성의 완강한 뒤집기로서 나타나는 자유다. 실제로 한 계층에 속하는 개인들이 실천적-타성태적 필연성 속에서 삶의 불가능성에 의해 직접적으로 문제가 된다는 점에서 볼 때 이들의 급진적인 통일성(이런 불가능성 자체를 인간적으로 죽는, 즉 죽음에 의한 인간의 확인 가능성으로서 다시 자기 것으로 삼는)은 이와 같은 불가능성("일하면서 살거나 아니면 싸우면서 죽기")에 대한 완강한 부정이다. 이처럼 집단이란 집렬체적 다수를 위협하는 삶의 불가능성의 근원적 불가능성으로서 구성된다. 그러나 자유와 필연성이 이제 하나가 되는 이 새로운 변증법은 초월적 변증법의 새로운 변천들이 아니다. 이는 자유로운 활동으로서의 개별적 인간들이 그 주된 행위 주체들이 되어 이루는 인간적 건설이다. 이러한 이유로 우리는 이 변증법을 — 구성하는 변증법들과 구분하고자 — 구성된 변증법이라는 이름으로 지칭할 것이다.

제2서

집단에서 역사로

A. 집단에 대하여: 필연성의 자유와 자유의 필연성의 등가 관계, 모든 실재적 변증법의 한계와 범위

앞에서 살펴보았듯이 집단의 필연성은 어떤 군집에서도 선험적으로 주어지지 않는다. 이와 반대로 우리는 앞에서 군집이 그 자체의 집렬체적 통일성(집렬체의 부정적인 통일성이 추상적 부정으로 집렬체성에 대립할 수 있기 때문에)을 통해 그 구성원들에게 집단을 구성할 *가능성*의 기본적 조건들을 제공한다는 사실을 살펴보았다. 하지만 이 모든 것은 여전히 추상적이다. 하지만 초월적이고 관념적인 변증법에서는 모든 것이 더 용이하리라는 점은 당연하다. 우리는 각각의 유기체가 비유기체적 다수성들을 포함하고 지배하게 되는 통합 운동이 사회적 다원성의 차원에서 그 자체로부터 개인들의 유기체적 전체로의 통합으로 변화하는 것을 보게 될 것이다. 이와 같이 각각의 유기체와 비교해 보면 집단은 하나의 초유기체처럼 기능하게 될 것이다. 우리는 이러한 사회 유기체적 관념론이 보수적 사고의 사회적 모델로 다시 태어나는 현상을 줄곧 보아 왔다.(**왕정복고**하에서 이 관념론은 자유주의적 원자론에 대립한다. 1860년[1] 이후 이 관념론은 국가적 연대 내에서 계급의 형

---

1   저자가 여기에서 이 연도를 예시한 것은 이해를 전후해 프랑스 제2제정하에서 산업 혁명의 진전에 따라 프롤레타리아가 대두되었으며, 나폴레옹 3세의 제국주의 정책에 따른 멕시코 원정으로 재정이 피폐해지고 그로 인해 왕당파의 움직임이 활발해졌기 때문이다.

성을 와해시키려 했다.) 그러나 사회 유기체적 환상을 반동 이론의 역할로 환원시키려 하는 것은 전혀 옳지 않다. 사실 집단의 *유기체적 특징* — 즉 이것의 *생물학적 통일성* — 이 본 연구의 특정 계기로 나타나는 것을 쉽게 볼 수 있다. 변증법적 연구의 3단계를 살펴보려고 하는 우리 입장에서 보면 유기체적 구조는 실천적-타성태적 장에서, 그리고 이 장에 맞서 집단이 발생하는 경우 무엇보다도 이 집단이 갖는 착각하기 쉬우며 직접적인 외관이라고 말할 수 있겠다.

마르크 블로크[2]는 두 권의 훌륭한 저서[3]에서 12세기나 그 이전부터도 귀족 계급, 부르주아 계급, 농노 계급 — 이 계급들만을 지적하자면 — 이 이론상의 존재는 아니라 해도 어떻게 사실상의 존재를 가질 수 있었는지를 보여 주었다. 우리가 사용하는 언어로 말하자면 이것들은 집합태들이었다. 하지만 *개인들의 자격*으로 부유해진 부르주아들이 귀족 계급에 편입하려는 노력은 이 귀족 계급의 단결을 가져왔다. 그러니까 이 귀족 계급은 사실적 지위에서 법률적인 지위로 옮겨 갔던 것이다. 또한 이 귀족 계급은 힘을 합쳐서 *기사 계급에* 입문하려는 자들에게 엄격한 조건들을 부과했다. 그 결과 이 제도는 — 세대 간의 중개 역할을 하며 — 선택하는 기구가 되었다. 다만 이 제도는 농노들에게서 계급 의식을 조절한다. 성주들의 통합이 법률상으로 이루어지지 않는 한 농노들 각자는 자기 상황을 개별적 운명이라고 여기고, 또한 이 상황을 지주 가족과의 인간관계로, 즉 우연적인 일로 여기게 된다. 그러나 귀족은 대자적 자세를 취하며 필연적인 결과로서 노예 상태를 법률적 제도로 만들고, 농노들에게 그들의

---

2   Marc Bloch(1886~1944). 프랑스의 사학자. 중세 연구의 대가. 2차 세계 대전 때 참전해 나치에 의해 총살당했다.

3   『중세 사회(*La Société féodale*)(1939~1940)』, 2권, 『인류의 진화』 총서.(편집자 주)

상호 교환 가능성, 그들에게 공통된 무능력과 그들이 공동으로 가지는 이해관계를 알게 해 준다. 이와 같은 계시는 그 뒤로 이어지는 여러 세기 동안 발생하는 농민 폭동[4]을 조건 짓는 요인 중 하나가 된다.

우리가 이 예를 드는 목적은 단 한 가지다. 즉 **역사**의 운동에서 어떻게 착취 계급이 적에 맞서면서 자신들의 관계를 긴밀하게 하면서 그리고 자기 계급을 *연대적인* 개인들의 통일체로 의식하면서 피착취 계급에게 집합태로서의, 그리고 구성원들 사이에 체험된 연대 관계를 설정하려는 계속된 시도의 출발점으로서 물질적 존재를 일깨워 주는가를 제시하려는 것이다. 이는 전혀 놀라울 것이 없다. 반(反)목적성의 거대한 운동에 의해 끊임없이 휘둘리고 무력해진 이와 같은 의사 총체성에서도 역사적 집합체와 변증법적 법칙은 작용하는 것이다. 연대 의식의 총체로서 한 집단의 구성(물론 실제적이고 물질적인 조건들에 기초한)이 낳는 변증법적 결과는 그것으로 여타 사회의 장을 부정하고, 따라서 이 장의 내부에 — 이 장이 *비-결집 상태*로 정의되는 한 — 적대적 집단화에 적당한 조건들을 야기하는 것이다.(물론 이 모든 것은 희소성에 *기초하고*, 분열된 체제 내부에서 이루어진다.) 하지만 여기에서 특히 중요한 것은 비결집 상태에 있는 자들은 외부에서 자신들의 *실천*으로 이 집단을 하나의 *유기체적 총체성*으로 설정하면서 이 집단에 대해 행동한다는 점이다. 이처럼 모든 새로운 집합적 조직은 더 오래된 어떤 조직에서든지 그 원형을 발견하게 된다. 왜냐하면 실천적 장의 통일로서의 *실천*은 집단-대상의 관계를 객관적으로 긴밀하게 만들어 주기 때문이다. 놀라운 사실은 가장 기본적인 우리의 행위들이 *외부 집합태*들을 상대하면서 이것들이 마치 유기체들인 듯이

---

4   1858년의 농민 폭동을 가리킨다.

대한다는 것이다. 예컨대 스캔들의 구조는 각자에게 총체성에서 포착된 집합태의 구조다. 극장에서 스캔들로 여겨지는 장면의 대사를 듣고 있는 각자는 *실제로는* 이웃 관객들의 집렬체적인 반응에 의해 좌우되는 것이다. 스캔들, 그것은 하나의 집렬체적 이성으로서의 **타자**다.

그러나 스캔들의 첫 번째 표시들이(즉 자기가 아닌 **타자**의 자격으로 **타자들**에게 작용하는 자의 첫 번째 행위들이) 나타나자*마자* 이 표시들은 작가에 맞서 객석에서 살아 있는 통일성을 형성하게 된다. 이것은 단순히 첫 번째로 스캔들을 폭로한 자가 개인적 통일성을 통해 초월 속에서 각자를 위해 *이 통일성을 실현*하기 때문이다. 그럼에도 불구하고 각자에게는 뿌리 깊은 모순이 남아 있다. 왜냐하면 이 통일성은 **타자들**로서 그리고 **타자**에 의한 모든 **타자**(그 자신을 포함하는)의 통일성이기 때문이다. 첫 번째 폭로자는 공동 견해를 폭로하거나 표현하지 않았다. 그는 단지 각자에게 아직 타자들의 의견으로서만, 즉 우회하는 집렬체적인 타자들의 통일성으로서만 존재하던 것을 직접적 행위(외침, 모욕 등등)의 객관적 통일성 내에서 소개했던 것이다. 하지만 스캔들이 이야기되고 해석되자마자 이것은 그곳에 있지 않았던 모든 사람의 눈에는 하나의 종합적 사건이 된다. 이 사건은 그날 저녁 공연된 연극을 보러 갔던 관객에게 하나의 유기체가 갖는 일시적 통일성을 부여하게 된다. 비결집 상태에 있는 자들, 즉 이들이 보여 주는 집단과의 관계에서 그 자신들의 무기력을 통해 스스로를 집합태로 발견하게 되는 자들을 **상황 속에 위치시켜 보면** 모든 것은 분명해진다. **실천**의 통일성을 통해 집단이 이들을 비유기적 타성태로 규정함에 따라 이들은 이 집단의 목표와 통일성을 자신들의 개별적 **실천**을 통합하는 자유로운 통일성을 통해 그리고 기본적으로 유기체의 실천적 시간화에 다름 아닌 이 자유로운 종합의 모델을 따라 포착하게 된다.

실제로 실천이 행해지는 장에서 각각의 행위 주체의 입장에서 보면 모든 외적 다수성은 하나의 통합적 대상이 된다.(그리고 우리는 이미 이와 같은 종합의 결과가 군집의 집렬체적 구조를 감추는 것을 보았다.) 그러나 내가 실천의 장에서 통합시키는 집단은 이미 통합된 집단으로서 발생한다. 그러니까 원칙적으로 나의 통일화 작업을 벗어나고 또 이를 부정하는(이 작업이 *나를 무기력 상태로 빠뜨리는* 실천이라는 점에서) 통일성에 의해 구조화된 상태의 집단으로서 발생하는 것이다. 나를 벗어나는 이 자유로운 능동적 통일성은 하나의 실재의 실체로서 나타난다. 이 실재의 다수성을 나는 나의 실천과 지각의 장에서 그저 외관상 순수한 물질성으로서만 직접 통합했을 뿐이다. 달리 말하자면 나는 능동적 공동체를 위해 타성태 ─ 필연적으로 집단(극복되고 보존된 타성태로서)의 실질적 근거를 구성하는 ─ 를 지니지 않는다. 이와 정반대로 나는 나의 *실천*을 통해 이 타성태를 통합하는 운동 속에서 나의 실천을 위해 타성태를 다시 취한 것이다. 그런데 나를 벗어나는 공동 행위는 이 외관의 *실재*가 되어 버린다. 즉 실천적이며 종합적인 실체, 부분들을 지배하는 총체성, 원형 그리고 삶이 된다. 아니면 다른 지각 단계나 다른 집단들에서 이 공동 행위는 **게슈탈트**[5]가 된다. 우리는 이와 같은 순진한 유기체설을 개인과 집단 사이의 직접적 관계로, 그리고 절대적 통합이라는 이상으로서 다시 발견하게 될 것이다. 다만 여기에서는 *그 모든 형태*에서 이 유기체설을 배척하는 것이 문제였다. 어떤 경우에도 그리고 어떤 방식으로도 집단과 다수성이라는 이 집단의 타성태 사이에 맺어지는 ─ 한 집합태의 결정으로서, 그리고 이 집합태로 전락한다는 상시적 위협으로서 ─ 관계는

---

5   독일어로 '외형', '형상', '형태'의 의미. 전체와의 관계 속에서만 겨냥될 수 있는 각각의 요소 혹은 과정.

유기체와 이것을 구성하는 비유기적 실체들 사이에 맺어지는 관계로 환원될 수 없다.

그러나 변증법적 과정 — 이 과정을 통해 반변증법적 계기가 실천의 장의 다양한 변증법들과 공동 *실천*으로서 구성된 변증법 사이에 스스로 중개자가 되는 이 과정 — 이 존재하지 않는다고 해도 집단의 출현은 그 자체의 가지성을 포함하고 있는가? 지금까지 사용했던 방법에 의존하면서 우리는 본 연구를 통해 집단화의 한 과정에 포함된 여러 특징과 계기를 살펴보게 될 것이다. 이것은 오직 이 집단의 합리성을 규정한다는 *비판적* 의도에서다. 따라서 본 연구를 통해 우리는 계속해서 하나의 집단의 기원, 이 집단의 *실천*의 구조들 — 달리 말하자면 집단 행위의 변증법적 합리성 — , 마지막으로 수난 (passion)[6]으로서의 집단에 대해 — 집단이 그 내부에서 그에게 작용하는 *실천적-타성태*에 대항해 투쟁한다는 점에서 — 살펴보아야 할 것이다.

1. 융화 집단

나는 선결되어야 할 두 가지 문제를 살펴보고자 한다. 첫 번째 문제는 다음과 같다. 우리는 이미 집렬체성의 구조를 가지는 타성태적 군집이 사회성의 근본적 형태라는 사실을 선언한 바 있다. 그러나 우리가 이 선언에 역사적 성격을 부여하려고 한 것은 아니었다. 그리고 "근본적"이라는 용어도 여기에서는 시간적 우선권을 지칭하지 않는

---

6   나중에 보겠지만 여기에서 사르트르가 '수난'이라는 표현을 사용한 것은 이 집단이 다시 집렬
     체로 전락하고, 다시 이 집렬체가 집단으로 변화하는 과정을 겪기 때문이다.

다. 집합태가 집단에 앞선다고 누가 단언할 수 있는가? 이 주제에 대해서는 어떤 가정도 주장될 수 없다. 더 정확히 말하자면 ── 선사시대와 민족지학의 자료들에도 불구하고 ── 그 어떤 가정도 의미가 없다. 게다가 군집들이 집단들로, 집단들이 군집들로 계속해서 변모한다는 사실 때문에 여하튼 *선험적으로* 특정 군집이 역사적으로 첫 번째의 실재인지, 아니면 수동성의 장에 의해 수용된 한 집단의 잔재인지 그 여부를 결정하는 것은 불가능해진다. 각각의 경우마다 이전의 구조들과 이전의 조건들에 대한 연구를 통해서만 결정을 내릴 수 있을 것이다. 그것도 본 연구가 이런 사실을 허락할 때 그러하다. 우리는 집합태의 논리적 선행성을 설정한다.[7] 그 이유는 단순하게 집단들이 ── **역사**가 우리에게 가르쳐주는 대로라면 ── 집합태의 규정과 부정으로서 이루어지기 때문이다. 달리 말하자면 집단들은 집합태를 넘어서고 보존한다. 이와 반대로 집합태는 활동하고 있는 집단들의 분해의 결과로 생성될 때에도 *집합태로서* 집렬체성의 도피를 잘 감추지 못하는 죽거나 뼈만 앙상한 구조들을 제외하고는 집단들의 그 어떤 것도 보존하지 않는다. 이와 마찬가지로 집단은 어떤 집단이건 군집의 타성태적 존재로 다시 추락할 이유들을 *그 자체 내부에 가지고 있다.* 앞으로 보게 되듯이 한 집단의 해체는 이처럼 *선험적으로* 가지적이다. 그러나 이와 반대로 집합태는 ── 있는 그대로의, 그리고 우리가 찾고자 하는 요인들의 작용이 없다면 ── *기껏해야* 그 구성원들의 종합적 통합의 가능성만을 지닐 따름이다. 마지막으로 *전* 역사가 어떠하든 계급 투쟁에 의해 조건 지어진 역사에서 중요한 것은 집합태

---

7   사르트르에게서 '집단', 보다 더 정확하게는 '융화 집단'과 '집렬체성' 사이에 어느 것이 시간적
     으로 우선 출현하는가를 결정하는 것은 불가능하다고 여겨진다. 그러나 여기에서는 '집렬체
     성'이 '융화 집단'보다 먼저 출현했다고 가정하고 있다.

상태로 있는 억압된 계급들이 집단의 혁명적인 *실천*으로 이행하는 과정을 보여 주는 것이다. 이것이 중요한 까닭은 특히 이 과정이 각각의 경우마다 *실제로* 이루어지고 있기 때문이다.

그러나 우리가 계급들 사이에 맺어지는 관계를 지적한 이상 이 계급들에 대한 고찰이 아직은 시기상조라는 사실을 지적하고자 한다. 왜냐하면 이 계급들 역시 집단에 속하기 때문이다. 가지성의 조건들을 확정하기 위해 우리는 집합태들의 경우처럼 일시적 집단들, 빠르게 형성되었다가 빠르게 와해되는 외관적인 집단들을 선택하고 연구하고, 또 이렇게 함으로써 점진적으로 사회의 기본적 집단들에 접근하도록 하겠다.

욕구의 역할

*실천*이라는 번갯불로 집합태를 와해시키는 전복의 기원은 분명히 희소성과 기존 구조의 틀 내에서 발생하는 종합적인, 따라서 물질적인 변형에 있다. 고통과 마찬가지로 위험과 실천적 운동을 욕구 속에 내포하고 있는 유기체들에게서 사건-동인은 물질성의 모든 수준에서 위험(즉 기아나 파산 — *파산의 의미*는 기아다 — 등등)이거나 또는 도구성의 변형들(도구의 요구들, 욕구의 직접적 대상의 희소성을 대체하는 이 도구의 희소성, 상승적 의미 작용에서 집합태의 긴요한 손질로 파악된 도구의 손질)이다. 달리 말하자면 **자연**과 내면성의 관계로서 욕구가 갖는 이와 같은 애초의 긴장이 없다면 변화는 일어나지 않을 것이다. 그리고 역으로 이와 같은 긴장이 어떤 수준에 위치하더라도 공동 실천도 존재하지 않게 된다. 물론 이 공동 실천의 후진적이거나 하강적인 의미 작용은 직접적이건 간접적이건 이 애초의 긴장과 관계를 맺지 않는다. 따라서 *무엇보다도* 먼저 집합태가 집단으로 바뀌는 재구조화

의 기원이 물질성의 모든 층위에서 동시에 일어나는, 그렇지만 집렬체적 단위의 수준에서 조직적인 *실천*으로 극복된 아주 복합적인 사실이라는 점을 이해해야 한다. 하지만 아무리 보편적이라 하더라도 사건이란 다음과 같은 경우에만 모든 사람의 통일성을 향한 그 자체의 극복으로 체험될 수 있을 뿐이다. 즉 이 사건이 갖는 보편성이 *각자에게* 객관적이거나, 아니면 *각자에게서* 이 사건이 통합하는 객관성의 구조를 만들어 가는 경우가 그것이다. 실제로 지금까지는 ── 집합태의 차원에서 ── 실재는 그 자체의 불가능성에 의해 정의되어 왔다. 사실 소위 *실재들의 의미*는 정확히 말해 원칙적으로 금지된 것의 의미다. 따라서 불가능성 그 자체가 불가능할 때, 즉 종합적 사건이 생존의 불가능성을 변화의 불가능성으로 드러낼 때 변형이 이루어진다.[8, 9] 그 직접적 결과는 *변화 불가능성*을 계속해서 체험하기 위해 극

8   낚시꾼들이 친목회를 조직하거나 결혼하지 않은 나이 든 여성들이 "순회 도서관"을 운영하는 것이 죽음의 위협 때문이 아님은 당연하다. 그러나 이 집단은 ── 게다가 대단히 현실적이고, 그 객관적 의미가 전체 상황을 가리키는 조건들에 부합하는 ── 은 상부 구조들이나 아니면 집합태들의 재집단화(계급구조들 ── 계급 대 계급 ── , 국가적, 국제적 기구들 등등)라는 일반적이고 항구적인 행위에서 성립됐다. 변증법들의 변증법적 재집단화 단계에 이르는 순간부터 총체화 행위는 *그 자체가* 요인, 환경 그리고 2차적 집단의 이유가 된다. 이 요인들은 이 총체화 행위의 생생한 규정이고, 그러므로 부정이다. 하지만 동시에 이 요인들은 자기 안에 이 총체화 행위를 내포한다. 또한 이 요인들의 변증법적 갈등은 이 행위를 통해, 그리고 이 행위에 의해 발생하게 된다. 그 결과 「방법의 문제」에서 보았듯이 우리는 이 요인들을 수평적으로(그리고 경험적으로) ── 집단의 구조가 이미 객관적으로 주어진 환경에서 이것들이 결정되기 때문이다 ── 또는 수직적으로 ── 이 요인 하나하나가 그 구체적 풍요 속에서 모든 인간적 물질성과 모든 역사적 과정을 표현한다는 점에서 그러하다 ── 연구할 수 있을 것이다. 이처럼 여기에서 나는 *실천*의 집합태에 대한 정복 혹은 재정복으로서의 재집단화라는 근본적 사실에만 관심을 가질 뿐이다.(원주)
9   사르트르의 주장에 의하면 '집렬체'의 세계는 '실천적-타성태'에 의해 지배되는 '지옥'으로 묘사된다. 이와 같은 지옥에서 이 집렬체의 구성원들이 인간다운 삶을 영위하지 못하는 상황, 이와 같은 상황이 개인의 차원을 넘어서 집단적 성격을 띠는 경우 ── 예컨대 계급 투쟁의 경우 ── 그리고 이와 같은 상황이 극단적으로 악화되어 삶을 영위하는 것 자체가 '불가능해질' 경우에 비로소 이 상황을 변화시키고자 하는 동인이 작용한다는 것이다. 이와 같은 상태를 하나

복해야 할 대상으로 삼기까지 하는 것이다. 그러니까 우리는 악순환에 빠지는 것이다. 즉 집단은 욕구나 공동 위험에서 출발해서 결성되고, 그 자체의 공동 *실천*을 결정하는 공동 목표에 의해 정의된다. 그러나 만약 하나의 공동체가 개별적 욕구를 공동으로 느끼면서, 그리고 이 공동체가 공동의 것으로 생산한 목표들을 향해 공동의 통합이라는 내적 통일로 투기하면서 공동체가 된 것이 아니라면 그 어떤 공동 욕구로도, 그 어떤 공동 *실천*으로도, 그 어떤 공동 목표로도 이 공동체를 정의할 수 없다. 기아가 아니라면 이 집단은 결성되지 않았을 것이다. 그렇다면 어떤 이유에서 이 집단은 공동 욕구에 대항하는 공동 투쟁으로 정의되는 것일까? 어떤 이유로 개인들은 — 종종 그러하듯이 — 특정한 경우에 개들이 먹이를 다투듯이 싸우지 않는 것일까? 따라서 이어지는 질문은 이렇다. 즉 종합적 통일성이 갖는 권력이 도처에 있으며(자유로운 장의 통합으로서의 모든 개인들에게), 이와 동시에 그 어떤 곳에도 없을 때(개별적 통합의 복수성이 갖는 자유로운 초월적 통합이 관건이기 때문에) 어떻게 하나의 종합이 이루어지는 것일까? 실제로 다수의 자기 외적 통일성으로서 공동 *대상*이 무엇보다도 집렬체적 통일성의 생산자라는 사실과 바로 이 이중적 결정에 기초해 집합태의 반변증법적 구조 또는 *이타성*이 이루어진다는 사실을 잊지 말아야 할 것이다.

그런데 바로 이 마지막 지적이 우리에게 도움이 될 수 있다. 만약 집합태에 속하는 개인들 사이의 이타성 관계를 통해 생산되는 것이 바로 대상 그 자체라면 다수성의 집렬체적 구조는 결국 이 대상 자체

의 사례를 들어 설명하자면 스프링이 내리누르는 무게에 눌리고 눌려 더 이상 더 견딜 수 없는 상태에서 가장 높이 솟구치는 것처럼 집렬체의 지옥 상태가 극한 상황에 처한 경우 이 집렬체 구성원들의 반항이 이루어진다고 할 수 있다.

의 근본적 특징들과 이 대상이 모든 사람 그리고 각 개인과 맺는 애초의 관계의 기본적 특징들에 의존하게 된다. 이처럼 **타자들**에 속하는 소유물로서 생산 수단의 총체는 프롤레타리아 계급에게 집렬체성의 본래적 구조를 부여한다. 왜냐하면 이 생산 수단의 총체는 규정되지 않은 대상들 전체로서 스스로 생산되기 때문이다. 그리고 이 대상들에게서 유래하는 요구들 그 자체는 부르주아 계급의 요청을 타자의 집렬체성으로 반영하고 있다. 그러나 역으로 연구를 통해 그것들 자체에 의해 *실천적-타성태의 장*에서 총체성의 윤곽(물질을 통해 **타자**에 의해 이루어지는 다수의 총체화로서)을 이루는 공동의 대상들을 고려해 볼 수 있을 것이다. 그리고 이 대상들 역시 집렬체로 겨냥된 다수성을 구성해야 하는가를 생각해 볼 수 있을 것이다.

적대적 실천이라는 압력하에서 집렬체에 대한 부정

7월 12일[10]부터 파리 시민들은 봉기 상태에 있었다. 이들의 분노에는 뿌리 깊은 원인들이 있었다. 하지만 그 원인들은 그때까지 민중 계급의 공동 무력감 속에서만 감지되었을 뿐이었다.(추위, 허기 따위와 같은 모든 것을 체념 상태에서 견뎌 냈으며, 이와 같은 집렬체적 행위는 개인적 덕성으로 잘못 간주되었거나 아니면 비조직적 폭발, 소요 따위로 표현되었다.) 그렇다면 집단들은 어떤 외부 상황으로부터 출발해서 성립되는가? 첫째(여기에서 나는 시간 순서를 따른다.), 파리 유권자들이라는 제도적, 실천적 집단은 — 이 집단이 왕의 지시에 부합하게 구성되었고, 이 집단이 항상 이 지시에도 불구하고 혹은 이 지시에 반대해 결정을 내리는 한 — 파리 시민들로 이루어진 타성태적 군집을 *집합적 실*

---

10   프랑스 대혁명이 발발한 1789년 7월 12일이다.

천의 차원에서 하나의 *실천적 실재*를 소유하는 것으로 지칭하는 한, 유권자들의 의회는 바로 타성태적 군집의 자유-내-자기-외적-존재로서의 능동적인 통일성이라는 사실이다. 하지만 이 총체화로는 충분하지 않다. 실제로 *대표제*는 능동적 집단을 실천이 미치지 못하는 환경에서 이루어진 타성태적 군집의 투사로 ─ 어떤 과정을 통해서든 ─ 규정하는 데 그 기능이 있기 때문이다.

예컨대 부르주아적 민주주의에서 행해지는 투표는 수동적이고 집렬체적인 과정이다. 물론 각각의 유권자는 **타자**로서 그리고 **타자들**에 의해 자기 선택을 결정한다. 그러나 이 선택을 공동으로 그리고 **타자들**과의 통합체의 *실천*으로서 결정하기는커녕 그는 이 선택이 타성태적으로, 그리고 여론의 집렬체성에 의해 이루어지도록 방임한다.

이렇게 해서 선출된 의회는 군집을 대표한다. 물론 이것은 이 의회가 아직 결정되지 *않은 범위 내에서* 이 구성원들이 타성태적 이타성의 타성태적 산물로서, 여러 당파 사이의 수적 관계로서의 가공되지 않은 상태의 다수성이 이 집합태들 상호 간의 무능력으로 이룬 관계들과 힘의 관계들(이 힘들이 타성적인 힘이기 때문이다)을 나타내기 때문이다. 그러나 의회가 *구성되자마자*, 스스로 위계를 세우자마자, (당파들 사이의 연합을 통해) 특정 집단(다수당의 지속성, 다수당을 둘러싼 재교환의 복잡한 작업, 유일당에 반대하는 나머지 당들의 공모에 의해 특징지어진다.)으로 규정되자마자 이 현실적 *실천*(이 실천에서 법률의 표결, 신임 투표제 등등은 고독의 무한한 이타성이라는 선거제의 초기 모습을 오로지 형식상으로만 가지지만 수적으로 보면 *상징으로서* 다수당 집단들 간의 찬성, 반대, 연대 등을 표현한다.)은 군집 ─ 어떤 이유에서건 의회는 이 군집이 될 수 없다. 의회는 이미 *조직되었기 때문이다* ─ 의 충실한 대표인 동시에 이 *군집의 변증법적 효율성임*을 자처한다. 하지만 총체화된 가짜 통일체[11]("프랑스인들이여, 여러분의 정부…… 등등.")인 군집으로 파고들려는 이 방식에서조차도 사람들은 군집을 무능력 상태로 되돌려놓는다. 총체성으로서의 프랑스는 나라 밖에서 그 정부에 의해 실현된다. 국가적 집합태라는 자유로운 총체화로서의 이 정부는 개인들에게서 이들의 타성태적인 사회성을 집단으로서 결정해야 하는 걱정을 덜어 준다. 계급 투쟁과 사회적 위기가 새로운 집단의 투쟁을 통해 군집을 입법부나 행정부에 대립시키지 않는다는 점을 고려해 보면 이 입법부와 행정부의 존재는 집합태를 타성태로 되돌리는 기만일 수밖에 없다. 권력은 집렬체적 수동성을 통해 권리를 위임받았다. 그리고 *저기에 있는 우리의 통일성이* **내각**의 수반직에 대해 부여하는 *긍정은 어떤 이유에서건 우리를 무한한 이타성의 늪으로 보내게 된다.* 이런 의미에서 보면 이 "파리 유권자들"이 반드시 실천적 통일의 요인인 것은 아니다. 그 이유는 아마 이들이 정부의 폭력보다 민중의 폭력을 더 두려워하기 때문이다. 그러나 상황이 통일을 *다른 길로 모색한다*는 조건에서는 그들도 *대표*가 될 수 있다. 그러나 이번에는 군집 자체 내에서 통합하는 실천으로서 그리고 무능력의 부정으로서 재통합시켜야 할 통일성의 자격으로서만 대표가 될 수 있을 뿐이다.

그런데 정부는 파리를 외부에서 총체성으로 구성한다. 7월 8일부터 미라보[12]는 **국민 의회**에서(그러나 그의 연설은 곧바로 파리 시민들에게 알려졌다.) 3만 5000명이 파리와 베르사유 사이에 분산 배치되었으며 2만 명을 기다리고 있다고 보고했다. 그리고 루이 16세는 의원들에게

---

11 나는 이 문제를 실제로 역사적 수준에서 고려하는 것이 아니다. 지금 당장으로서는 정부가 지배 계급의 기관인지 자문할 필요도 가지고 있지 않다. 나는 단지 *대표하는 실천*과 "대표된" 군집 간의 형태적 관계만을 연구한다.(원주)

12 오노레 가브리엘 빅토르 리케티 미라보(Honoré Gabriel Victor Rigueti Mirabeau, 1749~1791). 프랑스의 정치인. 대연설가. 대혁명 당시 입헌군주제를 주창했다.

이렇게 대답했다. "짐은 수도의 질서를 바로잡고 유지하기 위해 어쩔 수 없이 짐의 권력을 사용할 수밖에 없도다. ……이런 까닭으로 짐은 파리 주위에 군대를 집결시키게 되었도다." 그리고 12일 아침에 "왕의 이름으로"라는 벽보가 파리시 전체에 나붙었다. 이 벽보에는 파리시를 폭도로부터 보호하기 위해 시 주위에 군병력을 집결시켰다는 사실이 암시되고 있다. 이렇게 해서 파리시에서 이루어진 군집의 실천적-타성태적 긴장과 존재태로서의 장소는 외부적이고 조직화된 *실천*에 의해 총체성으로 구성되었다. 게다가 *실천*의 대상(포위해야 할 도시, 진압해야 할 소요)으로서 이 총체성은 그 자체로 실천적-타성태적 장의 결정이다. 도시는 총체화되고, 총체화하는 자기 모습 속에서 하나의 장소인 동시에(포위령이 내려질 조짐은 이 장소를 내용으로서 결정한다.) 군대의 행위 — 이 행위에 의해 파리 시민은 갇혀 있는 군중이 된다 — 에 의해 낙인찍힌 물질성의 형태로 지칭되는 인구이기도 하다. *유언비어, 벽보, 새로운 소식 들*(특히 네케르[13]의 사임 소식)은 시민들 각자에게 공동 지표로서 전달된다. 그것은 *낙인찍힌 물질성의 분자다.*

이 수준에서 우리는 포위라고 하는 총체성이 *집렬체성 내에서* 체험된다고 말할 수 있을 것이다. 이것이 소위 말하는 열광이다. 길에서 사람들이 달리고, 소리를 지르고, 모여들고, 입시세 납부소의 바리케이드에 불을 지른다. 개인들 사이의 관계 — 실제로 다양한 형태를 취할 수 있지만 — 는 **타자** 안에서 이루어지는 자신의 즉각적인 계시로서의 이타성 관계다. 모방 — 내가 다른 곳에서 기술했던[14] — 은 이와 같은 의사 상호성의 이타성의 표현들 가운데 하나다. 이와 같은 이타성의 구조는 타성태적 도피로서의 *집렬체성에 대한 총체성으로*

---

13   자크 네케르(Jacques Necker, 1732~1804). 프랑스 정치인으로 중상주의를 주창했다.
14   특히 이 책 631쪽 이하 참고.

서의 공동 운명[15](즉 왕실 군대의 실천적 목표와 같은 것으로서다.[16] 물론 여기에서는 개인들이 같은 도시에 똑같이 소속되어 있다는 사실에 의해 지시된다는 점에서 보면 이 총체성은 파괴의 총체성이다.)의 행동에 의해 구성된다. 즉 *학살*이라는 *부정적 명령*을 통해 집렬체성을 파괴하려고 위협하면서 실천적 단위로서의 군대는 이 총체성을 시민 각자에게서 집렬체성의 부정 — 그러나 *가능한 부정* — 으로 감내되는 것으로 제공한다. 이처럼 두 구조의 공존 — 하나의 구조는 다른 하나의 구조의 가능한 미래의 부정이기 때문에(그리고 이와 동시에 각자 안에서 모두의 부정이기 때문에) — 에 의해 각자는 **타자** 속에서 *자기 자신*을 계속적으로 본다. 그러나 그는 거기에서 자신을 *자기 자신*으로서 본다. 즉 여기에서는 이 타자에게서 자신을 제거할 수도 있을(칼싸움이나 총격에 의해) 파리 시민의 총체화로서 보는 것이다. 그리고 이런 *상황*은 이른바 적절하지 않게 전염, 모방 등등이라고 명명되는 것을 근거 짓는다. 실제로 이런 행동 속에서 각자는 **타자**에게서 그 자신의 미래를 보며, 거기에서 출발해 **타자**의 행위 속에 현전하는 그 자신의 행위를 발견한다. 여전히 타성태적인 이런 운동 속에서 *모방한다는 것*은 다음과 같은 것을 의미한다. 그러니까 저기 **타자** 안에서 자신의 고유한 행

15 노동자 계급(이 계급의 집렬체성의 구조 내에서)에 대한 공동 위협으로서의 운명은 총체화하는 것은 아니다. 왜냐하면 이 계급이 조직화되고 총체화하는 *하나의* 투기의 대상이 되지 않기 때문이다. 착취는 특정 집단에서 해방된 실천으로서, 그리고 동시에 집단들 간의 대립의 분산을 통해서 실현된다.(원주)

16 게다가 정부는 정확한 의도를 가지고 있지 않았던 것으로 보인다. 정부는 무엇을 원하는지, 또 무엇을 할 수 있는지도 알지 못하는 상태였다. 그러나 이것은 중요하지 않다. 군대의 배치와 포위의 개시는 그 자체로 객관적인 의미를 지닌다. 즉 그것들을 통해 파리 시민들이 파괴라고 하는 체계적이고 종합적인 투기의 유일한 대상으로 지시된다는 점이다. 법원에서 그 누구도 학살을 원하지 않았다고 말하는 것은 아무런 소용이 없다. 학살은 그 자체로, 그리고 당시의 특별한 상황과 군대의 기능을 비춰 볼 때 실제로 지도자들의 *의도에* 더 이상 의존하지 않는 하나의 즉각적인 가능성이었다.(원주)

동을 하는 *자기 자신을 발견하는 것*인 동시에 여기 자기 내부에서 **타자**의 행위를 하는 *자기 자신을 발견하는 것*이다. 물론 이때 그는 **타자**의 도피와 자기 자신의 도피[17]에서 벗어나며, 아무런 동의나 협의 없이 주먹으로 **타자** 안에서 일방적 공격으로 반격을 한다.(이는 동의와는 완전히 반대되는 것이다.) 그러나 그는 이때 또한 조직화된 총체화의 종합적 통일에서 출발해, 외부 집단에 의해 군집으로부터 *유래하게 될* 이타성을 체험하고 실현하게 된다.

　파리, 바리케이드가 처진 곳, 튀일리 공원과 같은 장소에서 군부대와 모방을 통해 군집을 형성한 사람들 사이에 충돌이 계속해서 발생한다. 거기에서 집렬체적이며 방어적인 새로운 폭력이 발생한다. 사람들이 무기 판매업자들을 약탈한 행위가 그것이다. 물론 시시각각으로 악화하는 상황에 대한 이와 같은 혁명적 대응은 조직적이고 공동으로 이루어지는 행위라는 역사적 중요성을 지니고 있기는 하다. 그러나 이와 같은 무기 탈취라는 대응은 그런 행위 가운데 하나가 아니다. 그것은 하나의 집단적 행위다. 각자는 무기를 발견하기 위한 **타자들**의 노력을 통해 스스로 무장하겠다고 결심한 것이다. 그리고 각자는 **타자들**보다 먼저 그렇게 하려고 노력한다. 왜냐하면 새로이 나타난 희소성의 범주 내에서 소총을 가지려는 각자의 노력은 비무장 상태로 남아 있으려는 **타자**에 대한 위험이 되기 때문이다. 이와 동시에 이 무기 탈취라는 대응은 모방과 전염의 관계에 의해 이루어진다. 왜냐하면 각자는 보조를 맞추는 방식으로 **타자** 속에 있기 때문이다.

17　달려가는 것을 목격하는 자는 달린다. 이는 *자신이 해야만 하는 것*을 배우기 때문은 아니다. 그는 오히려 자신이 *현재 하고 있는 것*을 발견한다. 물론 그 행위를 하면서만 그 사실을 발견할 수 있을 뿐이다. 우리는 이와 같은 법칙을 집단의 관계 속에서 다시 발견하게 될 것이다. 그러나 정확하게 이 관계가 갖는 의미와 반대되는 의미를 가지고서다.(원주)

하지만 격렬하고 효율적인 이 군집들은 완전히 비조직적이다. 이들은 통일성을 상실하고, 다시 회복하곤 한다. 그러나 통일성을 회복하는 경우에도 뒤르켐[18]과 마찬가지로, 그러나 전혀 다른 의미에서 그 구성원들의 "기계적 연대성"이라고 부를 수 있는 것의 내부에서는 아무런 변화도 일어나지 않게 된다. 더군다나 이 군집들은 한 자루의 소총을 차지하기 위해 곧바로 자기들끼리 싸울 위험성도 있다.(대립에 의한 상호적 집합체의 결렬이 그것이다.) 만약 이 수동적 행위의 의미가 혁명적이라면 이는 무엇보다도 외부 *실천*의 행위 아래 무기력(즉 타성태)의 통일성이 대중적 힘으로, *수(數)의 힘*으로 변화한다는 의미에서다. 실제로 내면적으로 볼 때 여전히 이타성으로 구조화되어 있는 이 군중은 그 자체의 비조직화 내에서 무기 판매업자들의 산발적인 저항을 분쇄하기 위한 저항할 수 없는 기계적 힘을 발휘한다. 그러나 곧 집단의 혁명적 *실천*을 낳게 될 또 다른 요소는 바로 *무장*이라는 개인적 행동이 *그 자체로부터* 그리고 그 결과 속에서 자유의 이중의 의미 속으로 되돌아온다는 사실이다. 물론 이는 이 행동 자체가 하나의 복잡한 과정, 즉 그 목적이 각자에게 생명을 보호하는 것이고 또한 집렬체성을 그 원동력으로 하는 복잡한 과정이라는 점에서 그러하다. 각자가 용기병에 대항해 자기 생명을 지키고자 한다는 점에서 *실천의 장에서의* 결과는 ─ 달리 말하자면 정부가 힘의 정책을 시도하며, 이와 같은 조직화된 실천적 시도가 이 정책을 도와줄 수 있는 것과 거기에 반대할 수 있는 것과 더불어 실천으로서의 장 전체를 결정한다는 점에서 ─ 바로 *파리 시민들이 왕에 대항해 무장했다는* 사실이다. 달리 말하자면 정부의 정치적 *실천*은 집렬체성의 수동적 반응을 실천

18   에밀 뒤르켐(Emile Durkheim, 1858~1917). 프랑스 사회학자. 객관주의적 사회학을 표방.

적 자유로부터 소외시켰다. 이와 같은 *실천*의 시각에서 보면 실제로 이 군집은 그 자체의 수동적 활동을 그 수동성 속에서 도난당하게 된다. 그 결과 타성태적 집렬체성은 이타성의 과정 저편에서 *합의된 하나의 행동을 야기한 하나의 집단*으로서의 모습으로 나타나게 된다. 이것은 단지 이 사실을 아는 군대 지도자들뿐 아니라 이 지식을 통일성의 구조로서 재내면화하는 파리 시민에게도 마찬가지다. 여기에서 통일성은 여전히 *다른* 곳에 있다. 즉 이 통일성은 과거의 일이고, 미래의 일이다. 우선 이 통일성은 과거의 일이다. 왜냐하면 *집단은 하나의 행위를 했고*, 집합태는 놀랍게도 이 행위를 자신의 수동적인 행위의 한 계기로 인정했기 때문이다. 그러니까 이 집합태는 벌써 *집단이었던 것이다.* 게다가 이 집단은 그 과정을 비가역적인 것으로 만드는 하나의 혁명적 행위를 통해 정의되었다. 또한 이 통일성은 미래의 일이기도 하다. 왜냐하면 무기 자체는 그 물질성 속에서 합의된 저항의 가능성을 소묘하기 때문이다. 물론 이것이 가능한 것은 무기를 탈취했던 것이 군부대의 일사불란한 행동에 맞서기 위해서였다는 사실을 고려할 때다.

유권자들의 불안이 군집 내부에서 제도적 집단들을 부정적 통일로 만들고 말았다. 실제로 이들은 4800명의 시민 민병대를 조직하기로 결정하고, 이 조직을 구성하는 지역들을 담당하게 된다. 이들이 공공연하게 내세운 목표는 소요를 피하는 것이다. 이 새로운 계기에서 미래의 민병대는 군집으로부터 이루어지는 징발로, 그리고 이 군집과 반드시 싸워야 하는 것으로 나타난다. 반면에 대다수의 주민은 "소요"에 대해 아무런 걱정도 하지 않으며, 당연히 수도 주위에 배치된 군대 내에서만 실질적인 위험을 목격할 뿐이다. 그리고 민병대를 그럭저럭 조직하려는 노력이 여러 지역에서 이루어지기 때문에 형성 중인 이 집단들은 대표 집단들과는 반대로 그 군집의 통일성을 낳는 데 기여하게 된다. 실제로 "대표"는 조직화된 *실천*의 차원에서 군집처럼 주어진다. 따라서 위에서 살펴본 대로 대표는 이 군집을 자신의 타성태 속에서 유지하는 데 기여한다. 이와는 반대로 민병대는 이 군집의 실천적 부정을 실현하기 위해 조직화된 집단으로 형성된다. 민병대는 시민들의 군중집회를 방해할 것이며 또한 그들을 무장 해제시킬 것이다. 이렇게 함으로써 민병대는 군집에게 조직화된 존재로서 자신의 실재를 발견하는 데 기여하게 된다. 실제로 민병대는 *어제 무장을 했고, 내일은 스스로 방어할* 이 조직화된 존재의 실존을 힘으로 방해하게 된다. 달리 말하자면 이미 형성된 이 집단들은 집렬체적 무기력이라는 구조 속에서 그 자체를 유지해야만 하는 임무를 띠고 있는 군집에 속한 반집단들(antigroupes)이다. 이 집단들을 통해 *무엇인가가 부정된 것, 막아야 할 것*으로 드러나게 된다. 그리고 군집에 속하는 각자의 구성원은 심오한 통일성을 집렬체성하에서 부재로서 그리고 근본적인 가능성으로서 포착한다. 이것은 이 구성원이 자신의 타성태[19] 속에서 절대적으로 지시되기 때문이다. 이와 동시에 미리 형성된 집단으로서의 민병대들은 그 자체로 부정적인 것 속에서라도 군집의 종합적인 결정을 대표한다. 그리고 민병대들이 외부로부터 제도적 기관 또는 준제도적 기관들에 의해 이 군집 내부에서 결정된다는 사실은 ── 이 군집이 부정된 부정이어야 한다는 점에서 ── 이 군집 자체에 의해 내부에서 이루어진 통합에 의해 파괴되어야 하는 것으로 나타난다. 민병대와 주민들 사이의 격렬한 대립은 바로 주민들 사이에

19　"무기 등을 소지할 수 있는 모든 개인은 그가 속한 지역에서 직접 그 무기를 든 것으로 여겨질 것이다……."
"모든 시민은 군중집회를 하지 말아야 할 것이다."(7월 13일 자 의회 포고령)(원주)

서 발생하기 때문에 내적 부정의 가능성을 외면적 통일의 부정으로서 만들어 낸다. 여전히 다수성 위에 각인된 봉인이라는 점에서 민병대는 *자유로운 조직* 내에서만 상호 모순 되거나 해체될 수 있을 뿐이다. 자유 ── 현실적 목표(랑베스크 왕자[20]의 군대에 대항해 방어한다는)로부터 조직화된 *실천*에 대한 단순한 긍정적 결정으로서의 ── 는 필연성을 해체하는 필요로서 나타난다.

이와 같은 사실을 토대로 **시청**에서 두 세력, 즉 무기를 주지 않으려 하고, 주저하고, 핑곗거리를 찾는 구성된 권력 당국과 점점 위협적이 되고, 유권자들의 행동과 대(大)상인들 가운데 선출된 시장들의 행동을 통해 자신들을 *존재태–통일체*로 발견하는 시민들 사이에 하나의 변증법이 정립된다. 플레셀[21]이 약속한 무기 창고에서 쓰레기만을 발견했을 뿐인 군중은 속았다라는 판단을 내리게 된다. 즉 군중은 플레셀의 행동을 내면화하고, 이 행동을 집렬체성 속에서가 아니라 이 집렬체성에 맞서서 일종의 수동적 종합으로서 포착하는 것이다. 실제로 행동으로서의 속임수는 상호성의 대립적 관계의 범주 내에 위치한다. 군중을 속이면서[22] 플레셀은 이타성의 도피에 일종의 *인격적인* 통일성을 부여한 것이다. 그리고 이 인격적인 통일성은 필연적으로 그것을 보여 주고, 그리고 군집 자체를 위해 그것을 발견하는 분노의 반응을 특징짓는다. 그러니까 각자는 새로운 방식으로 반응하게 된다. 물론 개인으로서도 타자로서도 아니고, 공동 인간에 대한 개별

20   샤를 외젠 드 로렌(Charles Eugène de Lorraine, 1751~1825). 반혁명파의 귀족. 1789년 7월 12일 시위대와 튀일리궁에서 충돌했다. 대혁명 후 오스트리아 군대에 편입. 왕정복고 때 프랑스군의 원수를 지냄.

21   자크 드 플레셀(Jacques de Flesselles, 1730~1789). 대혁명 발발 당시 파리의 마지막 시장. 1789년 7월 14일 시위대에 의해 처형되었다.

22   그는 그럴 의도가 없다고 보인다. 하지만 그것은 중요하지 않다. 대중은 자기들이 속았다고 생*각하지 않았지만 그들은 속아 넘어갔던 것이다.*(원주)

적 구현으로서다. 이와 같은 새로운 대응은 그 자체로 어떤 마법적인 면도 지니고 있지 않다. 이 대응은 단지 상호성의 재내면화를 보여 줄 따름이다.

바로 이 계기로부터 집단도 집렬체도 아닌 그 무엇인가가 나타난 다. 말로가 『희망(*L'Espoir*)』에서 **묵시록**이라고 불렀던 것과 같은 그 무 엇인가가 말이다. 즉 집렬체의 융화 집단으로의 용해가 나타나는 것 이다. 그리고 아직은 구조화되지 않은, 즉 *무정형의* 상태로 있는 이 집단은 이타성에 대한 직접적인 반대라는 특징을 갖게 된다. 실제로 집렬체적 관계에서 집렬체의 **이성**으로서의 통일성은 항상 *다른 곳*에 있었다. 하지만 묵시록에서는 비록 집렬체성이 적어도 제거의 과정으 로 남아 있기는 하지만 — 그리고 비록 이것이 다시 항상 나타나는 것이 가능하다 하더라도 — 종합적인 통일성은 항상 *여기*에 있다. 달 리 말하자면 도시 내의 모든 장소에서, 매 순간, 부분적인 과정 하나 하나 속에서 부분 전체가 기능하며, 도시의 움직임은 거기에서 그 완 성과 의미를 찾게 된다. 몽주와[23]는 이렇게 적고 있다. "저녁 무렵에 파리는 전혀 새로운 도시가 되었다. 간격을 두고 작렬하는 포탄은 주 민들에게 조심하라고 경고하고 있다. 포탄 소리와 더불어 경종을 알 리는 교회의 종소리가 계속해서 이어졌다. 주민들이 모여 있던 60여 개의 교회는 사람들로 넘쳐났다. 거기에서는 각자가 연설가였다."[24]

융화 집단, 이것은 도시 전체다. 우리는 곧 이 집단이 어떤 점에서 집렬체성과 구분되는가를 살펴볼 것이다. 하지만 만약 시간 흐름에 따라 이 집단의 발전이 구조화되지 않는다면 이 집단은 집합태의 상 태로 고정될 것이라는 점을 우선 지적해야 할 것이다. 물론 시간 흐름

23   갈라르 드 몽주와(Galart de Montjoie, 1746~1816). 왕당파 신문인《왕의 친구》의 편집자.
24   《왕의 친구(*L'Ami du Roi*)》, 3판, 70쪽.(원주)

에 따른 이 집단의 변화 속도와 기간은 상황과 여건에 좌우된다. 실제로 융화 집단은 여전히 집렬체이며, 외부적 부정을 재내면화하면서 스스로를 부정하는 집렬체로 있다. 달리 말하자면 이 순간에 긍정적인 것 자체(형성 중인 융화 집단)와 스스로를 부정하는 이와 같은 부정(해체 중인 집렬체) 사이에는 차이가 없다. 첫 번째 구조화(이것이 집단 자체로부터 기인한다는 점에서)가 유동적인 전체의 부분으로서 *이 부분의 실천적-타성태적 구조로부터 한 지역으로 온다는 사실*을 증명할 수 있다. 생탕투안 지역은 바스티유 감옥의 그늘 아래서 줄곧 모든 사태를 겪었다. 이 검은 성은 감옥으로서뿐 아니라 거기에 설치된 대포들로써도 위협했던 것이다. 이 성은 가난하고 불안한 한 지역의 경계로서 억압적인 힘의 상징이었다. 게다가 여러 차례의 소전투와 진압된 소요들 ─ 특히 4월에 있었던 유혈 사태의 진압(**레베용 사건**)[25] ─ 은 군집 내부에서 하나의 존재태로 남아 있었다.(공동의 조직으로 이행하는 집단적 기억이 문제가 되는데 이 점에 대해서는 곧 살펴보게 될 것이다.) 지금으로서는 이와 같은 존재태가 포함할 수 있는 폭발적인 힘을 무기력한 관계들의 해체를 통한 에너지의 해방이라는 가정 속에서 주목하는 것이 아니다. 능동적인 집단의 기원이라는 시각에서 볼 때 우리의 흥미를 끄는 것은 이런 존재태가 *실제로* 하나의 길을 구조화한다는 것이며, 또한 이것이 우선적으로 이 지역의 체험된 공간에 대한 주행적 결정이라는 점이다. 그리고 이 길은 부정적이다. 이것은 군대가 서쪽과 북서쪽을 통과해 그 지역으로 진입하면서 거기에

---

25 1789년 4월 24일부터 28일까지 파리 생탕투안 지역에서 발생한 민중 폭동 사건. 1789년 7월 14일에 있었던 바스티유 감옥 탈취를 알리는 사건이었다. 종이 제조업자인 장바티스트 레베용 (Jean-Baptiste Réveillon)이 제안한 세금 인상에 반대해 많은 노동자와 민중이 저항했으며, 이 사건의 진압 과정에서 많은 사람이 살해되었다.

서 (4월처럼)[26] 학살을 감행할 가능성이기 때문이다. 달리 말하자면 집

26   게다가 이 **레베용 사건**은 다른 여러 지역이 서로 대립했다는 사실, 모종의 *사회적 긴장*, 즉 계급 투쟁에 의해 이미 제한되었다는 사실을 증명해 주고 있다. 노동자들 사이에 분란을 일으키는 것이 바로 19세기 프랑스 기업의 선구자 가운데 하나이며 냉혹하고 탐욕스럽고 거만했던 레베용이 취한 조치였다. 역으로 하디와 같은 "중간" 부르주아들의 지지를 받은 신문들은 그 지역의 군사적 *고립*(항상 다른 지역으로부터 차단될 위험이 있으며, 소탕이나 학살의 피해를 입을 수도 있는)이 사회적 고립 위에 기초한다는 사실을 보여 준다. 하디는 이렇게 적고 있다. "파리 시민들은 다른 지역의 상점까지 문을 닫을 정도로 일종의 대중 봉기를 두려워하고 있었다. ……가구용 채색지 제조업을 하는 갑부인 레베용에 맞서 이른바 폭도에 의해 고무된 소위 그 지역의 상당수 노동자들이……" 이 장소의 지형은 주민들의 사회적 조건을 완벽하게 보여 주고 있다. 그러나 이곳은 단지 가난한 자들에 의해 이루어지지 않았다. 왜냐하면 거대한 산업 도시의 복잡한 구조들은 당시에 아직 존재하지 않았기 때문이다. *단지* 노동자들(1차 제조업에서 일하는, 따라서 새로운 조건에 의해 장인이 될 기회를 박탈당한 자들로서)의 수가 다른 곳보다 더 많았으며, 일반적으로 주민 대다수가 혜택을 받지 못한 계층에 속해 있었다. 더군다나 레베용 사건에 가담했던 자들은 집렬체적 폭력의 경우에 해당한다는 사실을 지적해야 할 것이다. 소요의 초기에는 폭력조차 존재하지 않았다. 그리고 파리 시내를 500~600명의 사람들이 무리를 지어 지나가는 것을 목격하기도 했다. 하지만 기아로 허덕이는 이들 무리 가운데서 벌써 전체의 부정적 결정으로서의 *통일성*을 예견할 수 있었던 것이다. 그러나 이와 동시에 그 무리들은 여전히 타성태의 군집에 불과했다. 구조화(기능의 차별화)도, 공동 행동도 없었다. 각각의 무리에게 노동자들의 행진은 어떤 특수한 행동도, 또 그러한 것으로서의 복수성의 결정도 포함하고 있지 않았다. 200명이 더해질 수도 있었고, 또 그만큼의 사람이 아무런 변화 없이 한 무리에서 빠져나올 수도 있었다. 따라서 여기에서 사람들의 숫자는 집단의 *실천*에 의해 정의되지 않고, 또한 순수한 외면성이기 때문에 이것은 절대적인 물질성, 즉 단순한 양의 상태로 남아 있었다. 물론 행진 중인 군집의 통일성은—이것이 이 군집의 현실적인 존재 이유라는 점에서—*집렬체성*이다. 만약 벌써 미래의 총체성으로서의 부정적인 통일성이 모방적이고 전염되는 진행의 밑바닥으로부터 *총체-존재*(즉 자유의 환경으로서 집단에 대한 개인의 비집렬체적 관계)를 집렬체성에 포착된 가능성의 자격으로, 그리고 그 자신을 집렬체성의 부정으로서 제공하면서 폭발시킨다면 이와 같은 행진의 목표 역시 비결정적이라는 것은 여전히 사실이다. 이 총체-존재는 상황에 대한 대응으로서의 집렬체성으로, 그리고 동시에 *시위*의 동일한 집렬체적 시도로서 나타난다. 이렇게 형성된 집단들이 완전히 평온했다는 점과 *어떤 폭력도 구사하지 않았다*는 점을 모든 사람이 지적했다. 하지만 모든 집단이 *무기*를 가졌다는 것도 또한 사실이었다. **타자**(이러한 수동적 행위를 통해 이해심 넓은 증언을 한 프티부르주아)는 노동 조건의 모순된 성격에 부딪혔다. 노동자들의 군집이 행진하는 것을 바라보면서 이 타자는 이들의 기근 상태와 동시에 힘을 가늠할 수 있었다. 그러나 여전히 수(數)로부터 나오는 이 힘과 이 기근 상태—동일성 속에서 반복되는 자신의 특성(이타성)을 통해 **타자**에게 타격을 가하는—는 따라서 행진 중인 군집을 *기껏해야* 자신의 실천적-타성태적 구조 속에서 일종의 집렬성의 집렬체적 활용으로 삼는 데 그친다. (원주)

렬체성이 **타자**에 의한, 즉 자유로운 적의 조직에 의해 침투되는 가능한 행위로서 현재 해체되고 있는 순간에 이 장의 실천적-타성태적 통일성이 결정되는 것이다. 이와 동시에 이 가능성은 바스티유 감옥의 위협을 현실화한다. 이것이 그 지역 주민들에게는 양쪽으로부터 협공을 당할 가능성이다. 그리고 이 가능성으로 인해 이 지역은 근본적으로 사회적으로 분리되며(이 점에 대해서는 내가 앞의 각주에서 암시한 바 있다.), 이와 같은 분리는 동시에 그 지역의 부정적 통일이기도 하다. 물론 이 모든 사실은 여전히 7월의 처음 며칠 동안 불안 속에서 체험된 것에 불과하다. 그러나 튀일리궁에 군대가 개입했다는 소식이 생탕투안에 알려지자마자 이 지역의 학살 가능성이 현실화된다. 실제로 **타자들**에 의해 전달되었고, 다른 것으로 생각된 이 새로운 소식은 필연적으로 실천적-타성태 속에서 *다른 것*으로서 이 지역에 대한 진실로 포착된다. 이것은 이 소식이 **타자들**에 의해, **타자들**에게 발생한 하나의 *다른* 사건으로 주어지는 점에서 그러하다. 그러나 이와 같은 이타성조차 하나의 기호다. 파리의 중심가에서 벌어진 이 소전투는 끝까지 진압을 하겠다는 각오다. 이것은 이 소전투가 기호로서 — 즉 이런 사태에 전혀 익숙하지 않은 지역에서의 첫 번째 행동으로서 — 나타난다는 점에서 그러하다. 결국 이 소전투는 과거 도식과 최근 **레베용 사건**에서 분명하게 드러난 생탕투안 지역의 학살과 같으며, 바로 이것이 튀일리궁 사건의 *실재적 의미*이자 미래적 의미다. 또는 집렬체적 관점에서 볼 때 더 정확한 것은 바로 미래에 랑베스크 왕자에 의해 자행되는 생탕투안 지역의 학살인 것이다.

물론 우리는 여기에서 사물들로 인해 이 지역이 지정되었다는 점[27]

---

27 봉기를 일으킨 파리 시민들의 입장에서 보면 그 자신들의 행동, 또는 이렇게 말한다면 실천이 길거리에 있는 여러 건물, 물건에까지 각인된다고 말할 수 있다. 여기에서 "사물들을 통해 이 지

과 이 지역의 지형 — 사물들이 외부의 적의 조직화된 행동에 의해 이용될 것이라는 점에서 — 을 [집단]의 일반적 생성의 개별화로서 다시 발견하게 된다. 그러나 여기에는 현저한 차이가 있다. 여기에서는 사물들이 운명으로서(이 지역을 파괴해야 하는 조직화된 행동의 도구로서) 나타나고, 또한 이것들이 군집을 이루는 개인들로 하여금 있는 대로의 사물들 그 자체를 부정하게끔 강제한다는 점에서 볼 때 이 사물들은 각자에게 이 부정 — 격렬하지만 아직은 정념적인 단계에 머물러 있는 부정 — 의 내부에서 자유롭고 조직화된 실천을 통해 **타자들**에게 거꾸로 되돌려질 수 있는 도구성으로 규정된다. 적을 위해 이 부정된 사물들의 도구성은 그 자체가 적을 위한 반목적성으로 나타나게 된다. 그러나 순수한 추상적 가능성에 머물러 있는 이 반목적성이 현실화되고 발전하기 위해서는 자유로운 공동의 조직이 필요하다. **타자**에 의해 이루어졌으며 부정된 운명이 갖는 여전히 잠재적인 양상하에서 볼 때 앞에서 지적한 특징들과 비교해서 새로운 것은 다음과 같은 사실이다. 즉 부정된 운명으로서 그 지역의 실천적-타성태적 구조가 융합 집단의 내부에서 이루어지는 분화의 객관적 관계를 물질적 요구(오직 실천적 자유만이 끌어낼 수 있는 구체적 요구)로서 종합적으로 실현한다는 사실이 그것이다. 달리 말하자면 이와 같은 실천적-타성태적 구조는 이 융화 집단을 단지 각자를 통해 모든 사람의 통일로서 겨냥하는 것만이 아니라 오히려 *구조화된* 통일로서 이 융합 집단을 겨냥하게 된다. 이 구조는 구체적으로, 그리고 타성태 내에서 최초의 직능의 분화와 분업화의 작업을 시작한다. 융합 집단이 재차 단순한 군집으로 추락하지 않도록 하기 위해 이 구조 자체는 모든 사람

역이 지정되었다는 점"은 이와 같은 의미를 담고 있다 하겠다. 예를 들어 길거리에 친 바리케이드는 그 지역에서 소요가 일어나고, 적대하는 두 세력이 대치하고 있다는 것을 보여 준다.

에게 필요한 조건을 설정한다. 실제로 감내된 운명[28]이 우리에게 보여 주는 것은 양쪽에서 협공을 당하는 군집, 즉 이 지역의 양단에 위치해 박멸을 노리는 두 세력의 연합된 행동에 노출되어 있는 군집이다. 그런데 부정성 속에서 반전된 이 운명은 이 양면적 사태의 통일성을 밝혀 주고, 그것을 한 통일된 *조직의 테두리 내에서* 이중적 전투의 움직임으로서 내면화한다. 그리고 이 조직의 성격은 실천에서, 소극적 작용으로서의 장소에 의해 또한 부정의 대상으로서의 적의 조직에 의해 규정된다. 국왕의 군대에 맞서 이 지역을 지켜야 할 무장한 사람들도 필요하고, 바스티유에 대해서 이 지역을 지켜야 할 다른 사람들도 필요한 것이다.

그리고 바스티유 감옥은 이제 희소성의 테두리 안에서 공동 자유를 실현하기 위한 기본적 요구의 대상이 된다. 즉 (군대에 맞선 이 지역의) 방어를 수행하기 위해서는 무기가 필요한데 그 *지역에* 없는 무기가 바스티유 감옥에는 있는 것이다. 이렇게 해서 바스티유 감옥은 무장 해제, 무기의 공급원이 됨과 동시에 서쪽의 적을 반격할 거점이 되는 *것이 가능하고, 또 그렇게 되어야 한다*는 점에서 공동의 이해관계가 된다. 이때 긴요한 것은 시간의 희소성이다. 아직은 적이 거기에까지 오지 않았지만 언제 들이닥칠지 모른다. 따라서 각자가 수행할 활동은 끔찍한 공동 자유의 시급한 발견으로서의 특징을 지닌다. 물론 행동 그 자체는 고유의 무게와 도식과 과거로부터 유래하는 유형을 이미 갖추고 있다. 이 행동은 파리 시민들이 이미 구성된 기관들과 갖는 양면적 관계를 통해서 나타난다. **시청**에 대한 군중의 태도는 지난날에는 반은 탄원하는 꼴이고, 반은 협박하는 입장이었다. 바로 이런

---

28   위에서 말한 '부정된 운명'과 대조되는 말.

점에서 이루어야 할 목표(무기를 찾고 수중에 넣는 것)는 이미 정해진 활동에 의해서 한정되어 있다. 그러나 형성 중인 집단의 사회적 구조(그리고 이 집단에 대해 이미 가해진 탄압의 성격)는 적대하는 집단(이 경우에는 귀족 출신의 장교가 지휘하고 일부분 외국인으로 구성된 군인들)의 구조와 아울러 이 활동에 보다 예측 불가능한 성격을 부여한다. 즉 이 두 가지 구조는 그 종합적인 상호 관계를 통해서 제한된 가능성의 장을 결정하는데, 이 영역 내에서 여전히 수동적인 태도(요청-요구)의 폭발과 폭력으로서 조직화된 행동의 출현이라는 양면적인 활동이 개연적 미래로서 나타나게 되는 것이다.

우리는 이러한 예를 통해 한정된 물질적 환경의 압력하에서 타성태적 집렬체성의 청산을 통해 구성되는 집단을 볼 수 있다. 이것은 이 집단을 지칭하기 위해 환경을 이루는 몇몇 실천적-타성태적 구조가 종합적으로 통일된다는 점에서 그러하다. 즉 집단의 실천이 사물들 속에 타성태적 관념으로서 각인되어 있다는 것이다. 그러나 한 도시나 한 지역이 총체화하는 전체가 되기 위해서는 — 동일한 현실이 다른 상황에서는 "집합태"로 체험되는 것과 달리 — 이것들이 다른 하나의 조직화된 집단의 외부 행동에 의해서 그렇게 구성되지 않으면 안 된다. 주민들은 방어 조직으로 구성될 것이다. 이는 사물을 통해 부정적 총체화(섬멸에 의한)를 실행하는 조직화에 의해 이 주민들이 위협당하기 때문이다. 그렇다면 형성 중인 각 집단화는 집렬체적 구조의 청산으로 결정된다고 말해야 할 것인가? 그것도 이 자기 결정이 이미 구성된 하나 또는 몇 개의 집단의 초월적 행동에 의해서 조건 지어진다는 점을 고려하면서 말이다. 그렇기도 하고 그렇지 않기도 하다. 이 명제는 **타자**의 영역에서 집단들의 일종의 집렬체적 제약을 시사한다는 점에서는 — 실제적 경험에 부합하기도 하고 — 옳다. 그리고 우리는 이와 같은 무한한 제약의 계기가 존재한다는 점을 뒤이어 보게 될 것이다. 분명 매우 흔한 일이며 ─ 또한 우리가 살펴본 예가 바로 거기에 해당하지만 ─ 집단에서 자기 결정의 가능성이 집합태에 도래하는 것은 바로 이 집합태가 이미 구성된 집단이나 집단을 대표하는 인물과 맺는 *적대* 관계로부터다. 그러나 자기 결정의 통일성은 앞에서 기술된 모든 관계를 통해 **타자**에 의해 이타성 안에서 *자기 결정을 통해 실현될 군집의 다른* 구조로서 하나의 집합태에 도래한다는 것은 여전히 사실이다. 실제로 한 집단을 구성하는 것이 두 개의 상호적 행동의 의미는 아니다. 목표는 항상 다르며, 적대 관계는 욕구와 이해관계 등등의 갈등 위에 정립하게 된다.

이처럼 형성 중인 집단은 **타자**의 실천에 의해 의도적으로 구성되는 것이 아니다. 이 집단은 그 실천(가령 섬멸을 겨냥하는 실천)을 통해 그리고 **타자**에 의한 환경의 재조직을 통해 자기 결정에 이른다. 이것은 *다른 실천*의 통일성이 이 집단을 그 자체의 통일성의 부정으로서 (또는 조직적 파괴에 의한 총체화로서) 제약하기 때문이다. 이런 의미에서 한 집단의 통일성은 그 자체의 산물이며, 그 통일성은 항상 그 구성원들이 행동하는 모든 곳에 있음에도(적어도 이론상으로는, 그리고 추상적 차원에서는) 이 통일성은 여전히 도피의 구조라는 특징을 지니고 있다. 왜냐하면 귀납적 계기는 필연적으로도 또 일반적으로도 다른 집단들 역시 바라는 바가 되지 못한 채 밖으로부터 안을 향하기 때문이다. 그러나 집단들 사이의 관계의 *하나로서* 집렬체성의 구조는 아직 논의할 단계가 아니다. 우리가 다만 주목해야 했던 것은 종합적 자기 결정은 흔히 다른 *실천*에 의해서 구성된 통일성을 부정의 부정으로서 실천적 재내면화하는 것이라는 점이다.

우리가 **7월 14일**의 경우를 예로 선택한 이유는 이것이 융화 상태에 있는 하나의 도시라는 동질성을 이루면서 관습적인 집렬체성을 해체하는 새로운 집단화을 보여 주기 때문이다. 과거에 구성된 현실은 이미 오래전부터 존재하지 않았으며, 당시로서는 위험과 압력의 폭력(조레스가 역사적 고열(haute température)이라고 부른 것)이 사회적 이질성을 극복했다. (봉건적인 "좋은 도시"라는 생각을 제외하고) 도시의 통일성을 이루기 위한 어떤 전망도 서 있지 않았으며, 미래의 집단은 통일화를 위한 어떤 기관과 수단도 이용할 처지에 있지 않았다. 이와는 반대로 이와 같은 집단이 존재하는 것을 막는 것이 문제가 되었다. **베르사유**의 **의회**를 파리에서 고립화시켜 귀족 계급의 수중에 두어야 했다. 그러나 가능한 통일성을 막기 위한 경계 그 자체가 군집에게는 기획되고 거부된 통일성의 미래가 되고 따라서 부정적 요인이 된다. 통일성은 필연성으로부터 자유로의 소외라는 성격을 띠며, 즉 적의 투기와는 *다른 것*으로, 적의 *실천*의 *다른 결과*로서 한편에서 다른 한편으로 도래한다. 이와 같은 유형의 집단(융화의 동질성을 가진)은 자신의 이념으로서 생성된다.(그 의미는 곧 이어서 살펴보게 될 것이다.) 이 이념은 바로 (총체화로의 외연 확장에 의한) 주권 국민이라는 이념이다. 우리는 융화 상태에 있는 총체성에 대한 이 개념, *대의제 의회(실천적-타성태적 사물로서 유권자 집단의 기생물)라는 낡은 개념과 결합한* 이 개념 속에서 **입헌 의회**, 특히 그 이론가인 시에예스[29]의 이데올로기를 분열시킨 모순의 근원을 발견하게 될 것이다. 그러나 우리는 또한 자기 결정에 의한 다른 집단들의 형성을 보여 줄 수도 있었을 것이다. 물론 이 집단들을 외부로부터 특정 **타자들**의 적대 집단으로 만드는 그러

---

29   에마뉘엘 조제프 시에예스(Emmanuel Joseph Sieyès, 1748~1836). 프랑스의 정치가. 1789년『제3신분이란 무엇인가』라는 글을 발표해 혁명의 이론적 토대를 제공했다. 혁명 후에는 나폴레옹의 쿠데타에 참여.

한 *실천*에 의해서 부정적으로 규정되는 집단의 형성이 아니라 제도적이건 아니건 간에 공동 행동에 의해 실천적-타성태적 장의 확정으로서 조직화된 다수의 집단들의 주변적 존재 때문에 자기 결정을 하게 된 그런 집단의 형성을 보여 줄 수도 있었을 것이다. 이런 의미에서 구성되는 각각의 집단은 다른 집단들 상호 간의 총합적 관계에 의해 집렬체성을 통해 집단으로서 표시된다. *비록 이 관계들이 이 집단과는 직접적으로 상관없더라도* 말이다. 물론 집단은 유기체의 삶과 죽음에 직접적으로나 간접적으로 관련되는 분명한 상황의 기반 위에서만 구성될 것이다. 그러나 조직화의 실천적 운동은 이 운동이 목표를 향해 조건을 초월한다는 점에서 군집이 자유의 분야에서 자신을 만드는 환상적 가능성으로서 이미 내면화한 바 있는 외적-결정을 현실화하는 것이다.

이처럼 대부분의 경우 집단들은 여러 집단을 통해 군집에게로 온다. 집단들은 또한 더 큰 집단들의 내부에서 부분적이거나 혹은 전반적인 화석화에 의해 다시 얻은 통일성으로서 태어날 수도 있다. 그러나 다음과 같은 사실에 주목해야 한다. 그러니까 아주 다양한(개인적, 집합적 또는 공동적) 활동들 사이의 매개로서 가공된 물질은 실천적-타성태적 장에서 스스로 반목적성으로 나타날 수 있다는 사실이 그것이다. 비록 어떤 일치된 *실천*에 의해 형성된 것은 전혀 아니지만 다양한 인간들의 부정적 총체화의 양상을 띠고 그렇게 나타날 수 있는 것이다. 따라서 이 가공된 물질은 다양한 인간들 내에서 자기 결정의 장소와 시기를 부정적으로 규정한다. 사실 *적어도 부분적으로는* 거의 언제나 사정이 그러했다. 가령 우리가 살펴본 바와 같이 물질성의 특성들(지형으로서, 타성태적 사회성으로서, 극복된 과거 또는 존재태로서)은 정부의 우유부단하고 위험한 정책을 더욱 증폭시키거나 편향시킨다.(즉 현실적 조건하에서는 ─ 비록 그 목표가 폭력적인 탄압일망정 ─ 나약한 정책일 수밖에 없었던 것에 난폭한 힘의 정치의 성격을 부여한다.) 달리 말하자면 **가공된 사물**로서의 물질성이 분리된 인간들의 비본질성으로 말미암아 본질적인 것으로 정립되면서 타성태적 인간들의 집렬체성 속에서 자유로운 실천적 통일성이 가진 파악 불가능하면서도 편재적인 구조를 이루기 위한 가능성은 언제나 존재하는 것이다.

결국 이 사실이 뜻하는 것은 다양한 실천적 영역의 긴장으로서 희소성 그 자체가 인간을 **별개의 종족**으로 만듦과 동시에 동일한 영역에서 통일적 종합의 미분화된(즉 모든 종류의 집단화에 유효한) 가능성을 가져온다는 점이다. 그리고 이와 같은 관점에서 우리는 앞서 밝힌 바 있는 것, 즉 다음과 같은 두 개의 차원이 존재한다는 사실을 다시 확인하게 된다. 하나는 통일성이 다양한 여러 집단의 실천적 개시와 집렬체적 통일성의 내면화로서 이 집단들을 통해 한 집단에 도래하는 현실의 차원이다. 다른 하나는 집단의 통일성이 가공된 물질의 타성태적 통일성(혹은 수동적 종합)에서 비롯되어 군집과 관계되는 차원이다. 즉 개인적 *실천*의 통일성이 그 목적에서 다른 사람들의 통일성과 결합해 공동 통일성의 가능한 구조로서 군집에 의하여 재내면화되는 차원이 그것이다. 물론 가공된 물질로 인한 한 집단의 이와 같은 요구-지시의 가능성은 특정 조건들(이 조건들은 그 나름대로 다른 집단들의 주변적 공존을 요구할 수도 있지만)에 따라서 성립한다. 달리 말하자면 집단이 군집에 선행하느냐(혹은 군집이 집단에 선행하느냐)는 *역사적 문제*는 현재 상황에서는 *형이상학적*이며 의미 없는 문제다.

하지만 *사실 진짜 문제*는 거기에 있지 않다. 그리고 군집으로부터 집단으로의 *이행*에 대한 변증법적 가지성이 있는지를 판단하기 위해서는 *고유의 가능성*으로서 자기 결정의 통일성이 실천적-타성태적 종합으로부터 집단으로 도래하는지 아닌지를 아는 것은 중요하지 않다. 이 실천적-타성태적 종합이 다른 공동 행위를 유도하는 환경이 되건 혹은 공동체를 변형시키는 분산된 개인들을 바탕으로 삼아 실천적-타성태적 행위를 하는 공동체의 모습을 그 자체로서 그려 보이건 간에 그러하다. 우리는 집단이 수동적 활동성의 장을 통해 *지시되는* 경우에만 형성될 수 있다는 점을 밝힌 바 있다. 그러나 *이 지시를 받아들이는 것은 군집이며*, 군집은 오직 집렬체성의 상태에서(즉 **다른 곳**을 향한 **타자**의 도피라는 상태에서) 그것을 받아들일 수 있을 따름이다. 따라서 구조적인 가지성의 진실한 문제는 다음과 같다. 그러니까 집렬체가 주어진 상황의 바탕에서 실천적 통일성의 구조를 현동화시키는 것은 어떠한 조건하에서인가? 이 실천적 통일성의 구조는 물질적 의미로서(또는 집단의 통일적 실천으로서) 집렬체를 실재적으로 결정하는 것이기는 하지만 집렬체로서는 원리적으로 그것을 파악할 수 없다. 왜냐하면 집렬체의 환경의 구조를 보면 그 환경은 오직 반복의 여러 양상의 무한한 둔주 속에서 **절대적 타재**로서, 즉 **타자**로서, 그러니까 한계로의 이행에 의해 추상 속에서 총체화되는 집렬체로서 이 통일성을 굴절시켜 보일 따름이기 때문이다. 통일성이 가능하다는 것만으로는 충분하지가 않다. 이 통일성을 반복에서 끌어내기 위한 도구가 집합태 자체 내에 주어져 있어야 하는 것이다. 그리고 바로 이 사실이 우리가 살펴보아야 할 두 번째 항목, 그것도 가장 중요한 항목이다.

제삼자로서 각자의 매개

계급에 대해 우리는 특정 상황에서 동일성을 부정하는 형식적이고 비어 있는 총체성으로서 통일성이 무기력한 집렬체와 모순에 처하게 된다는 사실을 살펴보았다. 여기에서 문제는 개념들이 아니며, 우선은 추상적이고 부정적인 통일성 개념은 이타성 개념과 반대로 긍정적인 통합의 구체적 개념으로 전개된다고 이해하지 말아야 한다. 이것은 단지 다음과 같은 사실을 의미할 뿐이다. 집렬체적 통일성의 존재태가 다수의 상호적 관계들(노동 현장의 동료, 거주 집합에서의 관계, 집렬체, 가족, 사회 등등으로 투입된 소집단 자체들의 제한된 관계)을 통해 체험되며, 이 관계들은 자유로운 발전을 통해 이와 같은 상태를 모든 구체적 관계의 종합적 기초로(우정을 기초하는 것은 노동, 같은 계급에의 귀속 등등이다. 그러자 갑자기 이 통일적 기초가 이와 같은 관계들에서 모든 선택의 자유로운 기초의 신기루처럼 이루어진다.) 만들려는 경향이 있다는 사실이다. 하지만 이와 동시에 실천적-타성태의 장의 운명과 요구 앞에서 이타성의 집렬체적 구조로서의 동일한 통일성이 근본적인 무기력(추측건대 모든 종합적 조직을 피함으로써)으로 드러나고, 상호성은 각자의 집렬체와의 관계에서 그리고 모든 개인의 집렬체적 위치에서 각자에 대한 관계에서 어쩔 수 없이 소외되는 타성태적 의존으로 나타난다. 이와 같은 모순은 우리를 아주 멀리까지 이끌 수 없다. 왜냐하면 통일성은 환영처럼 와해되기 위해 나타나기 때문이다. 그리고 *실제적으로* 이 통일성이 적어도 환영의 계기로서 집렬체적 경험 안에서 표시된 자기 자리를 갖는다는 것은 별로 중요하지 않다. 군집의 객관적 가능성으로(즉 군집으로서 스스로 부정될 가능성으로) 나타날 수 있는 것은 통일성이 아니며, 적어도 처음에는 아니다. 왜냐하면 현실이 불가능성과 같은 계기에는 타성태적 군집은 통일성을 추상적 외관으로 갖는 구체적 진실로 주어지기 때문이다.

게다가 이 통일성의 구조는 미확정적이다. 왜냐하면 이것이 실제적 객관성으로부터 주어지는 것이 아니라 오히려 계급의 근본적 존재로서 주어지기 때문이다. 물론 이는 자유로운 상호성의 개인적 관계들이 이 존재를 개별적인 선택들의 토대로 나타나게 한다는 점에서 그러하다. 앞에서 지적한 모순의 중요성은 다른 데 있다. 즉 이 모순은 실제로 변증법적 연구에서 우리를 집단 구성의 계기로부터 개인적인 자유로운 행동과 자유로운 상호성과 제3의 매개자라는 삼자 관계로 이끄는 임무를 가지고 있다. 달리 말하자면 수동적 행위들이 이루어지는 장에서 스스로를 기만하고 있는 자유들로 나타나는 이 관계들은 수동적 장 안에서 이것에 맞서 구성된 *실천*의 출현을 가지적으로 만들 수 있는 유일한 관계들이다. 그렇다고 하더라도 기만당하고, 소외되고, 속임수를 당한 이 자유로운 실천적 전개, 곧 개인적이고 집렬체적인 무기력의 근원이 행동에서 항상 — 개인적 관점에서 이것은 사실이다 — 실천적 장에 나타나는 모든 다양성을 통합할 수 있는 종합적 행동인 것이다. 그리고 우리가 환경의 총체화하는 총체성이 모든 개인의 자주적 결정으로서 가능한 통일성을 지시한다고 말할 때 이 총체성은 분명 이것을 집렬체의 환경 안에서 지시하지만 각자의 자유로운 변증법적 행동에 대해서 지시하는 것이다. 그 까닭은 이 자유로운 행동들이 그 자체로 변증법적 반투명성이기 때문이다. 하지만 이와 같은 지적이 개인 각자의 고독이나 상호적 관계 안에서 이 개인에게 관계되는 경우 이 각각의 개인이 모든 사람의 통일 가능성에 영향을 받는다는 사실은 그다지 중요하지 않다. 실제로 통일성은 다음과 같은 경우에서만 완전히 청산되고 있는 집렬체의 편재하는 실재로서 나타날 수밖에 없다. 이 통일성이 각자가 **타자들**과 맺는 제3의 관계들 속에서, 자기 실존의 여러 구조 가운데 하나를 *자유 속에서* 구성하는 제3의 관계들 속에서 그에게 영향을 미치는 경우가 그것이다.

사실 우리는 다른 개인들과 맺는 상호적 관계와 관련지어 볼 때 각자 역시 *제삼자*라는 사실을 보았다. 이것은 다음과 같은 사실을 의미한다. 각자가 이 관계의 개별 항들을 도달해야 할 부분적 목적의 도구로서 결합하면서 의미 작용들과 물질적 지시로부터 출발해 자신의 *실천* 안에서 이 관계를 총체화한다는 사실이 그것이다. 제삼자는 집렬체 안에 흡수된다. 왜냐하면 제삼자가 선험적으로 **타자**로서, 따라서 각자와 모든 사람과는 *다른 자*로 구조화되기 때문이다. 그 결과 상호성과 관련지어 보면 이 제삼자가 맺는 자유로운 이타성의 내-외적 관계는 집렬체적 이타성 안에서 소멸된다. 하지만 그렇다고 해도 그는 ― 그는 우리 각자다 ― 여전히 체험된 소외 안에서 비본질적인 것으로 드러나는 소외된 자유로 존재한다. 그런데 가공된 **사물**을 총체화하는 총체성으로 구성하는 공동 *위험*은 우선 고립된 개인의 수준에서도 상호성의 수준에서도 집렬체성을 제거하지 않는다. 이 위험은 각자를 그의 **타자-존재**로부터 떼어 낸다. 이 위험은 이 타자-존재가 상호성의 특정 성운과 비교해 보면 *제삼자인* 점에서 나타난다. 요컨대 이 위험은 자유로운 상호 개인적 실재로서의 제삼자적 관계를 즉각적인 인간관계로 해방시킨다. 사실 위협받는 조직화된 *실천*의 부정으로서 실천적 통일성은 제삼자에 의해 그리고 상호성의 성운을 통해 드러나는 것이다. 구조적으로 보아 제삼자는 인간적 매개, 즉 이 매개를 통해 다수의 진앙들과 목적(동일하면서 분리된)들이 하나의 종합적 목표에 의해 *직접* 스스로를 조직화시켜 나가는 매개인 것이다. 그렇지만 상황에 따라 이 목표는 제삼자의 실천적 목적들의 외부로 떨어지거나, 이 목적들을 부분적으로 은폐하거나 거기에 대립하거나 통합되거나 종속되거나 아니면 이것들을 자신에게 종속시키거나 한다. 하지만 주변의 물질성의 실천적 통일성이 다수성을 밖에서,

그리고 부정적으로 총체성 안에서 구성할 때 이 제삼자의 목표는 그에게 공동 목표가 되고, 복수의 진앙들은 그에게 공동 요구(또는 공동 실천)에 의해 통일된 것으로 드러난다. 왜냐하면 이 제삼자가 집렬체적 다수성을 이미 사물 안에 각인된 공동체로부터 수동적인 이념이나 총체화하는 운명의 방식으로 해독하기 때문이다.

사실 생탕투안 지역에 대한 억압적인 행동이 가해질 가능성이 점점 더 개연적인 것으로 나타난다는 사실을 고려해 보면 *제삼자로서 포착된* 이 지역의 주민은 직접적으로 위협을 받게 된다. 그렇지만 이 위협은 그와 "우연적인 개인"으로서 관계되지 않는다. 즉 그를 개인적인 행위 때문에 조사하지는 않는다.(숨어 다니는 현행범처럼 말이다.) 하지만 다른 한편 그를 **타자**로서, 즉 일반 개인으로서(물가 상승이 각각의 봉급자를 — 이런저런 범주에서 — 이 범주의 월급자로 위협한다는 의미에서) 제거하거나 투옥시킬 생각은 하지 않는다. 그는 구성된 자유로운 행동으로 변증법적으로 전개될 신속한 처벌의 *계기*로서 겨냥되며, 그 이후에 이어지는 모든 계기는 적군에 의해 예상되었다. 달리 말하자면 총체화하는 하나의 동일한 과정 — 그 지역에 대한 전진적이고 종합적인 통일을 *전멸*을 통해 실현함으로써 변증법적 통일성 안에서 스스로 실현될 과정 — 에 의해 종합적으로 통합되었고 또 통합될 것은 바로 이 제삼자의 정치 사회적 활동, 그의 조건, 거주 위치(*군사 작전*에 관련된), 여기저기서 "청소"를 시작해야 하는 — 적을 위한 — 위급함, 그 이웃들의 중요성, 이들의 활동 등이다. 이 단계에서 제삼자로서의 각자는 자기 자신의 보호와 **타자들**의 보호를 더 이상 구분할 수 없다. 문제가 되는 것은 애타심도 이기주의도 아니다. 이와 같은 인간적 행위들이 이처럼 아주 도식적인 형태 아래 존재할 때 이 행위들은 주어진 상황의 기반 위에서 형성되며, 실천적-타성태의 장 안에 각인된 인간적 관계들을 지양하면서도 보존하게 되는 것이다. 그리고 나는 또한 신실증주의가 이 제삼자의 새로운 위상을 어떻게 해석할 것인가를 잘 알고 있다. 약탈, 혼란, 산발적 폭동의 관점에서 "우연적"이거나 "집렬체적"(의사(擬似) 일반성)이거나 보편적인 개인은 자신의 보호를 혼자 감당할 기회를 간직할 수도 있다. 물론 그가 총체화하는 행동의 전개 자체에 의해 그 지역을 통일하는 억압적인 기도의 특정 계기로서 *구체*적으로 겨냥된다면 그는 더 이상 이런 기회를 가질 수 없게 된다. 이 경우 그는 총체화하는 총체성의 구체적 일부로서 스스로를 방어해야 한다. 즉 각자에게는 파괴적 작전이라는 총체화하는 부정(모든 사람의 단결을 통한) 이외에는 다른 기회가 없는 것이다. 하지만 이 합리주의는 변증법적이 아니다. 그리고 우리는 이 합리주의의 분석적이고 실용적인(일부 마르크스주의자들이 사용하긴 하지만) 기원을 충분히 알 수 있다. 사실을 말하자면 그 까닭은 개인적 위험이 억압적 작전에 의해 모든 사람이 겪는 위험과 연결되지 않기 때문이다. 그보다는 오히려 이 작전이 각각의 제삼자에게 우리가 규정해 주게 될 위상 — 죽음을 당하거나 투옥당할 나름의 가능성을 공동 위험의 특수화로서, 그러니까 소멸의 프로그램 속에서 예상되고 조정된 하나의 사소한 사건으로 만들어 내는 위상 — 을 구성하기 때문이다.

그렇지만 우리의 주장을 잘 이해해야 한다. 왜냐하면 밖에서 제삼자에게로 오는 총체화는 새로운 모순에 의해 그를 규정하기 때문이다. 제삼자인 그의 근원적 구조는 사실 그 자신의 행동 영역 내부의 모든 다수성을 통일하는, 즉 그 자신의 목적을 향한 초월에 의해 이 다수성을 총체화하는 단순한 실천적 권력을 드러낸다. 따라서 있는 그대로의 이 권력은 우리가 추구하는 매개의 계기를 제공해 줄 수 있다. 생탕투안 지역의 주민 각자는 자기 나름의 행동 (상인이거나 노동자거나) 안에서 자기 지역을 원칙("고객", "동료" 등등)에 따라 총체화한다. 하지만 이와 동시에 이 지역에서 그의 *실질적인* 소속은 집렬체적 차원에 속하며, 그의 이타성의 타성태를 드러낸다. 이 영역에서 자주 행해지는 오류는 그것이 *한 명의* 사람과 *하나의* 다수성 사이에 맺어지는 관계에 대한 것이라는 구실하에 이들의 위상 사이의 동질성을 믿어 버리는 데 있다. 사실 그는 총체성에 스스로를 드러내지 않는다는 점에서 이 지역을 총체화하며, 그가 그곳에 살고 있다는 점에서 이 지역은 그를 집렬체화한다. 하지만 제삼자의 총체화하는 힘이 객관적 가능성의 발견으로서 이 지역에 대한 파악을 *이번에는* 위협받는 총체성으로서 만든다면 그는 동시에 그가 총체화한 총체성에 통합된 그 위협에 의해 갑자기 지목받게 된다. 그런데 바로 그것이 매개 없이는 불가능한 것이다. 사실 실천적 장의 자유로운 구성은 우선 극복을 전제하며, 이 극복 자체는 이 장에서 극복된 것으로 나타날 수 없다. 그다음으로는 내가 앞에서 지적했듯이 이 위협이 **타자들**에 대해 총체화하는 것으로 파악되지만 애초에는 이 위협이 그를 주민으로서*의-존재* 안에서, 즉 그의 집렬체적 무기력 안에서 공포로 공격한다. 따라서 모순은 각자 안에(각자는 *또한* 제삼자이므로) 공동의 위협에 대한 집렬체적 실현으로서 전염적인 과정과 이 위협에 의해 통합된(비어 있는) 것으로서의 인간적 총체성의 파악 사이에 자리한다.

이와 같은 모순의 극복은 행동 안에서만 일어날 수 있을 뿐이다. 바로 이것이 **대혁명**이라는 중차대한 시기에 파리 시민들을 거리로 뛰쳐나오게 하고, 어디에서든 어떻게든 모임을 형성하게끔 부추겼던 이유다. 이 군집들은(아직은 집렬체적이며 이미 거의 의도적인[30]) 그 내적 긴

---

30   사람들이 거기에 온 것은 이러저러한 것을 찾기 위해서도, 어떤 명령어에 복종하기 위해서도, 이런저런 임무를 수행하기 위해서도 아니다. 이들은 거기에 가면 딱히 규정된 목표는 없어도 동

장에 의해 그리고 각각의 사건에 고유하고 엄격한 규칙에 따라서 공동의 행동으로 변해 가는 수동적 행위 안에서 집단들이 될 것이다. 달리 말하자면 전체에 통합되는 부분으로서 —— 그가 자신의 실천적 장의 통일을 통해 벗겨 낸 —— 상황에 의해 지목된 제삼자는 전체에 통합되지 않으면서도 이 전체를 실현하고, 또 그 안에서 불안 속에서도 죽음의 위험으로서 자신의 부재를 발견한다. 군집은 *실천*을 통한 각자의 통합을 *실제적*으로 실현함으로써 그 불안을 극복하는 것을 목적으로 한다. 하지만 이 목적은 그 누구에 의해서도 분명하게 규정될 수 없다. 왜냐하면 이것은 각자가 이 군집에 **타자**로서, 즉 실천적 장의 주권적 조직원으로서 찾아오는 동*시에* 총체성에 의해 강요된 일부로서 찾아오기 때문이다.

그런데 실천에서 우리는 집렬체가 최초의 통합을 실현하는 것을 *도와주리라*는 점을 보게 될 것이다. 우리는 실천적-타성태적 군집에 대한 총체화하는 총체성의(위협으로서의 적대적 집단) 직접적인 행동에 어떻게 즉각적으로 전염성이 있는 반응들을 만들어 내는지를 보았다. 즉 소외된 행동이면서 개인들이 자유의 필요에 의해 **타자**의 법칙에 순응하는 개인들의 자유로운 행위를 통해 실현되는 수동적 행동들을 말이다. 이 군집들의 가장 잘 알려진 일화 가운데 하나를 상기해 보자. 시장, 공포, 도피, (아마도 조직화된 투쟁이 뒤따르는) 재군집화 등등. 공포는 **타자**의 새로운 실천적 구현임과 동시에 자유로운 상호성의 소외에 의해 실현되는 실천적-타성태적 과정이다. 각자는 **타자**의 도피를 자유롭게 도피한다. 이는 **타자**가 각자 안에서 명령적인 도피로서 스스로를 구현한다는 것을 의미한다. 그런데 각자는 **타자**임과

일한 상황으로 인해 모여든 많은 다른 사람을 만날 것이라는 사실을 알고서 그런 공공의 장소에 왔던 것이다. (원주)

동시에 제삼자다. 그는 제삼자로서 자신을 둘러싸고 있는 성운을 조직하고 전반적 상황으로부터 타성태의 폭력으로서 총체화하는 자유로운 의미를 도피에 부과한다. 스스로 제삼자가 되어 가는 한에서 그는 도피의 집렬체적 구조를 더 이상 포착할 수 없다. 그는 이 공포를 총체성이 전체적인 위협에 채택한 반응으로 포착한다. 그의 눈을 피해 달아나는 것은 **타자들**도 개인들도 아니다. 그것은 공동의 위험에 대응하며, 공동 *실천*으로 인지된 그 도피는 능동적인 총체성인 *군중이 된다*. 하지만 만약 그가 예컨대 이 사건들을 자신의 창문을 통해 바라본다면 이 단순한 통일은 추상적이고, 외부적이며, 이론적인 것에 머물 뿐이다.

여기에서 집렬체가 이용된다. 제삼자가 외부에서 이 도피를 조직화된 반응으로 파악하는 순간 그는 집렬체적 모방 안에서 그것을 이 타성으로 몸소 체험한다. 이번에는 **타자**와 제삼자의 두 가지 모순적 양상이 *실천*의 용해될 수 없는 통일성 안에서 직접적으로 대립한다. 그리고 집렬체에의 소속과 수동적 행위의 구체성은 개인에게 다수성을 외부로부터 통일하지 못하게 막는 위상을 부여한다. 자유로서의 실천적 통합 운동은 어쩔 수 없이 빠져 달아나는 인간적인 것으로 그에게 되돌아오고, 이렇게 함으로써 그로 하여금 *의미를 갖게* 한다. 그로부터 출발한 종합을 위한 운동은 진실로 그에게서 마감되지 않지만 어쨌든 *완수해야 할 임무*로서 그의 통합을 지칭한다. 이 새로운 임무의 틀 안에서 각각의 제삼자는 자기 안에서 자유로운 공동 행위 안에서 자신의 집렬체적 존재의 용해를 추적한다. 집단의 행위는 그의 수동적 행위로 되돌아온다. 그에게 전염적인 현상으로 시작된 도피는 그의 개인적 실천을 통해 그리고 그가 실천적 장에서 집단을 통일한다는 점에서 하나의 공동으로 조직화된 행위가 된다. 이 행위는 목표를 가지며, 바로 이 사실로 인해 스스로를 *제어해야* 하고 수단을 목적에 맞춰야만 하는 등의 임무를 가지는 행위다. 예컨대 이 도피는 제한된 후퇴로 변형되어 반격을 허용해야 한다. 그리고 이 변형은 그의 지식이나 지각 안에서의 변화가 아니라 그 안에서 일어나는 타성태적 활동의 집합적 행동으로의 변화다.

　이 순간 그는 *주권자*다. 그러니까 그는 *실천*의 변화에 의해 공동 *실천*의 조직자가 된다. 이는 그가 그렇게 되기를 원해서가 아니라 단지 *그가 스스로를 그렇게 만들어 가기 때문이다*. 그의 도피는 사실 그 안에서 모든 사람의 실천적 통일을 실재화한다. 이 특별한 구조는 제삼자를 와해 중인 군집과 연결해 주는 특별한 관계로부터 비롯한다. 또한 이 관계는 이 제삼자로부터 초월적인 종합적 통일화를, 그리고 그 고유한 총체화의 순환 운동을 통해 내재성 안에서 *기의*의 항을 만드는 것이다. 여기에서 초월적이라고 한 이유는 다음과 같다. 즉 대리인에 의해 이루어지는 모든 자의 통일화는 그가 총체성에 실제로 통합되어야만 그 자체로 종결되기 때문이다. 또한 내재적이라 한 까닭은 집렬체적 전염은 그 안에서 전체적인 통일을 위해서만 용해될 수 있기 때문이다. 다른 한편 그의 *실천*은 더 이상 그 내부에서는 *타자*의 실천이 아니며, **타자들**에게서는 그의 고유한 현실도 아니다. 전염으로서의 집렬체가 수동적 운동의 자유로운 재개 속에서 제거된다는 점에서 그의 *실천*은 그의 내부에서는 *그의 것*이다. 그것도 형성 중인 전체 집단의(그리고 그 결과 공동의 통일성이 제삼자와 각자 사이의 매개로 소용된다는 점에서 각자의) 행동이 유일하게 그의 내부에서 이루어지는 자유로운 전개로서 그의 것이다. 바로 이런 바탕에서부터 주권적인(유일하면서도 동시에 완전히 공통되는) 그 자신의 행동이 그와 모든 사람 안에서 그 단순한 전개를 통해 법칙으로 주어지는 것이다. 조금 전에 그는 *사람들*이 도피했기 때문에 피했다. 지금은 그가 "멈춥시다!"라고 소리친다. 그가 멈추기 때문에, 멈추는 일과 멈추라고 명령하는 일은 유일하고 같은 것이다. 그렇기에 이제 행동은 그의 내부 그리고 모든 사람의 내부에서 이 순간들의 명령적인 조직에 의해 전개된다.

이 순간 제삼자는 한데 모여든 다수성을 통일하고 그것으로 총체성을 만든다는 것을 생각해야 한다. 마치 그가 그의 실천적 장에서 **타자들**을 통일했을 때처럼 말이다. 그리고 즉각적으로 이해 가능한 한 경우를 예로 들자면 버스를 기다리는 사람들의 군집을 나의 지각적 *실천* 안에서 *집단*으로 포착할 때가 그러하다.(이와 같은 상황은 나로 하여금 '사람이 너무 많으니 지하철을 타야지'라는 생각을 하게끔 한다. 이렇게 해서 이 집단-대상은 나의 목적 — 직장으로 가기 위한 교통수단을 찾는 일 — 과 관련하여 포착되고, 그 목적으로부터 규정되어 이번에는 그것이 객관적 동기화가 된다. 그러니까 나의 즉각적인 기도의 통일성 안에서 이 집단은 언제나 버스를 더 좋아했던 나의 가벼운 선호를 무너뜨리는 경향을 띤다.) 그 차이는 파리교통공사(RATP)를 이용하는 사람들이 나에게 총체화된 총체성이라는 대상으로 나타난다는 점이다. 실제로 극복을 통해 대상을 총체화는 것은 나의 기획이다. 그 수를 — 대략적으로 — 지각하거나 모인 사람들의 정도에 따라 가늠하는 것은 그 수를 역행 계수에 의해 나의 실천적 시간화 안에서, 즉 버스의 자리를 잡기 전에 기다려야 하는 시간을 통해 규정하는 일이다. 게다가 우리가 살펴보았듯이 나는 다목적의 통일에 대한 환상 — 최초의 종합적 파악 — 에서 집렬체의 발견으로 넘어간다. 왜냐하면 집단에 대한 지각만으로도 나로 하여금 줄을 서게 하고, 아마 지각하게 만들 것이라는 집렬체적 질서가 그려지기 때문이다. 다만 이와 반대로 *집단-주체*가 존재한다는 경험을 하는 경우가 종종 있기는 하다. 무서울 수도 있고 도움이 될 수도 있는 이 집단들에게 나는 감시와 파괴의 대상이며, 그들의 극복할 수 없는 초월성에 의해 극복됨을 느낀다. 갑자기 적들 한가운데 혼자 있게 된 군인에게, 인명 구조대가 들것에 실은 반쯤 죽은 산악인에게 일어나는 일이 바로 그런 것이다. 여기서 통일은 같은 방식으로, 그리고 *나의* 실천적 장에서 이루어진다. 그러나 이 통일은 수동적 집렬체 앞에서는 지워지지 않는다. 이와 정반대로 집단의 공동 행동에 기초해 나의 통일에 달려 있지 않은 통일하는 통일성을 내게 드러내 주고, 갑자기 *수적* 힘으로 나의 고유한 실천적 장을 포위하고 침투하고 변모시켜 나의 자유를 문제 삼기에 이른다.(소외시킬 수 없는 그의 실존에서가 아니라 언제나 변질되거나 소외시킬 수 있는 그의 객체화 안에서 그러하다.) 이 집단은 결코 대상이 아니다. 요컨대 *나는 그것을 보지 못한다.* 나는 그것의 총체화를 *그 집단이 나를 보는 것으로서,* 그 실천이 나를 수단이나 목적으로 삼는 것으로서 실재화한다.

게다가 중간적인 형태들이 존재한다. 황제의 친위대는 상황에 따라 황제의 가공된 **사물**, 인간적 도구 혹은 황제가 암살자를 두려워하는 경우 위장된 객관성 아래 숨어 있는 공동체-주체다. 이 여러 형태를 옮겨 가는 일도 가능하다. 하지만 *나에 의해, 나의 집단* 안에서 변형된 모임은 두 형태들 가운데 어디에도 속하지 않고 그 매개적 형태에도 속하지 않는다. 그렇지만 이것이 어떻게 나타나는지는 알 수 있다. 이것은 나의 실천적 장의 집단-대상과 집단-주체의 종합적 극복으로 나타난다. 이것에 대해 내가 도피를 공동 활동으로 포착한다는 점에서 볼 때 총체화가 있는 것이다. 융화 집단에 속한 사람들의 즉각적인 구조는 *내 안의* 동일자에 의한 이 모든 운동의 실제적인 총체화다. 지각 작용의 단순한 용어로 나는 *나의* 도피인 *집단의* 도피를 본다. 왜냐하면 나는 내 *실천*의 변증법적 전개에서 유사하거나 상호적인 행동들을(서로서로 도피하거나 방어하도록 *상부상조하는* 사람들) 통일하고 조정하기 때문이다. 그러므로 200개의 다리로 도피하는 대상과 같은 무엇인가가 있는 것이다. 그리고 내가 그의 도피로부터 도피하지 않는다면 실제로 그것은 하나의 대상일 것이다. 하지만 내가 그것을 우리의 도피에 의해 발견하는 한 나의 종합은 마침내 나에게로 되돌아와야 하고, 또한 나를 전적으로 그의 일부로 통합해야 한다. 총체화하는 *실천*이 그 자체로는 총체화된 요소에 이르지 못하므로 그런 일은 일어날 수 없다. 이렇게 해서 나는 집단을 통해 총체화하는 행위의 *필연적인* 완성으로 스스로를 표시하지만 이 조작된 표시는 결코 실행이 뒤따르지 않는다.

이렇게 해서 — 우리에게는 한가하게 이런 근본적 구조를 재론하는 이유가 충분히 있다 — 나는 *실천*에 의해 현실화되고 노출된 집단에 완전히 통합되지도 못했고, 또 그렇다고 완전히 초월하지도 않았다. 나는 총체성-대상의 일부분도 아니다. 내게는 아예 초월적인 총체성-대상이 없다. 사실 집단은 *나의* 대상이 아니다. 이 집단은 내 행위의 공동체적 구조일 뿐이다. 유물론적으로 말하자면 이 집단은 가끔 내가 나의 환경으로서의 집단에 대한 전체적인(예를 들면 지각적인) 종합을 결코 이룰 수 없다는 사실에서 드러난다. 나는 내 이웃들을 바라보고, 머리를 돌려 뒤따라오는 사람들을 바라볼 수 있다. 그러나 결코 그들을 *한꺼번에* 보지 못한다. 나는 내 뒤와 내 앞에 걸어가는 모든 사람의 발걸음을 *내 자신의 발걸음*으로 종합하지 않는다. 이와 같은 사실로 미루어 보건대 집단은 우리가 위에서 집단-주체에 대해 이야기했던 것과 공통점이 있다. 그러니까 *내* 영역 안에서 *내 실천*에 의해 내가 작동시키는 이 종합적 총체화는 이 총체화 자체의 독립적인, 즉 이 총체화의 외부에서 자발적으로 구성되었거나 혹은 구성되고 있는 하나의 내적 단위를 내게 드러내 보여 준다. 집단의 통일성으로서 이와 같은 도피는 대상화하는 총체화에 대해 독립적인 하나의 단위다. 이 도피는 이 총체화 너머에서 모습을 드러낸다. 그러나 역으로 나는 집단을 내가 그 대상(예를 들면 수단)이 되는 그런 주체로서의 공동체로 간주할 수는 없다. 왜냐하면 나는 그 내부와 나의 내부에서 동일한 도피를 발견하기 때문이다. 달리 말하자면 나의 총체화가 발견하는 그리고 집단의 대상성을 부정하는 이 실천적 단위가 집단에 대한 나의 대상성을 동시적으로 부정한다. 왜냐하면 이 실천적 단위는 같은 것(내 안에서, 그리고 그것의 안에서가 아니라 우리 안에서)이기 때문이다. 마찬가지로 내 지각의 장 내부에서 다수성을 총체화하는 순수한 행위가 그저 거기에서 도피하는 하나의 실천적 단위를 폭로해 주기는 한다. 하지만 사실 면에서 이 단위는 좀 더 심오한 차원에서 행해지는 *실천* 위에 자리 잡고 있는 것이다. 나는 집단의 활동으로서 집단에 합류한다. 그리고 나는 집단이 나의 집단 활동으로서, 그리고 내 자신의 *집단 존재*로서 내게 합류하는 한에서 집단을 구성한다. 집단(나를 뺀)과 그 안에 있는 *나* 사이의 내재성의 긴장을 특징짓는 것은 우리가 상호성 안에서 서로가 서로에 대해, 아니면 이와 동시에 서로가 서로에 의해 준객체이고 준주체라는 사실이다.

그러나 많은 사회학자가 공통으로 범했던 오류는 바로 그 지점에서 멈추는 것이었고, 또한 실제로 삼원적 관계인 집단을(개인-공동체라는) 이원적 관계로 간주한 것이다. 하지만 실제로 어떤 그림이나 조각으로도 직접적으로 나타낼 수 없는 그 무엇이 존재한다. 이것은 바로 *제삼자*로서의 개인은 동일한 *실천*의 통일성 안에서(그러니까 동일한 지각의 폭로 안에서) 비총체화된 총체화와 분리될 수 없는 계기로서의 개인들의 단위와 연결되어 있다는 점과 *제삼자로서*, 즉 집단의 매개에 의해 각 개인과 연결되어 있다는 점이 그것이다. 지각의 용어로 말하자면 나는 집단을 *나의* 공동의 현실로서, 그리고 동시에 나와 다른 제삼자들 각자 사이의 매개로서 파악한다. 나는 *제삼자들 각자*라고 말했다. 공동 행동 안에서 단순한 상호성(자기 이웃과 동료들을 도와주고 이끌어 주는)의 관계가 어떤 것이든지 간에, 그리고 비록 이 관계들이 이들의 집단-내-존재에 의해 변형되었다 하더라도 이 관계들은 결코 구성적이 아니다. 나는 다음과 같은 사실, 즉 집단의 구성원들은 *제삼자*들이며 그것도 이들 각자는 타자의 상호성을 총체화시키는 자라는 사실을 지적한 것이다. 그리고 제삼자와 제삼자 사이의 관계는 이제 더 이상 이타성과 아무런 관계도 없다. 집단이 이 관계의 실천적 환경이 된다는 사실로부터 우리가 매개된 상호성이라 부르게 될 인간관계(집단의 분화를 위해서는 이것이 매우 중요하다.)가 유래한다. 그리고 앞으로 보게 되겠지만 이 매개는 이중적이다. 그것은 제삼자들 사이의 매개이자 집단과 다른 제삼자들 사이에서의 제삼자 각자의 매개이기 때문이다.

매개의 첫 계기. 도피 후에 방어 전선 뒤에서 형성되는 재집단화를 상정해 보자. 일정수의 개인들은 거기에 참여하지 않을 것이다. 이들은 적의 행동으로 인해 종합적 공동체와 완전히 단절되어 있다. 이들에게 불안 속에서 시작되는 집렬체성 자체는 분자적 외면성으로 결말이 난다. **타자들**과 분리되어 혼자가 된 개인은 방황하면서 계속 도망 가든가 지하에 몸을 숨기든가 적에게 항복하든가 한다. 그렇다고 해서 그가 *비겁성*을 *내보인다*고 생각하지는 말자. 비겁성은 집렬체적 감정이다. 그리고 고독한 상태에서는 부재하는 **타자**가 이 비겁성을 결정한다. 그러나 — 이것이 우리에게 중요하다 — 여하튼 재집결

하는 제삼자들 각자는 집단을 이루는 사람들의 숫자가 군집의 그것보다 더 적다는 것을 잘 *안다*. 아마도 그는 이 사실을 경험을 통해, 어쨌든 틀림없이 주위 상황에 대한 바로 직전의 지각을 통해 알게 되는 것이다. 그는 방금 빠져나온 실천적-타성태적 장이 결코 되돌아오지 않을 **타자들**의 도피를 통해 지평선에서 재차 형성되는 것을 *보았다*. 계속 저항하려는 사람들과 합류하기 위해 그가 뒤로 되돌아가는 순간에 그의 운명은 저항자들의 수에 달려 있다. 그리고 운명은 바로 그 순간 이 대략의 숫자 속에서 모습을 드러내게 된다.

이렇게 해서 — 앞으로 살펴보게 되겠지만 완전히 반대되는 구조 속에서일지라도 — 각자는 기다림의 시간을 측정한다. 이것은 마치 버스를 기다리는 집렬체적 군집의 행동과 같다. 물론 마지막 순간에 *실천*은 스스로를 부정할 수 있다. 예를 들면 저항 세력이 적의 세력보다 객관적으로 너무 열세일 때 종종 이런 경우가 발생한다. 그리고 유기적이고 개인적인 현실 속에서 제삼자가 겪는 *위험*은 집단적 *실천*을 위협하는 실패의 위험과 직접 연결된, 그리고 (다수성을 힘으로 생각하는 첫 번째 평가로서) 지각된 밀도에 반비례하는 대상성 안에서 발견된다. 그러나 건물 뒤에 몸을 숨기고 있는 저항자들의 중앙 거점에 내가 합류하는 동안 나는 다른 길에서 나오는, 그리고 같은 행동을 하기 위해 같은 집단으로 다가오는 다른 제삼자의 실천의 장으로 진입해 들어가게 된다. 그리고 이 제삼자가 집단에 합류하는 것은 내 자신의 행위와 실제적이고 객관적으로 관련 있다. 나의 입장에서 보면 저항자들의 수가 증가하고, 그에 따라 성공의 기회도 커지게 된다. 반면 내 개인적인 위험은 줄어든다. 경찰이 금지한 시위를 하는 날 소집된 모든 시위자가 사방에서 *예상했던 것 이상으로* **많은** 개인, 소집단이 쏟아져 나오는 것을 보고 느끼는 뜻밖의 즐거움이 바로 이런 종류다.

각자의 입장에서 보면 이 많은 사람은 바로 *희망*이다.

다른 한편 나는 *정확히 그들이 나에게 존재하는 대로 그들에게 존재*한다. 이 신참자는 *나에 의해* 100명의 집단으로 응집된다. 왜냐하면 내가 합류한 집단이 *그에 의해* 100명이 되기 때문이다. 집렬체적으로 보자면(혹은 앞으로 살펴보게 되겠지만 만약 조직자가 있다면 이 조직자의 관점에서 보자면) 우리는 *각각* 두 개의 단위로서 집단에 우리 자신을 제공하는 셈이다. 우리에 의해 이 집단은 98명이 아니라 100명이 될 것이다. 그러나 각자에게(나와 제삼자에게) 우리는 서로가 서로에 의해(그리고 곧 보겠지만 모든 **타자**에 의해) 아흔아홉 번째가 된다. 달리 말하자면 각자는 100번째 **타자**다. 결국 문제가 되는 것은 상호성이다. 나는 직접 집단에 합류하면서 내가 형성한 숫자가 내게로 오는 것을 목격한다. 그리고 이 숫자가 **타자**의 합류에 의해 내게로 오는 것 역시 목격한다. 이와 동시에 바로 *이 사실에 의해* 집단은 나와 **타자** 안에서, 나와 **타자**에 의해, **타자**에 의해 내 안에서 그리고 나에 의해 **타자** 안에서 커진다. 그리고 이 상호성은 매개된다. 왜냐하면 각자의 행동은 집단 내의 수적 객관성에 의해 타자의 행동과 상호적이기 때문이다. 이처럼 집단은 매개인 것이다.

그런데 우리는 벌써 *하나의 대상에 의해* 이루어지는 매개를 검토한 바 있다. 우리는 도구와 앞으로 생산될 사물에 의해 매개된 상호성을 노동 안에서 발견했다. 타성태적 물질성 안에서 나의 몸짓은 **타자**의 몸짓이 이미 그것을 알려 주거나 거기에 최초의 의미를 부여할 때라야만 비로소 그 의미를 가질 수 있을 뿐이다. 하지만 우리가 실천적-타성태적 장이 갖는 매개적 성격을 강조하지 않는 것은 바로 매개가 수동적이기 때문이다. 이 장은 행동들이 서로 마주치는 순수한 환경이다. 그러나 집단을 통해 이루어지는 제삼자의 매개는 전혀 다른 종류의 것이다. 우선 실제로 노동자가 물질적 장과 맺는 관계는 일의적이다. 그리고 집단과 나의 관계(또한 다른 제삼자와의 관계)는 내면적 관계다. 거기에 합류하기 위해 내가 다가갈 때 나는 이미 *그것의* 일원이다. 우리는 이것이 어떤 의미에서 가능한가를 살펴보았다. 이 경우에는 내가 총체화의 한계, 실현 불가능하기는 하지만 실현되기를 요구하는 임무와 같은 것이라는 의미에서였다. 그리고 이런 관점에서 집단의 현실적 다수성(비록 피상적으로 측정된 것이기는 하지만)은 나를 객관적으로 소수 열성분자들[31]의 일원으로 구성한다. 이 열성분자들은 불굴의 대규모 시위대의 일원으로서 그리고 그 특정 조직의 매개적 일원으로서(이런 경우가 가장 흔하다.) 현장에서 죽기를 마다하지 않는 자들이다. 집단에 의해 이루어지는 나의 이 내면적, 종합적 구성은 내게로 되돌아와 집렬체성을 무너뜨리며, 나에게 첫 번째 *공동체의 구성원으로서* 자격을 주는 총체화 같은 것이다. 그리고 제삼자는 나에게 이런 자격을 힘으로서 준다.

이처럼 제삼자는 *구성하고, 구성되는* 힘으로서 이미 자기가 속해 있는 집단으로 돌아온다. 즉 그는 자기가 주는 힘을 받고, 자기 힘으로서의 또 다른 제삼자가 자신에게로 오는 것을 목격한다. 왜냐하면 집단 내에서 다른 제삼자는 — 내가 그를 타자들과 함께 총체화하는 한에서 — 내게 *대상으로서의 제삼자*, 즉 내게 초월적인 제삼자가 아니기 때문이다. 개인은 나를 그 자신의 투기를 향해 초월하며, 이것은 내가 그를 초월하는 하는 것과 같은 이치다. 바로 이것이 단순 상

---

31 나는 오로지 숫자만이 나를 열성분자로 만든다고 주장하지는 않는다. 거기에는 모든 요인이 있다. 어떤 상황에서는 극렬하게 행동할 수 있지만, 예컨대 보초를 세우지 않은 경찰 등의 저항 세력을 쉽게 제압해 버리는 해일 같은 군중 속에서는 이런 행동들을 유지할 기회도 여유도 욕구조차도 나에게는 없을 것이다.(원주)

호성이다. 총체화를 거쳐 집단에 합류한 개인은 이 집단의 매개에 의해 *거의 초월적*으로 된다. 왜냐하면 나는 사실상 그와 함께 공동체 안에 있고, 임무는 지정되었으며, 나는 내재성과 초월성의 경계에서 *긴장* 속에 있기 때문이다. 따라서 나와 그의 관계는 전적으로 새로운 것이다. 만약 우리가 우리에게만 관련된 행동을 위해 집단 속에서 결합해야 한다면 우리는 상호성-초월성이라는 엄격한 관계를 다시 발견하게 될 것이다. 그러나 그가 나의 총체화 안에서 그리고 나의 총체화에 의해 여기 있는 나에 의해서가 아니라 *저기에서* 실현된 임무로서 나의 집단-내-존재를 의미한다는 점에서 볼 때 이 개인은 나 자신에게 초월적이며 동시에 내재적이다. 혹은 곧 보겠지만 그의 초월성이 나의 내재성을 결정한다는 점을 고려해 보면 그의 내재성은 나의 (총체화하는) 초월성을 가리키게 된다. 개인은 집단의 매개에 의해 **타자**도 아니고 **동일자**(*나의* 동일자)도 아니다. 다만 그는 내가 이 집단에 합류하는 것과 마찬가지로 거기에 합류한다. 결국 그는 나와 동등자인 것이다.[32]

매개된 상호성이라는 이 새롭고도 중요한 구조는 다음과 같은 특징을 갖는다. 즉 나는 *그의 안에서* 집단에 합류하는 *나의 모습*을 보며 내가 보는 것은 오로지 그와 동시에 내가 실현시키는 객체화일 뿐이다. 그는 나에 의해 체험된 객체성이다. 이때까지 한 행위의 객체성은 **타자들에게** 나타나거나 생산된 대상 안에서 나에게 비친다는 것을 우리는 알고 있다. 융화 집단에서 제삼자는 나의 내면화된 객체성

---

32 앞에서도 지적했듯 국내 인문학계에서 le Même은 '동일자'로 번역되는 경향이 있으나 여기에서는 l'Identique와 구별하고자 le Même은 '동등자'로, l'Identique를 '동일자'로 번역했다. 그러니까 융화 집단에서 '나'와 '타자'는 '동일한 자'는 아니지만, 즉 '내'가 '타자'가 되는 것은 불가능하지만 이 집단 안에서 각자가 맡은 기능, 역할 등의 측면에서 볼 때 '동등자'로 볼 수 있다.

이다. 나는 이 객체성을 그의 안에서 타자로서 포착하는 것이 아니라 *나의 것으로서* 포착한다. 그런데 이 새로운 구조의 이성(소위 "투사적인 것" 혹은 "투사"라고 불리는 모든 행동의 근원에 있는)은 정확히 매개의 기본 성격 안에 들어 있다. 왜냐하면 매개자는 하나의 대상이 아니기 때문이다. 그는 *실천*이다. 내가 합류하는 집단은 100명의 타성태적 군집이 아니다. 여기에서 타성태는 외관에 불과하다. 그리고 나에게는 이 외관이 존재하지조차 않는다. 실제로 문제가 되는 것은 행위다. 사람들은 *기다린다*.(수가 많아지기를, 어떤 정보를 얻기를, 적이 보초를 세우지 않기 등등을.) 그런데 실제로는 내가 *나의 실천*을 공동의 실천(즉 반격을 가할 계획)에 통합하려 시도하는 것이다. 이 *실천*은 재집단화에 대한 이해 가능한 의미로서 즉각 주어진다. 이 의미가 이해 가능한 것은 그것이 *이미 그 자체가* (**타자들**과 함께 나의) 재결집이며, 공동의 재결집에 의해 조건화된 나 자신의 *실천*을 통해 나에게 나타나기 때문이다.

다른 한편 빈틈없이 밀집해 있는 이 집단은 나에게나 집단에 합류하는 제삼자에게나 그저 단순히 제삼자일 뿐인 사람들에 의해 견고해진 핵 안에서 구성된다. 각자의 존재태(부동의 집단-내-존재인 그의 현존재)를 나는 나와 그의 안에서 *나의 실천*으로서 발견한다. 거기에서 시간성의 어긋남은 아무 문제도 되지 않는다. 결국 집단 내에 있다는 것, 그것은 내가 그랬듯이 *거기에 합류했다*는 의미이고 또 거기에 머물러 있다는(즉 *끊임없이 다시 합류한다*는) 의미다. 그리고 내게 집단에 합류한다는 것은 내가 이미 그 안에 있다는 의미다. 왜냐하면 그것의 구조와 힘이 나의 현실 안에서 나를 결정하고 있기 때문이다. 이처럼 제삼자와 나는 각각의 제삼자의 행동에 의해 매개된다. 왜냐하면 각각의 제삼자의 행동이 *다수성을 생산하고* 우리 각자를 타자의

100번째 사람으로 만들기 때문이다. 달리 말하자면 이 실천적, 자율적 결정의 단위가 우리의 상호적인 행동의 자유에 침투하고, 이 행동들을 우리 각자에게서 모든 사람에게 공통되는 *동등한 것*으로 만들기 때문이다.

거기에는 마법적이거나 비현실적인 것이 아무것도 없다. 그러나 자유로운 행동이 집단의 자유 실천에 의해 자유로운 공동 행동으로 변하는 것은 아주 엄격한 가지성에 속한다. *실천의 통일성*은 환경에 의해 조건 지어진다. 스스로 통일하는 한 집단의 일원으로서 내가 이 집단을 통일시키는 순간 공동 운동 내부에서 제삼자에 의해 작동하는 이 통일성은 그 자유 안에서 자유로운 행동에 의해 조건화됨과 동시에 내 *실천* 한가운데서 나의 고유한 자유로서(즉 내 고유의 기도로서) 조건화한다. 모든 제삼자에 의한, 즉 *도처에서* 같은 운동에 의해 이루어지는 이와 같은 나의 조건화는 내 실천 안에서 스스로 규정적으로 정립되어 나타나든 내 행동과 결정된 제삼자의 행동의 상호성 속에서 나타나든 간에 정확히 내 개인적 행동 안에서, 그리고 내 개인적 행동에 의한 행동으로서 자신을 인정하는 나의 고유한 자유다. 내게 동등한 것으로서 다가오는 나의 단순한 행동이 상호성 안에서 공동*의* 결과("우리는 100명이다! 저기 100번째 사람이 있다!" 등등)를 획득하는 것은 바로 이 종합의 충실화(여기서는 내 안에서, 저기서는 제삼자 안에서) 덕분이다. 그 결과는 *그 자체가*(적어도 융화 집단의 초기 단계에서는 아니다.) 목표가 될 수는 없고, 객체성 안에서 *나에 의해* 소외의 전도로서 작동이 될 뿐이다.

결국 우리는 시장에서의 나의 단순한 현전이 소외를 시키며, 나는 이미 나에게 **타자**이고, 예컨대 마법에 걸린 수량은 에스파냐의 귀금속 축적이 가치 하락으로 이어지도록 했다는 것을 상기한다. 그러니까 내가 시장에 모습을 나타내는 것, 그것은 이미 — 적어도 추상적으로는 — 가격을 올리는 것이다. 그것이 바로 나의 객체화의 *타자적 객체성으로서의* 소외와 집렬체성이다. 그러나 여기서 내가 다시 발견하는 것은 인간으로서의 행동과 도구성으로서의 숫자다. 일정한 한계 내에서는 좀 더 *숫자가 많다는 것이* 좀 더 *강하다는 것을* 의미한다. 수가 모든 사람에 속하는 것이므로 나의 집단 내 출현은 나로부터 벗어난다. 그러나 나의 객체화가 갖는 객체성은 갑자기 *나에 대한* 나의 객체성으로 나타난다. 나에 의해 수는 더 많아지고, 나는 더 이상 자신의 물질적 현전에 의해 소통하면서 **타자들**에게 오는 **타자**가 아니다. 나는 집단의 객체성이 공동의 결과로서 나에게 속한다는 점에서 집단의 *실천* 안에서 나의 고유의 행동이다. 공동의 결과, 그것은 새로운 것이다. 그러나 이것은 도처에서 동일하고, *도처에서 복수화된 나의* 행동의 복수의 결과라는 점에서 나의 결과다. 이와 동시에 이 복수화된 행동은 모든 사람에게 그리고 총체화의 결과 속으로 범람해 들어가는 유일한 *실천*이다. 여기에서 재결집의 예를 잠시 제쳐 두도록 하자. 이것은 민감한 하나의 모델을 제공해 주는 이점 밖에는 없었다. 사실상 우리는 각각의 제삼자가 *집단 안에서, 그리고 자신에 의해* 각각의 **타자**와 맺는 관계가 매개된 상호성이라는 것을 잘 알고 있다. 그리고 집단 내부에서의 상호성이 용기(容器)로서의 *집단을 생산해 낸다. 집단이 스스로 매개가 되면서 이 상호성을 허용하기 때문*이다.

매개의 두 번째 계기. 그러나 우리는 앞에서 다른 하나의 매개에 대해 기술했다. 각각의 제삼자는 있는 그대로의 상태에서 집단과 다른 3자들(혹은 모든 사람) 사이에서 스스로 매개가 된다. 실제로 나는 총체화하는 작업을 하는, 즉 집단의 개인들 전체를 통합시키고 내 행

동에 의해 내가 행하는, 그리고 스스로 행해지는 *실천*의 통일을 폭로하는 유일한 사람이 아니다. 이 작업은 *제삼자들* 각자의 개인적이고 공통적인 *실천*이다. 왜냐하면 이 제삼자가 (자신의 실질적인 통합을 실현시킬 수 없어서) 스스로를 규제적으로 만드는 자유로운 공동 행동으로 자신을 지정하기 때문이다. 이런 관점에서 나는 매개된 상호성의 성운 안에(다른 제삼자들과 집단 안에) 가담해 있는 모든 각자에 대해 자유롭고 인간적인 행위자다. 총체화하는 주권자의 등급에서 나는 각자에 대해 총체화된 주권자의 등급으로 내려간다. 본 연구의 (좀 더 추상적인) 다른 수준에서 이 총체성은 격렬한 모순의 근원이며 결과일 수 있다. 그러나 첫 번째 계기에서는 그럴 수가 없다. 왜냐하면 **타자**는 자신의 규제적 행동에 의해 실천적 공동체를 총체화하면서 내가 했어야 하는, 그러나 내 스스로 실현시킬 수 없었던 통합을 *나를 위해 작동시켜* 주기 때문이다. 결국 그에 의해 나의 집단-내-존재는 내재성이 된다. 나는 아무런 특권적 지위 없이 제삼자들 **한가운데에** 있게 된다.

그러나 이 작용은 나를 대상으로 변모시키지 않는다. 왜냐하면 제삼자에 의한 총체화는 이미 거기에 있고, 규제적 공동 단위로서의 자유로운 *실천*을 보여 주기 때문이다. 실천적으로 보아 이는 제삼자의 공동 실천이 규정적으로 정립될 경우 내가 공동 행동에 통합된다는 것을 의미한다. 나는 모든 사람이 바스티유 감옥으로 달려가는 중에 나 역시 달리면서 이렇게 소리를 지른다. "멈춰 서시오!" 모든 사람이 멈추고, 누군가가 이렇게 외친다. "다시 달리시오!" 또는 "왼쪽으로! 오른쪽으로! 바스티유로!" 모든 사람이 다시 달리고, 규제하는 제삼자를 따르고, 그를 둘러싸고, 그를 앞질러 간다. 다른 제삼자가 "명령" 또는 모든 사람의 드러나는 행동으로 규제자로서 한순간을 구성하자마자 집단은 그를 다시 삼켜 버린다. 그러니까 그의 명령은 힘을 잃는다. 누가 복종할 것인가? 그리고 누구에게? 명령은 결국 모든 사람과 함께 나를 총체화하는 한 총체화의 운동 속에서 나와 다른 모든 사람에게 제삼자 스스로 규제자가 되는 공동 실천에 불과하다. 현재 있는 그대로의 이 총체화하는 규제를 내가 인식할 수 있는 것은 나의 활동이 총체화하는 제삼자에게도 동일할 경우뿐이다. 공동의 운동(도피, 책임 등등)에 의한 공동의 미래에서부터, 즉 규제적이고 총체화하는 나의 *실천*이 갖는 공동의 의미로서 나의 미래에서부터 명령은 나에게 나의 미래의 공동 가능성을 가져다준다. 명령은 그 가능성을 내 기도의 한가운데에 있는 수단으로서 발견한다. 결국 *집단-내-존재*로서 나는 스스로 공동 실천의 수단이 될 수 있다. 즉 내 고유의 실천 도구가 될 수 있는 것이다.("당신들은 물러서시오! 다른 사람들은 전진하시오!" 이것은 상황과 사건에 따라 곧 흡수되어 버리는 최초의 분화다.) 나는 "지휘"를 하고, 따라서 나는 "명령" 그 자체다. 왜냐하면 내 스스로 실현시킬 수 없는 통합을 명령이 제삼자를 통해 실현시켜 주기 때문이다. 이 통합은 *실질적*이다.(앞으로 보겠지만 집단이 분화될수록 더욱 더 그러하게 될 것이다.) 그리고 정말로 명령에 의해 실질적 통합을 이루는 것은 구성하는 전체다. 결국 규제적 제삼자는 모습을 보이지도 않는다. 명령들만이 이리저리 난무한다. 그리고 물론 이 명령들은 이런저런 제삼자들 속에서 또는 가끔 동시에 여러 명의 제삼자들 사이에서 태어났다. 그러나 우리가 그 안에 있을 때 이 집단을 *파악할 수 없는 불가능성*과 거리감도 나타났다. 내 귀에 들리는 것은 오로지 말뿐이라는 것, 그리고 나는 *그것이 멀리서 오는 것으로*(나의 이웃이 그것을 *똑같이 반복하는 것으로*) 그것을 포착한다는 것을 보여 주는 이유는 수없이 많다. 마치 동전이 손에서 손으로 돌아다니듯 문장은 입에서 입으로 돌고 돈다고 사람들은 말할 것이다. 사실 담론은 음향적 실체이고, 하나의 물질성이다. 게다가 문장은 "순환하며" 비유기체적 단단함을 획득하면서 *가공된 사물*이 된다.

그러나 우리는 집합태로 되돌아가지 않는다. 전혀 그렇지 않다. 이 사물은 주권의 소통 수단이다. 솔직히 말하자면 이 사물은 *순환하지 않는다.* 비록 이것이 "멀리서부터 왔다 할지라도" 사람들은 이것을 아주 새로운 것처럼 여기에서 만들어 낸다. 가까이건 멀리건 간에 집단 안에서 모든 장소는 똑같이 *여기*이기 때문이다. *실천*의 직접적 초월 속에서 포착되고, 이해되고, 재생산된 이 사물은 각자의 내부에서 총체화 그 자체일 뿐이다. 이것이 하나의 기호에 의해 실행되기 때문이다. 나는 만들어진 격언에 내 자신을 맞추면서 나의 행위에 의해 이 기호를 판독한다. 그리고 (이 문장을 처음으로 발설한 제삼자의) 첫 번째 *기표*의 부재는 내 *실천*의 구조에 아무런 변화도 가져다주지 못한다. 주인 없는 100개의 입(그중에 나의 것도 있다.)을 통해 울려 퍼지는 문장은 나의 입장에서 보면 집단의 산물(이 산물이 초유기체나 혹은 폐쇄된 총체성일 수도 있다는 의미에서)로 보이지 않는다. 이 의미를 현동화하면서 그것을 포함하는 행위 속에서 나는 그것을 제삼자(*나와 같은 자*로서)의 규제적이고 총체화적인 순수 현전으로서 파악한다. 왜냐하면 제삼자는 *나의 자유*를 통해 내 자리에 나의 통합을 실현시켜 주기 때문이다.

그럼에도 불구하고 이와 같은 규제적 총체화는 총체화하는 제삼자가 준투명성에 기초해 집단 내에서 나의 내재성을 실현한다는 점을 주목해야 한다. 왜냐하면 총체화하는 제삼자는 목표의 창조자 또는 수단의 조직자로서 초월성-내재성의 긴장되고 모순된 관계 속에 자리 잡고 있기 때문이다. 그 결과 나를 규제하는 *지금, 이곳*으로 내가 통합된 것이 사실이긴 하다. 하지만 제3의 규제자를 특징짓는 *지금, 이곳*으로의 나의 통합은 어떤 점에서는 아직 완성되지 않은 채로 남아 있다. 우리는 집단의 위상에서 고유하지만 이와 동시에 단호한 이타성의 요소가 부활하는 것을 보게 된다. 제삼자는 분명 같은 자이며, *실천*은 어디에서나 공통적이다. 그러나 내가 집단 속의 총체화된 수단이거나 그 역일 경우 그 격차는 사실을 뒤집는다. 달리 말하자면 각자가 각자에 대해, 그리고 모든 사람에 대해 도피나 독재에 대한 가능성의 차원을 가지고 있다. 이것은 아무리 실천적이고 자유로운 통일체일지라도 통합이란 *통합된* 각자에게 "내재성-초월성"의 긴장을 불러일으킨다는 점에서다. 또한 이 긴장이 초월성(혹은 지배적 초월성을 위장한 가짜 내재성)을 위해 언제라도 파괴될 수 있다는 점에서 역시 그러하다. 어쨌든 우리가 집단에 대한 개인의 "내면성" 또는 "내면성의 연관"이라고 부르는 것은 규제하는 제삼자의 공동 *실천*에 의해 매개된 것으로서의 그의 집단-내-존재를 의미한다.

이와 같은 위상의 변화(각자가 내면성에서 준외면성으로 옮겨 가는 변화)는 바로 융화 집단의 법칙 그 자체로서 나타나야 한다. 통합체를 초월한 행위 주체로서의 개인은 전체로부터 *멀어지고*, 총체화하는 제삼자에 의해 전체 속에 용해된다. 이런 변화가 잠정적 현재화를 특징짓지만 근본적 구조, 달리 말하자면 구조적 결정의 총체를 시간화한다. 역사적 현실에서 현재화를 조건 짓는 것은 사건이다. 사실 규제하는 제삼자는 아무리 그 수가 많을지라도 한정되어 있으며, 이들은 특정 조건에 의해 *선택된다*. 달리 말하자면 이 조건으로 인해 각자는 집단의 대변인을 자처하기도 한다. 1789년 몇몇 역사적인 날에 **왕궁**에서 처음 발언을 했던 자는 필경 벤치나 의자 곁에 가까이 있었거나 아니면 다른 사람보다 높이 올라설 수 있었던 사람이었을 것이다. 우리가 나열한 모든 변증법적 특성의 공간적 물질화 속에서, 집단 속에서 *벗어나* 집단을 총체화한 사람은 군중과 변증법적 관계를 수립하며 다시 군중 속에 포함되고, 다시 조금 더 멀리 있는 사람의 다른 연설에 의해 군중 속에 포함되고 만다. 이 단계에서는 아직 우두머리는 존재하지 않는다. 달리 말하자면 *상황 속의* 군중은 그 안에서 자신들의 잠정적 우두머리, 규제하는 제삼자들을 만들어 내고 해체하기도 한다. 그러나 우리는 벌써 변증법적 전복이 자리 잡는 것을 목격한다. 실제로 우리는 실천적 공동체가 개인적 행위에게로 오는 것과 이 행위를 집렬체성의 와해 운동 속에서 구조화한다는 것을 살펴보았기 때문이다. 그러나 우리는 지금 자기를 향해 고개를 들고 있는 대중을 행해 "바스티유로 가자!"라고 외치는 이 연설자에게서 공동의 통일 규칙으로서 생물학적이고 실천적인 통일성을 군중 전체에게 부여하고 있는 *공동 개인*(즉 공동의 실천을 행하는 개인)을 보게 된다. 그리고 우리는 뒤에서 실제로 진행 중인 총체화로서 이 공동의 통일성이 스스로 개인성으로 실현되고자 한다는 것을 보게 될 것이다.

공동 실천의 특징

우리는 융화 집단의 형성을 검토했고 그 구조를 기술했다. 이제 이 새로운 실천의 *가지성의 방식*을 정의해야만 한다. 나는 독자에게 차별화되지 않은 총체로서 이 집단의 출현이 **묵시록**보다 반드시 역사적으로 앞서지도 않고, 또 그래야 할 필요도 없다는 사실을 보여 주고자 한다.(내가 보기에는 이와 정반대로 **묵시록**은 집렬체적 군집과 제도화된 집단의 존재를 상정한다.) 우리는 그 역사적 *현실성*을 부정할 수 없기 때문에 우선 이것부터 검토했다. 특정 상황 속에서 하나의 신생 집단은 아직 군집밖에 없었던 바로 그곳에서 생겨나고 활동한다. 그리고 각자는 이 일시적이며 외관적인 형성 속에서 새롭고도(국가라는 양상 하에서 집단으로서의 **삼부회의**,[33] 통일화를 위한 기구를 생산하는 집단으로서의 계급 등등) 보다 더 심오하나 *창조해야만* 하는 어떤 위상을 엿보게 된다. 아무것도 아니면서(따라서 순수한 타성태적 다수성이다. 왜냐하면 아무것도 아닌 것으로 존재하기 때문이다.) *전체*[34]가 될 수도 있는(즉 당시 일부 사람들이 생각했던 것처럼 — 그리고 자유주의 부르주아이던 시에예스(Sieyès) 자신도 추상화를 통해 재빨리 입헌군주제 옹호자로 전향하기 전에 그러했던 것처럼 — 계속해서 스스로 자기 수정을 가하는 총체성으로서의 **국가**, 영구 혁명으로서의 **국가**가 될 수도 있는) **삼부회의**에 대해 시에예스가 던진 질문은 *1788년부터 1789년 사이의 혼란들, 도처에서 형성된 집단들*(당시에는 폭도라고 불렸던)*을 통해서* 도시 노동자보다는 부르주아가(노동이 현실적으로는 노동자에 의해 실현되었음에도 불구하고) 화석화되고 차가운 세계에서 **묵시록**에 이르는 과정을 어떻게 예감하고 있었는지를 잘 보여 주고 있다. 실제로 이 **묵시록적 혼돈**이 노동자와 부르주아에게 공포심을 불러일으켰던 것이다. 이를 피하기 위해 **제헌론자들**은 가능했더라면 귀족과의 공모도 서슴지 않았을 것이다. 그러나 바스티유 점령을 통해 이들이 발견한 것은 **묵시록**으로서의 프랑스다. 그리고 인민의 투쟁을 통해 이들은 무기력한 연설의 언어가 이들에게 암시한 것, 즉 인민의 "힘", 인민들 자신에 의해 그리고 이들의 뜻과 어긋나게 지배하는 모순된 "필연성"만을 예감했던 것이 아니었다. 이들은 *새로운 현실을 발견하는 것*으로서의 **역사** 자체를 또한 예감했던

---

33 성직자, 귀족, 평민 세 신분의 대표자들로 구성된 신분제 의회. 1302년부터 1614년에 이르는 동안 왕의 필요에 따라 소집되어 왕의 자문에 응하다가 왕권 강화로 소집이 중단되었다. 1789년 다시 소집되었을 때 프랑스 대혁명의 불씨가 되었다.

34 "삼부회의가 무엇인가? 전부다. 정치 질서 속에서 지금까지 삼부회의는 무엇이었던가? 아무것도 아니었다……."(편집자 주)

것이다.

하지만 이것은 그리 중요하지 않다. 중요한 것은 오히려 다음 두 가지 사실이다. 하나는 이런 형태가 역사적 체험의 특정 계기에 현실적으로 구성되었으며, 또한 당시에는 *새로운 것*, 즉 군집이나 대중 등의 위상, [이와 마찬가지로] 조직화된 집단이나 반쯤 조직되거나 제도화된 집단으로 환원될 수 없는 형태로 구성되었다는 사실이다. 다른 하나는 이와 같은 새로움은 그 자체로 보다 과격하고 심오한 새로움에 대한 암시, 즉 자유로운 *실천*이 사회 속에서 적대적 집단들 사이의 갈등을 통해 타성태의 사회적 구조의 *위상이 형성되는 과정*에 있다는 점에 대한 암시라는 사실이다. 우리에게는 이것으로 충분하다. 이런 형태의 현실적이며 변증법적 존재, 쇠락한 형태의 청산 후 이 형태의 출현 등을 포함해 우리가 하나의 *역사적* 현실을 출발점으로 삼기에 충분한 이유가 있다. 실제로 비판적 지식의 관점에서 볼 때 ─ 그러니까 우리의 관점 ─ 이와 같은 집단 형성은 다른 경우보다 절대적으로 보다 더 순수하고(집단은 차별화하면서 발전하기 때문이다.), 따라서 더욱더 쉽게 읽힐 수 있다. 우리는 앞에서 기술했던 부분으로 다시 돌아가 이번에는 실천적이며 변증법적 합리성의 관점에서 검토하고자 한다. 융화 집단에 대한 *가지성*은 존재하는가? 존재한다면 그것은 어떤 가지성인가? 여기에서 가지성이란 무엇을 뜻하는가? 이 문제들이 우리가 던져야 할 문제들이다.

문제의 핵심은 종합, 다수의 종합에 대한 나선적인 통일성에 대해서 있다. 바로 이 수준에서 우리는 다음과 같은 질문을 던져야 한다. 과연 *여러 개의* 종합은 진정한 *하나의* 종합이 될 수 있을까? *하나의* 종합은 불필요한 것일까? 등등.

상황의 압력하에서 집합태를 희생시켜 가면서 실천적-타성태적 장에 대한 종합적 의미화 작용을 통해 총체화하는 파괴적 기도를 드러내는 적대적 *실천*을 거쳐 우리 눈앞에 탄생했던 것은 작동 중인 총체성이 아니라 계속 진행 중이며 선회하는 총체화였다. 하지만 이 집단은 *그 자체를 위해* 형성된 것이 아니다. 파리를 휘젓고 다니며 얼굴조차 모르는 사이인데도 서로 떠들고 대화했던 프티부르주아의 감격과 즐거움이 무엇이었든 그들이 그렇게 했던 것은 심층적 동기인 **공포** 때문이었다. 즉 투기와 동기가 하나였던 것과 마찬가지로 이 공포역시 지양됨과 동시에 보존되었다는 점에서 이 투기를 특징지었다. 그리고 통합은 조금씩 분명해지면서 유일한 하나의 목표로 통합되는 여러 목표를 *기반*으로 형성되었다. 예컨대 파리의 방어(생탕투안 지역의 경우에는 지역에 대한 방어)를 생각해 보자. 게다가 집단의 구조가 분화의 기미를 보이기 시작한다는 점을 고려해 보면 우리는 이것이 목표(예컨대 두 개의 전선에서 싸우면서 지역을 방어해야 하는 필요성)의 점진적 구체화에서 비롯된다는 것을 보았다. 유기체의 경우에도 마찬가지일 것이라고 말할 수 있을 것이다. 그리고 이는 다음과 같은 두 개의 차이점을 제외하면 사실이다. 하나는 어떤 행동의 가능성은 — 개인적이건 공동체적이건 간에 — 유기체 발전의 특정 단계에서 *조직화된 구조를 통해* 나타난다는 점이다. 다른 하나는 실천적 행동을 통해 욕구를 해소한 유기체는 이 행동이 사라진 뒤에도 여전히 살아남는다는 점이다. 그러니까 이 유기체는 *유기체로서*, 즉 기능의 통일된 다양성을 통해 욕구 뒤에도 살아남게 된다. 진화해서 분화된 실재로서의 집단의 특징은 서열화되고 통합된 다양한 기능에 있기는 하다. 그럼에도 불구하고 일단 행동(지역적 행동, 즉 하나의 집단 또는 공동 집단의 기관에 부과된 행동)이 완수되면 이 집단은 실천적-타성태적 존재의 한 형태로 되돌아가게 된다. 이 형태 역시 차후 우리의 연구 대상이 될 것이다. 한마디로 유기체는 총체화 작용임과 동시에 총체성인 것이다. 집단은 진행 중인 총체화 작용일 수밖에 없으며, 이 집단의 총체성은 이 집단의 외부에 있는 자신의 대상 속에 존재한다. 즉 이 총체성은 이 집단을 지칭하고, 또 이 집단이 소유해서 도구성으로 되돌리려고 시도하는 물질적 총체성 속에 존재하는 것이다.

이런 의미에서 목표와 위험성은 진행 중인 총체화 과정을 밖으로부터 보여 주는 과정의 두 가지 단계인 셈이다. 객체화(혹은 목표의 쟁취)란 물질적 운명(지리적 형태 따위)을 도구화함으로써 공동의 위험에 대한 극복과 제어 행위가 된다. 물질적 환경에 의해 진행된 총체화된 총체성(예컨대 *다른 집단의 다른 실천의 경우*)은 집단에 의해 재소유화되고, 특정 도구성과 내면적, 일의적 관계로 재내면화된다는 사실을 고려해 보면 이 총체화하는 총체성은 *집단의 내부에서 조작된 도구성*으로서 모든 구조적 변화의 조건 그 자체가 된다. 집단 내부의 목표란 내면적 전복과 다른 집단과의 관계 전복을 좌우한다는 것을 입증한 마르크스주의적 설명이 갖는 가지성은 바로 이런 의미에서 이해되어야 한다. 따라서 어떤 의미에서는 만약 우리가 노동이란 — 자유롭고 유기체적 변증법으로서, 에너지의 소모라는 마모로서, 이와 동시에 현실적이지만 세부적 효율성(그리고 이와 같은 것으로서 행동 집단에서 훔친 것이자 통합된 것)으로서의 노동 — 개인적 *실천*의 차원에서만 *과정으로서, 에너지의 변환으로서 물질적이고 구체적인 현실에 불과할 뿐*이라는 사실을 상기한다면 우리는 다음과 같은 사실을 지적할 수 있다. 집단의 *실천*이란 끊임없이 자신의 재조직화를 실행하는 것, 그러니까 생산된 물건과 성취된 결과를 이용해서 자신의 객관적 총체화를 수행한다는 것, 이 물건들과 결과들을 가지고 새로운 분화와 구조를 만들어 낸다는 것, 그리고 동시에 이와 같은 조정을 새로운 목표를 향해 극복해 나간다는 것이라는 사실이 그것이다. 더 잘 표현하자면 이 집단의 실천이란 결국 극복해야 할(왜냐하면 이미 *실현되었기* 때문에) 구조로서의 이 내적 조정을 과거의 목표와 내면화된 도구성의 극복으로 만드는 것이라고 할 수 있다.

이런 의미에서 하나의 집단은 물질적 환경(그리고 아마도 객관적으로 검토된 또 다른 *실천*)의 총체화하는 구조를 통해 인간들에게 강요된 공동 목표를 기반으로 외부로부터 정의될 수 있다. 집단이 더욱 차별화된 형태 속에서(그리고 예컨대 다른 집단과 적대적 관계 속에서) 대자적으로 정립된다고 하더라도, 심지어 이 집단이 *자기 안에서* 모든 개인적 생명과 개개인의 삶에 대한 전체적이고 현실적 의미를 스스로에게 부과한다고 해도 ── 국가 공동체(나중에 살펴보겠지만 적대적 집단들, 일시적 연대와 집렬체들로 구성된 복합적 전체로서의 국가)가 매번 국수주의의 위기를 맞은 것이 그 좋은 예다 ──, 마지막으로 *집단-내-존재*가 규제적 목표를 내세워 부르주아적 원자주의를 청산한 뒤 새롭게 구축해야 할 인간적 관계의 구조가 될 수 있다고 하더라도 구체적 집단은 그 초보 형태에서 개별적 제삼자를 통해 특정 상황에 의해 요구되는 실천적 조직화라는 점은 여전히 사실이다. 달리 말하자면 집단은 *스스로 수단으로 구성된다.* 이것은 집단이 수단으로 *머물러야 한다*는 뜻은 결코 아니다. 실제로 여기에서 우리의 변증법적 연구는 처음부터 제삼자가 집단의 수단인 것과 마찬가지로 집단 자신도 제삼자의 수단이란 사실을 보여 준다.

정확히 개인들 사이의 자유로운 실천적 관계로부터 집단이 태어나기 때문에 이 집단도 변증법적 전개로부터 영향을 받는다고 생각할 수 있으며, 따라서 이것을 고려해야 한다. 다만 모든 집단(심지어 그 구성원들의 비본질성을 통해 자신을 본질적 존재로 정립하는 집단들까지도)

의 존립 근거(역사적이 아니라 변증법적인)를, 즉 이 집단들의 도구적, 실천적 현실을 보여 주기만 하면 된다. 특정 상황은 실천적 장에 있는 다수성으로서의 개인들에게 시급한 문제를 제기한다. 이 문제에 의해 인간은 이미 상호적 관계에서 변화를 겪기도 하지만 이 문제는 그들의 관계를 재조정하는 것, 즉 다수성의 내면화와 이타성의 청산만으로 해결될 수 있다. 이런 관점에서 유기체주의자의 환상이 갖는 위험은 확실하게 제거되었으므로 이와 같은 인간적(그리고 비인간적) 관계의 재조정은 유기체의 변화라는 방식을 통해 이루어진다. 즉 개인적 행동은 목표, 그러니까 물질적 제반 조건에 대한 지속적 적응이다. 신체는 그 *태도*, *자세*, 보다 은밀하게는 내면적 반응, 심지어 신진대사에 이르기까지 물질적 환경을 내면화한다.

이런 의미에서 융화 집단에 대한 가지성의 토대는 특정 목표의 구조(**타자들**, 적, 경쟁자 등등의 실천을 통해 전달되고 전달하는)는 모든 사람의 *실천*의 공통된 통일성을 요구하는 개인적 *실천*을 통해서 발견된다는 데에 있다. 따라서 일의적 내면성이라는 관계의 차원에서 본 종합적 통일성의 구조는 변증법적, 개인적 실천의 종합적 통일성을 통해 물질적 환경의 단일한(그리고 수동적인) 구조를 포착하는 데에서 곧바로 파생된 것이다. 통일성은 공동 목표 속에서, 또는 현재의 순간에서 행위 자체 내에서 공동 *실천*에 대한 요구로서, 또는 이 공동체의 모든 제삼자 속에서 첫 번째 실현으로서 *실천적*으로 다시 현실화된다. 그러나 다른 한편 이 가지성은 공동 행동의 위급성이 단지 개인적 차원이나 군집의 몇몇 구성원의 차원에만 나타날 경우(이것이 옳건 그르건, 그러니까 객관적 당위성의 현실적 실현이나 부정확한 판단에 따라서)에는 가지성이 정립되자마자 이 가능성은 부정된다. 사람들이 "명령"을 따르지 않는다거나 한 개인이 적을 향해 돌진하는데 아무도 따라 주지 않는다면 (집렬체성의 청산이 없었거나 그 개인에게 반대하는 집단이 구성되었거나 타자들이 사주한 다른 *실천*에 의해) 공동 *실천*의 구성은 개인적 실천에 의해 부정된 가능성으로 발현된다. 공동 *실천*의 구성은 개인적 *실천*을 위해 저절로 청산되거나, 그 반대로 군중 속으로 즉각 다시 편입된다. 아무도 그 뒤를 *따르지 않는* 개인은 극도로 화가 난 경우에 혼자서 공격자나 경찰을 향해 돌을 던진다. 또는 갑자기 몸을 돌려 순환적 집렬체의 무한한 군중 속에서 보호받기를 원한다. [융화] 집단의 *실천적* 현실은 다수를 위해 개개인에 의해, 개개인을 위해 공동체의 이익을 위해 집렬체의 존재를 즉각(또는 무시해도 될 정도의 약간의 시차를 두고) 청산하는 데에 달려 있다. 따라서 이 현실(어떤 경우에는 발생하고, 어떤 경우에는 발생하지 않을 수도 있는)은 그 가지성 속에서 이해되어야만 한다. 그러나 *바로* 이 가지성은 적대 *실천*(물질적 대상을 통해)과 제삼자가 적대 행동에 대립하며 드러내는 자유로운 행동과의 실천적 관계에 의해 정의된다.

사실 공동 목표를 달성하는 유일 수단으로서의 공동 행동에 대한 개인적 행동의 고안을 통해서 역사가는 목표(즉 시급히 물리쳐야 할 위험, 발견해야만 하는 공동의 수단)의 긴급성, 당연한 명백성, 총체화하는 힘을 발견하고 평가할 수 있다. 왜냐하면 *여기에서* 개인의 행동은 동일하고, 역사가의 연구는 제삼자의 *실천*에 실질적으로 집중되어야만 하기 때문이다. 제삼자의 실천은 (실현하거나 거부해야 할) 공동의 미래에 입각해서 이 실천의 자유로운 발전에 의해 좌우된다. 가지성에 첫 번째 요소를 제공하는 것은 바로 이와 같은 미래와 실천적 현실의 긴장, 이 근본적 관계에 대한 전진-후진적 해독이다. 적대적 상대가 실제로 진행 중이거나 실제 행동, 이 위험이 어떻게 제삼자에게 *관련되는지*, 이 진행형 미래가 어떻게 그 위상을 변화시키는지, 어떤 긴급성으로 그것이 발현되는지(적대적 행위와 제삼자의 관계로서의 긴급성은 현실적 긴급성, 즉 역사가가 사후에 전체 과정의 의미로 설정할 수 있는 긴급성과는 아주 다를 수 있다.), 또한 역으로 제삼자가 시도한 공동 행위에서 어떤 가능성이 정의되는지, 이 실천의 시도를 통해 목표 자체에 대한 어떤 성공 가능성이 발견되는지를 살펴보아야만 한다. 이런 관점에서 본다면 특정 명령을 내건 특정 시도에 왜 따르는 사람이 없는지 이해하는 것이 아니라(역사적 재구성을 통해 살펴보면 증거가 있다. 예컨대 물질적 제반 조건, 그 이외의 다른 모든 상황을 고려하면 집단이 명령을 따르게 되면 이 집단이 붕괴 위험에 처하게 되고, 또한 이 사실을 이 집단이 모를 수 없다는 것은 분명하다.) 이와 같은 상황 속에서 몇몇 개인이 공동의 실천을 창안하면서 군집 상태를 해체할 수 있다고 믿었던 사실을 이해 가능하도록 해석하는 쪽이 중요하다.

이 문제 — 부정적인 문제이긴 하지만 — 는 인류학의 부속 분야에 관련되며(개인을 개인 차원에서 다루는 분야), 변증법적 체험의 첫 번째 계기에 겪었던 추상적 위상으로 우리를 되돌아가게 만들고, 제삼자와의 부정적 관계를 통해서 설명되는 문제다. 다시 말해 개인적 삶의 상황을 통해 총체화하는 운동과 **역사**의 틀 안에서 설명되는 상대적 비통합화에 의해 설명되는 문제다. 바로 이런 이유로 군집이 집단으로 변화하는 것은 이 변화가 일어날 때마다 역사가에게는 고유한 가지성을 지니게 된다. 즉 이 변화 과정은 제삼자와 상황, 상황적 목표 간의 가장 구체적 관계로서 긍정적으로 해석된다. 이 관계는 개인 그 자체의 특정한 행위에 의해 결정되거나 모호하지 않으면서 명백히 드러나는 관계다.

이러한 개별적 상황(우리가 이미 보았듯이 그 나름대로의 자리가 있다. 그것은 지성, 용기, 결단력 등과 같은 우리가 익히 알고 있지만 대단히 모호한 덕목이다.)은 첫 번째 규제적 제삼자로서의 특정 개인을 산출할 수도 있다는 것은 자명하다. 그러나 이 상황은 "보편적 개별자"다. 이 보편적 개별자는 집단을 제삼자와 관련해서 결정하듯이 제삼자를 집단과 관련해서 결정짓는다. 물론 이때 이 보편적 개별자는 우리에게 개인의 과거, 그의 극복된-존재에 대해서 *아무것도* 가르쳐 주지 않는다. 심지어 이때 이 신속한 결정이 *집단의 덕목으로서의 그의 자유로운 실천*, 즉 집단적 실천과 그의 *집단-내-존재* 밖에서는 해석될 수도, 이해될 수도 없는 본질에 의해 유발된 것이 아니란 점도 우리는 알지 못한 채 있다. 혹은 심지어 *이 계기에서 이 신속한 결정이* 이 특별한 군집 속에서 나타나는지조차 우리는 알지도 못한 채로 있다.[35]

   그런데 이 첫 번째 계기(*경험으로 보아 첫 번째* [계기]다. **묵시록**은 새로운 융화 집단의 무정형의 동질성을 위한 *낡은 집단들의 집렬체성*을 제거하는 것으로 나타날 수 있다.)를 통해 다음과 같은 몇 가지 사실을 보여 준다는 것은 분명하다. 이 집단이 — 단지, 그리고 우선 — 하나의 공동 *실천*이라는 점에서 볼 때 실천의 공동체는 하나의 집단의 출현에 의해 다수성의 내면화로서, 그리고 인간관계들의 재조직화로서 나타난다는 사실이 그 가운데 하나다. 따라서 융화 집단의 직접적인 특징들을 살펴보아야 할 것이다. 예를 들어 1789년의 *파리*, 7월 13일과

---

35   나는 "알지도 못한 채로"라고 했다. 그 까닭은 *선험적으로* 결정의 수단이 우리에게 결핍되었기 때문이 아니라 사실상 즉각적으로 발생한 대부분의 규제 작용은 즉시 흡수되어서 관찰자, 나아가 그런 것을 연구할 필요성을 거의 느끼지 않는 역사가의 눈에 보이지 않기 때문이다. 예컨대 "**9월 대학살**"이라 일컫는 특별한 사건이 바로 이러한 경우다. 왜냐하면 첫 번째 총회가 열리자마자 지롱드 당원들은 이 문제에 대한 책임의 문제를 거론했기 때문이다. 하지만 역사가들이 조직화된 이런 단체(**코뮌**)나 특정 정치인들의 책임은 이 문제에서 벗어나 있음을 증명하려 시도함으로써만 익명의 **제삼자**의 행위를 연구했다는 것은 분명하다. 동등자들에 비해 조금 더 앞서 있는 동등자로서의 **제삼자**는 관심 대상이 될 수 없었다. 이들이 관심을 가진 것은 *집단으로서의 제삼자*(총체화된 총체화, 초월성-내재성의 관계)뿐이었다.(원주)

14일의 *생탕투안 지역 주민들*의 여러 특징을 자연스럽게 이 집단에 모종의 의미를 부여하는 상황과 목표들과의 관계하에서 살펴보아야 한다. 물론 이때 이 집단은 그 자체의 *실천* 속에서 현재 진행되고 있는 실재로서 주어진다.

사실 우리는 처음부터 집단이 방향 지어진 과정이라는 점을 이해할 수 있다. 파리를 구해야 하고, *무기가 어디에 있다고 할지라도 무기를 들어야 하고 또 싸워야 하는 것이다.* 이때 어떤 곳도 일단 이 목표가 달성되고 나면 또 다른 목표들, 더 광범위하고 장기적인 목표들(혹은 정반대로 직접적인 위험들), 그것도 이 집단이 계속 유지되고 또 조직되는 것을 필요로 하는 목표들이 갑작스럽게 나타나지 않을 것이라고 미리 장담할 수 없다. 이와 마찬가지로 이 가능성에 대한 의식이 이 집단 자체 내부에 확실하게(어떤 방식으로인지는 살펴보아야 할 것이다.) 존재하지 않는다고 미리 단언할 수도 없다. 지금 우리에게 중요한 것은 이 방향 지어진 과정이 객체화되는 도중에 형성되었다가 사라진다는 사실이다. 1789년의 소요(예컨대 1848년 **6월 혁명** 또는 1917년 혁명의 일정과는 달리)는 (객관적으로 혁명적인 상황에서) 완전히 방어적 입장이었다. 상황을 바로잡는 것, 즉 위협을 물리치는 것이 중요하다. 사태가 진정되었기 때문에 — 즉 부정이 부정되었기 때문에 — 집단은 집렬체적 타성태로 용해될 것이다. 사실 이 현상은 결코 발생하지 않는다. 바스티유 감옥을 탈취한 후 파리는 이제 더 이상 1789년 6월의 파리일 수는 *없는 것이다.* 새로운 조직들이 옛 조직들의 잔해 위에 형성되고, 새로운 경고들이 새로운 분화를 야기한다. 집단과 타성태 사이의 투쟁이 계속된다. 그럼에도 불구하고 이 집단의 목표들의 실현이 *이* 집단의 해체를 야기한다는 것은 여전히 사실이다. "바스티유 감옥의 **탈취자들**"은 그대로 **존재** 속에 각인된 이전의 행위에 의해, 이와 동시에 자신들의 이익을 위하거나 또는 특정 정치를 위해 이 존재를 이용하려는 의지에 의해서만 하나가 될 수 있을 뿐이다. 같은 집단이나 같은 사람들이 문제가 되지 않는다. 따라서 이제 융화 집단을 비가역적이고 제한된 과정으로 특징지을 수 있다. 인간에 의한 인간관계들의 이와 같은 조정은 도달해야 할 특정 목적의 실천적 범위 속에서 스스로 시간화되며, 그 결과 *그런 것으로* 이 집단의 객체화 뒤에도 살아남지는 않을 것이다.[36]

이런 의미에서 집단은 자신의 고유한 시간성, 즉 자신의 실천적 속도를 규정한다. 물론 이 속도와 더불어(예를 들어 외부에서 긴급성을 규정하는 위험, 다시 말해 시간을 객관적인 요구와 희소성으로 만드는 위협의 기초 위에서. 이때 이 집단의 실천적 속도는 긴급성의 재내재화이자 가정이다.) 이 집단의 미래가 집단에게로 온다. **국민 의회 의원**이자 아라스[37]의 인민 대표였던 조제프 르 봉[38]은 테르미도르[39] 이후 감옥에서 이렇게 말했다. 즉 누구도 ── 그 자신까지도 ── 다른 속도로 발생했던 여러 사건과 행동을 완전히 이해하는 것도 판단하는 것도 불가능했다고 말이다. 그러나 시간화의 문제는 우리에게 정확히 집단의 현실적 구조, 즉 고유한 현실성의 형태를 보여 준다. 결국 문제가 되는 것은 융화 집단에서 다양성의 종합적 통일로서 통일성(언어가 이 집단에 직접 부여한 통

---

36 우리는 뒤에서 제도화된 집단과 반복적 집단에 관해 논의할 것이다. 이 집단들의 구조가 훨씬 더 복잡하다는 것은 분명하다. 이 집단들은 집렬체적 타성태의 용해에 의해서 규정되는 동시에 이 집렬체성의 수동적 종합에 의해 지지되는 물질성으로서 규정되기 때문이다.(원주)

37 프랑스 북부 파드칼레의 도청 소재지.

38 Joseph Le Bon(1765~1795). 국민 의회 의원으로 잔인한 인물이라고 알려졌으며, 1795년에 처형되었다. 사르트르는 이 인물을 소재로 1945년경 시나리오를 쓴 것으로 알려졌고, 그 일부가 사르트르 탄생 100주년 특집인 《현대(*Les Temps modernes*)》 2005년 7~10월 (632~634호) 통합호, 675~694쪽에 실렸다.

39 프랑스 혁명력 11월로, 현재의 7월 20일부터 8월 18일에 해당한다.

일성, 가령 *이 집단이 이것 또는 저것을 했다* 등등)이 의미하는 바를 잘 이해하는 것이다.

이미 살펴본 대로 실제로 중요한 것은 관념론적 사회학자들이 이런저런 방식으로 종종 부활시키고자 했던 혼란스러운 상호 침투 작용이 아니라 오히려 하나의 행동을 위해 그리고 하나의 행동에 의해 인간들을 통일시키는 하나의 종합적 관계다. 다만 — 바로 거기에 구조적 가지성의 문제가 제기된다 — 개인적 변증법에 대한 이해를 통해 우리는 종합을 노동에 의해 다양성을 통합하는 단 하나의 실천의 통일적 단일성으로 발견하게 된다. 내면성의 일의적 관계는 다양성으로서의 타성태를 이 다양성을 단일화시키는 부정으로서의 행위에 연결시켜 준다. 우리가 살펴본 바에 따르면 집단 내에서 다양성은 개인적 행위자의 수준에 있지 않으며, 심지어는 상호성 관계의 수준에도 있지 않다. 이와 반대로 다양성은 *종합의 수준에서* 나타난다. 달리 말하자면 각각의 제삼자는 그가 자신이고 타자가 아니라는 점에서 모든 사람의 통일화를 이룩하며, 자기 자신의 이와 같은 통합을 완수해야 할 임무를 지시한다. 물론 이 지시는 총체화하는 여러 지시의 단순한 현동화와 실천적 내면화를 통해 이루어진다. 반면 다른 집단들은 이와 같은 총체화를 통해 부정된(또는 부정하게 될) 통일성으로서의 타성태적 군집을 겨냥한다.

그렇다면 우리는 여기에서 집렬체적 치환 가능성의 한 예를 앞에 두고 있는 것인가? 이타성은 단순히 총체화 작용의 수준에 있으며, 각자에게 이 총체화는 그의 내부에서 그리고 **타자**의 내부에서의 **타자**의 총체화다. 적어도 이 문제들은 다음과 같은 의문을 더 정확하게 제기해 주는 이점이 있다. 즉 집단의 가지성에 대한 의문이 있다면 그것은 절대로 *결여 때문*이 아니고(몇몇 사람이 그렇게 믿었던 것처럼 문제는 분리된 입자들이 하나의 총체성을 구성할 수 있는가를 묻는 것도, 또 물었던 것도 아니었다.) 바로 잉여 *때문*이라는 것이다. 이때 발생하는 난점은 우리가 종합적 활동으로서의 *실천*에 대한 인식을 가지고 있다는 사실로부터 우리가 앞에서 본 바와 같이 각각의 제삼자가 집렬체를 청산하는 행위 속에서 군집을 집단으로 통일화시킨다는 사실로부터, 그리고 우리 스스로 통일화의 *과잉* 앞에 있는 것처럼 보인다는 사실로부터 기인한다는 점이다. 상호성 속에서 여러 개의 진앙을 가진 하나의 관계, 이런 사실로 인해 자신의 여러 항목을 통일시킬 수 없는 관계를 우리가 이미 보여 주었음에도 불구하고 과연 수많은 중심을 가진 이 현실을 *하나의* 통일화라고 부를 수 있을 것인가?

하지만 정확하게도 문제가 잘못 제기되었다. 실제로 개인들의 다양성으로서의 집단이 통일성의 타성태적 지위를 가지고 있는지, 이 집단을 구성하는 인간들이 무엇인지 모를 끈적끈적한 상태의 접착체에 의해 유기체의 자격으로 서로 연결될 될 수 있는지, 또는 부분들로 환원 불가능한 총체성인 "집단의식"이 각 부분과 모든 부분에, 마치 칸트적 범주가 감각의 다수성에 부과되는 것과 같이 외부로부터 부과되는지를 알아보는 것은 중요하지 않다. 앞에서 살펴보았듯이 실제로 통일성(이 집단이 한창일 때 — 우리는 이어서 다른 가능성들도 보게 될 것이다.)은 *실천*이다. 따라서 개인적 종합들의 다수성이 그 상태에서 어느 정도까지 목표와 행동의 공통성을 가져올 수 있는지를 알아보는 것이 중요하다.

그런데 위에서 이 종합들 자체를 살펴보면서 우리는 이 종합들이 이 인간들의 실질적 통일이 아니라 행동의 통일을 실현한다는 사실을 알게 되었다. 실제로 각각의 종합은 상호적 제약 속에서 공동 행위의 *실천적* 구성인 동시에 이미 존재하는 것으로서의 이 행위의 드러내기다. 사실 우리는 제삼자를 그가 아직 군집 속에서 수동적이고 무질서한 활동 속에 묻혀 있을 때 포착했었다. 우리는 또한 이 제삼자가 자신의 집렬체성을 해소하면서 어떻게 애당초 전염의 가능성이 사라져 가는 것을 목격하는지, 그가 어떻게 자신의 행동 전체를 자유로운 활동으로(그 행동들에 의미를 부여하면서) 구성해 내는지 그리고 집렬체적 폭력을 자기 자신의 고유한 행동(그가 공동 실천의 규칙과 의미로서 구성하는)을 통해서 어떻게 공동 행위로 구성해 내는지를 살펴보았다. 이러한 "발견"은 실제로 그 자체로 하나의 행위다. 우선 위에서 보았듯이 제삼자는 격려나 그가 내리는 명령을 통해 수동적 활동에 영향을 미친다. 또한 그는 이 활동을 **타자들**에게서 실천으로 변화시키는 데 기여한다. 그러니까 그는 그 자신이 모든 사람에게 수동성의 청산을 위한 자유로운 규칙이 되는 것이다.

다른 한편 주어진 상황(특히 적의 실천이 주위 환경의 수동적 종합을 통해 의미하는 부정적 통일성)의 토대 위에서 공동 *실천*의 현동화를 위한 운동은 모든 *제삼자에게서* 거의 동시에 발생한다. 이 순간이 바로 "명령, 언어, 명령어가 돌아다니는" 그 순간이다. 그런데 이 순간에 — 예컨대 앞에서 지적한 대로 경찰에 의해 해산된 하나의 군집이 경찰에 맞서 다시 결집하여 시위운동을 하는 모임으로 변하는 순간에 — 개인들의 다수성은 그만큼 실질적 통일성으로 변화하지 않는다. 하지만 재집결 행위는 여전히 존재한다. 즉 무엇인가가 총체성으로 존재한다. 그러나 이 총체성은 단순히 경찰에 대항하는 시위자들의 돌격이다. *이 사실*을 우선적으로 이해해야 한다. 그런데 도피에서 재집결로의 이행 — 1789년과 같이 여러 군집이 조직화되지 않았던 경우 — 에는 처음부터 이런저런 개인에 의해 주도된 이런저런 명령어가 있었던 것은 아니다. 어쨌든 이것은 별로 중요하지 않다. 만약 최초의 명령에 "따랐다면" 그것은 이 개인들 모두가 그 명령어를 사용했기 때문이다. 그러나 우리는 여기에서 진정한 하나의 통일성을 구성하기에는 부적절한 것으로 보이는 종합들의 복수성을 발견한 것으로 생각한다.

하지만 이것을 더 자세히 살펴보자. 시위대들이 재집결하는 순간에 각자는 다른 길에서 튀어나오면서 형성 중인 집단에 합류하는 **타자**에게서 그 *자신의 실천*을 다시 발견한다. 다만 각자는 자신의 새로운 행동의 자유로운 원천이라는 점에서 그는 이 행동을 **타자**에게서 자신의 **타자-존재**로서가 아니라 *자신의 고유한 자유로서* 다시 발견하게 된다. 여기에서 우리는 매개된 상호성을 다시 보게 되며, 이 상호성은 나중에 조직화된 집단의 본질적 구조가 된다. 그러나 지금부터 우리는 현재 이루어지고 있는 재집결 — 그 가운데서 각자는 자신의 이웃과 가까워지며 또 가까워지는 것을 목도한다 — 이 제삼자들 사이의 매개로 소용된다는 사실을 보게 된다. 즉 이와 같은 재집결은 각자의 입장에서 보면 총체화시켜야 할 총체이기도 하며, 또한 그 자신의 현전에 의해 증가시켜야 할 집단이기도 하다. 그리고 이 재집결을 통해 각자는 자신과 마주하게 되는 제삼자의 운동을 자기 자신의 운동으로, 그리고 그가 곧 소속되게 될 집단의 지원자의 수의 증가로 포착하게 된다.

이처럼 나의 *실천*은 나에게 *지금, 여기에서* 나 자신, 즉 나의 이웃에 의해 나에게 오는 나 자신으로서, 또한 동시에 나의 이웃 안에서 그리고 내 안에서 나의 실천 자체의 총체화된 결과에 의해 지탱되는 나 자신으로 나타난다.(이때 나는 똑같이 행동하고 내 스스로를 나의 이웃과 동등자로 만들면서 이 나의 이웃을 집단 속에서 총체화시키는 그의 힘의 증가로 다시 발견하게 된다. 물론 이 순간 그의 힘은 총체화를 통해서, 그러니까 집단 자체를 통해서 나를 규정한다. 즉 나의 행동이기도 한 그의 개인적 행동은 나에게 전체의 증가를 통해 훨씬 더 커다란 안전성을 가져다준다.) 그런데 재집결의 초기부터 그리고 이어서 투쟁을 하는 중에 제삼자들에 의해 이루어지는 총체화의 복수성은 계속해서 존재한다. 수많은 개인적 종합 이외의 다른 것은 아무것도 존재하지 않는다. 다만 이 다수성은 이것 자체를 구성하는 여러 행위 하나하나 속에서 스스로 부정된다. 실제로 이 행동 하나하나가 전체를 공동 *실천*으로 구성하기 때문에 이 제삼자는 자신을 규제적인 것으로, 즉 자기 내부에서 자기를 전체의 *실천*으로 자처한다. 그리고 이 행동 하나하나는 각자의 개인적 *실천* 속에서 자기 모습을 인지함에 따라 이 행동들은 그 개인적 실천 하나하나를 제삼자에게서 전체적 *실천*의 현전으로서 포착한다. 그러나 이와 동시에 집렬체성의 청산을 통해 이 제삼자는 자신의 *실천*을 자유로운 변증법적 결정으로 만들어 낸다. 이렇게 해서 그가 경찰들과 충돌하려 할 때 그는 집단의 존재와 실천만이 유일하게 가능케 할 수 있는 하나의 행동을 완수하는 것이다. 그러나 이와 동시에 그는 이 행동을 자기 자신의 자유로운 실천적 행동으로서 만들어 낸다. 이처럼 전체적 *실천*으로서의 집단의 행위는 먼저 그의 내부에서는 *다른* 행동 또는 총체성의 소외가 아니다. 이와는 반대로 그 행동은 전체의 행동이다. 이것은 이 행동이 그를 포함한 어떤 제삼자들에게도 자유롭게 그 자체이기 때문이다.

이 부분을 좀 더 자세히 설명할 필요가 있다. 실제로 어떤 면에서 각각의 *실천*[40]이 자유로운 개인적인 전개인지, 어떤 면에서 그 실천이 총체화된 다수성의 실천으로서만 현재 그 실천인 바가 될 수 없

---

40   집단에서의 실천.(편집자 주)

는지를 보여 줄 필요가 있다. 이 두 번째 사실은 다음의 예, 즉 시위대에 가담한 자는 혼자 또는 몇몇 동료와 함께라도 경찰과 싸움을 하려고 하지는 못했을 것이라는 예에 해당한다. 단지 이런 시도를 할 수 없는 불가능성이 사실 속에 기입되어 있을 수도 있었기 때문이다. 따라서 이런 시도는 자기 내부에서 집단적인 것으로, 즉 개인들의 다수성에 의해서만 유지될 수 있는 것으로서 스스로를 결정하는 하나의 행동이다. 다만 우리는 이와 같은 다양성을 처음으로 수단의 형태로, 즉 재내재화된 다수성으로서 만나게 된다. 우리는 앞에서 대중의 수가 곧 힘이며, 효율이라는 점을 보았다. 그러나 또한 이 대중의 효율이라는 것이 *다른 효과*, 그러니까 실천적 장에서 비유기적 물질성이 반드시 만들어 내는 효과를 만들어 낸다는 사실을 안다. 그러나 여기에서는 반대로 개인은 *다수로서* 싸움에 참여한다. 즉 다수성은 이미 그의 행동 속에 있는 하나의 자유로운 *실천*에 의해 통합된 *수단*으로서 존재하는 것이다. 그가 공격을 감행하는 것은 고립된 채도 아니고, 또 100번째로서도 아니다. 그는 오히려 지금 모든 곳에서 *100명이라는 수가 갖는 물질적 힘*이라는 사실이 그에게 부여하는 힘을 자유롭게 사용하면서 공격을 감행하고 있는 것이다. 행위의 구조로서 — 즉 각자의 내부에 있는 제삼자의 결단의 요소로서 — 의 수는 군대의 기본적 형태에 불과하다. 모든 사람이 창 한 자루나 권총 한 정(즉 그 창과 그 권총)을 소유할 수 있는 것과 마찬가지로 모든 사람은 이 수를 소유하고 있다. 그러나 이와 동시에 각자는 자기 주위에서 이 수를 목도하며, 다수의 병사가 한 대의 전차 안에 있음과 동시에 이 전차 자체의 조정인 것과 마찬가지로 각자는 이 수 안에 있다. *게다가 이것이 그 자신에 대한 안전의 보증이자 보호이기도 하다.*(또는 다른 상황에서는 부정적 요소이기도 하다. 그러니까 서로 헤어지며, 서로 나뉘기도 한다.

이 경우에 대해서는 뒤에서 다시 보게 될 것이다.) 이런 의미에서 *이 제삼자*와 다른 제삼자들에게서 수는 **타자-존재**로서가 아니라 개인적 효율성을 100배로 늘리는(이 제삼자에게 100배의 힘을 주는 것이 아니라 예를 들어 그에게 길에서 헤매면서 적의 집단을 구성하고 있는 개인들로부터 공동의 행동을 당하는 대신에 그 개인 *하나하나*에 대항해 싸우면서 이 집단을 해체하는 것을 가능케 하면서) 내면화된 현실로서 나타난다. 이로 인해 수의 *더해짐*은 각자에게 여러 단위의 단순한 타성태적 총화가 아니라 종합적인 하나의 행위가 된다. 각자가 집단에 합류하는 것은 *자기가 보다 더 많은 숫자가 되기 위해서*이며, 따라서 집단의 증가는 각자의 실천이 된다.

우리는 또 다른 질문에 대한 답도 곧바로 발견하게 된다. 바로 총체화하는 자유로운 *실천*은 그것이 방금 실행한 총체화에 의해 현실적이고 실제적으로 스스로의 조건이 된다는 것이다. 총체화 작용 안에서 집단과 그 자신의 부정적 통일로서의 위협을 적에 의해 총체화된 것으로 발견하게 해 주었던 것은 바로 변증법적 합리성이었다. 이 변증법적 합리성은 또한 집단에 의해 그리고 이 집단 안에서 억압에 대한 미래 희생자들의 수동적 총체성을 저항의 능동적 총체화로 변형시킴으로써 내면화된 다수성의 실제적 구조의 영향을 받았다. 제삼자는 그의 *실천*에 의해 그리고 그 안에서 집단 내의 개인적 행위와 공동 행위의 불분명을 긍정한다. 우리는 바로 전에 집렬체는 어디에도 없으며, 언제나 *다른 곳에* 있다고 말했다. 하지만 이와 반대로 집단은 언제나 여기 있으며, 이 집단은 다른 곳에도 있다는 사실을 고려한다면 ─ 우리는 이 사실을 안다 ─ 이 집단은 이 다른 곳을 *바로 여기로서* 구성한다. 바로 이런 의미에서 집단의 순환성을 이해해야 한다. 집렬체의 순환성은 도피의 순환성이고, 각각의 *여기-지금*을 다른 여기-지금으로 실격시킴으로써 각각의 여기-지금의 구조를 상실하게 한다. 집단의 순환성은 어디서나 *이* 여기-지금에서 비롯되며, 이것을 어디에서나 동일한 것으로 그리고 동시에 자유로운 실천적 활동으로 구성한다. 나의 *실천*은 그 자체 내에서 나에 의해 여기에서 총체화된 집단의 *실천*이며, 각각의 또 다른 나 자신은 이것을 그 자유로운 편재성이 전개되는 동안 동등한 것인 또 다른 여기 안에서 총체화한다.

여기에서 최초의 "우리"가 본질적인 것이 아니라 실제적이며 내면화된 다수성인 자아의 자유로운 편재성으로 나타난다. 그 까닭은 내가 **타자** 안에 나의 자아이기 때문이 아니라 *실천 안에는* **타자**가 없고 *나 자신*들이 있기 때문이다. 사실 *실천*의 자유로운 전개는 전체적이거나 전체적으로 소외될 수밖에 없다. 이처럼 집단의 종합적 통일은 각자 안에서 공동 행위의 자유로운 종합적 전개로서의 자유다. 경찰에 맞서 싸우는 시위대에게 이는 투쟁이다.(감독 관리인이던 스탕달이나 단순한 증인인 파브리스[41]에게는 그렇지 않다. 이것은 이 투쟁이 언제나 다른 곳에 있으며, *이 투쟁의 다른 곳은 그의 통일성*이라는 점에서 그러하다.) 하지만 이것은 이 투쟁이 어디에서나 *같으며* 각자가 그 안에서 모든 사람과 같은 자가 되는 한에서, 즉 객체화되는 *자유*인 한에서 그러하다. 후일 집단의 열기가 식고 지속적이 되어 그 구성원들이 *시간적으로 점차* 분리 속에 있게 되면 이때 투쟁은 그 안에서 여전히 통일로, 그러니까 실천적인 유일한 통일로 남아 있기는 한다. 하지만 각 개인 안의 자유는 각자의 내부에 있는 모든 사람의 자유의 자격으로 *명령적* 성격을 되찾을 수 있게 된다. 앞으로 다시 살펴보게 되겠지만 그 까닭

---

41   스탕달의 소설 『파름의 수도원』의 주인공 파브리스 델 동고를 가리킨다.

은 자유는 같은 것임과 동시에 이미 그 자체로 이타성의 영향을 받고 있기 때문이다. 하지만 융화 집단의 자발적인 *실천*에서 자유로운 활동은 각자에 의해 유일하고(*그의 것*), 다수적이며(다수의 결과로서 개인적 결과 안에서 실현된 힘과 내면화된 다수성), 전체적인 것(진행 중인 전체적 객체화)으로 실현된다.

여기에서 문제는 협동이나 연대감 혹은 이 최초의 공동체 위에 근거를 두게 되는 어떤 합리적 조직의 형태들도 아니라는 점을 우리는 잘 알고 있다. 집단의 근원적 구조는 개인의 자유로운 실천이 각자에 의해 총체화라는 상황을 통해, 자유로운 공동 *실천*과 같은 총체화된 대상 안에서 객체화될 수 있는 것에서 비롯한다. *진행 중인 투쟁*은 각자의 입장에서 보면 *대상 안에서*, 그리고 *이 대상 안에서* 집단과 개인 사이에 맺어지고 드러나는 절대적인 상호성이다. 이때 이 집단은 규제적 제삼자 덕분에 재내면화된 다수성으로서 개인에게 *그런 주도권*을 가능하게 해 주는 입장에 있으며, 개인은 여기에서 (모든 전투로서) 전체적이며 규제적인 그 자신의 실천이 총체성으로 하여금 각자 안에서, 그리고 각자에게 공동 목표 안에서 객체화를 허락해 주는 입장에 있다. 물론 이 목표는 제공되는 가능성에 따라 도중에(실제로 우리는 융화 집단의 경우만을 검토한다.) 발견된다. 하지만 이 목표는 그것의 전개 속에서 발견되기도 한다. 이것은 어느 *누구라도* 규제적 제삼자로서 개별자 속에서 공동의 가능성을 찾아내는 한에서 그러하다. 길이나 작은 벽은 각자에게 혹은 이런저런 사람에게, 그리고 이들에 의해서 모두에게 일시적 도피처로 나타날 수 있다. 이것에 의미를 부여하는 것, 바로 이것이 집단을 만드는 일이다. 의미를 부여하는 주체는 집단이었다. 그 까닭은 이 가능성을 공동의 눈으로 함께 보았기 때문이다. 하지만 그는 이것을 지칭함으로써(자신의 통합을 밀어붙이고, 도피하는 것을 그만두면서) 집단을 만들어 냈던 것이다. 단지 각자는 이 지칭을 이미 넘어설 따름이다. 이제는 더 이상 가능성(특정 지칭에 의해 현실화되었지만 이미 공동 환경의 구조 안에 물질적으로 현존하는)이 문제가 되지 않는다. 그러나 다른 제삼자들이 낮은 벽이 가능한 도피처라는 사실을 알아차리게 될 때 이들은 이미 그 뒤에서 재집단화하는 중인 것이다. 자유롭게 지칭하는 절대적 제삼자는 — 그는 각자 안에서 자기 자신의 자유이기 때문에 — 실천을 통해 극복해야 하는 실천적-타성태적 의미 작용을 담고 있는 단순한 푯말과 구별되지 않는다. "이 벽 뒤로 숨자!"라고 말하는 것은 어디에서나, 그리고 바로 여기에서 자유롭게 극복한 자유로운 의미 작용을 스스로 행하는 일이다. 왜냐하면 이것을 지칭하는 제삼자에게조차 지칭하는 일과 달리는 일은 하나이기 때문이다.

여기에서 공황 상태의 경우 **타자**의 단순한 달리기는 **타자**의 환경에서 나의 행위를 나에게 드러내며, 벽 뒤에 숨기 위한 도피는 전염적인 전파로 드러난다는 점을 주목해야 한다. 게다가 집단이 와해에 의해 집렬체의 모든 사람에게서 구성되는 중인 한 집렬체성이 머무는 바로 그곳에서 집렬체는 공동 행동을 희화함으로써 국지적인 작은 규모의 공황들을 통해 이 행동을 사용할 수 있다. **목적론적 이성**을 가지고 있는 집렬체적 활동 — 반목적적이고 수동적이라고 해도 — 을 집단의 *실천*이 발생하는 경우 이것과 활동을 구별하는 것은 개인적 *실천*의 자유가 아니다. 왜냐하면 공황의 전염은 단호한 습격으로서 각자의 실천에 의해 실현되기 때문이다. 이렇게 되는 것은 어떤 경우에는 자유가 무기력의 수동적 활동 안에서 그의 소외를 발견하기 위해서만 설정되기 때문이고(나는 **타자** 안에서 사냥꾼들에 의해 쫓기는 모습으로 나타나고, 스스로를 변형시키고 필연성의 발견에서 **타자**에 의한 필연적인 것의 지배에 순종하는 것으로 이행함으로써 소외가 완료된다.), 또 다른 경우에는 형성 중인 집단에서 지도자는 언제나 *나*이고 다른 사람들은 없기 때문이다. 즉 나는 주권자이며, 다른 제삼자들로부터 오는 명령어들을 나는 *나의 실천 안에서 발견*하기 때문이다.

시위대들에게 이런저런 공동 실천의 기원에 대해(행동이 "야만적인" 경우 혹은 단순히 이 행동이 예상되지 않은 채 국지적인 단계에서 발생했을 경우) 질문해 보면 다음과 같은 답을 종종 들을 수 있다. 즉 이들은 누군가가(어느 누구라는 의미에서다.) 공동 행동의 방향을 잡아 주는 *실천적인 신호*를 했다고 결정할 수 없다거나 또는 마치 이들 모두가 말하는 것처럼 결국은 "그렇게 강요되었기 때문에, 다른 어떤 도리가 없었기 때문에 그랬다."라는 것과 같은 대답이다. 이들은 — 특히나 재판 과정에서 적대적인 재판관들의 질문을 받기 때문에 — 어느 시위자와도 맺게 되는 연대감을 분명하고 적극적으로 의식한다. *실제로는* 누군가가 먼저 소리를 지르고, 먼저 장전을 하고, 먼저 총을 쏘는 등의 일을 했더라도 이들은 그의 이름을 말하지 않을 것이며, 현장에서 그를 잡아 보여 주더라도 그들은 모른다고, 책임은 이들 모두에게 있다고 — 이것이 전투적인 집단의 적극적인 실천이다 — 말할 것이다.

이처럼 이 첫 단계에서는 우두머리가 존재하지 않는다. 달리 말하자면 상황으로 인해 *단 한 사람의 제삼자*가 우발적으로 행동의 시작을 지시하고, 표시하고, 그려 낼 수 있는 것이다. *나중*에는 역시 투쟁의 상황에 기인한 여러 이유로 더 이상 공동의 의미 작용은 없고, 투쟁의 전개가 각 개인이나 각 소집단으로 하여금 원래 집단의 다른 부분들에 대한 조정 능력 없이 — 하지만 각자는 언제나 시위 *행위에 의한 자유로운 총체화*로서 투쟁하고 있다 — 적의 실천에 적응하도록 강요했다. 시위자에게 질문할 경우 그가 집단을 초월하는 종합이나 각자의 행위 속의 개별적 특질을 참고하고 있지 않다는 사실 또한 주목할 만하다. 적대감을 가지고 억압적 정부의 대표들에게 반응하든 또는 사실을 그 자체로 바로잡든 간에 그는 행위를 자유로운 전개로, 목표와 수단은 자유롭고 실제적인 명백성으로 나타낸다. 즉 그는 정확하게 *단순한 개인 활동에서 상황이 드러나듯이 실천에 드러나는 상황*을 보여 주고 있다. 단지 이야기들은 (그리고 그 자체가 그들의 과시를 지칭하는 위험들의 출현 혹은 그들의 위험과 궁극적 목적을 생산해 내는 목표들의 출현은 우리 각자가 그런 것들을 그의 증언에서 묘사하는 것처럼) 필연적으로 각각의 참여자가 개인적 실천에 의해 실천적 장의 자유로운 총체화를 통해, 그리고 그것에 의해 *여기에서* 자유로운 전개의 총체화로서의 동일한 실천을 상정한다.

이렇게 해서 집렬체성인 패주와 달리 — 이미 모호하게 재집결의 수단으로 이루어지는 — 각자는 여기에서 이 도피의 주권적 행위 주체다. 이것은 이 도피가 공동으로 이루어지는 한에서 그러하다. 그리고 각자는 명백성으로서 — 그것들을 극복함으로써 — 혹은 수단과 목적에 대한 자유로운 선택으로서 도처에서 그에게 다가오는 공동의 의미 작용을 *생산해 낸다.* 물론 투쟁에서도 공격적이거나 방어적인 활동은 이타성의 구조(이쪽 편 — 다른 쪽 편)를 구성하는 차별화의 단초를 촉발할 수 있다. 하지만 수단인 이 이타성은 (*한편의 사람들은 뒷길로부터 군인이나 경찰들을 공격하고, 다른 사람들은 그들 앞에서 총을 장전하는*) 술책인 *실천의 자유로운 전개* 속에서 스스로를 *만들어 간다.* 물론 각자에게 문제는 주어진 *여건*(사실 이 "여건"은 단순히 집렬체성 이전의 지위에 놓여 있다.)의 *재내면화*다. 하지만 바로 그렇기 때문에 그는 실천의 공동 통일성에 종속되며, 각각의 "동등자"가 어디에서나 같은 사람인 한(즉 기초적이고 자발적인 조직이 객관적인 상황과 적의 계략에 의해 모든 제삼자에게 반(半)생산적이고 반강제적인 것으로 나타나는 한) 여기와 저기에서 스스로 *타자가 된다*. 이런 방식으로 *내면화된 숫자*는 양으로 남아 있게 된다. 하지만 이것이 행동의 전개를 (수단으로서) 조건 짓는 한 부분들을 가지고 있지 않은 이와 같은 양은 각자에게 강도로서, 즉 적에 대항하는 권력(모든 제삼자에게)의 동일한 정도로서 제시된다. 이런 의미에서 이웃과의 관계는 도처의 온갖 *실천*의 절대적 현존이기에 상호 교환적이면서 동시에 단일적(나와 그의)이다. 각자는 자유롭게 스스로 100명이 되기 때문에 각자 *100번째* 사람이다.

  방법적으로 가장 단순한 경우(이를테면 바스티유 감옥의 탈취와 같은 승리의 경우) 얻게 된 결과의 통일성(개인적 실천의 경우에서처럼)은 집단의 객관적 현실, 즉 *그의 존재*가 된다. 이것은 이 결과가 타성태적 물질성 안에서만 스스로를 만들어 낼 수 있기 때문이다. 그 결과가 언제나 타성태적은 아니라고 말할 수도 있다. 하지만 단지 그것은 비유기체를 어떤 조건, 즉 한정된 상황에서 어떤 유형의 물질적 존재라도 특징지어 주는 조건이 아니라 어떤 지위, 다시 말해 일종의 물질성으로 정의하는 그런 지위로 생각하기 때문이다. 예컨대 7월 14일 군중에 의해 포로가 된 자들이 공동 행동의 물질적이고 비유기적 결과라면 그 이유는 이들이 대중적 승리의 객체화를 조직화된 투쟁 집단의 파괴로서, 그리고 다수의 무기력(포로들 사이에 유일하게 가능한 관계인 재외면화된 양)에 의한 그 대체로서 대표하기 때문이다. 물론 결과 — 그 실천에서 객체화된 집단인 — *그 자체 안에* 소외의 가능성이 있다는 것은 당연하다. 이 문제는 특별히 연구되어야 하고, 우리는 뒤에서 이 문제를 다시 다루게 될 것이다. 하지만 이 소외 — 비록 그것이 필연성의 새로운 경험일지라도 — 는 승리의 순간에 반드시 나타나지는 않는다. 아마도 이 소외는 훨씬 나중에야 수많은 상황과 다양한 실제들을 통해 구성될 것이다. 사실 이렇게 볼 때 집합적 실천은 개인적 실천과 결합한다. 각자가 활동과 상황에 따라 그 순간에 혹은 좀 더 후에 그의 소외를 필연성으로 발견할 수 있기 때문이다.

그렇지만 이와 같은 소외가 일상생활의 매 순간에 드러난다는 것을 우리는 알고 있다. 예컨대 자신의 조건을(개인의 자격으로) 벗어나려는 피착취자의 온갖 시도는 그의 계급-존재를 객관성 안에서 단호하게 실현한다. 집단의 행동은 필연적으로 새로우며, 집단이 새로운 현실인 한 그 결과는 절대적 새로움이다. *민중이 바스티유를 점거했다.* 이 공동의 사실은 바로 전에 전복시킨 의미 작용들의 수단으로는 해석되지 않는다. 그렇기 때문에 소외는 — 만약 이것이 일어나야만 한다면 — 일반적으로 *훨씬 뒤에* 반박을 통해 밝혀진다. 그래서 승리의 순간은 정복자 집단에 — 예외적 상황들을 제외하고는 — *실천으로서의* 자유에 대한 순수한 객체화로 주어진다. 그리고 이 환원 불가능한 새로움의 성격을 통해 이 집단에 의해 이루어진 결합의 새로움이 반사된다. 아마도 각자는 객체화를 자신의 자유로운 *실천의* 결과로 볼 것이다. 이것은 이 객체화가 여기에서 개인적인 자유로운 행동에 의해 전개되는 전체이기 때문이다. 하지만 각자에 의해 이루어지는 이와 같은 전체적인 객관성의 포착이 제삼자들 한가운데서 공동 행위로 실현된다는 것은 놀라운 일이다. 민중이 거두는 승리의 현실적인 구현은 바스티유 감옥의 복도, 수감실, 계단에 파리 민중이 끊임없이 줄지어 돌아다니는 것이다. 고립된 개인들(예컨대 야간 보초를 서는 무장한 부르주아)은 공동의 객체화를 추상적 의미 작용으로밖에 보지 않는다. 이들의 열광은 — 고독 속에서 그 열광을 느낀다면 — 승리를 맛보는 방식이라기보다는 정신적인 훈련이다.(게다가 — 동시대의 증언들에 따라 알려진 바대로 — 부르주아 보초들을 지배하던 감정은 두려움이었다. 너무 넓은 차원의 *가공된 사물*에 삼켜진 공동의 행위가 그들을 넘어서고 짓눌렀고, 반목적성과 더불어 ─ 그릇되게 ─ 아마도 소외처럼 허망하게 나타나기조차 했다. 모두의 부재 속에서 그것은 *타자적 행위*가 되었고, 아마도 그것이 재난들, 가혹한 억압 등을 낳았을 것이다.) 요컨대 전체적 대상은 승리가 여전히 생생한 한 전체적 실천을 통해서만 각자에게 나타날 뿐이다. 그 이유는 각자가 모두와 함께 있으며, 그가 여기에서 이 총체성의 행위 안에 현존을 실현하기 때문이다. 갑자기 객관적 실천의 최초의 소외로서의 이 개인의 무기적 물질성은 일시적으로 감추어져 있다. 정복된 성을 방문하는 민중 한 명 한 명은 단순한 "공동 산책"에서 다수성을 내면화한다는 점을 고려해 보면 모습을 드러내는 것은 실천적 조직화인 대상으로서의 종합적 통일이다. 이때 타성태의 복수성 자체는 *이 대상 속에서* 통일성에 복종하게 된다. 집단의 통일성은 부분적으로 적대적인 대상으로부터 군집으로 왔고, 이 대상은 군집을 무화 과정(집단의 실천은 이러한 위협을 현동화한다.)의 통일로 지칭했다. 이제 모든 사람 가운데서 행하는 각자의 공동 행동은 무기력으로 위축된 적대적 대상의 전적인 통일을 만들어 냄으로써 승리를 드러낸다. 어떤 관점에서 보면 이미 하나의 역사적인 성 ─ 요컨대 하나의 폐허 ─ 에 불과한 것이 집단을 통해 여전히 위협적이고 순화되고 구속된 적대감을 만들어 내는 것이다.

　요컨대 종합의 다수성은 *실천적*(그리고 융화) 집단에서 단순한 외면적 관계들에 의해 연결된 동일한 과정의 타성태적 공존으로 정의될 수는 없다. 그렇다고 이 종합들을 *타자로서* 결합시키는 집렬체적 이타성의 관계로 정의하는 일은 더더구나 불가능한 일이다. 그러나 이 종합들의 다수성은 분명 존재한다. 왜냐하면 각 개인은 자신을 조건 짓는 상황에서부터 행동을 작동시키고 전개시키기 때문이다. 그

리고 초월 속에서 초종합이 종합들의 종합이 될 것이라는 의미에서
는 다수의 총체화가 이루는 종합적 통일은 존재하지 않는다. 실제로
발생하는 것은 활동 중인 각각의 종합 내에서 이루어진 전체의 통일
이 같은 집단의 다른 모든 종합과의 상호적 내적 관계*라*는 사실이다.
이것은 이 전체의 통일 *또한* 다른 종합의 내면성이라는 점에서 그러
하다. 한마디로 통일은 다수의 총체화들이 내부에서 이루는 통합이
다. *내부로부터* 이 복수성을 개별적 행동들의 공존으로 인정하지 않
고 집단적 행위만을 유일하게 인정하는 것이 바로 이 통합이다. 내부
에서부터란 각각의 종합의 내부에서부터라는 것을 의미한다. 이것은
각각의 종합이 자신을 여기 자유 안에서 진행 중인 바로 그 총체화로
서 확인하고, 다른 모든 종합을 실천적으로 자신과 같은 것으로 구성
한다는(스스로를 규제적으로 정립하거나 또는 어떤 제삼자로부터 자신의 규
칙을 받거나, 즉 이 규칙을 여기에서 동일하고 유일한 법칙으로 자유롭게 만들
어 내면서이건 간에) 점에서 그러하다. 다른 한편 우리가 앞에서 보았듯
이 실천적 통일의 내면화는 공동 행동*의* 중수(中數)[42], 즉 전체적 객체
화의 전망 안에서 통합의 중수인 다수의 내재화를 야기한다. 불연속
양[43]에서 치밀한 밀도로의 이행인 이 다수성의 재내면화는 이산적
요소들 사이의(즉 개별적 총체화들 사이의) 외면적 관계인 수를 해체하
는 결과를 낳는다.

*100*명이건 *1000*명이건 적의 눈에는 그저 그게 그것일 뿐이다("너
무 많군. 그냥 통과시키는 게 낳겠는데." 등등). 이것은 숫자로 헤아릴 가능
성이며, 곧 독립적 중수-단위로 전환된다. 이처럼 스스로 숫자를 자

---

42   예컨대 1, 3, 5, 7, 9의 평균치는 이 다섯 개의 수를 다 더한 후 5로 나눈 5.4이지만 중수는 한가
      운데 수인 5다.
43   '이산량'과 같은 의미.

기 안에 흡수하는 면에서 보면 집단이란 그 수를 헤아릴 수 없는 다수다. 이는 이 수량이 비유기적 물질성으로서 소멸되었다는 의미가 아니라 그 자체가 도구성으로서 파악되어야 한다는 것이다. 그리고 이것은 물론 *대중*의 성격(중량 따위)에도 그대로 유효하다. 지금 우리가 다루고 있는 기본적 투쟁 안에서 볼 때 이 다수의 구성원 모두가 내면화되고 통제된 외면성이라는 점에서다. 여기에서 집단의 비유기적 성격은 실천적-타성태의 장 안에서 행동하기 위한 수단이다. 이것은 마치 실천적 유기체가 자신의 개별적 행동을 통해 외면성의 물리적, 화학적 장 안에서 에너지의 근원 혹은 에너지의 변압기와 같은 작용을 하는 것과 마찬가지다.(즉 실천적 유기체가 유기체적 구조들을 지양하고 보존하는 무기적 구조로서의 자신의 외부-존재를 사용하고 통제하는 한에서 그러하다.)

그런데 이 새로운 구조(처음에는 다소 의외로 여겨질 수 있는), 즉 각각의 모든 종합의 내부적 편재성으로서의 통일에 대한 가지성이 다음과 같은 두 개의 특징 위에 전적으로 정초한다는 것은 분명한 사실이다. 첫 번째 특징은 이 편재성이 *실천적*이라는 사실이다. 이 편재성은 하나의 존재 또는 하나의 상태의 편재성이 아니라 진행 중인 하나의 행동이 갖는 편재성이다. 두 번째 특징은 이 편재성이 있는 그대로 정립되는 자유의 편재성으로만 생각될 수 있을 뿐이라는 사실이다. 이 첫 번째 성격에 대해서 나는 이미 강조한 바 있다. 만약 *실천적* 집단의 통일성을 그 *실체* 속에 넣는 것이 문제라면 우리가 방금 말한 것은 그저 무의미한 말장난이나 단순한 궤변에 불과할 것이다. 왜냐하면 하나의 총체성이 갖는 실체적 통일성은 다음과 같은 경우에만 각 부분에서 다시 나타날 것이기 때문이다. 전체가 각 부분과 구분되며, 또 이 전체가 모든 부분을 초월하는 총체화로 생겨나는 경우가 그것이다. 그러나 결국 실천이 문제이기 때문에 오히려 우리가 기술하는 모든 종합적 결정이 *실질적으로 공동 행동들을 만들어 내고 있다는* 것을 이해해야만 한다. 이것은 이 실천이 공동 행동을 그 자체 안에서, 그리고 도처에 존재하게 만드는 점에서 그러하다.(예컨대 누구의 입에서 나오고 100명의 팔에 의해 수행되는 구호는 총체화의 실제 과정이다.) 게다가 이 공동 행동은 *자기 밖에서부터 오는* 자신의 실체적 존재(이것은 집단에 대한 적의 첫 번째 호칭이다. 집단은 이 부정에 대한 부정으로 스스로를 구성한다.)를 공동 목표 안에서 발견한다. 이들의 행동은 자체적으로 (자신의 밖에서) 이미 공동의 것이 된 이 목표의 공동 실현에 의해 스스로 공동*의 것*이 된다. 예를 들면 적의 도주는 (단지 공동의 노력에 의해 야기되었기 때문이 아니라) 그 자체로 공동*의 것*이다. 그 까닭은 적의 공동 실천이 풍비박산한 것으로 보이지만, 그러나 이것은 여전히 공동의 것이기 때문이다. 그리고 한갓 수동적 다수성이 되어 버린, 불안했던 통일의 파괴자인 죄수들도 이처럼 (사람들이 파괴한 부정적 공동의 *실천*이라는) 이전의 의미를 참조할 때만 의미를 갖게 된다.

그러나 융화 집단의 본질적 특징은 자유의 갑작스러운 소생이다. 그 까닭은 자유가 행동의 조건 그 자체이고, 소외를 감추는 가면이 되기를 그쳤기 때문이 아니다. 이와 달리 그 까닭은 소외된 인간이 실천적-타성태의 장에서 계속해서 감옥살이를 하는 방식이 되었으며, 결국 자신의 소외와 무력감의 필연성을 발견하는 유일한 수단이 되었기 때문이다. 집합태의 청산으로서 저항의 폭발은 자유에 의해 은폐된 소외나 무기력으로 체험되는 자유에서 그 원천을 *직접적으로* 끌어내지 않는다. 역사적 국면, 상황 속에서 일어나는 변화, 죽음의 위협, 폭력이 모두 한데 합쳐져야만 한다. 리옹의 견직 공원들은 *착취와 소외에* 맞서 연대하지는 않았다. 이들은 끊임없는 임금 하락을 막기 위해, 그러니까 *현상 유지*를 위해 싸웠다.(이들의 실천 자체가 어느 경우에건 이런 회귀를 불가능하게 한다는 것이 당연한 일임에도 말이다. 저항 이후의 사회는 더 이상 과거와 같은 사회가 아니었으며, 프랑스 프롤레타리아의 역사는 그 전사(前史)를 대체했다.) 그러나 공동의 위험에 맞서면서 자유는 소외에서 빠져나왔고, 또한 공동의 유효성을 확인했다.

그런데 각각의 제삼자 안에서 **타자**(과거의 **타자**)를 같은 자로 포착하는 현상이 발생하는 것은 바로 자유가 가지고 있는 이와 같은 특징 때문이다. 자유는 나의 개별성임과 동시에 편재성이다. *나와 함께* 행동하는 **타자** 안에서 나의 자유는 같은 것으로, 즉 개별성과 편재성으로 인식될 수밖에 없다. 그러니까 제삼자로 하여금 **타자들로서**의 다른 제삼자에 의해 자신이 규정되기를 금하는 것은 바로 이 행동의 변증법적 구조로서의 자유다. 사실상 도피와 재집결의 예에서 자유는 1차적 종합에 의해 정립되면서 제삼자 안에서, 그리고 동시에 모든 사람 안에서 이타성을 해체시킨다. 이때 자유는 수동적 활동에서부터 공동 목표를 향한 자유로운 활동으로의 변신과 같은 것이다. 그리고 *실천*으로서의 총체성은 모든 사람의 총체화(즉 행동에 의해 단순한 군집이 통일된 집단으로 변모하는 과정)에 의해 *나의* 자유에게로 온다. 이렇게 해서 나의 행동 자체는 자유로운 행동들의 현전에 의해 ── 나의 행동은 이 행동들을 규제하는 역할을 한다 ── 내면화된 다수성의 차원을 획득하게 된다. 그러나 이 비유기체의 내면화가 실천적 총체성과 개인적 *실천* 사이의 아주 짧은 거리와 함께 총체성이 가지는 특정한 타성태의 형태 아래서 이타성을 행위자 속으로 재도입시키지 않는 것은 바로 이 내면화가 나의 자유로운 행동에 의해 선택된, 그리고 모든 사람의 자유로운 *실천*에 의해 도처에서 선택된 도구에 불과하기 때문이다.

따라서 적의 공동 실천에 대항하는 투쟁과 총체화로서의 공동 실천은 각자 안에서 그의 *실천*의 새로우면서도 자유로운 유효성으로서 실현된다. 각각의 자유는 간접적으로 모든 자유의 총체화를 야기한다. 그리고 이 총체화는 개별성의 간접적 차원으로서의 타자들에 의해 각자의 자유에게로 온다. 이것은 이 총체화가 타자들 안에서 자유롭게 개별적이라는 점에서 그러하다. 여기에서 개인적 *실천*으로서의 자유의 근본적인 변화가 전혀 문제 되지 않는다. 왜냐하면 이 자유의 지위는 그 자체의 개별성에 의해, 이 개별성 속에서 집단의 총체성 자체를 실현시켜야 할 실천적 차원으로 경험하는 것이기 때문이다. 자유들 사이에 맺어지는 새로운 관계가 문제시된다는 것은 사실이다. 왜냐하면 집단이 이루는 각각의 총체화 속에서 자유들은 서로를 *같은 것*으로 인정하기 때문이다. 상호성과 제삼자의 삼원적 관계를 넘어서 이 관계는 제삼자들에 대한 상호적 인정이다. 이것은 이 관계가 진행 중인 모든 상호성의 총체화에 의해 매개되고 있다는 점에서 그러하다. 그리고 이와 같은 인정은 관조적이거나 정태적이지 않다. 이는 공동의 긴박성에 의해 요구된 수단일 뿐이다. 바로 이런 이유로 초기 단계에서 공동 행동은 훨씬 더 광범위한 결과에서는 아니라 해도 적어도 그 실천적 양상에서는 개인적 행동과는 본질적인 차이를 나타내지 않는다. 동일한 자유이지만 총체화된 다수성으로 부풀려지고, 아무 곳에서나 동일하게 행동의 복수성 속에서 솟아오르는 개별적 자유는 그것이 모습을 드러내는 *여기, 중심에서부터* 언제나 다수와 그 힘의 첫 번째 사용과 기능들의 첫 번째 차별화를 규정한다. 그리고 종합들의 나선적인 다수성 아래에서 이 자유의 통일은 그 자체가 기본적으로 (적에 의한 궤멸의 총체화라는) 부정적 통일과 이 부정의 부정과의 관계다. 이것은 이 통일이 총체화하는 것으로 촉구되고, 이 기초 위에서 자유롭게 *이루어지게 된다*는 점에서 그러하다.

　물론 이와 같은 이론적 기술이 결코 완벽하게 적용되는 것은 아니다. 도처에서 솟아오르는 동일한 자유가 전체에 의해 각자에게, 또는 각자에 의해 전체에게 공동의 기도를 가르쳐 준다는 것은 사실이 아니다. 집렬체성의 청산이 *여기에서는* 늦게, 그리고 *저기에서* 빠르게 발견되는 시간적 과정이라는 점을 고려해 보면 바로 거기에 모순이 있는 것이다. 이타성의 잔재는 총체화하는 자유에서는 집렬체성의 위험이 된다. 집단은 이 청산을 서두르기 위해 자기에게 무슨 행동이든 해야 한다. 우리는 내적인 공동의 행동에 대해서는 나중에 다시 언급하겠다. 게다가 기술상의 편리를 위해 우리는 집단을 구성하는 개인들이 *동질적*이라고 가정했었다. 결국 같은 이야기이겠지만 이 개인들을 단지 이들에 대한 위협의 관점에서만 고찰했다고 가정했던 것이다. 사실상 각자는 수동적으로(즉 그를 물질성 속에서 개별화시키는 복합적 조건 속에서) 집단에 합류한다. 그리고 이 수동성은 ── 여기에 사회적 결정과 함께 생물학적 결정도 포함해야 할 것이다 ── 집렬체성의 외부에서조차 *새로운* 집렬체를 촉발할 이력 현상을 야기하는 데 기여하게 된다. 이런저런 이유 때문에 우리가 앞에서 살펴보았던 이론적 도식은 현실에서는 적용되지 않는다. 지체하는 사람도 있고, 반대자도 있으며 명령과 반(反)명령, 그리고 갈등도 있고, 다른 지도자들의 이해관계에 곧 흡수되어 버리는 임시 지도자들도 있다.

　그러나 이 융화 집단의 *삶*(사실은 수동화를 통해 죽음에 맞서 싸우는 것에 불과한)을 통해 본질은 여전히 남아 있다. 만약 집단이 실질적으로 하나의 효과적인 실천에 의해 구성되어야 한다면 이 집단은 그 자체 안에서 이타성들을 청산하게 될 것이며, 늦게 오는 사람이나 반대자들을 제거하게 될 것이다. 이것은 공동의 자유가 각자 안에서 *이 사*

람들에게 불리하게 작용한다는 것을 의미한다. 이와 같은 자유의 작용은 집단 안에서 순환하는 명령들이 결국 각자가 자신과 모든 사람 안에서 자신에게 주는 명령이 될 때까지 계속된다. 그리고 이 작용은 분노와 용기, 그리고 끝까지 싸워야 한다는 결심의 동질성이 도처에서 표출되어 각 시위자를 안심시키고, 그에게 다음과 같은 점, 즉 도피나 비겁함의 위험이 더 이상 저기에서 **다른 곳**의 가능성을 불안함으로 만들어 내지 않는다는 점, 그리고 도처에서 이 위험을 여기에 있는 집단의 실천적 현실로 구성해 준다는 점을 가르쳐 줄 때까지 계속된다. 문제의 핵심이 바로 거기에 있다. 나는 모든 사람에게 의존한다. 그러나 실천적 인정으로서의 자유에 의해 나는 이 의존에 맞서 *안심하는 것이다*. 이들은 *나의* 격투, *나의* 악착스러움을 가지고 싸울 것이다. *저기는 여기일 뿐이다.* 이들이 여기에서 위험에 처한 것보다 내가 "저기에서" 더 위험에 처해 있는 것은 아니다. 나는 이들(이타성)로부터 아무것도 *기대하지 않는다.* 왜냐하면 각자는 여기와 "저기에서" 모든 것을 바치기 때문이다. 이렇게 해서 내 자신의 행동은 —— 투쟁의 조건이 나로 하여금 그들을 더 이상 보지 못하도록 할 때조차 —— *이들의 행동을 규제한다.* 이들 안에서 한계를 부여받는 것은 바로 내 안의 실천적 자유다. 이렇게 해서 나는 악착스러움을 극단까지 밀고 나가면서 도처에서 이 악착스러움을 생산해 낸다.[44]

따라서 융화 집단의 가지성은 부정의 부정 속에서, 즉 개인적 실

44 사실 난처한 기습, 도피, 궤주가 있다. 우리는 잠시 적의 *실천*을 고려하지 않은 채(만약 상대편 집단이 한 지점에 자신들의 모든 힘을 쏟아붓기로 결정했다면 이들은 자신들의 동질성을 외부로부터 단절시킨 것이다.) 집단을 고찰했다. 그러나 지금 단계에서 이것은 별로 중요하지 않다. 사실상 집단은 형이상학적 실재가 아니라 인간과 대상, 그리고 인간들 상호 간의 실천적 관계다. 만일 투쟁의 어떤 상황이 패주로 이어지고, 이 패주가 다시 재집결로 이어지지 않는다면 이 집단은 생명이 끝나게 되고, 공포가 전염됨에 따라 실천적-타성태의 지배가 확립된다. 이것이 전부다.(원주)

천의 공동 실천으로의 자유로운 구성 속에서 재현동화된 그 공동체의 부정적 명명이라는 복합적인 총체에 그 기반을 두고 있다. 이 단계에서는 집단의 행동과 사유가 존재한다. 이는 공동 실천은 그 스스로를 밝힌다는 점에서다. 그리고 실천적 사유는 과거의 무기력한 실재를 부정함으로써, 즉 인간 존재라는 불가능성의 부정을 통해 새로운 실재로서의 세계를 폭로하는 것을 그 근본 구조로 삼는다. 집단화의 근원이 실제로 **공포**였다는 사실은 그다지 중요하지 않다. 각각의 실천은 미래 안에서 실행되는 열림으로써 구성된다. 이 실천은 ― 기획 그 자체의 출현에 의해 ― 자신의 가능성을 주권적으로 확인한다. 그러니까 이 실천은 성공을 실천적 자유의 구조로 삼는다. 반항의 자유가 실천적-타성태적 필연성에 대항하는 공동 폭력으로서 재구성되기 때문에 이 자유가 스스로에게 마련해 주는 미래의 객체화는 불행과 삶의 불가능성에 대해 인간들이 행하는 자유로운 폭력이다. 사실 이 공동 투기의 구조는 ― 그 종합적 성격에서부터 기인하는 ― 실질적인 출구를 정해 주지는 않는다. 아니 유일하게[45] 이것만을 정해 주지는 않는다. 그러나 프랑스 **대혁명** 기간에 시위자들에게서 나타난 복합적인 성향을 우리에게 인지 가능하게 해주는 것은 다름 아닌 이 공동 투기의 구조다. 특히 **희망**을 향한 **공포**의 극복과 자유를 공동 **실천**으로 특징짓는 폭력과 주권의 이중 구조를 인지하는 데서 그러하다. 실제로 이 공동 투기의 구조는 적의 폭력에 대한 방어적 폭력의 실천일 뿐 아니라 주권으로서 필연성에 대항하는 폭력, 즉 **사물-운명**과 예속된 인간들에 의해 구성된 실천적-타성태의 장에 대항하는 폭력이기도 하다.

---

45   이 결정이 이루어지는 것은 이 공동 투기의 구조가 투사들의 강직성을 촉발하는 한에서다. 그러나 모든 것은 그 나머지에 달렸고, 강직성은 이들을 몰살로 몰고 갈 수 있다.(원주)

이 변질의 장 안에서 경험을 통해 내부에서부터 자유(외부로부터 도둑맞은)에 스스로 가하는 강압적인 제한으로서의 필연성을 볼 수 있는 것과 마찬가지로 실천적 운동의 회귀와 필연성의 부정으로서의 이 운동의 재출현은 필연성 그 자체에 대한 격렬한 부정이 된다. 이것은 필연성이 인간과 사물을 통해 인간을 위해 만들어진다는 점에서 그러하다. 그러나 이와 동시에 집단 내부에서 타성태로의 복귀를 항상 반대할 준비가 되어 있는 이 폭력은 만장일치의 순수 주권 속에서 해체된다. 이것은 주권적 자유는 집단의 적극적 구성원들에 의해 항상 *지금, 여기*에 있기 때문이다. 다만 폭력은 외부의 적에 대항해서건 내부의 은밀한 이타성에 대항해서건 계속해서 항상 진행 중이기 때문에 7월 14일부터 8월 10일까지의 혁명가의 행동은 일면 모순적이다. 그는 자유를 위해(즉 구체적 목표의 실질적 실현을 위해) 싸울 뿐 아니라 자기 내부에서 통일성과 편재성으로서의 주권적 자유를 실현시킨다. 하지만 이와 동시에 그는 적에게 폭력을 가하고(이것은 사실 대항 폭력에 불과하다.), 또 조직을 *재구성하기 위해* 자기편에 속하는 일부 구성원들을 학살하면서까지 계속해서 폭력을 행사한다.

사실 모순은 없다. 이 공동 자유는 이것을 촉발한 격렬한 부정에서만 아니라 이 자유에 의해 그 안에 극복되고 보존된, 그리고 끊임없는 음험한 화석화, 즉 군집의 타성태로 다시 추락할 수도 있다는 위협을 가하는 필연성의 지배로부터 자신의 폭력을 도출해 내는 것이다. 개인적 *실천*의 주권과 같은 것으로서의 자유는 폭력이 아니다. 이 자유는 단순히 환경의 변증법적 재구성일 뿐이다. 폭로된 소외로서의 자유는 필연성의 형태 속에서 자기 고유의 불가능성의 구조가 된다. 요컨대 수동성의 사슬에 묶인, 그리고 이 사슬을 묶는 자유로서의 필연성은 이것을 극복하는 실천적 부정의 규정이 된다. 그 이유는 이 실천적 부정이 자기 안에서 자유가 갖는 하나의 차원을 말살시켜야 하기 때문이다. 실천적-타성태적 필연성 속에 갇힌(그리고 노예처럼 영원한 도피를 제공해 주는) 자유들을 무자비하게 말살하는 이 자유는 *선험적으로 폭력의 모습을 띠게 된다.*

그토록 빈번히 ─ 반동적 주체들에 의해 ─ 반박되었던 이 특징들 안에는 변증법적 이외의 다른 모순은 없다. 이 모순은 **희망**과 **공포** 사이의 모순, 각자에게서 볼 수 있는 **주권적 자유**와 집단 외부에서, 그리고 자기 안에서 **타자**에게 행사되는 **폭력** 사이의 모순이다. 이것은 차라리 (가장 분화되지 않은 실재에, 그러나 앞으로 보게 되듯이 가장 복합적인 형태를 띤) 혁명 집단의 본질적인 구조다. 소위 비양립적이라고 간주되는 이 특징들이 혁명 주동자들의 가장 사소한 주장이나 행동 속에 종합적으로 굳건하게 결합되어 있음을 우리는 쉽게 제시할 수 있을 것이다. 앞 장에서 이루어진 연구의 다른 차원을 위해 했던 것과 마찬가지로 지나가는 길에 내가 여기에서 이 특징들을 언급하는 것은 다음과 같은 사실을 지적하기 위함이다. 즉 융화 집단의 실천적, 이데올로기적 결정들이 이 집단의 형태학과 연관된 구조와 동일한 것이며, 결국은 이 집단의 운동이 가지고 있는 변증법적 법칙들이라는 사실이 그것이다.

그러나 공동 실천을 토대로 내려진 융화 집단에 대한 이와 같은 정의는 초기 내면성에서의 이 집단 구성원들 사이의 구조적 관계를 미결정의 상태로 방치하게 된다. 이것은 집단이 공동 행위 수단이라는 점에서 그러하다. 이 구성원들의 존재론적 관계가 총체화된 총체성에 공동으로 소속된다는 사실에 의해 특징지어질 수 없다는 사실을 우리는 살펴보았다. 사실상 우리는 본 연구의 이 시점에서 집단을 그 자체에 대한 부단한 수정, 즉 달성해야 할 목표, 외부 변화와 내부 불균형에 따라 행해지는 수정이라고 정의할 수 있다. 우리는 아직 **역사**가 무엇인지를 모르며, 역사가 정말 총체화들의 총체화인지 또한 모른다. 하지만 — 개별적 행위를 구성하고, 유기체보다도 실천적 장의 총체를 총체화하는 변증법적 종합의 외부에서 — 융화 집단의 종류들 내부에서 총체화의 (방법론적으로) 가장 단순한 형태를 만났다. 집단이란 *존재하지 않는다.*(아니면 적어도 그것이 존재를, 즉 타성태적 물질성을 포함함에 따라 마르고 뼈만 앙상해진다.) 집단은 끊임없이 총체화하고 폭발(분산)이나 화석화(타성태)로 함께 사라진다. 이 총체화는 — 내가 고려했던 불완전한 경우에서는 — 분화된 기관의 도움으로 이루어지지 않는다. 이 총체화는 모두에 의해 도처에서 이루어진다. 우리가 어디에 있건 이 총체화는 *여기에서* 이루어진다. 그러므로 개인들(*여기에서의* 전체적 실천의 현전으로서가 아니라 총체화하며 총체화된 개인으로서) 사이에 맺어지는 관계를 정의해야 한다. 한마디로 공동 행위는 개개의 *집단-내-존재*를 조건 지우지 않는가? 그렇다면 이 개념에 어떤 의미를 부여해야 하는가?

사실 우리는 총체화하는 종합들이 이중의 계기를 가진다는 점을 지적했다. 첫 번째 계기에서 나는 군집의 총체화를 수행하면서 제삼자로서 출현한다. 분명 내가 이 총체화를 수행하는 것은 *내가 이 총체화의 일부이기* 때문이고, 또한 타성태가 나의 이타성의 관계와 함께 내 안에서 용해되는 경향이 있기 때문이다. 그러나 이미 지적했듯이 나는 내 자신과 집단의 *실질적* 통합을 실현할 수 없다. 내가 종합적 통일체를 이룬다는 점을 고려해 보면 이 통일은 통합된 통일체로서 총체성 속에 나타날 수 없다. 이것은 반대로 통합된 개인들이 종합에서 수동적 대상으로 나타남을 의미하지 않는다. 즉 이 통일은 실천적이고, 나는 공동의 행위 안에서 내 행위를 인정한다. 하지만 공동적인 것으로서 자유로운 이 공동 행위, 즉 나의 통일화하는 *실천*은 예를 들어 이 도피를 *집단화된 도피*로, 즉 여러 실천을 하나의 *실천*으로 통일하는 행위로 구성한다. 그리고 집단의 행위 속에서 이 집단을 나에게 발견케 해 준 이 운동은 이 집단의 구성의 자격으로 이 집단 내에서 나에 의해 시행되는 같은 행위를 나에게도 역시 보여 준다. 그러나 바로 이 순간 운동은 정지하고, 유기체적 나의 실재에서 방금 내가 구성한 총체에 통합되어야 할 자로 나를 지정한다.

한마디로 나의 통합은 *완수해야 할 하나의 의무*가 된다. 내가 집단에 소속되어 있다는 사실에서 추상적으로 지정되고(집단의 한 구성원으로서), 그리고 *여기에서 공동의 실천으로서의 나의 실천*에 의해 실질적으로 통합되어 있는 나는 규제적 *제삼자*가 된다. 즉 나의 행위는 *같은* 것으로 소개되기는 한다. 하지만 이것은 나의 소속이 실현되지 않는 상태에서 기인하는 아주 경미한 차이 속에서 이루어진다. 그리고 나의 행위는 자유이므로, 이 사소한(하지만 극복할 수 없는) 차이가 나의 행위를 여기에서는 공동 행위에 대한 자유로운 성찰로서, 즉 모든 사람이 나에게서 이 공동 행위를 파악하고 의식적으로 이 행위를 규제할 가능성으로서 만들어 낸다. 그러나 역으로 제삼자 각자는 — 같은 작전을 수행하고 명령을 내리는 — 모두 내 안에서 나의 자유의 규칙이 되며, 이것을 통해 나를 실질적으로 이 총체화 — 폐쇄되지 않은 채 자기에게로 되돌아오는 — 에 통합시키게 된다. 이 제삼자를 통해 내면성이 새로운 환경 형태(자유의 환경)로 만들어지며, 나는 이 내면성 안에 있게 된다. 이 제삼자가 의자 위에 올라가든 동상 기단에 올라가든, 그리고 대중 연설을 하든 간에 나는 그 안에 있다. 이번에는 내가 그에 의해 선택된 기단에 올라가는 순간 나는 계속해서 내부에 있기는 하다. 하지만 이 내면성은 한계에 이르러서 아무리 사소한 움직임이라도 이 내면성을 외면성으로 바꿀 수 있는 것이다.(예컨대 공동 행위에 대해 내가 착각하는 경우, 내가 집단의 목표와 다른 목표를 제안하는 경우가 그것이다.)

이처럼 융화 집단이라는 간단한 경우를 통해서 보면 나의 집단-내-존재는 결국 모든 규제적 제삼자에 의해 이루어지는 나의 이 집단에의 합류다. 이는 내면화된 다수성 안에서 공동 행위라는 동일한 자유로운 지지로서의 합류인 것이다. 그리고 이것은 동시에 — 또는 교대로 — 내가 수행하는 — 여전히 *같은* — 총체화 작용에 대한 나의 참가로서의 합류이기도 하다. 하지만 나는 내 스스로를 총체화할 수는 없다. 나의 집단-내-존재의 개별적 긴장 속에서 나를 특징짓는 것은 이 현존-부재, 즉 나 자신인 **타자**를 위해 항상 실현된 이 소속과 타자 이외에는 어떤 것도 아닌 나에게는 실현 불가능한 이 소속 사이의 모순, 그러니까 구체성 가운데서의 이와 같은 추상적 분리다. 물론 이와 같은 긴장은 제삼자인 각자에게도 존재한다. 하지만 착각해서는 안 된다. 집단은 자기와의 관계에서 제삼자를 특징짓는 이와 같은 "초월성-내재성"의 긴장에도 불구하고 즉자적으로 존재하게 될 그런 실재가 아니다. 이와는 반대로 구성원의 "초월성-직접성"이야말로 공동 행위로서의 집단의 가능성을 조건 짓는다. 실제로 순수 내재성은 어떤 초유기체를 위해서라면 실천적 유기체들을 제거할 수도 있을 것이다. 또는 그저 단순히 각자에게 그 자신의 통합을 실현하는 것이 가능하다면 공동 행위로서의 각자의 행위는 규제적 행위로서 설정될 모든 가능성과 모든 이유를 상실하게 될 것이다. 그리고 집단은 동일한 작용에 대한 수많은 굴절을 통해 그 자신의 **실천**에서 스스로를 더 이상 파악할 수 없을 것이다. 달리 말하자면 행위는 맹목적이 되거나 타성태로 바뀌게 될 것이다. 이와는 반대로 순수 초월성은 실천적 공동체를 외면성 이외에는 어떠한 관련도 없는 분자들로 조각낼 것이다. 그리고 그 누구도 행동에서든 원자화된 이러저러한 개인이 보내게 될 신호에서든 자신을 인정할 수 없게 될 것이다.

이와 같은 전반적인 고찰을 통해 우리는 집단 수준에서 합리성(이해 규칙으로서의)에 대한 비판적 평가를 할 수 있다. 공동 실천은 그 가장 초보적 단계(융화 집단의 단계)에서부터 *변증법적*이다. 이것은 대상을 총체화하고, 전체적 목표를 추구하고, 실천적-타성태의 장을 통일한다. 그리고 이 대상을 공동 *실천의* 장의 총합 속에 용해시키기도 한다. 만약 공동 *실천*이 합리성이어야 한다면 이 합리성은 변증법적 합리성이어야 한다. 그리고 이 실천이 여전히 가지적이므로 우리는 이 합리성의 존재를 인정해야 한다. 게다가 실천은 그 자체로는 실천적 유기체의 자유로운 전개로서의 *개별적* 변증법이 갖는 실천적이라는 특성을 보여 주지 않는다는 사실을 지적해야 할 것이다. 공동 *실천*(이미 지적하였기도 하고 또 곧 살펴보겠지만 그 자체로 변증법적인 하나의 관계가 공동 실천과 개인적 *실천* 사이에 자리 잡을 수 있다 할지라도)은 그 자체로는 *한* 개인의 *실천*의 단순한 확대가 아니다.

사실 우리는 다수성의 내면화가 공동 실천의 가장 중요한 특성이라는 점을 이미 살펴보았다. 그리고 분명 유기체는 어떤 식으로든 내면화된 타성태와 비교될 수 있다. 그러나 유기체적 개인에 적용된 이 표현들은 그의 생물학적 존재에 관계되는 단 하나의 *형이상학적*이고 불확실한 의미를 가질 뿐이다. 왜냐하면 이 개인이 초월적 변증법의 환경 속에서 다다를 수 없는 것으로 드러나기 위해 논리 필증적이고 변증법적인 연구를 벗어나기 때문이다. 실제로 변증법적 연구는 우리에게 개인의 행위를 통일화하는 종합 속에서 통일되는 것으로 보여 주며, 또한 실천의 장의 극복을 보여 주기도 한다. 그러나 어떤 경우에도 [우리의 연구는] 통일된 것으로 드러나지는 않는다. 실천적 유기체는 통일의 통일화하는 통일성이다. 이와 같이 우리 연구는 *생물학적 통일체* ── 실제로 모든 실천은 이 통일체 위에서 이루어진다(그리고 모든 즉각적인 *실천*은 이 통일체를 종말을 향한 시간화로 실현한다) ── 로서의 인간을(그 첫 직관 ── 가장 추상적인 ── 과 그 한계를 보여 주듯이) 보여 주게 된다. 이와 반대로 다수성의 내면화는 집합적 행위의 한 *계기*이고, *이 내면화에 의해*(이미 지적된 다른 요인들에 의해 그러는 것과 마찬가지로) 집단은 공동 실천의 수단으로 구성된다. 사실 이런 단순한 형태로 보면 우리는 융화 집단이 우선은 수단이라는 점, 그리고 유기체가 행위자인 곳에서는 수단인 동시에 목적이라는 사실을 단언해야만 한다. 그리고 선택된 예에서 보면 아직 투박한 상태인 집단화는 *각자의 고안*이다. 이것은 공동의 것으로 제시되는 위험을 통해 각자가 자신의 실질적 인격 속에서 위기에 처하게 된다는 점에서 그러하다. 또한 각자는 새로운 도구를 고안해 낼 수도 있다. 그 이유는 실천적 유기체가 벌써 실천의 장에서 다수성들을 총체화할 수 있고, 진행 중인 공동의 총체화의 *실천*을 인정할 수 있고, 또한 재내면화로서의 집단, 그리고 부정(否定)이라는 총체화적 의미 작용의 실천적 전복(전체적 소멸의 *실천*)으로서의 집단의 고안을 시행해 볼 수 있기 때문이다.

이렇게 해서 방어 수단으로서의 실천적 고안은 인간들 사이의 새로운 관계와 마찬가지로 외부적 통일로부터 자유 속에서 다시 반복된다. 또는 결국 같은 말이 되겠지만 새로운 *실천* 속에서 인간관계로서의 자유에 대한 자유로운 긍정(상황을 통한)에 의해 야기되는 무기력한 집렬체적 관계의 와해와 마찬가지로 반복되는 것이다. 하지만 내 안에서 행해지는 다수성의 내면화도, *우리의* 모든 자유의 인정으로서의 여기에서 행해지는 *내* 자유의 긍정도, 실천 수단의 구성으로서의 총체화도, 승리 속에서 애초의 위급함과 우리의 객체화의 종합적이고 공통되는 특성도 집단-내-존재로서 초유기체적 존재라는 새로운 지위를 구성할 수는 없다. 이와 마찬가지로 공동 행위의 개별적 특성들(특히 다수성의 이용이나 기능들의 차별화)도 이 공동 행위로 하나의 초변증법, 즉 그 가지성이 개별적 변증법의 종합적 극복 속에 있게 될 그런 하나의 초변증법을 만들어 내지 못한다.

실제로 우리는 집단의 통일성이 다수의 종합 — 종합 하나하나는 개별적 실천이다 — 에 내재한다는 사실을 밝혔다. 또한 우리는 이 통일체가 결코 형성된 총체성의 통일체가 아니라 도처에서 모두에 의해 이루어지는 총체성의 통일체라는 점을 강조했다. 이처럼 *실천으로서의 집단에 대한 가지성은 개별적 실천의 가지성에 근거한다.* 이것은 개별적 실천이 실천적-타성태의 장 내부에서 사라졌다가 다시 나타나기 때문이다. 이미 살펴보았듯이 소외의 단계에서는 단절이 있다.(변증법적 새로운 계기의 생성은 없다.) 그리고 위에서 기술된 집단들은 *불가능성 너머에서* 각각의 실천이 내리는 새로운 결정이다. 이는 *이 실천이 여전히 같은 것으로 자기 자신에게로 오며 스스로에 의해 결정된다*는 점에서 그러하며, 또한 *이 실천이 여전히 같은 것으로 도처에서 자기 자신에게로 온다*는 점에서 그러하다. 이와 같은 집단의 변증법은 분명 개별 노동의 변증법으로 *환원될 수는 없다.* 하지만 이 변증법의 존재가 그 자체로 충분한 것도 아니다.

뒤에서 더 자세히 살펴보게 되겠지만 이 변증법의 가지성은 이처럼 **구성된 이성**의 가지성이다. 그리고 이 이성의 자유로운 개별적 *실천의* 변증법이 **구성하는 이성**이 될 것이다. 본 연구에서 아무리 이것들이[46] 이

---

46   '공동 실천들'을 가리킨다.(편집자 주)

특수한 실재들로 제시된다고 해도, 아무리 이것들이 원래적 종합 속에서 결합되는 요인들 전체의 명백성을 문제 삼는다 하더라도, 아무리 이것들이 위험, 행위 수단, 이것들에 의해 극복되는 노예 상태, 개별적 유기체의 종합에서 도피하는 있는 그대로의 실천적-타성태의 장 등을 자신들의 토대로 가정한다고 하더라도 이들 고유의 명백함은 유기체의 *실천*에 고유한 반투명성에 기초한다. 그리고 뒤에서 다시 보게 되겠지만 변증법적 연구가 우리에게 집단의 구조와 행위들을 *반투명성이 없는 명백함*을 내어 주는 경우 우리는 다음과 같이 말할 수 있을 것이다. 즉 이 공동적 실천들의 공헌은 바로 대상-존재(그리고 뒤에서 보게 되듯이 집렬체)의 새로운 양상이라고 말할 수 있다. 이것은 모종의 수동성이 구성하는 *실천*의 반투명한 명백함을 벗겨 내기는 하지만 이 수동성이 이 반투명한 명백함 위에 정초된다는 점에서 그러하다. **구성하는 이성**과 **구성된 이성**의 차이는 다음 말로 요약된다. 전자는 하나의 실천적 유기체의 가지성을 정초하고, 후자는 조직의 가지성을 정초한다. 본 연구는 우리를 이제 융화 집단에서 조직으로, 그리고 조직에서 다시 제도로 유도하게 된다.

2. 융화 집단에서 조직화된 집단으로

문제가 되는 것은 *기원*이 아니다.[47] 나는 **묵시록**에서 출발해서 조직화의 과정을 제시하려고 하는데 그 역의 과정을 밟을 수 있다. 이 순서는 *허위가 아니다.* 다만 그 반대 순서도 가능하다는 말이다. 하지

---

47 집렬체의 형성이 먼저인가 아니면 집단의 형성이 먼저인가의 문제가 아니라는 의미다.

만 우리가 이 순서를 따르는 것은 이것이 단순한 것에서 복잡한 것으로, 추상적인 것에서 구체적인 것으로 이어지기 때문이다. 그런데 상황의 억압하에서는 아직 유동적인 차별화가 융화 집단 안에서 발생한다는 사실을 우리는 이미 살펴보았다. 상대적으로 동질적인 하나의 집단이 (프랑스 근위대의 존재를 제외한) 플라메르몽[48]이나 르페브르와 같이 바스티유 감옥의 점령이라는 대단원을 연구하면서 이 집단의 행위 안에서 차별화를 객관적 구조들로부터 어떻게 만들어 내는가를 보는 작업은 너무 길기는 하겠지만 유익할 것이다. 어쨌든 이와 같은 차별화의 기원은 다음과 같은 사실에 있다. 즉 집단은 그 전체가 항상 *여기 이 제삼자의 실천* 안에 있다는 사실, 이 집단은 *이 제삼자를 위해* 저기, 즉 다른 제삼자의 실천 속에서 여전히 *여기*에 있다는 사실이 그것이다. 실제로 이와 같은 사실로부터 내가 여기에서 특정한 적에 대항하는 행위는 비록 이 행위가 그 고유의 구조에서 반드시 적이나 장소 등등에 의존한다고 하더라도 나에 의해서, 그리고 나에게서는 공동 행위라는 사실이 파생하게 된다. 이것은 **타자들**의 활동이 상황의 억압하에서 개별화되면서 *나의 활동을 가능하게 하며,* 바로 이런 이유에서 *나의 행동을 요구하는* 한에서 그러하다. 어떤 점에서는 각각의 개인이 자신의 투쟁을 통해 상대의 힘의 일부를 취한다. 매개된 상호성이 투쟁의 범주 속에서, 그리고 적의 *실천*에 따라 이루어지는 차별화의 가지성을 정초하게 된다. 순전히 상황적인 것으로 발생되는 차별화 아래에서 다른 제삼자의 행위는 나의 행위(자연 재해와의 투쟁이든 적에 대항하는 투쟁이든 간에)와 *같은 것으로* 남게 된다. 즉 공동 *실천*은 각각의 개별적 실천에서도 *동일한* 목표로 남는 그 자

48　질귀스타브 플라메르몽(Jules-Gustave Flammermont, 1852~1899). 릴 출생. 상리스 시립 도서관 고문서 담당 사서로 출발해 수많은 저서를 남기는 역사학자로 활동했다.

신의 공동 목표와 더불어 재집결 속에서 그리고 이 재집결을 통해 정의된다. 하지만 공동 구성원의 순수한 수단인 융화 집단에서는 이 차별화들이 아무리 멀리까지 진행된다 하더라도 행위를 뛰어넘지는 못한다. 비록 이 차별화들이 적의 행위에 대한 자유로운 적응의 일환이라 하더라도 이것들은 처음부터 여전히 이 행위에 의해 유도된 것이다. 모든 *자발적 고안*(예컨대 바스티유 감옥의 성문 다리를 내리고 걸쳐 놓기 위해 성벽을 오르려 하는 혁명 투사들의 고안)은 — 개별적 실천에서와 마찬가지로 — 실천적-타성태적 구조를 실천적 활동으로 바꾸는 변형인 것이다. 달리 말하자면 물질 속에 각인되어 있고, 전체적 투기에서 출발해 모습을 드러내는(즉 수단으로 구성되는) 가능성을 실천적으로 읽어 내는 행위인 셈이다. 전체적 결과를 성취하게 되면 집단은 자신의 객체화에서 그 전체적 종합의 통일성을 보게 된다. 이처럼 집단은 원칙적으로 미분화 상태로[49] 다시 추락할 수 있는 것이다. 기능들의 차별화 — 분업이 그 구체적 특수화로 나타나는 아주 일반적인 구조로서의 — 는 다음과 같은 경우에만 집단의 규정적 실재로 나타날 뿐이다. 즉 이 집단이 그 자체로 그 자체의 총체화하는 실천의 대상이 되는 경우가 그것이다.

살아남은 집단의 모순적 구조들

그 기원이 어떠하든 집단은 특히 지속적으로 존재하는 위험들로 인해 실질적 활동들의 여러 계기 사이에서 적에 대항하는 지속적인 수단으로 존속해야 한다. 내가 이 예(적은 퇴각했지만 내일 다시 공격할

---

49 실제로 기억, 맡은 역할, 얻은 성공 등은 *집단 구성원으로서의* 특정 개인들에게 특별한 *존재태*를 만들어 낸다. 그리고 이것은 벌써 **존재**의 첫 번째 회귀다. 왜냐하면 과거는 극복된-존재이기 때문이다.(원주)

수 있다.)를 드는 것은 방금 검토한 예들의 연장선에 있기 때문이다. 그러나 다시 한번 반복해서 지적하자면 그 기원을 재구성하는 것이 문제가 아니다. 이 새로운 요구가 집단에 가해지는 것은 제삼자가 이 요구를 발견하기 때문이다. 달리 말하자면 개별적 *실천*이 공동 요구의 형태로 공동 위험의 객관적 상존성을 내면화하기 때문이다. 하지만 집단의 이러한 새로운 상태(역사적으로 각각의 혁명적 상황에 나타나는)는 새로운 상황들에 의해 조건 지어진 새로운 특성들로 정의된다. 실제로 융화 집단은 그 통일성을 아주 간단히 실질적 공동 행위 속에서 발견했다. 즉 적의 행위뿐 아니라 자신의 시도에서, 또한 공동 위험의 격퇴를 위한 격렬하고 위험하고 종종 치명적인 노력에서도 발견했다. 집단의 총체화는 관념적인 어떤 것도 가지고 있지 않았다. 이 총체화는 전적으로 땀과 피로 이루어졌으며, 적의 파괴 또는 살육(바스티유 감옥의 함락 후에 이어지는 즉결 처형이 증명해 주듯이)으로 객체화되었다. 이와 동시에 행동 수단으로 구성되기는 했지만 이 집단은 대자적으로 정립되지는 않았다. 즉 이 집단은 목표를 내걸었고 또 스스로 실천이 되었다. 반대로 집단화된 다수성이 직접적 목표들의 실현 후에도 살아남아야 한다면 이때는 위급성이 멀어지게 된다.

잘 이해하도록 하자. 적이 다시 공격해 올 가능성은 여전히 존재한다. 어떤 경우에는 그 개연성이 높고, 심지어 *가장 높기도 하다.* 가능성에서 절반의 확신으로 가는 이런 위협 앞에서 공동 불침번(취침 거부와 피로에 대한 굴복 거부), 무장 상태에서의 대기 등등은 내가 앞에서 존재태라고 명명한 것에 속할 수가 없다. 이것들은 실제로 *행위*들에 해당한다. 이 행위들(그 발전 과정을 앞으로 보게 되겠지만)이 조직화되고, 조직화하는 행동으로 변모되기 때문이다. 하지만 위험의 *임박성*이 적의 *부재*를 우리에게 감추어서는 안 된다. 적의 부재는 비존재

가 아니다. 적의 재침을 두려워하는 집단과의 관계인 것이다. 그리고
이 관계 — 적어도 우리와 관련해서는 — 는 *실천적 탈조건화*로 나
타난다. 전투 도중에 일어나는 집단의 차별화, 변모와 실제 의도는 적
대 집단이 행사하는 거의 참을 수 없는 압력하에서 발생하며, 이 압
력에 대한 부정으로 스스로를 규정한다. 이런 의미에서 우리는 이들
을 "적응 행위"라고 명명할 수 있었다. 투쟁 중인 집단의 구조는 또
한 *대응적*으로 *파악된* 적의 구조이기도 하다. 물론 적이 부재하는 동
안에는 집단에서 발생하는 새로운 차별화들은 객관적 상황들 전체
와의 긴밀한 관련하에서 정의된다. 그렇기는 하지만 이 집단이 미래
의 통일화(적의 재공격으로 인한 통일)와 과거의 통일성(극복된 과거로서
의 이 집단의 집단적-존재, 달리 말하자면 물질성 속에 있었으며, 또 이 물질성
속에서 스스로를 객체화한 이 집단의 실천적 실재)에 따라 스스로를 결정
한다는 것은 여전히 사실이다. 이것은 현재로서는 이 집단이 자기 자
신에게 어떤 행동을 하는 것을 제외하고는 내일이나 오늘 저녁 당장
에 적에게 행사할 어떠한 수단도 가지고 있지 못하다는 사실을 의미
한다. 이런 공동 행위의 구조는 이미 암시적으로 융화 집단에 존재해
왔다. 왜냐하면 실제로 이 집단에서 발생한 초기의 차별화는 이 집단
의 내적 변모이기 때문이다. 다만 능동적인 것과 수동적인 것이 긴밀
히 섞여 있었으며, 그 결과 종종 이 집단이 투쟁을 통해 차별화되었는
지 아니면 적의 조작에 의해 차별화되었는지를 알 수가 없었던 것이
다.[50] 이와 반대로 차별화는 — 적이 구체적으로 겪은 세력으로 실현
되지 않을 때 — 집단 내에서 집단의 스스로에 대한 행위로서 이루

50   혹은 *잘못된* 조작에 의해서다. 그러니까 다른 길들에서 갑자기 튀어나올 다른 부대들을 보지
      못하고 경솔하게 집단의 한편에 투신하면서 군인이나 경찰들로 이루어진 부대는 새로 도착하
      는 병사들을 포위자들로 보거나 등 뒤에서 공격할 가능성으로 정의한다.(원주)

어진다. 달리 말하자면 이 집단은 그 자체로 직접적 목표가 되며, 미래 행위의 수단이 된다. 우리는 여기에서 엄격하게 실천적 의미로 *반성*에 대해 말할 수 있다. 즉 이 집단은 공격을 기다리면서 점령해야 할 진지를 물색하고, 모든 진지에 "장비를 수급할" 수 있도록 나누어지고, 무기를 분배하고, 그들 가운데 몇 명에게는 정찰 명령을 내리고, 또 몇 명에게 매복 혹은 사수 명령을 내리며 —— 비록 그것이 가장 투박하고 단순한 경고의 외침일지라도 —— 여러 관계를 정립하게 된다. 그리고 이렇게 함으로써 이 집단은 다양한 장소와 많은 자원을 자유롭게 이용하면서 스스로를 집단으로 구성하게 된다. 이 집단의 목표는 개인들과 하위 집단들이 이 집단 내에서, 이 집단에 의해 그리고 이 집단을 위해 다양한 기능을 차지하는 새로운 지위를 고안해 내는 데 있다. 물론 다양한 기능들은 이 집단의 힘을 강화함으로써 그 통일성을 긴밀히 할 수 있는 그런 기능들이다. 이 집단이 승리를 거둔 후에 살아남게 되면서부터는 스스로 *대자적으로 정립된다*는 사실은 결코 부인할 수 없다. 그러니까 새로이 나타나는 하나의 구조, 즉 새로운 통합을 향해 각각의 제삼자에 의해 이루어지는 그의 *집단-내-존재*의 극복으로서의 *집단의식*이라는 구조를 잘 이해해야 한다. 이와 같은 점에 의거해 우리는 통일성과 차별화 과정의 변증법적 문제를 고려해야 할 것이다. 우선 이 두 가지 실천은 병립할 수 없는 것인가? 아니면 하나는 다른 하나의 극복과 단결로서 생겨나는 것인가?

게다가 *살아남은 집단*의 문제(왜냐하면 이 집단이 애초의 그 실천 후에도 계속 살아남기 시작하기 때문이다.)는 갑작스레 우리에게 존재, 즉 상존성의 문제로 연결된다. 지금까지 우리는 두 종류의 상존성만을 보았다. 하나는 비유기체의 타성태적 종합이고, 다른 하나는 생물학적 통합이다. 이 두 종합을 뛰어넘을 수 있는 것인가? 집단은 하나 혹은 다른 유형의 종합을 토대로 구성될 수 있는 것인가? 억압이 느슨해지는 순간부터 분산적인 대중화의 기회가 증가한다. 각각의 제삼자는 자기 뒤에 남겨진 자신의 공동 행위를 보게 되고, 또한 자기 앞에 생산된 대상 속에서(혹은 파괴된 대상의 잔해 속에서) 자신의 행위를 포착할 수 있게 된다. 앞에서 보았듯이 공동의 객체화에 대한 이와 같은 파악이 집단의 한 구조다.(군중이 자신의 정복지인 바스티유 감옥을 찾아간다.) 그러나 위급함이 사라지면서 집단의 행동 역시 깨질 수 있다. 왜냐하면 객체화에 대한 공동 이해가 (각각의 제삼자에게) 반드시 필요하지도 위급한 것도 아니기 때문이다. 게다가 이와 같은 이해는 집단의 과거-존재를 그의 유일한 *이성*으로서의 총체화하는 현재의 실천으로 되돌려 보는 데 그친다. 집단은 이미 과거가 된 자신의 승리 속에서 자기 모습을 보러 온다. 즉 이 집단은 자신을 목적으로 간주하는데 처음에는 암묵적으로(사람들은 함락된 바스티유 감옥, 마침내 무기력으로 축소된 그 성을 보게 될 것이다.), 그다음에는 명백하게(내려진 성문 다리, 포로들, 성 안뜰과 방들에서의 자유로운 왕래가 실천적-타성태 안에서 그것들의 위상을 바꾼 행위를 반영한다.) 그렇게 한다. 그러니까 이런 측면에서 반성은 과거의 *실천*으로부터 이 집단으로 오게 된다. 이것은 생산된 대상이 집단을 그 스스로에게 집단으로 지정하기 때문이다. 그것도 이 대상이 오로지 이 집단의 드러내는 *실천*에만 나타나는 경우에만 그러하다. 그러나 이 대상은 이 집단을 두 지위 사이의 종합적 대립 속에서 각각의 제삼자에게 지정한다. 외부에 있고, 이루어졌고, 타성태적이며, 사물 속에 각인된 이 집단은 이미 대리석이나 강철이다. 이 집단의 *대상-존재*(바스티유 감옥)는 그 자체의 *과거-존재*(실천적 투쟁과 승리)의 실질적 보존일 뿐이다. 이것은 과거-존재가 그 자체로 타성태(극복된 존재)[51]이기 때문이다. 하지만 드러내기라는 집단의 *실천*은 공동적이고, 공동 대상은 스스로 이 공동체를 지시하기 때문에 실천적 관계는 *진행 중인 분열*로서 나타난다. 실제로 재집결의 유일한 *이유*는 여기에서 공동 대상이며, 이것은 이 대상이 공동으로 이해되기를 요구하기 때문이다.

이처럼 집렬체의 제거를 가져왔던 무거운 압력은 잠정적으로 사라졌다. 하지만 이와 동시에 규제적 제삼자가 실제로 더 이상 중재할 어떤 여지도 없다. "명령"도 더 이상 의미가 없다. 왜냐하면 결국 공동의 객체화를 재현동화하는 일을 제외하고는 할 일이 별로 남아 있지 않기 때문이다. 사람들이 대단한 집단적 자부심으로(혹은 전혀 다른 종류의 공동 행동으로) 통합된다는 것도 그다지 중요하지 않다. 어떤 식으로든 제삼자의 행동은 항상 집단 내의 어떤 곳과도 *여기*에서는 *같은 것*으로 표현된다. 하지만 이 행동은 더 이상 *실천적 효율성*이 없다. 다수성은 내면화(*우리는 우리의 투쟁 장소를 방문한다.*)되어 있지만 실질적으로 어떤 행동을 감행하지는 않는다.(아마도 집단 자체에 대한 다음과 같은 행동을 제외하면 그러하다. 즉 *우리*는 많이 와서 *우리*의 승리를 응시한다. 그러므로 *우리*는 이곳에 애착을 느낀다 등등의 행동이 그것이다. 혹은 *우리*는 자신감을 가질 수 있다 등등. 문제가 되는 것은 내가 즉각적인 선전 활동이

---

51 지금 문제는 개별적 기억과 집단적 기억에 대한 이론을 세우는 것이 아니다. 어떤 결론이 도출된다고 하더라도 이 문제는 집단에 대한 모든 연구에 필수적이다. 그러나 이 문제는 우리 연구의 틀에 속하지는 않는다. 지적해야 할 점은 단지 (극복된 존재로서) 과거라는 타성태의 구조가 과거의 유일한 정의가 아니라는 사실이다. 과거는 지양 그 자체의 실천적 구조를 받아들인다. 왜냐하면 지양이 그 운동 속에서 과거를 보존하기 때문이다. 이와 동시에 실천적 유기체와 집단에서 과거를 존재태로 서술해야 할 것이다. 유기적 존재태도 또한 지양(미래로부터 시작되어 현재에 동시에 적응되는 그러한 습관이란 없다.)의 대상이 된다. 뒤에서 보게 되겠지만 유기체의 존재태는 극복될 수 있다. 그러나 반드시 극복되어야 하는 것은 아니다. 하여튼 여기에서 지적해야 할 것은 내가 집단을 과거의 어떠한 구조와의 관련들 속에서 고려하는 것이지 변증법 중심에 있는 복잡한 실재로서의 과거와 연관시키지 않는다는 것이다.(원주)

라고 명명하게 될 것, 즉 행위자와 투기가 없는 목적이다.) 어떤 몸동작들은 진정한 규제로 생각될 수 있다. 예컨대 누군가가 감히 문을 밀고 어두운 방으로 들어오고, 다른 "대담한" 자들이 그의 뒤를 따라 침입한다. 하지만 실제의 목적 — 예컨대 함락된 바스티유 감옥의 자유로운 방문 — 은 이와 같은 솔선 행동에 직접적으로 연결되어 있지 않다. 그러니까 문을 밀치고 들어가지 않았어도 군중은 자신들의 승리에서 가장 큰 기쁨을 느꼈던 것이다. 그리고 전혀 *요구되지* 않았고, 이미 분산된 이런 행동들에 대해 우리는 — 군중이 이 행동들을 할 때조차도 — 이 행동들이 총체화적인지, 공동적인지, 혹은 전염성이 있는지, 준집렬체적인 것인지를 더 이상 알지 못한다. 요컨대 집단적 존재란 생산된 대상 안에서 이루어지는 모든 사람의 자기 밖의 통일성이고, 따라서 집단의 *실천은 대상을 소유하기* 위해 시도하는 실천의 운동 그 자체에 의해서도 이완된다.

사실 우리는 결코 완전한 와해(있는 그대로의 공동의 생산물을 사라지게 할)에 이를 수는 없다. 왜냐하면 각자는 소유의 다른 실천들에 의해 대상에 연결되어 있으며, 이 실천들은 다시 다른 제삼자들에 의해 동일한 실천들로 드러나기 때문이다. 이 사람은 성벽에 있는 총안에 올라가고, 저 사람은 깃발을 세운다. 조금씩 차별화된 모든 이 실천에 의해 (마치 가벼운 전율 때문이듯) 두루 답파된 공동 대상은 내게도 역시 *이 실천들에 의해* 드러난다. 그리고 이 공동 대상은 — 헛되기는 하지만 — 이 실천들 덕택에, 아직 공동 행위를 하는 중인 나에게 객체화로 남게 된다. 아무래도 좋다. *잔존하는 이 긴장은* 각각의 제삼자에게 집단을 위협하는 이중의 위험을 제기한다. 실천적-타성태적 장의 수동적 종합 속에 요약되는 것("죽은 자들에 대한 기념비")과 새로운 집렬체적 군집으로 용해되는 것이다. 제삼자에 의해 체험된 긴장이란 바로 자각이다. 이것은 이 긴장이 *위험*에 처한 *집단*을 발견하고 자신을 발견하면서 새로운 목적을 향해, 즉 이 이중의 위험에 맞서는 실천적이고 자유로운 통일체로서의 집단의 보존을 향해 지양되기 때문이다. 특히 이 목적은 전투가 재개될 위험이 있을 때, 그리고 사람들이 예상 밖의 사태를 두려워할 때 등등과 같은 위급성 속에서 나타난다. 집단은 각자에게 공동 목적이 된다. 집단의 *상존성*을 구해 내야 하는 목적이 그것이다. 하지만 우리가 방금 발견한 긴장은 공동 요구를 제기한다. 집단의 상존성은 집렬성에(갑작스럽게든 아니면 조금씩이든) 빠질 위험이 있는 공동 관계의 이완도 자기-외-존재일 따름이고, 그 구조로 인해 자유까지도 필연성에 행하여진 공동 폭력으로 부인하는 객체화의 실천적-타성태적 타성태일 수는 없다는 요구가 그것이다.[52] 달리 말하자면 *살아남은* 집단은 종결된 행위와 부재 속의 절박성 사이에서 즉각적 목표로서 대자적으로 설정된다. 그것도 이 집단의 실천적 구조(차별화와 통일체)라는 관점과 동시에 이 집단의 존재론적 위상이라는 관점에서 그렇다. 이 집단은 자연히 하나의 수단으로 남게 되고, 오로지 그뿐이다. 하지만 이것은 가공해야 할 수단이다. 본질적 목적들이 하나의 도구의 제작에 의존하고 있는 경우 이 도구가 직접적 목적이 되어야 하는 것과 같은 방식이다.

우리는 존재론적 위상이 우선 가장 중요하다는 점을 곧 보게 될 것이다. 실제로 변증법의 초기에 통일체의 차별화에 대한 관계는 상존성에 의존한다. 있는 그대로의 집단의 *실존*이 용해적 세력에 저항

---

52   실제로 이 실천적-타성태적 자기-외-존재는 공동의 행위를 그 객관적 결과에서 새로운 소외에 종속시킬 위험이 있다. 즉 소외된 세계에 있는 집단으로서 집단 그 자체의 소외. 집단이 이것을 모면할 수 없음을 우리는 보게 될 것이다. 하지만 자발적인 운동은 *거기로부터 벗어나고자* 한다. 왜냐하면 이 집단은 단순히 자유 속에서 연장되기 때문이다.(원주)

한다면 투쟁과 노동의 필연성에 의한 하위 집단들의 분열이 통일성을 해칠 우려는 없다. 우리는 변증법의 2기에 *실천*으로서의 통일성이 존재론적 위상의 기초 자체가 되는 것을 보게 될 것이다.

첫 번째 계기에서 집단은 제삼자를 통해, 그리고 타성태로서의 초월적 통일체가 분산 중인 실천으로서의 내면적 총체화에 대해 하는 *반성*에 의해 대자적으로 정립되면서 하나의 모순적인 위상을 요구한다. 왜냐하면 이 집단이 타성태로부터 오는 그대로의 상존성과 총체화하는 *실천*을 원하기 때문이다. 달리 말하자면 총체화가 이 집단 자체의 자유 내에서도 타성태적 종합의 존재론적 위상을 즐기기를 원하기 때문이다. 이 집단을 다음과 같은 모순에 처하게 한 것은 바로 잔존의 조건들이다. 공동 실천이 필연성에 폭력을 가하는 자유 그 자체라는 모순이 그 하나다. 그런데 위급함이나 적이 행사하는 폭력이 구성원 각자의 한가운데에까지 공동의 실천을 선동하지 않는데도 여러 상황이 (방어와 경계를 맡는 기관으로서의) 집단의 집요함을 요구할 때, 또한 이 집단의 실천이 조직화나 차별화의 형태로 다시 자신에게 되돌아오며 모든 변모에 앞서 존재하는 기반으로서의 구성원들의 통일체를 요구할 때 이 통일체는 자유의 한가운데에서 타성태적 종합과 같아야 한다. 융화 집단의 이 계기는 ── 이 계기에서 구성원 각자는 여기, 즉 스스로 이루어지면서 탈진하게 하고 험난한 (공동) 행위 속에서 *동일하다* ── 구성원 각자의 모든 행위를 모든 곳에서 계량해야 한다. 이 계기는 이별과 기다림 그리고 아마도 고독(예컨대 보초의 경우)에 처한 구성원 각자에게 지속되어야 한다. 그리고 이 하위 집단은 스스로 규제자의 역할을 하므로 또 다른 규제자이자 총체화된 다른 각각의 제삼자와의 사이에 자유롭기는 하지만 *주어진* 그런 관계를 그 자체에 보존할 수 있어야 한다. 이 불투명한 *다른* 곳은 집단 주위로 몰려들고 (내부) 집단을 고립시키면서(밤, 침묵, 그리고 이런 특별한 상황에 고유한 위험들) 이타성의 모든 외관에도 불구하고 여기의 기본적인 구조를 보존해야 한다. 요컨대 이 하위 집단(다른 하위 집단들은 바리케이드 뒤나 집 안의 창문에 있는 동안 보초를 서는 하위 집단)의 *실재적*으로 *다른* 이 행위는 그 행위 내부로부터는 여기에서나 도처에서 동일한 행위로 지정되어야 한다. 하지만 바로 이 하위 집단의 이타성은 실재적이므로 이런 통일체의 결정은 오로지 분산을 통해 부과되는 체험된 상존성으로서의 집단으로부터만 이 하위 집단에 올 수 있다.

따라서 이와 같은 집단의 존재론적인 구조는 전복을 내포한다. 분명 최종 목표(즉 완전한 승리)와 관련해 하위 집단은 항상 수단이다. 하지만 차별화된 기다림이라는 *실천*과 관련해서 이 하위 집단은 기존의 행위자로 설정되어야 한다. *실천*이란 융화 집단의 유일한 실재적 통일체다. 즉 이 융화 집단을 만들어 내고, 지탱하게 하고 또한 이 융화 집단 자체에 그 첫 번째의 내부 변화를 도입하는 것도 바로 이 실천이다. 조직화와 기다림이라는 *실천*의 계기에 분산된 모든 행위가 공동 행위가 되게끔 보장하는 것이 바로 융화 집단이다. 달리 말하자면 공동 실천의 통일체를 만들어 내는 것은 실재로서의 융화 집단이다. 고독 속에서 밤을 지새우는 나에게 나의 용기, 나의 인내는 공동 실재로서의 융화 집단이 나의 내부에서 갖는 상존성에 비례할 것이다.

서약, 실천적 상존성의 고안

잔존의 순간에 내가 방금 지적한 변증법적 요구는 각자에게 *실천적 요구*로서 드러난다. 사실 역할의 분담이 가까운 미래로부터 출발해서 결정된다는 사실을 고려하면 이런 분담으로 인해 미래에 대한 불신이 야기된다. 사람들이 우선적으로 분리와 비활동적 행동이라는 해체적 행동을 우려하는 것은 바로 분산의 가능성으로서의 미래라는 틀 안에서다. 집단 안에 의혹이 나타난다. 인간적 본성이라는 특징으로서가 아니라 이 모순된 잔존의 구조에 어울리는 행동으로서 나타난다. 이 의혹은 집렬체성에 대한 위험의 단순한 내면화다.(내면화된 다양성은 *실질적*으로 각자에게 이전에 있었던 투쟁에서 즉각적으로 주어진 힘으로 나타난다. 이 다양성은 남게 되고, 또 도구화된다. 모든 곳에서 보초, 순찰, 전투 집단 등등을 분할해 주는 것이 바로 이 다양성이다. 그러나 *이와 동시에* 이 다양성은 훨씬 더 구체적이고 당장에는 포착이 잘되지 않는다. 왜냐하면 이 다양성은 이미 다양화되었고, 또 구조화되었기 때문이며, 또한 고독 속에서 만들어지기 때문이다. 집단 내의 사람의 수에 대한 합리적 이용으로서의 분리는 즉각적인 단결의 전복이거나 또는 양을 기계적으로 이용하는 것이다. 물론 사람들이 여러 명 있는 것은 사실이다. 그러나 무기력한 고독이 지니는 모든 특징을 보여 주는 것과 같은 상황 속에 있는 것이다.) 게다가 자유로운 이탈의 가능성이 각각의 개별적 *실천*이 갖는 구조적 가능성으로서 나타난다. 그리고 이 가능성은 각각의 다른 제삼자에게서 *같은 것*으로 나타난다. 이것은 *이* 제삼자가 여기에서 이 가능성을 다른 제삼자에게서 재발견하기 때문이다.

이처럼 살아남은 집단의 존재론적 지위는 우선 각자에게서 공동 통일의 자유롭고도 타성태적인 상존성의 실천적 고안으로서 나타난다. 자유가 집단의 상존성을 정초하기 위해 스스로 공동 실천이 되면서 그 자체로, 그리고 매개된 상황 속에 자기 자신의 타성태를 만들어 낼 때 이 새로운 지위는 *서약*이라고 명명된다. 서약이 서약을 하는 명백한 행동으로부터(**테니스 코트 서약**, 중세 공동체 구성원들 사이의 종합적 관계로서의 서약) 집단에 포함된 기존의 실재로서의 서약에 대한 암묵적인 감수(예컨대 집단 내에서 태어나고, 이 집단의 구성원들 가운데서 성장한 자들에 의한)에 이르기까지 다양한 형태를 띨 수 있음은 당연하다. 달리 말하자면 공동으로 서약을 하는 *역사적 행위*는 이 행위가 널리 퍼져 있고, 또 이 행위가 *어쨌든* (시공간적인) 멀어짐과 차별화라는 분리 행위로부터 살아남은 집단의 저항과 일치한다고 하더라도 공동 서약의 필연적인 형태는 아니다. 이 공동 서약이 미래에 대한 보장이며 내재성 속에서, 그리고 자유에 의해 만들어진 타성태로서 모든 차별화의 기초라는 점에서 보면 그러하다. 우리가 — 예컨대 중세에서 볼 수 있었던 교구 관계로서의 서약 — 이 서약을 역사적 행위로서의 분명한 실재 속에서 검토한다면 이는 단지 이 행위가 *그처럼* 정립되고, 또 서약의 구조를 아주 쉽게 보여 주기 때문이다.

서약은 매개된 상호성이다. 모든 파생된 형태는 — 예컨대 증인의 법정 서약, **성경** 위에 손을 얹고 하는 개인적 서약 등 — 이 기초적인 서약의 바탕 위에서만 그 의미를 가질 뿐이다. 그러나 서약을 *사회 계약*과 혼동해서는 안 된다. 여기에서는 이런저런 사회에서 서약의 어떤 토대를 찾는 것이 중요한 것이 아니라 — 이런 작업이 갖는 완벽한 부조리함에 대해서는 뒤에서 보게 될 것이다 — 집단이 보여 주는 하나의 즉각적인 형태, 그렇지만 와해될 위험에 처해 있는 형태로부터 또 다른 집단, 반성적이지만 지속적인 집단으로의 필연적인 이행을 보여 주는 것이다.

서약은 *실천적 고안*이다. 그러나 다음과 같은 경우 이 서약을 개인의 가능성으로 제시하는 것은 아무 소용이 없을 것이다. 우선 가능성을 사회적인 것으로 가정하지 않고, 또 이 가능성이 서약에 의해 공고해진 집단들의 기초 위에서만 나타날 뿐이라고 가정하지 않는 경우가 있다. 우리는 실천적 유기체의 추상적 경험이 — 이 유기체의 *실천*

이 구성하는 변증법인 한 ─ 그 자체의 목표에 의해 정의되고, 그리고 자신의 객체화 속에서 고갈되는 하나의 행위의 반투명성 이외의 다른 것으로 주어지지 않는다는 사실을 보았다. 그러나 실천으로서의 집단과 같이 이 고안은 이것을 은연중에 규정하는 외부 상황에 대한 부정이다. 달리 말하자면 이 고안은 제삼자에 의해 행해지는 자신의 외적 부정에 대한 부정의 상존성에 대한 긍정이다. 그리고 외적 부정은 적에 의한(또는 천재지변에 의한) 절멸의 위험과 섞여서는 안 될 것이다. 그러나 다만 이 외적 부정은 여러 임무가 다양한 이타성이나 외면성의 재출현을 다시 야기하는 가능성과 섞일 수는 있다. 물론 그렇다고 해서 이와 같은 재출현이 직접적으로 그런 상태에 있는 개인들의 무화를 내포하는 것은 아니다. 이런 의미에서 서약은 미래에 대한 타성태적 제한이다. 이는 이 타성태가 무엇보다도 변증법 내부에서 변증법에 대한 부정이라는 것을 의미한다. *실천*, 사건, 진행 중인 총체화(역사적 총체화의 수준까지를 포함하여)의 차후에 어떻게 전개된다 할지라도 하나의 요소는 비변증법적인 것으로 남게 될 것이다. 즉 구성원 각자가 집단에 공동으로 소속된다는 사실이다. 집단은 이 집단을 있는 그대로의 상태로 변화시키는 새로운 변증법적 결합 속으로 진입하게 될 것이다. 하지만 공동의 통일성, 즉 집단의 내적 위상은 변화될 수 없다.[53] 따라서 서약 행위는 미래 속에서 집단의 해산을 타성태적 불가능성(가능성들의 장에서 몇몇 가능성들의 계속되는 부정)으로서 자유롭게 제시하는 데 있다. 그리고 역으로 현재의 공동체에 모든 가능한 초월의 한계로서 미래의 집단을 제시하는 데 있다. 우리는 여기에서 이 연구의 처음부터 만나게 되었던 변증법적 법칙을 다시 발견

---

53   여기에서 나는 *겨냥된* 목표에 대해서 말하는 것이지 고려된 집단에 대한 역사적 전개의 실질적 영향에 대해 말하는 것은 아니다.(원주)

하게 된다. 즉 비유기체적 타성태의 재외면화는 도구성의 기초, 즉 실천적 장의 내부에서 물질의 타성태에 대한 투쟁의 기초라는 점이 그 것이다. 집단은 자신을 해산시키려 위협하는 집렬체성에 대항하는 도구가 되고자 노력한다. 집단은 자신을 실천적-타성태의 위협으로부터 보호해 주는 인위적인 타성태를 창출하는 것이다.

고안 그 자체, 즉 즉각적인 실천으로서의 행동은 이전에 나타난 가지성의 도식 안에 나타난다. 매개된 상호성이 존재한다. "맹세하자!"라는 명령어는 이 말이 입에서 떨어졌든 아니든 간에 기존 집단 내에서 제삼자의 규제적 행위로서의 고안을 잘 보여 준다. 그런데 동등자의 상황에서 제삼자는 *다른 제삼자에게서와 마찬가지로 자기 자신에게서도* 분산적인 해체를 두려워한다는 점을 지적해야 할 것이다. 그가 다시 고립될 수 있다는 가능성이 제삼자로부터 그에게 올 수 있다. 하지만 이것은 이 가능성이 그를 통해 제삼자에게 그리고 그 자신을 통해 그 자신에게로 올 수 있기 때문이다. 따라서 이 부정적 가능성은 각자에게서, 여기에서 동일한 것이며 *편재성으로서의* 융화 집단이 행하는 실천의 이면이다. 그리고 이것은 각자에게 다른 제삼자를 통해, 다른 제삼자에게 자기 자신에 의해, 그리고 자기 자신을 위해 **타자**가 될 가능성이다. 이처럼 "맹세하자!"라는 명령어 속에서 각자는 제삼자에게 그 자신은 절대로 **타자**가 되지 않는다는 객관적인 보장을 요구한다. *나에게 이 보장을 해 준 자는 이것을 통해서* **타자-존재**가 **타자**로부터 나에게로 오는 위험으로부터 나를 보호해 준다. 그러나 만약 이 행위를 통해 그가 혼자 맹세를 한다면(또는 나를 제외한 모든 사람이 서약을 한다면) 나는 갑자기 집단에 이타성을 오게끔 하는 그런 존재가 되는 책임을 혼자 지게 될 것이다. 그러나 맹세하는 행위는 정확하게 공동적일 수밖에 없다. 명령어는 "맹세하자!"다. 이것은 다음을 의미한다. 즉 나는 맹세를 한 그 사람 안에서, 동시에 그를 위해서 이타성이 나를 통해서는 절대로 그에게 올 수 없다는 점을 보장한다.(이는 내가 집단의 이익을 위해 그와 나에 의해 이루어지는 행동을 하는 가운데 투쟁을 포기하는 경우에서처럼 직접적으로가 아니다. 또한 다수 안에서 내가 이 다수와 더불어 투쟁을 포기하고 도망을 하거나 항복을 하게 될 경우에서처럼 모든 사람의 매개에 의해서도 아니다.)

그런데 상호성은 *매개되었다.* 왜냐하면 내가 하는 서약, 나는 이 서약을 내가 소속된 집단의 자격으로서 모든 제삼자에게 하기 때문이다. 그리고 각자에게 지속적인 지위를 보장해 주는 것을 가능케 해 주는 것은 바로 이 제삼자다. 어떤 제삼자가 이타성에 대항해 집단의 상존성을 맹세할 수 있는 것은 바로 이 상존성이 그에게 달린 한에서만 가능하다. 다른 제삼자들이 직접 그에게 미래에 *변화하지 않을 것*을 보장해 주는 한에서만 그러하다. 그렇다면 만약 제삼자가 우선 다음과 같은 확신, 즉 이타성은 외부로부터, 그리고 그가 원치 않는 상태(또는 그가 모르게)로 그에게 오지 않을 것이라는 확신을 가지고 있지 않다면 그는 어떻게 자신이 결코 타자가 되지 않는다고 보장할 수 있을까? 그런데 실제로 이타성의 본래 의미는 **타자**를 통해서 각자에게로 오는 것이다.

이처럼 제삼자에 대한 나의 서약은 그 기원에서 공동체의 차원을 부여받게 된다. 또한 이 서약은 직접적으로, 그리고 모두를 통해 각자에게 온다. 제삼자의 이 공동 행위는 내면성의 객관적 구조로서 실현되며, 있는 그대로의 집단을 특징짓는다. 서약은 주관적인 결정도 담론을 통한 단순한 결정도 아니다. 서약은 나의 규제적 행위를 통해 이루어지는 집단의 실질적 변화다. 몇몇 미래적 가능성에 대한 타성태적 부정은 내가 소속되어 있는 서약 집단과 더불어 내가 맺는 내면성의 관계다. 이것은 각자에게 *그의* 행동으로서의 동일한 부정이 나의 행동에 의해 조건을 부여받는다는 의미에서다. 물론 나의 고유한 행동 그 자체가 모든 행동에 의해 조건을 부여받는다는 사실을 덧붙여야 할 것이다. 그러나 강조해야 할 점은 특히 이런 사실이 아니다. 실제로 우선적으로 나타나는 것은 **타자들**의 서약에 의해 주어진 상존성의 보장은 내 안에서 이타성이 외부로부터 (내면성 안에서) 나에게 온다는 객관적인 불가능성으로서 스스로를 창출해 낸다는 사실이다. 그러나 이와 동시에 나로부터 **타자들**에게로 가는 가능한 미래로서 부각되는 것은 나를 **타자**로 만드는 나의 고유한 가능성(배반하거나 또는 도망가는 등등의 가능성)이기도 하다. 그런데 이 가능성은 내 행위의 자유로운 전개 속에서 이루어질 수 있다. 즉 나는 내 자리를 포기하든가 아니면 적에게로 넘어가든가를 자유롭게 결정할 수 있다. "자유롭게"라는 말이 — 이 연구의 다른 모든 부분에서와 마찬가지로 여기에서도 — 욕구에서 태어나고 정해진 목표를 향해 물질적 조건을 뛰어넘는 개인적 *실천*의 변증법적 전개와 관계된다는 것은 당연하다. 따라서 배반, 공포나 고통 때문에 야기된 도피 등등은 이런 관점에서 보면 외부적 위협에 응수하는 조직화된 행동으로서의 자유로운 *실천*이다. 더군다나 겁을 집어먹는다는 것 때문에 갖게 되는 공포 — 즉 굴복하거나 그로 인해 집단이 무기력한 대중들로 변하는 공포 — 가 갖는 중요성이 경험이 없는 젊은 병사에게 어떤 것인지를 잘 알고 있다. 그는 이 두려움을 저항할 수 없는 충동으로서 두려워할 수도 있고, 이와 동시에 모든 사람의 구원보다는 자신을 위한 구원을 자유롭게 선호함으로써 이 공포를 거부할 수도 있다. 이러한 의미에서 나의 서약은 내 자신에 대한 나 스스로의 보증이 된다. 이것은 나의 서약이 나 자신인 한에서, 즉 나의 인격에서 나의 행동에 의해서 내 자신을 집렬체적 이타성으로 배척하지 않는다는 모든 제삼자 각자를 위한 보장이 되게끔 하는 한에서 그러하다.

이처럼 서약이라는 행위에서 첫 번째 계기는 매개된 상호성에 의해 **타자들**로 하여금 맹세하게끔 하기 위해 맹세하는 것이다. 즉 분산될 수도 있는 가능성에 맞서 이들이 그렇지 않겠다는 보증을 서게끔 하기 위해 서약하는 것이다. 그리고 서약 행위의 두 번째 계기는 **타자들** 안에서 자기 자신에 대해 자기 자신을 보호하기 위해 맹세하는 것이다. 이 두 번째 계기는 규제적인 제삼자의 총체화하는 행동의 계기가 될 수 없다는 사실을 살펴볼 필요가 있다. 실제로 내가 서약할 때, *내가 맹세할 때* 또는 내가 이와 비슷한 행동을 할 때 나는 집단 전체와 초월성-내재성의 관계 속에 있게 된다. 또한 나는 이 행동을 통해 나를 전체에 통합시키지 못하는 총체화하는 종합을 이루게 된다. 이와 같은 과정을 통해 나의 서약 행위는 나의 가능성들의 타성태적 부정으로서가 아니라 공동 자유로서 드러난다. 달리 말하자면 나는 나의 미래의 행동과 집단의 상존성을 목표로 드러내게 된다. 그러나 나는 이것들을 자유 속에서 드러낸다. 그러니까 담론은 극복 불가능성을 표현하는데 이는 실천적 극복으로서의 자유가 그 자체로서는 만들어 낼 수 없는 극복 불가능성이다. 달리 말하자면 스스로를 서약하는 자유로 만들면서 이 자유는 상황의 변화가 있는 경우 서약을 뛰어넘는(변화시키는, 부정하는) 자유로서 자신을 다시 생산해 내게 된다. 이와 반대로 *내가 했던 서약*은 제삼자로부터 나에게로 되돌아오며 나를 집단에 재통합한다. 이는 이 제삼자가 자신의 서약의 구성적 구조라는 점에서 그러하다. 즉 서약을 하면서 나를 제삼자로서 집단에 통합시키는 것은 바로 이 제삼자다. 그리고 이 제삼자의 불변성은 거기에서 다른 제삼자가 하는 서약의 객관적 조건이다. 맹세하는 행위, 이 행위를 제삼자가 할 때 이 행위는 이번에는 규제적이고 총체화하는 *실천*이 된다. 그리고 나는 준(準)대상의 공동체 내에서 **타자들**과 종합적으로 통일되게 된다. 그런데 이 준대상은 맹세를 하는 제삼자에 의해 재통합된다. 이때 맹세된 상존성만이 이 맹세에 의미를 주게 된다. 내가 "맹세한 양심"은 나에게 제삼자의 자유를 통해 *나의 자유에 맞서는 보장으로서* 다시 돌아오게 된다. 실제로 제삼자에게 맹세를 할 수 있는 현실적 가능성을 주는 것은 바로 이 자유다. 왜냐하면 이 자유로 인해(그리고 물론 각자의 자유 때문에) 이타성 속으로 다시 떨어질 가능성은 이제 더 이상 이 제삼자에게 달려 있지 않기 때문이다.(만약 통일의 상존성이 제삼자의 자유 속을 제외한 모든 곳에서 이루어지지 않는다면, 만약 이 상존성이 모든 면에서, 모든 순간에 깨질 위험이 있다면 대체 그는 어떻게 *그의 편*에서 이 상존성을 위해 맹세를 할 수 있을까?) 나의 가능한 배신에 대한 보장인 이 제삼자는 자기를 통해서는 배신이 발생하지 않을 그런 사람이 될 것이라는 점을 모든 구성원에게 단언할 수 있는 것이다.

그러나 이와 같은 총체화는 또한 새로운 종류의 이타성이 나타나는 계기이기도 하다. 타인들과 더불어 내가 제삼자들에게서 서약의 공통적 조건이기 때문에 나는 벌써 상존성 그 자체다. 나의 서약은 나의 미래의 행동이나 이 행동의 전개에 대해 무엇인가를 가르쳐 주는 자유로운 행위나 단순한 담론도 아니다. 나의 서약은 제삼자가 그 위에 자신의 맹세를 정초하는 것으로서 이 서약을 구성하는 한에서 벌써 극복할 수 없는 부정이며, 따라서 어떤 상황일지라도 내가 변화시키는 모든 가능성에 대한 타성태적인 부정이다. 그리고 제삼자가 나에게 말을 걸 때(그리고 우리는 이미 그가 직접적으로, 그리고 간접적으로 맹세를 모두 함께한다는 사실을 살펴보았다.) 그의 규제적 서약은 이미 상존성과 무관하지 않은 자에게 말을 거는 것이다. 더 정확히 말하자면 그는 나를 자신의 서약에 의해 나의 서약과 더불어 하게 되는 단순한 극복으로서 구성한다. 이렇게 해서 나는 나의 자유로운 *실천*의 한복판에서 나 **자신**과는 다른 자로서 다시 발견하게 된다. 비록 내가 완전히 내가 한 서약을 감수한다 하더라도 이것은 여전히 사실이다. 이것은 단순히 그의 극복 불가능성이 다른 제삼자, 즉 실제로 맹세를 했고, 맹세를 하고, 또 맹세하게 될 모든 *제삼자*로부터 오기 때문이다. 사실 내가 특정한 제삼자에게 해 준 보장은 각자에 의해 행해진 보장이며, 이 보장은 또한(제삼자의 총체화 하는 종합 속에서) 모든 사람의 보장과 같은 것이다. 따라서 이 보장은 규제적 제삼자에게는 극복 불가능성으로서의 나의 공동-존재다. 이렇게 해서 이 보장은 각자의 서약을 통해 내 안으로 되돌아오게 된다. 즉 내가 소속되어 있는 집단은 나의 내부에서 내 자유의 한계로서의 **타자-존재**로서의 공동-존재가 된다. 사실 극복 불가능성으로서의 이 한계는 자유로운 *실천*과는 다른 것이다. 그리고 이 한계는 **타자**로부터 그에게 올 수밖에 없다. 달리 말하자면 나는 *여기에서*(아무 데서) 동등자에게 이 공동의 **타자-존재**이며, 동등자로 남겠다는 그 자신의 서약 — 이 서약이 나의 서약과 같은 것인 한 — 을 정초하는 것도 이 공동의 타자-존재다.

어쩌면 다음과 같이 반론이 제기될 수도 있다. 그러니까 여기 융화 집단 내에서의 나의 행동(노동 또는 전투)은 벌써 **타자**의(저기 있는 저 **타자** 안의 동등자) 행동을 가능케 하고 조건 짓는다고 말이다. 이것은 사실이다. 하지만 *나의* 행동은 *그의* 행동을 대상 안에서, 그리고 이 대상에 의해 조건 짓는다. 특정한 제삼자를 위한 행동의 가능성을 객관적으로 규정하는 것은 억류된 적이며, 완수된 임무다. 이와 마찬가지로 각자는 내면화된 다양성 속에서 통일의 자격으로 나타난다. 다만 각자의 내면화의 행동 속에서 각각의 제삼자는 무엇보다도 (매개된 상호성에 의해) 다수의 내면화에 의한 이 타성태적 분리의 극복으로 나타난다. 달리 말하자면 융화 집단에서 제삼자는 절대로 **타자**가 아니다. 이 제삼자는 자기 행동을 나의 고유한 행동의 객관적 조건으로 만들어 낸다. 또는 집단의 매개를 통해 현실적이고 생생한 전개에서 그의 자유로운 실천은 나의 행동이다. 이것은 *그의 행동이 동일한 한에서*(즉 자유로운 변증법적 전개인 한에서), 그리고 그의 행동이 나의 행동에 의해 조건을 부여받는 한에서 그러하다. 게다가 이 조건화의 상호성의 결과들은 각자의 자유로운 행동 안에서가 아니라 집단 내에서 객관적인 현실(이 집단의 성장)로서 읽힌다. 재집결 내에서 자유로운 상호성은 *우리 둘*을 모두 집단으로 오게끔 한다. 그러나 "둘"은 집단으로 가는 나의 행위도, 제삼자의 행위도 규정하지 않는다. 비록 나와 제삼자가 양을 재내면화하지 않더라도 그러하다. 이와는 반대로 서약은 그런 것으로서의 자유로운 *실천*을 겨냥하는 행동이며, 자유롭게 *내부에서* 이 자유를 한계 짓고자 한다. 한 개인의 자유가 *그 자체*로 예견 불가능한 형태하에서를 제외하고(즉 서약의 형태와 반대되는 형태하에서, 그러니까 상황이 이러저러한 방식으로 바뀌는 상황에서 나는 내가 할 수 있을 행동에 대해 충분히 예측할 수 없다.) 제한될 수 있다고 가정하는 것은 터무니없는 일이다. 왜냐하면 *실천*은 조건의 극복이고, 실천적 장의 변화에 대한 적응이기 때문이다. 이것은 물론 우리가 기본적인 계획도 없이 획득한 구조나 예견도 없이 불안하다는 것을 의미하지는 않는다. 이와는 정반대다. 그러나 자유에 의해 지양되고 보존된 이와 같은 조건들은 비록 이것들이 우리로 하여금 완전히 예측하는 것을 가능케 한다고 해도(실천적-타성태적 장 속에서 스스로 자제하는 행위자의 경우에서처럼) 정확하게 서약과 정반대된다. 자유는 이 서약에 의해 미래의 행동(변화하는 상황)이 예견 불가능한 경우 스스로 실천적 확신을 부여한다. 이것은 이 자유가 그 자신에게 *타자*인 한에서만 가능하다. 즉 이것은 이 자유가 단순히 욕구와 실천적 장의 위험의 요구에 대한 긴급한 적응의 투명성이 더 이상 아니기 때문이다. 그리고 이와 같은 *이타*성은 **타자**로부터만 이 자유에게로 올 수 있을 뿐이다. 그럼에도 만약 우리가 재차 집렬체성으로 떨어지지 않는다면(혹은 아직은 떨어지지 않았다면) 그것은 **타자**가 여기에서 *그의 실천 속에서* 고려되었기 때문이다. 즉 그가 힘과 자유로 여겨졌기 때문이다. 그리고 이 행위는 나에게 무기력과 집렬체성의 세계에 맞서는 경직화로서 나에게 작용한다. 요컨대 나에게 제삼자는 동등자로 남아 있다.(내가 행하는 것을 내가 할 때 그는 이것을 자유롭게 행한다. 그의 서약은 나의 서약과 마찬가지로 매개된 상호성 속에서 규제적이다.) 그러나 이 제삼자의 실천적 행동을 통해서 — *이 행동이 같은 것인 이상* — 나는 나에게 그의 가능성의 부동의 공동 조건으로 되돌아온다.

순전히 형식적이고 부정적인 이 이타성이 나타나는 심층적인 원인은 바로 집단이 스스로를 그 자신의 고유한 목표로 삼는다는 데 있다. 이렇게 해서 각각의 제삼자의 행동 하나하나는 다른 각각의 제삼자가(그리고 모두) 목적, 수단 그리고 행위 주체(그가 이 행위를 **타자들**로부터 다시 취하거나 또는 초월하고 조직하는 한)이어야만 한다. 그리고 이 행동은 대상을 향해서 스스로를 극복하는 대신 균질적인 것으로 드러나는 대상 속에서 자신을 다시 발견하게 된다. 이렇게 해서 목표를 위해 나타나며 유지해야 할 *공동의 실천*으로서 스스로를 드러내면서 집단은 형식주의 안에서(그렇지 않다면 무위도식 안에서다. 왜냐하면 살아남은 여러 공동체의 행동이 있기 때문이다.) 각각의 실천을 다른 실천의 조건과 수단 — 이 다른 실천이 같은 것인 한에서 — 으로 드러난다. *실천적 반성* 속에서 각자는 자기에게로 되돌아온다. 이것은 그가 자기 자신의 행위를 부정적으로 제한하면서 제삼자의 자유로운 행위를 적극적으로 조건 짓는 한에서 그러하다. 그러나 제한의 투기는 (서약을 한 자유를 통해서) 자기 안에서 각자의 자유의 요구로서 되돌아온다. 말하자면 *타자*로서의 자기 자신의 자유로서, 그리고 동시에 **타자들**의 자유로서 되돌아온다. 맹세를 하는 순간은 — 내뱉은 말에도 불구하고, 또는 이 순간을 공동 서약으로부터 고립시켜 본다면 이 서약이 한 개인을 위한 것일지라도 — 위급하게 자신을 알리는 하나의 투기, 실재적인 유기체, 욕구, 위험 등을 통해 조건 짓는 긍정적인 힘에 불과하다. 그러나 만약 이 계기가 *동시에* 나의 서약으로 되돌아오는 모든 서약이라면 나는 각자에게서, 모든 사람에게서 *자유로운 실천의 극복된 조건*(**타자들**처럼 나 자신에 대해 확신에 찬 각자는 분화된 그의 임무만을 맡는 것이다.)이 된다. 그리고 이 자유로운 공동 실천이 나의 내부에서 *나의 고유한 자유*의 조건으로서 되돌아온다는 점을 고려하면(나 역시 나 혼자서 아니면 하위 집단 내에서 나의 고유한 임무를 수행하기 위해 그들을 신뢰해야 한다.) 이 자유로운 실천은 집단-내-존재의 극복 불가능성을 요구로서 구성한다. 우리가 실천적-타성태에 대한 연구에서 본 것처럼 요구는 *실천*(물론 또 다른 *실천*을 통해서)에 대해 비유기체적인 물질성에 의해 표명된 주장이다. 우리가 여기에서 다시 만나게 되는 것과 같은 요구는 같은 특징을 보여 주기는 한다. 하지만 행위 주체들은 비유기적 타성태다. 집단에 속한다는 나의 상존성이 나의 자유로운 투기이기 때문에 이 상존성은 나의 행위라는 입장에서 보면 미래 속에 상황 지어지고 미래의 위협으로부터 출발해서 나에게로 오는 하나의 목표다. 그러나 이 투기는 그 자체로 집단의 각 구성원에 대해 주장을 표명한다. 왜냐하면 이 투기는 집단의 상존성 속에서 그리고 이 상존성에 의해서만 *모든 곳에서* 각자를 위해서, 각자에 의해서 완성될 수 있을 뿐이기 때문이다. 나의 자유로운 서약에 의해 이와 같은 동일한 투기가 완전한 만족, 나에 의해 제삼자에게서 이 주장에 대해 고의적으로 주어진 만족이 된다는 점에서 볼 때 이 투기는 제삼자에 의해 나의 내부로 되돌아온다. 따라서 이 투기는 **타자**에게 행해진 서약으로서의 — 그리고 **타자**에게서 — 나의 자유의 한계다. 그런데 이와 같은 제한은 그의 자유로운 서약의 가능성을 조건 짓는다. 즉 자유롭기 위해 내가 필요로 하는 이 자유로운 제한 가능성을 조건 짓는다.

이렇게 해서 나의 투기는 그 자체의 부정적이고 타성태적인 조건으로서 나에게 되돌아온다. 분리 속에서 내가 집단을 신뢰할 수 있기 위해서는 각자가 나를 신뢰할 수 있어야 한다. 그들의(배반, 도피, 자신들의 활동과 임무를 포기할 수 있는 등등의) 여러 가능성의 제한, 나는 이들이 이 제한을 다음과 같은 경우에만 변화의 불가능성과 같은 것으로 지지해 줄 것이라고 주장할 수밖에 없다. 내가 나의 자유에 대해 나의 내부에서 이들의 주장을 받아들이는 경우가 그것이다. 그러니까 예컨대 이들에게 최대한의 안정을 보장해 주기 위해 모든 조치가 모든 곳에서, 모두에 의해 이루어져 있다고 확신하면서, 이들이 위험한 임무를 이행하면서 지니게 되는 침착함이 요구하는 조건으로서 말이다. 그렇다. 총체성 속에서 *우리*를 구하고 *나*를 구할 수 있는 *이 위험한 임무 속에서* 나는 각자에게서 그의 신뢰, 그의 용기, 즉 다른 모든 **타자**의 부정성으로서 존재하게 된다. 다른 곳에서 이루어지는 각자의 구체적 행동을 통해 미래의 부정은 따라서 나의 행위 속에서 나 자신에 대한 나의 요구로서 나타난다. 이 요구가 나에 대한 다른 모든 **타자**의 주장(그리고 다른 모든 타자에 대한 나의 주장)이라는 점에서 그러하다. 여기에서 비유기체는 비변증법적인 경직된 미래이며, 이 미래는 모든 변증법적 실천의 뛰어넘을 수 없는 틀과 기초가 된다. 우선 틀이 된다. 어떤 것이든지 간에 나의 행동은 집단의 상존성을 깨뜨릴 수가 없기 때문이다. 그리고 기초가 된다. 왜냐하면 집단의 긴급한 목표가 여전히 존재하는 한 모든 행위는 집단의 힘과 이 집단의 실천적 효율성을 유지하는 것을 목표로 삼아야 하기 때문이다. 이와 같은 극복 불가능성으로부터 출발해서 나는 자유로운 실천적 전개를 통해서만 실현될 수 있을 뿐인 임무들을 나 자신에게 할당하거나 아니면 할당받기도 한다. 이 극복 불가능성이 갖는 이와 같은 세 가지 특성(모든 실천의 요구, 틀, 기초)은 반성적 차원에 있는 집단이 새로운 변증법의 기초(실천으로서)가 되었다고 믿을 수 있게끔 해 준다. 이에 반해 이 집단은 원래의 변증법에 의해 구성되었으며, 상존성은 이 원래의 변증법의 부정적 규정에 불과할 뿐이다.

우리는 명료함을 위해 두 계기를 구분했다. 자신을 예고하는 기도의 계기와 나에게로 되돌아오는 **타자**의 서약의 계기가 그것이다. 그러나 이와 같은 엄격하게 형식적인 구분이 서약의 구조를 더 잘 설명하는 것을 목표로 하는 것은 당연하다. 달리 말해 투기(물질적 조건의 변증법적 지양으로서)는 근본적인(기초가 되는) 운동으로 남아 있다. 그러나 각자에게서, 심지어 **타자들**의 서약이 행해지기 전이라도 *이 투기는 벌써 서약이라는 것*은 분명하다. 내가 여기에서 지적하고자 하는 바는 이 투기는 *타자들*에 *의해서만 서약이 될 수 있을 뿐이라는* 점이다. 서약은 반드시 다음과 같은 사항을 포함한다. (1) (반성된) 목적이 제삼자들을 끌어들이는 데 있는 명령이나 규제적 행동이라는 특성이다. 나는 제삼자들이 몸을 던지게끔 하기 위해 내 몸을 던진다. 나의 용역(내 생명 따위)의 제공은 이미 제삼자들의 그것과 같은 것이다. 이 수준에서 나의 참여는 곧 상호적 참여 그리고 제삼자에 의해 매개된 참여다. (2) 나 자신에게 행해지는 조작이라는 특성이다. 맹세하는 것, 이는 자기가 갖고 있지 않은 것을 주는 것이다. 물론 이것은 **타자들이** 당신에게 그것을 돌려주게끔 하기 위해서, 사람들로 하여금 약속을 지키게끔 하기 위해서다. 나는 집단의 상존성을 모든 사람의 실천적 운동 속에서 *나의* 극복 불가능성으로 정의한다. 그런데 이 운동은 서약의 총체화를 통해 이 극복 불가능성을 부정적 한계와 절대적 요구로서 *나에게 부여해야* 하는 것이다. 이 두 특징은 서로 밀접하게 연결되어 있다. 각각의 제삼자는 다른 제삼자 또는 나 자신에게 이 제삼자의 매개를 중개로 하여 표명된 하나의 주장이라는 점을 고려한다면 이 주장들은 즉각 다른 모든 타자의 서약에 의해 충족되게 된다. 사실 서약이라는 구체적 행위가 연속해서 이루어질 수 있고(**삼부회**의 의원들이 차례로 **테니스 코트**에서 의정서에 서명을 하기 때문에), 또 이렇게 함으로써 완전히 형식적인 집렬체성을 포함할 수 있다고 하더라도 공동 행위의 현실적 계기는 "맹세하자!"라는 명령어 속에 완전히 포함되어 있다. 즉 맹세한다는 공동 결정 속에 말이다. 이 결정의 순간에 서약은 여전히 미래이기는 하다. 하지만 이 서약의 의미는 — 집단의 즉각적인 목표로서, 훨씬 더 먼 장래의 목표에 필요한 항구성을 유지하는 수단으로서 — 이 서약을 각자에게 공동 행위로서 제시한다. 달리 말하자면 *각자를 통해* 행해지는 자기에 대한 집단의 행위로서 제시된다. 이처럼 특정 제삼자의 서약은 비록 이것이 다른 서약들을 앞지른다고 할지라도(예를 들어 서명이라는 집렬체적 순서 속에서) 절대로 부도난 수표가 아니다. 왜냐하면 이 서약은 미리 모든 사람의 서약을 포함하고 있는 이미 제한된 시간성 속에서 스스로 시간화되기 때문이다. 이런 의미에서 "맹세하자!"라고 말하는 것은 맹세하는 것이다. 실제로 이 주제에 대한 의견 불일치의 가능성은 대부분의 경우 순전히 형식적인 가능성에 불과하다. 서약이 다시 고 *안된다면* 이는 객관적 상황이 이미 서약을 그런 수단, 즉 집단이 통일을 보존하기 위해 강구하는 유일한 반성적 수단으로 구성하기 때문이다. 따라서 서약은 모든 구성원의 안전을 보장해 주는 각자의 자유로 정의되어야 한다. 물론 이때 이 안전은 그의 *타자적-자유로서* 각자에게로 되돌아오게끔 하기 위해서다. 또한 서약은 극복할 수 없는 요구의 자격으로서 각자의 집단에 대한 실천적 소속으로 정초되어야 한다. 실제로 서약을 한 후에 제삼자는 이전과 마찬가지로 그 자신의 공동 *실천을* 통해, 따라서 그의 자유 속에서 직접 집단의 구성원이 된다. 이것은 다음을 의미한다. 즉 그의 행동조차도 변증법적 자유 속에서, 하위 집단의 내부에서 또는 고립된 개인의 공동 실천으로서 전개된다. 서약은 그 실천의 원천에서 보면 부재하고 있는 제삼자들의 안전(그에 의해 보장된 안전)과 그 자신의 안전(제삼자들에 의해 보장된)의 일치 이외의 다른 것이 아니다. 요구와 가능성들의 타성태적 부정으로서의 극복 불가능한 상존성은 특수한 조건들의 작용 아래에서(예를 들어 테러, 고문, 깨진 협상의 제안들과 행동 같은 적의 몇몇 행위) 그 모습을 드러내게 된다.

서약의 가지성: 동지애-공포

서약 집단의 형성 과정에 대한 기술(記述)의 현재 단계에서 가지성의 문제가 마침내 대두된다. 만약 우리가 두 문제를 실제로 해결할 수 있다면 서약의 가지성의 형태도 알게 될 것이다. 우선 서약은 살아남은 집단 속에서 제삼자에 의해 매개된 상호성의 형태로 이루어지기 때문에 우리는 이 연구에서 매번 신념의 서약을 새롭게 하는 변증법적 연속성(즉 자유로운 전개)을 포착해야만 한다. 달리 말하자면 개인적 투기와 융화 집단의 공동 실천은 *이해 가능한 실재*다. 따라서 서약의 재고안이 정해진 상황의 기초 위에서 이해할 수 있는 하나의 변증법적 과정인지를 이 연구 안에서 결정해야만 한다. 다른 한편 우리가 해명한 바와 같은 공동 서약의 구조는 우선 일종의 추상적 관념성 안에서 나타난다. 왜냐하면 스스로에게 하는 집단행동으로서의 서약이 처음에는 집단의 물리적 지위의 노력에 의한(그러니까 노동과 투쟁에 의한) 수정으로 나타나는 것이 아니라 이 관계들의 부동의 결속으로서 나타나기 때문이다. 물론 언어는 물질성이고, 몸짓은 노력이다. 그러나 손을 하늘로 치켜든 100명의 사람들이 반복해서 외치는 구호는 투쟁이나 건설의 소모적 노동과 비교할 수 없다. 융화 집단에 대한 우리의 기술에서 의미 작용은 *실질적 에너지 소비로서의*, 방향이 설정된 환경의 수정으로서의 공동 실천의 창조와 일치한다. 이처럼 집단은 모든 노동 생산물과 마찬가지로 수고와 노동을 통해 *실질적으로 구성된다*. 이는 정확히 이 공동 노력이 노동을 존재 안에 각인시키기 때문이다. 단순히 에너지의 변환이라는 관점에서 동등하게 평가될 수 없는 이 거대한 변증법적 사건과 나란히 관념성의 계기가 나타난다. 게다가 융화 집단의 통일성은 적대 집단의 참을 수 없는 압력으로부터 자신의 물질성을 끌어낸다. *그것은 이 압력(즉 총체화하는 파괴의 압력)의 내면화이며 동시에 전복이었다*. 이와 반대로 서약 집단의 통일성은 기호와 의미 작용의 단순한 작용으로 보인다. 이 통일성은 아직 실현되지 않은 *가능한 공격*으로부터, 그리고 또 순전히 자신의 내적 요인에 의해서만 이루어졌기 때문이다. 물질적인 어떤 것도 아직 나를 진정으로 제삼자와 연결시켜 주지 않았다. 그리고 만약 서약이 담론의 상호적 결정에 불과하다면 이 서약 자체로는 나로 하여금 적의 압력 속에서 고독하게 내가 집단의 일원임을 느끼게 하는 그 결속력을 설명할 수가 없다. 분화된 분산 속에서 적의 행동(직접적이거나 간접적이거나 간에, 또 고의적이거나 그렇지 않거나 간에)은 고립(융화 집단에서 일어나는 것과 정반대의 현상인)을 강조해 주는 경향이 있다. 죽음과 고문 앞에서 공동의 이해는 직접적 긴급성(죽음과 고통에서 피해야 한다는)을 위해 스스로 소멸될 가능성이 있다. 위에서 기술된 행위가 완강한 타성태적 힘으로서의 상황 안에서 집단의 극복 불가능성이 될 것이라고는 믿기 어렵다.

사실을 말하자면 이 두 문제는 결국 하나로 귀결되고, 우리는 그것을 하나씩 풀어 결국 전체를 해결할 수 있다. 왜냐하면 서약 집단의 내적 구조를 기술한 바 있지만 우리는 제삼자에 의해 자유롭게 갱신되는 서약의 진정한 의미를 직접적으로 포착하지 못했기 때문이다. 사실 서약의 기원은 두려움(제삼자에 대한, 그리고 나에 대한)이다. 공동 대상이 존재하는데 그 자체가 운명적 공동체의 부정이라는 점에서 공동의 이해관계이기도 하다. 그러나 위협의 끈질긴 지속과 마찬가지로 적의 압력의 감퇴도 각자에게는 새로운 위험의 신호탄이다. 공동의 이해관계가 점진적으로 소멸될 위험과 개인 상호 간의 적대감 혹은 집렬체적 무기력이 다시 나타날 위험인 것이다. 이 반성적 두려움은 실질적인 모순에서부터 생겨난다. 위험은 항상 존재한다.(아마도 이것이 객관적으로 볼 때 *더 심각한* 것인지도 모른다. 적은 아마도 지원군을 받았을지 모른다.) 하지만 이 위험은 멀어져서 *의미 작용*의 차원으로 넘어가고, 결국 충분한 두려움을 주지 못하게 된다. 제삼자에게 두려움은 아무도 — 그 자신조차도 — *충분히 두렵지 않다*는 사실에서 나온다. 살아남은 집단을 특징짓는 이와 같은 상태의 변화는 이 집단의 취약점이기도 하다. 이 집단이 와해되지는 않는다 하더라도 이 집단이 공격을 통해 융화 집단의 지위를 되찾을 것이라는 보장은 없다. 이 모든 반성적 두려움이 실제 사실들, 즉 이 사람의 피로, 저 사람의 상처, 잠자는 제삼자, 나와 제4자 사이의 싸움 등을 통해 *구체성 속에서* 체험된다. 그리고 진행 중인 와해가 제삼자에 의해 극복되는 것은 이 와해를 조건 짓는 상황들의 부정, 즉 두려움의 부재를 부정함으로써다. 서약이 진행 중인 가운데서 이루어지는 근본적인 재고안은 집단에 의해 발생된 진짜 두려움을 자꾸만 멀어지는, 그 멀어짐조차 거짓 멀어짐인 그러한 외적 두려움으로 대체시키는 것이다. 집단의 자유 생산물로서의, 그리고 집렬체적 와해에 반대하는 자유의 강제 행동으로서의 이 두려움을 우리는 이미 잘 알고 있다. 우리는 이 두려움이 행동 그 자체 안에서 한순간에 나타나는 것을 보았다. 이것이 바로 **공포**[54]다.

공포는 특정한 자유를 소외시킴으로써만 존재하는 그런 필연성에 대항해 공동의 자유가 행사하는 폭력이라는 것을 우리는 앞에서 지적한 바 있다. 자신의 인격 속에서 혹은 **타자**의 인격 속에서 죽음의 위협 속에 놓인 집단을 발견한 제삼자에 의해 극복이 이루어진다. 이것은 다시 개인이 되어 집렬체성 속에 떨어지게 될 각 *실천*에 직접적 죽음의 위협을 받는 집단을 재확인시킴으로써다. *그 자체에 대한 행동으로서의 집단*은 살아남는 단계에서 강제적이 될 수밖에 없다. 규제적 제삼자는 감소하는 위험에 대한 점증적인 두려움 속에서 집단

---

54 대문자로 쓴 Terreur에는 분명 프랑스 대혁명기에 행해진 '공포 정치'라는 의미가 있기는 하다. 하지만 여기에서 사르트르는 이 단어로 융화 집단이 서약 집단으로 이동하는 과정에서 서약을 어기는 자들이 자신들에게 가하는 처벌 행위를 지칭하는 것으로 보인다. 그러니까 융화 집단의 형성 때 발생한 '나'와 '타자'의 일치, 이를 바탕으로 한 '우리(nous)'의 형성이 지속되려면 이 집단 안에서 폭력을 동반한 행위, 즉 공포가 반드시 동반된다는 것이 사르트르의 견해다. 이런 의미에서 우리는 이를 '공포'로 옮겼다.

자체의 와해라는 점증적 두려움으로 상쇄시켜야만 할 진정한 위협을 발견한다. 목표는 언제나 같다. 그것은 공동 이익을 지키는 것이다. 그러나 집단은 일체의 물리적 압력이 없는 상태 속에서 스스로 구성원들에 대한 압력으로 거듭나야 한다. 그런데 이 거듭남은 이상주의적인 것과 아무 관계도 없다. 왜냐하면 이것은 구체적으로 집단의 구성원들에게 절대적 폭력이 가해지도록 하는 실질적 수단(각자에게 부과되고 전원이 동의한)의 총체로서 제시되기 때문이다. 지위를 확립하거나 (형태가 발전한 특정의 집단 안에서처럼) 감시와 통제의 조직을 구성하거나 또는 서약이 단순히 집단 구성원으로서의 각자에게 개인 혹은 집렬체의 구성원으로서의 각자에 대한 생사여탈권을 주게 된다는 것은 별로 중요한 일이 아니다. 중요한 것은 변화가 집단 내부에서 각자가 느끼는 위험 속에 분산 가능한 요소로서 들어 있다는 사실이다. 또 다른 측면에서 이 폭력은 자유롭다. 공동체의 어떤 요소들이 역사적으로 한정된 특정 상황 속에서 그것을 몰수하여 자기들 편에 유리하게 사용했다는 것은 우리에게 별로 중요하지 않다. 이 문제에 대해서는 다음 기회에 이야기하겠다. 중요한 것은 어떤 폭력의 몰수(권력의 쟁취)도 다음과 같은 경우 비가지적이라는 점이다. 그러니까 폭력이 공동 행동 한가운데에서 우선 자유들 상호 간의 실제적이고 현실적인 관계가 아닌 경우, 즉 스스로 서약한 이 집단의 한 행동적 유형이 아닌 경우가 그것이다. 왜냐하면 이 행동은 구성원 전체에 의해 다시 고안되고, 행사되고, 받아들여졌기 때문이다. 그런데 서약은 정확히 이것, 즉 폭력의 지위로 매개된 상호성에 의한 공동의 고안이다. 일단 서약이 행해지면 집단은 자유롭게 맹세한 신념의 이름으로, 그리고 집단의 생명을 걸고라도 필연성에 대항해 각자의 자유를 보장해 주어야만 한다. 각자의 자유는 자신과 무작위적 제삼자에 대한 전체의 폭력을 요구한다. 이 폭력이 스스로에 대한 스스로의 방어(분리와 소외의 자유로운 힘으로서의)이기 때문이다. 맹세를 한다는 것, 그것은 공동 개인의 자격으로 말하는 것이다. 만약 내가 집단에서 분리되면 나는 나를 죽일 것을 요구한다. 이 요구는(제삼자도 똑같은 **공포**에 의해 확인될 것이라는 사실에 안심하면서) 적에 대한 두려움에 대항하는 자유 방어로서 내 안에 **공포**를 장치한다는 이외의 다른 목적을 가지고 있지 않다. 이 단계에서 서약은 물질적 조작이 된다. 첫 번째 계기인 "맹세하자"는 공동 지위를 실질적으로 변형시키는 것과 일치한다. 이때 공동 자유는 **공포**로서 구성된다. 두 번째 계기는 — 연속적이고 동시적인 *서약들의* 선서 — **공포**의 물질화, 즉 물질적 대상 안에 자신을 육화하는 행위(칼을 놓고 맹세를 한다든가, 문서로 된 서약에 사인한다든가, 강제 기구를 창립한다든가)다.

이처럼 서약의 가지성은 이것이 융화 집단의 광범위한 구조로서의 폭력으로 확인되고 재발견되었다는 사실에서 유래한다. 또한 이 서약이 반성에 의해 폭력을 공동 관계의 규약적 구조로 변형시켰다는 사실에서 유래한다. 사실상 제삼자들의 관계가 매개되는 한, 즉 이 관계들이 모든 사람을 관통하는 한 폭력의 성격은 쉽게 드러나지 않는다. 이 관계들은 그저 집단 구성원들 사이의 자유로운 공동 관계들일 뿐이다. 그러나 와해의 위험이 나타난 순간 각각의 제삼자는 각각의 타자를 집단의 이름으로 단죄하고, 내려진 판결을 실행에 옮기는 자로(혹은 반대로 각자가 그에게 선고를 내리고 실행하는 그러한 대상으로) 새롭게 태어난다. 그러나 이와 동시에 각자는 스스로에 대해 자신을 방어할 것을 요구하는 자, 모든 판결을 감수하는 자로 자신을 구성한다. 그리고 — 어떤 특정의 위험 이전에 — **공포**가 그 내재적-초월적 구조에서부터 각자에게로 온다. 바로 이때 각자의 실천을 종합하고

총체화하는 조작이 그저 단순히 통합시켜야 할 *제삼자*로서의 총체화
적 제삼자를 지명하는 것으로 변형된다. 집단 밖으로 떨어질 현실적
위험은 실제적으로 이 *실행 불가능한* 통합 안에서 그리고 그 통합에
의해 체험된다. 서약자들을 한데 묶는 물질적인 힘은 (그들이 공동의
이익을 보지 못할 경우) 그들을 배제하고 총체화될 위험이 있는 총체화
로서의 집단의 힘이다. 적대적 총체성의 강제적 힘으로서의 이 힘은
각자에게는 직접적으로, 지속적으로 생명을 잃을 가능성이다.

　이런 의미에서 뛰어넘을 수 없는 한계로서의 집단-내-존재는 이
한계가 극복될 경우 반드시 죽게 될 확실성이 된다. 이런 관점에서 볼
때 물질적 조작으로서의 서약이 하나의 초월적 존재(십자가, 성경, 또
는 신 그 자체)를 개입시키거나 공동의 내재성 안에 머물러 있게 된다
는 것은 별로 중요하지 않다. 어쨌든 초월성은 서약 집단 안에서 각자
에 대한 전체의 *절대적* 권리로서 현전한다. 달리 말하자면 규약은 상
황에 좀 더 잘 적응되어 있다는 이유로 집단이 임시로 채택한 단순한
실제적 조직과 같은 것이 아니다. 규약은 각자의 자유에 의해 요구되
는 것으로서 제시된다. 그리고 모든 제삼자에 의해 자유에 맞서, 또는
타자들의 모든 불이행에 맞서 제시된다. 그의 초월성(즉 아무 때나 아무
에게나 사형 선고를 내림으로써 자신을 현시하는 절대적 권리)은 스스로를
실천적-타성태에 맞서는 정당한 폭력으로 주장하는 자유에 근거하
고 있다. 그러므로 **신**이나 **십자가**는 이 특징에 아무것도 덧붙이지 않
는다. 말하자면 이 특징은 처음으로 (상호성 속에서) 인간에 대한 인간
의 절대적 권한으로서의 인간의 위치인 셈이다. 그러나 역으로 철저
하게 종교적인 사회에서 서약이 **신** 앞에서 이루어지고, 이것을 어기
는 자에 대한 신의 징벌(저주 따위)을 요구할 때 **신**에 대한 이 서약은
내재적 통합의 대체물에 불과하다. **신**은 스스로 집단의 고귀한 과업

을 실행하는 자가 된다. 말하자면 **신**은 사형 집행인의 대체물이다. 저주가 사형을 대신한다고까지 말할 수 있다.(왜냐하면 저주는 실제의 것으로 여겨지고 죽음과 겹치기 때문이다.) 만약 서약을 실제로 어긴다면 **신**의 제재도 집단에 의해 이루어지는 배신자의 살해를 막을 수 없다. 결국 — 초월적인 것과의 관계가 어떠한 것이든 간에 — 생사 여탈권은 집단의 규약 그 자체다.

모든 사람의 두려움을 자신과 **타자**에 대한 각자의 두려움으로 대체하려는 자유로운 시도, 이것이 바로 서약이다. 이 두려움은 개인을 소외시키는 공동 자유에 대한 가지적 극복으로서의 폭력을 갑작스럽게 현동화시킨다. 이 가지성은 전면적이다. 왜냐하면 이것은 *이미 제시된* 한 대상을 향한 이미 주어진 요소들의 자유로운 극복이기 때문이다. 왜냐하면 이 극복은 공허(부정해야 할 운명) 속에서 그것을 예고하는 특정의 상황들에 의해 조건 지어지기 때문이다. 그러나 우리가 처음에 발견한 자유와 상호성의 구조들은 사라지기는커녕 **공포**의 실질적, 물질적 운동 속에서 모습을 드러낼 때 완전한 의미를 되찾는다. 다른 제삼자 속에서 나의 서약이 보증된다는 것은 사실이다. 그러나 이 보증의 의미는 정확히 폭력이다. 제삼자는 내가 모든 사람(그리고 그)에게 서약의 불이행 시 나를 제거해도 좋다고 인정한 권리에 의해, 그리고 또 내가 요구한 것이지만 공동의 권리가 내 안에 드리워 놓은 **공포**에 의해 나의 자유로운 배신으로부터 보호된다. 제삼자로 하여금 자신의 신뢰성을 자유롭게 책임지게 하는 것(자신을 위해 **공포**를 자유롭게 요구하는 것)이 바로 이 보증이다. 이와 같은 보증이 있었으므로 배신과 해산의 경우 제삼자에게는 변명의 여지가 없다. 이렇게 해서 나는 내 안에서 공포를 요구로서 발견한다. 달리 말하자면 서약 집단의 기본적인 규약은 **공포**다. 하지만 상황이 특별히 강제적이지 않을 때 나는 극복 불가능성과 요구의 수준에 그냥 머물러 있을 수 있다. 왜냐하면 서약은 자유로운 약속의 자유로운 관계이기 때문이다. 이 수준에서 나는 요구를 **타인**에게 개입된 내 자유로서, **타인**에 대한 *나의* 요구로서만 파악한다. 만약 압력이 강조된다면 똑같은 관계가 그 근본적인 구조 안에서 발견된다. 나는 구성하는 자유 실천으로서의 내 인격을 청산하는 것에 자유롭게 동의했다. 이러한 자유로운 동의는 나의 자유에 대한 **타자**의 자유의 자유로운 우위로, 즉 나의 실천에 대한 집단의 권리로서 나에게 되돌아온다. 여기에서는 또한 이 권리를 집단에 대한 의무로 파악하거나(즉 구체적으로 한 가능성의 단언적 부정으로서, 물론 여기에서는 도덕이나 법전의 문제가 아니다.) 내가 이런저런 강령에 따라 행동하지 않을 경우 집단이 내 생명을 처분해도 좋다고 내가 동의한 권력으로 파악하거나 하는 것은 매한가지 일이다. *우리에게 그러하다거나 혹은 본 연구의 바로 이 계기에서 그러하다*고 말하는 것은 결국 같은 일이다. 결국 이 다양한 행동들은 상황들에 의해 조건 지어지고, 동시에 *그 자체가 상황 속에서 구성*된다. 중요한 것은 구체적 의무가 그 자체로 그리고 암묵적으로 죽음을 내 가능한 운명으로서 내포하고 있다는 사실이다. 또한 이와는 반대로 집단의 권리가 나를 결정한다는 사실이다. 왜냐하면 그것은 그렇게 하도록 *동의되었기* 때문이다.

여하튼 이 서약 집단의 규약은 중요하다. 실제로 활동하는 공동체 안에서 활동하는 사람들 사이에 *구성된*(그리고 끊임없이 재구성되는) *실천적* 관계를 우리의 변증법 연구가 처음으로 해명했다고 말할 수도 있겠다. *지속성으로서의 집단*은 결국 융화 집단에서부터 출발해 특정의 상황들 속에서 *구축되는 도구*다.(적어도 우리의 연구 안에서는 그러하다.) 그리고 이 공동으로 이루어지는 구축은 ─ 즉 공동 개인으로서의 각자의 제삼자가 작동시키는 ── 어떤 경우에도 "자연적", "자발적" 혹은 "직접적" 관계로 환원될 수 없다. 요컨대 이 구축은 살아남은 한 집단 안에서 외부적 조건들이 반성적 실천을 야기했을 때 실현된다. 위험과 과업의 성격은 ── 와해될 위험이 있는 ── 집단이 스스로 자신의 *실천 수단, 즉 공고화의 수단*으로 나타남을 내포하고 있다. 집단 구성원들의 관계는 이런 식으로 *자체에 영향을 미치는* 내부 작동의 한 공동체 안에서 확립된다. 이 관계들에 의해 조건 지어지는 주관적 실천이 이 관계들을 관통한다. 그러나 우리는 이미 집단의 강제적 성격은 그것이 *실존*(유기체로서의)도 *존재*(물질적 전체로서의)도 갖고 있지 않다는 사실에서 온다는 것을 잘 안다. 이 단계에서 실재로서의 집단은 우선 각자에게 공동 실천을 포기할 수 없는 불가능성일 뿐이다. 달리 말하자면 이것의 *존재*는 각자 안에서 일체의 순수한 개인적 행동을 완강하게 부정하는 죽음의 맹세다. 앞에서 보았듯이 이 존재는 각기의 자유 실천에서 **타자**-존재다. 그러나 우리는 집렬체성으로 다시 떨어지지는 않는다. 각각의 제삼자 안의 이 **타자**-존재는 그의 이웃 안의 **타자**-존재와 똑같은 것이기 때문이다.

이런 의미에서 보면 폭력은 도처에 있다. 최초의 공동 규약으로서의 **공포**가 도처에 있는 것과 마찬가지다. 그러나 상황으로 인해 집단의 통일이 동요되지 않는 한 이 **공포**는 구성원을 통합하는 **공포**일 뿐 이들을 분리하는 **공포**는 아니다. 결국 서약에 의해 공동 *개인*들이 된 이 사람들은 서로에게서 자기 것과 같은 **공포**를 발견한다. 이들은 *여기 그리고 도처에서* 자유를 집단-내-존재로, 그리고 집단-내-존재를 그들의 자유의 존재로 *정당화하는*(즉 제한하는) 그런 자유를 체험한다. 이런 의미에서 **공포**는 각자와 모두에게 필연성에 대한 자유의 힘인 한에서 그들의 첫 번째 통일이다. 달리 말하자면 집단-내-존재는 (논의를 단순화하기 위해 우리는 행동이 아직 시작되지 않았다고 상정하기 때문에) 공동의 자유 *실천*과 무기력한 집렬체 지위 사이를 매개하는 것이라고 말할 수도 있겠다. 각자가 실천적-타성태적 장으로 다시 떨어지지 않고, 또 *공동의 것으로서의* 개인적 행동이 소외를 피할 수 있는 것은 자유롭게 요구된 규약의 보증 덕분이다.(비록 집단 전체의 실천은 어쩔 수 없이 실천적-타성태의 장으로 떨어지게 되지만 말이다.) 반성적 구축으로서의 이 보증은 각자를 위한 전체의 배려다. 그러나 이 배려는 죽음을 내포한다. 여하튼 *이 죽음의 배려에* 의해 공동의 개인으로서의 인간이 전체에 의해(그리고 그 자신에 의해) *새로운 실존자로서* 개인 안에서 창조된다. 그리고 이 인간에게 미래의 어떤 가능성들에 대한 폭력적인 부정은 새롭게 만들어진 이 규약과 동일한 것이다. 서약 집단 안에서 모든 제삼자의 근본적인 관계들은 똑같이 필연성에서부터 태어났다는 사실이다. 상호성의 직접적 관계가 확립되는 것은 바로 이 기초 위에서다. 각자는 다른 제삼자에게서 뒤로 되돌아갈 수 없고, 인간 이하의 인간의 지위[55]로 되돌아갈 수 없는 불가능성으로서의 동의된 폭력을 인정한다. 이 폭력은 그를 공동 개인으로 만든 폭력적 운동의 지속화이기도 하다. 그러나 물론 이 인정은 실천적이고 구체적이다. 각각의 제삼자가 집단 구성원들을 추상적 인간(혹은 인간의 추상적 표본)으로서가 아니라 서약한 개별적 개체들(특정의 상황, 대상, 서약과 연관된)로서 인정하기 때문에 이 인정은 *구체적*이다. 그것이 또 *실천적인* 이유는 서약 자체가 이런저런 상호적 행동(그가 나를 구해 주었고, 나를 도와주었고 등등)에 의해 매번 새롭게 다짐되고, 스스로의 근

---

55 나는 이 용어에 아무런 특정의 내용을 부여하지 않았다. 다만 모든 단계에서 스스로를 대자적으로 정립하는 집단과 실천적-타성태의 수동성의 관계를 분명히 해 줄 수 있다는 점에서 이 용어를 사용했다.(원주)

본적인 구조로서 제시되기 때문이다. 이것은 공적으로 표명된 것이든 비밀의 것이든 간에 구성원들이 서로 도움을 주는 집단들(지금 우리가 다루고 있는 것보다 훨씬 진화된 경우)에서 특징적으로 보이는 현상이다. 각각의 서약이 전체의 서약에 의해 조건 지어지므로, 그리고 마침내 각자에게 *자신의 타성태적 존재* 안에 공동의 개인의 자유를 들여오는 것은 바로 이 전체의 서약이므로 인정은 **타자**의 자유에 의한 각자 자신의 자유(참여한 자유, 그리고 참여 이후 자유롭게 진전되는 실천의 자유)의 인정이며 동시에 *집단에의 귀속*에 대한 확인이다.

　여기에서 총체화는 도처(즉 결국 *지금, 여기*)에서의 규약의 재현동화에 불과하다. 총체화는 단숨에, 그리고 끊임없이 재현동화되는 것으로 제시된다. 서약을 하는 행위에 의해 결국 하나의 대상이 창조되었다.(결정이 내려진 그 "역사적" 순간에 말이다.) 이 물질적 대상은 물질성 안에 역사적 서약을 극복할 수 없는 과거로서 간직하고 있다. 융화 집단의 대상화도(성벽은 장악되고 해체되었다 등등) 배제되지 않는다. 오히려 이것은 구식 통일성의 물질적 실현이며 공동 출현의 순간이다. 그러나 이전과는 다른 양식의 실재이다. 즉 서약 집단의 단계에서 일단 서약서가 서명되면 서약이 행해진 장소는 집단의 *타성태적 힘*으로서 또는 집단-내-존재가 자기 존재 안에서 내적 외적 위협에 대항하는 끈질긴 힘으로서 나타난다. 그것은 사실의 비유기적 물질성과 과거의 인간사 사이의 굳건히 연결된 상호성의 의미 작용이다. 사실상의 비유기적 물질성은 *지금, 여기* 자신의 현재-존재를 모든 미래-계획을 출발점으로 하여 그것의 구성적 구조를 폭로하고 있고, 과거의 인간사는 미래와 직접 연관이 있는(서약한다는 사실은 직접적인 실재나 심층적인 실재 속에서 똑같이 미래에 대한 경계다.) 그러나 결코 극복할 수 없는, 그러니까 *미래 속의 영원한 현전*이다. 서약 집단은 그 자체 안에 어떤 물질적 산물로서 자신의 대상화를 생산한다.(문서화된 계약이나 예전에 사람들이 들어차 있던 방까지도 해산의 순간에는 내면화된 생산물, 구성원들 사이의 물질적 매개가 된다.)

하지만 이 내적 객관성(이것은 각자가 과거의 어느 날짜로 되돌아갈 수 없는 것으로, 시간화의 비가역성으로 발생한다.)은 *존재*로서의 집단의 객체화가 아니다. 이것은 그 분출(서약에 의한 규약상의 반성적 분출)의 영원하고 고정된 보존이다. 이것은 인간성의 시작이다.[56] 따라서 각자에게 명령적 성격(미래로 극복할 수 없는 상존성이라는 그 특성에 의해)이 되는 이 시작은 인식을 공통된 두 가지 성격들의 상호 긍정에 돌려준다. 우리는 같은 날짜에 서로 모든 사람을 통해 진흙에서 나왔기 때문에 동등자들*이다.* 그러므로 우리는 말하자면 특정 순간에 갑작스러운 변화에 의해 나타난 특별한 종족이다. 하지만 우리의 특수한 성격은 그것이 자유인 한에서 우리를 통합시킨다. 즉 우리의 공동 존재는 각자에게서 볼 수 있는 *같은 본성*이 아니다. 오히려 이것은 조건들의 매개된 상호성이다. 제삼자에게 가까워짐으로써 나는 나의 타성태적 본질이 다른 예에서 드러난 것으로서 인정하지 않는다. 나는 *우리*를 진흙에서 떼어 내는 행위의 필연적 공모자를 인정하며, 그의 실존이 *나의 실존과 똑같은* 그 동지는 나에게 나의 실존으로서 다가오면서도 나의 실존에 의존하며 또한 나의 실존은 자유로운 동의의 비가역성

---

56 다음 사실을 잘 이해하자. 즉 이는 위대한 혁명적 계기들만을 지칭하는 것이 절대 아니라는 사실 말이다. 사실 이 계기들에서는 동시대인들이 인간을 새로운 현실로서 받아들이고 만들어 낸다는 느낌을 갖는다. 서약의 상호성과 함께하는 모든 조직은 최초의 시작이다. 왜냐하면 조직이란 항상 어떤 종류의 것이든 간에 집렬체에 대한 공동의 자유와 같은 것으로서의 인간의 정복이기 때문이다. 사실 정복이란 융화 집단의 단계에서 이루어진다. 하지만 집단이 그 자체를 위해 정립하는 것은 서약에 의해서다. 더 이상 *실천* 전체에 의해 생산되고 흡수된 공동 실천의 명백한 수단으로서가 아니라 다소간 멀리 떨어진 목표에 이르는 수단으로서, *따라서* 즉각적인 그 자신의 목적으로서 정립된다.(원주)

안에서(모두를 통해) 그의 실존에 의존한다. 게다가 *집단-존재*는 각자에게 자연스럽게 체험된다. 각자는 *집단의 일원인* 점을 "자랑스러워하며" 집단의 일률성(만약 그런 것이 있다면)에 물질적 기의가 되긴 한다. *하지만 이것은 자유의 본성으로서다.*(이것이 나에게 강요로 나타나는 것이 바로 그 끔찍한 타성태적 힘이다.)

　이렇게 해서 집단 내에서 공동 개인들의 관계는(이것이 투쟁의 재발이나 전체적 목표에 의해 명령되지 않는 한) 양면적인 상호성의 관계들이다. 이 사람과 나, 즉 우리는 동지들이다. 그리고 이 동지애는 본성의 심오한 동질성을 표현하는 것으로서 종종 어리석게 소개되듯이 외적 유사성에 근거하는 것이 아니다. 그러니까 통조림 속의 강낭콩들을 서로 동지들이라고 불러선 안 될 것이다. 서약의 창조적 행위 후에 우리는 우리 자신의 자식이고, 우리의 공동 시도인 한에서 동지들이다. 그리고 동지애는 실제 가족에서처럼 집단 안에서 상호적이고 개별적인 의무의 총체에 의해 표현된다. 즉 상황과 그 목표들(일반적으로 서로 도와야 하는 의무, 혹은 특정한 노동이나 행동의 엄격하게 규정된 세세한 경우)로부터 출발한 집단 전체에 의해 규정된 것으로 표현된다. 그러나 이 의무들이 이번에는 — 조금 전에 살펴보았듯이 — 근본적인 강요의 공동체만을, 그리고 또한 실제적 시간화의 비가역적 가설인 지나간 자율적-창조의 공동체를 드러낸다. 이런 점에서 보면 동지애는 공동 개인의 실제적 관계이며, 각자는 *자신의* 존재와 *타자*의 존재를(이것이 **타자** 곁에 그저 단순히 있는 것일지라도, 혹은 저항하는 **흑인들**, 방어에 대한 **백인들**의 의사(擬似) 연대일지라도) 넘을 수 없는 상호 의무의 형태로 체험한다. 그렇다. **성 도미니크**의 저항하는 **흑인들**에 의해 순수하고 상호적인 의무로 포착된 피부색은, 그리고 동시에 각자의 소외의 가능성에 대항하는 각자의 물질적이며 타성태적인 보장으로서 포착된 이 피부색은 외형적이고 보편적인 성격으로서가 아니라 자유로운 *지위 상승의 과거적 통일성*에 근거하는 역사적 성격으로서 각자에게 포착된다. 바로 이것이 동지애, 즉 동일 집단에 속하는 구성원들 사이의 모든 상호적 관계들의 근본적이고 실제적인 구조다. 그리고 동지애, 우정, 사랑 —— 동지애라는 용어를 애매하게 감정적으로 받아들일 경우에조차 —— 이라고 불리는 것들은 특별한 상황을 바탕으로 이런저런 관점에서 변증법적이고 실제적인 풍부화로서 이 최초의 구조, 즉 서약한 사람들의 실제적이고 살아 있는 지위에 대한 자유로운 특수화로서 이러저러한 상호성을 위해 이루어진다. 구성된 집단은 각자 안에서, 그리고 각자에 의해 공동 *개인의 고유한 탄생*으로서 이루어지며, 이와 동시에 각자는 동지애 안에서, 집단 한가운데에서 집단에 의해 이루어진 공동 개인의 탄생을 포착한다.

다른 한편 이 동지애는 각자에 대한, 각자를 통한 모두의 *권리*다. 동지애가 또한 폭력이라거나 이 폭력에서 유래한다는 점만을 기억하는 것으로는 충분하지 않다. 폭력이란 긍정적 상호성을 통한 내면성의 관계로 입증되는 것이므로 동지애는 폭력 그 자체인 것이다. 이런 사실을 통해 우리는 동지애 관계의 실제적 위력이 자기와 다른 제삼자를 위해 (내재성 안에서)[57] 각자에 의해 일어나는 융화 집단에서 구속 집단으로의 자유로운 변형과 다르지 않다는 점을 이해해야 한다. 서약 집단이 그 구성원들 가운데 한 사람(배신자로 지목되었거나 실제로 배신을 한 사람)의 약식 처형이나 린치에 착수할 때 우리는 특히 이런 불분명함에 특별히 주목하게 된다. 배신자는 집단으로부터 배척되지 않으며 스스로 집단에서 떨어져 나올 수도 없다. 그는 —— 배신의 위

---

57   사실 집단이 그 구성원 각자에게까지 다른 집단, 즉 반대편의 집단에의 초월적 관계에 의해 자격을 부여받게 되는 것은 당연하다. 이 점은 뒤에서 다시 살펴보게 될 것이다. (원주)

협을 느낀 ── 집단이 죄인을 무화시킴으로써, 즉 그 모든 폭력을 그에게 전가함으로써 스스로를 재구성하는 한 집단의 구성원으로 남게 된다. 하지만 배신자의 숙청이 그가 집단에 속하는 인간이라는 긍정적인 인정에 근거한다는 의미에서 이 말살의 폭력은 린치를 가하는 사람과 당하는 사람 사이의 동지애 관계를 남긴다. 마지막까지 사람들은 그 자신의 서약이라는 이름으로, 그리고 그가 자신과 **타자들**에 대해 인식했던 권리의 이름으로 그에게 몰두한다. 하지만 반대로 린치의 목표가 배신자의 무화인 점에서 볼 때 린치를 가하는 사람에게는 린치가 공동 폭력의 *실천*이다. 이 린치는 린치를 가하는 사람들 사이의 각성되고 강화된 동지애 관계다. 이것은 서약 자체의 과격한 재현으로 돌을 던지거나 타격을 가하는 일은 마치 서약에 대한 새로운 선서처럼 이루어진다는 점에서 그러하다. 배신자의 처형에 가담한 자는 집단 존재의 극복 불가능성의 성격을 자기 자유의 한계와 새로운 탄생으로서 재확인한다. 그는 이것을 유혈이 낭자한 희생 안에서 재확인하며, 게다가 이것은 각 개인에 대한 모든 사람의 강제적 권리에 대해 명백한 인식, 모두에 대한 각자의 위협을 구성한다.

더욱이 진행 중인 *실천* 안에서(즉 처형이 진행되는 동안) 각자는 각자에 대해, 그리고 모두에 대해 공동 폭력과 위험의 실제적 연대 속에서 연대감을 느낀다. 나는 내 모든 이웃에게 폭력에 의해 이루어진 동지다. 게다가 이런 동지애를 거부하는 사람은 의심을 받게 될 것이다. 달리 말하자면 분노와 폭력은 배신자에 가해지는 **공포**로, (그리고 상황이 이러한 감정을 일으키는 경우에는) 린치를 가하는 사람들 사이에서는 *사랑*의 실제적 관계로[58] 동시에 체험된다. 폭력은 사랑의 이러한

---

58   내가 여기에서 말하고자 하는 바는 배신자들의 처형이며, 다른 집단 구성원들의 삶을 방해하는 미국의 인종주의적 린치는 물론 아니다.(원주)

측면적 상호성의 힘 그 자체다. 이러한 사실을 통해 우리는 집단에서 발생하는 여러 사태의 강도가 그 기원을 외적 위협들의 강도, 즉 위험의 강도로부터 이끌어 낸다는 사실을 이해할 수 있다. 이 강도는 다음과 같은 경우, 즉 위험이 사라지지는 않은 채 이 강도가 더 이상 실재적인 압력으로 드러나지 않을 경우에 **공포**라는 고안된 대치물로 대체된다. 그렇다고 하더라도 집단으로 모인 인간들의 실제적 *산물*인 공포가 *그 자체 안에*, 이 강도의 정도를 위해 반대의 폭력(즉 한번 겪어서 기억 속에 여전히 생생한 폭력과 예컨대 반격의 경우처럼 기대되는 폭력)에 의존하지 않는 것은 아니다. 그러므로 집단 자체에 의해 고안되고 공동의 개인들이 각각의 특별한 대리인(그 자체 안에 집렬체의 위험을 포함하는)에게 적용하는 대항 폭력과 같은 **공포**의 고안은 그때까지 적대자에 대항해 투입했던 공동의 힘을 집단 자체의 개편을 위해 사용하는 것이다. 그리고 공동 *개인들의 내적 행위들*(동지애, 사랑, 우정, 분노, 린치)은 그 무서운 위력을 **공포** 자체로부터 끌어낸다. 이런 의미에서 각자는 각자에 대해 공동 *실천*의 통일성 안에서는 동등자다. 하지만 정확히 상호성은 통합이 아니고, 진앙은 비록 숨겨져 있더라도 중개된 상호성 안에 여전히 남아 있으며 나는 총체화하는 제삼자와 총체화된 제삼자에 함께 있을 수 없고, 나에게 다가오는 **타자**로서의 나 자신은 또한 내 안에서 **타자**가 된(그리고 나의 자유를 제한하는) 나 자신으로 자리하기 때문에 구속이나 말살의 가능성은 각각의 상호적 관계 안에 동시에 주어지는 것이다. 이것은 절대로 불신의 문제가 아니다. 불신의 행위들은 이미 분열에 의해 마모된 구속 집단 안에, 그러니까 공동 시간화의 전혀 다른 계기에 다른 상황으로 나타난다. 배신자를 사랑할 가능성은 동지애 자체 안에 그 동지애의 조건으로 주어진다. 이와 같은 사실을 통해 집단 한가운데서 맺어지는 구체적이고 실제적인 모든 관계는 필연적으로 공동 개인에 의해, 조직체의 개인에게 향하는 것이라는 점을 이해해야 한다. 그 결과 공동 연대에 의해 부정되거나 침묵하게 되는 실재하는 실존을 개인에게 부여하는 데 기여한다. 그리고 이런저런 동지애가 동지의 배신으로 린치나 말살로 갑작스레 변형되는 이러한 가능성은 동지애의 근원이자 한계로서 주어진다. 우리가 동지애를 맺는 것은 같은 서약을 했기 때문에, 즉 각자가 타자에 의해 자신의 자유를 제한했기 때문이다. 그리고 이런 동지애의 한계(동시에 우리의 강도를 규정하는)는 각자가 타인에 대해 가지고 있는 폭력의 권리, 즉 아주 정확히 우리 자유의 상호 공동적인 한계다.

그렇지만 오늘날에도 여전히 권위주의적인 정당들에서 볼 수 있듯이 동지애는 **공포**의 가장 즉각적이고 가장 변화를 겪지 않은 형태다. 사실 배신이란 본래 소수자들의 행위다. 이것은 *진실로* (조직체의 개인들의 사랑으로 인도할 수 있는) 공동 개인들의 상호적인 반투명성이다. 이제는 어떤 "환경"도 권위적이고 외부의 위협을 끊임없이 받는 (위협을 받기 *때문에* 권위적인) 정당보다 *화기애애*하지 않다. 하지만 종류가 어떠하든지 동지애는 ─ 일탈, 이단, 배반의 경우 ─ 폭력보다 더 오래 살아남을 수 없으며(앞에서 기술했던 사형 집행인과 사형수의 관계의 형태가 아니라면) 폭력에 대항할 수도 없다. 여러 차례 강조했듯이 동지애가 연약하고 **공포**에 *대항해* 허약하고 비효율적인 것이 아니라 아주 단순히 폭력-우정(우정의 관계에서 폭력적인 힘)으로 체험된 폭력이기 때문이다. 집단의 와해에 대항해 태어난 이 폭력은 배신행위라는 새로운 현실을 창출했다. 그리고 이 행위는 바로 동지애(긍정적 폭력)를 **공포**(부정적 폭력)로 변형하는 것으로 정의된다. 이렇게 해서 구속 집단의 구성 요소인 나의 동지애의 폭력은 실제적(하지만 명백하지는 않거나 반드시 그렇지는 않은) 확신에 근거하며, 나의 동지가 타자로 행동하거나 집단이 그 안에서 와해의 위협에 처한다면 이 동지화는 그 *자신의* 이름으로 린치나 가차 없는 단죄가 될 것이다.

자유와 구속의 즉각적 관계는 있는 그대로의 집단의 종합적 산물이라는 새로운 현실이 태어나게 했다. 이 현실에 내가 부여했던 권리의 이름은 조금 성급해 보일 수 있다. 왜냐하면 서약은 나중에 가서야 제도들을 기초하며, 그 자체로는 제도적이지 않기 때문이다. 차라리 집단에 대한 우리 연구의 추상적 계기에서는 이런 현실이 그저 재판권의 산발적인 권력이라고 말해 두자. 또한 내가 *산발적*이라는 단어를 특별한 기관들에 대립하기 위해서만 사용하고 있다는 점도 이해해야 한다. 사실 공동 개인은 서약에 의해서 조직적 개인에 대한 법적 권력(자기 자신과 **타자들**에게서의)을 마련하게 된다. 이 개인의 **타자**-존재에 의해 영원히 자유롭게 제한된 자유는 이것이 각자 안에 받아들여진 훼손인 한 모든 사람에 대한 각자의 *권력*이다. 사실 법적 권력을 상호적 자유에 대한 힘이 없는 개인적 자유로부터 끌어올 것인지, 개체들을 결합하는 사회 계약으로부터 끌어올 것인지, 차별화된 기관에 의해 집단에 가해지는 구속으로부터 끌어올 것인지, 어떤 *존재태*를 볼 수 있는 공동체의 관습으로부터 끌어올 것인지는 알 수 없다. 이 권력의 특별한 내용(그것이 *어떤* 금지로 혹은 *어떤* 강요 등등으로 작용하는)을 설명하는 상황에 대해서 말하자면 이 상황이란 것이 실제로는 어떤 집단이 어떤 상황에서 겪은 어떤 위험이 그 집단의 이러저러한 공동 결정을 낳게 했다는 사실을 보여 줄 수 있다. 하지만 이 상황들 자체로 억압적 권력을 고려된 결정의 실제 형태로 설명할 수는 없다. 그렇지만 여기서 법이 가진 권력의 역사적 기원을 제시할 생각은 전혀 없다. 왜 이런 기도가 의미 없는 일인지는 나중에 보게 될 것이다. 단지 우리의 변증법적 연구는 규약 집단이 되고자 하는 살아남은 집단 안에서 이 권력의 시도를 다시 한번 볼 수 있게 해 준다. 여기에서 법적 권력은 공동체의 시도로 나타나고, 그 공동체는 총체화된(그리고 총체화하는) 총체성이 아니며 그럴 수도 없음을 실현한다. 그러므로 이것은 총체화의 완수 불가능성을 보상할 것을 겨냥하는 총체화의 새로운 형태다. 즉 이것은 형태, 곧 **게슈탈트**로 모든 구성보다 우월한 집합 의식으로 나타나며, 바로 이로 인해 그들의 영원한 통합에 대한 담보로 나타난다. 총체화가 갖는 이와 같은 새로운 위상은 바로 **공포**이며, 이 **공포**는 재판권이다. 각자는 모든 사람의 매개를 통해 각자에게 각각의 자유의 지속적인 근본은 필연성에 대한 격렬한 부정이라는 사실, 즉 공동 구조로서의 각자의 자유는 소외의 개인적 자유에 대한 지속적 폭력이라는 사실에 동의를 하는 것이다. 그리고 각자는 각자에게 공동 자유의 이 타성태적 구조를 자신에게 보장해 줄 것을 요구하며, 폭력과 **공포**처럼 몇몇 가능성에 대한 타성태적 부정을 스스로 자기 것으로 만들 것을 요구한다.

이와 같은 산발적인 법적 권한을 **성스러움**의 가장 단순한 형태에 동화시키는 일은 위험하다. 이 문제는 우리를 너무 먼 곳으로 끌고 갈 것이고, 우리는 이 현실들을 연구하려고 하는 것도 아니다. 단지 우리의 연구 안에서는, 이 추상화의 단계에서는 다음과 같은 사실에 주목하는 것만으로도 충분할 것이다. 즉 투쟁 안에서, 그리고 무기력한 낡은 집렬체성의 숙청에 의해 스스로를 규정한 집단에게는 이 **성스러움**이 법적 권력인 **공포**의 기본적인 구조를 구축한다는 점이 그것이다. **성스러움**은 *사물들을 통해* 드러난다. 이것은 가공된 물질 안에서 스스로를 절대적 통치권이면서 동시에 사물로 만들어 내는 자유다. 달리 말하자면 초인간적이고 화석화된 권력으로서 인간에게 되돌아오는 자유라고 말할 수도 있다. 여기에서 문제는 실천적-타성태의 장의 요구들이 아니다. 분명 이 요구들은 **타자**의 자유를 표현하긴 하지만 자유를 드러내지는 않은 채 그것을 완전히 흡수한다. 그 결과 타성태적 사물이 그 자체에 의해 강제력을 갖도록 한다. **성스러움** 안에서 자유는 사물 속에, 이 사물의 파괴 자체(폭발적 분열에 의해)[59]에 표명되지만 사물에 맞서 스스로를 인정함으로써 인간에 대한 타성태적-권력이 된다. 그리고 이 권력 앞에서 이루어지는 *계시*와 *기도*(祈禱) 그리고 다른 실천들은 이 권력을 그 모순 자체 안에서 신성한 것으로 구축한다. 자유는 인간관계에서 위압감을 주지 않는다. 이 자유는 상호성 관계의 주체들에게서 동일하며, 각자에게는 동질성으로 규정된다. 그런데 여기에서는 반대로 자유가 개인들에게 *물질의 완전한 복종 위에*(분해되거나 광선의 침투를 받거나 혹은 이러한 작업 없이 그저 단순한 지고의 의지에 의해 직접적으로 변형되어) 표명된다. 하지만 이질성으로, 즉 이 가능성들의 초월 불가능한 부정으로서 표명된다. 이러한 의미에서 이 권력은 각자의 자유의 타성태라는 각자 안에 부정된 이 가능성을 기본 구조로 갖고 있다. 달리 말하자면 이것은 각 개인을 각자의 자유의 심장부에 받아들인(그리고 동의한) 수동성으로 구축한다고 말할 수 있다. 숭배는 바로 자유로운 *실천* 안에 있다. 이 실천은 그 안에서 그 가능성들을 절대적 증여와 같은 가능성들과 신성한 권력 같은 타성태적 **자유**에서 유래하는 창조를 타성태적 한계로 인식한다. 이것은 단지 산발적 권력인 모든 서약 집단은 각각의 제삼자에게 그리고 다른 제삼자에 의해 실행된 총체화에서 신성한 권력으로 드러난다는 사실을 의미한다. 이때의 성스러움이 특히 종교적이거나 문화적인 형

---

59   이 분열은 무구한 사물(모세의 돌, 등)을 물질적 본체로 놓아둔다. 동시에 이 분열은 끊임없이 발생한다.(원주)

태를 취할 필요는 없다. 문제가 되는 것은 단지 ── 특별한 경우는 상황이 결정하는 것이므로 적어도 일반적으로는 ── 타성태적 자유와 부정적 권력인 **공포**의 특성이다. 이것은 이 자유가 각자의 자유-타자의 관계가 특정 가능성들에 대한 부정이라는 점에서 그러하다. 이 관계는 만장일치의 강제적 총체화가 공동 *대상*을 통해 드러날 때 성스러운 것으로 드러난다. 여기에서 물질성으로서의 *의식*들(의복, 전형적인 행위, 경배의 물건, 과거에 대한 타성적 추모, 제스처의 단호하고 불변하는 순서 등등)이 탄생하게 되며, 그 안에 타성태가 표현됨과 동시에 그 관습적이고 신학적인 양상이 자유-권력을 현재화한다. 그리고 **성스러움**은 제례 및 의식과 더불어 사법 권력처럼 집단의 비존재로부터 태어난다. 즉 모든 실재하는 공동체는 총체화라는 사실 혹은 영원한 탈총체화 안의 총체성이라는 사실에서 태어난다. 사실 각자에 의해 수행되는 총체화하는 행위는 근본적인 반론에 의해 동시*에* 탈총체화의 본질적 요소이기도 하다.

그럼에도 불구하고 우리가 앞에서 지적했듯이 적의 압력이 느슨해졌을지라도 집단의 구성원들이 어떤 지역이나 한 장소에 모여 있을 수 있다면 이 집단에게 와해의 가능성은 그다지 가깝지 않고 위협도 덜할 수도 있다. 왜냐하면 각자에게서 이루어지는 다수성의 종합적 결정으로서의 통일은 집단화된 인물들의 실재적이고 가시적이고 촉지적인 뒤섞임의 내면화일 것이기 때문이다. 우리는 또한 다음과 같은 사실을 살펴보았다. 즉 상황에 의해 상존성이 요구될 때만 *아니라* 그 다양한 임무가 차별화를 융합의 유동적 동질성으로 대체할 때도 집단은 반성적 실천에서 대자적으로 정립되며, 그 자체의 즉각적 목표가 된다는 사실이 그것이다. 실제로 바로 여기에서부터 위험, 즉 멀어짐은 각자를 고립된 자, 분리된 자로 만들고, 차별화로 인해 빚어진 새로운 갈등들이 공동체 안에 새로운 반목들을 만들어 낸다는 위험이 나타난다. 집단은 서약을 통해 차별화의 위험을 감소시키는 존재론적 규약을 보장한다. 나는 이 서약이 필연적으로 진정한 작업이 아니며 명백한 결정도 아니라는 점을 지적했고, 또 반복해서 지적한다. 집단이 각각의 제삼자 안에서 그리고 각자에 의해 그 자체의 목표로 정립될 때, 그리고 이 실천적 반성성이 암시적으로나마 **공포**의 공동 수용을 규정할 때 폭력이 그 부정적(무관심한 자, 의심스러운 자들의 숙청)이고 긍정적(동지화)인 형태하에서 나타나면 영원성의 규약이 각각의 총체화하는 제삼자를 위한 즉각적인 명백성이 되는 충분조건이 된다. 따라서 서약이 실제로 행해졌든지 아니면 절차의 간소화를 위해 생략했든지 간에 집단의 조직은 즉각적인 목표가 된다. 그리고 이 집단의 상존성의 고안을 필요로 했던 것은 바로 미래의 목표로서의 이 조직이었던 것이다. 하지만 이제는 지속적인 집단이 자신의 차기 목적으로 내세우는 것이 바로 이 조직이다. 그리고 *서약으로서의* 집단의 통일성은 각자의 내부가 아닌 다른 어떤 곳에 존재하지 않는다. 이 서약 ── 암시적이든 명백하든 ── 은 각자를 공동 *개인*으로 규정한다. 이것은 그가 단지 집단-내-존재에 관련되기 때문만이 아니라 또한 그가 각자 안에서 오로지 모든 사람의 매개에 의해서만 존재할 수 있기 때문이다. 하지만 여기에서 무기적 산물이나 외면성의 타성태가 문제가 되는 것은 아니다. 이와 같은 의미에서 **공포**는 각자를 위한 자유의 영원한 한계를 단호하게 규정하지 않는다. 사실 공포는 극복 불가능성이 극복 가능한 것이 되는 지점인 *문턱*을 높이는 일만 하게 된다. 달리 말하자면 직책의 포기, 적의 진영으로 넘어가기 등의 *가능성*을 줄이는 일만 하게 된다. 그렇다고 해서 모든 순간에 새로운 인간 행동으로서의 배신이 각자에게 구체적인 가능성이 되지 않는 것은 아니다. 이 가능성은 역사적 상황(각자의 개인사를 포함한)의 종합적 총체의 기능이다. 이것은 다음과 같은 두 가지 사실을 의미한다. 첫째, 집단이란 또한 — 부정적으로 — 가능한 단절 지점들의 총체화이기도 하다는 사실이 그것이다. 둘째, 각각의 지점에는 특정 문턱이 존재하고, 그로부터 단절이 실현될 수 있고, 나아가서는 이 문턱들이 몹시 다양하다는 사실이 그것이다.[60]

3. 조직화

조직화는 규약 집단의 그 자체에 대한 행동으로서 변증법적 이성에 대한 비판에 직접적으로 관련되기 때문에(전투에서의 차별화가 문제가 되건 아니면 이러저러한 특정의 경우에 분업이 문제가 되건 간에) 그 가능한 여러 형태를 형식적으로 열거할 필요는 없다.(또한 이 분업의 역사적 동향이나 무기와 전투 기술에서 비롯되는 군대의 역사적 변천의 동향을 거슬러 올라가 볼 필요도 없다.) 우리의 문제는 오로지 변증법적 합리성의 문제다. 그런데 우리는 두 가지 유형의 가지적 행동을 알고 있다. 하나는 개인의 반투명적인(그러나 추상적인) *실천*이며, 다른 하나는 융화 집단의 기본적 *실천*이다. 이 두 번째 실천은 비교적 차별화되어 있지 않기 때문에, 그리고 그 범위 내에서 행해지는 행동은 모든 곳에서 *동일하고*, 모든 곳에서 *공동적*이며 또한 도처로부터 나오는(그러나 단 하나

---

60 이는 몇몇 개인에게 집단-내-존재가 실제로 극복할 수 없다는 것을 결코 의미하지 않는다. 하지만 여기에서 문제가 되는 것은 용기나 충실성이 아니다. 가장 능란한 사람도 계략에 빠질 수 있고, 가장 헌신적인 사람도 자기도 모르게 적의 도구가 될 수 있다. 따라서 집단을 단절점들의 다양성으로 고려하는 일 *또한* 완벽하게 정당하다. 게다가 집단이 차별된 만큼 *더* 그러하다. 그렇지만 우리는 다른 관점에서 차별화는 통일화하는 관계임을 보게 될 것이다.(원주)

의 동일한 제삼자가 계속해서 내릴 수도 있었을) 명령들의 지배를 모든 곳에서 받고 있기 때문에 *차별화되지 않은* 실천은 개인적 행동의 특징들을 확대해서 내포한다고 생각해 볼 수 있다. 물론 이런 종류의 실천은 각자에게 절대적이며 동일하다는 점에서 보면 살아 있는 것이다. 하기야 이것은 다수화되겠지만 우리가 앞에서 살펴본 바와 같이 개인은 이 다수성을 내면화함으로써 집단의 구성원이 되는 것이다. 매개된 상호적 관계를 통해 개인은 자신의 활동에서 자발적으로, 구체적으로 **타자들** 활동의 덕을 본다. *타성태나 통제나 복잡한 조직 따위*는 어디에도 없다. 이것은 실천이 어디에서나 전 구성원과 관련되고, 곳곳에서 모두 마땅한 모습을 띤다는 것을 의미한다. 그리고 결국 상호적인 제약이 대상과 대상화를 통해서 나타나기는 하지만 이 실천이 실천적 유기체의 활동과 매우 가깝다는 점에서 — 비록 실천적-타성태의 영역 전체에 걸쳐서 개인적 실천과는 분리되어 있기는 하지만 — 일종의 반투명성을 간직한다는 것을 의미한다. 이와는 반대로 *조직화된* 행동은 다음과 같은 물음을 야기할 수밖에 없는 여러 관계로 이루어진 체계를, 이 관계들 사이의 관계의 체계를 만들어 낸다. 이와 같은 복합적 구조들과 개인적 행동을 구성하는 변증법과 비교할 때 과연 *어떤 유형의* 실천이 나타나는가, 이 실천은 여전히 변증법적인 성격을 갖는가, 그리고 어떤 종류의 목표를 내세우는가, 이것은 실천 분야에서 어떤 종류의 수정을 가하는가, 이것의 특징을 이루는 내적 발전은 어떠한 것인가, 마지막으로 이것은 어떤 점에서 *진실한 실천*(즉 자유)이고 어떤 점에서 구성된 도구인가 등등의 질문을 던져야 한다.

"조직화"라는 말은 다음과 같은 두 가지 사실, 즉 한 집단이 그 구조를 규정하는 근거가 되는 내적 행동과 동시에 실천 분야에서 가공된 물질이나 다른 집단들에 작용하는 구조화된 활동으로서의 집단 그 자체를 가리킨다. 사람들은 "우리는 조직화(임무의 분담)에 문제가 있어 실패했다."라고도 말하고 또 동시에 "우리 조직은 이런저런 결정을 했다……"라고도 말한다. 이러한 양의성은 중요하다. 이것은 다음과 같이 설명할 수 있을 복합적인 현실을 나타낸다. 집단은 오직 구성원들 각자의 매개를 통해서만 초월적 대상에 대해 영향을 미칠 수 있다는 설명이 그것이다. 그러나 개인 행위자는 오직 조직이라는 한정된 테두리 내에서만 행동을 펼칠 수 있다. 사물에 대한 그의 실천적 관계가 이 집단의 다른 구성원들과의 기능적 관계에 의해서 직접적으로 제약되어 있기 때문이다. 그리고 이 관계는 이 집단(구성원들의 전체 모임으로서의 집단)이나 이 집단의 대표자들(어떤 방식으로 선출되었든 간에)이 *이미 확립해 놓은* 바와 같은 관계다.

따라서 조직화란 임무의 분담이다. 그리고 — *실천*을 부정적으로 규정하면서 — 이 분화의 토대를 이루는 것은 공동의 목표(공동 이해, 공동 위험, 공동 목적을 지정하는 공동의 욕구)다. 따라서 조직화는 대상 속에서의 실천적 요청의 발견임과 동시*에* 이 변증법적 발견에서 비롯되는 개인들 사이의 분업이다. 달리 말하자면 조직화 운동은 집단과 사물의 기본적 관계에 따라서 사람들 사이의 관계를 결정한다. 그 결과 상황의 성질과 *실천*의 성격에 따라서(사실 모든 역사적 정세에 따라서) 의지주의와 아울러 원칙 없는 기회주의가 태어날 수 있다. 의지주의는 목적이 부과하는 요구에만 의거하고, 각자(또는 모든 사람)에게 고유한 가능성을 고려함이 없이 개인의 임무를 규정한다. 다른 한편 기회주의는 공동 *실천*(그 목적, 그 강도, 그 복합적인 조직에서)을 경험적으로 주어진 개인적 *실천*의 한계에 따라서 *축소시킨다.*(그런데 더 심층적으로 검토해 보면 이 한계는 집단이 그 자체에 대해 가하는 특정 행동에 의해 확장되는 것이 가능하며, 그렇다고 해서 노동자나 전투원들이 *개인적 유기체*로서 괴로움을 당하지는 않는다는 것이 밝혀질 수 있을 것이다.) 또한 어떤 총체에서는 수행해야 할 임무와 개인 각자의 고유한 능력을 근거로 해서 각각의 경우에(혹은 어떤 경우에) 직능이 결정되는 조직들(대체로 단순한 서약 집단에 매우 가까운 조직들)을 찾아볼 수도 있다.(방금 말한 개인 각자란 타자들에 의해 *인지된* 사람을 두고 하는 말이다. 예컨대 아주 작은 규모의 전투 부대 내에서 특정 대원이 예외적인 힘을 가지고 있다면 그는 특정 임무를 맡게 될 것이다.) 그러나 내가 이렇게 여러 가지 가능성을 예시하는 이유는 이 가능성들이 무질서하게 혹은 어떤 임의적인 질서를 이루면서 역사에 나타나기 때문이 아니다. 그 이유는 오히려 *우리의* 문제에 비추어 보면 이 가능성들이 엄격히 등가적이기 때문이다. 의지주의와 기회주의는 조직 내부에서 구성원들에 대한 집단의 행동으로서의 특징을 지닌다. 집단은 그 자체에 대해서 작용하는 한도 내에서만 — 매개적으로 — 대상에 작용한다. 그리고 그 자체에 대한 집단의 행동은 — 뒤에서 고찰하듯이 이것은 집단이 *집단으로서* 행하는 유일한 행동이다 — *실천*(이미 *확립되어 있든* 차츰 이루어져 나가든 간에)의 기반 위에서 규정되는 것이다.

집단은 공동 *실천*을 부단히 규정하고 지도하고 통제하며 수정한다. 경우에 따라서는 집단은 그 실천을 실현할 공동 개인을(가령 기술교육 따위를 통해) 산출할 수조차 있다. 그러나 이와 같은 행위들의 총체는 이미 차별화를 전제로 한다. 예컨대 임무의 분담(혹은 무기나 생활필수품의 분담)은 사전에 있을 분담을, 즉 집단 내부에서의 *전문화된 기구들의* 창출을 전제로 한다.(이 기구들은 *기관*이라고 부적절하게 불리고 있다. 지도 기관, 협조, 매개, 분배의 실시나 교환의 조절을 담당하는 집단들, 또 행정 업무의 부서 등등이 그것이다.) 따라서 이런 최초의 차별화의 계기는 ── 명령권의 출현과는 아무런 공통점도 없다. 비록 뒤에 고찰하듯이 이 명령권은 이 차별화에 의거하는 것이라고 해도 그러하다 ── 근본적으로 집단이 그 자체에 대해서 취하는 행동이다. 그리고 이 차별화가 아직도 매우 추상적이라는 점을 고려해 보면(과업을 준비하는 부서가 있고 또 다른 공동 개인들이 있다.) 이것은 *실천에 대한 아직도 매우 추상적인 파악*에 해당한다. 공동적이기는 하지만 아직 확정되지 않은 기도를 중심으로 모인 집단(투쟁 단체, 감시 위원회, 기술자 단체 또는 **달**(Lune)의 토지 매매를 위한 협회)은 우선 이 기도의 확정을 시행할 수단을 마련하기 위해서 최초의 차별화를 이룬다. 그런데 이와 같은 차별화는 그 자체로 놀랄 만한 것을 전혀 가지고 있지 않다. 왜냐하면 이것은 서약한 규약 집단, 즉 상황의 요구에 대응하고 차별화를 할 수 있도록 명시적으로 구성된 내적 관계를 가진 집단이 그 자체에 대해서 취한 행동에 다름 아니기 때문이다. 달리 말하자면 우리의 문제는 특정한 분업을 설명하는 데 있지 않다. 서약 집단의 내적 *실천* 또는 결국 같은 말이 되겠지만 집단의 내부에서 각각의 제삼자의 행동 앞에 개시될 가능성들은 바로 *집단의 형태학을 통해 파악된 이 임무들의 개시*일 따름이기 때문이다. 특정 차별화의 설정은 더욱 일반적인 구조의 한 구체적 양상일 따름이다. 서약을 통해 규약 집단은 *차별화를 가능케 한다*. 달리 말하자면 차별화를 통해 집단의 통일성이 파괴되지 않도록 되어 있음과 동시에 *차별화의 문제들을 통해 실천적 문제들이 집단에* 밝혀질 수 있도록 되어 있는 것이다. 그리고 집단의 사고, 즉 **세계**에 대한 실천적 관념이 ── 이 점에 대해서는 곧 다시 지적하겠지만 ── 갖는 의미는 바로 집단이 그 자체에 대해서 가지고 있는 관념의 초월적 대상을 향한 극복이라는 점이다. 또한 한 집단이 그 자체에 대해서 가지는 실천적 관념이 ── 달리 말하자면 집단이 그 내부적 문제들을 해결하기 위해서 사용할 수 있는 도식이 — 갖는 의미는 그 내적 구성(그 자체에 대한 행동과 객관적 구조라는 이중의 양상을 띤 구성)과 구별될 수 없다는 점이다. 바로 이런 점에서 규약적 집단의 추상적 사고인 차별화는 조직화된 집단의 구체적 사고가 된다. 실제로 이 차별화는 제삼자에 의한 더욱 명확한 차별화의 창출로서 나타난다. 그 결과 초월적 대상에 대한 사고는 통일된 다수의 더욱 구체적이며 차별화된 구조를 보여 준다.

이렇게 해서 적어도 우리의 주제와 관련하여 보면 개별적인 차별화는 그다지 중요하지 않다. 그 출현은 *새롭기는* 하지만 즉각적으로 가지적이다. 하지만 *조직화된 행동의 가지성*은 전혀 다른 성질의 것이다. 여기에서 문제가 되는 것은 *조직화된 실천*이라는 새로운 형식을 가진 실천이 어떤 종류의 통일성과 현실성을 지니며, 또 어떤 의미를 지닐 수 있느냐를 아는 것이다. 따라서 우리에게 중요한 것은 집단이 *그 자체에 대해 취하는 행동과 그 구성원들이 대상에 대해 취하는 행동 사이의 관계*다.

우리는 점진적으로, 더 심층적으로 연구를 수행해 나가면서 이 관계의 여러 계기를 살펴보게 될 것이다. 우선 우리에게 필요한 것은 조직화 과정의 목표로서 집단에 나타날 때의 임무란 과연 무엇인가를 명확히 하는 것이다. 그러기 위해서는 공동 개인에 대한 새로운 정의를 시도해야 한다. 왜냐하면 조직 집단 내에서 그의 지위는 그 자체가 어떤 확정(따라서 어떤 한정)인 동시에 서약자가 갖는 규약의 구체적 충실화(자유 속에서의 타성, 권리 등등)이기 때문이다. 그다음으로 공동 개인의 지위로서의 *기능*과 그 이중의 양상(대상과 관련된 실천적 임무 및 제삼자의 집단-내-존재의 특징을 이루는 *인간관계*)을 발견하고 나면 조직화된 체계들(역전되고 매개된 상호성의 다원성과 통일성으로서의 그 체계들)

의 기호논리학의 기초를 밝히고, 그 자체로서의 *구조들*, 즉 실천적-타성태의 수동적 활동에 맞서기 위해 집단 내에서 형성되는 구조들을 기술해야 할 것이다. 이렇게 함으로써 우리는 새로운 인간적, 사회적 산물, 즉 *적극적 수동성*을 보게 될 것이다. 그때서야 비로소 두 가지 본질적인 문제에 접근할 수 있을 것이다. 첫째, 우리는 모든 결론을 종합적 운동으로 종합해야 한다. 이 종합적 운동은 조직화된 *실천*의 가지성을 스스로 산출하고, 우리로 하여금 새로운 필연성, 즉 최초의 그것과는 근본적으로 다른 필연성을 발견하게 해 줄 것이다. 둘째, 그 바탕에서 우리는 변증법적 성찰을 통해 주어지는 구체적 현실로서의 조직화된 집단의 존재론적 지위를 살펴볼 것이다. 달리 말하자면 우리는 조직화를 실천적 실존으로 보느냐 아니면 존재로 보느냐의 문제를 결정하게 될 것이다.

기능, 실천적 임무와 인간관계

융화 집단의 단계에서 공동 개인은 우리에게 유기체적 개인으로서 나타났다. 이는 그가 제삼자들의 복수성을 내면화하고 그의 실천에 의해 이 복수성을 단일화하는 한에서, 즉 그를 통해 단일성이 복수성을 도구로 또 힘으로 규정하는 한에서 그러했다. 각각의 제삼자로서의 개인 각자에게, 그리고 단일성을 깨뜨리고 집단화된 고독의 상태로 재추락할 그 자신의 가능성 가운데 공동체를 위험에 빠뜨리는 분리를 상황이 요구할 때 종합적 단일성의 이런 성격은 규제적 집단 속에서 대자적으로 대두된다. 개인의 공동 성격(달리 말하자면 그의 집단-내-존재)은 그 자신과 모든 제삼자 속에 있는 유기체적 개인성에 대한 각자의 법률적 힘이 된다. 그러나 이 힘은 추상적으로 남아 있었다. 이 힘이 갖는 추상하는 능력은 집단과 공동 *실천*의 추상하는 능력을 가늠해 보는 것이었다. 조직화의 수준에서 (자유의 자유로운 타성태로서) 추상적이고 근본적으로 소극적인 이 힘은 구체화되고 기호를 바꾸게 된다. 실제로 이 힘은 임무들의 분배 체계 속에서 적극적 내용에 의해 각자에게 정의된다. 이것이 곧 기능이다. 이와 같은 것으로서의 기능은 제삼자의 자유의 타성태적 한계로 남는다. 따라서 이 기능의 토대는 **공포**다. 그래서 상황과 조직의 상황과 특수한 사건이 제삼자의 기능들을 위태롭게 만들고(혹은 무용하게 만들거나 기생적으로 만들고) 아래로부터 붕괴의 위험을 재발견하게 만들 때 이 공포는 서약자들 사이의 관계로서 끊임없이 다시 생겨날 수 있다. 이때 조직은 규제적 집단의 분화가 덜 된 단계로 재추락하고, 기능들은 이제 추상적이고 현실성 없는 의미 작용으로만 나타나게 된다. 이런 이유로 몇몇 역사적 조건들의 토대 위에 **공포**가 후퇴와 단순화로서 나타날 수 있는 것이다. 그러나 조직화된 활동의 정상적인 전개 속에서의 기능은 공동 개인에 대한 적극적 정의다. 재집결한 집단 혹은 이미 분화된 어떤 "기관"이 그에게 이 기능을 *부여한* 것이다. 기능은 개인의 *실천*에 대한 규정이다. 이와 같은 부류의 개인은 어떠한 임무, 그리고 단지 *이 임무만을* 수행하는 한에서 한 집단에 속한다. 그러나 단순한 **공포**에서는 가능성들의 타성태적 한계가 추상적이며 순전히 소극적인 것으로 남아 있다. 이것은 집단의 관계를 *어떠한 것이든* 일종의 분리의 경우로 용해시키는 것을 자유가 마음대로 포기하는 것이다.

기능은 소극적이면서도 적극적이다. 금지(다른 것을 하지 말 것)는 실천적 운동 가운데 적극적 규정으로, 또한 *바로 이것을 할 것*이라는 창조적 명령으로 이해된다. 그러나 서약의 장에서는 *이것을 할 것*은 모든 사람이 각자에 대해 지니는 권리와 마찬가지로 모든 사람에 대한 각자의 권리이기도 하다. 구체적인 기능이 힘을 특수화하는 한 힘의 정의는 각자에게 자신의 특수한 의무를 이행하는 권리라는 것이다. 그러므로 이것의 기능(공동 목표, 실천적 문제, 상황, 기술과 도구의 상태)과 (예컨대 담화에 의해 결정된 타성태적 가능성으로서, 또 그것을 힘이 반복해서 실현해야 하는) *타성태 내에서 그것을 미리 결정하는 모든 것을 사물에 대한 지상권*(조직적 실천의 변증법적 자유)과 *인간에 대한 권력*(서약에 기초한 종합적 관계로서의 사회적 자유)의 장에서, 간단히 말하자면 *자유 속에서* 현실화해야 한다. 선수들의 위치를 편성하고 있는 축구팀에서 골키퍼와 포워드 등등의 기능은 갓 입단한 젊은 축구 선수에게 주어질 것으로 나타난다. 그를 충원하는 이유는 이 기능들 가운데 하나다. 이 기능이 신체적 자질(몸무게, 키, 힘, 빠르기 등등)을 고려하여 그를 선발할 것이다. 그러나 이 기능이 그를 자유로운 *실천* 속에 지명했다는 점에서 보면, 즉 그것이 그의 자유의 근저에서 타성태의 결정을 만들어 낸다는 점에서 보면 그것은 이미 힘이다. 그는 이 기능을 요구로서 체험한다. 예컨대 *훈련의* 요구로서 말이다. 이 기능에 의해 *그가 의미를 지니게 된* 팀은 그가 집단이 요구하는 행동들을 만들어 낼 (신체적이고 기술적인) 수준까지 그를 향상시킬 의무가 있다. 이것은 또한 지나친 훈련, 그를 지치게 하는 잘못 조직화된 장소 이동들, 악조건들 속에서 거행되는 시합들 등에 대한 그의 거부권을 의미하기도 한다. 그리고 이런 소극적 권리들이 그에게 속하는 것은 공동 개인으로서다. 달리 말하자면 그의 실천은 자유롭게 기능의 요구들을 다시 받아들인다.

그리고 이 단계에서는 권리와 의무 사이에 아무런 차이도 없다. 고전적 구별 ── 의무를 제삼자인 타자들이 나에 대해 갖는 권리로 만들려 하고, 권리를 제삼자인 타자들이 나에 대해 갖는 의무로 만들려는 ── 은 바로 앞선 단계에서는 유효하게 남아 있다. 그러나 기능의 적극적 내용이 정해지자마자 그런 구별은 사라진다. 이 선수의 훈련이 포함하는 식이 요법으로 말하자면 이것이 (그의 팀 동료들인) **타자**의 권리인지 그의 고유한 권한인지를 *선험적*으로 확인해 줄 수 있는 것이라곤 아무것도 없다. 그가 유기체적 개인으로서 이 식이 요법을 *거부해야* 한다면 그에게 이를 강요하는 것은 **타자들**이다.(자기 "일"에 대한 잘못된 판단으로 인해 그가 몸무게를 몇 킬로그램 빼야 한다든지, 소화가 잘되지 않는 음식을 많이 먹어야 한다든지 하는 경우다.) 그 까닭은 기능으로서의 각자가 *실천* 속에서 각각의 팀 동료가 자신의 기능으로 환원되기 때문이다. 그러나 역으로 그가 명령으로 전달된 식이 요법을 아무런 제한 조건 없이 받아들인다면 이는 스포츠 집단의 행정부에는("조직자들"에게는) 필요한 만큼 오랫동안 그로 하여금 그 식이 요법을 지키도록 할 의무가 있다는 말이 된다. 집단의 기능으로서 그는 자기 팀 동료들에게 그를 자신의 의무에서 벗어나게 만들지 말 것을, 심지어는 의무를 완수하도록 자신을 도와줄 것을, 필요에 따라서는 그들이 그에게 의무를 강요할 것을 요구해야 한다. 그러나 우리가 아는 바와 같이 각각의 공식화는 더욱 분명하게 권리와 의무 간에 증가하는 미분화를 나타낸다. 이 요구(체력을 유지할 것, 훈련을 지속할 것)는 만약 팀 동료가 이것을 어느 누구 또는 집단에 대한 *힘*으로 만든다면 모든 명령 형태의 복합 조직인 법률적이고 변증법적인 구조를 지닌다.

만약 내가 통합되어 있는 집단과 특정 기능으로 정의된 M이라는 또 다른 공동 개인이 있다고 하자. 나는 이 M이 자신의 임무를 완벽하게 이행할 수 있게 해 줄 생활 수단과 교육을 집단으로 받기를 요구한다. 나는 이것을 *집단을 위해*(즉 공동 실천의 관점에서) 요구하는 동시에 *집단으로부터도* 요구한다.(왜냐하면 기능들을 배분하는 것은 집단이기 때문이다.)[61] 나는 나의 기능을 위해, 그러니까 모든 사람과 각자가 나에게 주어야 하는 그 기능의 자유로운 행사에 대한 보장을 위해 그것을 요구한다. 하지만 특수한 제삼자로서의 각자에게 그리고 이런저런 사람에게도 요구한다.(있는 그대로의 구성원 N 또는 Z도 역시 내가 그에게 이런 보장을 요구하길 요구하기 때문이다. 예컨대 M의 부진으로 말미암아 자신의 기능에서 가장 손실이 큰 사람은 그인 것이다. 또한 이 부진 때문에 예컨대 N 또는 Z를 통해 내가 더욱 위태롭게 위협받기 때문이다.) 끝으로 내가 이를 요구하는 것은 서약의 명목하에 M 자신이 한계-권력으로서의 나에게서 내가 그에게 그리 해 주길 요구하기 때문이다. 그런데 구체적 요구의 이 모든 추상적 계기는 나의 행동하는 방식, 나의 행동을 통해 나의 기능을 실현하는 방식 그리고 나의 행동을 나의 권력들에 의거하는 나의 방식 속에 함께 주어진다. 나를 통해 모두에 대해 집단이 갖는 권리와 모두가 나에게 그것을 정의한 한에서 집단에 대해 갖는 의무, 권리의 상호성(너의 권리들을 네가 유효하게 만들도록 하는 나의 권리), 의무의 상호성(나의 의무는 너에게 너의 의무를 상기시키는 것), 권리와 의무의 상호성(네가 나로 하여금 나의 의무를 이행하도록 하게 하는 나의 권리), 의무와 권리의 상호성(너의 권리를 존중해야 할 의무가 있는 나) 등등. (우리가 곧 살펴보게 될 복합적인 상호성들의 틀 속에서) 이 상호성들의 무한한 복잡성, 힘의 이 모든 선은 *실천* 속에서 그리고 실천에 의해 겪게 되는 실재로서의 권력이라고 우리가 칭할 수 있는 것의 씨실을 이룬다. 상황에 따라서 이 힘의 선들 가운데 하나나 또 다른 하나가 다

---

61   물론 집단이 대표(팀의 주장, 감독 등등)를 정한 사실을 고려하면 이 집단은 집단에 속한 나를 통해 이를 요구하는 것이다. 따라서——갈등들이 아직 가려져 있거나 잠재해 있을 때——집단은 조정된 이질성의 장으로서 기능들 사이의 긴장들을 통해 실현된다. 집단의 내부 구조는 *여러 가지 양상*을 띤다.(원주)

른 모든 선의 종합적 토대 위의 형태로서 나타날 수 있다. 그러나 이 모든 선이 다 같이 주어져야지 그렇지 않을 경우 집단은 붕괴한다.

논의의 단순화를 위해 착취에 의한 내부 구조 속에 직접적으로 조건을 부여받지 않는 조직화(이 조직화는 **타인들**의 착취를 위해서거나 **타자들**에 의한 자기 동료 구성원들의 착취에 대항해서 이루어질 수 있지만 이 조직화를 이루는 제삼자들은 *자신들 간에는* 착취 관계를 갖지 않을 것이다.) 의 추상적인 경우와 이런저런 특수 기능이 특정 도구에 의해, 또한 정해진 기술에 따라 시행된 특정의 작업으로 이루어지는 조직화의 추상적인 경우를 고찰해 보자. 기술과 도구는 역사 과정의 계기를 규정한다. 그 이유는 이 계기가 진행 중인 총체화 가운데 이 특수 집단을 생산하고 관통하고 지탱하고 총체화하기 때문이다. 그러나 공동 개인은 기술과 도구를 실천적 장에서의 *자신의 주권*으로, 즉 자신의 개인적 *실천*의 확대로 파악한다. 이런 의미에서 공동 개인이 사물에 대한 자신의 고유한 사회적 권능으로서 집단을 파악하는 한 (실제로 유일하고 동일한 객체를 구성하는) 도구와 기술은 집단 그 자체다. 달리 말하자면 도구를 갖춘 행동은 그에게 날짜가 매겨진 자신의 역사성(이것은 *또한 타성태적 부정으로서 정의될 수 있다. 하지만 일종의 통시적 총체화의 추상적 관점에서 그러하다.*)을 (비유기적 물질에 대한) 실천적 주권으로서 드러낸다. 이 단계에서 바로 도구는 세계의 실천적 폭로다. 이것은 실천적 유기체가 도구가 되는 정도에 정확히 비례해서 그러하다. 내가 이런 주장을 통해 말하고자 하는 바는 도구가 재조직적 극복에 의해서 세계를 변화시킨다는 사실과 동시에 이 도구가 이 극복 행위 자체 내에서 세계를 개조 중인 세계로서 드러낸다는 점이다.

이와 같은 모든 논의는 수많은 상이한 사람에 의해 수없이 전개되어 왔다. 나는 도구를 갖춘 *실천*에 의해 자신의 경험 속에서 폭로의 사회적 계기를 파악하고 고정시킨 최초의 기술자를 지적하는 것에 그치도록 하겠다. 생텍쥐페리와 그의 소설 『인간의 대지(*Terre des hommes*)』의 경우가 그것이다. (운행 시간을 단축하는 도구로서) 비행기가 갖는 수렴하는 힘, 이것은 동시에 그리고 불가분하게 인간들에 의해 이미 가공된 객체를 사용하는 기술자에 의해 *생산되고*, 공간 단축의 현실적인 운동으로 *드러난다.* 그러나 이 현실적인 운동은 그 자체가 *통제의* 수단으로 드러나며, (이 도시에서 저 도시로 수송되는 타성태적 승객의 경우를 제외하고는) 결코 관조적 이해가 되지 못한다. 게다가 이것은 실행해야 할 작용의 속도를 정한다.(즉 이것은 사고(思考)에도 마찬가지로 적용된다. 사고를 가정적 행위로서 그리고 실천적 장의 끊임없이 수정되는 종합으로서 간주하는 것이다.) 우리는 실천적-타성태 속에서 가공된 물질이 그 자체에 대한 사유를 만들어 내는 것을 보았다. 하지만 여기에서는 정반대다. 도구를 갖춘 활동은 *세계의* 흐름을 *생각하는* 실천적이고 (이 활동이 사용하면서 극복하는 도구에 의해) 구조화된 권능으로서의 사회적 도구를 통해 규정된다. 이 권능은 도구를 생산하고 (혹은 획득하며) 기능을 규정하는 집단에 의해서 제삼자에게 온다. 그러나 — 사회의 미래의 추상적인 결정으로서의 — 가능성들을 축소시킨다 할지라도 풍부하게 만드는 이 제약은 필연적으로 이 가능성들을 *구체화해야* 한다. 즉 임무와 도구를 통해 가능한 것들 내부에 분화된 구조들을 창조함으로써, 달리 말하자면 *하위 가능성들*을 명백히 함으로써 실천적 선택들을 증대시켜야 한다. 실제로 선택들이 현실적 객관성으로부터, 즉 진행 중인 과정으로부터 부여된다는 것은 당연하다. 그러나 실천적 지각으로서의 도구는 이와 같은 하위 가능성들이 밖으로부터 *실천* 속에 각인되고, 즉각적인 선택을 요구할 항구적인 가능성을 창출해 낸다. 예컨대 위험의 속도와 방어 행동의 속도는 가능한 위험들의 성질과 똑같이 비행기 속도의 기능인 것이다. 그러나 이 강제된 선택들은 세계가 자체의 권능을 간구하는 것으로서 행위 주체(예컨대 조종사)에게 대두되며, 최종적 선택[62]은 행위자의 지상권을 나타낸다.

여기에서 우리는 개인의 구체적 진실의 첫 번째 계기 가운데 고립된 행위자로서의 유기체인 개인을 보게 된다. 우리가 기억하건대 우리의 변증법적 연구의 초기에 자신의 순수한 추상 속에 자신을 드러냈던 것은 이 유기체적 개인이었다. 우리는 이제 공동 개인과 복합적인 관계를 맺고 있는 그를 보는 것이다. (가능성들의 장을 풍부하게 하는 제약으로서) 공동 개인이 존재하도록 서약에 의해 자신을 상실하는 사람은 바로 그다. 또한 공동 개인의 틀 안에서 구체적 *실천*의, 즉 (공급된 도구들을 지닌) 임무의 단계에서 자신을 되찾는 사람도 바로 그다. 여기에서 유기체적 개인이란 말로 내가 의미하는 것은 각 개인을 다른 개인과 구분할 수 있는 것으로 주어진 뭔지 모를 개별성이 아니다.(개별성들은 물질적 조건들의 역사적 개별화들이란 것을 우리는 보았다. 더욱이 이것들은 여기에서 우리의 관심사가 아니다.) 그러나 기능으로서 자유로운 구성적 *실천*은 결국 이 기능을 의미하는 데 그친다. 사실 기능의 틀 안에서, 도구의 행동하에 하위 가능성들의 결정이 점점 더 풍부해짐에 따라 기능적인 사전 결정은 하나의 활동 분야의 도식적인 초안으로서 나타난다. 이런 의미에서 기능으로서의 공동 개인은 대부분

---

62   여기에서 "선택"이란 단어를 실존적 의미로 파악하지 말기를 바란다. 예컨대 엔진 네 개 중 두 개가 멈췄다든지 기름이 새어 나간다든지 하는 비행기 승객을 구출하려는 정기 항로 조종사에게 대두되는 구체적 선택들이 현실적인 대상이 되는 것이다. 이 선택들의 특성과 환원 불가능성을 부정하기 위해서는 파블로프식의 고집을 전적인 맹목으로까지 밀고 나아가야 할 것이다. 관행의 몫은 부정할 수 없지만 위험에 처한 경우 그것으로는 충분치 않다. 곡예술을 고안해 내거나 감행해야 한다.(원주)

미결정인 채로 남아 있다. "조종사다."라는 것은 물론 "조종사일 *뿐이 다.*"라는 것이다. 그러나 일을 함에서 (도구에 의해, 그리고 행동 속에 가려진) *요구들의* 다양성은 너무 크고 그 긴급함이 너무 명백하기 때문에 엄격한 제약들로 둘러싸인 실천들의 총체화된 총체로서 *그의 조종 사 존재*를 이해한다는 것은 불가능하다. 이와 반대로 각각의 *실천*은 만약 우리가 도구, 기술, 공동 목표 그리고 물질적 상황으로부터 그것을 규정하지 않는다면 완전히 불가지적인 것이지만 우리를 만들어낸, 풍부하게 하는 제약들에 *기초한* 실천적 장의 자유로운 조직일 뿐이다.

분명 실천적 유기체의 개별적 행동은 원시적 도구들과 덜 발달한 기술들을 지닌 다른 실천적 유기체의 개별적 행동의 사이에는 아무런 공통점도 없다. 지상권의 조건들이 사회적이라는 것은 *사실이다.*[63] 비행기의 힘이 비행사의 힘이 아니라는 점을 누구나 다 알고 있다. 그러나 다른 한편으로 이 힘이 오로지 조종사의 개별적인 *실천*에 의해서만, 즉 타성태의 극복과 외면성의 힘들의 *사용*에 의해서만 실천적으로 실현되는 한 누구나 그 반대의 경우를 알고 있으며, 또한 ― 공동 개인들로서 모두가 동일하지만 ― 정기 항로 조종사들이 서로 구별되기도 한다는 것을 알고 있다. 이렇게 구별되는 것은 *집단 자체를 위해서인데* 사람들이 어리석게도 그들의 개인적 자질들이라고 부르는 것, 실제로는 자유로운 변증법적 행위 주체들을 그들이 기술적으로 선택하는 이야기에 불과한 것에 의해서 구별된다. 이 경우에 죽음의 위험에 처해 있는 정기 항로 조종사에게 배제되어 있는 것은 완전히 무용하기도 한 가능성들의 총체다.(그 자신 속에 있는 공동 개인, 즉 그

---

63   바로 이런 이유로, 그리고 진리란 순환적이기 때문에 우리는 조직화된 집단이 실천적-타성태
     적 장으로 재추락하며 또한 새로운 타성태로 와해된다는 것을 보게 될 것이다.(원주)

의 모든 주도권으로 비행기를 지켜야 하는 책임자이자 탑승하고 있는 유일한 수장을 부정하는 것, 공포 속에, 고립 속에 그리고 집단적 존재의 *아래에* 놓인 고독을 특징짓는 무책임 속에 다시 빠지는 것이다.) 이와 반대로 요구되는 것은 (가능한 것이 아직 하나라도 있다면) 행동에 의해 공동 존재의 순수한 타성태를 극복하거나 아니면 두 가지 다 검증되고 다 옹호자들이 있는 두 기술 중에서 하나를 선택하는 것이다. 이렇게 해서 기능 속에서 실천적 개인은 (구성하는 변증법으로서) 기능을 이용하면서 기능을 보존하는 *실천* 속에서 공동의 타성태를 극복함으로써(내가 말한 것처럼 도구의 타성태를 극복하는 것과 같은 의미다.) 자신을 되찾거나 갱신하게 된다. 유기체적 *실천*으로서 개인은 그가 서약으로써 공동 개인을 기초한 한 공동 개인의 *아래에* 있으며, 그가 공동 개인을 실천적 개별화로 삼는 한 공동 개인 *위에* 있다. 그러나 (우리가 소외와 타성태의 모든 계기를 반대 방향으로 살펴보지 않았기 때문에 아직도 추상적인) 그의 실재의 이 새로운 계기 속에서 공동 실천이 그것을 극복하는 개인적 행위들에 의해 현실화되어야 하는 한 그는 공동 실천에 지나지 않는다.

공동 개인은 집단에 의해 *만들어지므로* 처음에 우리에게 나타났던 것보다는 뭔가 좀 더 크고 다르다. 왜냐하면 그의 기능은 [하나의] 도구와 맺는 기술적 관계이기 때문이다. 그리고 물론 기술은 도구 자체이며, **타자들**의 노동이 그 안에 의미 작용(주체와 사물 사이의 매개들)을 부과했다. 하지만 이것은 물론 전문화된 행위 주체의 도구-생성이기도 하다. 도구는 훈련과 직업 교육 등등을 통해 이것을 기능적으로 사용해야 하는 사람의 실천적 유기체에서 *존재태*로 존재한다. 달리 말하자면 전문가의 *존재태*는 조립의 연결처럼 기계(또는 연장) 부품들의 의미 있는 연결들에 상응해야 한다. 그렇지만 이것이 소외의 단계는 아니다. 왜냐하면 집단이 소외에 맞서 구성되었으며, 아직은 소외로 다시 추락하지는 않았기 때문이다. 또한 아직은 이 연결을 인간의 타성태적 도구성이 기계의 타성태적 인간성에 연관된 것으로 보아서도 안 된다. 사실 *실천*은 언제나 개별적인 상황에서 이루어지는(아니 언제나 그럴 위험이 있는) *존재태*의 시간화이다. 이것은 도구에 의한 조립들, 조립들에 의한 도구 그리고 미래의 가능성들이 멀리 떨어진 미래에서 부추겼던 방향성 있는 과정에 의한 총체, 이 모든 것의 동시적 극복으로서 행동이 정의됨을 의미한다. 실질적인 감시가 없다면, 즉 그 본질적 미결정에서 이것들을 규정하게 될 구체적 목표가 없다면 그리고 이것들을 특수화함으로써 현실화시키는 기도가 없다면 *존재태*도 없고 습관도 없다. 이처럼 공동적 개인을 풍부하게 하는 한정으로서의 *존재태*는 자유롭고 실천적인 시간화 안에서 이 시간화를 통해서만 구체적으로 표명된다. 물론 인습은 주도적인 것에 대립한다. 하지만 이 모순은 다른 차원에서 일어난다. 사실 그것은 역사적이고 복합적인 갈등 안에서만 의미를 가지며, 이 갈등은 새로운 생산 수단을 낡은 생산 수단에, 생산력을 생산관계 등등에 대립시킨다. 이와 같은 것으로서의 인습은 전체적인 상황에 부응하며, 몇몇 집단과 계층의 전반적인 태도를 표현한다.(즉 이것은 보수적 계급과 이 계층들의 정치적, 사회적 동맹의 틀 안에서 표명된다.) 그러나 인습적인 실행(전기 에너지의 사용을 거부했던 1939년의 테네시주 농부의 관습적 실행)을 특별한 행동으로서 고려한다면, 특정 목표(밭 갈기, 씨 뿌리기, 기르기 등등)와 맺고 있는 이 긍정적 관계 안에서 고려한다면 그 구조는 조금 전에 기술했던 것과 아무런 차이가 없다. 이 농부가 전기를 사용하든 않든, 민주당을 지지하든 공화당을 지지하든, (기술 교육의 결여로 인해) 협동의 기본 형태들에 대해 적대적이든 어떻든 간에 그는 자신의 작업 도구와 더불어 자신의 실천을 나날이 갱신되는 몇몇 구체적 목표에 기초해서 정의한다. 그는 당장 사용할 수 있는 수단들을 가지고 어려움에 적응해 나감으로써 실천적 장에 실질적 변모를 가하는 것이다.

　내가 선택한 예들은 무엇보다도 작업 자체에서 *공동적인 것*의 극복을 드러내려는 목표를 가지고 있다. 이 예들이 우리가 연구하는 단순한 집단들을 가리킨다고는 주장하지 않았다. 이 집단들은 사실 그들의 통합에 의해서만 특징지어지는 것이 아니라 목표의, 그리고 결과적으로 *실천*의 엄밀한 공동 성격에 의해서도 특징을 부여받는다. 우리가 관심을 갖는 관점에서 보면 축구팀이나 군대 내의 반란 집단이나, 게다가 그들의 차이가 어떻든 간에 각자의 행동은 공동적 객체화의 운동 안에서만 그 실재적 객체화를 찾아낸다는 공통점을 가진다. 스포츠 팀의 경우 선수 각각의 행동은 기능에 의해, 즉 기술적 행위들로 구성된 다양성으로서만 실현된다는 미래의 목표와의 관계에 의해 불확정적인 가능성으로서 예정되어 있다. 이처럼 각자 안에서의 기능은 총체화해야 하는 총체성인 목표와의 관계다. 집단의 목표에 비춰 보면 경기하는 순간 각각의 공동 개인은 자신의 현실적 특성(진흙 구덩이 혹은 바람 등등) 안에서 경기장의 실천적 종합(방향 설정, 가능성이나 어려움 등등의 도식적 규정)을 실현한다. 이러한 사실들을 통해 공동 개인은 해야 할 경기가 갖는 특별한 성격에 대비하는 것이다. 하지만 그는 이 실천적 종합 ── 결국 이것은 일종의 측정, 즉 총체화하는 개괄적 검토인데 ── 을 집단을 위해 집단의 목표로부터 실현함과 동시에 *자신의 위치* ── 즉 여기에서는 *자신의 기능* ── 로부터 실현한다. 실제 경기가 시작되는 순간부터 그의 개인 행위들은(설사 이것들이 규율 못지않게 주도권, 용기, 능란함, 신속함 등등을 필요로 하더라도) 팀원들(물론 각 팀은 동시에 다른 팀에 의해 규정된다.)의 모든 행위를 벗어나면 더 이상 아무 의미도 제시하지 않는다. 단지 추상적인 것 안에서만, 즉 각각의 기능이 모든 기능의 조직화를 가정한다는 의미에서만 그런 것이 아니다. 그뿐 아니라 구체적인 것의 우연성 자체에서, 즉 특정 선수의 특정 위치에서의 추락이나 서투름은 정확하게 다른 선수(혹은 다른 모든 선수)의 움직임에 영향을 주며, 다른 선수들에 의해(그리고 부차적이긴 하지만 관중에 의해서) 이해될 수 있는 목적론적인 의미화를 그 움직임에 준다는 의미에서도 역시 그러하다. 사실 우리는 이 동작, 이 패스, 이 페인트 모션 등을 기능 자체로부터 이끌어 낼 수 없다. 기능은 단지 제한되고 규정되지 않은 상황에서 특정 페인트 모션을 취하고, 특정 행위를 할 수 있는 추상적 가능성을 정의할 따름이다. 행동은 환원될 수 없다. 게임의 규칙(목표로부터 출발한 집단의 조직화)을 알지 못하면 행동을 이해할 수 없다. 하지만 어떤 경우에도 이 행동을 규칙에 귀착시킬 수 없다. 또한 경기장 전체를 동시에 볼 수 없다면 규칙으로부터 이 행동을 이해할 수조차 없다.

이처럼 이와 같은 특별한 행위의 성격은 모순적이다. 사실 이 행위는 그 자체로 완전한 개인적인 행위(거기에는 *부분적인 목표*가 있다. 예컨대 패스를 하는 것은 전개되는 상황을 *미래로부터* 평가하는 일이며, 가능성을 계산하여 결정하는 일이다. 이것은 새로운 전개들에 의해 변형될 수 있다.)고, 성공하거나 실패할 수 있는 것이며, 그 성공 자체는 이 개인적인 행위를 *자족적인 변증법적 과정*으로 규정한다. 달리 말하자면 *이 개인*이 *이 목표*(패스를 할 때 그것을 집단 전체를 이롭게 하기 위해 가장 좋은 위치에 있다고 판단한 동료에게 하는 일)를 스스로 제안했다는 사실을 당연한 것으로 받아들인다면 기능으로 환원될 수 없는 이 행위, 구성하는 실천으로서의 이 행위는 완전한 가지성을 제공한다. 그러나 우리가 이 부분적인 목표에 멈춰 설 수 없다는 점은 경험 속에서 다음과 같은 두 가지 사실에 의해 밝혀진다. 즉 집단의 끊임없는 재조직화가 계속해서 뒤이어진다는 사실(일반적 규칙들과 상황의 특수한 요구들에 따라) 과 이 재조직화는 그것에 영향을 미치는 각각의 특별한 계기를 자기 안에 흡수한다는 사실이다. 이렇게 해서 특별한 기도 — 설령 이것이 그 자체로서 성공했더라도 — 의 의미는 다른 기도에 의해, 다른 팀 원들에 의해 다른 곳에서 사용될 때 나타난다. 이 과거의 활동은 미 래 속에서만 그 *실천적인 정당화*를 얻게 될 것이라고까지 지적해야 할 것이다. 적진을 돌파하여 공을 차고 골을 넣는 것만이 특정 순간 에 특정 개인의 전략을 결정하게끔 했던 과감한 일격을 결정적으로 정당화시켜 줄 것이기 때문이다. 이렇듯 구체적인 시간화를 통해 공 동 개인을 초월하는 개인적 *실천*은 각각의 다른 *실천*에 의해 회고적 으로 변형되어 나타난다. 이 모든 실천은 공동 과정으로서의 경기 진 행에 통합된다. 그렇다면 과연 여기에 소외가 있는가?

우리는 실제로 선수 개인의 실행은 스스로를 객체화시킴으로써 하나의 전술(다른 경우에는 전략)의 실재적이고 생생한 전개 속에 통합 된다는 사실을 주목할 수 있다. 공동 전개의 계기에 고무된 각각의 실 행은 첫 번째 계기를 기초로 만들어 내도록 이 실행이 기여한 계기 속에 잠식된다. 앞에서 살펴보았듯이 이 실행의 정당화와 진리는 도 달된 과정 속에서 찾아볼 수 있다. 하지만 이와 같은 유효화가 연속적 인 매개들, 즉 실천적 총체화를 위한 제삼자들의 연속적인 무화들에 의해 이루어지므로(*이 주도권은 그것이 팀원에게 허용했던 저 주도권에 의 해 정당화되지만 저 주도권이 이번에는 다른 주도권들에 의해 — 전체와 관련 해서 — 매개되어야 한다.*) 객체화 — **타자**에 의한 매개와 이 매개의 매 개 등등 — 는 집렬체적 소외의 과정으로서 나타날 것이다. 이렇게 해서 우리는 필연성의 계기에 대한 도식을 재발견하게 된다. 즉 실천 적 유기체의 활동은 객체화되면서 그 실제적 본질과 결과들에서 *타*

*자*로서 드러난다.

사실 여기에서(적어도 이 단계에서) 소외는 외관일 뿐이다. 나의 행동은 *공동 목표*를 향한 *공동의 힘*으로부터 전개된다. 힘의 현실화와 *실천*의 *객체화*를 특징짓는 근본적 계기는 자유로운 개인적 실천의 계기다. 하지만 이것은 공동의 힘과 공동 목표 사이의 순간적인 매개로서 자신을 규정한다. 이것은 *대상 속에서 자신을 실현하면서* 완수되어 가는 공동의 객체화를 위한 조직적 행동으로서 자기 자신을 무화할 뿐 아니라 목표를-향한-무화를 통해 *공동 실천을 발견하게 된다. 이것 안에서,* 즉 구성하는 기도의 존재론적 구조(이것은 우리에게 유기체론적인 마법을 가리키는 것으로서)가 아니라 이것의 외부에서, 진행 중인 객체화가 그 자체의 내부에서 각각의 개인 노동(즉 각각의 개별적인 객체화)을 와해시키는 것으로서 드러난다. 그런데 이 공동의 객체화는 실제로 목표의 실현일 뿐이다. 집단은 객체화 안에서 스스로 시간화하며, 객체화는 생산된 현실이라는 결과를 위해 적극적인 조직인 집단을 제거한다.[64] 공동 목표를 향한, 그 이득을 위한 이와 같은 총체화하는 제거는 제삼자들 각자의 공동 기도다. 그 까닭은 이 기도가 권리와 의무의 불가분한 통일체로 체험되기 때문이다. 이 공동 기도는 개인의 행위를 통해 표명된다. 개인의 행위는 구체적 상황들의 바탕 위에서 기능을 현실화하며, 개인의 행위를 통해 공동의 기도는 그 끝을 향해 전진하게 된다. 이처럼 개인적 *실천*은 스스로 *제거되는 매개,* 달리 말하자면 제삼자에 의한 자신의 극복을 위해 스스로를 부정하는 매개다. 개인적 실천의 전체적이고 개별적인 목표는 공동 목적을 향한 극복의 수단으로서 어떤 결과를 만들어 내는 것이다. 그

---

64   결정적으로(서로 흩어진다.) 아니면 잠정적으로(승리한 팀은 다음 경기까지 밀접하지만 *다르게* 연결되어 있다.) 그러하다.(원주)

러므로 [각 팀원은] (팀 동료들의 미래 행위들에 의해) 매개된 공동 목표를 지향하는 자기 행위를 만들어 내고, 장기적인 목표와 불가분의 관계를 맺으면서 공동의 객체화 한가운데서 스스로 용해되고자 한다.

예컨대 — 축구 경기에서 — 각 팀원의 행동은 공동의 과거 — 선수들에 의한 장의 끊임없는 재조직화 — 를 가지며, 바로 이 공동의 장은 정확히 공동 시간화의 특정 계기에 공동 개인인 그를(공동의 위험, 공동의 가능성, 현재 조직의 취약성 등등을 지적하면서) *행위*로 촉발시킨다. 자신의 권력, 도구, 후천적 능력 등등을 가진 이 공동 개인은 *실천* 자체에서 자유로부터의 소외를 받아들인다. 사실 그가 제안할 수 있는 공동 목표는 구성하는 자유로운 *실천*의 개인적 목표로 당장 변모하지 않는 공동 목표뿐이다.(패스는 — 조직화된 모든 영역의 기능에 따라, 그리고 그 공격적 재조직화의 수단으로 파악되어 — 그를 가로막으려는 상대방의 개인적인 전술에 따라 개개인의 위치들과 움직임들을 축구공과의 개인적인 관계 속에서 조합하는 기회가 된다. 행동의 본질적인 계기가 *개별적인 투쟁*의 계기가 되는 것이다. 공을 어떤 팀원에게 패스하기 전에, 이 결정이 점차적으로 어떤 결과로 드러나는가를 보기 전에 이 개인은 다른 개인, 즉 상대 집단에서 그와 똑같은 기능을 수행하고 있으며, 원칙적으로 동일한 훈련의 혜택을 받았던 상대 선수를 *자신의 개인적인 자질에 의해* 이겨 내야만 한다.) 하지만 이처럼 실천적 자유가 고독한 자유로 바뀌는 것이 집단으로의 변모가 이루어지는 한 계기에 불과하며, 결국은 공동적 객체화의 드러남으로써 완수된다. 그리고 이와 같은 결말이 *바로* 고독한 자유로의 이행의 *의미*를 이루며, 공동적 개인(어쨌든 근본적으로는 자유롭게 재활성화시켜야 하는 타성태적 한계에 의해 규정되는)과 공동적 객체화 사이의 매개로 분명하게 지칭된다. 이 공동적 객체화는 개별적 행위(패스 *주변에서의 재조직화*)와 *동시에* 실현되며 공동적 개인에게 공동의 목표를 반영한다. 공동적 개인은 (각자와 모두의) 개별적 *실천*의 매개에 의해 공동의 객체화 속에서 *스스로를 객체화*하며, 공동적 객체화는 공동적 개인을 산출하고 또한 이 개인에 의해 이루어진다. 자유의 계기는 침묵 속에 이행되어야 한다. 왜냐하면 이 계기는 대자적으로 정립되는 팀을 부정할 수 있기 때문이다.

게다가 바로 이것이 "단체정신"을 갖지 못할 때 — 스포츠, 노동 혹은 연구에서는 드문 일이지만 연극 같은 모순적인 활동들에서는 흔하게 — 나타나는 일이다. "위대한" 배우, 즉 뛰어난 연기자에게는 단체정신이 결여되어 있다. 그렇다고 해서 그가 저 아래의 개별성(늦게 나타나거나 기분 내킬 때만 연습을 하고, 병이 났다면서 공연을 거절하는 등등의 개별성)으로 되돌아간다는 의미는 아니다.(때로는 그렇게 하는 경우도 있지만 반드시 그렇지는 않다.) 하지만 어쨌든 그의 자유로운 *실천*은 대자적으로 저 *위쪽의 개별성으로서* 정립된다는 것을 의미한다. 공동 목표, 공동 기도, 공동 조직화라는 바탕 위에서(각각의 인물은 시간과 공간의 상호 조직화에 의해 밀접하게 영향을 받는 행위들과 담론들로 규정되는 하나의 기능이다.) 그는 홀로 자기를 주장한다. 이것은 벌써 찬탈이 어떤 것인가 — 이것에 대해서는 곧 살펴보게 될 것이다 — 에 대해 예감하게 한다. 그는 고정된 자리, 담론의 시기 및 순서를 바꾼다. 그런데 권력 *너머의* 것으로서의 개인성에서 이것은 집렬체성으로의 회귀는 아니지만 단 한 사람의 이익을 위해 권력을 몰수하는 일이다. 그는 고독을 다시 발견하는 것이 아니라 집단의 행동하는 통일성이 된 것이다. 그리고 각자는 공동 기도(『맥베스』 혹은 『리어왕』)를 위해 일을 하면서 그를 섬기는 위치에 있게 된다. 여기에 대해서는 나중에 다시 길게 다룰 것이다.

그렇지만 "단체정신", 즉 공동 목표와 관련된 힘들의 엄격한 상호 의존성이 구체적 행위 주체를 그의 기능으로 축소하게 된다고 생각해서는 안 된다. 이는 다음과 같은 경우에만 사실일 수 있을 뿐이다. 즉 상황이 ── 그 일상적인 평범함으로 인해 ── 추상적인 일반성(너무 덥지도 않고 바람도 잦아든 좋은 날씨에 홈 팀이 홈 경기장에서 잘 알고 있지만 훨씬 실력이 떨어지는 이웃 지역의 팀과 실력을 겨룬다.)과 동화될 수 있는 경우에서다. 예측 불가능한 위급한 일들이 나타나는 순간부터(이것은 어떻게 보면 규칙인데) 개인적인 주도권은 대단한 중요성을 갖기 시작한다. 최종 객체화에서, 즉 결과에 의한 기도의 총체화에서 과거의 총체성으로서의 집단은 더 이상 기능들의 순서에 의해 정의되지 않는다. 오히려 이 집단은 공동 *실천*에서의 특별한 행위들의 현실적인 통합에 의해, 그리고 "일반적" 투쟁의 틀에서 개인적 주도권들의 위계질서에 의해 정의된다.

   그럼에도 불구하고 각각의 제삼자는 전체적 객관성 안에서, 즉 *진행 중이었다가* 대상(승리) 속에서 스스로 제거되어 버린 총체화인 경기로부터 *이* 제삼자의 중요성("다행히 네가 거기 있었지……." "네가 그렇게 빠르지 않았더라면……." 등등)을 높이 평가한다. 이렇게 극복된 총체화(*과거-에서의-총체성*)는 모든 우연성과 실제적인 사건들(환경의 우연적인 상황에서 기인한)에서 조직화된 실천의, 즉 그 역사적 시간화의 구체적인 현실이다. 이와는 반대로 각자에게 기능(예컨대 경기 초반에)은 가능성들의 부분적이자 불확정적인 공동의 의미화다. 이렇게 해서 개인은 행동을 한 후에는 과거 총체성의 구체적 계기로서, 그의 시간화에서 불가역성의 구조로서, 따라서 공동 *개인*으로서 집단에게 드러난다. 그러나 이 공동 개인은 역사적이고 구체적인 개인성으로 정의된다. 이것은 그의 행동이 공동 기도의 ── 달리 말하자면 집단이 집단에 가한 조정의 ── 예측하지 못한(그리고 기능으로부터는 예측할 수 없는) 계기였다는 점에서 그러하다. 집단에 의해 공동적인 것으로 밝혀진 것은 이 행위의 *개별적 개인성*(이 주도권이 이후의 전개들에 의해 정당화되었다는 점에서)이다. 이 개인 안에서 집단은 위험을 무릅쓰고 성공한 작업에 의해 그 자체의 공동 기도를 수행했다는 것을 자각하게 된다. 달리 말하자면 이 집단 안에서 각각의 제삼자는 *공동 개인에게 있는 창조적 자유*로서의 실천적 자유(실천을 구성하는 자유)에 대해 자각을 하게 된다. 그렇다고 하더라도 이런 회고적 환상은 여전히 공동 구조에 속한다. 총체화-집단은 극복된 총체성으로서 그 자체로 되돌아가며 *이 극복된 총체성 안에서 집단은 특정한 제삼자의 자유로운 실천을 특정의 공동 개인이 갖는 실천적 우월성으로 이해한다.* 예컨대 *한 명의 특정인을 훌륭한 골키퍼라고 하자.* 이때 그는 자신의 개인적 행위들에 의해, 즉 창조적 실천에서 자기 힘의 극복에 의해 여러 번 *팀을 구했기 때문에 훌륭한 골키퍼인 것이다.* 하지만 실천적-타성태의 장에서 계급-존재에 대해 말하는 것이 가능하다면 우리는 그 이유를 알고 있다. 소외들의 복합적 체계는 개인적 실천이 자기 존재를 극복하기를 바람으로써 자기 존재를 실현하도록 하기 때문이다.

하지만 여기에서는 상황이 정반대라는 것을 이해해야 한다. 그러니까 개인은 자신의 공동-존재를 실현하기 위해 이 존재를 넘어서는 것이다. 우리가 월급쟁이인 *것과* 같이 골키퍼나 미드필더*인 것은* 아니다. 공동-존재로서의 기능은 아직 결정되지 않은 결정이다. 이 결정은 상황 속에서 긍정적인 충실화로서 시간화되며, 또한 이 상황은 구체적인 선택을 요구하는 구체적 명령들로서 제시된다. 이렇게 해서 공동 개인이 여러 선택 중에서 하나를 선택"하자" 마자 그는 공동적 객체화로 자신을 상실하기 위해 공동 개인으로서 스스로를 넘어선다. 조직화된 집단에서 그 골키퍼, 그 센터포드라고 나중에 불리게 되는 사람("우리는 훌륭한 골키퍼를 가지고 있다. 하지만 수비수들은 형편없다." 등등), 즉 *그의 기능이 과거의 행위들로 규정된 공동 개인*은(그리고 그는 미래의 가능성들에 의해 특징지어진다. 팀은 골키퍼에게 *신뢰*를 보낼 것이고, 이런저런 작전에서 그에게 *의지할* 것이다.) *과거의 존재*만을 소유하게 된다. 이 존재 —— 비시간적인 지칭의 대상이 되는(이것은 스스로 시간화되었던 과정에 대한 것임에도 불구하고) —— 는 공동 기도의 실천적이고 회고적인 이해를 통해 드러난다. 하지만 시간화의 계기에서 이 존재는 존재하지 않는다. 공동적 객체화에서 스스로 무화되기 위해 기능을 넘어서는 것은 바로 유기체의 자유로운 *실천*이다. 하지만 이 실천은 특별한 상황에서 극복되고 구조화된 총체성의 환원할 수 없는 의미화로 나타난다. 기능이란 추상적 제한이고, (시간화의 계기에서) 행위에 의해 지양되고 보존된 타성태다. 혹은 이렇게 표현할 수 있다면 기능은 공동 개인성이 갖는 개별성이다. 이것은 행위가 과거에 이 기능에 의해 지시된 한계 속에(오직 자신의 힘밖에 실현할 수 없었기 때문이 아니라 이 실현을 명백히 스스로에게 목표로 부과했기 때문에) 스스로 갇혀 버린다는 의미에서 그러하다.

조직화된 집단에서 실천적 긴장이 느슨해지는(그렇다고 집단이 와해되지는 않는다.) 순간들에 공동적 개인은 자신의 기능을 자신의 공동적 개별성으로 이해한다. 그의 현재의 *과거적 의미*는 명령-서약으로서의 그의 과업인 동시에 이전의 기도들이 진행되는 동안 그의 과업의 극복된 현동화로서의 *그의 몸짓*이다. 이 동일한 기능적 현재가 갖는 *미래적 의미*는 (미래의 기도들 한가운데서의) 구체적 가능성들에 의한 그의 힘의 결정이다. 이 구체적 가능성들은 단순히 과거의 몸짓들의 투기적 극복으로 정의되며, 이것들의 권리-의무의 미래 너머로의 변화로 정의된다. *훌륭한 골키퍼*는 공동 개인으로서 개별화되며,

과거의 행동에 의해 조직화의 정상적인 수준에서 각자에게 요구되는 것보다 *더* 잘할 수 있는 사람으로서 미래 속에서 스스로를 만들어 간다. 그는 능력이 되는 것이다. 그런데 가능적 미래의 결정으로서의 이 능력은 유기체적 개인의 실천적이며 구성하는 자유에 다름 아니고 공동적 개인의 자유로운 미래적 개별성으로서 체험된다. 이 능력은 과거를 극복한 *실천*이다. 이것은 조직화된 집단의 구성원이 이 실천을 자신의 집단-내-존재의 개별성으로서 체험하기 때문이다. 결국 이 능력은 *미래적 존재태*로서 체험된다는 점에서 볼 때 과거의 자유인 것이다. 자신의 자유로운 *실천*이 공동의 총체화에 흡수되도록 함으로써 공동 개인은 자신의 집단-내-존재를 과업과 서약을 넘어서는 자유로운 규정으로서 다시 차지한 것이다.

우리는 처음으로 노동 중인 실천적 유기체와 기능으로서의 공동 개인의 복합적 관계를 포착해 보았다. 이 연구를 통해 우리는 공동 개인, 즉 집단에 통합된 구성원으로서 그의 유용성은 전적으로 유기체적 *실천*의 매개적 계기에 달려 있다는 사실을 알게 되었다. 비록 이 *실천*이 그 자체로 공동 도구들의 사용이며, 이 도구들을 통해 집단이 정의하는 공동의 장의 발견일지라도 사정은 마찬가지다. 이것이 의미하는 바는 조직화란 결국 집단이 자기 자신에게 실행하는 실제 작업이며 공동 실천에 따른 과업들의 분배라는 점이다. 이와 반대로 공동 *실천*은 기능들의 상호적이고 연속적인 제약이다. 이것은 다양한 개인행동들이 한정된 상황 속에 이 기능들을 구체적으로 각인시킨다는 점에서 그러하다. 따라서 조직화된 집단이 행하는 특수하고도 직접적인 단 하나의 행동은 이 집단 자체의 지속적인 조직화와 재조직화, 즉 구성원들에 가하는 행동이다. 물론 우리는 이 사실을 통해 공동 개인들이 공동체의 내적 구조들을 결정한다는 사실을 지적하고

자 하는 것이지 즉자적 집단이 이 구조들을 범주로서 강요한다는 것을 지적하려는 것이 아니다. 하지만 이런 관점에서 보면 기능이란 완수해야 할 과업(극복하는 대상으로부터 정의되는 작업)임과 동시에 각각의 공동 개인과 다른 모든 공동 개인 사이에 맺어지는 *하나의 관계*로 정의된다는 사실이 중요하다. 하나의 논리적이고 형식적인 관계가 문제가 되는 것이 아니다. 이와 반대로 우리는 각각의 경우에서 이 관계는 조직화로 가는 도중인 공동체의 내적, 객관적 관계인 "권리-의무" 사이의 긴장에 대한 결정이어야 한다는 사실을 알고 있다. 달리 말하자면 이 *관계*는 본래적으로 종합적이고 실천적이다. 왜냐하면 이 관계는 각자에 대해 혹은 모두에 대해 각자가 행사하는 힘을 특수화하기 때문이다. 따라서 이 관계를 내면적 인간관계로서 정의해야 할 필요가 있다. 하지만 상황의 압력 아래 이와 같은 특수화를 도입함으로써 조직화하는 집단은 유동적 동질성(각자는 여기에서나 어디에서나 *동일자*이기 때문에)에서 결정된 이질성으로 이행해야 한다. 이타성이 공동체 안에 명백하게 다시 출현하는 것이다. 이 이타성의 기원은 초월적일 수 있다. 공동체가 차별화되는 것은 동일한 위협의 통일성에서 위험들과 방어(혹은 공격)의 수단들은 *언제나 다르며* 시공간적 규정에 따라 다양해지기 때문이다. 그러나 차별화의 근원은 내적일 수 있다. 이것은 집단을 (그 진화 속에서) 특징짓는 도구적 총체가 이 공동체의 내재적인 공동 대상으로 고려될 수 있다는 점에서 그러하다. 이 경우 과업의 분배는 기술 설비의 최선의 사용을 목표로 삼는 것이다. 혹은 분배가 새로운 발명들과 새로운 도구들의 압력 아래 이루어지기도 한다.

어쨌든 중요한 것은 내면적 대상의 복합성을 지배하기 위해서든 아니면 초월적 다양성에 맞서기 위해서든 간에 집단은 이타성에 더 효율적으로 투쟁하기 위해 이 이타성을 재내면화한다는 사실이다. 조직화된 집단에서 구성원들의 이타성은 유도된 것이면서 동시에 *창조된* 것이다. 실제로 비록 서약이 차별화(아직은 추상적으로 예측된)를 목적으로 이루어졌다 할지라도 이 서약이 행해진 이후 각각의 제삼자는 다른 제삼자들과 동등자로 남게 된다. 달리 말하자면 서약에 의해 제삼자는 이타성의 모든 가능성을 부인하는 일에 참여한다. 이 이타성이 실천적 개인의 행동으로부터 비롯될 수도 있기 때문이며, 또는 어떤 *존재태*로부터 비롯할 수도 있기 때문이기도 하다.(투쟁 집단의 젊은 서약자는 상황에 의해 새로운 *존재태*를 받아들인다. 예컨대 그는 한 번도 싸워 보지 않은 사람이거나 한 번도 전쟁에 나서 보지 않은 사람 등등일 수 있다. 평화로운 시절에는 추상적이고 순전히 논리적인 규정에 불과했던 것이 실천에서는 적의 압력과 공동 목표에 의해 *존재태* — 총을 쏠 줄 모른다거나 두려워하는 등등의 부정적 가능성들의 총체 — 가 된다. 그리고 이 *존재태*는 그와 그의 곁에서 함께 서약을 했던 늙은 군인을 구별한다. 그는 백전노장의 늙은 군인과는 *다르다.* 하지만 전투적인 이 젊은이는 서약을 통해 이 이타성을 괄호 안에 넣어 버리고, 이 이타성을 우연적이며 무시할 만한 것으로 만들겠다고 맹세한다.) 하지만 규제 집단의 변증법적 전개에서 그리고 이것이 조직 집단으로 이행해 가는 과정에서 서약의 기능(**타자**에게 공포를 가하기, 모든 것을 백지 상태로 만듦으로서 각자 안에 **동등자**의 독재를 세우기)은 이타성의 재도입을 기초하는 것임을 분명하게 알 수 있다. 레비스트로스라면 이렇게 말했을 것이다. 즉 **문화**로서 이 이타성을 재내면화하기 위해 *자연*으로서의 이타성을 제거한다고 말이다. 문화로서의 이타성은 인간의 고안물이며 또한 자유로운 집단을 유지하는 자유로운 수단이다. 이 경우에 자유로운 집단은 다음과 같은 두 가지 과정을 밀접하게 연결시킬 수 있다. 첫째, (서약에 의한) 공동 개인으로서 구성원들 각자의 근본적인 미분화 상태와 엄밀한 등가를 인정하는 과정이다. 둘째, 이와 같은 완벽한 등가에 근거해서 기능적 이타성들, 즉 그 사용에 의해 동등자 안에서 **타자**를 정의하는 이타성들을 만들어 내는 일이다.[65] 이처럼 집단에서 각자는 **타자**다. 이것은 우선 집단이 그렇게 결정하기 때문이고, 또한 이 이타성이 *실천*에 적합하게 규율에 의해 정의된 관계이며 이렇게 *설정된* 관계가 실천적 이해의 대상을 만들 수 있다는 점에서 그러하다. 하나의 집렬체의 구성원인 나는 왜 나의 이웃이 **타자**인지 이해하지 못한다. 집렬체적 변질은 우연적 이타성(탄생, 유기체)을 강화하고 이를 비가지적으로 만들기 때문이다. 살아 있는 조직의 구성원인 경우에만 나는 **타자**가 *우리*-동등자들의 실천적이고 의미 있는 창조물이라는 것을 이해한다.

이런 관점에서 보면 팀 동료와 *나의 관계*는 완전히 이해 가능하다. 달리 말하자면 팀 동료는 조직 집단에서 모든 실천적 이해의 수단이고 대상이자 원칙이다. 그는 **타자**다. *왜냐하면* (그가 지평선에 그려 보

---

65 앞에서 살펴본 바와 같이 실제 과정은 종종 훨씬 복잡하다. 왜냐하면 규제 집단은 ── 이것이 불완전할 때 ── 본성으로서의 이타성들에 따른 기능을 고안해 냄으로써 발전해 나가고 조직되기 때문이다. "좀 더 힘이 센 이 사람이 이 일을 할 것이다." 등등. 하지만 심층적으로 보면 이 과정은 동일하다는 사실에 유의하면 된다. 단지 이 새로운 경우에는 자연적 차이의 공동적 사용이 이것을 자연으로서(사고, 우연, 개인적 과거 혹은 개별적 유기체의 성격이 행사하는 부정적이고 집렬체화하는 영향) 제거하고 또한 문화로서 축성하는 것뿐이다. 우람한 사람은 기능이면서 그의 권력이 되며, 따라서 그의 힘인 것이다. 집단은 그의 안에서 그를 축성했다. 바로 이것이 다음 표현이 근본적으로 의미하는 바다. "모두 내놓으세요, 모두 돌려 드릴 겁니다." 이는 집단이 내리는 전형적인 명령이며, 그 의미는 다음과 같다. 즉 당신 안의 부정적인 이타성을 부인하고 긍정적 이타성의 공동적 이익을 위해 헐벗으세요.(당신의 젊음과 두려움을 부인하고 당신의 활기와 민첩함을 내놓으세요.) 그러면 당신은 *부정적 이타성* 없이 집단이 만든 공동적 개인으로 다시 태어날 것입니다. 긍정적 이타성에 대해 말하자면 이는 당신 안에서 집단에 의해 창조되고 축성된 힘이다. 그리고 이러한 것으로서 이 긍정적 이타성은 확대될 수 있다(훈련이나 군대 등에 의한 체력). 나는 지나가는 길에 이를 지적하지만 가지성을 좀 더 잘 포착하려는 의도에서 (더 추상적임에도 불구하고) 좀 더 단순한 사실들을 예로 들고 있는 것이다.(원주)

는 공동 목표와 공동 실천의 관점에서) 이런저런 과업이 완수되기 위해서는 나의 과업의 수행 가능성에 영향을 미치는 이것 혹은 저것이 수행 *되어야만 하기 때문이다.* 그리고 이 기능들의 목적론적인 관계는 기능적 행위에 즉각적으로 주어진다. 이것을 연설을 통해 분명히 하거나 그에 대한 명상의 관점을(게다가 이것은 불가능할 것이다.) 취할 필요가 전혀 없다. 행동하는 것과 이해하는 것은 단 한 가지일 뿐이다. 나의 목표를 이해함으로써 나는 **타자**의 목표를 이해하며,[66] 공동 목표를 토대로 우리 둘의 목표를 — 그리고 모든 **타자**의 목표를 — 이해한다. 집단이 개인적 "자질들"을 축성된 힘으로 복원시킴에 따라 특정 **타자**를 이롭게 하는 문화와 물리적 힘의 차이는 말하자면 가지성의 지위를 받아들이게 된다. 모든 것은 마치 집단이 특정 장소에서 필요한 힘과 두뇌를 만들어 낸 것처럼 진행된다. 그 결과 이 두뇌 혹은 이 근육과 나의 관계는 우선적으로 서약의 편재성과 동등자들의 등가성에 근거한 사회적인 것이 될 것이다. 그는 처음에는 나보다 더 힘이 센 한 인간이 아니라 다른 어떤 곳보다도 더 공격받을 위험이 있는 한 장소에서 이루어지는 공동 방어의 강화다. 하지만 이 실천적 강화의 명백한 조건은 평등한 동지애다. 실천적 강화는 이 동지애의 한 특수화에 불과하다. 동지애의 서약 관계는 기능의 관계에 의해 유도된다. 사실 작은 조직 집단들에서는 (명령의 출현과는 직접적인 관련 없이) 각자의 힘의 한계들을 아주 정확하게 규정하는 배려를 하게 된다. 바로 이것이 특정 제삼자의 역량이고, 특정 타자의 역량이다. 집단 내부

66 *훨씬 더 빈번한 경우,* 즉 이런저런 집단 내부에 공동 개인이 **타자들**의 기능을 더는 이해하지 못하거나 혹은 이 기능을 자신보다는 **타자**가 차지했다는 사실을 이해하지 못하는 그런 경우를 들어 이의를 제기하지 않기를 바란다. 나는 인내심을 요구하는 바이며, 변증법적 연구가 순환적이라는 사실을 다시 한번 환기한다. 우리의 연구가 이 주제를 다루게 될 때 여기에 대해 언급하게 될 것이다.(원주)

의 갈등들은 흔히 역량들이 이러저러한 지점에서 미결정 상태로 남아 있다는 사실로부터, 아니면 새로운 상황이 새로운 문제를 만들어 내면서 몇몇 기능들에서 잠정적인 미결정 상태를 창출해 낸다는 사실에서(따라서 인간들 사이의 관계에서) 발생하는 것이다.

이처럼 공동 *실천*으로서의 자유는 우선 서약의 형태로 사회성의 관계를 고안해 냈다. 이제 이 자유는 인간관계의 구체적인 형식들을 고안해 내고 있다. 특정 **타자** 혹은 모든 **타자**에 대한 나의 관계인 각각의 기능은 역량의 상호적(직접적 혹은 간접적인) 한계로서는 *부정적*으로 정의되며, 나의 행동을 요구하고 가능하게 하는 행동으로서는 *긍정적*으로 정의된다. 하지만 기능은 공동 개인이거나 또는 각자의 집단-내-존재다. 조직화의 단계에서 집단-내-존재는 더 이상 인간관계들의 다의적이고 추상적인 규정이 아니다. 오히려 기능은 나를 각자와 모든 사람에게 연결시켜 주는 조직화된 관계다. 그러나 이 *인간관계*는 구체적으로 하나의 *존재*를 표현하며, 이 존재로부터 타성태적 경직성을 부여받는다. 사실 문제되는 것은 서약에 근거한, 즉 어떤 가능성들의 자유로운 부정에 근거한 힘들의 상호성이다. 실제로 공동 개인들 사이의 관계는 규정된 한계에서의 자기 "존재"에 대한 시간화로 제시되는 이상 어느 것도 미확정 상태로 남겨두려 하지 않는다.(예컨대 이것은 어떤 협회가 그 초창기에 사무실, 비서, 회계, 위원회 등등을 설정할 때 분명하게 드러난다. 그리고 이 관계들이 위계화되었을 때 더 분명히 드러난다.) *업무의 분배*인 역량의 정의는 특정한 기능적 개인은 다른 특정 사람과 특정 유형의 관계를 결코 맺을 수 없다는 사실을 내포한다. 이것이 모든 "내규들"이 갖는 부정적 의미다. 조직 집단에서 인간관계는 자유롭게 승인한 고유의 한계들을 포함하고 있다. 하지만 우리가 조금 전에 과업에 대해 살펴보았듯이 규약 관계들의 구체적인 제한은 긍정적인 풍요화에 상응한다. 예컨대 위계적 관계의 한계들에서 상당 수의 하위 가능성들이 차별화되어 나타나는 것을 실제로 볼 수 있다. 반면에 서약 집단에서 유일한 가능성은 전적인 추상화와 완벽한 미확정 속에서 각자가 모든 종류의 내적 외적 위협들에 맞서 집단을 지키는 일이었다. (부정적 의미에서 보면) 결국 이는 같은 것이다. 하지만 예컨대 상급자와 복종자의 위계적 관계는 정확히 긍정적이고 적응된 행위들(의지주의나 맹종주의 등등과 결탁한 거부)을 통해 내적 단절(불복종이나 태만)을 피하는 데 있다. 다른 한편 서약자들의 목표는 위급하긴 했지만 여전히 모호했다. 1789년에 있었던 **테니스 코트 서약**이 한 예다. 아직은 불분명한 위협이지만 귀족과 **궁정**의 커져 가는 반감에 맞서 **제3계급**의 대표들은 *분열을 방치하지 않겠다*는 맹세를 했다. 이들은 추구해야 할 전략을 모르고 있었다. 게다가 파리에서 이 문제를 해결한 것은 민중이었다. 이와 반대로 조직 집단의 단결은 항상 그의 목표에 의해 한정되며, 이 목표는 *구체적*이다. 따라서 공동 개인들 사이의 관계는 구체적 과업이 정해 놓은 한계 내에서, 이 과업을 잘 이끌어 가는 유일한 관점 안에서 끊임없이 만들어져야 한다.

그런데 이 관계는 더 이상 각자가 각자와 맺는, 모든 사람이 모든 사람과 맺는 결정되지 않은 단순한 관계가 아니다. 이 관계는 우선 한 명의 X와 한 명의 Y(혹은 여러 명의 Y)를 연결하는 매개된 상호성이다. 매개는 진행 중인 총체화(각 단위들의 총체가 아니라), 즉 자신의 법을 스스로에게 부과하는 공동 실천으로서의 집단 전체에 의해 이루어진다. 공통항인 X가 각자와 모두와 관계를 맺는 것은 새로운 상호성의 중간 매개를 통해 — 이번에는 Y들을 M들에 연결하고, 이 M들을 통해 N들에 연결하는 등등 — 서다. 이렇게 해서 각각의 공동 개인은 특수화되며, 그의 직접적 혹은 간접적 관계는 집단 내부에서 필연적으로 특수하고, 특수해진 다른 개인들과의 관계가 정립된다. 더구나 X를 Y들에, 그리고 *Y들에 의해* M들에, M들에 의해 N들에…… 식으로 연결하는 이 특수 관계들의 연쇄에서 자신의 목표에 의해 정의된 총체화하는 *실천*으로서의 집단은 매개를 실행하기 위해 각각의 새로운 관계에 다시 개입한다. 그렇지만 여기에서 고려된 구조는 지나치게 단순하다. 사실 이 구조는 그 자체적으로 복잡해진다. X가 N에 매개된 관계가 특수한 관계들의 간접적인 연쇄에 의해 *동일한 관계 아래서, 이와 동시에* 직접적으로 이루어지기 위해서는 언제나 구체적인 가능성들이 있다는 사실에 주목해야 한다. 이 가능성이 실현될 경우 다음과 같은 두 가지의 하위 가능성들이 남게 될 것이다. X가 N들과 맺는 직접적인 관계와 간접적인 관계는 특수화에서 (장군은 위계적 통로를 통해 부하들에게 명령을 전달할 수 있다. 하지만 어떤 상황에서는 전투 부대 앞에서 직접 명령을 내리기도 한다.) 다르지 않을 수 있든가 아니면 직접적 관계와 간접적 관계는 서로 다른 특수화이든가다.(*원칙적으로* — 여기에서는 사실의 진리를 검토하는 것이 문제가 되지 않는다 — 소련 지도자의 노동자들 및 고용자들과의 위계적이고 간접적인 관계는 당 내부에서 — 당의 지도자는 분명 하나의 구성원이며, 그 당 안에는 수많은 노동자와 고용자가 등록되어 있다 — 이 위계가 다른 위계에 의해 와해되고 대체되는 직접적인 관계로 이중화되어 있다. 결국 엄격하게 *논리적이며* 결코 실현되지 않았던 가정에 따르면 지도자는 **당**의 하위 지도자에게 간접적으로 명령을 내릴 수 있으며, 구성원으로서 그에게 직접 복종할 수도 있고, 직접적으로 그의 명령 아래 있을 수도 있다.) 게다가 두 가지 경우가 한꺼번에 실현되고, 그 결과 두 개의 서로 다른 하위 집단들과의 관계에 의해 동일한 권력을 정의하는 일도 빈번하다.

한 명의 X는 여러 명의 M과 동일한 특수화의 직접적 관계와 간접적 관계를 갖는다. 그리고 X는 여러 명의 N과 서로 다른 특수화의 직접적 관계와 간접적 관계를 갖는다. 이 다양한 관계들은 과업이 분배될 때 정립될 수 있다. 흔히 이 관계들은 공동 행동이 진행되는 동안 세부화되기도 한다. 더구나 집단이 여럿이고 비교적 분산되어 있다면 간접적 관계들은 무한 속에서 사라져 버리는 경향이 있다는 점도 덧붙여야 할 것이다. 또는 모든 내부 영역에서 공동 개인을 특수화된 권력에 연결시켜야 하는 공동 관계를 미결정 상태로 남겨두는 것은 역량들의 제한이다. 두 경우에 **동지애-공포**가 그 적나라한 모습으로 — 일반적으로는 긍정적인 형태로 — 다시 나타난다. 이 공동 개인들은 — 내가 이들의 실존을 알고 있고, 공동 *실천*을 위해 일하며, 내가 직접 접촉할 수는 없는 공동 개인들은 — *내* 동지들이다. 단지 각각의 **타자**는 동등자라는 확인으로서의 동지애는 이질성을 제거하지는 못한다. 이 노동자들 각자, 이 선수들 각자, 이 군인들 각자는 나의 동지이고, 그것도 *차별화된 그의* 기능을 통해 그가 나에게 명령을 내리고, 그러면서 *나의* 기능을 수행하도록 한다는 *점에서* 그러하다. 동지애는 그 추상적인 적나라함 속에서 이질적 개인들 사이에 맺어지는 즉각적이고 근본적인 관계로 나타난다. 그리고 이 관계는 특수화된 관계가 없더라도 존속된다. 기능적 관계들에서 — 직접적 혹은 간접적인 — 이 근본적 관계는 종합적인 본질처럼 존속하며, 이것에 기초하여 모든 관계가 구축된다. 하지만 이 관계는 그 추상적 힘 속에서는 포착되지 않는다. 왜냐하면 이 관계가 차별화를 정초하기 위해 거기에 존재하는 것이기 때문이다. 이처럼 하위 집단 한복판에서 두 공동 개인들 사이에 맺어지는 관계는 이들에 의해 동지애로서 추상적으로 지칭될 수 있다. 사실 여기에서 문제가 되는 것은 — 역사적 정세에 의해 집단이 깨지지 않은 채 특수화가 와해되는 경우를 제외하고는 — 단지 담론의 규정일 뿐이다. 이들이 근본적 관계를 현실화하고, 이 관계를 인정함으로써 변형시키는 것은 이들의 상호적 행동, 이들의 기능, 그리고 이들의 매개된 특수한 관계 안에서다. 하지만 *실천의* 이 단계에서 담론은 실천적이고 구체적이다. 담론은 명령을 내리거나 각자의 상호적 기능을 지칭하는 데 사용되기 때문이다.

게다가 내가 "한 명의 X"를 여러 명의 Y와의 관계에서 임의로 취할 때 나는 논의를 더 빨리 진행시키기 위해 절대적 시작을 가정했다. 이렇게 해서 우리가 진정한 변증법적 연구의 과정을 정립할 수 있다면 이 가정은 큰 문제가 되지 않는다. 하지만 우리는 이렇게 분류하고 사유하는 방식에 그치면서 실수를 범하게 될 것이다. 매개된 관계들 전체를 고려하기 위해 실제로 X들로 이루어진 하위 집단이나 Y들로 이루어진 하위 집단 혹은 다른 어떤 집단으로부터 임의적으로 출발해야 한다면, 우리는 적어도 모든 기능이 서로 *독립적인* 경우가 있다는 사실을 인정해야 할 입장에 처하게 될 것이다. 집단과 그 구조들을 이 기능들 가운데 어느 하나로부터 밝혀내는 경우가 그것이다. 실제로 X가 Y들, Z들 등으로 구성된 하위 집단들과 맺는 관계들은 *이른바* 조직이라는 *환경*에서만, 즉 *순환성* 속에서만 의미를 가질 뿐이다. 왜냐하면 어디에서나 특별한 관계들을 드러낼 가능성은 현실적으로 각각의 관계가 이중적이라는 것을 의미하기 때문이다. 예컨대 X가 Y와 Z와 기능적 관계를 맺는 것은 다음과 같은 경우, 즉 집단의 모든 개인적 힘의 특별하고, 직접적이며, 간접적인 관계들이 이 X의 힘을 특수화하기 위해 그에게로 되돌아오는 경우에만 정립된다. 달리 말하자면 나는 *선험적으로* Y의 권한을 X로부터 규정할 수 있는 것과 마찬가지로 X의 권한 또한 Y로부터 규정할 수 있다. 이것은 물론 논리적 규정에 대한 문제다. 실질적인 *실천*은 잠정적이거나 결정적으로 종속과 조정을 강조한다. 하지만 만약 조직화된 집단의 실천적 구조가 방향성을 가지고 있다면, 내가 찾아야 하는 것이 *실질적으로 그 방향성이라면*("누가 책임자인가?" "누구에게 말해야 하나?" 등등) 이와 같은 벡터적 읽기는 순환적 구조를 제거하지 않는다. 사실 순환적 구조는 *중재된 상호성에 의한* **"동지애-공포"**에 다름 아니다.

우리는 이 연구를 진행하면서 조직 집단이 — 구체적으로 어떤 것이든 간에 — 직접적이고 간접적으로 매개된 상호성의 복합적인 순환성이라는 사실을 보았다. 이런 점에서 보면 이 집단은 융화 집단의 원초적 관계를 구성했던 최초의 상호성을 규정하고 풍부하게 할 뿐이다. 하지만 이 새로운 유형의 상호성을 검토하지 않고는 더 멀리 나아갈 수 없다. 근본적인 상호성에서 탄생한 이 새로운 상호성은 집단의 구성물이며, 단적으로 말해 근원적 관계에 대한 집단 작업에서 비롯된 산물이다.

그런데 이 작업의 첫 번째 효과는 이 작업에 의해 근본적 관계가 전복되었다는 것이다. 융화 집단에서 매개된 상호성은 *실천* 자체로부터 나오며, 집단의 발생 운동에서 서로 접근하는 두 명의 제삼자 사이의 수렴 관계다. 나는 내가 타자(동등자) 안에 나타나는 것을 보는 것과 같이 타자는 그 자신이 내 안에 나타나는 것을 본다. 그리고 바로 이 재집결 운동을 통해 각자는 번갈아 가며 구성하는 제삼자와 구성된 제삼자가 된다. 상호성은 직접적이고 수렴적이며 체험된 관계다. 우리는 행동의 변천과 상황의 변모가 차츰 임무들의 다양성을 만들어 낸다는 것을 보았다. 융화 집단(*다른 곳은 언제나 여기다. 하지만 다른 곳에서 적은 타자이고 다르게 행동한다.*)으로부터 이 다양성은 내면화된다. 집단이 서약의 자유 안에서 이 통일성을 다시 고안해 내는 것은 차별화의 위험에 대항하면서다. 하지만 행위 주체들 사이의 근본적 관계로서의 서약 자체는 상호성이다. 상호성만이 내 자유의 자유로운 제한을 내 안에서 만들 수 있다. 내가 **타자** 안에서 언제나 동등자인 그의 담보로서, 그리고 **타자**의 서약이 그와 동등자인 나를 담보해 주는 것으로서 어떻게 내가 내 자신 안에서 자유-타자로 다시 자리 잡는가를 우리는 이미 살펴보았다. 거기에 상호성이 있기는 하다. 하지만 이 상호성이 타성태를 통해 실천적 자유의 자격을 허락해 준다는 점에서 이것은 이미 *만들어진* 상호성이다. 서약한 사람은 이 연구의 초기에 발견했던 자발적 자유 관계를 완전히 변형하기 위해 집단을 통한 매개를 이용한 바 있다. 서약이 이루어지게 되면 상호성은 *원심성*을 갖는다. 즉 상호성이 두 사람의 현존에 의해 만들어진 구체적이고 체험된 관계(매개가 있든 없든)이기보다는 *이들 사이의 부재의 관계*가 된다. 각자는 자신의 고독에서 아니면 하위 집단 한복판에서 자신의 담보와 명령을 그가 더 이상 보지 못하는 공동 개인의 경직된 자격 부여로부터 끌어낸다. 이런 의미에서 이것은 더 이상 상호성이라 불리는 관계들의 생기 있는 발굴이 아니다. 차라리 이것은 상호적 타성태다. 인간은 서약을 통해 타성태적 물질성(시공간적 거리, 장애물 등등)의 분리시키는 힘에 맞선다. 그러나 이와 동시에 인간은 이 힘을 내면화한다. 그리고 자유의 타성태적 한계로서의 상호성이 외면성에 대항하는 외면성으로서의 외부로부터 인간에게 다가와 인간 안에 *만들어진 물질*로 존재하는 것이다. 기능이 각자에게서 세련되게 만드는 것, 그리고 이것이 정확한 과업으로, 즉 도구, 장소, 적 혹은 사물과의 실천적 관계로 변형시키는 것이 바로 거칠게 다듬어진 이 타성태다. 그리고 이 타성태적 상호성은 자유의 한복판에서 되찾은 이타성으로서의 권력을 기초하기 위해 세워졌기 때문에 다음과 같은 명백한 역설을 잘 이해해야 한다. 즉 기능들의 이질성(계급의 경우에서조차도)은 타성태적 상호성의 규정일 뿐이라는 점을 말이다. 내가 이것을 명백한 역설이라고 하는 까닭은 이질적인 두 항을 연결하는 관계들과 이것들을 이질성 안에서 겨냥하는 관계들이 — 적어도 실증주의적 논리의 관점에서는 — 벡터적인 관계들로, 즉 일방적인 관계들로 보이기 때문이다. 특정 공동 개인과 또 다른 특정 공동 개인 사이에는 방향 지어진 관계들(반대 방향으로)의 이중 체계가 설정될 수 있다. 하지만 이들의 기능의 차이가 두 체계를 두 방향을 가진 단 한 개의 체계로 용해시킬 수 없게 하는 것 같다. 한 의사가 부시장을 치료한다. 그리고 그는 시장 선거에서 그를 뽑아 준다. 그러므로 의사에게서 환자로 진행하는 관계의 총체가(치료, 환자의 몸과 그의 결함에 대한 인지가) 존재한다. 다른 관계들은(신뢰, 치료비 등등) 환자에게서 의사로 진행한다. 이와 동시에 우리는 또 다른 관계의 체계를 덧붙일 수 있다. 즉 행정관 → 피통치자, 선거인 → 당선자의 체계를 말이다. 물론 이 모든 상황은 서로서로 관여하며, 이 관계들도 서로를 조건 짓는다. 그렇다고 해도 상호성은 *선험적으로* 배제되는 것처럼 보인다. 환자의 의사에 대한 관계가 의사의 환자에 대한 관계와 같다고 말하는 것은, 한술 더 떠서 의사의 환자에 대한 관계가 피통치자의 통치자에 대한 관계와 같다고 말하는 것은 옳지 않을 것이다.

하지만 이것은 동일한 조직 집단에 속한 개인들이라는 특징을 갖지 않는(혹은 반드시 그렇지는 않은) 사회적 상황의 예를 우리가 일부러 들었기 때문이다. 이처럼 이질성은 다소간(나중에 어느 정도인지 보게 될 것인데) 어쩔 수 없이 받아들인 집렬체적 이타성에 근거한다. 이 의사가 이 부시장을 돌봐 준 것은 사실이다. 왜냐하면 이들이 같은 정치적 집단에 속했기(이들이 선거 유세장에서 서로 알게 되었다든지 등등) 때문이다. 하지만 그가 의사가 된 것이 상대방 역시 부시장이 되기 위해서였다는 것은 — 그 역시 — 사실이 아니다. 이와는 반대로 조직 집단에서 이질성은 *실천*의 필요들에 따르고, 이는 상호 보장의 기초에서 고안되었으며, 매개된 상호성의 결정이기도 하다. 이것이 바로 종종 — 그리고 적절하지 않게 — 상호 의존이라고 불리는 것이다. 하지만 앞에서 보았듯이 상호 의존은 집렬체적 이타성 안에서 받아들여질 수 있다. 타성태적 군집에서 각자는 **타자들**이 **타자들**인 한에서, 그리고 그 자신이 **타자**인 한에서 **타자들**에 의존한다. 여기에서 상호 의존은 집렬체적 상호 의존의 자유로운 전복이다. 각자는 **타자**에 의존하게 되는데 이는 이들 두 사람이 동등*하기* 때문이다. 기능들의 매개는 공동 *실천*이다. 집단은 나를 공동 *실천*의 세부를 실현하는 힘으로 만들어 간다. 이것은 이 *실천*이 총체성으로 실현되고 스스로를 객체화하면서 세분화되기 위해서다. 나는 이 기능을 완수하여 각각의 개별적인 기능이 공동 행동의 전개를 통해 세분화되고, 객체화의 또 다른 세부로서 실현되도록 한다. 이렇게 함으로써 근본적으로 이질적인 두 기능들의 상호성은 이것들을 실제적 집단에 의해 매개하는 수고를 하지 않는 한 알아볼 수 없는 것으로 남게 된다. 그러나 이 상호성은 두 기능을 공동 *실천*을 토대로 이해하는 사람에게 전적인 가지성을 드러낸다.

그렇다고 해서 모든 조직 집단에서 모든 행위 주체가 필수 불가결하다고 이해해서는 안 된다. 이것은 당연히 목표와 상황에 의존한다. 달리 말하자면 상황에 따라서는(재정적 수단의 결핍, 무기의 결핍, 혹은 사람의 결핍) 공동 개인의 주변부적인 유용성이 있기도 하며, *실천*에 따라, 그리고 목적에 따라 다양한 *특정 차원*에서는 기능들을 제거하기도 한다. 그러나 희소성에 따라 언제나 가능한 이 재조직은 사실 다른 수단들을 가진, 그리고 흔히 좀 더 제한된 목표를 가진 다른 집단의 창조다. 문제는 공동 행위에 누가 필수적이고 누가 그렇지 않은가를 결정하는 것이 아니다. 차라리 이 문제는 실천적이지 중요하지 않다. 우리에게 중요한 것은 행동 중의 집단에서 권력과 과업의 조직은 그 구조, 긴장, 내재적 관계와 더불어 내적이고 구체적인 환경을 창출한다는 점이다. 초월하는 목표와의 관계에 의해 규정되는 것으로서의 이 내적 환경은 집단의 실천적 현실이고, 그 외양이며, 그 내적 객관성이기도 하다. 각각의 기능이 타자들의 상호성인 것은 바로 이 기능이 한정된 사건들을 통해, 그리고 주어진 다수성을 위해(그리고 예산, 소통 수단 등등의 별로 다양하지 않은 고정된 조건 안에서) 이 객관적 현실을 유지한다는 점에서다. 상황이 변했을 때 이런저런 기능이 위축되거나 사라지는 것은 당연한 일이다. 하지만 집단이 어떤 개정을 실행하거나 그 구성원들의 내적 관계, 따라서 구조를 변형하지 않고서는 그런 일이 일어나지는 않을 것이다. 상호성 안에서 활동 중인 집단의 내적 외형을 유지하는 데 다 함께 기여한다는 점에서 볼 때 기능들은 상호적이다. 그 이유는 기능들이 행동의 지도적 도식인 *실천적 계획*에 의해 정의되었기 때문이다. 숙청을 하고, 이 숙청이 있은 후 살아남은 정치 집단은 바로 이 숙청을 통해 제거된 구성원들이 이 집단에 필수 불가결한 사람이 아니었다는 점을 입증한다. 하지만 이와 동시에 집단은 다른 것이 되고, 집단이 스스로에게 부여한 새 규약은 이 집단을 비가역적으로 정의한다. 게다가 대부분 모든 기능은 우선 똑같이 필수 불가결하다. 이 기능들이 몇몇 기술과 도구들 — 특정 유형의 행동을 정의하는 데 기여했던 — 로부터 설정되었기 때문이다. 그러고 나서 이 행동은 낭비적이고 거의 효과가 없는 것으로 나타날 수 있다. 그러나 이것은 다른 기술의 관점에서 그리고 다른 도구들로부터 바라보았기 때문이다. 따라서 어떤 경우에도 기능들을 절대적으로(기능들은 날짜가 정해진 시간화 안에서 규정된다.) 등급화하는 것이 문제가 되는 것이 아니다. 오히려 이와는 *반대로* 조직 집단의 근본적 성격은 진행 중인 공동 *실천*의 매개에 의해 기능들이 서로서로 영향을 미치며 전체를 보장한다는 점이다.

여기에서 출발해서 각각의 기능은 다른 기능의 의미 작용이 된다. 이때 이 의미 작용 자체는 *실천*에 의해 의미를 가지며, 각 기능은 그 실천적 행위 속에 다른 기능을 포함하고 있다. 이러한 사실은 엄격하고 긴밀한 소집단들에서 아주 잘 드러난다. 예컨대 스포츠 팀의 경우 *기능적 차별화 안에서* 포착된 같은 팀원들 각자의 움직임은 그가 다른 동료에게 유발하는 움직임 자체 안에서 해독된다. 이때 다른 동료는 집단행동에 의해, 그리고 다른 모든 운동에 따라 정의된 실천적 장을 통해 차별화된 기능의 자격을 갖는다.[67] 이 골키퍼나 센터포드에게 매개는 바로 운동장이다. 공동 *실천*이 이 운동장을 가변적인 도구 성과 역행 계수를 가진 것으로서 점령하고 답파해야 하는 실천적 공동 현실로 만들어 냈기 때문이다. 그리고 운동장에서 뛰고 있는 축구팀 내부에서 매번 이루어지는 재조직은 *운동장 전체를 통해* 이 선수를 기능적으로 위치한 (공과의 관계에 의해, 그 앞에 위치한 상대방에게 등등) 사람으로 구성한다. 하지만 시공간적인 상황은 이 선수가 자신의 *실천*에 의해 (팀의 기능에 적합하게) 이를 받아들이고 극복하자마자 팀 전체의 공동 상황이 *상호적으로* 변형되게 된다. 관객으로서는 경기를 이해한다는 것이 바로 해독하는 일이다. 그러니까 알려진 목표로부터 출발해서 지속적 총체화를 매개된 상호성의 개별화된 기능적

---

67   사실 축구 경기에서는 상대 팀의 존재로 인해 모든 것이 복잡해진다. 그 까닭은 부정적이고 대립적인 상호성과 더불어 엄격한 관계 안에 있는 팀원들 간의 긍정적 상호성도 존재하기 때문이다. 하지만 이 복합성은 우리의 문제에 아무런 변화를 주지 않는다.(원주)

특수화로 해석하는 것이다.

다만 상호적 타성태로서의 *타성태적 상호성*은 우리가 조금 전에 고려했던 단순한 형태로 환원되지 않는다. 이 상호성은 당연히 원심적이고, 원심적으로 남아 있으며, 허공과 분리에 맞서 스스로를 긍정한다. 그러나 우리는 그 근원적 구조를 보았다. 즉 A가 공동 *실천*을 위해 했던 일은 거꾸로 B가 하는 일을 할 수 있기 위해 필요하다. 이 구조는 상황의 압력을 받아 복잡해진다. 그 까닭은 그저 이 구조가 일종의 자유의 비유기적 물질성 같은 것이 되어 버리기 때문이다. 이렇게 해서 비유기적 물질성은 그 구조에 의해 다시 실천적-타성태의 장에서 실천적 행위 주체들 사이의 가공된 사물(귀금속 따위)로서의 매개가 된다. 이것은 집단이 끊임없이 구조에 작용함으로써 가능한 반목적성을 변형시킨다는 것과 이 집단은 새로운 상호성을 설정하면서만 작용할 수 있을 뿐이라는 사실을 의미한다. 사실 내적 *실천*으로서의 *조직화*는 종합적 내면성의 자유로운 타성태의 관계인 이 상호성을 스스로 결정하지 않는다면 상호성의 환경에서 스스로를 만들어 낼 수도 유지할 수도 없다. 하지만 우리는 항상 조직 집단을 마치 그것이 비교적 동질적이거나 아니면 몇몇 특징 ─ 다행스럽게 그 다양성조차 기능 속에서 차별화에 적응하는 특징들 ─ 로 인해 달라지는 개인들로 구성된 듯이 묘사했었다. 이것은 엄밀히 말하자면 선별 집단들, 즉 몇몇 규칙에 따라 자기들의 모집을 스스로 보장하는 그런 집단들의 경우에 해당한다. 하지만 조직 집단은 아주 넓은 분류 개념이고, 선별 집단은 이 조직 집단의 한 하위 종류일 뿐이다. 사실 조직화는 당장 사용할 수 있는 수단과 현장에 있는 인간과 더불어 즉석에서 이루어진다.(적어도 대부분의 경우에, 구성적 활동의 생생한 계기에서는 그러하다.) 또한 통일체의 종합적 관계와 상호성의 규칙 ─ 집단을 다른 다수성들과의 관계로, 그리고 그때까지 타성태적인 몇몇 다수성에서 분류하는 — 은 만들어진 내면성의 내부에서 그리고 이 내면성의 관계들에 따라서 차별화를 긍정적으로 나타나게 한다. 이 차별화는 *집단 밖에서는* 외면성의 타성태적 관계였을 뿐이고, 집단 안에서는 *원하지 않았던 상호성*이 된다.

하나의 예를 통해 이와 같은 사실을 더 잘 이해할 수 있을 것이다. 우리는 이 연구의 시작부터 하나의 국가는 하나의 집단이 아니라는 사실을 잘 알고 있다. 그리고 이런 이유로 한 나라 안에서 젊은이와 노인의 비율은 *총체적으로 보아* 하나의 *실천*에 해당할 수 없는 복잡한 과정(앞으로 살펴보겠지만 이와 같은 과정 자체로 절대적 구체를 표상한다. 즉 집단의 *실천*과 실천적-타성태적 과정 사이의 계속되는 갈등, 집렬체성 내부에서까지의 공동 구조의 현전과 조직화된 집단 내부에서까지의 집렬체성의 현전을 표상한다.)에 달려 있다. 실제로 이 과정을 통해 인구 통계학자들은 즉각적인 요인들로서 하나의 한정된 사회의 여러 다른 계급 내에서의 성생활, 가정에서의 위생의 개선, 의학의 발달, 즉 유아 사망률과 노인 사망률의 비교 속에서의 의술 등을 보여 주고자 한다. 이 현상은 실제로 어린아이와 노인 사이의 비율에 의해 이미 규정된 한 사회 안에서, 즉 새로운 세대에 대해 인구학적 구조를 물려주는 한 사회 안에서 설명된 것이다. 이와 같은 인구학적 구조 위에서 새로운 조건으로부터 기인한 인구의 흐름들이 남겨진 여건들을 변화시키게 된다. 그리고 물론 내가 「방법의 문제」에서 인용한 마르크스의 주장에서 볼 수 있는 바와 같이 "인구"는 하나의 추상물이다. 인구의 변화는 우리에게 물질적 조건과 역사적 과정의 총체를 가리킨다. 이렇게 해서 전쟁 이후 출생률의 증가는 의미 작용을 완전히 밝히지도 못하는 채 그 발전 속에서 우리가 관찰하게 되는 그런 과정이다.(우선 우리는 이 현상을 전후에 모든 것에 공동적이며 일시적인 현상으로 생각했다. 그러나 프랑스에서는 상당히 역설적인 방식으로 지속되었으며 또 자리 잡았다. 왜냐하면 프랑스에서 이 현상은 — 적어도 몇몇 특성을 통해 — 특수한 현상이 되었기 때문이다.) 그러나 경제적 연구(기술적, 사회적 또는 정치적 연구)가 프랑스의 *생산* — 또는 국부의 재분배나 경제 발전에 따르는 인구학적 요구 등등 — 을 고려하는 순간부터 그리고 이 연구가 계속해서 다시 시작되는 노동의 가정에 의해 경제활동을 하는 인구나 여러 유형의 노동자들(1차 산업, 2차 산업, 3차 산업 노동자들, 계급별 혹은 어떤 종합적 투기에 따르던)을 하나의 단결된 집단으로 취급하려고 결정한 순간부터 *외관상* 알자스 출신이고 파리에서 거주하며 일을 하는 성인과 파리에서 태어난 노인, 낭트 출신이고 그들 곁을 지나가는 열네 살 된 소년을 한데 묶는 순수하게 외적인 우연성의 관계들은 *상호성 속에서 구조화된 것*으로 나타난다. 실제로 이 노인과 이 소년은 생산자들의 집단 속에서 비생산적이고, 따라서 부양해야 할 요소가 된다. 그럼에도 한 사회에서 어린아이는 투자의 기회이기도 하다. 이 사회는 이 어린아이를 노동자로 만들기 위해 소비를 하는 것이다. 노인은 어느 정도 쓸모없는 존재다.(내가 이 관계를 현대의 인구 통계학적이고 경제학적인 엄격한 관점에서 고려하고 있다는 것은 자명하다.)

이와 같은 사실을 토대로 우리는 성인(원시 사회로부터 죽음과 출생, 어린 시절과 노년 시절을 혼동하는 성인. 그것도 먼저 신비스러운 직관의 이름으로가 아니라 이들이 *군식구*이기 때문에 혼동하는 성인)은 이중의 상호성에 연루되어 있다는 것을 보게 된다. 이 성인의 생산물의 일부가 실제로(물론 어떤 체제에서라 할지라도) 어린아이에게로 가고, 또 일부는 노인에게로 간다는 이중의 상호성이 그것이다. 어린아이의 경우에 이 상호성은 이자를 파생시키는 투자 자본의 상호성이다. 사람들이 어린

아이를 부양하는 것은 세대를 잇기 위함이고, 이 어린아이 역시 그 역할을 맡게 된다. 그는 이런 시각에서 스스로 부양되고, 통치되고, 생산되는 것에 따른다. 다른 상호성은 과거를 가리킨다. 즉 시간적 상호성이 문제가 된다. 계약이나 서약 — 비록 하나의 특수한 행위를 할 기회를 주지는 않았지만 — 은 노인이 한창 힘이 좋은 성인이었을 때, 그리고 현재의 성인이 어린아이였을 때까지 거슬러 올라간다. 즉 우리는 이전의 상황을 다시 발견하게 된다. 다만 이 상황은 그 결과 속에서 그리고 30년 후에 체험된 것이다. 우리는 여기에서 상호성으로서의 기능들이 *계속 이어질* 수 있으며, 제1의 상호성이 더 이상 존재하지 않을 때 제2의 상호성이 나타나게 됨을 목격하게 된다. 물론 이것이 우리의 흥미를 *끄는* 것은 아니며, 우리의 흥미를 *끄는* 것은 오히려 다음과 같은 사실이다. 즉 총체화가 이루어지기 시작하면 차이들은 내재화되며, 공동 *실천*의 특수한 특성으로서, 즉 집단의 내적 모습으로 체험된다는 사실이다. 생산의 집단화로 여겨진 프랑스 공동체는 노인(60세 이상)과 어린아이(예를 들어 15세 이하)의 비율에 따라, 그러니까 *유용한* 노동(재화의 생산, 미래 노동자의 생산)*과* 이 공동체를 특징짓는 *신성한* 노동(서약의 상호성, 노인 노동자들의 부양)의 비율에 따라 현재의 구조와 전혀 다른 미래를 가지게 된다. 사실 인구 통계학자, 사회학자, 경제학자는 *단순화시키기 위해* 현재 활동 중인 공동체를 조직화된 집단으로 고려할 것을 *선택한다.* 이들은 거기에 얽매이지 않으며, 거기에서 발견에 도움이 되는 하나의 가정이나 하나의 설명 방법을 찾는다는 조건으로 그렇게 할 권리를 가진다. 그러나 이 예는 다음과 같은 점을 분명하게 보여 준다. 즉 서약 집단의 공동 행위 속에서, 그리고 상호성의 종합적인 구조를 통해(집단의 근본적이며 유일한 구조 관계) 집단 내에서 다수성의 실천적 통합이 집렬체적 타성태 속에서 *비상호적인* 것으로 생산되고, 또 공동 *실천* 속에서 상호성으로서 스스로를 체험해야만 하는 이질성을 어느 정도까지 나타나게 하는 가 하는 점이다. 이것은 매개된 상호성의 상황에서는 어떤 것이든 상호성의 형태하에서만 이루어질 수 있음을 의미한다. 그러나 이는 또한 서약에 의해 *구축되고* 지지된 *이질성*은 구축되지 않고 비기능적이거나 혹은 의사 기능적인 이질성들(즉 기능적 통일성 속에서 스스로를 기능이나 반기능으로서 결정하는 이질성들)을 나타나게 한다는 것도 의미한다. 이와 같은 2차적 상호성은 1차적 상호성과 동일한 구조를 갖는다. 즉 이차적 상호성은 공동 *실천*에 의해 매개되고, 각각의 개인별 특성은 매개를 통해 기능적이 된다. 예를 들어 —— 우리가 살펴본 경우에서 보면 —— 나이는 생산력의 총체화를 통해 공동 개인의 하나의 특징이 된다. 그리고 바로 이런 이유로 이 공동 개인은 집단에 자신의 모습을 부여한다. 노인과 어린아이의 비율이 달라진다면 *실천*은 달라질 것이다. 다만 비록 이와 같은 2차적 반응들이 공동 활동에 유리할 수 있다고 해도(이 점에 대한 논리적 불가능성은 존재하지 않는다.) 이 반응들이 서약의 기초 위에서 행해진다는 사실이 실천적-타성태 속에 그 기초가 있다는 것은 여전히 사실이다. 이처럼 이 반응들이 실천을 제어하거나 지연시키거나 일탈시킬 가능성도 *선험적*으로 주어져 있다. 게다가 이 반응들이 가속의 내적 요소를 구성하는 경우에조차 집단을 위험에 빠뜨린다는 것은 분명하지 않다.

주지의 사실이지만 라코시는 헝가리의 프티부르주아를 척결하고 프롤레타리아화하려고 했다. 사실 부다페스트에서 일군의 노동자들은 옛 프티부르주아의 일원이었으며, 당시에는 *프티부르주아의 자격*으로 체제에 대해 극히 적대적이었다. 반란이 일어나고 노동자들이 시위를 하며 모여들었을 때 이 집단은 공동 행위를 통해 상호성 속에서 내적 모순을 발전시켜야 했다. 프롤레타리아화된 프티부르주아들은 폭거를 가속화시켰으며, 또 이 폭거에 — 특정 장소와 특정 경우에 — 이른바 본래의 노동자들(즉 원래 노동자 출신이거나 시골 출신인 임금 노동자들)의 행위와는 어울리지 않는, 그러나 우리가 뒤에서 소련의 개입[68]을 정당화하기 위해 부각시키게 될 반혁명적 양상을 부여했다. 공장에서의 노동은 실천적-타성태에서 벗어나지 못한다는 점에서 임금 노동자들로 이루어진 두 집단을 대립시킬 수는 없었다. 결국 이 집단들은 존재하지 않았으며, 반란을 생각조차 할 수 없는 불가능성 속에서 노동자 각자의 출신은 다른 노동자들에게 하나의 우연으로만 남아 있을 따름이었다. 이와는 반대로 *실천*의 통일성 속에서 노동자들 — 소외된 생산자들의 자격으로 모두 *실제*로 노동자계급의 구성원들이었던 — 은 하나의 계급처럼 집결되었으며, 이렇게 해서 이들의 실천적 공동체 속에서 계급의 갈등이 나타나게 되었던 것이다. 대다수가 노동자로 남아 있고, 소수는 절망한 프티부르주아가 된 자신들을 발견했다. 이런 종류의 증오와 절망에서 비롯된 폭력은 효소로 이용되었다. 상호성 속에서 체험되어짐에 따라 이와 같은 폭력은 사태를 촉진시켰다. 그러나 동시에 사태를 *변질시키기*도 했다. 반란 위원회는 부분적으로 이와 같은 변질에 맞서 조직되었다는 것은 주지의 사실이다. 그렇다고 해도 집단 전체가 이 집단의 소수성 — 그 안에서 노동의 *조건*이 프티부르주아의 계급 내적 존재와 대립하는 — 의 모순을 직접 체험해야 하는 것 또한 사실이다. 달리 말

---

68   『스탈린의 환영』이라는 글에서 나는 이 사태에 대해 자세히 검토하지 않았다. 이 상황을 잘 알지 못했기 때문이었다. 내가 확실한 증언들을 통해 이 상황에 대해 알게 된 것은 그보다 뒤—몇 주 후—의 일이었다. 하지만 이러한 수정이 당시에 내가 내렸던 결론과 내가 취했던 입장에 아무런 변화를 가져다주지 않는다는 사실을 지적할 필요가 있을까?(원주)

하자면 공동 목표를 추구하고 또 추구하는 것처럼 보이는(그리고 아마도 그렇다고 믿는) 서약한 구성원들을 폭력을 통해 배제할 수는 없었던 것이다. 그러나 이들을 유리하게 재정비하거나 재조직화하기에는 시간적으로 너무 늦었다. 시간이 부족했으며, 소련군의 두 번째 개입으로 인해 막 시작된 재조직화가 단절되었다.

매개된 상호성의 종합적 작업으로서의 조직화, 구조

자신의 실천적 통일에 대한 반성적 의식화에서 조직되는 하나의 집단의 입장에서 볼 때 문제는 폭력을 통해 반동적인 상호성들을 무력화하거나 제거하기보다는 의식적으로 추구된 목표라는 관점에서 집단이 상호성들을 다시 소유하게 하고 *회복하도록* 하는 것이다. 자유 속에서 이 상호성들을 와해시키는 것은 드물게(그러나 이 가능성은 *선험적으로* 배제되지 않으며, 이런 경험의 예는 무수히 많다.) 문제가 될 따름이다. 자유는 빈번히 이 상호성들을 각각의 공동 개인 — 물론 자신을 통해 상호적 반목적성이 드러나는 자도 포함해 — 의 행동을 통해 형성되는 자유로운 기능으로서 정초하려고 노력한다. 실제로 이 수준에서 **자유-공포**는 그 자체를 다양화하는 자유로운 통합으로 중요시된다. 반목적성이 더 전체적인 통합을 향한 운동처럼 나타날 때 이는 통일성의 면모를 가진다는 면에서 중요시된다. 바로 이런 이유에서 — 특히 투쟁을 하는 집단들 속에서 — 분파주의와 폭력의 모든 형태가 우선 바로 이와 같은 위압적 자세 속에서 모습을 나타내고, 또한 우세를 견지한다.(완전히 적용된 하나의 실천의 관점은 점진적으로만 부과되기 때문이다.) 이와 반대로 내면화된 차이들에 대한 제거로서의 **공포**가 제삼자들의 배제와 의사(擬似) 기능들의 척결을 추구하는 것은 2차적 상호성들이 실천을 마비시키려고 위협하는 것으로 보인다는 점에서 그러하다.

어쨌든 이와 같은 추상적인 설명은 이런저런 특수한 집단에 대한 역사적 연구의 기초 위에서만 의미 있을 뿐이다. 내가 여기에서 이러한 설명을 하는 것은 단지 집단이 그 자체에 대해 수행해야 하는 지속적인 작업의 성격을 보여 주기 위함이다. 사실상 이 집단이 내면화된 이타성들을 기능들로 변화시키려고 시도하는 한(이것이 지금 우리가 관심을 갖는 유일하고 또한 가장 빈번한 경우이기도 하다.) 이 집단은 자체의 목표와 1차적 상호성들을 토대로 이와 같은 통합을 이룩해야 하는 것이다. 그러나 이런 사실을 통해 우리는 진정으로 조직화하는 노동은 임무들의 종합적인 생산과 그것의 배치만이 아니라 계속해서 공동 실재의 여러 다른 층위에서 발생하는 매개된 상호성들의 종합을 수행해야만 한다는 것을 벌써 알게 된다. 조직화된 집단은 상호적이며 복수적인 여러 장의 점진적인 종합으로서만 실천적이고 활기가 있다. 달리 말하자면 모든 공동 조직은 *다차원적*이다. 사실 임무가 복잡해지고 또 집단의 규모가 커지면 단순한 상호성의 체계들은 복잡하게 구성된 상호성의 체계들에 자리를 내주게 된다. 특히 교환의 출현(종종 반동적인 이타성을 보상하는 목적을 갖는)은 시간화된 상호성들의 연속적인 체계를 촉발한다. 이 체계의 각각의 중간 관계는 처음의 관계와 마지막 관계 사이의 매개를 매개하는 기능만을 가지고 있을 뿐이다. 물론 여기에서 우리는 상호성들에 대해 추상적이고 논리적인 연구를 할 수는 없다. 이것은 수학자의 몫일 것이다. 물론 *상호성들에 대한 계산*은 분명 원초적, 사회적 관계의 근거이며, 매개로서의 실천적 총체화를 무시할 것이다. 그러나 이와 반대로 이 총체화는 상호성의 모든 전형적인 조직화들, 이것들의 발전과 상호 작용 등을 엄밀한 형태하에서 조망하게 될 것이고, 여러 항목의 대치와 여러 요소의 변화 — 특히 개인들의 변화가 체계의 구조를 손상시키지 않고 그대로 두기 때문에 — 등도 조망하게 될 것이다.

그러나 만약 조직화된 집단 내에서 구체적이고 역사적인 모든 목적과는 독립적으로, 그리고 모든 특수한 상황과도 독립적으로 다수의 상호성들을 이론화할 가능성이 실제로 존재한다면[69] 우리는 갑작스럽게 조직화의 타성태적인 구조 앞에 떨어지는 것이 아닌가? 그리고 뭔지 알 수 없는 비유기적 필연성으로 되돌아오기 위해 우리는 자유로운 실천과 변증법의 영역을 포기하는 것은 아닌가?

조직화된 실천의 가지성에 대한 모든 문제는 이 수준에서 제기된다. 상호적 관계들이 "엄밀 과학"에 의해 연구될 것이라는 가능성은 사실상 의심할 여지가 없다. 그리고 이와 같은 상호 관계들은 이미 주춧돌로서 특정 교실의 수업 시간 배분을 다루는 고등학교 행정 작업에서, 혹은 (프랑스 국유 철도 행정에 의해) 겨울철이나 여름철 이용을 위한 이런저런 선로망에서 엄격하게 설치되는 선로의 이동에서도 발견된다. 그러나 다른 한편 이 계산된 결정들이 어쨌든 행동에 기반을 둔다는 사실을 지적하는 것이 좋을 듯하다.(예를 들어 철도 교통에 이와 같은 계산된 결정은 이루어졌고 "결정된" 작업 — 기계들, 철도 등등 — 과 동시에 기관사로부터 선로 교환원에 이르기까지 철도원들의 실제적 노동을 참가케 한 것이다.) 이처럼 이 "골격"이 갖는 흥미로운 특징은 타성태적 관계임과 동시에 살아 있는 실천인 것같이 보인다. 게다가 여기에 덧붙여야 할 것은 있는 그대로의 관계가 갖는 지속성이 여러 항과 이 항들의 부동성을 뜻하는 것이 결코 아니라는 사실이다. 상호성이라는 특수한 결정이 보존되도록 교환이 발생한다면 이 교환의 수는 많을 수 있다.

---

69   그리고 더군다나 이 이론은 사이버네틱스에서 윤곽이 잡혀 있다.(원주)

이것이 바로 레비스트로스가 저서 『친족의 기본 구조』에서 잘 보여 주는 것이다. 특히 그의 결혼 집단 연구가 어떻게 해서 다음과 같은 주요 결론에 이르게 되었는지 보아야만 한다. "이 분류는 객관적 특징에 의해 지칭된 개인들의 집단이라기보다는 위치의 체계로 확장되어 이해되었다. 이 위치의 체계의 구조만이 항구적이고, 이 체계에서 개 개인은 자리를 옮길 수 있으며, 또한 *이들 사이의 관계가 존중되는 한* 이들의 자리 역시 교환될 수 있기까지 하다."[70]

그러나 레비스트로스의 저서는 무엇보다 조직된 동시에 조직하는 이와 같은 낯선 내부적 실재들에 대한 연구에 중요한 공헌을 했다. 이 실재들은 실천적 총체화에 의한 종합적 산물이고, 분석적이면서 엄밀한 연구에 항상 노출된 대상이기도 하다. 또한 공동 개인 각자를 위한 실천의 추세이며, 서로서로 끊임없는 교환을 통해 맺어지는 개인과 집단의 고정된 관계이기도 하다. 게다가 비유기적 골격이면서 각자에 대한 각자의 한정된 권력이기도 하다. 결국 이 실재들은 사실이자 동시에 권리이며, 기계적 요소이자 동시에 단일 실천에 합류된 살아 있는 통합의 표현들, *구조*라는 이름을 가진 모순된 긴장들 — 자유와 타성태 — 의 표현이기도 하다. *체험된 실천*으로서의 기능은 집단에 대한 조사에서 구조의 *객체화된* 형태하에서 *객관성*으로 나타난다. 그리고 구조의 가지성에 대한 문제 제기를 하지 않는 한 우리는 조직화된 *실천*에 대한 가지성에 대해 아무것도 이해할 수 없다. 어쨌든 레비스트로스에게 말을 넘기자. 그는 여러 예들 가운데 우리가 앞으로 나아갈 수 있는 예를 제시하고 있다.

---

70 레비스트로스. 『친족의 기본 구조』, 145쪽.(원주)

두 가족 집단이 있다고 가정하자. 남자 a와 여자 b와의 혼인으로 맺어진 A와 B 가족이 그것이다. A 집단에서 보면 여자 b는 획득의 의미인 반면, B 집단에서는 손실의 의미다. 따라서 결혼 자체는 수익자인 A 집단에는 채무자 위치로의 이동을 통해 표현되고, A 집단의 이익이 되도록 여성 인구가 줄어든 B 집단에는 채권 획득을 통해 표현된다. 이와 유사하게 B 집단과 A 집단의 남자들 각각의 결혼은 각 집단에서 볼 때 이득을 형성하며, 따라서 일반적으로 집단을, 그리고 특히 고려된 가정을 채무자의 자리에 위치시키게 된다. 이와는 반대로 여자들 각각, 즉 a나 b의 결혼은 손실을 의미하며, 따라서 보상의 권리를 열어 준다. ……그 결과 이 결혼에서 유래한 각 가족은 출발 집단의 입장에서 보면 아이들의 엄마가 딸인가 며느리인가에 따라 정해진 하나의 기호를 얻게 된다. ……형제에서 자매로 이행하면서 이 기호를 바꾼다. 왜냐하면 형제는 부인을 얻은 반면 자매는 자기 가족의 입장에서 보면 상실이기 때문이다. 그러나 또한 이전 세대에서 다음 세대로 이행하면서도 역시 기호를 바꾼다. 출발 집단의 시각에서 보면 아버지는 부인을 받아들였거나 아니면 어머니가 외부로 옮겨 왔고, 아들들은 여자를 얻을 권리가 있거나 아니면 누이를 주어야 한다. ……각각의 부부에게 (+) 혹은 (-) 기호를 붙여 보자. 물론 이것은 이 부부가 출발 가족 A와 B의 입장에서 한 명의 여자의 획득이나 상실에서 결과하는 것에 따라 이루어진다. 모든 구성원이 서로 사촌이 되는 다음 세대로 넘어갈 때 기호는 바뀐다. ……(++)이거나 (--) 관계인 모두(사촌들)는 그들 간에 평행하다. 반면에 (+-)이거나 (-+) 관계인 사촌 모두는 교차된다. 따라서 상호성의 개념은 즉시 사촌들의 이분법적 추론을 허용한다. 달리 말하자면 아버지 집단에 대해 각각 채권자의 위치에 있는 두 명의 남자 사촌은…… 서로 누이를 교환할 수 없다. 또한 어머니 집단에서도 채권자의 위치에 있는 남자 사촌 두 명도…… 그렇게 할 수 없을 것이다. 이와 같은 은밀한 배열은 한편으론 성립되지 않을 집단을 외부 어떤 곳에 남길 것이며, 다른 한편으로는 아무것도 받지 않는 집단을 남길 것이다. 그리고 결혼은 양쪽 집안에서 일방적 이동의 형태하에 남아 있게 될 것이다.[71]

제시된 도식 — 사실상 수많은 구체적 사례 연구를 의도적으로 추상화시킨 요약 — 의 이점은 우리에게 구조를 채권과 채무의 복잡한 상호성으로 보여 주고자 하는 데 있다. 이 채권과 채무가 맨 처음 이분법 위에 근거한다는 것은 사실이다. 그것은 두 집단을 합치는 상호성이다. 그러나 우리 관점에서 보면 혼인 제도로 결합된 집단이나 하위 집단은 하나일 뿐이다.[72] 그런데 우리는 또한 채무는 힘을 전제한다는 사실을 알고 있다. 즉 체계가 두 집단 사이의 *매개*이기 때문에 개인이나 가족에 의해 인정되고, 다른 하위-집단에 속하는 개인이나 가족에 의해 점유된 권리를 전제하는 것이다. 중개된 상호성이

---

71   같은 책, 167~169쪽.(원주)
72   이 *비판*의 이와 같은 추상적인 관점은 *어떤 경우에도* 분명히 사회학자나 민속학자의 관점이 될 수 없다. 그들이 정립한 관점을 통해 이루어지는 구체적 구별들(유일한 사실들)을 부인하거나 경시하는 것은 우리의 문제가 아니다. 우리에게 문제는 단지 여전히 그 구별들의 자리매김이 없는 추상화 수준에 있다는 것이다. 그들 관점에 합류하려면 *비판*을 *논리*로 전환하고, 논리에서부터 변증법적 구체화와 특수화를 통하여 진정한 문제로까지, 즉 이 추상적 탐색으로 예기되는 전복을 거쳐서 실제 **역사**가 진행 중인 총체화가 되는 수준까지 되내려오는 매체 총체가 필요할 것이다. 진행 중인 총체화는 비판적 지식인들의 부분적 전체를 지니고, 야기하고, 정당화한다. 사상가(다음에 보듯이)가 자신의 연구를 *기입된 날짜에서*(다른 곳이 아닌 여기, 그리고 다른 시간도 아닌 1957년에) 포착하는 순간 그 연구에서 **역사**는 자신이 항상 지니고 있었던 변증법적 도식을 초월하면서, 그 자리에 놓아두면서 다시 취하게 된다. 이 변증법적 도식은 사상가 자신이 그것에 *의미*를 부여한 것에 지나지 않으며, 그것은 또한 한순간 지나간 기표로서 사상가를 지칭하는 것이다. 그다음으로 사상가는 **존재** 속으로 흡수되어 버린다. 이것은 그가 변증법적 도식, 가지성, 총체화하는 운동의 객관적 이성이 되기 위한 것이다. 즉 구체적 과정을 밝혀 주면서도 *그 속에서 가장 빈약하면서도 가장 멀리 있는* 의미 작용의 층위라는 형태 아래서만 나타나는 합리적 기초와 발전의 규칙이 되기 위한 것이다.(원주)

문제가 된다. 그리고 어떤 의미에서는 하나의 요구가 (공동 서약의 이름으로) 스스로를 자유롭게 거절하는 데 자유롭지 않게 한 자유 의지와 맺는 구체적인 관계가 문제 되는 것이다. 요컨대 A 가족의 빚(결혼에 의해 여자 b를 얻은)은 *행위에 의해 생성되고 체험된*, 수용되고 심지어는 짊어진 빚이기는 하다. 하지만 이 빚은 가족사의 복잡한 특정 상황에 의해(여기에서 집단들 사이의 격렬한 투쟁이 유래한다.) 부정된 빚일 수도 있다. 그러나 이 빚은 가족(A)이나 개인(a)의 상징적 지시와 결합한 대수학적 기호에 의해 도식화될 수 있다. 그리고 상호적이고 대칭적인 관계는 다음과 같은 하나의 정확한 명제를 통해 표현될 수도 있다. 즉 "교차 사촌들"의 결혼 제도에서는 (++)와 (--)의 특징을 지닌 개인들은 (가계 조직의 기능에 따라서) 서로 결합할 수 없다는 것이 그것이다. 결혼은 반대되는 두 표시(+-)들을 지닌 개인들의 경우에만, 즉 바로 교차된 사촌들에게서만 행해질 수 있다. 말하자면 바로 여기에 하나의 엄격한 증명의 싹이 있는 것이다.(우리가 예시적 실험에 필연성의 개입을 보였다는 의미에서 그러하다.) 레비스트로스는 이미 교차된 사촌들을 정의하고 있다. "같은 세대의 구성원들은…… 두 집단으로 나뉘어 있다. 하나는(이들의 촌수가 어떻든) 같은 성(性)의 두 방계의 중개로 인한 사촌 친척들……(평행 사촌들)과 다른 하나는 다른 성의 방계에서 나온 사촌들(교차 사촌들)이다."[73]

여기에서 문제가 되는 것은 하나의 계층(이 용어의 논리적 의미에서) 성립의 보편적이며 엄격한 정의다. 그리고 인용된 발췌문은 수학적 유형의 연역 추론을 보여 준다.(즉 내용물이 수학적인 것이 아니라 이 내용이 갖는 논리 필증적 명백함의 유형이 수학적이다.) 이와 같은 추론은 여

---

73   같은 책, 127쪽.(원주)

러 정의를 토대로 어떤 집단(++ 혹은 --)과 또 다른 집단(+- 혹은 -+)을 낳게 되며, 우리로 하여금 필요성에 의해 소외된 경험에서 (++ 혹은 --)의 집단이 평행 사촌들과 그리고 (+- 혹은 -+)의 집단은 교차 사촌들과 엄격히 동일하다는 것을 발견하게끔 해 준다. 그러나 이와 같은 예시는 — 이것이 아무리 엄격하고 소외된 것이라고 하더라도, 따라서 *변증법적이 아니라고* 할지라도 — 중개에 지나지 않는다. 레비 스트로스는 실제로 교차 사촌들 사이의 결혼이 갖는 진정한 성질을 결정하고자 한다. "(그는) 마지막 분석을 통해 결혼에서는 항상 주고받아야 할 *필요*가 있으나 주어야 할 의무가 있는 사람에게서만 받을 수 있고, 또한 *받아야 할 자격을* 가진 자에게 주어야만 한다는 사실을 밝히고 있다. ……왜냐하면 채권자들 사이의 상호 증여가 권리의 소멸로 이어지듯이 채무자 사이의 상호 증여는 특권에 이르기 때문이다."[74]

물론 우리가 방금 연구한 것과 같이 "뜨겁게" 조직화된 공동 실천이 문제가 되는 것이 아니다. 뒤에서 우리는 이런 유형의 행위(공동적이며 개별적인)에 적합한 이해의 유형을 살펴보게 될 것이다. 지금 우리에게 중요한 것은 어쨌든 이와 같은 실천들이 하나의 목표를 가리킨다는 점이다. 즉 *가능성의 범위* 내에서 희소성과 사회 전반에 걸쳐 이 희소성이 낳는 결과와 싸우는 방식으로 여자들의 교환을 조직한다는 목적이 그것이다. 특권과 소멸에 맞서 각 가족은 서약의 분위기 속에서(이것이 갖는 의미에 대해서는 뒤에서 살펴보도록 하자.) 같은 동작으로 권리를 주장하고 의무를 인정하게 된다. 그런데 이미 우리가 살펴본 바와 같이 이 두 행위는 하나에 불과하다. 그렇지만 *권력과 권리의*

74   같은 책, 169쪽. 강조는 저자.(원주)

차원에서 이루어지는 엄격한 형식화는 *가능하고도 필요하다.* 그리고 우리는 자매들의 교환과 교차 사촌들 사이의 결혼에 대한 두 개의 형식(강제적으로)을 다음과 같은 용어로 정의할 수 있다. "B가 A에 속하는 것처럼 A는 B에 속해 있다. 또는 만약 B가 C에 속한 것처럼 A가 D에 속해 있다면 B가 A에 속한 것처럼 C는 D에 속해 있음에 틀림없다."[75] 우리는 여기에서 잘 알려진 논리적 궁지를 다시 발견하게 된다.(그러나 실제적 근거가 없는 것이며, 사회학자가 근심하지 않는 것은 옳은 일이다.) 권리는 사실로부터 추론될 수 없고, 사실은 권리를 생산할 수 없다. 권리는(법전화되었든 아니든 간에 법률적 실천의 총체) 사실(사람이 특정 사회에서 다른 방식으로가 아니라 특정 방식으로 결혼하는 것은 *하나의 사실이다.*)이고, 이 사실은 권리를 낳는다.(조직화된 공동체에서 그리고 특정 법률 규범을 따라서 행해졌을 때 집단 A의 남자와 집단 B의 여자의 *이 결혼은 하나의 사실이다.* 이들은 어제 혹은 작년에 결혼했다. 그러나 이 사실은 집단 A에 의해서는 의무라는 총체의 형태로, 즉 미래로부터 오는 강요들의 총체로 경험되었다.) 그러나 레비스트로스의 연구가 우리에게 보여 주는 관점 속에서 볼 때 이와 같은 표면적 논리의 궁지는 구조의 가지성을 이루는 밀접하게 연결된 특징들에 지나지 않는다. 이제 이 특징들을 그 진정한 관계 속에서 밝히도록 노력하자.

(1) 레비스트로스의 엄격한 증명들은 그 결론의 필연성으로 인해 의미를 인정받는 것이 아니다. 우리의 인식이 갖는 결정 작용으로서의 이 필연성은 그 자체의 근거를 하나의 *실천적 필연성,* 즉 집단 A의 남자가 개인 또는 집안의 사유로 B의 한 여자와 결혼하면서 B의 채무자로서의 자신을 발견하며 자신을 통해 집단 A 전체를 채무자로

---

75 같은 책, 171쪽.(원주)

서 구성하게 하는 바와 동일한 필연성 속에서만 발견할 수 있다. 앞에서 우리는 얼핏 보면 소외의 체험과의 유사성들을 제시하는 듯한 주체의 의심할 여지 없는 체험을 조직 속에서 볼 수 있다는 사실을 암시했다. 집단 A의 결혼한 남자는 집단 B 앞에서 한 명의 **타자**로서 자신을 구성한다. 그것도 누구와 같은 **타자**로서가 아니라 하나의 새로운 기능(그의 부채)에 의해 선임된 공동 개인의 자격으로서다. 이 사실은 여기에서 멈추지 않는다. 왜냐하면 결혼 행위는 그 결과로서 각각의 어린아이를 해당 집단들과의 관계에 의하여 "채권자-채무자" 관계 속에 구성할 것이고, 그 관계는 그의 미래 결혼의 가능성들을 엄격하게(그러나 공동체 속에서, 결정되지 않은 개인적 가능성은 허용하면서) 결정할 것이기 때문이다. 아들은 극복할 수 없는 미래와 더불어, 즉 그의 몇몇 가능성들에 부과된 극복할 수 없는 한계와 함께 태어난다. 아들은 앞 세대의 자유 행위(아버지는 *b* 여인들 *가운데* 이 여자 또는 저 여자를 선택했다.)에서 출발하여 일종의 서열 대수학의 대상이 될 수 있을 일련의 연쇄적인 결정들의 결과로서 *선임된다*. 여기에 소외가 *실제로* 있는가? 결코 그렇지 않다. 결국 최초의 세대에서 이루어진 자유로운 신부 선택은 그것이 자유롭게 수락한 조건처럼 몇몇 가능성의 타성태적 부정을 포함한다.(또는 달리 말하자면 이런저런 형태의 족외혼의 타성태적 필연성의 수용을 포함한다.) 그리고 이 부정 자체는 일종의 중개된 상호성의 자유로운 생산 위에 기초한다. 물론 이 특징들(타성태적 부정, 타성태적 가능성, 체험된 상호성)이 명백히 나타나는 것은 아니다. 또는 반드시 명백히 나타나는 것은 아니다. 신부 선택의 자유 자체 속에서 그 특징들은 현동화하고 유지된다. B와의 관계 속에서 a 남자의 구성적 관계로서의 *부채*는 그 선택을 통해 A와 B 사이의 매개 기능을 자유롭게 생산한다. a를 통해 A와 B ── 채무자와 채권자 ─ 는 서로 연결되며, a에 대한 B의 권력은 어느 정도 A에 대한 a의 권력이다. 즉 a는 집단으로 하여금 자기 자신이 공동 개인으로서 B의 한 여인과 결혼함으로써 이루어진 약속을 유지시킬 것을 요구할 권리를 지닌다. 따라서 자유롭고 인간적인 진정한 관계들인 것이다(결혼, 서약, 권력, 권리와 의무 등등). ab의 결혼에서 태어난 아들이 *태어나기 전부터, 그리고 그가 누구이든 간에* 그가 하나의 이중 특징과 더불어 구성된다면 그것은 그가 우선은 ─ 어머니의 임신 전에서부터 ─ 아버지와 어머니의 *결정된* 가능성이기 때문이다. 즉 아직은 *그들의 한계일 뿐*이지만 미래의 그 아이가 *그들의 가능성 자체일* 뿐인 한 그들의 것으로 남아 있을 하나의 한계이기 때문이다. 출생에서부터 서약 한복판에서의 어린아이의 출현은 그에게 서약과 동일하다. 즉 서약 집단에서 출현하는 모든 개인은 서약한 것이 된다. 그것도 외부로부터 자기 신분을 부여받는 수동적 대상으로서가 아니라 자신의 자유를 소유하게 된 공동 자유 주체로서다.(세례, 성년식 등은 실질적 기능으로서 선서된 기능을 자유로운 서약으로 재내면화시킨다.)[76] 우리는 이

76 이 점은 오늘날 많은 미온적 또는 회의적 가톨릭 신자들(또한 자유사상가들의 경우도 마찬가지로)이 지니는 이상한 태도를 설명해 준다. 나는 그들을 신앙이 아닌 기원에 의한 가톨릭 신자라고 명명한다. 그러나 이 부류에 속한 부부가 자식을 가졌을 때 그들은 다음과 같은 논리로 아이에게 세례를 시킨다. "그들은 자유로워야 해. 스무 살이 되면 자신들이 선택할 거야." 오랫동안 나는 놀랐으며, 이 논리가 일종의 인습주의적 소심함, 뭔지 모를 두려움을 감추고 있다고 생각했다. 사실 그것은 *집단의 관점*에서는 옳은 추론이다. 개인적으로 세례는 받았지만 가톨릭 집단에 어떠한 실질적인 애착도 없는 나에게 세례는 미래의 자유를 저당 잡는 것처럼 보였다.(항용 동일한 논리로 사람들이 어린아이에게 종교 교육을 부여하고 첫영성체 등등을 시키니까.) 나는 전적인 비결정이야말로 선택의 진정한 기초라고 생각했다. 그러나 집단(그리고 미온적이거나 또는 신앙심은 없으면서도 존경심은 지니고 있는 가톨릭 신자들은 여전히 그 집단의 일부분을 이루고 있다. 사촌이 신학생일 수 있고 이모는 독실한 신자다 등등으로)의 관점에서는 정반대가 사실이다. 즉 사람들은 공동 개인을 그의 기능에 의해, 그가 각자와 맺는 상호적 관계에 의해 규정하는데 세례는 공동 개인 속에 자유를 창조하는 하나의 방식이다. 공동 개인은 공동 자유를 자신의 개인적 자유의 진정한 가능태로 내재화한다. 말하자면 그는 유효성

문제로 돌아가 자세히 다루게 될 것이다. 왜냐하면 *이 두 번째 서약*은 자세히 밝혀야 할 독특한 특징을 가지고 있으며, 특히 첫 번째 서약보다 훨씬 더 보편적이기 때문이다. 분명한 것은 서약이 출생인 점과 똑같이 출생이 서약이라는 사실이다. 젊은 성년 입문자가 자신의 사회적 출생과 육체적 출생, 자신의 권력과 선서 사이를 더 이상 분간하지 못하게 하기 위해서 출생을 *인위적*으로 재생산하는 것으로 충분하다.(성년식에서 집단은 자신의 계획에 따라 출생을 되풀이한다.) 사실 성년식은 원초적으로 시련과 고통을 수반한다. 이와 동시에 그것은 기다려지고 약속된 것이다. 유기체적 개인은 자유롭게 공동 개인의 지위로 이행하기 위해(즉 실천적 권력들을 소유하고 행사하기 위하여) 오래전부터 기다려 온 고통들을 견디어 낸다. 이와 같은 감당이 —— 자신의 인내력 자체에 의해 명백해진 —— 바로 두 번째 서약인 것이다. 개인이 이

과 능력의 더 높은 가능성에로 고양된다. 따라서 바로 이 우월한 차원이야말로 부모들이 자식이 자신의 전 능력 속에서 그리고 모든 사정을 꿰뚫고서 집단 속에 남을 것인가, 집단 속에서 자신의 기능(미온적 상태)을 바꿀 것인가 또는 탈퇴를 할 것인가를 결정할 수 있도록 그를 위치시키고자 하는 곳이다. 신앙심이 없는 기독교인에게 "출생상의 무신론자"는 한 개인에 불과하며 공동 자유로서의 신앙의 수준까지 ——신앙을 선택하기 위해서든 또는 신앙을 비판하기 위해서든——상승할 수 없는 것처럼 보인다. 반대로 신자는 기독교적 공동체 속에서 종교적 권능의 체험을, 이와 동시에——만약 그가 의심을 품고 있다면——그의 의심에서 출발하여 고독의 하위 단계의 체험을 가질 수 있다는 것이다.
오늘날 나는 진실은 나의 논리 속에도 그리고 존경심을 지닌 자유사상가의 논리 속에도 없다고 인정한다. 사실 무엇을 하든 사람들은 예단한다. 기독교인들의 눈에 무신론자들은 고독하며 단순한 부정으로 특징지어지는 자들이나, 사실 무신론자들 또한 하나의 집단이며(다른 규약들과 좀 더 느슨한 관계들 등에 의한) 어린아이는 무신론의 세례가 아니면 기독교의 세례를 감내해야만 하는 것이다. 자유인들에게 좀 더 가혹한 진실은 ——그러나 모든 진실은 온건한 자유로운 자들에게는 가혹한 법이다—— 자식을 위하여, 그리고 자식의 의견을 물어볼 수도 없는 상황에서 신앙의 의미(즉 세계의 역사와 인류의 의미)를 결정해야만 하며, 사람들이 무엇을 하든 어떤 대비를 하든 어린아이가 자신의 전 삶을 통해 그 결정의 무게를 감내해야 한다는 사실이다. 그러나 그 결정은 어린아이가 자유롭게 결정을 내재화하는 정도로만, 그리고 그 결정이 아버지가 부여한 타성태적 한계가 아닌 자신의 자유에 의한 자신의 자유의 자유로운 한계가 되는 정도로만 어린아이에게 영향을 남길 수 있다는 것 또한 사실이다.(원주)

감당을 *자질*의 획득처럼 체험하는 것은 확실하다. 그러나 또한 어른들이 거기에서 하나의 약속의 징표를 보는 것도 확실하다. 모든 것은 성년 입문자가 나중에 집단을 떠나기를 원할 경우에 그 약속에 근거하여 어른들이 그를 처벌할 권리를 확보해 두는 것처럼 진행되며, 마치 어른들이 그에게 "성년식에 대한 너의 초조한 기다림과 의식이 진행되는 동안 보여 준 용기는 우리를 너를 향해 *구속시켰으며,* 너는 우리에게 너를 공동체 속의 공동 개인으로 임명해 달라고 요구할 권리를 갖게 되었다. 그러나 역으로 너는 우리를 그토록 강력하게 구속시키면서 역으로 네 자신을 우리를 향해 구속시켰다. 너의 열의는 네 미래의 자유로운 하나의 결정이며, 부모의 결혼 이후로 네게 부여된 책무들을(족외 결혼 따위) 이제는 네가 스스로의 의견에 의해 짊어지게 되었다."라고 말하고자 하는 것처럼 진행된다. 이와 같이 결혼처럼 통과 의례들은 쌍무적, 대칭적 의식들이며 하나의 상호성을 실현한다. 따라서 어린아이가 사람들이 그에게 미리 구성해 주었던 *앞선 미래*를 내면화하지 않는 것, *적극적 행위들을 통해*(성년식 때의 행동, 신부 선택, 전쟁에서의 용기 또는 경우에 따라 권력에의 투쟁을 통해) 그것을 내재화하지 않기란 불가능하다. 이는 "어떤 어른도 나는 태어나도록 요구하지 않았다라고 말할 수 없다."라는 아주 정당하고 도처에서 반복되고 있는 격언이 오늘날까지도 의미하는 바다. 이처럼 결국 유기체적 개인은 자기 삶의 각 운동 속에서 자신의 우연성을 포착한다. 이 사실은 그가 자기 자신의 산물이 아님을 의미한다. 공동 개인으로서 그의 출생은 자신의 자유의 출현 그리고 자신의 자유에 의한 자신의 자유의 결정과 합류한다. 태어난다는 것, 그것은 집단의 특수성으로서의, 기능들의 집합(책무와 권력, 부채와 신용, 권리와 의무)으로서의 자신을 생산한다는 것이다. 공동 개인은 집단의 한 중심에서 새로운 서약으로

서 자기 자신을 생산한다.[77]

　　그러나 최초의 서약이든 2차적 서약이든 간에(사실 위급한 경우들을 제외하고는 *언제나* 2차적 서약들이다.) 기능은 명료하지 않은 타성태 위에, 그리고 내가 조금 전에 자유의 비유기체적 물질성이라고 명명했던 것 위에 기초한다. 그리고 집단 내에서의 공동 개인의 목표는 개별적 항목들의 위치 변경을 통해 관계들의 지속성을 유지하는 것이다. 이것은 다른 제삼자들이(또는 모든 사람이) *실천*에 의해 또는 외부 상황들의 압력에 의해 자신들을 변화시키기에 이르는 정도로 공동 개인이 자신의 *실천* 속에서 스스로를 변모시키는 것(그리고 새로운 특징들을 띠는 것)을 의미한다. 이처럼 관계는 그것이 유지되는 바로 그 범위 내에서 고정되어 남는다. 그리고 일정한 경향을 지닌 하나의 행위를 통해 운동 중인 체제, 즉 서로를 잉태하는 관계들이 문제가 된다면 이 관계들은 하나의 변증법적 *실천*의 계기들로서가 아닌 수학적 관계들로서 서로를 잉태할 것이다. 결국 기능으로서의 이 관계들은 (공동 개인과 통합화하는 집단의) *실천*의 조건으로 머무르나 실천 그 자체는 아니다. 각자의 유용성을 조건 짓는 것은 오히려 (이 관계들의 가능성들의 제한처럼) 그들의 타성태적 도구성이다. 이와 마찬가지로 한 골이 갖는 유용성 전체는 매우 탁월한 그의 개별적 가능성과 함께 그의 역할을 정의하고 있는 규칙들과 금지들의 총체 위에 기초한다. 만약 골키퍼가 제멋대로 미드필더나 센터포드의 역할[78]을 병행한

77　여기에서 우리가 착취나 계급 투쟁의 문제들이 명백히 나타나고 있지 않는 추상적 사례(또는 초보적 집단)를 다루고 있음은 말할 것도 없다. 우리는 서서히 진행하고 있으며, 여정을 마칠 무렵이면 구체적인 것, 즉 집열체의 수동성에 의해 되풀이 되는 공동 행위의 실천적 타성태와 소외와 충돌하는 실천적 조직들의 복합체를 발견할 것이다. 이 차원에서만이 계급 투쟁과 착취 등은 진정한 의미를 획득할 것이다.(원주)

78　이 두 기능이 각각 다른 스포츠에 속한다면 더더욱 말할 것도 없다!(편집자 주)

다면(또한 그 반대의 경우에도) 시합은 더 이상 어떤 의미도 가질 수 없을 것이며, 혼란스러운 난투극이 되어 버릴 것이다. 따라서 일단 기능들이 분배된 이상 그 기능들이 동일한 전체에 함께 속한다는 단순한 사실에 의해 변증법적으로 스스로 변화한다는 것은 있을 수 없다.(이는 오히려 개인들이 *행위*들을 생산하는 만큼 —— 우리가 보게 될 몇몇 조건하에서 —— 행위들의 특징이다.) *사실상* 기능들의 창조는 비록 이 창조가 주체들과 요구들의 다수성에 비추어 스스로를 생산했지만 변증법적이었다. 그러나 언제나 수정될 수는 있지만 이 기능적 조직은 구성원 각자의 *반성적* 태도를 통해 집단 전체에 의해, 또는 총체화하는 *실천*이 요구하는 조정, 변화, 적응 등등을 실현하기 위해 특별히 분화된 하나의 기구에 의해 문제시되어야만 한다.[79]

따라서 우리는 이 구조들을 자유의 필연성으로 명명하고자 한다. 왜냐하면 이 비유기적 물질성이 집단에 의해 자유롭게 내면화되

---

79 주지하다시피 오늘날 착각을 불러일으키는 것은 자본주의 체제의 내적 모순들에 기인한 **역사**의 가속화 현상이다. 끊임없이 새로운 판로를 창조하기 위해 비용을 낮추어야 할 필요성은 생산수단들의 계속적인 변화를 이끈다. 이런 관점에서 산업은 항구적 혁명의 상태에 있으며, 이 사실은 자본주의적 조직들의 끊임없는 수정과 조금 더 느리기는 하지만 조합 조직들과 그들의 *실천*의 영속적 변화를 이끈다. 그럼에도 이런 변화들은 반성적 총체화 과정들(그것들이 하부에서 연유하든 상부에서 연유하든), 즉 공동 개인이 *실천* 전체에 대해 문제 제기하는 것(조합은 "고용주의 정책에 대한 새로운 지시들에 순응하지 않는다."라고 말할 것이다.)에서 출발하여 수행되는 것이지 행위들의 일종의 상호 교류 또는 반성적 문제 제기가 아닌 새로운 상황들의 압력하에서 모든 다른 행위에 의해 이루어지는 세부적 행위의 자연발생적인 재조직에 의해서는 이루어지지 않는다. 말하자면 역사적 과정의 가속화의 경우 조직은(어떤 조직이든) 항상 존재하며 항상 메워야 할 하나의 괴리처럼 자신의 타성태를 체험한다. 그러나 수정들은 자신의 한계에 대한 정확한 결정으로 인해 유용해지는 새로운 기능들을 예상할 때만 이루어질 수 있다. 요컨대 재조직하는 행위는 그 행위가 서로 다른 상황을 통해 동일한 전체 목표에 도달할 수 있으리라는 전망 속에서 과업들을 재분배한다는 점에서 실천이다. 각 공동 개인의 유기체적 행위도 마찬가지다. 그러나 노동자 또는 투사의 반성적 태도에 의하여 규정되고 유용한 행동에 의하여 담당된 지위로서의 기능은——그 기능을 매일 변경한다면——논리적 분석 대상의 타성태적 구조, 즉 하나의 기계적 체제로서 연구될 수 있는 바와 같은 구조로 남는다.(원주)

고 재수정되었기 때문이다. 이 말은 타성태(즉 여러 가지 상이한 상호 제약)가 집단 안에서 그리고 매개된 상호성 안에서 각자를 전체와 연결해 주는 심층적인 내면성의 관계를 통해 그 자신과 접촉하게 됨을 의미한다. 이 말은 또한 그 자신과 타성태와의 접촉이 필연적으로 물질성에 고유한 가지성과 법칙에 따라 이루어진다는 것을 의미한다. (그종합적 반성적 결정이 일단 완수되면) 기능들의 상호 조건화가 마치 물질세계에서처럼 외면적으로 행해진다는 것을 의미한다. 그러나 이 골격은 모든 공동 개인에 의해 지지되고 또 총체화하는 행동으로서의 집단이 언제나 그 안에서 — 새로운 상황의 압력을 받아서 — 이것을 해체시킬 가능성이 있음을 생각해야 한다. 따라서 이것이 공동체에 대한 각자의 자유로운 합류라는 점을 주목해야 한다. 왜냐하면 공동체란 각 구성원이 모여 형성된 *비유기적 존재*이기 때문이다. *그리고* 이와 동시에 내면성을 구조화하는 외면성으로서의 이 필연성은 정확히 실천적-타성태의 이면이라는 점에 주목해야 한다. 실천적-타성태는 우리에게 수동적 능동성으로 나타났고, 반대로 필연성은 능동적수동성을 구성한다. 우리가 앞에서 살펴보았듯이 이 각자의 *비유기적 존재*는 많은 비결정의 부분을 포함하고 있다. 이것은 내 *실천*의 기초다. 이것은 내 실천에 테두리를 짓고, 이것을 한정하고 한 방향으로몰아 내 실천이 필요로 하는 도구적 도약과 함께 모든 것의 보증을제공한다. 그러나 일단 완성되고 나면 *실천* 자체는 이 골격으로 환원되지 않고, 그 이상의 것 혹은 다른 것이 된다. 실천은 한 특정의 임무의 구체적이며 자유스러운 실현이다. 이 두 필연성의 대립에는 놀라울 것이 하나도 없다. 두 번째 필연성은 첫 번째 것의 내면화이며, 조직적 작업에 의한 그것의 부정이다. 우리는 집단이 타성태와 싸우기위해 스스로 타성태가 되는 것을 보았다. 집단은 물질에 수동적 종합을 유지해 주고, 자체의 *지속*을 위해 꼭 필요한 이 수동성을 자체 내에 흡수했다. 그러나 그것은 *정확히* 그 자체 내에서 수동적 종합이 아니며, 그 수동성은 *실천*에 다름 아닌 능동적 종합을 지지한다. 능동적 수동성의 실제적 이해는 이른바 "자유롭게 동의된 규율" 속에서 각자에게 ── 그가 속한 집단이 어떤 것이든 간에 ── 주어졌다.

유일한 오류는 ── 사람들이 생각하듯 오류가 그렇게 흔한 것은 아니다 ── 담론에서부터 온다. 단어들은 자유로운 동의가 행동을 규정에 부합시키는 것 이외의 다른 효과를 갖는다고 믿게 만들 위험이 있다. 사실상 각자가 행동 속에서 발견하는 것은 규율이 어떤 존재, 즉 역설적으로 각자와 내면성의 관계를 유지하는 특정의 외면적 형식의 자유 자체 안에서 그에게 영향을 미친다는 사실이다. 그러나 바로 그것 때문에 행위의 근거로서의 외면성은 항상 밖에 있다. 혹은 초월성과 내재성을 가르는 극단의 경계선에 위치해 있는지도 모른다. 총격전이 벌어지는 전쟁에서 병사는 자유롭게 상관의 명령을 받아들이고, 그 범위를 숙지하고, 공동 목표를 향해 그 명령을 넘어선다. 따라서 어떤 의미에서 자유로운 상호성이 문제가 되는 것이다. 그러나 중위에서 이등병에 이르는 계급적 서열 관계가 그 안에 완전히 포함되어 있다. 달리 말하자면 지휘의 타성태적 상호성이 구체적 행동의 기초를 이루고 있는 것이다. 조직화된 관계가 갖는 이와 같은 복잡한 구조는 반드시 기술해야 할 세 가지 의미층을 포함하고 있다. 첫째, 구체적 실천이다. 이것이 권력(자유-공포) 그리고 기능(권리-의무)인 두 번째 층을 포함하며, 이 두 번째 층이 타성태적 골격인 세 번째 층을 포함한다. 그리고 이 타성태적 골격은 실제로 세 층위 중에서 가장 추상적이다. 조직을 담당하는 하위 집단은 차별화된 서약, 권리-의무, 기능, 각자와 공동 목표 사이의 관계 등의 구체적 토대 위에서만 ─ 상징적 계산의 요소들의 총체로서 ─ 이 골격을 결정할 수 있다. 예컨대 한 조직체가 "중견 간부들"을 결정한 순간부터 곧 문제가 돌출한다. 이 문제가 갖는 양상들 가운데 하나는 순전히 양적인 것이다. 이것은 구체적 목적을 실현시키기 위한 특정의 상황 속에서, 그리고 한정된 기술적 도구적 자원에서부터(예를 들면 오늘날 국제적 긴장 속에서 대립하고 있는 "블록들"의 군사 장비가 그 지역의 일정한 공업 수준을 전제로 한 것처럼) 간부들과 투사들의(혹은 하사관, 장교와 병사들과의) 수적 관계의 문제다. 그리고 마치 이 양적인 문제 안에서 작동된 모든 관계가 외면적인 것처럼 계산이 개입한다. 여기에 덧붙여 이 간부들의 양성이 ─ 만약 이런 일이 일어났다면 ─ 내면성의 관계를 질적으로 변화시키게 된다는 것(예컨대 권위의 강화와 같은)을 말해야겠다. 그러나 집단의 타성태에 대한 이런 작업은 만약 그것이 권력의 관계 혹은 권력의 관계에 의해 지지되는 것으로서의 내면화된 외면성으로서 이미 만들어진 타성태의 단순한 재편이 아니라면 아무 의미가 없을 것이다. 이 권력, 이 권리의 관계들은 서약의 기초 위에서 차별화되었고, 또 타성태를 만들어 낸 서약을 지속화한다.

(2) 우리는 이런 의미에서 구조가 분석적 필연성과 종합적 권력이라는 양면성을 가지고 있음을 지적해야겠다. 물론 권력은 각자 안에서 필연성의 기초인 타성태를 생산함으로써 구성된다. 그러나 역으로 필연성은 또한 자유롭게 생겨난 이 타성태의 외면적 양상에 불과하기도 하다. 달리 말하자면 이것은 집단에 소속되지 않은 한 관찰자에 의해서건 아니면 배분과 배치의 문제를 다루기 위해 분석적 상징과 절차를 사용하고 있는 전문화된 소집단에 의해서건 간에 여하튼 외부에서 관찰된 이 타성태의 징후다. 왜냐하면 이 배치가 목표로 하는 다수성(중견 간부의 희소성, 생필품의 희소성 등등 ─ 희소성의 상황 속에

서 다수성으로서의 집단)은 이 문제를 유일하게 가능한 것(해결한다는 의미에서가 아니라 그 언표 자체를 가능하게 한다는 의미에서)으로 만드는 내면성의 외부적 양상이기 때문이다. 개인들을 단지 영양을 공급해야 할 유기체로만 간주하고, 그들의 수를 세고, 생필품과 먹여야 할 입의 수 사이의 관계를 설정하고, 보급 기지를 마련하거나 이미 있는 기지들을 전선에 가까이 배치하기 위해서는 군대가 이미 실천적 총체화, 즉 전투 상태에 있어야만 한다. 그러나 이것만으로 충분치 않다. 기능적 관계, 권한과 규율이 함축되어 있어야 하며, 따라서 어떤 실천적 수준에서는 처형도 고려될 수 있어야 한다. 보급 기지들은 너무 멀다. 그러니까 **감독 부서**는 할 수 있는 모든 일을 하지만 직접적인 관계는 없다. 보급 기지들을 (수 킬로미터까지) 근접시킬 수 있다. 이것은 보급력이 증강되고, 그에 따라 그 효율성이 증대된다는 것을 의미한다. 요컨대 그것들은 전적으로 고유의 기능에 매진하고 있다.

구조의 다른 양상은 매개된 상호성의 양상이다. 그리고 다른 한편 매개가 단지 총체화하는 집단의 매개라는 것을 우리는 잘 알고 있다. 이렇게 해서 외면성의 구조가 전체에 대한 암묵적이고 단순한 전제를 밑에 깔고 — 즉 단어들을 조합하는 순간 타성태의 지지이며 존재 이유로서의 실천적 총체화에 대해 *침묵을 지키며* — 그 자체 안에서 조사하고 재검토할 수 있는 단순한 골격으로 드러남과 동시에 이 구조는 그 내면성에서 총체화와 직접적 관계를 맺는다. 이 총체화는 결국 상호성의 각 항에 더 가까워진다. 그 결과 각각의 항은 다른 항에 귀속될 뿐이다. 왜냐하면 각각의 항은 상호성에 의해 다른 항과 연결되어 있기 때문이다. 푸이용[80]이 다음과 같이 말했을 때 그의 생

---

80   장 푸이용(Jean Pouillon, 1916~2002). 프랑스의 인류학자이자 문화평론가. 사르트르가 주축이 되어 창간한《현대》에서 오래 활동했다.

각은 옳았다. "구조의 관념은…… 질서의 관념과는 전혀 다르다. 이 구조의 관념만이 데카르트의 인식에 대해 파스칼이 비난했던 악순환을 진정한 순환으로 — 만약 이런 식으로 말할 수 있다면 — 변모시킬 수 있을 것이다. 하나의 구조 안에서 각 요소는 전체를 구성하기 위한 중간적 단계가 아니라 그 안에 직접적이고 전면적으로 반영된 총체성의 특수한 표현이다. 요소가 총체에 대해 자율성과 의존성을 동시에 갖고 있다는 그 역설을 극복하기 위한, 이질성의 종합을 모색해 보기 위한 다른 길은 없다."[81]

그러나 우리는 총체성이 아니라 총체화를 다루고 있다는 것, 즉 특정의 전망 안에서 실천의 장을 총체화하기 위해 스스로를 총체화하는 다수성을 다루고 있다는 사실을 여기에서 유의해야 할 것이다. 물론 이 실천의 장에서 이루어지는 공동 행동은 하나하나의 유기적 *실천*을 통해 각 개인에게 현재 진행 중인 객체화로서의 모습으로 드러난다. 달리 말하자면 매개 집단은 그 자체로 이미 *실천*과 타성태 그리고 총체화와 총체화된 요소들의 복합적인 변증법이다. 실제로 조직화된 집단을 특징짓는 이 반사적 구조를 좀 더 잘 손질해야 하는 것은 바로 이 시점에서다. 이것은 특정의 집단적 계시가 (집단의식에 *대한* 의식으로서) 그 안에 들어 있다는 의미는 아니다. 다만 (융화 집단의 첫 번째 행동 혹은 서약에 의해 *이미* 공동적인) 공동 개인들 각자가 장기적 목표로부터 출발해서 마침내 집단을 즉각적 목표로 삼는 실천적 행동을 채택한다는 의미다. 이 실천들은 구성원들에게 *준대상*인 집단을 생산해 낸다.(동시대적이든 혹은 적대적이거나 연합적이든 나중에 역사학자나 사회학자가 될 비회원들에게 집단은 대상이다. *그러나 어떤 도구들 주변에*

---

81   푸이용, 「숨은 신 혹은 가시적 역사」, 《현대》, no 141, 893쪽.(원주)

자기 스스로의 도구성을 생산하면서 실천하고 의미를 만들어 내는 대상이다.) 집단의 *내적 대상성*이 있다. 달리 말하자면 집단은 각 개인에 의해 근본적으로 상이한 두 형태로서 존재한다. 그것은 각자 안에 (모든 기능적 결정 이전에) 자기 자유의 **타자**-존재로서 현전해 있는 각자와 전체의 안전이다.

우리는 유기체가 형성되고 구성되어 감에 따라 다른 자유들을 이용할 때만 자신의 자유에 타격을 입는 이 타성태가 부정적 한계가 되기는커녕 점점 더 권력의 기초가 되어 가는 것을 살펴보았다. 그런데 누군가의 자유롭고 실제적인 *실천*에 의하지 않고는 이 타성태들의 통일성은 *개인적인 수정을 자체적으로* 행할 수 없다는 것은 너무나 분명하다. 객관적 실재 혹은 총체성으로서의 집단은 존재하지 않는다. *이 차원에서* 타성태의 자유 생산은 단순히 의식적으로 현존의 상태를 스스로 결정하는 동일성이거나 혹은 거기에 유일한 단 하나의 서약만이 있다고 할 수 있다. 그런데 이것은 *이 유일한 서약이* 서약 주체들의 초월적 통일성이라는 의미가 아니라 서약을 하는 이 공동 개인들 각자 안에는 *개인화의 원칙*이 없다는 의미다. 이처럼 개인들은 각기 다르지만 그들의 서약은 ― 비록 시공간적 행동으로 구분된다고 해도 ― 각자가 개인적으로 행하는 그 서약이다. 이때 물론 개인은 공동 개인(이 개인을 생산하고 공고히 하는 한에서)이다. 그러나 서약이라는 공동 결정 안에서 이미 차별화의 욕구가 예감된다. 그리고 서약한 개인들의 욕구를 설명하는 것이야말로 그 개인들에게 집단을 수단으로, 그러니까 목적과 대상으로서 드러내는 것이다. 다른 수단에, 그리고 그 수단을 통해 목적에 도달하기 위해 수단을 찾고 생산해야 하는 실천의 계기에서 모든 수단은 목적이다. 그리고 수단-집단의 발견은 *상황들에 의해* 이루어진다. 이 상황들은 모든 개인의 통합을 통해 다수성이 통일성에 복속되고 또 그것에 의해 통제되는 그런 다수성 안에서 희미한 가능성들의 모습을 보여 준다. 이렇게 해서 차별화 형식들의 고안은 집단을 동질성에서 계산된 이질성으로의 이행, 혹은 최소한의 차별화에서 좀 더 진전된 차별화의 상태로의 이행으로 파악한다. 그리고 집단은 이미 완성된 총체성이 아니라 *현재 진행 중인*(혹은 앞으로 이루어야 할) 총체화로서 나타난다. 왜냐하면 집단은 조직하는 제삼자의 실천적 행동에서 모습이 나타나기 때문이다.

그러나 이 집단은 대상이다. 이는 이 대상의 도구성이 노동에 의해 수정 가능하다는 것을 의미한다. 조직하는 제삼자는(자신의 도구를 연마하거나 수선하는 노동자처럼) 조직화를 통해 도구를 생산하고 보존한다. 또다시 각자에게 이 실천적 대상은 *의사 대상*일 수밖에 없다. 왜냐하면 이 대상은 기능들에 의해 차별화되어야 할 물질임과 동시에 다수성을 통제하는 임의적 사용으로서의 이질성을 기초하고 재도입하는 서약의 통일성이기 때문이다. 달리 말하자면 공동 행위자의 개인화된 실천에 의해 집단은 대상의 *형식* 또는 (서약된 타성태로서의) 행동의 기초라는 *다른* 형식을 취하게 된다. 바로 이것이 의사 대상성으로서의 반영성을(개별 반영 안에서는 모든 의식이 동등하다. 그러나 단 자기와의 관계가 결코 하나도 아니고 둘도 아닌 한에 있어서만 그러하다.) 창조해 낸다. 그러나 조직이 이미 존재해서 단지 재정비의 필요성만 있을 경우(비록 하나부터 열까지 다시 정비해야 한다 하더라도) 기능들의 상대적 자율성(즉 수행 능력의 한계)은 개별 기능 속에 자신을 정립할 위험을 무릅쓰며 통합된 다수성의 *대상적* 성격을 강조하고 있으며, 또 대상화와 총체화라는 이원적 불가능성을 은폐하는(물론 한 번도 그 일을 완전히 성공시키지는 못하지만) 경향이 있다는 것에 주목해야 한다. 여하튼 철저한 이원성은 금지되어 있다. 다수성의 아직 미차별화된 통일성으로서 자신을 발견하는 동등자(공동의 개인 안에 들어 있는 비개별적 서약)만 있을 뿐이다. 비록 전문화 집단에 소속된 자라 할지라도 조직자는 집단과 자신의(또는 자기 목표와의) 이 관계에서부터 자신의 조직력을 끌어낸다. 그가 자신의 행위 속에서 집단에의 귀속을 숨기는 경향이 있다면 그것은 그의 작업이 공동의 개인들과 구조들을 외재성으로(즉 수적 다수성과 재정비해야 할 관계적 골격으로서) 취급하도록 그에게 강요하기 때문이다. 그러나 조직화된 집단 안에서 조직하는 행위는 유효성의 한 수단에 — 흔히 전문가들에게 맡겨진 — 불과하다. 그리고 주요한 실천적 관계는 공동의 대상화를 실현시키는 외적 대상과 함께 자기 임무를 수행하는 개별 요원의 관계다. 이런저런 하위 집단 혹은 모든 사람과의 (직접적 혹은 간접적) 관계로서의 기능이 집단에 의해 매개되는 것은 바로 이 수준에서다. 그리고 여기에서 *집단이란 동등자*에 다름 아닌 각자의 서약과 이 서약이 차별화를 허용했으나 이미 통합된 다수성 사이의 실천적 관계를 의미한다는 것을 우리는 알고 있다. 이 반영성이 자신의 임무의 효용성과 자신이 *조직화되어야 할* 필요성을 이해하고 있는 공동의 개인 각자를 결정한다. 이것은 그 개인이 누구이든 간에, 그리고 그에 의해 결정된 하위 집단이 어떤 것이든 간에 기능적인 각각의 차별화가 서약된 자유 안에서 재취합된다는 것, 요컨대 완성된다는 것을 의미한다.

이런 의미에서 각각의 공동 개인은 비록 그가 공동의 목표에 입각해 새로운 재조직화에 의해 변형되고, 실격되고, 재평가되고, 전속되고, 자리가 옮겨졌다 하더라도 자신의 행위나 적극적 수동성을 통해 결코 집단의 단순 명료한 대상이 될 수 없다. 집단이 그를 대상으로 취급하는 것(혹은 취급할 수도 있다는 것)은 사실이다. 그의 속내는 철저한 계산에 의해 결정될 수(그리고 이어서 변경될 수) 있다. 그러나 각각의 서약자가 아직 동등자인 한에서 조직하는 자는 결정하고, 조직화된 자는 이 결정을 받아들인다. 왜냐하면 조직하는 자는 조직화된 자와 같고, 조직화된 자는 조직하는 자와 *같기* 때문이다. 이것은 그가 자신의 공동의 결정을 이미 차별화된 공동 과정의 계기로 이해한다는 것을 의미한다. 일부 노동자들에게 소련 정부의 결정을 설명하기 위해 특정 공장, 특정 콜호즈[82]에 파견된 특정한 행동가는 자신을 한 선택의 타성태적 대상으로서(배치는 반드시 수용 능력을 고려하지는 않는다.), *분산*(이 순간 수천의 행동가들이 도처에서 같은 행동을 하기 위해 서로 헤어진다.)이 실현되는 거대한 *과정*의 요소로서 받아들여야만 한다. 그들의 *실천*의 강력한 수렴은 공동의 대상화(도처의 모든 환경 속에서의 반작용들의 통일) 속에서 시간화할 것이다. 그러나 그는 개별적 자유 *실천* 안에서 그와 관련된 이 과정의 (정해진 이런저런 교통수단에 의해 자기가 작업할 장소에 간 순간부터 이런저런 개별 질문에 대한 개별 답변을 원칙과 설명과 확고한 평가를 토대로 마련한 순간까지) 모든 계기를 스스로 실현시키지 않는 한 자신의 타성태, 즉 한 객관적 과정의 직접적인 요소인 자신의 존재를 수용할 수 없을 것이다. 그리고 다른 선동가들의 자유 실현과 비교하여 그의 국지적(그는 여기 특정 지방의 도시에서 사람들을 설득한다.) 행동이 한 공동 *실천*의 공동 목표임을 그에게 보여 주는 것도 다름 아닌 이 공동 과정의 자유 실현이다. 달리 말하자면 내면성의 외면성으로서의 구조는 기능적 활동에 의해 *해체되지 않고* 이 활동을 재내면화한다. 행위 주체는 자신의 행동 안에서 이 활동을 두 차원으로 교차된 것으로 파악한다. 두 차원은 한편으로는 자기 자신의 다수성에 대한 집단의 도구화 작업이며, 또 다른 한편으로

82   소련의 집단농장.

는 자유 서약으로서의 이 행위 주체의 고유한 타성태다. 이 타성태는 결코 해체될 수 없는 공동의 통일성이라는 기초 위에서 자신의 이산 수량적 성격을 자유롭게 수락한다. 행위 주체에게 외면성은 내면성을 의미하고, 타성태적 관계들의 다수성은 공동의 통일체의 실천적 결정에 다름 아니다.

하지만 이와 같은 예를 통해서는 여전히 구조에 도달할 수 없다. 왜냐하면 본질적으로 아주 빠르고 그 목표에 재빨리 흡수되는 사건이 문제가 되기 때문이다. 즉 정책의 변화를 수행하는 선전이 문제가 되기 때문이다. 그렇지만 좀 더 가까이 들여다보면 이 변화가 구조를 총체화의 표현으로서, 그리고 조직의 비유기적인 골격으로서 전제하고 있다는 것을 알게 될 것이다. 사실상 개별적으로 선택된 이러저러한 젊은 열성분자는(즉 모든 사람은) **당**에 의해서 혹은 선동과 선전의 임무들을 위해서 전문화된 특정 조직들에 의해서 *생산되었다*는 사실을 지적해야 할 것이다. 이와 마찬가지로 (전체의 표현으로서) 하위 집단에 의해 아주 어린 소년들에게 가해지는 이런 생산 활동이 상호성 속에서만 시간화될 수 있다는 사실, 즉 이 생산 활동을 개인이 떠맡고 동*시에* 내면화해야 한다는 사실도 지적해야 할 것이다. 이 개인은 자신이 자기 자신의 생산물인 한에서 특정 행정 집단의 생산물이며 *그 반대 경우도 성립한다.* 만약 그가 하나의 작업조를 훈련시켜서(조장으로서 또한 "스타하노프 운동가"로서) 생산성을 높여야 하는 임무를 지니고 있다면 그는 여전히 자기 자신의 노동으로 기준들을 높여 놓을 수 있어야 한다. 역으로 만약 행정 기관이 그를 선택했다면 그것은 체제에 대한 그의 순종과 연결되어 있으며, 또한 그의 *실천*을 통해서 드러나는 능력들의 전체를 위해서였다. 게다가 선택은 언제든지 취소될 수 있다. 불가분의 관계에 있는 이 두 행동 모두는 자유로운 공동 조직의 생산물이 공동적 개인으로서 그 자신의 생산물이 될 것을 요구하며, 상호적인 발전 속에서 다음과 같은 두 가지 결과에 ── 마찬가지로 상호적인 ── 도달한다. 즉 다수성의 타성태적 결정으로서, 진행 중인 총체화의 특수한 표현으로서 열성분자를 만들어 내는 것이 그것이다. *이때가* 되어서야 비로소 임무에 대한 특정 명령에 의해 그는 대상-권력으로 구성된다. 즉 특정 하부 집단들과 접촉하기 위해서 특정 장소에 특정 운송 수단으로 수송되어야 하는 특정 단위로서, 지방 당국으로부터 혹은 이러저러한 개인들로부터 자신의 과업을 수행할 수단들을 요구할 수 있는 현실적인 *권리-의무*로서 구성되게 된다. 따라서 이러한 특수한 사건 속에서 전개되는 것은 바로 *하나의 기능의 행사*다. 그리고 이 기능은 그것이 잠재태로서 그리고 열성분자 집단의 권력으로 파악된다는 점에서 구조다. 다른 한편 각자는 ── 상대적으로 단순한 이 경우에, 그리고 더욱이 모든 것이 마찬가지인 상태에서 ── *각자와 동등하기* 때문에, 또 각각의 선동가는 자기 자신의 권력 자체 내에서 자신의 하부 집단[83]의 내면화된 다수성에 의해 조건 지어지기 때문에, 또한 결국 집단이 하나의 형태나 하나의 **게슈탈트**의, 그리고 집단의식 혹은 이루어진 총체성의 형이상학적 존재를 지니고 있지 않기 때문에 각 개인은 ── 공동 개인으로서 ── 그 자체로 내면화된 다수성의 규정 단위로서 선전의 하위 집단이며, 그의 고유한 활동은 총체화하는 조직의 표현이다. 여기에서 총체화하는 조직이라는 말은 행정, 정부 업무의

---

83 돌아다녀야 할 지역의 범위, 개최해야 할 모임의 수효, 마지막으로 그의 작업의 효율성 자체는 ── 의사소통의 느림과 마찬가지로 자신의 피로가 그 개인을 조건 짓는 한에서 ── (조직의 가변적인 수준에서, 때로는 출발부터 최고 정점에서 또 때로는 작업 도중에 있는 밑바닥에서) 열성분자들로 된 하위 집단과 선동하거나 설득해야 하는 사회 총체 사이의 (정해진 상황들 속에서, 정해진 도구들과 더불어) 양적이며 동시에 상호적인 관계로부터 결정된다.(원주)

종합적인 전체라고 이해해야 한다. 실제로 이 업무들은 특정 목표의 전망에 따른 선동 기관들, 상층부와 하층부 사이의 어떤 매개 기관들 및 대중과의 특정 관계 기관들을 창출해 냈다.

하나의 체제를 문제 삼는 이 전체에서 우리가 겪은 타성태가 다시 태어나는 집렬체의 형태로 스며든 것은 — 본 연구의 뒷부분에서 이 점을 자세히 다룰 것이다 — 당연한 일이다. 그러나 우리가 여전히 머물러 있는 연구의 추상적 수준에서 볼 때 이 타성태는 아직 나타나지 않고 있다. 이 타성태는 나중에 변증법적 순환성 속에서 나타나게 될 것이다. 중요한 점은 단지 논리적인 것이라 해도 이 연구의 여러 계기를 그 *순수성* 속에서 정의하는 것이다. 물론 이것은 막연하고 성급한 관찰을 통해 우리에게 드러나지만 실제로는 변증법적 과정의 다른 계기에 속하는 여러 특징을 구성된 현실에 부여하는 위험이 절대로 없도록 하기 위해서다. 따라서 여기에서 관료주의적 집렬체에 대해 논의한다는 것은 아주 위험한 일이다. 이것은 인용한 예에서 관료주의적 집렬체가 모든 것을, 그리고 무엇보다도 선전 하위 집단의 창설을 조건 짓는 것이 매우 명백하다 할지라도 마찬가지다. 게다가 이 집렬체가 공동 개인에 대해 기능이 취하는 형태인 *실천적 표현*의 성격을 변형시키지만 제거하지는 않는다는 점 — 오히려 그 반대다 — 을 우리는 살펴보게 될 것이다. 집렬체는 변형된 이 표현성을 전개시켜서 사회 전체와 관련된 기표-기의로서 *공동적인 것*을 생산해 낸다. 지금 당장에 하위 집단과 총체화하는 조직을 그 순수성 속에서(즉 집렬적 와해의 특수화한 어떤 위험에 대항하여 시도한 구체적인 투쟁 속에서) 고려하는 경우 *이 젊은 열성분자는 자신의 권력을 실행하는 개인적 방식에서 자율적이면서* 동시에 푸이용이 지적한 것처럼 전체적인 작용의(그리고 오래전부터 이 종류의 작용을 정의하고 예견한 복합 조직의) 세분화된 단순한 *실천적* 표현이라는 것은 의심할 여지가 없다. 단지 그는 *자율적*일 뿐이다. 이것은 구체적인 상황들(특정 이해관계, 노동, 문화, 습관 — *존재태*의 의미로서 — 등등에 의해 한정된 청중에게 그가 말하는 것)이 극복 불가능한 타성태의 저 너머에 있다는 점에서 그러하다. 구체적인 상황들이 항상 그에게 그의 임무의 추상적인 규정들과 그가 맞닥뜨리는 개별적인 난점들 사이의 매개를 요구하기 때문이다. 그는 또한 표현이다. 이것은 그의 기도는 소련의 사회적 정치적 체제 전체를 문제 삼는 지도자가 대중과 맺는 특정 초월적 관계의 관점하에서만 이해될 수 있다는 점에서 그러하다.

이런 관점에서 보면 전술의 차이들 그 자체를 통해 뭔가가 표현된다. 왜냐하면 어쨌든 이 차이들은 토대를 다시 문제 삼지 않기 때문이다. 특정의 권위주의(우리가 여기에서 정의할 필요는 없는)가 지도자들의 임무와 그들의 공동적 존재의 근저에(조직화된 집단의 이 생산물들이 스스로 생산된 한에서) 자리 잡고 있다. 그리고 구조적 관점에서 보면 이 권위주의가 개인의 구조화된 특징(성격적 특징이라고 부적절하게 불리는)으로서 노골적으로 나타나든지 아니면 외견상으로는 유연하고 타협적이지만 사실은 위장하면서 중앙 집권화한 권위주의를 *실현*할 목표밖에 없는 전술을 통해서 드러나든지의 문제는 그다지 중요하지 않다. 오히려 이 차이들은 스스로가 다른 두 계기에서 하위 집단의 두 가지 태도로서(그리고 개인적 변이체로서가 아니라) 생산될 경우에만 구조 속에서 차이들을 반영할 뿐이다. 만약 열성분자들의 활동이 — 단일화된 다수성으로서 — 자원자의 오만함 속에 이루어진다면 그것은 어떤 식으로든지 정부와 행정 기관의 행동 자체를 나타낼 것이다.[84]

---

84   이 말은 그 특별한 시기에 열성분자들이 오만하다는 것이 중앙 조직들의 독재 형태로의 회귀를 반드시 의미한다는 뜻이 아니다. 이와 반대로 — 구체적인 상황 속에서 — 조직들 간의 관계의

따라서 우리는 하위 집단이나 이 하위 집단 구성원들의 기능을 구조라고 명명하게 될 것이다. 왜냐하면 행위 주체의 자유로운 *실천*에 의한 기능의 구체적인 발휘가 이 기능을 전체에 의해 이 행위 주체에게 가해지는 총체화적 수정의 특수화로서 드러내기 때문이다. 표현이라는 단어가 여기에서는 근본적으로 실천적인 관계, 즉 구성의 상호성을 가리켜야 한다는 것을 우리는 이해했다. 자유로운 개인적 *실천*은 선행한 총체화를 한계들의 상태로 이해하며, 객체화의 과정 속에서의 결과들의 총체화를 *의미하*는 구체적인 결과 속에서 구체적으로 스스로를 객체화하면서 총체화 작업을 지속하는 것이다. 역으로 기능으로서의 조직화된 총체화는 개인적 행동을 그 자체의 필연적인 구체화로서 지칭하고 요청하며, 또한 이 개인적 행동을 위해 힘과 도구성을 구성해 준다. 구조는 단순한 추상적 잠재태의 수준(공동 개인에 의해 인정된 권력의 수준)이든지 현실화의 수준이든지 간에 동시적이고 상반되는 두 가지 방향 속에서 이루어지는 이와 같은 구성적인 이중적인 지정이다. 개인이 집단과 맺는 이 관계(각자와 모두에게서 내면화된 다수성으로서의)는 융합 집단부터 존재하는데 우리는 융합 집단에서 이 점을 강조한 바도 있다. 그러나 상호 관계가 아직 규정되지 않았다는 이유만으로도 우리는 아직 구조화된 관계를 언급할 수 없다. 구조란 전체와 상호 관계를 갖고, 전체의 매개에 의하여 자신들 간에 맺어지는 상호 관계를 갖는 항들의 특수한 관계다. 그리고 진행 중인 총체화로서의 전체는 각자에게서 내면화된 다수성의 통일성의 형태로

결핍 혹은 젊은 열성분자들에게 새로운 정책에 대한 구조화된 과거의 은밀한 저항을 의미할 수도 있다. 전체는 총체화하고 총체화되는 총체성의 표현으로서 의미를 결정한다. 단지 내가 지적하고자 한 것은——*경험* 속에서 경우마다 드러나는——이 표현이 총체화된 부분에 대한 총체화의 필연적 현전이라는 점이다. *이 부분을 위한* 총체화는 기능, 즉 구조일 뿐이기 때문이다. (원주)

서 존재하며 *어떤 다른 곳에도 존재하지 않는다.*

(3) 그렇지만 이와 같은 구조적 관계는 집단의 반성적 상황 속에서 반성적 인식으로서도 나타나야 한다. 달리 말하자면 공동 행위자의 개인적 행동은 초월적 대상 속에서 기능을 요구로서 또한 행위의 음각 스케치로서 부정적으로 파악하지 않는다면, 그리고 내재성 속에서 기능을 의무와 권한으로서 긍정적으로 파악하지 않는다면 미결정된 결정으로 실현될 수 없다. 유기체적 *실천*에 의한 매개의 계기는 또한 인식의 계기, 즉 모든 상호 연관의 동시적 현전의 계기이기도 하다. 그러나 물론 이것은 이 인식이 명백하고 주제화된다는 것을 의미하지 않는다. 그러나 조직화된 집단 속에서의 인식의 —— 이미 조사된 —— 모든 특징을 우리가 고려한다면 유기체적 개인이 공동 개인으로 생겨나고 스스로를 인식한다는 것을 우리는 바로 알게 된다. 1) 이는 첫째로 대상이 이 개인에게 실천과 실천적 인식으로서의 집단을 반사해 주는 한에서 그러하다. 즉 실천적 장에서 현재 상황을 드러내는 미래로서의 공동 목표로부터, *이와 동시에* 대상에 대한 자신의 노동을 공동적 대상화라는 특수한 세부로서 파악하는 것으로부터 그러하다. 2) 둘째로 실천적 총체화이며, 이 개인에 의해서 작용하는 전체가 그로 하여금 기능적 결정 가운데 초월적 대상을 공동의 것으로, 그리고 실천적 장을 변경되어야 하는 상황으로서 실천적으로 파악하도록 만드는 한에서 그러하다. 그 결과 추상을 통해 구조를 인식으로 간주해야 한다면 이때 이 구조는 집단이 스스로에 대해(그리고 **우주**가 대상화의 장으로서 실천적으로 규정되는 한에서 우주에 대해) 만들어 내는 개념 이외의 다른 것이 아니다. 그리고 이와 같은 반성적 개념은 마찬가지로 관계들의 대상적 체계로서의 공동 조직 이외에는 아무런 내용이나 토대를 지니고 있지 않다. 더군다나 이 반성적 사고를 조건

짓고, 이 사고의 내적 규범으로서 이 사고 안에 다시 자리 잡는 것은 바로 조직이다.

추상과 순수의 이 수준에서는(즉 집렬체적 결정이 없는 상태에서는) 집단이란 개념은 *이타성*을 지니고 있지 않다. 이 개념은 여기, *지금*이라는 순수한 표현으로 어디에서나 동일하다. 그리고 이는 전혀 놀라운 일이 아니다. 이 개념은 규정된 요구의 압력하에서 맺어지는 부분과 전체 사이의 상호 표현 관계로서의 구조에 대한 규정된 현실화이기 때문이다. 그러나 이와 동시에 미분화의 이 수준에서 이 집단의 개념은 완전히 실천적으로 남아 있다. 즉 이 집단의 개념 전체는 조직적 반성임과 동시에 서약으로 남아 있는 것이다. 달리 말하자면 실천적 경험으로서 집단의 *진리*와 명령과 맹세된 타성태에 기초한 권리에 의한 공동 개인들의 구성과 같은 것으로서 집단의 *윤리*는 절대로 구분되지 않는다. 더군다나 두 요소는 공동 임무의 긴급성 자체 속에서 그 파기할 수 없는 통일성의 원칙을 발견한다. 조직화된 집단에서 인간이라는 개념은 집단, 즉 공동 개인이라는 개념일 뿐이다. 그리고 특수한 규범들에 의해 표현되는 한에서 동지애-공포는 실질적 목표로부터, 즉 필요 혹은 위험으로부터 이러한 특이한 채색을 끌어낸다. 집단의 물질적 조직은 이 집단이 가지고 있는 사고의 조직과 하나가 될 뿐이다. 각각의 정신적 활동을 위해서 극복 불가능한 원칙들을 각자를 위해 구성하는 논리적 관계들의 체계는 외부에서 기능들을 특징짓는 타성태적이며 가공된 관계들의 체계와 하나가 될 뿐이다. 고안 혹은 관념적 드러내기 — 개인적 *실천*으로서의 — 는 자유롭게 떠맡은 타성태의 조직화된 특수화로*부터* 자유로운 반성적 행동으로서 생겨난다. 따라서 특정 실천 조직, 특정 가치 체계, 특정 "지침" 체계를 극복할 수 없다는 것은 결국 같은 것이다. 그렇지만 자기 자신에 대한 관념으로서 집단이 만들어 내는 인간에 대한 관념은 실천적-타성태의 장에서 금화가 만들어 내는 관념과 비교될 수 없다. 실제로 금화가 만들어 내는 관념은 근본적인 타성태에 의해서 **타자**에 대한 관념들을 지탱한다. 그러므로 이 관념은 바뀔 수 없다. 이와 반대로 미결정된 것의 구조적 결정으로서의 집단에 대한 관념은 고안되어야 하며, 특정 한계들 사이에서 무한히 변화하는 것으로 머물러야 한다.

그러나 구조의 이중적 성격(총체화를 묵과하면서 구조를 골격으로 간주할 경우에는 계산의 타성태적 대상이거나 아니면 각자와 모두의 실천에 의해 현실화되는 유효한 권능)은 관념의 이중적 성격을 내포한다. 어떤 의미에서 관념은 각자의 기능적 활동에 대해 *도처에서* 이루어지는 자유로운 이해다. 이 관념의 이질성이 한편으로는 서약들의 동질성과 관계되며, 다른 한편으로는 초월적 목적의 종합적 통일성과 관계된다는 점에서 그러하다. 집단이 각각의 공동 개인에 의해서 스스로에 대해 무언의 인식을 갖는 것은 바로 이 수준 ─ 항상 실천적인 ─ 에서다. 이 목표를 공유하지 못한 자들은 이 명백함을 거부한다. 실천적 개인으로서 이 사람들은 자신들 앞에서 전개되는 공동 행동 속에서 이 목적들을 파악할 수도, 실천의 정확한 재구성을 행할 수도 있다. 그러나 이들은 개인간의 관계로서의, 즉 조직에 의해 명시된 환경으로서의 목적과 맺는 공동 관계를 ─ 추상 속에서가 아니라면 ─ 결코 파악할 수 없을 것이다. 사회학자나 민속학자가 후진 사회에서 어떤 복합적인 지식을 발견할 때 이들이 이와 같은 지식들로 인해 당혹스러운 상황에 처하게 되는 것은 바로 이 차원에서다. 왜냐하면 공동 행동의 내면성 속에서 체험된 실천적 구조들 자체가 관건인데도 이들은 한 대상의 관찰에 의해 이 복합적인 지식들을 획득된 이론적 지식으로 생각하기 때문이다. 민속학자들은 원시적 사고의 논리적 유연성을 부각시켰다. 디컨[85]은 한 혼인 체계에 대해 이렇게 기술한다. "……원시인들은 매우 진보한 수준의 추상적 사고를 할 수 있다." 그러나 이것은 잘못된 문제 제기다. 이와 같은 사고를 마치 다소간 높은 수준에서 각자가 지닐 보편적인 능력인 것처럼 여겨 일반적으로 원시인들이 추상적인 사고를 할 수 있는지 여부를 아는 것이 문제가 아니다. 오히려 그들이 자신들의 혼인 체계 혹은 혈연 체계의 추상적인 구조들을 이해할 수 있는지 여부를 — 이것은 오늘날 완전히 명백한데 — 이 연구를 통해 보여 주는 것이 중요하다. 달리 말하자면 판단의 순서를 뒤바꿔서는 안 되며, 원시인들이 추상적인 사고를 할 수 있다고 해서 그들이 자신들 집단의 조직을 구성하는 추상적인 관계들을 이해한다고 단언해서는 안 된다. 오히려 이와 정반대로 사회를 구조화하는 추상적인 관계들에 의해 이루어지는 그들의 추상화 능력 안에서 그들의 사고가 정의된다고 단언해야 한다. 또한 각각의 공동 개인이 공동 목표의 통일성 속에 구성원 전체와의 관계를 실천적으로 실현하기 위해서 *이 관계들 전부를 살아가야* 하는 만큼 원시적 사고는 이 관계들 자체 이외의 아무것도 아니라고 단언해야 한다. 사실 기능적 관계들은 사고의 추상화 수준만 아니라 이 사고의 적용 한계들도 규정한다. 관념적 힘의 도구와 한계로서의 이 관계 체계는 논리적 관계들의 일반화된 체계로서 구성된다. 이것은 이 체계가 유사하고 잘 규정되어 있으며 원주민들의 사회적이고 일상적인 생활에 속하는 일정 수의 경우에 적용된다는 사실과 이와 동시에 — 타성태로서

---

85   A. B. Deacon. 영국의 인류학자로 태평양에 위치한 나라 바누아투의 여러 부족의 친족 관계를 연구했다. 레비스트로스는 『친족의 기본 구조』에서 디컨의 논문 『암브림에서의 결혼 규칙(*The regulation of Marriage in Ambrym*)』(Journal of the Royal Anthropological Institute, vol. 57, 1927)을 자주 인용한다.

의 ─ 이 체계의 존재 자체가 또 다른 체계의 구축에 대한 때때로 물리칠 수 없는 저항이라는 사실을 의미한다. 실제로 이런 의미에서 진리는 규범적이다. 논리적인 "원칙들"에 대한 충실성은 서약에 대한 충실성의 표현일 뿐이기 때문이다.

그러나 이와 같은 암묵적인 이해 ─ 권력의 한 구조일 뿐인 ─ 이외에 적어도 어떤 특수 기관들에는 마찬가지로 실천적이고 반성적이지만 연산적이고 결합적인 종류이면서 비유기적 타성태의 양상을 띤 기능을, 즉 골격으로서의 *관계* 체계를 대상으로 하는 인식이 있다. 우리는 이 점을 강조하지는 않겠다. 왜냐하면 여기에 관해서는 앞에서 이미 지적했기 때문이다. 이 타성태를 지탱하는 서약된 환경으로서의 총체화가 계산의 단계에서 묵과된다는 것을 우리는 알고 있다. 단지 총체화가 보이지 않을지라도 조직자들과 계산자들의 수준에서 총체화가 이루어진다는 것을 지적해야 한다. 왜냐하면 이들은 그것이 자신들의 특수한 기능일 경우에만 스스로를 인식하고, 계산하는 권한과 힘을 스스로에게 인정하기 때문이다. 따라서 눈에 띄지 않는 요소들의 계산을 위한 토대는 전체와 부분 간 상호성으로서의 구조에 대한 체험된 이해(즉 우리가 방금 기술한 이해)다. 이것은 이 이해가 조직자들의 *실천* 속에서 이루어지고, 이 이해가 이 *실천*에 의미를 부여하기 때문이다. 따라서 조직자에게는 구조들의 모든 복합성에 대한 실천적이고 직접적인 이해가 있게 된다. 이 이해는 이 조직자에 의해 골격으로서의 이 동일한 구조들 위에서 이루어지는 추상적 분석을 정립하게 된다. 실제로 암브림[86]의 원주민들은 "디컨에게 다이아그램들[87]의

86   바누아투에 위치한 화산 지역.
87   디컨은 부족들의 친족 관계를 연구하면서 여러 부족에게서 발견되는 문양에도 관심을 보였으며, 이와 같은 그의 관심은 현재에도 '민속수학'이라는 영역에서 계속 연구되고 있다.

사용에 기초한 일종의 논증을 보여 주었다."[88] 그들은 땅 위에 선들을 그렸는데 길이와 위치에 따라 이 선들은 당연히 복잡한 혼인 체계의 관점에서 배우자들의 한편 또는 다른 편, 그들의 아들, 딸 등등을 나타냈다. 이 경우에는 절대적인 타성태(땅 혹은 모래)와 완전한 외면성의 영역 속에 관계들을 만들어 내면서 그들은 무언지 모를, 그들이 머릿속에 지니고 있을 전형을 모사하는 것이 아니라는 것을 잘 알아야 한다. 그리고 그들이 자신들과 모두에 대해 가지는 종합적이고 실천적인 의식을 무생물의 분석적인 환경에 투사한다고 말하는 것 또한 틀린 일일 것이다. 실제로 이와 같은 투사는 불가능하다. 왜냐하면 대략 두 가지의 전혀 다른 합리성이 문제 되기 때문이다.

나는 앞에서 분석적 합리성이 종합적 합리성에 의해 극복될 수 있고 통합될 수 있다는 것을 보여 주었다. 하지만 우리는 그 역이 진실이 아니라는 것도 또한 알고 있다. 모든 변증법적 명제는 만약 그것을 논리적이거나 수학적인 계산의 환경에 "던져" 넣어야 한다면 스스로 의미를 잃어버리고 외면성의 관계로 와해될 것이다. 실제로 혈연 체계를 제작된 비유기적인 대상(땅에 그려진 선들)으로 만들려는 결심은 원주민의 입장에서 보면 타성태적이고 추상적인 구도의 형태로 구조들을 만들어 내기 위해 비유기적 물질성의 지지를 얻으려는 실천적인 시도와 일치한다. 그 이유는 *외부에 위치한*, 즉 외면성의 용어로 사고하는 외부인에게 이 구조들을 이해시키기 때문이다. 따라서 그는 내면화된 외면성으로서가 아니라 보편적 외면성의 순수한 결정으로서의 서약된 타성태를 표현한다. 그러나 그는 이 *최소한의* 구도를 확립하기 위해서, 즉 구조를 골격으로 환원시킬 목적으로 집단에 대

88   레비스트로스, 앞의 책, 162쪽 참고.(원주)

한 그의 소속을 정의하는 종합적 이해를 따라 나아간다. 이처럼 그가
하는 작업은 투사나 전위의 성질의 것이 아니다. 그는 외면적으로 외
부인에게 수동적 특징들의 총체를 제시하는 타성태적 대상을 창출
하는 것으로 만족한다. 이때 이 수동적 특징들은 구조들로부터 그 구
조들의 타성태만을 취하며, 더욱이 타성태를(타성태가 서약에 의해 만
들어질 때)[89] 최초의 감내된 특질로 제시함으로써 이 타성태를 왜곡시
킨다. 이와 같은 구성이 사고가 아니라는 것은 말할 나위도 없다. 이
것은 그가 표현하지 않는 종합적 인식에 의해 조정되는 수작업이다.
그러나 우리는 이 예로부터 전문화된 하위 집단이 구조의 외면성으
로서 집단 속에서, 그리고 집단을 위해 서약된 타성태에 가하는 *외면
성에서의 이 또 다른 작업*을 이해할 수 있다. 변증법적 주제에 의해
서, 그리고 그가 투사도 "표현"도 하지 않으려는 전체에 대한 이해에
의해서 인도되는 이 작업 역시 애초에 사고로 간주될 수 없다. 그것
은 실천 자체에 의해서만 하나의 사고가 된다. 조직자는 자기 손으로
분석적 사고(그리고 그에 상응하는 합리주의)를 창출한다. 분석적 사고
는 그의 손에서 태어난다. 왜냐하면 모든 *실천*은 대상으로부터 대상
스스로의 고유한 빛을 만들어 내기 때문이다. 이처럼 기능적이고 총
체화하는 힘으로부터 이루어진 "골격의 변형"은 계산과 재분배의 수
준 자체에서 주도적 구도들 총체를 전개한다. 이때 이 주도적 구도들
은 조직의 실천적 법칙들이 된 타성태의 법칙들에 다름 아니다. 실천
적 인식은 동시에 두 가지 차원 그리고 합리성의 두 가지 유형에 따라
전개된다. 이것은 특히 오늘날의 현대 사회에서 놀랄 일이 아니다. 현
대 사회에서는 문제를 *동시에* 여러 수준에서 다루지 않을 경우(실제

---

89 '~인데도'의 뜻으로 보아야 한다.(편집자 주)

로 우리는 실천적 타성태의 장이 새로운 복합성을 도입하기 위해 진정한 구체성의 단계로 다시 들어가는 것을 보게 될 것이다.) 실천적 문제의 해결책을 구상하는 것은 거의 불가능하다. 그렇다고 이것이 비가지성이나 사고의 분열을 구성하는 것은 아니다. 왜냐하면 **변증법적 이성**은 다른 모든 사고의 형태를 지탱하고 조정하고 정당화하기 때문이다. 이것은 또한 이 형태들을 설명하고 이 형태들을 제 자리에 놓아 주며, 변증법적 이성 안에서 변증법적 가치를 다시 얻는 비변증법적 단계들로서 이 형태들을 통합하기 때문이기도 하다.

4. 조직화된 "실천"의 가지성

이와 같은 예비 고찰을 하는 과정에서 우리는 아직까지 아주 어려운 문제에 봉착하지는 않았다. 그 이유는 우리가 **변증법적 이성**의 의미와 범위를 규정하려고 했기 때문이다. 또한 이 초기 접근의 수준에서 우리는 정말로 새롭고도 위험한 문제들에 직면하지 않았다. 분명 조직하는 자유가 만들어 내고 지지하는 새로운 필연성은 계속해서 명확해지고 분명해지길 요구해 왔다. 구조의 두 양상들(체계와 기능) 사이의 관계는 다소 세밀하게 연구되어야 했다. 그러나 한편으로 아주 단순하면서도 이미 연구된 요인들(서약, 공포, 타성태, 상호성, 객체화, 반성 등등)의 새로운 종합에서 이루어지는 통일에 그치는 변증법적 전개가 그 총체적인 면에서 문제가 된다. 다른 한편으로 우리가 위치해 있는 수준에서 공동 개인과 집단적 *실천*의 공동 객체화 사이의 필요 불가결한 매개로서의 구성하는 유기체적 *실천*을 우리는 다시 발견했었다. 따라서 개별적 기능의 수준에서 검토된 실천이 개별적 행위로 남고, 그런 상태에서 구성하는 변증법의 계기로 — 게다가 진행 중인 쇄신 작업과 공동 개인들의 관계가 어떤 것이라 할지라도 — 남기 때문에 조직화된 집단이(구성원 각자가 제각기 공동 임무를 최선을 다해 이행하게 할 수 있도록) 그 자체에만 영향을 미치기 때문에 또한 이 행위조차도 개인적 실천의 매개에 의해 이루어지기 때문에 우리에게 나타났던 실질적인 새로운 수정 작업은 전혀 구성된 가지성이란 문제를 제기하지 않았었다. 달리 말하자면 우리가 이 비판적 연구 초기에 발견한 변증법적 가지성의 유형 덕분에 조직화된 집단 내에서 개별적 기능들 사이의 실천적 관계는 충분히 밝혀졌던 것이다. 그러나 이는 우리 자신이 고려의 대상이 되었던 집단에 대해 종합적인 시각을 충분히 취하지 못했기 때문이다. 그럴 수밖에 없었던 것은 우리가 이 집단의 구조를 밝히기를 원하기도 했지만 이와 동시에 다음과 같은 진정한 비판적 의문들을 제기하는 순간을 뒤로 미루었기 때문이다. 즉 어떤 유형의 실존이나 존재가 조직화된 집단의 공동적 행위의 특징을 이루는가? *이 행위가 공동적인 이상*(그렇다고 이 행위가 다수의 기능으로 용해되기 때문은 아니다.) 어떤 유형의 가지성이 이 행위를 규정하는가? 구성된 변증법이란 무엇인가?

개인 실천과 공동 실천의 동질성

사실 위에서 우리가 살펴본 것은 공동 행위의 조건들이지 공동 행위 자체는 아니었다. 실제로 이 행위는 특정한 담화적 규정들로 지칭될 수 있다. 파리 민중이 **바스티유 감옥**을 점령했다. 봉기한 사람들이 라디오 방송국이 있는 건물을 공략했다. 레알 라싱 팀이 승리를 거두었다. 우리는 새로운 기관차 개발 작업에 착수했다 등등이 좋은 예들이다. 이 문장들에서 주어는 복수(혹은 통일되었지만 다수)이고 행위는 *하나*다. 이것은 이 행위를 시간화("그들이 점령했다, 그들이 점령한다.")로 생각하든 아니면 그 공동 결과를 고려하든 마찬가지다. **바스티유 감옥**의 탈취, 시민들이 *탈취했다*…… 등등. 그런데 우리는 복수성의 내면화를 고려해 보았지만 집단의 공동적 시간화나 공동적 객체화로서의 *실천*에 대해 어떤 지시도 얻을 수 없었다. 실제로 우리는 조직화를 통해 그 내면화가 조직의 개인과 개별적 변증법의 매개로 해서 실현된다는 사실을 보았다. 그러나 이것과는 모순되게 내면화는 하나의 구체적 통일성을 가지며, 이는 목적을 고려한 수단의 조직화와 노동을 통한 종합적 목적의 실현을 내포한다. 만약 집단의 구체적이고 생생한 시간화로서의 *실천*에 스스로 시간화되고 객체화되어 왔던 생생하고 구체적인 집단 — 간단히 말해 하나의 **게슈탈트**나 조직이나 초의식과 같은 — 이 부합한다면 모든 것은 간단할 것이다.

사실 도구성을 중심으로 "결집된" 혹은 영토 소유를 통해 "포함된" 집단은 모든 곳에 다 존재한다. 그러니까 이 집단은 다수성의 내면화된 통일체로서 각각의 개인적 실천에 속해 있다. 그리고 *이곳*의 편재성은 복수성의 부정에 대한 실제적 실천과 부합한다. 이 총체성은 순환되지 않으며 다른 곳에 있지도 않다. 이 총체성은 언제나 전적으로 *이곳*에 그리고 *같은 상태*로 있다. 하지만 마법적이고 신비적인 모든 해석을 포기하는 경우 우리는 이 편재성이 플라톤의 형상이 개별화된 사물 속에 있는 것과 같은 방식으로 새로운 실재가 공동 개인 각자 속에서 구현되어 있다는 것을 결코 의미하지 않음을 잘 알고 있다. 이와 반대로 우리는 공동 실천이라는 관점에서 각자에 의한, 모두에 의한 그리고 자신에 의한 각자의 실천적 결정이 문제라는 점 역시 잘 알고 있다. 그 증거는 바로 이 통일된 다양성이 집단 자체 내부에서 타성태적 외면성, 즉 *뼈대*로 다시 나타나는 것이다. 그렇지만 행위는 개별적 행위와 같이 *하나*이고 목표도 *하나*이고 이 행위가 스스로에게 부여하는 시간화와 규칙도 *하나*다. 따라서 모든 것은 마치 하나의 초구조가 실천적 목적에서 통일하기도 하고 통일되기도 한 노동에 의해 ── 각각의 공동 개인은 자신의 구성적 매개로도 완벽하게 이 노동의 비본질적 계기에 불과하다 ── 시간화되고 객체화되는 것처럼 이루어진다. 행위의 실질적 수준에서, 즉 집단 내부에서조차 이 해관계의 뿌리 깊은 대립으로, 집렬체의 국지적(혹은 일반화된) 재생으로 또한 사고로 인해 이 행위가 분열될 때 사태는 더욱 역설적이 된다. 우리가 아는 모든 종류의 혼란, 무질서, 사고와 오해를 통해 파리 군중은 **바스티유 감옥**을 함락시켰다. 그러나 우리가 아직 추상적 순수성의 단계에만 머무르고 있음에도 *실천*의 이 종합적 의미는 우선 역설적으로 보인다. 사실 *실천*은 유기체적 통일의 시간화가 아니다. 이 실천은 부정되고 도구화된 다수성이며, 이 다수성은 개별적 시간화의 매개를 통해 공동적 *실천* 속에서 시간화되고 통일된다. 달리 말하자면 실천적 통일, 즉 특수한 개별 노동과 다른 모든 노동과의 통일체 이외의 다른 통일체란 없다.

그렇다면 이와 같은 국지적이고 잡다한 시간화들의 통일체란 무엇인가? 어떤 종류의 실재인가? 어떤 종류의 가지성인가? 물론 모든 것은 *이미 조직되어 있다.* 그렇다면 이 조직의 종합적 시간화로서의 공동 *실천*이란 *조직화된 것*인가 아니면 *조직하는 것*인가? 그리고 이 실천의 의미(통시적 의미로서의 이 실천의 시간화, 공시적 의미로서의 이 실천의 마지막 목표)가 *하나*이고 또한 *하나*일 수밖에 없는데[90] 이 실천의

---

90   물론 현재 나는 순수성의 추상적 단계에 있다. 그리고 나는 아직 우리로 하여금 나중에 *새로운* 소외를 공동적 *실천*에 대한 논리 필증적이며 새로운 경험과 새로운 변모라고 생각할 수 있게 하는 어떤 수단도 갖지 못한 상태에 있다. (원주)

통일체를 개별적이고 조직적인 *실천*의 의미와 같은 것으로 간주해야 하는가? 아니면 조직화된 집단에 의해 작용된 의미화하는 종합이 개별적 종합과는 절대적으로 *다른 종류의* 것으로 생각해야 하는가? 만약 이것이 같은 *종류라면* (설사 공동 실천이 그 폭과 능력의 면에서 개별적 행위들과 구분된다고 하더라도) 집단이 개별적이고 조직적인 형태의 *실천*을 산출하는 것을 어떻게 설명해야 하는가? 만약 종류가 *다르다면* 초변증법을 인정해야 하는가? 이 말은 결국 집단을 초구조로 간주하거나 변증법을 대상에 적용되는 초월적 규칙으로 간주하는 셈인데도 그래야 하는가? 실제로 *나*는 어떻게 한 집단 행위의 의미를 이해할 수 있는가?

물론 내가 착각할 수도 있고 오해할 수도 있다. 하지만 역사학이 존재하는 것은 결국 우리가 충분한 정보들을 갖추게 될 경우 하나의 개별적 연구에서 공동 의미를 이해할 수 있게끔 하기 위해서라고 나는 확신한다. 고독한 작업자로서 역사학자는 하나의 정치 행위가 갖는 정확한 목적을, 즉 비록 *그 목적이 실현되지 않았다고* 하더라도 특정의 조직화된 집단에 의해 추구되는 목적을 파악할 수 있다. 여러 학자는 1792년의 그 전쟁 선포와 **지롱드파**의 그 행동에 대해 대립하고 토론한다. 레비스트로스와 같은 학자들은 특정 사회에서 행해지던 그 근친상간 금지법의 기능적 의미를 포착한다. 물론 보통의 경우 그 의미는 감추어져 있다. 그런데도 그 개별적 실천의 계기 내의 지식과 조직화된 다수성을 통일하는 시간화로서의 공동 투기 사이에 동질성이 있을까? 그리고 이것들의 목적론적인 의미가 *선험적으로* 나를 비켜 가는(왜냐하면 개인 연구자의 관례적 사고가 집단의 기표적 행위와 다르고, *선험적으로* 그보다 미미한 복합성을 가지기 때문에) 그런 구조들이나 실천적인 내부 반응들이 있다면 어떠했을까? 이 모든 부차적 문제는 단지 구성된 변증법과 그의 합리성이라는 기본적 의문을 제기하는 특별한 방식들일 뿐이다.

그런데 하나의 가짜 논리적 난제가 있기는 하다. 하지만 이것은 바로 해결될 수 있다. 내가 소속되지 않은 한 집단의 공동 활동에 대해 내가 실질적으로 이해를 하는 경우 이는 분명 그 활동이 나의 *실천적 개인*으로서의 가능성을 벗어나지 않기 때문이라는 것이다. 또한 이것은 거꾸로 이 활동을 내가 공동 *개인*의 능력과 기능으로 다루기 때문이기도 하다. 이와 같은 사실을 통해 내가 말하고자 하는 바는 결국 역사가는 집단의 소산이고 그의 도구, 기술, 능력 그리고 앎을 통해 그가 연구 공동체의 일원으로 정의된다는 사실이다. 그가 한 역사적 집단의 공동적 시도를 이해할 수 있게 되는 것 또한 특정의 공동 시도라고 정의되는 역사적 집단에 소속되어 있기 때문이라는 것이다. 그리고 그가 고독한 연구자 — 이 표현으로 그가 교수가 아니라거나 학위가 없다는 것을 의미한다면 몰라도 단적으로 말해서 이 표현은 의미가 없다 — 라고 해도, 그는 역시 *다른 집단*들(경제적, 문화적, 정치적, 종교적 집단 등등)에 소속되고 그래서 어떤 공동적 *실천*이라도 이해할 수 있는 공동 개인이라고 할 수 있다.

하지만 이 대상과 역사적 지식의 상호성은 문제를 후퇴시킬 뿐이고 제거하지는 못한다. 유기적이고 구성하는 *실천*이 공동 개인(공동 목표를 위한 가능성들의 제한으로서, 그리고 매개된 상호성에 의한 다양성의 통일로서)과 공동 기능의 실천적 집행 사이에 반드시 필요한 매개인데 이 실천적 순수 개별성의 계기가 어떻게 그 자체 내에 독특한 유기체가 실현한 것의 공동 *범위*에 대한 이해를 지닐 수 있는가? 이것은 또한 역사 연구의 관점에서 표현될 수 있다. 역사가는 물론 기능이고 권한이고 역량이다. 그러나 이 모든 것은 종합적 시도에 의해, 즉 실천의 장에 대한 종합적이고 독특한 해석으로, 그리고 이 해석 속에서 재현 동화되어야 하는 것이다. 그런데 이 경우에 이 실천의 장은 하나의 공동 의미를 찾아내야 하는 자료들과 기념비들에 의해 구성된다. 이처럼 만약 역사가가 하나의 조직화된 집단의 사회적 소산이 아니라면 역사가는 하나의 공동 역사 행위의 이해에 필요한 능력을 가지지 못할 것이다. 하지만 이것은 그의 기능과 대상(재구성해야 할 과거의 집단) 사이에 독특한 중개로서의 그의 실험적 시도가 이중의 이해를 지녀야 한다는 사실을 내포한다. 학자로서의 공동 기능에 대한 이해와 과거 집단의 공동적 *실천*의 이해가 그것이다. 이와 같은 관찰을 통해 우리는 다음과 같은 결론을 내릴 수 있다. 즉 어쨌든 간에 실천적 조직체에는 하나의 조직의 *실천*을 이해할 지속적인 가능성이 있다는 결론이 그것이다. 다만 이 가능성은 오로지 기능들과 조직화된 권력들의 테두리 안에서만 발생되어야 한다.

그렇지만 우리는 「방법의 문제」에서 이와 같은 이해가 능력도 아니고 뭔지 모를 관조적 직관도 아니라는 사실을 보았다. 이해란 *실천* 그 자체로 환원된다. 그 이유는 이 이해가 다른 모든 개인적 *실천*과 동질적이고, 실천적 장에서 행해지는 모든 행위와의 관련하에서 ─ 그러니까 직접적 실천 관계로 ─ *상황 지어졌기* 때문이다. 따라서 이 사실은 공동 행위와 개별 *실천*이 실질적 동질성을 보여 준다는 것을 내포하고 있다. 공동 *실천*의 구조들이 개별 *실천*의 구조들과 다른 종류의 것이라면 이때 개인은 집단의 총체화하는 *실천*으로부터 자신의 공동 행위를 이해하거나 외부 집단의 행위를 이해할 수 없다. 집단의 목표들이 초개별적 성격을 가지는 경우 개인은 이 목표들을 포착하는 데 실패하게 될 것이다. 이것은 공동 행위가 집단 구성원들의 조직적 종합이 아니라는 것을 의미하지 않는다. 이것은 그 반대로 이 집단이 자기 행위에서 하나의 초개별성을 찾아내기는커녕 개별화된 구조를 가진 목표들을 세우고, 또한 개별적 형태의 공동 작업을 통해서만 이 목표들에 다다를 수 있음을 의미한다.

그럼에도 우리가 곧바로 이와 같은 결론을 명확히 규정하지 않으면 아주 심각한 혼란을 겪을 수 있다. 실제로 공동 목표는 이중으로 공동적이다. 우선 이 목표가 집단 구성원으로서 각자의 목표이기 때문이며, 또한 이 목표의 *기표적 내용*이 반드시 공동적이기도 하기 때문이다. *여하튼* 집단 자체를 정의하고 이 집단에만 유효할 뿐이며 이 집단에 의해서만 접근 가능할 뿐인 하나의 이해관계가 문제가 된다. 그리고 이 정의는 지금도 여전히 옳다. 예컨대 이것은 다음과 같은 경우에도 여전히 사실이다. 즉 봉기한 시민들에게 정부 권력에 저항하기 위한 그 자체의 조직화가 문제가 되거나 아니면 사용주들이 노동조합에 대항해서 담합하는 경우 등에서 그러하다. 게다가 종종 집단은 최후 수단 그리고 개인들 자신들의 무능력에 대한 사실 확인으로 이루어지기도 한다. 프랑스의 산업화 역사를 보면 모든 자본주의의 연합 형태에 대항하는 가족 단위 자본주의의 집요한 투쟁을 볼 수 있다. 특히 광산 소유주들이 개별적으로는 도저히 지하 개발을 할 수 없을 때 광산 개발을 위한 초기 형태의 사회들이 나타나게 된다. 이와 마찬가지로 공동 *수단*들, 이를테면 임무와 권한의 분배, 분업, 기능의 조직화 등을 통해 집렬체, 대량화, 개별적 대립과 고독 등이 형성되게 된다. 그리고 이미 살펴보았듯이 제삼자들을 *집단에서* — 즉 이들이 전혀 상상조차 할 수 없었던 자유와 공포의 분위기 속에서 — *태어나게끔* 하기 위해 이들에게서 집렬체를 용해시키는 것은 바로 환경, 외부의 압력 등이다. 이런 의미에서 보면 집단의 지위는 바로 개인의 변모다. 그리고 권력의 현동화에서 볼 수 있는 실천적 계기는 그 자체로 이 개인을 그가 혼자였을 때와는 완전히 *다르게* 만든다. 떠맡게 된 타성태, 기능, 권한, 권리와 의무, 구조, 폭력 그리고 동지애 같은 이 모든 *상호적 관계*를 이 개인은 그 자신의 새로운 존재로서 자신의 사회성으로 현동화해 나간다. 이 개인의 존재는 이제 더 이상 유기체적 필요의 투기 중인 단순한 시간화가 아니다. 혹은 이제 더 이상은 아니다. 그의 존재는 격렬하지만 대립적이지 않은 긴장의 장을 통해 형성된다. 그러니까 그의 존재를 심층적이고 근본적으로 매개된 관계로서, 즉 모두와 그의 존재 자체에 대한 공포와 우애로서 구성하는 그러한 종합적 관계의 틀을 통해서 형성되는 것이다. 이처럼 사회성이란 공동적 총체화를 통해 개인에게 오는 것이고 개인을 우선은 굴절로, *여기에서는* 내적 사회 공간의 굴절로 규정한다.

그러나 이러한 본질적인 조심성은 목표와 수행의 형태적 구조가 용어의 원래 의미에서, 즉 유기체적 개인이 개별적 총체화 과정을 통해 구성적 *실천*과 실천적 장의 쇄신으로서 특징지어진다는 의미에서 전형적으로 개별적인 상태로 남게 된다는 사실을 더욱 놀랍게 할 뿐이다. 집단의 목표가 정의상 고립된 개인에 의해 *실현되기가* 불가능하다 하더라도 이 개인에 의해(필요, 위험 혹은 더 복잡한 형태들로부터 시작해서) *제기될* 수 있다. 대부분의 경우 이와 같이 결성된 집단들은 역사적으로 커다란 중요성을 가지지 못한다. 하지만 종종 한 개인이 공동의 목표를 꿈꾸고, 그를 통해 결성해야 할 공동체를 발견하고, 혼자서는 그 계획을 실현할 수 없음을 알고 있기에 집단의 결성을 시도하는 경우가 있다. 이와 같은 고립된 경우들이 타성태적 집렬체들, 집합체들, 다양한 집단 등의 총체를 제시하는 복잡한 사회에서는 자연적으로 발생하기도 한다. 그리고 하나의 집단을 만들려는 이 기도 자체가 유사 집단들의 실질적 존재에 의해 좌우된다. 하지만 여기에서 실천적 행동은 구성해야 할 하나의 집단에 속하는 한 개인이 혼자 발견한 공동 목표에 따라 이 개인에 의해 내려진 결정이라는 점은 여전히 사실이다.[91] 그리고 어떤 방식으로든지 이 개인은 이미 다른 조직 집단에도 소속되어 있다는 사실을 덧붙일 수 있다. 어쩌면 이는 사실일 것이다. 하지만 이 개인이 *이 집단들*에서 공동 개인으로 있게 될 때도 그가 목표를 추구하는 작업은 고독한 개인으로서 혹은 집렬체적 개인으로서다. 국제 위생 기구 설립의 필요성을 느끼는 개인이 실제로 이런 외부적 필요성에 다다른 것은 *그의 사회성 속에서*, 즉 그가 살고 있는 사회에 대한 그의 관계에서다. 하지만 이 개인은 이와 같은 사회성에서 벗어나 보다 더 광범위한 통합 기구를 찾게 된다. 왜냐하면 이런저런 국가 공동체에 대한 소속만으로는 국제적 목표를 발견할 수 없기 때문이다. 이와 정반대로 실천적 폭로 운동은 오직 *탈상황적 시도*(보다 넓은 상황에 서기 위해 너무 협소한 상황으로부터 벗어나기)와의 관련하에서만 이루어질 수 있다. 그렇다고 해서 이것이 어떤 개인이 언제든지 어떤 공동 목표든지 가질 수 있다는 것을 의미하지는 않는다. 그렇게 된다면 이것은 불합리해질 것이다. 이와 정반대로 문제는 바로 객관적 모순으로부터 발생한다. 그리고 앞에서 살펴보았듯이 문제는 하나의 집렬체에 속하는 모든 **타자**에게 이와 같은 이타성의 와해 과정에서 드러날 수 있다. *이 경우*에서도 중요한 것은 매개된 상호성을 통해 규제적 제삼자와 내재성-초월성과의 이해를 위한 운동이 각자에게 집렬체에서 공동체로의 개별적 극복으로 나타난다는 점이다.

91 물론 이 목표가 현재 고려 중인 사회의 필요에 부응하고, 계기를 정의하는 역사적 상황을 기초로 한 필요조건으로 밝혀진다. 그리고 대부분의 경우 서로 모르면서도 같은 목표를 지향하는 개인들이 다른 장소에 존재한다. 아무리 그래도 공동의 요구가 이 개인들을 개별적으로 조준하고 있다는 것은 사실이다. 얼마 후에 그들이 서로 합쳐 하나가 될 때도 ─ 자주 일어나는 일이듯이 ─ 그들은 공동적 개인의 자격으로 사회적 목표를 발견하지는 않는다.(원주)

그러므로 한 개인이 자임할 수 있는 공동 목표란 없다. *다만 투기의 통일성 속에서 이 개인은 그 투기의 실현을 위해 한 집단의 구성을 시도할 뿐이다.*

그리고 집단 혹은 재집결의 결정이 바로 공동으로 추구되고 실현된 요구로서의 공동 목표에 따라 야기되었기 때문에 하나의 집단의 구성은 개별적 *실천*에 대한 가능한 접근 수단으로 보이기도 한다. 이 연구 초기 단계에서 만났던 추상적 개인이 **타자들**을 그의 실천적 장 내부의 다수성으로 파악하고 있음을 우리는 실제로 알고 있다. 우리는 또한 필요들에 따른 장의 지속적인 재조직으로서의 이 개인이 행하는 주권적 실천이 이 객관적인 다수성의 실천적 통일체를 실현한다는 사실도 보았다. 이 통일체는 단순한 집렬체적 이타성으로 드러날 수 있다. 하지만 외부 집단이 존재하더라도 이 외부 집단이 집단으로 드러나는 것은 개인에 의한 통합이 비록 외부에서 이루어진 것이긴 해도 실천적 자율성 속에서 실현되는 내적 통일을 드러낸다는 점 때문이라는 것을 우리는 보았다. 하지만 특히 실천적 행위 주체는 유기체적 개인들만이 아니라 활성화되지 않은 객체들과 관련해서도 총체화하는 행동을 수행한다. 즉 행군 중인 군중을 피하는 행위, 그것은 이 군중을 총체화하는 것이다. 또한 집렬체에 불과할지라도 이 군중을 집단으로 만드는 것이다. 이처럼 *하나의 실재적 집단을 형성하는 행위*는 이미 *유기체적 실천*에 주어져 있다. 그리고 이것은 산재한 다수성을 — 이것이 어떻든지 간에(타성태적이건 조직체들로 구성되었건) — 통일시킬 가능성이 애초부터 주어졌기 *때문이다.* 이러한 가능성의 상태에서는 이 집단이 외부로부터 구성될지(이것은 아마도 어떤 집렬체 — 아이들, 환자들 등등 — 를 나의 관용의 대상이 될 통합되고 수용적인 집단으로 규정하게 될 실천에서만 아니라 이미 구성된 한 집단의 총체화로서의 어떤 함정의 구성에서도 그 경우를 찾을 수 있다.) 아니면 그 행위 주체가 다른 주체들과 동시에 자신들을 에워싸기 위해 만드는 포위망으로서 구성될지 아직 결정되지 않은 상태가 지속된다.

그렇지만 이와 같은 미결정 상태는 분명 실재적이라기보다는 논리적이다. 우선 실천적 우선권이 외부로부터 총체화된 집단-대상에게 주어진다. 왜냐하면 첫 번째 운동이 실천적 장의 객관적 구조들의 주권적 재조직이기 때문이다. 그리고 모두에게 유용한 공동 목표를 달성하기 위해 집단을 구성하려고 하는 사람까지도 이 집단-대상을 우선적으로 다음과 같은 추상적 계기, 즉 이 집단-대상이 기도를 시작하는 계기에 이 운동을 *자신의* 목표 달성을 위한 *자신의* 수단으로 파악한다. 다만 그는 이 공동체의 점진적 구성을 통해서만 그 자신이 *반드시 공동체에 통합된다*는 점을 알게 된다. 하지만 이것은 다양한 활동에 대한 이해를 우리에게 그만큼 더 분명하고 명백히 보여 준다. 이 운동이 아직 집단의 바깥에 있는 계기(아직 구성되지 않은 상태이거나 구성 도중에 있는 상태이거나)에 이 운동은 이미 개별적 *실천*의 관점에서 하나의 특수한 수단으로 내면화된 다수성의 통일체를 포착한다. 실제로 이 운동은 또한 물질적 대상들을 조직하기도 한다. 이 운동은 그 자체의 실천의 변증법적 통일체에서 그 요소들이 서로서로 조건 짓는 물질적 준총체성을 조직하게 된다. 그 결과 이 요소들은 예를 들어 체계의 한 점으로 압력을 — 또한 증폭시키면서 — 목표 대상들에 전달할 수 있게 된다. 초월적이며 조직적인 운동도 인간들의 집단화가 문제가 되는 경우 그 원리 면에서는 다르지 않다. 차이는 그 기도에서 드러난다.(사실을 말하자면 이 기도가 실제로 시작될 필요는 없다. 종합적 운동이라는 추상적 도식이면 충분하다.) 이것은 투기된 통일체가 곧바로 각자의 활동에 의해 지속되는 것으로 나타나기 때문이다. 이 처음의 드러냄은 두 가지 상반된 특징을 보여 준다. 즉 타성 태적 대상의 수동성은 형성된 통일체를 지탱하지만 이와 동시에 무한한 분산을 가리기도 한다는 것이다. 이와 반대로 형성 중인 집단의 활동은 *실천으로서의* 진정한 통일체를 실현하긴 한다. 그러나 이와 동시에 이 활동은 서약자들의 실제적 다수성을 *생산된* 타성태에 의해 지속적으로 극복된 다수성이라는 이유로 비난한다. 다른 한편 외부에서 통일된 집단과 배치된 기계적 체계 사이에 있는 애초부터의 차이는 원래 복합과 단순의 차이가 아니다. 오히려 인간적 체계란 스스로 자신의 결과를 만드는 그런 실천적 배치다. 이와 같이 주권자 개인은 자신의 실천적 장의 인간적 다수성을 *집단으로 일신하려* 할 때 특정한 도구적 장치를 만들려고 시도한다. 이때 이 장치의 구성 요소들은 하나의 실천적 규율에 따라 통합되고 제어되며, 또한 이 조직화는 수동성과 특수화를 낳는 생산적 자율이라는 기본 특성으로 인해 타성태적 체계화와는 차별화된다. 게다가 조직 집단의 복잡성은 일반적으로 행위 주체들이 동일한 역사적 순간에 만들어 낼 수 있는 복잡한 기계적 배치와 연결되어 있다.

물론 우리는 이와 같은 지적들을 통해 집단을 형성하는 개인을 강조하려는 것이 아니다.(이 우연적인 경우는 제한된 흥미만을 줄 뿐이다.) 문제는 단지 유기체적 개인이 실천적 장을 조직하기 위한 그의 단순한 운동에서 도구적 구성으로서의 집단-대상에 대한 이해를 발전시키는 모습을 보여 주려는 것이었다. 바위 뒤에 몸을 숨길 수 있는 사람은 다른 무리, 즉 다른 사람들 뒤로도 역시 숨을 수 있다. 이와 같은 사실을 토대로 이 사람은 (어떤 이유로 이 사람들이 그를 보호할 의무를 떠맡는다면) 이 새로운 형태의 바위들이 상호적 선서를 통해 바위들이 된다는 사실과 이 인간들은 기능의 상호성을 통해 바위 뒤에서 형성되는 자신들의 군집을 정비한다는 사실을 이해할 수 있는 것이다. 이는 마치 이 사람의 의지가 그들을 활성화하는 것처럼 자신들을 그의 의지의 처분에 맡긴다는 의미다. 그리고 동시에 그의 의지가 그들에게서 가지를 치고, 더 잘 수렴할 있도록 수많은 다양성을 만들어 내고, 자신들이 동등자로 더 잘 인정될 수 있기 위해 도처에서 그 의지 자체와 대립한다는 사실을 의미한다. 그러나 끊임없이 용해되는 이 대립은 외부의 인간을 당황하게 하지 않는다. 총체(특수한 수단으로서 그의 개인적 기도에 통합된, 따라서 목표 자체로 인해 계몽된 집단-대상)도 세부 수정 작업(단순한 음악 화음의 변형이나 도식의 증폭이나 그 복수적 실현)도 이 인간을 놀라게 하지 못한다. 위험한 순간에는 친위 부대가 그 군주 주위에 배치된다. 하지만 위험은 그에 대한 것이다. 위험을 피할 순수한 수단으로서의 집단-대상은 고위 인물의 두려움으로부터 시작해 해석되고, 이 집단이 위험들 하나하나의 가능성을 제거하면서 안심한다. 군주는 정문, 창문 등과 같은 바깥으로 향하는 모든 것을 "두려워"한다. 여러 실천적 장으로 다양화된 그의 두려움은 예방 조치로서 가능한 접근 통로들 앞에 배치될 친위 부대의 다양함에서 한순간에 구현된다. 이 순간 두려움은 활성적이고 기능적이게 되고 (활성적 비활성성으로서의 타성태, 감시해야 할 출구의 객관적 구성으로 정의된 그런 권력 등등) 보호된 개인은 예를 들어 집단-대상에 의해 요구된 행위들의 동시적 실현으로, 그렇지 않았더라면 그가 계속해서 고독하게 [유지]했어야 했을 실현으로 그것을 이해한다.

　사실 바로 거기에 개인에게 집단-대상의 새로움이 있다. 바로 거기에 있는 것이지 (모든 이와 각자의) 있는 그대로의 실천 속에 있지 않다. 왜냐하면 바로 실천은 항상 이 실천에 의해, 적어도 그 형태적 실재에서(바로 여기에서 문제가 되는 것은 어떤 물질적 내용들의 이해 가능성이다.) *이해되기* 때문이다. 변형은 원래 개인이 연속적으로 실현해야 할 것을 동시성에, 그리고 상호 관계를 기초로 해서 실현할 가능성에 있다. 하지만 이 동시성을 이해하기 위한 토대가 유기체 자체의 *실천* 속에 주어졌다는 사실도 중요하다.(가장 간단한 동작도 *개인에게는* 동시성의 조직화다. 나는 이 지렛대의 목을 쥐고 오른손으로 지렛대를 민다. 그리고 왼손으로는 다른 쪽 목을 잡아당긴다. 그러면서 나는 몸을 구부리거나 몸을 높인다 등등). 집단의 실천적 재분배의 초벌 그림이 그의 객관적 내면성에서 조직의 입장에 의해 도식적으로 제공되었다는 사실도 중요하다. 그리고 이 조직적 입장이라는 것이 상황에 따라 이루어지는 한 대상의 실천적이고 자발적인 모든 변화에 대한 이해를 내포한다는 사실역시 중요하다. 하지만 특히 강조해야 할 점은 한 명에 의해 특정의 도구적인(그리고 타성태적인) 총체를 정비한다는 것이 동시성 내의 어떤 실천적 시간화의 압축을 그 기본적 목표로 포함하고 있다는 사실이다. 이것은 행위 주체가 새로운 시간화를 통해 무뎌진 이 지속을 넘어설 수 있게 한다. *시간 벌기*라고 불리는 이것은 시간 자체의 요구다. 희소성의 세계에서 각자의 시간은 부족하기 때문이다.(시간이 다름 아닌 실천적 시간화에 불과하다 하더라도 말이다.) 이렇게 해서 사람들은 제2의 연장을 "손이 닿는 곳에" 놓게 된다. 조금 후에 사용할 다른 연장도 마찬가지로 조금 더 먼 곳에, 그가 작업할 대상 옆에 놓게 된다. 이미 지적했듯이 인간은 이렇게 해서 *개별적 실천* 운동이 여러 방향으로 동시에 흡수되고 분할되고 분배될 수 있는 그런 타성태적 상호 종속성을 구성하게 된다. 결국 집단-도구와 타성태적 도구 사이에는 가시적 모순이 — 적어도 사회성의 기본적 형태들에서는 — 존재하지 않는다.

집단-대상(예컨대 노예들)은 그 자체에게 의무를, 즉 개인의 *실천*

을 흡수하고, 이 실천을 자신의 시간적이고 실천적인 통일체로 만드는 것을 주요 특성으로 가지는 임무를 부과하는 자에게 나타난다. 타성태적 도구 속에는 ── 원시적 사회와 원시적 기술의 입장에서 볼 때 ── 개인적 *실천*의 마법적이고 이중적인 자성(磁性)이 남아 있다. 이 도구 속에서는 이것을 만든 자의 과거의 노동과 이용한 자의 과거 노동이 일치한다. 일반적으로 이런 사회에서는 도구 제조자와 사용자는 한 사람이다. 그러니까 원시인의 입장에서 보면 마법적 특성은 그 자신의 미래의 *실천*이 그에게 타성태에 각인된 능력으로, 그리고 이 수동성에서부터 미래를 향해 이미 주어진 극복으로 나타나는 것이다.(두 계기들 ── 제조와 사용 ── 이 수동성의 무차별화 속에서 상호 침투한다는 것은 당연하다.) 그런데 도구 자체는 *미결정 상태*에 있는 힘이 아니다. 이 도구는 조직화된 실재(예컨대 이것은 날과 자루를 가졌다.)다. 이처럼 원초적 수준에서 보면 투기를 재내면화하는 것으로서의 집단-대상 ── 특정 개인의 *실천*과 투기를 재내면화하고 수단으로서 이 개인이 목표와 맺는 *관계*가 되는 ── 과 타성태적 도구 ── 이 연장을 만들며, 이것을 소유자와 그 목표 사이의 매개로서 구성하는 *실천*을 흡수하는 ── 사이에는 동질성이 존재하게 된다. 이런 사실은 자신의 무기나 연장에 *마나*[92](즉 미래에 대한 잠재적이고 가정적인 *실천*으로서의 힘)를 빌려주는 원주민의 마법적 성향과 조직화된 집단을 마치 권력을 부여받은 물질적 대상으로 취급하는 외부 개인의 반대 성향에서 잘 나타난다. 결국 우리는 신성화된 도구와 총체화된 집단의 등가를 다시 ── 하지만 실천적-타성태의 장에서 ── 발견하게 될 것이다.

역으로 이 사람 ── 그리고 바로 *이 사람* ── 의 체포를 위한 추격

---

92 초자연적인 힘을 의미.

에 동원된 한 집단에 의해 실천적 장에서 쫓기고 있는 개인은 이 조직화된 *실천*을 어떤 개인성의 자유로운 투기로서 경험한다. 이때 이 개인성은 보다 넓고 보다 유연하고 보다 강력하지만 구체적인 그의 개인성과는 같은 것이다. 그에게 실천적 장은 바로 이 자유에 의해 침식된 듯이 보이고, 이 자유는 이 실천적 장에 속하는 각각의 대상이 갖는 다른 의미가 된다. 그리고 이 다른 의미는 실천적 진실이 된다. 말하자면 이 출구(대문 혹은 길)의 진실은 더 이상 출구가 아니라 집단이 들여놓은 함정이다. 개인은 다음과 같은 경우에만 포위망에서 탈출을 시도할 수 있을 뿐이다. 즉 그가 집단을 위해 자신의 객체성을 재내면화할 수 있는 경우, 그러니까 자신의 행위를 적의 공동 자유로부터 출발해서 해석할 수 있는 경우에서다. 내가 하고자 하는 이 행위는 바로 그들이 이 대상 — 그들의 입장에서 볼 때 나는 이 대상에 다름 아니다 — 으로부터 기대하는 그 행위인 것이다. 이처럼 공동 목표의 이해가 이 개인에게 직접적으로 주어진다. 왜냐하면 이 공동 목표가 바로 *그이기* 때문이다. 그리고 자기 자신에 다름 아닌 이 목표에서부터 출발해서 이 개인은 실천적으로, 미래적으로 집단의 활동들(그가 바로 이 활동들의 부정적이고 총체화하는 통일체다.[93])을 재구성하며, 이 활동들을 통해 일탈 혹은 도피의 실천적 전망 속에서 객관적으로 자기 자신의 행위들을 판단할 수 있게 된다. 개인과 그를 둘러

---

93 우리는 우리를 몰살하는 임무를 띤 적군 집단 혹은 "자연적" 위험이, 주어진 집단의 부정적인 총체화로서 모든 구성원을 공동의(그리고 비집렬적체인) 몰살로 통합하는 파괴 과정에 의해 구성되는 것을 보았다. 이 경우 부정적인 총체화란 다른 것이다. 스스로를 *객관적인 자로* 발견하고, 이 객관성을 재내면화하는 개인은 그를 추적하는 집단-외적-존재로서 만들어 낸다. 그리고 피살당할 위험에 처해 있기 때문에 그는 자신에게 죽음이 다음과 같은 것으로 다가옴을 본다. 즉 적군 집단에 고유한 가능성으로서, 이 집단의 승리가 부정적인 객체화(그 결과는 이 타성태적인 일소다.) 그리고 통일체의 결렬로(가해자들은 가해 행위 후에 분산된다.) 실현될 가능성(개인의 소멸)으로서다.(원주)

싼 집단 간에 *대화*(나는 이 어휘를 합리적 적대 관계라는 의미에서 사용한다.)가 있을 수 있다. 그리고 이들 둘 다(하나는 자신의 고독 속에서, 다른 하나는 각자, 그리고 전부 혹은 차별화된 기관들로) 각각 자신들의 행위들을 *다른 사람의 입장에서* 대상들로 취급하면서 다른 사람의 행위들을 — 가변적 오차의 범위에서 — 예견할 수 있다.

　더 멀리 나아가 추적당하는 개인이 실천적으로 집단의 진실을 실현한다는 사실에 주목할 필요가 있다. 이 개인이 모든 인간 사냥꾼의 이름과 행동거지를 아는 세밀한 경우를 제외하고는(이것은 아주 제한된 다수성의 경우에서만 있을 수 있다.) 그는 초조직으로서의 집단이 아니라 각각의 구조와 각자의 *실천* 속에서 편재성으로서의 집단을 실현한다. 그 또한 추적당하기 때문에 문 뒤에서나 나무 뒤에서나 인간들의 모습을 보거나 예상하기도 한다. 또한 이들을 모두 동등자로 간주하고, 이들의 가차 없는 잔혹성을 모든 *다른 곳의 이곳에로의 변형*으로 파악한다. 그에게 차별화는 오로지 실천적 상황에 따라서 이루어질 것이다. *집단*은 저 위, 즉 그가 지역 전체를 제어할 수 있는 언덕 위에 있다. 그리고 *집단*은 저 밑, 즉 그를 숨겨 주는 기능을 가졌지만, 그러나 반목적성으로 인해 그에게 다른 사람들의 모습을 가리기도 하는 이 나무들 뒤에 있다. 이처럼 그는 실천적 자유로서의 집단에 대한 그의 객관성의 실천적 내면화를 통해 기능의 진실을 발견한다. 노출된 채로 들판을 지나지 않고 나무의 장막 뒤를 지나기로 선택하면서 그는 **동등자들**을 실재적 상황, 즉 기능을 통해 차별화한다. 나무 뒤에 있는 이 공동 개인들로 이루어진 집단은 그에게는 더 가깝지만 그를 보기에는 덜 좋은 위치에 있다. 언덕 위의 감시병이라는 개인으로서의 그는 더 멀리 있지만, 그의 시야는 도구(*이용된 언덕*)로 인해 넓어진다. 이와 반대로 이런 기능들의 차별화도 탈주자의 포위를 가로막지 못한다. 따라서 기능, 상호성 그리고 구조는 추적당하는 자의 도망을 통해 제거를 위해 조직화된 한 자유의 모습으로 동시적으로 드러난다. 달리 말하자면 포위망의 긴장 속에서 추적당하는 자는 *이자들*을 *저자들*과 동등자들로 파악한다. 이는 이자들과 저자들은 상호적 위치로 인해 그에게서 구출의 가능성을 앗아 가고, 또한 공동 실천이 그에게는 *여기에서*처럼 저 위와 저 아래에서도 나타난다는 점에서 그러하다. 그 까닭은 저 위의 위험과 저 아래의 위험이 서로 연관되어 있기 때문이다. 하지만 그는 인간 사냥이라는 단호한 행위에서 이 상호성을 도처에서 모든 하위 집단의 모든 구성원의 공동 *실천*이라는 의도적 구조로 파악한다. 실제로 그는 적과의 화해라는 편재성의 관점에서 처신한다. 저 위의 저자들은 저 아래의 저자들과 직접 연결되어 있다. 그들이 그를 알아보면 평원에 숨어 있는 하위 집단들 쪽으로 그를 몰아낼 것이다 등등. 더 이상 말하는 것은 불필요하다. 분명 변증법적 연구의 계기들로서의 이 예들을 통해서는 아직 공동적 *실천*의 형태적 구조가 개별적 *실천*의 종합적 통일체라고 말할 수는 없다. 게다가 이런 형태로서는 정확하지도 않을 것이다. 하지만 어쨌든 이 예들은 *실천*의 개별적 이해가 동일한 종류일 수 있을 것이고, 그 이해가 대상-집단, 주체-집단 혹은 실천적 유기체의 실천에 적용될 것임을 증명한다. 여하튼 공동 목표는 집단이 실천적으로 여건을 극복해 나가는 방향으로 파악된다. 그리고 이 실천적 파악은 그 자체로 개별적 극복이다. 어쨌든 행위들에 대한 해석은 미래에서 현재로 되돌아오면서 이루어지고, 이 행위들 하나하나는 이 후진적 통일체 속에서 목적 달성의 (공동적 객체화를 통해) 통일된 수단으로 밝혀진다.

이 모든 것은 전혀 놀랍지 않다. 집단의 목표는 공동 개인 각자를 통해서만 나타나므로, 즉 서약되고 구조화되었으므로 그것이 공동적인 것은 사실이다. 그러나 실천적 계기는 유기체적 *실천*에 의해 실현된다. 이 실천이 *그것의* 개인적 임무에 대한 이해로서 구성된다는 것 또한 사실이다. 왜냐하면 이 개인적 임무 안에서 공동의 그 임무가 객체화되기 때문이다. 이것은 최종의 공동 목표가 개인행동을 통해서만 자신의 저 너머 공동 목표로서 드러날 수 있을 뿐이라는 사실을 보여 주기에, 전체에 대한 관계로서의 구조가 현재 실행되고 있는 임무의 깊은 의미로서 체험된다는 것을 보여 주기에 충분하다. *사실* 행동의 어떤 결정들은 개인 단독이라면 결코 만들 수도 이해할 수도 없었을 새로운 규약으로서 집단에 의해 개인에게 전달된다. 특히 자유에 대한 자유로운 제한으로서의 서약 같은 기본적 행동이 그러하다. 우리는 사실 개인의 반투명성으로 축소된 한 *실천*이 어떤 방식으로도 미결정 상태에 있는 미래(즉 실천의 조건들이 모두 바뀌게 될 그런 미래)를 담보할 수 없다는 사실을 앞에서 보았다. 내 자신의 자유는 그것이 **타자들**에게 타자인 한에서 내게도 타자로 되돌아온다. 이처럼 행동의 양식, 즉 그 규범적 양상은 흔히 집단화되지 않은 사람들에게서는 벗어나 있다. 왜냐하면 이들은 다른 환경에서 다른 집단의 일원으로 살고 있기 때문이다. *광신, 맹목* 등으로 명명되는 것들은 마치 *개인으로서의 우리가 다른 개인들에게서* 어떤 열정적인 특징을 보듯이 다른 집단에서는 동지애-공포로서 체험된다. 그러나 한편 서약은 초변증법의 산물이 아니다. 서약은 개인들 사이의 상호적 관계의 구현이다. 다른 한편 집단화되지 않은 개인에게서 외부로부터 벗어날 수 있는 양식은 집단 내부에서는 개인적 *실천*의 매개를 통해 체험된다. 이것은 실천을 부추기는 권력과 정언적 명령이 이 *실천*을 *생산하거나* 거기에 자격을 부여하는 것이 아니라 오히려 실천이 그것을 떠맡고 내면화한다는 것을 의미한다. 구체적으로 진행되면서, 상황에 적응해

가면서 스스로의 타성태와 제한을 만들어 내고, 이 결정 요인들을 떠받쳐 **존재**하게 하는 것은 다름 아닌 자유로운 *실천*이다. 적어도 개인적 *실천*은 직접적으로 상호적이라는 것을 우리는 이 연구의 도입부에서 이미 보았다. 그리고 이 상호성은 우리가 서약이라고 부르는 가공된 산물의 — 다수성을 내면화하는 자유의 — 토대에 놓여 있다. 서약된 *실천*이 집단 및 서약 목표에 대한 공동 이해를 의미하는 것과 마찬가지로 서약은 집단의 타성태를 구성하는 수단인 상호성에 대한 실천적 이해다. 이런 관점에서 양식을 논외로 친다면(집단화되지 않은 사람이 집단의 구성원에게서 그것을 식별할 수 있는 형식적 조건들을 변증법적으로 정립해야만 할 것이다.) 집단인과 비집단인 사이에 상호성이 생길 가능성은 *언제든지* 존재한다. 집단인이 비집단인에게 공동의 삶의 조건을 설명한다는 것은 어렵겠지만(이 어려움 역시 *귀납적*인 듯이 보인다. 전투원은 자신이 수행하는 전쟁의 유형에 따라 비전투원에게 자기 부대의 내적 환경을 쉽게 이해시키거나 못하거나 한다.) 자신의 목적을 발견하는 것은 항상 가능하다. 달리 말하자면 인간들 사이의 소통은 다음과 같은 세 가지 이해 사이에 형식적 동질성이 있기 때문에 가능하다고 말할 수도 있다. 첫째, (집단을 이루는 개인적 행동의 주체라는 의미에서) 비집단의 주체가 집단을 대상으로서 이해하는 것, 둘째, 대상으로서의 비집단인이 주체로서의 집단을 이해하는 것(즉 자신의 대상성을 내면화하는 과정 자체에 의해), 셋째, 기능과 대상화의 매개로서의 각 구성원들이 실천으로서의 집단을 이해하는 것이다.

그러나 이 개인적 *실천*과 공동적 *실천*의 동질성은 우리의 과업을 용이하게 하기보다는 우선 우리를 당황하게 만든다. 거기에는 일종의 논리적 궁지, 일종의 변증법적 무기력 같은 것이 존재한다. 내면화된 다수성으로서의 집단이 유기체적 개인과 그토록 다른데, 즉 은유적

이 아니라면 우리가 그것을 진짜 유기체로 다루기를 거부할 정도인데 어떻게 개인적 행동들과 기본 구조가 전혀 다르지 않은 그런 행동들이 공동으로 생겨날 수 있는가? 아마도 하나의 제한이 *선험적*으로 주어져 있다고 말할 수도 있을 것이다. 이 제한은 서약된 타성태와 같은 떠맡겨진 제한도 아니고, 이런저런 기도에 대항하는 이런저런 타성태적 물질성의 극복 불가능한 저항으로서 체험된 수동적 제한도 아니다. 이 제한은 오히려 이것을 실현시키는 행위 주체의 내적 구성이 어떠하든 간에 자신의 최초의 운동을 재생산하는 변증법의 숨 가쁨과 같은 그 무엇이다. 바로 거기에 우리가 해명해야 할 새로운 장르의 극복 불가능성이 존재하는 것이다. 이를 위해 서약에 기반한 집단-내-존재의 실질적 구성으로서가 아니라 임무의 분할로서의 조직의 과정을 더 가까이에서 검토할 필요가 있는 것이다.

사람들은 흔히 — 예컨대 혁명 기간에 — *위에서부터* 내려오는 권위주의적이고 중앙 집권적인 경향, 즉 잠정적으로 권력을 행사하는 요소들과 밑바닥에서부터 자생하는 자발적이고 민주적인 경향을 대비시키곤 한다. 첫 번째 경향은 *밖에서부터* 혹은 어쨌든 고착된 내재성-초월성에서부터 시작해 대중을 위계화된 행동 집단으로 조직할 것이다. 두 번째 경향은 다수성이 자신의 구성원들에게 행하는 공동의 자유로운 행동에 의해 집단들을 형성하고, 이렇게 해서 *내면화된* 진정한 민주적 자주 결정이 될 것이다. 이 두 조직화 사이의 차이는 질적이고 근본적일 것이다. *본질적*으로 서로 대립하는 두 실재가 문제가 되며, 이 가운데 두 번째 것만이 *진정* 공동의 자주-창조로서의 집단을 구성하게 된다. 이 근본적인 대립의 결과 진정한 공동 목표, 활동, 사상이 대중의 자체적 탈대중화와 그 자발적 조직이라는 자주적 과정에서 생겨날 것이다.

이 개념은 여기에서 우리가 논의할 수 없는 정치적, 이념적인 근거를 가지고 있다. 그리고 조직화가 상층부에 의해 강요되었느냐 아니면 밑에서부터 이루어졌느냐는 *정치적*으로 매우 중요하다는 사실을 우리는 인정한다. 이와 마찬가지로 다음과 같은 경우 한 운동의 사회적, 이념적, 윤리적(그리고 우선 물질적) 결과들이 완전히 다르다는 것을 인정하게 될 것이다. 즉 이 대중 운동이 자기 *실천*의 잠정적 표현으로서 자신의 리더들을 생산하고, 이 실천의 발전 그 자체에 의해 그들을 극복하면서 흡수하는 경우, 또 이와 반대로 한 집단이 대중과 분리되고 권력 행사에서 특수화되고, 임무들을 대중적 목표에 대한 자기 고유의 개념에 따라 권위주의적으로 재조정하는 경우다. 물론 개인들 사이에 정립되는 상호성의 관계와 마찬가지로 체제 자체가 경우에 따라 다르다는 것은 자명하다. 그러나 여기에서 중요한 것은 *정치 외적 영역에서* 위로부터의 권력 집중이냐, 집렬체 한가운데에서의 집렬체성의 자발적 청산이냐 아니면 이에 뒤따르는 공동 조직이냐에 따라 집단의 재구성과 조직의 양식이 근본적으로 달라지지 않는다는 것을 지적하는 것이다. 요컨대 여기에서 문제는 블랑키[94]도 조레스[95]도 레닌도 로자 룩셈부르크[96]도 스탈린도 트로츠키도 아니

---

94 루이 오귀스트 블랑키(Louis Auguste Blanqui, 1805~1881). 프랑스의 혁명적 사회주의자. 프랑스 급진주의의 전설적인 순교자로 유명하다. 평생 33년 이상을 감옥에서 보냈고, 사후에 그의 사상을 추종하는 자들은 '블랑키스트들'로 지칭되며, 노동 운동사에서 중요한 역할을 했다.

95 장 조레스(Jean Jaurès, 1859~1914). 프랑스의 사회주의 지도자. 프랑스 공산당 기관지인 《뤼마니테(*L'Humanité*)》 공동 창간자이며, 프랑스 하원 의원을 지냈다. 몇 갈래로 나뉜 프랑스 사회주의 세력을 제2인터내셔널의 프랑스 지부(SFIO)로 통합. 1차 세계 대전 때 그의 평화주의가 독일을 이롭게 한다고 믿은 한 젊은이에 의해 1914년 암살되었다.

96 로자 룩셈부르크(Rosa Luxemburg, 1870~1919). 폴란드 출신의 독일 마르크스주의, 정치이론가이자 사회주의자, 철학자 또는 혁명가. 독일 사회민주당과 이후의 독일 독립사회민주당의 사회민주주의 이론가. 마르크스주의자 혁명 그룹 스파르타쿠스단을 공동 조직해 1919년

다. 그리고 계획적인 범죄나 합법적 방어 행동이 그것들을 가르는 모든 실질적 법률적 차이에도 불구하고 동일한 근육에 의해 작동되고, 동일한 직접적 행동에 의해 실현되는 것처럼(차이는 좀 더 높은 수준에서 — 예컨대 경찰이나 사법부의 조사 같은 — 서로 다른 실천의 관점에서만 드러난다.) 형식적 가지성과 합리성의 유형은 위로부터의 조직이나 밑으로부터의 조직에 똑같이 적용될 수 있다.

결국 대중의 변증법적 변화에 대해 말하는 방식은 항상 은유적이라는 것을 생각해야만 한다. 예를 들어 트로츠키가 노동자와 하급 군인들의 첫 번째 집회가 발생시킨 양적 변화를 강조했을 때(특히 혁명의 잠재력의 관점에서) 그는 전적으로 옳았다. 그리고 오늘날 다른 사람들이 헝가리 봉기자들의 혁명적 성격을 보여 주기 위해 — 순수하게 혁명적인 상황은 노동자, 학생, 하급 군인들을 이해하는 봉기 군중의 구성과 특정 상황에 의해 동시에 규정된다고 말하면서 — 그 선언문을 다시 검토, 보완할 때 이들 역시 역사적으로 보면 옳을 것이다. 구체적 결정들은 더 이상 우리 연구에 속하지 않는 그런 차원에 있다. 그러나 우리는 다음과 같은 경우 특정한 역사학자나 마르크스주의자들(그들이 트로츠키주의자든 아니든 간에)을 추종하기를 거부한다. 그러니까 마치 현전하고 있는, 그러나 새로운 *질적* 차별화(앞에서 보았듯이 엥겔스는 모든 중요한 마르크스주의자에게 외부 변증법의 이름으로 양의 질화(質化)를 발견하도록 했기 때문에)를 향해 양적 관계를 극복하는 세 사회 집단의 양적 관계를 토대로 유기체적 종합이 이루어지고 있기라도 한 듯이 "이 전형적으로 혁명적인" 만남에 대해 글자 그대로 이른바

1월 베를린에서 혁명을 기도했으나 실패했다. 그녀의 지도 아래 수행된 혁명은 자유 군단이라고 불리는 우익 의용군과 잔류 왕당파 군대에 의해 진압되었고, 룩셈부르크와 수백 명의 혁명군은 체포되어 고문당하고 살해되었다.

"게슈탈트적" 기술을 하는 경우다. *사실상* 비록 군인과 노동자들이 봉기 조직자들의 첫 번째 위원회를 구성했다 하더라도(1789년 파리에서 생탕투안 지역 주민들과 프랑스 민병대가 함께했듯이, 그리고 1918년의 독일과 1917년의 러시아에서 그러했듯이) *너무 보편적인* 이 관계들은 매 경우에 특수성을 가졌음에 틀림없다. 변증법적 과정에서 보편성을 발견하거나 규정짓는 작업은 그리 쉽지 않다. 이 보편성이 분석적 이성에서는 구체적 실재 — 이 변증법적 과정에 참여하는 항들에 무관심하게 적용되는 관계 — 인 반면, 모든 변증법적 경험에서는 — 앞으로 보게 되겠지만 — 즉각적이고 추상적인 외관으로서 혹은 와해시켜야 할 가장(假裝)으로 나타나거나[97] 모든 체험의 숨겨진 구체적 귀결이고, 이성적 진전을 총체화하는 마지막 근거로서 나타나는 것이다.

그리고 만약 우리가 이 집단들을 — "전형적으로 혁명적인" 조직의 성격에 대해 아무런 편견을 가지지 않은 채 — 1917년 상트페테르부르크나 혹은 1918년 베를린과 같은 특정 역사의 구체적 상황 속에서(이 두 도시에서 동시에 보는 것이 아니라) 살펴본다면 거기에서 구체적 상호성의 관계가 정립됨을 볼 수 있다. 봉기가 일어난 여러 날 동안에 그 나라와 도시의 상황을 잘 알고, 오래전부터 이곳의 함대 혹은 부대의 특수한 성격을 잘 아는 노동자들의 입장에서 보면 이 *육군이나 해군의 병사들*은(그리고 각각의 경우는 따로 분리해서 검토해야 한다. 예컨대 크론시타트[98]는 상트페테르부르크가 아니다 등등) 실제로 정부에 대항하는 부정할 수 없는 증언, 반역을 진압하려는 시도들에 대한 방어를 표상한다. 즉 다른 계급들과의 직간접적인 관계(특히 농민 계급과의

---

97   문장의 구성. "이 보편성은 변증법적 경험에서…… 와해시켜야 할 첫 번째 가장으로 나타난다." (편집자 주)
98   러시아 연방 북서부 상트페테르부르크주에 있는 해군 기지이자 항구 도시.

관계를 표상한다. 왜냐하면 봉기에 참여한 사람들 가운데 농민이 가장 많았으며, 불만으로 가득 찬 이 봉기자들은 농촌 출신의 노동자와 가장 과격한 파당을 배출한 도시 빈민들 사이를 매개하고 있기 때문이다.), 체제 해체의 증거, 보편화의 시작 등을 표상한다. 그 외의 다른 피착취자들이 모든 피착취자의 대변인 격인 이들에게 와서 합류했다. 그러나 (더 멀리 올라갈 것도 없이) 1905년 이래 병사들은 자신의 뜻과 달리 억압의 도구가 되었다는 사실을 고려해 보면 특히 "군인들이 우리와 함께한다."라는 말은 모든 사람에게 특별한 의미를 가졌다. 이와 반대로 외부로부터 주어진 규율을 거부한 병사에게 노동자는 투쟁의 규율과 통합의 유일한 가능성의 표상이었다. 사실 군인과 달리 노동자들은 파업보다 봉기가 오히려 실질적인 조직을 더욱 요구한다는 것을 잘 알고 있었다.

이와 같은 상호성의 관계는 사람들이 우리에게 제시한 "게슈탈트적" 종합과는 완전히 배치된다. 이 관계들은 암묵적 서약을 토대로 수행되는 행동 속에서 *실질적 인정*에 의해 수립된다. 그리고 만남을 주도하는 이 *주어진* 이질성은 창조된 이질성의 담보 역할을 하면서 선서된 동질성이 된다. 다른 한편 이 조직화된 집단들의 실천적 목표를 부정하는 것은 부조리한 일일 것이다. 각각의 경우에 위험이 있으므로 방어 수단을 확보해야 하고, 경계심 등을 늦추지 말아야 할 것이다. 특히 역사학자들이 세운 진리, 즉 조직은 자신의 조직자들을 스스로 찾아낸다는 진리로 되돌아와야 할 것이다. 조직이 조직자들을 내치거나 다시 포용하는 일이 일어나기도 한다. 그러나 대부분의 경우 조직은 고유의 역할을 담당하는 그들을 서약의 이름으로 보호하고 있다는 사실을 우리는 부정하지 못할 것이다. 여기에서 서약은 떠맡은 수동성에 의해 그 기능이 유지된다. 특히 프랑스 혁명사가들은 분파적 "공동 개인들"이 *그들의 조직자*로 간주했던, 민중 봉기 "기간" 동안 일상적 분산 속에서 상호적 타성태에 의해 보존된 기능에 의해 조직의 일종의 수동적 구조를 유지했던 민중 선동가의 한 범주가 있었음을 밝혀냈다. 이 선동가들 가운데 1789년에서 1794년 사이에 모든 중요한 상황 속에서 활약했던 몇 명을 그들은 추적할 수 있었다. 이와 같은 조직의 수동적 구조는 긴장의 순간에 그들 주변에 다시 형성될 것이다. 이 민중의 선동가들은 *우두머리는 아니다*. 그들의 힘이 지도자의 힘과 다른 것은 특히 이 점에서다. 그들은 명령을 내리지 않는다. 집단은 그들 주변에 다시 결성되고, 그들을 고양하고, 그들에게 자신의 권력을 전달한다. 그들에 의해 집단은 집단의 명령을 받는다. 결국 문제가 되는 자는 자신의 규정적 활동이 서약이라는 암묵의 토대 위에서 하나의 기능이 되어 버린 그러한 규정적 제삼자일 뿐이다. 그들의 존재가 민중적 조직의 민주주의에 역행한다고 논쟁해 보았자 쓸데없는 이유가 바로 여기에 있다.

그러나 다만 다음과 같은 두 가지 근본적인 특징을 지적해야 할 것이다. 한편으로 이 민주주의는 동지애-공포다. 즉 그 기초 자체가 폭력이라는 점이다. 이런 이유로 게랭[99]이 이 민주주의를 위로부터의 권위주의적 폭력과 대비시킨 것은 옳지 않다. 비록 상황이 최하층과 상층 사이의 모순을 야기하기는 하지만 상층의 폭력은 오로지 최하층의 폭력에만 근거를 둘 뿐이다. 단지 — 앞으로 살펴보겠지만 — 폭력은 그 근원에서 멀어질수록 순수하게 되는 경향이 있고, 여기에서 사라지는 것은 동지애다. 그러나 또 한편으로는 — 이것이 특히 우리에게 중요한데 — 기능의 서약된 타성태의 힘에 의해 조직

---

99 다니엘 게랭(Daniel Guérin, 1904~1988). 프랑스 대혁명을 소재로 한 작품을 많이 쓴 작가, 자유주의적 공산주의자이자 반식민주의자.

자-선동가는 얼마 동안 집단의 *실천*을 결정하고, 또 이 집단을 조직하는 인물로 남아 있게 된다. 이 말을 통해 조직자란 여기에서 이런저런 행동을 부과하거나 또 다른 행동을 금지하는 사람이라는 의미로 이해하지는 말자. 만약 그가 명령을 내리려고 하면 곧 권력을 잃어버린다. 그는 자신이 매체라는 것을 스스로 잘 알고 있다. 만약 그가 행동을 한다면(어떤 사람들은 매수된다.) 은근히 간접적인 방식을 통해서다. 그러나 민중의 구호가 그의 입으로 전해지고, 재조직이 개인적인 *실천*에 의해 행해지며, 구호의 권고와 행동이 공동의 목표를 지시한다는 단순한 사실에서 우리는 민중의 *실천*이 본질적으로 *한 개인에 의해* 만들어지고, 이해되고, 조직되는 것이라는 결론을 내릴 수밖에 없다. 달리 말하자면 집단은 개인적 지시의 매개에 의해서만 자신의 공동 행위를 규정할 수 있다는 의미다. 내재성-초월성의 긴장 속에서 "주모자"는 집단을 준대상으로서 재조직하고, 유사 목적의 기능들을 그가 동시에 결정하는 목적의 기능에 따라 분산시킨다. 이렇게 함으로써 그는 준목적성 안에서 하나의 실천적 장치를 구축하게 된다. 이때 이 장치는 비유기적 세계에서의 도구적 체계가 개인적 실천에 의해 조직을 얻고, 그 수동성에 의해 조직을 지탱하듯이 일종의 떠맡은 타성태에 의해 스스로를 보존한다. 물론 사태는 그리 간단하지 않다. 누군가가 그를 방해하고, 경계하고, 그보다 앞서 아이디어를 낸다. 어떤 사람들은 모든 사람과 자발적으로 관계 맺으며 조직을 하고, 또 다른 사람들은 그에게 방향의 수정을 제안하기도 한다. 앞에서도 말했듯이 어떤 의미에서 그는 매개다. 그러나 중요한 것은 집단 그 자체가 ── 이 매개에 의해 ── 결정적으로 통제 분할 기구를 스스로 설치하지 않는 한 이 매개물이 반드시 필요하다는 것이다. 그리고 이때 자체 행정(소비에트, 봉기 위원회 등등)의 체계가 어떤 것이든 간에 개인의 매개를 제도화하게 될 뿐이다. 예를 들어 우리가 투표를 한다면 우리는 다른 동의에 반대해 하나의 동의안에, 다른 수정안에 반대해 하나의 수정안에 투표하게 될 것이다. 요컨대 담론의 실천적, 개인적 결정으로서 투표를 하는 것이다.

규제적 제삼자와 지도자의 차이는 전자가 지도자가 아닌 반면에 후자는 지도자라는 점에 있다. 우리는 곧 명령권의 문제를 살펴보게 될 것이다. 그러나 — 모순이 격심하게 될 때를 제외하고는 — "초월성과 내재성"의 긴장이 깨진다고 생각해서는 안 될 것이다. 사실 지도자가 선동자와 다른 것은 — 그 권능의 강제적 성질을 제외하고서라도 — 그를 집단과 분리하는 매체의 수효인 경우가 많다. 그러나 어느 경우이든지 우리는 다음과 같은 변증법의 야릇한 한계를 다시 보게 된다. 조직화된 집단은 한 개인이 열 배의 힘과 기량을 발휘한다 해도 결코 이룰 수 없는 결과들을 획득한다는 사실이다. 더구나 실천적 존재로서의 조직체는 일반적으로 다른 어떤 유기체보다 더 복잡하게, 더 잘 적응할 수 있도록 구성된다. 예를 들어 한 유기체가 진지를 구축한 호위대와 같은 꼴이 되기 위해서는 머리 주위에 온통 눈이 생기고 등에도 많은 팔이 달려야 하리라. 또 밤중에 보초가 지켜 주는 전투 부대와 흡사해지기 위해서는 눈을 말똥말똥하게 뜨고 잘 수 있어야 하리라. 이처럼 조직체는 유기체를 *재생산하는* 것이 아니라 인간의 창의에 의해서 유기체를 개량한다. 조직체는 유기체의 실천적 통일성을 규범으로 삼으면서도 (뒤에서 살펴보게 되듯이 그 통일성에 도달하지는 못하지만) 생명체의 사실성을 그 자체 안에서 와해시키게 된다. 그러나 이런 변형은 조직체가 *상황 속에 처해 있다*는 어쩔 수 없는 필연성을 면해 주지 않는다. 조직체는 — 그 도구가 어떤 것이든 — 필연적으로 하나의 실천적 관점으로서의 그것이 바꾸려는 세계 자체에 의해서 한정된 거점으로서의 성격을 띠는 것이다. 그리고 초개인적인 결과들을 이룩하기 위해서 그것은 개인적 실천의 통일화하는 통일성에 의해서 확정되어야 한다. 이렇게 해서 개인은 홀로 공동 목표를 이룰 수는 없지만 이 공동 목표를 구상하고 밝히고, 또 자신의 개인적 실천적 장을 재조정하는 것처럼 그 목표를 통해서 집단의 재조직을 밝혀 나갈 수 있다. 개인은 집단에 스스로 통합되는 한편 집단은 개인을 통해서 그 실천적 한계를 알게 되는 것이다.

아마도 사람에 따라서는 대부분의 조직화된 집단은 계획, 임무의 분담, 통제, 관리 등의 일을 개인에게 맡기는 것이 아니라 여러 하위 집단에 맡기는 법이라고 반론하는 자들도 있을 것이며, 이는 또한 사실이기도 하다. 이런 공동체에서는 모든 것이 공동 임무가 되며, 개인 그 자체는 한정된 하위 집단 속으로 용해되는 것처럼 보인다. 이때 상호성은 하위 집단들 사이에서만 존재하게 된다. 그러나 조직하는 하위 집단에 속하는 개인들이 비록 익명성으로 빠진다 하더라도 이 하위 집단은 공동 **실천**에서 *개인 구상*의 테두리를 넘어서지 못한다는 것은 여전히 사실이다. 달리 말하자면 채택된 계획이 한 사람의 소산인지 혹은 여러 사람의 합작품인지를 *선험적*으로, 즉 단순한 외관만으로 결정할 수는 없다. 왜냐하면 그런 계획을 수립하기 위해서 여러 사람이 한 사람으로 되었기 때문이다.

물론 조직하는 집단 내부에서는 토론이 불가결하고 때로는 격렬할 것이다. 그리고 계획은 이런 토론의 과정에서 이루어진다. 계급 투쟁에 의해서 혹은 이해관계나 입장의 대립에 의해서 분열되고, 반쯤은 집렬체성에 사로잡힌 가장 복잡한 집단들에서는 다음과 같이 주장할 수 있을지도 모른다. 즉 복수의 조직자들이 잘 선택되기만 했다면 여러 다양한 경향을 대표할 수 있고, 이것은 한 개인으로서는 불가능한 일이라고 말이다. 그러나 대부분의 경우에 종합이 이루어지지 않았다는 사실, 그리고 여러 입장을 고려한 타협적인 발의는 분열에서 유래하는 근본적인 무력성을 어떤 형식이든 간에 반영한다는 사실을 제외하고도 반쯤 흐트러지고 통일성이 결여된 그런 집단들은 우리의 성찰의 현 단계에서는 아직 논의의 대상이 되는 것이 아니다. 기술 부서나 행정 조직 등과 같은 부서에서 개인들은 동일한 계급과 동일한 환경에 속하고 동일한 이해관계를 가지며 동일한 기술적 교육을 받는 것이 규칙이다. 이들의 대립이 아무리 격렬하더라도 그것은 사회적 갈등에서 직접적으로 초래되지 않는다. 또한 그 대립의 원인을 성격의 차이나 은밀한 경쟁의식으로 돌리는 것은 비록 그런 차이나 경쟁이 개인들의 대립을 가져오는 모순들로 나타날 가능성이 있다고 해도 당치않은 심리주의적 회의론으로 빠져드는 것이다. 사실상 이 모순들은 무엇보다도 해결해야 할 실제적 문제의 객관적 구조 이외의 다른 것이 아니다. 예컨대 전문가들이 대도시의 자동차 교통과 같은 문제의 해결책을 찾으려고 할 때 이들은 *기존의 물질적인 모순*에 직면하게 되는데, 그 근원은 여러 가지다. 자동차의 부단한 증가, 차고의 부족, 상대적으로 협소한 대부분의 간선 도로, 자동차 소유자들이 차량을 이용해서 이동하고 주차할 장소를 찾아야 할 필요성 등등이다. 그런데 이 필요성은 그것 자체가 모순적이다. 왜냐하면 보도를 따라 주차한 자동차들의 수효는 필연적으로 교통의 속도와 양을 제한하기 때문이다. 만약 해결책이 있다면 모든 물질적 모순을 넘어서서 해결할 수 있어야 한다는 것은 당연한 이야기다. 또한 시나 국가의 예산으로서는 대규모의 지출이 불가능하기 때문에 이 해결책은 희소성의 테두리 내에서 고안되어야 한다. 만약 집단의 구성원들 사이에서 갈등이 생긴다면 그것은 각자가 객관적 모순들을 넘어서려고 하면서도 알지 못하는 사이 가짜 종합으로 끌려 들어가서 모순적 명제의 여러 항 중 하나만을 특별히 고려해서다. 그래서 어떤 해결책은 *교통* 자체의 이익을 등한시한다. 또 어떤 해결책은 시내에 주차하는 가능성을 박탈함으로써 자동차를 쓸모없는 것으로 만들고, 자동차 산업의 발전에 제동을 걸 위험이 있다. 또 어떤 해결책은 간선 도로를 확장한다는 묵은 계획을 다시 들고 나와서 가용 재정이 빈약하다는 사실을 아예 잊고 만다. 이런 해결책 하나하나는 개인적이다. 개인이 각 해결책을 제안했다는 뜻에서만 아니라 그런 해결책이 집단 내에서 그 개인을 한정하고 규정한다는 뜻에서 하는 말이다. 한 개인이 이 해결책이 아니라 저 해결책을 선택한 것은 어떤 압력 때문이라는 것도 전혀 불가능한 일은 아니다. 혹은 그가 다른 모든 해결책 중에서 그 해결책을 찾아낸 것은 그의 근본적 기도가 어떤 가능성을 부각시키고 다른 모든 가능성을 배제했기 때문일 수도 있다. 그러나 이런 실천적 "경향"은 문제를 밝히는 한 가지 관점을 제시할 따름이다. 모순은 대상 자체에 있는 것이다. 모순은 스스로 나타나며, 어떤 한 가지 항만을 고려하고 다른 항을 무시하는 방향으로 종합이 이루어지면 그럴수록 더욱 맹렬하게 터진다. 모순은 물론 다른 전문가들의 눈에 분명히 보이지만, 또한 특히 부분적 종합을 제 나름으로 제시하는 다른 사람, 즉 여러 모순을 넘어선다고 믿으면서도 제 뜻과는 달리 한 가지 모순을 저 역시 *나타내는* 그런 사람의 눈에도 분명히 보이는 것이다. 각자의 해결책은 개인적 현실 — 객관적이며 개인적인 실패 — 일 따름이다. 이것은 이 오류의 원인을 개인의 한계의 탓으로 돌린다는 점을 고려할 때 그러하다. 그는 부분을 전체라고 잘못 생각했던 것이다. 그러나 이 한계는 그 자체가 개인적이다. 내가 이런 말을 하는 것은 각각의 개인은 더 훌륭한 자질을 갖춘 다른 개인들과 대비해서 한정되어 있다는 뜻에서이지, 집단이나 인류 전체에 대비해서 한정되어 있다는 뜻에서가 아니다.

그렇지만 이 개인적 현실(개인이란 그가 내면화한 무(無)의 몫에 의해 특징지어진다는 아주 오래된 뜻에서 하는 말이지만)은 *잘못된 담론을 통해* 객관적이며 물질적인 모순을 드러내게 된다. 이때 이 모순은 한 가지 항만을 부각시키고 다른 항을 무시함으로써 잘못된 종합을 산출*한다*. 달리 말하자면 개인적 현실은 어떤 이해관계만을 중시하고 다른 이해관계(아마도 *동일한 사람과* 관련된 것일지도 모르는)을 무시한다는 객관적 가능성을 가지고 있다. 그리고 이 가능성은 문제의 구조를 이룬다. *현실적으로* 자동차 이용자, 주차장 소유주 또는 교통경찰 같은 특정 집단의 실천을 통해서 이미 나타난다는 점에서 그러하다. 이 집단들을 통해 한 항이 다른 항을 제거하고 지배적 지위를 차지한다. 시 당국은 그 공동적 힘을 더해 이른바 해결책이 얼마 동안은 "지속"되게 해 줄 것이다. 그러나 한 가지 항만을 특별히 고려함으로써 모순은 그대로 남고 다른 형태로 더욱 격렬하게 다시 나타나서 문제는 전체적으로 재연된다. 이렇게 해서 어떤 개인이 걸머지게 되는 것은 *실천적-타성태적* 장에 존재하는 바와 같은 모순이다. 사실 자동차 수효의 증가(엄밀한 의미에서 집렬체적인 현상)가 도시 구조의 비탄력성(비유기적이며 집렬체적인 타성태)과 충돌하는 것은 바로 이 분야에서다. 그리고 이 모순은 기술적 문제의 구조가 되어서 집렬체성의 환경에서 갈라져 나와 실천적 장의 중심에 존재하게 된다. 그러나 전문가는 *개인으로서* 유용하다는 말을 덧붙여 두어야겠다. 왜냐하면 그가 제시하는 해결책은 그의 이데올로기적인 이해관계가 되고, 그가 자기 자신을 지키듯이 지키는 그의 자기-외-존재가 되기 때문이며 그것은 그 자신이기 때문이다. 이처럼 해결책들 사이의 갈등은 물질적 힘의

외부에서의 지속적 갈등으로서 모순들을 재현동화하는 것이다. 사실 각각의 해결책은 한 항으로 하여금 다른 항을 제압하게 하려는 은근한 술수에 지나지 않는다. 갈등이 가져오는 개인간의 폭력은 조직화된 집단의 테두리 밖에서는 생각될 수 없다. 서약의 환경에서는 **타자들**이 다시 동등자가 되어야만 한다. 그렇지 않으면 여러 직능의 계산된 타자성이 피동적으로 겪는 이타성으로 변하고 말 것이다. 이렇게 해서 특히 대책을 찾아야 한다는 실천적 견지에서 볼 때 두 개인 사이에 생기는 갈등(상호적 적대 관계)은 동등자를 위한 타자의 숙청으로 제삼자를 위한 양자의 숙청으로, 혹은 집단에 의한 그들의 재흡수로 필연적으로 끝나게 되어 있다. 하기야 차분한 전문가들의 경우에는 육체적 숙청이나 세뇌 작업이 감행되지는 않을 것이다. 그러나 비록 이들의 개인적 생활에 위험이 없다고 하더라도 그들의 *사회적 존재*는 완전히 말살될 수 있다.(그들이 세운 *이* 특별한 해결책으로서, 혹은 덜 명확한 것이지만 남들 곁에서의 *신뢰*로서 그러하다. 두 가지는 다 같이 이들의 집단-내-자기-외-존재를 규정한다. 그리고 이 자기-외-존재는 공동 개인의 *구성적 관계*와 혼동되어서는 안 된다. 신뢰란 사실 권능의 특성이다. 왜냐하면 이 특성은 집단 내부에서의 공동적 결과로서, 그리고 권능의 구체적 행사와의 기능적 관계에서 산출되는 것이기 때문이다.) 이처럼 개인의 매개는 객관적 모순을 집단의 내부로 옮겨 놓는 데 필연적이다. 하지만 집단-내-공동-존재는 개인들 간의 갈등을 통해서 그 모순의 치열성을 재연하는 데 필연적이었던 것이다.

사실 각자는 오래전부터 문제의 모든 여건을 알고 있으며, 당면한 회기 중에 최초의 보고에서 여러 난점과 모순과 객관적 갈등 따위가 다시 한번 열거된다는 것은 당연하다. 그러나 이런 대립들은 단순한 열거나 순전한 언어상의 기술(도표나 통계 따위도 이 범주에 포함되는 것이지만)의 대상으로 머무는 한에는 그 진실한 모습을 드러내지 못한다. 왜냐하면 조직하는 하위 집단은 그것을 에워싸는 집단에 대해서 내재적-초월적 관계에 있기 때문이다. 에워싸고 있는 집단에서 체험되는 모순(동등한 상태로 남아 있어야 하지만 대상에 의해서 흩어지게 될 위험이 있는 그 성원들의 관계에서의 모순)이 하위 집단에 의해서 재내면화되지 못하고 다름 아닌 하위 집단의 차원인 추상화와 전문화의 차원에서 체험되는 한에서 준분리(준부정)가 하위 집단과 그것을 에워싸는 집단 간의 관계를 타성태로 제약하는 것이다.(여기에 대해서는 곧 다시 보게 될 것이다.) 이처럼 각 전문가가 자동차를 가지고 있다면 그는 파리의 주민들(그중 어떤 사람들이 자동차를 가지고 있다고 생각해서)이라는 집렬체화된 집단(이 말의 의미는 구체적 사실을 다룰 때 밝혀질 것이지만)의 각 구성원이 겪는 모순들을 스스로 체험해 볼 수 있게 된다. 그러나 이 차원에서 그는 자신도 모순을 겪거나 혹은 일반화될 수 없는 어떤 특별한 편법으로 그 모순에서 빠져나온다. 요컨대 자신의 난처한 사정이 파리 주민으로서의 그의 반응을 결정하지만 그런 사정들은 전문가(권능에 의해서 규정된 개인)로서의 그의 태도에는 실질적으로 아무런 효과를 미칠 수 없고, 기껏해야 그의 담론을 위한 실례나 예증으로 이용될 수 있을 따름이다. 그러나 그의 실천적 관점은 전문가들의 공동체 내에서(혹은 고독 속에서다. 그러나 이 고독은 하위 집단-내-존재의 여러 양태 중 한가지다. 예컨대 사무실에서 보고서를 쓰는 경우가 그렇다.) 형성된다. 이렇게 해서 물질적 이해관계의 갈등이 개인에게서 이데올로기적 이해관계의 갈등의 형태로 나타날 자동차 사고, 사용할 수 없는 도로, 교통 혼잡 등은 전문화된 하위 집단 내부에서 자못 치열하게 재현되는 것이다. 적대적 상호성의 매개로서의 하위 집단은 그 긴장을 조절하고 그 극복의 긴급성을 밝힌다. 집단-내-존재로서 위험에 처해 있는 개인들 덕분에 또 그들의 갈등을 가능하게 하고 불가피하게 만드는 하위 집단 덕분에 객관적 문제는 해결책이 *창출될 수 있어야 한다*는 차원으로까지(사실 현재의 *조건하*에서 그런 해결책이 있다는 증거는 아무 데도 없지만) 모든 모순을 발전시킨다.(혹은 발전시킬 수 있다.) 게다가 해결책을 제시하는 개인들이 다른 개인들에게는 아주 명확하게 의식하지는 못하면서도 예감하고 있던 그런 조직적 행동의 규제적 제삼자가 된다는 점에서 이와 같은 개인들 상호 간의 갈등은 공동의 갈등이 될 수 있다.

그렇지만 이런 격렬함[100]은 어디에 소용되는가? 온갖 형태로 아주 복잡하게 질문을 던져보는 일에, 혹은 하위 집단의 생성-질문을 실현하는 데 소용된다. 최대치의 긴장은 그 생성-질문이 그 수준에서 그것의 기능들에 따라 *파리의 교통*이 될 때 실현될 것이다. 그런데 이렇게 모순투성이인 복합성은 그것 자체로 유지될 수 없다. 이 복합성이 문제를 내면화하는 수단이긴 하다. 하지만 공동 개인들이 분열되어 있는 한 이들은 마비 상태가 된다. 내면화된 모순의 계기는 그것이 동등자를 **타자**로 변형시키는 한 종합적 통일을 향해 극복되어야 한다. 하위 집단이 통합되면 될수록 그것은 이 집단 구성원 모두를 통해 동

---

100 사르트르에 의하면 융화 집단은 서약 집단을 거쳐 조직화된 집단으로 옮겨 간다. 그리고 이와 같은 변화의 과정에서 중요한 것은 이 집단의 구성원들이 실천적-타성태의 작용에 의해 서로가 서로에게 '적'이 되는 그런 관계, 그러니까 서로의 '이타성'을 받아들이면서 다시 '계열체'로 재추락하는 것을 방지하는 것이다. 하지만 이 집단을 유지하려면 현실적으로 점차 이 집단 내에 구성원들 각자의 이타성을 허용할 수밖에 없다. 다시 말해 이 집단은 점차 계열체로 변해가는 것을 받아들일 수밖에 없다. 이 과정에서 집단을 집단으로 유지하려는 세력과 다시 이 집단에 이타성을 수용하여 이 집단을 효율적으로 유지하려는 세력 사이의 긴장이 고조된다. '격렬함'은 바로 이 두 세력 사이의 갈등과 투쟁의 격렬함을 의미한다. 즉 융화 집단에서 서약 집단으로, 서약 집단에서 조직된 집단으로 이행하는 과정에서 이 집단과 이 집단 내부에서 필연적으로 발생하는 여러 하위 집단 사이의 투쟁의 격렬함, 이 집단에서 자신을 공동 개인으로 경험했던 각각의 구성원과 이타성에 의해 침윤당하는 개인들 사이의 투쟁의 격렬함을 뜻한다.

등자와 **타자**의 심오한 모순을 더 많이 느끼게 되며 폭력에 의해, 즉 현존하는 테제 중 하나에 가담할 것을 강요함으로써 어떤 해결책을 내놓는 시도를 그만큼 더 하게 된다. 이 경우 투표가 있었는가 없었는가는 중요하지 않다. 중요한 것은 소수자 자체의 숙청이다. 그리고 무엇보다도 어떤 테제에 가담하는가를 아는 것이 중요하다. 종종 그러하듯 만약 이미 지지된 테제, 조금 전에 발표한 테제들 가운데 하나에 가담한다면 이타성의 법칙을 받아들이지 않음으로써 다른 테제들을 희생하여 하나 혹은 여러 개의 객관적 모순의 항을 아주 유리하게 하는 데 그치게 된다. 모순들의 종합적 극복에 의해 *최선의*(그렇지 않다면 결정적으로 훌륭한) 해결책을 규정하는 "조직적 실천"의 의미에서 볼 때 *사유*는 존재하지 않는다. 그 결과 공동 행동(재조직화를 규정하는 힘)은 개인적 제안(공동 개인에 의해 이루어진)에 대한 공동 탈취로 정의되게 될 것이다. 이와는 반대로 *사유가 존재한다면* ─ 즉 잠정적이거나 아닌, 그러나 *최선의 사유* ─ 어떤 해결책이 제안된다면 이는 분명 규제적 제삼자에 의한 규제적 실천으로 표명될 것이다.(여기서 제삼자가 한 사람이냐 여럿이냐는 중요하지 않으며, 그 해결책이 여러 명에 의해 동시에 "발견되어도" 대수롭지 않다. 중요한 문제는 조직적 실천을 통해 매개된 공동 개인의 자격으로서의 각자가 이 해결책을 사유의 자유로운 변증법적 운동으로 만들어 낸다는 점이다.) 사실 문제가 되는 것은 실천적 기도를 통해 이루어지는 변증법적 극복이다. 따라서 이것은 모든 모순의 종합적 포착, 요컨대 분쟁 자체를 재통합의 도구로 취함으로써 제삼자에 의한 [하위] 집단의 생생한 재통합을 상정한다.

이 순간 하위 집단은 고유의 분할들의 종합적 통일에 불과하다. 그러니까 이 하위 집단은 분쟁들을 통해 상황으로부터 집단 전체로 오는 객관적 모순들을 실현한다. 그리고 특정 해결책의 고안을 통해서 개인은 규제적 제삼자로 서게 된다. 즉 그는 자신의 해결책을 새로운 목표(근본적인 목표는 불변한 채로 남아 있는 단기적 목표)에 의해 조건 지어지는 가능한 미래와 행동 영역의 서막으로 드러낸다. 그리고 이 해결책은 객관적 모순들의 객관적 극복과 동시에 내면적으로는 하위 집단 자체의 가능한 재통합으로서 제시된다. 사실 해결책을 채택함으로써 분파들(나는 이 용어를 가장 일반적인 의미로 사용한다.)의 대립은 긍정적인 상호성의 구조로 조직화된다. 새로운 통일성 한가운데서 대립항들은 새로운 정돈의 확고한 요소들로 보존되며, 이것들의 매개된 모순은 수용된 이질성으로 변형된다. 해결책이 하위 집단의 회의 중에 만들어졌는지 혹은 한 사람이 만들어 낸 것인지는 아무런 문제가 되지 않는다. 왜냐하면 방금 보았듯이 고독이란 한 개인이 그가 속한 하위 집단과 맺고 있는 특정의 기능적 관계이기 때문이다. 오히려 중요한 것은 모순들의 실제적인 전개가 규제적 제삼자를 통해 일어날 수 있고, 또 일어나야 한다는 점이다. 이 모순들이 분열된 하위 집단의 통일성 안에서 실현된다는 점에서 보면 이 제삼자는 그것들을 공동의 장의 안과 밖에서 포착한다. 이때 그는 공동 개인(축구 선수가 실천적 장의 움직이는 조직을 포착하는 것과 똑같다. 이 조직은 이 선수에게 영향을 미치고, 선수를 변형시키며, 조직 또한 선수에 의해 실현되기도 한다.)인 것이다. 그리고 바로 이 내적 모순들은 객관적 모순의 내면화이기 때문에 그는 그것들을 실천의 확고한 통일성 안에서 전체 집단의 객관적 조직 문제로 포착하게 된다. 또한 이 문제의 해결은 조직적 하위 집단의 재조직을 실행해야 하는 것이다. 달리 말하자면 그는 하위 집단의 재조직에 의해 도달해야 하는 해결책과 긍정적인 해결책에 근거해 실행되어야 하는 하위 집단의 재조직을 동시에 포착하는 것이다. 실천적 구상에 대해 말하자면 그것은 *사유되었다.* 이것은 정확하게 이 구상이 집단과 세계 및 자기 자신 사이에 정립된 관계들의 극복이며, 하위 집단과 그 자신 및 집단 사이에 정립된 관계들의 극복이라는 의미다. 이것은 이 관계들이 공동체의 타성태적이고 선서된 골격이라는 점, 달리 말하자면 이 관계들이 내면성의 타성태적 외면성으로 포착될 수 있다는 점에서 그러하다. 실천적 구상에 대한 사유는 이 관계들 안에서 근거를 찾는다. *비록 이 사유가 총체의 이름으로 몇몇 변형을 거쳐야 한다고 해도 마찬가지다.* 이 사유는 이 관계들에 의해 구조화되며, 이 관계들을 극복하고 이용하는 투기를 통해 이 관계들을 극복한다. *이와 동시에* 사유는 서수적 수학의 타성태적 질료와 같은 준객관성 안에서 이 관계들을 다시 발견한다. 이렇게 해서 사유의 구조와 도구들은 공동적이지만, *실천으로서의 사유는* 실천적 유기체와 이 타성적 관계들과 최후의 객체화를 구성하는 자유로운 변증법의 매개다. 이런 사유를 고안해 내는 것은 모순된 요구들에 의해 분열된 실천적 장에서 이루어지는 생생한 종합 안에 모인 구조들과 이 종합에 따라 재조정된 구조적 관계들 사이의 종합적이고 개인적인 관계다. 이러한 고안이 제삼자의 규제적 *실천으로서* 이루어지고, 이해가 다른 제삼자에게서 벌어지는 규제된 *실천과도* 같은 고안 자체이기 때문에 하위 집단의 재조직과 집단의 새 조직의 통일로서의 행위는 어디에서나 *지금, 여기에서* 동일하게 이루어지는 것이다.

중요한 것은 바로 이와 같은 사실이다. 여기에서 우리는 인식론적 관념론이 그들 *사이의 정신의 일치*라고 불렀던 공동체들의 본질적 구조와 만나게 된다. 정신이란 없다. 영혼이 없는 것처럼 말이다. 이는 우리가 이미 아는 바다. 하지만 "일치"라는 말 자체가 상궤를 벗어난다. 사실 일치란 말은 서로 다른 지평에서 왔고, 서로 다른 차원의 습관과 특성을 가진 서로 다른 집단들과 개인들이 *최소한의 것에 대해*

계약에 따른 합의를 상호성 안에서 실현하는 것을 상정한다. 이어서 관념론적 낙관주의가 다음과 같은 사실을 보여 준다는 것은 그다지 중요하지 않다. 즉 이 최소한의 것이 나중에 또 다른 최소한의 것으로 증폭되고, 이것이 또 다른 최소한의 것으로, 그리고 결국에 일치라는 것이 인간 활동과 지식의 전체로 펼쳐지리라는 사실이 그것이다. 이것은 **역사 철학**에 속한다. 각각의 경우에 남는 것은 — 설령 그것이 이전의 일치에 근거할지라도 — 새로운 일치는 주어진 상황에서 최소한의 것으로 남아 있다는 사실이다. 과학(여기에 대해서는 곧 언급할 것이다.)은 역사의 어떤 한 계기에 개인들의 일치를 실현하는데 그 개인들은 같은 나이도 아니고, 성별도 다르고, 사회적 조건도 다르고, 같은 이해관계를 가진 것도 아니고, 같은 언어를 쓰지도 않으며, 같은 민족에 속한 것도 아니다. 그리고 이 개인들은 예컨대 프레넬[101]의 이론이나 열역학 이론과 그 증명에 대해 일치를 보인다. 그 순간 일치의 대상은 갑자기 각자의 외부가 되어 버린다. 즉 공산주의 물리학자와 반공주의 물리학자는 물리 실험의 결과와 그들의 해석에 대해 일치를 보게 되고, 그들의 사회성이나 유기체적 개인성이 아무런 변수가 되지 않는다. 어떻게 보면 이와 같은 사실이 발생하는 것처럼 보인다. 하지만 문제가 되는 것은 지금 우리가 연구하고 있는 것보다 구조가 더 복잡하다. 실제로 문제되는 것은 집렬체를 통한 통일성의 부활과 *이타성의 와해 없이* 집렬체적 환경에서의 집단들의 창조다.

실제로 이 귀납적 통일성은 제한되고 적극적인 집단들의 파손된

---

101 오귀스탱 장 프레넬(Augustin Jean Fresnel, 1788~1827). 프랑스의 물리학자. 프리즘이 광선을 수평축으로 굴절시켜 하나의 강력한 방향성을 띤 광선으로 분사하는 렌즈를 개발했다. 이 렌즈를 이용해 빛의 생산성을 20퍼센트에서 80퍼센트로 증가시켰다. 1830~1840년대 사람들은 프레넬의 이 방법을 이용해 가시거리가 28해리에 달하는 빛을 개발했으며, 이는 특히 등대에서 유용하게 사용되었다.

산물이다. 앞으로 살펴보게 되듯이 이 집단들의 활동은 집렬체 안에서 굴절하게 될 것이다. 관념론적 구상의 모순은 그것이 **타자** 안에서 **타자**로서 동등자일 수 있는 힘을 진실에 부여한다는 사실에서 기인한다. 선험적으로 모든 **역사**를 결정하지 않고서, 예컨대 계급 투쟁과 착취를 단번에 물리치지 않고서 두 **타자**들 사이의 과학적 일치가 근본적인 인간적 상호성이라고(그리고 결과적으로 사회적, 정치적 등의 형태 하에서 이타성이란 결국에는 와해할 부차적인 형태에 불과하다고) 말할 수는 없을 것이다. 왜냐하면 고용주와 노동자들 가운데 한 사람 사이의 과학적 진실에 대한 일치란 항상 가능하기 때문이다.(이들이 서로를 가르치는 것을 원할 수도 있고, 가능할 수도 있는 것으로 충분하다. 이것은 특히 상황에 달려 있다.) 하지만 비록 전기 용접공과 **조선소** 사장이 서로 **아르키메데스**의 원리라는 진실을 확신한다고 해도 서로가 가지는 이 확신은 각자 안에서 *타자적* 확신이다. 왜냐하면 이 확신은 분열된 사회 안에서, 그리고 착취 체제의 양 끝에서 이루어진 것이기 때문이다. 여기에서 과학에 대한 일치는 *아무런 중요성도 갖지 않는다.*(날씨나 기온에 대한 똑같이 사실적인 일치가 중요하지 않은 것만큼 말이다.) 이와 같은 일치는 구체적 실재를 가지고 있지 않다는 점을 지적하자. 왜냐하면 정확히 두 개인은 자신들의 지식이 대립하는 일은 쓸데없을뿐더러 그럴 가능성이 없는 것과 마찬가지로 서로 마주칠 일이 없기 때문이다. 사실 자신들의 구체적인 관계가 생산 양식과 생산관계에 의해 지배되고, 각자는 동일 집단 가운데서의 자기 이익을 위해 이런저런 엄격한 논증의 사유 운동을 재생산하는 그런 두 명의 개인들이 있는 것이다. 요컨대 개인들과 집단들이 근본적으로 **타자들**일 때(하물며 대립된 타자들일 때) 상호성의 영원한 잠재력인 "정신의 일치"는 추상적 가능성이며, 완전히 비본질적인 것으로 남게 되는 것이다. 어쨌거나 서로 적대적인 두 부대의 포병들은 발사술에 대해서는 모든 점에서 일치한다.

이와 반대로 조직적이고 발견에 도움이 되는 집단들(그리고 구체적으로 함께 작업하는 학자들로 구성된 적극적인 집단들을 발견에 도움이 되는 집단들 사이에 분류해야 한다.)에서는 해결책의 등장으로 인해 각자는 "일치"보다도 더 완전하고 더 구체적으로 구속된다. 사실 일치란 한 사항에 대해 **타자들**로서의 **타자들**의 외적 통일성을 실현하는 것이며, 바로 이런 사실로 인해 그것은 분말 상태의 동일성들로의 폭발을 의미한다. 이 모든 **타자**는 이 특별한 점에 대해서는 동일하다. 해결책이 규제적 제삼자의 실천적 행동으로 이루어질 때(왜냐하면 이 해결책이 우선은 담론의 결정, 도표화된 논증, 경험의 재생산 등등이기 때문이다.) 그리고 그것이 각각의 다른 제삼자의 *실천*에 의해 *동시에* 재생산될 때 그 해결책은 반대로 *여기*의 편재성 안에서 동등자인 각자의 시간화다. 우리가 이 사실을 통해 말하고자 하는 것은 바로 이해는 창조라는 점이다.(그리고 학자들이나 전문가들에게서는 첫마디 말부터 가능성의 장에 불이 밝혀지며, 미래는 규제적 행동이 아직 결정을 시도하지 않았던 것보다 훨씬 더 분명하게 드러나기도 한다.) 그러나 이 자유로운 창조는 **타자**에게서 이루어지는 것이 아니다. 오히려 (모순적인 파열들로 인해) 자신의 실천적 작업을 통해 스스로를 동등자로 재구성하는 순간 *변질된* 개인에게서 이루어진다. 이는 이 작업이 내면화된 모든 다수성을 위한 유일하고 동일한 [것]이 되기 때문이다. 달리 말하자면 고려된 사실(제삼자에 의해 해결책을 그의 동료들에게 제시)에 부적합한 두 가지 설명이 있다. 첫 번째 설명은 암암리에 사회 유기체적이다. 거기에는 어떤 종합적 행위(고안자의 논증적 행위)가 있으며, 이 유일한 행위가 그것을 이해하고 있는 사람들을 통해 통합의 통일성으로 실현된다. 이 설명은 단 한 사람을 제외하고는 개인들을 불분명한 비본질성으로 전락시키고, 또한 고안자를 총체화의 초의식으로 구성하는 것과 같다. 이것은 지각의 피상적 종합에 근거하고, 이 종합의 바탕은 청취자들의 총체로 드러나며 웅변자는 그 바탕으로부터 뚜렷이 부각된다. 이와 달리 두 번째 설명은 분석적 합리성에 의거한다. 이것은 집단을 제거하고 외면적 다수성으로 집단을 대신하며, 이해의 사실을 서로 다른 유기체 안에서 스스로를 생산하는 것과 같은 과정의 한정된 수로 풀어낸다. 이 순간에 고안자의 논증은 그 자체로 하나의 과정이고 각각의 항은 앞의 것에 의해 명령되며, 유도자를 외적 통일성(청취자, 관객)과 같은 반응을 위해 사용한다.

구체적 진실은 우리가 끊임없이 그 사이에서 흔들리고 있는 두 가지 잘못된 해석들보다 훨씬 단순하다. 고안의 과정 그 자체는 ─ 비록 이것이 제시의 과정보다 단 한 순간만 앞선다 해도 ─ 여전히 공동 분열의 과정에 속한다. 사실 이것은 우선 사물의 힘에 의해 이루어진 다른 해결책들 중에서 하나가 출현한 것이다. 그리고 실제로 각각의 모순되고 그릇된 해결책들 하나하나는 총체화하는 재조직화로 체험되었으며, 새로운 내적 모순으로 실현되어 집단을 구분하고, 또한 이 구분의 장본인을 그 *개인성* 안에서 가리킨다. 진정한 종합적 해결책이 집단의 재구조화로 실현되는 일은 시련에 처해 있다. 그리고 이 시련은 ─ 고독 속에서 실행되는 작업들처럼 ─ 경험이나 계산일 수 있지만 다른 상황에서는 설명이 될 수도 있다. 어쨌든 고독한 반(反)시련은 그 엄격함에도 불구하고 불충분한 것으로 남는다. 진실은 객관성에 대한 실천적이고 통제된 판독임과 동시*에* 사회성에 대한 내면성 안에서의 규정이기도 하다.[102] 거기에서 출발해 이제 작업은 더 이

───

102   이와 같은 두 가지 작업이 한꺼번에 일어난다거나 신속하게 연속적으로 일어난다고 말할 어떤
       이유도 없다. 그럼에도 첫 번째 작업은 어떤 통합을 위한 추상적 조건들을 고정하는데 오직 그

상 규제적 제삼자에게 속하지 않는다. **바스티유 감옥** 점령이 "**바스티유**로 달려가자!"라고 최초로 외쳤던 사람의 작품이 아니듯이 말이다. 이 작업은 각자에 의해 삼중의 양상으로 이루어진다. 첫째로는 추상적 명백성의 실제적 연쇄(즉 이것은 타성적이고 필연적인 관계들의 연쇄로서 그 필연성이 완전한 명백성 안에서 나타나며, 살아 있는 구조 속에서 동일한 통합 관계들을 통해 이해된다.), 둘째로는 총체화의 수정을 통한 이데올로기적 분리주의의 숙청, 셋째로는 각자의 주변에서 각자에 의한 그리고 새롭고 엄격한 작업 속에서 모두가 행하는 공동 실천 영역의 실현이다. 이와 같은 건설적인 숙청은 세 가지 시간적 탈존(脫存)을 통해 진행된다. 과거와 미래는 상호적으로 규정되고, 실천적 현재는 전체적인 이해를 통해 이미 밝혀져서(즉 미래에 의해 이미 의미 작용으로 형상화되어) 미래를 과거에 결합하는 매개들의 후진적인 규정으로서 이루어진다.

이와 같은 사실들을 토대로 우리는 이렇게 말할 수 있다. 즉 작업은 *모든 곳에서* 일어났고, 설명이 이해보다 우위에 있는 유일한 길은 그것이 규정된 행동에 대해 규정적 행동의 추상적인 특권을 가지고 있다는 것이며, 이 작업 — 설명과 이해 — 은 공동 구조의 바탕에서 실천적 모순을 숙청하는 *개인적인 실천*이라는 사실이다. 또한 이 개인적 실천이 어떤 경우에도 각각의 제삼자에게 동일한 과정의 형태로 재생산될 수 없다고도 말할 수 있다. 왜냐하면 이 실천은 실제로 매개된 두 상호성을 전제로 하기 때문이다. 즉 진행 중인 총체화(그러니까 도처에서 일어나는 수정)의 매개를 통한 각각의 이해로부터 설명으로의 상호성과 규제적 제삼자를 수단으로(해결책이 설명된) 각자가 각자

통합만이 작업에 구체적 의미를 줄 수 있다.(원주)

에 대해, 그리고 각자가 모두에 대해 가지는 상호성이 그것이다. 하지만 여기에서 이 종합적 관계들은 좀 더 단순한 표현으로 축소되어 있다. 상호성은 타자의 이해를 나의 이해와 동일한 것으로 지칭한다. 나의 이해가 타자의 이해와 동일하기 때문이다. 이런 추상적 관계는 단순히 다수성의 재내면화에 상응하며, 종합적 통일성의 다른 형태들의 엄격한 종속에 상응한다. 사실 ― 우리가 위에서 이 구조를 전개시켰듯이 ― 단 *하나의* 이해도, *열 가지* 혹은 *서른 가지*의 이해도 없다. 어디에서나 동일한 이 이해는 어떠한 수적인 규정도 갖고 있지 않다. 이것은 총체성의 형태로 집단을 실현하는 제삼자의 설명도 아니고 행위들의 수적인 복수성도 아니다. 이것은 초기구의 종합적 행동도 아니고 여느 실천적 기구의 개별적이고 지엽적인 행동도 아니다. 이것은 개별성이 규정되지 않은 실제 기구의 행동이다. 왜냐하면 이 행동이 기능과 객체화 사이의 매개를 실행하며, 조직화된 장소에서 *편재성으로서 생산되기 때문이다.* 나의 이해는 그것이 내 옆 사람의 이해인 한에서만 나의 것이다. 그리고 다수의 정체성들은 각각의 이해가 다른 모든 것을 함의하고 그것들을 실현시키는 *한에서* 사라지게 된다. 편재성은 통일성의 상호성이며, 동일한 운동으로 다수와 동일성을 배제시킨다. 1인칭 복수형을 통해 다수의 내면화를 표명하는 담론은 이 이중의 거부를 완벽하게 표현한다. 사실 *우리*라는 표현에서는 다수가 삭제되는 것이 아니라 지위가 낮아지는 것이다. 우리 안에서 다수는 편재성의 자격으로 남아 있게 된다. "우리는 둘이다."라고 말할 수도 있고 "그들은 둘이다."라고도 말할 수 있다. 하지만 두 번째 표현에서 숫자는 실제적이며, 교환 가능성을 나타내는(각각의 사람은 두 번째 단위가 될 수 있다.) 반면 첫 번째 표현에서는 이 교환 가능성이 명백하지 않은 상호성의 내용이다.

이처럼 해결책의 고안은 객관적 재조직화이기에 앞서 개인적인 계기이며, 자신의 *여기*를 어디에서나 발견하고 자신의 상호적 현존을 통해 모든 *여기*에서 스스로를 상호적으로 규정한다. 물론 문제는 추상적 해석에 대한 것이다. 집렬체가 — 아무리 하찮은 것이라도 — 집단에 도입되면 다수성이 재등장하는 경향이 있다. 하지만 비(非)다수 혹은 편재성과 수적 다수성 사이에는 매개들이 존재하며, 수적 다수성은 집단이 완전히 사멸할 때만 진정한 다수성으로 존재하게 된다. 그럴 경우엔 해결책의 포괄적 고안조차 없게 될 것이다. 혹은 설사 있다 해도 집렬체적 타성태를 분쇄할 힘을 갖지 못할 것이다. 하지만 우리에게 무엇보다도 중요한 것은 종합의 계기가 개인적 작업의 계기로 남는다는 사실이다. 보편적 객관성이 개인들의 다양성을 유지하면서도 정신의 일치를 실현하는 것과는 반대로 개인적 작업은 아무것도 실현하지 않는다. 하지만 *각자는 작업을 실현함으로써 동등자를 실현한다.* 이런 의미에서 보면 사회성으로서 그리고 통합 집단 속에서의 **진리**란 본래적인 의미에서 모든 이타성의 제거다. 진리는 규제적 제삼자의 매개를 통해 통합을 실현한다. 하지만 그로부터 개인적 작업으로서의 진리와 공동 작업으로서의 진리 사이에 절대적인 구별이 유래한다. *한 사람*과 모두의 동시 편재성을 통한 이 무차별화는 과학이 때로는 어떤 법칙이나 원칙에 옴,[103] 줄,[104] 카르노[105] 등의 발명자 이름을 부여하기도 하고 또 때로는 건설적 작업이

---

103 게오르크 시몬 옴(Georg Simon Ohm, 1789~1854). 독일의 물리학자. 도체에 흐르는 전류가 도체에 걸린 전위차(전압)에 비례하고 도체의 저항에 반비례한다는 물리 법칙을 발견했다. 이 법칙은 그의 이름을 따라 '옴의 법칙'이라 불린다.

104 제임스 프레스콧 줄(James Prescott Joule, 1818~1889). 영국의 물리학자. 열역학 제1법칙(에너지 보존의 법칙) 창안자.

105 니콜라 레오나르 사디 카르노(Nicolas Léonard Sadi Carnot, 1796~1832). 프랑스의 과학자. 열기관과 관련한 '카르노의 순환'을 기술했으며, 증기 기관 발명에 크게 기여했다.

익명으로 진행되도록 내버려 두는 사실을 통해 명백하게 드러난다. 공동 작업은 실제적 구조에서 개인적 작업을 넘어설 수 없을 뿐만 아니라 앞으로 살펴보겠지만 이 개인적 작업은 결코 완벽하게 도달할 수 없는 실제적인 이상으로 집단에 나타나게 된다.

구성된 변증법의 한계: 초유기체의 불가능성

그러나 다시 한번 조직의 하위 집단으로 되돌아가야 한다. 우리는 이 문제가 도식적 해결을 얻었다고 가정할 것이다. 하나의 고안의 대략적 윤곽이 제시되었고, 세부의 완성들과 적용의 구체적 양상들 등으로 넘어가야 한다. 우리는 이 차원에서 자유의 이질성을 다시 발견한다. 즉 자유는 결국 고안의 규제적 계획의 공동 채택 위에 기초한다. 고안의 규제적 계획은 새로운 성격을 띠게 되었다. 이것은 공동 구조가 되었다. 한편으로 이는 결국 *이해되고 선서된* 타성태다. 우리는 이것으로 만족한다. 이것을 다시 문제 삼을 생각을 해서는 안 된다. 이처럼 이것은 그 자체로서 하나의 편재하는 타성태의 통합적 관계를 표상한다. 각자 안에서 공동 토대로서 완전히 동등자이며 아무에게도, 그 고안자에게조차 그의 특권적 본거지처럼 머물지 않는다. 다른 한편 조직적 계획으로서(즉 하위 집단에 의한 집단의 새로운 조직을 지도하는 계획으로서) 그것은 조직하는 실천의 한계들과 권력들을 규정한다. 바로 이들이 통합되어 있기 때문에 각자가 동등자이며, 같은 지도 계획 위에 자신의 작용들을 기초하기 때문에 어떤 개인이라 할지라도 지도 계획의 타성태적 관계들을 자신의 뼈대처럼 가정하고 포함하는 하나의 세부적 제안에 의해 스스로 고유한 이질성을 고안해 내는 것이 가능하다. 궁극적으로 각자는 풍부한 자신의 자유로운 고안에 의해 스스로를 이질적으로 만듦과 동시에 자신의 자유로운 발명을 대상 안에서 총체화하는 객체화의 초월해야 할 계기로서 구성한다. 따라서 계획을 구체적인 것에 적용시키는 전진적 작용은 계획의 통제하에서 각 계기가 앞선 계기를 극복하는 이질적 계기들을 통해 전개된다. 이 차원에서(적어도 이론적으로는, 즉 우리가 위치한 추상적 순수의 단계에서) 모순들은 집단 자체를 위태롭게 하지 않으며, 미래와 공동 실천과 집단 자체의 전망적 통일성의 토대 위에서 순차적으로 전개되고 스스로를 극복해 간다. 그러나 가지성의 관점에서 보면 통일성의 바탕 위에서 이루어지는 이질성의 조화로운 그 전개는 다시 한 번 유기체의 실천적 통일성으로 우리를 되돌아가게 한다는 사실을 인정해야만 한다. 고안되고 반박되며 모순과 함께 극복된 각각의 명제는 — 전 과정이 다양한 개인들에 의해 수행된 다양한 활동들의 산물이지만 — *선험적*으로 유기체의 자유로운 변증법적 *실천* 속에서 극복된 하나의 위치일 수도 있기 때문이다. 유일한 차이점은 구성된 변증법이 비변증법적 계기, 즉 감내된 타성태의 계기에 근거한다는 사실이다. 결국 감내된 타성태는 구성하는 변증법에 극복할 수 없는 한계들을 지시하는 만큼 공동 *실천*을 가능케 해 준다. 확실히 실천적 유기체 속에 하나의 타성태의 구조가 존재하기는 하지만 — 이것이 실천적 유기체로 하여금 전(全) 도구성의 도구가 되도록 허용하는 것이다 — 이 타성태의 구조는 자유의 타성태와 아무런 관련이 없다. 사실 자유로운 유기체적 극복은 언제나 물질적 조건들의 극복이다. 그러나 행동의 한계들은 *실천* 그 자체가 야기할 수도 있는 선서된 타성태에 의해서가 아니라 역사적 상황들 전체에 의해 지시된다.

이와 같은 타성태적 부정은 공동 행동의 필수 불가결한 조건을 나타낸다. 즉 공동 개인이 능력과 기능, 구조로서 존재하는 것도 이런 부정에 의해서다. 공동 개인과 작업 대상 간 매개로서의 변증법적 실천은 타성태, 능력, 기능, 즉 공동 개인을 넘어서고 보존하고 활성화시킨다는 점에서 한 유기체의 자유로운 고독한 *실천*과는 다르다. 집단 자체 내에는 각 개인의 (각자와 전체에 대한) 규정에 해당하는 구성적, 통합적 관계가 있으며, 공동 개인은 개인적 *실천*을 통해 자신을 활성화하면서 자기를 형성하고 해체하며 *도처에서* 위태롭게 하는 전대미문의 강렬한 힘들의 장 속에서 스스로를 생산한다. 이런 의미에서 집단 속의 구체적 개인은 유기체적 개인, 그리고 공동 개인과는 근본적으로 다르다. 행동에 들어간 집단이 공동 *실천* 속에서 — 행동의 능력과 효능이 아니라면 적어도 행동의 형식적 구조에서 — 개인적 *실천*의 수준으로 "다시 떨어지는" 것은 일견 더욱더 역설적일 뿐이다. 그러나 집단은 "반(反)자연", 즉 하나의 기획, 인간들을 결합하는 근본적 관계들 위에 작용하는 하나의 체계적 작업이라는 사실, 이 작업의 지도 계획이 그것을 생산하는 변증법적 운동 이외의 다른 것이 될 수 없었다는 사실을 고려할 경우 이러한 역설은 사라져야 한다. 달리 말하자면 실천적 목적은 집단이 아니라 공동 목표다. 집단은 목표에 공동으로 도달하기 위해 스스로를 구성한다. 하지만 조직은 집단을 변증법적으로 변증법적 *실천*의 확장자로서 구성한다. 다시 말하자면 조직은 집단을 매우 강력한 하나의 유기체로*서*뿐 아니라 작업의 세밀한 분업과 기능들의 체계적 미분화를 통해 자신의 구성의 우연성들을 제거하는 하나의 유기체로*서* 구성하는 것이다. 그런데 이 새로운 성격들에도 불구하고 집단은 위치 지어지며 따라서 외적 변화들이 집단의 조직 속에 우연성(즉 예측의 우연적 한계들)이 나타나게 할 수 있다. 또한 행동의 계획이 인간 작업의 산물로서의 집단에나 이 집단을 생산했던 작업에나 동일한 것으로 머물러서도 안 되며, 작업 대상으로서의 집단은 **가공된 사물**처럼 특정의 타성태에 의한 결정들을 지지해야 한다. 집단이 스스로에게 부여할 수 있는 유일한 통일성은 ― 왜냐하면 초유기체는 이상주의의 하나의 꿈이므로 ― 가공된 물질(주조된 동전)의 가짜 통일성과 유기체의 살아 있는 통합적 통일성 사이에서 동요하게 된다. 이처럼 이제부터 우리는 공동 *실천*의 변증법적 합리성은 개인적 *실천*의 합리성을 초월하지 않는다는 사실을 확언할 수 있다. 오히려 이와는 반대로 전자는 후자의 이전에 머문다. 전자의 특수한 복합성들과 관계 매듭들, 그리고 구조들의 형식적 연결은 정확히 이 2차적 합리성이 *구성되었다*는 사실, 즉 집단이 하나의 산물이라는 사실로부터 기인한다.

달리 말하자면 집단은 하나의 변증법적 행동을 생산하기 위한 필요성의 압력하에서 구성되고 조직되었다. 그리고 집단이 스스로를 유기체로 만드는 *데* 성공했다면 그의 행동의(하나의 초의식적 통일성 등등을 가정하는) 유기체적 통일성은 다른 종과 다른 가지성에 속했을 것이다. 즉 각각의 유기체는 *전체*에 연결된 구조로서의 초유기체에 대한 어떤 이해를 아마 획득했을 것이다. 그러나 이 이해는 조직화된 집단 속에서 총체화를 겨냥하는 우리의 이해와는 사뭇 달랐을 것이다. 게다가 이런 추측은 너무 불확실한 것이어서 이 이해가 초유기체 전체를 겨냥했는지, 그의 초행동(그 자체가 수정에 불과하다.)을 겨냥했는지 아니면 서로서로를 통해 겨냥했는지, 이해 따위는 전혀 없었는지를 확립할 수가 없다. 그러나 집단이 스스로를 총체성으로 만드는 데, 즉 하나의 실천적 초변증법에 의해 개인적 *실천*을 넘어서는 데 실패했다는 바로 그 이유 때문에 집단은 ― 유기체 자체가 자신의 총체화에 존재론적 통일성의 모델과 계획을 부여하는 것처럼(우리는 이 문제를 재론할 것이다.) ― 자신에게 유일하게 하나의 능동적 통일성의 모델을 제공할 수 있는 이 *실천* 이하로 재추락했다. 집단의 실천을 구성하는 역설적 긴장이란 바로 이 집단이 그 자체로서 모든 타자에 의한 개인의 변모, 편재와 같은 압류, *따라서* 어떤 점에서는 하나의 새로운 존재 규약(권력과 "폭력-동지애")이다. 또한 이와 같은 긴장은 그의 행동 ─ 그의 구성의 근거 자체이며 법인 ─ 이 계획의 실현을 보장하기 위해 하나의 집단-대상을 자유로이 사용할 수 있는 어떤 한 유기체적 개인이 기도할 수 있는 것과 다르지 않다는 사실이기도 하다. 그러나 이런 현실의 극복 불가능성은(필연성은 없으나 경험의 영속적 명증성은 있다.) 필연적으로 초유기체가 되는 것의 불가능성에, 즉 집단의 실패에 이르게 한다. 그리고 이 불가능성 자체는 우선 스스로에게 유기체적 통일성을 주는 것의 불가능성에 불과하다. **이데아**처럼(나는 **이데아**를 담론의 결정으로서가 아니라 언제나 내일이면 실현될 수 있는 것처럼 자임하며 스스로를 규제자로 만들기는 하지만 실현될 수 없는 시도라는 의미로 사용한다.) 집단이 실천적 유기체에 대해 갖는 극복할 수 없는 관계, 이는 영속적으로 수정되고 실패하는 하나의 총체화의 변화하는 의미다. 집단은 사회 유기체설적인 의미들의 망령에 시달린다. 왜냐하면 집단은 다음과 같은 엄격한 법칙에 종속되기 때문이다. 즉 집단이 스스로에게 유기체적 통일성을 부여하기에 이른다면 ─ 그러나 이것은 불가능하다 ─ 이로 인해 집단은 초유기체가 된다는 법칙이 그것이다.(왜냐하면 집단은 우연성을 배제하는 실천적 법칙에 따라 스스로를 생산하는 하나의 유기체가 될 것이기 때문이다.) 그러나 이 지위가 그에게는 엄격히 금지된 까닭에 집단은 실천적 유기체 이전의 *총체화*로 *그리고 존재*로, 또한 실천적 유기체의 산물의 하나로 머문다. 요컨대 유기체적 단계가 극복될 수 없기 때문에 이것은 달성될 수 없다. 그리고 유기체는 초유기체의 통일성에 이르기 위해 넘어야 할 입구로서 집단에 조정자 역할을 하는 존재론적, 실천적 지위로 남는다. 이와 같은 방식으로 집단은 작업에 의해 스스로 하나의 변증법적 *실천*을 생산하는 도구로 구성된다. 그러나 조직을 통해 벼려진 이 변증법은 유기체적 개인의 자유로운 변증법적 행동들에 의해, 그리고 그것들을 본보기 삼아 구성된다. 결과로서는 단지 공동 행동이 특정의 유일자(*지도자, 조직-인간 등등*)에 의해 재발명될 수 있을 뿐 아니라 구성된 변증법의 가지성이 무거워지며 구성하는 변증법의 충만한 가지성에 비해 타락하기까지에 이른다.

결국 어떤 이유로 인해 여전히 가지적인 ── 우리는 이 점을 나중에 볼 것이다 ── 공동 실천이 개인적 실천의 투명성을 상실하게 되었는가를 밝혀야 한다. 그런데 우선 그 근본적 이유가 감내된 타성태라는 것은 분명하다. 즉 원하는 만큼 감내되었다고 해도 타성태는 각자에게 그의 *타자적 자유*로 온다. 그 결과 비록 이때의 이타성이 형식적 순수성 속에서 생산된다고 해도 타성태는 그에게 제삼자로부터 타자로서 온다. 내가 나의 한계들과 몇몇 극복 불가능성들에 부딪칠 때(내가 집단에서 다른 기능보다도 바로 이 기능을 가지고 있다는 사실) 내가 그에 대한 *실천적* 해석들을 제공할 수 있으며(나는 상황들과 나의 능력 속에서 나의 기능의 근거를 재발견한다.) 나의 최초의 서약 ── 암묵적이었든 명시적이었든 ── 을 재발견하고, 되살아난 과거의 위급성 속에서 이를 재생산한다. 그리고 거기로부터 출발해서 *이 현재와 이 임무*에 이르는 변증법적 연결을 돌파할 수 있는 것은 당연하다. 그러나 이와 같은 부정과 한계는 내가 아무리 그것들을 이해한다 할지라도 그들의 도구적 기능에 의해 의당 그래야 되는 것처럼 해소될 수 없다. 그리고 이것들 위에 세워진 모든 결정 ── 권리와 의무들, 권력들, 구조들 ── 을 집단 내부에서 생산해 내는 변증법적 운동을 나는 매 순간 재발견할 수 있다. 그러나 그렇다고 해서 이 결정들이 나의 순수한 유기체적 *실천*의 투명성을 가지고 있는 것은 아니다. 나의 권리와 의무는 나에게 하나의 이타성의 차원과 함께 나타난다. 이것은 분명 타자와의 관계들이다. 그러나 투명한 인간관계들이 존재하며, 내가 그 점에 대해 이 저서의 시작 부분에서 이미 말했듯이 이것은 직접적 상호성들이다. 그러나 여기에서 문제가 되는 것은 이루어진 상호성들이다. 투명함이 없는 명증성 속에서 권리와 의무는 변증법적 체험에 나타나며 — 그리고 실천적 의식에도 — 나타난다. 이것은 마치 나의 자유로운 소외가 자유에 나타나는 것과 같은 이치다. 사실 우리는 서약을 주재했던 목적들을 알고 있다. *우리*의 다수성을 내면화하면서, 즉 이것을 지속적으로 통일성에 종속시키면서 이에 대항하여 투쟁하는 것이 문제였다. 이처럼 **구성된 이성**으로서 변증법적 합리성의 문제는 통합의 근본적인 차원, 즉 다수성에 대항하는 공동 행동의 근본적인 차원에 위치한다.

그런데 우리는 추상과 순수의 하위 차원에서 (그러나 아직 전적으로 추상적인) 연구를 수행하면서 다수성의 내면화가 지속적으로 다시 이루어져야 하고 또한 지속적으로 실패한다고 즉각 확언할 수 있다. 이것은 우선 투쟁과 행동의 상황들 자체에서부터, 즉 총체화하는 역사 과정과 목표 그리고 도구에서부터 동시에 기인한다. 먼저 이 후자들만을 고려할 경우 집단 자체가 전체 사회가 될 수 없게 되자마자(즉 실제적으로는 언제나) 집단의 도구가 그의 작업의 산물이라는 점을 고려해 보면 **타자**가 개입하게 된다는 사실은 놀랍다. 그리고 같은 방식으로 가공된 물질 위에서 구성되었던 집단의 내부로부터 이 가공된 물질은 내적 조직들 전체에 특정의 이타성이 배어들게 한다. 오늘날 *고려되는* 집단이 어떤 것이든지 간에 실천적 통일성이 일시적으로 와해되게 하려면 우편 전신 전화국(또는 전기 통신 부문)에 타격을 가하는 한 차례의 파업만으로 충분하다. 그런데 이 통일성은 행동의 운동 속에서만 그리고 상황의 위급성하에서만 의미를 가질 뿐이다. 통일성의 단절이 공동 개인들의 서약된 충성을 깨지는 않을 것이다. 다만 이 통일성은 각자로 하여금 그에게는 그다지 잘 알려지지 않은 상황들 속에서 — 왜냐하면 그는 집단이 자기에게 주는 정보도, 강령도, 명령도 마음대로 사용할 수 없기 때문에 — 자신의 임무를 다하도록 강요한다. 공동 개인은 존속한다. 그는 서약이며, 각자 안에서의 습관들이다. 그러나 새로운 상황 속에서 그는 순수하게 부정적인 결정, 타성태의 핸디캡 등등에 굴복하는 경향이 있다. 유기체적 개인은 타성태에 의해 제한되기는 하나 *살아 있는*(즉 공동 환경과 부여되고 유지된 권력들에 의해 지지되고 배양되는) 공동-존재와 공동 *실천*의 객체화 사이의 매개자가 더 이상 아니다. 유기체적 개인은 고립된 채 실천적 유기체처럼 집단과 일체가 된다. 말하자면 그는 집단에 자신의 유기체의 특징인 변증법적 자발성의 지위를 부여한다.(우리는 단절처럼 이 갑작스러운 고립이 개인의 집단-내-존재를 고독으로 특징짓는, 따라서 고독을 공동체의 실제적 지위처럼 살아가는 고독한 자들을 마치 유용하고 필요한 구성원들처럼 생산하는 모종의 연속 함수들과 같은 방식으로 체험되지 않는다는 사실을 나중에 볼 것이다.) 그러나 집단이 그 자체와 이루는 이와 같은 동일화가 정반대의 두 극단적 가능성을 지니는 것은 당연하다. 명령들과 정보들의 불확실성에도 불구하고 집단을 위한 희생과 개인에 의한 집단의 사용이 그것이다. 여기에서 공동적 인간들의 와해의 위험은 서약 이전에서 오지 않는다(집단을 분쇄할 위험이 있는 바와 같은 공포, "특수한 이해관계" 등등). 오히려 위험은 서약 너머에서 온다. 개인이 집단의 권력들을 간직하면서 관계들의 부족으로 홀로-스스로 집단을 구현할 때 이 집단은 개인 속으로 용해한다. 이처럼 관계들의 문제는 조직의 문제에 불가분하게 연결되어 있다. 좀 더 잘 말하자면 특정한 하나의 특수한 양상이 존재한다. 조직화의 관계들에 관계된 문제는 관계들의 조직에 관계된 문제와 더불어 하나의 확고한 통일성 속에서 다루어져야 한다. 그리고 비록 진행 중인 조직이 스스로에게 부여하는 일반적 형식에 의해 관계들의 일반적 형태를 결정한다고 해도 이와 반대로 이 관계들은 여기에 연결된 난점들(비용, 상대적 느림, 사람 부족, 위험 등등)에 따라 조직자들에게 작용하며, 이 조직자들로 하여금 자신들의 계획들을 수정하도록 유도한다. 정부와 행정부가 소통의 가능성들(즉 소통의 기술과 실제 수단들)과 맺는 형식적 관계는 역사적 총체적 재건설에 의해 준엄한 엄격성 속에서 발견된다.

그러나 우리가 보기에 이 문제는 양면적이다. 실제로 이런 종속성은 무슨 집단이든 *세계의 깊이*를 집단에 부여한다. 이 사실은 집단이 가공된 물질의 중개를 통해 자신이 태어난 사회의 집렬체들에 연결된다는 것을 의미한다. 사람들은 개인 또한 사회 전체에, 즉 그의 물질성의 사회적 상황들에 전적으로 종속되어 있다고 말하리라. 이것은 맞는 말이다. 마지막으로 계급 상황과 예를 들어 생산 전체를 반영하고 그 개인이 속한 계급의 굴절률을 통해 그를 겨냥하는 의료 기술들의 상태가 그의 유기체를 *내부로부터* 조건 짓는 그의 *실천적* 가능성들을 결정한다. 그러나 여기에는 하나의 표면적 유사성만이 있을 뿐이다. 바로 생물학적 현실은 하나이기 때문이다. 분명 연결 기관들(신경, 피, 내분비선의 분비물 등등)이 있다. 그리고 질병들 — 직업적이든 다른 것이든 간에 — 로 인해 이 관계들 가운데 어떤 것들은 파괴될 수 있다. 특정의 약물 치료를 통해 이 관계들이 회복되거나 특정 경우에는 이 관계들을 좀 더 강하게 연결할 수도 있는 것처럼 말이다. 우리가 의료 기술들의 발전이 점진적으로 유기체를 변형시키는 것을 허용하리라고 상상한다 할지라도 차이점은 거기에 있지 않다. 차이점은 생물학적 관계는 생물학적 환경 속에서 생물학적 기능들에 의해 생물학적 기능들 간에 수립된다는 사실에 있다. 유기체는 스스로 자기 길들을 만들어 가며, 이 길들은 스스로 기능들이 된다. 이와 반대로 비유기체는 그 자체로서 전체에 통합된 물질 또는 분해 작용의 산물처럼 나타난다. 하지만 이것은 또한 타성태적 거리로서가 아니라 그 속도가 외적 작업에 좌우되는 타성태적 전도체로서 나타난다. 유기체 속에서는 거리 자체가 유기체적이다. 이것은 살아 있는 존재의 전락을 통해서만 자신의 비유기체적 현실 속에서 발견된다.(특정 환자나 노인에게서 볼 수 있는 느린 반사 등등이 그것이다.) 이와는 달리 집단과 관련해서 말하자면 비유기체(가공된 물질성의 자격으로)는 스스로를 공동체의 기능들 사이의 타성태적 매개체로 만든다. 그 결과 우선 집단이 생산하지 않았지만 경우에 따라(그러나 목표와는 무관하게, 혹은 어쨌든 주체들에 의해 수립된 실천적 관계 없이) 실제적으로 무시할 만한 것으로 드러나는, 혹은 공동체를 파열시킬 위험이 있는 하나의 내면적 이타성의 현존이 야기된다.("우리 당원들은 오지 않거나 얼마 오지 않는다. 왜냐하면 모임 장소가 그들 집에서 너무 멀고 교통비가 너무 비싸기 때문이다." 등등. 나라의 여러 지점에서 동시에 일어나야 했던 그런 혁명 운동은 실패한다. 왜냐하면 필요한 관계들이 수립될 수가 없었기 때문이다.[106] 이런 전투 집단은 전멸한다. 왜냐하면 그가 속한 군대와의 연결들을 잃었기 때문이다.) 이와 같은 내적 조건은 내면화된 다수성을 다시 나타나게 하거나 내면성 속에서 다수성을 재외면화한다. 집단은 그 자체의 *실천*으로부터 유기체적 우연적 요소들을 제거하면서 하나의 초월적 목표를 스스로에게

106　여기에서는 특수한 하나의 사건만이 문제 되고 있다. 만약 근본적 모순들이 혁명의 요구를 생산한다면 실패는 일화적인 것으로 남게 될 것이다.(원주)

부여하기 때문에 사실성을 제거했다. 그러나 이 집단은 자기 내부에서 자신의 통일의 분산적 한계의 형식으로 사실성을 다시 발견하게 된다. 그렇지만 근본적 사실성이 그러는 것처럼 이 사실성이 가공되지 않은 물질성의 생물학적 특정의 결정을 위해 주어지지 않고 실천적-타성태적 장의 우연적 결정을 위해 주어진다는 사실을 강조해야 한다. 이와 같은 결정 작용이 우연적이라고 지칭된다. 그 까닭은 이 결정 작용에 엄격성이나 가지성이 부족하기 때문이 아니라(집단이 그 기저 위에서 스스로를 생산하는 실천적-타성태적 장이 주어졌을 때 관계들의 문제가 여러 방식으로 공동 실천에 제기되는 것은 불가피하다.) 이 결정 작용이 집단을 특정한 하나의 목표에 따라 조직하는 바와 같은 실천으로부터 외면적이기 때문이다.

이와 같은 의존이 갖는 두 번째 양상은 첫 번째 양상보다 더 강하게 우리의 관심을 끈다. 집단이 현재의 기술과 도구를 가지고서 실천적-타성태적 장의 분산적 힘에 맞서 투쟁하고자 하는 한 이 집단은 자기 내부에 매개, 통제, 조사의 기구들을 만들어야 한다. 이 기구들의 기능은 하위 집단들(예를 들어 연방제적 구조화의 경우에서) 사이의 상호적 관계를 맺어 주거나 또는 중앙 기구(중앙 집권화된 구조화의 경우에서)와 관계를 맺어 주는 것이다. 이런 매개자들 — *지방 감찰사*든 공장의 시간 측정사든 중등 교육의 장학사든 간에 — 은 그와 같은 두 개의 타성태적 존재를 이어 주는 능동적 기능을 가지고 있다. 그리고 이런 타성태는 서약한 자유에 의해 만들어지는 것이 아니라 외면적 분산을 통해서 집단에 오는 것이다. 그리고 매개적 기구는 자신의 매개 작용을 통해 이와 같은 타성태를 넘어서고 매개된 타성태로 *구성한다*. 실제로 이와 같은 매개가 없다면 중앙 행정부는 지방 행정부에 대해 아무런 힘을 갖지 못하게 된다. 그 역도 *마찬가지일 것이다*.

분명 매개적 기구는 행정부에 의해 생겨난다. 그러나 이 기구는 생겨나자마자 행정부와 지방 행정부가 이 기구에 의존하게 된다. 이 경우 매개적 기구를 감시하기 위해 통제 기구를 만드는 일은 흔하다. 물론 우리가 이와 같은 지적들을 위계화되고 권위에 복종하는 집단에 적용할 경우 그것은 더 정확하고 더 완벽하게 될 것이다. 그러나 우리는 아직까지 이런 구조를 고려하고 있지는 않다. 어쨌든 변하지 않고 남아 있는 것은 바로 이 연결 관계가 서약된 타성태들을 수정함으로써 외면적 타성태에 대항해 싸우면서 이 외면적 타성태를 드러내고 또 발전시킨다는 점이다. 조직화된 *실천*의 특징을 만드는 것은 바로 이 실천을 구성하는 외적, 내적(내면적 타성태의 외면화에 의해 그리고 외면적 타성태의 내면화에 의해) 타성태의 피라미드다. 또한 그 특징을 이루는 것은 모든 기구에서 이 기구의 대상(결합시켜야 할 하위 집단들)이 외면적, 내면적 타성태로서 나타나고, 또한 그러한 것으로 조작되어야 한다는 점이다. 다른 한편 연계된 다른 기관들과의 관계 속에서 이 동일한 기구는 종속된 기구들에 의해 타성태로서 조작된다.

그러나 소통의 수단들은 내면적 분리의 한 예에 불과하다. 이런 분리는 또한 그 임무와 상황에 따라 시간화 속에서도 나타날 수 있다. 각각의 특정 임무는 그 특수성 속에서 완전히 수행될 수 있고, 시간이 어느 정도 경과함에 따라 공동 행동의 전개 속에서 이 임무가 가능성을 부여하는 또 다른 특정 임무와 분리될 수도 있다. 산업 복합체에서(사회주의적 종합 기업이건 자본주의적 조직이건 별 상관이 없다. 착취가 직접적인 문제가 아니며, 문제가 되는 것은 **서유럽**이나 **동유럽**이나 모든 곳에서 유사한 기술적 필요성이다.) 원료의 채굴이나 반제품의 제조(용광로, 철공소, 철강 등등)는 — "상품"이 그런 것과 마찬가지로 — 노동을 흡수하는, 그리고 노동이 대상 속에서 결정화되도록 방치하는 모종의 대상(정제되지 않은 원유, 강괴) 속에서 객체화된다. 다른 장소(종종 가까운 곳)에서 원유가 정제되고, 철이 크랭크축으로 혹은 주축으로 변화하는 등과 같은 작업이 재개될 것이다. 그리고 제3의 작업 공정에서는 객체가 직접적으로 그 기능("분해된 부품"을 가지고 기계를 조립한다 등등)을 완수하도록 한다. 그러나 각 하위 집단의 *실천*은 가공된 물질성의 타성태적 낙인처럼 흡수된다는 사실, 그리고 이 실천이 새로운 작업에 의해 극복된다는 것은 분명하다. 기업 경제라는 면에서 볼 때 노동자, 장소, 조직자 그리고 지도자가 동일 복합체에 통합된다는 사실은 대단히 중요하다. 그러나 용광로의 하위 집단에서 처리된 광석이 이 복합체에 속한 하위 집단에 의해 채굴되었는가 아니면 먼 지역으로부터 기차를 통해 운반되었는가는 그리 중요하지 않다. 그런데 두 번째 경우에서 이른바 "원료"로부터 *이미 가공되었다*는 특징(광석을 채굴하기 위해 사람들이 공동으로 힘들어했다는 사실)은 실질적으로 고려의 대상이 되지 않는다. 비록 철공소의 노동자가 광부들과 계급의 연대성을 이루고 있다 할지라도 이와 같은 연대성은 있는 그대로 또는 적어도 직접적으로는 집단의 구조는 아니다.더군다나 이 연대성은 집단의 구성원이 아니라 계급의 구성원들(그들이 집단에 속하든 그렇지 않든 간에)에게 호소를 한다. 실제로 이 노동자에게서 대상의 타성태적 요구는 이 대상을 만들어 낸 자들에게로 향할 수 있다. 그러나 앞에서 살펴본 것처럼 이 요구는 물질성이 갖는 일종의 비인간적인 기능으로서도 포착될 수 있다. 이 순간에 이 요구는 결합시키기보다 분리시키며, 좀 더 정확히 말하자면 집렬체 속에서 결합시킨다.

우리는 아직 집렬체성 속으로 다시 추락한 것은 아니다. 집단은 그 추상적인 순수성을 상실하기는 했다. 하지만 이 집단은 효율성과 내면적 구조를 여전히 가지고 있다. 그러나 여기에서 중요한 것은 우리가 고려한 기술적 복합체에서 앞선 행위 주체의 임무는 ── 시간의 간격 때문에(이 공장에서 저 공장으로, 광산에서 철공소로 등등) ── 역전되고, 그 자신의 타성태적 외면성의 지지에 의해 수동성으로 전환된 것으로 포착된다. 이 임무는 새로운 노동자들의 미래에 대한 저당, 즉 그의 가능성이 감내하는 제한이 된다. 이것은 *이 임무가* **타자들**로서의 *타자들에 의해 집단 밖에서 이루어지든 아니면 이 임무가 보이지 않는 몇몇 구성원 ── 이 구성원들이 동등자인 한에서 ── 에게 공통된 하나의 기도의 결과이든* 간에 그러하다. 여기에서 재조직화하는 교정은 수많은 방식으로 이루어질 수 있다. 매개적인 하위 집단은 다른 여러 분야의 노동자들 사이의 접촉을 배가시키면서 그들의 통합을 증가시킬 수 있다. 이 하위 집단은 노동자 각자에게서 하나의 이론적 지침에 의해 공동 실천의 이해를 보장해 줄 수 있다. 그런데 이 이론적 지침에 따르면 노동자 각자에게 다른 임무들의 의미를 인정하는 것을 배움과 동시에 그 자신의 기능이 갖는 의미와 중요성을 포착하는 것을 가능케 해 준다. 체계적인 교환 가능성을 통해 이 하위 집단은 앞으로 3년 또는 5년 동안에 각 개인에게 전체의 다른 일자리를 할당해 줄 수 있게 된다. 내가 이런 실천의 예를 드는 것은 사회적 효율성을 위해서가 아니라 공동의 특징을 보여 주기 위해서다. 이 실천들은 시간적 편차가 조직을 방기했던 사각 지점에서 그 조직을 재탈환한다. 이 실천들은 각각의 하위 집단이나 개인의 고립을 다른 하위 집단들이나 다른 개인들과 비교해서 해소해야 할 타성태적 부정으로 포착한다. 그리고 각각의 노동자를 생겨나는 집렬체성에 대해 다시 정복해야 할 대량화된 통일성으로 포착한다.[107] 이 실천들은 현실

---

107 이와 같은 매개적 활동들은 그것을 어디에서, 즉 동구에서(노동의 휴머니즘과 정치 선전) 또는 서구에서(*휴먼 엔지니어링*) 고려하는가에 따라 여러 다른 원칙으로부터 그 착상을 얻는 것이

적인 수정을 통해(일자리의 교환) 또는 언어 행동을 통해(교육, 해설) 비유기적 물질성에 대해 물질적 노동을 수행한다. 분명 이 노동은 기능적 통일을 위해 고독(시간적 편차와 같은)의 분말 상태를 파괴하는 것을 목적으로 한다. 그러나 조직의 공동 *실천*으로부터 출발해서 이 노동을 고찰하게 되면 구체적인 조직은 계속되는 부정의 부정이라는 사실, 즉 현재 진행되고 있는 비조직화의 실천적이고 효율적인 부정이라는 사실이 드러난다.

이런 관점에서 보면 전체적이고 추상적인 순수성의 집단 내에서 일어나는 기능들의 이질성은 이미 살펴본 바와 같이 자유의 고안물인 것이다. 그러나 이 이질성을 복합적 집단 내에서(이 집단 안에서는 공간적 격리와 시간적 편차는 대량화하는 분산의 계속되는 원천이다.), 그리고 총체화의 관점에서 고려한다면 차별화는 — 조직하는 기구를 통해서, 그리고 동시에 시공간적 편차에 의해서 결정될 때 — (외면성의) 우연적인 이질성의 상태로 시시각각 다시 떨어질 가능성이 존재한다. 효율적이고 실천적인, 그러나 현실적인 집단 내에서 전류가 매 순간 더 이상 흐르지 않을 위험성이 있다. 그리고 기구에 의해 매개된 요소들에 대해 가치가 있는 것은 그대로 앞에서 살펴본 것처럼 매개 기구에 대해서도 가치를 갖는다. 집단은 스스로 상대적 유동성의 상태 속에서 보존되기 위해 자기 힘의 일부(구성원들의 에너지, 수의 힘, 신용, 돈 등등)를 소비한다. 이처럼 반성의 분열에 의해 (문제가 되는 것은 매개적 하위 집단들과 이 하위 집단들 사이의 매개자들이기 때문에 이것은 충분히 인지 가능하다.) 내면성으로서의 집단, 즉 현재 진행 중인 총체화로서의 집단은 하위 단계의[108] 행동이나 행위 주체를 타성태적 준대상으로

당연하다. 하지만 여기에서는 이 점이 별다른 중요성을 가지지는 않는다.(원주)

108 위계질서와 마찬가지로 열등성 역시 *어떤* 방식으로든, 즉 공동 *실천*과 그 정세와의 관계에 따라

여기는 총체화하는 행동의 위계질서와 순환성으로(이 두 가지가 함께 하는데 우리는 그 이유를 곧 알게 될 것이다.) 귀착될 위험이 존재한다. 또는 역으로 **타자**(하위 집단, 준대상으로 여겨지는 개인)로부터 종용되고 책임을 떠맡게 된 타성태의 준-초월적 결정화인 자신들의 신분을 받아들이는 준대상의 위계질서로 귀착될 위험이 존재한다.

이 차원에서 집단은 기계에 의해, 그리고 한정된 노동을 위해 기계를 이용하는 노동자들에 의해 구성된 복합체를 더 닮아 가는 경향이 있다. 이 경향은 가공된 대상의 각각의 타성태적 계기와 실천적 장에 속하는 각각의 타성태적 조직을 변증법적으로 지양하는 실천적 유기체를 닮아 가는 경향보다 더 크다. 이것은 물론 수동적 부정과 정지의 계기가 *실천*에 의해 직접적으로 생겨나는 것이 아니라 반대로 이 계기가 가공된 대상으로부터 물질성의 비유기적 상태에 의해 현재 진행 중인 객체화의 한계 — 곧바로 극복된 — 로서의 노동으로 되돌아오는 한에서 그러하다. 실제로 어떤 경우에도 집단이 기계의 차원으로 다시 떨어지지 않는 것이 사실이라면(사람들이 그것을 보여 주기 위해 시도했던 것처럼 *귀환하*는 기계의 차원에서라 할지라도), 그리고 이 집단이 어떤 경우에도 유기체적 지위에까지 고양될 수 없다는 것역시 사실이라면 그 까닭은 다음과 같은 두 가지다. 첫째, 이 집단이 실제로 인간적 산물, 즉 비유기체로부터 출발해서 자동 장치를 만들어 내는 것을 가능케 해 주는 법칙에 따라 인간들에 의해 정비된 도구이기 때문이다. 둘째, 이와 동시에 이 집단이 개인들의 자유롭고 변증법적인 *실천*에 의해 — 이 실천이 내적으로는 이 집단의 각 구성원에 대해서, 외적으로는 공동의 대상에 대해 행해지는 한에서 — 구

확정되기 때문에 그러하다.(원주)

성되기 때문이다. 사회적 기계는 절대로 존재하지 않게 될 것이다. 각각의 실천적 유기체가 집단과의 관계에서 타성태의 지위를 부여받는 바로 그 순간에 이 사회적 기계는 여러 유기체의 대량화된 복수성으로 용해되기 때문이다. 이와 반대로 효율성은 더욱 *기계적이다*. 그도 그럴 것이 통합이 더 추진되기 때문이다. 그러니까 집단이 자신의 여러 구조의 조직화에 의해 실천적 유기체(내면성의 구축된 관계들의 규제적 도식으로서)에 따라 자신을 더 산출해 내기 때문이다.

이것은 결코 유기체와 비유기체 사이의 불가능한 매개로서의 이 *조직이* 그 자체로 비가지적이라는 사실을 의미하지 않는다. 이와 반대로 바로 이 조직이 구성된 변증법이라는 사실을 의미한다. 이 말은 이렇게 이해해야 한다. 그러니까 여기에 개인들의 통일을 실현시키는 변증법적 *실천이* 존재하는 것이 아니라 자신들의 노동에 의해 변증법적 기구 — 이 기구에서 이 변증법들은 도구들과 더불어 폐쇄되고, 목적에 따라 확정된다 — 를 발명하고 만들어 내는 개인적이고 구성적인 변증법들이 존재한다는 것이다. 기구의 내부에서 각자는 **타자들**과 더불어 그리고 그들에 의해 변화를 겪으며, 총체화의 구조로서의 공동 개인은 스스로를 유기체로서 생겨나도록 하면서 집단이 실현할 수 있는 가장 높은 단계의 통합으로 나타난다. 그러나 집단은 어느 정도의 심층적 차원에서 일어나는 실천적-타성태적 장의 용해로서만 스스로를 이해할 수 있을 뿐이다. 그러한 것으로서 이 집단은 적어도 이렇게 용해된 장을 집렬체적 부활의 계속되는 위험으로 보유하게 되며, 이와 같은 분규까지도 이 집단을 타성태적 사물, 가공된 생산물의 수동적 지위로 유도하게 된다. 나는 이것조차 일시적이라고 지적했다. 우리는 훨씬 뒤에서 집단이 겪는 변천들과 이 집단이 집렬체에 의해 다시 포획될 때 무슨 일이 발생하는지를 보게 될 것이다. 여

기에서 중요한 것은 공동 실천은 행동이자 동시에 *과정*이라는 사실이다.[109]

(1) 행동의 각각의 계기는 이 행동이 모든 곳에서 동등한 기능 (공동 개인, 구조)과 대상화(공동 노동의 대상 속에의 각인) 사이의 매개인 실천적 유기체에 의해 완전한 행동으로 생산되기 때문에 공동 실천에는 개인적 실천에서와 마찬가지로 공동의 목적, 대상화, 노동, 지양, 상호적 적응 등과 같은 것이 존재한다. 그리고 각각의 부분적 결과는 구성하는 가지성 속에서 공동 목적의 자유롭고 세세한 실천적 현실로서 포착되어야 한다. 공동 목적은 ── 우리가 이 목적을 개인들의 구조 속에 현존하는 것으로 고려하든 아니면 차별화된 기계에 의해 전체의 재조직화를 통솔하는 반성적 규칙으로서 고려하든 간에 ── 구체적 상황의 토대 위에서 투기에 의한 미래의 결정으로 나타난다. 이 수준에서 개인적 변증법은 또 다른 형태의 가지성을 향해 스스로를 극복하기조차 한다. 왜냐하면 이미 이 변증법은 집단의 특수한 양태 ── 만약 고독한 자가 존재한다면 이자에게는 알려지지 않을 ── 즉 구조, 집단-내-존재, 기능, 권력 그리고 근본적인 서약 등을 재생산할 수 있고 또 이해할 수 있기 때문이다. 실제로 고독한 자유의 입장에서 보면 매개된 상호성의 확정으로서의 서약을 만들어 내는 것, 따라서 이해하는 것은 전적으로 불가능하다. 그리고 만약 각자가 이처럼 집단을 이해한다면 ── 각자가 새로운 형태의 통합을 향해서 스스로 뛰어넘는 것처럼 보이는 한에서 ── 이는 구체적 경험 속에서 집단에의 소속이 개인적이자 실천적인 실존과 동시에 주어지기 때문이다. 그 결과 문제가 되는 것은 이해의 두 개의 분리된 계기가 아니

---

109   물론 나는 여기에서 집단의 실천이 내보이는 변천들로서의 소외에 대한 모든 기술을 하기 *이전*의 위치에 있다.(원주)

라 오히려 분리된 채로 또는 동시에 항상 가능한(실천적이자 이론적인) 두 형태의 행위다.

(2) 그러나 집단이 개인들을 통해 유기체를 향해 스스로 극복하는 순간 우리는 이 집단이 제대로 작동하지 못한다는 사실을 보았다. 이 집단은 절대로 멀리 나아가지 못할 것이다. 공동 존재는 각 개인의 내부에서 타자와 더불어(따라서 자기와 더불어) 새로운 관계를 만들어 낼 수 있지만 통합하고 통합적인 하나의 유기체는 만들 수 없다. 즉 총체화는 스스로 총체성이 될 수 없다. 그리고 우리는 이런저런 결과를 낳는 효율적인 힘으로서의 집단을 유지하기 위해 이 집단 내에서 조정과 매개를 증가시켜야 할 필요성을 지적했다. 즉 이 집단이 자기 내부에서 자기 자신을 모든 형태의 극복해야 할 타성태로 포착하는 다양한 실천적 관점들이 되어야 하는 필요성 말이다. 이러한 두 번째 과정은 첫 번째 과정의 실패의 결과일 뿐이다. 통합은 최상의 경우 다수성을 편재성으로 변화시키는 데까지 나아갈 수 있지만 새로운 통일성을 위해 이 다수성을 제거할 수 없기 때문에 우리는 다음과 같은 사실을 피할 수가 없다. 즉 부분들이 없는 이 다수성은 이 집단 자체 내부에서, 다른 관계하에 그리고 실천적-타성태의 매개에 의해 양적이고 불연속적인 다수성으로 재생산된다는 사실이다. 이를 토대로 순환적 회귀가 아니라 어쨌든 수동성의 순환성이 이루어진다. 왜냐하면 매개 기관은 그 자신이 매개되어야 하기 때문이며, 이 기관은 또한 그 자신이 매개하는 분리에 의해 분열되기 때문이다. 그런데 이와 같은 순환적 총체 내에서 — 그리고 우리가 곧 그렇게 하겠지만 심지어 권위의 기능을 도입하면서 — 모든 것은 또한 고독의 타성태 속에서 대자적으로 정립되며, 자신의 **실천적 이성**을 재조직의 하위 집단의 매개 속에서 발견하는 자율적 결과로서 스스로를 만들어 낸다.

이 차원에서는 수동성이 먼저 주어지고 ── 효율적이기는 하나 고립된 과정으로서(여러 기계 중 *하나의* 기계의 일처럼) ── 목적론적 활동은 위로부터 고독을 타파하고 기능을 재구조화하기 위해 오는 것일 뿐이다. 계속해서 중단 상태인 총체화는 타자들(이제 더 이상 완전히 동등자가 아닌)에 의해 항상 재건된다. 이 총체화의 자유롭고 실천적인 현실은 이 총체화의 공동 개인성의 수동적 회복으로서 *각자에게* 도달*한다.* 이런 관점에서 볼 때 ── 이 관점은 또한 집단의 내적 실천의 관점(그리고 난점이 증가함에 따라 지배적이 되는 경향이 있는 관점)이기도 한데 ── 공동 행동은 방향이 정해진 과정이 된다.

그렇다면 과정과 *실천* 사이에는 도대체 어떤 차이가 있는가? 이 둘은 모두 변증법적이다. 이 둘은 자신들의 운동과 방향에 의해 규정된다. 이 둘은 공동 장의 장애물을 넘어서며, 이 장애물을 자신들의 발전을 용이하게 하고 연결해 주는 중계지로, 숙영지로, 단계로 변화시킨다. 이 둘은 이들 각자의 서로 다른 계기의 의미를 밝혀 주는 가능성들의 장에서 이루어지는 결정으로부터 규정된다. 이 둘은 폭력, 피로, 마모이자 계속되는 에너지 전환이다. 그러나 *실천은 그 자체의 목적에 의해* 직접적으로 드러난다. 처음부터 가능성들의 장에 대한 미래적 결정은 물질적 상황에 대한 투기적 극복, 즉 투기에 의해 이루어진다. 행동의 계기마다 행위 주체가 *자기 자신을 창조해 나가*는 것은 미래의 목표에 의해 밝혀진 현재의 여러 여건과의 관계에 따라 이런저런 노력을 동반하고 있는 이런저런 태도 속에서다. 나는 다음과 같은 단순한 이유 때문에 이 *실천을 자유롭다*고 불렀다. 즉 주어진 어떤 상황에서 주어진 욕구나 위험에서 출발해 이 실천이 투기(주어진 과거의 대상성과 이루어질 대상화 사이의 매개로서)의 절대적 통일성 속에서 자신의 법칙을 고안해 낸다는 이유가 그것이다. 과정은 눈

사태나 홍수와도 비교될 수 없으며, 개인적 행동과도 비교될 수 없다. 실제로 이 과정은 개인적 행동의 모든 특성을 보유하고 있다. 왜냐하면 이 과정은 다양한 개인들의 방향 지어진 행동에 의해 구성되기 때문이다. 그러나 이와 동시에 이 특성들은 이 과정 안에서 수동성으로부터 오는 변화를 수용한다. 그 까닭은 다수성의 부활에 의해 각각의 *여기*는 수동성으로서 나타나기(그리고 모든 *여기*에서 편재성으로서의 수동성을 포함하고 있기) 때문이다. 그리고 또한 행위는 *점차 사라지는* 다른 곳에서 나타나기 때문이다. 즉 **타자**의 이 행위가 또 다른 저기에서, 그리고 **타자들**을 위해 다른 행위에 의해 용해될 타성태인 한 감내한 타성태의 *여기에서의* 용해로 나타나는 것이다. 공동 *실천*으로서의 집단 내에서 서약된 타성태는 유기체적 활동들 사이에서 항상 덮이고 가려져 있는 매개다. 집단-과정 내에서 포착될 수 없고 도피하는 사건으로서의 실천적 행위는 받아들인 타성태들 사이의 조직하는 매개로 소용된다.(이 실천적 행위가 일시적으로 이 타성태를 용해시키기 때문에 그러하다.) 이 두 경우에서 모두 결정론이 문제가 될 수는 없다. 왜냐하면 발전은 구체적이고 방향 지어져 있기 때문이며, 극복이 이루어지는 매 순간에 이 발전은 풍부해지고, 또 이 발전은 모종의 미래의 항으로부터 출발해서 한정되기 때문이다.

첫 번째 경우, 즉 집단이 살아 있는 조직의 추상적 순수성 속에서 표출되는 경우 이해는 단지 집단-내-존재 안에서 구성원 자신(혹은 초월적 방관자)에 의해 이루어지는 생산이다. 이 행위는 항상 가능하다. 왜냐하면 조직의 개인은 항상 공동 개인이기 때문이다. 이 이해는 개인 상호 간의 이해보다 *더 풍부하다*. 왜냐하면 서약과 같은 새로운 변증법적 구조를 암암리에 혹은 공공연하게 재생산해 내기 때문이다. 그런데 서약이 각자 안에서 타자-자유일지라도 이 서약 자체는 가지적으로 남아 있다. 왜냐하면 이 서약은 그 자체 내에서 상호성의 기본 관계 위에서 자유롭게 행해지는 작업이기 때문이다. 하지만 투명성은 복잡성에 따라 사라지게 된다. 구조, 권리, 공포는 전혀 신비스럽지 않다. 이와 같은 새로운 결정 작용들은 자기 안에 어떤 불투명성도 지니고 있지 않다. 이것들을 명백함 속에서 변증법적으로 발생케 하는 것은 가능하고도 필요하다. 그러나 이 결정 작용들이 *내가 아닌 제삼자와의 관계*를 기초로 해서 생산된다는 점을 고려하면 ─ 물론 여기에서 제삼자는 동등자로 나타난다 ─ 그리고 상호성이 이 결정 작용들을 **타자**에 *의해 선서된 타성태* 위에, 즉 결코 나와는 **다른 자** 가 되지 않는다는 타성태적 서약으로서의 추상적 이타성 위에서 근거 짓는다는 점을 고려하면 구조들이 갖는 명백함은 비어있는 관계 위에서 그 근거를 갖게 된다. 이와 같은 비어 있는 관계의 *다른* 항은 나의 내부에서 능동적이다. 이것은 이 다른 항이 내가 아니며, 또한 전적으로 고독하게 그 자신이 되는 가능성을 스스로 거절하기 때문이다. 행위는 가지적이다. 왜냐하면 *이것이* 나의 행위와 동일하기 때문이다. 그러나 나는 이 행위를 헛되이 겨냥하고 있다. 왜냐하면 서약의 편재성 속에서 동등자는 어디에서나 내가 아니기 때문이다. 따라서 문제가 되는 것은 투명성의 부정적 한계이지 긍정적 제한(공동 시위의 비합리적인 과잉에 의한)이 아니다. 이 두 가지 차이점을 제외하면(이 해는 어떤 관점에서 보면 *훨씬 풍부하고*, 또 다른 관점에서 보면 *훨씬 빈약하다*.) 내게 공동 행위는 포착할 수 있는 목적에 의해, 그리고 우리를 부정적으로 총체화하는(만약 내가 외부에 있다면 집단을 총체화하는) 조직적 행위에 의해 가지적인 것으로 나타난다. 다수성이 타성태적이든 살아 있든, 아니면 실천적이든 간에 이 다수성의 총체화는 사실상 변증법으로서의 실천에 의해 행해지는 근본적 작업이다. 그리고 공동

*실천*은 그 순수성 속에서 조직적 *실천*의 모델을 통해, 즉 공동체에서 공동 목적을 향해 이루어지는 개별적인 행동으로서 이해된다. 이해라는 입장에서 보면 공동 *실천*은 실천적 공동체와 공동 목적 사이에서 개별자에 의해 이루어지는 매개처럼 나타난다. 이것은 정확히 개별 조직의 행위가 공동 개인과 공동 객체화 사이의 변함없는 매개인 것과 정확히 같은 방식으로 이루어진다. 이와 같은 비교는 놀랍지 않다. 공동 *실천*은 실제로 개별적이면서도 자유로운 기도들로(역할과 권한의 한계 내에서) 조직화된 다수성을 통해 드러난다. 그리고 이 각각의 기도들은 모델로, 즉 모든 기도와 똑같은 것으로 주어진다. 이처럼 이해 가능성의 도식은 뭔지 모를 초개인적인 기도에 의해 주어지는 것이 아니다. 이와는 정반대로 이 이해 가능성은 개별적이면서도 순수하고 단순한 행위(앞에서 인용한 관계들에 의해 변경된)와 하나의 공동 목적과의 변증법적인(또한 완전히 이해가 되는) 관계에 의해 주어지는 것이다. 개별적 *실천*은 공동 행위가 흘러 들어가야 하는 종합적인 틀인 것이다.

두 번째 경우에서 과정은 대상으로 나타난다. 이것은 ─ 정반대로 ─ 이 과정을 총체성으로 포착한다는 것을 의미하지 않는다. 그러나 ─ 내가 공동체 안에 있든지 밖에 있든지 간에 ─ 공동체를 활성화하는 운동은 실천적 유기체로를 통해 내가 만들어 낼 수 있는 운동이 아니다. 이 운동은 세계-내-외부-존재의 자격으로 내가 겪는 운동들의 범주에 속한다. 달리 말하자면 이 운동은 ─ 비록 이 실재가 나를 둘러싸고 끌어들일지라도 ─ 항상 내가 실재에 대해 외부에 있을 것이라는 사실과 관련지어 볼 때 하나의 실재로서 드러나고, 또한 항상 내 밖에 있게 될 실재로서 ─ 비록 내가 모든 사람과 함께 이 실재의 출현에 기여한다고 해도 ─ 드러난다. 이 실재는 내적으로 구조화된다.(왜냐하면 타성태적이든 고립되어 있든 간에 기능들은 어쨌든 함께 존속하고 작동하기 때문이다.) 하지만 이 실재가 내면성을 가지고 있는 것은 아니다. 이 실재는 내면성 속에서 자기 고유의 결정 작용들을 만들어 내지 않는다. 이와는 반대로 이 실재는 이 결정 작용들을 자신의 타성태의 지속적인 변화로서 *수용한다.* 이 실재가 수용하는 결정 작용들은 종합적이고 "내면적"이다. 왜냐하면 이 결정 작용들은 항상 미래의 한 항을 향해 있고, 또한 부단한 풍요화와 시간의 불가역성을 나타내기 때문이다. 이 결정 작용들은 **분석적 이성**에서도, 외면성의 법칙에서도 유래하지 않는다. 하지만 아무런 선입관 없이 고찰해 보면 이것들은 내면성의 외부적 법칙으로부터 유래한다는 것을 알 수 있다. 물론 이 법칙을 운명이라고 부를 수 있다. 왜냐하면 하나의 저항할 수 없는 운동이 이 운동에 의해 실현될 미리 예시된 미래를 향해 총체를 밀거나 또는 끌어당기기 때문이다. 그렇지만 여기에서 외부의 변증법, 즉 이 연구의 시작에서부터 우리가 비판했고 거절했던 그 유명한 변증법을 인식하는 것은 더 흥미로운 일일 것이다. 실제로 내면성의 초월적인 법칙으로 나타나는 것이 바로 이 외부 변증법이다. **구성하는 이성**의 운동으로, 그리고 운명 혹은 숙명으로 주어지는 것 역시 바로 이 변증법이다. 마지막으로 만약 우리가 속는다면 "과정들"이 시간화가 아니라 시간화된 실재들로 나타나는 것도 바로 이 변증법에 의해서다. 그러니까 이 외부 변증법에 힘입어 결국 우리는 투기적이며 목적론적인 모든 구조를 필연성 속에 재흡수하게 되는 것이다. 과정은 이전의 조건들에 따라 이 과정을 지배하는 외부의 법칙에 부응하면서 전개된다. 그러나 이 필요성은 방향 지어진 것으로 남아 있으며, 미래 역시 미리 제시된 것으로 남아 있게 된다. 물론 과정은 자신의 목적성을 간직하기는 한다. 그러나 이 목적성은 전도되고,

수동화되고, 필연성에 의해 방해를 받은 목적성에 불과한 것이다. 게다가 인간의 활동을 *과정*으로 포착하는 것은 미국의 많은 사회학자에게서는 약간 다른 — 특히 비변증법적이고 논리에서 벗어난 — 형태로 이루어지고 있다. 레빈의 **게슈탈트 심리학**은 과정으로서 *실천*이라는 시각에 의존하고 있다. 운명, 총체성(내면성의 외부적 규칙으로서), 결과들의 종합적이며 수동적인 조직 등등과 같은 개념들이 있다. 카디너의 작업, 모레노[110]의 측정, 문화주의자의 연구들은 이제 방금 우리가 발견한 수동성, 즉 방향 지어지고 비가역적이며 타성태적 목적성으로 부풀려진 수동성을 가리키고 있다. 이것은 어떤 관점에서 보면 집단-과정은 우리 경험의 지속적 실재이기 때문이다. 미국의 많은 사회학자는 이 특성들을 고안해 내지 못했다. 그들은 집단-과정만 보고 이것을 완전한 비가지성의 수준에서 연구하고자 하는 입장을 선택했을 뿐이다.

이와 같은 비가지성은 가지성의 한 계기에 불과할 뿐이다. 이것은 몇몇 집단이 제공하는 첫 번째 모습이다. 게다가 이 비가지성은 조만간 다룰 더 큰 복잡함의 수준에서, 즉 집단이 집렬체와 서로 간섭하는 수준에서 가지성이 된다. 지금으로서는 이 과정을 공동 실천의 지속적인 이면으로 소개하는 것이 더 적절하다. 이 가지성은 — 이 과정만을 취하면 — 스스로 용해될 수 있고 전복될 수 있다는 사실에서 유래한다. 실제로 이 과정은 단순히 자기 자신에 대한 집단의 내적 행동이 이 집단을 부식시키기 시작하는 다수성에 맞서 싸우기 위해 강화되는 순간을 나타낸다. 모든 단계에서 타성태에 의해 재흡수된 이 모든 곳에서 이 집단을 와해시키려고 한다. 만약 다수성이 이것

---

110   제이컵-레비 모레노(Jacob-Levy Moreno, 1889~1974). 미국의 사회학자. 집단 심리 치료 이론가.

을 모면하고 피하고자 한다면 이 행동의 부정적 특징에 의해서다. 이 행동이 실제로 실천적 실재 자체일 때에는 기생적으로 보인다. 그리고 이 집단이 그 자체의 통제로 효과적이고 능동적으로 남아 있는 한 기초적 진실은 *실천*으로 남는다. 그렇지만 우리는 *실천*의 구체적인 한계를 표시할 필요가 있을 때만을 대비해서 이 과정의 첫 번째 양상을 간직해야 한다. 실천을 추상적 순수성에서 연구하기 위해 이 과정을 세계와 분리하는 한 이 실천은 개인적이며 공동적 실천의 투명성 없이도 그 자체의 가지성을 부여하게 된다. 우리가 *이 세계에서* 실천을 장소와 시간을 제외한 다른 것과의 관계를 무시하고 고려하기 시작하는 순간부터 이 실천은 다음과 같은 새로운 양상을 드러낸다. 분리, 침체, 무용한 잔존, 부분적 마모, 계층화, 기구들의 타성태적 힘, 집단의 분할, 경향, 기능의 대립(조심스럽게 제한된 능력들은 적응해야 하는 새로운 상황들의 결과로서 실천이 이루어지는 동안에 제한이 해제된다.) 등이 그것이다. 그리고 이와 같은 경화된 부분과 매듭의 와해를 시도하는 매개 도구들의 부정적 *실천*은 본질적으로 항상 *앞서는* 청산, 공동 행동의 준비, 공동의 장에서 집단의 *실천*과 아무런 긍정적 연결이 없는 도구적 기능의 수리에 지나지 않을 위험이 있는 것이다.

이렇게 해서 집단은 또한 실질적으로 그 발전을 멈추지 않은 채 계속해서 정비 중인 대상으로서도 나타나게 된다. 그리고 수리를 위한 행위들이 갖는 목적론적 양상은 그 자체의 부정성 자체로 인해 상실된다. 정비 행위들은 현상태로 유지해야 하는 타성태적 구조들에 종속되어 있는 것 같다. 집단이 거꾸로 거대한 수동적 대상, 운명으로 이끌린 대상, 내부적 반작용 속에 자신의 힘을 소비하는 대상, 구성원들의 인간적 행위를 흡수하는 대상, 그리고 일종의 타성태적 끈질김으로 남아 있는 대상으로 보일 가능성, 바로 이 가능성은 아직은 변증법적 가지성의 추상적 한계에 지나지 않는다. 이 가능성은 단지 집단이 개인의 자유로운 행동의 모델 위에서 세워진다는 사실 그리고 이 집단은 그 자체로 유기체가 되지 않고서도 유기체적 행동을 생산한다는 사실을 보여 준다. 그리고 이 가능성은 또한 이 집단이 기계적이 아닌 반작용들을 생산하는 기계라는 사실 그리고 타성태는 — 모든 인간의 생산품에서처럼 — 자신의 존재와 존재 이유를 구성한다는 사실을 보인다. 또한 우리가 이 집단은 그 형성 과정의 특성 속에서 가지성의 한계를 보여 준다고 말한다고 해서 이 집단이 그 타성태적 심층 속에서 비가지적이라는 사실을 의미하는 것은 아니다. 이와 반대로 그것은 이 기본적 타성태를 집단의 가지성 자체 안에 포함시켜야 한다는 것을 의미한다. 달리 말하자면 서약한 공동체의 주체-*실천*은 계속해서 과정-대상으로 유지된다는 사실, 아울러 바로 거기에 집단의 물질성 자체가 있다는 것을 의미한다. 이 집단이 갖는 이 물질성은 만들어지기 때문에 겪게 되고, 또 겪기 때문에 만들어지게 되는 것이다. 서약은 멀어짐(그만큼 더 약하거나 그만큼 더 단호한)과 함수 관계에 있다. 멀어짐은 (고통, 힘의 소모와 마모 없이는 넘을 수 없는 상호적 길로서) 서약에 의해 이루어진다. 물질성은 집단의 *상태*를 타성태의 이중적 조건의 형태하에 드러내는 것을 가능케 해 준다. 그런데 상태라는 말은 우리가 곧 다루게 될 이 집단의 존재나 그 구성을(구조화된 총체, 곧 이족 결혼 체제, 행정적 기구) 의미하는 것이 아니라 특정 순간에 구성된(겪고 또 맹세된) 타성태와 *실천* 사이에 맺어진 관계를 의미한다.

　예컨대 바로 이 수준에서 우리는 한 당의 노쇠 현상(당원의 충원 중단과 동시에 지도 기관의 계층화)과 한 집단의 가능성들에 대한 희소성의 작용을 말할 수 있다.(그 까닭은 인간들의 희소성이 — 빈 계층 따위 — 집단과 이 집단의 밀도가 결정되는 국가적 상황이거나 집단 자체에, 그리고 충원, 경질 등의 방식에 고유한 사건이거나 집단의 목적과 다른 집단들의 목적 혹은 고려된 사회에서 집렬체적 개인들의 목적 사이의 객관적 관계 — 내적이자 외적인 — 이기 때문이다.)[111] 이 수준에서 우리는 또한 무기력이나 반대로 강직성, 일상 혹은 개혁의 광기에 대해 말할 수 있다. 게다가 이 수준에서 우리는 새로운 환경에서 특정 집단이 겪는 당혹감을 설명할 수도 있다. 예를 들어 이 집단의 모든 구조가 방어적 *실천*을 목적으로 조직되었다는 것과 투쟁의 조건들이 집단으로 하여금 공격을 하게

---

[111] 돈의 희소성은 중요하며, 인간들의 희소성에 다양한 방법으로 연결되어 있다.(인간이 부족하기 때문에 돈이 부족한 것과 마찬가지로 돈이 없기 때문에 인간이 부족하기도 한다. 이 두 번째 의미는 양분된다. (1) 우리가 그들에게 지불할 수단을 가지고 있지 못하기 때문에 그들은 오지 않는다. (2) 그들이 집단으로 왔으나 우리가 고용할 능력이 없어서 그들을 거절한다. 무기나 기계가 부족하다.) 여기에서 돈의 희소성 문제를 다루지 않는 것은 집단의 "기능"의 구체적 조건들을 연구하는 것이 목표가 아니기 때문이다. 그러려면 실질적으로 주어진 시기에 실재하는 집단을 선택하고, 이 집단의 역사적 발전의 한 끝에서 다른 끝까지를 추적해야 한다. 그러나 이 작업은 — 중요하고 바람직할지라도 — 현재의 문제를 지나치게 넘어서는 것이다. 돈은 당연히 생산 제도, 제도 기초 위에 정립된 관계들을 가리킨다. 돈 없이는 역사적 집단도 없다.(그것이 라비슈•의『판돈(*La cagnotte*)』일지라도 말이다.) 그러니까 자기 안에 **역사**의 바로 *이* 순간에서 인간의 참다운 조건을 반영하지 않는 집단은 없다. 예를 들어 착취의 환경 속에서 만들어지지 않는 착취자 집단은 없으며, 자신의 조직화 속에서 착취를 의미하지 않는 착취 집단 또한 존재하지 않는다. 이 조직화의 목표가 아마추어 교향악단이나 이동 도서관의 설립이라 할지라도 그러하다. 착취를 의도하지 않은 착취자 집단은 없다. 그렇기 때문에 나는 돈의 희소성이 없는 집단의 경험은 전적으로 추상적일 위험이 있다는 사실을 인정한다. 그러나 착취자들의 집단이 *집단으로서* (어떤 위기 상황으로 인해 자신들의 재산이 위협받지 않는 한) 자신들의 소비가 타당한 범위를 넘지 않는 한 분담금으로 자동적으로 지불될 것이라고 확신하는 것은 여전히 사실이다. (영국이든 미국이든 간에) 클럽의 경우가 이에 해당한다. 이는 결국 다음을 의미한다. 착취자 계급의 특정 집단의 입장에서 보면 — 그리고 단원들의 재산이 집단 요구를 훨씬 넘을 때 — 돈은 문제가 되지 않으며, 또한 돈은 감내한 타성태와 제한이 아니라 이와 반대로 힘을 대변한다는 것이다. 바로 이러한 첫 번째 이유로 — 즉 적어도 이론적으로, 그리고 분명한 특정 상황에서 돈은 본질적이며 부정적인 요소가 아닐 수도 있기 때문에 — 나는 돈의 희소성을 고려하지 않았다. 또 다른 이유가 있다. 순수 상태의 집단은 어느 곳에도 존재하지 않으며, 우리가 곧 구체적인 것, 즉 집단과 집렬체가 교차하는 지점에 도달할 것이기 때문이다. 또한 *이 수준에서* 사회의 진짜 문제들을, 즉 *바로* 그 생산 제도를 다시 발견할 것이기 때문이다.(원주)

• 외젠 마랭 라비슈(Eugène Marin Labiche, 1815~1888). 프랑스의 극작가.

강요했다는 것 등등을 보여 주면서 말이다. 본보기로 들 수 있는 실례는 수없이 많다. *상태*가 타성태적 토대, 구조들의 경화 등으로서의 타성태가 아니라 실천의 조건으로서의 타성태라는 점을 지적하는 것으로 충분하다. 이것은 실천을 부정한다고 주장하는 모든 행동의 뛰어넘을 수 없는 한계(이 타성태를 겪은 자와 서약한 자가 서로 섞이고, 용해될 수 없는 상호성 속에서 서로 영향을 주고받는)로서 이 타성태를 재발견한다는 점에서 그러하다. 전혀 기대하지 않은 형태하에서 자기 자신이 변화시킨다고 주장하는 실천적-타성태적 장에 의해 이 집단이 완전히 조건 지어진 것은 ── 다시 살펴볼 테지만 ── 바로 이와 같은 *상태*의 수준에서다. 특정 장소에서 특정한 요구의 행동은 봉급의 위협과 조정을 겨냥하고 있다. 그러나 이 행동은 적절하지 않은 시기에 나타나며 명령어는 존중되지 않을 것이다. *왜냐하면* 모면해야 할 위협이 아직은 충분히 밝혀지지 않았기 때문이며, 특히 대기업의 봉급자들이 유급 휴가 이틀 전에 있기 때문이다.

우리는 집렬체성을 다시 발견하려 하던 참이다. 게다가 우리는 곧 이것을 다시 발견하게 될 것이다. 그러나 지금 당장으로서는 집단을 구성된 실천으로 *이해하는* 것으로 충분하다. 이 집단에서 우리는 그 구성원들의 결정을 통해 총체화하는 실천과 이 행위의 다수의 주체들을 대립시키는 모순적 긴장이 *변증법적* 갈등으로 발생하는 것을 목격한다. 그럼에도 불구하고 변증법적 구조들과 대립을 낳은 종합적 운동이 유기체적 *실천*으로부터 유래한다는 사실을 이해해야 한다. 또한 다수성이 다음과 같은 경우, 즉 이 다수성이 극복 불가능한 타성태로, 그러니까 수의 내면화의 폭발적인 외면화로 나타나는 경우에만 변증법적 가지성의 요인이라는 사실을 이해해야 한다. 행동 중인 집단은 우선 이 행동의 집렬체성에 의해 넘치고 사물화된, 그리고 모든 곳에서 이 집렬체성을 조건 짓는 무정형의 다수성으로 되돌아오는 개인적인 *실천*이다. 물론 이때 이 실천은 그 다수성으로부터 집렬체적이며 수적인 지위를 앗아 가고, 이산량으로서의 다수성을 부정하고, 운동 그 자체 안에서, 그리고 *실천적인 통일성 안에서* 이 다수성을 총체화하는 목표에 도달하는 수단으로 삼는 것을 목표로 한다. 실천은 근본적으로 개인적이다. 왜냐하면 실천은 *동등한 것으로*, 즉 부분들이 없는 다수성의 방향 지어진 활용으로 구성되기 때문이다. 이 첫 번째 계기에서 *실천*은 *이* 다수성을 실천적 장의 비유기적 군집들과 다르게(이 다수성이 이 집합들을 조합해 하나의 배치로 만들고자 할 때) 취급할 수가 없다. 그러나 중요한 차이는 서약에 기초해 동의가 이루어진 후에 각각의 세부 행동은(이 행동이 동일하면서도 다른 것인 한에서) 이 개인적 통일성의 내적 특성(힘, 구조)이 되는 *그 자신의 고유한 다수성*을 이용하게 된다는 점이다. 이 두 번째 계기에서 내면화된 다수성이 외면성 속에서 자기 모습을 다시 발견하게 된다면 이는 이 다수성이 공동의 통제로부터 벗어났다는 것이나 자신의 양을 다시 회복하기 위해 각자의 내부에서 다수적인 통일성에서 스스로를 끌어낸다는 사실을 의미하지는 않는다. 만약 우리가 이것을 믿고자 한다면 이 다수성에 고유한 변증법적 힘을 실어 주어야 한다. 그러나 단순히 다수적 타성태의 제거와 외면적 관계들의 제거는 *실천적으로 발생한다*. 실천적 객체화 속에서 그리고 이 객체화에 의해서 발생하는 것이다. 그렇다고 해서 다수성(유기체들의 복수성)의 존재론적 지위가 충격을 입는 것은 아니다. 전쟁의 포화 속에서 이 통일체는 실천적인 조직에 의해 분산을 대체하며, 또한 이 통일체는 자기 내부에 다수성을 가두기도 한다. 그러나 이 통일체는 우선 자신의 수를 헤아리고, 조금 있다가 부상자와 사망자의 수를 헤아릴 것이다. 만약 적이 관측 초소를 가지고 있다면 매 순간 이 적은 그 통일체가 여전히 동원 가능한 전투 병사들의 수를 헤아릴 수 있을 것이다. 그리고 통합의 존재론적 한계(우리는 또 다른 한계들이 있다는 사실을 보게 될 것이다.)로서의 이 타성태는 뭔지 모를 수동적 인식의 이론적인 여건이 아니다. 이 타성태는 실제로 예측 불가능한 것의 객관적 장이다. 이 타성태를 통해 실천적-타성태의 수동적 행위는 실제로 이것을 물리치고자 조직화된 자유로운 집단 속으로 재편입된다. 그리고 이 수동적 행위는 [외적] 힘의 작용으로서가 아니라 분산의 내적 위험으로서 다시 나타난다. 달리 말하자면 이 순수한 외면성은 내면성 속에서 지속적인 위협으로서, 그리고 배반의 계속되는 가능성으로서 체험된다.

이렇게 해서 다수성은 극복 불가능한 객관성 속에서 실천적-타성태에 의해 재현동화된다. 그리고 이 실천적-타성태는 비유기적 타성태에 의해 지탱되고 일탈되는 한에서 **타자들**의 행위 이외의 다른 것이 아니다. 따라서 실천적-타성태는 이산적인 다수성을 재현동화하는 행위의 수동화된 형태이며, 변증법적 *실천*으로서의 집단은 이 형태를 자신의 분산 안에서조차 내적 위험으로서, 즉 *한 행위의 통일성에 의해* 발생한 분산으로 포착한다.(이 행위는 *실천*의 통일성을 통해 포착된 수동적 행위다. 이때 방향 지어진 *반실천*을 통해 이 실천의 능동적 부정으로서 이 실천을 제한한다. 그리고 바로 이 수준에서 영국의 금, 귀족 계급의 음모, 반혁명적 행위 등등에 의한 선악 이원론적 설명이 나타난다.) 그리고 바로 이 행위 — 가능한 배반의 편재성처럼 불연속적인 다수성을 자기 안에서 현동화하는 이 행위 — 에 반해서 다음과 같은 현상이 발생하게 된다. 즉 낡은 틀을 깨면서, 매개적 여러 기관을 통해 다수화하는 수동적 행동을 다수적이고 불연속적이며 지울 수 없는, 그러나 행위의 관점에서 보면 무시할 수 있는 단순한 타성태로 환원하려고 시도하면서 조직이 재조직화되는 현상이 바로 그것이다.

따라서 우리는 모든 곳에서 유기체적 실천 — 이 실천이 자신의 타성태적 다수성에 작용하는 한에서 — 을 재발견하게 된다. 이 다수성은 우선 반성의 모든 수준에서, 그것이 실천적-타성태적 여러 힘의 작용점인 한에서 하나의 수동적 행위에 의해 지지된 것으로 나타난다. 그러나 우리는 앞에서 실천적-타성태적 장은 그 자체 내에서 변증법의 희화화이자 그 자신의 소외시키는 객체화라는 사실을 보았다. 이처럼 공동 *실천*은 반변증법에 대항하는 모든 수준에서 재조직화된다. 이때 이 실천은 우선적으로 공동 목표와 이 목표에 도달할 수 있는 수단들을(집렬체의 와해) 결정하게 되고, 그러고 나서 그 구조를 끝없이 개선하게 된다. 집단의 내적 삶은 이 개선에 따르는 긍정적이며 부정적인 결과들을 통해, 즉 조직의 내면성 속에서 형성되는 실천적-타성태의 새로운 결정을 통해, 그리고 조직적 실천이 내보이는 이와 같은 결정의 공동 결과에 대한 실천적이고(변증법적인) 반응을 통해 자기 모습을 나타내게 된다. 그러나 이와 동시에 다수성의 부분적인 재내재화 하나하나는 이 다수성을 타성태적인 양으로서, 분리하는 힘으로서 다른 수준에서 재도입시키는 방식이다. 이런 의미에서 볼 때 적대 집단이 존재한다면 이 집단은 적을 *실천*과 동시에 과정으로서 결정하게 된다. 실제로 이 집단은 현재 있는 그대로의 적의 실천을 모를 수가 없다. 이 집단은 자신의 목표에서 출발해서 적의 실천을 이해하고 또 예상해야 한다. 그러나 이와 동시에 이 집단이 자신의 실천을 방해하고자 한다면 이 *실천*이 또한 한 과정의 전개 과정(적의 보급 기지를 파괴하고 통신망을 교란시키는 등의 조치를 취하면서)이 되는 차원에서 적을 공격해야 한다. 그리고 공격을 당한 집단은 — 적을 예상하는 한 — 행위 속에서는 자기 자신에게 과정의 형태로 모습을 나타내야 한다. 바로 이것이 반성의 근거다. 따라서 구성된 변증법에 대한 복잡한 가지성은 유기체적 실천이 각자에게서 모든 다른 사람과 더불어 다양성을 실천적-타성태적 규정으로 만드는 사실로부터 기인한다. 물론 이것은 이 다수성을 행위로 하여금 개인적인 것으로 남아 있으면서도 공동적이 되도록 배치하기 위함이다.

그리고 노동이 변증법적 행동의 유형 자체이기 때문에 행위 중인 집단은 두 종류의 동시적인 행동 — 이들 가운데 하나는 다른 하나의 기능이다 — 을 통해 이해되어야 한다. 두 종류의 행동이란 내면성 안에서의 변증법적 행동(조직의 재조직화)과 집단의 객체화(생산, 투쟁 등등)를 향한 공동 지위의 실천적인 극복으로서의 변증법적 행동을 말한다. 실현된 대상(우리가 일시적으로 소외의 위험을 제쳐 놓는다면)은 초월 속에서 내면성의 구조로서의 조직의 표현이고, 그 역 역시 그러하다. 따라서 존재론적으로 공동 실천은 존재하지 않는다. 하나의 대상으로서 자신들의 다수성을 구축하는 실천적 개인들이 있을 뿐이다. 그리고 이 대상으로부터 출발해서 각자는 공동 기능의 동의되고(서약된) 자유로운 이질성 속에서 자신의 임무를 수행하게 된다. 즉 진행 중인 총체화의 필연적인 세부 사항으로서 공동 생산물 속에서 자기 자신을 객체화하면서 자신의 임무를 수행하는 것이다. 그러나 이는 구성된 가지성이 모든 공동 실천의 개인별 행동으로의 용해를 요구함을 의미하지는 않는다. 실제로 이와 같은 용해는 구성하는 가지성의 외부에는 가지성이 존재하지 않는다는 사실을 내포할 수 있다. 게다가 이 용해는 우리로 하여금 서약에 의한 각자의 변모와 나중에 이루어지게 될 모든 분화의 근거로서의 "동지애-공포"의 관계를 제대로 보지 못하게끔 할 수도 있다. 이와 정반대로 현재 있는 그대로의 공동 실천, 즉 사람들이 집단에 통합되는 개인들이 아니라 실천적 주체(우리가 보통 **역사**의 주체라고 말하는 의미에서)로서의 집단에 부여하는 것과 같은 공동 실천에 대한 이해가 존재한다. 단지 집단을 인간적 노동의 산물로서 — 그러니까 하나의 연결된 체계로서 — 고려하고, 개인적 *실천*의 공동 행위를 (구축된 장치를 통해) 수동 상태의 규정으로 포착하는 것이 적합하다. 이런 준비는 집단의 *실천*을 이타성의 상호성에서 출발해서 이해하는 것을 가능하게 해 준다. 즉 행위의 긍정적이고 부정적인 소묘로서의 장치, 미래를 통해 이와 같은 행위 자체의 요구-정의로서 종결시킬 산물 등이 그것이다.

우리는 그로부터 두 개의 지속적인 행동 — 재조직화와 생산 행위 — 의 종합적 관계를 포착하게 된다. 물론 이것은 하나의 행동이 다른 행동의 조건인 한에서 그러하다. 그러나 구성된 변증법과 이 변증법의 가지성의 한계와 특수화는 바로 행위가 거기에서 수동성에 의해 정의되고 지탱된다는 사실과 공동 행위의 변화가 각각의 개인에게서 발생한다는 사실을 의미한다. 따라서 원초적으로 우리는 어떤 *실천*도 이해할 수 있다. 왜냐하면 우리는 항상 한 명의 공동 개인을 실현하는 하나의 유기체적 개인성이기 때문이다. 즉 실존하는 것, 행동하는 것 그리고 이해하는 것은 하나를 이룰 뿐이다. 우리는 **구성된 변증법적 이성**이라고 부를 수 있는 보편성의 도식을 제시할 수 있다. 이 도식이 *실천-과정*이라고 명명될 특정 현실에 대한 실천적 이해를 주재한다는 점에서다. 또한 이 도식이 이러한 이성 구성의 규칙과 나의 이해(진행 중인 *실천-과정*으로서의 공동 부분을 토대로 이루어진 나 자신의 생산)의 규칙 이외의 다른 것이 아니라는 점에서다. 구성된 변증법의 대상과 주체로서의 집단은 충만한 가지성 안에서 발생한다. 왜냐하면 각각의 타성태적 결정이 어떻게 이 집단 내에서 그리고 이 집단에 의해 반(反)목적성으로 또는 반(反)구조로(또한 최상의 경우에는 구조와 목적성으로) 변화하게 되는가를 이해할 수 있기 때문이다. 이와 같은 가지성은 변증법적이다. 이것은 우리에게 하나의 실천의 자유롭고도 창조적인 발전을 보여 주기 때문이다. 그러나 이 가지성이 갖는 구성된 변증법이라는 특수성은 자유가 하나의 자율적인 유기체의 자유로운 행위인 것을 요구하는 것이 아니라 *처음부터* 소외에 대한 극복이기를 요구한다. 게다가 대상의 특수성은 자유가 추종되고 서약된 타성태에 의해 내면적, 외면적으로 지탱되고, 방향 지어지고, 제한될 것을 요구한다. 물론 이 타성태는 수동적인 장의 자유로운 결정 — 직접적이고 간접적인 — 에 다름 아니다.

이와 같은 실천적인 모든 발전은 부정할 수 없는 결과를 낳는다. 달리 말하자면 이것은 현재 있는 그대로의 **역사**(**바스티유 감옥**의 점령이든 리옹 견직물 공장 직공들의 반란이든 간에)에 대한 첫 번째의 추상적인 결정을 구성한다. 그리고 이와 같은 결과들은 — 뒤에서 다시 살펴보겠지만 비록 이것들이 즉각적으로 소외될 수 있을지라도 — *실제에서* 현재 있는 그대로의 한 공동체의 객체화를 표상한다. 달리 말하자면 타성태에 의해 침윤된 동일한 *실천*의 편재성으로서의 구성된 변증법은 — 실천적으로 성공한 경우 — 그 자신의 결과에서 스스로를 극복한다. 객체화는 실제로 목표가 공동적이기 때문에 공동적이다. 그러나 조직적이고 효과적인 *실천*이 만나게 되는 극복 불가능한 한계는 바로 유기적이고 실천적인 개인성의 한계다. 왜냐하면 바로 이 개별성이 이 한계를 구성하기 때문이며, 구성하는 변증법으로서의 이 개별성이 구성된 변증법의 규제적 도식이자 극복 불가능한 한계이기 때문이다. 내 판단으로는 바로 이 수준에서 **역사**의 극복 불가능한 모순, 즉 개인적인 것과 공동적인 것의 대립과 동일성을 보여주는 순환적이고 가능한 종합이 없는 이 기이한 갈등을 포착할 수 있는 것이다. 하나의 예를 통해 내가 보여 주고자 했던 것이 바로 이 갈등, 이 불명료화다. 분명 내가 선택한 예는 순수하지 않고 추상적이지도 않다. 그리고 이 예는 기껏해야 집단에(최소한 동질성의 자격으로) 관계된 것이기는 하다. 왜냐하면 이 예는 자본주의적 생산 방식과 계급 투쟁에 의해 조건 지어진 것이자 19세기 말, 그러니까 2차 산업 혁명 직전에 발생한 예이기 때문이다. 그러나 우리와 관계된 형식적 연구의 시각에서 보면 이것은 그다지 중요하지 않다. 내가 보여 주고자 하는 것은 바로 개인행동과 집단행동 사이의 일치, 집단의 행동과 기계적 행동의 일치다. 요컨대 나는 집단과 기계주의의 규제적 *실천*으로서의 유기적 *실천*이자 동시에 개인과 기계의 환원될 수 없는 대립을 보여 주고자 한다.

테일러[112]는 분명 오늘날 조직인이라고 명명된 최초의 사람이다. 그의 목표는 낭비되는 시간을 없애면서 수익을 증가시키는 것이다. 만약 노동자의 행위가 연속된 다섯 가지 작업을 포함한다면 다섯 명의 작업자가 각기 이들 작업 중 한 가지를 다섯 번 할 경우 각자 전체의 작업을 하는 다섯 명의 노동자보다 시간을 덜 들일 것이다. 여기에서 조직자의 고안은 수동적 시간성으로 시간화를 대체하는 데 있다. 행위란 시간화하는 *실천*이다. 그리고 어떤 식으로든 각각의 기초 작업 또한 스스로를 시간화한다.(실제로 작업은 마찬가지로 행위이며, 그 실현에서는 완전하고 그 결과의 공동 의미에서는 불완전한 행위인 것이다.) 그러나 행위의 살아 있는 총체성이 사라지게 만드는 것은 다섯 가지 작업이 장소에 의해서, 그리고 (최소한) 기다리는 시간(작업 2가 시작되려면 작업 1이 일단 이루어져야 하며 그것으로 족한 것이다.)인 *하나의 죽은 시간*

---

112 프레더릭 윈즐로 테일러(Frederick Winslow Taylor, 1856~1915). 미국의 발명가이자 기술자. 일의 효율적 관리를 위해 과학적 관리 제도를 도입했다.

에 의해서 분리된다는 사실이다. 그러므로 각각의 작업은 다음의 작업에 대해 수동적이다. 왜냐하면 각각의 작업은 똑같은 시간의 전개에 속하는 것이 아니라 각각의 작업은 시간의(그리고 부수적으로 공간의) 결정에 의해, 그리고 타성태의 부정적 외면성에 의해 다른 작업으로부터 분리되기 때문이다. 게다가 시간을 측정한 만큼, 그리고 외부적 시간의(즉 결정된 측량 실천들에 의해 정의되는 한에서 무기적인 물질성의 비변증법적인 시간의) 결정에 따라 정한 만큼 각각의 작업은 그 자체로서 자신의 "정상적인" 지속 시간이며, 자신의 자유로운 실천적인 수행 속에서 수동성을 재통합한다. 도달해야 할 결과와 행동 중인 자유로운 유기체에 의해 제약받기는커녕 이 작업은 작업장의 시계에 의해 정해지는 수동적 시간성을 자신의 내적인 골격으로 간직하면서 변증법적으로 스스로를 시간화한다. 따라서 이제 행동은 수동성의 내면화에 의해 결정되고 시간의 수동적 흐름에 의해서(즉 고용주, 다른 노동자, 고객 등과 같은 *타자들의 시간의 추상적인 골격에 의해서*) 분리되는 다섯 가지의 실천으로 구성되는 것이다. 행동은 유기체적인 행동처럼 사라진다. 이와 마찬가지로 고립된 — 그리고 차별화된 — 노동에서 각 개인은 개인적 실천적 행위자로서 *실격된다.* 그의 작업은 더 이상 행동이 아니다. 그렇지만 이와 동시에 그의 작업이 예컨대 앞선 두 작업에 의존하고 나중의 두 작업을 원격 조종하는 한에서 그는 공동 개인이 된다.(그러나 소외 속에 그러하며, 이는 위에서 본 경우들을 넘어선다.) 그가 노동과의 연대 관계 그리고 착취되는 계급의 구성원으로서의 연대 관계를 동료들과 살아간다는 점을 고려해 보면 이 상호 의존은 힘과 기능일 수 있다.(그러나 여기에서는 별로 중요하지 않다.) 어쨌든 외부의 리듬에 의해 깎이고 잘리고 그의 근육과 손으로부터 뽑아낸 작업은 *그의* 실천적 작업으로 남게 되며, 타성태 속의 그의 결정에도 불구하고 가장 기초적인 수준이라 할지라도 그에 의해서 변증법적으로 실현된다.

　그러나 중요한 것은 자격을 부여받은 행위가 테일러에 의해 파괴되고 직업 노동자들로부터 도둑맞아 공장의 전부에 분배되어 분리된 다섯 명 노동자의 *제조된* 생산물로서 자신의 총체성 속에 다시 객체화된다는 것이다. 유일한 차이란 양적이다. 따라서 이것을 외면성의 단순한 결정으로 간주해야 한다. 각자 한 가지 동일한 작업만을 하는 다섯 명의 전문 노동자가 일정한 시간 동안 n개의 물건을 생산한다고 할 때 각자가 시작부터 끝까지 동작 전체를 담당하는 다섯 명의 직업 노동자들은 $n-x$개를 생산할 것이다. 노동의 물화는 명백하다. 이것은 착취의 결과일 뿐이다. 그러나 놀라운 것은 *각자의 실천인 한에서* 물화된 이 노동이 *비유기적 물질* 속에서 실천적 장의 자유로운 결정을 하는 자체의 종합적 성격을 재발견한다는 점이다. 우리가 어떤 생산물이 수년간 수련 교육을 받은 단 한 명의 직업 노동자 혹은 수개월간 수련 교육을 받은 자격 없는 다섯 명의 노동자에 의해 *선험적으로*(그리고 같은 기술 수준으로) 구성될 수 있다는 것을 안다고 하자. 이 경우에도 다른 아무런 정보 출처가 없이 이 생산물의 이런저런 견본품이 서로 외면적이고 수동적으로 정해진 복수의 행동들에 의해서 구성되었는지, 아니면 단 하나의 총체화하는 과정에 의해 만들어졌는지를 말할 수 있도록 해 주는 것은 *아무것도* 없다. 이 예의 첫 번째 계기는 구성되는 변증법적 행동과 소외되고 분해된 작업과의 절대적인 동질성, 그리고 자유로운 시간화와 도둑맞은 시간성과의 절대적인 동질성을 보여 준다. 이 동질성은 노동의 구체적인 계기 — 경우에 따라 매우 다른데 — 속에 나타나지 않고 생산물의 타성태 속에서 작용하는 객체화의 종합 속에 나타난다. 비유기적 생산물은 실제로 다음과 같은 두 가지 성질을 지니고 있다. 자체의 수동성에 의해 생산물은 거기에 포함된 종합적 행동을 지탱하고 전도시키며, 그것에 숨은 외면성을 부여한다. 그리고 자신의 거짓된 통일성에 의해서 이 생산물은 시간과 공간의 여러 지점으로부터 오는 다른 작업들을 다 함께 지니고, 단 하나의 각인 속에 통합시킨다. 거기에서 *실천*의 통일성은 *거짓된 통일성*이 되며, 이 거짓된 통일성은 작업들 바깥에서 이 작업들의 객관적 다양성의 거짓된 통합이 된다. 이러한 지적은 또 다른 지적을 낳는다. 즉 작업들로 분해하는 것이 *선험적으로* 불가능한 행동은 아무것도 없다는 지적이다. 이 작업들은 수동화되고 **분석적 이성**에 의해 다루어질 수 있다. 그렇다면 그 중에는 집단의 골격 구조로서 순열 수학의 대상이 될 수 있는 것이 있다. 객관적 전체의 종합적 전망이 보존되지 않으면, 즉 이 작업들이 그것들의 총체화로서의 생산된 객체에 *미리* 통합되지 않으면 이 작업들의 분석적 처리는 어떤 것도 생각할 수조차 없다. 이와 마찬가지로 **분석적 이성**은 정해진 집단 속에서 기능들의 보편적 결합 관계를 *상정할* 수 있다. 분석적 이성은 그것이 **변증법적 이성**의 특수한 경우, 즉 변증법적 이성에 의해서 생산되고 지휘되고 통제되는 기능일 경우에 따라서만 이 결합 관계를 구성하는 구체적 가능성을 지니게 될 것이다. "전자두뇌"에 의해 분리되고 해체되고 변형되고 끝없이 변화되는 것이 불가능할 정도로 복잡한 행동은 없다. 변증법적 *실천*의 전망하에서가 아니면 구성되고 사용될 수 있는 이 "전자두뇌"는 없다. 변증법적 실천에 의해 다루어지는 작업들은 하나의 계기에 불과한 것이다.

그러나 테일러 체계에 의해 실격되는 이 변형에 이어서 곧 두 번째 계기 — 전문화된 기계의 계기 — 가 뒤따른다는 사실을 고려해야 한다. 왜냐하면 각각의 작업이 기계화되면서 각 기계가 작업을 할 수 있기 때문이다. 그리고 작업이 사람에 의해 이루어지면 그것은 실천일 것이다. 그러나 이것은 실천적 *유기체*가 유기체적 *실천* 이외에는 아무런 실재성을 지니지 못하며, 유기체가 자신이 하는 모든 것을 *실천 속에* 실현하기 때문이다. 작업은 그 자체로서 이미 더 이상 특수한 성질을 지니고 있지 않다. 트럭에 벽돌을 쌓아 올리는 것은 인간이 하면 인간 행위이고, 기계에 맡기면 기계 노동이다. 전문화는 인간으로부터 기계로 옮겨 가고 몇 주, 때로는 며칠 동안의 견습 후 기계에 고정되는 노동자는 자신의 호환성을 알게 된다. *다른 모든 작업에 결합되어 있는* 개별 작업은 자동 조업에 의해서 결국 기계 혹은 기계 시설의 일이 된다. 결국 인간 행동은 수동적 도구에 의해서 통째로 흡수되고 재외면화된다. 그러나 생산물은 변하지 않거나 아주 조금 변한다. 이것은 인간들에 의해 구성되고, 그들에 의해 다른 인간들의 필요와 목적에 맞춰진 도구의 종합적 통일성 속에 모습을 나타낸다. 이것의 타성태적 통일성은 소비자에게 인간 노동의 창조력을 반영해서 보여 준다. 옳은 방식이다. 왜냐하면 자동 조업 자체가 발명가와 실현자들에게서 **변증법적 이성**에 의해 지탱되고 인도되는 **분석적 이성**을 전제로 하기 때문이다. 그리고 또한 새로운 기계들이 인간의 일들을 없애기는커녕 그 일들을 달리 분배하는 데 그치기 때문이다. 남은 문제는 생산물 속에서 확인할 수 있는 바와 같이 개인의 *실천*, 공동 작업의 수동적 누적, 전문 기계의 생산 및 실천적 자율성의 대체물로서의 자동 기계의 객체적 호환성이다.

우리의 관점에서 보면 이것은 여하튼 유기체의 근원적 실천이 기계와 집단들에 무차별적으로 모델 역할을 한다는 것을 의미한다. 항상 분해될 수 있고, 항상 실격된 이 근원적 실천은 극복 불가능한 것으로 남아 있으며, 목표로 하는 능률의 유형이 어떠한 것이든 다른 구성적 도식은 존재하지 않는다. 그러나 자동 조업에서는 실천이 순수한 과정으로 변하며, 테일러식 체계화에서는 준수동성으로 변한다. 이와 같은 변형들은 중요하다. 하지만 항상 최종적 객체화 *내에서* 이루어지므로 이 변형들은 가능성들의 장의 결정으로서 목표와 장기적 목적들을 불변의 상태로 두는 *기초적* 변형으로서 간주해야 한다. 개인의 도식은 그 자체 속에 인간에 의해 인간에게 도래하는 모든 것(집렬체성을 제외하고)을 포함한다. 이것은 특히 실천적 범주다. 그리고 바로 이 개인의 도식 속에서, 또 이 도식의 매개에 의해 전문화된 집단과 자동 기계의 등가성이 확실해질 수 있다. 그러나 이 예는 또한 우리에게 이 실천적 범주가 임무들의 분석과 도구들의 구성을 인도하지만 필연적으로 이런 분석이나 이런 구성에 의해서 ── 또한 서약 집단의 그 자체에 대한 노동에 의해서와 마찬가지로 ── 부정된다는 것을 보여 주는 이점도 있다. 물론 집단도 임무의 누적도 자동 조업도 이것들을 객체 속에 있는 요구들로서 발견함으로써 스스로에게 고유한 규칙들을 부여하는 한 가지 행동의 즉각적인 통합을 자체적으로 실현할 수 없다는 점에서다. 이처럼 우리의 관심을 끄는 경우에서 ── 변증법에 속하는 유일한 경우인데 ── 집단은 *자기 존재 속에서* 능동적 통합의 반투명적이며 유일한 통일성을, 즉 유기체가 그것의 유일한 예인 그 통일성을 찾아서 부정한다. 집단은 그것의 객체화(구성, 발견, 승리) 속에서 이 방식 자체에 의해 이 통일성을 실현함과 동시에 이 통일성을 찾아서 이 통일성을 정립하려고 하는 방식 자체에 의해 이 통일성을 부정한다. 그런데 집단에서 떠나지 않고 집단으로 하여금 스스로 통합 노력 자체에 의하여 이것을 부정하도록 결심시키는 실천적이고 변증법적인 통일성은 단지 우리가 다른 곳에서 존재라고 부르는 것이다. 가지성의 마지막 문제는 여기서부터 제기된다.

집단이 *자체에 의해서, 그 자체 속에서* 존재를 부정하려면, 그리고 자유로운 변증법적 존재로서의 실천적인 유기체들에 의해 자유롭게 제기된 목적들의 확대로서 자체의 고유한 공동 목적들을 객체 속에서 집단이 실현하려면 과연 이 집단은 어떠해야 하는가?

1) *집단의 일자-존재는 타자들을 통해 밖으로부터 집단에게로 온다. 그리고 이 최초의 형태하에서 일자-존재는 타자로서 존재한다.*

집렬체의 훼손이고, 진행 중인 객체화의 실천적 통일성이며, **타자**가 즉각적으로 겪게 되는 한정된(긍정적 혹은 부정적) 효율의 표시인 집단은 외부의 집렬체 가운데에서의 부정적이고 실천적인 전체, 즉 *집단화되지 않은 자들의 전체*를 결정한다. 각각의 **타자**의 집단화되지-않은-존재는 스스로 집단화하는 총체화, 그리고 집렬체의 한가운데에서 (그와 같은 상태로) 집단화되지 않은 각각의 **타자**와 집렬체적 개인이 지니는 공동의 관계다. 달리 말하자면 **타자**는 또한 **타자**로서 *공동 개인*으로도 규정된다. 특정한 역사적 집단에 대해 집렬체로 유도된 전체가 완전히 추상적인 의미인지, 아니면 집렬체적이며 집단화되지 않은 사람과 집단화된 사람의 관계가 실천적이고 구체적인 관계인지 여부를 결정하는 것이 오로지 상황이라는 것은 당연한 사실이다. 비둘기 사육 혹은 고전학이 목표인 조합들의 실천적 구성은 —— 설령 집단화되지 않은 사람들에게 부정적 통일성을 불러일으키게 된다 하더라도 —— 아주 추상적으로 그러할 뿐이다. 여기에서의 문제는 논리적 결정이다. 이와 반대로 기습 공격을 전문으로 하는 조직화된 파시스트 의용군의 구성은 상황에 따라서는 무장하지 않은 주민들의 부정적인 통일성(공포)의 기회 혹은 심지어 긍정적이고 반파시스트적인 재편성의 기회가 될 수 있다. 그러나 특히 제도화된 혹은 거의 제도화된 총체는(우리는 뒤에서 집단이 제도를 야기하는 것을 살펴보게 될 것이다.)

어떤 공적인 유용성이 있는 것으로 보일 때(즉 다소간 추진된 분업에서, *집렬체적인* **타자들**의 짐을 덜어 줄 어떤 정해진 임무를 맡을 때) **타자**의 집렬적인 도주 속에서 종속의 총체성을 만들어 낸다. 달리 말하자면 이 집단은 *이용자들*을 결정한다. 이 이용자들은 반복에 머물러 있을 수 있고(전신 전화국 이용자들) 혹은 ── 이미 기술된 상황들 속에서 ── 유도하는 집단은 유도되는 집단을 야기할 수 있다.(교육에 대한 **국가**의 준독점은 중등 교육이라는 실천적 공동체에 부응하는 **학부모회**를 유발시킨다.) 실제로 집단에 의해 야기된 이 집단화되지 않은 사람이라는 새로운 실천적 범주를 고찰해 보면 우리는 이 범주가 아주 다른 구체적인 형태들을 취할 수 있다는 것을 확인하게 된다. 폭동이 처음 성공한 다음에 무장하고 행진하는 자원병들, 전투에 참가하지 않은(하지만 대부분 이들을 환영하는) 군중에게 "*이* 군중을 보호하거나 *이* 군중을 해방시키는 사람들"로서 자신들을 과시하는 이 자원병들은 *측면적 총체화*를 실현하는 것이어서 실제로 그 구조는 다른 집단들을 끌어들인다. 사실 "왕의 군대"나 "강도들"은 진짜로 유도(誘導) 집단이며, 그들은 이미 (몰살의 기도를 통해) 한 지역, 한 도시의 주민을 총체화했다. 이 유도로부터 하나의 집단이 집렬체성 위에 구성되었다. 그러나 수동적 총체(여자, 아이 등등)는 모순된 이중의 실천에 의해 스스로 지시되었다. 적군(최소한 이것은 민중의 구체적인 확신에 의해 내면화된 표적이며 더욱이 이 확신은 항상 진실이다. 우리는 어떤 의미로 그러한지 보게 될 것이다.)은 빈 공간으로 총체화한다. 도시 *전체*가 파괴될 것이다. 적군에 대항하는 집단은 *부정의 부정*으로 총체화한다. 그러나 이와 동시에 외부로부터의 부정으로 야기된 총체화하는 부정으로서 이 외부로부터의 부정에 대항하면서 이 집단은 몰살자들에게 맞서 무기력의 집렬체로 있는 비전투자들의 부정적 전체를 *재구성한다*. 비전투자들은 보호받는 *사람*들이지만 도시 안에서 이들의 관계는 타성태적 군집이거나 분자와 같은 고독이다.(두 가지 상태가 존재하는데 그것은 ─ 남편이 성채나 요새에 있는 ─ 주부가 식료품 가게 앞에 줄을 서는가 아니면 나날이 더욱 힘들어지는 조건하에서 집에 머물며 가족의 생계유지를 도모하는가에 따라 그러하다.) 그러나 수동적이고 유도된 통일성에 사로잡힌 이 집렬체는 그 사실 자체로 말미암아 일종의 변형을 겪었다. 그 증거는 다음과 같다. 즉 만약 상황이 악화될 경우 주민의 새로운 계층이 방어 집단으로 통합될 수 있고, 또한 다른 계층들이 첫 번째 계층을 지원하기 위하여 조직될 수 있다(위생 위원회, 보급 위원회 등등). 비전투자들의 첫 번째 통일성은 *자신들의 집렬체성을 감내하는 사람들의 통일성*이다. *감내되는 것*으로 그리고 사회화된 무력함으로 간주되는 이 집렬체성은 회귀와 이타성에 대한 인식의 시작과 같다.

이와 반대로 항상 사고 없이 가동되는 공공 서비스로서의 전신 전화국은 *이용자*를 우선 집렬체적 요구로 구성한다. 이것은 전신 전화국의 복잡하고 총체화하는 업무가 "대중"에게 공동 이익, 즉 조직화된 이 집단의 가동을 보호하거나 통제하기 위해 스스로를 총체화하는 근본적인 가능성이 될지라도 그러하다. 어쨌든 집렬체와 통일의 긴장으로서 유도된 관계가 어떻든 간에 집단의 총체화는 (당분간 우리가 집단과 집렬체의 총체로 간주하는) 사회 전체에 대해 유도적이다. 집단이 비집단화된 사람들의 통일성을 부정적인 총체화로 자기 외부에 둠에 따라 이 총체화는 순전히 형식적인 결정으로서 유도적이다. 바로 이 집단이 비집단과 실제적인 관계를 맺음에 따라 실제적인 결정으로서 특히 유도적이며, 마침내는 ─ 나중에 다시 보게 되겠지만 ─ (상황에 따라 가변적인 사회 규모의 어느 수준부터는) 집단이 총체화의 형태로 사회 전체를 집단 속에 표현함에 따라 유도적이다. 초월적 다수성을 총체화하는 이 관계를 통해 집단은 타성태와 사회성으로서의 실천적 자유 사이의 역사적인 첫 번째 매개체로서 스스로를 실현한다. 그러나 당장 집단이 우리의 관심을 끄는 것은 이와 같은 관점에서가 아니다. 우리가 집렬체에 대한 집단의 작용을 기술하는 것은 오로지 집렬체를 변형시키는 공동체에 대한 변형된 집렬체의 반응을 이해시키기 위해서다.

실제로 집단이 비집단들 사이의 매개가 되는 순간부터 각자의 개체성, 집합체의 이타성 혹은 진행 중인 첫 번째의 총체화 속에서 비집단들은 공동체의 구성원들이나 하위 집단들 사이의 매개가 된다. 우편환이나 소포의 등록을 담당하는 우체국 직원으로서 내가 상관들과 맺는 관계는 타인들, 나의 창구 앞에 줄 서 있는 바로 이 사람들(집렬체)의 매개를 통해 이루어진다. 이 개인들 각자는 이미 이루어져서 한창 가동되는 총체성으로서 집단의 총체화를 포착한다. 물론 이 총체성은 기능들과 도구들의 총체화로서 구성된다. 그러므로 집렬체에 속하는 개인의 집렬체적 사고는 실천적-타성태의 장에서 움직이며, 암암리에 도구로서의 공동 개인들과 살아 있는 기능으로서의 비유기적 도구들을 절대적으로 동등하게 간주한다. 한 이용자가 우체국 직원에게 등기 소포를 맡길 때, 혹은 속달 우편용 상자에 속달 편지를 던져 넣을 때 그는 하나의 작업을 시작하는 것이다. 또한 이 작업은 어떤 경우에 사람들 간의 관계(반드시 인간적인 관계를 의미하는 것은 아니다.)로부터 시작하고, 또 어떤 경우에는 비유기적 도구들과의 관계로부터 시작하기도 한다. 그러나 두 경우에서 완전한 작업은 도구들과 정해진 전망하에서 도구들을 사용하는 사람들을 동시에 상정한다. 이용자에게 법적 요구의 실제적 성격은 이용자가 도구들과 사람들 사이에 아무런 구분도 두지 않는 것이다. 이런 점에서 그가 여전히 머물러 있는 실천적 타성태의 장에 의해 그가 조건 지어져 있다고 생각해야 할까? 그렇기도 하고 아니기도 하다. 자신의 무기력의 내면화인 자신의 실천적-타성태적 사고로 인해 그가 집단을 비유기적 수동성을 밀봉하고 있는 통일성으로서 파악하는 것은 분명하다. 그러나 다른 한편으로 이용자로서 그가 공동 도구와 공동 개인과 맺는 관계는 자유로운 법적 관계다.[113] 이런 관점에서 보면 그의 개인적 작업은 공동 개인으로서의 우체국 직원의 작업에 꼭 맞게 끼워 넣어진다. 소포를 부치기 위해 그가 기재하는 서류들을 우체국 직원은 읽고 고치거나 다시 베끼는 등등의 일을 한다. 이렇게 해서 일종의 상호성이 정립되며, 따라서 소포를 부치는 그를 하나의 관점에서 공동인으로 규정짓는다.(공동 수익자이자 공동의 출발점, 즉 작업의 공동적 양상에 의해 공동화된 것을 뜻하며, 그의 서약한 타성태는 타인들의 서약에 의해 보증을 받고 그에게 건네지는 소화물표나 검사표에 의해 보장받은 그 자신의 과거가 된다.) 따라서 이용자와 직원 사이에는 일종의 실천적 동질성이 존재하게 된다. 이것은 처음의 작업이 집단의 현실적인(그리고 비유기적이라는 의미에서 물질적인 창구) 제한들을 통해서 하나의 실천적 상호성을 만들어 내고, 이용자의 외면성을 직원의 내면성에 결합함에 따라 그러하다.

그런데 이 실천적 동질성의 관점 자체에서 볼 때(즉 맹세한 서약의 자유로운 관점에서 볼 때) 이용자는 그와 같은 상태로 "서비스" 가운데에서의 인간과 도구의 활동적인 통일성을 발견하게 된다. 이번에는 행위 가운데에서의 도구성과 다수성의 용해로서 통일성은 다른 의미

113　권리와 권력은 서약과 기능에서 생겨난다. 따라서 *집단에서* 생겨난다. 그러나 서약된 자유로운 타성태로부터 그리고 공동 *실천*의 틀 안에서 집단은 그 자신에 대한 권력을 집단화되지 않은 개인들 혹은 외부 집단들에게 부여할 가능성을 스스로에게 두었는데, 그것은 (타성적으로 외부의 타자에게서 맹세를 받은) 계약에 의한 상호성의 형태이거나 전혀 다른 형태를 취한다.(원주)

로 형성된다. 이것은 공공 서비스를 요하는 일상적인 행위들을 하자마자 사람들이 느끼는 것이다. *우체국에 편지를 갖다 놓는 것은* 어떤 의미로 *이 파리 시민에게는* 그 편지를 마르세유에 사는 아저씨의 편지함에 넣는 일이다. 달리 말하자면 빨판처럼 그 편지를 빨아들여서 마침내 수취인의 탁자 위에 갖다 놓는 빈 도관 속에 던져 넣는 것이다. 이는 또한 —— (예컨대 파리의 어떤 지역에서 이용자들에게 통지한 적도 없이 우체통이 폐쇄되어 수백 통의 편지가 분실되었다는 사실을 알게 되는 경우처럼) 상황이 바뀌자마자 —— 중요한 어떤 것이 달려 있는 전언을 자유롭고 서약되었지만 과오를 범하기 쉬운 어느 조직의 수많은 사람의 수중에 건네주는 것이기도 하다. 우체국은 *나의 도구*다. 이것은 지팡이, 삽 혹은 막대 걸레처럼 내 팔을 길게 만들거나 나를 속일지도 모르는 힘을 주는 맹세된 자유로운 행동이다. 여기에서 제기되는 것은 하나의 딜레마의 대립된 두 항의 문제라기보다는 그 사이에 많은 중개자가 가능한 두 한계들의 문제다. 이처럼 어떤 면에서 우리는 과정과 *실천*을 앞에서 정의한 대로 다시 발견하게 된다.

그럼에도 불구하고 근원적 관계가 *특정의 힘*(집단에 대한 이용자의 힘, 비조직적인 모임에 대한 조직화된 집단의 힘)이라는 점에서 보면 집단화되지 않은 사람은 어쨌든 이 두 가지 양태(혹은 이 두 가지의 종합)를 맹세된 타성태에 기초해 파악하며, 또한 이 타성태는 자신의 실천을 위해 집단의 내부를 구성한다. 도구로서든 조직으로서든 집단은 이용자(혹은 집단의 요구에 따라 집단화된 개인)의 요구에 부응해야 한다. 도구만이 보인다면(비행기가 승객에게 그러하듯) 이 도구는 공동의 자유로운 기능으로서 기능해야만 한다. 그리고 만약 사람들이 자신들의 매개된 타성태 속에 나타난다면 그들은 요구에 부응해야 한다. 이와 같은 *2차적 자유*는 개인의 투명한 *실천*이 아니다. 이것은 공동적이고, 자체의 한계들로 규정되는 자유이며 (보존된 집렬체성에도 불구하고) 각각의 사용자가 공유하는 자유에 의해 포착되는 자유다. 그리고 이 공동 자유는 집단 전체에 영향을 미치는 긴장으로 나타난다는 점에서 이용자에게 공동 실천의 성격을 정해 준다.(서약된 *실천이 모든 우편 체계와 프랑스 전체를 가로질러* 릴에서 니스로 편지를 우송할 것이다.) 이처럼 **타자**(이용자)는 집단화된 전체를 *하나의 실천적 객체*로 상정하며, 이 실천적 객체의 *존재태*는 서약된 자유다. 타자는 총체화하는 행동들을 생산하는 것으로서, 자체의 *실천적 표현들* 속에 모두 다 드러나는 것으로서 이 전체를 상정한다. 이와 동시에 타자는 전체를 구성하는 개인들(그리고 전체 속에 있는 도구들)을 비본질적인 특수성들로 상정한다. 더욱이 타자는 욕구로부터 집단이 그에게 부여하는 실천력으로 이행하고, 이 실천력으로부터 집단이 그를 만족시키기 위하여 만들어 내는 기구들로 이행하기 때문에 그는 (공동 개인으로서의) 각자를 발전 중인 집단이 만들어 낸 *경험적인* 특정화로 파악한다. 이것은 전혀 틀리지 않다. 공동 개인은 서약의 산물이기 때문이다. 그러나 이와 동시에 조직적 개인은 그에게 불확정인 상태로 남아 있다. 그는 전체 집단이 특정화하고 의미를 부여한 인간 일반으로서 직원을 파악하며, 개인과 이 개인의 자유로운 실천의 세부 사항들을 결정짓지 않는다.(혹은 반드시 결정짓는 것이 아니다. 사실은 매우 드문 일이다.) 그는 이 자유로운 실천을 기능과 구체적인 결과 사이의 개인적인 매개로서 파악하는 것이 아니라 개인이라는 유기체를 통한 집단의 자유로운 예비 작업 생산으로서 파악한다. 소포들의 등록에 일치하고, 등록해야 하는 개별적 소포와의 접촉으로 특정화되는 문장과 글자는 *이 직원들의* 어느 손인가를 통해 집단-의-*실천*으로 그려진다. 대부분의 경우 개별성은 순수한 부정성(솜씨 없음, 느림, 지성 혹은 친절의 결핍)으로 파악된다. 요컨대 이 개별성은 자유에 대한 물질의 원시적 저항으로 파악된다. 게다가 여기에서는 (일반적으로 희소성, 특히 시간의 희소성에 기초한) 상호성이 또한 문제가 된다. 왜냐하면 이용자의 요구-작업이 나를 공동체의 비본질적 생산물로 구성하고, 내 안에서의 기능을 그 상태로서 총체성이 이루어지는 본질적인 역선(力線)으로 파악하는 순간 직원인 나는 세부적이고 일반적인 요구의 기제로서만 존재하는 집렬체의 교환 가능한 구성원으로 그를 취급한다.(혹은 집단화된 전체에 의해 생산된 비본질적인 구성원으로 취급한다. 예를 들어 교수인 나로서는 *학부모회의 대표 한 사람으로 취급한다.*) 아마도 행정 직원과 이용자 사이의 관계들은 개별화될 수 있다. 예를 들어 상호 작업들이 빈번할 경우 그렇게 된다. 그러나 이 개별화는 실천적이고 기능적인 연관들과 아무런 실천적 관계가 없는 자유로운 상호성을 드러낸다.

이처럼 고객, 이용자 등등의 단순한 법적 요구에 의해 **타자**는 전체의 부분으로서의 나의 집단에 나를 용해시키고 공동 **실천**의 법적인 자유 속에 나의 자유로운 실천을 용해시킨다. 그러면서 타자는 총체성을 구성하는데 이 총체성은 외부의 요청을 흡수하고 변형시켜서 *내면적인 존재*처럼 총체화하고, 총체화되는 작업으로 그 요청에 응한다. 실제로 이용자의 힘에 일치해야 하는 집단의 구조는 맹세된 타성태일 수밖에, 결국 **존재**일 수밖에 없다. 하지만 이 존재는 (권력의 반대편으로서의) 규범으로 상정된 **존재**를 뜻한다. 이처럼 출발부터 우리는 **타자**에 의한 **존재**와 *존재해야 함*의 동일시를 보게 되며, 이 근본적인 동일성은 조직화된 집단의 존재론적 위상을 타자에게 구성한다. 그러나 이 *요구된-존재*는 내면성의 관계들을 통해 구성된다. 왜냐하면 이용자는 자기 자신의 행동을 통해 자체의 목표와 자체의 수단들의 통일성으로 정의되는 종합적 작업으로서 집단을 이해하기 때문이다. 이렇게 해서 "**존재/규범**"의 모순이 해결된다. **타자**에게는 맹세된 타성태로서의 **존재**가 총체성의 형태로 만들어진다.(달리 말하자면 총체성-객체는 불변의 존재로서 파악되는 비조직적 타성태가 이것을 지탱해 줄 때만 존재할 수 있다.) 그렇지만 이 타성태적 총체성은 내면성으로 짜여 있다. 그러므로 그의 타성태적 존재는 공동 자유의 규범처럼 내면성으로 만들어진다. 이 규범으로부터 총체성은 총체화하는 시도들로서 이 구분들을 만들어 내는 것이 아니라 총체화되는 전체의 여러 가지 표현들로서 만들어 낸다. 내면성으로 체험된 총체성의 존재는 전체적인 작업의 생산을 야기하는 규범적 구조가 되며, 내면화된 실천으로서 이 작업들은 작업자들과 작업 도구들을 생산한다. 이용자에게 공공 서비스는 내면성을 가진 객체다. 다시 말하자면 그 자체의 장력, 굴절률, 골조, 공간적·시간적 방향, 구조 및 반사율 등등에 의해 특징지어지는 내적 환경이다. 따라서 여기에서는 총체화되는 총체성의 환경으로서 실천적 상호 주체성이라 부를 만한 것이 문제가 된다. 그런데 이 상호 주체성은 추상적이거나 "집합적인" 어떤 의식과도 관련이 없다. 그것은 이용자에 의해 파악되는 한에서 단지 집단의 반성적 구조일 뿐이다.

그런데 집단의 구성원, 즉 공동 개인인 직원은 자신을 반성적 상호 주체성의 비본질적 생산물로서 고객과 이용자에게 연결해 주는 상호적 작업 속에 실천적으로 자신을 실현한다. 이 말은 비본질성의 결정이 **타자**로부터 그에게 오며, 그는 자신의 작업 자체에 의해 이것을 받아들여야 한다는 것을 의미할 뿐이다. 간단히 말하자면 나는 나의 집단을 위해 **타자**와 더불어 **타자**에게 작용하는 한에서 나의 집단의 상호 주체성의 비본질적이고 일시적인 양태로서 **타자**에 의해 그리고 나 자신을 위해 나를 생산하는 것이다. 이처럼 실천 자체 속에서 나는 **타자**에게 인식되는 총체성의 객관적 표현으로서 나 자신을 파악한다. 반면에 외부인들에 의해 매개되지 않은 공동체의 내부 운동은 진행 중인 단순한 총체화로서 반성적으로 주어진다.

　우리는 다음과 같은 상황에서 위의 사실을 더욱 분명하게 볼 수 있다. 즉 집단 구성원들 사이의 매개자인 **타자들**이 자신들의 행위들뿐 아니라 그들이 형성하는 물질적 두께를 통해 구성원들 각자에게서 그의 분리와 격리의 실재적 요인이 되는 상황이 그것이다. 그러니까 그들의(타성태적이고 집렬체적인 혹은 조직화된) 저항이 그의 집단 동료들과 그가 소통할 가능성을 결정지을 때다. 이런 현상은 아주 자주 발생한다. 내적 관계가 아무리 긴밀하다 하더라도 한 집단이 꾸준히 현재화되는 것, 즉 이 집단 전체가 한 장소에 모이는 일은 드물다. 게다가 많은 경우 이런 전원이 참석하는 모임이란 선험적으로도 불가능하다. 예컨대 집단의 수적 막대함이 집단에게 실제적인 군집을 금지하기도 한다. 당들은 개인 각자가 여러 타자의 대표자가 되는 회의를 개최한다. 이처럼 집단의 각 구성원은 인간 숲에 의해 잠정적으로 혹은 결정적으로 다른 구성원들과 멀어지게 된다. 비밀리에 활동하는 당의 투사가 아니라면 그는 ― 공동 개인으로서 ― 자신의 충성심(서약)과 실천적 기능들로(바로 이 기능들이 그에게 이 장소에서의 이 거주를 부여한다.) 구성된다. 하지만 그를 에워싼 인간 숲은 **맥베스**의 숲처럼 생기 있고 활기차다. 이 숲의 두께는 물질적이고 실천적이다. 인간의 포위는 그를 이 당의 투사로(호의, 질시, 적의, 신뢰, 불신 등으로 취급한다. 하지만 이것은 별로 중요하지 않다.) 취급한다. 즉 **타자들**의 집렬체적 혹은 공동 실천이 그가 속한 당의 정치, 사회적 프로그램, 현재의 행동, 그리고 이전의 역사로부터 출발해서 그를 구성하는 것이다. 개별적 실천은 ― 그의 스타일, 색깔, 익숙함 그리고 서투름 등등으

로 — 단지 *경험적*으로만 개입할 뿐이며, 단지 극단적으로 제한된 틀
(예컨대 다른 투사들 혹은 동조자들 혹은 가입을 꺼리는 일부 동조자들과의
관계) 내에서만 유효성, 곧 실재성을 가질 따름이다.

하지만 공공연한 투사는 우선 자신의 존재에서 규범적 타성태로
구성된다. 그 이유는 예컨대 정치적 긴장의 시기에 타자들의 입장은
정해지고, 굳어지고, 요지부동이기 때문이다. 그렇지만 신뢰 혹은 적
대감이라는 이 반응들이 그에게서 가령 *한 명의* 공산주의자 혹은 한
명의 SFIO[114]소속 사회주의자임을 겨냥한다고 믿는 것은 오산일 테
다. 이런 실천의 힘 혹은 폭력은 그 자체로 그것들이 중요하지 않은
누구라도 좋은 한 개인을 통해 **당**을 겨냥하고 있음을 의미한다. 전체
주의적 테러 행위나 린치가 *한 명의* 공산주의자, 즉 "지속성"의 유일
한 수호자를 희생양으로 간주할 때 이 행위들은 바로 **공산주의자** 자
신에게 행해진다. 즉 이 행위들은 **당**을 현전하는 중요한 총체성으로
겨냥한다. 그것도 이 행위들이 개인 고유의 개별성이라고는 전혀 고
려되지 않는 그런 비본질적인 한 명의 개인을 통해 그렇게 하는 것이
다. 하지만 더 일상적으로, 더 단순하게는 특정한 반대자 혹은 특정
한 적이 특정한 당원과 정치 토론을 벌인다면 이는 그를 설득하려 하
기보다 그의 인격에서 **당**을 반박하려는 것이다. 그리고 대화 상대자
는 철저하게 그 개인의 개인적 한계를 무시한다(느림, 문화적 소양 부족,
공격성 부족, 어눌한 언변 등등. 다른 사람이라면 더 잘 대답하고, 상대자를 물
리쳤을 것이다 등등). 어쨌든 대화 상대자의 반응은 모든 개개의 일시적
방식들에서 구현된 총체성으로서의 집단의 반응이다.

역으로 당원은 주변 인간 환경이 그에게 행사한 이 *실천적 분리*에

---

114   공산주의 인터내셔널 프랑스 지부(Section française de l'Internationale comuniste).

의해 이 본질과 비본질, 부분과 전체의 관계를 내면화할 수밖에 없는 상황에 있다. 당원은 스스로 *기표*로 구성된다. 그 까닭은 그가 모두에게 하나의 *기의*로 구성되기 때문이다. 실제로 공동 실천의 입장에서 보면 당원의 자유롭고도 개인적인 실천과 당의 실천을 혼동할 수 없고, 있는 그대로의 당의 실천을 개인의 실천으로 심판할 수 없다는 사실은 커다란 중요성을 띠게 된다. 그리고 주변 환경의 일상적 조작이란 개인이 획득한 성격들을 보지 않고서 그 자신의 유일한 심층적 실재에 이르기 위해서인 것처럼 **당**에 가기 위해서 이 성격들을 통과하거나 반대로 개별적 특징, 고립된 쇠약 상태를 취해 이것들로 총체성으로서의 정치 집단이 가지는 공동 반응으로 삼는 것이기 때문에 고립된 당원은 자기 내부에서 자신의 개인적 성격들을 용해함으로써 자신은 단지 이곳에서 총체성으로서의 **당**을 대변하는 존재가 되고자 노력하는 것이다. 이 당원이 금발이든 말더듬이든 똑똑하든 아니면 바보든 그것은 별로 중요하지 않다. 모든 *사람에게* 그는 그 자신을 이 모든 사람이 그를 규정하는 대로의 존재로 만든다. 즉 중앙 집권적이고 혁명적인 대중의 당으로서 *특성화되지 않은* 구현이며, 모든 선거 조사에서도 600만의 표를 얻고, 지지자들과 구성원들의 요구를 떠안고 공들이는 그런 존재가 되는 것이다. 그는 *요구-존재, 비난-존재*가 된다. 그는 기억의 결정으로서 그리고 서약으로서의 공동 사고를 *배운다*. 그가 이것을 배우는 까닭은 이 규범적 타성태가 그 자체 내에서 **당**의 모든 구성원과도 같은 타성태로 재생산되는 것을 확신하기 위해서다.[115] 하지만 구체적으로 **타자들**의 압력하에 이루어지는 이 변형조차도 개인의 주도권에 속하지 않는다. 이 변형은 집단이 마

---

115 여기에서 문제가 되는 것은 기억 속에서의 담화의 계층화가 아니라 이 담화를 규정하는 관계의 계층화다.(원주)

치 모든 개별적 하위 집단들(세포, 위원회, 분과와 같이 어떤 이름을 가지든)을 통해서 그러하듯이 그 자체의 매개, 연관, 방향을 담당하는 조직들을 통해 집단이 그 구성원들 — 이들이 모두 계엄 상태에 있는 고립된 자들인 한에서 — 하나하나에게 요구하는 것을 표현한다.

그러나 전체와의 동일화라는 형식적 완고함 때문에 집단의 물질적 내용에서 전반적인 혼란이 뒤따른다. 당원은 자기 내부에서 기능적 관계들을 정형화했기 때문에 그로 하여금 항상 설명하는 것을 가능하게 해 주고, 그 자신의 입을 통해 투쟁적 총체성을 이용해 역사적 상황에 대한 공동 해석을 담화의 규정으로서 실현할 수 있게 해 주는 하나의 이데올로기를 이용하게 된다.[116] 하지만 이와 동시에 개인들은 — 집렬체의 무한 반복을 통해 — 아니면 적대하고 있는 집단들은 — 당원의 행위에 대한 철저한 도둑질을 통해 — 여기에서, 그리고 다른 모든 *여기에서* 모든 동등자의 입장에서 보면 이 당원이 자신의 실천에 대해, 그리고 사태의 추이에 대해 부여하는 의미화 작용들을 굴절시키거나 해체하게 된다. 이 당원을 피해 가는 투기나 행위의 어둡고 울창한 숲을 거치며 굴절된 이 의미 작용들은 규정되지 않은 — 혹은 결국 같은 말이지만 — 아주 다양한 양상을 띤 대상들이 된다. 담화의 추상적, 도식적 규정은 당원이 이 담화를 공개적으로 재확인할 때 곧바로 모두에게 집단-총체성으로서의 **당**이 나타나게

116　이런 해석은 정해진 하위 집단에서 책임자들에 의해 이루어졌는데 모든 상황, 그중에서도 실천적 공동체의 암묵적 요구 사항을 고려해서 만들어진 것이다. 그리고 이 책임자들은 완벽한 적임자일 수 있다. 그들은 공동의 신뢰를 즐기고 또한 그럴 자격도 있는 것이다. 하지만 다음과 같은 경우에 변화는 여전히 급진적이다. 즉 고립된(혹은 포위된 소수자로서의) 당원이 몇몇 공동적 개인들에 의해(모두의 이름으로 그리고 분명 그들의 힘 덕분에 등등) 내려진 실천적 결정 — 그리고 각각의 공동 개인에 의해, 즉 **본질적 실체**로서 집단의 모든 비본질적 구현에 의해 재조직의 실천적 운동 속에서 재내면화된 실천적 결정 — 을 "**당**"이란 총체성에 의해 만들어진 사유로, 그러니까 전적으로 이 총체성을 *표현하는* 존재태로 떠맡는 경우가 그것이다. (원주)

한다. 하지만 이 규정은 도식적으로 남게 되고 그리고 당을 더욱더 집단과 동일시하기 때문에 그만큼 더 현실로부터 단절시킨다. 잘 이해했겠지만 여기에서 문제는 개별적 상황이 가지는 정치적 애로 사항들을 고려하는 것이 아니다. 나는 단지 — 물질성과 고립의 *실천*으로서의 — 인간의 숲이 당원에게는 *집단의 편재성*으로 내면화되어야 한다는 것을 보여 주고 싶었을 따름이다. 하지만 우리가 살펴보았듯이 이 편재성 — 서약과 생겨난 잡종성에도 불구하고 공동 개인들의 관계가 직접적인 한 아직은 유동적인 — 은 집단을 이루지 못한 상태에 있는 개인들의 실천에 대립해 편재성이 입증되는 순간부터 고정되고 굳어지게 된다. 총체성-대상으로서의 집단이 당원에게 추상적 도식화가 되는 순간에 이 당원은 그의 조직적 *실천*, **타자들**의 실천과 사태의 구체적 흐름을 이해할 가능성을 상실하게 된다. 하지만 이와 동시에 집단은 모든 계기에서, 그리고 모든 결정에서 그의 공동적 실재로서 그가 실현하고 있는 것에 의거한다. 즉 규범적 타성태, 그리고 이루어진 총체성으로서의 **당**, 순수한 객관성과 상호 주관성(즉 하나의 내면성을 가진)으로서의 당, 간단히 말해 도처에서 전체적인 실체, 그리고 도처에서 자체만의 행동 지침들을 재산출하는 실체로서의 당에 의거한다.

그러나 이 새로운 헌법이 **타자들**에 *의해* 집단 구성원에게 온 것이라는 점을 잊어서는 안 된다. 이것은 이 헌법이 *이타성의 환경*에서 만들어진다는 사실 그리고 구성원은 집단을 이루지 못한 상태에 있는 개인들과의 기능적 관계에 따라 이 헌법을 받아들인다는 사실을 의미한다. 이처럼 그의 작업의 실천적 도구로서의 이 구조는 각자에게 **타자**의 환경에서의 자신의 존재를, 그리고 집단의 **타자**-존재의 실천적 재내면화를 재현한다. 왜냐하면 집단이 피상적으로라도 총체성으로서 나타날 수 있는 것은 **타자**에 대한 그의 객체성 내에서이기 때문이다.[117] 그리고 우리는 집단이 그 자체에서 내적 관계로서 총체화가 된다는 사실을 알고 있다. 다른 한편 이 구현 구조(개인이 갖는 비본질성, 전체가 갖는 현재의 본질성)는 이 구조를 위해, 이 구조 내에서 조직화된 구성원에 의해 체험되지 않는다. 구성원은 집단의 총체화를 직접적 목표로 가지고 있는 조직하는 행위의 반성적 통일체 속에서 이 구조를 포착하지 않는다. 이 구성원은 **타자**의 중개를 통해 이 구조를 그가 이 **타자**와 맺는 관계를 주도하는 도식으로 만들어 낸다. 이처럼 집단의 개인에게 실천적이고 이론적 대상은 **타자**라는 사실을 이해해야 한다. 또한 이 대상은 자신의 비본질적 구현의 현실을 오로지 행위의 암묵적 규칙으로만, 그리고 투쟁 혹은 토론과 같은 적대적 상호성 도중에 발견하고 **타자**에게 투기된 의미로서만 파악한다는 사실 역시 이해해야 한다. 결코 **당**이나 **집단**과 맺는 일의적 관계(전체를 위한 부분의 용해로서 체험된 그의 집단-내-존재)가 그의 행위의 목표나 직관적이고 실천적인 어떤 명증성의 *대상*이 되지 않는다. 또한 타자들에 의해 이미 형성된 경우가 아니라면 이 관계는 결코 명백하게 형성되지 않는다. 문제가 되는 것은 다음과 같은 두 가지다. 한편으로는 공허한 앎, 즉 수용되고 겪은, 하지만 추상적인 서약으로 내면화된, 그리고

---

117 여기에서는 우리가 앞에서 지적한 것을 상기해야 한다. 즉 실천적 장에서 이루어지는 한 집단에 대한 전반적 이해는 집단화되지 않은 개인에 의해 이루어지는 총체화라는 사실 그리고 이 총체화는 형식적으로 하나의 전체-대상을 산출한다는 사실 말이다. 하지만 만약 집단이 현실적 과정에서 주어진다면 이 총체성이 스스로를 외양일 뿐이라고 고발하는 사실을 우리는 이미 보았다. 이 *총체성*이 이 대상을 이 개별적 종합의 독립적인 *총체화* 작용으로 파악할 수 있게 하기 때문이다. 이 *총체성*은 다음의 경우, 즉 집단이 스스로를 넘겨주기에는 너무 광대하고, 너무 많은 가지를 쳤고, 또 너무 복잡한 경우에 경험과 실천의 정지로 남게 된다. 이렇게 해서 비록 현재의 하위 집단들이 총체화 작용이라고 해도 이들은 공허하게 겨냥된 총체성의 타성태적 구현으로 나타나게 된다.(원주)

상투적 행위들로 재외면화된(아니면 차라리 그 관계 구조들이 상투성을 지향하는) 타성태다. 다른 한편으로는 모든 특수한 상황을 순전히 우연의 자격으로 실체로서의 총체성 — 모든 구체적(비본질적인 것과 마찬가지로) 현실을 통합시키고 용해하는 — 에 결부시키려 하는 일종의 후진적 지향성이다. 그리고 어떤 관점에서 우리는 애매성을 해소하려 하면서 다음과 같이 말할 수도 있다. 즉 당원의 실천은 — 그가 인간 숲의 중개로 다른 제삼자들과 만나게 될 때 — **집단**에 대한 모종의 소외를 포함한다고 말이다. 그 까닭은 실제로 이 당원이 집단-객체(그리고 *외부* 객체)에 대한 외면적 연결을 총체화하는 조직과의 내면적 관계로서 경험하기 때문이다. 이때 이 외면적 연결은 정확히 말해 **타자**가 타성태적 총체성과 맺는 연결이며, 그가 방어적 조치에 의해 재내면화하는 연결이기도 하다.

아무래도 좋다. 당원은 다음과 같은 두 개의 상반된 매개로 이루어진 복잡한 연결로 구성된다. 공동 개인과 집단-객체 사이에서 이루어지는 **타자**의 매개, 행위 주체로서의 공동 개인과 그 행위의 대상으로서의 **타자** 사이에 이루어지는 집단-객체의 매개가 그것이다. 그리고 이 연결이 — 비어 있고, 타성태적이고, 형식적인 의도로서의 — 갖는 추상적 의미는 여전히 기본적이다. 즉 행위 주체의 일상적 실천들을 통해 서약된 타성태를 향해 소급하면서 이 연결은 상호주관적 총체성에 대한 개인의 내면성을 가리킨다. 말하자면 실체로의 양태의 용해, 즉 개별적 유기체들의 초유기체 — 집단이 그 자체로 완전하게 결집하는 순간부터 실현해야 할 미래로서의 — 로의 융합을 말한다.

2) *집단의 내면성 속에서 매개된 상호성의 운동은 실천적 공동체의 일자-존재를 총체화 운동에 의해 생겨난 지속적 탈총체화로 구성*

한다.

하지만 바로 당원이 어떤 총회나 다른 모든 행사를 맞아 집단 속에 있게 될 때, 우체국 직원이 이용자의 중개를 통해 그의 동료들과 소통하던 것을 중단하고서 그들 동료에게로 돌아서서 조직의 직접적 관계를 되찾을 때 그들의 기대는 좌절되고, 그들이 모두와 맺는 관계는 변하게 된다. 왜냐하면 이들이 실제적 내재성이라는 환경을 다시 발견하기 때문이다. 이것은 정확히 어떤 개인도 그 환경 내에서 용해될 가능성이 없다는 측면에서 그러하다. 그리고 집단-객체로부터의 소외는 **타자**와 함께 사라지기 때문에 이들은 어떤 경우에도 총체성-주체가 될 수 없는 하나의 공동체를 다시 발견하게 된다. 실제로 이 단계, 즉 조직이 초월적 목적이란 관점에서 그 자체를 직접적 목표로 간주하는 수준에서 집단-내-존재는 각자의 입장에서 볼 때 이제 더 이상 저곳에서 **타자**를 통해 매개되지 않으며, 오히려 이곳에서 동등자*에 의해*(모든 동등자들의 부인된 다수성에 의해) 매개된다. 여기에서 집단적-존재에게 실제로 그 포착할 수 없는 복잡성을 부여해 주는 중개적 매개를 열거하거나 기술하는 것은 전혀 필요하지 않다. 예컨대 나는 부재하고 추상적인 **타자**를 통해 **동등자들**과 구체적이고 상호적인 관계에서 소통할 수 있다(특정 피고용인의 행동은 항의를 초래했고, 그는 여기에 대해 해명을 해야 한다 등등). 다음과 같은 두 극단적이고 반대되는 인간관계를 대립시켜 보기만 해도 된다. 총체성으로의 소외, 또한 각자를 통해 집단을 상호 주체적인 실체(이 실체의 존재는 타성태와 동시에 의무-존재에 의해 정의된다)로서 구성하는 허위의 내면적 관계가 그 하나다. 다른 하나는 진정한 내면적 관계, 총체화하는 재조직화를 통해 이루어지는 기능, 하위 집단, 그리고 개인에 대한 실천적 인정이다.

하지만 내면성 내에서 이 집단적-존재를 자세히 살펴본다면 우리는 가지성이 갖는 새로운 지위를 발견하게 될 것이다. 우리는 조직이 서약 위에 기초함을 보았다. 각자는 동등자로 남아 있겠다고 서약을 하는 것이다. 그런데 이 서약은 첫 번째 모순을 야기하는데, 이 서약 위에 여러 이질적인 기능들이 이루어지기 때문이다. 그리고 이 모순은 다시 다른 모순을 낳는다. 왜냐하면 독자적 행위를 통해 공동 객체화의 세부 사항을 실현하는 것은 바로 자유로운 개별적 실천이기 때문이다. 이처럼 위험과 필요의 위급성은 용해 불가능성과 폭력의 관계로서의 "동지애-공포" 속에서, 그리고 공포를 감소시키며 동지애를 감추는 필연적인 결과를 낳는 더욱 복잡한 구조들 속에서 그 자체를 반영한다. 이것은 그다지 중요하지 않다. 하지만 이미 살펴보았듯이 제삼자의 집단에의 근본적 합류는 매개된 상호성을 통해 이루어진다. 그리고 이 "근본적 합류"라는 말을 통해 우리는 개인의(집결의 초기 운동으로서의) *집단-으로-오기*와 총체화의 지속적 행위를 동시에 의미한다. 물론 이때 이 지속적 행위는 각자에 의해, 각자를 위해 여러 형태로, 그리고 행위 중인 집단의 복잡한 진화를 통해 이루어진다. 그런데 매개된 상호성은 그 매개에도 불구하고 탈총체화된(이중의 중심을 가진) 이원성이라는 애초의 구조를 간직한다. 이 탈총체화된 이원성은 통합 운동이 일어나는 여기에서는 총체화의 시간적 차이로 인해 상호적 *실천*으로 나타난다. 실제로 융화 집단에 대해 기술하면서 우리는 *규제적 제삼자*의 기본적 성격들을 지적한 바 있다. 특히 제삼자가 소속된 집단에 대한 그의 내재적-초월적 관계라고 명명된 것의 특징을 지적한 바 있다. 우리가 공동 구조들과 좀 더 친숙해진 지금 다시 이 관계로 돌아가서 좀 더 자세히 살펴보도록 하자. 그리고 하나의 예를 들기 위해 A와 B라는 두 개인이 공동 행위 중에 집단과 그리고 집단 내에서 중개된 상호성에 의해 상호적으로 총체화되는 경우를 상상해 보기로 하자.

이 총체화는 실천적이다. 여기에서 우리는 내면적 관계를 유지하는 것 외에 다른 객관적 목표가 없는 그런 의례적 인정을 말하는 것이 아니다. 우리에게 문제가 되는 것은 이미 조직화된, 이미 기능적인 상호성이다. 이것은 목표 안에서 특정 결과를 얻기 위해 협력하는 두 개의 힘 사이의 구체적인 관계다. 이런 의미에서 각각의 기능은 다른 기능을 상호적인 것으로 이해된 이 힘들의 이질성을 통해 차별화된 총체화로 합류시킨다. A에 의해 이루어진 규제적 행위 ─ 즉 공동 개인 A에 의해 정의된 대로의 그의 실천적 행위 ─ 는 B에게서 (융화 집단에서 일어나는 것과는 다르게) 그대로 똑같이 발생하지 않는다. 하지만 행위는 공동의 장의 상호적 이해를 통해 여전히 규제적으로 남아 있게 된다. 이것은 우선 이 행위가 이 행위의 두 주체가 그 의미를 아는 의미화하는 총체화 속에서 생겨나기 때문이며 또한 두 행위 주체 자신들이 조직의 상호적 산물이기 때문이다. B가 A의 동작에서 자기 미래의 동작의 윤곽을 읽어 낼 수 있게끔 두 행위의 주체는 교육받았고, 조련되었고, 능력을 갖추게 되어 있는 것이다.(이와 마찬가지로 축구 경기라는 공동의 장에서 각 수비수의 움직임 하나하나는 공동으로 이루어지는 경기와 선수들 개별적 조건들이라는 기반에서 볼 때 득점의 행동에 대해 규제적이다.)

그런데 이 규제적 행위의 구조는 복잡하다. 어떤 의미에서 이것은 주권의 제한된 긍정이다. 실제로 이 "주권"이라는 단어로 나는 변증법적 조직이 가지는 절대적인 실천적 권력을 의미하고자 한다. 즉 이 조직의 실천적 장에 주어진 모든 다수성 ─ 무생물이든 생물이든 인간이든 간에 ─ 의 현재 진행 중인 종합으로서 이 조직이 행하는 순수하고 단순한 *실천*을 말한다. 이와 같은 수정은 ─ 이 수정이 조직의 개인에 의해 행해지기 때문에 ─ 모든 행위(이 행위가 성공이든 실패로 끝나든 간에)의 출발점이고 또 환경이기도 하다. 나는 이 수정을 주권이라고 명명한다. 왜냐하면 이것이 다름 아닌 자유 그 자체이고, 이 자유는 이 자유를 야기했던 물질적 상황을 뛰어넘고 통합하는 투기이기 때문이다. 또한 내가 그것을 주권이라고 부르는 것은 조직체 자체의 파괴가 아니라면 각자에게서 이 자유를 빼앗을 어떤 수단도 없기 때문이다.[118] 게다가 총체화된 장에서 이루어진 다양성에 대한 수정이 ─ 이 수정의 내부적 형태와 실제 내용 속에서 이루어지는 이 장의 물질적 변형으로서의 행위에 의해 ─ 실현될 수 있는 여건들이 주어졌을 때 주권은 절대적이기도 하고 전체적이기도 하다. 그런데 규제적 행위는 ─ 융화 집단에서 일어나건 조직 집단에서 일어나건 간에 ─ 일견 절대적이고 전체적 주권의 행사와 비슷한 어떤 것으로 보인다. A의 행위에 의해 집단은 실천적으로 총체화되었다. 실제에서 이 행위는 그 자체로, 그리고 얼마 동안은 *실천*의 방향과 모든 사람의 일시적 조직화를 규정하게 된다. 이 (축구 선수의) 질주와 돌파는 개별적 재조정을 통해, 그리고 모든 선수에 대한 각 선수의 영향력 덕분에 팀 전체를 특정의 실천적 질서로 정비하게끔 해 준다.(예를 들어 그 의미는 전술을 유지하는 것과 동시에 반격에 대비하는 것이다.) 팀의 이와 같은 총체화를 통해 그리고 이 총체화에 의해(이것을 *위해*) 개인 B는 구조화된 총체에 합류한다. B는 이와 같은 실천적 통합을 실현한다. 이때 그는 현재 진행 중인 경기, 모든 선수가 수행한 작전, 그들에 의해 채

118 특히 굴레 속에서 인간이 자유롭다고 결론을 내리지는 말자. 자유는 완전한 변증법적 전개이고, 우리는 **타자**의 함정 속에서 자유가 어떻게 소외되고 매몰되고 약탈되는지 그리고 어떻게 단순한 "신체적 억압"이 자유를 거세하는 데 충분한지를 이미 살펴본 바 있다. 하지만 노예 또한 억압의 절정에서, 비록 그것이 주인에게 더 잘 복종하기 위해서일지라도 실천적 장의 종합을 실행할 수 있고, 또 할 수 있어야 한다.(원주)

택한 명령, 그 자신의 특수한 기능 등등으로부터 출발해서 자기 자신의 고유한 위치를 규정하게 된다. 이렇게 해서 A의 주권은 그의 수행에서 B의 집단에의 합류 방식을 정의하고 B, C, D, E 이하 등등을 그의 규제적 행위를 통해 총체화한다.

그러나 만약 주권이 온전히 행사된다면 주권자는 집단의 외부에 존재하고, 자신의 실천적 장에서 집단을 대상-총체성으로서 총체화해야만 할 것이다. 그럴 경우에 우리는 이미 정의한 관계의 한 유형을 재발견하게 될 것이다. 그것은 원래의 기본적인 형태에서는 행위 주체와 환경(물질적 및 인간적) 사이의 일의적인 총합적 관계*이거나* 혹은 꾸며진 형태에서는 **타자**로서의 이용자와 우체국 직원 사이의 내면적*이고 외면적인 관계이거나*다. 그런데 이런 주권적 총합의 한계를 우리는 알고 있다. 이 관계는 일의적이 아니라 상호적이라는 것, 즉 규제적 제삼자는 그의 규제하는 행동으로 나를 집단에 통합시킴과 동시에 그 역시 집단에 통합된다는 사실이 그것이다. 그의 실천적 장, *나의 실천적 장, 우리의 실천적 장*은 하나를 이룬다. 이렇게 해서 주권은 상호성 자체에 의해 제한된다. 각자가 모두 주권자이기 때문에 결국 아무도 주권자가 아니라는 결론을 내리지는 말자. 이와는 정반대. 각자가 모든 사람의 주권에 대한 주권자인 동시에 내면성에서 각 실천적 종합의 유기체적 대상이기 때문에 그는 준주권자이며 준대상이라고 말해야 할 것이다. 그리고 집단은 특정의 공동 개인의 실천에 의해서 총체화된다는 점에서 준대상적 전체다. 또한 준주권자들의 부정적 다수성으로 이루어져 있다는 점에서 집단은 부단한 *비총체화* 과정에 있는 것이다.

사실 실천적 시간화에서 A가 규제적 제삼자가 되는 순간과 B 역시 제삼자가 되는 순간을 갈라놓는 편차는 B의 집단-내-존재를

A의 집단-내-존재와 [마찬가지로] 내면성의 양가적 상태로 만들어 놓는다. B가 A의 주도에 *순응한다*는 점에서 B는 각각의 제삼자가 제삼자로서 자신의 준주권 속에 재통합하는 그런 집합적 물질성(받아들이고 맹세한 타성태)의 재구조화된 한 요소로서 실천적으로 규정된다. 그의 *객관적, 실천적 진실(즉 내면적으로 다른 제삼자들에 의해서 의미되는 것으로서 산출될 행위)*은 공동 매개를 통해 준주권자로서의 A에 의해 그에게 도래한다. 그는 자신의 객관적, 실천적 진실을 그가 수행하는 행위, 순종하면서 규제적 의미를 실현하는 그런 행위를 통해 파악한다. 그러나 이 복종을 통해 — 그리고 **타자**에 의해 외부로부터 도래하고, 그 자신에 의해 내면화된 의도에 부합하면서 — B는 내면적 통일을 실체 속에서 이루어지는 양태의 용해로서 실현하려고 한다. 그런데 바로 이 통일성은 다음과 같은 단순한 사실로 인해 깨지고 만다. 즉 공동 개인과 공동 목표 사이의 실천적 조직의 자유로운 매개로서의 그의 행위가 가공된 대상 속에서 집단의 종합적 객체화를 실현한다는 사실이 그것이다. 물론 이때 이 행동은 그 자체의 내면성, 즉 그 자체의 본질적 실체에 대한 비본질적 양태의 관계를 변증법적 전개 속에서 그리고 이 발전을 통해 부정하게 된다. 행위가 자유롭게 전개될 때는 어디에서나 이 행위는 그 전개 자체에 의해 본질적인 것으로 (비록 세부적인 것일망정) 정립된다. 따라서 B는 같은 순간에 실체 속으로 통합되는 것이 *존재론적*으로 불가능하다는 사실에 의거하는 실천적이며 객관적인 통합으로서 자신의 집단으로-통합된-존재를 보여 준다. 이와 동시에 B는 자신의 행위를 A의 규제적 행동과 결부시키는 매개된 상호성 속에서, 준주권에 의해 야기된 준대상적인 총체화의 통합된 요소로서 A를 통해, 그리고 A의 입장에서 자기 자신을 겨냥하게 된다. 그러나 이런 양가성은 — 이것은 전개 과정

에서 일어나는 모순에 지나지 않지만 ── 곧 B에게 자기 자신의 주권을 가리키게 된다. A는 B로 하여금 상호 주관적인 실체로서 타자들과 혼합하고, 타자들과 함께 조직되는 자신을 *저쪽에서* 재인식하게 만드는 매개적인 제삼자가 된다. 이렇게 함으로써 A는 B에게 ── 상호성의 새로운 계기에 있어서 ── 그를 통합의 권한을 가진 제삼자로서(개인적 유기체라는 추상적 주권자로서가 아니라), 따라서 집단의 한 구성원으로서 그를 *인정하지* 않을 수 없게 만든다. 달리 말하자면 B는 A를 상호 주관성의 한 단순한 양태(실체 자체에 의해 실체의 특화로 규정된 직능)로서 파악하게 된다. 바로 이런 이유로 B는 *A와 모든 구성원을 거쳐* 공동적 실체로부터 ── 즉 통합적 작업으로부터 ── 벗어나 개인으로서의 A와 그의 집단-내-공동-존재 사이의 매개가 되지 않을 수 없다. 따라서 A는 B에 대해서(그리고 B에 의해서) *분신*(동등자-적극적 상호성)이 되는 동시에 *배제된 제삼자*(준주권자로서, 즉 준추방, 내재성-초월성의 긴장)가 된다. 그리고 B는 A에 의해, 같은 조건으로 *배제된 제삼자*가 되고 또한 *분신*이 된다.

저쪽에서 각자는 타자의 통합적 주권 ── 이것은 일시적으로 *집단의 주체*가 되는 것이다 ── 으로 인해 집단과의 관련에서 비본질적인 존재로 규정될 수 있고, 또한 그렇게 규정되어야 한다. 그러나 이런 일이 자기 밖에서 *분신*에 의해 이루어지기 위해서 각자는 (모든 타자와 함께) 서약과 권능과 행위를 통해 타자의 집단에의 소속을 보장하는 자로서 자기 자신을 정립하고, 이것을 환원 불가능한 본질로 삼아야 한다. 이처럼 규제적 행위에 실천적으로 복종하여 저쪽에서 A에게서 매개된 통합의 대상이 되겠다는 서약을 통해 B는 집단을 탈총체성으로 구성한다.(혹은 그 구성에 이바지한다.) B는 자신의 복종을 통해 A를 준주권자로, 따라서 준배제자로 만든다. 그리고 A와 자신의 직능에 대한 ── 즉 그가 집단에 구체적으로 소속되어 있다는 사실에 대한 ── 매개된 인정을 통해 이 준주권의 근거를 제공하는 순간부터 B는 스스로 규제자가 된다.(A에 대해서 또는 *타자들에 대해서* 그러하다. 가령 A의 보증인이 되어 자신의 권능을 내세우면서 "그를 따르고, 그를 돕고, 그에게 복종하라."라고 타자들에게 선언하는 경우에 해당한다.) 따라서 B는 준주권의 준배제 상태를 스스로 실현하는 것이다.

그러나 관계의 내면성, 나의 공동 존재가 전체에 소속되어 있다는 사실, 나 자신의 존재의 비본질성(*우리가 동등자라는 점에서*) 그리고 총체성과의 구조적 관계로 볼 때 나의 직능이 본질적이라는 사실 등이 모두 실천적 진실이라는 점을 부정할 수는 없다. 살아 있는 집단에서는 구체적 행동이 날마다 이런 진실들을 실현하고 확인해 준다는 것이 바로 그 증거다. 규율이나 자기희생 등등은 그 모든 진실에 대한 실천적 확인이다. 그러나 사실 내면성의 살아 있는 환경에서 나의 존재론적 지위의 확정인 이와 같은 진실은 도피라는 관점에서만 나타나며, 그것도 내면성의 *준초월적인* 의미로서만 나타날 따름이다. 나의 구체적 생활의 초월적 규칙으로서 규정된 이 집단에의 나의 현실적 소속은 나의 *집단적-존재*가 존재론적 전체라는 무차별성 속에서 다른 구성원들의 집단적 존재와 뒤섞이는 것이 체험적으로 불가능하다는 전제하에서 이루어진다. 이런 관점에서 보면 나의 각각의 규제적 행동은 실제로 다른 모든 타자가 나에게 해 주는 보증에 의해 탈총체화된 가짜 총체화로서 나타나기는 한다. 하지만 나의 보장된 주권은 결코 초월적 주권에 도달할 수 없다. 그리고 나의 각각의 조정된 행동은 결코 나를 내면성으로 몰입하게 할 수 없다. 왜냐하면 그런 조정된 행동 자체가 그것을 야기한 규제적 행동을 보증해 주는 것이기 때문이다. **집단-내-존재**는 내면성에서 이중의 동의된 좌절로 나타난다. 즉 이 집단-내-존재로부터 벗어날 수도 없고, 또한 그 속으로 통합될 수도 없는 것이다. 달리 말하자면 그것을 자기 안에서 용해할 수도 없고(서약된 타성태), 그 안으로 자기 자신을 용해할 수도 없는 것이다.(실천적 통일성은 존재론적 통일성과는 절대적으로 모순되는 것이기 때문이다.) 하지만 집단의 일자-존재는 존재한다. 이것은 각자에게 동등한 서약된 타성태다. **타자**의 매개에 의해 *타자*적인 것이 된 그 자신의 자유다. 그러나 우리가 살펴보자마자 *타성태적-존재*는 당장 분해 되어 매개된 타성적 상호성들의 촘촘한 올로 변하고 만다.(즉 그 통일적 외양을 상실한다.) 또한 이 타성태적-존재는 집단으로서의 현실적인 존재론적 지위를 지닌 것으로 볼 수 없다. 왜냐하면 실제로 문제가 되는 것은 실천적 차별화를 만들기 위한 수단에 불과하기 때문이다. 집단의 존재를 그 수단-타성태의 총체로 환원하는 것은 이 기본적으로 실천적인 조직을 — 오직 행동에 의해서만 존재하는 조직 — 서열적 조합으로 다룰 수 있을 관계들의 골격으로 바꾸어 버리는 것이다.

그렇지만 이 착각은 다음과 같은 두 가지 이유로 말미암아 여전히 모든 공동체의 본질적인 구조처럼 되어 있다. (1) 집단 구성원들 사이의 진실한 내면적 관계인 동지애-공포는 *새로운 탄생*이라는 신화를 폭력과 강제력의 기초로 삼는다. 이것은 배반자를 절대악으로 규정하고 만들어 낸다. 왜냐하면 배반자란 *사전에 설정된* 통일성을 파괴하는 자로 규정되기 때문이다. 달리 말하자면 공포와 서약은 양자 모두 통일성의 와해라는 기본적 두려움과 관련되어 있다. 따라서 공포와 서약은 가장 중요한 안전 보장으로서, 모든 억압적 폭력의 정당한 이유로서 정립된다. 그러나 집단의 심각한 모순은 — 이 모순은 서약으로서는 해결될 수 없다 — 현실적 통일성이란 집단의 공동 *실천*이며, 더 정확히 말하자면 이 실천의 공동 객체화라는 사실에 있다. 공동 자유의 왕국이라고 자부하는 공동체도 사실 무엇을 하든 개인적 자유의 자유로운 상호 침투를 실현할 수 없고, 모든 자유로운 개인에게 공통된 타성태적인 일자-존재를 찾아낼 수도 없다. (2) 집단화되지 않은 상태에 있는 사람들과 다른 집단의 사람들(경쟁자, 적대자, 동맹자 등등)의 입장에서 보면 집단은 대상이다. 그것은 하나의 살아 있는 전체다. 그리고 앞에서 본 것처럼 집단은 이 대상성을 내면화해야 한다. 집단들 상호 간의 변증법적 관계를 고찰하고, 각각의 집단이 어떻게 다른 집단들과의 대립적 관계를 통해서 그 자체의 존재를 확립해 나가는가를 제시하고 또한 이 집단들이 어떻게 **대타 존재**와 경우에 따라서는 심지어 타자의 대타 존재를 자신의 내재적 존재로 내면화하며 자기 변화를 꾀해 나가는지를 제시하는 것은 — 이와 같은 고찰은 언제나 엄격성이 결여되긴 했지만 골백번이나 되풀이되어 온 바 있다 — 이 자리에서는 흥미 없는 일일 것이다. 다만 여기에서 다음 사실을 상기해야 할 필요가 있다. 즉 앞에서 살펴본 것처럼 집단은 총체화된 통일성 속에서 **타자들**의 총체의 표적이 된다는 사실, 그리고 그 압력이 너무 강해서 심지어 순수한 내면성의 관계에서조차도 이 집단은 이 통일성을 그의 배후-존재로서, 그러니까 결국 이 집단을 지탱하고 만드는 물질적이면서 총합적인 세력으로서 내면화한다는 사실 말이다. 이처럼 집단은 재편성의 진행 과정에서 끊임없이 그의 가장 심층적인 내면성에 의거하게 된다. 그리고 이 내면성은 사실 그의 가장 추상적인 외면성에 다름 아니다. 집단에는 — 그 초월적 실재성으로서 —X-존재가 있다. 이 존재는 무한한 압력이 어느 정도에 이르렀을 때 생겨난다. 이 존재는 또한 외부적으로 **타자들**의 무지의 공통 대상이 되어 있는 집단의 구조, 과거, 미래의 총체화된 전체를 자기 안에 끌어모은다. 그리고 후진적 지향의 순수한 추상적 목표로서의 이 X-존재는 **타자들**의 내면화된 무지가 된다. 즉 집단의 의미와 역사적 운명이 된다. 이것은 이 의미와 운명이 집단 자체의 무지의 대상이라는 점에서 그러하다.

5. 조직화된 집단에서 제도로

이렇듯 개인적인 것과 공동적인 것은 서로 대립적으로 규정되고, 또 더 깊은 진실로서 서로 상대 영역으로 되돌아가곤 하는데 이러한 극복 불가능한 갈등은 당연히 조직화된 집단의 내부에서도 새로운 모순으로 나타난다. 그리고 이 모순들은 집단의 새로운 변화를 통해서 나타난다. 조직은 위계질서로 변하고, 서약은 제도를 잉태한다. 물론 나는 여기에서 역사적 계기를 기술하려는 것은 아니다. 앞으로 살펴보겠지만 모든 형태는 ── 변증법적 순환에 의해 ── 항상 다른 모든 형태보다 먼저 또는 그 후에 태어날 수 있으며, 오직 역사적 과정의 물질성만이 그 순서를 결정한다. 우리가 집단의 형태를 열거하면서 지적하고 싶은 것은 다만 대부분의 구체적 집단들에서 볼 수 있는 복합적 성격이다. 우리의 연구는 단순한 것에서 복합적인 것으로 나갈 것이다. 이 고찰은 형식적인 동시에 변증법적이며, 추상적인 것으로부터 구체적인 것으로 진행할 것이기 때문이다.

자세히 검토해 보면 **공포**의 기반은 정확히 집단이 그 실천을 통해 갖추려 하는 존재론적 지위를 갖추지 못하고 또 갖출 수도 없다는 사실 그 자체에 있다. 역으로 이 기반은 모든 사람과 각자가 그 존재하지도 않은 집단의 총체성에 의거해 자신을 만들어 나가고 규정한다는 사실에 있는 것이다. 크건 작건 간에 모든 공동체에는 일종의 내부적 공동(空洞), 넘어설 수 없고 확정될 수 없는 거리감 그리고 불안감이 있다. 그리고 이 불안감이 통합의 실천을 강화하는데 그것은 집단의 통합이 진척될수록 더욱 증가한다.

결국 본질적인 것과 비본질적인 것의 갈등은 이론적 모순과는 아무 관련이 없다는 사실을 생각해야 한다. 이 갈등은 집단과 공동 개인에게 영속적인 위험이다. 사실 선서는 유기체적 개인에게 집단을 자신 안에 용해시킬 가능성을 거부하면서 그의 비본질성을 설정했다. 게다가 각 구조 속에서 특정 부분에 진행 중인 총체화의 현존은 각자의 중요성과 모두의 상호 교환성을 동시에 강조한다. 마침내 **타자**는 유기체적 개인을 하나의 무시할 수 있는 일반적 현실로 간주하며, 공동 개인의 매개를 통해 집단에게만 소통하고자 한다. 우리가 이미 살펴보았듯이 이와 같은 외면성의 비본질성 또한 내면화된 것이다. 집단에 속하는 개인이 공동체 내부에서 전 구성원들의 실천에 의해 공동 개인으로 정의되는 것은 바로 이 차원에서다. 이 개인은 정의된 하나의 기능, 하나의 권력, 하나의 능력이다. 이 모순적 존재(자유는 스스로를 서약된 자유로운 타성태의 극복에 의한 권리의 요구로 만든다.)와의 실천적 관계는 법률적이며 *의례적*인 것이다. 행동의 외부에서조차 집단 속의 각 관계는 권한들과 "권리-의무" 체계의 상호 인정이다. 사람들은 기능들의 역사적 분화 위에 억압적인 것으로부터 복원적인 것으로, 폭력으로부터 계약적인 것으로, 생명에 대한 경시로부터 개별 인격의 존중으로의 이행을 기초하기를 원하기까지 했다. 이런 개인은 하나의 분업의 산물일 것이다. 이와 같은 고찰들은 아무 의미가 없다. 이 고찰들은 단지 실천적 유기체를 사회적 기능으로 환원하고자 하는 공동 의지를 보여 준다. 그런데 갈등은 바로 *이* 차원에서 나타난다. 즉 공동 작업과 비교해 보면 각 기능은 하나의 *상대적 중요성*을 지니며, 따라서 공동 개인은 비본질적이거나 상대적으로 본질적이게 된다. 그러나 *이 사회적 임무*의 수행과의 관계에서 실천적 유기체는 본질적 매개다. 그러나 이것은 **역사**의 특정 산물로서의 이런 개인이 집단에 의해 맡겨진 임무에 필수 불가결하다는 점을 의미하지는 않는다. 이런 일이 일시적 조직들에서는 일어날 수 있지만 필요한 노동자들을 스스로 생산하는 집단 속에서 이러한 종속은 자동적으로 소멸한다. 이와 같은 사실은 오히려 ── 개인이 누구이든 간에, 그리고 그가 즉각적으로 대체될 수 있을지라도 ── *실천의 계기는 ── 달리 말해 본질적인 것은* ── 언제나 자유로운 개별적 변증법의 계기이며, 실천적 장의 절대적 조직의 계기라는 점을 의미한다. 어떠한 개인도 집단이 동질적이고 잘 통합되어 있고 잘 조직되어 있을 때 그 집단에 본질적이지 않다. 그러나 (주체의 유기체적 삶을 통해서만 실존하는) 공동 개인과 대상 간의 중개를 실현할 때 각 개인은 *집단에 대항해* 자신의 본질성을 재확인한다. 그리고 이 개인의 본질성은 작업의 역사적 개별성을 목표로 하지 않으며(또는 적어도 필연적으로 목표로 하지는 않으며), 소외의 실천적 타성태의 장 내에서조차 모든 작업에 필수 불가결한 계기로서의 실천적 자유를 목표로 한다. 개별적 주체는 자신의 선서를 넘어서지도 부인하지도 않았다. 그는 자신의 임무를 실행했고 자신의 기능을 수행했다. 그러나 어떤 점에서 그는 선서의 너머와 같은, (감내되었든 또는 서약되었든) 타성태의 잠정적 유보와 같은 하나의 새로운 고독 속에서 자신을 실현했다. 요컨대 그를 실질적으로 변모시켰던 권력과 임무를 통해, 그의 힘을 강화한 그 도구성을 통해 그는 투명성 속에서 자신을 재발견했다. 그리고 그는 자신을 대상 속에, 즉 밖으로 투사하기 위해 공동 지위로부터 벗어나게 하는 하나의 초월성에 의해서만 집단에 대한 자신의 충실성을 실현할 수 있다. 어떤 방식으로 체험되든 이 모순은 영속적인 추방의 위험에 의해, 경우에 따라서는 실제 추방에 의해 객관적으로 나타난다. 그리고 추방되는 두려움은 상호성 속에서 집단이 개별 행동들의 본질성 속에서 비본질적인 것으로 용해될지도 모른다는 공포를 잉태한다. 융화 집단에서 선서를 탄생시켰던 그런 공포가 문제 되는 것이 아니다. 이때 우리는 *결함에 의한*(부정적 행동, 궤주, 직무 유기 등등) 집단의 용해를 두려워했다. 이제 사람들은 *과도에 의한* 와해를 두려워한다. 이와 같은 새로운 위험에 맞서 선서는 효과적이지 못하다. 왜냐하면 이 새로운 위험은 바로 *서약된 충성에서부터* 태어나기 때문이다.

그러나 상호적 구조가 본질적인 것과 비본질적인 것의 갈등을 벌써 모두에게 확대하고 있다 할지라도, 또한 이 갈등이 개별적 노동의 특수성 속에서 체험됨에도 불구하고 만약 규제적 행동과 규제된 행동 사이에 맺어지는 관계에 의해 이 갈등이 되풀이되고 확장되지 않는다면 우리는 이 갈등에서 하나의 단순한 불안의 원인만을 볼 뿐이다. 우리는 각각의 제삼자가 집단에 통합될 때 반대급부로 상호적 추방을 동반한다는 사실을 보았다. 그러나 집단의 각 구성원은 그를 통해 통합이 이루어지는 제삼자이기 때문에 그 결과 이 통합의 실천적 실현은 반대급부로서 순환적 배제, 모두를 위하고 각자를 위한 추방의 순환적 연속을 동반하게 된다. 집단은 통합과 의례적 인정의 영속적 실천으로 집렬체의 위험들과 싸운다. 그런데 자신의 집단-내-존재를 불변의 잠재적 분리로, 다른 제삼자들의 집단-내-존재를 이탈의 끝없는 위험으로 체험하는 방식을 각자의 내부에서 자극하는 것은 다름 아닌 바로 그 연속적 작업들이다. 여기에서 지리적 상황과 실제 관계 사이의 모순이 — 특히 통합에 물질적 지지 역할을 하는 일정한 장소 안에서 회합하거나 살아갈 수 있는 집단들이 문제가 될 때에 ─ 태어난다. 예를 들어 만약 집단이 하나의 울타리에 의해 보호된다면 나는 스스로를 *집단 안에* 실제로 있는 것처럼 포착한다. 그러나 이것은 단지 내가 집단의 존재를 그의 용기(容器)의 존재에 동일시하고 있다는 점만을 의미할 뿐이다. 어떤 의미에서 이런 동일화는 정당하다. 왜냐하면 그 용기는 (선택되고 한정되고 가공되었으며 한정된 행동들을 자극한다는 점에서) 내재화된 다수성의 실천적 물질성을 잘 반영하고 있기 때문이다. 그러나 이와 동시에 나는 내가 제삼자들과 맺고 있는 관계들 속에서 내재성-초월성의 긴장을 우리의 인간적 관계들의 진실로서 실현한다. 그리고 이 진실은 바로 내가 집단 안에 있지 않으며, 나의 안에-있음은 내용물이 담기는 그릇과 맺는 관계라는 순진한 형태로는 포착될 수 없다는 것이다. 이처럼 *장소의 내부*는 그 자체로 나의 인간관계에 기초 역할을 한다. 그리고 총체화의 지지이며 표현인 물질적 전체에 속해 있다는 사실이 안전으로 체험되는 것을 멈추고 부차적인 것이 되어 소멸을 향하여 미끄러짐에 따라 내면성으로의 나의 유배를 격화시킨다. 이때 관계들의 실천적 내면성으로서의 *집단-내-존재*가 직관적 체험 속에서 새로운 안전처럼 그만큼 드러나지도 않는다. 각자의 내부에서 실현되는 것은 그릇이 *불충분함* 속에서 내용물과 맺는 공간적 관계로서의, 그리고 익명의 신화 조작으로서의 내면성이다. 나는 안에 있으며, 안의 내부에서조차 밖에 있는 것이 두렵다. 달리 말하자면 각자는 불신 속에서 마치 자신의 준주권이 자신을 *본질적인* 것으로 지칭할 위험이 있는 것처럼 자신의 준주권(그렇지만 재조직하는 재총체화의 필수 불가결한 계기인)을 포착한다. 결국 조정의 통합적 작업은 그를 통합의 최종 항으로 *지시하나* 그를 통합하지는 않는다. 따라서 그를 고립시키게 된다. 이 점은 융화 집단의 단계에서는 아직 중요하지 않았다. 왜냐하면 분화된 기능들이 아직 생산되지 않았기 때문이다. 그러나 준주권이 **타자들**에 대한 구체적 권력 ── 그것이 어떤 것이든 ── 의 행사로서, 그리고 선서를 벗어나는 개별적 실천으로서 (개별적 실천이 선서를 극복해서가 아니라 기초하기 때문에) 실현될 때 규제적 행위는 자신의 전 모순, 즉 *중재-이탈* 속에서 드러난다. 그리고 공동 자유의 자유로운 유기체적 부정으로서, 그리고 각자 안에서 타성태의 보관소의 자유로운 용해로서 예감된 자유가 스스로를 두려워하며 번뇌 속에서 자신의 개별적 차원, 그리고 그것을 특징짓는 무능력의 위험, 소외의 확실성을 재발견하자마자, 규제적 제삼자가 스스로를 규제된 제삼자, 통합된 제삼자로 만들자마자 어긋난 상호성은 그에게 **타자**에 의한 통합을 주권의 위험으로 (유일자의 실천적 장의 한복판으로의 집단의 소외에 의해), 그리고 이와 동시에 추방의 위험으로(즉 배반할 위험만큼 ── 은밀한 이탈 속에서 붙잡힌 제삼자의 경우 ── 죽음을 당할 위험도) 드러낸다. 이 차원에서 발견되는 것은 모두에 의한 중개는 그 자체가 각자 스스로 내가 준주권이라 명명했던 그 영속적이고 폭발적인 모순인 제삼자들 간의 상호성이라는 사실이다.

이런 의미에서 매개된 상호성은 권력 A와 B의 관계가 그들 간의 상호 인정에 종속될 뿐만 아니라 또한 그것들 각각이 집단의 통합에 ── 구체적 상황에 따라 ── 본질적이거나 또는 비본질적인 일련의 최고 권력의 인정들에 종속된다는 점에서 순환성을 생각하게 한다.(조직의 두 내부 집단들 간의 권력 관계들은 결국 재조직화된 것들이 두 "기관들"의 권력을 인정하거나 또는 ── 우선 순위가 반대로 정해져 있다 할지라도 ── 한쪽에 다른 쪽보다 우위를 주거나 아니면 그 둘을 함께 배척하는 방식 자체에 달려 있다.) 이처럼 집단의 *일자-존재*(추상적 존재론적 목표로서, 그리고 즉시 세부적 객체화의 구체적 현실로서)는 나의 개별적 자유에 달려 있다. 즉 나에게 현실적으로 일어날 수 있는 사태로서 배제, 육체적 제거, 그리고 배반을 형성하는 운동에 달려 있다. 이것은 나의 *집단-내-존재*가 나에게서 빠져나와 규제적 행위들(이 행위들이 그들 자체로, 그리고 내가 그것을 알 수 있는 정도로, 스스로를 집단의 제거 또는 공동체의 비유기체적 대상으로의 경화(硬化)[119]로 만들 수 있는 만큼)의 회전하는 순환성 속에서 스스로 형성된다는 점에서 그러하다. 서약된 타성태를 강화하는 감내된 타성태로서의 *분리*는 최고 권력의 추방과 무기력한 종속 사이의 긴장을 고조시킨다. 그러니까 집단이 장소 또는 용기의 범위를 벗어난다면, 혹은 어떤 이유로 장소, 진영, 도시의 내부에서 관계들이 거리 간격에 의해 *관통된다면*(예를 들어 비밀 결사 행동의 경우다. 적대적 경찰의 작업은 상대 집단의 공동 행동처럼 실천적-타성태의 확장으로서의 공간성에 의한 조건에 일치한다.) 준주권적 제삼자는 *나의 형제*로 머물지만 이와 동시에 그는 하나의 미지인 또는 잘 모르는 자다. 하지만 그의 행동은 규제적이기를 멈추지 않는다. 매개 기관들에 의해 나는 어떤 공동적 시도가 실천적 타성태의 장의 공간-시간적 깊이 속에서 다른 곳에서 시작되었다는 사실을 알게 되며, 이때 나는 다른 입회인들과 함께 우리 내부 집단의 행동을 *그 공동 시도에 따라서* 규정한다. 그리고 다른 곳, 그곳은 여전히 여기다. 그러나 그것은 개별적 특징들이 본질적이 되는(왜냐하면 나는 그 특징들을 모를까 봐 불안하기 때문이다.), 그리고 그 보편적 편재성이 비본질적 추상이 되는 하나의 여기다.

상호성들의 선회하는 도피에 의해 모든 것은 결국 조직화된 집단

---

119 이 두 번째 가능성은 실제 작업에 일치할 수 없다. 그것은 각자에게 제삼자의 자유가 자신의 고유한 실천적 긍정에 의해 하나의 상호적 행위 속에서 그리고 그 행위에 의해 상호성들의 부정이 된다는 점에서 제삼자의 자유의 표현으로 나타난다. (원주)

이 자신의 자유 자체를 통해 *집렬체의 하나의 순환적 형식*을 발전시키기 위해 있다. 그리고 흥미롭게도 적어도 표면적으로는 타자의 이 출현은 *실천의 실천적-타성태로의 소외*로서가 아니라 (더구나 이 소외가 생산되어야 함에도 불구하고) 구성된 하나의 집단의 조직 속에서 유일한 수단과 유일한 장애로서의 자유로운 개성의 재발견으로서 나타난다. 사실 이것은 부정된 다수성의 새로운 보복이다.

물론 우리는 방금 순수하게 형식적 차원의 변증법적 가능성들에 대해 기술했다. 모든 *집단에 공통된 구조*들을 생각하게 하는 이 은밀한 모순들이 단독으로, 그리고 구조적 형식주의 속에서 통합의 한가운데에 집렬체의 부활을, 그리고 집단의 **공포**, 제거를 통한 배반 또는 억압을 야기하는 일은 일어나지도 않고 일어날 수도 없다. 사실 무슨 일이 일어나든 이 모순들은 체험되고 *생산되어야 한다*. 왜냐하면 이 모순들은 조직화된 집단의 내부 구조를 규정하며, 어떤 행동도 어떤 구성원도 그들을 생산하는 조직들에 고유한 내적 굽잇길들을 통하지 않고서는 구체적 현실 속에서 생산될 수 없기 때문이다. 그러나 이 것은 전체 속에서의 역사적 과정이다. 총체화의 범위에서는 어떤 실천적 공동체의 구체적으로 분화된 구역 속에서 추방-이탈의 상호 집렬체적 관계가 체험될 방식을 결정하는 것은 특수 상황, 집단의 목표, 집단의 과거사, 그리고 집단이 다른 집단들과 맺고 있는 관계 등등이다. 예를 들어 하나의 승리하는 *실천*을 통해 기구(機構)들의 복잡성을 조직하는 상대적으로 제한된 하나의 집단이 자신의 반성적 모순들을 하나의 불안의 형태로 살 수조차 없는 것은 너무 당연하다. 이 경우에 초월적이고 실천적인 실제 통합은 미래로부터 출발하여 공동 목표의 실제적 변형들 속에서, 즉 그 목표가 드러내는 미래의 구조들 속에서(가능성들이 발견되고, 진정한 요구로서 행동을 흡수하는 *편리한 수*

단, 실천이 탕진되는 균열, 지름길 등등) 인정을 받기에 이른다. 왜냐하면 이 미래 목표가 더욱더 용이하고 더욱더 긴박하면 할수록 집단의 내면성 속에서 반성의 매개적 행동들을 더욱더 단축하기 때문이다. 그러니까 만약 조직이 목표에 맞추어 *비어 있는 상태에서* 분명하게 스스로를 해독한다면, 그 자체로 어떤 난점도 제시하지 않고 초월적 작업과 구별되지 않는다면 조직은 하나의 공동 행동의 진행 속에서 상호성들의 측면적 상호 작용이 된다. 아마 이 조직을 승인하고 재구성해야 할 것이다. 그러나 우리에게 중요한 것은 성공 속에서 목표는 집단의 존재론적 통합을 적어도 구성원 각자의 준확신으로 제공한다는 사실이다. 그리고 이와 같은 준확신은 하나의 주관적 결정이 아니다. 그것은 각자가 자기 행동이 자신의 손가락 아래에서 *공동적인 것*으로 *태어나는 것*을 본다는 점에서 각자의 행동의 특징이며 양상이다. 실패와 그리고 멀리 갈 필요도 없이 실망스러운 느린 행동의 부침은 명백한 결과로 반성에 이르게 하고 (재조직의 문제를 제기하면서) 각 개인 또는 각 내부 집단으로 하여금 불신으로서의 분리를 경험하게 한다. "여기에서 우리는 우리가 할 수 있는 일을 하고 있다……." 자유로운 개별적 *실천*의 계기 속에서 행동은 *여기에서의* 개별적 성공이 더 이상 즉각적으로 공동 성공 속에 흡수되지 않는다는 바로 그 점에서 자신의 모순들을 드러낸다. 개인의 국지적 성공은 그 자체로서 공동 성공이 더 위태롭거나 또는 더 멀리 있는 것처럼 보일수록 그만큼 더욱더 자신을 본질적 계기로서 제시하는 경향을 띤다. 그리고 개별 주체의 행동의 국지적 성공이 목표 속에 불안정하고 무의미하며(왜냐하면 실천적 개인의 완전한 발전으로서의 행동은 공동 실현 속에서만 그의 진정한 가지적 의미를 찾을 수 있기 때문에), 공동 목표가 모두의 작업에 의해 생산된 더 풍부한 변형들에 의해 그것을 다시 취하고 통합할 것을

요구하는(객관적 요구) 하나의 결정을 생산한다는 바로 그 점에서 분리는 각 개별 주체 내부에서 생산된다.[120] 특히 모든 것은 역사적 운동 속에서 집단의 구성원들과 그들의 다수성, 그들의 통신 수단, 기술, 도구, 그리고 목표와 궁극적 목적의 성질을 연결하는 하나의 복합적 전체에 달려 있다. 예를 들어 종합적, 통합적 행동(선동, 선전)을 궁극적 목적으로 삼고 도처에서 자신을 넘어 넘쳐나는 집렬적 집합들을 목표로 하는 집단은 자신이 싸우는 객관적 집렬태를 더 쉽게 내재화할 수 있다. 이처럼 우리는 용해 중인 집렬태-대상과 집렬체화 중인 집단-주체(실천적 의미에서) 사이의 균형(진행 중인 행동에는 일반적으로 해로운)이 수립되는 것을 본다. 그러나 이미 알려진 그러한 사례들을 인용하는 것으로 충분하다.

중요한 것은 공동 구조들이 그들의 역사적 내용과 맺고 있는(즉 다른 집단들의 *실천*에 의한 집단의 시간화된 시간성과 연결된 그 집단의 개별적 *실천*에 의한 집단의 시간화하는 시간성과 맺고 있는) 관계이며, 이 관계는 다음과 같이 표현될 수 있다. 이탈-배제의 구조들로서의 순환적 집렬체들은 결코 *선험적 현실들*이 아니며, **역사**에서 독립된 반성적 결정들도 아니다. 이것들은 일정한 상황들의 압력하에 특화된 형태로(파벌 투쟁, 공포, 내적 무정부주의, 부재 지주주의, 의기소침 등등) 집단의 삶의

---

120 사업을 성공적으로 이끄는 조직 속에서 어떤 개인이 자신의 행동을 하나의 (세부적) 실패로서 실현할 때 분리는 더 격렬하게 전적으로 억제할 수 없는 부정성 속에서 포착된다는 것은 당연하다. 그러나 여기에서 이 예는 그다지 중요하지 않다. 변증법적 전개에 비하여 이 예는 *우연적인 것*으로 나타난다. 이 모든 것은 오래전부터 심리학자들과 소설가들에 의해 기술되었다. 나는 단지 기억을 위해 말하고 있을 뿐이다. 간략히 개인-실패는 공동적 억압의 순수한 대상이 된다는 점만을 강조하자. 그에게 가해지는 공포 정치는 각자가 고유하게 지니고 있는 감내된 분리와 발견된 순환성을 이탈 또는 배제로 변형시킬 가능성을 그의 안에서 그리고 그와 함께 파괴하는 것을 목표로 하는 하나의 공동 행동(매개된 상호성)이다. 배반자 안에서, 각자는 상호성 속에서—자신을 위해, 각자를 위해—배반하고 배반당할 그의 영속적 가능성을 끊임없이 발견하고 제거한다고 생각한다.(원주)

시간화하고 시간화되는 계기로서 실현된다. 그러나 집단 본래의 산물로서의 순환적 집렬체의 — 잠재적이든 명시적이든 — 내적 갈등들의 형태로 역사화는 일정한 요인들의 작용에 의해 공동체들에 고유한 모순을 시간화할 뿐이다. 그리고 — 우리가 선서가 행해지기 이전과 그 이후에 발견하는 — 그 근본적 모순은 공동체들 모두 다 자신들의 실천적 통합이 존재론적 통합을 요구하면서도 또한 존재론적 통합을 불가능하게 만든다는 사실이다. 이처럼 집단은 행동하기 위해 스스로를 만들고, 자신을 만들면서 스스로를 해체한다. 그리고 집단-내-존재는 그 자체로 복잡하고 모순적인 하나의 현실이다. 왜냐하면 그것은 과거에는 서약된 타성태들의 상호성에 의한 집단과의 공동-탄생이며, 미래를 향한 시간화 속에서는 그 공동 탄생을 초월성-내재성으로 도치시킴과 동시에 공동 탄생을 살면서 *부인하는* — 마치 개인이 완전히 집단의 내부에 위치하지도 완전히 외부에 위치하지도 못하는 모순되고 동시적인 불가능성처럼 — 자유로운 유기체적, 규제적 행동에 의한 공동 탄생의 재확인이기 때문이다. 이처럼 집단-내-존재는 극복할 수 없는 과거로서 포착된, 그리고 이탈의 운동이 상쇄하는 통합의 운동에 의해 실현된 하나의 타성태적 "집단-한-가운데-존재"다. 그리고 서약된 극복 불가능성의 자유로운 감내로서의 각자의 구체적 작업 각각은 선서를 다시 담당하는 것을 거절할 수도 있었음과 과거의 타성태를 자유롭게 재생산했음으로 인한 충만한 긍정성 속에서 나타난다. 이렇게 해서 하나의 불투명한 섬광과 같은 선서를 참여의 투명한 자유의 품으로 옮긴다는 바로 그 점에서 각 작업은 미래 속에서, 그리고 이와 동시에 극복될 수 없는 서약된 불가능성과 용해될 영속적 가능성을 선서에 구성해 준다. 그리고 아마도 내 안에서 서약했던 것은 *타자로서의* 나의 자유였다. 그러나 반투명이며,

바로 나의 것인 나의 자유의 구체적 작업으로서의 모든 행동은 구성된 변증법에 대한 구성하는 변증법의 우선권을 회복하며, 그 행동이 나의 *자유-타자*에 순응한다는 바로 그 점에서 이 행동은 과거의 나의 자유-타자 뒤에서 결국 *다른 자유*까지도 기초할 하나의 자유로운 투명성의 계기를 지시한다. 사실 그 계기는 우리가 *서약의 상호적 결정*이라는 이름으로 그것을 체험했던 것처럼 실재했다.

조직의 차원에서 발견되는 이 영속적 위험에 집단은 새로운 실천들을 통해 대항한다. 즉 집단은 하나의 *제도화된* 집단의 형태로 스스로를 생산한다. 이것은 "기관들"과 기능들, 그리고 권력이 스스로를 제도로 변형시키며, 제도의 틀 안에서 공동체가 주권을 제도화하면서 스스로에게 하나의 새로운 통합의 유형을 주는 것을 시도하고 공동 개인이 스스로를 제도적 개인으로 변모시키리라는 점을 의미한다. 그러나 이 새로운 내적 조직이 타성태를 강화하면서, 그리고 우리가 앞으로 살펴볼 것처럼 서약된 수동성을 반복적으로 강화하는 회귀까지도 이용하면서 재탄생하는 하나의 집렬체를 물리치려 하기 때문에 비유기체적인 두 운동들의 간섭은 오히려 공동체의 타락한 형태들을 생산하는 경향을 띤다. 물론 여기에서 "타락시키다"라는 말은 어떠한 가치 체계로의 어떠한 참조도 — 비록 그것이 자유는 가치들의 기초라는 윤리적 주장에의 참조라 할지라도 — 내포하지 않는다. 단지 우리는 그 기원과 목적이 결집한 개인들이 자신들 안의 집렬체를 용해시키기 위한 노력에 근거하는 집단이 투쟁이 진행되는 동안 자기 안에 이타성을 재생산하며 *내부의* 이타성과 투쟁하기 위해 비유기체적인 것 속으로 스스로를 응고시킨다는 점을, 그리고 바로 이 점이 집단을 점진적으로 "집합적" 지위에 근접시킨다는 사실을 말하고자 한다. 말하자면 우리의 변증법적 체험은 여기에서 하나의 선회를 시작하여 **자유-공포**가 조금 전에 거기에서 떨어져 나왔던 실천적 타성태로 되돌아가고 있다. 즉 우리는 체험의 운동이 아마도 순환적이라는 것을 어렴풋이 예감하기 시작한다.

실제로 새로운 회귀성이 집단의 구성원들이 이것에 맞서 감행하는 투쟁 속에서, 그리고 이 투쟁에 의해 포착된다는 것은 의심할 여지가 없다. **국민 공회**에서 1793년부터, 즉 첫 집회 때부터 상호 불신이 고조되었다는 사실을 상기하는 것으로 충분할 것이다. 분명 규칙에 따라 정식으로 구성된 이 집단 내부에서 이해관계 사이에 점차 격렬한 충돌이 나타나는 것을 목격하게 된다. 그리고 이 충돌은 — 국가를 분열시킨 실제 충돌의 반영인데 — 저항의 여지가 없이 선출된 **국민 의회**를 분열시켰다. 하지만 의회 제도는 선거인이나 피선거인의 집단 내부에서 발생하는 갈등을 해결하기 위해 확립되었다는 사실을 지적하는 것이 좋을 듯하다. 즉 다수가 결정하는 것이다. 거기에서 문제가 되는 것은 집렬체적 조직이다. 하지만 이 집렬체성에 대해 행해진 행동에 의한 통일성의 확정과 유지 역시 조직이다. 그런데 총체적으로 볼 때 현재와 과거의 상황과 마찬가지로 가까운 미래 역시 실제 투표를 통해 조정 제도를 순수한 구실의 차원으로 끌어내리게 되며, 또 이것을 **공포**-통합에 의해 대치시키게 된다. 실제로 이 공포-통합은 만장일치의 요구로 나타나며, 반대자들을 배반자로서 배척한다. 사람들은 여전히 투표라는 형식적 제도를 보존하게 될 것이다.(그리고 이 제도는 특정 순간에는 결정적 힘을 다시 얻게 될 것이다.) 하지만 **국민 공회**가 그 자체에 대해 가하는 진정한 행동은 무장한 국민들의 힘을 이용하면서 폭력적으로, 열광적으로 이루어지게 된다.

다른 한편 만약 **지롱드파**가 보수적 부르주아의 이해관계를, 심지어 부지불식간에 일부 귀족 계급의 이해관계를 대변하게 된다면 집단들 사이의 분화(특히 **지롱드파**와 **산악파** 사이의 분화)는 ── 르페브르가 여러 계기들을 훌륭하게 고찰한 바 있는 아주 복잡한 과정을 거쳐 ── 천천히 이루어졌다는 점 또한 의심할 여지가 없다. 즉 연방주의, 파리에 대한 적대적 행위, 사회, 정치적 구상이 먼저 도래한 것은 아니었다. 모든 것은 비가역적인 일화들을 통해 그리고 투쟁을 통해 구성되었다. 그리고 **국민 공회**는 자신의 되돌릴 수 없는 분열을 **입법 의회**로부터 물려받았다. 사회적 출신, 환경, 1792년 선거 이전에 종사했던 직업, 문화, 이 모든 것은 반대로 두 *의회*[121] 소속 의원들에게 실제로 동질성을 부여하는 경향이 있었다. 하지만 우리는 **국민 공회**를 (**입법 의회**는 그 정도가 낮지만) 우선, 그리고 근본적으로 사회적 투쟁에 의해, 나아가 계급 투쟁에 의해 분열된 것으로 보아서는 안 될 것이다. 오히려 이 국민 의회를 동질적이며, 대부분이 프티부르주아 지식인들로 이루어진, 그리고 그 내부의 돌이킬 수 없는 모순이 각자에게, 그가 속한 집단에게, 이 집단의 선거권자들에게, **국민**에게, 적대적인 집단들에게 맹세된 초월 불가능성을 부여하면서 이루어졌던 과거의 느린 변화의 결과인 **국민 의회**로서 보아야 할 것이다. 각자는 날마다 타성태적 이타성에 의해, 그리고 이 **타자들**, 즉 타성태 속에 고정되어 이 각자를 **타자**로 여기는 적들과는 **다른 자**가 되어야 한다고 반복해서 행한 서약에 의해 영향을 받는다. 이 말을 잘 이해하기 바란다. 그러니까 **산악파**나 **지롱드파** 중 어느 하나를 지지하지 않는 것이 중요한 것은 아니다. **지롱드파**는 폭력 충돌에 대해 전적인 책임을 지고 있다. 왜냐하면 우선 **대혁명**을 전쟁으로 확대시켰기 때문이다. 곧 **공포**를 통치를 위한 유일한 수단으로 삼았기 때문이다. 그다음으로 지

121 국민 공회와 입법 의회를 가리킨다.

롱드파는 스스로를 특정 이해 세력의 대표자로 내세우게끔 하는 태도를 처음으로 *취한 자들*이었기 때문이다. 그리고 마지막으로 이 지롱드파는 실정을 한 반면, 산악파는 선정을 폈기 때문이다. 즉 지롱드파는 정세의 압력하에서 급진화하는 혁명 운동을 구현한 반면, 산악파는 **대혁명**을 멈추게 하려고 했던 부르주아지를 구현했다. 아니다. 정치도 일상적인 전략도 중요한 것이 아니다. 그리고 모든 역사적 사건에서 폭력은 선서된 타성태로부터 기인한다. 그러나 **산악파**가 혁명 과정의 전개를 통해, 그리고 **지롱드파**의 선서를 통해 지롱드파의 불구대천의 적이 되었거나 적이었다는 것은 여전히 사실이다. "5월 31일 혁명"이 **국민 의회** 내부에서 스물아홉 명의 가장 저명한 **지롱드파** 사람들을 제거하면서 동질성을 회복시키는 것을 주요 목표로 삼았다는 것은 의심의 여지가 없다. 이처럼 정화되고 새로워진 **국민 의회**는 명령, 통제, 행정 등등의 면에서 독자적인 수단을 스스로 강구할 수도 있을 것이다.

그런데 여기에서 우리의 흥미를 끄는 것은 바로 이 허위의 동질성이다. 왜냐하면 새로워진 **국민 공회**의 동질성이 허위이기 때문이다. 먼저 르페브르가 잘 보여 주었듯이 대부분의 의원들이 6월 2일의 수치를 겪은 것에 대해 **산악파**를 절대로 용서하지 않을 것이기 때문이다. 그다음으로 많은 **지롱드파**가 여전히 **국민 의회**를 장악하고 있었기 때문이며, 마지막으로 새로운 정세로 인해 **산악파** 사이에 골이 깊은 차이를 낳게 될 것이기 때문이다. 차이는 ─ 우리에게 중요한 것은 바로 이 차이다 ─ 다음과 같은 사실에서 기인한다. **국민 공회**에서 최초의 숙청 이전에 대립하고 있던 집단들이 자신들의 확고한 동질성을 정치 활동의 확고함 위에 정립했다는 사실이 그것이다. 하지만 숙청 이후에는 반대로 지도 기관들이 점차 공동 실천의 통일성을 실현해 나가게 된다. 그러나 이 실천적 통일성은 포착할 수는 없으나 확고한, 그리고 이번에는 사람들에게서 기인하는 동질성을 겨우 감추게 된다. 이 동질성은 개인적 실천 위에서도, 유기체적 개인성 위에서도 스스로를 수적 다수성의 요인으로 정립하지 않는다. 이 동질성은 그 기원을 과거(5월 31일, 6월 2일)의 폭력 속에 지니고 있다. 이것은 감내된 타성태로서의 폭력들이 **국민** 대표의 선서된 타성태에 연결되어 있다는 점에서 그러하다. 초월 불가능하고 서약된 지위를 갖는 *권력*이 이 폭력들에 대해 초월 불가능성의 위상(권력에 대항하는 폭력은 이 폭력을 통해 순수성을 회복하기 위해 강제로 가해지는 권력이 된다.)을 부여하게 된다. 실제로 — 특히 처음 몇 년 동안 — 역사적 경험을 통해 우리가 배울 수 있었던 것은 숙청이란 내적 동질성을 회복하는 것을 목표로 하지만 준구조화된 동질성(대립의 기능과 권력)의 산만한 동질성을 통해 대치한다는 점이다. 실제로 **공포**는 숙청 이후에 시작된다. 사실 다시 **동등자**가 된 자들(이들은 만장일치로 투표하고, 같은 정책의 실현에 헌신하기도 한다.)이 동시에 그리고 은밀히 **타자들**이 된 순간부터 이타성은 각자에게 통일의 은밀한 진리가 된다.

의원 각자가 **공안 위원회**와 직접적으로 맺는 관계가 어떠하든 간에 이 의원들 사이에는 — 같은 지역에 머물러야 한다는 필요성에 의해서라 할지라도 — 다른 관계가 정립된다. 그리고 이 관계 — 동질성이 보장될 때는 정상적인 — 는 *타자적 관계*로서 나타나고, 각자의 이타성을 결정한다. 의원 각자가 그 자신의 순수한 통합과는 *다르기* 때문에, 즉 그와 그가 속한 조직의 중심과의 직접적인 관계와 다르기 때문에 이 의원은 자기 이웃과 — 이 이웃이 **타자**인 한에서 — 자유로운 실천적 관계를 갖게 된다. 그리고 이들 사이에 맺어지는 상호성은 진행 중인 총체화와 비교해 볼 때 이타성의 상호성으로서 규정된다. 이 상호성은 매개되었고, 또 매개될 수 있기 때문에(왜냐하면 이 상호성은 활동 중인 집단 내부에서 생겨나기 때문에) 이는 다음과 같은 사실을 의미한다. 즉 각자가 이웃과 직접적 관계를 갖지 않는 한에서(단지 기능의 관계, 지도 기관을 통해서, 그리고 이 지도 기관에 의해 규정되는 권력의 관계만을 맺는 한에서) 그는 자신의 공동 행동 속에서, 자기 자신의 임무를 수행하는 가능성 속에서, 마침내는 자신의 *집단-내-존재*의 가장 깊은 내부까지 이웃들 사이의 직접적 관계나 매개된 관계에 의해 결정되어 있다는 점이다. 또한 그렇기 때문에 **국민 의회** 구성원의 자격을 가진 각자의 입장에서 볼 때 다음과 같은 두 요소 사이에서 모순이 발생한다. 말하자면 기능의 개별화를 위해 각 개인을 말살하는 실천적 총체화의 기도라는 요소와 현재 진행 중인 총체화 아래에서 같은 *집단*을 계속해서 집합태로 강등시키는 것처럼 느끼게끔 하는 순환적 집렬체성이라는 요소가 그것이다. 조직화하는 *실천*으로서의 통일화는 각자에게서 ── 그가 스스로 통일화하는 행위 주체가 되는 한에서 ── 이 통일화하는 종합과 **타자들**의 *타자적* 관계에 의해 (이 타자들은 이 타자적 관계를 자신을 위한 또는 특정 **타자**를 위한 하나의 함정으로 만들지 않을까? 등등) 계속해서 벗어나게 된다. **국민 공회**가 여러 위원회의 노력을 통해 통일을 실현하는 것과 달리 총체화가 회귀성과 충돌해서 부서지는 바로 그 순간에 이 국민 공회는 *하나의 대상이 된다.*[122] 사실 *하나의* **국민 공회**가 존재한다. 왜냐하면 이 실천적 집단 내

---

122 국민 공회의 두 기관 ── **공안 위원회**와 **보안 위원회** ── 사이의 암묵적인 대립은 부정적이기는 하지만 필연적으로 매개된 상호성이다. 실제로 이 관계는 의원 전원이 이 집단에 대해 권력을 인정해 준 *한*에서 각각의 하위 집단이 다른 하위 집단과 대립된다는 사실을 전제로 한다. 그러나 이러한 이유로 각각의 기관은 **국민 의회** 전체를 다른 "기관"에 대해 타자로서 만들어 내며, 또한 **국민 의회** 전체에서 보면 각자는 긍정적이자 부정적이고, **동일자**이자 **타자**다. 이런 점 때문에 위원회 하나하나는 이것이 다른 위원회에 의해 통일성의 다른 결정으로서 매개될 때 의원들의 상호성 속에서 자신의 타자-존재를 발견하게 된다.(원주)

에서 공동 개인들의 존재론적 위상의 부재가 무기력의 파괴 불가능한 기반으로서 집렬체성의 존재론적 위상이 정립될 수 있도록 방치하기 때문이다. *하나의* 국민 공회가 존재한다. 왜냐하면 이 국민 공회의 통일성의 기초가 항상 **타자**의 내부에 있기 때문이고 — 즉 이 통일성이 실천의 외부로 떨어지기 때문이고 — 또한 실제로 이 통일성의 기초가 통합을 추진하거나 거기로부터 벗어나는 불가능성 — 각자는 이 불가능성을 *참고 견뎌 냈다* — 이외의 다른 것이 아니기 때문이다.

이 차원에서 각자는 *내부*에 있다. 이것은 정확히 모든 **타자**가 외부에 있기 때문이다. 내재성-초월성의 긴장은 집합체화된 집단 내에서 타락한 채, 수동화된 채 다시 발견된다. *집합체적 대상*은 자아-없는-집단-내-자아다. 실제로 나는 그 안에서 **타자**로서 나타난다. 나는 그 안에서 내가 모르는 행동이나 결정의 대상을 만든다. 나는 다른 사람들이 나에게 감추는 기도들의 수동적 희생자이거나 나는 전혀 생각하지도 못한 채, 다른 사람들이 나에게 알려 주지도 않은 채, 아마도 그것을 알지도 못한 채 자기 스스로가 만드는 상호 의존성으로 인해 공범이나 의심을 받는 자들과 연결되어 있기도 하다. 아마도 나는 그 안에서 두려움의 대상, 분명 수단이자 목적(상대적, 직접적)이기도 하다. 그러나 나는 추상 속에서 이렇게 부과된 이타성을 결정하면서 반드시 매개된 상호성 속에서 사회적 장의 종합을 이루게 된다. 이런 종합은 조직의 중심들의 매개를 통과함과 동시에 내 눈으로 직접 보기에도 나를 의심받는 자로 고발한다. 실제로 이 실천적 종합은 규제적 행위다. 이처럼 나는 내재성-초월성의 긴장 속에서와 동시에 불가분의 관계 속에서 나의 집단-내-자기-외적-존재를 무기력의 이타성으로, 그리고 나의 불가능한 통합을 추방-이탈의 위험으로 포착한다. 숙청을 경험한 **국민 공회**에서 "집합태"는(뒤르켐이 생각하는 것과는 반대로) 집단이 주체가 될 수 없음을 암암리에 보여 준다. 그리고 이 집합태의 현실성의 정도는 불가능성 자체와 직접적으로 비례한다. 집단이 그 자체의 구조, 법칙, 고유의 준엄함을 얻게 되는 것은 바로 이와 같은 자격으로서다. 즉 이 집단은 구성원들에 대해 의식이나 *게슈탈트*로서가 아니라 *하나의 현실적 대상*으로, 그러니까 우리의 내면화의 시도를 제한하는 외면성의 구조로서, 주관적 통일화의 부정이고 또 그것의 전복된 이미지에 불과한 간접적 반(反)통일로서, 마지막으로 *불가능한 통합의 표지로서*(만약 이 통합이 전혀 시도되지 않는다면 우리는 분산된 순수한 집합태 — 가격, 시장 등등 — 를 재발견하게 될 것이다. 만약 이 통합이 끝까지 추구되지만 이것이 불가능하다면 집단은 그 자체로 더 이상 목적이 될 수 없을 것이다.) 작용하게 될 것이다.

그러나 각자가 통일화된 *실천*으로서 집단을 실현하려고 노력한다는 점을 고려하고, 또한 이 집단이 공동체의 타자적 현실을 이타성의 환경 속에서 자신의 고유한 규제적 행동이 따르게 될 집렬체적이고 예견 불가능한 편향으로서 발견하게 된다는 사실을 고려한다면 각자는 **타자**를 분산시키는 타성태의 요인과 순환적인 편향의 요인으로서 제거하는 것을 목표로 해야 한다. 그리고 **타자**는 **타자**의 *자격을 가진* 각자이기 때문에 폭력을 통해 동지애를 부과해야 한다. 이것은 정확히 다음과 같은 사실을 의미한다. 각자는 스스로가 **타자**의 특수한 구현에 대비하는 한 철저하게 파괴될 수 있어야 한다는 것이 그것이다. 모순이 금방 눈에 띈다. 공포 속에서 이루어진 통합은 타자의 제거를 목표로 하고 있다. 통합-**공포**는 **타자**의 제거를 목표로 한다는 모순이 곧바로 금방 눈에 띈다. 그러나 타자는 파괴 불가능하다. 이 통합-공포는 이것을 파괴하려는 시도를 낳는 상황 속에서 정확히 드러나는 모종의 관계에 불과하다. 더군다나 각자는 **타자**의 자격을 가진 **타자**다. 따라서 만약 *이와 반대로* **공포**가 단독적 개인들을 — 이들이 그들 자신들이라는 점에서, 즉 이들이 자신들의 자유로운 실천적 기도에 의해 매 순간 자신들의 신체를 타자에게 빌려줄 수 있는 자들과 배제된 규제적 제삼자들로서 지시된다는 점에서 — 제거하지 않는다면 이때 공포는 아무런 효과를 내지 못하는 순환적 질주가 될 것이다. 집단에 두 개의 부정 — 개인적 실천과 집렬체성 — 중에서 첫 번째 것은 앞에서 살펴본 대로 공동 기도의 실현을 동반한다. 이 첫 번째 부정은 존재론적 부정이며 실천적 실현이다. 이에 반해 또 다른 부정인 집렬체성은 결정적이다. 그리고 집단은 원래 집렬체성이라는 이 두 번째 부정에 대항해서 구성된다.

그러나 **공포**를 행사하는 기구의 입장에서 보면 의심받는 자를 생산해 내는 것은 바로 첫 번째 부정이다. 그러나 **공포** 자체의 눈에 의심스러운 것은 바로 이 공포 자체다. 실제로 공포가 몇몇 하위 집단과 몇몇 공동 개인의 기능과 권력이 되는 한(검찰관, 혁명 재판소의 배심원, 재판관, **보안 위원회** 등등) 이 공포는 그 자체로 회귀성을 만들어 내는 토의와 결정을 통해, 또한 초월성-내재성의 긴장 속에서 이루어지는 작동을 통해 자행된다. 숙청을 통해 — 배제든 처형이든 간에 — 숙청하는 자는 스스로를 의심받는 자, 항상 숙청당할 수 있는 자로 구성한다. 그는 *자기 자신의 눈에* 그런 자로 나타난다. 바로 이런 이유에서 그가 모든 곳에서 포착 불가능한 이타성과 혼동하면서 추구하는 것은 바로 규제적 제삼자의 자유인 것이다. 그리고 분명 이 자유로운 실천을 통해 그는 반대자들을 다시 규합하고 공모자를 만드는 등등의 일을 할 수 있다. 그런 것으로서 이 자유로운 실천은 **공포**의 계기 속에서 이 공포를 행사하는 기구에서는 용납될 수 없는 것으로 나타난다. 그러나 바로 그 순간에 ── 더 늦게도 더 빠르게도 아니고 체제가 느슨해질 때 ── 이 자유로운 실천이 용납할 수 없는 것처럼 보이는 것은 바로 한정된 외부 상황(외국의 침략, 지방에서의 분규, **방데** 지방[123]에서의 전쟁, 사적 분규와 기아의 위험)[124]의 토대 위에서 이미 **공포**가 통치의 유일한 수단으로 확립되었기 때문이다. 그리고 ── 어떤 역사적 상황에서 고려하든 간에 ── 공포가 발생하는 것은 자유에 대항해서가 아니라 바로 집렬체성에 맞서서다. 실제로 그 기원에서, 그리고 그 드러남에서 공포는 폭력을 통해 **타자**의 무한 도피, 즉 무기력[125]

123 프랑스 서부 페이드라루아르 지방 해안에 있는 주. 역사적으로 18세기 말과 19세기 초에 일어난 반혁명 농민 반란인 방데 반혁명 반란으로 유명하다.

124 중요한 것은 이런 요인들에 질서를 부여하는 것이 아니라 오히려 이것들을 나열하는 것이다.(원주)

125 이 사건(이른바 1789년 7월 14일부터 시작된)에 대해 나는 이 책의 많은 부분에서 지적했던 다음과 같은 사실을 반복하고자 한다. 즉 **공포**에 대한 플라톤적 **이데아**는 존재하지 않는다는 사실, *여러 개의 **공포**가 있다는 사실* 그리고 만약 역사가가 이 공포들의 공통된 특징을 찾아야 한다면 그것은 아주 신중한 비교에 기초해서일 것이라는 사실이다. 여기에서 내가 지적하고자 하는 것은 과정-**공포**의 전개나 그 요인들("즉자적"으로도 "정신 속에서"도 존재하지 않는)도 역사가가 **공포 정치**라고 부르기 좋아하는 일련의 긴 역사적 시퀀스(1793년)의 **테러, 백색 테러, 적색 테러** 등등)도 아니다. 1789년에서 1794년까지 행해진 **공포 정치**는 **대혁명**과 일체를 이룰 뿐 아니라 역사가들이 행하는 총체화하는 재구조화의 내부에서만 의미를 가질 뿐이다. 추상적인 하나의 예에서 출발해서 내가 보여 주고자 하는 것은 조직화된 집단 내부에서의 자유로운 *실천*, 선서, 폭력, 회귀성의 관계 등이다. 내 입장에서 보면 **공포**의 본질을 구성하는 본질적인 관계, 심지어 극단적으로 단순한 형태를 띤 관계를 드러내 보이는 것은 중요하지 않다. 실제로 이와 같은 공포의 본질은 존재하지 않는다. 그러나 나는 다만 몇몇 조건 ── 즉 추상적 결정(*한 가지 점만을 제외하고는 무한히 불확정적인*)의 변증법적 연쇄 ── **공포**가 일정한 상황의 지반 위에서 역사적 사건으로 발생할 때 공동 개인의 집단-내-존재가 반드시 실현하는 몇몇 조건을 지적하고자 할 뿐이다. 내가 보기에는 심지어 **공포시대**(1789년에서 1793년) 중에서도 **공포**의 복수성이 너무 분명하게 드러나기 때문에 여기서 한정되고 귀납적인 하나의 예를 들려고 한다(집렬체성으로 인해 잠식된 동질적 집단 내에서의 순환적 **공포**). 이에 반해 초기 현상(**프랑스인들**과 통치로서의 **국민 의회** 사이의 근본적 관계로서의 **공포**)은 *비순환적인* 무한 집렬체성에 대항해서 투쟁하기 위해 발생한 것이다. 외적의 최초의 침입이 있었기 때문에, 여러 도시가 적에게 너무 빨리 항복했기 때문에, 적의 국경 지역 점령으로 인해 여기저기에서 협력 관계가 맺어졌기 때문에, **국민**이라는 개념이 아직은 설익었기 때문에, 귀족 계급들 사이의 국제적 연대가 너무 오래되었기 때문에 1793년에 국경을 통해 **프랑스인들**은 결코 하나의 장소에 들어

을 제거하는 자유다. **국민 공회**에서 **공포**는 공동적이고 자유로우며 쪼갤 수 없는 *실천*의 필요성과 폭력에 의해 혼란에 빠지고 *변질된* 통치를 하고 있던 **국민 의회**의 객관적이지만 포착 불가능한, 게다가 표현되지 않는 분리 사이의 모순에서 발생한다. 자유로운 *실천*은 바로 이와 같은 근본적인 분위기 속에서 의심을 받게 된다. 이때 자유에 의해 매개된 집렬체성은 수동적 이타성으로 드러나고, 그 결과 실천적 자유는 이타성을 발생시켰다는 비난을 받게 된다.

이 모든 것은 집단의 막연한 현실로 체험될 수 있다.(*새로 들어온 사람에게 거부되는 통합이 그 한 예다.* 감옥, 구치소, 감화원 등과 같은 협소한 공간에서 주네[126]는 공포의 지속적인 경험을 참아내고 고착시켰다. 그곳에서 동지애는 오로지 한 경우, 즉 주네에 반대하는 경우에만 실현되었다.) 이 경험은 또한 특별한 기관들의 *실천*(감시, 경찰 통제, 위협, 체포 등등)을 스스로 *체험하는 것*으로서 이루어질 수 있다. 어쨌든 각자는 숙청자이면서 숙청당하는 자이며, **공포**는 결코 소수의 의지에 의해 이룩되는 체계가 *아니라* 인간들 사이의 관계로서의 — 한정된 상황에서 — 집단이 맺는 근본적 관계의 재출현인 것이다. 그 이후 차별화는 공포에 따라 지배하는 기능을 가진 특별한 기관을 창출하거나 그러지 않을 수 있다. 공포-집단에서 나와 내 동지의 관계는 공포에 의해 규정된다. 집단이 나를 모든 사람에게 연결하는 규제적 행위는 *내 편에서 보*

있는 다수성이 되지 못했다. 국경 지방에서는 무한 집렬체성의 시작(*프랑스적-존재*에서 독일적-존재에로의 부지불식간의 또는 갑작스러운 — 배반에 의한 — 이행과 더불어)으로서 배반의 위험이 상존했다. 무한 집렬체성 안에서 치명적인 위험의 경우 — 조직화의 종합적인 과정으로서의 — 명령의 굴절이 바로 *이 굴절을 통해* 종합적 질서에 처형의 종합적 환경을 부여하기 위해 폭력을 통해(마치 유리를 깨는 것처럼) 집렬체를 부수려는 실천적 필연성(자유로운 필연성)을 낳게 된다.(원주)

126 장 주네(Jean Genet, 1910~1986). 프랑스의 소설가이자 극작가, 시인. 『하녀들』, 『발코니』, 『꽃의 노트르담』 등의 작품이 있다.

자면 어떤 유예를 부여하는 것이다. 그 까닭은 내가 그 집단 안에서 구성되어 있고, 나의 추방은 와해되기 때문이다. 하지만 규제적 행위는 동시에 나의 추방을 내면성의 한계로서 규정하며, 그것을 통해 무한히 작은 거리를 드러내어 규제적 운동(즉 공동 실천에서의 이것의 준주권)을 절대적 **타자**(적대적 집단 혹은 개인)의 진정한 주권으로부터 분리한다. 절대적 타자의 종합적 활동은 *그의* 실천적 장의 무리-대상으로 우리를 *외부*에서 집결시킬 수 있다. *우리는 통일되었지만 우리는 이 실천적 장에 의해*[127] 위험에 처하게 된다.

이렇게 해서 나는 집단의 한 구성원으로서 (규제되었거나 규제적인) 나의 *실천*의 두 형태하에 자유, 즉 만들어 가야 할 *미래의 비존재*를 *집단의 비존재의 폭로*로서 포착한다. 그리고 나의 개인적인 공포 행위는 내 안에 타성태를 공고히 하는 것으로 이루어진다. 이것은 정확히 이 공고화의 상호적 실천이 다른 모든 제삼자의 매개에 의해 다른 제삼자 안에서도 정확하게 실현되기 때문이다. 바로 이 차원에서 서약은 공동의 통일성을 위해 필수 불가결하면서도 불충분한 기초로 드러난다. 서약은 모든 *곳에서의-타성태적-존재*의 통일성을 확립하기 위한 초석이다. 그렇지만 적어도 각자가 자기 안에서, 그리고 자기를 통해 타자들 안에서 실현하는 이 타성태적 통일성은 집렬체적 타성태와는 아주 다를 것이다. 왜냐하면 이 타성태적 통일성은 집렬체성의 내적 부활에 대항하는 자유의 투쟁일 것이기 때문이다. 이런 체계적 화석화, 즉 타성태에 의한, 그리고 타성태에 대한 투쟁을 비유기

---

127 이 규정되지 않은 가능성들은 총체화하는 상황에서 신뢰나 불신 안에서 구체적으로 규정된다. 하지만 신뢰는——즉각적으로 타자들에 대항하는 불신에 연결되어 있는——공포의 한 방식일 따름이다. 그것은 위협으로서의 신뢰이고, 스스로를 통제하고 다른 것을 통제하는 강요로서의 신뢰다. 아주 작은 불일치만 일어나도 불신은 의혹에 자리를 내주게 된다. (원주)

적이고 생산된 반집렬체성으로 불러야 할 것이다. 여기에서 너무 잘 알려진 그 과정, 즉 규제된 행동의 공동 생산자와 더 이상 동일시되지 않으려고 각자가 자기와 타자들로부터 내재성-초월성의 규제적 계기를 추방하고자 하는 과정을 상세히 설명할 필요는 없다. 근본적인 변모는 *집단-공동-존재*와 규제적 자유와 불가능한 존재론적 통일성을 송두리째 집단의 *실천*으로 옮겨 가는 데 있다. 왜냐하면 집단의 실천이 — 그리고 오로지 그것만이 — 공동적 통일성을 만들며, 집단은 그럴수록 더욱더 강력하게 존재론적 위상을 요구하여 부활하는 집렬체성이 그 위상을 자기 안에 와해시킬 위험이 있기 때문에 각자의 상호적 작업은 존재론적 통일성을 실천적 통일성 안에 투사하는 데 있다. *실천*은 집단의 존재이자 본질이 된다. 그것은 집단 안에서 자기 사람들을 비유기적 도구들로 만들게 되는데, 실천이 전개되려면 이 도구들이 필요하다. 그리고 자유는 각각의 개인적인 행동이 아니라 *실천 안에* 자리하고 있다. 집단의 이 새로운 구조는 **공포**의 실천임과 동시에 **공포**에 대한 방어 반응이다. 그 구조는 매개된 상호성의 이중 관계 안에 있다. 각자는 **타자**에 의해, 모든 사람을 통해 비유기적 도구로서 구성되며, 그것을 통해 행동이 실현된다. 각자는 자유 자체인 행동을 명령-공포의 형태 아래 구성한다. 자신의 도구들에서 차용해 온 약간의 자유를 부여하는 것이 바로 이 행동이다. 하지만 이 빌려 온 자유는 불안하지 않으며, 특별한 비유기적 대상에 대한 공동 자유의 반영이지 개별 주체의 실천적 자유의 반영이 아니다. 제도가 정의되는 것 — 혹은 우리가 따라온 맥락을 따르자면 — , 그리고 조직에 필요한 몇몇 관습이 스스로 제도화되면서 존재론적 지위를 갖추게 되는 것은 바로 이 단계에서다.

집단의 생생한 계기(융화 상태로부터 조직의 첫 단계까지의)에서는 공동 개인은 비본질적이 아니다. 왜냐하면 이 개인은 모두에게 동등자, 즉 실천에 의해 부정된 다수성과 같은 집단의 편재성이기 때문이다. 오히려 *같은 본질성*을 가진 각자가 공동체를 통해 각자에게 다가온 것이라고 말해야 할 것이다. 하지만 타락한 집단의 단계에서 개인은 그 자신의 자유에 대해 가해지는 공포를 자아내고 공포의 피해를 입은 부정 속에서 자기 기능과의 관계에서 볼 때 비본질적으로 구성된다. 분명 기능과 권력은 공동 개인의 구체적인 결정들에 불과하다. 바로 그렇기에 살아 있는 집단에서 일시적 균형은 사회적 산물로서의 공동 개인과 이 개인-권력의 완수로서의, 그리고 공동 수단을 가진 공동 과업의 실행으로서의 유기적 자유 사이에 성립되었다. 서약의 기도를 통해, 그리고 미래의 구체적인 결정을 통해 기능은 맹세된 타성태를 통해 권력을 실재화했고, 자유의 복판에서 이 권력을 지지해 주었다. 그것은 — 그렇게 함으로써 공동의 자유를 구성된 자유로 만들어 내면서 — 자신의 매개(집단과 대상 사이의)에 의해 여기에서 개인으로서의 공동을 만들어 냈다. 이와 반대로 포착된 자유는 초월하는 공동 주체로서 개인적 자유를 부정하면서 개인을 기능으로부터 몰아낸다. 기능은 스스로를 기능 자체로 정립함으로써, 그리고 그 기능을 영속화해야 하는 개인들을 만들어 냄으로써 *제도*가 된다.

하지만 순전히 추상적인 이와 같은 기술들은 **관념** 그 자체에 대한 작업이 문제라고 믿게 할 소지가 있다. 이와 정반대로 기술된 변화들은 실재하는 동시에 발생하는 변화들의 산물이기도 하다. 그리고 이 변화들 가운데 하나는 비유기적 힘으로 *겪게 되고*, 다른 하나는 차별화의 실재적 작업이다.

첫 번째 변화. 제도는 그 자체에 의해 실천의 자유로운 규정으로 만들어질 수 없다. 그리고 만약 실천이 **공포**에 대항하는 방어로서 제

도를 다시 떠맡는다면 그 까닭은 제도 자체의 화석화 자체가 유도된 ― 그 기원이 다른 곳에 있는 ― 변화이기 때문이다. 우리는 이 기원을 알고 있다. 그것은 *바로* 집렬체성의 부활이다. 왜냐하면 제도란 것이 사회학자들에 의해 *실천*임과 동시에 사물이라는 종종 모순적으로 지적되는 특징을 가지고 있기 때문이다. *실천*과 마찬가지로 제도의 목적론적 의미는 흐려질 수도 있다. 이것은 제도가 순수한 시체이기 때문이거나, 아니면 제도화된 자들은 이 제도의 목표에 대한 실질적인 이해를 가지고 있으며, 또한 이 이해를 가지고 소통을 할 수 있거나 또는 하는 것을 원치 않기 때문이다. 사실 우리가 [어떤 제도]를 해독할 수단을 가지고 있는 경우마다(이를테면 우리가 산업화된 현대 사회의 제도를 검증할 때마다) 우리는 그 목적론적 성격, 즉 그 소외된 목적, 해방적인 목적과 이 새로운 목적의 소외로 굳어져 버린 변증법을 발견한다. 그러나 다른 한편 제도는 그 자체로서 상당한 타성태적 힘을 소유하고 있다. 이것은 단지 이 제도가 제도적 총체의 일부를 이루고 있어서 다른 모든 제도를 변형시키지 않고서는 절대로 그것을 변형시킬 수 없기 때문만이 아니다. 또 다른 하나의 이유는 무엇보다도 제도가 그 자체 안에서 자신의 타성태적 존재에 의해, 그리고 이 존재 안에서 본질성으로 스스로를 정립하고, 인간들을 그런 본질성을 지속화하는 비본질적 수단으로 정의하기 때문이다.

하지만 이 비본질성은 제도에서 개인으로 가는 것도, 개인에게서 제도로 가는 것도 아니다. 사실 이 비본질성은 스스로 고립되는 실천, 그것도 공동 장소에서 생산되어 새로운 인간관계들에 의해 정의되는 것과 같은 것으로서의 실천이다. 이 관계들은 그저 단순히 집렬체적 무기력에 바탕을 두고 있다. 만약 내가 제도를 근본적으로 변화할 수 없는 것으로 포착한다면 그것은 나의 *실천*이 제도화된 집단 안에서 이 제도를 변화시킬 수 없는 것으로 규정되기 때문이다. 그리고 이 무기력은 나의 순환적인 이타성과 집단의 다른 구성원들 사이의 관계에서 유래한다. **공포**는 하위 집단에 맞서 행사된다. 주로 상황의 압력하에서 자발적으로 형성될 수 있는 사람들에 대항해 행사된다. 그리고 심지어 어느 정도까지는 집단 전체의 공동적이고 상호적인 차별화에 의해 조직화된 특수한 하위 집단에(혹은 *권력자들이* — 이 점에 대해서는 다시 보게 될 것이다 — 공동체 전체의 합법적 "기구"로서 구성하는 사람들에) 대항해서 행사된다. 앞에서 살펴보았듯이 이것은 단지 맹세된 이질성이 시간화의 불가역성 속에서 참고 견뎌 낸 분리와 접합될 때 이 이질성이 이타성을 *내재성 안에서* 이루어지는 실천적-타성태의 부활로 만들어 내기 때문이다. 침략을 당한 이 *집단*에서 각자는 불신을 무기력의 상호성으로 체험한다. 내가 다른 제삼자에게 나와 다른 제삼자들과 결합하면서 구조, 권력, 관행을 변화시킬 것을 요구할 때 나는 의심을 받게 된다. 게다가 이것은 변화시켜야 할 대상보다는 진행 중인 총체화에 의해 부정된 부정적인 규정으로서의 집단 내의 과격파를 구축할 가능성을 멀어지게 한다. 이처럼 나는 (규제적 행위의 주도권을 쥐는 것을) 제의할 엄두를 내지 못하게 된다. 만약 이런 행위를 제의한다고 해도 이 제의는 대답 없이 남게 된다. 게다가 다른 제3의 타자들은 현실적으로 **타자들**이라는 것을 내 스스로 알고 있으며, 나의 규제적 행위가 그들 안에서 어떻게 나타날지를 — 아마 가장 측근의 사람들을 제외하고는 — 추측할 수도 없다. 즉 나는 어떤 이타성에 의해 이 행위가 영향을 받아야 하는지를 모르고 있다. 왜곡되고 일탈된 나의 이 행위는 내가 의도했던 것과는 완전히 대립하는 결과를 낳을 위험이 있다. 나의 이 행위는 공동 실천(적어도 내가 경험에서 발견한 그대로)의 공동 대상에 해를 끼칠 수 있고, 나를 패하게 만들기 위해 나에 대항하여 그것을 이용할 수도 있다. 그리고 아주 구체적인 이 이유가 각각의 경우에서(이 공포의 구체적인 조건들에 따라) 나를 더욱더 침묵으로 몰아가는 데 기여한다.

이 모든 것은 아직 아무것도 아니다. 왜냐하면 문제가 되는 것이 개인적인 행동들뿐이기 때문이다. 하지만 어떤 형태하에서든지 간에 *분리*는 제삼자들 사이에 정립되는 소통의 문턱을 상당히 높여 놓는다는 점을 기억하자. 따라서 이 제삼자들에게 도달하는 일은 객관적으로 어렵거나 완전히 불가능하다. 그리고 우리가 도달하게 될 사람들은 다른 사람들에게 도달할 수 없게 될 위험이 있다. 요컨대 지위가 낮아진 집단에서 모든 제안은 "분리주의적"이기 때문에 그 제안을 한 사람은 수상한 자가 되며 — 왜냐하면 자신의 자유를 엿보게 했기 때문에 — 분열을 일으키는 자가 된다. 모든 국지적인 재편성은 다음과 같은 경우에 하나의 분파다. 즉 그 재편성이 권력을 가지고 있는 **타자들**에 의해 다른 곳에서가 아니라 내면성 안에서 현존하는 개인들에 의해 결정되는 경우가 그것이다. 왜냐하면 **타자들**의 타성태가 집단 안에서 그것을 가지고 하위 집단이 아닌 분리된 집단을 만들 것이기 때문이다. 개인들의 모든 구체적 제안은 — 설사 다른 사람들이 이것을 채택할 가능성이 있다 해도 — 실패하게 된다. 왜냐하면 이미 집렬체화된 상태의 **타자들**과 소통할 수 있는 유일한 수단은 매스 *미디어*들의 집렬체적 통일성이기 때문이다. *분리*는 "유포된 명령어"를 결정적으로 무화시켰다. 주어진 영역에서 실천을 변화시킬 수 없으며, 그것을 어떤 상황들에 채택할 수 없는 이런 무기력, 개인은 이 무기력을 이런저런 변모에 도입하기 위해 구체적이고 파손되고 실패한 시도로 직접 포착할 필요가 없게 된다. 그리고 이와 같은 공동 활동에 직면해 개인이 자신의 권력과 기능을 동원해 취한 태도는 아주 긍정적일 수 있다. 내가 제삼자의 무력감에 주목했고, 또한 내가 이것을 제도에 이르는 과정의 결정적 요인으로 삼았다면 그것은 단지 어떤 실천에 대한 제삼자들의 근본적이고 상호적인 무기력이 그들의 작업에 대한 각자와 모두의 태도를 변화시키는 데 필요한 결과를 낳기 때문이다. 그리고 그 변모는 거부 못지않게 지지에도 관여한다.

사실 거부나 지지 모두 무기력의 구체적인 양식으로 체험되었다. 만약 내가 동의하지 않는다면 유감스럽긴 하지만 그런대로 나를 맞춰 나갈 것이다. 내가 동의한다면 더 잘된 일이다. 그것은 하나의 기회요 우연한 일이며, 나에겐 중요하지만 실천 자체로 보면 아무런 상관이 없는 일이다. 그리고 사람들은 이런 식으로 해석할 것이다. 실천이란 변화할 수 없으니까 내가 그것에 자발적으로 동의한다면 더 만족스러울 것이라고 말이다. 그것이 조직, 관계, 통제의 내적 실천이든 집단 한복판에서 희소성(인간, 자금, 소통)에 대항하는 정해진 투쟁이든, 요컨대 그것이 대상 혹은 적에 대한 통합적이고 초월적인 공동 행동의 한 세부이든 간에 이 실천은 다음과 같은 때에 제도가 된다. 이타성으로 침식된 통일성으로서의 집단이 자신을 통째로 전복하지 않고는 변화될 수 없을 정도로 무기력해질 때, 즉 각자가 **타자들**의 우회적인 탈주로 인해 영향을 받게 될 때가 그것이다. 그리고 이런 변모는 이 실천이 무용해졌다는 의미가 절대 아니다. 물론 이 실천은 집단 구성원들 사이의 이해관계의 갈등에 대한 실질적인 기초에 따라 유지될 수 있고, 혹은 단지 (변모하는 사회 한복판에서 전체를 무기력으로 축소하는 적대적인 힘들의 균형화에 의해) 스스로 변화할 수 없는 상태로 노쇠해 가는 실천적 집단의 통합적 일부로서 유지될 수도 있다. 하지만 이 서로 다른 가능성들(그것들 자체가 대립으로부터 이타성을 가리키는 가능성들)은 공동 행동의 세부로서의 제도가 *제도적 집단*의 수준에서

(개인들의 총체에 대한 — 족외혼 체제 — 혹은 고려된 집단 내부에서 지배적인 파괴에 대한) 모든 유용성을 보존할 수 있다는 사실을 우리에게 감출 수는 없다. 이와 같은 방식으로 세세한 실천으로서의 제도는 집단에 의해 선별되고 생산된 개인들을 통해 스스로를 실현할 수 있고 실현해야 한다. 따라서 제도는 권력, 과업, 권리-의무의 체계, 구체적인 자리매김과 대행 기관을 상정한다. 제도는 이렇게 해서 우리가 조직화된 실천을 규정할 수 있었던 것과 동일한 특징들에 의해 규정된다. 하지만 *이 제도가 제도인* 한 그 실질적 존재와 힘은 공허로부터, 분리로부터, 타성으로부터, 그리고 집렬체적 이타성으로부터 비롯한다. 그러므로 그것은 **타자**로서의 실천인 것이다.

우리는 능동적 수동성을 맹세된 타성태에 의해 규제된 생산물로 그리고 공동 활동의 조건으로 보았다. 또한 실천적-타성태의 장에서 수동적 능동성을 소외의 결과로서 체험하기도 했다. 추락하는 집단에서는 제도를 하나의 제도에서 다른 제도로의 *이행*으로 간주해야 한다. 능동적 수동성과 수동적 능동성 사이에는 수많은 매개가 가능하다. 그리고 *선험적*으로 이러저러한 제도의 지위를 확정지을 수 없다. 그 지위를 결정하는 것은 바로 전체적이고 구체적인 역사다. 중요한 것은 역사란 — 적어도 목적이 남아 있는 한 — 결코 실천적-타성태와 완전히 동화할 수 없다는 점이다. 역사의 의미는 목적의 (나타난 반목적성이 무엇이든 간에) 기능으로 시도된 행위의 의미로 남아 있다. 그러나 역으로 역사 속에서 겪은 분리로서의 이타성의 현존은 능동적 수동성의 무기력하지만 가벼운 형식에 일치함을 항상 방해한다. 그런데 이 형식은 몇몇의 가능성에 의해 선서된 극복 불가능성 위에만 정립될 뿐이다. 이 수준에서 집단은 자신을 좀먹어 들어가는 집렬체성에도 불구하고 전적으로 실천적이다. 그리고 제도는(혹은 오히려 고정된 관계들의 체계로서 제도적 총체) 집단의 *실천*이 내보이는 양태에 불과하다. 또한 공동 행위가 보여 주는 제도적 특징은 제삼자들 사이에서 맺어진 가장 확실한 관계다. 이 집단의 존재는 개개인의 무기력 위에 세워졌기 때문이다. 달리 말하자면 공동체의 *비존재-실체*를 원천으로 하는 순환적이고 익명적인 대중화의 시작에 기초한다는 말이다.

집합태와 공동적인 것이 교차하는 기하학적 장소로서의 *제도의 존재*는 구성원들 사이의 관계를 자생시키는 집단의 *비존재*다.[128] 제도의 통일성은 이타성의 통일성이다. 이것은 이 통일성이 집단에 도입된다는 점에서, 그리고 집단이 자기 자신의 비어 있는 통일성을 대체하기 위해 이 통일성을 이용한다는 점에서 그러하다. 그러나 통일성이 각자와 맺는 관계는 내면적이다. 비록 통일성이 외면적 *실천*으로 정의될 수 있다 할지라도 그 결과는 마찬가지다. 사실 이 제도의 통일성은 각자를 타성태 속에서 그리고 실천적 강요 속에서 결정한다. 각자는 이 통일성에 의해 극복된다. 그 이유는 이 통일성이 모든 **타자** 안에 기거하고 있기 때문이고, 그 안에서는 이 통일성이 예견할 수 없고 다른 것이기 때문이며 또한 각자가 이 예견 불가능성에 좌우되기 때문이다. 그러나 다른 한편 제도화된 *실천*으로서의 이 통일성은 *각자에 대한 힘*(맹세된 믿음의 이름으로)으로, 또는 그가 이 통일성을 대변하고 유지한다면 이 통일성은 *각자가* **타자들**에 대해 행사하는 자유로

128　여기에서도 우리는 모든 관념론적 해석을 경계한다. 일반적으로 제도들은 "공권력"에 의해 유지된다. 즉 무장한 하위 집단들이 폭력을 통해 질서가 지배하도록 한다는 해석이 그것이다. 그러나 —우리가 곧 살펴보겠지만— 이 하위 집단들과 권위를 가진 하위 집단들 역시 제도에 속하므로 제도적 체계(이 체계를 유지하는 강제력을 포함해서)는 각각의 타자 앞에서, 그리고 모든 타자와 맺는 관계를 통해서 각자가 갖는 원천적이고 상호적인 무기력에 의존하는 것이 사실이다.(원주)

운 힘으로 남게 된다. 지금으로서는 이 자유로운 힘에 맞서 이의가 제기된다. 왜냐하면 각자와 각자의 힘은 동등자와 **타자**의 모순된 통일에서 각자에게 나타나기 때문이다. 그렇기 때문에 인정(認定)은 이의 제기다. 하지만 이의 제기는 인정이기도 하다. 만약 *완전히 상설 조합에 소속되어 있는 자들이 진가를 발휘한다면* 이들은 신임을 받을 자격이 있어 보인다.(이렇게 해서 **타자**는 동등자를, 마침내는 **자유**를 가리키게 된다. 그러나 만약 자유가 너무 분명하게 드러나면 불신이 즉각 다시 생긴다. 사람은 기능적 일에 종사하는 중에만 발견되어야 한다. 그러나 기능은 어쨌든 그 사람 위에 있다.) 그러나 그들이 신임받을 만하다고 또 이 신임을 얻었다고 할지라도 만약 서투르게 야만적 파업에 반대한다면(혹은 인기 없는 일사불란한 행동을 강요하기를 원한다면) 그들은 모든 것을 잃고 때로는 심각한 폭력을 당할 위험에 직면하게 될 것이다. 다만 여기에 응수하는 폭력을 통해 노동자들은 그들이 문제 삼는 힘을 인정한다. 그들은 조합에 들지 않은 노동자의 항의에는 덜 엄하게 반응할 것이다.

이처럼 힘의 새로운 위상이 — 제도적 집단의 전형인 군대에서까지 — 모든 곳에서 나타난다. 나는 이 힘을 조직화된 집단에서 의무를 이행하는 권리[로서] 정의했다. 이제 자신의 의무 이행의 권리를 스스로 인정하기 위해 최선을 다하는 의무[로서] 정의해야만 할 것이다. 제도의 인간은 바로 이와 같은 인정을 대립되고 동시적인 두 실천을 통해 획득해야만 한다. 첫째, 그가 가진 제도적 힘이 직접적으로 문제가 되지 않을 경우에 사용되는 일반적 전략은 이 제도의 인간 내부에서 타자를 없애는 것이다. 이것은 **타자들** 속에서 그를 제거하기 위한 것이다.(부하들 가운데 살면서 그들의 삶에 자신의 모든 삶을 맞추는 장교의 예를 생각해 보자.) 둘째, 힘을 행사할 순간이 오면 이 제도의 인간은 별안간 표정과 의상을 통해 절대적 **타자**가 된다. 그는 행사된 힘의 요지

부동성, 취해진 결정 등등의 기반을 그의 *존재-제도* 위에 세운다. 즉 타성태와 자기 안에서 개별적 제도의 현존이 된 이타성이 갖는 전체적 불투명성, 그리고 이 이타성을 통해 이루어지는 공동 *실천*으로서의 집단이 갖는 전체적 불투명성 위에 세우는 것이다.

사실 바로 이 수준에서 기만 작용이 쉽게 이루어진다. 제도가 실천적이고 집단이 와해되지 않은 상태에 있기 때문에 이 제도는 자신의 부정적 존재 속에서(결국 비존재의 편재성에 지나지 않는) 정당한 상황이 되면 자기 스스로를 공동체의 존재론적 지위로 발견하게 된다. 이것은 제도가 집단화된 다수성의 종합적 결정들과 관계있는 총체성으로서의 제도적 체계를 가리킨다는 사실을 의미한다. 자기 자신을 — 익숙한 의식과 춤을 빌려 — 존재-제도로 드러내는 인간-권력을 통해 조직화된 개인은 자기 자신을 제도적 총체에 의해 집단에 통합된 자로 포착된다고 믿는다.(그리고 이것이 실제로 시민 각자가 믿고 말하는 바이기도 하다.) 반면에 제도는 사실상 집단 쇠퇴 과정의 결정된 한 계기에서만, 그리고 와해의 정확한 징표로서만 나타날 수밖에 없는 것이다. 그리고 만약 행동이 모두 이루어지면, 만약 인간-힘이 적당하게 *기본적 인간 실재*로서의 비유기체에 반환되었다면 명령이나 결정은 (요지부동의) 비유기체로 나타나게 될 것이다. 이와 동시에 사람들은 이 명령과 결정에 맹세한 믿음, 즉 맹세한 타성태의 이름으로 복종하게 될 것이다. 인간-힘의 자유는 *이 힘을 인정하는* 개인의 입장에서는 제도의 타성태와 특수한 명령 사이에서 일어나는 순수한 매개다. 거기에는 추상에서 구상으로의 극복이 있다. 그러나 이 극복은 인정되었다고 해도 자유롭고도 실천적인 노동에서처럼 대자적으로 정립되지는 않는다. 매개는 닳아 사라지게 되며, 예컨대 담화의 타성태적 결정으로 남는다. 이는 이 매개가 인간적 다수성의 타성태적이고 종합적인 결정에 의해 이루어졌다는 점에서, 그리고 이 매개가 조직화된 개인들이 겪는 이중의 타성태(집렬체적 무기력 위에서 맹세한 타성태)와 연관된다는 점에서 그러하다. 바로 이 계기에서 자유는 완전히 숨어 있다. 혹은 만약 자유가 나타난다면 그것은 필연성의 비본질적이고 일시적인 노예다. 이와 반대로 필연성은 다음과 같은 의미에서 절대적이다. 즉 이 필연성이 취하는 자유로운 실천적 형태(자유에 의해 생산된 필연성)가 이제 와서는 집렬체적 소외의 형태와 혼동된다는 의미에서다. 명령과 무기력, 공포와 타성태는 상호적으로 서로가 서로를 정립시킨다.

집단에서 제도적 계기는 인간에 의한 인간의 체계적 자동-길들이기라고 부르는 것에 해당한다. 사실상 목적은 인간 자신의 눈과 제도에 대한 그들의 기본적 관계(매개된 상호성)에 의해 그들 사이에서 정의되는 대로의 (공동 개인들로서) 인간을 창조하는 데 있다. 작업은 순환적 집렬체성에 의해 절반 이상 이루어진다. 자기 자신과 모두를 통해 각자에게 행해지는 각자의 기계적 행위는 인간-제도의 엄격한 논리적 관계를, 즉 제도화된 인간을 창조하는 결과를 낳게 될 것이다. 제도라는 경직된 *실천*이 우리의 무기력으로부터 그 경직성을 받아들인다는 사실을 고려하면 실천은 각자와 모두에게 *사물화*로 정의되는 징표를 형성한다. 이것은 반드시 우리가 그것을 구속으로 체험한다는 것을 의미하는 것이 아니라 오히려 그것이 사회적 환경에서 우리자신의 비조직적 타성태임을 의미한다. 그러나 제도가 나타나는 공통 퇴보의 순간은 정확히 다음과 같은 순간, 즉 퇴보하는 집단의 위기의 통일성을 사물로서 실현하기 위해 각자가 자신으로부터 자유를 토해 내는 척하는 순간이다. 이렇게 해서 퇴보 과정의 수준에서(외부상황 압력하에서) 공동 개인은 각인의 통일에 의해 다른 사물들에 대

항하여 하나의 유보된 사물이 되고자 한다. 제도적 집단의 표본은 주
조된 도구일 것이다. 그리고 있는 그대로의 각자는 제도성의 공모자
다. 그러나 이것은 역으로 *태어나기 전부터* 각자는 이 제도성의 희생
자이기 때문이다. 실제로 이전 세대가 제도화된 그의 미래를 외부적
이며 기계적인 그의 운명으로, 즉 극복 불가능한 결정들(혹은 *그의 존
재의 결정들*)로 이미 정의했을 때 그는 아직 태어나지도 않았었다. 군
사, 시민, 직업 등에 관계된 "의무들"이 각자(집단에서 태어난다면)의 밑
바닥에서 극복 불가능성을 미리 형성하게 된다. 당연히 이 의무들을
(물질적 조건, 이 조건의 기반 위에 있는 역사적 총체에 의해 정의된 가능성, 그
리고 제도화된 의무를 구별 없이 섞으면서 문화주의자들이 말하듯이 "이 역할
들을 연기해야" 하거나 "이 태도들을 유지해야" 하는 것이 아니라) 완수해야
만 한다. 집단에서의 이 탄생들은 (통과 예식으로 반복된) 서약이다. 그
리고 이 서약은 제도적 타성태의 수임으로 이루어진다. 물론 **타자들**
은 *제도를 실현하는* 자유로운 참여의 형태로 이 제도적 타성태를 통
해 아이에게 영향을 주게 된다.

　이런 관점에서 보면 제도적 존재는 각자에게서 실천적 자유에 의
해 초월될 비유기적 존재의 이미 제조된 타성태다. 이때 이 실천적 자
유가 갖는 맹세된 기능은 이 동일한 제도적 존재에게서 그 자체를 미
래의 타성태적 결정으로 대상화하는 것이다. 제도는 행위 주체들에
게 미리 제도적 결정들을 부여하면서 그들(조직자들과 조직화된 자들)
을 만들어 낸다. 그리고 상호적으로 제도화된 행위 주체들은 이번에
는 통제된 이타성의 관계 속에서 제도적 관계들의 실천적 체계와 일
치하게 된다. 이것은 이 체계가 비유기적 기원을 가진 가공된 대상들
의 총체 속에 필연적으로 각인되어 있다는 점에서 그러하다. 이처럼
상투적인 *실천*으로서 제도는(그런데 특정 상황들의 압력하에서 종종 효

율성은 바로 이와 같은 상투성 속에 있다.) 엄격함 속에서 이루어진 미래에 대한 초벌 구성이다. 게다가 제도가 아주 훌륭히 다시 조직될 수 있는 무리 한가운데에서 사물화된 하나의 조직이 갖게 되는 타성태적 지속으로 있는 한 이 제도는 *존재로서* 사회적 과거의 초보적이며 추상적인 지속성처럼 설립된다. 이것은 특히 진행 중인 조정이 이 동일한 과거의 끊임없는 변화를 *의미 작용으로서*[129] 드러낸다고 하더라도 마찬가지다.

두 번째 변모. 타성태의 외면성으로서의 제도적 체계는 필연적으로 재내면화와 마찬가지로 *권위*를 가리킨다. 그리고 모든 권력 중의 권력으로서의, 권력들을 통해 이루어지는 모든 제삼자에 대한 권력으로서의 *권위*는 그 자체로 체계에 의해 여러 제도에 대한 제도적 담보다.

실제로 권위의 토대는 주권이다. 이것은 이 주권이 융화 집단에서부터 점차 규제적 제삼자의 준주권이 되기 때문이다. 이렇게 해서 우두머리는 집단과 함께 탄생됨과 동시에 자기를 만든 집단을 만든다. 이 사실을 제외하면 체험의 초반 계기에서 우두머리는 *누구나* 될 수 있다. 달리 말하자면 각자의 준주권은 집단을 구성하는 여러 관계 가운데 하나다. 우리는 다음과 같은 사실을 지적한 바 있다. 즉 만약 특정 개인들이 자신들을 다른 개인들보다 더 자주 혹은 더 오래 규제적 제삼자들로 드러내 보인다면 그것은 역사적으로 한정된, 그리고 그러한 것으로서 우선은 우연적인 상황을 기초로 해서라는 사실이 그것이다. 또한 혁명 기간 중 "봉기일"에 다시 사라지려고 나타나는 집

---

129 제도가 유지될 때마다 이것이 매번 발생한다. 그동안 제도 주위에서 공동 변화들은 *내부적으로*, 그리고 이 제도를 전혀 건들지 않으면서 진행 중인 총체화 속에서 모두와 맺는 다른 관계로 이 제도에 영향을 주게 된다. (원주)

단들이 자신들의 믿음을 오래 보존할 수 있는 아주 단단히 결심을 한 개인들 중심으로 조직되고 재조직화된다는 사실을 우리는 지적한 바 있다. 이 "선동자들"은 규제적 제삼자들이기는 하다. 하지만 우리는 그들을 이른바 우두머리라고 부를 수는 없다. 그들은 모두를 위해 도처에서 암암리에 정의되는 *실천*을 매개된 상호성의 편재성 속에서 흉내 내거나 표현한다. 서약과 조직의 수준에서 우리는 힘들이 나타나는 것을 보았다. 하지만 그때 *권위*를 기술하지는 않았다. 왜냐하면 힘들은(상호적 준주권으로서의) 중개 없이는 권위라고 명명된 이 특별한 힘을 내포하지 않기 때문이다. 하지만 우리는 각자가 모두 그리고 각자와 맺는 이른바 공동 관계, 즉 배반자에게 가해지는 삶과 죽음의 산재된 힘, 달리 말하자면 사회성의 근본적 토대로서의 **동지애-공포**가 분명해지는 것을 보았다. 강제가 갖는 지속적이며 살아 있는 이와 같은 구조는 권위로서의 주권이 내리는 필수적인 결정이다. 규제적 제삼자(혹은 규제적 제삼자들의 하위 집단)가 조직화된 기능과 같은 조정의 맹세한 칭호 보유자가 되는 순간부터, 그리고 이 제삼자가 자신의 규제를 강요하는 힘으로 집단의 내재적 폭력을 받고 집중시킬 때 각자가 갖는 순환하는 준주권은 멈추고 혼자가 모두와 맺는 특수한 관계로서의 *권위*가 된다. 이 관계는 조직화된 집단의 수준에서 나타날 수 있다. 그러나 이 집단이 지속되는 한, 그러니까 지속적으로 재조정되는 한 이 관계는 그 자체로 동적이며, 상황의 강요에 따라 한 집단에서 다른 집단으로 이동한다. *권위*는 그 완전한 전개 과정에서 제도의 수준에서만 나타난다. 힘을 축적하고, 이 힘에 지속적 권리를 보장하기 위해서는 제도들, 즉 집렬체성과 무기력의 재탄생이 필요하다. 달리 말하자면 *권위*는 필연적으로 타성태와 집렬체성 위에 근거한다. 권위가 구성된 권력이기 때문이다. 그러나 역으로 권위의 실제 효율성은 이 권위가 지니는 강제력을 통해 제도와 수를 — 회귀와 대중화의 생산물로서, 그리고 분산의 요소들에 대항하여 싸우기 위한 공동의 효과적인 단 하나의 무기로서 — 증가시키는 것을 겨냥해야 한다. 사태를 반대편에서 보면 우리는 다음과 같은 사실을 관찰하게 될 것이다. 즉 제도적 체계는 지속적 신비화를 통해 하강하는 집단의 실질적 통일성으로서의 비유기적-존재 안에서 주어진다는 사실이 그것이다. 그러나 체계를 그 자체 속에서 직접 들춰낼 경우 이 체계는 다양하지만 *총체화되지 않은* 다수의 관계로 설명된다. 사실 우리는 기능들의 제도화가 역사를 통해, 더군다나 다양한 장소에서 이루어진다는 사실 그리고 다양한 상황과 문제들이 필연적으로 시간화의 국지적 다양성을 조건 짓는다는 사실을 보았다. 시차, 지체, 비대칭 들이 있다. 여기에서는 연결 장치들이 제도적 형태하에서 곧바로 설립되지만 저기에서는 매개 "조직들"이 제도성 수준으로 결코 통과하지 못할 것이다.(어떤 것들은 사라지고, 다른 것들은 목숨을 유지한다.) 따라서 이와 같은 사회적 결빙은 실천의 방법이나 통일하는 과정의 방법으로도 나타나지 않는다.

이처럼 *권위*는 한정된 기능을 완수한다. 단 한 명의 힘(아마도 통일된 하위 집단의 표현과 같은 것인지는 중요하지 않다.)에 의해 행사된 종합적 힘으로서의 권위는 그 자체 내에서 다수의 관계들을 다시 취함으로써 이 관계들에 대해 현실적 *실천*의 종합적 통일성을 부여한다. 제도들은 집렬체화된 공동체의 비유기적-존재로 주어진다. 우두머리는 규제적 *실천*의, 즉 집단 실천의 유기적 통일성 속에서 외부적 수동성의 와해와 종합적 재통일을 위해 자신을 헌신한다. 왜냐하면 이 통일성이 이 집단으로 한 사람의 공동 실천으로 되돌아오기 때문이다. 그러나 — 여기에서 권위의 본질적 모순이 발견된다 — 융화 집단과

자유-공포의 개인적 재구현인 우두머리는 자신이 직접, 그리고 있는 그대로 제도적 다수성의 내부로 들어간다. 왜냐하면 그는 제도들의 실재 산물이기 때문이다. 이처럼 우두머리는 이 제도들을 유지한다. 이것은 그가 이 제도들을 자신의 내면성의 내부적 외면화로 생산하는 것처럼 보이기 때문이다. 또한 그는 자신의 역사적 실천 속에서 이 제도들의 타성태적-존재를 붕괴시키기도 한다. 그러나 이 역사적 *실천* ― 주권자와 공동 개인들의 상호성인 ― 그 자체는 제도적 관계들의 타성태적 영원성에 의해 생산되었다. 이 변증법적 운동을 좀 더 가까이서 살펴볼 필요가 있다. 제도적 집단에 고유한 가지성의 연구가 완성되는 것은 바로 이 운동에 의해, 그리고 사실상 이 운동에 대해서다.

주권-제도의 목적성과 그 가능성의 형식적 조건들

그런데 우리가 지금 당장 주목하고자 하는 것은 사람들이 그토록 자주 주장하는 것과 달리 주권 자체는 문제를 제기하지 않으며, 어떤 근거도 요구하지 않는다는 사실이다. 사람들이 집단화된 상태를 논리적으로, 역사적으로 최초의 것인 양 간주하고, 또한 착취 사회에서 볼 수 있는 물화된 관계들을 인간관계의 기본적 형태로 간주하는 것에서부터 환상이 생겨난다. *관계의 부재*가 기본적 관계로 되는 순간부터 우리가 **권력**이라 부르는 이 종합적 관계의 형태가 어떻게 그 고립적 분자들 사이의 관계로 정립될 수 있는지를 묻는 일은 정당하다. 그런데 사람들은 **권력**이 신으로부터 나온다는 것, 즉 사회를 총체화된-총체성으로 변모시키는 간헐적인 변신에서부터 나온다는 것 그리고 권력은 집단적 표상들을 강제한다는 것 등과 같은 두 가지의 해석을 제외하고는 모든 해석 방법을 *선험적으로* 거부했다. 불행하게도

신이나 총체화된 집단은 실체를 가지고 있지 않다. 그리고 주권에서 어떤 근거를 진정 찾아야만 한다면 시간이 오래 걸릴 수밖에 없다. 그런 것은 결코 없기 때문이다.

근거는 없다. *왜냐하면* 그럴 필요성이 존재하지 않기 때문이다. 주권은 단순히 *실천*으로서의 개인과 그가 조직하고 또 자신의 목적을 위해 극복하는 객관적 장 사이에 맺어진 일의적 내면성의 관계에 불과하다. 인간이 자기 주변의 물질을 자유롭게 변형시키면서 자기 삶을 재생산하는 *실천*의 권리를 정초할 자리는 어디에도 없다. 이와 반대로 욕구가 *실천*으로 되는 과정을 보여 주는 이 변증법적 지양 자체가 모든 권리의 근거다. 달리 말하자면 주권은 행위로서의 인간, 통합적 노동으로서의 인간, 세계를 장악하고 세계를 변혁시키는 인간으로서의 인간 그 자체다. 인간은 *주권적이다.* 그리고 물질의 장은 곧 사회적 장이므로 개인의 주권은 아무런 제한 없이 모든 개인에게로 확대된다. 이 물질적 유기체는 자신의 주권적 행동이 펼쳐지는 전체의 장 안에서 스스로의 수단이 되어 통합되어야 한다. 한 사람이 다른 모든 사람에게 행사하는 주권에 대한 유일한 제한은 오로지 상호성, 즉 모든 사람의 주권과 각자의 자기 자신에 대한 주권 사이의 상호성이다. 이 근원적인 관계는 모든 제도 밖에서는 만인의 만인에 대한 절대성, 즉 극복될 수 없는 수단으로서 체험된다. 왜냐하면 모든 개인은 각자가 자기 자신의 목표임과 동시에 모든 수단의 목표이기도 하기 때문이다. 이런 의미에서 주권은 앞에서 기술된 유일한 관계임과 동시에 (공동 주권의) 상호성이라는 기본적 관계이기도 하다.

따라서 집단의 주권은 그 자체의 긍정적인 힘을 설명할 필요는 없지만 외부에서 가해지는 제한적이고 부정적인 힘은 설명해야 한다. 우리는 실제로 집단의 주권이 "초월성-내재성"의 긴장 속에서 *준주권*

이 되는 것을 보았다. 우리의 관점에서 보면 이 제한성이 바로 **권력**의 기초다. 그러니까 지도자의 주권은 준주권일 수밖에 없다. 그렇지 않다면 그는 규제적 제삼자가 될 수 없고, 내면성의 연결이 끊어질 것이다. (다른 군대에 속하는) 전쟁 포로들을 처형하면서 아시리아의 한 왕은 그들에게 완벽한 주권을 행사한다. 하지만 이와 동시에 그는 그들을 인간들로 간주할 수는 없는 것이다. 왜냐하면 그의 주권은 밖에서부터 그의 실천적 장 안으로 침투해 들어오는, 그리고 그가 그들을 살해할 물질적 수단을 가진 그런 불특정 다수와 폭력 사이의 일의적 관계로서만 행사되기 때문이다. 그러나 *권위의 관계는 결코 물리적 힘에만 의거하지 않는다는 점에서 그와 그의 병사들 사이의 관계는 준주권의 관계다.* 이 말을 잘 이해하기 바란다. 그러니까 조정이 여기에서보다 더 엄격한 곳이 없고, 통제가 여기에서보다 더 세심한 곳이 없으며, 강제 기구가 여기에서보다 더 많은 곳이 없고, "질서 유지 세력"이 여기에서보다 더 강력한 곳이 없다는 것이다. 그러나 "질서 유지 세력"이 반란자와 반항 세력에게 대적하는 것은 동등자가 다른 동등자와 대적하는 것과 같다. 총을 쏘는 병사들은 총살당하는 사람들과 같은 자이며, 군사적 하위 집단을 *선험적으로* (저격수/사형수라는) 두 범주의 대립항으로 나눌 근거는 어디에도 없다. 이타성이 그들을 질서 유지 세력으로 만든다. 이것은 권위의 첫 번째 관계가 내면성의 준주권의 관계라는 의미다. 그것은 자신의 수단들을 만들어 내는 폭력과 ── 그들의 이해에 의해서건 집단의 공동 이해에 의해서든 혹은 집단의 이해와 그들 이해 사이의 결정적 관계에 의해서든 ── 규제적 기능을 통해 그 수단들의 강제적 활동을 규정짓는 하위 집단들*과의* 폭력이다. 이와 마찬가지로 집단 전체에 대한 억압 집단(권위에 봉사하는)의 기술적, 도구적 우위성은 항상 자명하거나 필연적인 것은 아니다. 이것은 특히 군대에서 그러하다. 왜냐하면 질서 유지 세력과 반란 군은 *선험적*으로 비슷한 무기를 가지고 있기 때문이다.

분명 질서가 우위에 있는 한 "질서 유지 세력"은 언제나 공동의 무거운 무기(말, 대포, 비행기)를 소유하게 될 것이다. 그러나 그것은 반란 군에 대한 그들의 폭력의 관계가 반란에 나서지 않은 나머지 전체 구성원들에 의해 법이며 의무로서 인식되고 체험된다는 바로 그 이유 에서다. 권위의 지주로서의 "공권력"은 **자유-공포**, 특히 곧 와해될 "**자유-공포**"라는 환경 안에서만 정당한 폭력의 모습을 가진다. 특수 한 기능이 된 "**자유-공포**", 그것은 (우리가 앞으로 보게 되겠지만 무기력 한 집렬체성과 더불어) 탄압 집단과 맺는 내면적 관계다. 그리고 이 내 면화된 직무 유기는 정확히 탄압의 규칙적 성공을 허용해 주는 집단 의 — 이것이 있는 그대로 남아 있는 한 — 공동 환경이다. 반란의 실 패는 그것이 확장의 제한을 발견하는 바로 그 순간, 그 합치의 순간 에 주어진다. 이 한계들은 판결을 내리고, 판결은 반란군 병사들에 대한 이 집단의 공감 혹은 개인적인 공감이 어떠하든 간에 있는 그 대로의 상태로 머물러 있는 집단 — 제도화된 집단 — 에서부터 온 다. 반란 집단이 제시하는 새로운 총체화로서의 집단의 재구성을 "충 성파들"이 거부하는 한 이 집단은 자기 내부에서 반란군 집단을 자 신의 근본적인 부정으로 생각하게 된다. 즉 반란 집단이 새로운 미래 의 가능성을 생산하는 것이 아니라 자신들의 미래를 파괴하는 것으 로 간주하는 한에서 그러하다. 이 "충성파들"은 그저 단지 부정적이 고 부식적인 힘으로서, 또는 집렬체성의 위험과 거부의 타성태적 힘 으로서 자신의 집단[130]을 구성한다. 그러므로 "다수파"로서의 그들은

130   반란군.(편집자 주)

살상의 공권력과 연결된 부분을 가지고 있다. 그들은 이 살상을 자신들의 충성심으로 *합법화하고*, 기권에 의해 혹은 협력에 의해 이것을 물리적으로 가능하게 만든다.[131] 그러므로 규제된 제삼자와 권력과의 관계는 — 특히, 그리고 심지어는 지도자의 주권이 도전받지 않기 때문에 — 무엇보다도 전면적인 주권의 준주권으로의 변모 위에 기초하고 있다. 이것이 의미하는 바는 단순히 통합하고, 조정하고, 억압하는 기능으로서의 지도자가 집단의 내부에 있다는 점이다. 집단이 상황의 압력하에서 형성되는 순간 자신의 집렬체성을 청산하는 이 군중의 첫 번째 소요부터 완전히 경직되는 한 집단의 마지막 모습에 이르기까지 각자는 스스로 준주권이 되고, **타자**에서 동등자로의 이행이라는 규제적 제삼자의 내면성으로서의 이 결정은 공동체로서의 실천이 갖는 근본적인 구조다.

아니다. 정초해야 하는 것은 주권이 아니고, 주권의 효력을 발생시키는 것도 이 최초의 제한이 아니다. 이것은 두 번째의 구성적 부정이다. 무엇 때문에, 어떤 기초 위에서, 어떤 내부 혹은 외부적 상황 속에서, 어떤 목적으로 사람들은 준주권들의 순환적 상호성을 갑자기 봉쇄하고, 이 봉쇄가 실행되고 있는 물질의 장인 공동 개인(혹은 하위 집단)을 주권적이라고 정의하는가?

사람들은 *처음부터* 주권자에게서 긍정적인 힘의 현시를 보고(그에게서 "집단적 주권"이 구현되고 반영되어 있다고 믿고) 자기가 실제로 소유하고 있는 거대한 힘을 그에게 주기를 원함으로써 일을 복잡하게

---

131   이는 집단의 공동 개인들이 지도자들의 정책과 전쟁의 수행을 승인한다는 의미가 전혀 아니다. 그들은 *다만* 지도자들의 무능에 당할 위험보다 기구의 통일성의 해체를 *훨씬 더 위험하다고* 판단하고 있을 뿐이다. 무기력한 집렬체성과 실천적 통일체 사이의 이상한 종합을 보여 주는 이 평가적 행동은 필연적으로 제도화된 개인을 특징짓는다. 더군다나 생산된 의미들은 기본적으로 집단의 관계적 지위에 의해 구조화된다. (원주)

만들었다. 이는 각자와 전체 사이의 매개된 상호성으로서의 준주권의 특성이 편재성일 뿐 집단의 모든 "힘"을 한데 합친 어떤 종합적인 덕성이 아니라는 사실을 망각하는 것이다. 사실상 준주권은 어디에서나 같다. 왜냐하면 그것은 언제나, 누구에게나 자신을 규제적 제삼자로 정의하면서 하나의 여기를 규정하는 가능성이기 때문이다. 준주권은 구성원 전체에 대한 집단 전체의 권력이나 집단 전체에 대한 구성원들의 연속적 권력이 아니고 과거에도 그래 본 적이 없다. 권력은 첫 번째의 제한, 즉 서약과 함께 개입한다. 준주권은 근본적으로 이 단순한 모순이다. 실천의 장을 재조직하는 종합적 힘은 제삼자 각자가 재조정된 집단에 귀속하는 형태로, 그러니까 각자가 자기 자신이면서 타자와 같은 그런 형태로 나타난다. 이처럼 공동 실천은 도처에서 동시에 실현되고, 이 실천은 목적이며 수단이 된다. 이렇게 해서 규제적 제삼자로서 각각의 준주권은 하나의 우두머리를 가진 집단적 전체에 끊임없이 통합되면서 동시에 그것을 극복한다. 그리고 조정된 제삼자로서 그는 어느 곳이든 여기에서 솟아나온 *자기 자신*에 의해 초월되어 버린다.

이와 반대로 주권자는 집단 내부에서 고유의 법규, 즉 부정을 내밀한 진실로 갖고 있는 그런 법규에 의해 규정될 수 있다. 아무도 그가 집단의 외부에 있다거나 제삼자이기를 그친다고 주장하지 않는다. 제도-주권은 공동 개인을 지명하고, 이 개인은 적어도 자신의 기능 행사 속에서 결코 극복될 수 없는 제삼자로서 그것을 행사한다. 그가 극복될 수 없고 집단을 떠나지 않는다는 것은 (실질적으로 조직화된 조작으로서 실행되고 정의되는) 그의 규제적 행동이 항상 모든 사람 앞에서 자신의 법을 스스로에게 부과하는 그런 공동 실천으로서 규정된다는 의미다. 그러나 극복 불가능성이 만들어 내는 극복 불가능한 제삼자는 그에 의해 이 조정이 항상 *실현되어야 할* 집단 구성원으로서의 제삼자다. 이처럼 한 주권자의 존재는 제삼자 각자가 직접적으로 조정자가 될 수 없는 불가능성(이것이 수동적인 것인지 동의된 것인지, 아니면 두 경우 다 해당되는 것인지는 결정을 내려야 하겠지만) 위에 부정적으로 정초하고 있다. 이것은 모든 실천적 주도, 모든 재조직의 기획, 모든 발명, 모든 고안의 근원이 주권자에게 있다는 의미가 아니다. 다만 이 모든 것이 그를 통해야 하고, 그에 의해 내면화되어야 하고, 그에 의해 새로운 실천적 방향으로서 집단에 모습을 드러내야 한다는 의미다. 주권자는 소통의 수단(그것이 도로이건 수로이건 *매스 미디어*이건 간에)을 가지고 있다. 왜냐하면 그는 홀로 소통을 담당하기 때문이다. 우리는 통제와 매개의 기구를 조직화함으로써 집단이 생성되는 것을 보았다. 그러나 ─ 그 중요성이 어떤 것이든 간에 ─ 이 기구들은 항상 전문적이다. 주권자의 기능은 모든 매개의 매개를 담당하는 것이고, 스스로 공동 개인들 사이의 영원한 매개로 자신을 구성하는 것이다. 그러나 이 매개는 단순히 집단의 통일성 보존만을 목표로 하는 것이 아니다. 이 매개는 공동의 목표를 실천적으로 실현시키기 위한 전망 속에서 그 통일성을 보존하려는 것이다.

그런데 매개의 고착은 공동 개인들이 겪고 동의한 결과로서 그리고 조건으로서 발생한다. 사실상 이와 같은 고착은 직접적인 상호성의 부정과 간접적인 상호성의 소외를 구성한다.[132] 직접적인 상호성의 부정은 한정된 두 개의 하위 집단들 ─ 이 하위 집단들의 실천은 보완적이다 ─ 의 입장에서 보면 자신들의 행위를 상호적으로 적응하

─────

132   내가 말하고자 하는 것은 상호성의 자유로운 관계들이 아니고(한정된 조건 안에서, 또 그로 인하여 자유로운 관계들이 심하게 변질될 수 있을지라도) 있는 그대로의 권력 대표자들 사이에서 맺어지는 관계들이다. (원주)

기 위해 "사무실들" 혹은 **"위원회"**를 통과해야 *하는* 필연성과 같은 중앙 집권화다. 상호성의 간접적 소외는 이 상호성에 영향력을 행사하는 수정하는 행위인 매개 그 자체다. 집단의 구성적 구조인 매개된 상호성은 매개가 모든 것을 통해서, 즉 아주 단순히 공동 *실천*의 내부에서 이루어지는 한 직접적이고 자유롭다. 이 공동 *실천*이 유일하고 극복 불가능한 매개자 안에서 구현되며 상호적 관계에 개인적 행위로서 실행될 때 매개된 상호성은 불확실한 대상과 *타자적* 대상이 된다. 실제로 소통은 항상 중단(중단의 원천이 무엇이든 간에)되거나 변질될 수 있다. 상호성은 상호적 관계에서 출발해서 — 즉 이 관계가 제삼자에 의해 재검되고 수정된다는 점에서 — 중앙 권력에 의해 각자에게는 교정된 임무의 형태로 되돌아올 수 있다. 이처럼 동등자와 다른 동등자의 관계는 각자에게 *타자*로서 되돌아온다.

그리고 이타성은 이 관계의 새로운 구조에서 나타난다. 그것은 질서이거나 방어다. 아마도 **"동지애-공포"**의 구조와 맹세된 타성태는 각각의 실천적 자유 속에서 명령과 권력을 법규에 따른 집단과 조직화된 집단의 구조화하고 구조화된 관계로서 탄생하게 한 이타성의 구조를 이미 결정했다. 그러나 이 자유로운 명령은 그 자체로 곧 다시 채택되고 통제된 주도권을 통해, 그리고 수행해야 할 임무와의 직접적 관계에 따라 정의되었다. 그렇지만 벌써 수많은 수정을 통해 모종의 수동성이 집단에 행해진 하위 집단들의 단계적으로 행해진 행위를 준대상으로 가리키고 있다. 이것이 바로 원래 순수하고 공동 실천이었던 것의 *실천-과정*을 만든 것이다. 그러나 어쨌든 새로운 매개는 이 운동을 강화한다. 사실상 주권자는 극복 불가능하기 때문에 각자라기보다는 **타자**다. 누구도 모든 구성원이 **동등자**라고, 모든 다른 곳이 여기라고 더 이상 말할 수 없다. 사실 집단의 구성원으로 모두이기

*보다*는 **타자**인 한에서 공동 개인이 존재한다. 왜냐하면 그는 조정된 제삼자일 수는 없기 때문이다. 그리고 분명 이 제삼자는 제도다. 그러니까 그는 다른 모든 제삼자와 같이 제도화된 모든 구성원의 타성태적이며 명령적인 단위일 것이다. 그러나 다른 한편에서 보면 이 제도의 역설은 한 명의 타자가 모두에게 행사하는 자유롭고 조직적인 *실천*에 의해 이 제도가 실현되어야 한다는 것이다. 집단의 *실천*은 그것이 개별적 시간화에 의해, 그리고 개인적 행위로서 나타나기 때문에 *타자*가 된다. 더 잘 표현하자면 공동 기도가 *개인적 의지*로 알려진다는 점에서 이 실천은 *타자*가 되는 것이다. 이렇게 해서 제삼자 각자에게는 그의 힘을 정의하는 명령이 **타자**의 의지 — 이 제삼자는 이 의지에 자신의 서약의 결과로서 복종한다 — 로서 그 자신에게로 되돌아온다. 있는 그대로의 명령을 구성하는 것은 바로 이 새로운 구조(공동 명령의 주권자 **타자** 안에서의 개인화)다. **타자**로서 **타자**에게 복종하면서 공동 실천의 이름으로 각자는 스스로 **타자**가 된다. 그 까닭은 그가 **동등자**이기 때문이다. 바로 이것이 복종의 기본 구조다. 이것은 "**동지애-공포**"의 한가운데에서 그리고 폭력의 기반 위에서 실현된다. 맹세한 타성태적 존재는 각자 속에서 강요된 행위를 완수하지 못한다는 가능성의 극복 불가능한 부정이다. 사실 거절은 집단(조직 집단이면서 동시에 서약 집단으로서)의 해산일 것이다. 그러나 여기에서 행위가 *타자적 의지*의 내면화이기 때문에 이 해산은 자기 안에 귀납적 수동성을 도입하며, 상호성 없이 극복 불가능한 주도권에 의해 스스로 촉발된다. 그리고 집단 그 자체를 해산하는 것에 대한 거절, 즉 서약의 재수락에 의한 공동 폭력(탄압적 공포로서)의 정당화는 극복 불가능한 제삼자의 개인적 결정에 굴종하는 것과 상호성 없는 폭력으로 준주도권에 굴종하는 것은 하나일 뿐이다.

자유가 그 자체에서(그리고 그 목적성에서도 역시) 소외되고 자기 눈을 가리는 것은 바로 이 수준에서다. 명령으로서의 임무와 기능은 해야 할 일의 긴급성만을 모두에게 가리킬 따름이다. 맹세된 타성태는 각자(사실상 이것은 **타자**로서이지만 형식적으로이지 *한 명의 타자의 구체적인 자유로서는 아니다.*)의 자유로운 *실천*을 가리킨다. 이처럼 그런 명령은 변증법적 자유의 환경 속에서 생산되었고, 임무의 완성 중에 자유롭고 조직적 행위(공동 개인과 공동 실천의 대상 사이의 매개로서)를 발견한 것이다. 그러나 질서에의 복종은 이 참고점들을 제거해 버린다. 사실상 조직적 실천은 모든 가면에도 불구하고 행위의 유일한 양상으로 머문다. 가장 잘 조련된 군인이 명령에 따라 총을 쏠 때 그는 목표를 겨냥하고, *거리를 측정하고*, 강요된 시간 내에(즉 명령 이후 특수한 *상황을 고려해 가장 빨리*) 방아쇠를 당겨야 한다. 그러나 극복 불가능한 제삼자의 주권은 한 명의 **타자**의 의지를 통해 *명령*으로 표명된다. 그리고 이 명령을 다시 이행하지 않겠다는 맹세된(*그리고 체험된*) 불가능성은 실천적 시간화의 실제적 단위로서의 이 타자적 의지의 내면화가 된다. *유기체적* 매개의 계기에서 극복된 제삼자의 자유로운 기도는 그 고유한 빛과 더불어 *타자적 기도로* (또는 *한 명의* **타자**의 *기도로서*) 생산된다. 이때 이 기도는 동시에 모든 것을 공동체에, 상호적 권력에, 다시 떠맡은 서약에, *그리고 나의 것이 아닌 자유로운 실천*에 규제된 것으로, 즉 — 그것의 극복 불가능성 자체 때문에 — *공동 목표의 개인화로서* 나의 실천에 강요된 자유로운 실천을 가리킨다. *공포속에서* **타자**의 기도를 발전시키면서(즉 주권자의 강제력의 구속하에서, 이와 동시에 동지애-폭력의 분위기 속에서 두 요소는 결국 하나가 되기 때문에) 나는 **타자**가 내 안에서 그 자신의 기도를 완성하도록 나의 조직적 개인성에서 스스로를 부인한다. 이 수준에서 이중의 변형이 이루어진다. (1) 공동 개인의 수준에서 나는 모두로부터, 그러나 **타자**의 매개에 의해 나의 힘을 부여받는다. 상호적 조직은 남아 있으나 포괄적이고 상호성이 없는 수정으로 표현된다. 공동 *실천*은 *자유 상태의 개인의 극복 불가능한 실천*의 형태로 표명된다. (2) 나의 개인적 행동의 수준에서 나의 자유는 슬쩍 사라지고, 나는 **타자**의 자유의 현동화가 된다. 이 말을 통해 외부나 내부의 구속이 나에게 영향을 미친다는 사실을 내가 느끼거나 **타자**가 거리를 두고 나를 최면술사로서 조정함을 내가 느낀다고 이해해서는 안 될 것이다. 특수한 구조란 바로 나의 자유가 자유로이 사라지고 그 자체의 투명성을 버린다는 것이다. 물론 그 목적은 여기 노동을 하는 나의 근육에서, 나의 몸에서 **타자**의 자유를 현동화하는 것이다. 이것은 이 자유가 다른 곳, 곧 **타자** 안에 있기 때문이다. 또한 이 자유가 나에 의해 여기에서 소외시키는 의미작용으로, 강인한 부재로 그리고 모든 곳에서 내면화된 이타성의 절대적 우선권으로 체험되기 때문이다. 모든 곳에서 그러하다. 물론 모든 사람과 **다른 자**인 극복 불가능한 이 **타자** 안에서를 제외하고서 말이다. 왜냐하면 이 타자는 유일하게 그 자신이 될 수 있는 자이기 때문이다.[133]

---

133 역사적 소여들이 무엇이든 사실상 저질러서는 안 될 심각한 실수가 있다. 명령을 힘의 관계 위에 기초한 외부적 요구로(주인은 노예에게 명령을 내린다.) 정의하는 것 그리고 이 첫 번째 관계와 권위의 제도적 권력을 분리하는 것은 불합리하다. 이것은 전적으로 명령과 복종의 진정한 구조, 동일자와 타자, 강제와 합법성의 내적인 복잡한 변증법을 놓치는 일이다. 노예가 주인의 명령에 복종할 경우 이는 그가 명령이 정당하다고 생각한다는 것을 결코 의미하지 않는다. 이것은 물론 노예가 이 명령의 정당성을 선험적으로 부인한다는 것을 의미하지도 않는다. 사실상 관계는 완전히 미결정 상태에 있다. 다른 노예들보다 혜택이 주어졌고, 집(domus)에서 출생한 특정 노예는 특히 주인과 개인적 관계를 가지는 경우 주인의 권위를 정당한 것으로 생각할 수 있다. 즉 그는 쇠사슬에 묶인 동료들을 거의 무의식적으로 배반할 수 있다. 그러나 아주 반항적이며 자신의 조건에 대한 원한을 의식하고 있는 다른 특정 노예는 단순한 조심성에서 그리고 냉소적으로, 아니면 아마도 직접 참여하고 싶어 하며 준비 중인 반역에 대한 기대를 품은 채 복종

이와 같은 고찰을 토대로 우리는 제도로서의 주권의 근원적 목적성과 아울러 그 가능성의 형식적 조건들을 설정할 수 있다. 개개의 경우에서 그 역사적 출현에 대한 문제는 우리가 다룰 문제가 아니다.

앞에서 살펴본 바와 같이 제도적 체계를 통해 집단에 공통되는 실천은 집단의 초월적 자유로서, 이와 동시에 그 근본적인 존재성으로서 포착된다. 그러나 다른 한편으로 제도라는 것이 무기력과 분리 위에서 집단의 구성원들 상호 간의 물화된 관계로서 정초되는(공동 목적을 가진) 실천적 관계라는 것을 우리는 알게 되었다. 아울러 제

할 수도 있다. 만약 이와 같은 절대적인 미결정 상태에서 출발한다면 왜 *단순한 사실*같은(사람들은 강제에 굴복한다.) 복종이 몇몇 경우에 맹세된 믿음, 권위의 지속적 정당성 등과 같은 것으로 나타날 수 있는지를 이해하지 못하게 된다. 사실상 여기에서 이성적 명령은 엄격하다. 초월 불가능한 제삼자와 그에게 복종함으로써 자신의 권력을 정당화하는 공동 개인들의 복잡한 관계로서의 권위, 바로 이것이 여기에서 우선적으로 주어진 것이다. 그리고 새로운 개인들의 집단에로의 급격한 통합은(예를 들어 가족적 착취에 통합된 노예들) 정당한 권위의 이름 아래 이루어진다. 물론 속임수는 완전하다. 그러나 이 속임수는 공동체의 법률적 구조에서 나온 결과다. 사람들은 새로운 사람들을 지위, 기능 등과 더불어 이 구조에 통합시킨다. 그리고 주권자는 (예컨대 집안의 아버지) 새로운 사람들에게 그들이 지금까지 전혀 해 본 적이 없는 서약의 이름으로, 하지만 그들이 집단의 다른 구성원들을 위해 어쩔 수 없이 떠맡는 서약의 이름으로 복종할 것을 요구한다. 왜냐하면 서약은 모든 공동 관계들의 종합적 기반이며, 또한 그들이(강간이나 출생으로) 공동체에 흡수되어 있기 때문이다. 역으로 억압받는 계급의 역사적 전개가 겨우 시작될 때, 무기력과 집렬체성이 이 계급을 마비시킬 때, 개인들의 반대로 인해 모든 공동 행위를 하는 것이 불가능해질 때, 특히 개인들이(예를 들어 출생으로) 한 명의 지도자의 매개를 통해 자신들에게 "형제애-공포"를 행사하는 법률적 집단 내에 있을 때, 피착취자들의 눈으로 볼 때 착취자들의 주권은 복종을 통해 정당화된다. 반란(1831년 리옹에서 있었던 숙련 견직공들의 반란이 증명한다.)은 체제에 대한 철저한 이의 제기에서 기인하지 않는다. 기계를 소유하고 명령을 내리는 권리를 고용주에게 인정하고 그들을 존경하는 사람들의 입장에서 보면 이 반란은 오히려 무조건적 생존 불가능성에서 기인한다. 바로 이 반란——우선 필요에 의해 죽음의 위험에 의해 강요된 맹목적이며 지속적인 실천으로서의——을 통해 점차 공적 권력들의 비합법성이 생겨나며, 계급의 관계들이 세력 관계라고 하는 새롭고도 기본적인 하나의 진실로 축소되고 마는 결과가 나타나게 된다. 그리고 (느닷없이 독재, 군의 점령 등이 나타나지 않는 한) 반란을 야기하는 것은 권력의 비합법성이 아니다. 결코 아니다. 달리 말하자면 비합법적인 것으로 간주된 명령에 대한 냉소적인 복종은 권리 진보의 역사적 계기를 보여 준다. 우선 산발적으로 발생하는 무질서한 투쟁이 질서를 되찾으면서 착취자-피착취자 혹은 압제자-피압제자의 관계를 단순한 힘의 관계로 축소시켜 줄 객관적인 상황을 창조한 계기 말이다.(원주)

도적 체계는 그것을 다소라도 밝혀 보려고 하자마자 외면적 관계들의 총체로서의 모습을 띠고 나타난다는 점에도 우리는 주목했다. 요컨대 공동 자유로서의 *실천*은 우리의 개인적 자유의 소외를 보여 주는 지수다. 하지만 집단이 유효하며 실천적이라는 점에는 변함이 없다. 예를 들어 군대는 국지적 전술이나 전략의 결정에서 그 특징인 제도적 관계를 이용한다. 공동 *실천*이 살아 있고 현실적인 경우에는 언제나 구성하는 변증법이 — 즉 조직화된 실천이 — 구성되는 변증법을 지탱한다. 이것은 비록 집렬체적이며 제도화된 총체들의 두터운 층들의 밑에 깔려 있을 때에도 그러하다. 그런데 제도적 체계들에 고유한 모순은(이것은 그 체계들이 주어진 상황 속에서의 유일한 실천적 도구로서, 그리고 이와 동시에 집렬체성의 부활에 의해서 산출된다는 점에서 유래하는 것이지만) 바로 이 체계들이 그 자체로서 초월적 *실천*으로서의 요지부동한 힘, 그리고 이 힘이 집렬체성의 집렬체적 관계로 분산될 끊임없는 가능성을 보여 준다는 데 있다. 그리고 집단은 그 속에 스며드는 집렬체성의 비중에 따라 제도로 정의되는 경향이 있는 만큼 위험은 더 심각하다. 실천적으로 보면 이것은 집단이 다음과 같은 위험에 노출되어 있다는 것을 의미한다. 즉 집렬체성의 비율의 증가는 여러 제도가 순수한 실천적-타성태적인 *존재태*로서 각각 대자적으로 작용하게 만들고, 또한 제도들의 실천적 통일성은 파열하여 단적으로 외면적 분산 상태에 빠지고 마는 위험이 그것이다. 이런 전망 속에서 주권은 그 진정한 기능을 나타낸다. 주권은 제도들의 외면성의 제도적 재내면화다. 또는 제도들이 수동화된 인간들 사이의 물화된 매개이기 때문에 주권은 제도들 사이의 매개로서의 한 *인간의* 제도인 것이다. 그리고 이 제도는 집단의 어떠한 동의도 필요로 하지 않는다. 왜냐하면 제도는 도리어 그 구성원이 갖는 무기력의 토대 위에 정립되기 때문이다. 이처럼 주권자는 원심적 운동에 의해 분리될 경향이 있는 죽은 실천들의 반성적 종합인 것이다. 이 주권자는 개인적 통일성을 통해 이 죽은 실천들을 총체화하는 기도로 통합하며, 그렇게 함으로써 이 죽은 실천들을 *개별화한다.* 이렇게 되면 중요한 것은 이미 보편적인 것을 향하는 여러 관계(예컨대 그 과세 제도, 그 군대 법률 등등)가 아니라 개별적인 역사적 총체다. 이때 각각의 제도는 모든 제도의 도구로서 이 역사적 총체의 일부를 형성하고, 이 역사적 총체의 총체화는 공동 목표를 달성하기 위한 그 실천적 이용일 따름이다. 물론 주권자와 그의 *실천은* 제도적 체계의 산물인 것 또한 사실이다. 이런 의미에서 두 요소는 모든 관계의 외면성, 그 분석적 보편성과 그 타성태에 관여하게 된다. 거기에는 단지 극복 불가능한 제삼자의 모집과 직업 교육의 방식을 규정하는 법률의 총체만 있지 않다. 여기에 더해 또한 주권자 자신이 내면성의 반성적 종합으로서 체험된 제도적 체계일 뿐이기 때문에 그의 실천적 가능성의 한정된 장은 제도적 도구의 통합된 총체에 의한 그의 미래의 확정이기도 하다.

그러나 이와 같은 제도 자체가 제도화된 제삼자들 사이의 실천적 관계이며, 또한 그 제도는 동일한 *과정-실천의* 무한히 반복되는 운동 속에서 제삼자들을 규정하고 있다는 것을 우리는 안다. 이와 같은 차원에서 보자면 병역은 외면성의 측면에서 연구되어야 할 객관적 과정이다. 매년 특정 시기에 특정 연령에 속하는 일정한 수의 청년들이 몇 달이나 몇 년 동안 소집된다. 병역은 또한 수동화의 과정에 있는 목적성이기도 하다. 국민 집단은 무기로 스스로를 지킬 수 있어야 한다. 마지막으로, 특히 (우리의 관점에서 보자면) 병역이란 집단 구성원들 사이에 형성되는 상호성의 타성태적 결정(신병, 퇴역병, 소집병, 재소집병, 징집 유예자, 만기 제대자 등등)이다. 그리고 이 상호성은 *실천적이다.* 왜냐하면 이 상호성이 여러 가지의 수동적 직능(배속, 특기 등등)과 이해관계를 만들어 내기 때문이다. 그런데 주권자를 제도적으로 산출한다는 것은 이러한 외면적 결정을 다시 실천적으로 내면화한다는 것을 의미한다. 우선 군대 제도의 수동화된 목적은 정해진 외적 목적을 달성한다는 공동 목표가 되고, 그 수단이 된다. 사실 문제는 제도를 구체적 정치의 테두리 내에, 그리고 그 정치를 지탱하기 위한 불가결한 수단으로서 유지하는 데 있다. 자신의 지위로 보아 가능한 한도 내에서 주권자는(직접적이건 간접적이건 간에) 정치적 추이에 따라 제도를 바꾸거나(예컨대 병역 기간을 늘리는 것) 외적인 여러 변화(예컨대 산업 발달, 무기 발달, 새로운 무기에 따른 군대 재편성)에 의해 초래되는 과정에 *실천적 재조직*의 특징을 부여할 수 있어야 한다. 그러나 특히 극복 불가능한 내면성으로서의 이와 같은 자유로운 *실천*의 부활은 이 통일된 활동을 제도화된 제삼자들에게 그들의 제도적 존재의 진실로서 파급시키는 효과를 나타낸다. 만약 주권자가 없다면 제삼자들의 수동성을 해소하는 것이 불가능하다. 이 경우 병역은 한 과정에 불과할 것이다. 그러나 주권자의 자유로운 *실천*은 제삼자들의 타성태적 존재의 의의로서, 그리고 자유로운 구현으로서 제시된다. 제도적 집단은 구성된 **이성**이며 벌써 집렬체성에 의해 굴절된 허위의 변증법이었지만, 이제 주권자의 실천적 통일성을 통해 **구성하는 이성**으로 포착된다. 분리 상태는 저변에 그대로 남아 있지만 주권적 통일성의 결과로서 각자에 의해서 극복되어 정상에서 다시 나타난다. 저변에서 외면적 관계만을 형성하게 했던 무기력은 이제 정상에서는 각자에 의해 근원적 종합의 체계적이며 정연한 전개로 포착된다. 우리가 앞에서 살펴본 바와 같이 제도적 집단은 구성원들의 자유로운 *실천*을 소외시켜 공동체의 자유로운 실천으로 이르게 한다. 그러나 공동체의 자유로운 실천이란 텅 빈 의도의 추상적이며 부정적인 대상으로서만 존재할 따름이다. 극복 불가능한 규제자의 확립은 이러한 공동 자유를 다시 내면화하고, 거기에 개인성과 아울러 일반성이라는 양립적 성격을 부여하는 것이다.

주권자가 공동 목표를 추구하고, 명확히 규정된 작업을 실행하는 *한 명의 인간*인 이상 이 극복 불가능한 제삼자는 제도화된 제삼자들에게 이 공동 행동을 — 그들은 스스로 자각함이 없이 그런 행동을 하고 있지만 — *개인적 활동이라*는 엄밀한 형식하에 이전시킨다. 이것이 제삼자와 주권자의 첫 번째 관계다. 어떤 의미에서 이 관계는 개인 대 개인의 관계다.(타성태적이며 무기력했던 제삼자는 주권자를 통해 개인적 행동을 재발견하고, 그 주권자에게서, 즉 **타자**에게서 자신의 정당성을 발견한다.) 그러나 다른 한편 주권자는 주권-제도로 말미암아 단순히 어떤 조건들(그를 참여시키는 방식에 관한 조건들)에 응해야 하는 일반적이며 불확정한 개인으로서의 의미를 띤다. 그리고 그의 권한은 집렬체적 무기력인 집단의 공동적 산물로서 제도 자체에서 비롯되는 것이기 때문에 그 자체가 공동적이다. 달리 말하자면 주권자는 자신이 모든 제삼자와 마찬가지로 공동 *개인*이다. 이런 이중의 관점에서 보면 주권자는 역사적이고 개인적인 결정을 피해 외면성을 향해 달아나려는 경향이 있다. 그의 권위는 항상 영원한 것의 시간화("국왕 서거, 새로운 왕 만세"[134])처럼 보인다. 결국 주권자는 제도의 산물이자 제도의 시간적 구현이기 때문에 그의 제도적 존재는 비유기적 타성태 — 즉 **타자들**의 무기력 — 이다. 이렇게 해서 주권자는 각자 그리고 모든 사람에 대해 집단의 임의의 일원으로서 공동적이며 제도

---

134 "Le roi est mort, Vive le roi." 국왕이 서거했을 때 왕위 계승을 선포하는 문구다.

화된 개인의 모습을 나타낼 수가 있다. 그의 공동적 실재성이란 타성태와 자유 속에서 자신의 권능을 산출한다는 뜻에서 제도적 존재(무기력을 겪고 타성태를 맹세한 존재)다. 그리고 이런 관점에서 볼 때 그의 행위는 항상 일반성의 구조를 갖게 된다. 이 행위는 직능에 의해 규정된 개인으로서의 모든 사람에게 적용된다. 왜냐하면 이것은 직능에 의해 규정된 개인으로부터 비롯되는 것이기 때문이다. 집단은 각자를 통해 그의 개인적 행위의 보편적 권능 속에서 다시 그 존재를 나타낸다. 이처럼 주권이 행사하는 각각의 결정 속에 주권자-개인과 주권자-제도가 동시에 존재하는 것이다.

그러나 **권위**의 제도에 의해 여러 제도 자체의 분산을 가로막을 수는 없다. 권위의 제도는 그 자체로 모든 다른 제도와 엄밀히 균일하기 때문이다. 사실 오로지 *개인적이며 역사적인 행동*을 통한 보편적인 것의 실현만이 타성태적인 것의 원심적 외면성을 다시 내면화할 수 있다. 각각의 행위는 역사적 작업의 종합적 전체를 위하여 제도적 체계를 전적으로 이용함으로써 그 제도적 체계를 실천적으로 재내면화한다. 각각의 개별적 실천은 시간화로서 실현된다. 이것은 단적으로 다음과 같은 것을 의미한다. 자유로운 *실천*이 공동 개인과 대상 사이의 매개의 역할을 하는 그런 매우 *의심쩍은* 기도의 계기가 아니라면 집단은 주권자에게 실천으로서 파악될 수 없다는 것이 그것이다. 오직 주권자만이 자유로울 수 있고 또 자유로워야 한다. 오직 주권자만이 자유로운 변증법적 발전의 계기로서 자신의 작업을 해 나가야 한다. 집단의 모든 구성원에게는 이미 오직 하나의 자유, 즉 주권자의 자유만이 있을 뿐이다. 그리고 이 양의적인 자유는 제도적 근원에서 공동 자유 *그 자체*인 동시에 이 공동체에 봉사하는 *그의* 개인적 자유이기도 하다. 그러나 이 자유는 조직하는 자유다. 이 자유는 명령을 내림으로써 집단을 바로잡아 나간다. 그리고 우리가 앞에서 본 것처럼 이 명령들은 ─ 제도성 밑에 묻혀 있던 ─ 각자의 자유로운 *실천*을 해방함과 동시에 이 실천을 통해 *타자*로서 자기실현을 하면서 그것을 소외시키는 결과를 가져오기도 한다. 그런데 이 소외의 차원에서 볼 때 **타자**의 현존은 동등자의 편재의 대용물로서 나타난다. 각각의 주권자는 그가 복종을 받는 순간에 **타자**로서 존재한다. 바로 이런 점에서 각자는 **타자들**과의 관계에서 이타성의 지위에서 다소 멀어진다. 왜냐하면 각자는 보편적 **타자를** 지닌 존재로서, 그리고 모든 사람과의 관계에서 그 타자에 의해서 매개된 존재로서 동등자가 *되기* 때문이다.

그러나 복종하는 제삼자의 양의성은 그가 현동화하는 타자의 의지와의 관계에서 제도화된 집단의 실천적 재통합으로서의 주권자의 직능과, 이렇게 말하자면 그 좌절을 분명히 드러내 보인다. 사실 집단의 구성원들이 개별적 명령이나 주권자로서의 작업을 하는 기회에 다시 발견하는 공동 *실천 속에서* 자신들의 재통합을 인식하느냐 혹은 유기체적 개인성으로서의 *그들의* 통일성을 그들의 주권자라는 한 인간 속에서 발견하고 그후 공동 목표라는 형식으로 그 주권자 자신의 의도를 받아들이느냐를 *선험적으로* 결정하기란 불가능하다. 여기에서 우리는 구성된 변증법의 극복 불가능한 한계를 다시 발견하게 된다. 만약 집단이 공동 존재를 주권의 제도에서 구하는 경우에는 그 존재는 추상적 외면성으로 분산되고 만다. 만약 집단이 그 자체의 존재론적 통일성(우리가 본 바와 같이 그런 것은 존재하는 것이 아니지만)을 구체적인 것에서 파악하려고 하면 그것은 유기체적이며 극복 불가능한 개인성에 부딪히게 된다. 그리고 이 극복 불가능한 개인성 자체는 모든 다양한 개인의 극복으로 나타난다.(왜냐하면 이 개인성은 집단

한가운데서 집단 그 *자체*로서 출현하기 때문이다.) 주권의 사실로서의 구현 ─ 그 독특한 개인, 그 독특한 언행, 그 병, 그 나이, 그 바꿀 수 없는 용모의 형태를 가진 집단 그 자체의 산출 ─ 은 집단 본래의 체질적 불가능성의 표출이며, 우리는 이 점을 자세히 지적한 바 있다. 모든 다양한 개인은 비록 그들이 각각의 구성원으로 내면화되어 부정된다고 해도 타성태에 의한 분산이나 유기체적 개인성 이외의 다른 어떤 존재론적 지위를 지니고 그 자체로서 나타나는 것은 불가능하다. 이런 형식의 주권자는 집단에 전적으로 부적합한 것이지만, 그러나 제도에 의해 공동 현실로서 지탱되며, 집단의 각 구성원에게 *일반성*(제도성)으로서, 분리된 개인성과 동질적인 실천적 개인성으로서(그러나 힘과 위신 등에서 월등한 개인성으로서), 동시에 *공동적인 것*의 응집으로서(이 공동적인 것이 특이질로 전환될 수도 있는 무한한 압력하에서) 나타난다. 현재 지도자의 아들인 미래의 지도자가 막 태어났다고 하자. 그러면 제삼자들은 이 한 아이의 모습을 떠받들어 그들이 장차 이루고 또 그들의 아들들이 이룰 집단을 찬양한다. 사실 인원 보충의 형식이 직능의 세습에 의해서 결정될 때 집단은 지도자의 *장남*으로서 유형화되고 구체화되고 산출되어서 다시 태어난다. 집단은 단 한 명의 인간의 생식력에 의해서 만들어진 육신에 *의거해서* 다시 태어난다. 그리고 반사적 구조 속에서 집단의 타성태적 존재는 극복되고 살아 있는 육체적 통일성으로 변형되어서 그 자체로 되돌아온다. 이와 동시에 집단은 공동 구조를 지닌 유기체적 *실천*으로서의 아버지다. 생물학적 통합의 형식적 극복 불가능성이 제삼자의 극복 불가능성 때문에 제도적 집단 내에서 구체적으로 실현되는 것이다.

이처럼 집렬체들에 의해 부식된 집단에서 주권자는(그의 준주권에서) 우선 통합 *기관*으로서 발생된다. 극복 불가능한 자신의 준주권

덕분에 그는 회귀로부터 벗어난다. 살아 있고 일체인 그는 빈사 상태의 집단에서 인체의 균형 잡힌 종합으로서의 공동 통일체를 발견한다. 보편적 매재자로서 그는 상호성이 존재할 때면 어디에서나 이 상호성을 깨트린다. 그리고 극복된 제삼자들의 관계는 단지 그의 중개를 통해서만 설정된다. 그러나 바로 이 관계들이 점점 덜 존재하는 순간에 그가 나타난다. 분명 제도화된 그의 현전은 이 관계들을 악화시키는 데 여전히 기여한다. 적어도 그는 이 관계들을 *그 자신의 고유의 생산물로서* 회복시킨다.(달리 말하자면 그는 특정 하위 집단들이나 개인들 사이에 구체적이고 실천적인 상호성을 주권적으로, 그리고 명령에 의해 만들어 내는 것이다.) 이 관계는 다음과 같은 이유로 고착된다. 이 관계가 자기 외부, 곧 **타자**의 실천 속에서 존재 이유를 가지며, 이 존재 이유를 통해서만 이 관계가 유지되기 때문이다. 하지만 제도적 개인은 각자의 자유의 위협을 도처에서 제도적 일체성으로 용해로서 나타나게 하는 *자유로운 관계*를 경계한다. 이 개인은 통합을 균질성(그는 이 균질성을 회복한 집단의 존재로 여긴다.)의 타성태 속에서 이타성을 와해시키는 일종의 인격 형성 과정으로 이해한다. 불신의 시기에 매개된 관계에서 극복 불가능한 제삼자는 다른 제삼자에 대한 각각의 제삼자의 보증을 서게 되며, 그 결과 각자는 타자에게 공동 투기로 나타난다. 이것은 이 투기가 개인적 의지에 의해 잘 세분화된다는 점에서 그러하다. 그리고 주권자가 — 직접적으로나 간부들의 매개를 통해 — 새로운 하위 집단들을 조직할 때 그는 구성체의 몸통이고, 그의 법령은 실천적이고 강제적인 환경이다. 이 환경 속에서는 하위 집단의 모든 구성원이 다른 곳에서 그리고 **타자**에 의해 규정된 관점을 가지고, 집단으로부터 이 타자에게 오는 권력과 더불어 다시 태어나게 된다. 이것은 이 권력이 특정 개인의 기쁨으로 규정되었기 때문이다. *타자적*

인 이런 상호성들(그리고 권한의 제한 등등)은 각자의 입장에서 보면 구체적인 것이며 *살아 있는 것* 그 자체다. 왜냐하면 어쨌든 종합적인 그들의 특징과 그들의 이타성이 각자에게, 그리고 모두의 입장에서 보아 집렬체(실천적 유기체에 대한 비유기적인 것의 승리를 의미하는)에 대항하는 방어를 표현하기 때문이다. 실제로 이 방어는 단 하나의 조직에 대한 모든 실천적 유기체의 전체적이고 상호적인 소외에 의해 이루어진다. 결정적인 말은 더 이상 *티끌*이 아니고(너는 티끌이다, 너는 티끌로 남을 것이다.) 살아 있는 총체성이다. 집렬체적 고립 자체에서 이루어지는 주권자에 대한 복종 혹은 존경은 각자를 그들의 타성태라는 은폐물로부터 해방한다. 즉 모두에 대한 관계들을 지탱하거나 그 개인의 비본질성과 공동 존재의 본질성을 실현할 수 없기 때문에 각자는 존경심, 두려움, 무조건적인 충성심, 때로는 찬탄 속에서 스스로를 전체, 즉 주권자의 비본질적 구현으로서 만들어 낸다. 여기에서 관계가 역전된다. 주권자는 불가능한 존재론적 통일체를 모든 사람을 한 사람으로 통합시키는 유기적이고 개별적인 통일체로서 구현한다. 하지만 역으로 각자는 구체적으로 전체-주권자에 의지할 수 있다. 이때 각자는 — 논리적 방향이 다르다 해도 결국에는 마찬가지이지만 — 이 주권자의 구성된 부분인 동시에 비본질적 구현이 된다. 누구든지 간에 개인의 개인-총체성으로부터의 이런 소외는 공동 *실천*으로서의 집단이 내보이는 가장 심각한 타락을 의미한다. 하지만 이와 동시에 소외는 *구조적* 관계를 퇴화한 형태로 부활시킨다. 이 관계는 실천적 통일체에서 그리고 단지 이 통일체 자체에서 부분이 총체화 작용과 맺는 종합적 관계로 정의되어 왔다. 여기에서 이 관계는 집단화 과정에 있는 한 요소와 이미 이루어진 것으로 재확인되는 전체 사이의 존재론적 관계로서 재생산되는 것처럼 보인다.

그러나 비본질성에 대한 이와 같은 실천적 이해는 각자에게 극복 불가능성으로서의 준주권이 그를 외부로부터 준대상으로 구성한다는 사실로부터 온다. 이것은 이론적으로나 담론들 또는 의례들(비록 이 의례들이 있을 수 있다 해도)을 통해서 오는 것이 아니라 *실천적으로*, 지속적 수정에 의해 오는 것이다. 이때 이 수정 작업은 주권 기구들에 의해 *차례대로* 진행되며 모든 수준에서 모든 사람, 그리고 각자에게 행해진 조작들을 통해 이루어지게 된다. 원칙적으로 수정 작업은 부과되는 초월적 목표들에 따라 집단의 통합을 가속화하는 목적을 띠고 있다. 이 수정 작업은 주권자를 **대상**(생산하게 될, 파괴하게 될 등등의 외부 대상)과 통합시키는 광선 다발을 결정하는 닫힌 세계 안에서 하나의 수단으로서 실현된다. 이와 같이 조작과 지휘에서 그는 공동 *실천*을 다시 발견한다. 그러나 이것은 개별화된 의지의 형태 아래서만 그러한데, 별로 중요하지는 않다. 이 의지는 유일한 하나의 출처로부터 빛을 발하고, 확실한 기구들에 의해 전달되며, 순수 의지의 장을 규정한다. 이 장에서 각각의 준대상은 *그 자체의 준대상성에서* 스스로를 이 *타자적 의지의* 산물, 적용점, 그리고 전달자로서 다시 발견하게 된다. 그의 입장에서 중요한 것은 이 의지가 *하나*이어야 하고, 그의 실천적 발전이 오로지 주권자의 유기체적 단일성의 시간화이어야 하고, 특히 그의 직접적인 목표가 모든 수준의 분산에, 다양한 이타성에 맞서 그리고 총체성의 존재론적 지위로서 생물학적 단일성을 (그의 지휘로, 억압으로, 필요에 따라서는 공포를 통해) 부과한다는 것이다.

공포를 통해[135] 나타난 주권자는 이 **공포**에 대해 책임지는 행위 주

---

135 흔히들 권력은 공포로 통치하는 것과는 동떨어졌다고 말할 것이다. 맞는 말이다. 우리는 그 이유를 살펴보게 될 것이다. 하지만 여기에서는 역사적 *사회*에서 생성되는 그대로의 주권에 대한 연구를 시도하지 않을 것이다. 다만 이 주권을 제도화되는 집단들 내에서 구성되는 기구로 간

체가 되어야 한다. 각자는 극복 불가능한 제삼자를 위해 자신의 경계심을 풀어야 한다. 하지만 이것은 제삼자가 모두에 대한 경계심을 각자에게 행사하여야 한다는 조건에서 그러하다. 사실 회귀성은 여전히 남아 있으며, 선회하는 경계심은 더 심해진다. 왜냐하면 경계심이 *권력*(주권 기구에 이웃을 고발해야 하는 의무, 특히 각자를 제거하는 주권)이 되고, 특히 도피하는 통일성으로서의 집렬체적 순환성은 이 통일성을 파괴하려는 지속적인 주권적 작용의 대상이 된다. 여기에서 반성의 명백한 진보는 다음과 같은 사실, 즉 극복 불가능한 제삼자가 *그의 고양된 위치*에서 공동의 장에 대한 종합적 관점을 취한다고 믿고 있다는 사실에서 기인하는 것이다. 사실 이때 제삼자가 가진 정보들은 전달을 통해 어쩔 수 없이 집렬체화된다.(제삼자는 본다고 믿지만 **타자들**이 주는, 그리고 공동의 수준에서 포착된 *타자적이고* 이미 고착된 모습들 외에는 아무런 것도 볼 수 없다.) 통합 정책은 정확히 이런 종합적 관점에 상응한다. 즉 주권자는 그의 기구들을 통해 실천적이지만 살아 있는 대상으로서의 집단을 구성하고자 한다. 이 불신과 모든 복수성과 모든 이타성을 의심스러운 것으로 — 그러니까 당장에 제거해야 할 것으로 — 여기는 분리의 산물의 입장에서 보면 의심할 수 없는 유일한 형태의 통일체는 그 자체의 실천적 통일체와 자기 안에서 발전하는 존재론적인 구조들뿐이다. 요컨대 조직의 통일체인 것이다. 그의 오른손은 왼손 말고는 어떤 손도 믿지 않는다. 이 모순의 가지적인 전복을 통해 외면화 중인 집단의 지속적 재내면화로 제도적으로 정의된 이 권력은 이미 그 자체 내에서 그리고 존재론적으로 공동-존재의 불가능성을 나타낸다. 하지만 권력은 그 자체의 실천적 기능, 즉 통

주할 것이다. (원주)

합의 명목으로라도 권위적으로(그리고 필요에 따라서는 폭력으로) 이 유기체적 존재를 집단의 공동 존재로 실현하기 위해 노력한다. 그런데 바로 이 유기체적 존재는 공동 실천이 공동-존재에 의지하는 것이 불가능하다는 사실을 보여 준다. 권위의 실천 형태들 속에서 스스로에게 존재론적 지위를 부여하는 것이 불가능하다는 사실은 집단의 입장에서 보면 규제적 제삼자들에 의해 행해지는 제삼자들의 *다른* 존재론적 지위로의 격렬하고 공허한 축소 ─ 정의상으로는 불가능하지만 ─ 가 된다.

바로 이것이 적어도 주권자가 해야 한다고 "믿는" 것, 사람들이 "그가 한다고 믿는" 것이다. 하지만 우리는 여기에서 두 개의 존재론적 지위가 갖는 모순을 다시 발견하게 된다. 제삼자들의 혼합과 조작이 그것이다. 두 지위는 유기체적 통합체들을 구성하는 것을 겨냥하지만 실제에서는 비유기적 준대상들, 그 타성태가 ─ 밀랍의 타성태가 봉인을 유지하듯이 ─ 주권적 질서들을 유지시키는 그런 비유기적 준-대상들을 만들어 내게 된다. 그리고 준대상의 분자로서의 제삼자 각자의 행동은 *타자적* 의지의 열광적 실현으로부터 바로 이 동일한 의지의 수동적이고 체념한 수락으로 바뀐다. 이처럼 집단에 대한 주권자의 실천은 많은 경우 ─ 초월적임과 동시에 직접적이므로 ─ 계속적으로, 그리고 또한 동시에 두 가지의 담론 형태로 표현된다. 때로는 추구한 결과가 기계적인 통일체의 방식으로 표현된다. 따라서 집단이란 주권자가 *작동하게 하는 기계*다. 또 때로는 집단이 연장된 주권자, 그러니까 공동 목표를 실현하기 위해 그가 만들어 내는 팔, 다리, 눈의 쌍으로 정의된다. 하지만 사실에서 두 번째 어휘 규정은 주권-신비화에 관계된다. 이와 달리 첫 번째 어휘는 필수적으로 탈소유, 소외, 대량화로서의 주권자의 기능을 나타낸다. 공동의 준대상들의 허위 통일체(도구성)는 실제로 오로지 수동화의 가속화된 과정 위에서만 정초될 수 있을 뿐이다. 이처럼 구속이 느슨해지는 경우 개인들은 분자적 분산 상태로 되돌아가고, 이 상태로 인해 그들은 이전의 이타성에 의해서보다 더 분리된 상태에 있게 된다.

주권자는 규정된 특정 상황에서 집단이 그의 통일성을 유지하기 위해 선택한 수단이라고 말할 수 있을까? 그렇기도 하고 그렇지 않기도 하다. 사실 주권자의 출현이란 한 *과정*의 결과다. 순환적 회귀 속에서 아무리 짧은 단절 현상이라도 주권을 만들어 내는 데 충분하다. 그리고 이 단절 현상은 주어진 여건에서 회귀를 통한 미분의 강화로 발생한다. 보편적 무기력 상태에서 회귀는 한 하위 집단이나 한 개인에게로 와서 부딪칠 것이고, 이들의 미분적 특징들은 상호성을 덜 명백하게 하고, 내면성의 모호한 관계로서 나타난다. 사실 집단이 이타성에 의해 부식되지 않는 한 이 특징들이(그것들이 어떤 것이든 간에) 미래의 주권자에게 상호적 관계를 면제해 줄 수는 없다. 이와 반대로 제도화 과정에 있는 집단 속에서 한 쌍의 요동치는 분리로서의 무기력 상태는 각자에게 몇몇 사람이 극복 불가능성으로서 가지는 사실상의 힘을 드러낸다. 이것은 단순히 집렬체적 마비 상태가 각자로 하여금 스스로 이 특징들을 획득하는 것을 방해하기 때문만이 아니다. 이것은 특히 ── 그 특징들이 어떠한 것이든지 간에 ── 여전히 그 초월적 목표에서는 유효하지만 내부적 관계에서는 타성태의 영향을 받은 집단이 실제로는 특정 개인의 힘에 대적할 만한 어떤 공동의 힘도 가지고 있지 않기 때문이기도 하다. 그 과정은 이러하다. 유력한 주권자들은 자리를 잡고 있고, 제삼자들은 수락하거나 혹은 정초할 어떤 것도 가지고 있지 않다. 왜냐하면 그들은 어떤 것도 거절할 수 없기 때문이다. 권력을 잡게 되면 주권자는 자기 자신을 공동적 수동성에 대한 자유롭고도 방향이 정해진 초월로 정립한다. 이것은 구성된 집단 내에서 이루어지는 **구성하는 이성**으로서의 자유의 재출현이다.

사실상의 힘은 —— 이 힘이 회귀에 의해 공고해진 한 —— 권리상의 권력이나 힘에 앞선다. 하지만 극복 불가능성이 사실에서 권리로 넘어가려면 힘이 제도화되어야 한다. 여기에서 제도를 통해 일종의 수동적 목적성이 다시 나타나게 된다. 모든 사람이 느끼는 제도적 체계를 보증이나 내적 통일성 없이 외면성 속에서 스스로 방기하도록 방치할 필요성 혹은 이 제도적 체계를 개별적이고 유일한 시간화 속에서 *이용된* 도구적 체계로서 재내면화할 필요성이 그것이다. 이것이 바로 그 자체의 존재 속에서 각자의 무기력과 자유에 의해 지탱된 실천-과정으로서의 제도적 실천들이 발하는 요구인 것이다. 따라서 이것이 의미하는 바는 제도화의 운동은 그 자체 안에 그 자체의 유일한 완성 가능성으로서 있는 그대로의 실천적 개인의 제도화를, 달리 말하자면 제도와 같은 유일한 개인이 가진 자유의 제도화를 포함하고 있다는 것이다. 실제로 자유로운 *실천*의 출현을 통해 모든 제도성의 움직임은 그 자체로 회귀하며, 다시 실천의 장과 도구성이 된다. 이처럼 제도들의 내적 통일성으로서의 **권위**는 이 제도라는 존재 자체에 의해(이 제도들의 실천적 유효성과 분산 상태에 있는 이 제도들의 타성태에 의해) 요구된다. 만약 공동적이고 초월적인 자유가 제도화된 조직의 자유로운 *실천*으로 구현되지 않는다면 타성태에 의해 이루어지는 개별적 자유의 추방은 실천적-타성태로의 재추락의 기회가 될 것이다. 각자는 제도를 통해 타성태적 능률을 위해 자신의 자유를 희생시키게 된다. 그러나 그는 이 자유를 정상에서 공동 자유와 개별적 자유라는 차별화되지 않은 이중의 형태하에 되찾게 된다. 그리고 명령은 자신의 자유를 그의 내부에서 그 자신에 의해 현동화되는 **타자**의 자유로서 다시 구현하게 된다.

　이 마지막 지적이 겨냥하는 것은 제도화되고 있는 집단 내에서 극복 불가능한 제삼자의 주권이 생겨난다는 사실이다. 물론 이때 통일성을 요구하는 제도적 체계의 타성태적인 공허한 요구는 물질적이고 우연적인 우월성에 의해 이루어지는 회귀성의 봉쇄와 일치하게 된다. 사실상의 힘이 권력의 일반성에 통합되는 현상이 존재한다. 그러니까 특정인 또는 특정 총체를 *외부에서* **타자** 가운데 가장 강한 자, 가장 많이 가진 자로(혹은 — 중세적 권위의 초기에 나타나는 것처럼 — 말(馬)의 소유자로) 구성하는 무기력의 과정이 제도화된 인간들이 여전히 실천적인 특징을 가진 제도적 체계 내에서 태어나는 수동적 목적성에 통합되는 현상이 존재하는 것이다. 사실상의 힘은 제도에 대해 실천적 내용을 부여한다. 왜냐하면 주권의 제도는 주권자를 체계의 수동적인 통일성으로 지정하는 것이 아니라 이 체계를 긴밀화하고, 통합시키고, 이 제도의 활용에 의해 변화시키는 통일화의 힘으로서 지정하기 때문이다. 이와는 반대로 자기 내부에 공포와 폭력의 요구를 내포하고 있기 때문에 제도는 힘을 *요구하고* 정당화한다. 다른 기능 속에서 전문화된 각 개인의 권력은 힘의 지탱을 요구하는 권리를 내포할 수 있다. 하지만 이른바 힘은 권력의 내용은 아니다. 오히려 제도적 형해의 재통일은 여러 제도에 의해(그리고 필요한 경우 이 제도에 맞서) 수행된 작업이 직접적으로 주권적 힘의 산물일 것을 요구한다. 이와 같은 통일화하는 힘은 주권적 권력의 직접적인 내용이다. 이런 의미에서 힘은 **권위**에 대한 권리이자 의무다. 힘은 집렬체성에 대항하는 투쟁처럼 **공포**가 단 한 사람에게로 집중되는 것이다. 그러나 만약 규제적인 제삼자가 *이미* 이 힘을 *가지고 있지 못하다면* 이와 같은 집중은 그저 하나의 관념 또는 체계의 물질적 요구에 불과할 수도 있다.

요컨대 주권은 주권적 힘을 *창조해 내는 것이 아니다.* 오히려 주권은 *이미 주어진 주권자의 힘을 주권적으로 변형시키는 것이다.*[136] 그러나 집단이 자기 내부에 발생하는 집렬체성을 해소하는 경우 이 집단이 이용하게 될 실제 힘과 비교해 볼 때 이 긍정적 힘은 아주 빈약하다. 이처럼 극복 불가능한 관계는 애초에 일반화된 무기력과 비교해 볼 때 상대적으로 약한 힘의 관계다. 바로 이 차원에서 주권에 고유한 모순 가운데 하나가 드러난다. 즉 주권자는 모든 구성원의 무기력에 의해서 그리고 이 무기력 위에서 통치한다는 점이다. 모든 구성원의 실천적이고 생생한 단결은 이 주권자의 기능을 무용하게 만들 수도 있고, 나아가서는 직능을 수행할 수 없게 만들 수도 있다. 그러나 이 주권자의 고유한 임무는 집단이 집렬체성에 의해 점령되는 것에 맞서 투쟁하는 것, 즉 자신의 임무를 정당화시키고 가능하게 하는 조건 그 자체에 대항해 싸우는 것이다. 우리는 실천 속에서 모순이 새로운 형태의 소외(즉 모든 구성원과 각자의 유일 개인에게로의 소외)에 의해 어떻게 해소되는가를 살펴보았다. 실천적-타성태적 장으로 다시 추락하는 것을 피하기 위해 각자는 **타자**의 자유에 대해 스스로를 수동적 대상으로 만들거나 비본질적인 현실로 만든다. 집단은 주권을 통해 단 한 명의 개인에게 양도되는데, 이것은 물질적이고 인간적인 총체에게로 양도되는 것을 피하기 위함이다. 실제로 각 개인은 자신의 소외를 죽음으로(그의 모든 관계의 사물화로) 체험하는 대신 삶으로서 체험하게 된다.

하지만 주권자가 모든 구성원과 맺는 종합적 관계는 제도들을 통

---

136 물론 문제가 되는 것은 회귀성에 대항해서 스스로 형성되는 주권의 초보적 계기다. 전통에 의해 주권의 여러 권능이 엄격하게 규정된다면 행정적인 힘은 한 주권자에게서 다른 주권자에게로 건네진다.(원주)

해 새로운 모순을 제시한다. 이 모순은 이 주권자에게서 준주권만을 생산해 낼 뿐인 "내재성-초월성"의 긴장에서, 이 주권자를 집단에서 배제하지 않으면서 모든 제삼자에게 낯선 사람으로 만들어 버리는 그의 극복 불가능에서 기인한다. 극복 불가능한 것으로서 이 준주권 은 통합을 실현하면서 집단의 총체를 비유기적 물질성의 장이나 이 집단의 여러 기관의 유기체적 연장으로 여기게 된다. 이와 같은 작업 은 *실천을 실현하는 것, 초월적 목표에 도달하는 것*을 목표로 한다. 그리고 본질적 관계는 *주권자가 대상과 맺는 관계*처럼 정리된다. 이 때 실천적 객체화가 이 주권자가 속해 있는 집단이 가진 수단에 의한 이 주권자의 객체화가 될 것인지, 아니면 그의 매개로 이루어지는 객 체화가 될 것인지를 *선험적으로* 결정하는 것은 불가능하다. 달리 말 하자면 목표가 공동 수단들을 통해(다수의 공동 개인들을 움직이게 하면 서) 그런 자를 만들어 내는 주권적 개인의 객체화인지, 아니면 그것이 극복 불가능한 한 조정자에 의해 분명해지고, 반성되고, 조직화된 공 동 행위에 의해 이루어진 공동 목표인지를 결정하는 것은 불가능하 다. 목표는 통치의 객체화인가, 아니면 이 통치를 직접 겪은 사람들, 이 통치를 지지하고 만들어 낸 사람들의 객체화인가? 이와 같은 모 든 미결정 상태의 특징은 "나의 민중"이라는 말을 통해 나타난다. 이 말은 *나에게 속한 민중*이라는 의미와 *내가 속해 있는 민중*이라는 의 미를 동시에 가진다. 주권자는 주어진 제도들의 한정된 산물이다, 그 는 한정된 도구들에 의해서만 달성할 수 있을 뿐이고, 또 그것 자체로 이미 제도인 항구적인 목적들(**오스트리아가**(家)를 타도해야 한다는 등 의 지정학적인 항구적 조건들과 가능성들에 의해 한정된)을 이 주권자 스스 로 제시한다고 선언하는 것은 아무 소용이 없다. 우리는 이 사실을 이 미 지적한 바 있다. 하지만 이렇게 선언한다고 해서 문제의 핵심을 정확히 지적한 것은 아니다. 그리고 단순히 집단의 산물로서의 주권자(개인들의 실천적 다수성으로 여겨진)의 존재에도 불구하고 이 집단의 심층 관계, 갈등, 긴장 등을 표현한다고 선언하는 것, 이 주권자의 *실천*이 이와 같은 인간적 관계들의 실천적 재내재화 이외의 다른 것이 아니라는 점을 선언하는 것 역시 충분하지 못하다.

하지만 실제로 문제는 그렇게 간단하지 않다. 주권자를 권좌에서 물러나게 하려는 자들의 말을 들어 보면 주권자는 자신의 권위를 융화 집단이나 조직화된 집단 위에, 즉 실천적이고 자유로운 개인들 — 그들의 유일한 타성태는 맹세한 신념인데 — 위에 세우려고 하는 것처럼 보인다. 실제로 이 경우에 주권자는 그가 속한 집단의 단순한 매개자일 수 있다. 또한 이와 같은 통합의 수준에서는 주권자가 존재하지도 않는다. 그러나 이 주권자가 집렬체적 무기력 위에 자신의 권위를 세우기 때문에, 그리고 이 집단의 내적 관계의 타성태를 활용해 외부에서 이 집단에 대해 최대한의 효율성을 부여하려고 하기 때문에 우리는 다음과 같은 사실을 인정해야만 한다. 즉 이 주권자의 권력(적극적인 지지 행위로서의)이 승인 위에 기초하는 것이 아니라 권력의 승인이 이 권력을 거부하는 것이 불가능하다는 사실의 내재화라는 사실이 그것이다. 달리 말하자면 주권자는 모든 구성원의 무기력 위에 군림하며, 구성원 각자는 타성태를 복종과 교환하기 위해 그를 받아들이는 것이다. 이 무(無)의 몫, 이 **"악마의 몫"**이 바로 주권의 진정한 버팀목인 것이다. 각자는 집렬체성 속에서 복종한다. 이것은 그가 자신의 복종을 직접적으로 받아들이기 때문이 아니라 그의 이웃이 복종을 요구하지 않았다는 사실에 대해 확신하지 못 하기 때문이다. 물론 이와 반대로 명령은 *정당한 것*으로 받아들여진다는 것은 사실이다. 그렇다고 해서 이 명령의 정당성 문제가 제기되지 않는 것은 아니다. 이처럼 주권자가 비유기체에 대해 영향력을 행사한다는 면에서 볼 때 "그의" 집단이 그에게 *반성적 매개자*로서 봉사하는 것이 아니라 오히려 그 자신이 몇몇 목표들을 달성하는 데 "그의" 집단에 이용되는 것이다. 그리고 분명 그의 선택과 결정의 한계는 제도 자체, 그의 도구, 즉 제도화된 인간들의 화석화된 전체에 의해 나타난다. 그러나 우선 이 한계 내에서 이 주권자의 권력은 제도와 상황에 따라 변화하게 된다. 그가 상당한 권력을 가진 경우도 생겨난다. 하지만 다음과 같은 사실을 특히 잘 이해해야 한다. 그가 통합의 이름으로 실행해야만 하는 탄압적인 **공포**가 자행되는 동안 계층화, 봉쇄, 재집결 등이 이루어진다는 사실이 그것이다. 물론 이 과정에서 재집결된 집단 하나하나는 이 **공포**의 차원에서 일시적 정지 상태, 그러니까 다소간 안정적인 균형 상태를 나타내며, 이 집단들의 전체는 제도의 주변에서 집단의 수동적인 구조화, 일종의 지질학적인 단면도를 구성한다. 그런데 이 단면도는 이 집단의 동일성 속에서 분리의 타성태에 의해 지지된 주권적 실천에 다름 아니다. 그리고 극복 불가능한 개인의 실천에 종속된 이 구조화된 전체는 주권자가 지지하고 매 순간 생겨났다가 이 주권자가 죽으면 붕괴되는 물질적 형성임과 동시에 이 주권자의 권력이 행사되는 여러 통로의 전체이기도 하다. 주권자는 통치하면서 힘을 늘린다. 왜냐하면 그는 자신의 이미지에 따라 집단을 만들기 때문이다. 물론 그 역도 사실이다. 집단은 하나의 유기체의 용해 불가능한 통일성 속에서 농축되고, 주권자는 이 집단의 여러 부분을 통해 자신의 존재를 강화하게 된다. 그렇다고는 하나 다음과 같은 사실은 여전히 분명하다. 집단이 이미 획득된 구조를 통해 자기 자신에게 주권적 *실천*의 타성태적 연장 이외의 다른 것이 아닌 제도와는 별도의 작업을 부과한다는 사실 말이다. 그리고 주권의 이 조건 자체는 제기된 문제에 대한 *선험적인* 대답이 존재하지 않는다는 사실을 보여 주기에 충분하다. 집단, 제도, 상황, 공동 목표 등에 따라 주권자는 집단이나 자신의 목적의 매개자로 스스로를 정립한다. 그리고 두 번째 가정에서 주권자는 경우에 따라 실천적이고 자유로운 자신의 개인성 속에서 공동체의 목적으로서 스스로를 조정하거나 제도적 체계를 본질적인 것으로 —— 주권자 자신이 이 제도를 재내재화할 수 있는 제도적 권력을 가진 한에서 —— 간주할 수(그리고 제도화된 다수의 구성원을 비본질적인 것으로 간주할 수) 있다. 인간이나 기계가 자신을 위해 정립되면 그로부터 제삼자들에게는 새로운 결과가 나타나게 된다. 주권자가 추구한 목표가 참으로 집단의 공동 목표일 경우 개인은 이 주권자를 섬기는 목표 이외에 다른 목표를 가질 수가 없을 것이고, 또 이 공동 목표를 추구하게 될 것이다. 그 까닭은 이 목표가 공동적이어서가 아니라 이 목표가 주권자의 자유로운 *실천*의 목표이기 때문이다.

　우리가 대부분의 **역사** 속에서 만나게 되는 것이 바로 이 주권의 특정한 구현이다. 이에 대한 변증법적 이성은 단순하다. 단지 여기에서는 주권의 몇몇 형식적 구조를 발견해 내기 위해 이 이성을 상기하는 것뿐이다. 사실 우리는 지금까지의 연구를 통해 비판의 새로운 계기에 도달하게 되었다. 그러니까 제도적 집단이 비집단의 다양한 집렬체성과 접촉하게 된 계기가 그것이다. 실제로 가능하면서도 논리적으로 결정 가능한 여러 목표가 있다. 집단은 그 구성원들의 삶의 생산과 재생산을 목표로 삼을 수 있고, 다른 집단들과의 투쟁 또는 집합태에 대한 직접적 행동을 목표로 삼을 수도 있다. 이 마지막 유형이 선동 집단이나 광고 회사나 간부회 등에 속할 수가 있다. 그런데 여전히 유효한 효력을 발휘하고 있는 한 집단이(비록 이 집단의 집렬체성에 의해 침식되고 있다고 해도) 집렬체적인 개인들에 대해 실질적인 작용을 가하는 경우 이 작용은 바로 집단의 통일성으로부터 유래하는 것이다. 이 수준에서 우리는 벌써 이 연구의 이전의 차원에서, 그리고 신문이나 라디오를 *집합태*로 고려했던 훨씬 더 추상적인 수준에서 우리가 했던 기술(記述)을 보충할 수 있다.[137] 물론 그때 우리가 틀렸던 것은 아니다. 왜냐하면 각자가 **타자들**의 의견을 읽거나 듣기 때문이다. 하지만 이와 같은 기술에는 현실의 다른 면이 결여되어 있다. 그것은 이타성의 집렬체적 도피에 의해 집합태로 체험되고 이용된 것이 조직화된 집단(신문)이거나 동시에 제도적 집단(**국영방송**)이라는 사실이다. 두 집단은 공동 기도 속에서 집합태와 타성태적 집합을 그것들의 고유한 목표로서 스스로를 초월한다. 그런데 이 수준에서 집단은 집합태에 스스로를 적응시켜 나갈 수 있다. 이 집단은 벌써 그런 경험을 가지고 있다. 이 집단의 구성원 각자는 — 다른 계기에서, 그리고 다른 개인들과 비교해 볼 때 — 하나의 집렬체적 존재다. 게다가 이들 각자는 집단 내에서조차 벌써 절반 이상 집렬체화되어 있다. 마지막으로 직업상의 실천이 각 개인에게 이러저러한 정보나 선언의 효과를 가르쳐줄 수도 있다. 이 정보나 선언이 부부의 사적인 환경이나 가족의 사적인 환경에서 일어나고, 또 이 정보나 선언이 그 안에서 집합적인 의견으로서 표명되기 때문이다.

이 수준에서 집단의 *실천*(이 실천이 어떤 정확한 장소에서 집렬체성의 타성태를 해소시키는 것을 겨냥하는 경우를 제외한다면)은 그 자체 내에서, 이 집단의 모든 구성원에게 회귀성의 합리적인 이용이다. 각 개인 내부에 있는 각자의 사유가 **타자**의 사유라는 것을 알고 있기 때문에 이

---

137   이 책 제1서, D, 528쪽 이하 참고.(편집자 주)

들 구성원 전체는 무기력과 분리로부터 자신들의 노동으로 타성태적 물질을 가공하고 조작한다. 실천적 총체화로서의 집단은 외부에서 이 타성의 여러 요소를 드러내고 조화시키는 실천적 사유를 통해 자기 자신의 행동 지침의 통일성 속에서 스스로 조직화하며, 그런 자격으로 이타성의 종합적이고도 자유로운 통일이 된다. 즉 이 집단은 자신의 목표들의 무기력과 분산 위에 자기 행동의 유효성을 세우는 것이다. 그리고 선전 계획, 관람하게 될 영화, 지지해야 할 의견 등이 **타자** 하나하나에게서 이타성의 특별 계수를 가진 채 정착되는 것이다. 앞에서 살펴본 대로 이 특별 계수는 집렬체성 속에서 타자-사고가 **타자**의 사고를 재내재화하고 또 재현동화해야 한다는 사실을 보여 준다. 이처럼 타성태적 집합을 움직이는 집단은 이 집합체와 비교해 볼 때 이 집합체 내에서, 그리고 *이 집단 내에서* 한 명의 주권자로 나타난다. 인용된 예에서는 그의 행동이 제도적 특징을 가지지 않았다는 점을 제외하고 그러하다. 물론 이것은 집합태를 원하는 대로 조정할 수 있다는 것을 의미하지는 않는다. 이와는 반대로 우리는 이와 같은 집렬체적 도피가 완강한 법칙을 가지고 있다는 사실을 보았다. 그러나 어떤 선택 가능성을 가졌다고 해도 이 주권자 역시 이 집단을 자기 마음대로 움직일 수 없다. 이것은 노동자나 기술자가 도구나 재료를 가지고 자신들이 원하는 것을 하지 못하는 것과 마찬가지다. 그러나 문제는 거기에 있지 않다. 집단은 능동*적이고*, 실천적-타성태의 인간은 — 실천적 유기체로서가 아니라 **타자**로서 — 이 집단의 수동적 *대상*이라는 점이 중요하다. 또한 실천적 장을 규제하는 이 행동이 타성태적인 집합들을 껴안는 결과를 가져오고, 또 이것을 그 목표로 한다는 사실도 중요하다. 물론 이는 타성태의 힘 자체가 예견한 결과를 낳게 하기 위함이다. 이런 의미에서 조직화된 집단은 집합태들에 대해 그 자체의 *주권*을 행사한다. 왜냐하면 이 집단이 이 집합태들에 대해 마치 한 개인이 자신의 실천적 장의 대상들에 대해 하는 것처럼 행동하기 때문이다. 또한 이 집단이 집합태들에 대해 그것들의 법칙에 맞게, 즉 그것들의 외면적 관계들을 이용하면서 행동하기 때문이다. 이런 의미에서 제도화된 집단, 그리고 이런저런 형태하에서 주권자를 보유하는 제도화된 집단이 문제가 될 때 이 주권자는 그가 이 집단의 주권자인 한에서 집합태의 주권자가 된다. 여기에는 단 하나의, 그러나 아주 중요한 제한 조건이 있다. 바로 이 주권이 제도화되지 않아야 한다는 조건이다.

아무래도 좋다. 미국의 보수계 신문의 거물이었던 허스트[138]는 직접 권위적으로 지배하고 있었던 여러 신문을 가진 주권적이었던 사람이었으며, 나아가서는 여론을 지배했다. 게다가 타성태적 군집은 주권자의 제도성을 더 가까이서 승인하게 된다. 그도 그럴 것이 이 군집이 주권자를 집렬체적 무기력 속에서, 그리고 무한정적인 이타성을 통해 생각하기 때문이다. 이것이 의미하는 바는 주권자란 집렬체의 각 구성원에게 여론이라고 일컬어지는 무한정의 회귀성을 이용하는 자로 나타난다는 사실이다. 이 주권자는 인간이자 무한한 인간이다. 그는 실천적-타성태의 밖에 위치해 있고, 그의 자유는 이타성을 감내하는 소외에 대립된다. 군집에 대한 집단의 행동은 집렬체에 대한 인식으로부터 종합적으로 구상되며, 행위자들의 지도되고 조정된 집렬체화에 의해 집렬체적으로 실행된다. 그러나 군집 내에서 분리된 개인들이 만들어 낸 집렬체(신문, 라디오 등등)에서 이 작업을 지도하는 특정 개인에게로까지 거슬러 올라가게 될 때 자기 자신의 유기체

---

138   윌리엄 랜돌프 허스트(William Randolph Hearst, 1863~1951). 미국의 언론인. 미국을 지배하던 양대 신문 재벌 중 한 명이자 정치적으로 우익에 속한다.

적이고 실천적인 통일성에 의해, 자기 자신의 권력에 의해 그들 모두와는 다른 이 **타자**는 그들의 무한한 도주를 결정할 수 있는 자 — 실제로 결정한다 — 로 그들에게 보일 수 있으며, 이 도피 속에서 하나의 추상적인 총체화의 통일을 야기할 수 있는 것으로 볼 수 있다. 이 타자 속에서 여러 신문과 다른 독자들의 무한한 집렬체가 농축된다. 이 타자 속에서 회귀성은 자유로운 시간화다. 이 타자 속에서 여론은 *하나의* 개인적이고 날짜가 찍힌 사고다. 또한 담화의 자유로운 결정이기도 하다. 또한 그러면서 실천적-타성태 속에서 무한히 증식되기도 한다.

이와 같은 형식적인 고찰을 통해 나는 단지 다음과 같은 사실을 지적하고자 했다. 즉 집단의 유일한 실천적 자유로서의 주권자는 자신의 통일성에 의해 집렬체 속에서 통일성의 추상적 환상을 야기했다는 점과 이 관계는 결국 그가 공동체의 여러 제삼자와 맺는 관계의 타락 이외의 다른 것이 아니라는 점이 그것이다. 이런 이유에서 어떤 긴급한 사항이 집단이나 군집에 의해 형성된 하나의 구체적 전체를 위협할 때(집단의 질료가 군집이기 때문에) 또는 기능의 분화가 규제를 필요로 할 때 집단은 집렬체의 여러 구성원에게 임무를 분배하는 힘을 가로챌 수 있다. 그리고 구성원들은 집렬체성에서 빠져나오지 못한 채 이 기능들을 받아들일 수 있다. 구성된 집단의 존재가 — 이 집단이 집렬체성을 해소한다는 분명한 목표를 갖는 않는 한 — 집합태로부터 빼낸 사람들의 일부로 융화 집단을 형성하는 것을 방해(또는 이 형성을 어쨌든 더 어렵게 만든다.)한다는 사실까지도 지적해야 한다. 귀납된 통일성으로 충분하다. 다른 투쟁의 수단이나 다른 희망이 더 이상 없을 때 이타성의 청산이 이루어진다. 집단이 존재할 때 명령이 받아들여지는 까닭은 단순한 무기력에 의해 거절을 못 하기 때문이기도, 이 집단의 초월적 통일성이 각각의 **타자**에게 위험한 통일화를 생략하기 때문이기도 하다. 그리고 동원 집단은 자신의 제도들을 집렬체에 부과할 수도 있다. 왜냐하면 제도들이 무기력의 실천으로 남아 있는 한 이 제도들은 집렬체와 동일하기 때문이다. 단지 이 제도들은 집렬체적이 되면서 조금 더 추락하며, 그 구체적인 의미 작용이 외면성의 환경 속에서 상실되는 감내된 과정이 된다. 군집에 속하는 각각의 **타자**로서는 제도적 전체가 주권자에게 어떤 의미를 다시 갖게 된다는 사실을 아는 것으로 충분하다. 이런 의미에서 집합태와 타성태적 군집은 주권도, 제도도 절대로 정당화시키지 못한다. 집합태와 타성태적 군집은 주권과 제도를 무기력으로 인해 받아들이게 되며, 또한 이 주권과 제도가 벌써 **타자들**(집단의 타자들)에 의해 정당화되었기 때문에 받아들일 따름이다. 어쨌든 이타성의 환경에서 보면 이것들[139]의 외부에, 그리고 이 집단의 종합적 통일 속에 존재한다는 유일한 사실만으로도 벌써 정당성의 기초를 구성하는 것이다. 결국 집합태와 타성태적 군집을 위해서가 아니라 *집단을 위해서*다. 집단은 정당성을 갖추고 있다. 왜냐하면 이 집단은 서약에 의해 실천적 자유의 종합적인 환경 속에서, 즉 원칙적으로 군집을 거절하는 상황 속에서 생겨났기 때문이다. 결국 이타성을 가진 **타자**를 통해 집단은 *그런 것으로서*(즉 집렬체적 진흙으로부터 출발해서 태어난 산물로서) 정당화되어 있다. 왜냐하면 이 집단이 그 자체를 위해서 그리고 (심층에서 무기력을 결정하면서) 모든 구성원을 위해서 필요성에 대항하는 자유의 행동을 나타내기 때문이다. 이와 같은 사실은 집단에 의해 실천적-타성태에 대한 *실천*의 주권이 집렬체성에 대해 수동적 활동의 기초와 무기

---

139   집합태와 타성태적인 군집의 외부, 또는 이타성의 환경.(편집자 주)

력한 거절로서 드러난다는 것을 의미한다. 자유로운 활동은 수동적 활동에 대해 *다른 곳에서* 권리의 절대적 지배로서 드러난다. 그리고 이 절대적 지배는 실천적-타성태의 부정이기 때문에 적어도 추상적 관계로서 각각의 **타자**에게서 집렬체성의 구속을 타파할 수 있는 유일한 힘이다. 이런 의미에서 비록 집합태가 주권을 부여할 수 있는 *어떤 자격*도 가지고 있지 못하며, 또 이것을 줄 수 있는 가능성의 어떤 구조도 가지고 있지 않지만 이 집합태는 이 주권을 사회성의 몇몇 실천적 형태에 고유한 존재 방식으로서 포착할 수 있다. 또한 심지어 제도적 집단의 경우에 이 집합태는 총체화의 근원에까지 모든 구성원의 의지로서 포착된 개인적 자유까지 거슬러 올라갈 수도 있다. 그리고 이 집합태가 집단과 맺는 관계는(이 집단이 적대적인 집단, 대항자나 경쟁자 등을 만들어 내는 경우를 제외하고) 타성태의 굴종일 수 있다. 그 까닭은 각자의 내부에서 **타자**를 조종하기 때문임과 동시에 각각의 **타자**가 **타자** 안에서, 그리고 **타자**에 의해 집단을 자유 자체, 자신의 정당성, 그리고 모든 정당성의 창조적 자유로서, 또한 이런 움직임 속에서 집합태를 원칙상 정당성(정당화되지도 비정당화되지도 않은 정당성이다. 실제로 이 점에 대해서는 정당화의 문제가 *선험적*으로 제기되지 않는다.)의 모든 상태와는 무관한 것으로 포착하기 때문이기도 하다. 게다가 타성태적 대상으로서, 그리고 **타자**로 취급된 각각의 **타자**를 조작을 통해 변화시키지 않는다. 그러나 모든 집렬체의 변화를 통해 어떤 효과를 산출하고자 하는 의도는 이타성의 환경 속에서조차 *타자의 자격을 가진* 일종의 초월적 통일을 산출해 낸다. 집단에 의해 집합태 안에서 이루어진 외면적 관계는 각각의 **타자**를 위해 *실행 불가능한* 종합적 의미를 빌려준다. 집단이 자신의 통일적 기도를 위해 이 분리의 지표를 이용하는 한 이 분리의 지표는 *저기*, 극복 불가능성 속에서 이타성의 숨겨진 통일성이 되는 것이다.

주권과 집합태: 국가

이와 같은 지적들은 주권의 역사적 기원과는 아무 관련이 없고 단지 완전히 추상적인 논리적, 변증법적 관계들과 연관된다. 물론 이것은 모든 역사적 해석이 그 자체의 가지성으로 자기 안에 포함해야 하는 관계들이다. 실제로 집단 안에서 보면 주권이라는 사실은 단순하거나 비교적 단순하다. 하지만 어떤 형태하에서든지 주권이 완전하게 전개되고 온전한 권력 안에서 표명되는 전체들은 바로 *사회들*이다. 사회가 하나의 집단도, 여러 집단의 연합도, 심지어 서로 투쟁 중인 집단들의 연합도 아니라는 사실을 우리는 이미 알고 있다. *집합태*는 집단들의 모태임과 동시에 무덤이다. 집합태는 실천적-타성태의 무한한 사회성으로서 남아 있고, 집단들을 부양하고 지지하며, 그 무한한 다수성으로 어디에서든 이 집단들을 넘어선다. 만약 집단들이 다수라면 집합태는 매개나 투쟁의 장이다. 이처럼 우리가 변증법적 연구의 발전 단계에서 아주 추상적으로 접근하는 경우 사회는 가장 형식적이고 가장 결정되지 않은 상태의 구조로 드러나게 된다. 욕구, 위험, 도구, 기술의 구체적인 틀 안에서는 어떤 방식으로든 간에 용기나 토양에 의해 결집된 다수의 인간이 존재하지 않는 사회란 있을 수가 없다. 또한 이 다수의 인간은 **역사**의 발전 자체에 의해 집단과 집렬체로 재분배되고, 사회의 내적이고 근본적인 관계 —— 생산(노동 분업)이나 소비(재분배 유형)나 혹은 적에 대한 방어(임무 분배) —— 는 결국 *집단들*에서 *집렬체들*에 이르는 관계가 될 것이다. 그리고 이 내적 관계의 수많은 차별화 가운데 가장 즉각적으로 포착할 수 있는 것이 바로 **국가**라는 주권적 제도에 의해 은폐되고 통합되는 제도적 전체다. 조직자들, 행정가들, 선동가들로 축소된 집단이 집합태 안에서 *변형된* 제도들을 ── 집렬태들을 결합하는 집렬체적 관계들의 자격으로 ── 부과하는 임무를 떠맡기 때문이다. 요컨대 국가라고 부르는 것은 어떤 경우에도 사회적 개인들 전체 혹은 그들 대다수의 표현이나 생산물로 여겨질 수 없다. 왜냐하면 이 대다수는 *어쨌든* 집렬체적이기 때문이며, 그들의 욕구와 요구 사항들은 큰 집단(이 집단은 즉시 권위에 대항하여 일어서거나 혹은 권위를 *어쨌든* 효과 없는 것으로 만든다.)의 이익을 위해 집렬체로서의 자신을 제거함으로써만 표현되기 때문이다. 이타성이 스스로 와해되면서 욕구나 구체적 목표들이 공동 실재로 구성되도록 하는 것은 바로 규모가 큰 집단의 단계에서다. 그리고 주권자 안에 구현될 것이라는 흩어진 민중적 주권에 대한 생각은 속임수다. 흩어진 주권이란 존재하지 않는다. 유기체적 개인은 노동의 추상적 고독 속에서 주권적이다. 사실 개인은 *무기력의 필연성*(혹은 자신의 실천적 자유의 바탕에 있는 필연성으로서의 무기력)을 배우게 되는 실천적-타성태 안에서 즉각적으로 소외된다. 집렬체의 단계에서 법적이고 제도적인 권력은 다수의 인간이 맺는 외면적 관계들의 구조 자체로 인해 그들에게 전적으로 거부된다. 이처럼 타성태적 군집은 **국가**를 거부하거나 받아들이기 위한 자질도 힘도 가지고 있지 못하다. 주권은 집합태로부터 주권자에게로 올라가기는커녕 주권자에 의해 (마치 계율이나 통일성의 유령이나 자유의 합법성처럼) 내려와 집합태들의 수동적 구조는 변화시키지도 않으면서 이 집합태들을 변모시킨다. 있는 그대로의 제도와 이 제도에 배어드는 구체적 권력에 대해 말하자면 우리는 그것들이 집단이 제도화될 때 이 *집단 안에서* 생산되었으며, 이는 *과정-실천*으로 집렬체화하는 중인 공동체에 유효성을 보장해 주고, 또한 일정한 통일성을 보존해 준다는 사실을 알고 있다.

따라서 주어진 한 사회에서 **국가**는 합법적이지도 불법적이지도 않다. 국가는 서약이라는 환경 속에서 형성된 관계로 그 집단 안에서는 합법적이다. 하지만 국가가 집합태에 영향을 미치는 경우에는 그런 합법성을 실제로 가지고 있지는 않다. 왜냐하면 **타자들**은 집단들에도 다른 사람들에게도 아무것도 맹세하지 않았기 때문이다. 하지만 방금 살펴보았듯이 **타자들**은 국가가 불법적이라고 주장하지 않는다. 적어도 그들 스스로 집단을 구성하지 않는 한에서는 그러하다. 그들이 이런 주장을 하지 않는 이유는 우선은 무기력에 있다. 집렬체로 존재하는 그들은 어떤 합법성을 반박하거나 세울 아무런 수단도 가지고 있지 않기 때문이다. *그다음*으로는 어떤 집단이든 스스로를 자유롭게 실존에 이르게 한다는 점에서 자기 고유의 합법성을 세워 나가는 것처럼 보이기 때문이다. 이때 집단은 **타자**에 의해 이타성 안에서 외면적 관계들의 종합적 의미화로서 *다른* 곳에서 포착되고, 집합태 역시 집단이 되어 가는 추상적이고 지속적인 가능성으로서 포착된다. 그러므로 거기에는 승인과도 같은 *무엇인가*가 있다. 하지만 그 자체로는 비효율적이다. 왜냐하면 각각의 **타자** 안에서는 이 승인이 무기력한 회귀에 대한 의식화에 불과하기 때문이다.

　　나는 달리 어쩔 도리가 없기 때문에 복종한다. 그리고 이와 같은 복종조차도 집렬체적 의사 합법성을 주권자에게 준다. 즉 명령을 내릴 수 있는 주권자의 힘은 그가 나와는 다른 본성을 가지고 있다는 사실, 달리 말하자면 그가 자유라는 것을 증명해 준다. 하지만 만약 내가 집단의 일원이라면 나는 어떻게든 주권자의 자유 속에서, 혹은 심지어 — 우리는 이 사실을 앞에서 보았다 — 제삼자가 극복될 수 없는 제삼자의 살아 있는 유기체에 대해 겪는 소외 속에서 나의 자유를 되찾을 것이다. 이렇게 해서 나는 주권자의 일부가 되며, 그의 목

적을 공동 목적으로, 그러니까 나의 목적으로 —— 설령 그것이 이미 나에게는 통합적 폭력의 순수한 통일체일지라도 —— 극복 불가능한 *나의* 목적으로 추구할 수 있다. 하지만 제도는 집렬체 속에서 순수한 타성태로 유지되기 때문에, 제도는 —— 능숙한 실천에 의해 그것이 강요되자마자 —— 실천적-타성태가 구속하는 세계에 속해 있기 때문에, 제도는 총체화 한복판에서 종합적 의미화가 아니라 강요로서 제시되기 때문에 이 제도는 결국 집합태(타성태적 반복으로서의) 안에서 순전히 *현실*(사실상의 구속)의 형태 아래서 만들어진다. 이와 동시에 이 제도는 공허한 의도들을 통해 자신을 창조한 자유로운 섬광에 연결되기 때문에 성스러운 외면성의 특징을 보존하게 된다.

  이렇게 해서 *현실적인* 요소가 우세를 점하게 된다. 그 결과 *사람들*은 거부하지 않고, "이해하려 들지 않으며", "그냥 그런 것이다."라고 말한다. 이런 관점에서 보면 무기력으로 환원되는 모든 부정 사이에 심층적인 동화가 이루어진다. 이것은 집렬체성 자체 안에 그 기원을 가지는 소외가 문제가 되든 세계 정세 속에서 사회적, 경제적 체제로부터 결과하는 불가능성들이 문제가 되든, 혹은 "집행되어야 하는" 주권자의 명령들이 문제가 되든 상관없이 이루어진다. 마스콜로[140]가 정확하게 지적했듯이 —— 하지만 그는 왜 그런지에 대해서는 이해할 수 없었다 —— 현실이란 착취당하는 자의 입장에서 보면 그 자체를 부정적으로 규정하는 온갖 불가능성의 통일체다. 따라서 **국가**란 우선은 *끊임없이* 재편되는 *집단*이며, 구성원들의 부분적인 —— 지속적이

---

140 디오니스 마스콜로(Dionys Mascolo)•의 『공산주의(*Le Communisme*)』(갈리마르, 1953) 참고.《현대》는 같은 해 11월 이 책에 대한 서평을 실었다.(편집자 주)
   • 디오니스 마스콜로(1916~1997)는 프랑스 작가이며 20세기 프랑스의 유명한 여류 작가 마르그리트 뒤라스의 두 번째 남편이다.

거나 단속적인 ─ 경질을 통해 자신의 구성을 변경한다. 집단 내부에서 주권자의 권위는 제도와 그 제도의 요구와 집렬체의 분산에 맞서 기구의 엄격한 통일성을 보장하는 필연성에 근거하고 있다. 달리 말하자면 이 통합된 집단은 집합태를 *집렬체성으로부터 끌어내지 않으면서도* 이 집합태를 조종하려는 목표와 자신의 권한을 자기 존재와 집렬체적 존재의 이질성 위에 세우려는 목표를 세우고 있다. 도피하는 이타성으로서의 집렬체가 갖는 무기력은 국가 권력의 원천임과 동시에 그 한계이기도 하다. 항상 살아 있고 항상 *여기에서* 복종을 받는 권위는 항상 *다른 곳에서*, 그리고 심지어는 **타자가** *여기로부터* 복종하는 순간에조차 항상 위협을 받기 때문이다.

　국가와 타성태적 군집이 갖는 이와 같은 근본적인 이질성은 주권의 역사적 발전에 대한 진정한 가지성을 제공해 준다. 사실 계급들이 있다면(즉 실천적이고 역사적인 연구가 우리에게 계급에 대한 의식을 갖게 해 준다면) **국가**는 계급 투쟁 안에서 착취 계급(혹은 계급들)의 기구로서 제도화되고, 피착취 계급의 지위를 강제를 통해 유지한다. 실제로 우리가 구체성에 이를 때면 보게 되겠지만 계급들이란 집단들과 집렬체들의 움직이는 총체. 각각의 계급에서 상황들은 실천적 공동체를 촉발하는데 이 공동체는 긴급성의 압력하에서 재편성을 시도하다가 싫든 좋든 결국에는 집렬체성으로 다시 추락하게 된다. 그러나 만약 우리가 생각했듯이 이 재편성이 지배 계급이 피지배 계급에 대항하는 사회 한복판에서 일어난다면 그것은 어느 계급에서 이루어지느냐에 따라 확연히 달라진다. 만약 재편성이 지배 계급에서 이루어진다면 그것은 당연히 ─ 그들이 어떤 목표를 가졌든 간에 ─ 지배의 실천-과정에 참여하게 된다. 만약 재편성이 피지배 계급에서 이루어진다면 그것은 계급의 지배에 대한 최초의 추상적인 부정을 근본적인 규정으로(설령 그것이 다른 계급들에 나타날 수 있거나 혹은 일어난 사건들의 조명하에 진정한 배신의 양상으로 나중에 나타날 수 있더라도) 그 자체 안에 포함하게 된다. 물론 이것이 착취당하는 계급에서는 (적어도 이 계급이 계급 투쟁을 강화하기 위해 재조직될 때) 주권의 문제가 존재하지 않는다는 것을 의미하지 않는다. 하지만 **국가**의 형성이란 그것이 한 집단이 모든 집렬체에 가하는 지속적이고 구속적인 제도인 한 *지배 계급 내부의* 집단들과 집렬체들의 복합적인 변증법을 통해서만 이루어질 수 있다는 사실을 의미한다. 혁명적 조직화는 주권적일 수 있다. 하지만 **국가**는 지배 계급의 내부적 갈등들 사이에 매개로서 구축된다. 이 갈등들이 피지배 계급들에 직면해 국가를 약화시킬 위험이 있기 때문이다. 국가는 개별적인 갈등들과 이해관계들의 대립을 넘어서서 지배 계급의 일반적인 이익을 구현하고 실현한다. 이것은 결국 지도 계급이 *자신들의 국가를 만들어 낸다*는(그들의 내부적 투쟁들은 한 집단이 전반적인 이익을 옹호하기 위해 자생해 내는 가능성과 요구들을 생산한다) 것을, 또한 이 계급의 제도적 구조들은 구체적인 현실들(즉 최종 분석에서 생산 방식과 생산관계들)로부터 정의된다는 것을 의미한다. 이런 의미에서 예컨대 19세기의 부르주아 **국가**는 부르주아 사회의 통일성을 반영한다. 이 국가의 분자적 자유주의와 비개입 프로그램은 부르주아의 분자적 지위가 실제로 주어졌다는 사실에 근거하는 것이 아니라 경쟁적인 모순과 반목을 통해 산업화가 전개하는 복합적 과정의 강요 위에 근거한다. 명령 — 여기에서는 *부정적인* — 은 피착취 계급의 연합과 단결 능력을 부정하는 것으로서 자본주의자들의 일반적 이해관계와 동일시된다. 명령은 지배 계급들의 관계 안에서 토지 귀족의 세력을 산업과 금융 자본주의의 세력에 복종시키려는 끈질긴 노력에 의해 실현된다. 결국 명령은 가장 특혜 받은 계급 내부에서 — 적어도 프랑스에서 1848년까지는 — 이미 분명하게 드러난 위계질서를 공고히 하고, 국가 전체에 대한 은행가들의 통제를 확실하게 한다. 이와 같은 단언이 갖는 의미는 명령이 극복 불가능한 제삼자로서의 은행가들로부터 *사실상의 권력*을 흡수하고, 이 권력을 새로운 제도들을 통해 *권리상의 권력*으로 변형시킨다는 것이다. 바로 이런 의미에서 "오늘날 정치적 맹신만이 유일하게 부르주아의 삶이 국가에 의해 유지된다고 생각하고 있다. 오히려 이와는 정반대로 **국가**가 부르주아의 삶에 의해 유지되고 있는데도 말이다."(『신성가족 (*Sainte Famille*)』, 2권, 216쪽)[141]라는 마르크스의 지적은 아주 온당한 것이다.

거기에는 순환적 과정이 있으며, 상승하는 지배 계급에 의해 생산되고 유지되는 **국가**가 *그 강화와 통합의 기구로서 구축된다는 조건만 덧붙인다면* 마르크스의 말은 전적으로 옳다. 그리고 분명 이와 같은 통합은 상황들을 통해, 역사적 총체화로서 이루어진다. 그렇다고 해도 통합이 적어도 부분적으로는 *국가에 의해 이루어진다*는 것은 사실이다. 또한 바로 그렇기 때문에 국가 안에서 (헤겔이 믿으려고 시도했던 것처럼 보이는) 사회라는 구체적 현실도, 현실 사회의 구체적 발달 안에서 실현된 변화들을 수동적으로 표현해 낼 뿐인 부대 현상적인 순수한 추상도 보지 않는 것이 타당하다.

그러므로 **국가**는 착취 계급과 피착취 계급 사이의 매개자로서 자리 잡지 않으면 그 직능을 담당할 수 없다. **국가**는 지배 계급의 결정이고, 이 결정은 계급들의 투쟁으로부터 영향을 받는다. 하지만 국가는 그 자체를 계급들의 투쟁에 대한 심오한 부정이라고 여긴다. 분

141 　코스트 출판사(Ed. Costes), 1947년.(편집자 주)

명 국가는 정당성을 그 자체로부터 끌어내며, 집렬체들은 이 정당성을 받아들일 따름이다. 더구나 집렬체들은 이 정당성을 받아들여야만 한다. 그리고 국가는 지배 계급의 입장에서 보면 이 계급의 보증으로 나타나야 한다. 루이 14세의 치하는 히틀러나 **국민 공회** 시절의 정부 못지않게 전체 백성(혹은 민족)의 합법적인 이익의 구현을 자처했다는 사실을 결코 무시해서는 안 된다. 그러니까 **국가**는 지배 계급의 이익을 위해 만들어지지만 민족적 총체화의 와중에서 이루어지는 계급 갈등의 실질적 제거로서 이루어진다. 이와 같은 새로운 모순을 *기만*이라는 용어로 지칭하는 것은 적절치 못하다. 그러나 어떤 의미에서는 적절하다. 그것은 기만이다. 그리고 **국가**는 *기존* 질서를 유지하고, 계급 갈등에서는 개입을 통해 무게 중심이 착취 계급 쪽으로 이동하게 한다. 하지만 다른 면에서 보면 국가는 정말로 민족적인 것으로 만들어진다. 국가는 사회적 전체에 대해 — 그리고 부유한 사람들의 이해관계 안에서 — 총체화하는 시각을 취한다. 국가는 반목하는 개인들보다 더 멀리 보고 사회 통제적인 정책을 구상할 수 있다. 그런 다음에 국가는 이 정책을 지배 계급에 강요한다. 비록 이 정책이 *지배 계급에 속하는 자들의 이해관계 안에서* 구상되었다고 해도 그러하다. 레닌의 지적에 따르면 **국가**란 세력 관계들이 균형을 이루려는 경향이 있을 때 매개적이 된다. 따라서 국가는 벌써 그 자체가 유래한 계급에 맞서 스스로를 대자로 정립하게 되는 것이다. 왜냐하면 통일되고, 제도화되고, 효율적인 이 집단, 그 자체로부터 내적 주권을 끌어내어 그것을 인정받은 정당성으로 강요하는 이 집단은 본질적이고 민족적인 실천으로서 — 이 국가 자체가 유래한 계급의 이해관계에 봉사하고, *또한 필요한 경우에는* 이 계급의 이해관계에 반대하면서 — 그 자체의 내부에서 그리고 그 자체에 의해 생겨나고 유지되려고 노력하기 때문이다. 일례로 14세기와 18세기 사이에 행해진 프랑스의 군주 정치를 보면 정치가 세력 균형을 위해 매개를 제공하는 데 그쳤던 것이 아니라 오히려 동맹의 지속적인 전복을 통해 그 균형을 부추겼다는 것을 충분히 알 수 있다. 그렇게 해서 부르주아와 귀족이 서로를 견제하도록 했고, 그런 견제(부분적으로 사회 진전에 기인하고 또 다른 일부는 정부의 경제 정책에 의해 야기된)에 기대어 절대 군주제로 등장할 수 있었던 것이다.

우리의 형식적인 관점으로 볼 때, 그리고 특정 사회 안에서 그 진화의 역사적 이유가 어떠하든 간에 **국가**는 이처럼 특수한 주권을 가진 제도화된 집단들의 범주에 속한다. 그리고 이 집단들 가운데서 비유기적 공동 대상에게 직접 영향을 주는 집단, 다른 집단에 대항하기 위해 구성된 집단, 그 객체화가 타성태적 집렬체성의 조작을 강요하는 집단 등을 구별할 때 이 경우 국가가 마지막 부류에 속한다는 것은 분명하다.[142] 국가는 집렬체성의 한 종류(지배 계급)에서 유래했으면서도 그 집렬체성에 대해 마치 피지배 계급처럼 이질적으로 머물러 있다. 그 까닭은 국가가 그 자체의 세력을 무기력에 기대어 구축하기 때문이며, 국가가 *타자*들(지배 계급)의 권력에 의거해 그것을 내면화하고 권리로 변형시킴으로써 **타자들**(피지배 계급)의 권력을 다시 점유하기 때문이다. 국가는 그 자체의 *실천*이 갖는 통일성을 모든 계급에 대립시키며, 특히 자본주의 사회의 경우에는 단결, 즉 *자율성*을 통해 아주 신속하게 집렬체성을 대체하려고 했던 프롤레타리아보다는

---

142 사실 분류는 항상 좀 더 복잡하다. 집렬체, 비유기체, 적대 집단 등은 적지에 보내는 군대 파견의 예에서 보듯이 항상 어느 정도는 동시에 현존하기 때문이다. 하지만 여기에서 중요한 것은 도식들의 추상적이고 형식적인 명확함이다. 실재의 복잡성은 각자가 여유롭게 찾아볼 수 있다.(원주)

오랫동안 자신들의 반목을 마비시켜 왔던 고용주들에 대립시킨다. 의심할 여지 없이 가장 강력한 개인적 이해관계는 매 순간 국가의 결정들을(동시에 상황들의 총체화하는 진전과 아주 똑같이) 조건 지을 것이다. 특권자들의 붕괴는 국가를 파괴하거나 실패로 몰아간다. 하지만 보통 국가의 자율성은 보존된다. 왜냐하면 국가는 억압당한 계급의 입장에서 보면 합법적 기구이기 때문이다. 또한 이 계급이 국가를 고유한 합법화로 받아들이는 한에서 특권자와 불평등자 역시 법적 지위를 받아들이기 때문이다. 지도 계급들 가운데 하나가 **국가**를 무너뜨리고자 할 때마다 갑작스레 집단화된 피지도 계급은 숙청 행동을 시작했던 계급에 대항해 그 숙청을 전복시킴으로써 사태를 수습하는 행동을 계속했던 것이다.(그 가운데 가장 잘 알려진 경우는 귀족 혁명이 1787년부터 부르주아 혁명의 길을 열었던 것으로, 이 혁명은 민중 혁명의 길을 다시 열게 되었다.) 사실 **국가**의 전복은 일반적으로 국가 기구 내부에서 주권의 위기로서 발생한다. 부유한 부르주아는 **공포 정치**의 최종 결과가 상퀼로트들을 **공공 구제 위원회**로 선회시켰을 **대혁명**을 정지시킬 수 있었다. 하지만 테르미도르의 9일은 도움이 되지 못했고, "역사적인 날"(민중적이었고 그 *자체*로 혁명적이었던 5월 31일, 6월 2일 등과 달리)도 지탱하지 못했다. 이것은 정부 기구 내부에서 법적으로 제도적으로 단호했던 권위의 위기였다.

이렇게 해서 소유 계급의 많은 변형은 비록 그것들이 시민 사회의 추상적 영역이 아니라 실제 사회의 구체적 영역에서 벌어진다 하더라도 시민들에 대한 **국가**의 행동을 통해 공적으로 실현되어야 한다. 그리고 그 이유는 ― 피착취 계급 스스로 혁명적 의식에 충분히 도달하지 않는 한 ― 민중 계급에 의한 주권의 수동적 정당화는 힘 있는 자들에 대항한 **국가**의 보장이 되기 때문이다. 착취자들에 의해 착취의 비호처럼 강요된 국가는 동시에 피착취자들에 의해 지지를 받는다. 이와 같은 상황의 자율성, 구조의 이질성, 조작의 용이함은 국가로 하여금 그 자체를 **민족** 자체로 정립하도록 유도한다. 국가는 제도적이고 주권적인 집단으로서 모두에게 공통된 목표의 창안자가 되고자 시도하며, 그 목표에 다다를 수 있는 활동들의 기획자가 되고, 모든 집렬체(각각의 집렬체는 동시적으로 다른 집렬체들에 따라 움직이는)의 조작자가 되려 한다. 이것은 이른바 매개자라는 국가가 하나 혹은 몇 개의 지배 계급들을 (다른 계급과 피지배 계급을 이용해) 이롭게 한다는 사실에 아무런 변화를 가져오지 않는다. 하지만 다음과 같은 사실을 덧붙일 수 있다는 점이 중요하다. 즉 끈질기게 자기 존재를 고집하려고(그러니까 주권자의 유기적 일자-존재로) 주장하는 한 이 제도적 집단은 그 자체의 주권을 정책에 사용하기보다는 정책을 주권의 영역이 전개되는 수단으로 실현하고자 한다. **국가**의 실질적인 모순은 바로 이 국가가 계급의 도구로서 계급의 목표들을 추구함과 동시에 그 자체를 모든 사람의 주권적 통일체로, 즉 **민족**이라 불리는 그 절대적 **타자**-존재로 정립한다는 점에 있다.

외적-조절, 집합체에 대한 주권자의 실천-모델

그러나 우리가 다음과 같은 복잡한 차원, 즉 집단이 집합태들 사이의 매개가 되고, 집합태들이 집단들에게 매개자 역할을 하며, 특정 공동체들의 즉각적인(혹은 절대적이기까지 한) 목표가 있는 그대로의 집렬체나 군중을(즉 인간이 가공된 객체들 사이의 매개 역할을 하는 한에서 실천적-타성태의 장을) 조종하는 차원에 도달한 이상 거기에서 비롯되는 공동 *실천*의 새로운 전형을 그 자체의 추상적 가지성 속에 규정해야 하며, 이 *실천*의 실현이 결국 주권자 집단에 끼칠 수 있는 새로운 영향을 규정해야 한다.

　새로운 *실천*(선전, 선동, 광고, 다소간 거짓된 ── 어쨌든 진실이 아니라 행동 가능성에 의해 규정되는 ── 정보의 유포, 홍보, 구호, 질서를 지키기 위한 암암리의 공포 조성, "주입식 교육" 등등)의 원리란 회귀조차도 종합적인(혹은 종합될 수 있는) 결과들을 만들어 내도록 집렬체성을 극대화시키면서 이 집렬체성을 이용하는 것이다. 주권자는 전체적이며 변증법적으로 행해지는 시도의 틀 안에서 정해지지 않은 도주의 조건화로서 집렬체성을 다시 고려하게 된다. 혹은 ── 이제 우리는 *실천적 사고*를 구성하는 모순된 이 긴장에 익숙해져 있는데 ── 주권자는 더욱더 큰 총체화의 종합적 틀 안에서 *집렬체화된* 행동의 통일성으로서의 집렬체에 대한 작용을 결정한다. 이렇게 해서 **집렬체적 이성**은 **변증법적 이성**의 특수한 경우가 된다. 그러나 이타성의 비종합적인 통일성이 최소한 종합적 통일성이라는 형식적인 형태하에 실천적 구조 속에서 재생산될 경우에만 이와 같은 초월적 집렬체에 대한 실천적 관점이 변증법적 틀 속에서 형성될 수 있다. 이런 도피를 순환적 행위의 통일성 속에서 파악할 수 있어야 한다. 그런데 이 행위는 아직도 유효한 실천의 진행 중인 집렬체화로서 집단 자체 속에 주어진다. 실제로 주권자는 순환적 회귀에서 태어나 그것의 장애가 되었다. 이런 이유로 이 주권자의 실천적 고안들의 골격을 구성하는 관련 체계는 회귀를 끊임없이 안쪽으로 휘게 만든다. 차단되고 순환하는 회귀를 통해 스스로를 정해지지 않은 집렬체성으로 내던짐으로써 이 관련 체계는 이 집렬체성을 그 중심이 어디에나 있으며, 그 원주는 어디에도 없는 끝없는 순환적 회귀의 편재성으로서 파악한다. 사실 고려되고 있는 이 집렬체성은 그와 같은 것이 아니라, 이렇게 해서 주권자의 명령에 따른 제도적 행위 주체들의 작업이 그것을 구성한다. 이 주체들은 이타성의 기초 위에서 이 집렬체성에 인위적 지위를 부여할 것이다. 이 지위는 통제된 작용의 매개에 의해, 각자에게 그리고 각자에 의해, 각자의 이타성이 통합된 사회 계층의 굴절 지수로 나타난다는 사실로 이루어진다. 이 단일화된 사회 계층의 법칙이란 각각의 실천적 특징들이 각각의 (모든 **타자**에 의한 이타성으로서의) **타자**가 내리는 결정에 의해 만들어지며, 또한 상호적으로 그러하다. 그리고 회귀하는 분산 속에서 이 통일된 계층이 충분히 존재하기 위해서는 각각의 **타자**가 완전히 **타자**가 되는 것, 즉 **타자들**처럼 존재하기 위해 자기 자신에게 자신의 자유로운 *실천*을 행사하는 것이 요구되고 또한 그것으로 충분하다. 이것이 바로 미국의 사회학자들이 아주 정확히 명명한 "외적-조절"이다.

사실상 검토되고 있는 모든 집단에서 제삼자는 내적-조절로서 나타난다. 이 말의 의미는 이 제삼자에게는 그의 권능과 행동들이 자신의 자유의 내적 제한으로부터 결정된다는 것이다. 그리고 분명한 것은 상호성에 의해 **타자**는 이미(나의 자유의 형식적인 이타성으로) 맹세된 타성태로서의 나의 맹세 속에 모습을 드러낸다는 점이다. 그럼에도 불구하고 집단의 이해관계에 엄격히 종속된 것으로서 나의 *실천*은 *나의* 제한과 *나의* 권능들에서 시작해 내부로부터 만들어진다는 것이 사실이다. **타자들**처럼 존재하고 행동하는 것이 문제가 아니라 행동에 의해 부과되고 내면화된 차이들 가운데 여기에서 동등자로 남아 있는 것이 문제가 된다. 이와 반대로 조종된 집렬체성은 공동 목표가 없고 ― 이 공동 목표가 없는 것이 좋다. 왜냐하면 집단 속에서 이 집렬체성이 변화하는 것은 반드시 근본적으로 혁명의 시작이기 때문이다 ― 집렬체성의 타성태는 그 무기력으로부터 유래하는 것이지 서약으로부터 오는 것이 아니다. 그리고 각자는 각자의 행동과 사고가 **타자들**로부터 그에게 도래함에 따라서만 그 집렬체성 속에 있다. 따라서 주권적 집단에게 *실천*이란 **타자들**에게 작용함으로써 각각의 개인을 조건 짓는 데에 있다. 그러나 이것만으로는 외적-조절의 수동적 준통일성을 창출하는 데 충분치 않다. 이것을 실현하려면 이 타성들의 총체화(즉 집렬체의 총체화)라는 구실로써 각각의 **타자**를 유혹해야 한다. 외적-조절의 함정은 바로 여기에 있다. 주권자는 *이타성 자체* 속에서 집렬체로부터 전체적인 행동을 이끌어 내도록 집렬체에게 작용할 계획을 세운다는 점이다. 그러나 그는 이런 실천적 총체성이라는 생각을 다음과 같은 가능성, 즉 집렬체가 이타성의 도피하는 통일성으로 남아 있으면서 스스로 총체화하는 그런 가능성으로서 만들어 낸다. 이에 반해 타성태적 군집 속에 남은 총체화의 유일한 가능성이란 이 군집 속에 집렬체성을 용해하는 것이다.

이와 같은 고찰은 형식적으로 보일 수 있다. 따라서 외적-조절의 두 가지 특성을 보여 주는 간단한 예를 제시할 필요가 있다. 이 두 가지 특성이란 모든 **타자**에 의해 각각의 **타자**를 조건 짓는 집단의 매개적 행동과 총체화된 집렬체성의 환상에 의한 각자의 실천적 매혹을 말한다.

1946년 내가 미국에 있었을 때의 일이다. 그때 나는 라디오의 여러 채널을 통해 토요일마다 그 주 가장 많이 팔린 열 개의 음반 목록을 알 수 있었다. 또한 음반 제목에 이어 그 음반의 몇 소절(보통 주선율)을 듣곤 했다. 일련의 검증과 확인 결과 이 방송이 그다음 주에 (열거된 음반 열 개의) 판매량을 30퍼센트 내지 50퍼센트 증가시킨다는 사실이 드러났다. 달리 말하자면 주말에 *이 방송이 전파를 타지 않았더라면* 인용된 열 개의 음반의 구매자가 30퍼센트 내지 50퍼센트 줄어들었을 것이다. 따라서 이 방송은 지난주의 결과를 유지하고 연장하는 데 기여한 것이다. 그러나 이 결과 자체는 통계적이고 집렬체적이었다. 물론 이 결과는 부분적으로 광고 활동에서 비롯했다. 그러나 이 광고 활동은 대립되거나 아니면 — 악단들이 같은 음반 회사에 소속된 경우 그렇듯이 — 동시에 여러 음반에 도움이 되는 것이었다. 특히 이 광고 활동들은 각각의 음반의 미래 행동을 결정하려고, 즉 그것의 실천적 장의 가능성을 결정하려고 시도하는 것이었다. 광고 활동은 아무것도 주지 않았다(모든 것은 미래다. 당신이 좋아하게 될 음반 등등). 또는 이 상을 수여한 전문가 집단이 모든 사람의 의견이 표현되는 통로일 뿐이란 것을 집렬체들에게 설득하려고 하면서 광고 활동은 제한된 특정 집단의 행동(**음반 대상**)을 참고했고, 후자의 경우 이미 종합적 통일성과 이타성(심사 위원은 대중이다.) 사이의 등가성을 설정하려 했던 것이다. 그러나 대중이란 정당성을 받아들이는 어떤 보상이나 선발의 경우가 아니면 거의 움직이지 않는다. 어쨌든 대중과 제한된 집단의 관계는 복합적이고 양면적이다. 왜냐하면 이 집단은 그 자체의 결정을 통해 (집렬체성들의 집렬체성으로서의) 국민의 심판과 능력의 결정을 한꺼번에 의미하기 때문이다. 어떤 점에서 심사 위원은 집단의 수렴적 여건 속에서 이타성의 커다란 분산들을 대변한다. 심사 위원은 자신이 해야 할 행위를 정한다. 수많은 사람이 이미 이 행위를 할 준비가 되어 있다. 이것은 구매와 증여 행위로서 각자에게 하나의 객체(수단이자 목적)가 부족한 한에서(상호성의 도피하는 관계로서) 각자에게 추상적으로 남아 있다. 따라서 심사 위원은 *집렬체적 이타성과 공생하는 것으로 보이며*, 실제로 그는 구매할 음반을 선택하는 *권한을 가지고 있다.*

이와 같은 권한은 — 집렬체에게 가해지는 모든 권한처럼 — 제한된 집단, 그가 조직한 바로 이 집단을 통해 그에게 주어졌다는 사실을 지적하자. 대중은 이 권한을 받아들였을 뿐이라는 점도 지적하자. 아마도 그는 (자신과 상관없는 이 정당성을 반대하지도 받아들이지도 않고) 소극적 타성태로 남았을 수도 있다. 만약 **타자**로서 대중이 집렬체적 온순함을 선택했다면 우리가 여기에서 개진할 필요가 없는 구체적이고 역사적인 상황들 전체 때문이다. 형식적으로 이 공생 자체는 매혹의 시작이며, 타성태의 군집들 속에서 **타자**에 대한 그의 지배권을 부여하는 것이다. 이 공생은 동일한 행위에 외견상으로 두 가지 지위를 부여한다. 그 "**음반상**"을 탄 음반이 늘 구매되기 때문에 그 음반을 구매하고(이것이 음악을 좋아하는 사람들에게 새해에 주는 선물에 불과하기 때문에) 또 그것을 주는 것은 이타성을 기초로 하는 소외된 행위들의 전체다.("**상**"에 대한 인정은 **타자**에 의해 이루어진다. 즉 이전 세대에 의해, 그리고 이해의 특징으로서 내일 그 음반을 듣고 난 다음 나를 만나고, 그 음반을 들으면서 내가 그 음반을 들었기를 요구하는 사람에 의해 이루어진다.) 이 행위들은 매년 새로운 형태로 이 상이 *되돌아오*도록 함으로써 **영원회귀**(이 상은 사회적인 계절로서의 겨울의 시작에 일치하므로 또한 사회, 문화적인 회귀)처럼 이 상을 구성한다. 이와 동시에 이 행위들은 구매한 객체에 대한 구매자의 (다른 행위인) 가치 판단을 미정인 채로 남겨 둔다. **상**이란 미결정된 *타자적* 행위로서 제한된 집단의 매개에 의해 10만 명의 사람이 음악과 맺는 연례적인(그리고 유일한) 관계인 것이다.

바로 여기에서 집렬체가 발견하는 집단의 두 번째 특성이 나타난다. 그것은 전문가들의 집단이다. 이 말은 그들의 직업이 음악에 대한 평가라는 것을 의미한다. 이 음반이 *실제*로 그해의 최우수 곡이라고 사람들이 믿지는 않을 것이다. 단지 이 음반은 "들을 만한 가치가 있는 것이다." 전문가의 자질은 **타자**의 여건에서 절대적이다.(즉 집렬체성을 초월하는 것이다.) 세부적인 행동 속에서 소멸되는 주권은 *하나의 객*

체 속에 스며들어 가고, 이 객체 속에서 *정해진 권한*, 즉 어떤 범주의 집렬체적 개인들에 대한 권리가 된다. 여기에서 음반의 기본적 형태의 신기루가 정확히 드러난다. 상점의 진열창에 있는 새롭고 참신하며 다른 음반들의 세계에서 하나밖에 없는 *이* 음반은 이것을 만들어낸 개인과 이것을 뽑아 준 소집단의 내면성-객체화의 개별적인 통일성인 것이다. 만약 내가 상점에 들어가서 이 음반을 구입해서 간다면 이것은 집렬체로서의 음반이다. 즉 **타자**의 수중에 있기 때문에 내가 가져야 하는 음반이며, **타자들**에게서[143] 내가 기대하는 반응들에 대한 나의 반응들을 조절하면서 내가 **타자**로서 듣는 음반이다. 그러니까 신기루와 변화다. 초월적 환경에서 타성태적 군집에 속하는 개인들에게는 종합적 통일성이 추상적인 결정으로 나타날 수 있다. 그러나 이렇게 해서 만들어진 객체를 군집 속에 들여놓으면 이 객체는 그 순간 바로 이타성의 구조들을 받아들여 스스로 이타성의 요소가 되고 만다.

그러나 상을 탔거나 평판이 좋은 대상에 대한 이 첫 번째 행위는 비록 그것이 전적으로 소외된 것일지라도 그 기본적 통일성들이 집렬체성 *아래에* 있는 한 소집단들 혹은 실천적 개인들의 행위를 결정짓지는 못한다. 청취자가 가진 일종의 호불호의 감정이 존재한다. 그런데 청취자는 그의 소외된 평가들 외에 그 자신의 개인적인 가치 부여 행위(즉 *게다가* 그가 소속되어 있는 특정 집단에 관련된 한에서, 또는 그의 자유로운 실천 활동이 그 활동을 앗아 가는 소외 자체를 통해 스스로 가치 부여

---

143 만약 한 권의 책에 대해 사회적으로 좋은 *평판이* 주어지지 않은 경우에도 이 책은 고립된 독자들을 결합시킬 수 있다. 그러나 이것은 자발적으로 이 책 자체에 의해 그러하며, 각자에 의해서 구성되고, 이 구성 자체 가운데 공동의 객체로서 이 책을 동일하게 구성하는 동등자에게 의거함으로써 가능하다. 그러나 좋은 평판을 얻고 있는 책의 경우에는 내가 그 책을 펴 볼 때 이 책은 **타자**에 의해 이타성의 집렬체적 이성으로서 그렇게 만들어지는 것이다.(원주)

적이 되는 한에서 그의 권한) 혹은 예컨대 자신이 속한 가족 집단의 행위를 표현한다. 이 수준에서는 집단의 선택에 대해 결코 이의가 제기되지 않는다. 실제로 어느 다른 음반을 선호할 수 있기 위해서는 그 음반을 들어봐야 할 것이다. 그리고 둘 또는 셋의 수상 가능 책들을 읽을[144] 가능성, 아카데미 회원들의 결정을 예상해 본다든지, 혹은 그 결정을 비판하기 위해서 미리 스스로 무장할 가능성은 명백히 훨씬 더 제한된 사회 범주를 가리킨다(자유직업, "가사를 전담하는" 부인 등 등). 다만 만족 또는 실망은 **부르고뉴** 포도주 애호가들에게서와 마찬가지로 평가 속에 나타난다. 구미에 맞는 해가 있고 그렇지 못한 해가 있는 것이다. 예컨대 **공쿠르상** 수상작은 *12월 이전에* 재료 상태로 발견하는 연례적인 생산물이며, 12월의 작업 결과는 *가공하는* 것이다. 그래서 (식물적인 자발성을 지니고 있고 인간의 노동에 의한) 이 연례적인 생산물은 그 심층의 정체성에서 보졸레 포도주와 똑같은 변화를 겪는다. "금년의 **공쿠르상** 수상작은 정말 형편없어. 나는 괜찮다고 생각했는데."

　이 마지막 고찰은 우리를 음반의 예로 되돌린다. **공쿠르상, 음반상, 가요상**, 이와 같은 첫 작업은 집단이 스스로에게 부여하며 도전받지 않는(실제로 이 통일성은 더욱 강력하고 더욱 많은 수의 다른 집단들에 의해서만 도전받을 수 있을 것이다.) 주권적 통일성에 의해 한 집단이 집렬체들에 대해 행하는 *원격 작용*을 구성한다. 그리고 이 통일성이 *도전받지 않는다는 사실*은 바로 집렬체적 무기력에 대한 안전책으로 나타난다. 소외된 개인으로서의 **타자**는 어쨌든 *실천적으로* 도전할 수가

144　앞줄을 쓰면서 저자는 실수로 상을 탄 음반의 예에서 비슷한 예인 책과 공쿠르상의 예로 넘어갔다. 그는 (교정쇄에서) 수정했으나 이 줄 다음과 앞의 주석을 수정하는 것을 빠뜨렸다.(편집자 주)

없다. 그러나 만약 현실적인 실천 집단들이 중립적이거나 호의적이면 그 *자체적 근거로서의* 주권은 저 높이 심사 위원의 수준에서 스스로 빛을 발한다. 이 첫 번째의 초월적 통일 작용은 외적-조절이 아니다. 이 단일화는 초월 속에서 자체의 가능한 통일성의 생산으로 집렬체를 조건 짓지만, 그러나 각자의 내부에 있는 타자적 행위의 통일되고 매혹적인 조건화로서 내적이고 집렬체적인 행동은 아직 이용하지 못한다. 하지만 내가 언급했던 방송과 더불어 모든 것은 달라진다. 집단 속에서(그리고 전개의 어떤 단계에서)만 자체의 진실을 발견하는 이 반성성이 집렬체에 도입된다. 행동하는(여기에서는 광고하는) 집단은 *집렬체가 하는*(그러면서도 **타자들** 가운데서 각각의 **타자**가 소멸되는 이상 필연적으로 집렬체가 모르던) *일을 집렬체에게 알려 준다.* 달리 말하자면 (외적이고 초월적인 조건화들에 대한) 집렬체의 첫 반응은 근본 구조에 의해 그 자체를 초월하는 집단의 *매개에 의해* 집렬체 자체로 되돌아온다. 그리고 이 집단은 (자체의 구조와 총체화하는 기능들이 집단에게 허용하는 만큼 도피하는 집렬체적 행위들을 *하나의* 행위로 총체화함과 동시에) 집렬체성에 알맞은 수단(통계, 평균 따위)으로써 이런 행위들의 도피하는 집렬체를 정립할 수 있다. 집렬체는 *자신이* 무엇을 했는지 안다. 따라서 집렬체는 집렬체를 구성하는 **타자들** 각각에게(매스 미디어를 통한) 하나의 전체로서 생성된다. 기수는 서수로 변하며, 양은 질로 변한다. 정해진 둘 또는 둘 이상의 음반의 구매 숫자 사이의 양적인 관계들은 불쑥 *선호도를* 표시하고, 판매된 음반들이 정렬된 객관적 순서는 집단의 고유한 가치 체계의 객관성이 된다. 양에서 질로의 조직적 변화를 완성하는 것은 곡의(일반적으로 "매혹적인") 제목이 개별적 특질(그려진 선율)과 연주가들(가수 따위)의 이름과 지니는 관계다. 이 곡을 마찬가지로 객관적인 서열의 정상에 올려놓는 것은 바로 이 곡의 객관적이고 정의하기 힘든 어떤 특징이다. 서열은 집합적 선택들의 표현으로서, 통일된 가치들의 체계로서 각자에게 인식된다. 이 두 가지 모습은 서로 보완적이다. 하나의 집렬체적 행위가 그때까지 감춰져 있던 서열을 명시하고 지탱하는 것이다.

사태의 진상을 고려해 보면 우리는 집단이 진실을 말하면서 거짓말을 한다는 것을 알 수 있다. 숫자들은 정확하나 **타자**의 영역에서만 가치가 있다. 그것들이 *특별한 경우* 일정한 개인 또는 일정한 소집단을 선택적으로 선별한 몇몇 통합들에 의해 부분적으로 형성될 수도 있다. 그러나 본래의 그와 같은 선택이 *예외*를 나타낼 뿐 아니라(다른 선택은 상황과 조직화된 집단의 합의된 행동들 — 선전 따위 — 을 통해 벌써 **타자**의 선택으로 통용된다.) 일주일 동안 구매된 레코드판 전량과의 모든 비교(결국 1등으로 분류된 레코드판이 레코드판 총 판매량의 5퍼센트에 해당하는가 아니면 55퍼센트에 해당하는가를 아는 것이 중요하다.)의 묵살은 이 예외에서(이 예외를 따로 떼어 생각할 수 있다 할지라도) 모든 실질적 의미, 즉 변별적 의미를 없앤다. 사실 주어진 결과는 내재성의 하나의 거짓 꾸밈일 뿐이다. 그것은 집단의 선택도 **타자들**의 선택도 아니며, *선택으로서의* **타자**다. 달리 말하자면 본래의 (자유로운 선택으로서의) 선택의 부정이며 또는 자유로서 생산된 소외다. 이것의 총체화는 서약된 타성태와 실천적 통합의 구조를 그것에 부여했던 광고 집단의 숨은 작업의 결과다.

그런데 이 방송은 분리 속의 타자들을 향하고 있으며(우리는 앞에서 이 점을 지적했다.) 특히 두 부류의 청취자들, 즉 수상 명단에 오른 레코드판을 사지 않은(또는 그것들 전부를 사지 않은) 사람들과 수상 레코드판을 산(또는 적어도 — 그리고 자신의 재력에 따라 — 그중 일부를 산) 사람들을 목표로 하고 있다는 사실을 생각해야 한다. 첫 번째 사람들의 경우에 수상 명단은 요구다. 즉 그것은 잠정적으로 고립된 개인에게 하나의 방대한 사회적 통합, 동의 과정이 이번 주에 이루어졌는데 문제의 청취자는 거기에 참여하지 않았다는 점을 강조한다. "자연발생적"인 그 현상은 *완성된다.*(미국에서는 매주 급료를 받는다. 한 주는 또한 소비의 한 단위다. 월간이 아닌 주간으로 사람들은 계산한다.) 주말이면 한 주가 끝나고 비구매자에게 그 작은 개별적 추방(그러나 집렬체성의 모든 추방의 표현이 되는) 속에서 타자들의 통합이 있었음을 보여 준다. 사실 비구매를 결정했던 진정한 요인들은 전적으로 소극적이다. 그 사람이 아팠거나 여행 중이었거나 바빴을 수도 있고 광고가 그의 관심을 끌지 못했을 수도 있다. 더 정확히 말하면 여기까지는 아무 *문제*가 없었다. 상황과 그의 행동 전체는 자신의 의견에만 따른 일종의 긍정적 과정으로 나타났다. 그의 내부에 하나의 설명의 필요를 발생시킨 것은 집렬체적 결과들의 집단에 의한 총체화다. 즉 판매된 1등 레코드판들의 수량과 관련해 "광고는 나의 관심을 끌지 못했다."라는 문장은 하나의 준내면성의 부정적 의미를 띠게 된다. 그러나 수상 명단의 제시가 없었더라면 그 문장은 단지 하나의 하찮은 외면적 관계만을 지시할 수 있었다. 이제 보증된 이 음악의 첫 박자들 앞에서 집렬체적 개인은 정보를 하나의 비난으로 느낀다. 즉 그는 눈치가 없었고(그가 이번 주에 레코드판들을 사지 않았다면) 취향이 부족했고(그가 수상 명단에 오르지 않은 다른 레코드판들을 샀다면) 운이 없었던(광고가 그의 관심을 끌지 않았다면) 것이다. 다행히 레코드판은 한 주 이상 보존된다. 소유자가 일주일 안에 그것을 듣는 것에 권태를 느끼지도 않을 것이다. 죄인은 자신의 실수를 만회할 가능성을 가지고 있다. 그는 토요일 오후에 재력에 따라 언급된 하나 또는 몇 개의 레코드판들을 살 것이다. 집렬체적 행위가 구매의 "자연 발생적" 의식과 어긋났던 것은 사실이다. 그러나 *청취의 의식* — 이 이타성의 미사 — 은 여전히 가능하며, 그는 그다음 날들에 그것을 원하는 만큼 다시 할 수 있을 것이다. 여기에서 모순은 의식들이 총체화하는 힘을 집단 내부의 모든 구성원의 매개되고 현동화된 상호성으로부터 끌어온다는 사실에 있다. 그러나 광고 집단의 합의된 사업 *이외에* 어떤 곳에도 존재하지 않았던 하나의 통합의 고독한 재현동화는 결과로서 연합을 형상하고 분리로서의 이타성을 실현한다. 왜냐하면 개인은 **타자들**과 **타자**로서의 자신에 의해 선택된 레코드판을 듣기 때문이다. "**레코드 상**" 덕택으로 그는 약간 더 독립적일 수 있게 되었다. 전문가들의 견해가 그를 짓이겨 납작하게 했음에 틀림없으나 우리는 그의 반응이 어떤 형태를 띠는지 보았다.(전문가들의 견해에 불만을 표시하며 듣지 않고 무시하거나 그들의 견해를 전적으로 열광하며 수용하는 것이다.) 수상 명단의 경우에는 사정이 전혀 다르다. 왜냐하면 신화 조작은 — 그가 일단 레코드판을 샀다면 — *다른 선택*을 자신의 선택처럼 그에게 제시하는 데 있기 때문이다. 광고 집단의 행동이 그의 가장 깊은 자발성으로 타자들이 가장 자발적으로 사랑했던 것을 사랑하면서 타자들에게 통합되고자 하는 모호한 기도를 그의 내부에 결정했음에 틀림없다. 그러나 이 기도의 실현은 전적인 소외에 이른다. 왜냐하면 고독한 의식은 그의 개별적 감성 안에 이르기까지 그를 **타자**처럼 축성(祝聖)하기 때문이다. 이런 작업은 그를 사회적 관계들에서까지 속인다. 왜냐하면 그는 직장에서, 그리고 친구들 집에서 같은 레코드판을 샀던 이런저런 **타자**와 상호성 속에서 대화하고 있다고 믿을 것이기 때문이다. 그러나 우리가 이미 보았듯이 그들은 잘 배합된 집합들의 도구들에 불과하다.

그러나 우리에게 중요한 것은 집단의 *실천*이다. 목표는 종합적이다. 그러니까 주어진 여건들 속에서 가능한 한 가장 많은 레코드판을 파는 것이다. 수단은 나중에 공동 사업의 차원에서 다시 총체화될, 즉 비유기체처럼 수정되고 만들어질 집렬체적 반응들을 생산하도록 실천적 타성태의 장을 조작하는 것이다. 수단의 관건은 각자에게 집렬체적인 것을 가짜 총체성으로 구성하는 것이다. **타자들**에 의한 각자의 기도된 결정으로, 외부로부터 유도된 하나의 공동체적 장에서 나타나는 가짜 총체성으로, 그리고 실질적으로는 순수한 반성적 도피로의 회귀 바로 이것을 우리는 *외적-조절*이라고 부를 것이다. 이 외적-조절은 두 개의 상호 보충적인 모습을 지닌다. 초월적 집단의 실천의 관점에서 보면 이 외적-조절은 집렬체를 반물질로 변형시키는 하나의 작업처럼 나타난다. 집체렬적 개인의 관점에서 보면 이 외적-조절은 자신의 **타자**-존재를 공동체적 장의 총체화 속으로 통합되는 것으로 착각하며 포착하는 것이며, 그 환상에서 출발하여 자기 내부에 그리고 모든 **타자** 안에 근본적인(또한 외부 집단에 의해 유도된) 이타성을 실현시키는 것이다. 요컨대 외적-조절은 이타성을 극단까지 밀어붙이는데, 그 까닭은 집렬체적 개인이 자신을 **타자들**과 동등자로 만들기 위해 그들처럼 행동하도록 결심시키기 때문이다. 그러나 **타자들**처럼 *하면서* ─ 각자는 **타자들** 그리고 자신과도 다르다는 이유가 아니더라도 ─ 집렬체적 개인은 동등자가 될 모든 가능성을 제쳐 놓는다. 그런데 공동체적 장의 총체화 속에서 도피선들이 성격이나 습관(존재태의 의미에서) 혹은 관습처럼 나타난다.(매스 미디어에 의해 심사숙고된 것이기 때문이다.) 이렇게 해서 각 개인은 무엇보다도 무기력으로 인해 그 성격, 습관 그리고 관습이 외부 집단에 의해 주어진 가짜 통합 속에서 총체성의 구조들처럼 나타나는 만큼 그 자신을 그것들을 통해 결정한다. 이처럼 조금씩 그에게 **타자들** 속의 자신의 이타성을 구성해 주며 그에게 그것을 알린다. 만약 그가 토요일마다 방송에 귀를 기울이고, 적어도 주간 수상 명단의 일등 레코드판을 구입할 수단을 가지고 있다면 그는 결국 **타자**의 표준-레코드 수집 목록, 즉 아무도 가져 본 적이 없는 레코드 수집 목록을 갖게 될 것이다. 그러나 각 **타자**에게 영향을 미치면서 광고 집단의 반성적 행동은 결과로서 점차 아무도 가져 본 적이 없는 레코드 수집 목록과 각자의 레코드 목록을 근접시킨다. 결국 최초의 회귀에서는 현재 있는 바와 같은 것으로서의 통계적 결과들은 체계적으로 심사숙고되지도 않았고, 영속화되는 (또는 보편화되는) 경향도 없었다. 몇 년도부터 몇 년도까지 미국에서의 레코드판 연간 판매 결과들을 — *그것들이 출간되지 않은 상태에서* — 연구했던 사람 누구에게도 일반적 결과가 대다수 레코드 수집 목록들의 표준-목록을 형성한다고 *선험적*으로 증명할 어떤 것도 없었다. 사실 오히려 종류들에 따라 문화 수준, 사회 활동 영역, 유행, 그리고 유행의 전파 분야 등을 구별해야만 했다. 따라서 단 하나의 유일한 목록이 아닌 *여러* 평범한 목록이 있었다. 더 정확히 말하자면 어떤 사회 활동 영역에서 어떤 레코드판의 구입은 다른 레코드판의 구입과 양립할 수 없는 것처럼 보일 수도 있었다. 그러나 주간 구성과 함께 보편적 성격의 *하나의* 표준-목록의 심사숙고된 유포는 결과로서 사회 활동 영역들과 문화들의 경계선들을 깨뜨리고 (아래에서 위로 그리고 위에서 아래로, 이중 운동에 의한) 동질화를 실현하며 지역적 표준-목록들을 조금씩 보편적 표준-목록에 접근시키고 있다. 종국에 가서 아무도 가져 본 적이 없는 레코드 수집 목록은 — 어떤 사람이 수집한 목록이기를 멈춘 채 — 모든 사람의 레코드 목록과 일치하게 된다.

이와 같은 *실천*이 갖는 이해관계는 적어도 현대 사회에서는 즉시 나타난다. 선진자본주의 국가들에서 집렬체에 대한 초월적 행동은 실천적-타성태의 요구들로서의 집합들의 내부에 소비 센터들(모든 사람을 위한 그리고 어느 누구도 위하지 않는, 따라서 각자를 위한)의 하나의 표준-분포와 하나의 통제 소비 정책을 형성하는 것을 목표로 한다. 이제는 광고의 경쟁들이 더 이상 문제 되지 않는다. 즉 국가적 단계에서 임금 인상을 이용하고 대중(타성태적 군집)으로 하여금 (1) 더 많이 소비하고 (2) 그들의 가계를 자신의 필요 또는 취향에만 아니라 국가적 생산의 지상 과제에도 맞추도록 부추기기 위해 상공업의 여러 부문 간의 어느 정도 암묵적인 하나의 동의가 형성된다. 만약 신중한 소비와 가능할 경우 저축(내적-조절)에 익숙한 봉급생활자가 봉급이 인상될 때 경제 습관들을 그대로 간직한다면 외적-조절의 기술들은 이 봉급생활자의 내적 조건들을 **타자**의 그것들로 대체하는 것을 임무로 갖게 된다. 그러나 이것은 집렬체적 개인이 어린 시절부터 외적-조절로 생산된 경우에만 진정으로 가능하다. 결국 사람들은 최근에 미국의 아동 교실에서는(물론 그 후의 전체 학습 과정을 통해서도) 각 개인이 아주 하찮은 외부의 집렬체적 변화라 할지라도 자신을 외부로부터 이타성으로 조건 지울 수 있도록 모든 **타자** 그리고 그들을 통해 자신이 속한 사회의 모든 사람의 표현이 되는 법을 배운다는 사실을 보여 주었다. 사람들은 일상생활 속에서 이루어지는 이 협력들을 알고 있다. 사람들은 하나의 순서를 따라 열 개의 기념물의 이름과 열 명의 예술가의 이름 그리고 열 개의 자동차 모델 등을 제시한다. 모든 **타자**의 반응들과의 대조를 거쳐 수립되는 바와 같은 표준-위계(실제로는 평균 위계인)를 결정해야 한다. 이 표준-목록에 가장 근접한 목록을 작성한 경쟁자가 이길 것이다. 결국 그는 스스로를 모든 **타자**보다 더 완벽하게 **타자**로 만들어서 상을 받으며 공개적으로 선별되고 명명되며 보상을 받는다. 집렬체의 한가운데에서 그의 실천적 개성은 바로 스스로를 이타성들의 도피의 통합으로서의 타자의 매개로 만드는 그의 능력(적어도 그 상황에서는)이다. 그는 벌써 회귀의 매개적 산물인가 아니면 스스로를 집렬태의 순수한 예견으로 만들고 있는가? 확고하게도 둘 다다. 예언자적 존재와 수동적 활동, 이 양면적 지위는 외적-조절된 모든 개인의 지위에 다를 바 없다. 그는 결코 소외된 생산에서조차, 착취 제도하의 생산에서조차 생산의 차원에 나타나지 않는다. 간단히 말해 노동은 필요로부터 출발해서 적대적 힘으로서의 노동자에 대항한다는 사실까지도 — 그리고 특히 — 인정하면서 자유로운 실천적 작업으로 정의되기 때문이다. 그렇다고 [그 지위]가 극히 산업화된 사회 속에서 소비자에게만 유일하게 예정되어 있다고 상상해서는 안 될 것이다. 일정한 하나의 전망 속에서 생산과 판로들을 상호적으로 예견하고 조정해야 할 필요성에 의해 골머리를 앓고 있는 이런 사회 속에서 외적-조절은 점점 더 중요한 자리를 차지한다. 그것은 대중화된 개인의 새로운 진정한 *지위*, 즉 통제, 관리 그리고 배분하는 집단들의 대중들에 대한 직접적 영향력을 표상한다.

그러나 집단이 대중과 맺는 이 새로운 관계를 형식과 질료 면에서 *무로부터의* 창조로 여기는 것은 변증법적 합리성에 대해 아무것도 이해하지 못하는 것이다. 새로운 것은 역사적 내용이며, 이 내용을 결정하는 상황인 것이다. 현동화되었지만 지속적인 것은 여기에서 나타나는 종합적 형태다. 사실 이 형식적 관계는 항상 하나의 내용에 의해 채워졌다. 오늘날 우리가 주위에서 그리고 우리 내부에서 외적-조절의 구조를 더 분명하게 드러내는 **역사**의 *이* 순간에서 발견하는 것은 이와 반대로 역사적 사건들의 이해를 위해 이 구조들이 갖는 핵심적인 중요성이다. 몇몇 집단적 행위를 갑작스럽게 형성된 집단들의 산물로 — 간단히 말해 대중의 "자발성"의 산물로 — 간주하거나 혹은 **권력들**의 다소간 위장된 행위의 단순한 결과로 간주하는 지나친 경향이 있어 왔다. 많은 경우에 이 양쪽 모두에서 현실을 똑같이 놓치고 있다. 예컨대 나는 어떻게 인종 차별주의가 집렬체적인가를 고찰했다. 이 인종 차별주의는 항상 **타자**의 태도다. 그러나 집렬체성 — 비록 이것이 린치나 유대인 박해를 결정할 수 있다고 하더라도 — 은 예컨대 히틀러 체제하에서 자행되었던 독일 프티부르주아의 적극적 반유대주의를 설명하기에는 충분치 못하다. 그런데 최근 아주 기발한 연구를 통해 역사적 사실로서의 반유대주의는 *타자의 인종 차별주의*에 대한 체계적인 외적-조절에 의해, 즉 집렬체에 대한 집단의 계속되는 행동을 통해 해석되어야 한다는 것이 밝혀졌다. 그리고 이 행동은 우선 그 자체의 *반성성*에 의해 정의된다. 즉 집단은 집렬체 안에서 **유대인들**에 대한 적대감의 실질적 기호들을 만들어 내고, 또 만들어 내게끔 하면서 집렬체로 하여금 인종 차별주의를 볼거리로 제공한다. 그들에 대한 캐리커처, 수백 번씩 반복된 그들에 대한 정의 — 라디오, 신문, 벽 등등에서 — , 그들에 관계된 편향적인 정보 등과 같은 이 기호들은 결국 각자와 모든 사람에게 *전형적인 목록*의 역할을 수행하게 된다. 요컨대 이 기호들은 한 마리의 괴물에 대한 구체적인 지칭임(우리는 여기서 이 지시들이 고의적으로 내보이는 선악 이원론적이고, 투기적이며, 사디스트적인 특성들은 무시한다.)과 동시에 총체성으로서의 대중의 지시로서 *집렬체의 만들어진* **이성**이다. 이와 같은 완전한 허수아비들에 의해 야기된 증오는 이들 각자에게는 **타자**의 증오다. 그러나 총체화하는 선전은 이 증오를 외적-조절로, 즉 총체화하는 하나의 의례의 요구로 구성한다. 이렇게 되면 이 총체화하는 의식을 위한 상황, 즉 프티부르주아 대중이 스스로 유도된 유대인 박해의 실천적-타성태적 주체가 되기 위한 여러 상황이 한데 모이느냐 아니냐의 여부는 결국 정부(그러니까 정부가 다른 곳에서 타자들에게 가하는 결정과 그 이후에 이 정부가 매스매디어를 통해 모든 사람의 가능한 통일로서 퍼뜨리는 결정)에 달려 있게 된다.

어쨌든 정부의 명령에 따라 **한 명의 유대인**을 체포하거나 처형하는 것은 대중 속에서 이타성의 동일한 의식을 수동적으로 실현하는 것이다. 매번 행해지는 폭력은 비가역적이다. 그 까닭은 이 폭력을 통해 인명이 제거되기 때문만이 아니라 이 폭력을 자행함으로써 대중 각자는 외적으로 조건 지어진 범법자가 되기 때문이다. 즉 *다른 곳에서* 그리고 **타자** 안에서 **타자**로서 이 범죄를 저지르는 한에서 그는 지도자들의 죄를 저지르기 때문이다. 그리고 역으로 외적-조절의 환경 속에서 *존재태*로서 주권자의 폭력을 감수하는 것은 지도 집단의 초월적 행위를 통해 지도된 집렬체성의 수동적 행위로서의 유대인 박해로 항상 전환되는 것이 가능하다. 그리고 이 존재태는 — 이와 같은 전환이 가져올 수 있는 실천적 과정과 더불어 — 둘 다 변증법적 성질을 가지고 있는 두 가지의 본질적 이유 때문에 가짜 통일성으로 남게 된다. 그 까닭은 우선 이 전환의 수용이(비록 그것이 열광적이라 할지라도) 저항의 무기력만을, 따라서 분리[145]만을 정의할 뿐이기 때문이고 그 다음으로 특히 이 비가역적인 외적-조절의 집렬체적 수용은 그 *자체*로 분리, 무기력, 이타성의 실질적인 지표를 증가시키는 데 일조하기 때문이다. 실제로 동의된 행동이 문제가 되든 아니면 실천적

---

145 물론 이와 같은 분리를 통해 우리는 어떤 한 개인에게 있어서 폭력에 대한 동의가 저항이 가능한 기반에서 역시 발생할 수 있다는 것을 의미하고자 하는 것은 아니다. 우리가 의미하고자 하는 바는 단지 주권적 집단의 실천은 모든 영역에서의 분리를 강화시키고자 한다는 점이다. 그 결과 통일성에 대한 착각(유대인 박해에 대한 승인)이 이와 같은 통일성과는 전혀 다른 통일성을 실현하고자 하는 집렬체적 무기력 위에서 나타난다. 경찰체제가 분리의 보충적 요인으로서 불신을 도입한다는 *점*에서 유대인 박해는 유일한 출구가 된다.(원주)

과정이 문제가 되든 간에 집렬체성은 분리시키는 힘으로(예컨대 약탈이나 처형의 순간에) 다시 나타나게 된다. 이것은 정확히 대적하는 집단의 어떤 현실적인 저항도, 절멸의 위협에 의한 어떤 실천적 총체화도 실질적 부정으로 **타자들**에게 집렬체의 와해를 야기하기 위해 도래하지 않기 때문이다. 이와 정반대로 방어되지 않는 상점들의 약탈과 방화는 그 자체로 분산적인 파괴다. 이 파괴는 행위자들의 단결을 거절하며(이와는 반대로 폭력을 낳는 것은 무질서다.) 외부에서 각자를 **타자에 의해** 이 군집에서 자행된 최대한의 폭력에 대해 *책임이 있는* **타자**로 만든다. "연대 책임"이 집렬체적 책임인 수준에서 특정 **타자**에 의한 폭력의 거부 또는 감수는 유일하고도 동일한 사실에 대한 (담론 속에 나타난) 두 가지 모순된 표현이다. 그리고 이 집렬체적 책임 — 이타성의 환경 속에서 이루어지는 정확하고도 총체화하는 정책의 투사로서의 — 은 주권적 집단의 장악력을 증가시켜 준다. 이것은 이 장악력이 총체화하는 의식의 기만적 도식을 유지하면서 각 개인의 무기력을 증가시킨다는 점에서 그러하다.

위의 예를 통해 나는 인종차별적인 *존재태*(일반적으로 연구의 대상이 되는)와 반유대주의 운동을 가르는 것이 무엇인지를 보여 주려고 했다. 나는 특히 정부 기관과 그 하부 구속 집단이나 선전 집단이 타성태적 군집들 속에서 이른바 *조직화된 행위*를 야기하지 않도록 주의한다는 것을 보여 주려고 했다. 모든 조직화는 그것이 집렬체성을 와해시키는 한 이 정부 기관과 집단들을 불안하게 만든다. 이렇게 해서 이 수준에서 제기되는 진정한 문제는 대중으로부터 무엇보다도 비조직화된 지위를 그들에게 유지시켜 주면서 유기체적 행동을 끌어내는 것이다. 분명 "틀에 맞추기"의 문제를 상기시킬 수도 있을 것이다. 우리의 사회는 — **동서양**을 막론하고 — 틀에 맞추어진 시위의 예를 보여 준다. 5월 1일, 7월 14일, 10월 1일에 행해지는 행진은 집렬체적 군중에게 엄격한 조직화의 광경을 잘 보여 준다. 거기에는 질서가 있다. 군인, 공장 노동자, 농민, 지식인이 미리 짜여진 계획에 따라 **베이징**에서 행진을 한다. 지휘관들은 행진, 행진 속도, 정지 회수 등등을 조절한다. 그러나 각자가 **타자들**이 하는 것을 행하고, **타자들**의 행동에 따라 행동을 조절하고, 그 주요 특성이 양(量)에 있는 이 자칭 집단들은 공동체의 구조를 전혀 갖지 못한다. 외부에서 이들의 행진을 조정하는 것은 사실이다. 그러나 이와 같은 주권자 구성원의 초월적 행위는 정확히 이 공동체를 외적-조절의 지위 속에서 유지하는 결과를 낳는다. 아주 피상적으로 논의된 이와 같은 몇 개의 예를 통해서 — 물론 여기서는 더 이상 전개될 수도 논의될 수도 없지만 — 국가가 구체적 사회와 맺는 관계는 최선의 경우에라도 이질적-조절[146]을 넘어서지 못한다는 사실을 이해할 수 있을 것이다.

외적-조절의 결과: 이중의 화석화

이렇게 해서 주권적 집단은 집합태의 타성태를 증가시키고, 이 타성태를 통해 통치한다. 그러나 조금 전에 지적했듯이 집렬체성이 주권자에게 역으로 가하는 행동을 몇 마디로 지적해야 할 필요가 있다.

---

146 국가의 구성원 모집 방식이 "민주적"이라고 할지라도 문제가 되는 것은 항상 현재의 구성원에 의한 새로운 구성원의 지명이다. 주권 집단은 일련의 집렬체들과 대면하고 있으며, 이들의 집렬체성을 목록의 형태하에 반영시키면서 이 집렬체들을 결정하는 것은 바로 *이 주권 집단의 여러 기관*이다. 선거 제도는 어떤 것이든지 선거인 전체를 외적-조절의 수동적 소재로 구성한다. 그리고 가장 많이 팔린 음반이 고객들의 *취향*을 보여 주지 않는 것처럼 선출된 자들의 목록은 국가의 *의지*를 보여 주지 않는다. 대중 속에서 "의지"가 표출되는 유일하게 가능한 길은 여러 제도의 타성태에 대항하고, 그들의 무기력 위에 정초하는 주권에 대항해서 그들이 형성하는 혁명적 재집결이다. 수동적 평균으로서의 투표는 주권자의 팀 구성에서 변화를 — 게다가 무의미한 — 가져올 수는 있다. 하지만 *어떤 경우에도* 투표는 정부의 정책을 바꾼다고 주장할 수(투표 정세가 정부의 정책을 바꾸려는 경향이 있는 상황을 제외하고는) 없다. (원주)

이 행동은 너무도 빈번하게 과도한 해설의 대상이 되었기 때문에 여기에서 이 문제를 오래 거론할 수는 없다. 앞에서 살펴보았듯이 주권자의 전체(하위 집단들과 구성단위들)는 복합 체계를 형성한다. 이 체계의 기구들은 맨 마지막 서열에서 군중과 직접적인 접촉을 맺으며 경우에 따라 간부, 핵심부, 관계 기관 등등으로 아주 부적절하게 지칭되는 것들을 구성한다. 사실 비유기적 도구들, 그것도 그 타성태 자체가 집렬체적 타성태와 피상적인 접촉을 하며, 상부 집단들에 의해 조종되는 그 역할이 **타자들**의 외적-조절을 만들어 내는 그런 비유기적 도구들이 문제가 된다. 나는 앞에서 이 하위 집단들이 집렬체들에 의해 둘러싸여 있다는 점을 지적한 바 있다. 집단들이 분리될 경우 집렬체화된다는 점 역시 지적했다. 각자는 오직 자신에게만 주권자가 된다. 하지만 **타자**의 환경에서 *다른 곳의* 주권자는 **타자**다. 다른 한편 외적-조절은 대중의 수동성에 근거하고 있다. 하지만 이 수동성은 그들 자신의 수동성을 조건 짓는다. 그 이유는 우선 그들 스스로 외적-조절된 대중을 위해 고정된 요구 등등과 같은 유형 목록을 구현하고, 동일한 화석화의 통일성 내에서는 법을 대표하는 자들 —— 즉 보편적 권력으로서 스스로를 만들어 내는 주권-개인의 대표들 —— 이 되기 때문이다. 이 이중의 화석화를 통해 그들은 변화를 제거하거나 경우에 따라서는 변화를 통치하기를 원한다. 이 하위 집단들은 하나의 *실천적* 외관을 보존하고 있다. 이것은 이 하위 집단들이 *실제로* 중앙 당국과 집렬체 사이의 매개 역할을 할 수 있는 한에서 그러하다. 하지만 이런 매개가 지속적인 기능으로 자리 잡을 수는 없다. 한 집단은 두 집단들 간의 매개가 될 수 있고, 한 개인이 두 공동체 사이의 매개가 될 수 있기는 하다. 하지만 주권적 *실천*이 무기력과 이타성 안에서 집렬체를 유지하면서부터는 집렬체와 주권자 사이에는 매개가 유지될 수 없다. 생물학자나 의사 등에 의해 규정되는 한에서 욕구들은 *외부로부터* 정립되고, 또한 가능하다면 충족될 수도 있다. 하지만 이 욕구들이 실제 요구의 대상이 된다면 그럴 수 없다. 왜냐하면 집렬체의 구조가 개인들을 요구의 바탕 위에 집단화하는 것을 막고 있고, 외적-조절의 임무가 집단화를 실행하기 위해 넘어서야 하는 문턱을 끊임없이 높이는 일이기 때문이다.

통치의 세계인 **타자**의 세계에는 폭력, 거부, 욕망 때로는 폭동이 존재한다. 그러나 빠르게 진압되는 이런 혼란들은 결코 교훈이 되지도 않고 민중 불만의 심도를 가늠하게 해 주지도 않는다. 그 까닭은 정확히 폭동을 일으키거나 강한 요구를 하는 것이 언제나 **타자**, 외지인, 수상쩍은 자, 선동자인 **타자**이기 때문이다. 특히 *선동자*의 개념은 주권자의 한 구성원에게만, 그러니까 인간 다수성의 유일한 존재론적 지위란 외적-조절된 수동성이고 확신하는 공무원에게만 진짜 의미를 갖는다. 주권자는 이 수동성을 일반적 이해관계의 의미에서 지배하고, 선동자는 동일한 수동성을 자신의 개인적 이해관계(혹은 개별적인 다른 이해관계들)의 의미에서 지배하는 반주권자다. 그래서 선동자를 비난하는 지도자는 **타자**의 등에 대고 **타자**로서 자기비판을 할 정도다. 이렇게 해서 당장에 조종을 실행하는 하위 집단이 보기에 민중의 불만이란 *절대로* 없게 된다. 왜냐하면 불만이란 집단의 실천이자 *존재태*이고, 집렬체적 위상은 재집단화의 가능성을 배제하기 때문이다. 하위 집단의 집렬체에 대한 관계는 *사물화된다*. 그러니까 이제는 집렬체적 조합, 즉 집렬체적 구성으로부터 태어나서 집렬체의 행동을 구성하도록 해 주는 집렬체적 조합을 사용하여 집렬체에 물질적으로 작용하는 것만이 문제가 된다. 지역의 지도자와 지배받는 개인 사이의 차이는 거의 포착되지 않게 된다. 이들 둘 모두 집렬체화되어 집렬체적으로 살아가고 행동하며 사고한다. 하지만 지도자는 **타자**의 집렬체성을 사고하고, 외적-조절화된 집렬체에 대해 집렬체적으로 작용한다.

이때부터는 더 이상 아무것도 지역적인 계급에서부터 꼭대기까지 거슬러 올라갈 수 없다. 왜냐하면 더 이상 아무것도 민중적 집렬체로부터 그것이 집렬체화한 지도자로 이행하지 않기 때문이다. 바로 이런 이유로 지역의 우두머리는 그의 상관의 입장에서 보면 주권적이고 단일한 *실천*의 대상이다. 인간적인 재료를 휘저어 놓기 위한 이 도구는 이제 비유기체적 질료의 한 조각일 뿐이다. 이 재료의 자율성과 권력은 직능의 이름으로 상관에게 민중의 주장을 인간적 요구로서 표현해야 한다면 상호성을 낳게 할 수 있을 것이다. 그러나 바로 이 주장과 요구가 *존재하지* 않는다. 아직은 그것들이 살아 있고 고통받고 있지만 이타성에 의해 마비된 개인의 사실일 뿐이라는 의미다. 이 주장과 요구가 표명되는 날이면 — 혹시 내일이라도 — 이것이 집단의 것이 되어 집단이 모든 매개를 거부하고 고유의 주권을 구성할 것이다. 그러나 요구들은 *언제나 너무 늦게* "알려진다." 그 이유는 이 요구들이 존재를 가지고 있지 않고 상황에 따라 혁명적인 것으로 불쑥 나타나거나 표현되지 않은 채로 머물러 있기 때문이다. 지역의 지도자는 그 상관의 입장에서 보면 군중의 타성태에 대한 타성태적인 담보다. 그리고 그는 군중을 위해 주권자 앞에서 주장할 수 있는 반권력을 군중으로부터 받지도 수용하지도 않았기 때문에 *그렇게 된다*. 이처럼 "바로 위의" 단계에서 다수의 하위 대리인은 집렬체성의 상위 기관으로 나타나게 된다. 그들의 수동성은 외적-조절을 통해 가공해야 하는 재료가 된다. 하지만 그럼에도 불구하고 각자의 작업이 실제적인 자유 주도권의 행사로, 혹은 실천적 장을 채우고 있는 집렬체에 대한 개인의 개별적 주권으로 주장된다는 점에서 볼 때 각 개인이 의심받지 않을 수 없다. 외적-조절과 공포는 이 두 개의 실천이 지역 지도자들을 겨냥할 때 모든 단계에서 실질적 행동을 가공된 물질의 타성태적 실천으로 대체하는 것을 목표로 삼게 된다.

이처럼 하위 계급의 대리인을 법으로 지배하는 비유기체적 대상으로 취급함으로써 각 계급은 상위 계급과의 관계에서 그들의 담보와 그들의 자유로운 지지를 잃게 된다. 그 역시 실행하는 자로서 집렬체적이 되는 것이다. 이것은 서열의 처음부터 끝까지 외면성의 법칙에 의해 지배되는 대상들은 자기보다 아래에 위치한 다른 대상들을 동일한 법칙 혹은 다른 유기체적 법칙[147]에 근거해 지배한다는 것을 의미한다. 그리고 특정 단계에서는 하위 계급의 질료를 작동 가능하게 하는 법의 조합 자체가 이 계급의 지도자들에게서는 그들 바로 위에서 이루어졌던 *그들의* 법의 조합에 의해 만들어졌다는 것을 의미한다. 시스템의 마비는 지배당하는 집렬체들로부터 정상까지 필연적으로 올라가며, 주권자만이(제한된 집단이나 개인) 영향을 받지 않는다. 아니 차라리 주권자는 총체화하는 개인으로서 수동성의 영향을 받으며, 아래로부터 서열의 밑바닥에서 비유기적이 된다. 그러나 어떤 상관도 주권자를 사물로 변형시킬 수는 없다.

이 집단의 새로운 구성에서 우리는 다음과 같은 특징들을 포착할 수 있다. 서열의 각 단계에서 각자는 하위 계급의 대리인들에 대해 *가능성 있는 주권자*이거나 *가능성 있는 규제적 제삼자*(집단의 동요와 형성의 주도권을 쥔)다. 하지만 각자는 동급자들을 향한 불신과 자기 상관들에게 의심받을 것이라는 두려움 때문에 이 가능성을 *부인한다.*

---

147 원문에는 "유기체적"으로 나와 있으나 "기계적인" 혹은 "비유기적인"으로 읽어야 할 것이다.(편집자 주)

실제로 각 개인은 동급자들에 대해 맹세의 태도를 취하고, 그들의 타성태를 주장하기 위해 스스로에게 타성태를 강요한다. 분리와 회귀, 이 모든 것이 그가 거부한 비연속의 다수성을 다시 태어나게 하는 데 기여하기 때문이다. 동급자들의 선회하는 이타성은 외면성의 관계로 내면화된 복수성을 펼쳐 놓는다. (모든 자기 동급자에 의해) 제도인 그의 내부에서 우리가 위에서 지적했던 이 관계들의 외면화가 실현된다. 하지만 주권의 구조는 각 단계에서 제도화된 재내면화로 이루어진다. 이렇게 해서 각자는 상위 단계를 향해 돌아서면서 주권자에게 항구적인 통합을 요구한다. 그는 자기 안에 자신의 유기적 개인성을 다수성의 통제 불가능한 요인으로 용해시킨다. 그는 자기 짝들과 더불어 상관의 유기체적 통일성 안에서 용해되고, 다른 사람의 자유로운 개별성 이외에는 자신의 개인적 실존에 대항할 다른 어떤 담보도 찾아내지 못한다. 관료주의라고 불리는 것은 바로 이러한 삼중 관계 — 하위 다수성의 외적-조절, 동급자들 수준에서의 불신과 집렬화하는(그리고 집렬체화되는) 공포, 상위의 유기체에 복종함으로써 이루어지는 유기체들의 무화 — 로 구성된다.

우리는 관료주의가 주권 자체로부터 발생한다는 것, 즉 주권이 아직은 집단의 제도적 계기에 불과했던 때에 발생한다는 사실을 보았다. 관료주의는 이제 인간의 전체적 억압으로서 극소수의 정상 지점을 제외하면 기초의 타성태에 따라 공고해진다. 그것의 형태와 변증법적인 의미 작용은 분명하다. 군중의 무기력은 주권의 버팀대가 되고, 주권은 기계적 법칙, 그러니까 외적-조절에 의거하여 대중을 조작하려 한다. 하지만 이 *의지주의*(즉 인간에 대한 인간의 실천적 주권의 주장과 기초로서의 실천적-타성태라는 위상의 구체적인 유지)는 필연적으로 인간을 최상의 단계를 제외한 모든 단계에서 광물화한다는 사실을 내포하고 있다. 이것은 도처에서 자유의 대립자로서 공고해지고 모든 힘이 저절로 제거되도록 한다. 이렇게 해서 대중의 무기력은 주권자의 무기력이 되고, 실제로 정상의 반쯤 마비된 인간이나 하위 집단은 한 부분이 다른 부분을 움직이게 해야 하는 이 기계적 피라미드의 작동을 질서 있게 유지할 수 없게 된다. 물론 **권력**의 관료주의화에 대한 역사적 상황은 역사적 과정의 흐름 속에서 시간적 총체화를 통해 정의된다. 물론 이것은 우리의 주제가 아니다. 그렇지만 변증법에 대한 것은 시간화의 관점에서 몇 마디로 규정될 수 있다. 계급 갈등으로 분열된 사회에서 **국가**가 구속의 기구일 때 관료주의는 — 주권자의 끊임없는 위협으로서 — 구축 중인 사회주의 사회에서보다 더 쉽게 피할 수 있다. 계급들 사이를 지배하는 긴장, 다소간 조직화된 부분적 갈등, 집렬체들의 진행 중인 와해로서의 집단화는 "공권력"에 더 복잡한 행동을 강요하고, 주권자에게 반대하는 공동체 — 일시적인 공동체이긴 하지만 — 에 직면하게 한다. 주권자가 유연하고 생생한 실천을 정의해야 하는 것은 바로 이 공동체들을 향해서 그리고 **타자들**의 외적-조절에 의해서다. 융화 집단의 정열적인 생명은 관료주의의 낡고 노후한 주권을 폐기해 버리거나 이미 표명되었다면 지속적인 위험으로서 가장 관료화된 형태로, 즉 경찰의 형태로 주권자의 구축을 방해할 것이다. 경찰의 전권은 주권자 집단이 가진 기능의 절대적 경화로서 무기력의 분리에 근거하고 있다. 이와 같은 분리는 **경찰국가**가 그것을 유지하고 이용하기 위해 존재해야 한다. 레비스트로스가 아주 적절하게 표현했던 "뜨거운" 사회, 즉 계급 투쟁이 온갖 형태로 집렬체의 위상에 *대항해* 영원히 살아 있는 사회(억압받는 자들의 사회와 억압자들의 사회)에서는 주권자의 행태가 *정치적*일 것이다. 언제나 원경에 있는 탄압 세력은 대립(외적-조절이 부분적으로 사라지고 고전적 형태로 나타난다. 즉 지배하기 위해 분열시킨다.)보다는 덜 이용될 테다. 술수와 책략이 기구들을 통해 고안될 것이고 주권의 순환은 양방향으로 보장될 것이다. 하위 공직자는 당연히 민중 집단의 주장을 *표현하는* 것이 아니라 이 집단들에 대한 정보를 알려주는 일, 특히 그들의 요구 사항을 알려 주는 일을 의무로 삼는다. 그것은 그들에게 일종의 *준매개적* 기능을 충분히 보장해 준다. 주변에 있는 집렬체의 와해에 대한 지속적인 위험은 그를 활기차고 적대적인 *실천*과 마주할 위험을 무릅쓰게 하며, 그 위협과 긴박함은 즉각적인 주도권을 요구할 것이다. 비록 그런 경우가 나타나지 않는다 해도 하급의 행위자는 자신의 가능성 안에서 주도권을 증명할 수 있는 자로서 규정된다. 다른 한편 특별한 어떤 모순이 주권자 집단 — 자기 자신에게 스스로를 정립하는 개인적인 것과 보편적인 것의 통일체로서 — 을 산출하고, 이 집단을 자신의 기구로 먹여 살린(돈을 지불한) 지배 계급에 대립시킨다. 주권자의 종속은 앞서 봤듯이 분명하다. 하지만 모든 단계에서의 자율성에 대한 지속적인 긍정 또한 분명하다.

그 결과 상황에 따른 다양한 긴장이 발생하게 되며, 이는 지배 계급의 집단-권력 안에서 재정복의 서로 다른 방식들을 결정한다. 예컨대 상호 침투(정부 사람들과 경제 집단들 사이에 조정된 교환), 유입, 영향(직접적, 간접적) 등이 그것이다. 일반적으로 내적 구성의 변형을 겨냥하는 이와 같은 방식들에 맞서 주권자 집단은 끊임없는 경계로 스스로를 방어한다. 하지만 이런 경계 — 혹은 **백색 공포**[148] — 는 **대공포 정치**[149]의 마비시키는 효과를 갖지 못한다. 왜냐하면 바로 이 경우에 주권자가 그의 애초의 동맹자들이 베푸는 지나치게 압력적인 배려에

---

148 백색 공포 시대(1795~1815)에 프랑스 남부 지방을 중심으로 행해진 왕당파의 공포 정치.
149 1793~1794년에 이루어진 프랑스 대혁명의 공포 정치 시기.

대항해 자신을 방어하는 것이 문제가 되기 때문이다. 사실 이 동맹자들은 그의 합법적인 주권을 부인하거나 그의 장기간의 *실천*의 정당성을 부인할 생각은 하지 않는다. 그들은 단지 단기간의 목표를 빗겨 가거나(혹은 암시하거나) 어떤 실행을 제안하거나 억압의 강화를 부추기는(패배한 봉기의 경우) 시도를 할 뿐이다. 주권자 집단은 이 모든 것을 *통합*해야 한다. 이 집단은 이런 제안들을 통제할 수 있고, 이런 제안들을 받아들이는 척하면서 자신의 *실천* 안에 그것들을 용해시킬 수 있다. 하지만 이것들을 *선험적*으로 거부하거나 무시할 수는 없다. 지배 계급(압력 집단에 의해 표현된 그대로의)의 공통된 의지 및 요구와 *실천*으로서의 주권 사이의 이 내면화 관계는 말하자면 주권자 계급의 실존을 표상한다. 이것은 몇몇 하급 행위자로 하여금 적어도 집렬체적 전체와 정상 사이의 실제적인 매개가 되도록 강요한다. 그리고 이 집렬체적 전체가 바로 지배 계급이며, 그 안에서 압력 집단들은 — 정부의 정치에 맞서 — 외적-조절의 독립 요소를 창출하기 위해 스스로를 형성한다.

우리는 이와 같은 고찰을 통해 부르주아 민주주의에서 주권 집단의 우월성을 증명하려고 한 것이 아니다. 이 집단이 자신에 의해 표현되는 사회적 모순들로부터 자신의 생명을 이끌어 내고 있다는 것을 보여 주려 한 것이다. 주권 집단이 자신의 냉혹한 동질성 안에서 모든 *실천적 집단*을 자기 안에 통합했을 때 혹은 주권이 집단의 독점권을 장악하고 있을 때, 이 집단들의 집단화가 결국에는 수동적 집렬체성에 대한 자신의 직접적 탈취 그리고 외적-조절의 엄격한 실천에 의해 정의될 때, 이 주권이 계급의 산물이 아니라(군주 **국가**나 부르주아 국가와 달리) 자기 스스로 자신을 위해 자기 정당성을 만들어 냄으로써 필연적으로 회원들의 신회원 선발에 의해 주권을 충원할 때 주권자의 피라미드는 ── 그 초월적 과업이 어떤 것이든 간에 ── 허공을 맴돌게 된다. 지배 계급(이를테면 자본주의)의 통제를 벗어난 피라미드는 언제나 자기 자신에만 대항해서, 즉 분리와 제도화로 생긴 위험들에 대항해서 투쟁한다. 그리고 바로 이런 자기에 맞서는 투쟁이 관료주의를 낳게 된다. 오늘날에는 더 이상 사회주의 혁명의 첫 단계가 프롤레타리아 독재를 실현했다고 아무도 믿지 않는다. 하지만 극단적 긴박함이 지속적인 상태에서는 그리고 우리가 아는 거대한 과업들의 관점에서는 혁명적 집단이 제도화되었고 그 자체로서 주권자의 고유한 합법성을 산출했으며, 집단화의 가능성을 독점함으로써 외적-조절의 실천을 통해 집렬체를 작동하고 조종했다.

사실상 집렬체적 개인들(노동조합이든 다른 조직화된 단체든)의 소위 재집단화의 주권적이고 제도적인 집단에 의한 모든 창조는 그 집단 자체의 새로운 차별화이며 새로운 확장에 불과할 뿐이라는 사실을 **변증법적 이성** 자체를 통해서 이해해야 한다. 집단의 구성원은 모두 주권자 권력의 소유자이고, 조직화가 ── 비록 그것이 하부에서 행해진다 하더라도 ── 집렬체적 개인들의 **타자**-존재를 집단-내-존재로 변형시키는 것이 아니라 오히려 거짓되고 매혹적인 총체화에 의해 순전히 강도 높은 외적-조절의 새로운 분야를 정의하기 때문이다. 가장 독재적인 **국가**의 실질적 권력의 한계는 자기 바깥에서 집단을 창출할 수 없다는 데 있다. 이 권력은 오로지 상황에 따라 다소간 증대하거나 차별화될(새로운 하위 집단들의 생산을 통한) 가능성만을 가질 따름이다. 이 권력을 통해 이 타성태적 군집들 안에서 직접 취해지는 모든 결정은 ── 이런저런 장소, 이런저런 상황으로부터 ── 그 모임들을 집렬체적 수준에서 "외적-조절화된 지대"로 이행시키는 결과만을 낳을 뿐이다. 사실상 각 집단은 ── 총체화하는 운동 안에서조차 자기 고유의 주권을 확립할 추상적 가능성을 소유하는 한 ── **국가** 바깥에서(설령 보조금이나 공식적 후원 등으로 집단이 다소간 직접적으로 국가에 연결되어 있더라도) 자기 *실천의 자율성*을 정립함으로써 스스로를 구축하거나 *아니면* 우선은 기권이나 수동적 저항이나 불복종 혹은 봉기의 실천을 통해 초월적인 주권에 대한 거부와 고발로서 **국가**에 대항해 스스로를 구축한다.

　　사회주의 세계의 내적 모순들은 완성된 거대한 진보를 통해 탈관료주의, 탈중심화, 민주화에 대한 객관적 요구를 부각시킨다. 민주화란 주권자가 차츰 *집단의 독점권*을 포기해야 한다는 말로 이해해야 한다.(이 질문은 노동자 위원회의 수준에서 제기된다.) 사실 적어도 소련에서는 부르주아 숙청이 오래전부터 완료되었다. 이는 "프롤레타리아 독재"가 **변증법적 이성**의 형식적 법칙에 대한 무지로 인해 *너무 성급하게 굳어진 낙천적인 개념*이라는 사실을 의미한다. 우선 소련에서는 이 독재의 실행이 너무 빨리 이루어진 시기가 있었다. 현실적인 독재는 집단이 스스로를 재생산하면서 ── 프롤레타리아가 그에게 부여하지 않았던 대표자의 이름으로 ── 숙청의 길에 들어선 부르주아 계급, 농민 계급, 노동자 계급 자체에 대해 권력을 행사하는 집단의 독재다. 군중의 관점에서 보면 이 집단의 주권은 합법적이지도 비합법적이지도 않았다. 이 집단 주권의 실제적 합법성은 주권자가 스스로의 과오와 죄를 통해 자신의 비합법성을 구축한 데서 비롯한다. 이렇게 **역사**가 판단하는 것이다. 오늘날에는 *너무 늦은* 감이 있고, 현실적으로 제기되는 문제는 외적-조절화된 집렬체의 점점 더 방대한 재집단화를 위해 국가가 점차 쇠퇴해 간다는 것이다. 그리고 프롤레타리아 독재가 어떤 순간에도 나타나지 않았던(노동자 계급의 총체화에 의한 권력의 실제 행사로서) 이유는 그것에 대한 생각 자체가 능동적인 주권자 집단과 수동적 집렬체 사이의 절충적 타협처럼 터무니없기 때문이다. 구성 중인 사회주의 사회의 첫 시기는 ─ 이것을 여전히 추상적인 권력의 측면에서 고찰해 보면 ─ 관료주의, **공포** 그리고 개인숭배의 확고한 응집에 불과할 뿐이라는 것을 역사적 경험은 분명하게 보여 주고 있다. 이 첫 단계는 끔찍한 폭발에도 불구하고 그 결말의 시초에 도달하는 것처럼 보인다. 그리고 어쨌든 새로운 사회주의 체제가 오늘날 어디에서 설립되든 간에 세계의 절반에서 진행 중인 사회주의화는 또 다른 국면에서 1917년 혁명을 특징지었던 것과는 또 다른 역사적 총체화를 통해 새로운 혁명을 이루어 낼 것이다.

우리의 관점에서 보면 프롤레타리아 독재의 실행 불가능성은 집단이란 어떤 형태로도 초유기체로 구성될 가능성이 없다는 점에 의해 분명해진다. 관료주의적 공포와 개인의 숭배는 구성하는 변증법과 구성되는 변증법 사이의 관계를 다시 한번 드러내 준다. 개인적 통일성의 극복 불가능한 형태로 (끊임없이 자신을 통제하고 통일하기 위해) 스스로에 대해 실제적으로 숙고하는 그 자체로서의 (그리고 다수 과업의 변별화를 통한) 공동 행동의 필연성 말이다. **스탈린**이 **당**이었고 **국가**였다는 것은 사실이다. 혹은 **당**과 **국가**가 곧 **스탈린**이었다. 하지만 그가 행사했던 폭력은 한정된 과정 안에서 두 변증법의 격렬한 모순을 보여 주고 있다. 그러니까 구성된 *실천*으로서의 집단이 자기 안에 포함하는, 그리고 공동의 내면성 안에서 다수성의 기능인 점에서 변형되고 극복되는 이 유기체적 개별성의 위상을 초월할 수 없다는 점을 말이다. 그렇지만 규제적 제삼자의 존재론적이고 실천적인 위상의 극복 불가능성은 공동체에 부여된 사실상의 ─ 그렇기에 불가지적인 ─ 한계가 아니다. 우리는 그것이 비판적 연구의 투명성 안에서 자유로운 유기체적 실천이자 상호성의 인간적 관계로서 구성하는 변증법의 전개 중에 생산되는 것을 보았다. 달리 말하자면 구성하는 변증법은 행동의 *이성*으로 스스로를 만들어 내면서 그리고 자신의 구조들을 시간화의 명백성 안에서 실현하면서 *이미* 공동 실천의 가능성과 불가능성을 결정하는 것이다. 구성하는 변증법은 **구성된 이성**을 *자연화한다.* 이렇게 해서 **구성된 이성**은 자신의 가지성 자체를 — 공동 행동의 구조화된 논리로서 — **구성하는 이성**으로부터 끌어낸다. 비판적 연구는 실천적-타성태의 장과 집렬체의 용해로부터 2차적 변증법의 형식적 기원을 *실천*과 과정의 이중적 성격 안에서 그것이 받아들이는 범위와 그것을 규정하는 한계들과 더불어 포착하게 하는 것으로 충분하다.

이제 우리의 연구는 여기에서 문제 해명의 전환적 후퇴 지점에 이르렀다. 스스로를 조직하는 집단의 실천적 통일성은 그의 대상 속에, 자기 외부의 집단들 속에 있다. 이 통일성은 기도 중인 각각의 구성원에게서 배제된 한 순간에 제삼자로서 스쳐 가고, 주권자의 활동 안에서 이론적이고 실천적으로 다시 나타나게 된다. 하지만 이 통일성은 결코 집단 자체 안에 실제로 주어지는 법이 없다. 이것은 개인적 행위의 여러 계기는 모두 능동적 전개의 통일성 안에서 각각의 통일성을 가진다는 의미에서 그렇다. 이와 반대로 우리는 집단의 진정한 힘을 이 구성원들 각자의 무기력에서 즉각적으로 포착하게 된다. 이 무기력이 기능들에 타성태의 물질적 힘을 부여하며, 그 힘으로 때리고 분쇄할 수 있는 견고하고 무게 있는 기관들을 만들어 낸다. 이처럼 집단은 물질 속으로 스며들어 간 *실천*으로서 그 물질성 안에서 — 즉 그것의 형성-과정 안에서 — 그 진정한 효력을 발견한다. 하지만 실천이 과정이라는 점에서 겨냥된 목적들은 그 목적론적 성격을 상실하게 된다. 이것들은 이른바 진정한 목적이기에 끊임없이 운명이 되어 간다.

B. 총체화로서의 변증법적 연구에 대하여: 구체성의 수준, 역사의 장

집단은 집합태들의 다소간 심층적인 와해를 토대로, 공동 *실천*의 통일성 안에서 발생한다. 그리고 이 *실천*의 대상은 집렬체들에 의해 매개되었거나 그렇지 않은 다른 집단들, 다른 집단들에 의해 매개되었거나 그렇지 않은 타성태적 군집, 집렬체들과 집단들에 의해 매개되었거나 그렇지 않은 가공된 물질과의 관련하에서만 정의될 수 있을 뿐이다.

그러나 만약 집단의 모체가 되는 집합태가 적어도 겉으로 보아 와해시키는 *실천*의 표지를 지닌다면 역으로 공동 행동의 결과는 반드시 —— 이 행동의 다른 특징이 어떤 것이든 간에 —— 집합태와 가공된 물질에 대한 결정 작용이 된다. 이렇게 해서 어떤 의미로는 집단의 객관적 실재(이 집단의 실천적 객체화)는 바로 집합태이며 비유기체다. 달리 말하자면 집단의 *실천*을 이 집단 밖에서 이 집단의 대상화의 초월적 상황 속에서 고려한다면 우리는 이 실천이 다음과 같은 세 가지 주요 특징에 의해 동시적으로 결정된다는 사실을 확인할 수 있다.

(1) 집단의 실천은 이 집단의 실천적 장을 구성하는 사회적이며 물리적인 물질성 속에서 새롭고도 통일화하는 실재들을 실현시킨다. 집단의 실천은 이 집단을 에워싸고 있는 동맹 집단이나 적대 집단 앞

에서 내적 조정이 이루어지는 동안 *참아 냈고* 동시에 다시 떠맡게 된 몇몇 변화들을 *직접적으로* 발생시킨다. 그리고 *간접적으로는* 공동의 장 속에서(이 공동의 장이 여러 차원에 있는 각각의 공동체에게 실천적 장이기 때문에) 자기 자신의 현전에 의해서만 *원거리에서의* 변화, 즉 이 공동의 장의 총체화하는 변화를 통해 멀리 떨어진 집단들을 통해 유도되고 떠맡은 조정을 낳게 된다. 실제로 이 공동의 장이 실천적 총체화의 종합적 통일성이기 때문에 각 집단에서 모든 다양성의 총체화될 수 없는 재총체화로서의, 일종의 도피하는 무서운 자율성 속에서 여러 요소 사이의 상호 관계를 총체화하는 재조건화로서의 다른 집단의 원거리 출현은 적어도 실현 불가능한 의미 작용으로서 *체계 내부의 모든 지표의 근본적 변질*이라는 지속적인 위협을 야기한다. 그리고 이 변질을 통해 *재총체화된 총체화*에 의한 집단 자체의 변화를 야기한다. 지금 당장으로서는 이와 같은 실천적 결과들의 총체가 부분적 실패를 나타내는가 아니면 성공을 나타내는가 하는 것은 별로 중요하지 않다. 분명한 것은 *실천*이 이 실천의 구체적 목표에 직접적으로 관계된 유효성을 갖는다는 점이다. 또한 이 실천이 여기에서 행하는 여러 다른 행동이 모든 *연구의 차원에서* 그리고 모든 *현전하는 집단에 의해* 모두 공동의 장 내부에서 통일되어 있다는 점 역시 분명하다.

(2) 이러한 종합적 결과들은 필연적으로 소외를 겪었다. 소외가 일어나는 계기가 반드시 객체화가 이루어지는 계기가 아니더라도 그러하다. 자유롭고 고독한 *실천*의 소외 — 이것이 실천적-타성태적 장에서 일어나는 한에서 — 는 필연적으로 직접적이다. 왜냐하면 이 의사 고독은 벌써 그 자체로 비유기적인 것의 매개에 의해 실현된 무기력 상태이기 때문이다. 그러나 공동 *실천*의 객체화는 직접성 안에

서 완전한 성공으로 실현될 수 있다. 집단이 무기력에 대한 부정이기 때문에 이것의 성공은 현전하는 세력 관계에 의해 조건 지어진다. 군대는 적군을 무력화시킬 수 있고 또 정복된 나라 전체를 점령할 수 있다. 그럼에도 이와 같은 *객체화*가 결국에 가서 진행 중인 총체화 속에서 하나의 타성태적 대상과 하나의 특수한 실재가 된다는 점에서 볼 때 공동 실천[150]은 반드시 소외되고 또 훔쳐져야만 하는 것이다. 실천적 장을 차지하고 있는 집단들이 ── 심지어 패배를 당했더라도 ── 이 장 자체를 충분히 속일 수 있고, 대상으로부터 포괄적이고 확고한 모든 의미를 끌어내는 진정한 다가성(多價性)을 충분히 이 장에 부여할 수도 있다. 달리 말하자면 생산된 대상은 그 자체로 다차원적이며, 어떤 것도 다른 여러 의미가 서로 모순되지 않으리라는 점을 보증해 주지는 않는다. 게다가 우리는 이 의미들이 집단에게 실천 불가능하며 다른 곳을 지시하는 의미로 나타난다는 사실을 알고 있다. 간접적이고 적대적인 상호성을 통해 대상은 총체화하는 집단들의 진행 중인 총체화에 의해 특징지어진다. 다차원적인 불안정으로서의 공동의 장은 대상과 집단 사이의 매개가 된다. 그러나 집단의 진실은 이 집단의 대상 속에 있기 때문에 실현된 사물의 객관적인 차원의 실천적 다수성은 활동하는 공동체로 되돌아와 직접 이 공동체를 변화시키게 된다. 왜냐하면 이 공동체의 승리가 다른 공동체들을 변화시키기 때문이다. 물론 이는 절대로 역사적 회의주의로 되돌아가야 한다는 것을 의미하는 것은 아니며, 오히려 그 *반대*다. 오히려 우리는 다음과 같은 사실을 이해해야 한다. 즉 이와 같은 다양한 의미들의 통합이 공동의 장에 속하는 모든 집단과 이 집단들의 모든 실천

---

150   '공동 실천의 결과'로 읽으면 좋을 것이다.

적 결정을 통합하는 것을 가능케 하는 하나의 전망 속에서만, 그러니까 *하나의 역사적 전망 속에서만* 이루어진다는 점이다. 게다가 사정이 어떻든 간에, 집단이 이 실천적 성공 이후에 살아남는다든가 혹은 이 집단이 스스로 조직되고 유지된다고 하더라도 다음과 같은 생각을 포기해야 할 필요가 있다. "최초의 인간들"과 더불어 시작되고 "최후의 인간들"과 더불어 끝나게 될 동일한 시간화의 과정에서 인류가 역사화한다는 생각 말이다. 시간적 초유기체가 존재하지 않기 때문에 변증법적 연구는 여기에서도 여전히 우리가 통시적인 총체화에 대해 자유로운 개별적인 시간화의 모습을 부여했다는 것을 증명해 주고 있다. *한 명의* **인간**으로 생각된 인류, 바로 이것이 구성된 변증법의 착각이다. 사실 *여러 개의* 시간화가 존재한다. 그리고 나는 여기에서 세대를 이루는 이런 통시적인 다수성에 대해서 말하고 있다. 각 세대는 이전 세대의 자연적이고 사회적인 산물이다. 그러나 매 세대는 이전 세대로부터 분리되고, *자신의 실천의 물질적 조건으로서 이전의 실천의 대상화*, 그러니까 이전 세대의 존재를 극복한다. 이것은 이 존재가 이 극복 행위에 의해 규제해야 할 타성태적 대상이 되었다는 점에서 그러하다.

이처럼 집단에 의해 태어난 객관적 과정의 시간적 전개는 이 집단으로부터 완전히 벗어난다. 이와 같은 전개는 하나의 실천이 이 과정을 실현시킨 순간으로부터 멀어짐에 따라 이루어진다. 이 과정은 새로운 실천의 조건이 되며, 대상이 된 이 *실천*의 내부에서 하나의 물질적 조건의 조건 등등이 된다. 물론 이것은 새로운 세대들이 자신들의 고유한 실천에 의해 그 객체적 과정에 *모종의* 의미와 유용성을 부여한다는 것을 의미하지 않는다. 이와 반대로 그들의 실천이 갖는 객관적 특징이 아무리 엄격하다고 해도 변증법적 전개 과정(다양한 상황을 총체화하는 종합의 과정)에서만 그 의미를 가질 수 있음을 의미한다. 이 전개 과정은 *변증법적이기 때문에* 확고해야 함과 동시에 또한 첫 번째 세대의 관점에서 볼 때 완전히 예견 불가능해야 한다.(적어도 어 느 정도 시간이 경과한 후에는 가변적이어야 한다.) 이와 같은 복수적인 시 간화와 시간적 통일(이후의 것에 의한 이전의 것의 종합적 통일, 과거의 조직 을 통한 새로운 다수성의 현재적 재통일)은 실제로 인류의 발전을 통시적 인 집단의 *실천*으로서, 즉 구성된 변증법의 시간적 양상으로서 구성 하게 된다. 공시적 집단은 하나의 공동 목표를 위한 동시적 다수성을 통일시키는 작업의 결과다. 통시적 집단은 여러 시간화의 후진-전진 적 통일의 결과다. 예를 들어 이처럼 만들어 낸 통일성과 구성된 변증 법으로서의 하나의 국가가 갖는 시간성이 한 세대에 속하는 개인들 의 생생한 시간화와 맺는 관계는 공동 *실천*이 자유롭고 유기적인 실 천과 맺는 관계와 같다. 우리는 이 문제를 다시 살펴보게 될 것이다. 어쨌든 분명한 것은 근원적 집단(이 경우에서는 최초의 집단, 그러나 그렇 다고 절대적으로 그런 것은 아니다.)에 의해 획득된 결과는 차세대에게 준 대상, 즉 점차로 비유기적 대상의 완전한 타성태로 넘어가는 준대상 이라는 사실이다. 이와 유사하게 이 준대상을 만들어 낸 살아 있는 시간화(또는 여러 시간화에 의해 매개된 상호성)는 신참자들의 극복하는 *실천*에 의해 (만들어진 과정과 통시적 통일성으로서의) 시간성의 타성태 적인 과거의 결정으로 변모한다. 아버지들의 *실천*에 의해 생성된 아 이들은 이 *실천*을 재내면화하고, 이 실천의 방향을 바꾸며, 이것을 넘 어서고, 그것의 새로운 결과에 의해 이 실천을 다른 것으로 만든다. 곧 아이들은 이 실천을 *훔치는 것이다.* 그리고 패배한 집단들이 자신 들의 패배에 의해서 일어난 변화에서조차 이 집단들을 물리쳤던 자 들을 무화하기 위해 이 패배를 이용하게 될 자식들을 만들어 내지 못한다는 것을 증명해 주는 것은 아무것도 없다.

이처럼 객체화된 *실천*은 필연적으로 이중의 소외(공시적이고 통시적인)에 의해 스스로 변화하도록 방치해야 한다. 1918년에 프랑스가 비싼 대가를 치르고 거둔 승리는 모든 면에서 다양한 사회적 변화로 나타난다. 여기서 나는 이 사실을 보여 주기 위해 다음 두 가지예 — 물론 가장 중요한 예는 아니지만 — 를 들고자 한다. 한편으로는 전면전(당시에는 국가전이라고 부른)의 최초의 출현은 평화를 되찾은 후 거의 기계적 성격을 가진(적어도 그 기원에서는) 인구 통계학적 사실, 즉 *인원 미달의 학급*에 의해 나타난다. "100만 명의 전략"이라고 불렸던 이 *군사적 실천*은 차세대들을 특징짓는 단순한 *수적 관계*로서 재차 소외되고 수동화되었다. 그러나 이 수적 관계 자체는 살아남은 자들의 맬서스주의적 실천에 의해 지지되었다. 이 실천들은 순수한 회귀의 차원에 속한다. 종교적, 정치적 금지의 대상이기 때문이다. 그러나 이 실천들은 집합태의 *이타성*에 의해 나타난 결과에 대해 이 집합태의 분석적 필연성의 양상을 부여하는 데 기여한다. 전쟁과 전후의 여러 조건은 독일에서는 아주 달랐는데 이 조건은 독일 인구의 수적 우위를 증대시키기에 이르렀다. 1918년의 승리는 유럽이라는 공동의 장에서 1940년의 패배 가능성을 만들어 내게 된다. 다른 한편으로는 1914년과 1920년 사이에 태어난 젊은 프랑스인들은 어린 시절에 그들의 뒤에서 아버지들의 광기에 의해 발발했던 괴물 같은 대상으로서의 전쟁을 발견했던 것이다. 대부분의 경우 그들은 전투적 평화주의나 보편적 평화의 꿈을 향해 이 전쟁을 극복했다. 왜냐하면 정확하게 이 전쟁은 승리로 끝났기 때문이다. 이와 반대로 독일의 패배는 패배한 아버지들에 대한 반항으로서, 독일 젊은이들에게는 *나치즘의 행사*를 통한 복수의 의지로서 극복되었던 것이다. 종종 지적된 이와 같은 역전은 이처럼 프랑스가 거둔 승리가 갖는 이중의 소외(공시적이며 통시적인)를 보여 준다. 이렇게 해서 집단의 행동은 실천적 공동체가 공동의 장에 속하는 개인들의 총수와 일치하는 가정을 제외하고는 공시적 소외[151]로 떨어질 수밖에 없는 것이다. 또한 집단의 행동은 무조건 통시적 소외로 떨어질 수밖에 없다. 집단의 *실천* 수준에서 공동의 장을 분열시키는 반목적성이 다시 나타나는 것을 목격하게 되는 것은 바로 이 사실에서부터다.(공동화된 계급들은 — 맬서스주의의 매개에 의해 회귀로서 이 계급들이 만들어진 한에서 — 과도하게 수행된 전쟁과 승리의 반목적성으로서 전쟁의 대상화를 드러낸다.)

(3) 하지만 이와 같은 상호 작용의 외부에서 행해지는 집단의 행동은 그 자체로 이 집단이 갖는 공동 지위의 근본적인 변화와 같다. 이것은 이 행동의 결과가 종합적 통일성을 상실하지 않은 채 비유기적 물질 속에 각인되거나, 스스로를 집합태 혹은 어떤 실천적-타성태적 응고물의 엄밀한 결정 작용으로 만들어 가기 때문이다. 집단의 실천적 통일성과 이 집단 구성원들이 자유롭게 맹세한 타성태는 이 집단에게 물질적이거나 인간적인 순수한 물질성의 비유기적 수동성으로 반영된다. 이때 이 순수한 물질성은 집단의 행위 위에 그리고 이 집단 각 부분의 외면성 안에 각인된 도장의 가짜 통일성을 갖게 된다. 집단은 회귀성에 반대해 구성되었다. 집단은 이타성의 법칙의 인식과 적용에 의해 집렬체적 과정을 결정하는 수단이었다. 우리는 집렬체성이 마비처럼 외적-조절된 군집에서부터 주권자에게까지 거슬러 올라간다는 것을 살펴보았다. 그러나 **권력**의 변천들은 하나의 특수한

---

151   이 개념을 통해서 내가 말하려는 바는 소외가 즉각적으로 행동을 뒤따라야 한다는 것이 아니다. 이와 반대로 이 소외가 집단과 이 집단에 속하는 세대의 역사적 시간화가 진행되는 중에 발생한다는 사실을 말하고자 한다.(원주)

경우에 불과하다. 집단은 원칙상 그 자체에서 벗어나는 반목적성을 발전시킨다. 그 까닭은 이 집단이 직접적으로 혹은 집합태의 매개를 통해 비유기체에 작용하기 때문이며, 이 집단이 군집의 집렬체적 과정을 파생시키면서 간접적으로 다른 집단들에게 작용하기 때문이다.

결국 이와 같은 점들이 이 집단의 실천에 포함된 한계다. 한 공동체의 살아 있는 종합 속에 집렬체들을 와해시킬 목적으로 태어난 집단은 유기체적 개별성의 극복 불가능한 지위에 의해 자신의 시공간적 전개 속에서 방해를 받고 있다. 또한 이 집단은 자기 밖에서 그 자신이 자기 안에서 제거하기를 원했던 비유기체적 외면성의 수동적 결정 속에서 자신의 존재를 발견하게 된다. 집단은 소외에 맞서 형성되었다. 이 소외가 실천적-타성태적 장으로 개인의 자유로운 실천의 장을 대체하기 때문이다. 그러나 개인과 마찬가지로 이 집단은 소외에서 벗어나지 못한다. 그리고 이 소외에 의해서 집렬체적 수동성으로 다시 추락하게 된다. 우리는 화석화된 실천으로서의 제도화에 대해 살펴보았다. 그러나 우리를 에워싸고 있는 사회적 장에 대한 간단한 연구를 하더라도 더 멀리까지 나아간 화석화의 많은 예를 발견하게 될 것이다. 결국 집단(외적-조절의 실천으로서)은 자신의 대상과 완전히 혼동된다. 그러니까 객체화된 존재 속으로 완전히 넘어가는 것은 집단 그 자체이지 절대로 이 집단이 행하는 *실천*은 아닌 것이다. 나는 특히 미국 사회학자들이 상점 점원에 대해 수행했던 연구를 인용하고자 한다. 그들은 최근 연구에서 미국에서 조직화된 경제 집단의 통합된 행위 주체인 점원의 실천적 행동을 보여 주었다. 오늘날 이 점원은 이수해야 할 진정한 교육을 통해 조종의 기술을 습득하게 된다. 고객(집렬체적 대상으로서)도 몇몇 법칙(이와 마찬가지로 집렬체적인)에 근거한 몇몇 사용법에 따라 복잡한 기계처럼 조종되어야만 한다. 그러나 고객을 조종하기 위해 점원은 자기 자신을 조종하는 것을 배운다(기분을 바꾸고, 고객이 옳다고 하는 등등). 그리고 이런 작업은 같은 것으로 드러난다. 즉 사람들은 조종자가 되기 위해 *자기 자신을 조종한다.* 아니면 자신들이 조종되기 때문에 사람들은 **타자들**을 조종하는 것이다. 왜냐하면 결국 스스로를 조종한다는 것(연구를 통해 볼 수 있는 것처럼)은 *점원 자신에게 아마도 가능한 일인데,* 일정한 상황 속에서 그리고 정해진 목표 속에서 실천적 자동 결정을 스스로에게 부여하는 방식으로 *과거에 조종되었다는 것*(교육되었다는 것)이다. 조종하는-존재의 존재태로서의 결정 작용과도 같은 이 조종은 집렬체성이 갖는 이중의 불확정을 가리킨다. 하나는 수직적 불확정(위계화된 집단, 조종의 조종 등등)이고 다른 하나는 수평적(조종된 자들의 외부적 집렬체)이다. 그러나 이 두 불확정 작용은 서로가 서로를 가리키며, 결국 조종 ── 우선 타자를 타자로서 취급하기 위한 단순한 기술[152] ── 은 이 타성의 보편적 법칙이 되고 만다. 조종하는 집단과 조종당하는 집렬체 사이에 놓여 있는 단 하나의 차이점은 다음과 같다. 즉 조종당하는 집렬체 속에서는 이타성이 실천적-타성태적 장의 구성적 법칙, 따라서 외부에서 지켜지는 법칙인 반면 집단 속에서는 그것이 내부에서 조직화된 *실천,* 그러나 자신의 대상에 의해 스스로 완전히 규정되도록 방치한 실천의 근본적인 외면화라는 점이다.

  당연히 집단의 집합태적 지위로의 귀환은 반드시 어느 일정한 기간에 이루어지지는 않는다. 이것을 결정하는 것은 역사적 과정의 전

---

152 **타자**가 구매하는 것을 고객이 사게 설득하는 것이 문제가 된다. 즉 이 고객이 개인으로서 구입하기를 거부하는 이 물건을 사게 하는 것이다. 고객을 한 명의 **타자**로서 취급하면서 이 *사생활*을 감추어야 하며, 그러려면 이 고객에게 **타자**로서 접근해야 한다. 조종은 이들 관계의 단순한 상호성을 통해 고객을 그의 이타성으로 보내기 위해 **타자**로서 자기 자신을 만들어 내는 데 있다.(원주)

체와 기도의 특수성이다. 하지만 만약 집단이 그 이전에 와해되지 않으면 구성된 시간성은 수동적 행동의 타성태적 도구로서의 집단과 이 실천적-타성태적 관계의 목표, 이유, 수단으로서 행동하는 군집 사이의 등가 관계를 실현하는 경향이 있다는 것은 여전히 사실이다. 우리는 쉽게 — 이것은 물론 우리의 주제는 아니다 — 외적-조절의 일반화된 실천이 어떻게 경제적으로 앞선 사회에서 사회적 대상의 새로운 객체성을 외부의, 그리고 무한적으로 제한되지 않은 조절들의 대상 — 이 조건화들 하나하나 자체는 다른 조절들에 의해 다른 대상 속에서 유도되는데 — 으로 구성하는 경향이 있는가를 보여 줄 수 있다. 여러 조절 집단(권력 집단, 정보 집단, 압력 집단 등등)에서까지 총체화하고 공동적인 *실천*의 절대적 파괴와 이타성의 도피하는 통일성으로서의 변화(집단의 경화와 여러 집렬체에 의해 이루어지는)는 무한한 집렬체성의 수평적, 수직적 다수성 속에 조작의 통일적 *실천*을 용해하는 결과를 낳게 된다. 바로 이 수준에서 구성하고 구성되는 변증법의 극복 불가능한 도식으로서의 유기체적 개인성이 갖는 이미지는 와해되었거나 아니면 집렬체성들의 교차점으로 남아 있게 된다. 그러나 또한 행동의 변증법적 구조는 이 구조의 외면성의 법칙으로서의 타성태 속에 그 자체로 각인되어 있다. 우리는 이미 앞에서 테일러의 예를 통해 하나의 변증법적 운동이 어떻게 **실증주의적 이성**의 분석 덕택에 순수한 비유기적 타성태들(특화된 기계들) 사이에서 나누어지거나 재분배되는가를 살펴보았다. 인간이 그 자신에 대해 갖는 전체적 객체성은 변증법적 행동으로 지양되고, 통합에 의해 통일된 순순한 조건으로서 아직은 재내면화되지 않은 상태로 있다. 왜냐하면 그는 정확히 **타자**에 의해서 그리고 이 **타자**에 대해서 **타자-존재**이기 때문이다. 오히려 *타자적 장*에 대한 모든 이용은 집단을 **타자**로, 즉 이

타성의 실천적-타성태적 통일로 변화시킨다. 이 역사적이고 실천적인 문제는 여기에서 우리의 관심 대상이 아니다. 비록 이 문제가 구체적 인간들의 실질적 행동이라는 관점에서 볼 때 아주 중요한 관심사라는 것이 사실이라고 해도 그렇다. 그러나 내가 중요하게 생각한 것은 바로 실현된 실천의 삼중의 특징을 통해 집단을 집단의 변천들의 끝까지 밀고 갔던 것, 그러니까 그것이 집렬체성 속에 와해되는 것을 목격하는 데 있었다.

1. 변증법적 연구의 순환성

사실상 바로 이 순환성을 통해 우리는 마침내 구체적인 것, 즉 변증법적 경험의 완성에 이르게 된다. 우리는 지금 역사적일 수밖에 없는 진정한 구체적인 것 앞이 아니라 역사적 구체성이 반드시 생산되어야 하는 형식적 환경을 이루는 형식적인 틀, 뒤틀림, 구조와 조건의 총체 앞에 있는 것이다. 아니 오히려 ── 왜냐하면 과거 존재 이외엔 아무것도 확립되어 있지 않기 때문에 ── 우리는 드디어 역사적 실천이 스스로를 구성된 변증법으로 생산함으로써 극복하는 극복된-존재의 총체적 구조와 조우하는 것이다. 이 총체적 구조는 구성하는 변증법이 강요하는 법칙에 따라 이 극복된-존재에서부터 새로운 실천의 조건으로 스스로를 구성하기 위해 이 극복된-존재와 동일한 자격으로 생산된다. 그리고 만약 왜 현재 상태의 근본적 연구가 완성된 것이냐고 묻는다면(왜냐하면 이 연구 역시 완성되고 그 결과들과 전적으로 일치하는 실천이기 때문이다.) 우리는 이 근본적 연구의 총체화하는 가치에 대한 명백한 기준은 바로 순환성이라고 답을 하게 될 것이다. 사실상 우리는 추상적 실재로서 개인의 실천적-타성태로의 소외에서 더 구체적인 자신의 첫 번째 특징을 발견한다는 사실을 살펴보았다. 그러나 **존재**의 비변증법적 축적인 실천적-타성태는 사회성을 집렬체에 대한 집단의 공동 작업으로서, 소외된 자유의 재출현을 필연성에 가해진 폭력으로 고안해 낼 기회를 주었다. 그리고 이 공동 *실천*은 집렬체성의 장에 대해서는 실천적 진실을 주었다. 말하자면 공동 실천은 이 장을 드러내고, 그것을 *용해되어야 하는 것*으로 구성했던 것이다. 그러나 증가하는 복잡성의 차원에서 이루어진 다른 구조들에 대한 연구는 집단에서의 타성태의 재현을 우선 상호적으로 만들어진 타성태 안에서 *공동-존재*로 있기 위해 그 자체에 대해 대항하는 자유의 자유로운 폭력으로서 보여 주었다. 이것이 바로 필연성으로서의 자유라고 명명되었던 것이다. 이와 같은 사실을 토대로 항상 더 긴급한 상황의 압력하에서, 그리고 희소성의 환경 속에서 자유롭게 동의된 이 필요성은 타성태 자체의 고유한 힘에 의해 맹세된 신념, 내면성 (조직화된 관계, 제도화된 관계)의 재외면화를 추진하는 행위 주체가 된다. 이것은 외면성(제도)의 가장 극단적인 양상이 그 자체의 제도적 지위 안에서 재내면화의 조건들과 방법들을 생산할 때까지 그러하다.

실제로 계속되는 변증법적 연구를 통해 우리는 주권을 화석화의 주체로, 집렬체성의 증가로 나타나는 결과이자 주요한 요소로 제시한 바 있다. 게다가 이 집렬체성은 단지 그것을 강요하는 물질적 조건들 안에서(분리 따위) 서약된 타성태의 형식적 전개가 아니다. 집단이 타성태적 군집에 대한 직접적 관계로 구성된다는 점을 고려해 보면 이타성은 이 집단 내에서 이 집단을 일군 재료로 소급한다. 그렇지만 *만들어진* 상호성으로의 집단이 자연의 소여가 아니라 인간의 생산물인 것과 마찬가지로 이 집단이 집렬체에 가하는 행동은 외적-조절이라고 불렀던, *만들어진* 집렬체성의 형태를 생산한다. 이처럼 통일성이 점점 고착되면서 인간적 밀랍 위에 찍힌 각인을 닮아 가는 집단과 타성태 자체가 힘의 원천이 되어 가는 군집 사이의 차이는 점차 사라지는 경향이 있다. 왜냐하면 이 에너지가 집렬체성 한가운데로 끌어들인 가짜 통일성에 의해 집렬체적 행위들의 이익을 위해 사용되기 때문이다. 그러므로 집단이 집합태들로부터 떨어져 나가는 순간, 그리고 공동 시도가(이 시도의 실천적 성공 — 아니면 성공의 가능성 —, 곧 절반의 실패나 존재론적 실패에 의해) 우리를 집합태들로 정확하게 다시 인도하는 순간 우리는 집합태들의 영역을 떠난 것처럼 보인다. 왜냐하면 자유의 필연성은 필연성의 자유로부터의 점진적 소외를 내포하고 있기 때문이다. 그러나 연구가 끝날 때조차도 우리는 우리 자신이 방치했던 상태의 집합태들을 다시 발견하지 못할 것이다. 왜냐하면 하나의 집렬체의 표층에서 이루어진 집단의 단순한 구성 역시 집렬체성의 다른 층위들에서 일종의 추상적이며 배타적인(집단화되지 않은) 통일성을 이루기 때문이다. 연구의 어느 계기에서나 집단이 행한 실천과 조작은 순환을 외적-조절의 형태 아래에서 기만적인 종합으로 이용하면서 특정 분야의 집렬체들을 차별화한다. 결국 화석화된 집단들은 순수한 외면성의 타성태적 각인이 되어 버린 자신들의 *실천적 통일성과 함께* 다시 집렬체로 추락한다. 이처럼 가공된 물질이 노동에 의해 생산된 결정 작용들을 지탱하듯이 집렬체들은 의미 작용들(죽은 총체화들과 가짜 총체성이 된 총체화들)을 지탱하고 집렬체화한다. 달리 말하자면 집렬체들은 특정 영역에서 비유기적이면서 가공된 물질성이 되었다.

집단을 심층적 기원에서 고려해 보면 — 그 뚜렷한 목적이 무엇이든 간에 — 다음과 같은 사실은 의심할 여지가 없다. 즉 이 집단은 인간들 사이의 매개에 관계된 그 자체의 비인간적 힘을 가공된 물질로부터 빼앗아 이 권력을 공동체 안에서 각자와 모두에게 주기 위해, 그리고 구조화된 범위 내에서는 *교감된 자유로운 실천*(서약 따위)에 의해 실천적 장(사물과 집합태)의 물질성에 대한 재장악으로서 스스로를 구성하기 위해 생산된다는 사실이 그것이다. 이 집단이 집합태의 침식 작용으로 첫 모습을 나타날 때부터 우리는 ── 마르크스주의자들의 용어를 사용하자면 ── 거기에서 인간을 그 자신의 생산물의 생산물로 만들어 버리는 이타성의 지위로부터 이 인간을 떼어 내려고 하는 투기를 볼 수 있다. 이것은 그렇게 함으로써 이 인간을 *그 자리에서* 적절한 실천들을 통해서, 그리고 *집단의 산물로*, 즉 ── 집단이 자유인 한에서 ── *그 자체의 고유한 산물로 변형시키기 위함*이다. 물론 이와 같은 구체적인 이중의 시도는 정해진 상황에서, 욕구와 희소성의 기본적 틀 안에서 이루어진다. 그러나 욕구를 통한 조건화가 필요 불가결하고 엄밀할지라도(직접적으로 혹은 간접적으로) ── 단순히 실천적-타성태의 반변증법적 존재 안에서 확인되고 사라지는 그리고 그 존재의 부정 자체로 다시금 생성되는 변증법적 발전이 문제가 되기 때문에 ── 이것만으로는 집단이라 불리는 *이 실재 자체의 구축을 실증주의적 이성의 의미로 설명하는 일이* 충분하지 않다. 게다가 우리는 위협이나 욕구가 타성태적 군집의 여러 층위에서 부정적 통일성을 야기한다는 점을 살펴보았다. 왜냐하면 이 층위들이 이미 (적에 의해, 자연적이지만 총체화하는 위협 등등에 의해) 통일되어 있기 때문이다. 각각의 **타자**에게 자기 안에서 **타자**를 제거할 가능성이 주어지는 것은 바로 종합적 통일성이 갖는 추상적 의미들에 기초해서다. 이렇게 해서 집렬체적 불가능 속에서 집단의 부정적 가능성은 도처에서 무기력함을 부인하는 것으로서, 혹은 이 무기력함이 일시적으로 불가능하게 만드는 것으로서 발생한다. 집단은 도구로서만 아니라 존재 양태로 정의되고 생성된다. 집단은 — 초월적 임무라는 그 자체의 엄밀한 결정 속에서 — 자유로운 인간관계들의 자유로운 환경으로서 정립된다. 집단은 서약을 기초로 인간을 자유로운 공동 개인[153]으로 만들어 낸다. 그리고 이 인간은 **타자**[154]에게 자신의 새로운 탄생을 부여한다. 이렇게 해서 집단은 희소성의 틀 안에서 주위의 물질성을 통치하는 가장 효율적인 수단임과 동시에 인간들을 이타성으로부터 해방하는 순수 자유로서의 *절대적 목적*이다.

이러한 관찰을 통해 우리가 겨냥하는 것은 집단과 집합태의 근본적 상호성을 보여 주는 것이다. 왜냐하면 사실상 집단은 집합태의 **타자들**과 함께 구성되기 때문이다. 집합태의 외부에서 겪은 모든 특징이 집단 자체로 이전되고, 내면화되며, 서약을 통해 수용되어 집단을 내면적으로 결정하게 된다. 편견들과 사상적 경향들을(선전에 의해 착취 계급이 피착취 계급에 도입한) 청산해야 하는 혁명당은 이 사상과 편견으로 인해 결정된 피착취자들의 연합에 의해 형성된다. 집단이라는 구체성의 분야에서 이와 같은 수동성은 각자의 내부에서 타성태로 머물러 있는 **타자**-존재로, 각자와 전문화된 조직들에 의해 있는 그대로 청산되어야 하는 타자-존재로 나타난다. 따라서 자유 속에서의 재개는 — 이 부정적 예에서 — 상속받은 특징을 청산하기 위한 집단의 개조에 의해 특징지어진다. 이런 의미에서 보면 집합태를 이루는 수동적 결정 작용들의 얽힘은 집단 내에서 자신을 향한 (긍적적

---

153 앞에서 지적한 대로 여기에서 공동 개인이란 서약을 통해 이루어지는 '서약 집단'의 구성원 자격으로 '나'는 '타자'와 구분이 없는, 즉 '나'는 '나'이면서 '타자'이고 '타자'는 '타자'이면서 '나'인 그런 관계에 있는 '개인'이 된다는 의미다.
154 서약 집단에서 '나'는 '타자'와 동등자가 되기 때문에 '나'는 '타자'에게 나의 '새로운 탄생'을 알릴 수 있다.

이고 부정적인) 행위들의 방향으로서 초월적 목표의 틀 안에서 완전하게 재생산된다고 말할 수 있다. 실천적 공동체의 모든 시간화는 *내부에서부터* 재구조화된 이타성들의 진보로, 진보가 실천에 의해(즉 목표에 대한 행위와 목표의 반응들에 의해) 조건 지어지는 범위 내에서 특징 지어진다. 가령 프랑스의 **1공화국**은 왕당파에 의해 선포되었다. 또는 [루이 16세가] 바렌[155]으로 도주했을 때 여러 모임, 클럽 등을 통해 눈에 띄지 않은 타성태로서의 이들 왕당파의 왕정주의가 드러나게 된 셈이었다. 그리고 그다음 해에 **역사**의 운동 자체에 의해 조건 지어진 재구분, 청산, 분리, 숙청을 통해 권력 집단과 압력 집단은 **공화국을 선포함으로써 자신들을 공화파로 만들어 갔던 것이다.** 역으로 집단이 *집렬체의 일부로 이루어졌기* 때문에 이 집렬체는 이와 같은 박탈에 의해 그 심층에서 이미 결정되어 있었던 것이다. 집단화 운동의 통일성은 이타성 내에서 부정적으로 포착된다. 이 집단화는 공포심을 주고, 각각의 **타자**는 자기가 **타자들을** 위해 모종의 대가를 지불하게 될 것이라고 상상한다. 행위는 마비된 자들에게 겁을 준다. 하지만 이와 동시에 행위는 자기 고유의 정당성을 정립하게 된다. 왜냐하면 이 행위가 자기 자유를 재확인하기 때문이며, 그 결과 이 행위가 타자를 집렬체성 속에 빠뜨리는 타성태적 총체로서 (자유 안에서 청산하거나 다시 수용하도록) **타자**의 존재태를 지칭하기 때문이다. 그런데 **타자**의 소외는 각자 안에서 소외된 자유에 의해 유지되고 경험된다. 이 자유는 그 객관화와 결과 등등에서 소외된 자유이긴 하지만 타자가 존재하

---

155 프랑스 대혁명이 한창 진행되던 1791년 6월 20일 밤 혁명 세력에 반대하던 루이 16세가 왕비인 마리 앙투아네트와 오스트리아로 도주하려다가 붙잡혀 파리로 이송되는 사건이 발생한 곳으로 유명하다. 이것이 그 유명한 바렌느의 국왕 탈주 사건으로, 이 사건은 또한 '국왕의 장례 행렬'로 명명되었다.

기 위해 스스로 사라지는 것이기 때문에 자유롭고 구성하는 자유다. 왜냐하면 **타자**가 존재하기 위해서 이 자유는 스스로 사라지기 때문이다. 이처럼 필연성을 소외로 생산해 내는 일에 소모되는 각각의 실천적 자유의 입장에서 보면 집단은 통합의 자유로운 가능성이다.(사람들은 이 집단에 합류할 수 있고, 등록할 수 있다.) 따라서 집단은 이타성 아래에서 각자의 결심에 호소한다. 상황과 특수한 역사에 따라 각자는 그렇게 함으로써 집렬체에서 그 자신에 의해 그리고 그 자신을 위해(집단의 매개를 통해) 이타성 청산을 시작하게 될 것이다. 그리고 단호하게 집단을 거부하는 이 타자는 *마치* 이타성이 자유로운 공동 실천의 결과인 *것처럼* 이 이타성을 떠맡아야 한다. 즉 마치 **타자**-존재가 가치들의 체계인 것처럼, 실천적 조직인 것처럼 행동해야 한다. 바로 그렇기 때문에 이 타자는 집단의 행위를 부정적으로 반영하고, 이타성을 와해시키는 데 기여하게 된다.

따라서 집단과 집렬체 사이에서 삼투압의 성질을 가진 변증법적 교환이 구체적으로 이루어지게 된다. 집렬체는 집단을 그 수동성으로 오염시킨다. 집단은 이 수동성을 내면화하고 도구성으로 변화시키거나 이 수동성이 집단을 파괴하는 것으로 끝나기도 한다. 집단은 모든 형태하에서 이타성의 지위를 직접성에서 벗어나게 강요하고, 있는 그대로의 집합태 안에서 *반성*을 결정한다. 그러나 그 역의 상호적 관계도 가능하다는 점을 잊지 말자. 집렬체는 여전히 단편적인 동요들을 통해 자신이 집단 속에 용해될 지점으로 다가가고 있음을 나타낼 수 있다. 이렇게 집렬체는 자기를 "나타내는" 능동적 공동체에 실질적 압력을 행사할 수 있다. 그리고 화석화되고 있는 집단은 그 자체의 타성태에 의해 집합태 속에서 집렬체 용해의 장애가 될 수 있다. 어쨌든 집합태에서 추출된 것으로서의 지도 집단은 통일성의 다음과 같은 이중의 구조를 결정한다. 하나는 긍정적이지만 착각을 일으키는 것으로 외적-조절의 환경에서 나타나는 총체성의 신기루다. 다른 하나는 실재적이지만 부정적이고 양가적인 것으로 집단에의 비소속에 의해 이루어지는 집단화되지 않은 자들의 총체화다. 그들의 비소속은 결국 각자 속에서 극복해야 할 무기력으로(부정적 총체화의 부정으로) 혹은 집단 가입에 대한 실천적 거부로(내면의 실천적이고 총체화하는 관계로서의 이타성의 구성, 곧 반(反)집단들)[156] 체험되어야 한다.

따라서 집렬체성으로의 퇴락과 추락을 통해 집단은 원거리에서 집합태 내의 의사 종합적이거나 혹은 부정적으로 종합적인 변화들을 결정하게 된다. 융화 집단 — 무기력과 행동의 직접적 연결, 자유로운 *실천*과 감내된 이타성의 직접적 연결 등으로서의 — 이 방금 빠져나온 집합태가 갖는 유도되고 신기루 같은 통일성은 외적-조절의 통일성들과는 완전히 다르다. 실제로 제한된 집단은 이 외적-조절의 통일성을 통해 — 이 집단이 이 통일성들을 규칙에 따라 만들어 내는 방법을 안다는 점에서 — 정의되지 않은 집렬체(이른바 에너지의 변환이라는 물리적 의미에서)의 수많은 잠재성을 이용할 수 있으며, 그 목적은 기계들을 통해 사회적 장에 제한된 변화를 가하는 데 있다. 이처럼 *실천으로서의* 집단은 각각의 차원에 적합한 지위와 더불어 모든 심

---

156 주권자에 의해 통제 기구에 통합되지 않는 한 반집단들은 집단이 아니다. 이 반집단들은 그 자체 내부에서 *자신들의 모임에 의해* 적대 집단의 신기루를 이룬다. 여기저기에서 이 반집단들은 조정된 집단처럼(안내자, 조직자 등과 더불어) 나타날 수 있다. 그러나 이러한 실천적 총체화의 특징에도 불구하고 이 반집단들의 구조는 집렬체적이다. 적대(그러나 *진정으로* 실천적인) 집단과 부딪치면 이 반집단들은 곧 흩어지게 된다. 순수한 집렬체성과의 차이는 각자가 **타자들**의 걸음걸이로, 따라서 결국은 *타자-걸음으로* 걸음으로써 마침내는 실천적이며 수용된 이타성에 감염되고 마는 것이다. 그러나 "*실천적*"이고 "*수용된*"이란 두 특징은 귀납적이다. 외부에서 타성태를 스스로 부정적 행위가 되도록 강요하는 것은 바로 자유로운 *실천*이다. 따라서 이 결정의 내면화가 수용된 이타성이 된 것이다. 사실상 어떤 것도 수용된 것은 없다. 단지 사람들은 **타자**로 남고, **타자**로서, **타자들**에게서 집렬체들의 와해를 막는 시도를 하는 것이다.(원주)

층적 차원에서 형성된다. 즉 여기에서는 외적-조절의 지위가, 더 낮은 수준에서는 순수한 집렬체성이, 더 낮은 수준에서는 물리-화학적 두 상태의 더욱더 엄밀하게 방향 지어진 등가성이 만들어지는 것이다.

앞의 문단들을 요약하기 위해서는 구성된 변증법이 이중의 순환성으로 나타난다는 것을 지적하는 것으로 충분할 것이다. 첫 번째 순환성은 정적 질서에 속한다. 실제로 우리는 집단의 행위의 구조나 노선이 방금 이 집단이 빠져나온 집합태의 특징들에 의해 정의된다는 사실을 확인한다. 이와 동시에 이 집단은 집합태와의 실천적 관계에서 유도된 이타성으로서 그리고 수동적 활동의 이용으로서 재생산되는데 이는 모든 심층적 수준에 걸쳐 이루어지며, 결국 *기계*의 운동과 생산의 리듬 자체가 되기에 이른다.[157] 두 번째 순환성은 지속적 운동으로 조만간 활동 중인 집단들을 타락시켜 다시 집합태로 떨어지게 만드는 운동을 말한다. 나는 여기에서 다음 두 가지 사실을 떠올린다. 하나는 이 순환성이 오로지 **역사** 운동에 의해서만 제약받는다는 사실이다. 다른 하나는 집단들의 위상이 어떠하든, 그리고 어떤 단호한 법칙도 이 집단들로 하여금 우리가 서술한 다른 위상들을 잇달아 거치도록 강제함이 없이 이 집단들은 실천적-타성태적 장으로부터 솟아오르거나 혹은 다시 그곳에 빠질 수 있다는 사실이다. 융화 집단은 한순간에 와해될 수도, 주권으로 이어지는 긴 전개 과정의 초기 단계가 될 수도 있다. 그리고 우리가 엿보는 복잡한 세계에서는 주권 집단 자체도 직접적으로 집합태 자체에서(아니면 그 집합태의 외적-조절의 영역에서) 솟아날 수 있다. 다만 위상(분리, 제도, 실천의 외면화, 극

---

157 공동의 장의 총체화 속에서 모든 집단은 당연히 적대적 혹은 연대적인 모든 집단에서 그 자체의 객관성 또한 발견한다. 하지만 이 수평적 순환성은 너무 명백해서 우리는 지체할 필요가 없다. 우리에게 중요한 것은 수직적 순환성이다. (원주)

복 불가능한 제삼자에 의한 재내면화)에 대한 모든 단호한 규칙이 그들의 상호적 조건화 과정에서 동시에 주어지지 않는다면 이 주권 집단의 출현은 실제적으로 이루어질 수 없다. 그러나 이것은 전혀 놀라운 일이 아니며, 역사적 총체에 의해 집단이 *이미 반쯤 화석화된 상태로* 솟아나는지가 결정된다. 왜냐하면 구체적 현실에서, 즉 *시간화의 모든 계기*에서 살았건 죽었건 간에 *모든 집단의 모든 위상과 모든 집렬체적 형태*(유도된, 환상적이거나 실질적인, 부정적이거나 긍정적인)가 거역할 수 없는 관계들의 얽힘으로서, 그리고 진행 중인 총체화 과정의 분산된 재료로서 한꺼번에 주어지기 때문이다.

이처럼 집렬체의 희생으로 자유롭게 형성되는 모든 서약 집단은 반드시 그 자체로 차별화가 덜 된 구조들을 가리키고, 결국에는 이 집단의 기본적 형태이자 그 보증이기도 한 융화 집단을 가리키게 된다. 그러나 규제하고-규제된 제삼자의 총체화하는 계기로서의 융합은 서약 자체에서, 혹은 그보다는 서약 결정의 계기에 생겨난다. 거수하는 첫 번째의 제삼자는 그 순간 집렬체에 대해 모든 곳에서 와해될 기회를 만들어 준다. 그리고 이 집렬체는 *편재성으로서의 서약에 의해* 와해된다. 그 단계는 생략되지 않는다. 그 단계는 2단계의 직접적인 근거로서 생겨나게 된다(그리고 필요한 경우에 2단계는 3단계의 근거로서 생겨나게 된다 등등). 이와 마찬가지로 융합과 서약은 그 야성적이고 위장된 폭력으로 *조직화* 중인 한 집단의 미약한 계약적 연관을 지탱해 준다. 실제로 우리는 융합과 서약을 재조정의 시기에 나타나는 동료와 우두머리의 완강한 태도에서 다시 보게 될 것이다. 게다가 여기에 덧붙여야 할 것은 ─ 모든 집단적 형태가 그 자체로 인간의 노동에 의해 고안되고 *창조된* 것임에도 ─ 그 각각의 형태는 항상 여러 실천적-타성태적 장에서 그리고 유사한 형태들(죽었건 살아 있건 간에)

에 의해 이미 규정된 여러 공동의 장에서, 그들의 존재의 직간접적인 영향하에 *재생산된다*는 사실이다. 실제로 우리는 어떤 집단도(이 집단이 어떠한 형태로 나타나든 간에) 모든 사회적 장에 영향을 주지 않고 생겨날 수 없다는 사실 그리고 집렬체성 자체도 —— 수동적으로 혹은 능동적으로 —— 통일적인 도식들로 규정되며, 이 도식들은 재집단화의 실천적 운동으로 다시 반복될 것이라는 사실을 방금 보았다. 바로 이 정적이고 역동적인 이중의 순환성은 모든 사회적 구성물의 모든 수준에서의 전환적 관계하에 나타나기 때문에 변증법적 연구의 최종적 계기와 동시에 사회성의 구체적 실재성을 구성한다.

우리 연구의 이 구체적 계기는 우리가 하나하나씩 도달하고 극복한 모든 추상적 계기를 재통합시키며, 그렇게 이 계기들을 구체적인 것의 한가운데에 그 구체적인 기능을 다시 위치시킨다. 그리고 우선 고립된 개인의 자유로운 *실천*은 혼자 사는 인간 특유의 의심쩍은 성격을 잃는다. 즉 고립된 개인이란 없다.(적어도 고독을 사회성의 특별한 구조의 하나로 생각하지 않는다면 말이다.) 하지만 역사적 총체화에서 **타자**를 위한, 혹은 공동 개인을 위한 고립된 개인의 실재적 소멸은 구성하는 변증법으로서, 기능과 초월적 대상 사이의 중개(하나의 다른 수준으로의)로서의 조직적 *실천*을 기초로 해서 이루어진다. 어디에서든 결코 우리는 고립된 개인을 *만나지* 않는다. 단지 그가 구성된 변증법의 상대성으로서, 즉 집단의 존재론적 위상의 기본적 부재로서 그리고 공동적 개인들의 전환적 추방으로서(**동지애-공포**) 은밀하고 부정적으로 만나는 것이 아니라면 말이다. 또한 집단이 개인숭배 속에서 다수의 개인들을 와해시킨다는 패러독스[158] 속에서 만나는 것이 아니

158 "······라는 사실 속에서 나타나는 이 패러독스······."(편집자 주)

라면 말이다. 이렇게 해서 이제 우리는 구체적 변증법이란 한 집단의 공동적 *실천*을 통해 베일을 벗는 변증법임을 알게 되었다. 그러나 또한 엄밀히 개인적인 모델로서의 유기체적 행위의 극복 불가능성(개인들의 통합을 통한)이란 역사적 합리성을 위한 기본 조건임도 알게 되었다. 즉 **구성된 변증법적 이성**(모든 공동 *실천*의 살아 있는 가지성으로서)을 항상 현전하고 항상 위장된 토대, 그러니까 구성하는 합리성에 결부시켜야 한다는 사실을 말이다. 집단을 그 토대에 결부시키도록 하는 이와 같은 엄밀하고도 항구적인 제한이 없다면 공동체는 고립된 개인 못지않게 추상적일 것이다. 혼자 사는 인간과 정확히 상응하는 것으로 집단에 바탕을 둔 혁명적인 양 떼가 있는 것이다.

하지만 이와 마찬가지로 집렬체들을 제외하고 집단을 생각하는 것도 집단들을 제외하고 집렬체들을 생각하는 것만큼 추상적일 수 있다. 실제로 하나 혹은 여러 집단의 역사적 생산은 새로운 형태를 가진 실천의 장을 결정하는데 우리는 그것을 공동의 *장*이라 부른다. 반면 집렬체성은 우리가 *실천적-타성태*라고 부르는 장을 규정한다. 하지만 우리가 방금 밝힌 바 있는 순환성은 이제 왜 변증법이 — 운동의 단호한 규칙으로서 — 우선권의 문제에는 대답이 없는가를 설명할 수 있게 해 준다. 사실 집단이 집렬체성 자체에서 그리고 이 집렬체성에 맞서 구성되기는 하지만 이 집렬체성이 집단 이전의 지위라고 *선험적*으로 선언하게 하는 것은 아무것도 없다. 우리는 항상 함께 주어진 집단과 군집을 보게 될 뿐만 아니라 또한 변증법적 연구와 탐색만이 문제가 된 집렬체성이 당장의 군집인지, 과거의 집렬체화된 집단들에 의해 구성된 것이 아닌지 규정할 수 있게 할 것이다. 실제로 우리는 이 집단과 군집이 조만간 타성태의 지위로 되돌아간다는 사실을 확인한 바 있다. 집렬체성이란 이 응축물은 사회성-대상의 기반으로서 비유기적인가, 아니면 조직이 파괴된 그 이전 생명체의 티끌로 축소될 것인가? 혹은 — 일상의 경험에서 우리가 파악하듯이 — 재집단화와 화석화라는 지속적인 이중의 운동이란 없는 것인가? 이 모든 것은 지금 우리에게는 별로 중요하지 않다. 중요한 것은 오히려 이 가능한 것들의 가지성을 정초하는 것이었고, 우리는 그것을 이루었다.

2. 투쟁 집단, 제도 집단 그리고 집렬체로서의 사회 계급

게다가 이 수준에서는 복잡한 형태들, 즉 우리가 *사회적 실재*라고 부르기로 한 것이 순환성에서, 그리고 이 순환성으로 인해 취하게 되는 복잡한 형태들이 반드시 단일하고 규정된 가지성 수준에 포함되거나 실천적-존재론적인 특정의 위상 속에 갇히지 않는다는 사실 또한 관찰해야 한다. 이것은 이 집단이 그 자체의 실천적 총체화의 계기에서까지 집렬체성의 운명을 지닌다는 사실에서만 기인한다는 의미도 아니고, 이 집렬체성이 어떤 상황에서 공동체로 변형될 수 있다는 사실로부터 기인한다는 의미 또한 아니다. 특히 중요한 것은 집단이 집렬체에 의해 영향을 받은 상태에 머문다는 사실, 자유의 환경에서는 집단이 집렬체의 실재가 된다는 사실 그리고 집단의 주권적 자동-생산에 의해 집렬체가 실천적-타성태의 완전히 비유기적 층위에 이르기까지 규정된다는 사실이다. 따라서 특정 실재들을 위한 개별적 위상을 생각해야 한다. 이 실재들의 통일성은 공동적인 다수성들과 *집렬체적인 다수성들* 사이의 내재성의 연관으로 나타날 것이다.

예컨대 사회 계급의 경우가 그러하다.(이 계급이 착취 정부 내에서 규정되기 때문이다.)[159] 우리는 어떻게 계급적 존재(예컨대 노동자 계급의 경우에서)가 무기력한 집렬체성으로 정의되는가를 살펴보았다. 이것은 노동자 계급이 실천적-타성태적 요구들에 의해 자격이 부여되고 규정되기 때문이다. 노동자가 기계(비소유)와 맺는 최초의 그리고 부정적인 관계, 자유 계약의 신비화, 임금 체계와 자본주의 과정에서부터 노동자에게 적대적 힘으로 바뀌는 노동 그 자체, 이 모든 요구는 집렬체적 분산과 노동 시장에서의 적대적 상호성이라는 환경 속에서 실현된다. 체계 내의 실재적이고 엄격한 과정이라고 할 수 있는 소외는 무한한 회귀로서의 *이타성*에서 그리고 이타성에 의해 생겨난다. 이 이타성은 추상적 구조를 완전히 구체적인 역사 운동에서 구체화한다. 하지만 이 분산적 골격은 노동자들 상호 간의 도피적 무기력의 관계로서 이 구체화 과정에 긴요하다. 산업화는 그 자체의 프롤레타리아 계급을 만들어 내고, 이 계급을 조직 운동으로 유도하고, 노동자들의 출산율을 조절한다. 하지만 무기력이라는 위상은 다른 데와 마찬가지로 여기에서도 프롤레타리아의 집렬체화를 통해 실현된다.

그러나 집렬체적이고 실천적-타성태적인 이 위상은 만약 집렬체를 와해시킬 지속적 가능성이 각자에 주어지지 않았다면 계급 투쟁을 만들어 낼 수 없을 것이다. 그리고 우리는 이 가능한 통일체의 최초의, 그리고 추상적 규정이 계급적 이해관계를 통해 운명의 가능한 부정(否定)으로서 나타남을 보았다. 그러나 계급의 현동화된 집단으로의 변모는 혁명 시기에조차 어느 곳에서도 이루어진 적이 없다. 실제로 우리는 집렬체성이 다양한 수준에서 구성되어 다변적인 목표

---

159 하지만 사회학자나 "원시"사회를 연구하는 민족학자가 정의하는 것과 같은 그런 계급의 경우는 아니다.(원주)

를 추구하는 행동 집단들에 의해 지속적으로 침식되어 있음을 알고 있다. 앞에서 보았듯이 노동조합은 제도화되고 주권화되는(스스로 관료화할 지속적 위험을 무릅쓰면서) 조직 집단의 전형이다. 그렇지만 분명 노동조합은 그 자체의 자발적 창출에서도 노동자의 계급적 존재를 극복 불가능성에서 정의하는 타성태적 특징들을 다시 취하지는 않을 것이다. 우리는 이 점을 특히 무정부적 조합주의를 위해 제시하려 했다. 다시 떠맡은 — 일반적으로 무지하여 — 이 구성은 공동 행위에 타성태적 한계들을 지시하는 데 기여한다. 우리는 이 사실 또한 살펴보았다. 이처럼 계급 전체가 계급으로 구성된 조직화된 집단에 존재함은 의심의 여지가 없다. 계급의 집합태적 집렬체성이 제한으로서 그 자체의 실천적 공동체의 비유기적 존재라는 사실도 마찬가지다. 문제는 두 가지 형태의 계급이고, 공동체는 프롤레타리아-실체라는 스피노자의 방식으로 고려할 것이 아니다. 왜냐하면 공동체란 그와 반대로 *계급의 실천 기구*로 구성되었기 때문이다. 다만 이 기구들과 이 기구들의 토대인 집렬체의 관계는 생각보다 복잡하다. 우리는 그것이 생산 수단에 달렸음을 안다. 그런데 자본주의자들로서는 이 수단들을 꾸준히 변형시켜야 하는 것이 하나의 당위다. 이처럼 관계는 기계의 유형에 따라 변하게 된다.

실제로 1914년 이전에는, 그리고 다용도 기계를 기반으로 한 노동조합적 실천은 노동자들이 *직업을 수행하는 만큼* 그들 자신에 의해 규정됨을 우리는 확인했다. 그러므로 집렬체의 와해는 기정사실과 같다. 사실 통합은 정상에서 이루어진다. 이것은 엘리트 노동자의 연합이다.(다용도 기계로 생겨난, 선발된 노동자들이다.) 다른 한편 그들 각자는 주권자의 구성원들의 자격으로서 그들 주위에 작업을 도와줄 단순노동자들을 결집한다. 그러나 그가 그들과 함께 (노동조합 투쟁에서) 진정한 실천적 공동체를 형성하는 것은 아니다. 왜냐하면 그들이 자력으로 하나의 집단을 구성한 것이 아니고, 공동체를 집단 중심에서 제도화된 주권으로 만들어 낸 것이 아니기 때문이다. 사실 엘리트들의 연합으로서의 조합들은 그들의 주권을 조합 창출 행위 자체 내에서 구성한 것이다. 그리고 이 주권은 단순노동자들과 비교해 볼 때 합법적이지도 비합법적이지도 않다. 이 다른 세계에서 스스로의 합법성을 만드는 것, 그리고 집렬체적 세계에서 무기력으로 인정될 수밖에 없는 것도 다른 세계의 사실(집단의 사실)이다. 군주적 노동자에 의해 *외부적*으로 결집된 그의 노동력은 집렬체적 상태에 있다. 우선은 그들 간에, 다음에는 다른 군주적 노동자들과 관련하여(지휘 집단처럼, 그들에게 조합 가입을 거부한), 그다음으로는 다른 단순노동자들 간에(다른 작업장, 다른 공장들에서) 집렬체적이다. 그들은 자신들 가운데 누구도 소속되지 않은 다른 집단의 매개로밖에는 서로 연결될 수 없다. 이것이 의미하는 바는 그들의 상태가 이중으로 집렬체적이라는 점이다. 착취란 항상 그들의 경쟁적 적대 관계와 무능에 기반을 가짐으로 집렬체적이다. 다른 단순노동자의 다른 군주적 노동자에 대한 복종과 신뢰가 여기에서 그들의 신뢰(파업 참가 따위)를 제약하기 때문에 집렬체적이다. 그러므로 20세기 초반 프랑스 노동자 계급이 스스로 자기방어 기구들을 만들었다거나 노조의 투사(*실천적 계급-통일체의 공동 개인으로서*)가 노동자(수동적이고 착취당하는 집렬체성의 구성원으로서)와 구별되지 않았다는 주장은 잘못된 것이다. 실제로 특정 부류의 노동자들은 — 군주적 노동자들 — 군주적 집단, 즉 노동자 계급의 *실천적 구현*[160]으로 구성된다. 이 집단은 그 자체의 지역 대리인

160   나는 "대표"가 아니라 "구현"이라고 했다. 그 까닭은 이 노동자들이 자신들을 뛰어난 노동자 계급이라고 생각하기 때문이며, 또한 그들이 여전히 착취에 대한 자신들의 비난을 그들 노동의

들의 중개로 아직 가입하지 않은 "하위-프롤레타리아" —— 그의 계급적-존재는 집렬체성이었다 —— 에게 공동의 의지를 강요한다. 이 두 양태의 구분은 너무 뚜렷해서 그 결과 노동조합들은 —— 제2차 산업 혁명의 산물로서의 —— 양성공들 가운데서, 그리고 그들 가운데 일부에서 새로운 노동자들, 전문 노동자들 —— 이들은 이미 특수 기계들로 인한 작업 능력 상실에서 태어났다 —— 이 다시 태어나는 것을 알아차릴 수 없었던 것이다.

이런 의미에서 20세기 노동자 계급의 진보, 노동의 새로운 성격(기진맥진함 따위), 일부 엘리트 노동자들의 퇴장(프랑스의 경우)으로 새로운 형태의 연합이 생겨났는데 이를 그 이전의 연합에 근본적으로 대립시킨 것은 잘못이었다. 노동조합 투사의 노동과 전문 노동자들의 노동은 실천적으로 양립할 수 없다. 전문화가 필요하다. 그로 인해 노동자 계급은 자기로부터 보수를 받는 상임 위원직을 만들 것이다. 보수주의자들이 보기에 노동조합은 곧장 노동자 계급에게 *생소한* 집단이 된다. 사실 상임 위원은 더 이상 노동자가 아니다. 이는 자명하다. 왜냐하면 이제 *더 이상 노동자처럼 노동하지 않기* 때문이다. 게다가 그는 *제도화된 제삼자*의 반열로 넘어간다.(왜냐하면 그는 군주적 노동자의 일부이기 때문이다.) 하지만 우리가 방금 살펴보았듯이 무정부적 노동조합주의로 규정된 노동자가 계급을 하나의 집단으로 만들기 위해서는 그 자신이 유일한 노동자일 것, 프롤레타리아 계급에서 암묵적으로 80퍼센트의 노동자들을 제명할 것을 결심해야만 한다. 모든 차이는 모든 사람을 상대하고 또 그들에게 제안하는 상임 위원의

자격에 기초하기 때문이기도 하다. 그들에게는 선발된 노동자란 온전하게 노동자다.(그리고 온전하게 인간이라고도 말할 수 있겠다.) 단순노동자들은 불행하다. 그들의 조건은 일천하다. 따라서 그들은 완전히 노동자라고 할 수 없다.(원주)

기득권이다. 무정부적 노동조합원이 대다수 노동자에게 노동자 몇 명의 결정을 강요하는 것에 비하면 이 차이는 크다고 할 수 있다. 사실상 임 위원은 노동자의 지위를 벗어난다. 그 까닭은 노동의 자격 부여가 더 이상 요구 사항의 기본이 아니고, 직능별로 교체 가능한 개인들이 동일한 결핍을 가지고 있기 때문이다. 독재주의를 내보이기 위한 군주적 노동자의 노력은 교체 가능성 자체를 반영하며, 그렇게 함으로써 규율 강화를 강요하고 동맹 파업자들의 즉각적 교체를 저지하려는 본격적 집단 행위들도 강요한다. 게다가 이 독재주의는 **동지애-공포**에 불과하다. "파업이나 시위를 통해" 그들의 집렬체성을 용해하려 할 때 군중 자체에 존재하는 것과 같은 그런 동지애-공포를 말한다. 그러니까 상임 위원은 아주 정확하게 대중의 특징을 가지는 노동자 계급의 산물이다. 그는 군주적 집단에서 상황의 실재적 요구를 실현한다. 즉 대중 운동이 집렬체성의 제거를 통해 융화 집단을 구성해야 한다는 요구를 말한다. 그가 노동조합 총체와 직업 총체를 대표한다는 이유로 갖는 몇몇 특징을 제외하면 바로 그 자신이 통합에의 군주적, 추상적 호소인 것이다. 그의 보편성 자체도 — 이것 역시 지역 상임 위원처럼 교체 가능하다 — 집렬체화하는 교체 가능성을 대중의 실천적 총체화의 필요성으로 바꾸는 이동을 의미한다.

이처럼 우리는 두 개의 시기를 결정한다. 우선 노동하고 있는 노동자 도시에서 — 즉 계급이 하나의 집합태일 때 — 그는 자신의 제도적 존재의 추상화 안에서 가능한 연합을 대표한다.(그리고 파리와의 관계를 통해서보다는 지방과의 관계를 통해서 더 강하게 특징지어진다.) 그다음으로 긴장이 발생할 경우 그는 실천적 골격과 실현해야 할 통일성의 의미를 고려하게 된다. 그러나 이 통일성이 실현되면 통일성은 그를 이 통일성 외부에 위치시킨다. 만약 그의 의견이 구성된 집단의 방향과 같다면 그의 말은 경청될 것이다. 그러나 그가 집단의 방향을 돌리려 한다면 그의 말은 지양되고 그 자리에 남겨질 것이다. 그러므로 노동자 계급이 가변적(공간에서건 시간에서건) 위상들로 정의된다고 생각해야 할 것이다. 노동조합이란 *객체화된*, *외면화된*, *제도화된*, 간혹 그들 스스로는 알아보지 못하지만 하여간 *관료화된* 그리고 연합의 순수한 실천적 골격으로 스스로를 실현하는 노동자 계급이다.[161] 노동조합은 이 계급의 주권이다. 그러나 이 계급과는 단절되고 다른 곳, 순전히 공동 실천이라는 환경에서 생겨난다. 일반적으로 이 집단은 — *분리라는 위상*(*중앙에서 파견된 지역 감시관*(missi dominici)[162] 등등에 의해 그 지역 자체에서 통제된, 그리고 종종 "파리로 올라오는" 지방 상임위원)으로 정의된 — 집렬체를 향해 나아가는 중인 대중에 대한 영향력 행사 없이 살아간다. 각각의 위원은 지역적 혼란(즉흥적 모임, 공고 등등)을 유리한 시기에 규정하려 한다. 이것이 바로 소요다. 실제로 이 혼란은 단순한 회귀적 일주다. 이 계기에 노동자 계급은 이중의 위상으로 존재한다. 왜냐하면 그의 분산적 집렬체성에서는 노동조합의 대표들이 그에게 외부적 보증인들이기 때문이다. 사회적 갈등의 시기에 도시 노동자들이 공동 결정(즉 폭동-자유의 분위기에서 내려진 결정, 공식 투표, 전원일치를 위한 소수자의 해체 의무)으로 연대를 이룰 때 노동자 계급은 실천적 총체화로서 *사실적으로* 존재한다. 이 "운동"이 다른 도시들에서 계속되지 않는다는 것은 아마 재앙일 것이다. 하지만

---

161   그리고 예를 들어 프랑스에서 노동조합에 속한 여러 기구의 다양성은 노동자 계급의 실제적 부분 집단들을 실천으로 이동시킨다.(이해관계의 불일치를 말하는데, 프롤레타리아 계급의 "내부에 있는" 몇몇 부분적 총체의 특징을 이룬다.) 이는 이 부분 집단들이 노동자들 자신에 의해 무기력의 집렬체성으로 체험되어 그것이 구성된 집단에서 구현될 때는 실천적 적대 관계가 된다.(원주)

162   8세기 프랑크 제국의 샤를마뉴 대제가 지방을 통제할 목적으로 정규적으로 활용한 특사로서, 백작이나 주교 등이 주로 파견되었다.

형태적 관점에서 보면 파업이나 봉기라는 *실천*을 통한 지역적 통일 만으로도 집단을 프롤레타리아 계급을 위한 항구적으로 가능한 위상으로 상정하는 것으로 충분하다. 비록 이 집단이 ─ 현재의 프롤레타리아 계급에게, 그리고 제시된 상황에서 ─ *외부의* 조직화되고 제도화된 그 자체의 관계 체계를 가지는 융화 집단(혹은 하다못해 서약 집단)으로 나타난다고 해도 그러하다. 이 운동은 실제에서는 결코 노동조합을 재흡수하거나 노조원의 강령을 *따르지도* 않는다. 상임 위원은 ─ 그가 제도적이라는 점만 제외하면 ─ 차라리 1789년과 1794년 사이에 민중이 그 운동의 실천적 사고를 자기에게 반사해 달라는 임무를 맡겼던 선동가들을 닮았다고 할 것이다.

따라서 우리는 공시적인 결정으로써 역사적 과정의 한 시기에 노동자 계급을 제도화된 조직 집단("간부들")으로서, 이와 동시에 융화 집단이나 서약 집단으로서(1905년의 노농자평의회의 조직은 서약 집단과 조직화된 집단 사이의 과도 조직으로 보인다.) 간주하게 될 것이고, (일부 분야에서는) 아직 타성태이지만 서약 집단들의 부정적 단일성이 스며든 집렬체성으로서 간주하게 될 것이다. 통일된 계급의 추상적인 골격으로서 제도적 집단은 통일화에 대한 끝없는 요청이다. 또한 계급이 전적으로 집렬체성일 때 이 제도적 집단은 이미 계급의 주권이다. 그다음으로 이 제도적 집단은 융화 집단들에게(그리고 이 융화 집단들의 구체적인 발전에) 이 집단들의 절대적인 주권을 반사시킬 수 있고, 간접적인 목표들과의 관계하에서 더 먼 미래의 틀 속에서 그들의 결정을 그들에게 나타내 줄 수 있다. 그러나 이와 같은 반사는 규제적인 제삼자로부터 그가 속한 집단으로 이루어지는 것이 아니라 한 집단의 구성원 ─ 그가 이 집단의 기표-기의인 한에서 ─ 으로부터 스스로 자신의 주권을 만들어 내는 집단으로 이루어지는 것이다. 달리 말하면 노동자 계급의 진행 중인 총체화로서 집단의 출현은 —— 이것이 비록 노동조합의 작업의 결과라 할지라도, 또한 비록 이 집단이 "중앙 기관들"에 의해 예견된 목표들을 정할지라도 —— 그 직접적인 결과로서 제도적 집단을 흡수하지도 못하면서(더욱이 실질적으로 파업을 조직하기 위해서, 그리고 고용주들과 접촉을 확립하기 위해서 이 제도적 집단은 유용한 것이다.) 노동조합의 주권을 무력하게 만들게 된다. 실제로 노동자 계급의 구체적인 주권이 되는 것은 *이 구체적인 집단*이며, 이 주권을 행사하는 것도 이 집단이다. 이 구체적인 집단을 통해서 갈등의 물질적 조건들과 다른 계급과 지니는 역학 관계들, 그리고 다른 계급이 만들어 내는 구속 장치들은 엄밀히 규정되며 상황 자체를 (적대 계급들을 구현하는 주권의 집단들의 관계로서, 또 이 집단들이 자신들이 비롯한 집렬체성들과 갖는 관계로서) 규정한다. 실제로 여기에서 공동 *실천*의 현실적인 유효성은 융화 집단이 자신을 포위한 집렬체에 행사하는 추상적이고 총체화하는 행동에 달려 있게 된다. 사실 집단의 각 구성원은 또한 —— 수많은 복합적인 관계로 인해 —— 그가 집단에 소속되는 바로 그 순간에 집렬체의 구성원이 된다. 가족, 주거 집단, 여러 협회 그리고 다소간 타성태적인 이 모든 공동체를 통해 도처에 전개되는 이타성의 집렬체에 그가 속한다는 것을 생각하면 우리는 이런 사실을 쉽게 떠올릴 수 있다. 그러므로 그가 현재 투쟁 집단에 소속되어 있다는 것은 이 집렬체들을 실천적이지만 추상적으로 결정짓는다. 이와 마찬가지로 (아마도 제도적 집단의) 유포 기관으로서 집단을 만들어 내는 것만으로도 그 소식을 퍼뜨리며, 집렬체의 어떤 *다른 곳*에서도 노동자 계급의 실천적이며 주권적인 *여기*에로의 재통일화가 된다. 바로 이때 과정 전체는 노동자들에 의해 이루어지는 대규모 집결의 집렬체적 수동성에 의해서 혹은 순전히 혁명적인 통일화 속에 집합체적 무기력을 와해시키기 시작하는 산발적인 동요에 의해서 명백히 드러난다.

그러나 여기에서 중요한 것은 집단의 실천적 구성(즉 묵시록)이 — 그 자체 내에서, 자기-외적-존재 속에서 — 집렬체를 통해서 그리고 도처에서 집렬체 가운데 추상적 편재성으로서 총체화의 구조를 원격 조종으로 생산한다는 사실이다.(이는 — 비록 각자가 차지하는 장소와 기능에서 그의 무기력이 극복할 수 없는 것이라 할지라도 — 각자가 집렬체성이나 통일성을 감수해야 하는 절대적인 의무를 부과하면서 이루어진다.) 그러므로 집렬체성에 맞서(그리고 그 안에서) 구성되려 하는 새로운 집단화들은 첫 번째 집단화들과 비교할 때 다음과 같은 점에서 다르다. 그러니까 이 집단화들이 유도되었고, 또한 총체화하는 도식이 이미 각각의 **타자** 속에서 모든 이타성을 거부하는 가능성이었다는 점에서다. 물론 그렇다고 해서 집단들이(분리 속에서, 상황·지역적 이해 관계, 투쟁 상황, 힘의 관계들의 차이에서) 새로운 집렬체성의 생산자들이 되지 못하는 것은 아니다.(각 집단은 제한된 자신의 *실천*에 의해서 다른 집단들을 **타자들**로 규정하기 때문이다.) 우리가 「방법의 문제」[163]에서 보여준 바와 같이 루터 시대의 **독일**에서 농민 운동을 실패로 이끈 것은 바로 이 집렬체성이었다. 집단들의 집렬체성의 경우에는 노동조합이라는 기구가 다시 중요성을 갖게 되며, 이 기구가 행하는 조정하고 조직하는 행동은 고립된 집단들을 조직화된 *하위* 집단들로 변화시킨다. 그러나 노동조합 자체는 내부적 주권자가 아니라 *타자-집단*으로 남는다. 이와 마찬가지로 집렬체들의 와해는 흔히 집렬체적으로 파급된 전염의 결과일 수 있다.(1936년의 파업들이 그것인데, 이 파업들은 노동

---

163 「방법의 문제」, III, 111쪽을 참고할 것.(편집자 주)

자 계급이 전체적이고 종합적 통합에 가장 근접했던 경우다.) 이 경우에 반성성은 이와 같이 구성된 광대한 집단의 계층 속에서 나중에 온다. 그리고 대중적 집단의 구조(내가 여기에서 말하고자 하는 것은 대중에서 비롯되고, 대중으로 구성되는 구조다.)는 별도로 연구되어야 한다. 왜냐하면 이 구조의 특징은 심층적 통합인 동시에 — 때때로 — 현실적인 고립이기 때문이다.(1936년의 공장 점거들은 다음의 두 가지 성격을 보여 주었다. 이와 같은 공장의 점거가 총체화와 편재성에 대한 실천적 의식화 속에 일어났으며 따라서 여기에서 그 점거는 동일했고, *어디에서나 동일했다*는 점이다. 그러나 동시에 이것은 하위 집단들 사이의 소통을 어렵게 만들어서 수많은 매개자를 필요로 했다.) 그러나 그 자체의 와해 속에서 집렬체성이 이렇게 부활하면 이번에는 그것이 제거하는 행동들을 야기할 수 있다. 우리는 이 추상적인 가능성들을 단지 구체성에 대한 — 즉 여기에서는 계급의 — 가지성의 문제를 더 잘 제기하기 위해서만 지적할 뿐이다. 실제로 문제의 개념들을 우리는 알고 있다. 계급은 동시적으로[164] 제도화된 기구로서, 직접적인 행위 집단들의 (집렬체적인 혹은 조직화된) 총체로서 나타나며 (다른 계급들과 맺는 생산관계들을 통해서, 그리고 이 관계들에 의해서) 실천적-타성태의 장으로부터 자신의 지위를 받아들이고, 집합태의 표면에서 끊임없이 형성되는 집단들로부터 자신의 실천적 단일화의 보편적 구조를 받아들이는 집합태로서 나타난다.[165] 그리고 이 세 가지 동시적 지위는 역사적인 맥락의 전체에 의해 조건 지어지는 하나의 과정 자체를 통해서 실천적이고 변증법적인 관계 속

---

164   물론 요구하는 투쟁의 영역에서 그러하다.(원주)
165   더욱 간명하게 하기 위해서 나는 노동자 정당들도 노동자 계급의 구분들도 고려하지 않는다. 이와 같은 역사적인 프롤레타리아 계급의 본질적 성격들은 이미 실질적인 결정들을 구성한다. 노동조합, 정당 모두 여기에서는 거의 중요하지 않다. 중요한 것은 객체화된 계급(노동조합 혹은 다른 모든 제도적인 것)이 융화 계급과 갖는 관계다.(원주)

에 생겨난다. 사실 담론의 결정들은 항상 계급을 착취자들에 대항해서 단결하고 봉기한 것으로서라든지, 잠정적으로 투쟁력을 상실한(즉 완전히 집렬태로 다시 추락한) 것으로서라든지 하는 식으로 너무 단순하게 제시한다. 불완전하고 완성되지 않은 이 개념들은 움직이는 역사적 계급의 유일한 삼중의 현실에 대한 우리의 이해 불가능성을 정확히 나타내는 것이 아닐까? 구성된 변증법으로서의 집단과 (변증법 반대로서의) 집렬체와의 이와 같은 만남 속에서 우리는 가지성의 한계 자체를 발견하는 것이 아닐까?

하지만 나는 그렇게 생각하지 않는다. 개념이나 담론의 결정들이 내보이는 불완전한 모습은 단지 정치적인 태도(열성분자의 태도, 반대파의 행동 등등)를 나타낼 뿐이며, 이와 같은 정치적인 태도는 우리의 관심사가 아니다. 사실을 말하자면 존재론적 차원에서나 실천적 차원에서나 어려운 점은 없다.

존재론적 차원에서는 세 가지 존재도 세 가지 존재의 지위도 없다. 계급적 존재는 실천적-타성태이며, 집렬체성의 결정으로서 정의된다는 것을 우리는 살펴본 바 있다. 두 집단(융화 혹은 서약, 조직 혹은 제도)은 집단 내부적 존재를 갖고 있지 않다. 이 두 집단의 지위는 그 자체의 자기-외적-존재(유일한 집단적 존재)를 집렬체 속에서 가지고 있는 것과 같은 것이다. 그런데 두 집단은 이 집렬체에서 유래하며, 이 집렬체는 (이 두 집단의 자유 속에서까지 흔적을 남기는 동시에) 두 집단을 지탱해 준다. 물론 융화 집단은 그 자체 안에서 집렬체를 부정한다. 왜냐하면 융화 집단은 집렬체를 와해시키기 때문이다. 그러나 이와 동시에 융화 집단은 존재론적으로 집렬체와 연결되어 있다. 왜냐하면 융화 집단은 *그 자체의 집렬체적 행동, 즉 집렬체 전체를 위해서 그리고 특수 상황 속에서 이루어지는 형성의 행동, 즉 움직이고 가변적이*

고 격렬하고 장래에도 여전히 불확실하지만 여기에서 집렬체의 과감성이며 무기력, 대중화, 이타성을 배척하는 모든 사람의 *여기에서의* 행운 혹은 불운과 같은 형성의 행동이기 때문이다. 달리 말하자면 집단은 집렬체 속에서 자기 밖의 계급적 존재를 갖고 있으며, 집렬체는 집단 속에서 실천적 극복에 의한 자기 존재의 부정과 긍정이다. 우리가 무엇을 하든 개인적인 실천이 어떻게 각자 속에서 계급적 존재를 실현하는지, 낙태 수술을 받는 여성 노동자가 어떻게 착취 계급이 그녀에게 가하는 선고를 실현하는지 우리는 살펴본 바 있다. 그러나 (요구적이거나 혹은 혁명적인) 공동 행동 속에는 계급적 존재의 실현과 자유의 실현이 동시에 들어 있다. 이번에는 여성 노동자가 ── 자신의 임금과 노동에 의해 정해진 ── 자신의 노동자 존재를 인정하며, 그것도 요구 자체 가운데서 그것을 인정한다. 그러나 그녀는 *요구에 의해서* ── 미미한 것일지라도 ── 그 존재를 넘어서게 된다. 이 요구는 전반적인 변화를 결정하기 위한 그리고 특히 만족을 얻는 것을 목적으로 하는 집단에 의한 공동 실천인 것이다. 특정한 경우에서 집렬체의 와해는 타자들에게 결합되는 행동으로서 (특히 현대 사회학이 "미시-유기체들"이라고 부르는 것에 관계될 때) 이전의 집렬체의 (최소한 잠정적인) 완전한 제거일 수는 있다. 하지만 문제가 되는 것은 단지 집렬체성의 단순한 극복일 뿐이다.

그렇지만 이와 같은 극복은 아마 시위나 파업보다도 더 오래 지속하는 것을 목표로 삼을 수 있다. 이 극복은 폭동의 실천으로 나타날 수 있으며, 혁명적인 행동으로도 변화할 수 있다. 그때부터 특히 만약 **혁명**이 실패하지 않으면, 그리고 만약 이 혁명이 고유의 법칙에 따라 진전된다면 거기에는 근본적인 변화가 있게 되며, 하나의 전혀 다른 사회로 모든 것이 기울게 된다. 그러나 지배 계급에 대항하는 피지배 계급의 투쟁이 문제가 되는 한 집렬체성은 *내부의 분쟁이 일어나기 전에도* 착취의 산물이자 착취를 유지시키는 지위다. (구매력의 너무 빠른 저하를 피하는 것일지라도) 최소한의 공동 결과를 얻기 위해서 극복해야 하는 것은 바로 *이것*[166]*이다.* 그러나 요구하는 집단의 수동성 속에서도 가능한 힘의 원천으로서 이 집단을 지탱하는 것은 또한 *바로 이 집렬체성이다.* 실제로 집단은 이 행동의 실천적 관점에서 이 집렬체성을 잠재성의 종합적인 형태로밖에 파악할 수 없다. 내가 이미 지적한 바와 같이 *구성원들의 다른 집렬체적 관계들에 의해* 집단이 거기에 박혀 있기 때문에 *집단을 만들어 내는 것으로* 스스로를 이 집단에게 드러내 보이는 것이 *이 집렬체성이다.* 또한 집단이 *외면성* 속에서, 즉 자기를 위해, 그리고 이 집단이 집렬체성과 맺는 관계 속에서 총체화시키는 것 또한 *바로 이 집렬체성이다.* 그 까닭은 이 집단이 물질적으로, 변증법적으로 집렬체적 통일성을 낳은 변증법적 이성을 통해(자본주의 과정의 역사적 조건들) 이 (분산의) 통일성을 포착하기 때문이다. 결국 요구하는 투쟁들과 일상적인 노동의 변증법적 전망 속에서 *집단의 미래*를 죽음과 영원한 부활로서(승자이든 패자이든 간에 노동자들이 다시 일을 시작하는 순간에 이 집단은 집렬체성으로 와해될 것이다. 또한 이런 경험에 의해 성숙해져 다시 행동을 시작하는 순간에 이 집단은 집렬체성으로부터 부활하게 될 것이다.)[167] 규정하는 것이 바로 *이 집렬체*

---

166 '집렬체성'을 가리킨다.(편집자 주)
167 오늘날 대부분 숙련 노동자로 구성된 공장에서 자본주의적 착취의 틀 안에서 노동자를 살아가게 해 주는 노동을 할 수 있고, 동시에 고용주들에 대한 *공동의 압력*을 끊임없이 행사할 수 있다는 것 ─ 순전히 선전 때문에 이런 거짓말을 하는 것인데 ─ 은 사실이 아니다. 물론 사회적 관계들은 남고(우리가 보게 되겠지만 과거 또한 남는다.) *계급의 태도* 또한 남는데, 이는 각자 그리고 모두에게 남는다. 그러나 이것이 노동자의 압력을 구성하는 데 충분하다는 주장은 거짓말이거나 꿈을 꾸는 것이다. 노동자의 압력은 집렬체성의 와해의 문턱을 넘는 순간부터 행사된다. 또는 공장에 없어서는 안 되는 전문 노동자들의 경우에(이것은 우리로 하여금 아주 특별

성인 것이다. 이 말은 과거, 현재, 미래의 집렬체성으로서의 *계급적 존재*가 항상 노동자의 존재론적 지위라는 것을 의미하며, *집단의 실천*이 — 계급 내에서 이타성 관계의 표면적인(따라서 집단에 있어서의 표면적인) 와해로서, 집렬체적 존재의 극복으로서 — 공동 개인의 현전적이고 실천적인 실재이거나 또는 추론된 의미로서, 미래의 깊은 곳으로부터 집렬체에 도래하는 추상적인 단일화로서 자체의 미래의 가능성이라는 것을 뜻한다. 제도적 집단(노동조합 등등)으로 말하자면 이는 이와 같은 가능성을 그 영속성 속에 *실천적*으로 나타낸다. 이것은 이 집단을 구성하는 제도화된 제삼자들의 노동이란 분리를 통해 그리고 중앙 집권화된 자신들의 통일성에 의해 이 가능한 통일성을 주권으로 유지함과 동시에 이 통일성[168]을 가능하게 하는 국부적 조건들을

한 상황들에서 1914년 이전의 노조 운동을 되돌아보게 할 뿐이다.) 노동자의 압력은 언제나 가능하고, 언제나 피할 수 있는 파업의 *토대 위에* 협상하는 자격 있는 대표자들의 중개에 의해서 노동 중에 행사될 수도 *있다.* 또는 대중의 경우 만약 상황들, 요구들의 압력 등이 공동 *실천*을 *이미 만들어 냈을* 때는 고용주들과의 협상은 행동을 중지시키기 위해 고용주들이.해 줄 준비가 되어 있는 양보들을 목표로 하게 된다. 승리(1954년 **생나제르***에서 있었던 전기 용접공들의 거의 야만적인 파업의 경우처럼)는 분명 새로운 *존재태*를 야기한다. 즉 문턱은 덜 높고 집렬체성은 잠정적인 것으로 체험되며, 계급의 태도는 이미 평소보다 덜 현실적이고** 항시 가능한 공동체의 추상적인 관계이다. 그렇다고 그와 같은 상태에서 이 태도가 혁명적이라는 뜻은 아니다. 그 증거는 무정부주의적 노조원들의 교만한 공격성(생산의 증가는 50퍼센트 미만으로는 결코 내려가 본 적이 없던 승리한 파업들의 비율로 분명히 나타났다.)이 결국 개량주의적 실천으로 나타났다는 것이다. 특히 이것이 그 반대의 경우에서도 진실임을 인정해야 한다. 즉 패배한(그리고 특별히 심각한 조건들하에서의) 파업은 그와 반대로 집렬체적 지위를 강화하게 된다.(그보다 몇 년 전 **생나제르**에서 파업이 실패한 다음 노동조합들은 거의 모든 조합원을 잃었으며, 노동자들은 아주 오랫동안 거의 전적인 무기력 속에 빠져 있었다.) 이 모든 것은 집단의 요구적 행동이 다음 사실을 알고 있음을 의미한다. 즉 승리할 경우에도 벌거벗은 집렬체성은 "계절적인 조건"처럼 프롤레타리아 계급의 가능성들을 제한하는 선택 사항들 가운데 하나라는 사실이다.(원주)

• 프랑스 중서부 대서양 연안에 위치한 인구 7만의 항구 도시. 루아르강 어귀에 위치하며, 낭트의 외항이다.

•• 오기로 보인다. 아마도 '집렬체적이고'가 맞을 것이다.(편집자 주)

168   정치에 대한 것이 아니다. 제삼자들이 더 잘할 수 있는지 혹은 다른 일을 할 수 있는지 내가 여기

가능한 한도 내에서 각각의 상황 속에 실현하는 것을 의미한다.

이런 관점에서 보면 기구 전체는 (국부적으로, 그리고 연속적인 시간화에 의해서 실현되는) 내면성의 실천적 통일성이다. 그 까닭은 이 통일성이 객체화되고 외면화되고 보편화되기 때문이다. 이 통일성은 통일된 프롤레타리아 계급의 주권이다. 왜냐하면 이 계급이 집렬체성의 환경에 처했을 때 통합적 총체화의 환경에서 통일성이 스스로를 만들어 내기 때문이다. 그러나 **존재**의 영역에서 이런 객체화하는 외면화는 어떤 새로운 문제도 제기하지 않는다. 이 제도적 집단의 *일자-존재*가 없는 것이다. 집단이 융화 상태에 있다면 이 집단은 타성태적인 집렬체 속에서 자기 존재를 지닐 것이다. 집단의 외관적 자율성은 단지 집렬체로부터 온다. 실제로 제도적 집단으로서 조합은 집렬체적 분리와 순환성에 기초한 회귀와 이타성의 구조들을 그 자체 속에서 상정하고 있다. 앞에서 우리는 이런 집단들을 살펴보았다. 그러나 조합원들의 제도적 존재는 타성태일 뿐이며, 어떤 경우에도 집단적 존재로 나타날 수 없다. 바로 이 타성태 — 이 조합원들이 자신들의 임무와 그들이 얻는 결과들에 헌신하는 방식과는 아무런 상관도 없는 것인데 — 가 노동자의 통일성의 지속성을 항상 집렬체에 다가갈 가능성으로 정초하는 것이다. "상임 위원"은 그 자신이 통일성이다. 이것은 그의 권한(충원과 임명의 방법이 어떠하든지 간에)이 그가 제도에서 근무하는 기간에 개별적인 특징들이나 혹은 조직적 실천과 연결되어 있지 않기 때문이다. 예컨대 2년 임기로 선출되었든지 임명되었든지 간에 그의 행동은 어떤 것이든 물질적이고 제도적이고 타성태적인 통일성을 극복하고 긍정하는 것이다. 이 통일성은 그의 지역 대리

에서 정할 필요는 없다. 이는 순수한 가지성의 문제에 관한 것이다. (원주)

인 속에 있는 주권자의 *타자*-존재(집렬체적 존재)임과 동시에 *그가 타자가 된* 한에서 그의 가신들 가운데 한 사람 속에서 파악되는 집렬체적 일자-존재이기도 하다. 이처럼 상임 위원의 존재는 전혀 *제도적 집단의 존재*가 아니다. 이 집단적 존재는 아무런 실재성을 가지고 있지 않다. 그러나 있는 *그대로의* 지방 공무원의 집렬체적 존재는 영속적인 가능성으로서, 즉 그의 존재 속에 있는 일자-존재의 추상적이고 수동적인 인내로서 계급의 통합적이고 주권적 단일성을 위해(마치 도장을 위해 만들어진 봉인처럼) 타성태적 지지대의 역할을 한다. 사실 피착취 계급의 통일성은 *실천적*이다. 그러나 이 계급 앞에서 이 통일성을 유지하면 우리는 이 통일성에 대해 타성태적 지지를 보내며, 이 지지는 이 통일성을 하나의 존재로 여겨지게 만든다. 존재론적으로 모든 것은 아주 간단하다. 노동조합 가입자와 노동자들 사이에는 타성태적인 일치가 있다. 계급적 존재는 집렬체적이므로 타성태적 조건화이며, 통일성을 다른 존재론적 지위, 즉 계급의 통일성-존재(도달해야 할 진정한 목표)로서 파악하려고 한다. 집렬체화된 주권자와 자신의 통일성으로부터 타성태의 신호를 타성태적으로 받아들이는 집렬체가 상호적으로 규정하는 긴장 관계로 말미암아 정해진 상황들의 행동하에서 집렬체성의 제거가 가능하게 된다. 거기에서 집단이 출현하며, 이 집단은 그 자체의 고유한 주권을 행사하고 상임 위원에 대해 선동가의 지위를 보장해 주면서 (*타자*로서 자신의 주권인) 노동조합의 주권을 무력화한다. 이와 동시에 집단은 그 자체의 고유한 타성태를 그 자체의 심층 속으로 내던진다. 그러나 어쨌든 집단은 지양되고 보존되는[169] *계급적 존재*의 형태로 모든 사람에 대한 그 자체의 소속을 견지

---

169   우리는 제2권의 통시적 총체화에 대한 장에서 집단의 기억이라고 명명할 것에 대해 살필 것이다.(원주)

한다.

실천적으로는 아무런 문제도 존재하지 않는다. 행동 집단들의 *실천*은 스스로를 변증법적으로 다음과 같이 정의하게 될 것이다. 그러니까 집렬체성에 입각해 볼 때는 극복된 또는 극복해야 할 저항으로서, 그리고 조합의 지시들에 입각해 볼 때는 거부하고 내면화하고 혹은 극복해야 하는 외면적이고 객관적인 의미 작용들로서 말이다. 우리에게 중요한 것은 일상적인 행동에서 노동자 계급이 그 자체의 실천적 통일성을 다음의 두 형태로 정의한다는 사실이다. 하나는 외면적으로는 노동자 계급에 불과한 주권자에게서 유래한 실천적이고 객관적이지만 타성태적인 의미 작용들의 *총체화로서*다. 다른 하나는 초월적 대상을 목표로 하고, *실천-과정*으로서 정의되어야 하는 재집단화 행동의 과정에서 *그것들 또한 그 자체 존재 속에서* 이 계급에 불과할 뿐인 집렬체적 타성태의 힘들에 대한 끈기 있는 와해로서의 총체화다. 노동자 계급은 순수한 투쟁성도 순수한 수동적 분산도 순수한 제도화된 기구도 아니다. 노동자 계급은 상이한 실천적인 형태들 사이의 복합적이고 움직이는 관계인데 이 형태 하나하나는 이 계급을 완전히 요약해 주며, 이 형태들의 진정한 관계는 (각자에 의해 타자들 속으로 유도되고 각자로부터 타자들에게 되돌아오는 운동으로서의) 총체화다.

이와 같은 동일한 현실을 여러 가지 형태로 분리하고 통합하는 지위의 차이들은 우선 (변증법적 가지성에서) 동일한 *실천* — 목표에 의해서도 — 이 상이한 실천적 차원에서 여러 가지로 다르게 산출된다는 것을 내포하고 있다. 이것이 의미하는 바는 — 실천이 변하지 않을 만한 예외적으로 단순한 경우라도 — 이 실천은 어쨌든 시간화(속도, 리듬 등등), 조직과 내부 구조, 목표와의 실질적 관계(사용되는 모든 수단을 통한 관계) 때문에, 따라서 이 통일성을 담보하는 목표 자체 때문에 각각의 차원에서 스스로 달라질 것이라는 점이다. 그리고 그 목표는 차원에 따라 어느 정도는 장기적인 목표들과 관련된다. 요컨대 (거대한 사회적 총체들이 문제가 되자) 마치 행동이 복수성의 지위를 가지면서 모든 측면을 동시에 전개해 나가는 듯이 진행된다. 사회적 투쟁의 시기에서는 바로 *동일한* 행동이 집렬체를 *휘게 하고*(목재가 휜다고 말할 때처럼), 연락 및 조직을 위한 노조 가입자들의 증가된 활동에서 나타나게 한다.(이 증가한 활동에는 "접촉"과 즉각적이며 즉흥적인 회합의 증가, 서약한 집단의 대표자들과의 목표에 관한 토론, 실천 계획의 수립 — 아마도 실행되지 못할지 모르지만 — , 현존하는 세력의 상태를 판단하고 그것을 민중에게 알리기 위한(경우에 따라서는 감추기 위한) 노력, 프랑스의 전체적 프롤레타리아와 자체의 이해관계를 지닌 특정 지역의 집중에 대해 파리와 일반적 목표 사이에서 이루어야 할 매개의 역할 등이 포함된다.) 그리고 서약된 충성 이외의 다른 타성태가 없는 완전한 유효성을 발휘하면서 노동자들의 공동적 실천에서 나타나는 것 또한 그 동일한 행동인 것이다. 이와 같은 세 가지 형태하에서 이 행동은 실천적 투쟁에도 역시 필수 불가결한 것이다. 그 각각의 형태 속에서 우리는 대상과 미래와 초월적 세계와의 동일한 관계를 발견하게 된다. 물론 이와 같은 발견은 다양한 실천적 중요성의 정도에서, 여러 관계적 체계(이타성, 구체적 상호성, 조직적 체계)를 가리키는 외관하에서 이루어진다. 다만 상이한 지표를 가진 실천적 환경에서 이와 같은 관계들의 *생산*은 다르게 이루어지며, 바로 그렇기 때문에 이 관계들의 현실성은 그 각각에서 이질적이며 환원 불가능한 *굴절-생산*이 되는 것이다. 행동 집단과 그 모체인 집렬체 사이의 직접적이며 구체적인 연관은 집단의 입장에서 그리고 집단의 내부에서 프롤레타리아와의 존재론적 연관의 내적 생산과 그 반성적 파악으로서 나타난다. 집단은 행동적임과 동시에 타성태적인 프롤레타리아, 피착취자로서의 타성태의 부단한 초월을 겨냥하는 활동적인 프롤레타리아 자체다. 그리고 내재성-초월성의 이와 같은 존재론적 구조는 목적들을 결정하는 진실로 실천적인 환경에서 태어난다.(왜냐하면 존재론적 차원과 실천적 차원은 가장 긴밀한 통일성을 이루면서 상호적으로 조건이 되기 때문이다. 실천적 차원은 존재론적 차원의 실천적 현실화인 동시에 그 초월이다.) 그 존재론적 구조는 목표들의(또는 충실성 등등의) 계층 관계로서 체험되고 극복된다. 집단은 직접 하게 될 투쟁과 요구들을 결정하는데 그 자체는 집렬체적인 자기-외-존재와의 관계에서 어떤 내적인 "온도"에 이르렀을 때 스스로를 드러낸다. 집단은 고통을 겪는 계급이지만 무엇보다도 투쟁하는 계급이다. 집단 안에서 고통을 겪는 계급은 투쟁하는 통합체로 지양된 것이다. 집단은 집렬체성의 와해를 통해서 총체화된다는 바로 그 점에서 계급을 집렬체적 전체로 취급한다. 사실 순수한 회귀 현상이라는 시각에서 보자면 계급의 현실성은 결국에는 소외시키는 분산으로 체험될 것이다.

이처럼 집렬체적 계급은 (실천적이라는 점에서는) 집단 자체이며 (한결 광대한 군집이라는 점에서는) 집단 이상이다. 이 계급은 집단의 행동 자체이며, 집렬체성의 부정으로서 그리고 집렬적 총체가 주권으로 구현된 것으로서 집단의 투쟁을 나타내는 것이기도 하다. 이 계급은 또한 *집단의* 충실성이며(계급이 *부재*이며, 계급이 투쟁적 단결이라는 차원에서 그 전체가 나타나지는 않는다는 점에서 볼 때 그것은 계급에 충실하다.) *집단의 위험*이기도 하다.(집단은 그 자체를 침식하는 집렬체성에 대해 스스로 집단화하고 단결하고 투쟁해야 한다. 그러나 아마도 집단은 집렬체성으로 말미암아 이 투쟁에서 패배할지도 모른다. 여기에서가 아니라 저기에서, 그리고 도처에서 그것을 지탱해 주는 것이 없기 때문에 그러하다.) 이렇듯 *집단*

내부에서는 구체적이며 국지적인 행동이 특정한 목표 — 가령 이 요 구 — 와 전체적 목표(노동 계급의 동원)를 결합한다. 그러나 융화 집단 이나 서약 집단에서는 그 연관이 직접적으로 이루어진다. 이것은 실 천적 연관 속에서 극복된 존재론적 연관이다. 이 경우 집단은 노동자 들의 국지적 전체의 공동 이익을 위해 행동함으로써 계급 전체를 위 해 행동하는 것이며, 행동하는 계급으로 *존재한다*. 집단은 직접적이 며 폭력적인 행동이 노동 계급의 이익을 *배반할 수 있다*는 것은 생각 조차 못 한다. 그런 행동을 할 수 있는 것은 (계급의 요구로서) 행동을 *해야 하기* 때문이다. 또한 집단은 — 바로 그 주위에서 이 집단이 접 촉하는 **타자들** 사이에서 일어나는 경우가 아니라면 — 집렬체를 계 급에 의한 투쟁에 대한 배반으로(그 무기력한 집렬체가 거듭되는 집중적 행동으로 승리를 가져왔을지도 모를 그런 통일된 기도를 방해했다는 점에서) 파악할 수도 없다. 사실 여기에는 존재론적 동일성과 실천적 편재성 과 운동 중인 모순 사이의 깊은 관계가 있다. 운동 중인 모순은 진행 중인 그 과정의 양상으로 보면 마르크스주의가 프롤레타리아의 자 기 해방이라고 지칭하는 것이다.

그러나 이 경우에 가장 원대하고 가장 추상적인 목표는 제도화 된 집단의 경우와 마찬가지로 직접적 목표에 의해서 결정될 토대이기 는 하지만(예컨대 투쟁의 의미로서의 부르주아지의 타도와 노동 계급의 지배 는 이 투쟁의 현재 테두리에서 실현될 개별적 가능성으로서 임금 인상 요구에 의해서 결정된다.) 투쟁 집단 내부에서의 관계는 직접적이며 항상 적극 적이다. 요구적 행동이 프롤레타리아의 일반적 이익과 배치될 수 있 는 — 즉 결정적이 아니라 다만 현시점에서 프롤레타리아의 지배를 위한 투쟁을 위태롭게 할 수 있는 — 가능성은 집단에 의해서 그리고 집단의 내부에서 실천적이며 반성적인 가능성으로서, 실행될 행동의 가능한 결정 작용으로서, 그러니까 통제와 검토의 실천 대상으로서 나타날 수 없다. 반면에 상임 위원은 제도화된 존재성을 가진 주권자라는 점에서, 파리, 곧 **중앙**과 접촉하고 있다는 점에서 그가 지방 대표자가 되어 있는 **연맹** 내에서 그리고 이 연합체를 통해 지속적인 노동 계급으로 나타난다. 타성태적이며 아주 활동적인 그의 직분, 능력, 경험은 ── 이것들은 모두 보편적인 것, 즉 부분적으로 미확정적인 요구의 가능성을 향하는데 ── 그를 총체화된 타성태로서의 계급과 직결시킨다. 그는 이 계급을 위해 노동자의 운명을 거부하고 파괴하는 가능성으로서 나타난다. 이렇게 해서 그 *지방 대표*는 모든 곳에 있게 된다. 왜냐하면 그는 계급 그 자체이기 때문이다. 달리 말하자면 그는 **다른** 상임 위원(파리에 있는 모든 **타자와** 그의 통일성을 나누어 가지고 있는 제도화된 존재)의 형태하에서 모든 곳에 있기 때문에 운동 중인 계급이 그의 내부에서 그 자신의 편재적-존재를 통해(오요나에서도 르망에서도, 또 낭트에서도 알레스에서도[170]) 모든 지방의 소요에 앞서 존재하는 것이다. 이 지방의 소요들은 그것 자체로서 따로 고찰하고 판단해야 할 특수화에 지나지 않는다. 따라서 지방의 운동의 *시의 적절성*은 전체 상황(*프랑스에서 노동 계급 전체와 다른 계급들 사이의 세력 관계 등등*)으로부터 출발해서 따져 보아야 할 성격의 것으로 나타난다. 요컨대 상임 위원은 그를 적극적 주권자로 삼는 수동성으로서의 계급 자체와 동일시되어 바로 그 계급의 직접적 행동에 대한 판단을 내릴 자격을 존재론적으로 가져 마땅한 것으로 생각한다. 더구나 계급의-집렬체적-존재로서의 타성태는 제도화된 집단의 주권에 대해서 이의를 제기할 수 없다. 이렇게 해서 노동조합은 계급의 지속적인 주권으로서

───

170   모두 프랑스의 지방 도시 이름이다.

출현하게 된다. 이와 반대로 융화 집단은 노동조합의 주권을 유명무실하게 만든다. 왜냐하면 상임 위원은 임시 대리자에 불과하기 때문이다. 따라서 제도화된(그리고 부분적으로는 집렬체화된) 주권으로서의 계급과 활동적이지만 바로 그 활동 때문에 개별화되고, 소요를 통해서 그 우애적이며 자유로운 주권을 산출하는 투쟁 집단으로서의 계급 사이의 모순이 즉각적으로 발생한다. 이 후자의 집단은 제도화된 집단의 입장에서 볼 때 계급 자체의 전반적 이해관계에 비추어 조합 제도의 주권에 의해서 *規制*되어야 할 계급의 개별적 한정으로(따라서 제한과 유한성으로) 나타나게 될 것이다.

따라서 이와 같은 주권의 갈등은 비단 각각의 차원에서 실천이 다르다는 것만 *아니라* 그 상이점들이 근본적으로 모순으로 나타난다는 것을 의미한다. 이 모순들은 결과적으로 동일한 행동의 여러 가지 형태 사이의 생생한 대립, 분규, 극복, 투쟁 등을 구성한다. 요컨대 이 것은 깊이의 변증법을 통해 초월적 대상과의 관련에서 행동을 조직하는 것과 동일한 변증법적 운동 속에서 그리고 이 운동에 의해서 행동을 구성한다. 이런 점에서 각각의 실천의 *차원*에서의 이해는 더욱더 복잡한 것이 된다. 문제가 되는 차원에서 고찰해 보면 실천적 발전은 어떤 구조들(제도, 집렬체성 등등)의 극복으로 나타나지만, 이 구조들 자체는 바로 문제가 되는 *그 차원의* 몇몇 물질적 조건을 보여 준다. 그러나 힘이 유동하는 장에서, 방향 잡힌 변화에서 조직화된 극복과 같은, 시간화의 긴장과 같은 것으로서의 이 실천적 발전은 각각의 실천적 차원에 의해서 외부로부터 결정된다. 왜냐하면 이 과정 전체가 예컨대 다른 형태를 띠고, 다른 정도의 압력을 겪고, 다른 리듬을 보이면서 나타나기 때문이다. 가령 서약 집단의 실천적 과정은 바로 그 발전의 현장에서 제도화된 집단의 추상적이며 주권적인 활동을 떠맡는다. 왜냐하면 이것은 바로 주권적 활동이 전체적 객관성을 띠게 된 *실천*으로서 조직했고 또 여전히 조직하고 있는 공동적 분야를 재조직화함으로써 물질적 상황의 극복으로서 출현한 것이기 때문이다. 이처럼 집단은 외부의 제도적 실천(가령 노동조합의 실천)을 통해서 그리고 이 실천에 의해서 규정된다. 이것은 자신의 행위의 결정 작용으로서 그 실천을 자기 안에 간직한다. 이런 점에서 보면 집단은 그 제도적 실천을 타성태로서 그 자신의 타성적 외면성으로서 떠맡거나 (이 경우에는 그것을 완전히 와해시키고 외부적 주권자를 청산하는 결과를 가져올 수 있다.) 혹은 그것을 내면화하여 과정의 발전의 조건이 되는 상호성의 내적 관계의 하나로 삼을 수 있다. 사실 내면화는 상호성에 의거한 결정으로서만 이루어질 수 있다. 왜냐하면 집단은 항상 매개된 상호성에 의해서 규정되는 것이기 때문이다. 그러나 실천적 제도의 객관적 행위로의 투영이 무슨 마법적인 것은 결코 아니다. 이 투영은 한정된 조건하에서 특정의 제삼자들(다수이건 소수이건 간에)이 외부의 주권자의 실천적 준칙을 채택하고, 그것을 조직 주체인 하위 집단으로서의 서약 집단의 테두리 속으로 자기들을 통합시키기 위한 상호적 연관으로 삼을 때 이루어지는 것이다.

이 경우 이 하위 집단은 그 자체의 공동 의지(즉 공동체 내부에서 반성적 구조가 된 다른 목표를 지닌 *타자적 의지*)를 강요한다는 것을 생각해 볼 수 있다. 다른 한편 어떤 완전한 결정이 없는 경우에는 다음과 같은 일도 역시 가능하다. 그러니까 초월적 주권을 *하나의* 하위 집단으로 내면화하는 것은 그렇게 구성된 하위 집단에 대해 넘어설 수 없는 권한을 부여하기는커녕 서약 공동체 내부에 모순과 — 심각하건 그렇지 않건 간에 — 제동과 분열을 야기하고 다른 요인들도 가세해 이 공동체를 집렬체성의 부활로 이끌어 가기도 하는 것이다. 그런데 이런 결정들은 오직 역사적 사건의 과정에서만 일어난다. 따라서 우리에게 중요한 것은 모든 결정은 *가지적인 가능성들*이라는 점, 집단 내부에서 일어나는 의미의 구성 역시 가지적이라는 점이다. 그러나 이 가지성은 분석적 이성에 의해서가 아니라 변증법적으로 성립된다. 왜냐하면 결국 초월적 주권자의 실천적 의미는 그것이 외면성으로서 집단의 표면에 머무르건 혹은 내면화 및 자유로운 재창출로서 집단 속으로 통합되건 간에 한 부분이 살아 있는 전체에 의해 지탱되고 산출되듯이 융화 집단(또는 서약 집단)에 의해 지탱되고 산출되기 때문이다. 그리고 이 집단은 그 자체에 의해 와해되고 공동 자유 속에서 다시 떠맡게 된 타성태적 특징들을 바탕으로 구조화되기 때문에 주권적 행위는 — 외부적이건 내면화되건 간에 — 집단의 그 곡률에 의해 변형되며 오직 그 행동 방침과 실천적 전망에 따라서, 공동체를 자신의 행동의 도구로 삼는 책략들에 따라서만 결정될 수 있는 것이다. 그러나 *이와 동시에* 공동 개인으로서의 행위 주체에 의해, 그리고 내부적 교환의 자유로운 상호성 속에서 채택된 결정이라는 점에서 주권적 행위는 공동 실천과 내면적 공간의 곡률에서 부단한 변화의 요인이 되지 않을 수 없다.

그런데 이 제도적 행동은 서약 공동체로부터 그 유일한 실천적 현실성을 추출하고 집단 내에서는 오직 *집단으로서의 생명*만을 유지하는 그런 수동적 결정이 아니라는 점을 아울러 말해 두어야겠다. 사실 이것은 *이미 실천*이다. 이것은 외부적 제도의 추상적 환경에서와 *동일한 실천*이다. 이처럼 서약 집단에 의한 그 행동의 재생이나 재내면화는 집단의 산물로서가 아니라 외부의 의도(외부의 자유로운 기도)의 집단으로의 침입으로서 산출하는 것이다. 매우 단순하고 물질적인 이유로 말미암아("상임 위원"이 동지들을 갖고, 이 동지들과 "접촉하고",

이 동지들이 서약 공동체 내부에서 행동 방침을 세우는 등등의 이유로 말미암아) **타자** 집단의(즉 **타자**로서의 계급의) 행동은 서약 집단에서 필연적으로 타자적 자유의 출현과 전개로서 나타나는데, 이런 점에서 이 행동은 공동 자유(동등자로서의 각각의 제삼자의 자유)에 의해 직접적으로 산출된 각각의 의미를 *넘어서는* 것이다. 다른 한편 동등자가 보여 주는 각각의 주도권은 그 행동을 초월하여 그것을 물화된 의미로 변질시키거나 아예 청산해 버릴 수 있다. 그럼에도 이 주권은 제삼자들에 의해(동등자로 남아 있기를 바라고, 그 내면화된 기도를 통해서 만인과 동등자로 투기하려 하는 그런 제삼자들에 의해) 지탱되어야 한다는 점에서, 자유로운 두 개의 실천적 기도(이 양자는 각각 그 나름대로 동일한 추상적 권리를 가지고 있다.) 사이에서 투쟁이 생긴다. 이때 승자가 생기느냐, 타협이 이루어지느냐 혹은 무력 속에서의 균형이 잡히느냐는 구체적이며 물질적인 총체 여하에 따라서 결정된다. 내가 방금 이와 같은 지적을 한 것은 단지 주권적 자유가 투쟁 집단 내에도 자리 잡을 때 생기는 그 양면적 성격을 지적하고 싶었기 때문이다. 주권적 자유는 한 명의 **타자**가 갖는 현실적 자유인 동시에 제삼자들의 긴박한 기도이기도 하다. 그것을 자기 것으로서 내세우는 하위 집단은 *모든 사람*과 동등*자*다. 그러나 제삼자는 저마다 그것이 타자에 속한다는 점에서 자기 것임을 알고 있다. 이 점에 대해서는 이해하지 못할 것이 전혀 없으며, 오히려 각자는 자신의 경험을 통해 이를 체득하고 있다. 그렇다면 이제 다음과 같은 질문이 제기될 것이다. 그런 변증법적 결정의 형식적 가지성을 인정한다 하더라도 두 가지의 실천적 양태(우리가 든 예로 보자면 제도와 투쟁적 공동체)가 서로 가하는 상호적 변화를 파악하는 것이 과연 가능한가? 그런 변화는 너무나 복잡해서 우리가 따라가 볼 수 없다는 것을 벌써 인정할 수 있지 않겠는가?

아니라고 대답해야 하겠다. 사실 (외면화된 것이건 내면화된 것이건) 주권적 행동의 모든 재생산은 당연히 *이해*하는 데 있다. 다시 말해 노동조합의 명령을 목표나 미래의 시점에서, 또는 제도 혹은 집렬체성으로서의 노동 계급과의 관계에 의거해 이해한다는 것과 그것들을 가능한 규제로서 *생산한다는 것*에는 차이가 없다. 그러나 이 *이해*는 (서약 집단의) 공동 구조의 시간화다. 그래서 비록 그 원칙이 불변이라 하더라도(왜냐하면 그것이 바로 변증법이기 때문이다.) 이 이해는 타성태적 혹은 거의 수동적인 법규를 반영하는 실천적 도식을 통해 특수화된다. 그러므로 (필요한 정보들을 가졌고, 주요 특징이 이미 알려진 한 시대의 내부에서 그가 이 사실들을 조사하고 있다고 상정한다면) 상황 속에 있는 조사관의 첫 번째 필요성은 규제적 제삼자의 이해를 이해하는 것이다. 조사관은 그 이해를 집단의 자유 *실천*으로, 즉 극복된 조건들을 보존하는 지양으로서 파악해야만 한다. 나아가 그는 (제도라는) **타자**의 투기를 그 실질적 통일성 속에서(제도적 집단의 한가운데에서) 이해해야 하고, 그럼으로써 *극복된 조건들*을 서약 집단의 내부적 투기의 결정으로 새롭게 이해할 수 있을 것이다. 이때 이 투기는 그것을 재생산하는 이해에 의해서만 이해된다. 그러나 (이해된 의미를 한 이해의 특수성에 의해 특수화된 것으로서 이해하는) 이 작동은 절대적으로 이해 그 자체다. 이 자유 재생산에 의한 포착 안에는 단 하나의 유일한 과정이 들어 있다. 우리로 하여금 이해의 이중성을 믿게 하는 것은 오직 언어의 경직성이다. 이해력의 *유일한* 한계는 대상의 복합성에서 오는 것이 아니라 *관찰자의 상황*에서부터 온다. 이것은 그의 이해가 이중의 대상성을 규정함을 의미한다. 즉 그의 이해와 그의 대상인 집단의 이해가 그것이다. 그러나 이와 같은 이론적, 실제적 제한은 가지성의 최소화의 요인이 전혀 아니다. 오히려 변증법은 만약 이것이 외재성의 교조주의에 빠지지 않아야 한다면 스스로를 상황 속의 자유로운 조직들 사이의 실천적 관계로 만들어야 한다. 게다가 지금 우리가 관심을 가진 경우 내가 나의 투기를 조건 짓는 상황을 통해 **타자**의 이해와 상황 속의-존재에 [대한] 그의 의존성을 이해하는 것은 상황 속의 조직으로서다.

이를 바탕으로 *이해의 환경으로서의* 서약 집단이 나로 하여금 투기들(제도의 투기와 서약된 실천의 투기)의 변증법을 진행 중인 총체화의 내부에서 부분적 의미들의 적대적 관계로서 포착하도록 허용한다. 매개된 상호성의 내부에서 선회하는 규제적 제삼자들의 대립들은 이 의미들의 투쟁 속에서 총체화된다. 이 투쟁 속에서 각각의 투기는 의미를 발생시키는 환경에 동화되고, 마침내 스스로 해체되어 **타자**가 된다. 그리고 이 **타자**에게로 재통합된 각자는 그를 파괴하는 부정적인 힘이 된다.(다시 내면화한 노동조합의 조심성과 기회주의는 — 이런저런 경우의 — 하나의 실천의 내부에서 좀 더 전투적인 일탈과 억제가 된다. 반대로 대중의 도약을 "억제"하려는 노력은 내면화되어 총체화에 대한 부정적 구도가 될 수 있다. 그러나 봉기가 갑자기 발생하는 것은 이 총체화 덕분이다.) 사실상 반목적성들은 실제로 목적론적인 실천과 똑같은 구조다. 따라서 비록 인간의 어떤 의지도 이 반목적성들을 생산하지는 않지만 이들은 의도적인 극복과 기도의 구조를 가지고 있다. 앞에서 실천적-타성태의 장을 검토하면서 우리는 이 사실을 살펴보았다. 그러므로 목적성의 이해와 반목적성의 이해 사이에는 단 하나의 중요한 차이를 제외하고는 아무런 차이가 없다. 그 차이란 반목적성이 모든 *행위자*의 부정을 포함해야 한다는 것이다. 이렇게 해서 우리는 타자가 행하는 행동의 수준을 결정하는 요인으로서의 *재내면화된 실천*의 의미와 대상, 거기로부터 야기되는 해체의 운동(*억제된 봉기* 같은) 그리고 이 재내면화의 반목적성(시위대의 격분 등등)을 이해할 수 있다. 이것은 "작전들"의 결과 여하튼 통일체로서의 주권을 위로부터 강화하려는 시도, 그 실패, 반(反)시도 등을 이해하려는 자세를 갖는 것이다. 그리고 거기에서부터 속도 조절, 탈퇴, 투기의 전면적이거나 부분적인 실패, 또는 반대로 갑작스러운 봉기의 발발과 확산, 그것의 전면적이거나 부분적인 성공 등을 이해하는 것이다.(적어도 우리의 고찰 대상인 집단들이 이런 현상들의 요인인 한에서 그러하다.)

그러나 비록 이 진전의 각 계기가 그 자체로 가지적이고, 역사적 합리성이 그 이해와 동일하다 하더라도 이 과정의 전체적 발전이 *비(非)의미*가 될 위험성이 있다는 점도 인정해야 한다. 이것은 결코 필연적이지 않다. 행동 집단은 노동조합 지도자들의 전면적 권위에 복종한다. 그러나 이 집단은 이 지도자들을 제거하고 자신의 규제적 제삼자를 선택할 수도 있다. 우리는 여기에서 (제도적 집단의 통일체로서의) 복종을 발견하기도, (제삼자를 통한 집단 *실천*의 끊임없는 재생산으로서의) 융합의 *실천*을 발견하기도 한다. 이 두 경우에 앞에서 *실천-과정*이라고 불렸던 것을 발견하게 된다. 그러나 *하나*의 행동 수준으로의 통합은 *다른 수준*의 말살을 의미한다. 모든 투기 안에서 행동의 수준들이 생생하게 실행될 때 의미 있는 체계들의 복수성과 이것들의 상호 포섭을 위한 지속적인 시도들은 어떤 체계에도 속하지 않는 결과를 낳는다.(이는 서로 다투는 체계들에도 속하지 않고, 새로운 체계에도 속하지 않는다.) 왜냐하면 이런 *실천*의 각 계기는 *약화된* 의미들의 총체화할 수 없는 총체에 의해 구성되기 때문이다.(각각의 의미는 다른 의미들 속에서 절반쯤 해체된다.) 데모는 시위자들이 원하는 격렬함을 보여 주지 못할 것이고, 노동조합 지도자들이 그들에게 바라는 침착함도 보여 주지 못할 것이다. 데모는 목적을 달성하지 못하고, 다만 기업주들로 하여금 정부의 억압 정책을 촉구하게 할 뿐이다. 그러나 결과는 그것을 반대로 뒤집어 반목적성으로 이해할 수 있을 만큼 충분히 분명하지도 중요하지도 않을 것이다. 오히려 노동 시간을 빼앗기고 좌절감도 느끼게 되므로 과정 전체가 자존심이 상하거나 실제로 *의미*를 *상실하는 것*같이 보일 것이다. 달리 말하자면 방향성이 정해진 시간화의 종합적 총체는 결국 *하나의* 사물로 귀결되거나 혹은 더 세밀하게 말해 보자면 물리-화학 체계 안에서 일어나는 일련의 불가역적 변화로 귀착될 것 같다. 그렇게 되면 우리는 다시 **분석적 이성**으로 되돌아가게 될 것이다. 사실상 실증주의적 **역사**는 이렇게 의미가 제거된 과정들에 자신의 "인과론적" 배열을 정립했다. 이 역사는 인간의 *비의미*를 부분적으로 삭제된 의미들의 조합으로 간주하지 않는다. 오히려 의미는 부대 현상이고, 인간화의 환상이며, 의미가 제거된 과정들이야말로 소위 인간 "행동"의 실증적 진실이라고 생각한다.

다음과 같은 순간에 우리는 **구성된 변증법적 이성**의 부정적 경계로서의 실증적 관점을 받아들여야만 한다. 즉 실제로 — 많이 있지만 엄격하게 한정된 경우들에서 — **역사**의 한 수준에서, 그리고 시작에서 출발점까지의 관점에서 고찰된 객관적 과정이 스스로 소진하는 하나의 내적 변증법의 비변증법적 결과로 나타나는 순간에 말이다. 그러나 이런 관점은 이해의 전체 과정의 중단과 일치한다. 우리는 행동을 단 하나의 수준 — 서약 집단의 수준 — 에서만, 상호성이 없는 *하나의* 다른 수준에 의해 조건 지어질 때만 고찰했다는 것에 주목할 필요가 있다. 그런데 있는 그대로의 주권자의 운명(그리고 중앙 기구와의 관계에서)은 당연히 서약 집단과의 관계에 의존하므로 제도화된 행위 주체와 투쟁 집단의 조건화는 *상호적*이라는 것은 분명하다. 그러니까 성공하거나 실패한 특정 파업은 단순히 (일반적인) 노동 역사의 본질적인 시점이 아니다. 이것은 이런저런 나라의 노동 운동의 역사에도 똑같이 중요하다. 그러나 만약 특정의 사회 운동이 단순히 지도자와 시위대 그리고 파업자의 관계에 의존한다고 생각한다면 여기에서 우리는 비합리성 — 실증주의자들의 우연 — 을 다시 발견하게 된다. 사실상 우리가 검토한 사건들은 계급 투쟁에 의해 규정된 실천의 특정한 장 속에서, 그리고 역사의 특정한 과정의 한 순간에 생겨난 것이다. 그리고 이 계급 투쟁은 그 자체가 동시대적 생산 양식에 의해 생겨난 사람들 사이에서 발생한다. 이것은 그 자체로 힘의 관계와 이해의 갈등을 지시하는 하나의 상황에 의해 결정된다. 노동 계급은 해방의 정도, 즉 그 실천에 의해, 그리고 결국 같은 이야기가 되겠지만 그들의 의식에 의해 동시에 정의된다. 그러나 *정확히 말해* 노동자의 전술, 프롤레타리아의 전투성, 그들의 계급 의식의 정도는 *기구들*(노동조합 따위)의 성격, 차별성, 중요성, *집렬체적 개인들*이 그들의 집렬체성을 해체해 투쟁 집단이 되는 직간접의 가능성, 행동의 한가운데에서의 *집단 스스로의* 규율, 끈기, 과격성, 공격성에 의해 *동시에* 정의된다. 이 모든 것은 물론 그들이 선택한 기구에 의해 수동적으로 구성되는 프롤레타리아의 *계급적 존재*를 지시한다. 우리가 위에서 말한 바와 같이 이때 계급적 존재는 계급 내에서의 각자 상황의 물질적 조건 혹은 그의 실천적 이해의 *한계로서의* 존재다.

우리는 조금 전에 제도화된 노동 계급(예컨대 상임 위원)이 급조된 투쟁 집단으로서의 자기 계급에 대해 어떤 특정의 태도(예를 들어 경계심이 가미된 조심성의 행동 같은)를 보여 준다는 것을 상정한 적이 있다. 사실상 묵시록-계급에 대한 제도-계급의 태도는 각각의 경우 과정 전체에 의해, 그러나 우선 집단으로서의 계급에 대한 그 두 계급의 관계에 의해 엄격하게 조건 지어진다. 파업하기 위해 결성된 노동자들과 노동조합과의 관계는 당연히 "조직되지 않은" 대중과의 관계를 우선 거친다. 노동조합원들의 백분율, 노동조합의 실천과 경험, 규율, 공격성 혹은 수동성과 같은 모든 것이 중요하다. 현재는 가까운 과거의 투쟁의 조명에 비추어 해석된다. 이와 반대로 노동조합 운동가는 대중에 대한 기구의 영향, 특히 중앙 기관들에 의해 제시된 투쟁과 소요의 전술의 영향을 다소간 정확하게 측정한다. 노동조합 전체가 (어떤 경우에는 기업주와의 힘의 관계를 고려하지도 않은 채) 노동 계급만을 생각하고, 대중이 자신들을 대하는 태도에 따라서만 융합 집단에 대한 자신들의 태도를 정한다. 그 까닭은 군중이 빠져나가면 전투적인 구호가 먹혀들지 않을 것을 두려워하기 때문일 것이다. 또는 —— 언제나 같은 모습이지만 그러나 어떤 방식으로든 제도화되거나 "선출된 적이 없는" 그저 단순히 난동자일 뿐인 —— 거친 민중의 힘이 "비합법적인" 방식으로 **연맹**의 합법적 주권을 대체하게 되지나 않을까 두려워했을 수도 있다. 혹은 이와 반대로 큰 영향력을 갖고 있는 이 거친 요소들에 대항한다는 것이 비정치적이거나 파국을 초래할 수 있는 일이라는 것을 너무 늦게 깨달았다고 생각했을 수도 있다. 이런 의미에서 우리는 노동조합의 실천이 계급-존재로서의 집렬체성의 *기초 위에서* 이루어진다는 것을 말해야만 하겠다. 특정 순간 혹은 특정 시대에 프롤레타리아는 모든 책임을 리더들에게 전가하는 경향이 있다는 점에서 —— 왜냐하면 상황이 그들로 하여금 자신들의 무력함을 의식하게 하므로 —— 이 무기력 자체는 주권자에게 전달되고, 제도화된 집단은 관료화된다. 융합된 프롤레타리아 안에서 조합원들은 사라지거나 복종한다. 그들은 **항상** 자리를 지키고, 대리 근무를 한다. 서약 집단에 대한 그들의 정치는 정확히 상황에 대한 그들의 이해를 나타낸다. 갈등이 너무나 심해 양쪽 모두 노동자들을 동원시킬 일반적인 가능성에 대해 회의적이다. 일시적인 의기소침의 경우 상임 위원은 집렬체적 반감에 의존해 집단의 창의성을 꺾게 된다. 전국 규모의 소요의 경우 만약 노동조합의 저항이 있다면 이는 해소되어 투쟁 집단이 될 것이다. 사실상 거친 집단 자체는 자신의 계급을 집렬체성으로 이해한다. 왜냐하면 집단은 집렬체에서부터 그 자신을 만들어 냈기 때문이다. 이러한 자기 창조는 우연한 저항에 대한 이해적 포착을 직접적으로 함축한다. 아니면 이와 반대로 사람들이 그들에게 준 도움과 용기의 포착을 함축한다. 그들은 아직 자기 내부에서 원래 그들의 성질이었던 진흙의 냄새를 풍긴다. 그리고 이 이해는 그들의 투쟁성, 즉 반대 계급과의 관계와 제도화된 집단으로서의 그들 자신의 계급과의 관계를 정확히 가늠한다.

그러므로 ── 모순된 상호 작용들의 잔재로서 방금 **분석적 이성**의 토대 위에 놓인 것인 ── 의미를 나타내지 않는 과정은 역사적인 탐구가 그 과정에 머물러야 할 경우에만 의미를 상실한다. 이와 반대로 우리가 이 연구를 계속하자마자 이 과정은 스스로 가장 귀중한 지표가 된다. 이 과정을 통해 노동자 계급이 그 자체와 맺는 심층적인 관계 (즉 노조들의 중개 등에 의해 우발적 집단들이 집렬체와 갖는 관계들과 함께 집렬체의 매개에 의해 제도가 우발적 집단들과 갖는 관계 혹은 그 반대 경우)가 규정된다. 이런 관점에서 보면 비의미 자체는 깊은 의미를 지니고 있다. 실제 결과에서 비의미의 부분이 커지면 커질수록 노동자 계급은 그 순간에 그 자체에 대해 확신을 더욱더 가지지 못하게 된다. 이른바 이 우연은 원인들의 무질서를 나타내는 것이 아니라 무지에 바탕을 둔 망설임이라는 공동의 태도에 의해 산출된다. 이와 같은 중심 지표를 통해 우리는 노동의 객관적 구조, 도구, 생산관계 등등을 살펴보게 됨과 동시에 실질 임금, 생활 수준, 가격 들을 살펴보게 된다. 또한 내가 좀 더 앞에서 지적한 바와 같이 활동 집단들의 망설임은 증가된 무기력으로서 집렬체성 속에 다시 포함된다. 이것은 **타자들**과 다른 한에서 각자는 집단의 실패 혹은 절반의 실패 가운데 집렬체를 와해 시키는 것이 불가능하다고 느낀다는 의미다. 상임 위원들 앞에서 비정규 위원회들이 진정 소심성을 드러내는 이 실패는 제도를 강화하고 제도를 관료화하거나 그런 경향을 지닌다. 따라서 실천은 우리가 그것을 선택한 바로 그 수준에서는 다음과 같은 조건하에서 완벽히 이해될 수 있는 것으로 남아 있다. 즉 이와 같은 과거의 잔재를 발견할 정도로 이 실천을 그 자체 속에서 연구한 후에 우리가 이 이전의 잔재물 속에서 수행해야 할 임무의 — 즉 총체화 중인 해석의 — 지표를 파악한다는 조건이 그것이다. 어떤 수준에서 실천을 택하든 간에 계급의 행동은 다음과 같은 경우, 즉 계급의 행동을 모든 다른 수준들로부터 해석하는 경우 그리고 실천 자체를 다른 수준들이 서로 간에 갖는 관계의 실천적 의미 작용으로 간주하는 경우에만 이해될 수 있다. 이처럼 — 구체적인 것으로의 첫 번째 접근을 실현하는 — 이 총체화는 하늘로부터 혹은 미리 정해진 어떤 변증법적 법칙으로부터 떨어지지 않는다. 계급은 *실천*이자 타성태이며, 이타성의 분산이자 공동의 장이다. 그런데 요구의 압력과 계급 투쟁의 긴급함 가운데 *계급 위에서* 형성되는 (자발적인 혹은 제도적인) 집단들은 계급을 총체화함으로써만 스스로를 만들어 낼 수 있다. 계급은 이 집단들의 *실천*이며, 그것들의 실천의 장의 무한한 질료, 즉 그것들의 총체화의 대상인 동시에 그것들의 다양성과 그것들의 분리의 *가능한* — 여전히 무기력하지만 그것들이 계급 안에 끌어들이는 유령 같은 단일성에 의하여 잠식되는 — 총체화다. 상황 속에 자리 잡은 관찰자에게는 총체화하는 운동이 곧 *이해*다. 왜냐하면 계급 투쟁에서는 어떤 계기이든 실천적이고 국지적인 행위는 항상 프롤레타리아 계급의 총체화하는 *실천*이기 때문이다.

이런 관점에서 보면 모든 수준에서 이 *실천*이 같으면서도 *다르다*는 것을 이해하게 될 때 우리는 행동의 다양한 수준들이 갖는 가지성을 아주 쉽게 포착할 수 있을 것이다. 왜냐하면 이 수직적 위계질서는 실제로 순환성의 상호적 통일성을 감추고 있기 때문이다. 요컨대 상황 속에 자리 잡은 연구자는 총체화하는 행동도 총체화해야 한다. 달리 말하자면 어떤 수준에서라도 포착되는 행동에 대한 추상적이고 피상적인 이해 불가능성이 존재한다("그들은 무엇을 기다리는가?" "왜 그들은 명령을 내리지도 않고 우리의 분산을 방치하는가?" "왜 그들은 첫 번째 요구를 무용하게 만드는 또 다른 요구를 견지하는 걸까?" 등등). 물론 이 이해 불가능성은 심층에서의 이해(다른 모든 수준에서 자기 자신을 생산함으로써 각 수준에서 행동을 결정하는 것)를 가리킨다. 하지만 다음과 같은 조건하에서 이 이해는 많은 경우 우리에게 새로운 이해 불가능성을 가리킬 수도 있다. 이 이해가 조건화의 순환성을 드러내지 못하고, 생산된 행동이 각 수준에서 *총체화될 총체성*으로서 계급을 규정하는 현실적인 긴장들을 나타낸다는 [사실]을 *드러내지* 못한다는 조건이 그것이다. 따라서 여러 수준의 위계질서는 순수한 외면성의 체계로서 곡선을 그리며 그 자체의 순환성이 된다. 그리고 (각 수준에서) 행해지는 행동의 여러 가지 "구현"은 이제 더 이상 *외관상으로밖에* 중첩되지 않는다.(예를 들어 노동조합 노동자를 해고하거나 분규가 생겼을 때 유일한 유효한 대화 상대자들이 노동조합 대표들이라고 판단하는 고용주에게 그러하다.) 상황 속에 자리 잡은 관찰자는 초월적 대상과의 실제적인 관계 속에서 행동의 여러 가지 수준의 계급화된 통일성을 추상적으로 포착할 수 있다. 운송비의 지역적인 상승이 바로 그런 경우다. 이런 지역의 계급은 모든 수준에서 운송비 상승에 영향을 받으며, 특히 그 계급이 지니는 집합태의 수동성에서 영향을 받는다. 이와 같은 불행한 조치를 철회하도록 시 당국에, 혹은 고용주들이 "생계비"의 새로운 상승에 맞게 급여를 재조정하도록 고용주들에게 행동을 취하려는 공동 투기를 우리는 외부에서 각 수준에 현존하는 것으로서 간주할 수 있다. 이는 집렬체 속에서 *"극복해야 할"* 무기력으로서, 집단들의 수준에서 *요구하는* 운동으로서, 기구(機構)의 수준에서 좀 더 멀고 근본적인 목표들(이 지역의 노동자 계급, 이 계급의 승리 가능성, 지역적 투쟁의 미래를 위한 이 특별한 싸움의 중요성, 투쟁 전체와 그 전선들에서 프랑스의 프롤레타리아 계급)에서 출발해 (긴급성과 상대적인 중요성을 감안해) 규정해야 하는 *특수한 지역적인* 목표로서 체험되는 것이다.

하지만 우리는 동시에 이 위계적 가지성이 위계 안에서 스스로의 한계를 발견한다는 것을 알게 된다. 결국 직접적인 투쟁 가운데 서약자들의 절대적인 요구로서, 그리고 (상임 위원이 전적으로 투쟁에 관여하고 있더라도) 그에 의해 직접적이고 제한되고 상대적인 목표로서 파악되는 것은 진정 동일한 *대상일까?* 사실 가지성은 다음과 같을 때 다시 나타난다. 그러니까 (주권자가 규정하는 대로의) 대상의 구조가 (노조가 요구 행동을 지지하느냐 아니면 저지하느냐에 따라) 행위들 가운데 정의된다고 간주할 때, 그리고 이 대상의 구조가 실제로 지역 노동자의 집결이 프랑스의 프롤레타리아 계급 전체와 갖는 관계 그리고 지역의 노동조합 지도자들에 의한 (그리고 그들을 통해서 집중화된 주권자에 의한) 추상적이고 실천적인 대상으로서, 자체의 고유한 제도화된 존재로서의 바로 이 프롤레타리아 계급의 결정과 갖는 관계를 대상화할 때에 말이다. 그러나 이 경우 계급의 행동이 모든 의미를 가질 수 있는 것은 오직 이해가 스스로 전체적이 될 때, 이해가 행동을 행동의 순환적 전개 속에서 파악할 때만 가능하다는 것을 알아야 한다. 왜냐하면 계급의 행동은 *실천*에 의한 집단의 단순한 생산과 집단(전투 집단, 비합법적 파업)에 의한 *실천*의 단순한 생산이 아니기 때문이다. 노동조합의 테두리에서 혹은 그와 맞서는 계급의 행동은 상임 위원들의 매개에 의해 그 자체의 반성성 속에 구성된다. 지역적 반성성(우리는 현존하는 힘들의 관계 속에 전술, 관철시킬 수 있는 요구들을 정한다.)으로서의 "자발적" 행동은 "경험된" 것이 된다. 이와 동시에 (이 행동이 지역과 중앙의 노동조합 지도자들의 태도 속에서 정지나 가속화를 발견하느냐에 따라) 절대적이고 즉각적인 이런 긴급성은 실제로 계급을 규정하는 전술적이며 전략적인 총체 속에 다시 자리 잡게 된다. 이것은 여기에서 행동이 그 자체와 그 자체의 대상성에 대한 추상적 인식을(이 인식을 표시로서 간직하든 그것을 내면화하든 간에) 외면적으로 받아들인다는 것을 의미한다. 그러나 이와 동시에 *이 수준에서의* 행동은 *그 자체 속에* 프롤레타리아 계급에 대한 이해를 품고 있다. 이 프롤레타리아 계급을 실천적 집단 속에 용해되는 집렬체로서만(이것은 그 자체로서 집단을 만들어 내는 것과 구분되지 않는다.) 아니라 미래가 주어지고 극복된(우리는 이 점을 다시 다루게 될 것이다.) 집렬체로서 이해하는 것이며, 이 집렬체의 구성은 —— 그 존재의 현전하는 조건들로서 —— 그 자체의 **타자**-존재(이런저런 압력과 이런저런 상황 속에서의 변형의 속도, 수평적 혹은 수직적 팽창 가능성 등등)로부터 벗어나는 지속적인 가능성을 규정하고 특수화한다. 어떤 면에서는 이 이해가 주권자의 추상적인 지식과 똑같은 대상을 갖고 있는 셈이다. 실제로 이해는 이 대상**이고**, 이해는 스스로를 생산하며, 이 대상을 생산하는 데 따라서만 이 대상을 안다. 이 두 총체화는 (각각 서로 다른 쪽을 포함하는) 서약 집단의 수준에서도 투쟁이 벌어질 수 있다. 두 총체화가 동일한 내용을 지니고 있다고 말해 주는 것이라곤 실제로 아무것도 없다. 그러나 똑같은 모순과 충돌이 이 과정을 그 잔재의 추상 속에서 비가지적인 것으로 만들 위험이 있는 것이 사실이라면 집단 속에서 주어지고 자체의 집렬체적 존재의 극복에(그리고 이타성과 내재성의 연결로서의 이 존재의 보존에) 일치하는 이해가(주권자에 찬성하든 반대하든) 존재에 대한 직접적이고 거리 없는 현전을 극복하는 *후진력*을 실천에 의해 자기 것으로 만들어 내는 것 또한 사실이다.

분명 문제가 되는 것은 단순한 추상적인 형태이지만 이 형태의 내면화는(예컨대 만약 이 형태가 노조의 계획에 반대하여 생긴다면) 계급의 모든 형태와 모든 실제적 수준과 비교해 스스로를 인식하고 판단하는 것으로서 투쟁 집단의 현실적인 행동을 실현한다. 이는 당연히 이런 실천적 인식이 자기 자신에게 거리를 취하거나 후퇴하는 등의 현실적인 가능성들의 체계로서 잘못된 평가에 토대를 둔 위험한 행동에 의해 나타날 수 없다는 것을 뜻하지는 않는다. 왜냐하면(노동조합의 *지식*과 집단 속의 *생생한 이해*에 대해 행해야 할 총체화의 토대 위에 자체에 의한 요구 행동의 규제로서) 실천적 인식은 집렬체적 존재로서의 계급의 진행 중인 경험에 관계되기 때문이다. 이 실천적 인식은 다음과 같은 세 가지로 한꺼번에(그리고 상호 조건화 속에서) 실현된다. 첫째, 주권자와 갖는 관계 속에 그리고 관계에 의해 생겨나는 것과 같은 집합태의 *의미 작용*으로서("나는 10년간 노동조합의 실천을 통해 배웠다." 등등), 둘째, *집단의 내면성과 집렬체의 연결*로서(집단은 자기-외적-존재를 타자 속에 지니며, 이 초월을 내면적으로 체험한다.), 셋째, 이렇게 해서 *결국 집렬체로 하여금 스스로 그 자체를 부정하고 공동 자유를 위해 그 자체의 무기력을 부정하는 추상적인 가능성*으로서, 요컨대 집단화와 사물화의 힘들이 소외의 수준에서 각자에 의해 체험되는 만큼 이 힘들의 강력함으로써 실현되는 것이다. 이 세 번째 경험은 집렬체가 그 자체 내에서 취해진 집단들과 집단들의 힘과 다수에 대해 겪은 타자적 경험에 의해 또한 조건 지어질 것이 당연하다. 이 단계에서 **타자**는 집합태 속에서 집단들의 시도에 의해 파악된다. 그리고 스스로를 파악한다는 것은 분명 스스로를 인식한다는 것이며, 무기력으로 인해 아직 억제된 폭력을, 예를 들자면 상황에 혁명적 모습을 부여하는 역사적인 조건들을 집단들 자체에 의해, 그리고 다수의 행동에 의해 밝혀내는 것이다. 그러나 무엇보다도 발전의 조건인 상황의 토대 위에서 *자신을 이루어 간다는 것*이다.

이처럼 총체화로서의 실천은 다소간 많은 수효의 인원을 참여시키고 스스로를 정의함으로써 역사적인 계기를 정의하는 특정한 활동의 의미를 지님과 동시에 하나의 *내기*가 갖는 실천적 의미 작용을 갖기도 한다. 그런데 이런 내기는 — 후퇴의 불충분함과 모호한 경험들(모순적이라기보다는 차라리 모호한데 나는 「방법의 문제」에서 이 모호성들의 의미를 지적했다.)과 명확한 실제적 구조들의 결과로 — 각각의 수준에서 다른 두 타자의 반응들에 대해 걸어야 한다. 실제로 이 반응들 속에서 한 명의 타자에게 고유한 반응은 — 그는 이것을 알고 있다 — 이 내기의 대상으로 나타나게 된다. 우리가 실천적-타성태(상황의 예견 따위)에서 지적했던 이타성의 회로들이 문제가 되는 것일까? 아니다. 왜냐하면 끊임없는 소통이 있고, **타자**가 매 순간 동등자가 될 수 있기 때문이다.(노동조합 대표를 인정하는 노동자들의 모임이 문제가 되든 — 제삼자의 규제자 역할에 스스로를 국한시키기 때문에 — 한 사람은 행동하기로 결심하고 다른 사람은 아직도 망설이고 있는 두 노동자 사이의 상호적 관계이든 모두 그러하다.) 사실 이 *내기*를 건 것은 계급 자체다. 이 내기는 불완전하게 인식된 여건의 지양으로서의, 그리고 갈등, 실수 혹은 실패의 부정적 통일성 내에서나 아니면 진행 중인 객체화와 최종 성공에 의해 이루어지는 상호적 강화 내에서 (여러 수준에서의) 부분적 내기들의 총체화로서의 결정인 것이다. 실제로 내기가 걸린 행동은 스스로를 총체화한다. 그 까닭은 이 내기가 걸린 행동이 단기간의 국지적인 시도로서, 집합태-계급과 투쟁-계급 사이의 구체적이고 시간화된 관계의 생산으로서, 이와 동시에 국가적 수준에서 계급이 의미를 발생시키는 방식(투쟁성 지수 등등)으로서 스스로를 규정하기 때문이다. 이처럼 총체화 자체는 고려된 형성 과정들을 넘어서 자유로운 실천적 유기체로서의 각자의 (그가 "상임 위원"이든 늙었든 체념하든 간에) 이해를 (상호성 속에서) 우리에게 가르쳐 준다. 이때 이 유기체는 자신의 모든 *실천* 속에서(비록 이 실천이 순수한 복종이라 하더라도) 타자에 의해 그리고 모든 사람에 의해 각 수준의 총체화적 극복을 공동 결정의 통일성 속에서 수행한다. 그렇지만 실천적인 각 유기체가 (추상적으로, 그리고 부정적으로인 경우를 제외하고는) 경험으로 파악되지 않은 채로 있고 소외, 집렬체, 서약 혹은 제도로서의 주권에 의해 감추어져 있기 때문에 우리가 총체화하는 기구를 발견해 그 안에 순환성을 고정해 놓을 수 없다면 총체성이란 결코 없고 그저 진행 중인 총체화만 있을 뿐이다. 잘 이해하도록 하자. 즉 이 총체화는 어디에서나 **타자**를 동등자 속에 용해시키려는 시도다.(심지어 환자나 노인의 체념도 총체화하고 *곧이어* 부정되는 평가를 통해서만 실현된다.) 게다가 총체화는 집렬체의 깊은 곳까지 침투한 통일성의 통합적 구도들 위에서, (곧 살펴보겠지만) 공통된 과거의 토대 위에서 수행된다. 따라서 문제는 하나의 현실적이고 지속적인 총체화다. 이는 비록 이 총체화가 그 자체의 복합성, 해결해야 할 타성태, 그리고 그 자체의 모순을 필연적으로 품고 있다고 해도 그러하다. 이런 의미에서 노동자 계급은 어디에서나 진행 중인 총체화라고 말할 수 있다. 우리가 여전히 머물러 있는 연구의 수준에 비추어 볼 때 이는 이 계급이 어느 정도의 통합과 좀 더 높아진 투쟁성에 도달해야 하고 또 도달할 수 있다는 것을 의미하지는 않는다. 그렇다고 해서 그 반대의 의미인 것도 아니다. 다만 우리는 현재 이 가능성을 가늠하기 위한 도구들을 가지고 있지 못할 뿐이다. 진행 중인 총체화는 — 하나의 **역사**에 대한 전망들이 아직 우리에게 주어지지 않은 상황에서 — 실천의 모든 수준이 파악할 수 없는 실천적 유기체에 의해 도처에서 중개되고 총체화된다는 것을 의미한다. 이 실천의 모든 수준에 의해 감춰지는 이 유기체는 그 자체의 *실천*과 자기에게 부과된 모든 공동의 기능(따라서 **동지애-공포** 속에 그 자체를 통합하는 한에서의 모든 집단)을 훔쳐 가는 모든 소외를 그 자체의 자유로운 개별성에 의해 지탱한다.

그러므로 노동자 계급의 총체화는 *이해될* 수 있다. 상황 속에 자리 잡은 증인이나 역사가가 노동자 계급을 총체화하는 수단으로 삼는 통합적 행위는 실제로 조건들로부터 목표를 향해 총체화의 *실천*을 재생산할 뿐이다. 이 총체화는 끝없는 집렬체를 집단으로 변화시키는 데 있는 것이 아니라 타자들과 관련해 각각의 수준에서의 가능성들을 결정함으로써 공동 행동을 위한 통제와 지속적인 재적응의 순환성을 창조하는 데 있다. 예를 들어 (국가적인 집합태로서) 집렬체가 지역의 지도자들과 "자발적으로" 형성된 집단들 사이의 분쟁 속에서 심판관과 중재자라는 점에서 행동은 통제된다. 이것은 (명령된 *실천*이든 이해할 수 없는 외면성의 무질서이든) 최종 행동은 3차원의 과정이며, 각각의 차원은 다른 두 차원에서 그 자체의 의미를 발견한다는 것을 의미한다. 노동자 운동을 억제하는 것은 가능하다.(내 말은 노동자 운동의 지도자들에게 가능하다는 뜻이다.) 하지만 이는 특정 경우에서 그리고 계급 전체의 분산적 공모에 의해서 가능하다. 그리고 그것은 다른 경우들에서는 같은 이유로 인해 불가능하다. 즉 국가적 계급 속에서 지역 운동이 지니는 의미 자체에 의해서 불가능하다. 이 가능성이나 불가능성은 숙명처럼 외부로부터 지도자들과 파업 노동자들에게 오는 것이 아니다. 이는 실제로 계급 속에서 그들의 상황의 이해로서 실현된다. 달리 말하자면 그들은 *자신들이 할 수 있는 모든 것과 할 수 있는 것만*을 하지만 그들은 상호적이고 적대적인 *실천*의 변증법 가운데서 *이것을 해야* 한다. 이 실천 자체는 집렬체적 소외 가운데 자유롭게 총체화하는 개인에 의해 느껴지며, 집렬체성의 배척으로서 혹은 무기력 상태로 체념한 포기로서 스스로를 총체화한다. 그리고 다음과 같은 사실을 잘 이해하기를 바란다. 즉 제도와 행동의 집단들이 수용한 불가능성의 행동은 이타성으로 되돌아오며, 새로운 결정으로서의 집렬체적 분산 가운데서 재차 수용된다는 사실이 그것이다. 그 까닭은 이 행동이 *실천*의 무질서-지표에 의해 나타나기 때문이다. 그러나 부정과 수동성의 지표가 되는 이와 같은 수용된 무기력에 대한 부정성이 집렬체 속에서 이것들을 강화하는 결과를 가져올지의 여부를 선험적으로 결정하는 것은 불가능하다. 이와 반대로 아마도 이 무기력에 대한 부정성은 적극적 재집단화를 야기할 것이다. 다만 적대 계급의 *실천*에 결합된 — 현재와 과거의 — 물질적 상황들의 총체만이 구체적이고 역사적인 전개의 틀 안에서 경우마다 해답의 요소들을 제공할 수 있다.

형식적인 검토를 통해 우리가 지적해야 하는 것은 단지 계급의 실천이 — 비록 엄밀히 국지화된 행동들의 경우에도 — 순환적인 총체성 속에서 *실천*의 새로운 전형으로 이해될 수 있다는 사실이다. 이 *실천*은 (도달해야 할 대상으로부터) 통일적이며 변증법적인 시간화가 각각의 구조마다 그 자체 속에 다른 구조들을 포함하고 있는 상이한 구조들 사이에서 다차원적인 상호성들의 통일성 속에 전개되어 가는 그런 *실천*인 것이다. 혹은 하나의 이미지로 말하자면 자유로운 실천적 유기체의 행동은 ― 그 자체로, 그리고 추상적으로 고찰될 때 ― 깊이가 없는 것이며, 2차원의 공간에서 시간화된다. 계급의 행동은 ― 적대 계급 혹은 통시적 결정들이 개입하지도 못하게 하고 ―n차원(우리는 3차원을 본 적이 있으며, 다른 차원들[171]도 있지만 여기에서는 그리 중요하지 않다.)의 공간에서 전개된다. 그러나 두 번째 행동은 처음의 행동처럼 이해된다. 왜냐하면 결국 행동을 만드는 주체가 우리임과 동시에 행동이 시간화하는 다차원의 공간이 바로 우리이기 때문이다. 그래서 이 이해는 모든 것이 *실천*적이라는 사실에 토대하고 있다. 즉 계급이 실천적으로 자신의 계급 존재를 ― 그리고 그 계급에 부여된 모든 실천적 타성태의 성격들을 ― *실천*의 운동 자체 속에 자신의 방향과 개별적인 실천적 본질로서 다시 수용하는 것이다. 예를 들어 전투 전술로서 "공장 점거"를 생각해 내는 것은 2차 산업혁명 이후 집합태적 프롤레타리아 계급의 수동적 구성(즉 여기에서는 전문 노동자들의 호환성)을 떠맡아 극복하려는 실천인 것이다.

하지만 여기에서 *실천은 구성되었다.* 우리는 이를 잘 알고 있다. 이것이 바로 실천에 대한 가지성의 한계다. 실천이 갖는 복수의 차원은 구성하는 변증법과 같은 자유롭고 유기체적인 실천의 극복 불가능성과 갈등으로 접어들게 된다. 이 자유로운 *실천*이 바로 매개된 상호성 안에서 다양한 차원들의 총체화로 생산되는 실천 그 자체다. 이

---

171 실제로 우리는 추상 속에 머물러 있다. 왜냐하면 우리는 계급의 내부 환경이 동질적이며 모순(1급 숙련공, 2급 숙련공, 단순 기능공 등 사이의 이해 대립 혹은 이해 충돌)이 없다고 가정했기 때문이다.(원주)

는 관점에 따라 실천이 이와 같은 확대 속에서 상호적이고 순환적인 결정들의 유기체적 통일성을 보존하면서 다양한 차원들에서 펼쳐진다는 사실을 의미한다. 혹은 다양한 차원들을 통해 재총체화에 의해 내면성의 의미를 발생시키는 통일성의 재통합으로 시작하는 흩어짐 위에서 다시 펼쳐진다는 사실을 의미한다. 이것은 전혀 놀라운 사실이 아니다. 왜냐하면 *평평한 공간 속에서 이루어지는 변증법적 총체화로서의 자유로운 실천은 3차원을 가진 실천적 장을 통한 초월자의 재조정이기 때문이다.*[172] 이것이 이른바 "실천-과정"이다. 실천적 총체화로서의 이 행동에 대한 이해는 개인적 증인의 총체화하는 실천일 수 있다. 그러나 이 총체화가 그것의 객체성 자체에 의해($n+1$차원의 공간에 위치한 증인에게 나타날 수 있는 대로의 객체성) 행위 주체와 동시에 증인에게 잡히지 않기 때문에 우리는 이 행동을 *과정*으로서만, 즉 변증법적 이해의 한계로서만 포착할 수 있을 뿐이다. 실제로 $n+1$차원에서 증인은 존재하지도 않고 또한 존재할 수도 없다. 게다가 이런 증인이 존재한다고 하더라도 우리에게는 완전히 낯선 존재로 남아 있을 것이다. 하지만 오로지 이 증인에게만 계급의 실천적 실재는 초유기체로 나타나게 될 것이다. 그것이 부조리한 것이 아니라면 말이다.

---

172 혹은 n 차원을 가진다. 나는 「방법의 문제」에서 그 예를 들었다. 2차원에서 실천은 추상이다. 그것은 자기 움막을 짓는 로빈슨일 수 있다. 구체적인 인간을 겨냥하는 순간부터 로빈슨의 사회성, 역할, 권력, 가능성 등은 그가 극복하는 다양한 조건들의 복수 차원적 통일성으로 그의 기도를 변화시키게 된다. 그 결과 구성되는 것의 구성하는 것으로의 귀환은(구성되는 것이 지양에서 보존되어 있기 때문에) 투기 자체 내에서 복잡한 공간들을 펼치면서 공동 행동(상호 작용의 내부적 다양성과 더불어)과 사회화된 개인적 행동 사이에 새로운 동질성을 창조해 내게 된다. 다양한 개인들이 공동 실천을 총체화하면서 총체화함에도 불구하고 투기 내에서 극복된 조건들이 이 투기 자체에 의해 접촉되고 총체화되는 것은 여전히 사실이다. 이해는 증인 측에서와 능동적 집단에서 마찬가지로 여기에서 멈춘다. 왜냐하면 이 내면적이며 상호 작용에 의한 총체화는 집단에서 새로운 존재론적 지위를 생산하지 않기 때문이다. 달리 말하자면 행동을 재생산하는 증인에 의한 계급 행동의 이해는 충분함과 동시에 부적합하다.(원주)

오로지 그 증인에게만 이 계급의 실재의 내부에서 행위 주체들에게는 접근 불가능할 수 있는 존재론적 가지성의 위상이 나타날 수 있을 뿐이다. 이 초유기체의 위상은 계급 안에 혹은 밖에 위치한 *우리를 위한* 것이 아니다. 실제로 이것은 행위 주체에게나 행동에 대해 어떤 실천적 효과에 의해서도 나타나지 않는다. 그러나 전체적 객체성을 결정하기 위해서는 외부로부터도, 즉 *n*차원을 가진 사회적 공간이 하나의 특수한 경우가 되는 그런 공간에서부터도 역시 총체화할 수 있어야만 할 것이다. 투쟁 중인 계급을 전체적 객체성으로서 포착하는 필요성과 불가능성은 이 계급 안에서 *하나의 외적 부정적 한계*, 혹은 *외부*를 갖는 가능성을 생산해 내게 된다. 그리고 추상적이면서도 원칙적으로 우리를 빠져나가는 경계로서의 이 외부는 다음과 같은 경우 사실상 **변증법적 이성**과 **분석적 이성**을 분리하는 경계에 지나지 않는다. 인식의 조건들로 인해 이 분석적 이성이 변증법적 이성의 한 부분이 되는 것이 불가능할 경우가 그것이다. 이 수준에서부터 과정은 외면성에서 포착된 총체화의 미결정된 존재다. 이 외면성은 개개인의 자유로운 실천의 순수한 변증법적 전개도 될 수 없고, 총체화된 총체성도 될 수 없으며, 비가역적이며 외부적 결정 작용들의 의미 없는 집렬체도 될 수가 없다. 오히려 문제가 되는 이 외면성은 그 미결정 작용으로 인해 다음과 같은 모든 특징을 가진 통합의 추상적 가능성으로 나타나게 된다. 즉 엄격하고 방향이 정해진 전개, 과거에 의한, 그리고 이와 마찬가지로 미래에 의한 현재의 충만한 결정, 따라서 중층 결정, 절대적 필연성과 자유로운 목적성, 주어졌으면서도(낙인이 찍힌 타성태로) 외부에서 총체화로서 자기 자신의 고유한 시간성을 생산하는 총체성, 실천으로 포착된 실천적-타성태, 기도와 사건의 통일, 수동적 능동성과 능동적 수동성의 통합 등이 그것이다.

이처럼 많은 인류학자의 입장에서 보면 *과정*(경험의 순수하고 부정적인 한계)은 ─ 집단의 수준에서 재도입되고, 계급에서 늘어난 다양한 수동성 덕택으로 *실천*을 통해 타성태의 다양한 층위들을 관통해, 그리고 이 실천을 그 구성된 실질적 위상 속에 가두면서 ─ 카드의 아랫부분,[173] 언젠가 그 인류학자들이 도달하게 될, 아니면 도달할 것이라고 믿고 있는 이면, 인간들 사회의 *숨겨진 실재* ─ 이 숨겨진 실재 안에서 모든 모순은 어떤 종합적 극복에 의해서도 서로 합쳐지지 않은 채 서로서로 근거 짓는다 ─, 즉 인간적인 것의 비인간적 객체성 ─ 이 객체성 안에서는 목적성과 "인과성", 필연성과 자유, 외면성과 내면성은 서로서로 침투한다 ─ 이 된다. 의미와 비의미의 용해인 이와 같은 숨겨진 실재는 혼동되리만큼 스피노자의 실체와 닮아 있다. 그러나 이 과정을 실체화하는 것, 이 이해의 추상적 한계에 긍정적 내용물을 부여하는 것과 인간을 **신**의 관점에서 고찰하면서 경험의 모순들을 최종 단계 이전에 제거해 버리는 것은 부조리한 일일 것이다. 이 *과정*은 행위 주체나 증인의 *상황*과 밀접하게 연결되어 있다. 이 과정은 그 자체의 한계를 통해 상황을 부정적으로 정의하며, 전체와의 관련하에서 우리를 상황에서 벗어나게 하지 않으면서 이 과정을 그 자체에서 포착하는 것은 있을 수가 없다. 게다가 이 과정은 개인화하는 도식의 이해에 의해서만 사회적 다양성의 기도를 통합시키는 무력함을 나타내 준다. 마지막으로 이 과정은 어디에서나 내면성

---

173 사르트르는 "카드의 아랫부분"이라는 표현을 이미 『존재와 무』에서 사용하고 있다. 사르트르에 의하면 '나'는 '자유'이자 '가능성'이기 때문에 타자는 '나'의 자유와 가능성에 의해 그려지는 자기 모습을 알 길이 없다. 물론 '내'가 그의 모습을 '언어'를 통해 그에게 전달하는 경우에는 예외다. 이처럼 '나'의 자유와 가능성의 안쪽에 그려지는 타자의 모습을 묘사하기 위해 사르트르는 바로 '카드의 아랫부분'이라는 표현을 사용하는 것이다. 이와 마찬가지로 여기에서도 "실천-과정"의 다양한 층위들은 변증법적 이성을 통하지 않고서는 드러날 수가 없다는 의미에서 이 표현을 사용한 것으로 보인다.

을 꿰뚫는 외면성, 물리-화학적인 사실들의 총체(혹은 추상적으로 그렇게 간주될 수 있는)에 의거한다. 그런데 이 총체는 에너지의 변화에 다름 아니며, 다른 수준에서는 비유기적, 유기적, 사회적 총체들의 비유기체에서 이루어지는 투사로 나타나는 실천적-타성태의 장 내부에서 이루어지는 파괴와 소비와 같은 것이다. 달리 말하자면 이 과정은 공동 행위를 그 다양성과 수동성을 토대로 구성적이며 변증법적인 이해를 통해 포착하는 것이 불가능하다는 것을 보여 준다. 그리고 실천적 차원에서 이 과정은 모든 공동 행위가 겪는(또한 직접 만들어 내는) 위험, 즉 집렬체 속에서 소외와 재추락을 가능하게 해 준다. 그러나 정확히 인간적인 것의 사라짐에 대한 지속적인 위험으로서의 반(反)변증법(실천적-타성태)과 비-변증법적(분석적 이성)의 *외부에서의* 현전은 *상황 속의 존재로부터* 출발해서 실천을 통해서만 포착될 수 있을 뿐이고, 또한 **구성적 이성**과 **구성된 이성** 사이의 생생한 모순으로서만 포착될 수 있을 뿐이다. 이해가 갖는 이와 같은 한계는 이해 자체의 실천적이고 전체적인 성공 속에서 그리고 이 성공에 의해서만 드러나야 한다. 내가 지금 이런 지적들을 하는 것은 바로 이 지적들이 여기에서 가장 추상적이며 가장 간단한 형태로 나타나기 때문이다. 물론 상대주의와 교조주의를 피하기 위해서 역사적 과정에 대해서는 이 고찰들을 다시 다루어야만 할 것이다.

3. 역사의 특수성, 대립의 상호성, 희소성의 장에서의 "실천"과 과정

사실 우리는 아직 추상성의 영역을 떠나지 않았다. 왜냐하면 우리는 적대 계급의 적대 행위(혹은 *계급들의* 적대 행위일 수 있으며, 나는 보다 더 단순하게 하기 위해 이와 같은 이중성을 전제한다.)를 가지성의 도식 속에 개입시키지 않은 채 계급 투쟁의 수준에서 계급과 그 자체 사이에 맺어지는 내적 관계들에 대해 논의를 했기 때문이다. 그런데 모든 계급이란 무릇 사회적 투쟁에서 그 자체를 만들어 낸 물질적 조건들과 다른 계급에 의해 자신 안에서 야기된 특징들의 내면화인 동시에 극복이라는 사실은 명백하다. 개별적 목표 또한 적대적 상호성에서, 그리고 여전히 더 일반적인 투쟁에서부터 매 순간 — 또한 투쟁의 방법들, 책략 등등으로서 — 정의된다는 사실 역시 명백하다. 이처럼 각 계급은 다른 계급 안에 있는 것이다. 이것은 후자의 *실천*이 직접적으로 혹은 쟁점이 된 대상을 매개로 하여 전자의 실천을 변화시키려고 시도한다는 점에서 그러하다. 그렇다면 이 경우 가지성은 존재하는가? 우리는 노동자 계급에서 총체화가 작동하는 것을 보았다. 왜냐하면 총체화는 다른 수준에서 똑같은 행위를 야기하기 때문이고, 2차적 투쟁들이 가정에 의하면 하나의 근본적 일치에 종속되기 때문이다. 그런데 사람들은 어떻게 *이해할 수 있는가*? 즉 지배 행위의 결과들을 어떻게 프롤레타리아 자신의 내부에 있는 낯선 실재로서 부르주아 계급의 실천이 생산해 내는 의미 작용들과 하나의 같은 총체화 속에 결합할 수 있는가? 특히 어떻게 부정적 상호성 안에서 적대적이고 비협상적인 이 계급들을 통합하면서 더 큰 총체화가 일어난다는 것 — 이것은 변증법적 합리성의 강요 자체다 — 을 전제할 수 있는가? 먼저 살펴보아야 하는 문제가 바로 이것이다.

그런데 핵심이 되는 문제는 *투쟁이 존재하는가*를 밝히는 것이다. 엥겔스는 섣불리 억압을 논한 뒤링을 조롱한 바 있다. 그러나 뒤링에게 가르침을 주려고 하면서 엥겔스는 정반대로 경제주의라는 또 다른 암초를 제공했다. 만약 두 계급 가운데 하나가 그 자체 내에서 경제 발전의 타성태적 — 혹은 실천적-타성태적 — 산물이라면, 이 두 계급이 부분적으로 생산 양식의 변형을 통해 이루어졌다면 투쟁은 사라지게 된다. 왜냐하면 착취 계급은 수동성 속에서 자신의 지위를 헌법으로서 유지하기 때문이며, 부자들의 무기력이 가난한 자들의 무기력을 반영하기 때문이다. 그러니까 두 개의 집렬체는 완전히 타성태적이며, 체계의 모순들은 이 집렬체들에 의해, 즉 **타자**로서의 각자에 의해 그리고 이타성 속에서 실현되는 것이다. 이렇게 해서 자본가들과 월급쟁이들 사이에서 이루어지는 대립은 때리는 덧문과 맞는 벽의 대립과 마찬가지로 더 이상 투쟁이라 불릴 자격이 없다. 게다가 엥겔스는 『반뒤링론』에서 이와 같은 도식적 생각들을 끝까지 밀고 나감으로써 상승하는 계급이 생산 수단의 발전을 보장하면서 주위의 모든 단체를 집단화하는 순간에 계급 간의 투쟁을 무력화시키게 된다. 물론 불화는 조금씩 나타날 것이다. 흠집은 사회 전체를 분열시킬 때까지 커질 것이다. 왜냐하면 생산 양식 자체가 이런 모순들을 생산해내고 발전시킬 것이기 때문이다. 그러니까 갈등이 확실한 순간부터 비로소 투쟁을 — 좁은 의미에서 반대되는 두 방향을 정의하고, 그리고 *하나의 평균적 결과*를 낳는 분자적 움직임에 대한 순전히 은유적인 의미에서 — 논하는 것이 가능하게 될 것이다. 나머지 시간에 **역사**는 생산 양식의 발달에 의해 그 일시적인 통일성에서 정의될 것이다. 이것은 이 발달의 결과들로 인해 계급들 안에서 차별화가 생겨나고 인간들의 다른 집단들에서 다양한 변화가 야기된다는 점에서 그러하다. 이와 마찬가지로 수동적(귀납적)인 행위들의 통일성은 — 이 행위들 가운데 하나는 노동자들에게서 특정 형태의 행위를, 그 가운데 다른 행위는 고용주에게서 도구를 통한 특정의 도구적 재조직을 규정한다 — 한마디로 말해 *하나의 경제적 과정*이다. 그런데 어떤 면에서 보면 우리는 거기에서 **역사**의 완전한 가지성을 다시 발견하게 된다. 왜냐하면 현상들의 대립은 다양한 대상들 위에 가해진 외부 세력들의 동일한 총체의 행동으로 귀착되기 때문이다.

그러나 경제주의의 가지성은 눈가림에 지나지 않는다. 먼저 그것은 엥겔스를 **분석적 이성**으로 되돌아오게 한다. 그리고 이 변증법 학자는 자신의 경력을 이 아름다운 결과로 마무리 짓게 된다. 그는 자신의 죽음을 보장하기 위해 두 번이나 변증법을 제거했던 것이다. 첫 번째는 이 변증법을 **자연** 속에서 발견할 것을 주장함으로써였고, 두 번째는 그것을 사회로부터 제거함으로써였다. 두 번의 제거 행위에서 결과는 같았다. 변증법은 물리적-화학적 진행에서 발견된다는 것을 선언하는 것이나 인간관계를 양적 변수들의 기능적 관계로 환원하면서 스스로를 변증법 학자라 선포하는 것은 결국 같은 것이다. 그러나 *다른 한편* 우리는 숫자나 지속적인 양의 직접적이고 진정한 가지성을 발견조차 못 한다. 왜냐하면 우리는 실천적-타성태의 전장 한복판에 내던져져 있기 때문이다. 달리 말하자면 상투적 변형들과 경제적 사유의 정의들은 이것들이 인간적이고 역사적인 변증법의 구체적 운동에 의해 *유지되는* 한, 거기에서 **분석적 이성**의 일시적 용법만을 보는 한 그리고 이 **분석적 이성** 자체가 **변증법적 이성**의 추상적 계기(소외되고 물화된 인간관계들이 재내면화의 관점에서 외부적으로 대우받을 수 있어야만 하는 순간)로 주어지는 한 이해 가능한 것으로 남아 있게 된다. 그러나 이것들이 원칙들이나 기본적 정의들을 위해 주어질 때, 양(量)의 이상한 전환들이 자연적 사실들(*사회적 사실들의 표면적으로 자연적인 양상으로가 아니라*)로 나타날 때 언어 자체는 모든 의미를 잃게 된다. 즉 경제적 전환들과 거기에서 파생되는 담화의 모든 결정 자체는 무에서부터 스스로를 끌어내며, 그것도 물리적-화학적이고 생물학적 법칙들의 기초 위에서 직접적으로 끌어 내게 된다. 하지만 이것은 다른 운동으로부터 출발해서 훼손된 **분석적 이성**을 탄생시킬 (**자연**의 변증법적) 운동을 발견하는 가능성 없이 이루어진다. 요컨대 만약 **분석적 이성**이 합리성을 잃지 않으면서 **경제적 이성**이 되어야 한다면 그것은 **변증법적 이성**의 내부에서 그리고 그것에 의해 생산되고 유지되는 것으로서다. 결국 기본적 합리성으로서의 경제주의는 경험적 비합리성 속에서 무너지게 된다.("*만사가 그런 법이다.*")

변증법적 관념론 속의 객관적이고 구체적인 모순들(생산력↔생산수단↔생산 양식↔생산관계 등등)을 와해시키는 것이 문제가 아니라는 것은 당연하다. 문제는 단지 이 모순들을 재내면화해 역사적 과정의 원동력 자체로 삼으려는 것이다. 이것들은 (희소성의 "삽화적"[174] 영역에서 자유로운 실천적 유기체와 결합하는 상호 내재성 관계들의 근본 규정으로서) 사회 변형의 *내적 토대*이기 때문이다. 하지만 재내면화 자체가 그 의미화를 변형시킨다. 여기에서 경제주의 노선은 족외혼 사회의 구성원인 정보 제공자가 민속학자를 위해 모래 위에 그려 놓은 추상적 관계의 골격과 흡사하다. 그들의 구체적이고 가지적인 현실은 *실천의 수준*에 있으며 실천적 유기체들 사이의 매개로서, 서로서로의 소외로서 가공된 물질의 수준, 요컨대 집합태의 수준에 있다. 집합태는 변증법적이지도 분석적이지도 않으며 오히려 반변증법적이다. 집합태는 우선 인간관계의 근본적 구조로서 나타나지 않는다. 하지만 우리가 기술했던 복합적인 변증법을 통해 변증법의 모래톱처럼, 변증법 자체로의 회귀처럼, 요컨대 *반변증법*처럼 스스로를 구축한다. 이 반

---

174   à tiroirs는 서랍이 여러 개 있다는 의미에서 '삽화적', '일화적' 등으로 번역된다. 어쨌든 이 표현은 '다양하다'라는 의미다.

변증법은 단지 가지적일 뿐인데 그 까닭은 우리가 그것을 물질적 거짓 통일성, 소외된 노동 그리고 집렬체적 도주라는 도피적 계기에서 직접 만들기 때문이다. 실천적-타성태는 *과정으로서*(이는 벌써 경제주의의 주장들로부터 아주 멀어지는 것이다. 왜냐하면 경제적 "사태"는 외면성의 규정을 주장했던 내면성의 부정에 의해 비가지적인 것으로 표현된 물리적, 화학적 현상이기 때문이다.) 연구될 수 있다. 하지만 이 과정은 그것이 *이미* 수동적 행동인 한에서 모든 *실천*(실천적인 물질적 장과 **타자들**과의 관계로서의)을 상정하며, 과정은 그 실재적이고 추상적인 북적거림에 근거함으로써 그 실천을 대상 속에 다시 흡수하고 변형시킨다. 한마디로 생산 양식이 인간 역사에서 모든 사회의 하부 구조라면 이는 노동이 ── 자유롭고 구체적인 활동으로서 집합태 안에서 소외되며, 이전의 소외에서 이 동일한 집합태로의 극복이라는 자격으로 이미 나타나는 ── 실천적-타성태(그리고 생산 양식)의 하부 구조이기 때문이다. 이것은 단지 통시적인 총체화의 의미(왜냐하면 특별한 요구를 갖춘 어떤 기계는 그 자체가 노동의 산물이기 때문에)에서뿐 아니라 공시적으로도 그러하다. 왜냐하면 실천적-타성태의 모든 모순과 특히 경제적 과정의 모순들은 필연적으로 노동 속에서 노동자의 영구적인 재소외에 의해, 즉 이 *타자적 세계* 안에서 일반적으로 고안된 실천에 의해 구축되기 때문이다. 이때 실천은 이 타자적 세계가 존재할 수 있도록 (비유기적 질료를 통해 자신의 다수성을 집렬적 이타성으로 구축함으로써, 자기 주권의 완전한 실용을 통해 무기력을 충당함으로써) 스스로 희생한다.

이런 관점에서 만약 계급 투쟁이 실천적-타성태 안에서 토대를 찾아야 한다면 이는 이해관계들의 객관적 대립이 수동적 활동에 의해 받아들여짐과 동시에 생산되어 노동 안에서(혹은 모든 종류의 행위에서) 반목의 상호성으로 밝혀지기 때문이다. 그것이 설사 경화된 형태로, 예컨대 도구나 기계의 요구처럼 나타날지라도 말이다. 순환성 — 인간 생산물로서의 사회적 구조인 — 은 이중의 규정에 의해 그 가지성을 만들어 낸다. 한편으로 행위들과 사유들은 가공된 물질(그것이 **타자들**을 통해서 이타성의 체계를 실현한다는 의미에서) 속에 각인되어 있다는 사실은 분명하다. 그러기에 인종 차별주의는 식민자가 본국과 자기 눈에 식민화를 정당화하기 위해, 즉 입장의 요구를 위해 고안한 단순한 "심리적 방어"가 아닌 것이다. 사실 그것은 식민 체제와 과잉 착취에 의해 객관적으로 생산된 *타자적 사유*다. 임금과 노동의 성격은 인간을 규정한다. 그렇기 때문에 임금이 제로로 향할 때, 노동이 실업과 "강제 노동"의 교체로 나타날 때 피식민자는 식민자를 하위 인간으로 환원시킨다는 사실은 분명하다.[175] 모든 인종차별적 사유는 가공된 물질과 그로부터 비롯되는 체계 안에 각인된 실천적 진리를 이타성 안에서 실현하는 행위에 불과하다. 하지만 *다른 한편*으로 뒤집어 보면 가장 단순한 형태들의 기본 구조들은 비유기적 물질에 *각인되어* 있으므로 이들은 타성태적 사유인 인간적 *봉인들*을 생산하는 데 기여했으며, 무한히 재생산해 내는 활동들(이전의 것들과 현재의 것들)을 가리킨다. 그리고 이 활동들은 필연적으로 대립적이다.

알제리의 식민자 스스로 *제시한* 인종 차별주의를 강요하고 생산해 낸 것은 알제리 정복이다. 그리고 일상적 실천을 통해 이 인종 차별주의가 다시 고안되고, 또다시 실행된다. 물론 알제리 정복은 프랑스에서의 정치적, 사회적인 모종의 상황에 의존하는 복합적인 과정 자체로서만 취급되어야 한다. 이와 동시에 자본주의 국가인 프랑스와 봉건제 농업 국가인 알제리 사이의 현실적인 관계들로서도 다루어져

---

175 이 하위-인간은 모든 인간이며, 식민자는 초인으로서 단지 거대한 불구자일 뿐이라는 점이 유일한 차이다. 하지만 이런 전도가 나타나게 되는 것은 투쟁의 상위 형태에서다. (원주)

야 한다. 그렇다고 해도 19세기의 식민지 전쟁들이 식민자에게 폭력의 근원적인 상황을 토착 원주민과의 근본적인 관계로서 *실현했던* 것만은 사실이다. 그리고 이런 폭력의 상황은 폭력적 실천들 총체의 결과로서 생산되어 재생산되고 있다. 즉 명확한 목표를 가진 의도적인 작업들이 제도-집단인 군대에 의해 그리고 공권력에 의존한 경제 집단들(본국 주권의 대행자들)에 의해 실행된다. 물론 이 폭력 자체, 즉 알제리의 여러 부족에 대한 잔인함이나 그들에게서 땅을 빼앗으려는 조직적 작업들은 여전히 추상적인 인종 차별주의의 표현으로서만 이루어졌다. 이것은 우선 지위의 변화를 일으키는 전쟁 상태("평화 회복"은 피로 얼룩진 오랜 기간의 작업이었다.)에 기인한다. 왜냐하면 근본적 관계는 무장 투쟁이기 때문이다. 이 부정적인 인종 차별주의는 이른바 "프랑스 시민"이 아닌 열등자로서의 적을 구성한다. 즉 토착민들이 승리하면 그들의 활동 속에서 그들을 "악마들"로 규정하고, 혹은 이와는 반대로 토착민들의 잠정적인 패배가 승리자의 우월성을 인정하면 그들을 "어리석은 야만인들"로 만들어 버리는 것이다. 어쨌든 선악 이원론적 행동은 전선의 절대적 부정에 의해 적의 무리를 가르면서 이슬람교도들을 *인간이라기보다* **타자**로 만든다.

다른 한편 프랑스 사회는 자국의 역사와 그 내부에서의 자본주의 발달에 기인한 이유들로 자국의 정복을 어떻게 이용할 것인가 하는 문제에서 처음에는 아주 불분명한 입장을 취했다. 식민지로? 유배지로? 1880년까지는 어떤 실천도 규정되지 않았다. 이렇게 해서 이슬람교도들은 본래 경의를 표해야 하는 사람들, 순종케 해야 하는 사람들, 최소한의 저항의 반격도 제압해야 하는 사람들로 남아 있었다. 하지만 그들을 이용하기보다는 적어도 대규모로 해고해야 할 거라고 생각했을 것이다. 어쨌든 억압적 실천, 분리 정책, 특히 박탈은 급속도로 봉건적 구조를 청산하고 뒤처지긴 했지만 구조화되었던 사회를 "원자화된 군중"으로, 곧이어 농경 사회의 하층-프롤레타리아로 변모시켰다. 이런 새로운 형태(실천적-타성태)의 이슬람 사회는 폭력의 표현 자체였다. 이것은 객관적으로 보아 이와 같은 형태를 통해 생산된 집렬체적 **타자들** 각자가 감수하는 폭력을 의미한다. 결국 본국의 자본이 자신의 곤경에 대한 부분적인 해결책으로서, 새로운 이득의 원천으로서 자본주의적 식민화를 정의할 때 이 새로운 형태의 착취는 억압 집단들에 *의해* 발견되고, 강조되고, 확산되고, 실천된다. 르루아볼리외의 저서[176]와 쥘 페리[177]의 정책과 식민지 최초 은행들의 건설과 해상 운송 사이에는 부인할 수 없는 관련성이 있다. 하지만 이와 동시에 다른 이해관계를 가진 또 다른 사회적 환경들은 식민주의적 정복 정책에 대해 거세게 반발하며 봉기했다. 그러므로 식민 체제는 최후의 폭발에 이를 때까지 그 자체의 모순을 전개해 나가야 하는 끔찍한 기계로서 *자신들의 일반성 안*에 붙잡힌 프랑스 자본주의자들의 객관적 요구들에 부응했다. 하지만 이것은 수많은 특별한 이해관계들에 어긋났다. 식민 체제를 강요하고 작동시키려면 그것을 *조작해야* 했다. 공허한 요구인 객관적 이득으로부터 체제의 구축에 이르는 과정은 공동의 실천에 의해 이루어지며 재정 집단, 정치가, 이론가를 *조직화된 과업* 속에 결집시키는 실재적이고 조직적인 변증법에 역사적으로 응답하는 일이다.

　이 집단들이 자기들 계급의 이해관계를 표현했다고 마음 편하게

176　경제학자인 피에르 폴 르루아볼리외(Pierre Paul Leroy-Beaulieu, 1843~1916)는 『근대 민족들에게서의 식민지화에 대하여(De la colonisation chez les peuples modernes)』(파리; 기요맹, 1874) 등의 저서를 발표했으며, 자유주의자 성향을 가졌다.(편집자 주)

177　Jules Ferry(1832~1893). 프랑스의 학자이자 정치인. 교육부 장관을 지냈다.

선언함으로써 모든 것을 도식화한다면 커다란 오산이다. 왜냐하면 어떤 의미로 보면 그들은 그러했고, 오직 그랬을 뿐이었다고까지 말할 수도 있기 때문이다. 하지만 그들은 어떤 정신적 충만함으로 부풀려진 매개들도 아니었고, 자기들을 가득 채웠던 계급의 입김이 목구멍을 빠져 달아나도록 내버려 두는 아폴론의 여사제도 아니었다. 이 체제의 공동 *개발*을 통해 그들 계급은 필연적으로 규정되어 있었다. 이것은 — 주지주의적 관념론이 즐겨 그렇게 지적하듯이 — 체제의 발견이 그대로 계급의 일반적 실천으로 옮겨졌다는 것을 의미하지는 않는다. 오히려 이것을 강요하기 위해서는 인내심 있는 노력(선전, 패배를 잊게 만드는 승리, 최초의 수익 등등)이 필요했다는 것을 우리는 알고 있다. 단지 체제의 발견이 만들어 낸 조직화와 기구들의 실천적 결합에 의해 계급은 새로운 과업을 만들어 가게 되고 — 그 분파들이 어떻든 간에 — 고안된 체제에 직면해 *최소한의* 저항 상태에 있게 되었음을 의미한다. 사실 이 체제는 가장 존중받고 가장 활동적인 제도들과 조직들(가장 열정적인 계층들의 복종은 이미 그 저항의 운명적 미래다.)의 실천적 힘의 특혜를 누리게 된다. 또한 산발적이고 불분명하며 흔히 모순적인 저항들 앞에서 명확하고 다차원적인 체제(이데올로기, 공권력의 행동, 사유 집단들의 주도권)를 구상하는 특혜를 받으며, 결국에는 이 새로운 실천이 본국의 경제적, 사회적인 문제들(생산을 위한 새로운 판로, 식민지에서 본국으로 혹은 그 역으로 이루어지는 특별한 교환의 통로)에 던진 조명의 특혜를 받는다.

나의 의도를 좀 더 분명히 이해시키기 위해 나는 식민 체제를 통한 식민자와 피식민자 사이의 모든 *관계*는 공동 행동들에 의해 도입되고 정의된 실천적-타성태적 성격들의 현실화라고 말해야 할 것이다. 혹은 사회학과 경제주의는 **역사** 안에서 똑같이 해체되어야 한다고 말할 수 있다. 어떤 현대 사회학책에서 이슬람 공동체의 사회적 구조의 숙청인 "극빈화"는 한정된 두 사회, 즉 후진적인(혹은 저개발의) 봉건제 농경 사회와 산업화된 사회라는 두 사회의 접촉에서 비롯된 필연적인 결과라고 말한다면 이런 유형의 규정에는 가지성과 필연성이 똑같이 결여된 것이다. 내가 두 사회를 연결할 수 있는 것은 각 식민자의 실재적이고 의식적인 활동이 그 자체로, 특별한 경우에, (특히 경제적 차원에서) 제한된 목적을 위해 실현되는 것으로 포착할 때뿐이다. 그러나 공동 목표의 관점에서 보면 이 "극빈화"는 두 사회의 접촉, 즉 이성을 가진 두 존재의 접촉은 그 사회를 구성하는 개인들의 개별적인 접촉을 벗어나서는 이루어질 수 없다. 하지만 "극빈화"라는 용어와 이것에 해당하는 의사(擬似) 개념은 완벽하게 무용해진다. 이것들 둘 다 우리를 완곡하게 *과정*으로 되돌려보내고자 하기 때문이다. 그러나 유일하게 가지적인 현실인 인간들의 *실천*은 이것들 모두를 휴가 상태로 놓아 버리고 분명히 구별되는 두 가지 유형의 행동, 즉 과거의 극복된 행동과 현재의 행동을 가리킨다. 우선 실제로 산업사회와 농경 사회의 접촉은 뷔조[178]의 군인들에 의해, 즉 그들 스스로 죄인이 된 끔찍한 학살에 의해 실현되었다는 점을 지적해야 한다. 이슬람 종족 고유의 유산 상속의 형식들을 제거하는 일은 서로 다른 두 법률 체계의 이상주의적인 상호 침투로부터 탄생한 것이 아니라 **국가**에 의해 고무되고 우리 군대에 의존한 상인들이 *이슬람교도의 것을 좀 더 잘 훔쳐 내기 위해* **법률**을 강요한 데서 비롯된 것이다. 그로부터 우리는 식민지의 목표가 세계적인 가격보다 저렴한 식료품들[179]을 생산해

178　토마 로베르 뷔조(Thomas Robert Bugeaud, 1784~1849). 프랑스의 군인이자 정치인. 프랑스 지배하에 있던 알제리의 총독을 지냈다.
179　혹은 광물이나 기타 "1차 원료들".(원주)

본국에 파는 일이었다는 것과 그 목표에 도달하는 수단이 피착취자와 만성 실업자라는 하위 프롤레타리아 계급의 창출이었다는 것을 이해할 수 있다.(이것은 저절로 극빈화 개념을 설명해 준다.) 이 작업은 재산을 소유한 상인들 — 우리가 조금 전에 지적한 — 의 활동과 일치하며 군 당국의 정책과도 일치한다(재집단화와 저항을 가능케 할 수 있는 모든 구조를 없애 버리는 일, 프랑스인과 공모하는 협력자와 배신자로 이루어진 봉건주의를 유지하는 일, 그 지역 본래의 주권의 외양을 보존하면서도 자기들과 지배자들의 이익을 위해 분자적 지위로 축소된 비참하고 무기력한 대중을 착취하는 일). 이렇게 해서 이 체제는 (실천적-타성태 장의 끔찍한 기계로서) 국가의 제도적 집단들을 통한 국가적 기획(전쟁)이었고 새로운 정치에 의거한 (개인들과 공권력 사이의 새로운 관계를 포함하는) 새로운 형태의 제국주의를 즉석에서 시도한 것이었으며, 한 공동체를 체계적이고 구체적으로 숙청하는 일이었고 또한 물론 적절한 조직들(은행, 신용 체계, 정부가 부여한 이권 등등)을 통해 새로운 착취 도구를 정착시키는 일이었다.

폭력-실천, 폭력-존재태 그리고 폭력-과정

그런데 이런 모든 실천에서 폭력과 파괴는 추구된 목표의 통합적 부분에 포함된다. 이 행동의 서로 다른 세 가지 차원에서 다음과 같은 점이 문제가 된다. (1) 상당수의 회교도를 육체적으로 말살시키는 것과 그들에게 우리의 제도를 "향유하게 하는 것"을 허락하지 않으면서 그들의 제도를 해체하는 것. (2) 원주민 공동체로부터 토지 소유권을 빼앗고, 이것을 **민법**의 갑작스럽고도 의도적으로 너무 빠른 적용을 통해 새로운 자들에게 주는 것. (3) 원주민에 대한 조직적인 과잉 착취 위에 식민지와 본국의 진정한 관계(식민지 산물의 최저가격 판매, 본국에서 제조된 물건들을 비싼 가격에 구매)를 정립하는 것. 달리 말하자면 폭력은 같은 상황에서 식민자의 아들에게도 나타나고 있으며, 이것은 이 아들을 낳은 사회적 힘이다. 식민자의 아들과 회교도의 아들은 모두 체제 자체를 실천적-타성태적 지옥으로 정의하는 객관적 폭력의 아들들이다. 그러나 만약 이 폭력-대상이 이들을 산출해 냈다면, 이들이 이 폭력-대상을 자신들의 고유한 타성태로서 부분적으로나마 추종했다면 그 까닭은 제도를 정립하는 것이 문제가 되었을 때 이 폭력-대상이 곧 폭력-실천이었기 때문이다. 인간들 사이의 이와 같은 수동적 매개의 영원한 통일성으로서 사물 속에 자신의 폭력을 각인시킨 것은 바로 인간인 것이다. "극빈화"의 지지자들은 아마도 다음 사실을 지적할 것이다. 19세기 중반 프랑스 사회의 발전은 정확히 알제리의 회교도 농민들과 더불어 폭력의 관계만을 고려할 수 있었던 것과 전적으로 일치한다는 것이다. 이는 다음과 같은 의미에서 사실이다. 지난 세기의 부르주아는 자신의 모든 활동에서 시종일관 비열했다는 의미에서다. 그리고 당연한 일이지만 이 비열함은 부분적으로 그 자신이 본국 사회를 특징짓는 자본주의 체제로부터 소외된 산물이라는 사실에서 기인한다. 그가 노동자들에게 부과하는 노동 조건, "철-석탄" 시대에 고유한 무용한 인명의 낭비, 이와 같은 체계의 객관적 특성들이 어떻게 **북아프리카**의 원주민들에 대해 가차 없이 행동하는 잔혹한 부르주아들을 만들어 내지 않을 수 있을까? 만약 부르주아가 인간이라면, 그와 같은 나라의 노동자가 인간 이하의 인간이라면 멀리 있는 적인 알제리인은 어떻게 한 마리의 개가 아닐 수 있는가? 다만 여기에서 사회학은 우선 **역사**에 응답하기 위해 역류한다고 대답해야 한다. 부르주아 사회가 봉건 사회를 극빈화시킨 것은 이 사회의 우월성의 결과(결국 이 사회의 의도에 반해서, 그리고 아랍 공동 체제에 대해 자신들의 존재에 의해서만 행동하는)가 아니라 이 사회의 열등성, 초기에 자본주의에 대해 강한 영향을 미친 파렴치한 잔인함의 결과인 것이다. 그리고 정확하게 바로 이런 이유로 *부정*은 식민지 계급으로 되돌아간다. 이렇게 해서 이 부정은 필연적으로 행동을 가리키게 된다. 이상주의적이고 아리스토텔레스적인 시각으로 보면 적극적인 절대자가 그 대상에 행사하는 원격 조정이 있을 수 있다고 인정할 수도 있다. 왜냐하면 이 대상은 이 절대자와의 원격 관계 속에서 그 자체의 부족함을 여전히 내면화하고 가늠하기 때문이다. 그러나 하나의 대상 속의 *부정성*이 다른 대상 속에서 (긍정적이든 부정적이든) 변화의 원천이 될 때 이 부정성은 하나의 행동 또는 여러 행동의 체계 — 이 체계는 이 행동으로부터 출발해서 결정되고, 또 그 효과 안에서 에너지 소비의 *부정적* 방향을 간직하고 있기도 하다 — 내에서만 효과를 낳을 수 있을 뿐이다. 부르주아들이 생산물이라는 것은 사실이다.(그러나 우리는 곧 계급으로 되돌아가게 될 것이며, 이 생산물이 행위 주체라는 사실을 보게 될 것이다.) 또한 이 폭력의 자식들은 아버지들의 격렬한 *실천*에 의해 만들어졌다는 것 역시 사실이다. 사람들이 피하고자 하는 **역사**로 되돌아가는 것이 바로 이것이다. 그러나 다음과 같은 것 또한 사실이다. 즉 이 탐욕적인 폭력이 두뇌의 회전도 아니고, 사회적 제도 자체의 고유한 힘(이 힘이 또한 제도 속에서 실현된다고 해도)도 아니라는 점 말이다. 이 탐욕적 폭력은 자본가 자신의 고발(우리가 곧 살펴보겠지만 착취자가 실천적-타성태를 떠맡아야 하는 한에서) 그 자체이거나 체계의 새로운 발전(예컨대 식민지주의 체제)이 문제가 된다면 이 폭력은 객체성 속에서 이 폭력을 실현시키는 실질적, 공동적(그리고 심지어는 개인적) 활동 내에서 이루어지는 스스로의 *시간화*다. 부르주아(계급)의 존재태로서의 폭력은 프롤레타리아에 대한 착취에서 지배 계급이 피지배 계급으로부터 물려받은 관계로 주어진다.(그러나 우리는 이 폭력이 또한 이 수준에서 하나의 *실행*이라는 것을 보게 될 것이다.) 폭력은 또한 동시대의 부르주아 계급의 *실천*으로서 식민지화의 내부에 있는 것이다. 그러나 *존재태*는 그 자체 내부에서는 *실천*의 두 주기 사이의 통시적 매개 이외의 다른 것이 아니다. 그리고 부르주아 계급이 자행하는 폭력의 복수적 시간화로서의 식민지화 사업은 (하나의 공동체 내부에서 하나의 계급의 다른 계급에게 가하는 폭력으로서) 또한 이 계급의 변증법적 풍요화인 동시에 확대이기도 하다. 착취가 무엇보다도 먼저 억압에 의지해야 하는 새로운 조건 속에서 이 폭력은 새로운 모습을 띠게 된다. 이 폭력은 대량 학살과 고문에 이르기까지 *발전할* 수 있다. 따라서 이 폭력은 스스로를 유지하기 위해 *고안되어야 하고*, 또 같은 것으로 남아 있기 위해 변화되어야 한다. 또한 역으로 식민지 전쟁이 휴전 시간을 갖게 되면 곧바로 이 폭력은 본국에서 착취당하는 대중에게 즉시로 사용할 실재적 폭력으로 되돌아오게 될 것이다. 주지의 사실이지만 1848년의 상층 부르주아지의 눈에 뷔조는 **제2공화국**이 꿈꾸는 이상적 청산자로 보였던 것이다. 그리고 **프랑코**가 **모로코**에서 돌아온 것[180]은 우연이 아니었다.

여기에서 폭력의 발전은 명백하다. 우선 *실천적-타성태* 내부에서 나타나는 소외의 구조인 폭력은 식민지화 속에서 *실천*으로 현동화한다. 폭력의 승리(일시적인)는 실천적-타성태적 체계 내에서 실천

---

180 에스파냐 국민군 지도자로 에스파냐 내전(1936~1939)에서 에스파냐 민주공화국을 전복한 후 죽을 때까지 에스파냐 정부의 총통을 지낸 프랑코는 1909년 에스파냐령 모로코에서 시작된 식민지 전쟁 출전을 지원해 1912년 19세의 나이로 현지에 파견되었다. 이듬해 그는 모로코 출신 기병의 정예 연대에서 중위로 승진했다. 그는 모로코에서 모범적인 군인의 길을 가면서 능력을 인정받아 1915년에 에스파냐 육군 최연소 대위가 되었다. 하지만 이듬해 복부에 탄알이 박히는 중상을 입고 치료를 위해 에스파냐로 후송되었다. 여기에서 사르트르가 지적하는 프랑코의 에스파냐로의 귀환은 바로 이 후송을 지칭하는 것으로 보인다.

적 총체(군대, 자본가, 상인, 식민자)의 대상화로 나타난다. 그런데 이 체계 내에서 폭력은 식민자와 피식민자의 상호성의 근본적 구조를 나타낸다. 그러나 소외 *자체 내에서* 이 새로운 집렬체적 존재태는 각자가 이 존재태를 자신의 일상적 실천 속에서 **타자**로서 실현하고 또 그것을 임무로 떠맡는 경우에만 존재하게 된다. 이것은 1차적으로 폭력이 인종 *차별주의* 형태하에서 고유한 관념이 된다는 것을 의미한다. 달리 말하자면 식민자들은 매 순간 이전 세대들에 의해 이루어진 살육, 약탈 등등의 행동을 실현하는 것을 의미한다. 물론 이런 행동들을 *타자적 가치 체계*를 향해 뛰어넘으면서, 즉 이타성에 의해 완전히 통제되는 체계를 향해 뛰어넘으면서 그러하다. 그러나 상황이 폭력의 상호성을 포함하고 있지 않다면 아직은 *객관적 존재태*의 비효율적인 초월만이 문제가 될 뿐이다. 달리 말하자면 식민자는 피식민자에게서 **인간과-다른-자**만 아니라 그 자신의 **불구대천의 원수**(또는 이는 인간의 적이라는 말과 같다.)를 발견하게 된다. 이 발견은 저항(공개적이든 은밀한 것이든)도 소요도 봉기의 위험도 가정하지 않는다. 무한한 필연성으로서 자기 자신을 드러내는 것은 식민자의 폭력 자체다. 달리 말하자면 식민자는 원주민의 수동성 속에서조차 이 원주민의 폭력을 자신의 고유한 폭력의 명백한 결과로서 그리고 자신의 유일한 정당화로서 발견한다. 이 발견은 증오와 공포를 통해 이루어지며, 실천적 장의 부정적 확정으로서, 이 장 속의 몇몇 다양성에 영향을 주는 역행 계수로서, 요컨대 피해야 하거나 아니면 예방해야 하는 항구적인 위험으로서 이루어진다. 인종 차별주의는 실천적으로 행해져야 한다. 이것은 사물에 각인된 의미에 대한 관조적인 각성이 아니다. 이것은 *그 자체*로 자기 자신의 정당성을 스스로 부여하는 폭력인 것이다. 유도된 폭력, 대항 폭력, 그리고 정당 방어로서 스스로를 드러내는 폭력이기 때문이다. 식민자는 끔찍한 맹수들에 에워싸여 인간의 모습으로 이루어진, 그러나 실패한 야수들로 포위된 "모로 박사의 섬"[181]에 살고 있다. 그런데 이 맹수들의 잘못된 적응은(동물도 아니고 인간도 아닌) 증오와 악의에 의해 나타난다. 이 야수들은 자신들에 대한 좋은 이미지, 식민자, 완전한 인간이라는 이 상상을 *파괴하려* 한다. *따라서* 식민자가 취하는 직접적이고 실천적인 태도는 음험하고 사악한 맹수 앞에서 인간이 취하는 태도다. 우선 진짜 인간과 가짜 인간을 혼동하는 (본국의) 근시안적 인간에 대해 자기 자신을 방어한다. 다음과 같은 식민주의자의 문장, 즉 "우리는 **아랍인들**을 안다", 또는 다음과 같은 남부 사람들의 말, 즉 "**양키들**은 흑인을 알지 못한다", *이것은 하나의 행위다.* 그러니까 본국에서 본국민들이 식민지 문제를 해결할 모든 가능성의 사법적 (그리고 *위협의*) 거부다.

이는 결국 적대적 상황에 의해, 그리고 서로가 서로에 의해 파생된 식민자와 피식민자는 한 쌍이라는 것을 의미한다. 누구도(식민자가 요구한다면 군대는 제외하고 말이다. 왜냐하면 군대는 하나의 무기이기 때문이다.) 이들의 싸움에 개입할 수가 없다. 그리고 이것이 바로 식민자들이 본국에서조차 해 대는 인종 차별주의자 선전의 주제다. 원주민이 그에 대해 그리는 초상화(항상 부정적인)는 본국의 여론을 "각성시키고" 또 방향을 바꾸는 것을 목표로 한다. 게다가 더 복잡한 수준에서는 실천적 활동은 식민지 문제에 대한 모든 *정치적* 해결의 거부를 포함한다.(물론 문제의 핵심은 사회적이기 때문이다.)[182] 식민자는 *현상 유지*를

---

181   1896년 H. G. 웰스(Wells)의 같은 제목을 단 소설.(편집자 주)

182   하지만 식민자는 사회적 개선의 가능성을 상기시키는 것을 선호한다. 왜냐하면 그는 피식민자의 요구들이 우선 정치적이라는 것을 알기 때문이다. 그리고 이 요구는 우선 정치적 성격을 띠는데, 그 까닭은 피식민자들이 다음과 같은 사실을 알고 있기 때문이다. 즉 식민지에서 "정치"는 거대한 억압 기계(이것 단독으로 과잉 착취를 가능케 하는데)의 무조건적 설치이자 규칙적

원한다. 왜냐하면 체제 내에서의 모든 변화(현재 모든 곳에서 하강 국면에 있는)는 식민지화의 종말을 앞당길 수 있기 때문이다. 독립과 [마찬가지로] 통합과 동화(피식민자들에 대한 *우리의 모든 권리의 완전한 인정*)는 과잉 착취의 종말, 그러니까 낮은 임금, 따라서 "식민지-본국"의 경제적 회로의 존재 이유가 되는 낮은 가격의 종말을 즉각적으로 가져오게 된다. 인종 차별주의-활동은 대중을 분자적 집합 상태로 유지하기를 원하고, 모든 수단을 동원해 피식민자의 "인간 이하의 존재성"(가장 미신적 요소를 장려하는 종교 정책, 원주민들이 그들의 문화 속에서 교육받을 가능성을 박탈하면서, 또한 *우리의 문화 속에서* 가르치지 않으려고 노력하는 교육 정책)을 증가시키고자 하는 "이론"("생물학적", "사회적", 경험적 인종 차별이든 별로 중요하지 않다)에 의해 밝혀진 *실천*이다.

여기에서 우리에게 중요한 것은 *식민지 실천*의 다음과 같은 두 가지 측면이다.

1) 우선 우리가 방금 기술한 억압의 *실천*은 착취의 과정과 결합하며, 또한 이것과 혼합된다. *착취의 과정*이라는 말로 우리는 일단 정립된 체제의 실천적-타성태적 기능을 의미한다. 대토지 소유자(식민자)는 이른바 — 적어도 알제리에서 — 피식민자로 하여금 자기를 위해 낮은 임금에 맞서 노동하도록 *강제하지* 않는다. 자본주의적 과정의 토대에 있는 자유로운 계약이라는 기만적 체계를 사람들은 적어도 외관적으로는 알제리에 이식시켰다. 사실 인구의 증가는(노동 인구의 과잉은) 만성적 실업 상태(혹은 준실업)에서 영양 부족에 걸린 인구를 생산해 내고, 피식민자는 스스로 고용주에게 몸을 제공하게 된다. 기근으로 인해 이 피식민자들이 가장 저렴한 임금을 받고 또 제시하

인 기능화라는 사실이 그것이다. (원주)

게끔 강제하는 경쟁적 적대 관계가 생겨나기 때문이다. 산업의 빈약한 발전은 ── 이것 역시 식민지 체제를 특징짓는데 ── 대부분 농업에 종사하는 하위 프롤레타리아로 하여금 요구의 통일 속에서 적대 관계를 극복하는 것을 허용하지 않는다. 노동자의 해방은 산업의 집중화와 병행한다. 식민화된 나라에서 대중의 "극빈화"는 다른 구조 위에서, 그리고 다른 사회성의 관계 위에서 또 다른 사회를 재구성할 수 있는 수단을 빼앗으면서 옛 사회의 구조들을 제거했다. 이런 의미에서 우리는 (식민자의 새로운 세대들에 의한) 피식민자의 새로운 세대들에 대한 착취는 하나의 과정으로서 실현된다고 주장할 수 있다. 임금은 사회적, 경제적 체제의 범주 안에서 식민자의 행동만 아니라 피식민자의 행동으로부터 벗어나는 제한된 물질 조건의 토대 위에서(예컨대 경제적 정세*와* 인구의 증가 등등) 결정된다. 다만 *과정*은 무엇보다도 원주민 대중의 분자화에 의해 조건 지어진다. 옛 공동체의 와해, 형성되기 위해 노력하는 모든 새로운 집단의 지속적인 와해, 식민지 본국 사회의 통합 거부 등등이 그것이다. 요컨대 항상 더 낮은 가격에 판매되는 노동력을 제외하고 피식민자는 *아무것도* 아니어야 한다.

그런데 과정 전체를 조건 짓는 이 필요성은 아마도 식민지주의의 최고 정점에서 제도 내부에서 이루어지는 타성태적 요구로서 나타났다. 그러나 사실상 이 요구는 충족*되*었다. 그리고 *정확히* 이 요구가 충족되었다면 그것은 이 요구가 억압적 *실천*의 대상이기 때문이다. 이와 동시에 *과거* 억압의 (달성되고 초월된) 목표였기 때문이다. 미래의 목표와 더불어 이 과거와 현재의 억압적인 *실천*은 우선 식민지 회로의 확립과 자립적 기능을 조장하는 원주민 신분의 생산을 자신의 먼 목표로서 제시하지 않는다. 사실 "정복"의 폭력은 식민화의 목표에 대한 아주 큰 불확실성이 따른다는 사실과 이와 같은 불확실성은 부분적으로 프랑스의 경제 조직이 프랑스의 식민지 정책을 결정하게끔 하는 시기에 앞서는 폭력으로부터 유래한다는 사실을 우리는 살펴보았다. 살육과 약탈의 실행이 회교도 사회를 분자화했다는 것과 정치, 재정 위원회가 이 분자화의 토대 위에서 제도를 만들어 냈다는 것 또한 사실이다. 달리 말하자면 대중의 철저한 무능과 그들의 빈곤은 비록 암묵적이라고 해도 은행과 **국가**가 식민지에 대한 합리적 착취의 계획에 의해 이루어졌고, 또한 극복된 근본적 요소들 사이에 나타날 수 있는 것도 또한 사실이다. 이처럼 식민지 기업의 핵심 조건인 낮은 임금에 이르게 되면 이 낮은 임금이 책정되는 *과정*은 다음과 같은 경우에만 실천적-타성태적 필연성일 뿐이라고 말하게 된다. 이것은 억압적 *실천*이 고의적으로 이 과정을 필연적인 것으로 만드는 상황을 만들어 내는 점에서만 그러하다.

게다가 군대의 승리만으로 충분치 않다. 매일 이 승리를 갱신해야 한다. 이 승리를 제도화하면서, 즉 원주민에게 실천적-타성태적 지위를 부여하면서 이 승리를 *유지하는* 것이 더 효과적이고 더 경제적이 될 것이다. 그리고 이것은 알제리 군대 자체에 제도적 타성태를 부여하는 경우에만 이루어질 수 있을 뿐이다. *실천*-제도의 항구적 특징으로서의 비유기적 타성태는 피식민자들의 극복할 수 없는 무기력의 영속화로서 재생산된다. 과잉 착취 과정의 물질적, 비유기적, 필요적 조건으로서의 대중의 분자적 구성은 엄밀한 결정주의의 타성태적 결과로서 주어진다.(그리고 이 경우 사람들은 실증적 이성으로 되돌아온다.) 실제로 이 타성태는 — 이것이 비유기적이라고 할지라도 — 군대의 주둔이 구성하는 화석화된 폭력에 의해 매 순간 발생한다. 그리고 이렇게 발생한 무기력의 내적 결과(빈곤, 질병, 경쟁적 적대 관계, 출생률 등등)는 비록 이 결과가 집렬체적으로, 그리고 실천적-타성태적 장의 결정으로 드러난다고 할지라도 전체로 보면 통제된 과정이다. 과거의 폭력은 제도의 타성태적 폭력 속으로 재흡수되었고, 과거 폭력의 불확실성은 군대 자체의 사유, 즉 이 군대의 존재 이유이자 이 군대의 행동과 조직의 ─ 전체적이고 세부적인 ─ 의미인 식민지주의의 객관적 확실성 속으로 사라지게 된다. 본국 군대의 제도적 주둔이 식민화된 대중에게 비유기적 타성태를 야기하는 *실천*인 한에서 피식민자 스스로 이 타성태에 대해 자기 자신의 운명에 대해서처럼, 동시에 적의 억압적 행동에 대해서처럼 행동하게 된다. 비록 개인이 이 타성태를 열등감 속으로 내면화하든(내면성 속에서 식민자가 그에게 내리는 선고를 받아들이고 채택하면서) 그가 자신의 *피식민자-존재*를 부정적 결정으로서, 그리고 인간 이하의 인간의 근원적 자격으로 포착하든, 그가 자신의 정복자들에게 다가가고 또 그들과 닮으려고 하든 간에(간단히 말해 그가 동화를 요구하든 간에) 그는 이런 조건과 이와 같은 존재론적 신분을 냉혹한 적이 그에게 가하는 가차 없고 무자비한 폭력으로서 느끼기를 그치지 않는다. 이는 *정확하게* 다음과 같은 이유에서다. 즉 이 폭력이 이 피식민자로부터 대항할 모든 가능성 ─ 그가 자신의 억압자들을 찬양하면서이건 아니면 이 억압자들처럼 되고자 하면서이건 ─ 을 앗아 가는 방식으로 통제되기 때문이다. 이처럼 실천적, 일상적 삶에서 피착취자는 자기 행동 하나하나를 통해 소외로서가 아니라 인간에 대해 인간에 의해 고의적으로 행해진 무조건적인 강제로서 억압을 체험하게 된다. 그리고 군대-제도[183]가 사용할 필요가 없도록 하기 위해(또는 즉각적으로 이용할 준비가 되어 있기 위해) 보여

---

183 모든 군대는 제도이자 제도적 집단이다. 내가 여기서 제도로서의 군대에 대해 논하는 것은 다음과 같은 의미에서. 즉 모든 군대의 일반적 기능이 **알제리**의 고유한 제도에 의해 특화되었다는 의미에서다(행정적 기능 등등).(원주)

주는 힘이라는 그런 의미에서 이 실천적 과시는 모든 병사의 공동의 *실천*임과 동시에 집단의 여러 활동과 회교도와의 개인적 관계 속에서 (즉 우리가 거기에서 실천적 인종차별을 재발견하고, 게다가 다른 수준에서, 그리고 다른 의미에서) 출현한다.

알제리에서 "병역 의무를 치른" 젊은 병사는(나는 1910년에서 1935년 사이의 식민주의가 절정에 달했을 때를 회상한다.) 자신과 **타자들**의 발견 속에서 그 역시 *양가적인* 입장에 있다. 즉 그는 거기, 그 도시에, 그 병영에, 심지어는 "외출 허가" 시간에조차 그 거리에, 그리고 그 사창가에 있는 것은 제도화된 존재의 자격으로서다. 그러나 또한 이와 동시에 아프리카 군대의 역사적이고 생생한 *실천*은(이 실천은 대항 폭력의 기제로서 주어진다.) 이 젊은 병사에게 사람들이 시키는 반복적인 작전을 통해, 그리고 사람들이 그에게 해 주는 교육을 통해 나타나게 된다. 제도화된 존재의 비시간적 타성태는 역사적이고 실천적인 방향을 통해서 실현되고 생겨난다. 식민자와 피식민자 사이의 관계가 이 방향을 모든 *곳에서* 결정한다. 군사 훈련에 대한 정보 — 어느날 아침 블리다[184]와 필리프빌[185]의 어느 병영에서와 같은 — 를 통해 이들의 관계는 일반적 긴장의 *지표*로도, 또 동시에 이 긴장의 구체적 요소로도 반영된다. 군인들은 자신들의 체험을 통해 직접적으로 나타나는 다른 기호들을 그들로 하여금 해독하게끔 하는 바로 이 소요에서 바로 그 *기호*를 목격하며, 또한 그들의 가깝거나("외출 금지", "질서 회복을 위해 다른 부대에의 공동 파병") 먼(소요가 무르익고 곧 폭발할 것이다.) 운명을 결정하는 적의 행위를 목격하게 된다. 이와 같은 정보를

---

184 엘블라이다(El-Boulaida)라고도 불리는 알제리 북부의 도시. 수도인 알제에서 남서쪽으로 48킬로미터 떨어진 프랑스풍 도시이며 과수원 단지로 둘러싸여 있다.
185 알제리 북동부의 지중해 항구 도시. 현재 이름은 '스킥다'.

통해 군인들은 공동 *실천*의 행위 주체로서(진압군의 파견, 전투 등등) *의미를 부여받게* 된다. 그러니까 이 군인들은 — 이들이 대항 폭력을 일으키는 힘을 가지고 있는 한에서 — 스스로를 주권을 가진 구성원으로 포착하는 것이다. 실제로 이 주권이 — 다른 도시에서 발생한 소요에 의해 — 피식민자들에 의해 거절되었기 때문에 이 주권은 무조건적으로 실천적 장을 재조정하려는 개인과 집단의 순수한 공동의 힘이 된다. 그리고 이 힘은 상호성에서 **타자**의 힘에 의해 제한되는 한에서만 현실적이고 구체적인 것이 되기 때문에 이 힘은 여기에서 피식민 대중을 대상으로 여기는 결정에 의해 추상적 폭력이 된다. 주권자의 이데올로기에 따라 군사 권력을 갑작스럽게 거부하면서 관계를 단절시키는 것이 바로 이 *대중*이다. 이와 같은 단절에 의해 이 대중은 법의 지배 밖에 놓이게 된다.

이처럼 상호성의 재정립은 가차 없는 폭력의 계기, 즉 원주민 집단의 유혈이 낭자한 해체의 계기를 전제하고 있다. 왜냐하면 주권자에게 상호성은 두 타성태 사이에서 생겨나기 때문이다. 두 타성태 가운데 하나는 원주민의 순수한 집렬체적 무기력이고, 다른 하나는 자기 힘을 가진 군대의 동의를 자유롭게 받는 수동성이다. 집렬체적 타성태의 부정과 같은 최소한의 재집단화는 계약의 파기다. 그러나 제도화된 존재로서 부대와 식민화된 대중 사이의 긴장의 정도를 결정하는(다소간 정확하게 — 하지만 문제는 거기에 있지 않다.) 병사에게 멀리에서 일어나는 소요는 이 분자적 군중에 대해 일종의 부정적 통일성을 부여한다. 군중은 전체가 하나의 집단, 무장한 집단을 낳을 가능성 또는 무장한 집단을 숨기고 있는 깊이를 잴 수 없는 바다가 되기도 한다. 이처럼 대항 폭력의 적용 지점은 결국 *여기에서는* 모든 곳에 있게 되며, 병사와 대중 사이의 체험된 관계는 모든 곳에서 주권자와 소요자 사이의 관계가 된다. 이것이 의미하는 바는 군대는 가장 사소한 의심에도 군대 전체를 탄압의 실천적 통일성으로, 집렬체적 이타성을 위한 원주민 공동체의 지속적 와해의 당사자로서 스스로를 인정하게 된다는 것이다. 따라서 "*실천-과정*"이라는 이름에 맞는 것은 대중의 반항의 무기력과 동시에 군대의 폭력-타성태다.

그러나 식민자들은 군대의 도움을 받거나 받지 못하면서(혹은 차라리 군대의 능동적이거나 수동적인 도움을 받아) 본국 정부의 주도적 정책에 맞서 대중의 원자화를 계속 유지시켜야만 한다. 여기에서 *과정*은 더 이상 *실천*의 산물이 아니다. 그러나 그 자동적인 진전은 엄격한 행동들에 의해 *보호되어야* 한다. **의회** 혹은 정부 내에서 정치적 연합 세력을 발견해야 하고 식민지의 돈 많은 부자들을 본국의 자본가들과 연결함으로써 경제적 집단에도 의존해야 하며, "동화" 혹은 "통합" 정책을 결정하는 투표도 저지해야 한다. 그리고 이 모든 것에도 불구하고 체제를 "자유화"시키려는, 그리하여 회교도에게 정치적 권리를 인정하려는 어떤 법안이 통과되면 그 법안이 적용되는 것을 막아야 한다. 예컨대 알제리에서 국민 투표가 실시될 때마다 부정 투표가 자행되는 것이 바로 그러하다. (토지 개혁과 같은) 사회 개혁이 문제가 될 때는 식민자가 그것을 자기에게 유리하게 돌려놓는다. 결국 이 모든 과격한 조치들이 폭력의 분위기 속에서 일어날 수밖에 없으므로 — 즉 과격분자들에 의해 일어날 수밖에 없으므로 — 선전은 이러한 일반적 폭력을 반영해야 하고 포위당한 소수의 사람들에게 폭력을 남성적이며 단호한 용기라고 생각하도록 해야 하며, 원주민의 *타자적 폭력*이 도처에서 매 순간 식민자를 위험에 몰아넣고 있음을 만인에게 알려야만 한다. 그러니까 선전은 식민자를 끊임없이 두렵게 해야 하고, 이 격렬한 두려움을 순수한 용기로 제시해야만 한다. 이 불가피한 작전은 단체를 필요로 하고 또 특정 상황 속에서 식민자들 자체의 집렬체성을 해체하는 감시 기구들을 필요로 하게 된다.

나는 ─ 실천적-타성태에 대해 ─ 앞에서 벌써 ─ 원주민들이 경쟁적 적대감과 재귀성에 의해 그렇게 하듯이 ─ (과잉 착취 *계급*으로서의) 식민자들이 일련의 집렬체적 행동을 보이고, 이 집렬체 안에서 인종 차별주의는 *타자적* 사유(그리고 **타자**에 의한 **타자**), 즉 과정으로서의 사유라는 것을 지적한 바 있다. 그러나 공동 *이해*는 본국과 식민지의 이중 관계 속에서 식민지를 떠나느냐 아니면 식민지와 본국 간의 유일하고 필요한 매개로 남아 있느냐가 문제인 모든 사람에게 항상 현재적이다. 바로 이 수준에 그들의 근본적인 모순이 있다. 본국의 "자유" 체제는 본국 부르주아 계급, 그리고 프랑스 자본주의 역사의 발전과 그대로 일치한다. 프랑스 의회에 그들의 대표가 있고, 프랑스 정부가 그들을 지켜 주고 있다는 점에서 그리고 자유로운 분위기 속에서 파리의 압력 집단을 재정적으로 돕고 그들의 여론을 환기할 수 있다는 점에서 이 체제는 식민자들에게도 역시 적합하다. 그러나 ─ 착취에 근거한 사회에 가장 적합한 ─ 이 체제는 과잉 착취에 근거한 사회에는 전혀 적합하지 않다. 따라서 부르주아 민주주의의 이름으로 본국이 식민지를 민주화하는 것을 막아야 한다. 또 포위당한 영웅적 주권의 이름으로 식민지의 드문 자유 체제들을 변조해야만 한다. 이 모순, 이 복합적 *실천*, 계급 이해의 자명성, *식민자들의* 모든 *계급의*[186] 이해의 자명성 들이 폭력 *집단*들 안에서 기회만 있으면 구체화된다. 여기에서 내가 집단이라고 했을 때 이는 실질적인 폭력을 실현시키는 집단이라기보다는(물론 문제를 야기하거나 테러를 분쇄하

---

186 모든 계급의 공동의 이해는 알제리에서 식민자의 평균 수입이 피식민자의 수입보다 열 배가 많다는 정확한 정보에 의해 모든 식민자에게 제시된다.(원주)

는 집단들도 엄연히 존재한다.) 도발하거나 스스로 *구현된* 폭력이 되면서 폭력의 분위기를 영속화하는 역할을 하는 실천적 공동체를 의미한다. 우리는 이 집단들이 조직적으로 계급의 집렬체성의 문턱을 낮추는 기능을 가진다고 간주할 수 있다. 이것이 경쟁적 적대감에도 불구하고 좀 더 효율적인 집단들(경제적 압력 집단)이 구성되도록 해 준다. 그러니까 이 집단들은 그 자체로 식민지의 극단적인 가능성, 즉 식민지의 원주민과 본토민의 말살이라는 가능성의 표상이다.

사실상 이 가능성들은 식민화의 청산으로 귀결된다는 점에서 서로 일치한다. 식민지 정복의 소모적이고 통제되지 않는 폭력을 경제적 감시의 폭력으로 변모시킨 것은 정확히 식민자가 과잉 착취된 원주민들에게서 느낀 필요성 때문이었다. 그러나 폭력 *집단*들은 극단적인 가능성들을 구현했고, 또 그들이 영원히 유지시킨 갈등 속에서 모든 화해의 *실천*이 최악의 오류로 나타나도록 한다는 점에서 *극단주의자*들로 일컬어진다. 결실을 맺을 수 있는 유일한 행동은 억압과 강제에 의존하는 행동뿐이다. 그렇게 함으로써 조직 집단들은 일종의 일방통행의 관문이 된다. 쉬지 않고 식민자들에게 그들 상황의 근본으로서의 폭력, 그리고 그들의 상황을 유지할 유일한 수단으로서의 폭력을 제시하면서 집단들은 *아프리카*에서 자유주의 제도가 침투할 수 없는 완벽한 환경을 만드는 경향이 있다. 그러나 이 집단들은 프랑스 국적을 요구함으로써 식민자 각자에게 알제리에서의 자신의 폭력의 권리를 수호하기 위해 본국에서 자유 시민의 권리를 사용할 수 있게 해 주었다.[187] 이런 보호 조치는 과잉 착취의 *과정*이 그 실천적 타성태의 법에 따라 발전해 갈 수 있기 위해 불가피한 것이었다. 그러

---

187 개별 식민자는 본국의 경제 원조를 요청하기 위해서도 이 시민권을 이용한다.(원주)

나 착취자와 피착취자의 집렬체적 타성에 의해 보존되고, 따라서 (인간 사이의 매개로서의 물질성인) 수동적 능동성이 된 과거의 *실천*을 항상 잠정적인 타성태 속에 보존된 폭력으로서의 제도적 *실천*(소요, 선전, 그리고 본국에 *대항하여* 식민화된 알제리 수호하기와 같은 실천)과 극단적 행동에 접합시켜 보면 우리는 과잉 착취가 그것을 생산하고 거기에 방향성을 설정해 준 한 *실천*의 토대 위에서, 제도적 활동의 보호를 받으며, 공동의 실천에 의해 인위적으로 만들어진 비상호적 고립 속에서 실현되고 있음을 알 수 있다. 과잉 착취는 결국 구성된 변증법의 한가운데로 스스로 뛰어드는 반변증법적 계기, 또는 집중적 실천의 공동 목표로서 그리고 그 *인위적 생산물*로서의 실천적-타성태의 계기가 된다. 물론 그것은 그것들의 매개 또는 자기-외-존재의 통일성이다.

그러나 우리는 곧 여기에서 고찰되는 집단들이 식민자 전체에 대해서와 마찬가지로(여기에 대해서는 다음 문단에서 다시 다루기로 한다.) 자기들 상호 간에도 내면적 관계로 연결되어 있다는 것을 알 수 있다.(장교들 사이에, 그리고 ─ 각기 다른 실천과 나이를 대표하는 ─ 장교와 병사들 사이에는 통시적이며 종합적인[188] 관계가 있다. 과격 집단과 장교들 사이에도 그런 관계가 있다.) 이 과정이 과잉 착취자와 원주민의 하층 프롤레타리아를 반변증법적 운동으로 끌고 들어가는 것이 *사실이다.* 이 반변증법적 운동이 모든 개인과 집단의 미래를 피할 수 없는 운명으로 만든다. 이런 관점에서 *이* 식민 사업의 파산과 그 후유증인 *이* 회교도들의 실업, 그들의 가난, 영양실조에 의한 어린이들의 사망 같은 것을 야기하는 것도 역시 제도와 상황이라는 것은 *사실이다.* 이처럼 어

---

188 분명 "공시적인"이라고 읽혀야 할 것이다.(편집자 주)

떤 면에서 모든 폭력 기구는 일종의 폐쇄된 장을 구성하는 데 기여하게 되고, 이 장 안에서 실천적-타성태의 힘이 일부 식민자의 특정 사업을 완전히 망하게 만든다. 그러나 이것 자체가 목적이다. 왜냐하면 이것은 과잉 피착취자들의 지속적인 말살(그들을 권리의 주체로 인정하지 않는)의 토대 위에서 마치 실험실 안의 실험처럼 엄격하고 확고한 법칙에 복종하는 "경제적 세계"를 유지하고 보호해 주기 때문이다. 교묘하게 과잉 착취를 은폐하고 희미하게 고전적 자유주의의 외관을 한 이 "경제 세계"는 식민자들 사이의 직접적인 혹은 본국을 매개로 한 경쟁적 혹은 반경쟁적 관계의 추상적 총체일 뿐이다. 이런 관점에서(즉 제도로서의 식민주의, 모든 인류 과정의 근거로서의 **역사**를 고의로 간과하면서) 생각하면 대표 기구와 폭력 집단들은 결국 모든 식민자에게 생산, 판매, 구매의 자유, 그러니까 특정의 상황에서 아주 엄격한 규칙에 따라 파산할 수도 있다는 가능성을 보호해 주고 있다. 그리고 다른 한편 이 추상적이고 왜곡된 경제는 식민자들의 공동 *이해*에 다름 아니다. 즉 이 경제는 그들의 개인적 적대감을 발전시켜 준다. 그러나 이 갈등은 그 비용을 부담하는 과잉 피착취자들에게는 아무런 이득이 되지 않는다.

이제 우리는 진행 중인 **역사**로서의 식민화의 단계를 구분해야만 한다. 그러니까 **경제적 이성**이 검토할 수 있는 평범한 외관의 작용은 과잉 착취에 대한 반변증법 체제와의 관계 속에서만 이해할 수 있다. 그러나 이 체제 또한 거기에서 생산물을 만들어 내고, 끊임없이 그것을 통제하는 인간의 노동의 생산물을 보기 시작할 때만 이해할 수 있다. 제조된 연장과 달리, 또한 가공된 재료와는 달리 이 체제는 그 자체로는 자율적 발전을 감시하는 집단들 사이에 이타성과 재귀성을 도입하지 않는다. 이 체제가 실현되는 것은 집렬체적 개인들 사이의 복합적인 관계의 총체로서다(과잉 착취자와 피과잉 착취자 사이에서 후자와의 관계에 기초한 전자들 사이의 관계, 또는 그 반대의 관계, 본국의 수입업자와 수출업자들 사이의 관계 등등). 그러나 이 체제의 기능을 보장하는 집단들은 ── 이 집단들의 실천적 과업에 의해 생겨나는 ── 내면적 관계로 연결되어 있고, 따라서 결과적으로 이 집단들의 매개에 의해 집렬체화될 수 없다.[189] 따라서 여기에서 실천적-타성태의 과정으로서의 과잉 착취는 수동적 능동성의 한가운데에서 스스로를 실현시키고, 결정하고, 통제하는 역사적 *실천*으로서의 억압에 다름 아니다.

2) 이와 같은 사실로 인해 우리는 두 번째 사실에 주목하게 한다. 즉 억압 집단들 사이의 관계는 언제나 집렬체의 집렬체성으로 조건화된 조건들이라는 사실, 즉 "점령자들"의 타성태적 군집이라는 사실이 그것이다. 실제로 이 집단들이 각기 다른 실천을 통해, 상황에 대한 서로 다른 평가에 따라 하나의 특정 공동 목표를 추구하고 있다는 것을 지적해야 하겠다. 그들의 인종 차별주의는 ── 똑같이 회교도가 겪는 인간 이하의 상황에 기초하고 있기는 하지만 ── 여하튼 완전히 서로 다르다. 이들이 떠맡은 기능에서 유래하는 인종 차별주의자들의 극단주의는 회교도들의(장교들 혹은 일부 장교들의) 표면적인 온건함과 대비된다. 이 온건함은 억압과 소요의 시기가 아니면 굳이 그것을 사용하지 않아도 되는 조용한 힘으로서 생겨난다. 다른 한편 장교들이 반드시 "식민주의자들"인 것은 아니다. 식민주의자들이라 하더라도 그들이 이러저러한 집단과 반드시 연결되어 있는 것이 아니다.

---

189 이는 이 집단들이 다른 관계 속에서라면 이 과정에 의해 집렬체화될 수 있다는 것을 의미하지는 않는다. 폭력 집단의 한 극렬한 구성원은 운명의 희생자가 될 수 있다.(체제에 의해 가혹한 처벌을 받을 수 있다.) 왜냐하면 농업 *식료품*의 *생산자*이며 동시에 식민자인 그는 기계화된 대형 농장과의 경쟁으로 고통을 당하기 때문이다.(원주)

결국 본국에 소속된 관리들이 식민주의자이지 아프리카 땅에 정착한 토지 소유자 혹은 상인들은 식민주의자가 아니다.[190]

그러나 아프리카의 군대가 곧 식민자들의 폭력을 의미하고, 식민자들은 군대에 이 폭력의 정당성을 제공하고 있다는 사실을 정확히 지적해야 해야 할 것이다. 또한 식민 착취자들의 총체 안에 사회의 모든 범주가 포함되어 있고 그들은 똑같은 특혜에 의해(프랑스 노동자부터 재판장 혹은 농장주에 이르기까지 모두가) 서로 연결되어 있으며, 군대도 그들 편이라는 사실 역시 지적해야 할 것이다. 그들은 프랑스에서보다 훨씬 많은 봉급을 받으며, 그들의 상대적 부유함은 회교도의 빈곤 위에 기초한다. 이처럼 (우연한 일시적 집단에서부터 제도적 집단에 이르기까지) 모든 식민자 집단의 단위들은 식민지의 *분위기*에 의해, 즉 집렬체들의 **타자**-존재에 의해 조건 지어져 있다. 이 **타자**-존재가 융합 집단 속에 용해되는 것은 어느 정도까지일까? 반대로 이것이 경직된, 완강한 수동성이 되는 것은 어느 정도까지일까? 우리는 그 매개의 단계들을 상상해 볼 수 있다. 그 각각의 계기는 실천적 공동체 사이의 서로 다른 관계들과 일치한다. 대립과 긴장 — 이완, 거의 집렬체적인 공존 — 혹은 좀 더 강요되었거나 덜 강요된 통합들이 바로 그것이다. 그러나 집렬체의 존재는 폭력의 세계 속에서 자신들이 억압하는 대중과의 상호 적대적 관계의 기초 위에서 정의된다. *실제적 적대성*으로서의 이 관계는 전혀 착취 과정의 실천적 타성태의 총체로 환원되지 않는다. 그러나 이 관계는 상호적 전투의 *실천*으로 간주할 수도 없다. 왜냐하면 그것은 이타성에 의해 마비된 집렬체들을 서로 대립시키고 있기 때문이다.

---

190 결국 압력 집단, 경제 집단 등은 비록 그들이 자신들의 사업을 더 용이하게 해 준다 하더라도 자발적으로 과격분자들과 관계 맺고 있지는 않다.(원주)

결국 단번에 발견할 수 있는 동시에 그것이 무엇인지는 결정지을 수 없는 하나의 긴장이 문제인 것이다. 이것이 개인들 상호 간의 행동들의 공동 의미다. 그러나 이 공동 의미는 *직접적*으로 실현될 수 없다. 왜냐하면 그들이 공동 개인의 자격으로 참여하고 있는 어떤 공동체와도 일치하지 않기 때문이다. 차라리 그 자체 안에 그리고 그 엄격한 개별성 안에 집렬체성의 부정을 포함하고 있는 행동들이 문제가 된다. 이 행동들은 사전의 동의나 구호의 기초 위에서가 아니면 성취될 수 없는 것처럼 보인다. 그러나 이 행동들이 생산되는 특정의 경험은 그것들을 조직화된 집단에 연결하는 것을 허락하지 않는다. 사실상 이 반응들은 일반적으로 원자화와 집렬체화의 수준을 넘어서지 못하고, 집렬체적 관계의 내부에서의 변화만을 보여 준다. 예컨대 그 각각의 관계는 — 예절 바른 태도에도 불구하고 분출되는 — 자기 분노의 힘을 다른 피억압자, 다른 모든 사람의 분노에서 가져온다. 마치 술에 취한 군인들에 의해 회교 사원이 훼손되고, 군대와 회교도들 사이의 충돌로 회교도들 사이에 많은 희생자가 발생했던 어느 일요일의 일처럼 말이다. 그날 고용주는[191] 불안했다. 그의 고용인들(혹은

---

191 예컨대 고용주는 욕설을 퍼붓거나 때린다. *사람들이* 그렇게 하므로 그도 그렇게 한다. 그는 정체를 알 수도 현실화할 수도 없는 인물인 *전형적인* 식민자라는 이름의 **타자**다. 고용자는 그냥 매를 맞는다. 그 역시 **타자**로서다. 한 회교도에게 욕을 먹고 매를 맞는 것은 독자적 개인으로서(혹은 독자적 가족으로서)다. 그러나 식민자로부터 매를 맞을 때 그는 자기와 같은 종교를 가진 다른 사람들이 자기와 동시에 맞는 것으로 느낀다. 왜냐하면 이 학대는 개인을 넘어서 *피식민자*를 겨냥하는 것으로 여겨지기 때문이다. 그런데 피식민자 역시 식민자와 마찬가지로 *현실화하기 어려운* 인물이다. 이렇게 해서 두 개인들을 통해 **타자**는 다른 **타자**와 관계를 맺는다. 그리고 여기서 양자는 실현될 수조차 없는 집렬체적 단위들로 소외된다. 이 집렬체적 단위들은 사건을 탈구시키고 일반화시키면서 자신의 책임을 회피하고, 그 사건을 재귀의 **이성**으로 혹은 밖에 어딘가에 있는 원형의 이성으로 만들어 버린다. 그러나 반대로 만일 식민자의 집렬체적 행동이 그들의 하인들을 때리는 것이지 자기 하인을 때리는 것은 아니라 해도 그 하인과의 관계에서 집렬체적 진실은 그를 때리는 것이고, 그 자신은 *때리는* **타자**가 되는 것이다. (원주)

그의 한 고용인)의 행동이 그에게는 하나의 신호로 보였다. 그의 불안 감은 즉각 폭력이 될 것이다. 불안감에서 억압적 폭력으로의 이와 같 은 이행도 역시 이타성의 태도다. 소요를 일으키거나 그것을 벌주는 집단들이 집렬체가 될 수 있는 것은 바로 자신의 폭력을 **타자**의 폭력 으로 떠받치는 이와 같은 대항적 행동에서부터다. 결국 각자의 집렬 체적 대항 행동은 공동체와 집렬체적 개인을 혼동하면서 적대적 행 동을 자신이 공동의 개인으로서 소속되어 있는 집단의 *실천*으로 해 석하는 데서 나온 것이다. 이 위치는 집렬체적 개인 각자 안에 집단 을 부정적 단위로서, 즉 타자 안에 숨겨진 집단들에 대항하여 싸우는 유일한 수단으로서 끌어들인다. 물론 *이곳*이나 *저곳*에서 집렬체성의 청산을 결정하는 것은 역사적 조건들의 총체다. 확실한 것은 어디서 일어나든 간에 청산은 즉각 상대편에게서도 같은 차원의 청산을 불 러일으킨다는 점이다. 그리하여 상호성과 상호적 매개 관계 속에서의 압력 집단, 폭력 집단 혹은 제도적 집단들은 과정 너머로 식민자와 피 식민자 사이의 상호 결정이라는 엄격한 지표를, 즉 폭력의 지표를 제 공한다.

그러나 긴장이 고조될수록 그만큼 더 이 이질적 집단들의 통일 성은 긴밀해지며, 이 통일성이 실제적으로 *하나의 행위의* 통일성이 될 정도까지 계속된다. 이 계기에 이 동시적, 다차원적 *실천*은 실제로 식민 집단의 실천이 된다. 이 실천은 그 자체에 다음의 두 가지 집렬체 적인 결정들을 취하고 다시 떠맡는데 이는 그 결정들을 안에서 와해 시키기 위함이다. (1) 이 실천의 의도된 폭력은 과잉 착취자들이 일 상적으로 피착취인들과 관련해 내보이는, 또한 두 집렬체성 사이에 타성태적 내면적 관계라고 부를 수 있는 그런 폭력 이하로 내려갈 수 없다. 집렬체적 폭력은 집렬체성과 함께 실천의 첫 결정인 *최소의 폭*

력으로 용해된다. (2) 집단은 그 안에 그 자체의 기도로서 집렬체의 폭력을 식민 역사의 바로 정확한 그 순간에 다시 도입하게 된다. 그리고 폭력으로 집단의 응집을 이루고 집단 *실천*의 방향으로 삼는다.(공황은 린치의 집렬체적 광기가 되면서 군사력에 의해 **타자들***에게* 이식되고, 군사 집단에서는 제도의 형태 ─ 처벌 따위 ─ 로 집단 억압 행위의 최고 한계가 될 것이다.)

그렇기 때문에 식민자들의 집렬체성은 *다른 곳에서* 와해되지 않는다. 이들 각자는 무력한 분노에 갇힌 **타자**로 남는다. 이와 반대로 집단들의 총체(군대와 구성된 집단부터 폭력 집단에 이르기까지)는 **타자들**의 집렬체적 타성태를 유지한다.(이는 *지켜야* 할 타성적 개인들이고, 그들의 방어를 위해서는 그들의 수동성 속에 그들을 격리해야 한다.) 하지만 이와 동시에 구성된 집단과 조직체들의 실천적 통일체는 그의 시간화 과정에서 억압과 통제적 폭력의 *식민 집단* 그 자체가 된다. *기구*는 도피적, 공황적 폭력을, 질서 회복을 위해 폭력을 동원하는 종합적, 주권적 투기로 변형시킨다. 기구의 압제적 폭력에서 **타자**는 *타자의 것으로서* 자기 폭력을 인정하고, 맹목적 린치를 약식 처형의 집렬체적 의미로 생각한다. 타자를 옹호하는 군사력은 그에게 외적인 것으로 남는다. 하지만 **타자**의 차원에서 그 군사력은 각자와 모든 타자에게 종합-*타자*(**존재**의 다른 양태)로서 통일체가 된다. 군사력은 모든 **타자**의 행위가 되는데 이는 그들의 수동성의 이면이다. 이와 같이 반복상(反復相)으로서의, 식민자에게서 원주민으로 거스르는 관계로서의 타성태적 폭력은 억압적 실천에서 주권으로 *자인한다.* **타자들**의 옹호 필요성 때문에 합법화된 억압적 실천은 폭력-과정에 그 첫 번째 활동의 지위를 되돌려 주게 된다. 그러나 결국 폭력이 억압의 *실천이 된다면* 그 까닭은 항상 폭력이 그래 왔기 때문이다. 억압적 실천을 충동질하는 피식민자들의 초기 집단화는 나날이 심해지는 그들의 상황 악화로 나타난다. 그런데 이와 같은 상황 악화는 인구 증가로 인해 생활 수준이 하락하는 동안 식민자들이 정치적, 경제적 *현상의* 틀에 이들 피식민자의 분자적 비존재를 *강제적으로* 유지시키려고 할 경우에만 나타날 수 있을 뿐이다. 이들 피식민자의 삶의 조건에 대한 부정적 실재로서의 *불가능함이 발생한다.* 이것은 생사의 경계로 그들을 내모는 분자적 유배다. 유일한 활로가 있다면 그것은 전체적 부정에 전체적 부정을, 폭력에는 대등한 폭력을 대립시키는 것이다. 또한 분산과 원자화를 처음에는 부정적 통일체로 부정하는 것인데 이 통일체의 내용은 투쟁에서 규정될 것이다. 알제리 **정부**가 그 내용이다. 이와 같이 알제리 봉기는 그 절망적 폭력의 성격상 절망의 수임과 다르지 않은데 식민자가 피식민자를 바로 이 절망 속에 묶어 두는 것이다. 이 모든 폭력은 불가능한 것의 부정이고, 생존 불가능은 억압의 직접적 결과다. 알제리인은 살아야만 한다. 왜냐하면 식민자는 하급의 프롤레타리아를 필요로 하기 때문이다. 그러나 그는 생존 불가능성의 한계에서 살아야만 한다. 왜냐하면 월급이 가능한 한 영(零)에 가까워야 하기 때문이다. 봉기자의 폭력, *그것은* 식민자의 폭력이다. 다른 폭력은 전혀 없었다. 피지배자와 억압자의 투쟁은 결국에는 동일한 억압의 상호적 내면화가 된다. 억압을 내면화하고, 이 억압에서 그 자체의 통일성의 부정적 기원을 찾아내는 억압의 첫 번째 대상은 억압자의 입장에서 무섭게 변하게 된다. 이때 억압자는 봉기적 폭력 안에서 자신의 억압적 폭력이 그 자신을 다시 대상으로 삼는 적의 힘으로 존재한다는 사실을 알게 된다. *타자로서의* 폭력에 맞서 그는 하나의 대항 폭력을 만들어 낸다. 그런데 이 폭력은 *그의* 억압에 다름 아닌, 하지만 탄압적으로 바뀐, 즉 재현동화되고 **타자**의 폭력 — 혹은 **타자** 내부에 있는 그 자신의 폭력 — 을 넘어서려는 억압이다. 이처럼 우리는 식민화라는 단순한 예를 통해 억압자와 피억압자의 관계는 시종일관 *하나의 투쟁*이라는 사실, 이중의 상호적 실천으로서의 이 투쟁이 바로 착취 *과정*의 엄격한 전개를 보장하였다는 — 적어도 봉기의 단계에 이르기까지는 — 사실을 살펴보았다.

하지만 분명 내가 가장 유리한 경우를 선택했다고 사람들은 지적할 것이다. 즉 착취가 과잉 착취인 경우와 착취가 필연적으로 정복과 억압과 겹치는 경우 말이다. *정복한다*는 사실만 해도 군사적 투쟁을 가정한다. 분명히 사람들은 내가 이 연구 끝에 시작 때부터 애써 추구했던 것을 되찾았다고 말할 것이다. 사실 나는 식민주의의 실천과 체계를 연구해 **역사**를 경제 사회학적 해석으로, 즉 일반적으로 모든 결정론으로 대체하는 과정에서 볼 수 있는 중요성을 간단한 예로써 설명하고 싶었다. 이 연구를 시작한 이후 처음으로 구체적인 것의 형태 구조에 대한 첫 번째 기술을 하고 싶었다. 마지막으로 *실천과 투쟁*이라는 정밀하고 진정한 단어들을 가지고 더 이상 속임수를 써서는 안 된다는 사실을 보이고 싶었다. 우선 사람들은 한없이 애매한 말투를 쓴다. 그래서 *실천*이 단지 "과정"을 의미하고, 투쟁이 "실천적-타성태 안에 있는 두 집렬체성의 이중의 반대적 소외"를 의미하게 되는 경우가 그것이다. 이 경우 모든 것이 결정적으로 불투명해진다. 행위도 **역사**도 의미가 없고, 단어들은 아무런 의미가 없어진다. 그다음으로 사람들은 담론에 자신의 의미들을 부여한다. 예컨대 *실천*을 정의하면서 하나의 목적을 향해 물질 조건들을 극복하는 조직화하는 투기라고 하거나 실천의 장의 수정으로서, 목표 달성을 위한 수단의 통일로서 노동을 통해 비조직적 재료에 기재하는 조직화하는 투기라고 하기도 한다. 그렇다면 *계급 투쟁*이라는 단어가 가장 충만한 의미를 가져야 한다. 달리 말하자면 한 나라의 경제 발전에 대한 문제일 때라 거나, 게다가 프롤레타리아 계급의 점진적 구성이 농민 계급이라는 가장 비참한 계층으로부터 이루어질 때라거나, 또한 노동자가 그의 노동력을 "자발적으로" 매매할 때조차도 착취는 압제와 분리될 수 없다. 그 까닭은 부르주아 계급의 집렬체성이 이 계급이 가진 실천적 기구들과 분리될 수 없기 때문이다. 경제주의란 허위다. 왜냐하면 그것은 착취를 모종의 *결과*로 삼으며, 또한 그것이 전부이기 때문이다. 그런데 *착취적 투기*로 유지되지 않는다면 이 결과는 유지될 수 없고, 자본의 과정도 발전될 수 없다. 이와 같은 단언의 의미는 자본주의자들의 입으로 표현되는 것도, 무조건적으로 착취할 투기로서 그들을 만들어 내는 것도 자본이라는 것이다. 하지만 역으로 자본을 지탱하고 생산하는 자는, 그리고 이윤 실현을 위한 그들의 착취적 투기를 통해 산업과 여신 체계를 발전시키는 자는 다름 아닌 자본주의자들이기도 하다. 우리는 도처에서 이 순환성을 보았다. 앞으로도 이것을 다시 보게 될 것이다. 자본의 과정과 *실천*의 관계를 이해하려면 순환성의 운동을 상기해야 한다. 곧 우리는 어떤 형태의 가지성이 투쟁이라 불리는 이 쌍두의 존재를 가질 수 있는지에 대해 의문을 가지게 될 것이다. 개별 전투가 아니라 특히 모든 국가와 우주를 분열시키는 실천적 모순이 문제일 때 우리는 그것을 투쟁이라 부른다. 하지만 무엇보다도 먼저 이 "계급 투쟁"이라는 개념으로 되돌아와야 한다. 만약 이 개념이 실천적-타성태적 구조(조건화의 수동적, 모순적 상호성)라면, 또한 *존재태*라면 인간들에 의해 이루어지는 질서는 엄밀하게 분자의 질서에 비유할 수 있고, 유일한 역사적 이성은 실증주의적 이성, 즉 역사의 비가지성을 특정 사실로 설정하는 이성이다. 그러나 만약 다른 한편으로 이 개념이 온통 *실천*이라면 모든 인간의 세계는 헤겔적인 관넘론으로 사라진다. 혼란에서 벗어나기 위해 우리의 연구에서 발견한 모든 수준의 형태적 복잡성을 통해 발견한 모든 것을 이용하도록 노력하자.

변증법적 연구를 수행하는 중에 우리가 할 수 있던 "발견" — 하지만 결론부터 말하자면 이것도 발견일까? 모든 요인(실천 내부의 혹은 초월적)을 통한 모든 *실천*(개별적이고 공동적인)의 직접적 이해가 아닐까? — , 바로 이 발견으로 우리는 인간관계의 이 이중적 성격을 여러 다른 수준에서 알게 되었다. 실제적이지만 추상적인 개인들 사이에 맺어지는 단순한 관계와 같은 것으로서의 사회성에 대한 결정 작용을 제외하면 모든 인간관계는 직접적으로 상호적이다. 하지만 다른 한편 상호성은 명상적이지도 감정적이지도 않다. 아니면 차라리 감정과 명상이 어떤 한정된 상황들에서 나타나는 어떤 행동들의 실천적 성격들이라고 해도 좋다. 상호성이란 이중의(혹은 다중의) 진앙을 가지는 *실천*이다. 상호성은 능동적이거나 수동적일 수 있다. 상호성을 나타내는 정확한 기호가 실천의 장을 결정하는 이전 상황과 물질 조건들을 토대로 정의된다는 것은 명백하다. 그리고 적대적 상호성의 조건화라는 총체는 행동의 장에 놓인 다양한 인간들의 관계 위에, 즉 희소성 위에 추상적으로 근거한다는 점을 우리는 알고 있다. 우리는 또한 죽음의 위협으로서의 희소성이 다수성의 개인 각자를 타인에 대한 죽음의 위험으로 만들어 냄을 보았다. 희소성의 우연성(즉 다른 실천적 조직들 사이의, 그리고 다른 환경들 사이의 직접적인 풍요로움의 관계를 *선험적으로 상상할 수 없다는 사실*)은 우리 인간 현실의 우연성에서 다시 내면화된다. 인간이란 희소성의 장에서 다수의 유사한 존재들과 함께 살아가는 실천적 조직체다. 하지만 부정적인 힘으로서의 이 희소성은 전환성 내에서 모든 인간과 모든 부분적 다수성을 인간적이고 동시에 비인간적인 실재로 규정한다. 예를 들어 모든 개인은 잉여자가 된다. 왜냐하면 내게(그리고 모든 **타자**에게) 최우선적으로 필요한 물품을 그가 소비할 위험이 있기 때문이다. 나와 유사한 인간이라는 점만으로도 그는 내 삶을 위협한다. 그러므로 그는 인간으로서 비인간적이 된다. 나와 같은 종이 내게 낯선 종으로 나타난다. 하지만 상호성과 전환성 내에서 나는 잉여적 대상 혹은 인간의 비인간성으로서의 **타자**들에 의해 객관적으로 만들어진 나 자신이라는 가능성을 나의 가능성의 장에서 발견한다. 우리는 도덕의 첫 규정이 선악 이원론이라는 사실을 지적했다. **타자**의 이해 가능하고 위협적인 *실천*은 그의 내부에서 파괴해야 하는 것이다. 하지만 필요 충분 수단의 변증법적 조직으로서의 이 *실천*이 **타자**에게 행위의 자유로운 발전으로 나타난다. 그리고 **타자**의 내부에 있는 나의 자유와 같은 이 자유를 파괴해야만 우리는 재료의 중개를 통한 인간의 원초적 관계인 *죽음의 위협*으로부터 벗어날 수 있다는 사실을 알고 있다. 달리 말하자면 인간의 인간에 대한 *치명적인* 관계인 희소성의 내면화는 그 자체가 물질적 조건들의 자유로운 변증법적인 지양으로 작용한다. 그리고 이 극복 자체에서 자유는 장의 실천적 조직으로 나타나고, 파괴해야 할 자유-타자 혹은 *반실천*, 그리고 반가치로서의 **타자**에게서 자신을 파악함으로써 나타난다. *생존 경쟁*의 가장 초보적인 단계에서 인간들을 통해 서로 대립하는 것은 맹목적 충동들이 아니라 복잡한 구조들이다. 즉 도덕을 기초하는, 그리고 위협하는 단순한 대상으로서가 아니라 그 뿌리까지 인정받고 거부된 자유로서 **타자**의 파괴를 추구하는 하나의 실천에 의한 물질적 조건들의 극복인 것이다.

바로 이것이 폭력이라고 명명된 것이다. 왜냐하면 상상 가능한 유일한 폭력은 비유기적 재료의 중개를 통한 자유의 자유에 대한 폭력이기 때문이다. 실제로 우리는 폭력이 두 가지의 양상을 가진다는 점을 살펴보았다. 그러니까 자유로운 실천은 직접 **타자**의 자유를 파괴하거나 물질 수단을 동원해 괄호 속에 접어 두거나(신비화, 계략) 아니면 (소외의) 필요에 맞서 작용할 수 있다. 즉 **타자**가 되는(집렬체로 다시 전락하는) 가능성으로서의 자유에 대항해 자유로운 실천은 행사될 수 있는 것이다. 이것이 바로 **동지애-공포**다. 따라서 폭력은 어떤 경우에도 자유의 상호적 인정 그리고 외부적 타성태의 중개를 통한 자유의 부정(상호적 혹은 일방적)이다. 인간은 난폭하다. 모든 **역사**에서, 그리고 오늘날까지(희소성이 제거될 때까지다. 만약 이 제거가 정말 실현된다면, 그리고 이 제거가 특정 상황들에서 일어난다면 말이다.) 인간은 적대-인간에 대해서도(즉 어떤 인간에 대해서도), 그리고 *그의* **형제**(즉 그의 형제도 적대-인간이 될 지속적인 가능성을 가지기 때문에)에 대해서도 난폭하다. 그리고 사람들이 항상 주장하는 것과는 반대로 이 폭력은 그 자체에 대한 실천적 지식을 포괄한다. 왜냐하면 폭력은 그 대상에 의해 규정되기 때문이다. 즉 자유를 무화하는 자유로서 규정되기 때문이다. 이와 같은 폭력은 우애의 관계 자체를 정의할 때는 **공포**라고 불린다. 그리고 폭력이 한 명이나 여러 명의 개인에게 행사될 때와 희소성에 따라 그들에게 초월 불가능한 지위를 강요할 때 그것은 억압이라고 명명된다. 도처에서[192] 그 위상은 같은 실천적 규정에 따라 추상적으로 규정된다. 식량과 노동력의 희소성 앞에서 어떤 집단들은 다른 개인들과 다른 집단들과 함께 하나의 공동체 구성을 결정하게 된다. 이때 이 공동체는 잉여 노동을 수행할 의무와 동시에 조정된 잉여 소비로 축소할 필요성으로 정의될 것이다. 그런데 이 억압은 자신과 자

---

192 엥겔스도 말했을 텐데 적어도 역사적 사회에서는.(원주)

신의 대상을 의식하는 *실천*으로 구성된다. 침묵 아래에서 행해지든 그렇지 않든 간에 억압은 다수의 잉여 노동자들을 규정한다. 그것은 자유로운 실천적 조직체들이라는 그들의 현실에도 *불구하고*가 아니라 바로 그 현실 *때문이다*. 노예, 장인, 숙련 노동자, 전문 노동자는 분명 생산 방법에 따라 생겨난다. 그렇지만 그들은 바로 자율 통제, 자율 방향, 자율 감시라는 다소간 상당한 부분처럼 생겨나는데 그것들은 도구적-존재와 인간 사이의 간극을 보완할 것이다. 물론 수행하는 데 한 마리의 짐승이면 족할 그런 노동에서 인간이 그 짐승을 대체하는 적도 있다.(16세기 파나마 지협을 가로지르는 협로 위의 금 운반자들이 그러하다.) 그러나 이 새로운 의무 분배는 희소성이라는 바탕 위에서는 자신을 의식하는 강요이기도 하고 심사숙고된 선택이기도 하다. 어제 *인간*으로서 노동하던 같은 사람이 관리자나 책임자들에게 지목되어 자발적으로 인간 이하가 되기도 한다. 강요가 자유를 제거하지 않기 때문이다.(피억압자들을 제거하는 경우를 제외하고서 말이다.) 강요는 자유에 복종 이외에는 다른 활로를 남겨주지 않으며 자유를 그 자체의 공범으로 삼는다.

이와 같은 고찰의 목적은 억압을 계급 분할과 착취의 직접적인 역사적 기원으로 파악하려는 데 있는 것이 아니었다. 그와는 전혀 다르다. 오히려 우리는 착취의 실천적-타성태의 장이 반목적성을 통해, 그리고 가공된 재료들의 매개로 집렬체적 관계의 수동적 종합으로 구성된다는 점은 그것이 명백한 만큼 인정하지 않을 수 없다. 문제가 되는 것이 노예제라는 제도이든 노동 분업의 결과이든 간에 주어진 사회에서 이루어진 물질, 기술, 인구 분야 등의 발전을 개인 혹은 집단의 자유로운 실천의 객체화로 검토하려는 것은 불가능하다. 엥겔스도 말하고 있듯이 노예라는 것이 농업 기술의 발전으로 가능해지고 필요하게 될 때 생겨난다는 사실, 즉 제도가 이미 구성된 수동적 활동 무대의 실천적-타성태적 요구에 대한 부응이라는 점은 의심의 여지가 없다. 또한 이 점에 대해 엥겔스가 매우 단순한 입장을 취하긴 했지만 착취가 역사적으로 다양한 형태들을 가지며 기본적으로는 기능들의 차별화, 즉 궁극적으로는 생산 양식의 진화에 해당하는 하나의 과정이라는 점도 확실하다. "철강-석탄" 공업 단지의 설립 초기에 석탄을 연료로 이용하는 것이 외부적으로, 그리고 요구-타자로서 (즉 독립적 변수로서)[193] 탄광 채굴 제도의 변모를 규정한다. 집렬체적 과정으로서(그리고 측면적 *경쟁 대립*으로, 따라서 공동 결정이 아니라 이타성으로서) 수요가 바로 반세기 만에 탄광 소유주들을 핵심 산업을 소유하는 *거대 자본가*들로 만들어 내고, 또한 수요가 바로 — 이미 살펴보았듯이 — 증기 기관을 도입해 짐을 옮기는 짐승과 인간을 대체하도록 한다. 과학적 발견, 기술적 발명은 전파되자마자 고객을 집렬체로 변화시킨다. 탄광이 한 사람에 의해 소유된 전설적인 유산이 되기 위해, 초기의 기계들이 나타나 기술을 전복시키고 자본가와 마찬가지로 노동자에게 임무와 제약 총체를 강요하기 위해, 노동력의 필요가 육체노동자들을 증가시키기 위해 그리고 자본의 기원에서부터 자리한 모순이 *집렬체성* 속에서 구성되기 위해서는 고객의 집렬체로의 변화가 더 이상 필요하지 않다. 한편으로 탄광과 기계의 소유주인 고용주는 부단한 비용 절감, 생산량 증가, 이윤 증대라는 이해관계를 가지게 된다. 그리고 다른 한편으로 이농민이 자신의 노동으로 생긴 제품에 어떠한 권리도 가지지 못하고 봉급의 형태로 생계에 필요

---

193 사실 순환성이 변수를 다시 조건화한다. 그리고 체계는 피드백의 성질을 가진다. 하지만 출발 당시, 그리고 탄광 소유주들에게는 수요가 변수다. 즉 감당할 수 없게 증가하는 것 그리고 채굴 산업들의 변모를 요구하는 것도 바로 이 수요다.(원주)

한 최소한의 보수를 받게 된다. 그리고 탄광 근무자가 물질적 조건들 총체에 의해 *야기되는* 경쟁적 대립을 통해 집렬체화된다면 고용주도 마찬가지로 집렬체적인 경쟁에 놓인다. 왜냐하면 그는 자신의 새로운 권력을 통해 몇백, 몇천 킬로미터 떨어진 곳에 있는 *다른 경쟁자* 역시 발견하게 되기 때문이다. 이 경쟁자들 역시 최근에 권력을 가지게 되었으며 기술적, 경제적 변화가 갑작스럽게 그들을 서로 가까워지게 한 것이다.

결과적으로 착취 과정의 실천적-타성태적 특성을 어느 누구도 의심할 수 없다. 그러나 지금으로서는 그것이 우리의 관심사가 아니다. 우리에게는 이 과정이 *희소성*(수요자들이 겪는 석탄의 희소성, 새로운 갱도들을 파도록 공급자들에게 강요하는 너무 급속한 갱도의 고갈, 증기 기관을 이용하게 하는 *시간의 희소성*)에 근거해, *그리고 사람들에 의해*(즉 선악 이원론적 폭력의 형태하에서 희소성을 내면화하고, 다시 떠맡은 실천적 유기체들에 의해) 구축된다는 점이 중요하다. 탄광 소유주의 변모는 *외부에서 그에게로* 온다. 하지만 그는 이 변모를 내면화해야 하고, 실천적으로 그의 탄광과 채취 기술의 변모를 꾀하며 내면화를 실현해야 한다. 이것은 노동력의 재조직화를 의미한다. 그런데 이 *실천*은 바로 폭력의 존재가 행하는 실천이다. 이것은 상황적 요구에 대한 그의 자유로운 응수가 억압의 형태로밖에는 실현될 수 없다는 뜻이다. 내가 *자유로운 실천*에 대해 말할 때 나는 이 실천이 요구된 변모들을 거절할 구체적 가능성을 가진다는 것을 말하고자 함이 아니다. 단지 이 강요된 변모들이 종국에 가서는 수단의 계산된 소유를 통해 탄광 속에서 객체화될 것이라는 점 그리고 탄광, 경쟁자, 시장적 제약 등등을 실천적 장으로 간주하는 변증법적으로 조직화된 행동들의 총체를 통해 객체화될 것이라는 점을 말하려는 것이다. 그리고 우리의 이 소유주가 대단한 유산가로 둔갑하는 순간에조차 내가 *희소성*을 강조하는 것 또한 그 소유주가 기아와 죽음이 모든 개인을 위협하는 단계에 그대로 머물게 되리라는 점을 말하고자 함이 아니다. 여기에서 말하는 희소성은 *위급성*을 통한 시간화라는 표현으로 바꿀 수 있다. 분산, 수단의 빈곤성, 물질의 저항이 제동 장치를 구성하고, 수요의 명령들로 현저하게 가속시켜야 하는 생산 작업을 지체시킬 위험이 있다. 이 유산가에게 희소성이란 그가 행동의 장을 가능한 한 신속하게 재구성하지 않는다면 그의 유산을 소유하지 못할 수도 있다는 가능성이다. 이런 의미에서 **타자**로서의 모든 적대적 행위("타성태적 힘"에서부터 적극적 저항에 이르기까지)는 제동 장치의 증대라는 위험을 겪으며 반인간이라는 *실천*으로서 나타난다. 분명 노동자라는 계급적 존재(이 극빈자, 아직도 길에서 배회하는 혹은 아직도 마을 공동체가 먹여 살리는, 미래의 프롤레타리아)는 탄광을 통해 식민지 체계에 의한 피지배자의 존재로서 이미 생산되었다. 그리고 인종 *차별주의*가 이념이 되기 이전에는 사물 속에서 이루어지는 수동적 구성인 것과 마찬가지로 노동자 계급이라는 관념이 기술의 변화로 생겨난다. 게다가 이 관념은 계급적 존재에 다름 아니다. 그 까닭은 소유주가 이 존재를 인식하며 넘어서고, 또한 노동자 계급이 이 존재를 떠맡고 부정하기 때문이다. 하지만 정확하게 노동자가 타자적 종의 대변자, 곧 한 명의 반인간인 경우에만 이 *계급적 존재*는 기업가의 *실천*에 의해 인정받고 실현될 수 있을 뿐이다. 이기심에 대해 말하거나 혹은 소유주가 맹목적으로 "자기 이익을 추구한다."라고 선언하면서 문제의 해결을 주장하려는 것은 부조리하다. 왜냐하면 이익이란 — 작업장-내-자기-외적-존재로서 — 진행 중인 변모들 안에서 그리고 그에 의해서 구성되기 때문이다. 그것이 탄광이나 공장의 미래 상속자에게 그 자신의 부르주아적 존재의 규정 자체로서 미리 존재하게 되는 것은 바로 다음 세대들에 해당된다. 이기주의에 대해서 보자면 이 단어는 의미가 텅 빈 단어다. 우선 이 단어는 외견상의 의미마저도 절대적인 사회적 원자론(콩디야크의 시대에 만들어진 **분석적 이성**)의 가정하에서만 가질 수 있다. 그다음으로 어쨌든 여기에서 이 단어는 아무것도 설명해 주지 못한다. 고용주가 그의 노동자들과 그들의 상황을 조금도 걱정하지 않는다는 것은 실제로 사실이 아니다. 그 반대로 그는 꾸준히 걱정한다. 도둑질, 태업, 파업 그리고 여타 "사회적 혼란들"에 끊임없이 대비하기 때문이다.

실제로 소유주와 노동자의 양편에 의해 "자발적으로 동의되고" 산업 시대의 특징이라고 할 수 있는 노동 계약의 실천은 노동자의 자유를 절대적 원칙으로 상정한다는 사실을 지적해야 한다. 계약에 의한 상호성은 더 확대된다. 왜냐하면 — 적어도 형식적으로는 — 모든 자유는 **타자**의 자유에 의해 보증되기 때문이다. 이것은 소유주가 노동자에게서 자신의 자유와 동등한 자유를 알아본다고 주장한다는 점을 가정하는 것이다. 달리 말하자면 그가 노동자를 인류의 구성원으로 인정함을 가정하는 것이다. 인종 차별주의와의 차이는 우선 대단해 보인다. 왜냐하면 과잉 식민 착취는 피식민자의 "인간 이하의 인간성"에 근거하기 때문이다. 사실 인종 차별주의의 경우 모순은 식민자 자신이 현재 억압하는 "인간 이하의 인간"을 바로 인간의 행위를 위해 이용할 수밖에 없다는 자각에서 유래한다. 자본주의 초기의 모순은 선언된 상호성하에서 소유주가 노동자를 적으로 취급한다는 것이다. 이 시기에는 자유 계약 이면에 진정한 강제 노역의 시도가 은폐되어 있었다. 강제로 채용하고, 가혹한 규율을 강요하고, 끊임없는 협박을 행사하며, 때로는 억압 조작으로 자신을 보호한다. 그러니까 이것은 노동자가 자유로운 일꾼임을 인정하는 동시에 그가 인간 이하의 인간의 반열로 떨어질 것임을 인정하는 그런 체계로 그를 강제로 집어넣는 것과 같다. 또한 예방 혹은 탄압 조치에서 나타나는 언짢은 태도는 *미리부터* 반발의 모든 *가능성*을 두고 노동자를 비난한다는 것을 보여 준다. 반면에 노동자를 비난하는 자들은 직접 이 노동자의 합법적인 저항을 발견해야만 한다. "고대-기술" 시대의 자본가들이 마치 그들의 야만성과 함께 매장되기라도 한 것처럼 그들을 감히 비난하려는 식민자의 이기심 혹은 "가혹함"과 우리는 완전히 동떨어져 있다. 문제가 되는 것은 성격상의 특징이 아니라 오히려 노동자 계급의 진정한 발전이 있기 이전에 영국 고용주들에게 나타났던 계급적 증오다. 노동 계약 체결 시점에서 그들은 이 자유를 이용(그리고 신비화)하고자 하고, 그다음으로 그것을 얽어매어 강제로 분쇄하고자 한다. 그들은 바로 이 자유 속에서 반인간의 악을-위한-자유를 보거나 피착취자들이 자신들에게 품게 될 증오로부터 자신들의 *실천*에 소재한 **악**과 **비인간**을 보아야만 한다. 달리 말하자면 그들이 인간 이하의 인간으로 구성하려는 인간에게서 우선 증오하는 것은 다름 아닌 그들 자체를 반(反)인간으로 규정하려는 이 자유다. 그리고 이 증오는 실천적이다. 즉 **타자**의 자유를 나쁜 자유 혹은 무능한 자유로 실천적으로 구성하면서 제거하려 한다. 그러나 다른 한편 (부단한 육체적 구속 혹은 말살을 통해서) 이 자유를 제거하거나 이 인간들을 짐승으로 취급하는 것도 그들에게는 불가능하다. 노동자가 나중에는 상품으로 환원된다 해도 계약 당시에는 자신의 자유 속에서 고려될 것을 소외의 과정은 요구한다. 이처럼 인간은 자발적으로 상품이 된다. 자신을 파는 것이다. 그리고 이 자유는 *절대적*으로 필요하다. 법이나 시민 사회의 피상적 단면에서보다 더 절실하게 필요하다. 이 자유가 수익을 지휘하기 때문이다. 항상 얹혀살고, 또 항상 열악하게 사는 노예는 자신의 필요와 주인을 위한 일을 엄격히 연결하지 않는다. 분명 그는 먹고살기 위해, 재난을 피하기 위해 일한다. 하지만 그의 수익과 그의 필요에 대한 만족 사이의 수량적 관계는 규정되지 않은 상태다. 그는 체벌이나 영양실조를 모면하기에 딱 알맞은 정도만 일한다. 이와 반대로 노동의 자유는 계약 후에 그 결과로서 인간-상품에서까지 그 자체의 모습을 되찾게 된다. 왜냐하면 오로지 그의 자발적 노력(육체적 구속과 관련해 자유로운, 그러나 그의 필요와 상황에 의해 엄중하게 제약된)이 그의 수익을 증대시킬 수 있기 때문이다. 엄중하게 규정된 수량 체계에서 그가 받는 보수는 실제로는 그의 생산성 증대에 달려 있다.[194] 이렇게 해서 산업 생산에서의 요구는 필연적으로 육체노동자의 자유, 달리 말하자면 그의 인간성과 같은 것이다. 하지만 그것은 또한 필연적으로 그 자유의 무시이기도 하다. 왜냐하면 각자의 행위는 실천적-타성태의 장에서 소외되고 매몰되어 과정이 되어 버리기 때문이다. 사실 이 자유는 집단을 통해 소외에 대한 격렬한 부정으로 구성될 수 있다. 이 가능성은 *선험적으로* ─ 자각의 역사적 조건들이 결집되지 않았을 때에도 ─ 단순한 형태적 변증법에 의해 주어진다. 이 변증법은 항상 그리고 도처에서 구성하는 *실천*과 그 소외로부터 구성된 부정으로서의 집단을 만들어 낸다.

이 단계에서, 그리고 산업 혁명의 초기부터 프롤레타리아 계급은 적이다. 이것은 이 계급의 저항이 고용주의 시도가 이루어지는 중에 봉급자의 타자적 자유에 의해 이 고용주의 통치적 자유에 대한 제어로서 발생된다는 점에서 그러하다. 영국 소유자들의 믿기지 않는 잔

---

194   그리고 여하튼 경쟁적 대립의 시장에서 그의 성공 여부는 노동의 "품질"에 따른다. (원주)

인성, 빈민에 대한 법, 그리고 이 법에 의거해 *자유롭게 강요된* 노동은 예견된 증오를 말해 준다. 우리 눈에 대단히 경악스러운 인간 생명의 낭비(단지 경제적인 시각으로만 볼 때도) — "철강-석탄" 시대에는 일반적인 낭비에 해당되는 — 는 인류에 대해 행해진 제한된 몰살이라고 할 수 있다. 왜냐하면 이 몰살로 인해 노동력의 위기가 즉각 생기지는 않기 때문이다. 그리고 나는 단지 고전 경제학의 소위 "임금 철칙"만이 아니라 실제적으로 낭비적인 실천들 — 그 일부는 독성이 있는 연기를 다시 태우는 그런 체계적 거부처럼 부정적이고, 또 일부는 유아들의 이용(아이들을 2~3년 안에 제거하고, 그들과 함께 미래의 노동자들도 사라지게 하는 *가시적인* 결과를 낳는)처럼 긍정적인 실천들 — 또한 말하는 것이다. 소비[195]가 적절하게 말하고 있듯이 하나의 사회가 직접 사멸을 결정한다면 19세기 사회가 노동 인구에 대해 만들고 유지시키는 사망률에 대한 그 사회의 특이한 무관심은 오로지 몰살의 의지로밖에는 설명할 수 없는 것이다. 사실 문제가 되는 것은 해고와 실업에 대한 두려움으로 저항을 진압하는 것이다. 그리고 실업이 실재적으로 위협적이기 되기 위해서는 그것이 단순 명료하게 (노동자에게나 그 가족에게) 죽음의 위험을 의미해야 한다.

다른 한편 공장 내부에서 일어나는 억압적 실천들(특히 — 영국의 공장들의 경우 — 옆 사람과 잡담 금지, 위반하면 해고)은 고용주가 *이미* 노동자를 반란자로 여기고 있다는 사실을 분명하게 강조하는 것이다. 즉 고용주는 벌써 그를 채용하면서 그에게 견디기 힘든 조건을 마련할 생각이었음을 말한다. 최근에 어떤 식민지 변호사가 내 앞에서 이런 말을 한 적이 있다. "우리는 용서받을 수 없는 잘못, 잔인함, 죄악을

---

195 알프레드 소비(Alfred Sauvy, 1898~1990). 프랑스의 경제학자이자 인구학자, 사회학자. 특히 제3세계 연구로 유명하다.

너무 많이 저질러서 행여 **아랍인들**이 우리와 화해해 주거나 우리를 사랑해 줄지 모른다는 희망을 가질 수 없습니다. 하나의 해결책이 있다면 그것은 공포입니다." 이런 정신 상태가 정확히 18세기 말과 19세기 전반의 영국 자본주들의 그것이었다. 단 하나의 예외는 영국 프롤레타리아 계급의 구성은 예방적 공포였다는 점이다. 이런 태도의 조짐을 우리는 많은 사회에서 기계화가 대중의 위협 수단으로 나타난다는 사실에서 보았다. 하지만 기계화는 분명 처음에는 특히나 위협 수단이 아니었다. 기계화를 통해 무엇보다 비용의 경감과 생산의 증대가 가능했던 것이다. 하지만 기계화의 실천적-타성태적 결과에서 (비용 감소) 고용주는 곧바로 실천적이고 인간적인 구성 요소를 현실화한다. 기술적 실업은 항상 마음대로 이용 가능한 대중을 구성하기 때문에 모든 노동자는 자신의 대체 가능성, 즉 그의 자유의 무기력함을 느끼게 된다.

이렇게 해서 우리는 영국에서 산업화 과정의 초기 단계가 체계적 억압의 실천으로 나타났다는 사실을 지적했다. 이것은 이 과정이 결국 개별적 고용주들, 억압 집단 혹은 **국가**에 의해 실현된다는 점에서 그러했다. 영국식의 잔인함을 무관심, 맹목 혹은 오해로 해석하는 것은 완전히 잘못된 것이다. 사실은 심사숙고해서 수행된 하나의 작전이 문제였던 것이다. 이와 같은 상황을 두고 우리가 실제로 무관심 혹은 무지라고 말한다면 우리는 다시 착취가 순전한 과정이고 착취자, 그의 생산물이 하나의 간단한 *타성태적 박탈 행위*를 통해 피착취자와 그의 다른 생산물로부터 전적으로 분리된 것이라고 생각하게 될 것이다. 몇몇 마르크스주의 이론가들의 실수는 실제로 실천적-타성태적 과정을 잘못 이해한 것이다. 그들은 이 과정이 노동자들을 그들의 봉급 생산자라는 조건에 관련해, 그리고 그 조건을 통해서 자신의 역사적 실재성에 처한 고용주 계급과 관련해 만들어 낸다고 생각했던 것이다. *아니면* 이 과정이 자본의 진화 자체에서, 그리고 이 진화를 통해 노동자 계급의 동시대적 결정들과 관련해 자본가들을 만들어 낸다고 생각했던 것이다. 하지만 부수적 경우를 제외하면 그들은 전혀 노동자의 자본가에 대한, 그리고 자본가의 노동자에 대한 실제적 행동에 대해서는 일절 언급하지 않았다. 그러나 정확히 고용주는 유일한 실천적-타성태적 실재성을 통해 노동자 계급이 자기에게 보내 줄 수 있는 결정들을 받아들이지 않고 노동자들도 고용주들로부터 자신들에게 보내진 결정들을 받아들이지 않는다. 문제가 되는 것은 평행한 두 개의 양태가 아니라 오히려 대립하는 기호, 그 실체가 통일성이며, 이 통일성에 의해서가 아니라면 상호 간에 전혀 소통하지 못할 대립적 기호들이다. 사실 실천적-타성태적 체계는 고용주의 노동자에 대한, 노동자의 고용주에 대한 실질적 작용들을 통해 **타자**의 체계로서 실현된다. 바로 이 단계에서 우리는 착취 과정이 그 정착 시점부터 어떻게 소외되고 집렬체화된 억압적 실천인가를 이해해야 한다.

자본주의 사회의 특징은 생산의 방법적 비조직화다.(발전 과정에서 트러스트, 공업 공동체, 부분적 경제 계획이 개입한다고 해도 그러하다.) 실증주의적 합리성의 형태로 사안을 고려하면 사회 자본이란 수많은 개인 자산의 합산일 것이다. 그러나 실천적-타성태의 수준에서 우리는 연구를 통해 일반적 운동은 — 자본의 개별적 행위가 어떠하다 하더라도 — 하나의 통일체로 지속된다는 사실을 단언한다. 특히 전체 자본가들에게는 총생산이 사회 생산의 합계가 아니다. 총체 속에서 파악된 계급의 입장에서 보면 이 생산물이 규정된 사용 형태를 가지는 것은 필수적이다. 즉 그것은 (자본가들과 노동자들의 입장에서 볼 때)

노동 과정과 소비 수단의 일신을 위해 생산 수단을 포함해야 한다. 그것은 단순 생산이 자본적 생산과는 양립되지 못함을 필연적으로 가정하고 있다. 자본주의 사회의 총생산은 "확장된" 재생산, 그러니까 생산에 따라 이루어지는 잉여 가치의 증가된 부분의 축적이나 할당을 내포하는 것이다.

이 모든 것은 사실이다. 모든 개인적 기도에 일관성이 없다는 것은 겉모습에 지나지 않는다. 그것들이 모두 총생산에 이바지한다는 점에서 그 일관성은 근본적인 것이다. 그러나 주목해야 할 점은 이 일관성이 *집렬체적*이라는 사실이다. 이런 관점에서 보자면 자본주의적 과정은 하나의 집합태다. 총생산이 *그 공동적 조직화에서* 이미 조직화된 생산[196]과는 다르기 때문에 그럴 수밖에 없는 것이다. 잉여 가치, 축적, 경쟁적 시장, 상품의 유통 등은 이타성의 관계들이다. 사실 매개는 화폐, 그것도 사적 경제의 "부정 비용"이 되며, 사적 경제가 자신의 무정부 상태의 규제자로서 생산하는 화폐다. 그러나 화폐는 물질-매개이며, 그것은 필연적으로 **타자**다. 화폐의 유통은 강화된 집렬체성일 따름이다.

이와 같은 점들은 우리가 이미 살펴본 것인데 여기에서 다시 지적하는 것은 다음과 같은 사실을 명심하기 위해서다. 그러니까 사회적 총체로서 고찰된 자본의 과정은 *하나의 전체가 아니라 도피*이며, 이 경우 총체화하는 언어는 오직 기만적일 수밖에 없다는 사실이 그것이다. 정확히 과정의 통일성은 *언제나* **타자** 속에 존재한다. 그리고 변

---

196 구판에는 la production non organisée(조직화되지 않은 생산)로 되어 있는 반면, 우리가 사용하는 신판에는 la production organisée로 되어 있다. 우리는 신판의 텍스트가 옳다고 생각하여 그것을 따랐다. 왜냐하면 바로 몇 줄 앞에서 "비조직화는 자본주의 사회의 특징"이라는 말을 하고 있으며, 또한 여기에서는 그런 비조직적인 자본주의 사회에서의 생산이 처음부터 조직화된 생산, 즉 계획 경제와 다르다는 점을 지적하고 있기 때문이다.

동 자본을 희생으로 하여 고정 자본의 몫을 증가시키는 것을 겨냥하는 축적은 **타자**에 의해 완전히 분극화된 경쟁 영역에서 비용을 삭감하고 생산을 증가시키는 것 이외의 다른 목적을 가지고 있지 않다. 이처럼 개별적 자본가가 아니라 사회적 총체의 차원에서 볼 때 축적은 집렬체성의 무한한 통일성이라는 점에서 가장 심층적인 이타성의 존재를 보여 주는 것이다. 그것은 삼중의 이타성(제조업자, 소비자, 생산자)의 무한 이행에 의한 가짜 총체화다. 그러나 바로 그런 까닭에 이 회귀적 통일성은 우리에게 다시 개별적 자본가를 가리키게 된다. 왜냐하면 그 통일성이 그의 *실천*(소외, 변질)을 규정하고, 또한 오직 이 *실천*만이 그 규정을 지탱하며 산출하기 때문이다. 제조업자의 *타자적* 행동은 **타자**로서 그에게로 닥쳐온다. 왜냐하면 모든 것이 **타자들**에 *의해* 결정되기 때문이다. 여러 사건이 *타자로서* 어떤 국면(경기의 신장이나 후퇴 등등)에 끼어드는 시기에 **타자**(경쟁자)가 기계를 수입했다는 이유로 혹은 아직 수입하지 않았다는 이유로, 또 **타자**가 수요자(집렬체적 개인으로서의 고객)라는 이유로 기계를 수입한다는 것은 개별적 제조업자로서는 바로 *축적한다*는 것이다. 그러나 이런 행동은 이타성이라는 그 의미로 말미암아 그에게서 벗어난다는 점에서 *그의 조직화된 자유 결정*에 머무른다. 사실 그 행동은 전문가나 기술자의 견해, 생산 계획의 수립, 직속 부하와의 숙의, 여러 가지의 결단 등을 전제로 하는 것이다. 따라서 이것은 한계 소외를 동반한 *직접적* 행동이다. 그는 후일 이타성으로 통일된 경제의 발전을 통해서 — 그것이 증가한 요구(축적은 그 자체의 증가를 요구한다)의 형태를 띠든 아니면 위기의 경우에는 운명이라는 형태를 띠든 간에 — 그런 직접적 행동의 집렬체적 의미를 재발견하게 될 것이다. 그러나 그 활동 자체는 *타자로서*의 실천적 사유에 의해 이루어지는 **타자**에 대한 생각을 상정한다. 그

리고 그 사유 자체는 ─ 이타성의 객관적인 상관 체계로서 ─ (우리
가 이미 여러 차원의 고찰을 통해서 본 바와 같이) 그것을 *조종하는* 직접적
이며 종합적인 *실천*에 의해서 (마치 계산기처럼) 이용된다.

바로 이 순간에 타자적 사유는 직접적 결과를 향해 뛰어넘는 한
낱 수단에 지나지 않는다. 직접적 결과로서의 이윤은 여전히 **타자**에
의해 조건 지어진다. 그리고 *실천* 자체는 이타성의 규제에 대한 반성
된 인식에도 불구하고 집렬체화된 과정으로 소외되고 말 것이다. 그
과정이란 각각의 개별적 실천에서 출발해 수동성 속에서 산출되는
*측면적이며 물질적인 존재*다. 그리고 바로 이 개별적 실천은 고용주
에 의해 노동자들에게 직접적으로 행사된다. 기계를 외국에서 수입
하느냐 아니면 국내에서 조달하느냐의 선택에서 기업가는 사회 전체
가 임금에 투자하는 몫에 비해 생산 수단에 투자된 사회 자본의 몫
을 증가시키는 데 **타자**로서 기여하게 된다. 그러나 *직접적으로는* 또
제조업체나 공장의 개인적 소유자로서의 기업가는 그의 행위를 통해
일정한 수의 노동자들의 해고와 실업, 그리고 아마도 그들의 자격 박
탈, 남아 있는 노동자들의 임금 삭감 등등을 야기한다. 그런데 여기에
서 "야기한다"라는 표현은 부적절하다. 왜냐하면 그런 일들은 그 행
위의 뜻하지 않은 결과, 말하자면 추구된 목표의 밖에 있는 결과가 아
니라 사실은 목표 그 *자체*이기 때문이다. 경비를 낮춘다는 것은 노동
자의 수를 줄인다는 것이다. 달리 말하자면 기업가가 기계를 산다는
것은 미래의 실업자들의 이해관계에 직접적으로 반하는 일이다. 흔
히들 말하듯이 "그들의 운명을 고려함이 없이"가 아니라 그들의 운명
을 특별히 고려하면서 그렇게 하는 것이다. 왜냐하면 각 고용주는 그
시대에 실업자의 수를 증가시킴으로써 프롤레타리아 예비군을 구성
하려고 했기 때문이다. 이런 행동은 법적으로는 비난의 대상이 되지

않는다. 사유 재산을 기반으로 삼는 사회에서 고용주는 노동 계약을 갱신하지 않을 자유가 있다.(노동자도 이 점에서는 마찬가지다.) 그 시대 (19세기 전반기)에 고용주들은 합법성을 존중하는 나머지 일일 계약을 할 정도였다. 그러나 자유주의적 원자론을 넘어서서 더 깊이 보자면 제조업자는 다른 자유로운 사회적 유기체들로부터 현실적 가능성과 *사회적 권능*(직분의 수행과 결부된 권리로서의 구매력)을 일방적으로 박탈함으로써 그들에 대하여 억압적 폭력을 행사하는 것이다. 이 폭력은 동시에 그의 행위의 수단이며 객관적 결과(부분적이긴 하지만)이고, 직접적 목적의 하나가 될 정도로 그 행위의 긴밀한 구성 요소가 되어 있다. 쫓겨나는 노동자들의 비탄은 남은 노동자들에게 직접적인 위협이 되는 것이다.

이처럼 사회(즉 고찰 대상이 된 시기에 따라 단일 국가, 여러 국가나 세계)의 차원에서 볼 때 개별적 자본가의 활동 하나하나는 자유로우며 상호적인 기여로서가 아니라 그와는 반대로 *타동성을 띠면서* 사회적 과정의 구성에 참여한다. 그러니까 다른 곳에 있는 **타자들**에 의해서 결정되는 이 활동의 사회성은 그것이 다른 곳에서 **타자들**에게 가져오는 결정에 그 본질이 있다. 그리고 이 타동성은 그 활동을 필연적으로 익명성으로 ─ 즉 이타성으로 ─ 빠져들게 하며, 오직 *회귀의 무한적 현실성*으로서의 과정에서만 ─ 극한(회귀적 행동의 최후 작용)으로 이행할 때 이 현실성이 *실천*에 개시되는 경우처럼 ─ 그 활동에 휴식과 일관성을 베풀어 줄 수 있을 따름이다. 그런데 이 무한적 현실성은 다만 역사가만이 다룰 수 있는 것은 아니다. 왜냐하면 그것은 어떤 점에서는 이타성의 모든 예측의 기반(모든 집렬체가 서로 만나게 되는 아득히 멀리에 위치한 지점)이기 때문이다. 이처럼 어떤 점에서는, 그리고 모든 *실천*이 합리화(동시대적 실천을 규정하고, 또한 그런 실천을 통해서 규정되는 역사적 합리화)를 요구한다는 점에서는 개별적 자본가와 사회적 자본 사이에, 개별적 실천과 총체적 과정 사이에 분극화의 명백한 관계가 있게 된다. 그리고 이 관계는 행동 그 자체에서 그리고 그것을 통해서 산출된다. 게다가 개인의 기업적 사실로서의 축적이 각각의 제조업자와 모든 제조업자에게 자본의 본질적 특징으로서 자리 잡혀 있지 않으면 그 축적은 아무런 의미가 없을 것이다. 또한 무지(생산과 소비 수단들의 사회적 산출이 이 축적을 유지하고 증가시키는 것을 가능하게 하는지를 어떻게 알 수 있는가?)로 말미암은 위험을 감당해야 할 것이다. 그것은 단지 생산의 *이러한* 국부적 증가가 전체적 증가를 필요로 하기 때문만이 아니라 또한 전체적 증가에 이바지하기 때문이다. 마르크스는 자본이 자본가의 입을 통해서 발언한다는 말을 하는데, 그 말은 실제로 자본주의의 실천적 경제가 집렬체성으로서 구성되고 무한적 통일성에 의해서 분극화된 여러 관계들의 어떤 집렬적 체계로서 나타난다는 의미로 이해되어야 한다. 그러나 생산자들은 상품의 형식으로, 따라서 순수한 양적인 형식으로 자신들의 일을 생각하게 되지만 자본주의적 사유는 — 제조업자의 실천적 계산처럼 — 자본주의적 *실천*(그 안에는 스스로 밝히는 불빛처럼 실천적 계산이 내포되어 있다.)과 마찬가지로 오직 구성하는 실천의 소외, 지속적이며 끊임없이 체험되고 도구화되는 그런 소외로서밖에는 존재하지 않는다. 소외는 출발점에도 있고(자본주의 세계에서는 그 세계가 항상 모든 사람에게, 벌써 *거기에 있어 왔다*는 식으로 존재한다. 그 자체의 요구와 성격을 지닌 채로 말이다. 예컨대 세습된 광산이 그렇다. 매장량이 소모되기 시작하고 채굴 비용이 증가하는 동시에 그 가치는 늘어난다.) 도착점에도 있다. 그것은 개별적 활동의 매 순간 존재하고, 마침내는 **타자**의 차원에서 결과를 평가하고 예측하는 것을 가능케 해 주는 계산 그 자체가 된다. 그러나 동시에 직접적이며 자발적인 행동이 시종일관 그의 자유 속에서 전개된다. 그리고 바로 자유로운 행동이라는 이런 실천적 유기체가 그 *대상화*로 *말미암아* 집합태 속에서 소외될 수 있고, 또 소외될 수밖에 없는 것이다. 그런데 한 인간이나 제한된 인간들의 한 집단(가족 자본주의)의 이런 행동은 가공된 물질의 매개를 통해서 다른 사람들에게로 행사되며, 그들은 그것을 완전히 알고 있다. 그들의 행동은 **타자들**의 자유로부터 그것을 해방할 수 있도록 그 가공된 물질을 일방적으로 선택하는 것이다.(적극적인 의미에서 보자면 그 자유는 생산고의 증가를 가능케 해 주는 동시에 인간이라는 상품을 기계보다도 더 비싸게 만들어 놓기 때문이다. 소극적인 의미에서는 늘어나는 노동자들의 수효를 기계로 대치할 가능성은 지속적인 억압과 같은 것이 되기 때문이다.)

바로 이것이 자본가의 개인적 행동이 가지는 이중의 실천적 특성이다. 인간을 노동 기계로 대치할 수 있는 모든 곳에서 인간의 노동력보다는 기계에 우선권을 부여하는 조직적 선호와 밀접하고 상호적인 조건 속에서 인간-상품의 형태로 이루어지는 자유로운 노동자들의 생산이 그것이다. 그런데 살아 있는 *실천으로서의* 활동이 갖는 이와 같은 이중적 특성은 억압을 정의하는 *특성이기조차* 하다. 가공된 물질에 주어져 자유로운 개인들에게 — 이 개인들은 그들의 자유 속에서(자유 계약) 자유로운 자들로 인정을 받았다 — 행사되는 (이중의) 구속력은 이 가공된 물질이 하나의 기계이든(아니면 하나의 기계를 구입하는 것을 가능케 해 주는 돈이든) 그것이 하나의 한 자루의 총이건 간에 내면적으로는 동일하다. 그리고 이 억압은 지속적인 폭력의 형태하에서만 실현될 수 있을 뿐이다. 이는 이 억압이 일종의 반(反)인간 — 이 반인간의 자유는 본질상 악을 행하기 위한 자유다 — 에 대항해 사용된다는 점에서 그러하다. 계급의 집렬체성의 내부에서, 그리고 **타**

자에서 **타자**로의 이행적 관계로서 직접 자신의 실천적-타성태적 존재를 *착취*, 즉 과정으로 제시하는 것은 바로 이 직접적이고 자유로운 억압이다. 사실 **타자**의 환경 속에서, 즉 경쟁적 도피의 의사-총체성 속에서 억압은 억압할 수 없는 무기력으로 변한다. 달리 말하자면 이 억압은 자신의 필연성을 체험하게 된다. 억압하는 자는 이제 더 이상 *내가* 아니고 **타자**다. 실제로 기계들을 사용하거나 또는 이 기계들을 사용할 수 있는 자는 항상 **타자**다. 그리고 결국 이 실천적 경험을 초함수적인 것으로서의 집합태를 토대로 포착하고 만들어 낸다면 이때 억압은 이타성의 무한한 필요성에 종속되게 된다. 이것은 인간에 대한 사물의(외면성의 법칙의) 지배에 대해 그런 것과 마찬가지다. 필연성으로 포착된 집렬체적 도피는 "경제 법칙의 무자비한 유희"가 된다. 이와 같은 "무자비한" 특징은 19세기에는 여러 사람의 글에서, 그리고 모든 선언에서 잘 나타나고 있다. 그것은 자유주의적 이데올로기의 근본적인 구조다. 그러나 무자비한 것은 사물이 아니라 바로 인간들이다. 이처럼 소외는 억압의 주요 특징을 ── 무자비해야만 하거나 아니면 사라져야만 하는 ── 과정 자체에 전달하게 되고, 또 그렇게 함으로써 소외는 인간적인 것으로부터 파생된다는 것을 보여 준다. 하나의 필연성이 무자비한 실천적 자질을 부여받을 수 있는 것은 실천적-타성태(물질적이고 비유기체적인 매개로부터 다양한 행동으로 오는 타성태)의 자격으로다. 바로 이것 때문에 엥겔스는 뒤링에 대해 서둘러 답을 하면서 잘못을 저질렀던 것이다. 실제로 부르주아는 양다리를 걸치고 있다. 그는 자기를 겁주는 자들, 자기가 복종하고 싶은 자들에 대해서는 잔인하게 행동하는 동시에 자기 행동의 투명성 속에서 이 잔인함을 실현하고 체험하면서 그것을 필연성으로 경험한다. 이는 타자의 잔인함, 즉 인간적 고통에 대한 자연법칙적인 무관심이 된다. 그러나 동시에 그 부르주아는 그 잔인함을 **타자**의 자격으로, 그리고 *집렬체성 자체* 속에서 유지한다. 왜냐하면 자유주의의 이름하에서 이론가들은 낙관주의에 기초한 정치적, 사회적 이론을 제시하기 때문이다.

실제로 자유주의는 모순되는 두 개의 원칙을 제시한다. 첫 번째 법칙은 "경제 법칙들"의 외면성 위에 정립되며, 이 법칙들이 그 무자비한 엄격성 속에서 모든 개별적 재난에 대해 책임이 있다는 사실을 보여 주는 법칙이다.(그리고 노동자 계급의 사망률과 불황 시에 이 계급의 증가까지도 그런 재난으로 여기기까지 한다.) 두 번째 법칙은 사회적 자본과 사회적 생산물의 시각에 위치하면서 사회를 하나의 전체로서 포착하기를 원하는 법칙이다. 물론 이 전체 안에서는 경제의 "자연법칙들"은 일종의 계속되는 교환의 균형 회복과 개인이나 특수 집단들의 기근이나 몰락 등을 통해 규제적 행동이 실행될 수 있다. 이 두 번째 원칙은 자본가 각자의 산물과 이 자본가를 통합하고 조건 짓는 사회적 산물 사이에서 이 자본가에 의해 요구되는 일치를 보여 준다. 그런데 이 일치는 축적에 의해서만 (극복하기 어려운 모순을 가지는 추상적 지위로서)[197] 실현될 수 있을 뿐이다. 각 자본가는 축적을 **타자**로서(즉 집합태로서 동시에 그가 자신의 경쟁자들에게서 이 축적을 거절하는 것을) 요구한다. 이 자본가는 이 축적을 좋은 것으로 여긴다. 왜냐하면 그것이 사회적 부유화이기 때문이다. 비록 이 부유화가 특권 계급에 한정되는 것을 요구한다고 해도 그러하다. 그리고 이 부유화의 의사(擬似) 전체

---

197   일치는 생산 수준에서 이루어진다. 자본가 각자는 시장에서 1차 원료와 그의 생산을 증가시키기 위해 필요한 기계들을 찾고자 한다. 실제로 그는 이를 — 또는 적어도 일반적으로 — 예정조화를 통해서가 아니라 축적의 실천적-타성태적 과정에 의해 찾게 된다. 이와 반대로 첫 번째의 불일치는 소비의 수준에서 나타난다. 그러나 이 문제를 자세히 다루는 것이 우리의 목표는 아니다.(원주)

적 관점에서 보면 그는 위기 상황과 "균형 회복"에서의 인명 희생의 비용을 소홀히 여긴다. 이처럼 체제를 장악하는(그리고 자신의 고유한 결정과 특수한 한계를 스스로 생각하는 체계 이외의 다른 것이 아닌) 이와 같은 사생아적(반쯤은 분석적이고 반쯤은 허위로 종합적인) 이데올로기 속에서 종합적 특성이 합법적 관계의 분석적인 외면성에 부여된다. 무자비하고(개인들이 *떠맡은* 외면성) 훌륭한(*가짜 총체성의 여러 구조의 기능은 조정하는 것이고, 또한 이 기능은 관리하는 힘을 가지고 있다.*) 이와 같은 합법적 관계 — 집렬체적 도피에 의해 착취의 과정으로 변해 버린 억압 이외의 다른 것이 아닌 — 는 바로 이 관계에 의해 외면적 의사-내재성으로서 소외되고 해체되는 개별적 행동들의 지표를 가지고 있다. 그리고 이 이중의 특성은 당시 "철칙"이라고 부르는 것에 대한 고용주의 내면적 동의를 잘 보여 주고 있다. 실제로 이러한 동의는 그 자체로 하나의 행동이 아니다. 정확하게는 고용주 각자가 자신의 억압의 특수한 실천에 대해 겪게 되는 반성적, 윤리적 연대의 소외인 것이다. 달리 말하자면 고용자와 노동자 사이에 맺어지는 실천적 관계로서의 억압은 측면적으로 착취를 과정으로서 지지하며, 이 착취 위에 *정립된다.* 하지만 역으로 이 착취는 자기 자신의 실천적-타성태적 필연성 속에서 억압적 *실천*과 자신들의 고유한 폭력에 대한 고용주들의 반성적 동의의 지울 수 없는 표지를 절대로 용해시킬 수는 없을 것이다. 하나의 과정에 흡수된 *실천*으로서의 자본주의는 여기 모든 곳에서 억압으로서 포착될 수 있고, 이 자본주의의 실제적 근거는 모든 *다른 곳에서* 착취로서 존재하는 것이다.

당연한 일이지만 순수 폭력으로서(그리고 경제적 목표 밖에서)의 억압 자체는 스스로 집렬체화한다. **타자**-로서의-노동자의 사고는 그 자체로 *타자적 사유*가 된다. 원주민에게와 마찬가지로 노동자에게도 진부한 생각이 통용된다. 또는 오히려 통용되지 않을 수도 있다. 그러나 앞에서 살펴본 것처럼 각자는 이와 같은 진부한 생각을 재확인하면서 스스로 **타자**가 된다. 이런 사실을 토대로 정부는 — 이 정부가 계급 정책을 펴는 한 — 이 진부한 생각들이 가지고 있는 지속적인 재전수와 재인식의 가치(내 안에서, 그리고 **타자** 안에서, **타자**로서 **타자**에 의한 **타자**의)를 외적-조절의 요소들로서 이용할 수 있게 된다. 그런데 다음과 같은 사실을 이해해야 한다. 말하자면 **국가**는 부르주아 계급이라는 지속적 기구 — 위에서 지적한 유보 조건하에서 — 라는 사실과 압력 단체들은 계급의 집렬체성에 대한 선취에 의해 부단히 이루어지고 또한 해체된다는 사실이 그것이다. 그리고 실제로 이와 같은 집단들의 지속적인 존재 이유는 자본주의가 그 자체의 반목적성과 더불어 드러내는 실천적-타성태적 발전인 것이다. 이렇게 해서 우리는 프랑스에서 여러 객관적 요소 전체가 대상 속에서 부정적으로 지난 세기 중반에 "주식회사"라고 불리는 협동의 형태로 형성되는 것을 목격하게 되는 것이다. 집렬체성 자체 속에서 자본주의적 개인주의와 "가족적 자본주의"와 경쟁하는 이 회사들의 출현은 가족들의 힘을 유지하는 것을 목적으로 하는 새로운 집단들의 형성을 가져오게 된다. 바로 이것이 결혼을 통한 협동이라고 부를 수 있는 것이다. 가족과 가족의 연합 위에(실제로 각자에게 자유를 주는) 경제적 동맹을 형성하려는 경향이 있는 모든 족외혼 체제가 이렇게 해서 구성되는 것이다. 그리고 이 동맹은 때로는 수평적 집중 현상이 일어나는 전체 운동에 봉사하기도 하고, 또 때로는 우리가 나중에 수직적 집중이라고 부르고, 또 주식회사들이 추상적 관념조차 갖지 못하는 이런 형태의 집중의 초벌 모양을 실현하게 되는 것이다. 이렇게 해서 하나가 다른 하나에 대해 앞서거나 뒤에 오는 이와 같은 두 형태의 집단화는 통시적인 투쟁과 상호 의존 속에서 발전하게 된다. 그리고 지배 계급 내에서 훨씬 더 분명하게 이해관계의 확산을 결정하면서 이 동일한 발전은 개인적이고 동질적인 이해관계들을 대립시키는 적대 관계의 조직화된 집단들을 향한 초월을 야기하게 된다. 그런데 이 조직화된 집단들의 이해관계들은(각각의 조직화의 공동 이해관계로서) 그들 사이의 이질성 속에서 서로 대립한다(어떤 생산 라인은 보호주의를 요구하고, 또다른 생산 라인은 자유 무역을 요구하기도 한다 등등). 계급의 내적 모순은 집렬체성 속에서 결코 살아남을 수가 없다. 이 모순이 나타난다면 그 것은 여러 집단의(개인들의 결합 또는 위협받는 하위 집단들의 결합의) *실천* 속에서, 그리고 그 실천에 의해서다. 그리고 이 *실천*은 이것이 순수하게 경제적이고 기술적인 것이 아닌 경우 국가에 대한 압력으로서 또한 여러 집렬체에 대한(즉 *하나의* 계급 또는 여러 계급 또는 모든 계급에 대한) 압력으로 나타난다. 물론 이는 *또한* 상호적인 압력을 의미하기도 한다. **국가**에 대한 압력은 집렬체에 대한 국가의 압력을 야기하는 경향이 있는 것이다. 그리고 집렬체에 대한 압력은 **국가**에 대한 이 집렬체의 압력을 야기할 수도 있다. 이처럼 부르주아 계급은(다른 계급과의 관계 속에서, 따라서 *부분적으로* 이 부르주아 계급을 다른 계급들에게서 고립시킨다면) 실천적-타성태적 발전으로서의 자본주의적 과정의 환경인 것이다. 달리 말하자면 이 계급은 자신의 입장에서 집렬체성으로서 이 환경을 실현한다. 그러나 이 집렬체성 자체는 계속적으로 환경의 이해관계에 종속된 조직화된 집단들을 만들어 내는 국부적 용해의 대상이다. 형식적으로 고찰해 본다면 이 집단들 자체가 확정되지 않은 관계 속에 있다는 것은 당연하다. 몇몇 조건의 토대 위에서 집단들 사이의 협정, 특정 집단들의 패배 등이 위계질서를 낳을 수 있는 것이다. 또한 이 집단들의 관계는 적대 관계로, 그리고 *집렬체성*(부정적 상호성을 통해)으로 남을 수도 있다. 집단은 집렬체로부터 태어나며, 집단의 집렬체성 역시 그 자체로 형성될 수도 있다 등등……

그러나 이것이 중요한 것은 아니다. 우리에게 중요한 것은 바로 이 경제적 집단들이 *다른 모든 조건이 동일하다는 조건하에서만*, 즉 여기에서 이 집단들이 그 적대 관계 내부에까지 하나의 기본적인 목표를 가지고 있는 한에서만 자신들의 상호적 행동을 정의할 수 있을 뿐이라는 점이다.(그러니까 프롤레타리아에게 무능함의 지위를 유지시키는 것이 그것이다.) 모든 것은 마치 각자의 *실천*이 두 개의 구성 요소를 가지는 것처럼 진행된다. 하나는 이 실천을 적대 집단의 실천과 대립시키는 수평적인 것이고, 다른 하나는 프롤레타리아에 대해 행해지고 또 그 본질상 억압적이고 탄압적인 힘이라는 수직적인 것이다. 그러나 집단을 통한 이 억압은 절대로 직접적으로 행해지지 않는다. 반드시 **국가**, 공권력 또는 집렬체 그 자체의 매개에 의해 이루어진다. 이처럼 결국 여러 개인의 활동과 마찬가지로 억압을 낳기도 하고, 또 이 억압을 이 착취의 *내부에서* 외적-조절과 마찬가지로 연역된 것으로 재발견하게 된다. 즉 억압의 실천 —— 집단들(또는 **국가**, 이 집단들이 국가를 통제한다면)이 이 억압을 **타자**에 의해 각자에게서 그리고 **타자** 속에서 다른 모든 **타자와** 더불어 스스로 흡수되는 수단으로서(**타자**로서의 부르주아) 결정하는 한 —— 은 개별적 **타자**를(즉 착취자를) 사회적 기능의 법률적 환영으로서 사로잡음으로써 다시 출현하게 된다. 어쨌든 개인적 실천의 환경 속에서 착취는 각자에게 선악 이원론적이고 주권적인 실행으로서의 억압과 모든 곳, 즉 다른 곳에서 **타자**를 공동 *개인*으로 정의하는 "권리-의무"의 체계에 대한 기술로서의 *타자적 억압* 사이의 매개가 된다. 실제로 개인은 누구든 간에 하나의 집단 내에서만 공동적일 수 있을 뿐이다. 그러나 여기에서 공동-존재는 객

관적 환영이다. 이 환영은 현실적 결정, 그러니까 외적-조절이 각자에게서 만들어 내고, 또 하나의 기능의 합법적 행사와 마찬가지로 억압을 그 규칙으로 삼고 있는 이타성 속에서 연대성에 대응한다. 이 차원에서 부르주아 각자는 자신의 계급을 무한한 감압(분자성)과 동시에 항상 잠재적인 총체성 — 항상 가능한 공동 미래로서 이 부르주아를 결정하는 여러 힘과 더불어 이 미래를 만들어 내는 — 으로서 여기는 것이다. 이와 같은 잠재적인 총체성은 *절대로 현실화되지 않으며,* 개인은 이 총체성에 대해 양가적인 태도를 취하게 된다. 이 개인은 다음의 경우에 이 총체성을 부정한다. 즉 이 개인 자신의 계급의 실행이 실증주의적이거나 **집렬체적 이성**의 이름으로 이 총체성을 요구하는 경우가 그것이다. 하지만 임금 노동자들의 저항이 더 위험하게 보일 때 개인은 *전체*(총체화된 계급)를 부르주아 계급의 현실적이고 유일한 가능성으로서 고려한다. 이때 이 가능성의 현실화는 항상 *개인, 개별 집단, 적대 관계, 오류 등등*에 의해 부정되고 방해를 받는다. 이처럼 이 억압적인 힘(즉 악을 억압하는 힘)과 모든 사람에 대해 자신의 내면적 관계일 수 있는 이 공동 개인성은 잠재적 결정 요인, 분리와 무기력의 지표로 남아 있게 된다. "정직한 자들은 너무 바보 같다!" 또는 "고용주는 너무 이기적이고, 각 개인은 자신의 이해관계만을 볼 뿐이다!"라고 정직한 사람들 각자는 외친다. 그러니까 자기 자신의 실천적 비현실성이 오직 **타자들**에게 의존하는 공동 개인으로서 고용주가 그렇게 외치는 것이다. 그러나 이와 동시에 유기체적 개인의 입장에서 보면 이 억압적인 힘과 공동 개인성은 이 개인의 고유한 개인적 실천을 다음과 같은 방식, 즉 **타자들**의 부재에도 불구하고 자신의 모든 의무를 다하는 방식, 그리고 그렇게 함으로써 자신의 인격 내부에서 그리고 피억압자들에 맞서 자신이 속해 있는 계급을 주권적

총체성으로 실현하는 방식의 *의미를 갖게끔* 한다. 이 차원에서 우리는 추상적인 폭력이자 억압의 규칙인 부르주아적 휴머니즘의 뿌리를 발견하게 된다. 왜냐하면 이 휴머니즘은 부르주아를 *다른* 종, 즉 노동자인 *반(反)인간*에 대항하는 인간과 동일시하기 때문이다. 휴머니즘은 인종 차별주의적 성향이다. 이것은 배제의 실천이다. 그러나 이와 동시에 — 인종 차별주의와 마찬가지로 — 그것은 외적-조절의 산물, 즉 집렬체성의 산물이다. 자기 자신의 억압적인 힘은 활동 중인 총체성 — 이 힘을 귀족주의적, 신정주의(神政主義)적 억압 체제 안에서 사회적, 주권적 형태로 정의할 수 있는 — 으로부터 끌어낼 수 없기 때문에 귀족이나 사제들이 했던 방식으로 부르주아는 부재하는 총체성을 개념의 추상적이고 도피하는 통일성을 통해 집렬체화하고 또 대치시킨다. 실제로 그것은 다음과 같은 두 가지 모순을 직접적으로 생산해 내게 된다.

(1) 하나의 동일한 개념에 의해 지시된 개인들은 *그런 자격으로* 후일 그들 사이에 맺어지는 관계가 어떤 것이든지 무관심의 동일성 속에서 서로의 곁에 자리를 잡고 있다. 그러나 우리는 **타자**-존재와 순수 인접성이 공존의 서로 다른 두 지위라는 점을 살펴보았다. 실제로 실질적 총체성일 수 있는 인간성 속에서 *인간은 서로가 서로에 의해 인간이* 될 것이다. 그리고 계급 속에서 부르주아 각자는 그가 **타자**이고 또 **타자들**에게로 후퇴하는 한에서 부르주아인 것이다. 따라서 인간적이라는 개념은 이 무한한 도피(순환적 회귀)일 뿐이다. 19세기의 휴머니즘을 내세우는 부르주아는 자신의 인간성을 실천적-타성태적 관계로서 집렬체로부터 부여받고, 또한 그것을 자신의 본질로서 포착한다고 주장한다. 실제로 이 인간성은 **타자**의 무기력 속에서 그의 외부에 있다. 이처럼 이 인간성은 결국 자기 자신의 고유한 타성

태를 구성하게 된다. 그러나 이 타성태 자체 내에서 폭력은 대폭동이나 대이변에서 볼 수 있는 폭력처럼 타성태적으로 남게 된다. 개념으로서의 부르주아적 휴머니즘은 널리 퍼지고 사라지게 된다. 실천적-타성태와 마찬가지로 이 휴머니즘은 배제와 거절의 수동적 활동인 것이다.

(2) 부르주아의 휴머니즘이 *선험적*으로 노동자를 배제한다고 주장하는 것은 옳지 않다. 자본주의 사회는 정확히 자유 계약 위에 성립되기 때문에 이 사회는 계급 투쟁을 통해서, 그리고 이 계급 투쟁에 의해 상대적 동질성을 보호한다. 한편으로 체제의 구조, 단일 시장, 상품의 유통, 보편적으로 통용되는 기호 체계로서의 화폐, 다른 한편으로 노동 계약의 추상적 순간에 고용주와 피고용자 사이의 필연적 평등, 간단히 말해 생산 — 축적의 시각에서 계산된 — 이 가능하기 위한 조건 전체 등등 이 모든 것은 계급 간의 등가성과 연대성의 계기를 요구하는 것이다. 그리고 실제로 부르주아는 이와 같은 연대성의 주장을 결코 그치지 않는다. 이 추상적이고 도피하는 시간 속에서 노동자는 휴머니즘에 통합된다. 부르주아는 이 노동자를 상품으로 변화시키는 바로 그 행위에 의해 이 노동자를 자기와 동류의 사람으로 정의한다. 그러나 바로 그다음 순간 (둘 사이에) 모순이 발생한다. 왜냐하면 인간 상품은 자신의 상품으로서의 특질을 부정하기 위해서만 자신의 자유를 표명할 수 있을 뿐이기 때문이다. 그러니까 그 경우에만 자신의 자유를 인간 질서를 부정하는 자유로서 — 이 질서에서 노동자 자신은 부르주아에게 자기 노동력을 팔면서 자유롭게 노동자가 된다 — 표명할 수 있을 뿐이기 때문이다. 따라서 상품으로서의 노동자의 자유는 계약의 서명 이전과 서명하는 동안에 노동자의 인간적 자유, 즉 인간으로서의 자기 자신의 인간 실재(자유롭게 맺은 약

속에 충실함 등)에 이의를 제기한다. 이처럼 부르주아의 휴머니즘은 자신의 모순을 프롤레타리아의 탓으로 돌린다. 노동자는 자기 안에 있는 인간을 파괴하기 위해 인간임을 스스로 주장하는 그런 인간이라는 것이다. 따라서 그는 반(反)인간이다. 노동자 *자신* 이외의 누구도 그를 부르주아의 휴머니즘으로부터 배제시킨 것이 아니다. 만약 억압이 *그를 한 명의 인간으로 남도록*, 또는 어쩔 수 없이 한 명의 반인간으로 여기게끔 *강제하는* 것을 목표로 한다면 이와 같은 사실은 미결정으로 남게 된다.(단지 상황이 그것을 결정하게 된다.)

　　집렬체적 이데올로기와 마찬가지로 부르주아의 휴머니즘은 고착된 이념적 폭력이다. 이와 같은 것으로서의 이 휴머니즘은 **타자**에 의해 각자의 정형화된 결정이며, 또한 여기에서 이 결정의 전파는 기업가로부터 토지 소유자에게로, 프티부르주아의 자유주의적 층위로 확장된다. 이 억압적 폭력이 작가, 검사, 변호사, 기자 등등과 같은 사람들에게서 19세기가 우리에게 남겨준 수많은 선언을 통해 이루어진 담론의 결정으로 나타나는 것을 보여 주는 것은 지루한 일일 것이다. 나는 단지 견직공들의 폭동 이후 생마르크 지라르댕[198]의 기묘한 글을 상기시키려 한다. 이 저술가는 후안무치하게도 프롤레타리아의 상태가 견딜 수 없는 것이라는 점을 인정하고 있다. 하지만 그래도 이 상태를 유지해야만 한다는 것이다. 프롤레타리아들은 *우리 시대의 야만인들이다.* 따라서 아주 많은 야만인에게 세심한 억압을 행사해야 하는 것은 현대인의 위대한 문명적 임무의 이름으로서(문화 인간, "자신의 인간성"을 만들었던 휴머니스트), 그리고 이 축소된 인간성의 문화적 자산을 옹호하기 위함이다. 이 글과 *타자*들(집합체)로서 읽힌 수많은

198　Saint-Marc Girardin(1801~1873). 프랑스의 저술가이자 정치가.

다른 글은 독자들에 의해 타성태적인 분노 속에서, 항구적인 공포와 추상적인 허영 속에서 내면화되었다. 위험한 경우 집렬체의 와해의 빗장을 내리도록 하는 것이 바로 그 글들이었다. 우리는 이와 같은 글들을 플로베르(루앙의 외곽에 사는 토지 소유자)의 언짢은 기분을 통해 응고된 외침 안에서, 쓰여진 외침 속에서 다시 발견한다. 자신의 모든 동족과 마찬가지로 플로베르는 *심지어 노동자를 알지도 못하고*,[199] 착취의 관계가 직접적으로 실행되지 않는 상황에서도 "노동자에 기생했다." 왜냐하면 그저 유산 계급 전체에게 집단들의 행동은 집렬체성을 공범으로 몸소 체험하도록 결정하기 때문이다.

거기에서부터 우리는 부르주아적 분산과 집렬체성을 통해서 공동 *실천*과 반복 과정 사이에 관점의 상호성이 있도록 하기 위해 집단적 실천이 어떻게 집합태의 결정이 될 수 있는가를 이해할 수 있다. 나는 다른 곳에서[200] 어떻게 프랑스 고용주들의 맬서스주의가 — 국가적 틀 안에서만 고찰하면 — 19세기 유혈이 낭자한 탄압 속에 기원을 두는 진정으로 억압적인 실천이었는가를 증명하려고 했다. 이 주제에 대해 독자들은 나에게 계급의 실천-과정으로서 맬서스주의가 무엇을 의미할 수 있는가를 종종 물었다. 왜냐하면 내가 또한 개인과 개인 — 계급을 행동 중인 집단으로 만들게 되는 — 사이의 상호 이해라는 생각과 소속된 개별 행위들을 통해 초개인적 결정들이 반영될 초조직이라는 생각을 거절했기 때문이었다. 앞에서 이루어졌던 관찰 후에 이와 같은 문제에 답하는 것은 이제 용이한 일이 된다.

착취와 식민지화(과잉 착취로서의)의 공동 특징은 지배자들이 피

---

199 플로베르는 또한 부르주아에도 기생했다. 하지만 그가 그것을 그렇게 썩 달갑게 여기지 않았다는 것을 나는 다른 저서에서 살펴보게 될 것이다. (원주)
200 『공산주의자들과 평화』, 『상황』 6권. (편집자 주)

지배자들에게 가한 억압적 엄격함은 지배자들이 피지배자들에 대해 갖는 욕구에서 그 필연적인 한계를 발견한다는 것이다. 알제리의 이슬람 인구의 말살과 더불어 식민지화는 영원히 끝나게 될 것이다. 그러나 현재의 종속은 여전히 아주 끔찍한 도움을 가능케 한다. 19세기 프랑스에서 부르주아와 프롤레타리아 사이에 정립되는 관계의 특징은 바로 부르주아의 프롤레타리아 대한 경제적 의존이 1789년 이래 정치적 종속으로 다시 갈라진다는 점이다. 앞에서 살펴보았듯이 노동자 계급은 분명 구성되는 와중이었다. 하지만 이 계급은 **프랑스 대혁명** 시기에는 당시 "인민"이라고 불린 프티부르주아와 장인들의 전체와는 분명히 구분된다. 그러나 역사적 발전이 노동자 계급에게 더 뚜렷한 정치적 의식을 주었다는 사실을 고려할 때 경제적 발전은 이 계급에게 점차로 프롤레타리아의 지위를 주었던 것이다. 1830년에 이 노동자 계급이 거둔 정치적 승리는 얼마 지나지 않아 자유주의 성향의 부르주아에 의해 묵살되었다. 그러나 대지주에 맞서 자유주의 성향의 부르주아들과 인민들 사이에 맺어진 눈에 띄는 연대는 프랑스 자본주의자들이 폭력을 통해 프롤레타리아들을 모집하는 것을 방해했다. 그런데 영국인들은 벌써 30년 전부터 그렇게 해 오고 있었다. 억압적인 *실천*과 이데올로기는 리옹의 견직 공장 직공들의 폭동이 발생했을 때 비로소 처음으로 표명되었다. 다시 한번 정치 현장에서 계급들 사이의 새로운 결합이 이루어졌다. 공공의 사건들에서 배제되었던 프티부르주아들은 공화주의자들이 되어 은밀히 첫 번째 노동자 조직들과 연합하게 되었다. 프랑스의 프롤레타리아가 19세기 전반에서 담당했던 주요 역할은 더 커지게 되었고, 노동자들의 계급 의식과 투쟁력을 키웠던 것이다. 그들의 승리는 바로 **2월 혁명**이었다. 그러나 억압적 행동이 중지되거나 혹은 부분적으로 정치적 연합의 놀이에 의해 유지되었기 때문에, 그리고 마르크스 자신이 그렇게 했듯이 프랑스 노동자들의 투쟁하는 힘을 영국 노동자들의 반(牛)수동성에 대항시킬 수 있었기 때문에 억압의 기본적인 특징은 — 언제나 어느 정도 가려져 있는 — 갑자기 온 힘을 다해 폭발되어야만 했고, 또 실질적인 말살로서 표명되어야 했다. 1848년 6월 봉기는 탄압적, 억압적 폭발을 대변했다. 계급 투쟁이 적나라하게 드러났다. 오랫동안 감춰져 있었기 때문에 이 계급 투쟁은 그것이 죽음을 건 투쟁임을 아주 야만스럽게 보여 주었다. 계급 투쟁이 그 세기의 마지막 해까지 *거만하게* 가지고 있었던 것이 바로 그런 모습이었다. **6월의 대학살**에 이어 **루이 나폴레옹 보나파르트**의 쿠데타와 1871년의 무참한 대학살이 자행되었다.

19세기 후반기 내내 부르주아들의 모든 사회적 정책은 그들의 옛 정치 동맹자였던 노동자 계급이 획득하도록 방치했던 권력(투쟁력, 계급 의식)의 말살을 목표로 했다. 흘린 피는 증오를 유발했다. 증오는 증오를 강화했다. 프랑스의 고용주는 특유의 압제로 고용주들 사이에서 눈에 띄었다. 그는 노동자 계급을 착취하도록 강제되었으며 동시에 이 계급의 죽음을 추구하는 자, 결국 억압-착취의 긴장을 경험한 자였다. 즉 끝까지 추구된 억압이 착취에 의해 완전히 부정되는 모습을 보았던, 그러니까 자신의 소외를 목격하는 수준에서까지 그 긴장을 경험했던 자였다. 또한 프랑스의 고용주는 25년간 유혈이 낭자한 실천에 의해(세기 초반부터 담당했던 역할을 의식하고, 해방 중인 계급에 대항해서) 다른 프롤레타리아들 가운데 프랑스 프롤레타리아를 특별한 모습으로 만들어 냈던 자이기도 했다. 프랑스 프롤레타리아 계급은 드디어 그 자체의 모습을 자각하기에 이르렀다. 그것도 피를 흘리는 고용주에 의해 착취된 모습으로서였다. 왜냐하면 착취라고 하는 경제적 사실이 계급적 경제의 비인간적 법규들에 의해서가 아니라 군대에 의지한 정부에 의해 유지되었기 때문이었다. 이와 동시에 ─ 나는 다른 곳에서 그것을 증명한 바 있다[201] ─ 1848년 프티부르주아의 반역은 피착취자의 눈에 *정치*의 신뢰를 떨어뜨리는 결과를 낳게 되었다. 비록 정치인들이 사회주의를 내세울지라도 모든 *정치*는 부르주아적이었다. 바로 이것이 먼 훗날 무정부적 조합운동주의를 실천할 자격 갖춘 노동자의 확신인 것이다. 계급 투쟁은 노동의 영역에서, 그리고 *직접적* 행동에 의해 종종 *치명적* 위험을 감수하며 이루어져야 된다. 이와 동시에 가톨릭의 선전(*분할을 요구하는 자들*)이 농민들에게 불러일으킨 증오는 프롤레타리아에게 자신의 고독을 납득시킨다. 즉 그들에게 실제 상황을 내면화하게 한다. 그것은 프랑스 사회의 착취 계급 앞에서 느끼는 고독으로, 착취 계급은 다른 계급들의 공모와 함께 생산하는 계급에 대해 적나라한 식민지적 폭력을 자행한다. 계급 투쟁의 초창기의 실행(무정부자 테러리즘부터 무정부적-조합운동주의 까지)으로 해석되는 이와 같은 자각, 동시대적 프롤레타리아(자기들 작전의 주인으로 여겨지는 노동자)의 특정 구조에 의지하는 이와 같은 자각, 바로 이 자각을 부르주아는 *타자*에게서 그리고 계급-대상에게서 발견한다. 왜냐하면 이 부르주아 역시 *프롤레타리아의 대상이 되거나*, 혹은 될 수도 있기 때문이다. 여기에서 문제 되는 것은 관조적 인식이 아니라 실천적 인식이다. 사회적 소요가 발생하는 기회에, 그리고 정해진 상황에서 프롤레타리아가 힘을 과시할 때, 즉 특정 고용주가 프롤레타리아의 대상이 될 때 이 고용주는 부르주아에 속하는 자신의 대상적 존재를 내재화한다. 프롤레타리아의 힘은 그 자체

201 같은 책, 같은 논문.(편집자 주)

내에 죽일 가능성을 내포하고 있다. 고용주는 그것을 알고 있다. 또한 고용주는 이와 같은 죽일 가능성(계급 투쟁에서 이 가능성은 어디에든 내포되어 있다. 하지만 프랑스와 이탈리아보다 더 잘 게시된 곳은 없었다.)[202]이란 노동자가 자기 존재의 결정으로 지니고 다니는 극복된-과거(그는 **1848년 6월**이나 **파리코뮌** 때 대량으로 학살된 자들의 아들이나 형제다.)에 대한 *적극적* 시간화에 지나지 않음을 알고 있다. 1871년부터, 그리고 오랫동안 — 어쨌든 오늘날까지 — 긴장이 고조되자마자 고용주는 구체적으로(상황을 명철하게 직시하는 기획에 의해서일지라도) 증오의 대상(그리고 피로 더럽혀진 대상, 죄의 대상)으로 실재화한다. 그것도 특정 개인으로서가 아니라 공동 *개인*으로 말이다.

이처럼 과거(게다가 현재에 의해 항상 더 격렬하게 부활되고 재생산된)는 바로 여기에서 개입하게 되며, 그것은 그 집렬체성에도 불구하고 부르주아지의 공동 존재를 결정하기 위해서다. 그런데 우리는 바로 앞에서 이 공동 존재는 타성태적 미결정, 즉 재집단화의 불가능한 노력의 표지로 남아 있었다는 것을 살펴보았다. 그러나 이는 *이중* 형태로 개입한다. 각자의 역사적 존재로서(탄압적 억압의 행위 주체나 수혜자로서), 그리고 그 자신의 객관적 사회 존재, 즉 다른 계급의 눈에 비친 존재로서다. 그런데 이 *다른 계급*의 구성원들은 고용주 계급에 전적인 응집력을 부여하는 데 주저하지 않는다. 사실상 그들은 부르주아지를 위해 군사적 힘을 배치한 정부의 행위에 의해 현재 있는 그대로 *생산된* 것이다. 그들을 자신들의 역사적 존재 속에서 *대학살로부터 살아남은 자들*(혹은 학살된 자들의 아들들 등등)로 만든 것은 바로 그 행동이

---

202 이탈리아에서는 문제가 아주 친숙한 방식, 예를 들어 19세기에 자유주의자, 국수주의자, 부르주아, 노동자 들을 비밀스러운 사회의 한복판에서 결합시키는 정치적 투쟁들을 통해 나타났다.(원주)

었다. 숙고된, 조직적으로 인도된, **국회** 다수당에 의해 승인된 행동은 그들에게 *행위* 주체를 조직화된 집단으로 드러낸다. 노동자들은 착취 과정이 적대 관계 없이 이루어지지 않는다는 사실, 그리고 소유 계급 내부에서 때때로 격렬한 투쟁 없이 이루어지지 않는다는 것을 아주 잘 알고 있다. 그러나 그들은 이 적대 관계를 극복하면서 돌연 증오와 두려움에 의해 통합된 이 계급이 할 수 있는 바를 경험했다. 사실상 우리는 집렬체성이 와해될 수 없었다는 점, 그리고 계급이 생각과 회귀의 실천을 통해 행동을 생각하면서, 그리고 집렬체적 차원에서 이 행동을 증명하면서 지지했다는 점을(우리는 이 점에 대해서는 다시 살펴보게 될 것이다. 왜냐하면 결정해야만 하는 것이 바로 *그것 자체*이기 때문이다.) 알고 있다. 조직화된 행위는 **국가**기구의 행동, 바로 그 *행위에 의해* 계급의 기구라고 스스로 선언하는 국가 기구의 행동이다. 이와는 달리 보통 선거와 프티부르주아들의 상승세에 겁먹은 부르주아지는 그것을 인정하지 않을 준비가 되어 있는 것이다. 노동자가 행동을 집렬체에 의해 인정된 것으로서 체험한다는 것은 여전히 사실이다. 즉 노동자가 그것을 자신의 존재 안에서 계급 행동으로, 활동 중인 총체성, 혹은 부르주아 계급의 유일하게 가능한 총체화로 내재화했다는 것이다. 착취 과정 속에서는 분할되었던 행동은 억압 속에서는 하나이며 분리될 수 없다. 이처럼 각각의 **타자** 부르주아는 다른 계급에 대한 자신의 존재-대상을 통해 자기 계급에 다름 아닌 구체적 집단을 공동으로 책임지는 한 명의 구성원으로 자신을 포착한다.

물론 이 기호를 뒤집어야만 한다. 죄가 있는 구성원은 스스로를 정의롭고 사회적 가치를 지지하는 구성원으로 자처한다. 피억압 계급의 실행으로서의 증오가 공동의 과거와 미래를 통해 그에게 공동 개인의 자격을 부여한다 해도 그것은 별로 중요치 않다. 그러나 이 공동 존재는 다음과 같은 경우에만 있는 그대로의 다른 계급으로부터 올 수 있을 뿐이다. 그러니까 이 공동 존재가 이 계급을 자신들의 행동을 만들어 내고, 또한 구성된 실천의 통일성 속에서 자신의 적들을 결정짓는 능동적 총체성으로 여기는 경우가 그것이다. 그런데 바로 이 점에서 이 공동 존재의 경험은 혼란스럽다. 즉 노동자들의 집중이 그를 두렵게 하기는 하나, 그래도 그는 그것에 대항하기 위해 대중화의 전략에 초점을 맞추어 놓는다. 노동자들은 그에게 흩어져 있고 정의되지 않은 다양한 고독들의 이미지와 동시에 다소 규모가 크고 비밀스러운 집단(조합의 장치는 아직 존재하지 않았다.)에 합류된 구성원들의 이미지를 제공한다. 공장에서조차 개인적 구별들이(그 자신이 하는 것이 아니라도 그에 대한 지식을 가지고 있다.) 있다. 노동 시장에서는 경쟁적 대립을 바탕으로 이 공동 존재는 훌륭한 노동자들과 "복종하지 않는" 다른 사람들, 파업을 이끄는 자들이 있다는 사실을 알고 있다. 그러나 그에게 두려움을 주는 것은 있는 그대로의 전체 계급(그가 잘 아는 이 계급의 이질성 — 농민 출신 노동자, 노동자 출신 노동자 등등 — 에도 불구하고)이다. 왜냐하면 탄압이 *계급*에 가해졌기 때문이다. 그가 보기에는 바로 거기로부터 노동자의 현실이 갖는 모종의 반짝거림이 유래하는데 이 노동자의 현실은 숨겨진 단결 속에서 무너져 내리고 흩어지며 재형성되고, 혁명적 행동 안에서 총체화되는 등의 사건을 겪게 된다. 그런데 이 반짝거림은 **타자**에 의해 유도된-존재인 그의 공동 존재와 내면화된 그의 공동 존재 사이의 망설임에 해당한다. 달리 말하자면 그의 공동 존재가 갖는 바로 이 구조에 대한 지속적인 미결정이 존재한다. 왜냐하면 이 미결정은 타자적 계급의 전체적 존재의 미결정을 반영함과 동시에 **타자**의 *실천*을 통해 이 공동 존재를 지속적인 가능성으로 구성하기 위해 외부에서 도래하는 텅 빈 의미를 반영하기 때문이다. 그러나 이와 같은 지속적인 가능성은 단지 그 공동 존재를 탄압의 역사적 *실천* 속에서 공동의 극복된 책임(지나간 책임, 타성태적이고 보존된 결정과 같은 책임)으로 재차 떠맡는 가능성이다. 어떤 경우든 이 가능성은 집단을 재구성하는 *현재적* 가능성으로 발생될 수도 보존될 수도 없다. 결국 이 가능성은 지나간 집단을, 그리고 *지나간 현재*에서 결코 존재하지 않았던 그 집단을 가리키게 되는 것이다. **1848년 6월** 이후 이 가능성은 오늘날 고용주의 일종의 공동 *재탄생*, 집렬체성을 통해 개개인의 지속적이며 타성태적인 결정으로서 고용주의 역사적-존재를 가리키는 것이다. 달리 말하면 모든 고용주에게 *이 공동 존재의 사회성*은 지울 수 없고 또 과거의 공동 존재로서의 이 존재가 갖는 역사성을 가리키는 것이다.

그런데 이 공동 존재는 과거에 —— **1848년 6월**의 대학살 혹은 베르사유 반격이 있었던 시기에 —— 집렬체나 혹은 서약의 전면적 해체의 산물이 아니었다. 정부가 행동을 개시하는 순간에 계급적 *지위*의 변화(즉 억압의 폭로)가 있었다. 그리고 이 행동 자체는 압력 집단들의 책동에 의해 촉발된 것이다. 그러나 이와 동시에 이 행동은 수동적 행동이라는 고전적 형태의 집렬체성 그 자체에 의해 지탱되고 있었다. 공포는 폭력으로 변했지만 집렬체의 성격은 변하지 않았다. 예를 들어 **1848년 혁명**과 그 후속의 **6월 사태**를 고찰해 보면 도발의 근원에는 부르주아 명사들이 있었다는 것이 분명하게 드러난다. 노동자들로 하여금 현장에서 다 죽느냐(혹은 체념 속에서 굶어 죽느냐) 아니면 부르주아 권력을 타도하느냐의 진퇴양난의 선택을 강요함으로써 사태를 극단적으로 밀고 나가 계급 투쟁의 구체적 현실을 드러낸 것은 폭도가 아니라 바로 그들이었다. 그러나 우리가 알아야 할 것은 그들의 목표가 노동자들을 공화주의적 프티부르주아 계급과 분리해 이 계급으로 하여금 자신들의 연합 세력을 배반케 함으로써 자신들의 상실된 힘과 그 힘의 토대인 납세 선거권의 체계를 되찾으려 했다는 점이다. 사실 루이 블랑[203]에 의해 추천된 계획 노동과 집결된 노동자의 수, 구호나 폭동 전술의 유포는 소유자들을 불안하게 만들 정도의 것은 아니었다. 토크빌이 기술했던 상층 부르주아지의 두려움이 시골 혹은 도시 프티부르주아 계층, 여하튼 모든 유산 계급의 집렬체성 안에서 공포로 확산되었다. 조르주 르페브르는 이 공포를 **프랑스 대혁명** 당시의 커다란 공포들과 비교한다. 이 공포는 경제 위기와 직접적 도발(**공공 작업장들**의 폐쇄)이라는 이중의 영향을 받은 극빈 계층의 "우연한 소동"에서부터 생겨났다. 상층 부르주아지는 이 커다란 공포를 이용하기는 했지만 별로 실감하지는 못했다. 혹은 오히려 이 공포를 외적 조절로[204] 통제하려는 압력 집단들이 그 내부에서 형성되었다. **의회**에서는 마라스트,[205] 트렐라,[206] 팔루[207] 등이 그들의 도구를 만들어 냈다. 그러나 그때부터 방향이 유도된(외적으로 조절된) 공포의 운동 속에 지방 민병대가 파리로 진주했다. 5월 15일은 공포의 날이었다.[208] 사태 발발 직후 아미앵, 퐁투아즈, 상리, 랑부예, 베르사유,

---

203 장 조제프 샤를 루이 블랑(Jean Joseph Charles Louis Blanc, 1811~1882). 프랑스의 정치인이자 역사학자.

204 "**2월 혁명** 운동이 단계적으로, 그리고 평화적으로 해결되거나, 또는 파리에서의 대전투에 의해 단숨에 중단될 수 있었으리라고 기대해서는 안 된다는 것이 나의 일관된 생각이다. 나는 2월 24일 직후부터 그렇게 말했다. 당시의 사태를 보고 나는 이 싸움이 불가피할 뿐 아니라 그 시기가 매우 임박했다는 것, 그리고 싸움을 치르는 것이 바람직하다고 생각하게 되었다."(알렉시스 토크빌, 『회고록(Souvenirs)』, 1805~1859)(원주)

205 아르망 마라스트(Armand Marrast, 1801~1852). 프랑스의 정치인. 파리 시장을 지냈다.

206 율리스 트렐라(Ulysse Trélat, 1795~1879). 프랑스의 의사이자 정치인.

207 알프레드 프레데리크 피에르 드 팔루(Alfred Frédéric Pierre de Falloux, 1811~1886). 프랑스의 정치인이자 역사가.

208 1848년 5월 15일 파리 인민은 **의회**에 난입했다.(편집자 주)

플룅, 모[209] 등의 민병대가 도시에 진을 쳤다. 그들은 봉기가 실패한 이후에도 전투를 벌이고 계속해서 주둔해 있었다. 쿠탕스[210]의 의용군 같은 다른 군대들은 전투가 끝난 다음에 도착했다. 부르주아들이 잘 싸운 것 같지는 않다. 그들은 공격적 태도로 특히 죄수들을 겨냥해 살해했다. 그러나 진압 작전이 이루어지는 현장에서조차도 그들은 파리 주민들에 대항하여 징집된 이 룸펜프롤레타리아의 기동대를 당할 수 없었다. 그래서 부르주아지의 태도(프티부르주아를 조작하는 상층 부르주아지의 태도)는 역사적으로 매우 모호하다. 그것은 사실상 악착스러움(민중 세력을 진압하고 공화주의자들을 연루시켜야 할 필요성과 시간의 선택, 고의적인 도발, 억압의 잔인성 등에 대한 냉철한 인식)과 동시에 조종된 비겁함(조작된 공포)이다. 나중에 이 부르주아지의 아들들은 이 내전의 의미를 한 번도 정확히 *규정한* 적이 없다. 그러나 여기서 우리에게 중요한 것은 — 집렬체성으로 확산된 — 공포가 **타자**의 결정으로 귀결된다는 점이다. 지방의 행동은 미래의 차원에서 이루어질 도피를 보여 준다. 그러나 **타자**로서 그 행동은 모든 **타자를** 끌어넣는다. 즉 아직 출정하지 않은, 그러나 그곳에서 *전투하고 있는 다른 민병대*인 그런 민병대인 것이다. 그 행동은 각자가 행해야 할 폭력을 대체로 엄격하게 언어적인 수준에서 결정해 준다. *타자로서의* 이 실행들은 *다른 곳에서와* 마찬가지로 여기에서도 학살에 의해 야기된 전투이며, 따라서 **타자들**에 *의해* 생겨난 그곳의 억압의 현실이다.

자산가의 개인적 반응은 이 이타성의 단위를 다시 내면화하는 것이다. 그는 자기 공장에서 발생한 소요들이 **타자들**의 봉기의 *이곳에서의* 현실로 비치지 않도록 모든 (탄압을 위한) 주의를 기울였다. 그는

---

209   모두 프랑스의 도시 이름.
210   프랑스의 서북부 바스 노르망디 지역에 위치한 도시 이름.

탄압적 *실천*에 삼중으로 연결되어 있다. 왜냐하면 먼 곳에 있는 정부와 군대가 여기에서 *무기력*과 *지켜야* 할 목표의 가치로 자산가를 형성해 내고 있었기 때문이다. 그리고 여기에서 목표라는 것이 자본주의의 일반적 이해관계로서의 사유 재산이기 때문에 이런 행동은 자산가를 "권리-의무" 유형의 수동적 체계로 정의하는 것이다. 주권자의 행동은 공동 *개인*으로서의 자산가의 정의를 재현실화한다. 그러나 이 공동 존재는 집렬체성의 실천적인 해체에 의해서가 아니라 (그가 억압하는 사람들을 총체화하는 실천적 운동 속에서 그가 수호하는 사람들을 총체화하는) 종합적 과정 속에서 그를 겨냥하는 주권적 집단에 의해 그에게 부여된다. 두 번째 관계, 그것은 **타자**가 지니는 공포적 순환이다. 사실을 말하자면 그는 상호적으로 인지되고 실현된 차별화 속에서 이 순환에 의해 파리의 학살자들과 연결된 것이 아니다. 오히려 그 자신이 학살자다. 그가 학살을 옳다고 생각해서 그런 것도 아니고, 혹은 그것을 인지했다는 사실 그 자체 때문도 아니다. 파리의 소식은 아직 그들에게 전달되지도 않았다. 그가 학살자인 까닭은 바로 *그 자신이 학살을 자행했기* 때문이다. 그는 파리로 가지는 않았지만 그것은 어디까지나 (거리, 통신 수단의 어려움, 개인적인 이유들로 인한) 우연일 뿐이다. 그는 거기에 **타자**의 자격으로 왔다. 여기에서 그는 두려움을 갖지만 *거기에서는* 자기 아닌 어떤 **타자**가 되어 부르주아적 용기를 자랑스러워하는 것이다. 이타성 속에서의 이 자기 정체성이 — 우리는 앞에서 이것을 기술한 바 있다 — 여하튼 아직 알려지지 않은 사건을 통해 꼬리에 꼬리를 물고 이어진다. 그는 다음 날 자기가 사람을 죽였다는 것을 알게 될 것이다. 자신의 **타자**-존재 안에서 그가 받아들인 이 수동적인 표시야말로 우리가 집단적 책임이라고 정의하려 했던 바로 그것이다. 그러나 범죄자에게 이 표시는 무기력이며 물화된 정체성이다. 그의 존재는 부정의 부재 위에 놓여 있을 뿐이다. 만약 그가 학살에 항의하기 위해, 그리고 억압 조치에 반대하기 위해 민주적 부르주아들을 재결집시키려 시도한다면 그는 이 수동적 자격에서 벗어날 수도 있을 것이다.

그러나 이 역시 마치 순수 부재(역사학자의 눈에 드러나는 의미 작용)와 같은 외면적 부정에 의해서는 해석하거나 설명할 수 없다는 것을 우리는 앞에서 살펴본 바 있다. 사실상 이 이타성-정체성은 불투명한 충만성이다. 그리고 여기에서 그의 **타자**-존재가 자신의 *계급-존재*와 혼동되기 때문에 그의 내부에서 억압적 존재로 창조되는 것은 억압-집단으로서의 계급이다. 그런데 이 창조는 한 역사적 사건을 통해 이루어진다. 즉 사건에 불가역적인 시간화라는 성질을 부여함으로써 그러하다. 이런 과정이 그를 이타성 안에서 **타자**로 만든다. 이타성 안에서 그는 자신이 수동적 능동성으로서 행한 것들을 통해 물화된 자신을 발견한다. 그리고 이것은 우리를 세 번째 연결로 이끈다. 집렬체를 통해 그는 압력 집단에 연결된다. 즉 그가 저기에서 **타자**로서 실행에 옮긴 공포의 행동, 그리고 여기 자신의 공장에서 그가 다시 시작하는 조직화된 억압을 통해 그는 *그들에게 장기적 안목의 정치를 하는 것*이다. 그가 ― 지금 우리가 지적하고 있는 형식적 관점에서 ― 이 정치를 제시했거나 감지했거나 혹은 인지했다는 것은 전혀 중요하지 않다. 여하튼 정치는 *행해졌다.* 그보다 훨씬 더 중요한 것은 ― 공포의 학살들이 혼란 속에서 억압을 폭로해 주고 있는데 ― 이것을 통해 계급의 지위가 엄격하게 정의되었다는 점 그리고 **타자**로서 이것의 수동적 요인 혹은 수단이 됨으로써 그가 이 지위를 받아들였다는 점이다. (조건화된 집렬체성을 사용함으로써) 집단들에 의해 계급을 정의하는 것은 파리에서 자행된 억압의 의미가 된다. 그런데 **타자**-존재(계급-존재)로서 체험된 억압의 의미는 조직화된 집단에 의한 계급의 *실천*을 위한 집렬체성의 사용과 집중된 극복이(혹은 한정된 관계를 유지하는 수많은 집단이) 될 것이다. 이렇게 해서 각자는 자신의 실천적-타성태의 지위를 공동 실천에 의해 초월된 존재로서 체험하게 된다. 그리고 역으로 *사실상* 자신의 *실천*이 아니며, 그가 집단에 의해 조종된 도구인 한에서만 그를 넘어서는 이 *실천*은 *감염된다*. 왜냐하면 그는 실천을 수동적으로 생산하기 때문이거나(도구의 조작은 노동자가 사용할 때만 가능해지니까) 혹은 자신이 은폐된 행동(공동의 타자적 행동)과 그 효과 사이의 매개이기 때문이다. 실천은 도구적 타성태에 감염되고, 모순된 것들 사이의 긴장이 불균형하게 된 통일체 안에서, 존재인 *실천* 혹은 그 반대가 된다.

우리는 오늘날 이와 같은 *실천*을 잘 알고 있다. 증언과 자료들도 일치한다. 난동자들이 부린 난동은 **공공 작업장** 폐쇄로 인해 촉발되었다. 공공 작업장은 노동자들에게 노동과 빵을 주는 것이 1차 목표였다. 그러나 루이 블랑은 거기에서 더 나아가 좀 더 원대한 사회적 목표를 신중하게 설정했다. 즉 그것은 계획 노동을 향한 첫걸음이며, 실업자들에게 체계적인 도움을 제공하면서 그들을 책임지는 사회를 향한 첫걸음이라고 했다. 루이 블랑은 **국가**가 생산 노동자 연대와 협력할 것을 약속함으로써 조금 더 멀리 나간 것이다. 이 조치들 가운데 어떤 것도 사회주의적인 것은 아니었다. 오히려 이 조치들은 자본주의적 과정을 전제로 했고, 이것들이 의미를 갖게 되는 것도 부르주아 사회 안에서였다. 사회주의 사회의 전망 안에서는 **국가**가 실업 대책을 마련한다는 것이 아예 존재 이유가 없거나(실업이 당연히 소멸될 것이라는 것이 유토피아 사상이므로) 혹은 너무나 맹목적인 필요성이어서 특별히 어떤 약속의 대상이 될 수 없는 것이었다. 이와 마찬가지로 생산자 연합에 대한 **국가**의 보조는 — 유토피아적 사회주의의 순전히 도식적이고 추상적인 관점에서 — 자명한 이치이거나 아니면 어처구니없는 약속이었다. 이것은 사실상 어떤 식의 사회주의를 **꿈꾸느냐**에 따라 달라지는 문제였다. 연합들을 다시 통합한 거대한 연합이라고나 할 수 있을까? 그러나 이 경우(무정부주의적 꿈의 경우) **국가**는 사라졌다. 만약 *완전히* 사라지지 않고 퇴조의 길에 접어들기만 했다 해도 국가의 기능은 생산자 자유 연합의 자유와 권한을 강화하면서 스스로의 청산을 실현하는 것이었다. 그러나 이와는 반대로 얼마 동안 프롤레타리아가 **국가** 기구를 통해 독재를 행사하는 것이 필요하다고 간주한다면, 그리고 중앙 집권화된 행동에 의해 경제를 재편성해야 한다고 주장한다면 이때 생산자들의 자율적인 연대와 협조는 현재 진행 중인 재편성과 양립 불가능하다고 판단할 수 있다. 사실상 이른바 사회주의적이라 규정되는 이 목표들은 그저 단순히 *사회*적일 뿐이었다. 그의 선언문에 나타난 것을 그대로 믿는다면 루이 블랑의 심오한 생각은 사회가 프롤레타리아에 대한 의무를 스스로에게 부과하면서 프롤레타리아를 "통합하는" 그런 부르주아 사회의 이념이었다. 이와 같은 이념 속에서 사회는 **혁명**의 위험을 규정되지 않은 진화의 전망으로 바꾸게 될 것이었다.

체계적인 태업과 공공 작업장의 제거는 예기된 폭동을 직접적으로 야기했다. 사람들은 그 직접적이고 구체적인 동기를 알고 있었다. "일이 아니면 빵을 달라!" 더 추상적이지만 현실적인 수준에서 이런 도발은 (공공 작업장의 수많은) 숙련공의 분노를 불러일으켰다. 왜냐하면 지방에서 그들에게 배당하려 했던 작업들이란 조직적인 비숙련화와 똑같은 결과를 가져올 것이기 때문이었다. 그리고 이 폭동에 가담한 군중이 점차 조직화되어 감에 따라 이 군중이 더욱 일반적이고 장기적이며 — 전투의 순간에는 — 더욱 추상적인 목표를 갖게 되었다는 것도 또한 사실이다. 사령부로 사용된 제8구 구청에서 반란자들은 파리 수비군의 퇴각과 "**국가**의 지원을 받는 노동자 자유 연합"을 요구했다. 이것이야말로 — 그 이상도 그 이하도 아닌 — 루이 블랑이 그들에게 약속한 것이었다. 자세히 들여다보면 이것은 자본주의 경제 영역에서 협동 경제 분야를 창출하는 대가로 — 무의식적으로 — 노동 계급의 자격으로 자본을 분배하는 **국가**의 권위와 치밀한 통제에 복종하는 것을 받아들이는 것이었다. 사회주의는 **공화국**의 사회성 때문에 저지되었다. 비용을 제한하길 원하고 통제된 끝없는 진보의 길로 프롤레타리아 계급을 끌어들이길 원했던 부르주아라면 *협상하는 위험을 무릅쓸* 수 있었다. 그러나 바로 여기에 압력 집단들이 개입했다. 이 집단들의 기이한 관계들은 무수하게 기술되었다(프티부르주아들에 반대한, 토지세의 특권을 빼앗긴 유력자들. 루이 필리프 치하에서 군림했던 은행가들에 대항하고 자신들이 동원한 프롤레타리아 계급에 대항한 공장주들. 우리가 그에 대한 증거를 갖고 있고, 그에 대한 더욱 심화된 연구가 아마도 정확한 상황들을 재발견하도록 해 줄 그야말로 정확한 어떤 충격들에 의하여 미친 듯이 저급한 작업들의 집행자가 되는 프티부르주아 계급). 중요한 것은 그들이 즉각적으로 협상을 최악의 범죄로서 규정했다는 사실이다. 어쨌든 이것은 소유자들이 동시에 소유권을 포기하지 않고는 받아들일 수 없는 배신이었다.

오늘날 우리는 이것이 허위이며, 역사적 진보는 자본주의적 소유 구조가 (심지어 국유화에 의해서도) 변경됨이 없이 루이 블랑의 계획들을 대부분 실현했다는 것을 잘 안다. 주지하다시피 소유의 진보는 — 2차 산업 혁명 이후 — 아주 다른 원인들을 지니고 있다. 이 집단들이 자신들의 지상권 속에 구현하는 상류 부르주아 계급은

1848년 이후부터는 이 사실을 모르지 않았다. 이와는 반대로 상류 부르주아 계급은 전쟁을 추구함으로써 그들이 돌이킬 수 없이 새롭고 극렬한 세계를 창조한다는 것을 알고 있었다. 그렇지만 토크빌의 글은 이 상류 부르주아 계급의 "전문가들"이 협상보다는 전쟁을 좋아한다는 것을 보여 준다. 유사한 글들을 많이 모으기 위해서는 *12월 2일 쿠데타*[211]에 대해 쓴 기유맹의 책을 읽는 것으로 충분하다. 따라서 집단들은 부르주아 계급의 위치를 계급으로서(그리고 상이한 이해관계들의 토대 위에서 행한 특별한 타협들의 결과로서) 규정하며, 그 위치를 *극히 부정적*인 것으로 만든다. 이 집단들이 *선험적*으로 거부하는 것은 부르주아 계급의 모든 형태로 나타나는 사회성이다. 100년 뒤에 계급들의 협력이라고 명명될, 기념할 만한 신비화라는 가부장주의적 생각은 그들에게 상상조차 할 수 없는 것으로 보이며, (게다가 부르주아 체제에서) 소속 구성원들에 대해 스스로 책임이 있다고 판단할 하나의 공동체에 대한 생각도 상상할 수 없는 것으로 보인다. **공공 작업장**에 대해 이들이 비난하는 것은 무엇보다도 **자유 국가**가 빈곤과 실업자들에게 신경을 쓰기까지 한다는 생각이었다. 가난한 사람, 그리고 그를 위해 *시혜한* 증여물들을 모으는 사제 이외에는 경제적 사실로서 빈곤은 아무에게도 상관없다. 고용주들과 노동자들 사이에 가능한 단 하나의 연결이란 쌍방 간에 존중되어야 하지만 그 자체로는 인간관계의 근본적인 부정인 노동 계약이다. 그리고 자유주의에서는 경제 위기들이 교환의 자동적인 균형 회복의 과정을 나타내기 때문에, 다른 한편으로는 (사회 전체의 수준에서) 유익한 이 과정이 많은 노동자에게 빈곤과 죽음으로 나타나기 때문에, 그리고 마침내 증가한

---

211 앙리 기유맹(Henri Guillemin), 『12월 2일의 쿠데타(*Le Coup du 2 Décembre*)』(갈리마르, 1951).(편집자 주)

빈곤과 사망률이 어떤 상황들에서는 무장 폭동으로 발전하는 격분 상태로 대중을 밀어붙이기 때문에 압력 집단은 빈곤에 대한 정부와 지배 계급의 가능한 단 하나의 행동을 결정한다. 즉 임금 철칙[212]으로 하여금 그 작업을 완수하도록 하고 생존자들의 시장 가치를 증대시키면서 실업자들과 동시에 실업을 없앰으로써 생존자들을 유리하게 만드는 잔혹한 탄압이 그것이다. 경찰력의 역할은 엄격히 규정된다. 즉 균형 회복의 부정적 양상인 가난과 같은 편이며 가난한 자들과는 *반대편*으로서 이들이 체념하면 굶주림이 그들을 기다리고, 항거할 때는 통제된 학살이 그들을 기다린다. 부르주아 계급이 지키는 것은 자본주의적 소유가 아니다. 그들은 자유주의를 지키려 한다. 그리하여 집단들은 매우 엄밀하게 국가의 역할을 규정한다. 즉 지배 계급의 경제 활동에 대해서는 비간섭주의이며, 노동자 계급에 대해서는 탄압적이고 영속적인 간섭주의다. 균형 잡힌 시기라면, 그리고 생활 수준이 일정한 상태라면(최소한 이렇게 가정해 보는 것이다.) 이 간섭주의는 실제로 보이지 않을 것이다. 노동 인구의 어떤 "산술적 재조정"이 필요할 때 이 간섭주의가 나타나는 것이다.

요컨대 집단들은 프랑스의 부르주아 계급의 완강함을 규정한다. 자본주의 경제는 프롤레타리아 계급이 전적으로 경제 법칙에 종속되고, 이 법칙들의 엄격함을 완화하려는 어떤 시도도 계획되지 않을 것을 요구한다고 그들은 주장한다. 사실 그들은 도가 *지나치다*. 그럴 때라도 순수한 실천적-타성태적 과정으로 간주된 자본주의 경제는 완전히 이를 요구하지 않는다. 자본주의 경제는 계급의 입장을 규정하고 *급진화하는* 과격주의적 행동 집단들이 이것을 부르주아의 집렬체

---

212   노동자의 평균 임금은 노동자와 그 가족의 생활 유지에 필요한 최저 비용과 일치해야 한다는 독일 사회주의자 페르디난트 라살레의 이론.

속에서 야기하는 한에서 단지 이것을 요구하는 것이다. 만약 이 집단들이 없다면 이 계급의 입장은 모든 집렬체와 마찬가지로 경제적, 사회적 사건에 의해 조건 지어진 채로 남아 있을 것이며, 이 계급의 입장의 완강함은 단지 경보 표시로서 나타나게 될 것이다. 달리 말하자면 *착취의 실천적-타성태적 과정으로서의 계급*은 스스로에게 정부와 기관들을 부여했을지라도 (정부와 기관들은 스스로를 위해 입장을 정해서 부분적으로 이 계급에 반대하는 역할을 할 수 있다는 바로 그 이유 때문에) 하나의 운명으로서(그리고 경우에 따라 세력들의 관계가 전도되는 경향을 보일 때에는 피착취 계급이 이 착취 계급에 대해 내리는 선고로서) 자신의 수동적 활동의 결과들을 받아들여야 할 위험이 있다. 이것은 다음과 같은 경우에 그러하다. 내부적인 긴장과 동시에 다른 계급들과의 모순들에서 비롯하는 *다양하기까지 한* 압력 집단들이 끊임없이 문제로 삼게 되는 협정들 속에서 압제의 *공동적이고 조직적인* 실천을 규정하지 않고 임무들의 상호적 차별화 속에 이 실천을 *동시에* 집행 기구와 **의회**의 경제적, 사회적, 정치적 통제에 의해서, 또한 격렬한 저항을 일으키며 피착취 계급 가운데서 다소간 공조가 된 (정부의 행동을 통한) 선동들에 의해서, 그리고 집행부에 대한 통제를 다시 강화하고 직접적인 행동에 의해 정부의 행동을 지원하기 위해 자신들의 계급과 연합 계급들에서 야기된 공포의 조직적 이용 혹은 다른 집렬체적 과정들에 의해 그것을 실현할 책임을 지지 않는 경우에서다.

지방의 고용주는 이와 같은 **타자**를 알 수도 있고 모를 수도 있으며, 자신의 "정치적 사고" 속에 다시 채택할 수 있고 안 할 수도 있다. 그의 신문조차 그에 대해 언급하지 않을 수 있다. 그러나 어쨌든 그가 스스로를 집단 *실천*의 도구로 삼는 한에서, 즉 그가 *실제로* 파리에서 빵을 달라는 노동자들을 진압했거나 혹은 그가 자신의 말 가운데서 그들을 단죄함으로써 그 결과 자신을 학살자로 만든 한에서, 그리고 항거한 사람들의 잔인성에 대해 파리에서 만들어 낸 중상모략들을 그가 **타자**로서 유포했거나 혹은 1848년 이전에는 수없이 속삭여지다가 폭동이 일어나기 최소한 일주일 전에 제헌 의회의 단상에서 팔루가 갑자기 우렁차게 외친 생각을 이미 *받아들여* 도처에서 *되풀이해 말하는* 한에서("노동자는 게으르다. **공공 작업장**은 성공하지 못했다. 왜냐하면 노동자들의 *나태함*이 있는 이상 작업장들은 성공할 수 없었다."), 간단히 말하자면 **악**을 행하기 쉬운 반인류의 이 새로운 특질 규정을 그가 할 수 있는 만큼 널리 유포시킨 한에서 그는 집단들의 *실천*을 자기 계급의 *실천적 존재*로서 흘끗 보고(혹은 지방에서의 자신의 지성과 경제적, 정치적 중요성에 따라 명료하게 꿰뚫어 보며), 급격한 필요성으로서 프롤레타리아 계급의 급격한 부정을 자기 행위들의 피안으로서, 이 행동들을 계급의 의미로서 또한 타성태적 이타성의 표지로서 발견하는 것이다. 이는 그의 자유로운 제조 활동이 지속되기 위해서, 그리고 그가 축적의 자본주의 틀 안에서 자신의 제품들로 부르주아 사회를 풍요롭게 하기 위한 것이다. 이와 같이 미래로부터 그에게로 되돌아와서 장차 그의 모든 활동의 의미를 구성하게 될 의미 작용이 있는 것이다. 그가 무엇을 하든 그는 탄압할 *의무가* 있다. 프롤레타리아 계급이란 악이기 때문에 부르주아 계급은 프롤레타리아 계급과 계약을 맺으면 스스로를 상실하는 것이다. 산업의 우두머리로서 그의 자유롭고 유기적인 *실천*은 추상적인 타성태로서, 또한 자신의 활동에 대한 극복될 수 없지만 받아들인 제한으로서 집단들의 급진주의를 끊임없이 재현실화할 것이다. 외적-조절에 의해 그를 조종한 이 활동을 그는 이제 계급의 타성태적 의무로서 파악한다. 그가 매일 실현하는 개인적 실천으로서의 압제는 결국 새로운 분쟁들이 일어나면 수동적이지만 피를 흘려야 할 사회적 요청으로서 압제가 나타난다는 항구적인 가능성 속에 늘 현전해 있는 자체의 한계를 발견한다. 어떤 면에서 **6월 혁명**의 날들은 그의 압제의 실천들의 사회적 진실로서 몰살을 그에게 제시한다. 작업장을 폐쇄하기 때문에 노동자들을 해고한다는 것은 살인의 근본적 권한을 말없이 현실화하는 절대 군주적 행위다. 마르크스가 지적한 대로 노동자는 분명 부르주아 사회의 비밀이다. 그러나 1848년의 프랑스에서는 우선 부르주아가 노동자의 비밀로서 구성된다. 그는 그의 임금 노동자들에게 삶의 불가능성을 살아야 하는 그들의 필연성으로서 도래한다. 달리 말하자면 그의 명령으로 쫓겨날 위험을 무릅쓰지 않고는 가난에 대항해 싸울 수 없다는 그들의 투쟁 불가능성으로서 그들에게 도래한다. 이에 따라 고용주는 전적으로 프롤레타리아 계급을 반인간 속으로 내던지든지 아니면 프롤레타리아 계급이 그를 그 속에 내던지는 것을 받아들여야 한다. 고용주가 스스로 살인자가 되었다. 따라서 노동자는 스스로 범인이 되었던 것이다.

1848년 이후 고용주는 자기가 저지르지 않았으면서도 자신이 집단적으로 책임이 있는 학살들의 기이한 역사적인 산물임을 발견한다. 분명 그는 **2월 혁명** 이전에 이미 고용주였고 착취자이자 압제자였다. 그러나 일종의 공동 출현 — 입문, 새로운 출생 — 으로 인해 그는 돌이킬 수 없게 살인자들 집단의 적극적인 구성원이 되었다. 그런데 살인자들은 존재했지만 집단(아니면 계급 전체가 될 집단)은 존재하지 않았다. 따라서 그는 완전한 착각 속의 종합적 통일성으로부터 (즉 탄압적 압제의 통일성으로서의 사건으로부터) 그를 만들어 내고 구별지은 갑작스러운 차별화로서 그 자신의 역사성을 파악한다. 그의 계급적 존재는 역사적인 것이 되고, 이것은 살인을 통한 입문이다. 이 입문은 상이한 세 가지 방향으로 이루어진다. 우선 그는 절대 군주의 절대적인 대상이다. 이와 같은 상태로 그의 계급적 존재는 권리상의 존재이지만 이 수동적인 권리는 객체의 권리다. 다음으로 그는 공포로 미쳐 버리고, 피에 굶주린 이 모호한 **타자**로서 그가 자신의 모든 살인의 광기 속에서 이 타자를 결코 *체험하지 않았지만* **타자들**이 그의 안에서 이 타자를 재발견하듯이 모든 **타자** 속에서 이 타자를 재발견한다. 달리 말하자면 그는 부르주아가 스스로를 **6월 혁명**의 그 승자(그리고 바로 그 비겁자이자 바로 그 살인자)로서 스스로를 정의하는 한에서 바로 그 부르주아다. 결국 조작되는 기구로서 그는 바로 자기 너머로, 노동자들과 그 자신이 맺은 관계들의 살아 있는 진실로서 자신의 사용권의 진리를 본다. 근본적으로 압제적인 이 관계들은 흘린 피에서 자체의 근거를 발견한다. 이것은 투쟁 관계다. 필연적으로 이 관계는 증오의 상호성을 내포한다. 그리고 압제자의 증오는 피압제자에 대해 선고를 내린다. 극도의 긴장이 되는 것은 살해할 혹은 살해를 당할 가능성이다. 따라서 19세기 후반 프랑스의 자본가들과 노동자들 사이의 관계는 자본의 과정과 착취로만 아니라 자본가들과 노동자들 공히 뒤로 거슬러 올라가 학살들을 없애는 행위의 불가능성으로도 서로 설명해야 하며, 따라서 미래의 투쟁의 엄밀한 결정으로서 설명해야 한다. 사회적 분쟁들이 다시 발생한다면 그것은 시민전쟁과 유혈 분쟁의 형태로 나타날 것이다.

고용주들의 2세대가 물려받는 것은 바로 이런 상황에 기초한 구조들이다. 그들 부모의 극복된 과거, 이루어지고 돌이킬 수 없는 그들의 계급적 존재는 2세대에게는 그가 양면적인 관계(내면성-외면성)로 연결된(우리는 여기에 대해 다시 언급할 것이다.) *선험적 시작*이 된다. 이것은 *그의* 시작이 아니라 그의 계급의 시작이다. 이와 같은 부정은 자신의 계급 존재에 대해 각자의 반성적 물러서기를 가능하게 한다.(왜냐하면 통시적 결정으로서의 이 존재와 공시적 결정으로서의 동일자 사이에는 차이가 존재하기 때문이다.) 그러나 집단 혹은 개인의 경우와 마찬가지로 계급의 경우에서도 반성은 반성된 자와 반성하는 자의 동일성을 상정한다. 반성은 실제적 분할과 *정반대다*.(예컨대 원시 동물의 번식에 나타나는 바와 같다.) 실제로 통합 혹은 총체화의 사실들을 더 잘 통제하기 위해 *제한된 분열 번식*을 재생하는 것을 목표로 하는 내면성의 실천으로서 이 반성을 간주해야 한다. 반성은 *반성된 자*가 준객체로서만 반성된 자를 반성하는 자에게 제공한다. 그러므로 그가 태어나기 전에, 그보다 먼저 시작되었고 그보다 나중에 끝날 것이며, 전체적인 운동과 관련해 오늘날 그에게 그의 자리를 표시해 주는 과정의 전망하에 그를 규정하는 이해관계의 토대 위에서 그의 기억, 사회적 훈련, 그리고 일상적인 경험에 따라 외면성의 내면화에 의해 이 극복 불가능한 계급적 존재를 부여받은 새 고용주는 시간성의 모순에 의해 이 준객체에 대하여 추상적인 거리를 갖도록 선동된다. 그는 자기 자신에 대해 이 준객체다. 그러나 전체적인 작업의 목표는 이 모순을 제거하는 것이다. 비시간적인 일반성으로서의(즉 시간성의 규정 없는 타성태로서의) 계급 존재는 부모의 행동-운명을 통해 돌이킬 수 없게 나타난 긴박성으로서의 계급 존재와 다시금 동일하게 되어야만 한다. 반성은 통일하는 그 수단이다. 그러나 이와 동시에 이것은 그 자체가 통일하는 *실천*이다. 이 반성에 의해서 바로 이 자유로운 실천적 유기체는 총체화의 전망하에 공시적 계급적 존재와 통시적 계급적 존재 사이의 매개체가 된다. 이것만으로 타성태적이고 탈시간화된 계급적 존재의 통제하에 성스러운 목표로서, 탄압적인 공포로서 그리고 사용권의 진리로서, 즉 존재론적이고 추상적인 구조로서 과거 존재를 종합적으로 개조하기에 충분하다. 사건이 원형적이 되고, 시간성과 악이 노동자에 의해서 부르주아 낙원의 평온한 영원성 속에 도입된다는 점을 고려하면 이 종합은 당연히 신화적으로 나타난다.

그러나 우리의 관점에서 보면 이 종합은 중요한 내적 변화를 실현한다. 반성적 총체화는 계급에 대한 *지식*으로 나타나지 않는다. 왜냐하면 계급은 준객체이기 때문이다. 그러나 이는 *상황에 처한 이해*의 일반적인 구조들을 실현한다. 앞에서 제시했던 관계들 ── 압제(역사성, 실천)와 착취(과정), (관계들의 전도가 항상 가능한 관점에서의) 살인자들과 피살자들의 *사투*, 체제의 사소한 변화도 명분상 용납할 수 없는 부정적인 급진주의 ── 은 이해의 방향들이 된다. 아버지의 입장에서 이 관계들은 현실의 구별되고 환원 불가능한 세 가지 수준을 나타낸다. 아들의 입장에서 이 관계들은 어쨌든 *상보적*으로 남아 있는 작업 지표들이 된다. 이것은 단지 실천적-타성태적 복수성의 모든 종합적 실천적 재내면화가 항상 그 결과로서, 부정되고 조직화된 다수성을 위해 현실의 다수성을 와해시키는 이유만으로도 그러하다. 달리말하자면 모든 사회적 *실천* ── 그 근원을 기업, 집단, 당, 그 어떤 것에 두든지 간에 ── 은 자체의 순수한 실천적 변증법 속에서 이해되는 것이 아니라 그 다차원적 단일성 속에서 그것을 특징짓고 해독할 이 특별한 규정들을 통해서 이해될 것이다. 여기에서 이해한다는 것은 계급이 (전체적인 후퇴나 특정 *개인*을 이렇게 포기하는 일이 없이) 결코 굴복하지 않는 절대적인 필요성을 *감안하여*, 그리고 매 순간 지배 계급에게 죽음의 미래를 생성해 줄 위험이 있는 돌이킬 수 없는 과거를 [감안하여] *공공의 행동*을 *평가한다는 것*이다. 이는 이 두 가지의 실천적-타성태적 조건이(압력 집단들의 구성, 절대 군주에 대한 지배, 즉 공공의 압제 세력들에 기초한 사회적 실천으로서의 압제와 같은 것이) 지속적인 압제의 *실천*을 요구하는 한에서 그러하다. 그러므로 재내면화된 학살은 그 학살을 행한 세대에서 지니지 않았던 종합적 의미를 지닌다. 아버지의 시대에 자발적으로 구성되었던 압력 집단들은 아들의 생각으로는 상황에 의해 요구된 실천이 된다. 아버지들이 자신들의 행동을 통해 발견한 사용권의 진리이기 때문에 아들은 후퇴하는 것의 절대적인 거부를 이중의 타성태적 제한, 즉 불가능성과 서약으로서 떠맡게 된다. 억압 계급을 집단으로서 전체적으로 혹은 부분적으로 구성하거나 구성할 수 있는 것은 분명 이 반성이라는 개인적인 행위가 아니다. 실제로 각각의 상속인이 제조와 갖는 관계를 통해 시간화되는 외로운 작업들이 문제가 된다. 그리고 작업들로부터 무엇인가가 도출된다면, 그리고 그들의 실천적 사고가 매스 미디어, 신문 기사 등을 통해 그들에게 되돌아온다면 그것은 항상 *타자적 사고*로서, 즉 회귀의 끝없는 도피에 맡겨진 것과 같은 것으로서다. 그리고 수용된 후퇴 불가능성으로서의 서약으로 말할 것 같으면 그것은 실제로 이루어지지 않는다. 왜냐하면 맹세한 신앙의 구조가 집단, 그리고 매개된 상호성을 포함하고 있기 때문이다. 후퇴하거나 굴복하는 것에 대한 맹렬한 거부로서 각자가 책임진 계급의 집합적 불가능성은 거의 서약된 타성태로서 구성된다고 말하는 편이 나을 것이다. 서약은 아무에게도 주어지지 않는다. 하지만 개인의 자유가 집합적 한계를 내면화하면서 맹세한 신앙에서처럼 자기 자신의 부정적 타성태의 원천처럼 보인다는 사실로부터 준서약된 구조는 여기에서 이렇게 나타난다. 그러나 어떤 면으로는 이타성은 강화된다. 왜냐하면 모든 양보가 치명적인 진보를 유도할 위험이 있고, 각자가 **타자** 속에서 위험에 처해 있기 때문이다. 그는 (어느 다른 지역의 어느 산업체에서) 어느 고용주가 한 가지 문제에서 노동자들의 요구에 굴복했다는 사실을 알면 격노할 것이다. 거꾸로 그는 **타자**로서, 그리고 타자들의 운명이 그의 자아 속에서 그의 실천에 *의해 위협받기 때문에* 또한 거부한다. 부르주아(혹은 제조업자)는 집렬체의 **이성**, 즉 다른 곳에서 행동하는 **타자**가 된다.

계급의 객관적 정신

그러나 일종의 통합이 실행되었다. 부르주아가 하나의 계급으로서 자의식을 가지게 된 것이다. 이것은 이 계급이 바로 **타자**-존재라는 것을 의미한다. 또한 이것은 각각의 타자가 행하는 실천은 그 실천이 받아들이고 채택한다고 주장하는 한계들에 의해서 계급을 표시하고, 그것이 기획하는 모든 것의 의미화-요청으로서, 그리고 각 **타자**가 행하는 것을 판단하기 위한 규준으로서 자신을 위해 계급을 실현한다는 것을 의미한다. 더욱이 각각의 *실천*에 대한 한계이자 규준으로서의 계급은 그 자체가 *전체적 실천*(각자에 의한 과거와 관례적 진리의 불가역성이 각자에 의해 동시적으로 재내면화되는 것으로 그 관례적 진리는 각각의 실제적이고 현재적인 실행이라는 매개를 통해 도달해야 할 목표가 된다.)의 형태하에서 경제적, 사회적인 모든 행동이 고착된 가지성이 된다. 이는 각 자본가가 역사성(과거-미래)으로서의 억압으로부터, 과정(현재와 그 후의 현재에 대한 예상들)으로서의 착취로부터 출발해 (자기 자신과 **타자**의) 모든 작업에 대해 개별적이고 실천적인 이해를 한다는 것을 의미한다. 이렇게 해서 다른 직공이 무엇을 하든 간에 그는 즉각 그것을 알게 된다. 왜냐하면 **타자** *역시 양보를 거절하는 초월할 수 없는 틀*에서 행동하기 때문이다. 그는 타자를 *정의롭게 만들며*, 타자의 행동이 그 특별함 안에서 역사가 필연적으로 만든 억압적 실천을 실현한다면 그는 그것을 알아보고, *그것은 거기에서의 자기 것이다*. 이 단계에서는 물론 억압적 실천이 다양한 형태로 서로 다른 행위들에 의해 그 특별함 속에서 실현된다. 그것들이 이타성의 장소에서 실현되는 한(소비 시장의 배분, 의복, 거주지, "사교적" 관계들의 선택, 삶의 방식), 그 실천은 개인적 행태들의 의미화로 머문다.

지난 세기 후반에 부르주아는 생활에서 세속적인 청교도주의의 태도를 취했는데 그 의미화는 즉각 억압적인 의미화인 *기품*(氣稟)[213]으로 나타났다. 기품 있는 인간은 하나의 *선택*(우월한 자들의)의 대상이 되고, 계급의 지명에 의해 충원된(혹은 그의 계급에서 지속적 식별에 의해 인정된) 개인이다. 하지만 그가 그렇게 *태어난 것*은 (설령 그가 부르주아의 아들인 부르주아라 하더라도) 아니다. 그런데 **자연**과 혈통은 귀족에게 특권을 부여했다. 이와는 반대로 자본주의와 "민주주의" 세상에서는 **자연**이 보편성을 표시하며, 이것이 언뜻 보기에 노동자를 부르주아와 같은 인간으로 만드는 것이다. 기품은 반(反)자연이다. 부르주아는 자기 안의 욕구들을 제거했다는 점에서 *기품이 있는 것이*다. 그리고 사실 부르주아는 그 욕구들을 충족시킴과 동시에 감춤으로써(때로는 금욕주의 같은 것으로 과시함으로써) 욕구들을 제거하고 있다. 그들은 불필요라는 명목으로 신체에 독재를 가한다. 달리 말하자면 **자연**에 대해 **문화**의 독재를 가한다. 그들의 복장은 구속이다(코르셋, 깃, 딱딱한 가슴 장식, 실크해트 등등). 그들은 절제를 과시한다.(저녁 식사에 초대받은 젊은 여자들은 공식적인 자리에서 밥을 먹지 않으려고 미리 저녁을 먹고 간다.) 아내들은 *자신의 불감증*을 숨기지 않는다. 신체에 지속적으로 가해지는 폭력은(이 폭력은 개인들에 따라 실재적이기도 하고 허구적이기도 한데 중요한 것은 그것이 공개적이라는 점이다.) 보편성으로서의 신체를 짓누르고 부정하고자 한다. 즉 신체의 발달에 작용하는 생

---

213 객관적 정신, 특히 기품에 대해서는 『집안의 천치』 3권(갈리마르, 철학도서관, 1972), 44쪽, 59쪽, 245쪽 이하)을 참고.(편집자 주)

물학적 법칙에 의해, 특히 신체를 특징짓는 욕구들에 의해 신체가 억압자 안에서 억압받는 자로 몸소 현존하는 것인 한에서 그러하다. 사장은 욕구와 관련해 자신의 자유를 실현했다는 점에서 노동자들로부터 자신을 *구별*한다. 이 자유는 자기 마음대로 욕구를 충족시킨다는 실재적 가능성으로서 그가 공개적으로 드러내고자 하는 것은 아니다. 그는 그것을 다른 권력에 의해 감추며, 그 권력은 사실 자유에 근거하고 있다. 즉 그것은 이런 욕구들을 *부정하는* 권력이다.[214] 그런데 이 *실천*은 억압적이다. 우선 부르주아는 이 실천을 통해 피착취자들에 대한 자신들의 타자적 존재를 확신한다. 그들은 행위와 사유로 스스로를 규정하는 자들이며, 자연 없이 문화를 가진 자들이다. 기품은 부르주아의 겉멋이며, 겉멋이란 언제나 몇몇 계층에서 지배 계급의 불분명한 특권을 구성원들의 세련된 자질에 근거하고자 했던 실행의 총체였다. 그리고 각자가 실행하는 혹은 스스로에게 가한다고 주장하는 구속은 그가 자신의 봉급자에게 실행하는 구속의 합리화다.("다른 사람들에게처럼 스스로에게도 엄격하다.") 제 육체에서 살과 욕구들을 속박한다면 똑같은 일들을 노동자들에게도 요구하고 부과할 권리가 있다는 것이다. 결국 여기에서 모든 의미화와 더불어 좀 더 직접적이면서 좀 더 심층적으로 되풀이되는 것은 사회적 억압의 동일한 행위다. 그가 자기 몸의 보편성을 수백 가지의 구속에 복종시킬 때 그가 억압하는 것은 바로 노동자다. 그가 자기 자신 안에서 파괴하는

---

214 *기품*(19세기 후반 부르주아의 삶의 양식)에서 모든 것이 다 연극이라는 주장은 아니다. 사실 고용주들이 실제로 휴머니스트적인 청교도주의를 실행했을 수 있으며, 그들이 자기들 욕구에 대해 최소한의 만족에만 동의했을 수도 있다. 내가 지적하고자 하는 것은 단지 금욕주의와 규율의 문제는 이러한 욕구들의 만족을 폭넓게 그리고 영구적으로 보장하는 경제적 상황의 바탕에서만 존재할 수 있다는 점이다. 금욕자는 자신의 빈곤을 오직 자기 스스로의 의지로부터 이끌어 낼 정도로 충분히 부유한 사람이다. (원주)

것 혹은 *인위*적으로 실현된 특별함 아래 감추고 있는 것은 바로 보편적 계급으로서의 노동자다. 여기에서 *이 육체의* 저항으로서의 피곤, 추위, 허기에 대항하여 실행되고 있는 것은 허기, 추위, 피곤에 대항한 노동자의 저항에 대한 탄압이다.

그런데 우리에게 중요한 것은 이런 삶의 양식과 그 역사에 대한 설명(축적되어 가는 자본의 증가와 더불어 공리주의적 청교도주의가 청교도적 휴머니즘으로 이행하는 역사)이 아니라 그것이 1880년경의 고위 부르주아들(그리고 중간 계급의 상위 계층들)에게서 보편적으로 존재했다는 사실이다. 이와 같은 관습의 존재와 출현 방식을 어떻게 받아들여야 하는가? 공적인 태도인 기품과 그것의 의미화(억압이 고용주에 의한 노동자의 억압을 **문화**에 의한 **자연**의 억압 위에 기초한다는 점에서 억압자가 스스로에게 자유로이 행사하던 억압) 사이의 관계를 어떻게 설정해야 하는가? 오늘날 지난 세기의 통시적 총체화를 통해 이런 의미화를 되찾고 있는 것은 *우리*인가? 아니면 그것을 자신들의 특별한 실행의 공동적 피안으로 포착했던 그 "기품 있는 사람들" 자신인가? 후손의 차원에서 보면 두 질문에 대한 대답은 아무런 어려움도 제기하지 않는다. 우선 기품은 개인적 실천임과 동시에 집렬체성이다. 개인적 실천은 집렬체성으로 소외된다. 그리고 뒤집어 보면 각 개인의 개별적 시도에 의한 집렬체의 현실화다. 사실 어떤 개인의 기품은 타자에 의해서, 그리고 **타자**를 위해서만 존재할 수 있다. 이는 공개적인 외관(당시에는 흔히 아주 소홀히 되었던 국부(局部) 위생을 동반한)에 관한 것이고, 각자는 기품 있는 사람들에 의해 기품 있게 된다.(사실 이 외관이 억압받는 자들을 향한 것은 아니다.) 하지만 상호성은 도피하는 상호성이다. 기품이란 결코 나 혼자에게서 비롯해 **타자** 혼자에게로 가는 것이 아니기 때문이다.(그 역도 마찬가지로 아니다.) 그것은 언제나 **타자들**, 타자로서의 나, 그리고 **타자들**에 의해 기품 있게 되는 나의 이웃으로부터 **타자**를 통해 각자에게 나타난다. 결국 각자는 다른 곳에서 **타자**의 기품 안에서 어디에선가 기품 있게 된다. 여기에서 유행은 "외적-조절"일 뿐으로, 미리 만들어진 도식의 집렬체적 적합성으로서 최소한의 기품을 실현하도록 해 준다. 사실을 말하자면 기품에 대한 역사적 연구를 시도하고자 할 때 중요하게 여겨질 것은 우선 그 기원을 몇몇 *상속자*들의 개인적인 행동에서 보여 주는 일일 것이다. 정확하게 말하자면 계급적 존재란 상속받은-존재라는 사실로부터, 축적기에 자본의 발달에 의해 구성된 물적 조건들과 계급에 가져온 변모에 의거해 보여 주어야 할 것이다. 이런 관점에서 나는 기품을 사회적 부(즉 부르주아의 부)의 증가에 기꺼이 연결하겠다. 사회적 부는 지배 계급으로 하여금 비생산적 직업의 수를 증가시키고, 제조업자의 경제적 해방(제조업자에게 점점 더 많아지는 소비시장들 사이에서 선택하도록 해 줌으로써)을 실현한다. 하지만 거기에서 나는 무엇보다도 착취 계급에 맞서 자신의 상속권을 긍정함과 동시에 옛 지배 계급의 소위 혈통의 권리를 부정하고자 하는 상속자가 고안한 특정 관행을 즉각적으로 목격한다. 사실 상속자는 혈통도(그는 혈통 있게 *태어나지* 않았다.) 장점도(장점이 있다고 자랑한다면 어째서 사회가 이공과 대학 학생들을 더 선호하지 않겠는가?) 자랑하지 않는다. 그의 권리는 타고난 어떤 장점이고, 그럴 만한 가치가 있는 어떤 탄생이어야 한다. 요컨대 획득된 것이 아닌 어떤 장점이 그가 자신의 지휘권을 부친의 위치에서 계급을 통해 유지하는 일을 정당화한다. 하지만 그는 자신을 기품 있게 하는 이 즉각적인 장점을 계급적 존재가 과거의 모습이 되어 버린 역사적 상황에서 발견한다. 이것은 이전의 억압과 근절에 의해 정당화되고 착취를 실천적-타성태의 유일한 과정으로 정립하는 체계적 억압이다. 게다가 상속자들은 부르주아 공리주의와 그다지 멀지 않다. 부르주아 공리주의가 주장하는 도덕은 오직 가능한 한 가장 큰 몫의 이윤을 기계들에 재투자해야 하는 필요성에 근거하고 있기 때문이다. 현실적으로 더 잘 살아갈 가능성을 가졌는데도 그들 선조의 엄격함은 여전히 그들의 관습에 남아 있었다.

이처럼 기품의 자유로운 개인적 실천은 그 운동에서도 곧 포착된다. 이 새로운 자유(비생산적인 소비를 증가시키는 소유주를 위한 자유)는 단순히 부친의 엄격성을 자유롭게 다시 인수하는 기초가 될 것이다. 부친이나 조부가 살았던 당시에 이 엄격성은 필연적인 수단이었다. 경제적 필연성 없이 다시 떠맡은 엄격성은 *장점*이긴 하지만, 이와 동시에 그것은 반-자연적-**자연**으로 받아들여져서 *실천*으로 변형된 가족적 존재태로서 다시 현실화된다. 스스로에 대한 이런 구속은 즉각적으로 임금 노동자들에 대한 구속으로 작용한다. 고용주가 스스로에게 부과하는 삶의 수준은 넘어설 수 없는 문턱이다. 어쨌거나 다양한 계층의 임금 노동자들에게 서로 다른 삶의 수준들을 규정하는 것은 고용주다. 그러므로 여기에서 문제가 되는 것은 *개인적 고안*, 즉 자유로운 실행이다. 사실 상황이 그것의 윤곽을 잡고 강요한다. 자기-억압적인 엄격성에 이르기 위해서는 조건을 넘어서기만 하면 된다. 그리고 마침내 모든 것이 역전된다. 바로 이 자유로운 엄격성이 부친의 재산 소유권을 기초하게 된다. 부친들은 자손들이 청교도적 휴머니즘을 자유롭게 선택하기 위해 속박을 받으며 고생했다. 기품에 의해 상속자들은 상속을 정당화한다. 이토록 단순하고 이토록 유혹적인 이런 관습이 근면의 모범을 보이는 몇몇 영주로부터 일반화된 것인지 혹은 무수히 많은 지역적인 시도로부터 일반화된 것인지는 별로 중요하지 않다. **역사**만이, 그리고 역사에 대한 성찰만이 그것을 알려 줄 수 있다. 중요한 사실은 그 *실천*이 곧이어 소외된다는 것이다. **집렬체적 이성**인 *기풍*은 타자의 독재가 된다. 조금 전에 그것은 *내* 자신의 몸에 가하는 *나의* 억압이었다. 그것은 나의 몸에 가하는 모든 **타자**의 억압이 된다. 자유로운 시도는 모방이 그것을 퍼뜨리고 집렬체화하는 순간부터 *점잔 빼는 태도*로 고착된다. 기풍은 각자 안에서 계급 전체가 물려받아야 할 권리가 된다. 그의 개인적 *실천*은 자신의 특별한 상속을 정당화하는 일을 겨냥했다. 하지만 정당화는 계급 전체를 문제시하게 되었는데 그 까닭은 상속자가 계급 전체에 자신의 자격을 과시했기 때문이다. 이렇게 해서 모든 **타자**에 의한 각자의 정당화인 계급 전체는 무한으로의 이행(스스로를 희생하고자 했던 상속자에 의해 이미 시행된)을 통해 상속자의 세대로서 자기 자신의 정당화가 될 것을 요구하게 된 것이다. 혹은 모두에 의한 각자의 정당화가 모든 사람의 정당화 문제를 제기하게 된 것이다. 하지만 이런 정당화는 총체화적인 것이 아니다. 규정상 그것은 초한수(超限數)적 **타자**(상속인인 그 부르주아)를 집렬체화된 정당화의 목표로 삼는 일이다.

이와 같은 사실을 토대로 우리는 두 번째 질문, 즉 특별히 우리의 관심을 끄는 질문을 제기할 수 있다. 기풍이 실천적-타성태가 되었을 때, 그것이 각자 안에서 그의 일상적 실천의 타성태적 한계가 되었을 때, 그것이 그의 집렬체적 의존의 표지가 되었을 때 기풍 있는 개인은 여전히 자신의 사회적 의미화를 그것이 자기 부친에게서 사용되던 진리의 규정으로서 포착하는가? 실제로는 개인적인 작업에 불과한 그것, 실천적 단체로 간주된 자기 계급의 단일 행동으로서 회귀 속에 소외되어 버리는 그 작업을 개인이 읽어 낼 수 있을까? 대답은 분명하다. 그는 그럴 수 있을 뿐만 아니라 그 사실을 막을 수단조차 가지고 있지 않다. 억압 집단들의 총체화하는 실행은 반성 속에서 다시 떠맡게 된 것인데 자기 파악의 *타성태적 한계*와 *지도적 도식*이 된다. 이것은 그가 계급의 모든 실행 ── 그러니까 집렬체의 온갖 수동적 활동 ── 을 회귀적인 도피 속에서(이 점에 대해서는 조금 전에 살펴보았다.) 파악하며 또한 그것을 조직화된 억압의 전술로서 파악한다는 의미다. 또한 회귀적인 이타성에 의해 부과된 "기품"으로서의 자신의 의복과 태도를 그는 극복 불가능하며 고착되어 버린 이 의미화로부터, 즉 총체화-계급의 조직화된 실행으로부터 파악해야만 한다. 게다가 그것은 적대적 계급에게 가해진 압력으로 직접 밝혀지는 실행이 아니다. 그것은 오히려 법률적으로 용인된 회귀적 사실이다. 그러나 총체화-계급의 실천 단위로서의 이 타성적 한계는 그에게 모든 것을 과격주의(하나는 계급-주체로, 그리고 다른 계급은 그의 대상으로 총체화하는 굳건한 거부)를 통해 밝혀내도록 강요한다. 각각의 기품 있는 태도(자신의 태도 혹은 **타자**의 태도)는 부르주아 계급에 의한 노동자 계급의 과격하고 억압적인 부정으로 포착된다. 그는 각각의 태도 안에서 자기 계급이 문화의 형태 아래서 스스로 총체화하는 모습, 문화 자체로부터 노동자들과 거리를 지키는 운동 속으로 몸을 던져 버리는 모습을 포착한다. 그리고 각각의 태도 안에서 그는 이런 전체적 규정을 발견하고 만들어 낸다. 나의 신체는 내 노동자들 가운데 하나에 불과하며 내 노동자들 각자는 하나의 신체에 다름 아니다. 인용들과 자료들의 수를 늘리는 일은 쉽지만 완전히 헛된 일이다. 어떤 발표문(**의회**에서, 신문에서, 고용주들의 회의에서, 현대 문학에서)을 읽어 보아도 각각의 부르주아가 자신의 기품을 계급의 억압에 대한 법적 기초로, 그리고 과격화의 내적 전술로 실현하고 있다는 사실이 분명히 드러난다. 단지 통시적 총체화와 공시적 총체화 사이의 차이는 오늘날 자본주의와 계급의 발전 진행 중에 위치한 통시적 총체화가 아주 다른 투쟁

방식들로부터 출발하여 기품 있는 *존재태*의 의미화를 부분적 계기로서, 그리고 박탈로서 포착하며, 그 진리를 투쟁의 후속적인 전개 속에서만 찾을 수 있다는 점에 있다. 그리하여 의미화는 부정적이고 타성적인 자율성을 되찾고, 그 의미화를 용해시킬 운동 속에서 진정한 자리를 찾기 전에 객관적 신비화가 된다. 반면에 공시적 총체화는 사실 여기에서는 존재하지 않으며, 과거의 거짓된 단일화의 바탕 위에서 (새로운 탄생) 각자에 의해 실행된다. 그것은 행위 자체 안에서(기품 있는 각각의 실행에서) 말도 없이, 그리고 그 자체로서 정립되지도 않은 채 각 실행의 순간을 총체화하는 긍정적 충만함과 그 너머로서 실현된다. 만약 우리가 각각의 집행자를 형식화되지 않은 저 너머 ── 그것은 정당화된 억압으로서 스스로를 총체화하는 계급이다 ── 의 빛 속에서 하나하나의 제스처를 수행하는 자로서 간주하지 않는다면 기품 있는 의식들의 극단적인 진지함은 이해되지도 않을 것이다. 사실 의식들(살롱, 만찬 모임 등등)은 결코 집단들에 의해 *만들어지지* 않는다. 거기에서는 잠정적 원자화가 회귀로 대체된다. 무도회, 리셉션, "저녁 모임" 등 많은 집합태가 있다. 그러나 집합태의 각 **타자**는 순환적 회귀를 고려하는데 그가 일원으로서 통합된 회귀는 총체화인 계급의 *실천*을 잠시 집렬체적으로 구현하는 것이다. *기품*의 예를 통해 우리는 좀 더 멀리 나아가 *계급의 객관적 정신*이라 불리는 것을 정의할 수 있게 된다. *정신*이란 단어에서 오직 의미화를 위한 순환의 장소만을 볼 수 있도록 영혼주의자들의 울림을 잘 벗겨 내는 수고를 한다면 말이다. 사실 기품 같은 일반적 관행이 ── *존재태*와 *실천* 모두다 ── 각자에 의해 *이해되는* 한에서, 즉 그것을 만들어 내는 운동 속에서 전체적 행동(그것의 의미화는 단순한 너머로서 그 앞에 나서고 있다.)의 특별한 순간으로 이해되는 한에서 이 전체적 행동은 각자의 타성태 너머로 존재하며, 이것의 극복 불가능성은 각자 안에서 공통적인 것으로 나타난다. 그렇다고 해서 행동이 집렬체적 존재를 벗어난다고 생각할 수는 없다. 비록 이 집렬체적 존재가 전체적 형태로 주어진다 해도 그것은 어떤 공동체를 생산할 수 있는 타성적 규정은 아니다. 그 것은 *실천*의 실재적 단일체인 의미화를 생산하는 집렬체의 공동 와 해다. 하지만 그것의 집렬체화는 그 구조 안에서 행동을 변형하지는 않는다. 왜냐하면 그것은 단지 모든 (자유롭고 개인적인 혹은 수동적인) 활동의 타성태 너머로서 총체성의 신호이기 때문이다. 그리고 결국 그것은 회귀의 극복 안에서 부르주아라는 이 초한수적 **타자**가 실행 하는 *타자-총체성*으로서 주어진다. 집렬체와 전체의 이와 같은 대립 은 이타성의 단일체 안에서 온갖 준거를 넘어선 분신으로 모순적인 긴장을 창출하는 효과만을 갖는다. 그리고 총체성-의미화는 모든 실 행 너머에 있는 극복할 수 없는 것으로 남아 있으므로 기품의 인간이 그것에 관련시키는 것은 단지 기품의 일반적 실행(혹은 존재태)만이 아 니라 각각의 개별적인 *실천*, 각각의 세부적인 시도, 각각의 덧붙임(의 복이나 다른 어떤 것들)이다. 이와 같은 일시적 창조나 급속한 사건들은 그 자체가 일반화된 실행과 관련되며, 그런 실행을 통해 그것들의 완 전한 의미를 제공하는 총체성-한계에 관련된다. 이 단계에서, 그리고 집렬체적 관점에서 볼 때 창조가 여기 혹은 저기에서 나타나거나 그 것을 이 사람 혹은 저 사람에게 전가하는 따위의 문제는 하등 중요하 지 않다. 왜냐하면 어쨌거나 그것은 언제나 **타자**에 의해 *다른 곳*에서 만들어질 것이기 때문이다. 어떤 "표현들"이 나타나고 각각의 **타자**는 그것을 **타자들**에게서 받아들여 한 계절 동안 사용한다. 혹은 — 내 가 지적한 대로 — 그 표현들은 움직이지 않는다. 이는 각각의 **타자**가 참조하는 회귀의 표시다. 특정의 산책이 선택되었지만 아무도 그것을 선택하지 않았다. 모두 거기를 산책하고, 그다음에는 그곳을 저버린다. 어떤 화가나 배우가 유행을 타다가 더 이상 유행하지 않는다. 물론 이 소소한 집렬체적 사건들은 불분명한 외양 아래 어떤 영향을 엄격하게 받고 있다. "베스트셀러" 혹은 어떤 행위를 통해 자신을 표명하는 인물들 역시 전체 집렬체 속에서 즉시 소외되긴 하지만 영향을 받고 있으며 열광의 대상이 되었다가 사라져 버린다. 여기에서 중요한 것은 이 각각의 표명이 각자에 의해 초월할 수 없는 심오한 의미인 총체성에 관련된다는 점이다. 각각의 표명은 이 총체성에 대한 하나의 특별한 현실화인 것이다. 그리고 어떤 의미에서 보면 이는 거짓이 아니다. 이 대상 혹은 이 행동들의 책임자들이 이미 이 총체성으로 결속된 장소에서 그것들을 만들어 냈기 때문이다. 주지하다시피 그것은 **타자**의 과격한 부정을 자행하는 계급일 뿐이다. 그리하여 모든 생산물과 모든 표현이 모두에게 침투될 수 있다는 가능성이 타자의 장소에서 이해로부터 실행으로의 적용으로 구축된다.

　물론 대상은 타자(집렬체적 사유를 통해 예견하려고 하거나 아니면 외적-조절을 통해 **타자**들의 취향을 규정하는 한)로서 생산된다. 그리고 그것은 *타자*로서 이해되고 평가된다. 왜냐하면 각자가 이 대상을 **타자**들의 마음에 드는 것으로서, 그리고 그들처럼 자기 자신을 **타자**로 만들기 위해서 검토하기 때문이다. 이는 실행으로서의 이해의 구조가 불변의 상태로 남아 있지만 실행은 *타자적 이해*[215]가 된다는 것을 의

215　타자적 이해(compréhension-autre)를 **타자**의 이해(compréhension de l'Autre)와 혼동하지 말아야 한다. 타자의 이해는 그것이 직접적일 때 **타자**를 **동등자**로 파악한다. 내가 이 행위를 이해하는 것은 내가 그 행위를 하거나 다시 하기 때문이다. 특히 우리에게 낯선 어떤 상황과 역사로부터 출발하여 이해하는 것이 문제가 될 때 복잡한 일들이 나타날 수 있다. 하지만 어쨌든 이해를 함으로써 내가 스스로를 **타자**로 만든다면 그것은 그를 내 자신으로 변형시키려는 것이다. 이와는 반대로 타자적 이해는 간접적이다. 포착하고자 하는 것은 즉각적이고 실재적인 표명으로서의 대상 혹은 행위가 아니다. 또한 그것은 *그 표명을 이해하는* **타자**의 실재적인 방식

미한다. 그렇지만 이 *이타성*이 바로 여기에서는 계급적 존재이며, 따라서 어떤 그림이나 어떤 책을 *부르주아로서* 이해하는 것이다. 이와 같은 사실을 토대로 우리는 계급의 실행(타성태적 저편)을 재확인하며, 이해된 대상은 서로 간의 구체적인 매개가 된다. 그 결과는 결코 소통이 *아니다*. 이해는 각자에게 동일하기 때문에 아무것도 소통할 것이 없다. 오히려 소통의 대상이 되는 것은 계급의 모든 사건이 모두에게로 되돌아가는 순환적인 침투 가능성과 각 계급 "양식"의 계급-실체 속으로의 *용해 가능성*이다. 물론 이 계급-실체는 다른 계급을 위해 살아가는 모든 가능성에 대한 총체화적 거부의 타성태에 불과하다. 하지만 각각의 사건이(이를테면 **1848년 6월**과 세기말 사이에 증가하던 **교회**의 영향력) 이 한계 내부에서 나타나며, 그 안에서 과격해진다는 유일한 사실만으로도 부르주아적 사건에 고유한 일종의 긴장 같은 것이 존재한다. *실천* 혹은 과정은 한계를 향해 떠밀리면서 체험되고 생산되고 이해되는 것으로서 실제로 그 내적 확신의 힘을, 그 실제적 효력을 나타낸다. 그리고 이 사건이 필연적으로 다른 곳에 있고, *이곳을 다른 곳으로* 변형시키기 때문에 만약 이 사건이 바로 여기에서(반면에 총체화는 그것이 실재적이고 실용적일 때 모든 지역적 사건을 하나의 여기로 만든다.) 나타난다면 타성태적 총체성은 —— 집렬체적 존재의 상관자로서 —— 동질적이고 순환적인 환경의 규정(이것이 실제로는 상품, 돈, 사람의 순환에 의해 이루어진다.)이 된다. 이와 같은 환경에서 과격화의 표지인 사건은 **타자**로서의 각자에 의해, 각각의 다른 곳이 각각

들도(학생이 왜 실수했는가를 이해하려는 어떤 선생이 취할 수 있는 태도처럼) 아니다. 우리가 이해하고자 하는 것은 바로 새로운 표명이다. 하지만 우리는 그 표명을 이해했던 타자들을 통해서, 그리고 그들의 이해 작업을 재현실화함으로써 그것을 이해하고자 한다. 사실 실천적 운동은 자유로운 작업으로 남아 있지만 내가 집렬체에서 소외되는 한 그 한계들은 대상이 아니라 **타자**로부터 비롯한다.(원주)

의 여기와의 등가 속에서(각각의 여기의 각각의 다른 곳으로의 용해 속에서) *발생한다.* 과격화되는 극복 속에서 특정 행위를 다시 떠맡는 한에서 *나*는 스스로 다른 곳에서 완수된 한 행위의 고안자가 된다. 사실 이런 유형의 *타자적 이해*는 특별하다. 왜냐하면 이것은 이해된 사실의 극복, 즉 이 동일한 사실([현실]에서 이 신기루 같은 지식은 초월하는 **타자**의 거부인 억압으로 귀착한다.)의 "세 번째 종류의 지식" 같은 것을 향한 극복이 되며, 이해하는 개인의 계급-총체성(먼 옛날 살인의 유산에 불과한 총체성)으로의 소속을 향한 극복으로 귀착되기 때문이다.

이 *환경*(이타성 안의 도주를 결정하는 타성적 총체화)에 대한 연구를 좀 더 밀고 나가고자 한다면 우리가 해 왔던 성찰의 실천적-타성태의 단계에서 집렬체적 사유에 대해 제시했던 지적들로 되돌아가야 한다. 이 사유가 어떤 *진리*를 가지고 있다는 점은 주목해야 마땅하다. 사실 과격주의의 통일성은 비록 이것이 이타성의 장소에 존재하더라도 타자-증인들(간접적 책임자들)이 이해 속에서 극복을 실행한 정도로 행위나 사건의 생산자들(직접적인 책임자들)이 자신들의 특별한 실행과 수동적 활동을 극복했다는 것을 내포한다. 상속자의 집렬체성 안에서 이해와 생산은 결국 하나다. 특히 생산은 흔히 재생산을 의미한다. 우리는 민중이 **교회**로 돌아섰던 일, 특히 1871년 이후(**6월 학살** 이후 **팔루 법안**[216]을 기억하자.)의 일을 이미 잠깐 언급한 바 있다. 그렇기 때문에 티에르[217]에서 모라스[218]에 이르기까지 민중을 위한 종교라는 조작의 의미를 냉소적 태도로 주장하는 일정 수의 집단이나

216　알프레드 프레데리크 피에르 드 팔루가 1850년 3월 15일에 제창한 법안이다. 교육의 자유를 제정한 이 법안은 주로 가톨릭교도와 가톨릭 교육기관에 이로운 것이었고, 특히 보수파를 만족시켰다.(편집자 주)

217　루이 아돌프 티에르(Louis Adolphe Thiers, 1797~1877). 프랑스의 정치인이자 역사학자.

218　샤를 모라스(Charles Maurras, 1868~1952). 프랑스의 기자, 에세이스트, 정치인이자 시인.

개인이 항상 존재한다는 사실을 직시해야 한다. 그리고 이런 한계-의미화(민중을 유지하는 미신과 무지에 의한 억압)는 모든 부르주아 계급에 전달되었다. 게다가 우리는 샤토브리앙을 필두로 **워털루 전쟁** 이후의 모든 글에서 이것을 찾아볼 수 있다. 그러므로 이것은 이미 고대적인 타성적 그림자로서 준거의 중심 혹은 하나의 **관념**(플라톤적인 의미에서)이 되지만 **타자들에 의해** 다른 곳에서 수행해야 할 과업들(예컨대 군대의 억압을 지탱하는 임무를 맡은 사제)이다. 하지만 이와 동시에 **타자**로서의 각자는 스스로 이런 **관념**의 수단이 되며, 이 수단에 의한 운동 속에서 이 관념을 이해한다. 각자는 **교회**를 도와주게 된다. 즉 각자는 지역 대표들에게 기여하게 되며, 그들에게 정부가 하듯이 권력을 구성하도록 시도한다는 것이다. 이는 보통 제조업자가 스스로 먼저 (마키아벨리즘으로 비난받지 않으려고) 기독교인이 되어야만 가능한 일이다. 달리 말하자면 주권자의 행동에 대한 이해와 비공식적인 선언들, 이것들은 우선 부르주아를 변화시키지 *않기 위해서는* 사제에 의해 프롤레타리아를 변화시켜야 한다는 것임과 동시에 부르주아는 스스로를 변화시킴으로써, 그리고 사제의 새로운 권위를 탈기독교화 (집렬체적) 운동의 이 권위 속으로의 용해와 또 다른 회귀(믿음의 회귀)의 출현에 근거함으로써만 변화를 피할 수 있다는 것이다. 몇몇 사람의 입장에서 보면 이와 같은 이해는 냉소적이고, 모든 사람에게 냉소적일 수 있다. 왜냐하면 취해지고 고려된 조처들과 이것들을 밝혀 주는 타성태적 부정으로서의 총체화된 의미화 사이의 *직접적인 단순 관계로서의 냉소적인 의미화가 이미 거기에* 있기 때문이다. 하지만 그 이해는 또한 모든 *사람에게서* 비냉소주의 속에서 잘 체험될 수 있다. 왜냐하면 모든 것이 특별한 상황들에 달려 있기 때문이다. 민중을 위한 종교의 필요성은 개인적인 욕구 불만의 감정, 불안의 감정 등등에 연결될 수 있다. 이 경우 그 필요성은 인간을 위한 종교의 필요성이 될 것이다. 하지만 이 보편성 내부에서 기독교적 부르주아는 신앙을 가진 계급의 유용성을 별로 *다르지 않은* 방식으로 재확인할 것이다. 신앙을 가진 노동자는 통합*되고*, 천국에 대한 그의 믿음은 지상에서의 헛된 실존을 보상해 준다. 민중 계급을 무신론으로 전염시킨 악인들은 단지 신을 거스른 것은 물론 필연적으로 임금 노동자들로 하여금 고용주에게 대항하게 했던 것이다. 19세기에 사람들이 하나의 의미화에서 다른 의미화로 얼마나 손쉽게 이동했는가 보려면 그 문제를 제기했던 초창기 텍스트 중 하나만(뮈세의 『세기아의 고백(*La Confession d'un enfant du siècle*)』) 읽어 보아도 충분하다. 뮈세는 부르주아 혁명이 프랑스를 탈기독교화한 점을 비난하고 있다. 그는 탈기독교화에서 19세기 악의 근본 요인들 가운데 하나(즉 부르주아의 악, 그러니까 그 자신의 불안)를 보고 있으며, 비참한 사람들의 권리와 사회 질서에 동시에 가해진 훼손을 읽어 내고 있다. 비참한 사람들은 그들에게 영원한 행복을 약속하는 신앙을 가질 *권리*가 있다. 당신이 그런 신앙을 단번에 제거한다면 사회를 구하기 위해서는 반드시 막아야만 할 끔찍한 무질서를 초래하게 된다는 것이다. 뮈세는 과연 *그때* 착취당한 자들의 유일한 권리인 그 신앙을 종교적 진리의 참된 발견으로 본 것인가, 아니면 일소해 버리지 말아야 할 망상에 불과하다고 본 것인가? 두 번째 경우라면 그것은 냉소주의와 다를 바 없다. 그러나 뮈세는 결정을 내리지 않았다. 그는 무신론자들이 이성을 가진 점을 탓함과 동시에 신이 침묵함으로써 그들에게 이성을 부여한 점을 탓했다. 그는 자기 삶의 탕진과 노동자들의 저항 사이에 등가가 있다고 생각했다. 만약 **교회**가 다시 권력을 잡는다면 둘 다 사라질 것이기 때문이었다. 이와 같은 입장은 *계급의 의미화*에 대한 전체적인 이해를 어떤 개종이나 개인적 행위로 감싼다. 그것은 매 순간, 그리고 동일한 개인에게서 (한순간) 순수 고독의 신비주의로 혹은 개인 자체에 가해지는 부정으로 분해되거나(뮈세의 알코올 중독은 부분적으로 "신의 상실"에서 기인한 것이다.) 권모술수적인 냉소주의로까지 고갈될 수 있다. 모든 것이 가난한 자들을 신비화하기 위한 것이라는 것이다. 하지만 계급이 갖는 이 모든 형태의 객관적 정신은 민중에게 신앙을 강요하려는 동일한 결정을 포함하고 있다는 점에서 동일한 가치를 가진다. 그리고 어떤 형태도 — 특히 권모술수적인 것은 — 특권적 형태를, 즉 그 순수성 속에서 실행과 한계-의미화의 관계를 표현하는 형태를 열망할 수 없다. 실제로 이 관계는 *어디에서나* 존재하므로 모든 실행적 현실화는 동일한 가치를 갖는다. 혹은 민중을 위한 종교 대 억압의 실행이라는 이 관계는 즉각적으로 주어지긴 하지만 규정되지 않은 극복의 단순한 방향으로서 주어진다. 억압의 종교적 수단으로서 어느 하나의 규정이 좀 더 유용한 것으로 드러나는 순간까지는 모든 규정이 *선험적으로는* 동등할 것이다.

이와 같은 *이해*가 상속자들 각자를 억압을 유지할 목표를 가진 *집단*의 모든 실행에 침투될 수 있게 만든다는 사실은 놀랍지 않게 발견된다. 사실 그 이해가 상속자들에 의해 그들 자신의 자유의 자유로운 한계로서 재내면화된다는 점에서 그 기원은 이전 세대의 *관례적 진리*다. 그리고 이 관례적 진리는 이미 **타자**의 외적-조절을 통해 억압 집단에 의해(그리고 경우에 따라서는 주권자에 의해) 취해졌다. 총체성-한계(계급의 의무, 타자를 향한 각자의 의무로서의 억압 등등)로 다시 취해진 이 진리는 행동에 의한 공동체의 규정을 실천적 공동체의 계급에서 찾아낸다. 그리고 **타자**는 공동 행동의 이해를 통해 스스로를 집렬체의 공동 개인으로 규정한다. 외부로부터 받아들인 이 타성태적 규정이 그의 지위를 변화시키지는 않지만, 그가 집단의 *실천*을 재내면화하는 한(그는 **타자**로서 그것을 자기 것으로 만든다.) 스스로를 이타성 안에서 공동-책임자로 구성한다. 사실 우리는 계급의 객관 정신이 흐름의 형태로 규정되는 것을 보았다. 하지만 이런 경우에는 그 기원이 무한에 있었다. 이 새로운 경험에서 우리는 집렬체가 다시 집단들에 의해 조작되는 것, 즉 외적-조절화되는 것을 포착한다. 이전 세대와의 차이는 이 외적-조절을 의식한 상속자가 그것을 *이해하고* 그것의 주체가 된다는 (자기 자신과 **타자들**에 대해 행동함으로써) 점에 있다. 이제 우리가 상속자의 관행인 프랑스의 맬서스주의로 되돌아간다면 우리는 문제의 모든 조건을 이해할 수 있다. 우리는 이런 관행이 어떻게 공동적 의미를 가질 수 있으며, 어떻게 모든 주체에게 받아들여졌는가를 자문했었다. 비록 그것이 부분적으로 서로 다른 생산 집단들에서 집렬체에 의해 부분적으로 실현되더라도 말이다.

19세기 말 프랑스에서도 계급의 증오는 생생했다. 그리고 3세대의 고용주는 유혈이 낭자한 미래를 낳는, 기억에 남을 만한 두 차례의 학살에 의해 통시적이고 *지나간* 과거의 통일성 속에서 자신이 구성되는 것을 직접 목격한다. 그러나 다른 한편으로 물질적 상황은 착취의 과정과 함께 변화한다. 1914년까지 산업은 확대의 신기원(경제학자들이 완벽하게 분석해 낸 조건 전체에서 기인하는)을 경험한다. 그러나 결과적으로 이것은 억압과 착취 사이의 모순의 증가를 야기한다. 실제로 우리는 억압이 집합태의 상황 속에서 착취의 과정을 지시하고 구성했다는 사실을 살펴보았다. 그러나 피억압자들이 저항한다면 이 경우 억압의 움직임은 그 자체로 그들의 말살로 발전하게 된다. 그리고 착취는 노동력이라는 면에서 그들의 보존(적어도 부분적으로라도)을 요구하게 된다. 이런 모순은 계속해서 확대된다. 왜냐하면 19세기 프랑스의 사회사는 피착취자들을 유혈 폭력의 대상들로서, 그리고 그 결과 산업화와 중앙 집중화가 프롤레타리아의 수적 증가와 인간-상품(노동력)의 가치 증가를 야기하는 바로 그 순간에 가차 없는 봉기를 일으킬 가능성이 있는 주체들로 변모시키기 때문이다. 이런 경향은 1814년 전쟁 이후에 더 강화된다. 왜냐하면 전문화된 기계의 시대는 노동의 새로운 무자격화에 의해 표현되기 때문이다. 고용주는 이 변화가 옛날의 조합 구조와 무정부주의적-조합주의적 투쟁의 실행을 제거하는 경향을 갖는다는 점에서 이득을 본다. 그러나 고용주는 우선 이 변화에서 손해를 본다. 왜냐하면 전쟁 직전의 몇 년 동안 조합주의가 **국가**의 매개를 요구하는 경향이 있었기 때문이었다. 이것은 그대로 조합에 대한 주권자적 기구의 통제를 야기했다. 그다음으로 이와 같은 변화가 계속해서 이루어져야 한다면 그것은 무자격화가 훨씬 더 광범위한 동일성을 노동 계급 안에서 만들어 내게 되고, 또 자격이 있는 엘리트들의 활동(상대적으로 제한된)은 체제의 입장에서 보면 항상 더 위험하고 근본적으로 혁명적인 대중의 행동에 자리를 양보할 수도 있을 것이기 때문이다. 다른 한편 단순한 자본주의적 과정 — 이 과정이 자율적으로 방임될 때 — 의 끝까지 가야만 한다. 이는 당시에 **미국**의 발전이 보여 주는 바다. 이윤의 제한 없이 어떻게 착취를 제한할 수 있는가? 이 문제가 우리의 의문을 풀어 줄 것이다. 즉 외부에서 그 과정에 부과된 이와 같은 제한은 이 과정 자체에 의해 그 실천적-타성태적 발전 속에서는 결코 발생하지 않는다. 하지만 이와 반대로 과정의 실천적-타성태적 발전은 그 자체의 수동적 활동 속에서 대중의 산출, 노동 계급의 변화, 고용주 측의 동맹(트러스트, 카르텔 등등) 등을 낳게 된다. 맬서스주의는 거부 위에 기초한 억압적이고 급진적인 답이다. 프랑스 자본가들은 자신들의 계급을 구하기 위해 과정의 자유로운 발전을 거부한다. 이 거부는 모든 변화의 타성태적 한계로서 벌써 현전하고 있다. 이렇게 말할 수 있다면 이 거부는 객관적 정신의 선험적 결정의 형태하에서, 또는 **타자**에 의한 **타자**의 이해와 그의 급진화를 위한 직접적인 도식으로 나타난다. 산업화에 부과된 이와 같은 한계는 억압의 의미를 갖는다. 이 한계는 노동 인구의 증가를 포함하고자 하고, 또한 가능하다면 중앙 집권화의 위험을 줄이기 위한 통계학적 변동을 역전시키고자 한다. 이 한계는 또한 생산 수단의 영향을 받아 노동자 계급의 내부에서 이질적인 여러 분야를 유지하고, 이 분야들을 여러 이해관계 사이의 갈등에 의해 대립시키는 방식으로 이 계급 내에서 진행 중인 변화들을 저지하는 것을 목표로 한다. [지배 계급은] 이 계급의 역사적 기능을 수행하는 것을 거절하고(전문화된 기계 ↔ 착취-대중의 생산), ── 그것을 방해하는 힘을 가진 한에서 ── 평균적 생활 수준 상승에 기여하는 것을 거절한다. 이것은 실제로 다음과 같은 사실을 의미한다.

(1) 지배 계급이 노동자 계급에서 이루어지는 출산에 대해 엄격한 통제를 가하고자 한다는 점이다. 사실 공인된 위선에도 불구하고 노동자 부부는 양차 대전 사이에 맬서스주의를 실천에 옮기는 데 어려움을 겪었다. 우리는 위에서 인용한 예의 의미를 이해한다. 나는 앞에서 낙태하는 여성 노동자는 부르주아 계급이 그녀에게 내리는 선고를 스스로 실행한다고 지적했었다. 우리는 이제 *그것이 선고라는 사실*을 이해한다. 한 여성의 복부에 가해진 동시에 하나의 생명에 가해지는 낙태라는 폭력은 바로 부르주아 사회가 저지른 폭력 그 자체다. 낙태한 여성 노동자 자신, 그녀에게 도움을 준 친구, 그리고 "낙태 전문 산파"가 있다면 이들은 아이를 더 갖고자 하는 한 노동자 부부의 욕구를 만족시켜 줄 수 없다는 일치된 불가능성을 내면화함으로

써만 이 폭력을 (분노와 절망으로서) 발견하게 된다. 경제적 과정이 대량 생산으로 이어지면서 노동력의 증가된 수요를 유발하기 때문에 계속되는 실업의 위험하에서 노동력을 유지하고, 또 이 노동력을 일자리의 공급보다 항상 약간 상회하는 수준에서 유지하기 위한 경제 과정의 정지는 *생사여탈권의 억압적인 행사다.* 물론 이런 억압은 노동자 계급의 사망률 앞에서 지배 계급이 취하는 태도에 의해 보충된다. 우리는 각각의 사회가 사망자 수를 결정한다는 사실을 잘 알고 있다. 그러나 각각의 사회는 이 사망자 수를 상류 계급의 수준에서 결정하는 것이다(주권자에 의해 — 정치 일반, 예산, 최적의 노동 조건의 설정, 위생 — 그리고 이와 동시에 집렬체성-계급에 의해 — 장소의 정비, 위생, 생활 보호법, 죽을 위험이나 직업병을 줄이기 위한 노력 등등). 이것은 다음과 같은 사실을 의미한다. 즉 프랑스의 고용주 — 절대로 잊히지 않는 유혈 투쟁의 역사적 시각에서(그리고 이 투쟁의 부활은 항상 가능하다) — 가 1919년의 소요 이후 출산을 통해서(고용주가 방해한), 그리고 사망자를 통해서(고용주가 막지 않기로 결정한) 이루어진 노동자 계급의 계획적 말살을 수행했다는 사실이다.

(2) 이와 같은 실행은 시장 확대의 거절과 분리될 수 없다. 정확하게 생산은 *동일한 것으로 남아 있기* 때문에 기업이 새로운 노동자 고용을 거절하는 것과 노동자 가족이 아이를 하나 더 가질 수 없다는 것 — 촉발되고 유지된 — 사이의 일치 현상이 존재한다. 만약 우리가 최근에 이루어진 빈곤화의 법칙에 대한 전혀 엉뚱한 해석을 고려하지 않은 채 억압적 실천의 이 두 번째 양상을 고려한다면, *만약 마르크스 자신이 그런 것처럼* 우리가 이 두 번째 양상에 상대적 의미를 부여한다면, 그리고 산업화가 모든 사람의 생활 수준을 향상시킨다는 의심할 수 없는 확증을 우리가 인정한다면 그때 우리는 경제주

의가 숨기고 있는 다음과 같은 진실을 반드시 인정해야 할 것이다. 즉 프랑스의 부르주아가 *비정상적으로 낮은*(그러니까 2차 산업 혁명의 실천적-타성태적 결과와 다른 "선진" 자본주의 국가들의 생활 수준과 모순되게 말이다.) 생활 수준을 유지하는 것은 바로 고의적이고 억압적인 실천에 의한 것이라는 진실이 그것이다. 결국 노동자 계급을 속박하기 위해 인구 전체를 억압했던 것이다.

(3) 이처럼 *야기된 희소성* 내에서(즉 부정적 힘으로서의 희소성에 대한 고의적 강화 속에서) 자신들의 노동력을 개인적으로 파는 자들(개인적 판매자)로서의 노동자들 사이의 모순 —— 이미 조합적 실행에 의해 극복된 —— 은 노동자들의 *환경*(전문 노동자 대 숙련 노동자, 사기업 노동자 대 공기업 노동자, 월급제 노동자 대 "생산성"에 따른 임금 노동자 등등) 사이의 모순으로 변화했다. 그리고 조합들은 화석화 과정에 있는 그들의 주권의 분열을 은폐하면서 그들 스스로 노동자 계급을 위한 불화 반목의 주체가 되었다. 그러나 이와 같은 분열적 폭력은 고용자의 실천으로부터 그들이 이어받은 것이다. 그들의 갈등은 노동자 계급 내에서 경제 과정을 멈추게 하는 분열을 유지하는 억압적인 힘을 출현시킨다. 여기에서 억압의 목적은 프랑스의 *상황*을 영속화하면서 일시적인 대립을 영속화하는 데 있다. 그러니까 통치하기 위해 분열시키는 것이다. 낙태를 시키고, 기근을 낳고, 분열을 조장하는 부르주아 계급은 학살을 계속한다. 이 계급은 피고용자들과 프롤레타리아들 사이의 계급적 긴장을 강조하기 위해 자의로 제2계층을 희생 삼아 제3계층 —— 벌써 과다한 —— 을 증대시키는 것이다. 그리고 이 부르주아 계급은 적의 계급을 무기력 상태로 몰아넣는다. 즉 자기 자신의 계급적 존재를 적에 의해 내려진 선고로서 실현하게끔 하는 것이다.

이처럼 과격한 억압은 분명 실천으로서의 *계급의 총체성*, 그리고 소유자 각자의 활동과 극복할 수 없는 의미 작용으로서의 계급의 전체성이다. 이런 의미에서 우리는 새로운 형태하에서 억압은 **타자**로서의 각자에게(자기 자신의 활동을 소외시키는 한에서) 새로운 상황에서 출발해서 그 자체로 엄격한 요구로서 규정된다고 할 수 있다. 생산에 대해 프롤레타리아의(그리고 프롤레타리아에 대해 생산의) 항구적이고 통제된 적응이 필요하기 때문에 억압적 근절은 학살을 통해서만 이루어질 수 있을 따름이다. 이와 같은 간헐적이고 야만적인 유혈 사태는 노동자 계급의 계속되는 균형 회복과 점차적인 감소의 가치를 갖지는 못한다. 분명 지속되고 통제하는 유혈 사태가 필요하다. 그리고 특히 노동자 계급의 역사적 과거가 이 계급에게 폭력의 끔찍한 경험, — 그 결과 — 동등하거나 잠재적인 폭력의 경험을 부여하기 때문에 프랑스의 *과격주의*는 계속해서 스스로 변화의 불가능성, 현 *상태*를 유지하는 의무로서 정의했다. 1930년경의 모든 고용주가 **타자들**의 모든 고용주적 실행을 해석한 것은 바로 이런 목적론적 시각 속에서였다. 그렇다고 해도 우리는 모순되는 요구들을 보여 준 것이지 이 모순들을 초월하는 *실천*을 보여 준 것은 아니었다. 생산의 증가율이 0퍼센트로 감소할 경우 어떻게 이윤율을 유지하고 증가시킬 수 있는가?

다른 곳에서 나는 맬서스주의가 어떤 해결책을 제시하고 있는가를 설명한 바 있다.[219] 대기업은 생산을 증가시키지 않은 채 생산성을 증가시켰다. 이렇게 해서 대기업은 경비와 노동력을 절감시켰다. 그러나 프랑스의 보잘것없는 시장을 보호하면서 — 다른 판로를 개척하는 일은 생각도 하지 않은 채 — 대기업은 훨씬 더 비싼 비용으로 같은 상품을 생산해 내고, 이 대기업의 보호를 받는 소매상들과 다소

---

219 「공산주의자들과 평화」, 『상황』 6권.(편집자 주)

간 은밀한 계약을 체결했다. 대기업은 가격을 시대에 뒤진 중소기업의 가격에 연동시켰다. 그런데 이 중소기업의 존재 자체는 프랑스의 경제를 점차적으로 악화시켰다. 여기서 억압은 이중적 기만의 형태를 취하게 된다. 소비자들 앞에서 소기업들은 그들에게 *가장 낮은 가격*으로 들어오는 것을 *가장 높은 가격*(이 가격은 소기업주들에게는 *가장 낮은 가격*인데)으로 판매하면서 엄청난 이윤을 보장하는 대기업을 은폐하는 역할을 하게 된다. 일정한 수준에서 생산(일정 수준의 생산)을 유지함과 동시에 개별적인 생산성을 증가시키면서(훌륭한 기계의 구입, 합리화, 능력에 따르는 특별 수당 등등) 기업주들은 노동자로 하여금 스스로 자기 자신의 고유한 계급 안에서 통제된 근절을 수행하는 주체가 될 것을 강요하게 된다. 실제로 어떤 한 명의 노동자에게 전체 프랑스의 기업에서 일자리를 찾을 수 있는가 또는 없는가의 가능성이 엄격하게 집렬체적 소외의 영역 속에서 결정되는 것은 바로 그 노동자*에 의해서*, 즉 그가 얻을 수 있는 가장 높은 임금을 받기 위한 그의 노력, 따라서 자기 노동의 규율을 향상하기 위한 그의 노력에 의해서다. 그리고 분명 자본주의의 모든 국면에서 노동자 한 명의 채용은 다른 노동자에게 일자리를 발견할 수 없는 가능성을 부정적으로 보여 준다.(완전 고용의 시기를 제외하고, 즉 잘 규정된 상황, 그리고 아주 특수한 시기를 제외하고서 말이다.) 그러나 거기에서 문제가 되는 것은 단순하고 자명한 이치였으며, 그리고 다른 한 명의 사람-상품을 제거했던 것은 (비록 그가 일을 시작하기도 전에) 타성태적 상품으로서의 그 노동자였다. 맬서스주의의 경우에서는 기만으로 인해 노동자는 자기도 모르는 사이에 스스로 노동자 계급에 속하는 한 명의 불특정 **타자**를 위해 일하고 살아가는 가능성을 제거하게 된다. 그 까닭은 생산 자체의 발전을 가져오고, 풀가동되는 산업의 노동력의 필요성을 간접적으로 증가시키는 효과를 낳는 대신에 — 억압되지 않은 대중의 생산에서처럼 — 고용주에게 노동자의 임무, 규범, 그리고 새로운 기계에 대한 자유로운 적응은 필연적으로 노동력의 필요성의 감소로 해석되기 때문이다.

따라서 바로 그것이 고안이다. 이 개념을 빌려 내가 말하고자 하는 바는 노동자 계급과 프랑스 전체 인구를 희생시켜 억압과 착취, *현상 유지*와 이윤 등의 현대적 제 모순을 해결하는 것은 바로 현실적 실행이라는 점이다. 이 실행이 억압적이라는 사실에 대해서는 누구도 의심하지 않을 것이다. 또는 오히려 억압은 우선 모든 변화에 대한 철저한 거부로서 주어진다. 이와 같은 전체적 의무의 내부에서 경제 집단들은 맬서스주의를 *자신들을 위해*, 이런저런 거대 산업 조직을 위해, 계급의 요구에 따르는 수단으로서, 그리고 특히 그들 자신의 노동자들의 통제를 확보하는 수단으로 삼게 되었다. 여기에서 또다시 모든 것은 완벽하게 가지적이다. 단지 문제가 되는 것은 실천적-타성태에 이미 각인된 결정 요소를 *실행*으로 변화시키는 것이다. 그러나 몇몇 집단에 의해 이루어지는 이 실행이 **타자**들로서 다른 모든 집단(또는 개인)을 구속하는 계급의 실행이 된다면 이는 이 실행이 계급의 객관적 정신의 집렬체적 환경 속에서 즉각적으로 해득 가능한 것으로 주어진 때문이고, 또 각자가 이 실행을 초월 불가능성으로, 그리고 총체화된 계급(그리고 각각의 집단과 각 개인의)의 공동 목적으로서의 철저한 부정을 향해 넘어서면서 이 실행을 이해하기 때문이다. 그러나 이와 같은 이해는 *저쪽에서*는 필연적으로 *타자적* 행동의 생산이다. 이는 **타자**로서 각자가 이 행동을 발생시키는 **타자**이기 때문이다. 그리고 이와 같은 이해는 여기에서(즉 나의 **타자적** 존재가 **타자**들을 위해 존재하는 다른 곳에서)는 재생산이다. 이것은 각자가 **타자**들에 의해서,

그리고 이 타자들을 위해서 계급에 대해 책임(이 계급을 배반하고 싶지 않다면 절대로 넘어서지 않을 철저한 거부에 대한 책임)이 있기 때문이다. 실행을 고안해 냈고 또한 그것을 시작했던 강력한 집단의 경우를 제외하고는 어떤 협력도, 어떤 결의도, 어떤 전달도, 어떤 공동의 재집단화도 없는 것이다. 모든 것이 집렬체적으로 행해졌고, 그리고 경제적 과정으로서의 맬서스주의는 집렬체성이다. 그러나 매사가 가능할 때마다 각각의 지역적 집단 또는 각 개인의 활동은 이해의 운동을 자유롭게 재생산하게 되며, 심지어 이 운동과 구별되지 않기도 한다.

이렇게 해서 우리는 앞에서 보았던 집단적 책임감의 경우로 다시 추락하게 된다. 실제로 **타자**의 영역에서 각자의 맬서스주의는 타자들의 그것에 대한 이해와 *여기에서의* 생산(예를 들어 즉각적 소비 대상물의 생산으로서), *저기와 모든 곳에서의* 생산(채굴 산업에서, 노동 도구의 제조에서, 그리고 결국 모든 분야에서)에 대한 적용이다. 생산의 핍박은 순환적 현상이다. 각자는 자기 자신의 생산을 조건 지어야만 하는 한에서 **타자들**의 맬서스주의를 예견하게 된다. 그리고 각자는 자기 자신에 대해 미리 자신의 생산을 조정하는 한에서 이와 같은 맬서스주의를 조건 짓게 된다. (그리고 이 생산이 낳게 되는 욕구를) 이 순환성을 통해서 각 공장주 또는 공장주 집단은 맬서스주의를 실천하기도 하고, 또한 적응해야만 하는 과정으로서 *다른 곳에서* 이 맬서스주의를 포착하기도 한다. 이처럼 각자의 맬서스주의는 *유도된다.* 나는 더 이상 생산을 할 수가 없다. 왜냐하면 나는 원료, 생산 도구 등등과 마지막으로는 고객들을 확보하지 못할 것이기 때문이다. 그러나 이와 동시에 이 맬서스주의는 *유도하기도* 한다. 나는 **타자**가 자신의 생산 규제를 준거하게 되는 그 **타자**다. 이와 동시에 맬서스주의-실천의 실천적 이해로서 순환적 맬서스주의에 대한 각자의 단순한 적용은 모든 분야에서 억압 행위다. 각자는 인위적으로 생산이나 또는 생산 증가율을 자유로운 폭력 행사를 통해 제한한다. 이 자유로운 폭력 행사를 통해 두 가지의 타성태적 의미 작용이 나타난다. 하나는 측면적 관계에서 나타나고("나는 **타자**에게 잘 적응해야 한다.") 다른 하나는 하나의 총체화된 한계로서("나는 활동의 의미를 이해하고 또 나는 거기에 계급의 명령에 따라 기여를 한다."), 그리고 현재 진행 중인 활동 하나하나의 이해를 넘어서는 것으로서다. 유도하는 집단의 의도적 *실천*(그러나 여전히 신중한)에 의해 생산의 순환적 저하로서 결정된 맬서스주의는 (각 생산자가 자신의 생산과 동시에 그가 지급하는 임금을 통해서 *사회적 생산*을 조절한다는 의미에서) 과정으로서 근원적 행동의 성급한 이해에 의해, 즉 구매력, 그러니까 임금 노동자가 누리는 삶의 가능성의 냉혹한 한계로서 자신의 재생산에 의해 실현되고 지속된다. 맬서스주의는 억압이다. 그도 그럴 것이 제조를 통해 생산에 *선험적으로* 가해진 한계는 제조업자에게는 자신의 계급이 그 너머로 더 이상 가능하지 않을 수도 있을 한계를 토대로 정의되기 때문이다. 다시 말해 그가 속한 계급이 *억압*을 통해 타자에게 가하는 한계로부터 출발해서 정의되기 때문이다. 맬서스주의는 *실천-과정*이다. 그 까닭은 억압의 실천의 역사적 특수화가 착취의 과정에서 필연적으로 실천적-타성태적 변화를 내포하기 때문이다. 물론 다른 종류의 억압도 존재하며, 정확하게는 내전을 겪지 않고서도 계급의 억압(온정주의나 신(新)온정주의, 인간 공학 등등)을 체험한 다른 나라들에서 존재한다. 이와 같은 억압은 주어진 상황에서부터, 이와 마찬가지로 주어진 생산 조건과 힘의 관계 위에서, 기술과 소유 관계가 부분적으로 변화시킨 전망 내에서 전개된다. 여기에서 이와 같은 다른 종류의 억압을 기술하는 것은 중요하지 않다.(프랑스만 아니라 산업의 여러 다른 영역에서 함께 맬서스주의의 철폐와 비집중화,

신온정주의를 실현하기 위한 노력을 제시하는 것도 중요하지 않다.) 우리가 여기에서 제시하고자 하는 것은 투쟁이라는 개인적 실천은(일정한 사회, 조직 등의 내부에서) 필연적으로 착취의 주변적이고 순환적 과정을 지지하게 된다는 점이다. 그리고 다른 모든 곳에서 조건 지어진 것으로서 순순한 무구함 속에서(내가 아니다. 그것은 **타자들**이다. 나는 마지못해 이 공장의 문을 닫았어야만 했다.), 그리고 한결같은 양심 속에서 *여기에서의* 뛰어넘을 수 없는 계급적 존재의 실현으로서 개인의 억압이 그 착취 안에 포함되어 있다는 점이다. 특히 이것은 개인의 실천이 총체화되고 절대적인 실행 속에서 각인되어 있는 한에서 그러하다.

　나는 맬서스주의의 예를 들었는데 *계급 투쟁*이 **역사**의 원동력이라고 쓸 수 있으려면 그 투쟁이 가져야 하는 *최소한의* 의미를 보여 주려는 의도에서였다.(이 원동력이 경제적 과정과 객관적인 모순들에 있다고 아주 간단히 말하지 않고서 말이다.) 실제로 모든 것이 거기에 있다. 우리의 변증법적 연구가 구체적인 것에 대한 초기 연구이고 끝나려면 아직 멀었음에도 지금부터라도(비록 과거로 고정되고 초월된 단순한 시간화 과정으로서가 아니면 역사적 사실은 마주치지 못했다 하더라도) 말할 수 있는 것은 우리가 아마도 사회와 인간의 진보에 대한 어떤 의미 같은 것을 발견하게 될 것이라는 점이다. 그렇게 하기 위해 우리는 집단과 계급 그리고 일반적으로 모든 사회적 형성물(집합태, 공동체)의 상호 관계들이 *기본적으로 실천적*이라고, 즉 이 행위들의 실현 형태와 양식이 어떠하든 상호 협력, 동맹, 전쟁, 탄압 등 상호 행위를 통해 실현된다고 생각해야 한다.(우리는 억압적 실천의 복합성을 보았다. 실천은 **역사**와 그 과정과 함께 부단히 진보한다.) 어떤 상황들에서 물화가 다중성들 —— 구조화되었건 아니건 간에 —— 사이의 이런 실천적 관계의 결과 중 하나(이타성 안의)이든, 물화가 피억압 계급과 억압 계급에서 인간관계의 절대적 외면성으로 모든 곳에서 내면화되든 간에, 또한 그 결과로서 다수성들(연합되었건 투쟁하는 중이건)을 통일시키는 관계 속에 유도된 하나의 타성태와 스스로 물화되는 경향이 있는 내면화된 외면성이 있든 간에 어쨌든 물화는 하나의 필연성 혹은 필연성 그 자체라고 할 수 있다. 그 까닭은 이 필연성이 비유기적 물질성을 매개로 하는 그런 실천적 다수성들 한복판에서 일반적인 소외로 드러나기 때문이다.

하지만 우리가 실천적 다수성들의 관계를 하나의 과정의 발전에 의해 — 동시적으로든 아니든 간에 — 생긴 단순한 모순적 규정들로 축소해야 한다면, 또한 예를 들어 프롤레타리아 계급을 부르주아 계급에 대한 미래의 파괴자로 생각해야 한다면 — 가변 자본의 점진적 감소와 고정 자본의 증가가 노동자의 생산성을 증대시키지만 노동자 계급의 총구매력을 감소시키고, 위기 때마다 부르주아 계급을 수렁에 빠뜨릴 경제적 재앙을 초래한다는 사실 때문에 — 우리는 인간을 실천적-타성태의 반변증법적인 순수 계기로 축소하게 될 것이다.

이와 반대로 우리가 변증법적 연구를 통해 알게 된 것은 바로 구성된 실천의 이중적 결정이다. 첫 번째 결정은 모든 수준에서, 그리고 집단에서까지(융화 집단이기를 그치자마자) 측면적 도피, 즉 타성태, 이타성, 회귀성 등과 같은 특징을 가진 다양한 형태들이다. 두 번째 결정은 이와 동시에, 그리고 *집합태까지* 실천의 장을 하나의 목표에 입각해 수단들의 이해할 수 있는 재조직으로 변형시키면서도 그리고 기존 상황들 총체에 의해 조건화된 필요, 위험, "이해관계" 등등에 기초한 미래적 가능성의 장에 대한 객관적 규정으로서 목표를 파악하면서도 변증법적 작용이라는 기본적 특징을 고수하는 것이다. 실천이 특정 다수성의 행위로서 변증법적 합리성 내에서 볼 수 있는 하나의 불투명성인 것과는 달리 이 합리성은 **존재**에 대한, 심지어 *존재태*에 대한 구성된 *실천*의 우위를 요구한다. 이것은 바로 이 합리성이 그 자체로 다름 아닌 다수성의 *실천*이기 때문이고, 또한 이 실천이 유기적이며 자유로운 *실천*에 의해 지탱되고 또 태어나기 때문이다. 구성된 *실천*이 없다면 모든 것은 사라진다. 소외까지도 그러하다. 왜냐하면 더 이상 소외시킬 것이 없으며, 물화까지도 없기 때문이다. 또한 인간은 태생적으로 타성태적 존재이고, 사물을 물화할 수는 없기 때문이다. 이것은 공을 들여서, 그리고 모든 경우에도 개별적 *실천*이나 공동으로 구성된 *실천*이나 *실천-과정*을 구별해야 한다는 것을 의미하는 것은 아니다. 오히려 이것은 이 인간 행위의 세 가지 양식들이 그 자체로 실천적-타성태적 과정과 구별되며 또한 그 과정의 기초를 이룬다는 것을 의미한다. 방금 보았듯이 동일한 발전이 동시에 *실천*(억압)으로서, 그리고 과정(착취)으로서 시도될 가능성 또한 존재한다. 그리고 그 과정이 매 순간 실천을 조건 짓는 것 또한 가능하다.(**7월** 왕정 말엽의 경제적 위기는 자본주의의 유아기적 병으로 볼 수 있는데 부르주아 계급에게 억압의 위급성과 시민전으로서의 억압의 명백한 성격을 조건 짓는다.) 우리가 이용하는 합리성의 양식들을 정의하는 조심성만 보인다면 이 모든 것은 완벽하게 인지 가능하게 된다. 다만 그렇게 되기 위해서는 **결국 분석적 이성**과 **경제적 이성**을 구성된 변증법으로 용해해야 한다는 *조건*이 따른다. 혹은 결국 마찬가지일 테지만 *실천*의 변형과 우여곡절을 항상 순환적으로 반복하거나 그 실천의 소외를 모든 수준에서, 그리고 일련의 필연성들로 드러내야 한다. 실천은 그 필연성들의 신비화된 희생임과 동시에 기본적 지지다. 물화되었건 그렇지 않건 간에, 인간이 어떤 다양성에 소속되건 간에 그들의 개별적, 공동적 관계들은 우선적으로 실천적이다. 매개되었건 그렇지 않건 간에 문제가 되는 것은 그들 사이의 상호성이다. 그리고 이 상호성은 동맹 혹은 갈등의 상호성이 될 수 있다. 어떤 계급이 노동의 도구들을 소유하고 있고, 그리고 노동자 계급은 이것을 이용하여 상품을 생산하고 봉급을 받는 그러한 사회에서 *인간들 사이의 매개* 역할은 재료와 실천적-타성태적 대상이 담당한다. 그리고 본 연구에서조차도 이 사실은 가시적이다. 왜냐하면 — 봉기나 학살 이외에는 — 계급 각각의 다른 계급에 대한 억압이 기계에 대한 각각의 관련에 의해 나타나기 때문이다. 1830년 프랑스 제사(製絲)업자들의 기계 수입, 1913년 무렵 미국제 반자동 기계의 수입은 바로 고용주들에 의한 프롤레타리아 계급의 결정이다(임금 하락, 자격 박탈). 기계들의 불법적 파괴(자신에 대해 아직 의식화되지 않은 프롤레타리아 계급의 통제되지 않은 반응으로서), 1936년의 공장 점거(새로운 상황에 알맞은 전략의 시도로서)는 바로 노동자의 저항 유형들이다.

　　그러나 치안 세력이 항상 존재한다는 것이 표면상 교섭 단절의 진정한 이유다. 이 세력이 넘쳐날 때 고용주와 노동자는 중개자 없이 서로 대면한다. 군사력의 존재에 기초한 *실천*으로서의 억압은 바로 휴식 중인 이 폭력을 이용하여(가능하다면 폭발시키지 않고) 대립적 관계가 기계의 수준에, 즉 실천적-타성태, 필연성 등등의 수준에 머무르게 하려고 하는 것이다. 그리고 노동자의 대응은 — 이것이 가능할 때면 — 억압에 항거하는 조직화된 폭력이다. 다른 곳에서 내가 살펴보았듯이 파업은 폭력이다. 왜냐하면 파업이 계약 파기로서 제기되기 때문이다. 이는 당연히 폭력에 맞서 행사된 폭력이다. 하지만 부르주아적 민주주의 내에서는 파업이란 — 합법적으로 용인된 순간부터도 — *첫 번째* 폭력으로 나타난다. 이 폭력은 하나의 행위다. 기계가 아니라 바로 고용주에 대한(그리고 그를 통해 적대 계급에 대해 이루어지는) 행위다. 그가 자신의 이익(소외)에 동일시하고, 또한 이런 시각에서 보면 그는 문제의 세력, 무릅쓴 위험, 가능한 선의 양보가 무엇인가에 대한 실천적 재평가를 할 수 있기 때문이다. 마지막으로 이 폭력은 하나의 시도다. 왜냐하면 그것은 과정의 역사적 발전과 이 발전이 노동자 계급에게 조건 지우는 변화를 통하여 다양한 형태들을 가지기 때문이다.

이런 시각에서, 그리고 맬서스주의에 대한 위의 예와 병행해서 우리는 어떻게 1936년의 파업들이 집렬체적인 증식, *그리고* 그 노동자 계급의 억압에 대항하는 행위였는지 살펴볼 수 있을 것이다. 후퇴와 억압으로 점철된 시기가 지나자 정부에 참여한 인민의 당의 존재가 계급의 총체성에 해당하는 등가물을 마치 활동의 타성태적 피안처럼 도처에 만들어 낸다. 그러나 고정된 부정 대신 노동자는 인민의 당을 통해 자기 계급의 미래와 자기 자신의 미래를 가능성의 장의 개막, 즉 *만들어야 할 미래*로 파악한다. 이것은 지난 시대들의 압축 후에 미래적 실천을 공동 *자유*로 규정하는 것이다. 이런 상황에서 초기 파업들이 나타난다. 이것들은 즉각적으로 모방되지는 않는다. 왜냐하면 좌익 언론의 당황한 반침묵 상태 때문이다. 하지만 사회주의 기관들과 공산주의 기관들이 그 파업들을 폭로하지 않을 수 없게 되자 운동은 전파되고 파리 전역을 휩쓸게 된다. 그런데 명백하게도 이것은 집렬체성의 운동이다. 당연히 공장 모두의 점령은 서약 집단을 위한 집렬체의 해산을 의미한다. 하지만 집단들의 집렬체성은 존재한다. 왜냐하면 새로운 실천의 물질적 상황들이 점령자들 집단 모두를 각각의 **타자**로부터 분리하는데, 이는 거리만이 아니라 점령된 공장의 담장들 때문이다. 하지만 각자의 이해에서의 과격주의와 같이 총체화된 계급에 해당하는 것은 새로운 실천의 이해 *자체가 과격하다*는 것이다. 우선 새로운 실천이라는 것이 각자에 의한 특정 집단의 생산과 구분되지 않기 때문이다. 그다음으로 그것이 감춰지고, 또한 새로운 전략으로서 집렬체적 이타성으로 숨기 때문이다. 그리고 이것이 자신의 실질적 운동에서 직접 극복하는 물질적 조건들을 정의하고 전문 노동자의 추상적인 상호 교체 가능성에 대한 투쟁, 이 극복의 의미를 투쟁 수단의 재조직을 통한 취약 구조들의 보상(파업의 실천적 구조에서의 변모 등등)으로 정의하기 때문이다. 마지막으로 새로운 실천이라는 것이 이 행위의 재구조화를 가능성의 장에 대한 정의되지 않은 열림으로부터 파악하기 때문이다.

착취 계급의 급진화 경향에 비추어 보면 이 급진화하는 이해는 살아 있고, 진실하며, 유일한 급진화다. 왜냐하면 이 이해가 억압 계급 전체를 무한한 의무의 관점에서 제시하기 때문이다. 그때까지 현실이란 단지 불가능한 삶을 살아야 하는 당위성에 불과했다. 현실은 하나의 세상을 위해 *시도할* 실천적 실현이 된다. 이 세상에서는 인간의 삶의 불가능성이 유일하게 불가능한 것이다. 그리고 이 실현은 **인민 전선**[220]과 공장 점령이라는 복합적 의미로서 *전체적으로 나타나* 있기(종업원에게 공장을 점거한다는 것은 마침내 현재와 미래에 의해서, 그리고 더 이상 운명으로서가 아니라 공동 자유로서 규정되게 하는 것이다.)도 하고, 이와 동시에 각자에게는 모든 몸짓의 무한한 피안, 그리고 집단 전체에게는 *시작*으로 나타나 있는 활동의 — 이루어야 할 미래에 의한 — 구성이기도 하다. 모든 사람은 다음과 같은 사실, 즉 점거 운동은 적어도 초기에는 노동조합이 가진 주권의 궐석을 수반한다는 사실을 기억할 것이다. 이처럼 계급의 제도적이고 조직화된 통일 전반,

---

220 Front Populaire는 전쟁과 파시즘의 대두에 맞서기 위해 1936년 결성된 좌파 연합 전선을 가리킨다.

그리고 집단들의 전파 전술을 계급의 전략으로 바꾸려는 시도 전반은 완전히 불가능했다. 이렇게 해서 노동자 계급을 — 도처에서 집렬체성이 융화 상태에 있다고 하더라도 — 실천적 공동체와 비교하는 것은 허용되지 않는다. 일련의 개인들의 와해와 일련의 집단들의 구성이 있기 때문이다. 그리고 이런 시각, 즉 계급 총체의 시각에서 볼 때 모든 현장의 점령이라는 모든 구성된 *실천*이 각각의 집단을 다른 집단들에 의해 *타자*로서 조건화하는 과정을 지탱한다고 볼 수 있다. 그럼에도 불구하고 여전히 다음과 같은 점은 모두 사실이다. (1) 각각의 집단 내에서 각자가 계급의 객관적 정신을 모든 공동적 시도의 이해로의 침투 가능성으로서 발견한다는 점, (2) 그 모두가 그들의 계급적 총체성을 무한한 시간화 과정으로, 즉 진정한 책임(억압자들의 타성적 총체성이 자신들에게 환상이기는커녕)으로, 그리고 공동적 자유로 파악한다는 점, (3) *실천-과정*으로서의 점령 상황(자발적 서약 공동체들에 의해 전파됨과 동시에 실현된)은 그 실천적-통일체를 다른 계급의 수용성에서 찾는다는 점 — 왜냐하면 이 다른 계급이 완전한 생산 중지를 총체화하는 부정으로 견디기 때문이다(그것은 다른 계급의 시각으로 객체화하는 반(反)폭력이다.) — 이다.

이 마지막 의미에서 보면 우리는(도식을 간단히 하기 위해 계급의 수를 둘로 축소하면서) 각 계급이 다른 계급에서 자신의 통일성을 찾고, 또한 끊임없는 불균형 상태의 이중적 형태하에서도 이 통일성을 찾는다고 말할 수 있다. 이 이중적 형태란 몰살이라는 통일화의 위협과 행위-과정에 의한 주권적으로 총체화된 총체화를 말하고, 또한 이 행위-과정이란 자신의 객관적 통일성을 총체화한 대상에서 찾는 과정을 일컫는다. 그런데 두 통일성(하나는 부정적이고 다른 하나는 긍정적인, 하나는 감내된 것이고 하나는 생산된 것인)의 모순, 그 모순의 시간적인 전개 과정, 그 모순이 규정하는 내적 긴장, 그리고 타자 속의-자기-외적인 이 실존의 상호성, 이 모든 것은 적대적 상호성이라는 실천적이고 체험된 관계하에서, 그리고 그 관계에 의해서만 가지적이다. 실제로 *실천의 객체화*는 적대적 환경에서, 그리고 적대 집단들의 조직과 재조직을 거쳐 생겨나기 때문에(게다가 이 집단들의 집렬체성이 있든 없든 간에) 다른 모든 객체화와 매우 다르다. 여기에서 다른 객체화란 비유기적 상태의 재료의 물리-화학적 규정들과 어떤 집합태의 수정들(집렬체성의 무력한 타성태에 행사된 노동에 의한)을 통해 생겨나는 것을 말한다. 실제로 이와 같은 실천의 객체화는 *감내되고 다시 떠맡은 것*이다. 예를 들자면 1936년 파업 당시 노동자 계급의 통일성은 스스로도 파악 가능하다. 소유주의 행위들을 통해, 즉 대략적으로 **마티농 협약**[221]을 살펴보면 그렇다. 달리 말하자면 자유롭고도 완전히 구속된(혹은 요구된) 패자의 행위는 자발적 복종과 이 자유를 통해 승자의 자유로운 통일성을 만들어 낸다. 승리를 거둔 노동자 계급은 이 요구-제약 안에서 *실제로 통일되어* 있다. 이 요구-제약은 고용주의 행위에 의해 노동자 계급의 한계로서 지탱되고 만들어진다. 여기에서 노동자 계급은 선발된 고용주 대표단에 의해 파업의 집렬체적 전파를 총체화하는 재내면화로 규정된다. 이 계급은 *자신에게는* 이와 같지만 고용주에게는 그렇지 않다. 왜냐하면 고용주가 계급의 실제적 통일성을 믿든지 일시적 난동에 양보할 뿐이라고 생각하든지는 별로 중요하지 않기 때문이다. 또한 고용주가 사회 혁명을 모면하려고 하든지 아니면 일시적인 양보를 할 뿐이고, 차후 하나하나씩 재탈환하

---

221 노동조합 형성 과정에서 공장 점거와 그로 인한 노동자 탄압, 검거, 기소 등이 행해지던 1936년 6월 7일 총리 관저인 마티뇽에서 맺어진 협약을 통해 노동자들은 단체 협약, 노동조합에 가입할 권리, 그리고 노동자 대표 체제 등을 인정받게 되었다.

려 하든지 별로 중요하지 않기 때문이다.

중요한 점은 이 고용주가 하는 일이고, 또한 프롤레타리아 계급을 그에게 통일성과 권력으로서 지칭하는 것은 바로 이 복종이라는 실질적 실천이라는 점이다. 이것이 집렬체적 작용들로 만들어진 통일성이다. 이 통일성이 다시 이 작용들을 그 자체 내부에서 그 자체를 위해, 타자의 매개를 통해 계급의 통일된 실천으로 구성하게 되는 것이다. 그러나 다른 통일성(진행 중인 지속적 통일로서, 그리고 몰살당할 혹은 무능력으로 축소될 그리고 실천적-타성태적 법칙에 따라 조종할 수 있는 하나의 집합태로 만들어질 위험으로서)이 나타나는데, 이는 항상 — 일시적 패배의 순간에도 — 다른 계급의 이미 부활 중인 주도권으로서, 그 직접적 수단과 목표가 아직은 모르나 차츰 밝혀질 그런 자유로운 실천으로서 모습을 드러낸다. 조합들과 여러 당의 연립으로 인해 너무 빨리 해산된 노동자 계급은 1937년부터 그들이 고용주에게 부과한 실천들에서 주체로서의 자신의 주권적 통일성을 포착함과 동시에 고용주 계급이 세력을 결집하여 은밀하고 제어할 수 없는 행위(가격 인상 따위)를 하리라는 불안한, 그리고 점점 많아지는 지표들에서 노동자 자신들이 주권적으로 총체화될 위험도 또한 파악한다. 실제로 이 단계에서 고용주의 실천은 노동자 계급의 집렬체적 무기력을 통한, 그리고 그에 의한 규정으로 파악된다. 그리고 이 계급은 이 무기력이 고용주의 실천 자체에 의해 만들어지는 것처럼 지정되어 있다. 이 세력 간의 관계가 모든 순간 주체-계급의 권력-통일체와 객체-계급의 무능력-통일체 간의 긴장을 규정한다. 하지만 여하튼 이 이중적이고 모순적인 통일체는 다른 계급에 의해 모든 계급으로 오게 된다. 그의 긴장은 현재의 시도, 즉 이 두 가능한 극단, 즉 전체적 승리와 전체적 패배라는 양극단 사이의 관계에서 볼 수 있는 객관적 위험을 측정할 수 있게 한다. 우리는 이미 객체화하는 총체화(전멸이라는 총체화하는 실천에 의한, 통일체로서의 몰살 기도)가 어떻게 적대 집단으로부터 각각의 집렬체로 오게 되었는지, 그리고 스스로 어떻게 융화 집단들 속으로 집렬체성의 와해를 낳게 되었는지를 살펴본 바 있다. 그것은 집렬체가 각각의 **타자**를 통해 자신의 부정적 총체화를 전체적으로 감내한 것으로(실천적-타성태) 파악하기 때문이다. 반면에 현실에서 패배는 요구되고 불가피한 자유로운 행동들을 통해 부분적으로만 견디어지며(**1848년 6월**의 살육), 부분적으로만 재내면화된다. 이처럼 계급은 그의 집합태라는 총체화된 존재에 의해 사로잡혀 있다. 이것은 노동자 계급이 **타자**를 집렬체적 상태에서 받아들이는 한 그 존재는 항상 그 타자에 의해 생산될 수 있기 때문이다. 그러나 실제적으로 노동자 계급의 패배는 계급 자체에, 계급에 의해, 공동적 행위들(복종, 죽은 체하기 등등)로 시간화되는데 이 행위들은 집단들에 의해, 혹은 만약 존재한다면 군주 집단에 의해 계급의 이름으로 유지될 것이다.

이런 의미에서 투쟁 중인 두 계급의 통일성은 적대적 상호성이라는 하나의 사실이며, *타자* 안에 있는 각자의 모순된 이 통일성은 *실천*에 의해, 그리고 그 실천만으로 야기되었음을 이해할 수 있다. 달리 말하자면 실천적 다수성들이 계급으로 형성되지 않을 하나의 우주(예컨대 *희소성*이 실천적 행위 주체와 환경 사이의 기본적 관계가 되지 않을 그런 우주)를 논리적이고 형태적인 순수 가정으로 생각하는 것은 가능하다. 그러나 *계급들이 존재하는 경우* 다음 둘 중 하나를 선택해야 한다. 사회 계층이라는 타성태로서, 그리고 지층의 단면들에서 볼 수 있는 밀집한 타성태와 다른 통일체란 없는 것으로 *정의하든가* 아니면 계급들의 불안정하고 변화하고 도피적이고 파악할 수 없는, 하지만 *실질적인* 통일성이 그 계급들에 오게 되는 것은 다른 계급들로부터이고, 그것도 긍정적이거나 부정적인 전형의 실천적 상호성에 의해서라고 *하든가* 말이다. 그리고 우리가 선택한 추상적인 가정(두 계급, 부정적 상호성)에는 만약 계급 각자의 통일성이 직접적으로 다른 계급의 *실천*으로 야기되지 않는다면, 그리고 다른 계급에 대한 그의 실질적 행위로서 그 자체의 *실천*을 통해 만들어지지 않는다면 모든 것이 — *우선적*으로 실천적-타성태 자체도 — 무한으로 분산된다. 이것은 계급 각자의 통일성이 다른 계급의 통일성에 종속적이라는 사실, 그리고 특히 이런 의존이 뭔지 모를 변증법적 마법에서보다는 폭력이라는 실재적 기투에서 나온다는 사실을 의미한다. 이때 이 기투는 다른 계급의 통일성을 그 자체의 통일성의 실천적 요인으로 통합시킨다.

우리는 두 계급을 검토해 보았다. 각 계급에서 우리는 다수성의 세 가지 구체적 유형이 존재하는 것을 확인했다. 즉 제도 집단 혹은 주권자, 투쟁(혹은 압력, 선전 등등) 집단, 집렬체성이 그것이다. 첫째로 우리는 — 두 계급 모두에 대해 — 다수성의 각 유형은 다른 두 유형의 매개와 총체화하는 의미 작용이라는 것을 확인했다. 그리고 그 결과 우리는 계급의 통일성을 제도화된 주권자의 노력에 의한 타성태적 분자들의 모임이 아니라 매개 운동의 순환성으로서 간주하게 되었다. 이 운동은 많은 전도로 이루어지기 때문에 집렬체는 그 자체의 도피하는-존재에도 불구하고 주권자 집단과 서약 집단들을 매개하는 통일성이 된다. 우리가 말한 바와 같이 통일성은 모든 수준에서 *매개* 속에 존재하는 것이다. 따라서 매개들의 순환성은 순환적 동시성, 그리고 통일성들의 주기적 운동으로 나타나는데 전자는 통일성들을 다시 다수로 만들고, 후자는 *시간화*라는 변증법적 진리를 통일성에 부여한다. 그러나 이 변증법적이고 실천적인 시간화는 이것이 *현실의* 행동이 아니라면 어떤 의미도 실제적인 현실성도 가질 수 없다. 또한 상황이 **타자**의 행동에 의해 규정되는 한에서 이 상황으로부터 그 행동의 긴급성이 유래하지 않는다면 이 현실의 행동은 존재할 수 없다. 그러므로 이 현실의 행동은 이것을 타성태적 객체로서 총체화하려 하는 적대 계급의 행동에 대한 *반발*이다. 그러나 이 반발은 또한 긴장의 지표 속에 스스로를 체험해 보도록 한다. 실제로 이 지표는 그 자체 안에서 이루어지는 의미 작용을 통해서, 그리고 적의 실천들을 재내재화함으로써 *적 자체 속에서의* 이 반발이 지니는 모순된 통일성(주체-객체)을 나타낸다. 예를 들어 승리한 전투 중에 계급이 **타자**의 자유를 가로지르는 타성태적 한계로서 자신의 자유를 파악한다면 계급은 종합적 매개의 순환성을 통해 자유로운 공동의 통일성으로서 스스로를 파악하는 것이다. 즉 승리한 *실천*의 종합적 자유는 그 자체가 통일화시키는 매개들의 통일성이 될 것이다. 그러나 이 통일성(집단으로서의 주권자, 주권자로서의 집렬체는 그들의 다양한 구조를 통하여 다른 계급에 대한 *그들의* 계급의 주권을 가리킨다.)은 필연적으로 **타자** *안에* 있다. 왜냐하면 이 통일성은 결국 타자의 자유의 위조와 변조이기 때문이다. 그러므로 계급은 다른 계급의 매개에 의해 그 자체의 초월하는 통일성에 연결되어 있다. 계급은 **타자**의 굴복한 자유 속에서 그리고 자기 밖에서 *하나로* 있다.

그러나 우리는 급진적인 이해의 집렬체적 과정이 급진화하는 총체화로부터 계급의 행동들을 재생산하는 한에서 이 과정을 계급의 객관적 정신으로 혹은 계급의 스스로에 대한 삼투성의 조건으로 보여 주었다. 이 총체화는 한계로서, 즉 **타자**의 부정으로서 계급적 존재를 나타낸다. 이 부정은 *타성태*일 뿐 아니라 과거의 특수화로서 특정 계급의 역사, 즉 특정 행동들과 이 행동들의 미래에 대한 저당권의 잔류 효과이기도 하다. 그런데 타성태적 굴복 불가능성(넘어서는 안 되는 문턱)을 만들어 내는 것은 바로 이 초월된 실천이다. 이것은 이 실천이(자체의 시간화된 시간화와 이 실천이 낳은 미래에 대한 저당권들의 타성태적 통일성으로서의) 그것의 역사와 함께 다른 계급을 과거 속에 만들어 냈다는 점에서 그러하다. 19세기 말 프랑스에서 고용주의 완강함은 1848년과 1871년의 학살들에서 유래한다. 그러나 이 학살들에서 이 완강함이 유래하는 것은 바로 이 완강함이 학살된 계급의 과거가 어떠한 것인가 하는 것을 다른 계급 속에서 이해하기 때문이다. 그리고 역으로 이 굴복 불가능성은 부르주아들의 행위로 말미암아 점차 노동자의 급진주의를 발달시킨다. 시민전쟁의 과거에 기초하여 실천적 이해의 구체적 통일성으로서의(계급 속에서의 모든 이해로 모든 행위가 스며드는 성질로서의) 이 급진주의는 삶의 불가능성을 견디어 내는 것의 불가능성, 즉 이 현전하는 현실의 파괴에 의해 다른 현실을 창조해야 하는 필연성이다. 변화를 절대적으로 거부하면서 부르주아 계급은 — 필요의 긴급성에 따라 여기저기 요구되는 어떤 조정으로서 — 변화를 구성하는데, 특수한 양상(자본주의의 착취의 틀 안에서 어떤 ○퍼센트의 증가가 전적으로 가능하면서도 기업의 이윤을 거의 줄이지 않는 것)으로서가 아니라 해도 최소한 무한한 변화의 전망하에서 부르주아 계급에 대한 급진적인 거부로서 구성한다. 아마도 급진화란 무엇보다도 계급 상황에 대한 노동자의 발견, 착취의 결과, 그리고 이 상황을 변화시켜야 하는 절대적인 필요성으로부터 유래한다는 반론이 있을 것이다. 그리고 19세기 내내 (노동조합의 혹은 정치적인) 투쟁가들의 임무는 노동자 계급이 무기력 속에 받아들인 결정들에 입각한 계급적 반성성을 노동자 계급에게 갖추게 하는 데 있었다는 것은 의심할 여지가 없다. 그리고 이 자각의 첫 시기는 실천적 타성태적 과정들의 체계적 해석이었을 것이다. 그러나 프롤레타리아 계급이 집렬체라는 점에서, 즉 모든 집렬체처럼 무기력에 빠져 있고 행동을 제한하는 경향과 피상적이고 잠정적인 이익들에 만족하는 경향을 지닌다는 점에서, 부르주아의 압제에 의해 만들어진 외양의 토양 자체에서 현실이 프롤레타리아 계급에는 자신과 다른 것이 될 수 없는 불가능성으로서 나타난다는 점에서, 그리고 또한 바라던 변화들이 구체적으로는 항상 모두에게 사소한 것이라는 점에서 노동자들의 자발적인 혁신주의가 생기는 것이다. 그리고 이 혁신주의란 모든 타자와 관계를 지니는 모든 사람에게서(피억압자와 관계를 지니는 억압자의 경우는 제외하고) 우리가 발견하는 것을 표현할 뿐이다. 즉 타협의 실천이다.(이것은 일반적으로 제3의 매개자들의 존재에 의해 강화된다.) 어떤 의미로 피억압자들의 상속인으로서 압제 속에 태어난 피억압자는 조정에 만족할 것이다. 이 조정들이 스스로 상황의 전적인 변화가 될 것이라고 그는 생각한다. 사실 그는 그것에 자기가 만족할 것이라고 *생각하며*, 그것은 당연하다. 남은 것은 조정에 즉각적으로(혹은 한두 세대 다음에) 호의적인 착취 계급이 전혀 다른 노동자 계급(같은 구조, 다른 내부 관계, 다른 긴장)을 만들어 내서 혁명적 급진화를 일정 기간 지연시키지 않았을까 하는 문제다. 영국의 프롤레타리아 계급의 혁신주의는 연결된 여러 요인에서 비롯하는 것으로 보인다. 그중 나는 프랑스에서 **2월 혁명**을 일으킨 바 있는 폭력으로써 국제적인 위기를 감내해야 하는 것을 영국에게 면해 준 식민지의 초과 이윤들, 그리고 유럽에서 프러시아에 대항한 우리의 전쟁처럼 나라 자체를 위험에 빠뜨린 적도 없고 빠뜨릴 수도 없었던 드물고 멀며 제한된 목표를 지닌 행동들에 가담하도록 해 준 영국의 외교 정책의 예만을 들도록 하겠다.[222]

222 프롤레타리아 계급은 각기 자신의 구성된 폭력(그의 기질적 폭력이라고 칭할 수 있을 것이다.)을 생산의 현실적인 조건들과 노동자 특유의 구조들로부터 이끌어 낼 뿐 아니라 자신의 역사로

사실 이 진보주의적 부르주아 계급이란 가설은 최소한 19세기에는 그 자체로 부조리했다. 오늘날 지배 계급들은 신가부장주의와 인간 공학의 실천에 의해 그 자신들이 대중(고객, 임금 노동자)에게 부과하는 이중의 역할을 양립시킬 일을 모색한다. 즉 항상 가능한(그리고 때로는 요구 사항들보다 앞서는) 양보들이 피착취자에게 착취자의 급진주의를 은폐하는 하나의 유동적이며 복합적인 체계의 구축을 모색한다. 그러나 이 신가부장주의는 어느 정도의 산업 발전을 전제로 한다. 따라서 19세기에 신가부장주의는 상상할 수 없었으며, 여러 위기(1845년과 1848년 사이의 빈곤, 1870년과 1871년에 걸친 전쟁과 빈곤)로 말미암아 너무나 갑작스레 드러난 결핍 속에서 부르주아 계급은 대학살을 감행해야 하는 계급으로, 아니면 사라져야 할 계급으로 등장한다. 이런 입장 정립(이것은 분명 상속자들이 상황을 내면화하는 것이며 상속자들의 반응은 이미 내면화된 과거에 의해 조건 지어진다.)으로 부르주아 계급은 단번에 급진화의 상호성(더욱이 추상적이고 순전히 형식적인 관점에서, 그리고 타성태들을 고려하지 않는다면 이것은 끝없는 왕복으로 나타날 수도 있다.)을 규정한다. 유도하는 계급은 어쨌든 부르주아 계급이다. 그리고 아마도 (과정으로서의) 축적은 수백만의 인명을 희생시키지 않을 수 없었으며, 이것은 사회를 부유하게 하는 조건으로서 노동자의 빈곤을 요구했다고 말하는 사람이 있을 것이다. 이는 아마도 대체적으로 사실이지만 (유독 가스의 재연소에 대한 거부와 같이) 세부적으로는 이

부터도 이끌어 낸다. 프랑스 부르주아 계급의 영광되고 폭력적인 역사, 그리고 19세기 이탈리아의 부르주아 계급과 인민의 영광되고 폭력적인 역사는 항상 사회 변화의 진정한 주체였던 프롤레타리아 계급에 의해 내면화되었다. 이 두 경우에서 내적인 폭력은 부르주아 계급에게 유혈 사태를 만드는 기회였고, 그 계제에 이 매개에 의해서 강화되었다. 독일과 특히 프러시아에서는 군인과 지주로 이루어진 귀족 계급 앞에서 부르주아의 무기력은 사회민주주의, 노조, 대부분의 프롤레타리아 계급 등의 아주 무기력한 혁신주의 속에서 다시 발견된다.(원주)

것이 전적으로 사실일 수 없다는 것을 우리는 안다. 달리 말하자면 이 시기의 자본가는 **타자들**의 빈곤의 필연성을 받아들였으며, 한 사람이 다른 사람들의 빈곤을 수용한다는 것은 빈곤을 생산하는 것을 받아들이는 것, 그러므로 수용한 필연성을, 그 법칙과 주제들을 자유롭게 다시 채택함으로써 극복하는 것이다. 이는 *억압을 받아 마땅한 반(反)인류로서 피억압자를 지정하는 일종의 계급의 선악 이원론*에 따라 필연성을 억압으로 바꾸는 자유로운 변형을 정당화하는 것이다. 그 결과 이는 *"억압을 부과하는 것"*과 같은 것이다. 결국 이것은 이 자유로서의 필연이 (자유 경제의 냉혹한 법칙들인) *사물들에 의한 피착취자의 유죄 선고*(인간의 자유로운 판결)라고 주장하기 때문에 피억압자로서는 더욱 참기 어려운 것이 되는 것이다.

   (아직 제대로 발전하지 못한 자본주의에 의해 이루어진 희소성의 수용으로서의) 급진화에 기초한 억압은 노동자 투쟁 실천의 급진화를 가능하게 해 주는 현실적인 힘이 될 것이다. 19세기 역사의 중요한 양상은 노동자들이 고용주의 절대적인 완강함을 경험했다는 점이다. 그들은 (처음에) *인간들과 뜻이 통하기를 원했지만 그들이 고용주들에게는 인간이 아니기 때문에 그것이 불가능하다는 것을* 점차 알아차렸다. 만약 19세기의 노동자 운동을 이해하려면 이 계급적 인종 차별은 중요한 사항이다. 이 인종 차별은 처음에는 소유권의 존중과 고용주들에 대한 신뢰로 부추겨졌다.(고용주들은 노동력 덕택에 정치 제도를 개선할 수 있었고, 여전히 자신들을 보편적 계급이라고 주장하는 부르주아들이었다.) 1830년경에는 가장 진보적인 노동자들이라 해도 자본주의 경제에 사회주의적 부문을 도입하는 것은 꿈도 꾸지 못한 것으로 보이며, 단지 고용주들의 공장에 몇몇 생산협동조합을 끼워 넣기를 원했다. 대부분 신앙심 깊은 그들은(많은 노동자가 시골에서 바로 왔다.) 당시 부

르주아의 무신론을 비난했다. 그러나 그들의 입장 전도 — 즉 입장의 급진화 — 는 프랑스에서 아주 분명한 기원을 갖고 있다. 1830년부터 1871년까지 부르주아 계급은 그들에게 선고를 각인시켰다. 부르주아 계급이 행하는 난폭한 탄압 정책은 제약을 통해서 실행되었으며 노동자 계층에는 그들에 대한 최고 재판소의 유죄 선고처럼 실행되었다. 이런 관점에서도 탄압 행동은 중요하다. 이 탄압 행동은 불에 달군 쇠로 피억압 계급의 가슴에 의미들을 각인시킨다. 이 의미들은 윤리적 판결이다.(일반적으로 탄압적인 재판 후에 **헌법**, 그리고 종교적 혹은 윤리적 원칙들의 이름으로 제시되는 사실심 판결 이유들의 추상적인 형태로서 그러하다.) 그리고 이 판결들은 피억압자 자신을 연루시키려 한다. 그러니까 그는 투표하지 않았던가? 그는 **의회**를, 즉 정부를 대표하지 않는가? 파업, 소요, 폭동으로 그는 사회 계약을 깨뜨리지 않았는가? 그의 무질서에 대해 치안 담당자들이 취한 대비책을 정당화시키는 것은 그가 아니었던가?

이와 같이 판결은 공식화된다. 이 판결이 준거하는 가치 체계와 그것에 관계되는 사실들을 노동자 계급은 아주 잘 알고 있다. 선전은 노동자 계급에게 가치 체계를 가르쳐 주었다. 그리고 그 사실들은 노동자의 **행동**이다. 신문들은 이러한 평가 결과들을 널리 알렸다. 사형, 도형, 유형 등을 말이다. 프롤레타리아 계급에 대한 가능한 기만이 존재한다. 노동자는 자유 무역론과 자유로운 노동 계약을 수반하는 자유 체제를 받아들인 것으로 보인다. 그리고 외관상 고용주는 아무런 제약을 가하지 않으므로(아무도 그의 공장에서 일하도록 강요받지 않는다. 그리고 누군가가 대든다 해도 고용주는 그를 처벌하지 않는다. 그는 단지 계약이 파기되었다고 판단한다 등등) 그 결과 위기의 시기에는 폭력이 민중 폭동과 파업 등으로 사회에 나타나는 것처럼 보인다. 이 **야만인**

의 *원초적* 폭력은 생마르크 지라르댕의 지적처럼 항구적인(물론 노동자를 보호해 주는 목적도 있는) 탄압 기구들을 정당화하는 것이 아닐까? 억압자에게 압제란 그가 피억압자에게 지녔음에 틀림없는 증오와 불가분하다는 것을 우리는 보았다. 그래서 이 적극적인 증오는 일정 수의 의미들을 만들어 내서 *상호적인 폭력* 도중에 피억압자 자신에게 그 의미들을 전달하는 것이다. 어느 정도의 수준에 이르면 이 단일적인 의미는 사회, 그리고 계급들과 계급 상호 간의 역할에 대한 통합적 개념을 나타낸다. 물론 일시적으로 해체된 계급 가운데에는 이와 같은 개념을 내면화하려는 개인들 혹은 집단들까지 항상 있을 것이라는 사실을 덧붙여야 한다. 이와 같이 투쟁의 실천은 노동자 계급 속에서 ── 지난 [19세기] 중엽에 ── 부르주아 계급이 노동자 계급을 평가하는 바대로 자신을 평가할 가능성을 야기한다. 즉 **타자**와 그의 선악 이원론적 사고의 매개에 의해 *완전히 다른* **객체**로서, 즉 악을-행하기-위해-묶여 있는-예속 의지로서, 이렇게 해서 결국 인간이 아닌 **타자**로서 자신을 인식할 가능성을 야기한다. 만약 이 규정을 다시 채택하고 다시 떠맡는다면 **통일성-타자**라는 신기루는 사라질 것이다. 왜냐하면 이처럼 빌려온 통일성은 그 보편성이 정확히 부르주아적 휴머니즘에 일치하며, 이 휴머니즘을 정당화할 일종의 비휴머니즘으로 와해될 것이기 때문이다. 그러나 바로 이 의미들의 종합적 총체는 종합적이 될 것이다. 왜냐하면 계급의 실천이 이 총체를 내면화하고 그것을 거부할 것이기 때문이다. 실제로 물질적이고 총체화된 총체로서의 그 의미들의 총체는 스스로에 대한 부정이며, 명령으로서의 **타자**에 의해 계급의 실천 속에서(구체적인 요구들을 통해, 예컨대 어떤 파업 혹은 어떤 폭동을 인정하지 않는 요구를 통해) 이루어진다. 이것은 그가 노동자 전체에게 인간의 신분을 거부하기 때문이며, 동시에 주동자와 (사악하다기보다는 바보가 된) 대중 그리고 (자신의 계급에 충실한) 나쁜 노동자와 고용주의 휴머니즘이 지닌 가치들과 질서들을 받아들임으로써 인간성을 획득하는 길들인 짐승 종류의 좋은 노동자를 구분함으로써 노동자들 사이에 새로운 분열을 가져오기 때문에 그러하다.

그런데 만약 우리가 이 체계에서 착취 과정을 통해 고용주들에게 만들어진 부대 현상적 이데올로기만을 본다면 이 체계가 내면화될 수 있다든지, 이 체계가 — 잠시라도 어느 시기에 특정 사람들에게 — 유혹으로 대두한다든지 하는 것은 절대 불가능하다. 사실 고용주는 현실적으로 투쟁 속에서 노동자를 절대적 **타자**로 파악한다. 그러나 모든 *실천*이 그 자체의 정당화를 만들어 내는 한 무엇보다도 이는 이 고용주의 *실천*의 의미이며 정당화다. 그리고 특히 고용주의 *실천*의 목표들 가운데 하나(분명 가장 덜 중요한 것이 아닌 것으로서)는 인간인 것과 인간이 아닌 것에 대한 절대적인 척도로서 간주된 부르주아 계급의 의식 속에서 프롤레타리아 계급의 자기-외부-존재를 이 계급에게 감염시킴으로써 노동자들의 대열 속에 분열과 불안을 심는 것이다. 따라서 유도된 급진화는 집단화된 모든 노동자에게 자신의 부르주아를-위한-존재에 대한 급진적인 부정이며, 이 부정은 힘들면서도 모두가 불가분의 관계에 있는 행동들의 전체를 포함한다. 자신을 **악**으로 정의하기를 거부하는 것, 이는 부르주아의 선악 이원론적 사고를 거부하는 것이다. 그러나 이 선악 이원론적 사고는 지배 계급의 휴머니즘을 좋게 규정하려는 다른 이름에 불과하므로 이를 휴머니즘으로 인정하지 말고 거부해야 한다.

그런데 추상적인 거부는 오히려 동의가 될 것이다. 이와 같은 상태로서의 휴머니즘을 거부한다면 노동자는 자기가 인간이 아니라는 것을 *고백*하는 셈이 될 것이다. 이와 같은 모순의 극복에서 생겨난 새로운 요구는 진실하고 긍정적인 휴머니즘의 생산에 이 거부가 새겨져야 한다는 것과 같은 것이다. 이것은 홀로 모두에게 인간의 진실을 말하는, 즉 단지 진실을 말하는 특권을 노동자가 부르주아에게서 빼앗는 것을 전제로 한다. 그러나 부르주아는 지성, 교양, 과학 지식, 기술력 등등을 내세워 스스로 인간이라고 주장한다. 그런데 이와 같은 능력들이 모든 사람에게 속해야 하는 것이 사실이지만 노동자는 부분적으로 이 능력들을 가지지 못한 것은 사실이다. 게다가 부르주아 계급의 관념론적 주지주의는 **분석적 이성**에 토대를 두고 있다. 진실을 결정하는 것은 이 분석적 이성이다. 이처럼 노동자는 실증주의적 원자화로 자신의 계급이 와해되도록 방치하고 무지와 악의로 이루어진 고독으로서 자신이 정의되도록 잠자코 있어야 하든지, *아니면* 이성을 다시 발명해 더 넓은 총체 속으로 분석적 합리성을 용해시키고 언젠가 무지에서 벗어날 희망을 잃지 않으면서 진리에 대한 비주지주의적인 토대와 기준을 발견해야 한다. 마르크스가 지적했듯이 분명 문제들은 이 문제들을 해결할 수단들이 주어질 때만 성립된다. *모든 것이 이미 거기에 있다.* 인간의 척도와 진리의 토대로서 *실천*이, 그리고 **분석적 이성**의 지속적인 와해로서의 변증법이 있다. 그리고 피억압자의 급진적인 저항은 그날그날 특별하고 구체적인 싸움들 속에 나타난다는 것을 인정해야 한다. 실질 임금의 감소에 대항해 싸우기 위해서 반드시 마르크스주의자일 필요는 없다. 그렇지만 만약 **타자**에 의해 총체화된 계급이 총체화의 실제적인 운동으로 이 이질적인 통일성을 와해시키지 않는다면 일상적인 실천 자체가 부르주아의 선전으로 타격을 입을 것이다.[223]

---

223 우리는 나중에 "변증법적 경험 비판"에 예정해 둔 문단에서 변증법이 어떻게 동시에 역사적 이성이 될 수 있고 역사의 특별한 계기로부터 역사화될 수 있는지 살펴볼 것이다.(원주)

우리는 이러한 관점에서 ─ 그리고 그러한 관점에서만 ─ 자본주의적 계급에 예속된 계급인 프티부르주아 계급의 지식인들에 대한 피억압 계급의 행동을 이해할 수 있다. 요구로서의 보편성을 새로이 생산함으로써 피억압 계급은 부르주아 계급이 만들어 내는 불완전한 휴머니즘의 이름으로 프티부르주아 지식인들을 괴롭히고 분리한다. 이 점에 대해서는 여기에서 강조하지 않겠다. 여기서는 상호 행동을 강조하는 것이 좋다. 이 상호적 행동이 없다면 이론가들이 말하는 선취와 매력은 모든 실천적 의미를 상실할 것이다. 달리 말하자면 프티부르주아 지식인들이 프롤레타리아 계급에 빠져드는 것 ─ [빠져드는 것]을 마르크스와 마르크스주의자들이 잘못 정의했는데 ─ 은 물질적이고 특별한 이익에서 오는 것이 아니라 보편성이 모든 지식인의 물질적이고 일반적인 이익이라는 사실, 이 보편성은 노동자 계급에 의해서 잠재태로(아니면 현실태로) 실현된다는 사실에서 기인한다. 지식인, 달리 말하자면 부르주아의 보편주의의 생산물인 지식인은 부르주아 계급 속에서 휴머니즘의 모순에, 다시 말해 휴머니즘의(모든 인간에게로의) 무한한 확장과 그 한계들 전체에 홀로 *민감하다*. 그러나 마르크스와 같은 이론가가 **역사**의 유물론적이고 변증법적인 해석을 *명백하게 만든다면* 그것은 그가 유물론적 변증법으로부터 노동자의 *실천* 규약으로서, 그리고 진정한 (즉 미래의) 보편성의 유일한 토대로서 요청받기 때문이다. 그러니까 모든 노동자의 *실천*이 모두에게 스며드는 삼투성으로서의 순환적 이해는 이미 반분석적인 것이며, 변증법과 그 실현인 *실천*은 각자에게, 그리고 모두에게 **분석적 이성**에 대한 저항으로서, 그리고 그 와해로서 출현하기 때문이다.

그렇다고 해서 *상황 속의 실재론*의 필연성으로부터 벗어난다고 생각하지는 말자. 이 실천적 변증법은 예컨대 1830년부터 리옹의 견직 공장 직공들의 노동조합 속에 형성되는 것을 보게 된다. 그리고 이들의 통일성 자체는 *실천*의 전개(노동하면서 사는 것, 아니면 투쟁하다가 죽는 것) 속에서 그들에게 나타나는데 이 실천의 전개는 그들을 의기양양하면서도 어리둥절한 상태로 만든다. 변증법과 *실천*은 하나가 될 뿐이다. 이 변증법과 실천은 그 자체의 와해 불가능성 속에서 보면 압제에 대한 피억압 계급의 저항이다. 그렇다면 이것은 실제로 억압이 분석적이라는 것을 의미하는가? 물론 그렇지 않다. 부르주아 계급은 실증주의의 원자화하는 합리성 아래에 변증법적 작용을 숨기고 있다. 그렇지만 프롤레타리아 계급의 이론가는 변증법 자체의 이름으로 부르주아 계급에 대해 설명을 요구할 것이다. 그러므로 추상의 어느 정도의 수준에서 계급 투쟁은 *합리성들의 투쟁*으로 나타난다. 그러나 과학과 부르주아의 관념론을 대립시키는 고전적인 어리석음을 피하도록 하자. 과학은 변증법적이지 않다. 소련의 역사적인 출현까지 과학은 부르주아적이었다. 그 이후 프롤레타리아 과학의 성공하지 못한 이론에도 불구하고 과학은 소련의 학자들과 부르주아 학자들 사이에 유일한 합의 영역으로 남아 있다. 모순은 거기에 있지 않다. 모순은 과학적 실증주의로 만족하는 부르주아의 결의, 인간의 *실천*의 변증법적 운동 속에 실증주의를 용해시키려는 프롤레타리아 계급과 그 이론가들 및 사회주의 국가들의 진보적인 노력 사이에 존재한다. 실제로 노동자 계급의 운동 속에서 자체를 의식하는 하나의 변증법이 존재하는 것, 그리고 부르주아 계급의 (실제로는 변증법적인) 운동 속에서 이 동일한 **이성**을 전략적으로 부정하는 것만이 문제가 될 뿐이다. 실상 이것은 부르주아의 억압에 의한 비인간화인데, 이는 노동자들을 노동조합으로, 구성된 변증법으로서의 조직화된 *실천*으로

(즉 **추상적이고 파괴적인 이성**의 적극적인 초월로) 몰고 간다. 그러나 거꾸로 부르주아 계급 속에서 **분석적 이성**을 강화하는 것은 실천-총체화로서의 이 변증법 자체다. 그러므로 **프랑스 대혁명**의 특정 사실("주동자들"과 함께하는 원자화된 군중 혹은 계급의 총체화하는 반항들)에 대한 역사가들 사이의 이론적이고 추상적인 논쟁은 **분석적 이성**의 와해시키는 힘(부르주아들의 행동과 선전)에 대항하는 총체화(프롤레타리아 계급)의 뿌리 깊은 투쟁들의 추상적인 (그리고 더욱이 철학적으로 불완전하고 잘못된) 표현이다.

이러한 사실에 대한 우리의 결론은 억압자에 맞서 투쟁하고 있는 피억압 계급의 실천적인 의식화로서의 변증법이란 결국 압제의 분할주의적 경향에 의해 피억압자에게 야기된 저항이라는 것이다. 물론 이와 같은 의식화가 아무 때고, 아무 곳에서나 이루어지는 것은 결코 아니다. 우리는 이 의식화를 가능하게 하는 물질적 조건들을 나중에 살펴볼 것이다. 그러나 어쨌든 이 의식화는 효과적이고 실천적인 진리에 의한 명상적 진리의 극복이며, 투쟁 집단의 통합적 단일성을 향한(사람들의 집렬체적 동의에 의한) 원자화의 극복이다. 그런데 노동자들에 의한 노동자 행위의 실천적 *이해*는 (이것이 아무리 막연하고 잘못된 것일지라도) 바로 노동자 계급 자체의 *객관적 정신*이다. 이것은 이 객관적 정신이 극도로 긴요한 것으로서, 그리고 이 노동자 계급의 비인간성에 대한 필연적인 부정으로서 창안된 점에서 그러하다. 그러나 이 *정신*은 그 자체가 부르주아 계급의 정신처럼 이타성이 아니다. 이것은 도처에서 이타성을 와해시키려는 시도다. 노동자는 자신의 사소한 행동에서도 자연히 변증법적 발전을 발견한다. 착취당하는 그는 구성하는 변증법을 (결국 소외되는) 자신의 노동에 의한 창조물로서 발견한다. 착취를 당하는 타자들과 연대를 맺고 있는 그는 *타자*의 자격으로 **타자들**(규범들)의 노동을 결정하는 주체로서 자신의 노동을 발견하며, 이타성의 거부라는 관점에서 자신의 노동을 발견한다. "내가 다른 사람들로 하여금 그 자신들이 할 수 있는 것보다 더 많이 하도록 강요하지 않기 위해서, 그리고 다른 사람이 나로 하여금 내가 할 수 있는 것보다 더 많이 하도록 강요하지 않기 위해서 나는 다른 사람들보다 더 많이 하지 않겠다."라고 말하는 사람은 이미 이론으로서가 아니라 실천으로서의 ― 경험적 시초에서의 이 합리성을 특징짓는 부정적 표현에도 불구하고, 즉 분석적 합리성에 항거하는 해체적 실천으로서의 ― 변증법적 휴머니즘의 스승이다.[224]

4. 역사의 가지성: 총체화하는 자 없는 총체화를 향하여

우리 목표는 **역사**의 형식적 조건들을 규정하는 것이다. 우리는 역사의 실질적인 전개 안에서 이루어지는 계급들 사이의 물질적 상호성의 관계를 강조하려고 하는 것이 아니다. 우리의 연구를 통해 수립

---

224 우리는 이 예에서 거부되지만 도구화되고 사용되는 고용주들의 변증법, 그리고 실증주의의 기만을 포착할 수 있다. 고용주는 원자화와 경쟁의 분석적 관점에서 출발한다. 각자는 자기가 할 수 있다면 옆 사람보다 더 일하고 더 많이 버는 것은 자유다. 그리고 옆 사람이 경쟁에 돌입하는 것도 자유다. 그러나 교묘하게 위장된 기만으로서의 변증법적 이성은 실제로 고용주에게 어느 사람들에 대한 또는 어느 사람들에 의한 노동 기준의 상승은 (보다 적은 정도로) 모든 사람에 대한 상승이라는 것을 확증해 준다. 이것은 사회주의 사회에 대해서도 마찬가지로 적용된다. 관료 정치는 개인들의 생산성 향상을 목표로 한다고 주장하지만(스타하노프 운동은 실증주의적 이성이다.) 열성 노동자가 생산 집단 전체(이론상으로는 공언되지만 실제로는 부정되는 변증법적 이성)를 변형시킨다는 것을 아주 잘 알고 있다. (원주)

된 것은 만약 계급과 같은 것이 존재한다면 그 매개 과정이 무엇이든 간에 이 계급들은 상호적 관계 속에서 규정된다는 사실이다. 그리고 이들 관계의 유일한 가지성은 변증법이라는 것을 우리는 안다. 이와 같은 관점에서 보면 **분석적 이성**은 계급적 관계를 해체하기 위한 억압적 *실천*이고, 이 실천은 피억압 계급에게(규정지어야 할 상황들을 토대로 한) 합리성으로서의 변증법을 촉발하는 불가피한 효과를 낳는다. **분석적 이성**을 와해시키는 그리고 기능과 실천의 관점에서(즉 착취 — 억압의 관점에서) 부르주아 계급을 규정하는 **변증법적 이성**이 노동 계급 내부에서 출현한 것은 귀납의 결과다. 그러니까 이것은 계급 투쟁에서 생겨난 사실이다. 그러나 이와는 반대로 부르주아 계급이 이론적으로 **분석적 이성**에 집착하는 것은 **변증법적 이성**이 자신의 배반자들(즉 자신의 지식인들)을 통해 이 계급을 매혹시키기 때문이다. 그리고 이 계급은 그 자체를 부정하는 계급 안에서 조금씩 스스로를 의식하게 된다. *부르주아지에게* 이 두 합리성 사이의 영원하면서도 가변적인 모순(증대되는 혹은 줄어드는 긴장)은 하나의 문화사 안에서 그 자체로 묘사되는 것이 더 좋을 것이다. 우리는 또한 (마르크 블로크나 조르주 르페브르에게서 그렇듯이) 변증법에 의해 해소되어 침묵으로 변한 실증적 이성이나 분석적 계산을 포함하는 단순한 언어로서 공식적으로, *그리고 이론적으로 사용된 변증법을 구체적인 예들을 통해 볼 수 있을 것이다.(나는 우리나라의 아주 탁월한 민족학자 가운데 한 명이 "이 이분법의 변증법은……"이라고 쓴 것을 읽은 적이 있다. 그런데 그는 자기도 모르게 변증법을 분석으로 축소시켜 놓았던 것이다.)* 그러나 이는 우리의 주제가 아니다. 우리에게 중요한 것은 실천의 규정된 전개로서의 변증법이 투쟁*의 실천*, 즉 적대적 상호성 안에서 혹은 그것에 의해서만 스스로를 경험할 수 있음을 보여 주는 일이다. 이것은 물론 다르게 구성된(예컨대 희소성이 없는) 다른 세계 안에서의 다른 실천적 유기체들이 다른 의식(적대적 상호성의 매개가 없는)을 가질 수 있다는 의미는 아니다. 그것은 (희소성에 의해 지배되는) *우리의* 세계 안에서 자유의 독재로서의 집단이 억압된 집렬체에서 스스로 선취되는 바로 그 순간에 의식이 나타난다는 의미다. 달리 말하자면 의식은 무기력한 집렬체성 안에 뿌리내린 공동 개인으로서의 피억압자의 *실천*이다. 그리고 이것은 [스스로의] 노력에도 불구하고 피억압자의 행동을 예견하기 위해 **변증법적 이성**을 채택하지 않을 수 없는 억압자들의 실천적 반응일 수밖에 없다. 변증법적 이성에서는 실천적-타성태로서의 착취는 이론적으로 실천적으로 해체해야만 할 현실이다. 그런데 이와는 반대로 **타자**에 의해 각자의 통일성을 생산하는 것은 진정한 인간적 *실천*으로서의 투쟁과 상호적 적대성이다. 공격받는 쪽의 변증법적 실천을 생산하는 것은 공격자의 통합으로서의 해체(혹은 박멸) 운동이다. 이제 우리는 이 연구의 결론으로 인간관계의 유일하게 *가능한 가지성*은 변증법이고, 그 유일한 근거가 *희소성*인 구체적 역사 안에서 이 가지성은 적대적 상호성으로 표출될 수밖에 없다는 것을 말하고자 한다. 실천으로서의 계급 투쟁은 변증법적 판독의 대상일 뿐 아니라 변증법적 합리성의 실현이기도 하다. 이것은 복수성의 인간 역사 안에서 역사적으로 한정된 조건들을 토대로 생산된다. 우리의 **역사**는 변증법적이기 때문에 우리에게 가지적이다. 그리고 그것은 또 계급 투쟁이 우리를 집합체의 타성태를 투쟁의 변증법적 집단으로 지양하는 존재로 만들기 때문에 변증법적이다.

아마도 투쟁 자체가, 즉 상호성의 시간화가 변증법적 경험과 이 경험에 대한 지각을 창조하는 것은 사실이지만 그럼에도 여전히 구성원 증인, 혹은 역사학자의 변증법적 이해를 넘어설 수 있다고 말할 사람도 있을 것이다. 이 연구를 통해 유기적, 구성적 *실천*의 반투명의 합리성이 우리에게 그 모습을 드러냈다. 그리고 (이 합리성이 수동적으로 외부로부터 규정되는 실천적-타성태 혹은 타성태적 물질로 대상화된다고 우리가 상정하는 한에서) 공동 *실천*의 합리성의 모습도 드러냈다. 그러나 어떤 것도 적대성의 *실천*과 상호성의 실천이 자신의 합리성을 보존할 수 있다는 것을 증명해 주지는 못한다. 왜냐하면 각각의 집단(혹은 각각의 계급)은 그 자유로운 *실천* 안에서 **타자**의 자유를 의미하거나 혹은 그 반대이기 때문이다. 즉 우리는 여기서 쌍두의 시간화를 발견한다. 이 시간화의 각 계기는 하나의 *실천 전체*를 나타내거나, 또는 다른 실천에 의한 한 실천의 부정, 뒤의 것을 좌절시키기 위한 앞의 것의 변형, 또는 앞의 것에 의해 좌절되지 않기 위한 뒤의 것의 변형의 시초를 나타내 주고 있다. 그러나 엄밀히 말해서 누구의 실천도 아닌 이 이상한 실재가 각기 다른 이중의 직관 속에서 두 개의 요인과 연결된다면 개인의 차원에서 (우리가 축구 경기를 습관적으로 볼 때 이 경기를 *이해할 수 있는 것처럼*) 우리는 그것에 대해 *변증법적인* 이해를 가질 수 있을까? 이 괴물의 한가운데에는 일종의 내적 부정이 있는 것이 아닐까? 각자는 **타자**를 기만하고, **타자**의 자유를 무장 해제하거나 혹은 무의식적으로 그 일에 공모하며, 오로지 **타자**를 *하나의 사물로서* 간주할 기회를 잡기 위해서만 그의 주권을 인정하고 있으니 말이다. (폐쇄된 장 안에서 같은 직업, 같은 나이의 개인 사이에서 벌어지는) 개별적 투쟁은 엄밀하게 판독될 수 있다. 하지만 제도, 집단, 집렬체성의 순환적 총체화로서 계급들을 대립시키는, 이른바 *실천-과정*이라 불리는 이 복합적인 현상 역시 해독될 수 있을까? 다른 계급에 의해 각각의 계급에서 일어나는(수동적으로 받고, 능동적으로 변형되는), 그리고 계급의 상이한 구조들의 내적 관계를 변형시키는 수정 전체를 분명하게 이해하는 일은 가능한가? 실제로 계급의 상이한 구조들의 내적 관계는 그 수정에 의해 변형된다. 결국 계급은 역시 생산물의 인간적 생산물(produit humain du produit)[225]이고, 이런 점에서 그 실제적 반작용은 자기 구성원들의 계급적 존재를 시간화한다는 것을 잊지 말자. 그런데 — 실천적-타성태로서의 — 이 계급적 존재는 반변증법의 영역에 속한다. 이 저당 잡힌 *실천*의 가지성을 어떻게 수동적 구조로 생각할 수 있을까?

이와 같은 이론적 문제에 대해서는 걸어가면서 디오게네스처럼 답해야 할 것이다. 그러니까 우리가 오히려 끊임없이 *우리의* 계급과 함께, 아니면 계급에 맞서 투쟁한다는 것, 그리고 투쟁의 가지성은 전투원들의 행동에 필수 불가결한 성격이라는 것을 상기하면서 말이다. 그렇다고 이 가지성이 제도적 집단, 투쟁의 집단(혹은 압력 집단), 그리고 집렬체 안에서 그처럼 분명하게 주어진다는 의미는 아니다. 내적 변화에 대응하는 어떤 하강이 있다. 그러나 이 하강은 계급의 순환 안에서 *전면적인* 것이어야 한다.(즉 주권적 집단에게만이 아니라 집렬체가 전투 집단 혹은 압력 집단과 자기 사이의 매개가 되는 그런 집단에서도 그러해야 한다.) 그 이유는 아주 단순하고 변증법적이다. 즉 실천이 자신의 목표와 수단, 상대방의 목표와 수단, 상대의 *실천*과 맞설 자신의 수단들에 대한 *의식*을 잃는 순간 그것은 눈이 멀고, 따라서 실천이기를 그치기 때문이다. 이때 실천은 그 자체를 극복하고 조종하고 소외시키며 그 자신에게 적대적 힘으로 되돌아오는 *타자적* 행동의 무의식적 공모자다.(가장 간단한 예를 들어 보자. 도처에 적군을 감지하고 무슨 일이든 일어날 수 있다고 상상하지만 예기치 못한 일에 대비할 수단은 없는

<hr />

225 원고에는 "le produit du produit humain"으로 되어 있다.(편집자 주)

채 본부에서 멀리 떨어져 있는 한 연대가 있다고 치자. 이 연대는 더 이상 집단이 아니라 오합지졸이다. 정보를 얻고 — 비록 적군의 수가 훨씬 많다 하더라도 — 적군의 위치를 확인할 수 있을 때 이 연대는 다시 실천적 공동체가 된다.) 이와 마찬가지로 — 그것이 어디에서 이루어지든 간에 — 공동 *실천*은 이타성의 차원 안에서 스스로를 규정한다. 왜냐하면 이 공동 *실천*은 (이것이 예견하는 한에서) **타자**의 자유로운 *실천*에 적응하기 때문이다. 하지만 곤란한 점은 — 인간 노동의 타성적 반동인 — 물리적 효과를 예견해야 하기 때문이 아니라 오히려 직접 이와 같은 예견을 하는 자유를 예견해야 한다는 사실에서 기인한다. 그러나 이것은 외적-조절도 이타성도 아니다. 그저 단지 계산되고 예상된 상호적 자유일 뿐이다. 그러나 이 자유는 상대편의 *실천*과 타성태적 구조의 상황에 따라 그리고 이것들에 대한 인식에 의거해 예견된다. 자유는 이 타성적태 구조에서(주권적 자유 혹은 융화 집단의 동지애-공포 같은 것을) 선취한다. 아주 엄밀하기도 한 이 예견은 여전히 변증법적이다. 왜냐하면 이것은 물질적 조건, 상황, 지식 들을 이용하고 있기 때문이다. 이때 지식은 한 사람의 자유에 의해 극복된 타성태적 소여이고, 이와 같은 자유는 그 자체의 정향성과 자격 부여로서 그 자체 내부에 이 여건들을 간직하고 있다. 따라서 적에 대한 이해는 아군에 대한 이해보다 더 직접적이다. 비록 이 이해가 *가능한* 것인지, 추상적이며 일반적인 것인지 혹은 실제적이며 구체적인 것인지를 결정하는 유일한 요인이 물질적 조건들(예를 들면 정보국에 의해 전달된 관측, 힘의 관계를 규정지을 수 있는 지표들)이기는 해도 말이다. 그런데 적이 자신의 적에 대해 갖고 있는 이해는 이 기본적 이해 안에서 주어진다.(모든 함정과 덫이 **타자**의 중심에서의 이 이해를 전제로 한다.) 이는 *실천-주체*(이 단어는 주체성이 아니라 자기 자신에 대한 인식을 생산하는 행동을 의미한다.)로서의 *우리의* 행동이 끊임없이 *실천-대상*(즉 집단 혹은 예컨대 수량의 관점에서만 평가되는 군중의 객관적 운동으로서의 대상)[226]으로서의 자기 자신에 대한 인식을 포괄하고, 또한 단순한 물질적 조건으로서의 이 객관성을 초월해야만 한다는 것을 의미한다. 어떤 의미에서 투쟁의 기본적 가지성은 변증법적 이해의 전개를 의미한다. 이는 당연히 적군의 개인적 *실천*이 **타자**에 대한 자기 스스로의 대상성과 관련해서 규정됨을 전제로 한다. 달리 말하자면 우리를 둘러싼 원자화되고, 집단화되고, 혹은 집렬체화된 군중 속에서 우리의 주체적 실체는 추상적이다. 왜냐하면 우리의 실천적 무력감이 우리를 마비시키고 우리의 대상적 실재는 허위의 도피인 **타자** 안에 머물러 있기 때문이다. 비록 항상 팽팽하기는 하지만 긴장의 강도가 가변적인 주체-객체 관계는 비록 그것이 최소한 말로 표현되지는 않더라도 적대적 상호성의 *실천* 안에서 직접적으로 주어진다. 그러나 이와 반대로 *나는 그에 대해서 내가 대상인* 그런 수준에서부터 출발해서 적을 이해한다. 아니 오히려 경험의 변증법적 순간들은 하나가 다른 하나 속으로 통과해 들어간다. 나는 내가 그에 대해서 아는 대상적 구조들에서부터, 그리고 비싼 대가를 치르는 과오와 점진적 교정 등에서부터 그에게 비치는 나의 대상성을 예견한다. 나는 나에 대한 그의 이전의 행동들에서부터 지금 있는 대로의 그를 예견한다.(즉 가지적 의미 작용의 예견과 같은 그런 예견이다.) 그가 앞으로 할 것을 현재 그의 모습에서부터 예견하고 그가 과거에 한

---

226 고전적 전투에서 매복이 있을 때의 경우다. 적의 행동은 알려져 있다. 우리는 적이 특정 목표에 도달하기 위해 특정 장소로 이동할 것이라는 사실을 알고 있다. 그러나 우리에게 이 목표는 예컨대 적을 엄폐 지역으로 유인하기 위한 함정술에 다름 아니다. 이런 관점에서 그 함정이 사용되고 작동되어야만 하는지(즉 통로의 양 끝에서 매복해야 하는지) 보기 위해 우리는 — 만약 필요한 정보가 있다면 — 타성태적 수량, 곧 병사의 숫자와 장비 등을 계산하게 될 것이다. 물론 적은 지도를 갖고 있고, 함정을 예견하고, 우리도 그들의 예견을 예견한다.(원주)

것, ─ 요컨대 ─ 그가 앞으로 할 것에서부터 지금 그의 모습을 예견할 수 있다면 나의 인지는 *가능한 최고의 것*이 될 것이다.(이것이 과거의 경험에 기초한 예견이다.)

이렇게 해서 기본적인 적대 구조 속에서 상호적 행동의 특징은 이 행동이 발생하게 될 전복의 전망 속에서 행위자를 대상으로, 그리고 **타자**를 주체로 포섭하고 있다는 사실이다.(**타자**는 순수 수동적 대상이 되고, 행위자 자신을 자유로운 *실천*으로 확인한다.) 달리 말하자면 일방의 자유로운 실천적 변증법은 *자유로서의*, 그리고 *이중의 수단*(상대방의 행위를 예견하여 그것을 좌절시키는 수단과 **타자**에게 가짜 목표를 제시해 그를 자신의 자유에 복종시키도록 획책하는 활동에 공모하도록 만드는 수단)으로서의 타자의 자유로운 변증법에 대한 포착을 가두게 된다. 원칙적으로 각자에게 투쟁은 다수의 인간적 차원을 종합적 긴장 속에서 발전시켜 가는 기회다. 왜냐하면 각자는 **타자**인 주체-객체에 대해 객체-주체가 되어야 하며, 자기 자유 안에 포함된 다른 자유를 내면화해야 하기 때문이다. 그리고 이와 동시에 그는 계속해서 유물론자로 남게 된다. 즉 그는 1) **타자**가 나타나는 조건들의 비유기적 실재에서부터 **타자**의 행동을 정의해야만 하고 2) 자신의 최초의 물질적, 타성적 조건들에서부터 **타자**에 대항하는 자신의 행동을 정의해야 하며 3) **타자**가 물질적 조건들에 대한 정확한 정보를 바탕으로 모든 가능성을 계산하여 취하는(혹은 상황이 허락하는 한 엄격하게 정립된) 행동을 예견해야만 한다.

투쟁은 각자와 자신의 대상 존재 사이의 관계를 급박하게(종종 죽음의 위협을 무릅쓰고) 실현시키는 유일한 인간 실천이다. 물론 **타자**에 대해 내가 존재하는 대로의 대상은 **타자**에게 이 대상의 구성을 부여한 물질적 조건들과 기본적 구조들에 의해 변질된다. 하지만 이 **타자**

에게 대상성은 끊임없이 그저 단순한 대상성에 근접해 가는 경향이 있다.(즉 공시적 총체화와 통시적 총체화가 모순적인 긴장 속에서 대상성을 정립할 수 있다.) 왜냐하면 내 안에서 대상성을 결정짓는 것은 **타자**가 아니고 오히려 **타자**의 압박을 받고 그것을 생산하는 경향이 있는 바로 나이기 때문이다. 특히 군사 분쟁과 같은 비교적 단순한 차원에서 군대의 지휘관들은 군대의 존재(수, 장비, 통신 시설, 기지와의 연락, 과거와 미래에 연관하여, 예컨대 보급이 좋았을 때와 나빴을 때의 각자의 전투력, 즉 실행된 전투에서의 병사 각자의 실질적 능력)에 대해 지속적으로 자각하고 있어야만 한다. 그리고 이 자각은 명석해야 하고, *최소한* 적이 우리에 대해 내리는 판단만큼 가혹해야 한다.(왜냐하면 적은 우리의 어떤 약점을 모를 수 있고, 신통치 않은 정보를 가질 수 있기 때문이다.) 요컨대 *자신의 실천*을 정립하지 못한 군대, 자신의 *대상-존재*에 의해 엄격하게 정의된 실천을 선택할 제한적 가능성을 수립하지 못하는 군대, 결국 자신의 완전한 대상성을 실천적 장 안에서의 자기-외-존재로서 내면화하지 못하고, 따라서 이 대상성의 극복으로서의 자신의 행동을 생산해 내지 못하는 군대, 바로 이와 같은 군대는 — 개별적 갈등이 발생할 경우 — (자신의 가능성을 오해하면서 완전히는 아니고 약간) 개별자로서의 그 자체의 존재를 알지 못하고 패배를 자초하게 된다. 게다가 이와 동시에 실천적 기도는 (전술과 전략을 결정해 주는) 종합적 관계 속에서 각 군대의 대상성을 **타자**의 *실천-주체*를 통해 장악해야만 한다. 비록 이것이 기본적 구조라 하더라도 문제가 되는 것은 단순히 *세력 관계*를 측정하는 것만이 아니라 오히려 이 관계를 하나의 한정된 행동의 전망 속에서 측정하는 것이다. 이와 마찬가지로, 그리고 같은 전망 속에서 적이 감행하는 특정 행동(어떤 장소, 어떤 편대에 대해 감행된 적의 공격은 전선으로부터 격리되어 지원군을 요청하는 이 편대의 객관적 취약성을 드러낸다.)에서부터 자기 자신의 대상성을 실현해야 할 뿐 아니라 *대상 속에* 들어 있는 **타자**의 *실천-주체*도 적을 향해 유도된 *실천*을 수단으로 하여 다시 포착해야 한다.(우리는 적군을 그 본대와 단절시키기 위해서만 그들의 전진을 허용한다. 따라서 우리는 기도로서의 적군의 계획을 이용한다.) 하지만 적의 *실천*이 그들 스스로의 실패의 수단, 즉 *실천-대상*이 되려면 그것은 자체적으로 타성태, 결핍, 무지에 의해 조건 지어져야만 한다. 물론 이것은 모든 *실천*의 경우에 해당한다. 미래에 대한 상대적인 무지와 과거에 대한 불완전한 인식은 (과거와 미래에 대해 좀 더 유리한 지위에 있는 한 자유에 의해) 자유가 자유-대상으로 간주되기 위한 물질적 조건이다. 그것은 투쟁의 계기로서의 소외다. 그러나 —— 한 집단의 *실천*을 수동적 활동으로, 즉 실천적-타성태의 과정으로 변형시키는 —— 이와 같은 소외는 *적의 실천에 의해*, 그리고 이 적의 실천이 물질적 조건들에 행사하는 노동을 통해 *실천에게*로 오게 된다. 엄폐는 지휘관들의 무지에 의해 이루어지는 적의 *실천*의 수동성이다. 매복은 (군대의 수송 같은) 작업에 의해 이 수동성을 운명으로 변모시킨다.

이때부터 적군의 자유로운 *실천*은 *그들의* 환상에 불과해진다. 그리고 매복한 병사들에게(그리고 어떤 순간부터는 함정에 빠진 사람들에게) 부과된 도구적 과정을 작전의 대상인 집단의 내부에서 작전을 수행하고 있는 한 집단에 의해 촉발되는 수동적 활동으로 드러내 보여 준다. 그러나 소외의 관점에서, 그리고 이 소외의 실현을 통해 이처럼 사물이 된 자유는 자유의 표지를 마치 각인처럼 간직하고 있다. 함정에 빠진 것으로서의 이 도난당한 자유는 두 *집단에게* 스스로의 실천을 청산하는 수단이 된다. 이런 관점에서 우리는 투쟁 안에서 실현되고 있는 *대상*에 대한 일치를 발견할 수 있다. 포위된 집단의 실천이 자신의 소외를 발견하는 순간에 이 실천이 제거되는 것은 아니다. 포위된 조직화된 집단은 최대한 자신을 지키고, 자신의 전멸을 피하고, 가능한 한 오래 버티려고 안간힘을 쓴다. 요컨대 이 집단은 매복을 설치한 집단이 **타자**의 이 실천적-타성태적 활동의 결과를 자기 자신의 실천의 객관적 결과로서 끌어내려 하는 순간에조차 자신의 과거 행동을 (절망적인 전투나 혹은 투항을 통해서라도) 극복해야 할 이전의 소외로, 그러니까 지양 속에서 *보존해야* 할 소외로 간주한다. 따라서 여기에서는 전투에 의해 나타나는 일치는 소외된 자유가 *한 집단 안에서, 그리고 다른 집단에 의해* 두 집단 사이의 객관적 매개, 즉 적대적 행위의 대상이 된다는 사실로부터 생겨난다.(이 순간에 포위된 집단의 모든 행동은 공동의 자유에 의한 배반으로서의 자신의 "과오"의 인정을 전제로 한다. 그리고 또 그 자체 안의 위험하고 수동적인 대상성을 구성하는 적의 *실천*을 [인정할 것]을 전제로 한다. 이 대상성은 집단을 청산하는 수단에 다름 아니며 "과오"와 동일하다.)

이렇게 해서 우리는 투쟁에서 가지성의 첫 단계를 발견한다. 왜냐하면 투기의 변증법적 가지성은 그 내부에 **타자**의 기도에 대한 가지성을 포함하기 때문이다. 변증법적 합리성의 특별한 형태는 물론 경험의 환원될 수 없는 순간이다. 두 동작의 연관은 각각의 행동에 의해 고찰된 행동에서 변증법적임과 동시에 반변증법적이기도 하다. 다른 행동이 이미 그 자체 내에서 이 각각의 행동의 부정이기 때문에 이 각각의 행동은 실제로 다른 행동의 부정으로 이루어진다. 이와 같은 차원에서는 하나의 객관적이고 주어진 조건에 대한 진정한 유기체적 극복이 문제가 되지 않는다. 그러니까 예를 들어 단순한 극복된-존재로서의 실천에 앞서는 계기를 극복하는 *나의 기도*(나의 실천)가 문제가 되는 것이 아니다. 하지만 투쟁은 그 자체 내에서 다른 자유로운 *실천*을 극복하기 위해 하나의 자유로운 실천이 경주하는 노력이며 그 역도 마찬가지다. 이처럼 관계는 필연적으로 극복될 지속적인(그리고 투쟁의 여러 계기에 의해 현동화된) 가능성을 그 안에 가두고 있는 극복들 가운데 두 극복 사이에서 형식적으로 미결정의 상태에 있는 것이다. 왜냐하면 **타자**에 의해, 그리고 **타자**의 내부에서 문제가 되는 것은 *극복 그 자체*이기 때문이다. 이것은 이 극복을 실천적-타성태적 대상으로(**타자**를 위한 가공된 물질로) 단호히 바꾸기 위해서는 실제 상황을 철저히 이용하는 하나의 탁월한 행동이 있으면 충분하다는 점에서 그러하다. 사실 희소성의 토대로 이루어지는 인간에 대한 인간의 심각한 위협이 드러나는 것은 바로 이 지점에서다. 인간은 그에 의해(그의 실천에 의해) 다른 사람이 그의 혼이 붙은 대상의 상태로 환원되는 그런 존재다. 즉 이 기능은 철저할 것이고, 또한 비효율적 꿈들을 (즉 이 꿈들에 대한 인간적 초월은 어쨌든 남아 있겠지만, 그러나 있는 그대로 자신을 폭로하면서도 사라질 수 없는 환상으로 남아 있게 될 것이다.) 통과하게 될 가공된 물질 상태로 환원되는 것이다. 물론 무생물에 대한 독자적 시도나 집단의 행동은 외관적으로 비슷한 모양의 결과를 초래할 수 있다. 등산가는 등산로를 잃을 수도 있고, 바위 사이로 추락하는 실수를 할 수 있다. 그러나 사실상 이 유사성은 지극히 표면적이다. 실천은 그 정의상 무지와 실수를 근본적 구조로 포함하고 있다. 이 경우 물질의 역행 계수는 세계에 대한 역행의 특별한 경우로 나타난다. 왜냐하면 이 세계는 인간의 환경이기 때문이다. 그리고 실패는 절망 속에서도 여전히 스스로를 행동으로 드러내는 행동 자체다.[227] 이와 반대로 투쟁 속에서의 패배는 자유에 의해 생산되며,

---

227 한 여자가 달리는 기차에서 뛰어내렸다. 그녀는 기차 차량 밑에 떨어져 심한 상처를 입었고, 다음과 같은 말을 되풀이하다 죽었다. "뛰어내리지 *말았어야 했는데*." 바로 이것이 끔찍한 고통 가운데서도 사물에 대해 영향을 미치는 인간의 실천적 능력에 대한 순수하고 단순한 긍정으로

자유로 이해된다. 이 수준에서는 단 한 사람만이 존재하게 된다. 그는 **타자**의 비인간적 대상으로의 변화를 통해 그 자신이 한 인간(*자유로운 실천*)으로 실현되는 자다. 게다가 이 사람은 패배자에 의해 **타자**를 비인간화하는 수단에 의해 스스로를 만들어 내는 인간의 자유로운 실현으로 정확히 포착된다. 이처럼 투쟁 속에는 두 명의 전투병 가운데 한 명은 인간이 되고, 또한 다른 한 명의 타성태-생성에 의해 인간의 지배를 실현하는 상호적 가능성이 포함되어 있는 것이다. 그리고 *진행 중인* 투쟁 속에서 인간과 인간의 파괴는 구체적 상황에 의해 결정될 추상적 상호성으로 주어지게 된다. **타자** 안에서 **변증법적 이성**의 부정 위에 기초하는(그리고 **타자**의 **이성**에 의해 부인되는 가능성으로 이해되는) **변증법적 이성**에 대한 긍정이 바로 우리가 반변증법의 차원, 즉 각자에게서 볼 수 있는 일자와 타자의 *실천*이 갖는 비환원성이라고 부르는 것이다.

그러나 다른 한편 매 순간 개인의(혹은 집단의) *실천*은 **타자**에 대한 이해다.(그리고 타자에 대한 총체화하는 이해가 되는 경향이 있다. 게다가 투쟁의 조건들만이 다양한 한계들을 규정한다.) 그리고 이 실천이 그 자체의 고유한 목적이라는 관점 속에 포함되어 있기 때문에 이 실천은 그 자체를 **타자**에 의해 획득된 물질적 결과들의 초월로 생산된다. 달리 말하자면 적대 관계에 있는 한 행동의 의미 작용은 다른 행동의 의미 작용을 반드시 포괄한다. 왜냐하면 이 두 행동은 서로서로 기표와 기의이기 때문이다. 체스 경기에서 — 가장 이론적이고 가장 단순한 경우다 — '내'[228]가 두는 한 수 한 수의 가지성은 매번 미래적 차원의

남아 있는 것이다.(원주)

228 본문에 '흰색 말들(les blancs)'로 되어 있으나 여기서 문제가 되는 것이 체스이기 때문에 이 표현을 '나'라고 번역했다.

이중적 깊이를 통해 정의된다. 즉 한 수 한 수를 *이해하는 것*, 그것은 이 수로 인해 '상대편'[229] 진영에 발생한 여러 응수로부터 그 미래를 포착하는 것이다.(이는 그 수가 엄격하고 완벽하게 알려진 힘의 관계들을 가진 하나의 한정된 장에서 규정된 변화라는 점에서 그러하다.) 그러나 이 응수들 자체로는 이 응수들로 인해 '내'가 새로운 수를 두게 된다는 점에서만 실천적 의미 작용을 가질 뿐이다. 따라서 원칙적으로 두 계열(연이은 두 "수", 즉 '나'와 '상대편'의 수)이 존재하는 것이다. 그러나 실제 경기에서 '내'가 둔 첫 수(no 1)는 앞으로 이루어질 작전의 총체라는 전망 아래 두어졌다. 그리고 이 작전들은 '상대편'이 기물들의 위치를 총체적으로 수정하는 데에 따라서만 수행될 수밖에 없기 때문에 이 첫 번째 수(경기가 아닌 작전의 첫 번째 수)는 '내'가 두는 두 번째 수(no 2)를 유도하는 상대편의 응수(기물의 이동)를 도발하기 위해 두어졌다. 그런데 기획의 "구상" 때부터 예견된 두 번째 수는 그 자체로 상대방의 방어를 하기 위한 수단이다. 그런데 '나의' 입장에서 보면 이 방어의 기능은 세 번째 수(no 3),[230] 즉 공격의 전개 등을 가능케 하는 것이다. 따라서 문제가 되는 것은 확장과 복잡함 속에서 잃은 것을 엄격과 정확성 속에서 획득하는, 그리고 공시적이고 통시적인 총체화 속에서 (매번 적에 의해) 항상 고려되는 축소판 실천의 장이다. 실제로 각각의 수는 종합적 장의 내부에서 이루어지는 모든 기물의 전체적 수정과 관계들의 변화다. 미래는 상대적으로 한정되어 있다.(이론적으로 볼 때

---

229 본문에 '검은색 말들(les noirs)'로 되어 있으나 위의 주에서 지적한 '흰색 말들'과 싸운다는 의미에서 '상대편'으로 번역했다.

230 사실 이 기획은 훨씬 더 복잡하다. 상대방의 선택은 *이해 가능한 가능성*으로 개입된다. 이러저러한 수에서 출발해 그는 세 가지 응수를 선택할 수 있다. 그러나 그가 첫 번째 응수를 선택하게 되면 나는 이러한 공격으로 응수를 하게 되고, 또한 그가 두 번째 응수를 선택하게 되면 그는 나로 하여금 저러한 응수를 가능케 한다 등등.(원주)

경기는 계속 진행될 수 있다. 하지만 실제로 경기는 아주 짧은 한 편의 드라마다.) 그러나 우리는 상호적 이중 시간화 속에서 연속되는 일련의 목표들을 구별해야만 한다('내'가 둔 각각의 수는 상대편의 모종의 응수를 직접적으로 겨냥하고 있으며, 이 응수는 또한 '나'에게 두 번째 목표에 도달하는 것을 가능케 해 주기 때문이다 등등).

　　그런데 공격하는 '*나*'*의 입장에서 보면* '내'가 두는 수들의 시간적 연속과 이에 대한 응수들의 연속은 하나가 될 때까지 하나는 다른 하나에 겹친다. 실제로 각각의 위치는 다른 위치를 엄격히 내포하고 있다. 이처럼 체스나 '경기의 종말'에서 볼 수 있는 것처럼 상대방의 선택 가능성이 통일성(즉 필연성)에 이를 때까지 점차 줄어듦에 따라, 그리고 — 부분적으로는 같은 말이 되겠지만 — '내'가 구사하는 전략상의 우위가 더 분명해짐에 따라 전체 작전은 이 법칙이 미리 정해져 있는 하나의 물질에 대해 단 한 명의 선수가 행하는 노동으로 축소되는 듯이 보인다. 체스의 종말(장군이야!)을 통해 실제 동작을 정의하고, 경기의 규칙을 통해 이 종말을 정의하는 것으로 충분하다. 우리는 상대편의 방어를 '내'가 지배하고 통제하고 촉발시킬 수 있는 일련의 *부정적이며 예견 가능한* 응수들로 여길 수 있다. 그러니까 단적으로 '내'가 최종 목적에 도달하기 위해 사용할 줄 알아야 하는 부정적이며 간접적인 도구화로서 취급할 수 있는 것이다. 이 수준에서 적은 사라진다. 실제로 체스를 두는 사람은 보통의 경우 홀로 경기에서 가장 빠르게 해결책에 도달하기 위해 상대방의 방어를 *이용한다.* 즉 "세 수면 끝나겠군 등등." 경기에 대한 수학적 계산에 대한 문은 열려 있다. 그러나 이 계산 자체는 행동에 예속되어 있다. 이 계산은 행동이 의도적으로 단순한 연속에 자리를 내주기 위하여(즉 **분석적 이성**으로 하여금 *실천을 통해 특정의 관계를 맺고 있는 체계들을 재실현하게끔 결정짓*

게 하기 위해) 스스로 사라지는 경우에만 나타난다. 이와 같은 예에서 우리의 관심을 끄는 것은 엄격한 관계들 앞에서 *실천*이 사라져 버리는 그런 추상적 계기가 아니다. 오히려 실천적 작전들의 총체를 투쟁의 상호성으로 간주하거나 혹은 타성태적이며 철저하게 한정된 물질에 대해 행해지는 개인의 단독 행동으로 간주하는 실제로 무차별적인 계기가 우리의 관심을 끈다. 대체 무슨 일이 일어났는가? 단지 다음과 같은 사실이 발생한 것뿐이다. 그러니까 여러 적 가운데 하나가 상대편의 응수를 철저히 예견할 수 있는 가능성과 자신의 행동에 의해 그것을 야기할 가능성을 가지고 있을 때, 그리고 그 예견이 적에게서 그의 응수의 *필요성*(즉 그들의 소외)과 일치할 때 상호적이며 적대적인 행동은 하나의 개인행동과 동일시되는 경향이 있다는 사실이 그것이다. 그 까닭은 정확히 제압된 적이란 이미 하나의 대상에 불과하기 때문이다. 만약 승리한 군대와 패주하는 적과의 관계를 살펴본다면 우리는 결국 패자에게서 나타나는 같은 변화, 그러나 그 철저함이라는 면에서는 떨어지는 그런 변화를 보게 될 것이다. 투쟁에 대해 상호성이라는 특징을 보존해 주는 것은 적에 대한 상대적 예견 불가능성이다. 이것은 이 예견 불가능성이 이해되었다는 점에서, 그리고 그것이 상대방에 대한 무지를 이룬다는 점에서 그러하다. 그러나 각자의 행동이 상대방의 행동의 통합을 단순하면서 간접적인 수단의 자격으로 그 자신의 한계-대상으로 포함하고 있다는 단 하나의 사실만으로도 다음과 같은 사실을 보여 주기에 충분하다. 말하자면 각자 내부에서는 상대방에 대한 이해가 그 자신의 고유한 행동에 대한 변증법적 가지성인 동시에 그의 이면으로서는 그의 통제 기관이며 극복의 수단이라는 사실 말이다. 또한 이 이해는 일시적인 것으로 자리 잡게 된다. 왜냐하면 이것은 끝까지 승리를 밀고 나가는 타성태적이며 유순한 수단이 된 적의 승리를 거두는 *실천*에 대한 통합의 전망 속에서 이루어지기 때문이다.

결국 투쟁을 주권자에 의한 장의 단순하며 실천적인 수정으로 축소하는 두 가지 한정-가능성(외로운 행위 주체가 되는 것과 적의 실천에 의해 가공된 물질로 변모되는 것), 다른 한편으로 두 적들에 의해 추구된 (그리고 종종 그들 중 하나가 실현하는) 목적인 두 가지 한정-가능성 사이에서 투쟁의 *실천*은 각자에게서 주체의 실천적 실존을 통해 자신의 존재-대상의 이해로서(이 존재-대상이 **타자**를 위해 존재하고, 또한 언젠가는 **타자**를 통해 실천을 가둘 위험이 있다는 점에서 볼 때) 주어진다. 실천이 구체적 목적을 바탕으로 시도하는(그리고 **타자**가 그것을 방해하지 않는다는 유일한 범위 내에서 성공하는) 극복에서 이 실천은 **타자**의 구성적 *실천*을 일깨우고 현실화하고 이해하고 초월한다. 타자 자신이 실천적 주체이기 때문이다. 그리고 **타자**에 맞서 실천을 통해 행해지는 행동에서, 이 극복 자체의 종점에서 그리고 물질적 장의 매개를 통해 실천은 **타자**를 대상으로 발견하고 생산해 내게 된다. 이와 같은 관점에서 보면 반변증법적 부정은 더 복잡한 변증법의 계기로 나타나게 된다. 우선 정확히 말해 이 부정은 실제로 지양된 것이다. *실천*은 각각에게서 부정의 부정으로 구성된다. 이 부정은 각자에게서 그의 대상-존재의 극복에 의해서만 이루어지는 것이 아니다. 오히려 그것은 실제로 외부에서 그리고 외부로부터 **타자** 내부에서 실천적 주체를 *제거하기* 위해, 또한 이 초월적 파괴에 의해 그 자신의 객체성을 회복하기 위한 시도에 의해 이루어지는 것이다. 이처럼 적대적 부정은 각자에게서 극복해야 할 스캔들로 포착되는 것이다. 그러나 희소성의 차원에서 보면 이 스캔들의 원천은 수치스러운 폭로에 있지 않다. 문제가 되는 것은 살기 *위한* 투쟁이다. 이렇게 해서 스캔들은 이 스캔들의 겉모습 속에서 포착될 뿐 아니라 심층적으로는 거기에 관련된 두 명에게 공존 불가능성으로서 이해된다. 따라서 헤겔이 지적하고 있듯이 스캔들은 **타자**의 단순한 실존 속에 있는 것이 아니다. 이와 같은 이유로 우리는 불가지성에 봉착하는 것이다. 이 스캔들은 감내한(혹은 위협적인) 폭력, 즉 내면화된 희소성 속에 있다. 이런 점에서 보면 원초적 사건이 논리적, 형식적으로 우연적이라 할지라도(희소성은 물질적 요소에 지나지 않는다.) 이 우연성은 폭력에 대한 가지성을 막지는 못한다. 사실을 말하자면 오히려 그 반대다. 실제로 **타자**에 대한 변증법적 이해를 위해 중요한 것은 그의 *실천*이 갖는 합리성이다.

그런데 이 합리성은 폭력 자체 내에서도 나타난다. 이 폭력이 인간의 우연적 야수성이 아니라 각자에게서 이루어지는 희소성이라는 우연적 사실에 대한 이해 가능한 재내면화라는 점에서 그러하다. 즉 인간의 폭력은 *의미 작용을 한다.* 그리고 각자에게서 이 폭력이 **타자**에 대한 부정이기 때문에 희소성이 실천적 행위 주체, 달리 말하자면 인간-희소성이 된 것과 마찬가지로 각자 안에서, 그리고 이 각자에 의해 의미 작용을 하게 되는 것은 바로 그의 상호성 속에서 이루어지는 부정이다. 이렇게 해서 실천적 부정은 스캔들-부정에 대한 부정으로서 이루어진다. 이것은 이 스캔들-부정이 각자에게서 **타자**인 동시에 이 **타자**가 내면화된 희소성이라는 점에서다. 이런 관점에서 보면 *실천*에 의해 반드시 부정되는 것은 바로 인간의 조건으로서의(즉 조정된 인간이 폭력 속에서 떠맡게 된 조건으로서의) 부정이고, 또한 **타자**의 자유로서의 부정이다. 그리고 정확히 말하자면 나의 자유에 대한 자유-부정으로서 **타자**의 자유의 내 안에서의 현전(나의 대상-존재의 표시로서)인 스캔들은 그 자체로 합리성 속에서 이루어지는 결정 작용이다. 이것은 이 부정적 자유가 실제로 희소성의 장에서 공존 불가능성을 실현한다는 점에서 그러하다. 결국 희소성을 토대로, 그리고 **타자**의 무화라는 전망 속에서 감행되는 투쟁은 각자의 내부에서 보면 타인에 대한 이해의 심화다. 사실 즉각적으로 이해한다는 것은 **타자**의 실천을 그의 목적과 수단을 통해 객관적이고 초월하는 단순한 시간화로서 포착하는 것이다. 투쟁 속에서 이해한다는 것은 내재성 상태에 있는 타자의 *실천*을 그의 고유한 객관성을 통해, 그리고 실천적 극복 안에서 포착하는 것이다. 이번에 나는 *나*를 통해 적을 이해하고, *적을 통해* 나를 이해한다. 적의 *실천*은 내가 참여함이 없이 재생산해 내는 순수한 초월적 시간화로서 나타나지 않는다. 나는 그의 실천에 맞서 나를 보호할 목적으로 내가 생산해 내는 행동을 통해 직접적으로 그리고 내부에서부터 그의 실천을 이해한다. 급한 상황으로 인해 나는 모든 세세한 부분에서 내 자신의 목적을 발견하고, 또한 그것을 떠맡게 된다. 게다가 나는 이 급한 상황 때문에 구체적 상황이 허락하는 만큼 적의 활동을 최대한 멀리 내다보아야 한다. 이처럼 이해는 상호성에 의해 이루어지는 즉각적 사실이다. 그러나 이 상호성이 긍정적으로 머무는 한 이해는 추상적이고 외면적인 것이 된다. 희소성의 장에서 행해지는 부정적 상호성으로서의 투쟁은 **타자**를 인간과 다른 **타자**로 혹은 반-인간으로 잉태한다. 그러나 이와 동시에 나는 이 타자를 내 *실천*의 근원지 바로 그곳에서 부정으로서 — 나는 이 부정의 구체적이며 실제적 부정이다 — 그리고 나 자신의 죽음의 위협으로서 이해한다.

투쟁의 당사자인 두 적들 각자의 입장에서 보면 이 투쟁은 가지성이다. 더 정확하게 말하자면 이 차원에서는 가지성 그 자체다. 만약 그렇지 않다면 상호적 *실천*은 그 자체로 의미와 목적[231]을 갖지 못하게

---

231 물론 이 형식적 특징에도 불구하고 적들의 상호적 이해에는 정도의 차이가 있다. 결정하는 것은 상황이고, 인간은 "아이처럼 조작되거나" "농락당하는" 것 등이 가능하다. 혹은 인간이 시

될 것이다. 그러나 우리가 특히 구체적 차원에서 관심을 갖는 것은 다름 아닌 가지성에 관계된 일반적 문제다. 그런데 *상황 속의 변증법이* 가능해야 한다면 두 명의 개인이나 두 개의 다수성 사이의 상호적 대립의 실천에 의해 생산되는 복잡한 사건으로서의 사회적 갈등, 전쟁, 개별적 갈등은 거기에 참여함이 없이 예속된 제삼자들에게 혹은 거기에 전혀 연루되지 않은 채 외부에서 관찰하는 증인들에게 *원칙적으로 이해될 수 있어야만 한다.* 그런데 이와 같은 관점에서 보면 *선험적으로* 확실한 것은 아무것도 없으며, 따라서 우리는 우리의 경험을 따라야 한다. 사실상 각각의 적은 투쟁의 가지성을 *실현한다.* 왜냐하면 그는 *자신을 위해,* 자기 자신의 *실천* 안에서 그리고 그것을 통해 투쟁을 총체화하기 때문이다. 그러나 제삼자에게 상호적 부정은 투쟁의 현실 그 자체다. 우리는 이 제삼자가 그의 매개로 긍정적 상호성들의 객관적이며 초월적 통일을 실현한다는 사실을 보았다. 하지만 다음과 같은 경우 이와 같은 통일은 과연 가능할까? 즉 행위 하나하나가 **타자**의 행위를 파괴하는 것을 겨냥할 경우, 이 이중의 부정에 파생하는 관찰할 수 있는 결과들이 존재하지 않을 경우, 혹은 — 이것이 가장 자주 발생하는 것인데 — 각각의 적이 거기에 각인한 목적론적 의미 작용들이 타자에 의해 반은 없어졌거나 함께 이루어진 활동의 어떤 자취도 더 이상 밝혀낼 수 없도록 변화된 경우에 말이다. 하나의 개별적 전투의 예를 다시 들자면 이 전투에 참여하는 일방이 가

대에 고유한 모순으로 인해 군대들(서로 부딪치기를 피했던)의 상호적 몰이해가 발생하는 부조리한 전쟁(중세 후기에 일어났던 것처럼)에 참여할 수도 있다. 프랑스 귀족이 영국 화살 부대에 의해 몰살된 것 역시 기술적 완성도의 범위를 이해하지 못했기 때문이었다. 게다가 승리를 얻기 위하여 적은 물론 언제나 새로운 무기, 예기치 않은 작전, 아직 이해되지 않은 작전에 의존한다. 그러나 *바로 이 이유로* 우리는 상호성으로서의 투쟁이 이해의 상호성에 좌우된다는 것을 이해해야 한다. 만약 적들 가운데 하나가 이해하기를 멈추는 경우 그는 이미 **타자**의 대상인 것이다.(원주)

한 각각의 타격을 상대방은 이와 같은 방식으로 교묘히 피하거나 방어하거나 약화할 수도 있는 것이다. 하지만 둘 사이에 힘이나 기술의 현격한 차이가 있지 않는 한 결코 완전히 그렇게 이루어질 수는 없다. 그리고 이와 같은 관찰은 대부분의 경우 — 우리는 이 사실을 이미 「방법의 문제」에서 살펴보았다 — 역사적인 "날들"에도 해당할 것이다. 이 역사적 날들은 종종 미결정 상태로 끝난다. 그렇기 때문에 획득된 결과들에 대한 책임 전가는 폭도의 행동에도, 공권력의 행위에도 완전히 이루어질 수 없다. 그리고 우리가 [이날들을] 이해해야 하는 것은 이날들이 하나의 기도의 실현이기 때문이 아니라 바로 각 집단의 행동(또한 우연, 사고 등등)을 통해 이날들에 다른 집단의 행동이 실현되는 것을 방해했기 때문이다. 즉 이날들이 그 자체로 실천적 의미작용들이 *아니기* 때문에, 그리고 이날들이 갖는 훼손되고 상해를 입은 의미가 누구의 실천 계획과 일치하지 않았기 때문에, 그러니까 바로 그런 의미에서 인간적인 것보다 못한 것으로 남아 있기 때문이다. 그러나 사학자가 1792년 6월 20일이나 8월 10일과 같은 날들의 복원을 시도하면서 해야만 하는 것이 바로 이것이라면 이와 같은 복원을 *이해*라고 명명하는 것은 과연 정말로 정당한가?

이 질문과 더불어 우리는 마침내 **역사**라는 진정한 문제에 이르게 된다. 만약 역사가 진실로 모든 실천적 다수와 그들이 행하는 모든 투쟁의 총체화이어야 한다면 그렇게 다양한 이 다수들의 협동과 투쟁에 의해 만들어지는 복잡한 산물은 그 종합적 실재 속에서 그 자체로 가지적이어야 한다. 즉 *하나의* 전체적 실천의 종합적 산물로 이해될 수 있어야만 한다. 결국 같은 말이 되겠지만 **역사**는 다음과 같은 경우 가지적이다. 즉 역사적 시간화의 한 계기에서 우리가 발견할 수 있고 고정할 수 있는 여러 다른 실천이 부분적으로 총체화하는 것으로, 그리고 궁극적으로는 결정적인 총체화를 통해 그 다양성과 대립 속에서조차 재결합되고 용해된 것으로 나타나는 경우에서다. 우리가 처음으로 총체화하는 자 없는 총체화의 문제와 이 총체화의 토대 자체, 즉 그 동인과 비순환적인 방향의 문제에 도달하는 것은 바로 역사적 결과와 발자취에 대한 가지성의 조건을 찾으면서다. 이처럼 비판적 연구의 후진적 운동을 통해 우리는 실천적 구조에 대한 가지성과 이 구조들 사이에서 능동적 다수가 만드는 여러 다른 형태를 연결해 주는 변증법적 관계를 발견하게 되었다. 그러나 한편 우리는 공시적 총체화 차원에 머물러 있었으며, 실천적 시간화의 통시적 깊이를 고려하지 못했다. 다른 한편 후진은 하나의 질문으로 끝난다. 이는 이 후진이 종합적 전진에 의해 보충되어야 한다는 의미다. 물론 이 종합적 전진은 공시적이며 통시적인 이중의 운동 — **역사**는 이 이중의 운동을 통해 끊임없이 총체화된다 — 으로까지 고양되려고 노력한다. 지금까지 우리는 **역사**의 기초적이며 형식적인 구조까지 거슬러 올라가는 노력을 경주했다. 이와 동시에 구조주의적 인간학의 변증법적 기초들을 정립했다. 이제 이 구조들이 자유롭게 활동하면서 서로 대립하고 구성되도록 내버려 두어야 한다. 아직은 형식적인 이 사건에 대한 반성적 연구는 이 책 2권의 대상이 될 것이다.[232] 진리가 내면성의 증가하는 다양화 안에서 *하나*여야만 한다면 후진적 연구에 의해 제기된 최종 문제에 답하면서 우리는 **역사**와 변증법적 합리성이 갖는 심오한 의미 작용을 발견하게 될 것이다.

---

232 이 부분을 집필할 당시 사르트르는 2권 초고를 집필 중이었다. 미완성으로 남은 이 부분은 곧 출간될 것이다.(편집자 주)

변증법적 이성 비판

1권 실천적 총체들의 이론

1판 1쇄 찍음   2024년 8월 9일

1판 1쇄 펴냄   2024년 8월 23일

지은이   장폴 사르트르

옮긴이   박정자, 변광배, 윤정임, 장근상

발행인   박근섭, 박상준

펴낸곳   (주)민음사

출판등록   1966. 5. 19. (제16 - 490호)

주소   서울시 강남구 도산대로1길 62

       강남출판문화센터 5층 (06027)

대표전화   02 - 515 - 2000 팩시밀리 02 - 515 - 2007

       www.minumsa.com

한국어 판 © (주)민음사, 2024. Printed in Seoul, Korea

ISBN 978-89-374-1641-5 (94160)

ISBN 978-89-374-1640-8 (세트)